DICCIONARIO
DE BOLSILLO
DE ESPAÑOL

スペイン語ミニ辞典

宮本 博司 編　　　改訂版

白水社

Diccionario de Bolsillo de Español
— edición revisada

Redactor : Hiroshi Miyamoto

Editorial HAKUSUISHA

3-24, Kandaogawamachi

Chiyoda-ku, Tokio

101-0052   Japón

は じ め に

　本書は 1992 年に刊行され，大好評をいただいた『スペイン語ミニ辞典』の全面改訂版である．旧版では宮城昇先生と宮本が編纂の責務を負ったが，残念なことに宮城先生が 1998 年に亡くなられた．わが国スペイン語界の偉大な功労者で語学研究の大家でもあった先生を失ったことによる痛手は大きいが，その悲しみを乗り越え今回の改訂では宮本ひとりが編集の任に当たった．

　改訂に当たっては，初級の学習，スペイン語圏での旅行や生活に必要かつ十分なスペイン語と意味を選んだ．とくにインターネットや白水社のデータベースを利用して，よく使われる見出語や表現を追加，逆に使用頻度の低いものは削除し，語義の配列順もすべて見直し，実用性を重視した用例や例文を増やした．また，本書をより現代社会に適応した内容にするため，不可欠と思われる新語は積極的に採用した．

　そのほか西和の部では，見出語の配列は 1994 年にスペイン・アカデミアによって改められたアルファベットに従い，ch と ll を 1 文字として扱うのをやめてそれぞれ c, l の項目におさめた．

　不規則な動詞の変化形・過去分詞・形容詞など，初級者が引きにくい形も見出語に追加し，元の形がわかるようにした．

　ジャンル別語彙集では，医学・料理・スポーツ・コンピュータなどで語数を大幅に増やし，4600 語ほどとなった．

　和西の部では，スペイン語をさらに選び抜いた一方，応用のきく例文を追加した．語数は 4700 語強である．

　西和の部の具体的な内容としては，

1．見出語は約 15350 語で，そのうち使用頻度の高い重要語（2000 語）とその語義は赤色で表示した．
2．見出語が性によって変化する場合は，その変化する部分を後に示した．

　　bonito, ta 形 ＝男性形 bonito, 女性形 bonita

　　muchacho, cha 名 ＝男性 muchacho, 女性 muchacha

3．発音はカタカナで示し，アクセントのある箇所は太字とした．舌先を震わす r は「ら」行で表わし，ll・y は「リャ」行・「ヤ」行ではなく，「ジャ」行で表記した．ごく弱く発音される音は〔　〕の中に入れた（例えば mixto [ミ〔ク〕スト]）．

4．不規則変化をする動詞には巻末の活用表に対応した番号を付けた．改訂版では初心者が使いやすいように，活用表の動詞を増やし，アルファベット順に並べ換えた．

　　comenzar [コメンサル] 18 他 ...

5．品詞，性数などは略語で示した．

　　男 男性名詞, 男性形　　　　　　形 形容詞
　　女 女性名詞, 女性形　　　　　　冠 冠詞
　　複 複数形　　　　　　　　　　代 代名詞

副	副詞	他	他動詞
前	前置詞	自	自動詞
接	接続詞	助	助動詞
間	間投詞		
名	語尾によって男性・女性を使い分ける名詞, 男女共通名詞		
現分	現在分詞	過分	過去分詞

再帰動詞は **～se** で表わした.

6. 主としてスペインで使われる語は〈ス〉, ラテンアメリカで使われる語は〈ラ〉のように示した.
7. 用例中の見出語を～で代用した場合がある.
8. ( ) は置換可能, 〔 〕は省略可能を示す.

　本書の編集に当たっては, 旧版に引き続き, 西和の部の下原稿を栗山由美子さんと今井妙子さんが, 和西の部とジャンル別語彙集を松行晶子さんが作ってくれた. 梅澤明子さんは文字データを辞典印刷用のデータに変換し, ジャンル別語彙集の図版を編集してくれた. データベースの検索, 全体の調整などを白水社の水谷久和氏が担当した. みなさんの多大なご助力に心からのお礼を申し上げる.

2003年9月

宮本博司

A, a [ア]

a [ア] 前 〈a+el は **al** となる〉 ❶ 〈方向・終着点〉…へ,…に: ir *a* España スペインへ行く. llegar *al* aeropuerto 空港に着く
❷ 〈地点〉…で,…に: esperar *a* la entrada 入口で待つ. estar *a* tres kilómetros (*a* una hora) de aquí ここから3キロ(1時間)のところにある
❸ 〈時点〉…に;…後に: La clase empieza *a* las nueve. 授業は9時に始まる. *a* la llegada de la primavera 春が来ると. *a* mis diez años 私が10歳の時に. *a* los quince días de la salida 出発してから2週間後に
❹ 〈到達点〉…まで: Se tarda diez minutos de aquí *a* la estación. ここから駅まで10分かかる. de la una *a* las tres 1時から3時まで
❺ 〈間接目的語〉1) …に: dar un libro *a* Pedro ペドロに本をあげる. 2) …から: Compré el coche *a* José. 私はホセからその車を買った
❻ 〈直接目的語が人〉…を: 1) amar *a* Teresa テレサを愛する. 2) 〈時に動物・事物を擬人化して〉 Sacó *a* su perro para dar un paseo. 彼は犬を散歩に連れ出した. temer *a* la muerte 死を恐れる
❼ 〈値段・割合〉…で;…につき: vender *a* diez euros el kilo 1キロ10ユーロで売る. ganar mil dólares *al* mes 月に千ドルかせぐ. conducir *a* cien kilómetros por hora 時速100キロで運転する
❽ 〈得点〉…点で,…対…で: empatar *a* cero 零点で引き分ける. ganar el partido por tres *a* uno 試合に3対1で勝つ
❾ 〈目的〉…のために;〈+不定詞〉…しに: ir *a* nadar a la piscina プールへ泳ぎに行く. ¿*A* qué vienes?—Vengo *a* verte. 何しに来たの?—君に会いに来たんだ
❿ 〈対象〉…に対する: amor *a* la humanidad 人類愛. miedo *a* la oscuridad 暗闇への恐怖
⓫ 〈様態〉…のように(な),…風に(の): 1) 〈臭い・味〉 olor (sabor) *a* hierro 金気の臭い(味). 2) 〈+lo+人名・形容詞〉 pintar *a* lo Picasso ピカソ風の絵を描く. correr *a* lo loco 狂ったように走る. 3) 〈+la+地名形容詞〉 tortilla *a* la española スペイン風オムレツ
⓬ 〈方法・手段〉 ir *a* pie 歩いて行く. escribir *a* mano 手書きする. hablar *a* voces 大声で話す
⓭ 〈命令・勧誘. +不定詞〉…しなさい;…しよう: ¡*A* comer! さあ,食べなさい(食べよう)!
⓮ 〈目標. 名詞+a+不定詞〉…すべき: promesa *a* cumplir 果たすべき約束
al+不定詞 …する時に. ⇨**al**
名詞+*a*+同一名詞 …ずつ: uno *a* uno 一人ずつ,一つずつ. casa *a* casa 一軒ずつ

abad, abadesa [アバ, アバデサ] 名 大修道院長

abadía [アバディア] 女 大修道院

abajo [アバホ] 副 下へ,下で;階下に: 1) estar ~ 下にある(いる). mencionado ~ 下記の. 2) 〈指示副詞+〉 aquí (ahí・allí) ~ この(その・あの)下に. 3) 〈前置詞+〉 mirar hacia ~ 下の方を見る. piso de ~ 下の階. la línea ocho〔contando〕desde ~ 下から〔数えて〕8行目. 4) 〈名詞+〉 navegar río ~ 川下に向かって航行する. calle ~ 通りを下って
◆ 間 やっつけろ: ¡*A*~ la tiranía! 打倒圧政!
los de ~ 下層民,下積みの人々
venirse ~ 気が滅入る,落ち込む

abalanzar [アバランサル] 13 ~se〈contra・sobre に〉 飛びかかる,突進する

abalorio [アバロリオ] 男 ビーズ〔玉〕

abanderado, da [アバンデラド, ダ] 名 旗手;〈社会運動の〉リーダー

abandonado, da [アバンドナド, ダ] 形 過分 見捨てられた,放置された: niño ~ 捨て子. casa ~*da* 廃屋. bicicleta ~*da* 放置自転車. Tengo ~ el jardín. 私は庭をほったらかしにしている/庭の手入れをさぼっている

abandonar [アバンドナル] 他 ❶ 放棄する;見捨てる,見放す: ~ el partido 試合を棄権(放棄)する. ~ a su novio 恋人を捨てる
❷ 断念する: ~ sus estudios 学業を断念する,学校をやめる
❸ 〈場所を〉去る: ~ su tierra natal 故郷を離れる
◆ ~se ❶ 〈身だしなみに〉構わなくなる. ❷ 〈a に〉自分をゆだねる;〈悪いことに〉溺れる: ~se a la desesperación 自暴自棄になる

abandono [アバンドノ] 男 ❶ 放置: ~ de un cadáver 死体遺棄. ❷ 放棄,棄権. ❸ だらしなさ;自暴自棄

abanicar [アバニカル] 73 他 あおぐ,風を送る
◆ ~se 〈自分を〉あおぐ

abanico [アバニコ] 男 扇子,扇

abaratar [アバラタル] 他 値下げする

abarcar [アバルカル] 73 他 ❶ 〈両腕で〉抱える: Quien mucho *abarca*, poco aprieta. 〈諺〉手を広げすぎると中途半端に終わる『⇨二兎を追う者は一兎も得ず』. ❷ 包括する: Esta revista *abarca* varios temas. この雑誌はいろいろなテーマを扱っている

abarrotar [アバロタル] 他 …を一杯にする: La gente *abarrota* la plaza. 広場は人で一杯だ

abarrotería [アバロテリア] 女 〈ラ〉食料雑貨店

abarrotes [アバロテス] 男 複 〈ラ〉食料雑貨品

abastecer [アバステセル] 20 他 〈de を〉…に供給(補給)する
◆ ~se 〈de を〉調達する

abastecimiento [アバステスィミエント] 男 供給, 補給

abasto [アバスト] 男 ❶ 食糧の蓄え. ❷ 複 生鮮食料品
dar ~ 〈a・para に〉十分である

abatido, da [アバティド, ダ] 形 過分 打ちのめされた, 意気消沈した

abatimiento [アバティミエント] 男 失意, 意気消沈

abatir [アバティル] 他 ❶ 打ち壊す; 倒す: ~ un edificio ビルを取り壊す. ~ un muro 塀を倒す. ❷ 打ちのめす, 痛めつける: El fracaso me *abatió* completamente. 失敗で私は完全に打ちのめされた. ❸ 〈飛行機などを〉撃ち落とす
◆ ~se 〈鳥などが, sobre に〉襲いかかる

abdicación [アブディカスィオン] 女 譲位, 退位

abdicar [アブディカル] 73 他 〈en に〉譲位する. ◆ 自 〈de 主義などを〉捨てる

abdomen [アブドメン] 男 〈解剖〉腹, 腹部

abdominal [アブドミナル] 形 腹の, 腹部の: músculos ~es 腹筋
◆ 男 複 腹筋: hacer ~es 腹筋運動をする

abecé [アベセ] 男 ❶ アルファベット. ❷ 初歩, 基本

abecedario [アベセダリオ] 男 字母〔表〕, アルファベット

abedul [アベドゥル] 男 〈植物〉カバノキ, 樺

abeja [アベハ] 女 ミツバチ(蜜蜂): ~ reina 女王蜂. ~ obrera 働き蜂. ~ carpintera クマバチ

abejorro [アベホロ] 男 〈昆虫〉マルハナバチ; コフキコガネ

aberración [アベラスィオン] 女 〈生物〉異常: ~ cromosómica 染色体異常

abertura [アベルトゥラ] 女 ❶ 開くこと: ~ de un testamento 遺言状の開封. ❷ 開口部; すき間: ~ de ventilación 換気口. ❸ 〈服飾〉スリット

abeto [アベト] 男 〈植物〉モミ(樅)

abiertamente [アビエルタメンテ] 副 率直に, 公然と; 気さくに

abierto, ta [アビエルト, タ] 形 〈abrir の過分〉❶ 開いた: ventana ~ta 開いた窓. La tienda está ~ta 24 horas. その店は 24 時間営業している. con los brazos ~s 両手を広げて. campo ~ 広々とした野原
❷ 公開された: estar ~ al público 一般公開されている. curso ~ 公開講座
❸ 率直な; 開放的な: persona ~ta ざっくばらんな人. carácter ~ 開放的(気さく)な性格
◆ 男 〈スポーツ〉オープン

abigarrado, da [アビガらド, ダ] 形 ❶ 派手で配色のよくない. ❷ 一様でない, 異種の

abismal [アビスマル] 形 ❶ 深淵の; 深海の: pez ~ 深海魚. ❷ 深い; 巨大な: diferencia ~ 雲泥の差

abismo [アビスモ] 男 ❶ 深淵; 深海. ❷ 大きな隔たり: Entre tu opinión y la mía hay un gran ~. 君と私の意見には大きな溝がある

ablandar [アブランダル] 他 ❶ 柔らかくする. ❷ 〈態度・怒りなどを〉和らげる
◆ 自・~se ❶ 柔らかくなる. ❷ 和らぐ, 軟化する

abnegación [アブネガスィオン] 女 献身, 自己犠牲

abnegado, da [アブネガド, ダ] 形 献身的な

abocado, da [アボカド, ダ] 形 ❶ 〈ワインが〉口当たりの良い, やや甘口の. ❷ 〈a 危機に〉直面した: estar ~ al desastre 最悪の事態に瀕している

abochornar [アボチョルナル] 他 恥をかかせる, 赤面させる
◆ ~se 恥入る, 赤面する

abofetear [アボフェテアル] 他 …に平手打ちをくらわせる

abogacía [アボガスィア] 女 弁護士の職: estudiar ~ 弁護士の勉強をする

abogado, da [アボガド, ダ] 名 過分 弁護士: ~ defensor 被告側弁護人. ~ de oficio 国選弁護人. ~ consultor 顧問弁護士

abogar [アボガル] 55 自 〈por を〉弁護する

abolengo [アボレンゴ] 男 〈集合的に〉名門の祖先

abolición [アボリスィオン] 女 廃止

abolir [アボリル] 他 廃止する

abolladura [アボジャドゥら] 女 〈叩いてで

abollar [アボジャル] 他〈叩いて〉へこます

abombar [アボンバル] ～**se**〈ラ〉❶ ほろ酔い機嫌になる. ❷ 腐りかける

abominable [アボミナブレ] 形 嫌悪すべき, 恐ろしい: guerra ～ いまわしい戦争

abonado, da [アボナド, ダ] 名 過分 ❶ 定期会員. ❷〈電話などの〉加入者

abonar [アボナル] 他 ❶ 払い込む, 支払う: ～ el importe en la cuenta de+人 代金を…の口座に払い込む. ❷〈畑などに〉肥料をやる
◆ ～**se** ❶〈a 定期購読を〉申し込む: ～*se a un periódico* 新聞を定期購読する. ❷ …に加入する. ❸〈コンサートなどの〉シーズンチケットを購入する

abono [アボノ] 男 ❶〈予約などの〉申し込み, 予約. ❷ 支払い〔金〕. ❸ 予約券, シーズンチケット; 定期券, 回数券. ❹ 肥料: ～ químico 化学肥料. ～ orgánico 有機肥料

abordar [アボルダル] 他 ❶〈船が, 偶然・意図的に〉…に接触する, ぶつける. ❷〈交渉などの目的で人に〉近づく. ❸〈難事に〉取り組む

aborigen [アボリヘン] 形 名 (複 aborígenes) 先住民〔の〕; 土着の

aborrecer [アボれセル] 20 他 ひどく嫌う; 憎む

abortar [アボルタル] 自・～**se** ❶ 流産する; 妊娠中絶する. ❷〈計画などが〉挫折する: *Abortó* el proyecto. 計画は失敗に終わった
◆ 他 堕胎する

aborto [アボルト] 男 ❶ 流産〖～ espontáneo〗; 妊娠中絶, 堕胎〖～ provocado〗. ❷〈計画などの〉挫折, 失敗

abotonar [アボトナル] 他〈衣服の〉ボタンをかける
◆ ～**se**〈自分の〉ボタンをかける

abrasador, ra [アブラサドル, ラ] 形 焼けつくような: sol ～ 灼熱の太陽

abrasar [アブラサル] 他 焼く, 焦がす: morir *abrasado* 焼死する. Me *abrasa* la sed. 私は喉がからからだ. ❷ …の心を苦しめる: Los celos le *abrasan*. 彼は嫉妬にさいなまれている
◆ 自 焼けるように熱い
◆ ～**se** ❶ 焼ける, 焦げる. ❷ 身を焦がす

abrazar [アブラサル] 13 他 ❶ 抱く, 抱擁する: ～ a su hijo 息子を抱きしめる. ❷ 包含する
◆ ～**se**〈相互〉抱き合う.〈a に〉抱きつく: El niño *se abrazó a* su madre. 子供は母親にしがみついた

abrazo [アブラソ] 男 抱擁: dar un ～ 抱擁する. Un〔fuerte〕～./～s.〈手紙の結辞〉愛をこめて

abrebotellas [アブレボテジャス] 男〈単複同形〉栓抜き

abrecartas [アブレカルタス] 男〈単複同形〉ペーパーナイフ

abrelatas [アブレラタス] 男〈単複同形〉缶切り

abreviación [アブレビアスィオン] 女 短縮, 省略; 簡約

abreviar [アブレビアル] 他 短縮する, 省略する; 簡約する: ～ el discurso 演説を手短かにまとめる(はしょる)

abreviatura [アブレビアトゥラ] 女 省略形, 略語

abridor [アブリドル] 男 栓抜き; 缶切り〖～ de latas〗

abrigar [アブリガル] 55 他 ❶〈寒さなどから〉保護する: ～ del (contra el) viento 風から守る. ❷〈思想・感情などを〉抱く: ～ mala intención contra+人 …に悪意を抱く
◆ ～**se** 寒さから身を守る, 暖かいものを着る: *Abrígate* bien al salir. 厚着して出かけなさい

abrigo [アブリゴ] 男 ❶ オーバー, コート: ～ de piel 革(毛皮)のコート. ❷ 避難所

abril [アブリル] 男 4月: uno de ～ 4月1日

abrillantar [アブリジャンタル] 他 磨く, つやを出す

abrir [アブリル] 他 過分 abierto ❶ 開く, 開ける: ～ un libro 本を開く. ～ la ventana 窓を開ける. ～ los ojos 目を開ける. ～ una lata 缶詰を開ける. ～ el regalo プレゼントを開ける. ～ un melón メロンを切る. ❷ 広げる: ～ los brazos 両手を広げる. ❸ 切り開く: ～ un nuevo campo 新しい分野を切り開く. ❹〈商売などを〉始める, 開業する: ～ una tienda 開店する; 店を始める. ～ una sucursal 支店を開設する
◆ 自 開く: Esta ventana no *abre* bien. この窓は開きが悪い. La oficina *abre* a las nueve. 事務所は9時に開く
◆ ～**se** ❶ 開く: *Se abrió* la puerta. ドアが開いた. *Se me abrió* la herida. 私は傷口が開いた. ❷〈a に〉心を開く, 本心を明かす

abrochar [アブロチャル] 他〈衣服などの〉ボタン(ホック)をかける;〈留め金などで〉留める
◆ ～**se**〈自分の〉ボタンをかける, ベルトを締める: *Abróchense* el cinturón de seguridad. シートベルトをお締めください

abrumador, ra [アブルマドル, ラ] 形 圧倒的な: por una mayoría ～ra 圧倒的多数で. victoria ～ra 圧勝. pasión ～ra 抑

abrumar [アブルマル] 他 圧倒する；〈con で〉苦しめる，困惑させる：Me *abruma* el exceso de responsabilidad. 私は責任の重さに押しつぶされそうだ. ～ con preguntas 質問攻めにする

abrupto, ta [アブルプト, タ] 形 切り立った，険しい：pendiente ～ta 急勾配

absolución [アブソルスィオン] 女 無罪放免；〈カトリック〉罪の許し

absolutamente [アブソルタメンテ] 副 絶対に；まったく：～ nada まったく何もない. A～ no. まったく違う/とんでもない

absolutismo [アブソルティスモ] 男 絶対主義；専制政治：～ real 絶対王政

absolutista [アブソルティスタ] 形 名 絶対主義の(主義者)，専制主義の(主義者)

absoluto, ta [アブソルト, タ] 形 ❶ 絶対的な；conseguir la mayoría ～ta 絶対多数を獲得する. confianza ～ta 全幅の信頼. valor ～ 絶対値
❷ まったくの：silencio ～ 完全な静寂；完全黙秘
❸ 専制的な：poder ～ 絶対的権力
en ～ まったく(…でない)：¿Le interesa el fútbol?—No, *en* ～. サッカーに興味がありますか？—いいえ，全然ありません

absolver [アブソルベル] 87 〈過分 abs*uelto*〉他 無罪放免する

absorbencia [アブソルベンスィア] 女 吸収〔性〕

absorbente [アブソルベンテ] 形 ❶ 吸収性のある. ❷〈con に〉独占欲の強い

absorber [アブソルベル] 他 ❶ 吸収する：～ la humedad (el choque) 湿気(衝撃)を吸収する. ～ la tinta インクを吸い取る. ❷〈a の〉心を奪う
◆ ～se 〈en に〉熱中する，没頭する

absorción [アブソルスィオン] 女 吸収

absorto, ta [アブソルト, タ] 形 ❶〈en に〉没頭した，心を奪われた：estar ～ *en* la lectura 読書にふけっている. ❷ 驚嘆した

abstemio, mia [アブステミオ, ミア] 形 名 絶対に酒を飲まない(人)，禁酒主義の(人)

abstención [アブステンスィオン] 女〈投票の〉棄権〔～ de voto〕

abstenerse [アブステネル] 47 ～se 〈de を〉控える，慎む：～se *de*l tabaco (*de* fumar) たばこを断つ(喫煙を控える). ～se *de* votar 棄権する

abstinencia [アブスティネンスィア] 女 禁欲：síndrome de ～ 禁断症状. día de ～ 精進日. ～ del alcohol 禁酒

abstracción [アブストラ(ク)スィオン] 女 抽象化；没頭

abstracto, ta [アブストラクト, タ] 形 ❶ 抽象的な：idea ～ta 抽象概念. ❷〈美術〉抽象〔派〕の：pintura ～ta 抽象画
en ～ 抽象的に

abstraer [アブストラエル] 81 他 抽象化する
◆ ～se ❶〈en に〉没頭する：～se *en* su pensamiento 思いにふける. ❷〈de から〉自分の気をそらす

abstraído, da [アブストライド, ダ] 形〈abstraer の 過分〉〈en に〉没頭した，気をとられた

absuelto 過分 ⇒**absolver**

absurdo, da [アブスルド, ダ] 形 ばかげた，不条理な：idea ～da 愚かな考え. empresa ～da ばかげた企て. ¡Es ～! ばかばかしい！
◆ 男 ばかげたこと；不条理

abuchear [アブチェアル] 他 やじる，ブーイングする

abucheo [アブチェオ] 男 やじ，ブーイング

abuelo, la [アブエロ, ラ] 名 祖父，祖母；老人：～ la materna 母方の祖母
◆ 男 複 ❶ 祖父母. ❷ 祖先

abuelito, ta [アブエリト, タ] 名 おじいちゃん，おばあちゃん

abultado, da [アブルタド, ダ] 形 過分 かさばった；ふくれた

abultamiento [アブルタミエント] 男 かさばり，膨張

abultar [アブルタル] 自 かさばる
◆ 他 ❶ ふくらます. ❷ 誇張する

abundancia [アブンダンスィア] 女 多量，豊富：comer con ～ たくさん食べる
en ～ あり余るほど
nadar (*vivir*) *en la* ～ ぜいたくに暮らす

abundante [アブンダンテ] 形 豊富な，多量の；〈en に〉富んだ：país ～ *en* recursos naturales 天然資源の豊かな国

abundar [アブンダル] 自 ❶ 豊富にある：En este río *abundan* las truchas. この川にはマスがたくさんいる. ❷〈en に〉富む：El té verde *abunda en* vitamina C. 緑茶はビタミンCが豊富だ

aburrido, da [アブリド, ダ] 形 過分 ❶〈estar+〉退屈した；〈de に〉うんざりした：Estoy ～. 私は退屈している
❷〈ser+〉退屈させる；うんざりさせる：película ～da 退屈な映画

aburrimiento [アブリミエント] 男 退屈；嫌気(ヶ)；倦怠(ケム)感：con cara de ～ うんざりした顔つき

aburrir [アブリル] 他 退屈させる；うんざりさせる：Este juego me *aburre*. このゲームは私には退屈だ. Me *aburrió* su inacaba-

ble charla. 彼の長話にはうんざりした
◆ **~se**〈de に〉**退屈する；うんざりする**, 飽き飽きする：~se de esperar 待ちくたびれる

abusar [アブサル] 他〈de を〉**乱用する**, 悪用する：~ de su autoridad 権力を乱用する. ~ de la amabilidad de+人 …の親切につけこむ. ~ del tabaco たばこを吸いすぎる ❷ **女性に乱暴する**, 強姦する

abusivo, va [アブシボ, バ] 形 法外な, 度を越した：precio ~ 法外な値段. libertad ~va 放縦

abuso [アブソ] 男 乱用, 悪用：~ del alcohol 酒の飲みすぎ. ~ de autoridad 職権乱用. ~ de confianza 背信行為 **~s deshonestos** 強制わいせつ行為

a.C.〈略語〉紀元前〖←antes de Cristo〗

a/c〈略語〉…気付〖←al cuidado de〗；…の責任(負担)で，…宛てに〖←a cargo de〗；先払いで〖←a cuenta〗

acá [アカ] 副 ❶ こちらへ, こちらに〖aquíより方向性・広がりがより〗：Ven ~. こっちへおいで. por ~ このあたりに.〈ラ〉ここで, ここに〖=aquí〗

de (desde)+時+~ …から今まで：de ayer ~ 昨日今からずっと
de ~ para allá〈口語〉あちらこちらへ

acabado, da [アカバド, ダ] 形 過分 ❶ 完成した；完璧な：producto ~ 完成品. ❷ 古びた；ものにならない：Ya es un hombre ~. 彼はもう[人間として]だめだ
◆ 男 仕上げ；仕上がり, でき上がり：dar el a... ~ の仕上げをする

acabar [アカバル] 他 ❶ **終える**；仕上げる：~ el trabajo 仕事を終える. ~ la obra 作品を完成させる
❷ 食べ(飲み)尽くす；使い切る：Acaba la cerveza. ビールを飲んでしまいなさい
◆ 自 ❶ **終わる**：El examen ha acabado. 試験は終わった — 際限のない
❷〈+現在分詞 /por+不定詞〉結局は…する：Acabó rompiendo con su novia. 彼は結局恋人と別れてしまった. Trabajas tanto que acabarás por caer enfermo. そんなに働くとしまいには病気になるよ
❸〈**de**+不定詞〉1) …**したばかりである**；…し終える：Acaba de llegar. 彼は着いたばかりだ. ~ de leer un libro 本を一冊読み終える. 2)〈否定文〉…しきれない：No acabo de entenderlo bien. 私はそれがいまひとつよく理解できない
❹〈**en** の形態で〉終わる：que acaba en punta 先のとがった
❺〈**con** を〉終わらす；消滅させる：~ con las ratas ネズミを一掃する. ~ con el racismo 人種差別をなくす
◆ **~se** ❶ すっかり終わる；完成する, でき上がる. ❷ 尽きる：Se me acabó el dinero. 私はお金を使い果たした
Se acabó. これで終わりだ／一件落着だ

acacia [アカスィア] 女〈植物〉アカシア

academia [アカデミア] 女 ❶ 学士院, 芸術院, アカデミー：Real A~ Española スペイン王立学士院. ❷ 各種学校, 塾：~ de idiomas 外国語学校

académico, ca [アカデミコ, カ] 形 ❶ 学校教育の：año ~〈大学の〉学年度. historial ~ 学歴. ❷ 学究的な, アカデミックな
◆ 男女 学士院会員

acaecer [アカエセル] 20 自〈事件などが〉起こる

acallar [アカジャル] 他 ❶ 黙らせる, 静かにさせる. ❷ 鎮める, 癒やす

acalorado, da [アカロラド, ダ] 形 過分〈感情的に〉熱くなった, 興奮した：~ debate 白熱した議論

acalorar [アカロラル] 他 熱くする
◆ **~se**〈議論などで〉熱くなる, 興奮する

acampada [アカンパダ] 女 キャンプ：ir de ~ キャンプに行く

acampar [アカンパル] 自・**~se** 野営する, キャンプする

acantilado [アカンティラド] 男〈海岸沿いの〉断崖

acaparar [アカパラル] 他 独占する；買い占める

acariciar [アカリスィアル] 他 ❶ 愛撫する, なでる. ❷ 心にいだく：~ un sueño 夢をいだく

acarrear [アカれアル] 他 ❶ 運ぶ, 運搬する. ❷〈不幸・害などを〉引き起こす, もたらす

acartonado, da [アカルトナド, ダ] 形〈ボール紙のように〉固くなった, ごわごわの

acaso [アカソ] 副 **もしかすると**：1)〈+接続法〉A~ no venga. ひょっとすると来ないかもしれない. 2)〈確信がある時・疑問文の導入では+直説法〉¿A~ no quieres ir? もしかして行きたくないの？
por si ~ 万が一のために：Lleva el dinero, por si ~ lo necesitas. ひょっとして必要になるかもしれないから, お金を持っていきなさい
si ~ 1) 万が一…なら. 2) たとえ…しても. 2) 万が一…なら

acatar [アカタル] 他 順守する

acatarrar [アカタらル] **~se** 風邪をひく

acaudalado, da [アカウダラド, ダ] 形 裕福な

acceder [ア(ク)セデル] 自 ❶〈a 提案などに〉同意する, 受け入れる：~ a la invitación 招待に応じる. ❷〈a に〉通じる；達する. ❸

〈情報〉アクセスする: ～ *a una base de datos* データベースにアクセスする

accesible [ア(ク)セシブレ] 形 ❶〈a に〉接近できる, 近づきやすい: ～ *al público* 一般に公開された. *precio* ～ *a todos* 誰にでも手の届く値段. ❷ 気のおけない, 付き合いやすい

acceso [ア(ク)セソ] 男 ❶〈a への〉接近, 到達; 通路: *El hotel tiene* ～ *a la playa.* ホテルからは海岸に出られる. ～ *al local* 会場への経路(行き方). *zona de difícil* ～ 近づきにくい地域. *puerta de* ～ 通用口. *prueba de* ～ *a la universidad* 大学入学資格検定試験. ❷ 発作. ❸〈情報〉アクセス

accesorio, ria [ア(ク)セソリオ, リア] 形 付随的な, 副次的な: *detalles* ～*s* 枝葉末節
◆ 男 付属品, アクセサリー: ～*s de automóvil* カーアクセサリー

accidentado, da [ア(ク)スィデンタド, ダ] 形 過分 ❶ 波乱に富んだ. ❷〈土地が〉起伏のある

accidental [ア(ク)スィデンタル] 形 偶然の: *tener una muerte* ～ 不慮の死を遂げる

accidentarse [ア(ク)スィデンタル] ～**se** 事故にあう

accidente [ア(ク)スィデンテ] 男 ❶ 事故, 災害: ～ *de tráfico* 交通事故. *seguro de* ～*s* 災害保険
❷ 偶然のできごと: *por* ～ 偶然に, たまたま
❸〈土地の〉起伏

acción [ア(ク)スィオン] 女 ❶ 行為, 行動; 活動: *tomar una* ～ *rápida* 迅速な行動をとる. *entrar en* ～ 行動を起こす. *persona de* ～ 行動的な人. *película de* ～ アクション映画. *esfera de* ～ 活動範囲. ～ *heroica* 英雄的な行為. ～ *militar* 軍事行動
❷〈物理・化学〉作用
❸〈主に 複〉株式: *comprar acciones* 株を買う

accionar [ア(ク)スィオナル] 他〈機械を〉作動させる

accionista [ア(ク)スィオニスタ] 名 株主: *asamblea general de* ～*s* 株主総会

acechar [アセチャル] 他 ❶ 待ち伏せする;〈秘かに〉見張る;〈機会を〉うかがう: ～ *una ocasión* 機会をうかがう. ❷〈危険などが人を〉おびやかす

acecho [アセチョ] 男 待ち伏せ; 見張ること: *estar al* ～〈*de* を〉待ち伏せしている;〈秘かに〉見張っている

aceitar [アセイタル] 他 …に油を塗る

aceite [アセイテ] 男 油; オリーブ油〚～ *de oliva*〛: *freír con* ～ (*con poco* ～) 油で揚げる(炒める). ～ 〔*extra*〕*virgen*〔エクストラ〕バージンオイル. ～ *pesado* (*ligero*) 重(軽)油. ～ *de motor* エンジンオイル

echar ～ *al fuego* 火に油を注ぐ

aceitoso, sa [アセイトソ, サ] 形 油っぽい, 脂っこい

aceituna [アセイトゥナ] 女 オリーブの実

aceleración [アセレラスィオン] 女 加速; 加速度

acelerador [アセレラドル] 男 加速装置, アクセル

acelerar [アセレラル] 他 加速する, 速める: ～ *las obras* 工事をスピードアップする. ～ *el paso* 足を速める. *curso acelerado* 速習講座

acento [アセント] 男 ❶ **アクセント**: *El* ～ *cae en la última sílaba.* 最後の音節にアクセントがある
❷ **なまり**: *Julio tiene* ～ *gallego.* フリオはガリシアなまりがある

acentuar [アセントゥアル] ① 他 ❶ アクセントをつける. ❷ 強調する, 力説する
◆ ～**se** 強まる

acepción [アセプスィオン] 女〈ことばの〉意味, 語義

aceptable [アセプタブレ] 形 受け入れられる, まずまずの

aceptación [アセプタスィオン] 女 受諾, 承認: *tener mucha* ～ 好評を博する, 人気がある

aceptar [アセプタル] 他 受け入れる, 受諾する: ～ *una invitación* 招待に応じる. *¿Aceptan ustedes tarjetas de crédito?* クレジットカードで払えますか?

acera [アセラ] 女 歩道: *ir por la* ～ 歩道を歩く

acerado, da [アセラド, ダ] 形 ❶ 鋼鉄の; はがね色の. ❷〈ことばなどが〉鋭い, 手厳しい

acerca [アセルカ] ～ *de*…に関して[の]: *tratado* ～ *de la naturaleza humana* 人間性に関する論文

acercar [アセルカル] 73 他〈a に〉近づける, 寄せる: ～ *la silla a la mesa* 椅子をテーブルに近寄せる
◆ ～**se** ❶ 近づく: *Se me acercó a mí.* 彼は私の方にやってきた. *Se acerca el verano.* 夏が近づく
❷ 立ち寄る

acero [アセロ] 男 **鋼鉄**, スチール: ～ *inoxidable* ステンレススチール

acertado, da [アセルタド, ダ] 形 過分 的を射た, 的確な

acertar [アセルタル] 57 他 ❶ 命中させる, 当てる: *Acerté el blanco con la bala.* 私は弾を的に命中させた
❷ 言い当てる: ～ *la edad de*+人 …の年齢を当てる

◆ 自 ❶ ⟨a・en に⟩ 命中する，当たる: *Acertó en* sus predicciones. 彼の予想が的中した

❷ ⟨con を⟩ 捜し当てる, 見つける: *Has acertado con* el regalo que yo deseaba. 私の欲しかったプレゼントがよくわかったね

❸ ⟨al+不定詞⟩ …してうまくいく: *Has acertado al* no comprarlo. 君はそれを買わなくて正解だった

acertijo [アセルティホ] 男 なぞなぞ

acervo [アセルボ] 男 共有財産 『～ común』

achacar [アチャカル] 73 他 ⟨a の⟩ せいにする: *Achacó* la derrota *a* su mala suerte. 彼は敗北を不運のせいにした

achacoso, sa [アチャコソ, サ] 形 ⟨老人が⟩軽い持病のある

achantar [アチャンタル] 他 おじけづかせる
◆ ～se ⟨おじけづいて・諦めて⟩ 黙る

achaque [アチャケ] 男 ⟨老人の⟩ 軽い持病

achicar [アチカル] 73 他 ❶ 小さくする, 縮める. ❷ おじけづかせる. ❸ ⟨船などから⟩ 水をかい出す
◆ ～se ❶ 小さくなる;⟨恐縮して⟩ ちぢこまる. ❷ おじけづく

achuchar [アチュチャル] 他 ⟨口語⟩ ❶ 押しつぶす. ❷ 愛撫する

acicalar [アスィカラル] 他 飾り立てる
◆ ～se 着飾る, めかしこむ

acidez [アスィデス] 女 ❶ すっぱさ, 酸味. ❷ 胃酸過多〔による胃の不快感〕. ❸ 無愛想

ácido, da [アスィド, ダ] 形 ❶ 酸っぱい: sabor ～ 酸っぱい味
❷ 酸性の, 酸の: lluvia ～*da* 酸性雨
❸ 無愛想な
◆ 男 ❶ 酸. ❷ ⟨口語⟩ LSD

acierto [アスィエルト] 男 ❶ 正しい判断, 正解;⟨結果としての⟩ 成功, うまくいくこと. ❷ 巧みさ, 手ぎわのよさ

aclamación [アクラマスィオン] 女 歓呼; 複 歓呼の声, 拍手喝采
por ～ ⟨投票でなく⟩ 全員の拍手喝采で, 満場一致で

aclamar [アクラマル] 他 ❶ 歓呼の声で迎える, 喝采する. ❷ 満場一致で(全員の拍手で)承認する

aclaración [アクララスィオン] 女 ⟨明快になるような⟩ 説明, 解明

aclarar [アクララル] 他 ❶ 明らかにする; 解明する: ～ su actitud 態度をはっきりさせる. ～ un caso (una duda) 事件(疑問)を解明する. ～ el significado del texto 文章の意味を説明する
❷ 明るくする

❸ 薄める
❹ ⟨ス⟩ ⟨水で⟩ すすぐ
◆ 自 ⟨単人称⟩ 晴れる; 夜が明ける
◆ ～se ❶ ⟨自分の⟩ 考えを明かす. ❷ 明るくなる, 晴れる. ❸ 澄む

aclimatación [アクリマタスィオン] 女 ⟨気候・風土への⟩ 順応

aclimatar [アクリマタル] 他 ⟨a に⟩ 順応させる
◆ ～se ⟨a に⟩ 順応する: ～*se al* ambiente 環境に順応する

acobardar [アコバルダル] 他 怖がらせる, ひるませる. ◆ ～se 怖がる, おじけづく, ひるむ

acodar [アコダル] ～se ⟨en に⟩ 肘をつく

acogedor, ra [アコヘドル, ラ] 形 親切にもてなす;⟨雰囲気などが⟩ 温かい

acoger [アコヘル] 16 他 ❶ 温かく迎える, 受け入れる: ～ a los refugiados 難民を受け入れる
❷ 収容する: ～ a los heridos 負傷者を収容する
◆ ～se ⟨a に⟩ 保護を求める; 逃げ込む: ～*se a* la ley 法の保護(適用)を受ける. ～*se a* un monasterio 修道院に逃げ込む
bien (mal) acogido 1) 歓迎された(されない). 2) 評判のよい(悪い)

acogida [アコヒダ] 女 受け入れ, 迎え入れ: *buena* ～ 歓迎

acolchado, da [アコルチャド, ダ] 形 詰め物をした, クッション(パッド)入りの; キルティングの

acometer [アコメテル] 他 ❶ …に襲いかかる;⟨眠気などが⟩ 突然襲う. ❷ 始める: ～ una reforma 改革に取りかかる

acometida [アコメティダ] 女 攻撃

acomodación [アコモダスィオン] 女 順応, 適合

acomodado, da [アコモダド, ダ] 形 過分 裕福な

acomodador, ra [アコモダドル, ラ] 名 ⟨劇場の⟩ 案内係

acomodar [アコモダル] 他 ❶ ⟨a に⟩ 適合(適応)させる: ～ el plan *a* la situación 計画を状況に合わせる. ❷ ⟨en 適切な場所に⟩ 配置する, 落ち着かせる
◆ ～se ❶ ⟨a に⟩ 順応(適応)する: ～*se a* las nuevas circunstancias 新しい環境に順応する. ❷ ⟨en に⟩ 落ち着く; 楽にする

acomodaticio, cia [アコモダティスィオ, スィア] 形 妥協的な; 容易に順応する

acompañado, da [アコンパニャド, ダ] 形 過分 ⟨de・por に⟩ 伴われた: ～ *de* su esposa 夫人同伴で. carta ～*da de* una foto 写真同封の手紙. cantar ～ *de* guitarra ギターの

伴奏で歌う

acompañamiento [アコンパニャミエント] 男 ❶ 〈集合的に〉同伴者, 付き添い. ❷ 〈演劇〉その他大勢. ❸ 伴奏. ❹ 〈料理〉つけ合わせ

acompañante [アコンパニャンテ] 名 ❶ 同伴者, 付き添い. ❷ 伴奏者

acompañar [アコンパニャル] 他 ❶ …と一緒に行く(いる), 同行する：～ a su hijo al dentista 息子に付き添って歯医者に行く. ～ a su amigo hasta la estación 友人を駅まで見送る
❷ 〈a に〉添付する：～ al regalo un mensaje プレゼントに手紙を添える
❸ 〈con・de を〉…に添える：～ el bistec con verduras ステーキに野菜を付け合わせる
❹ 〈en 感情などを〉共にする：Le *acompaño* en el (su) sentimiento. ご愁傷さまです
◆ 自 〈a に〉伴う, 添付されている：A cada producto *acompaña* un manual. 製品ごとにマニュアルが付いている

acompasar [アコンパサル] 他 〈…の調子を, a に〉合わせる

acomplejar [アコンプレハル] 他 …にコンプレックスを抱かせる
◆ ～se 〈por に〉コンプレックスを持つ

acondicionador [アコンディスィオナドル] 男 ❶ エアコン, 冷暖房装置《～ de aire》. ❷ ヘアコンディショナー《～ de pelo》.

acondicionar [アコンディスィオナル] 他 ❶ …の条件を整える, 調整する. ❷ 〈…の温度などを〉調節する；エアコンを設置する. ❸ 〈髪を〉トリートメントする

acongojar [アコンゴハル] 他 〈精神的に〉苦しめる, 悲しませる. ◆ ～se 苦しむ

aconsejable [アコンセハブレ] 形 勧められる, 望ましい

aconsejar [アコンセハル] 他 〈+不定詞・que +接続法 するように〉助言する, 忠告する：Le *aconsejo* no ir (*que* no vaya). 私はあなたに行かないようお勧めする
◆ ～se 〈con に〉助言を求める, 相談する：~ *se con* un médico 医者に相談する

acontecer [アコンテセル] 20 自 〈事件が〉起こる

acontecimiento [アコンテスィミエント] 男 〈重大な〉出来事, 事件：～ histórico 歴史的事件

acoplamiento [アコプラミエント] 男 ❶ 連結, ドッキング. ❷ 交尾

acoplar [アコプラル] 他 ❶ 連結させる. ❷ 交尾させる. ◆ ～se 交尾する

acordar [アコルダル] 21 他 〈+不定詞 …することに合意する(決める)；〈con と〉協定する：Hemos *acordado* aplazar el viaje. 私たちは旅行を延期することにした. lo *acordado* 協定事項
◆ ～se 〈de を〉覚えている, 思い出す：¿*Te acuerdas* de él?—No, no *me acuerdo*. 彼のことを覚えている？—いや, 覚えていない. Ahora *me acuerdo*. 今, 思い出した

si mal no me acuerdo 私の記憶違いでなければ

acorde [アコルデ] 形 〈con と〉一致した；調和した：～ *con* la regla 規則にのっとった
◆ 男 和音

acordeón [アコルデオン] 男 アコーディオン

acorralar [アコらラル] 他 包囲する；追いつめる

acortar [アコルタル] 他 短くする, 短縮する：～ las mangas 袖丈を詰める
◆ 自 近道をする：Si vas por este camino *acortarás*. この道を行けば近道になるよ
◆ ～se 短くなる, 短縮される

acosar [アコサル] 他 〈しつこく〉追い回す, 悩ます, いじめる：～ a+人 con preguntas …を質問攻めにする

acoso [アコソ] 男 〈しつこく〉追い回す(悩ます)こと, いじめ：～ sexual セクハラ

acostar [アコスタル] 21 他 寝かせる；横たえる：～ a los niños 子供たちを寝かせる
◆ ～se ❶ 就寝する；横になる：Anoche *me acosté* temprano. 夕べ私は早く寝た. hora de ～*se* 就寝時刻
❷ 〈con と〉性交する, 寝る

acostumbrado, da [アコストゥンブラド, ダ] 形 過分 ❶ 〈a に〉慣れた：estar ～ *al* calor 暑さに慣れている. ❷ 習慣的な

acostumbrar [アコストゥンブラル] 他 〈a+不定詞 を〉…に習慣づける, 慣らす：～ a los niños *a* levantarse temprano 子供たちに早起きの習慣をつける
◆ 自 〈a+不定詞〉…する習慣である：*Acostumbro a* pasear una hora diaria. 私は毎日1時間散歩する習慣だ
◆ ～se ❶ 〈a に〉慣れる：～*se al* nuevo trabajo 新しい仕事に慣れる
❷ 〈a+不定詞 の〉習慣がつく：*Me acostumbro a* madrugar. 私は早起きの習慣がついた

acre [アクレ] 形 ❶ 〈味・においが〉ぴりっとする, つんとくる, 刺激的な. ❷ ぶっきらぼうな, とげとげしい
◆ 男 〈面積の単位〉エーカー

acrecentar [アクレセンタル] 57 他 増加させる, 増大させる
◆ ～se 増える, 大きくなる

acreditado, da [アクレディタド, ダ] 形 過分 信用のある, 定評のある

acreditar [アクレディタル] 他 ❶〈信頼性などを〉証明する: ~ una firma 署名が本物だと証明する. ❷〈外交官などに〉信任状を与える
◆ ~se 信用を得る；評判をとる

acreedor, ra [アクレエドル, ラ] 形 ❶〈商業〉債権の. ~ país — 貸付国. ❷〈a に〉値する
◆ 名 債権者

acrílico, ca [アクリリコ, カ] 形 アクリルの: fibra ~ca アクリル繊維

acritud [アクリトゥ] 女〈味・においの〉きつさ；〈ことば・態度などの〉とげとげしさ

acrobacia [アクロバスィア] 女 軽業, アクロバット: ~ aérea アクロバット飛行

acróbata [アクロバタ] 女 軽業師

acrobático, ca [アクロバティコ, カ] 形 アクロバットの, 軽業のような

acta [アクタ] 女〈単数冠詞は el・un（a）〉❶ 証書, 証明書: ~ notarial 公正証書. ~ de nacimiento 出生証明書. ~ matrimonial 結婚証明書. ❷ 議事録, 議定書
levantar ~ 証書を作成する；議事録につける

actitud [アクティトゥ] 女 態度: determinar la ~ a tomar とるべき態度を決める. tomar una ~ pasiva 消極的な態度をとる. ~ modesta 謙虚な態度

activación [アクティバスィオン] 女 ❶ 促進, 活性化. ❷〈装置の〉作動

activar [アクティバル] 他 ❶ 活発にする, 促進する: ~ la economía 経済を活性化する. ~ el fuego 火勢を強める. ❷〈装置などを〉作動させる

actividad [アクティビダ] 女 ❶ 活動: en ~ 活動中の. ~ política 政治活動. ~ deportiva スポーツ活動
❷ 活気: Hay mucha ~ en el mercado. 市場は活気に満ちている

activo, va [アクティボ, バ] 形 ❶ 活動的な, 活発な: persona ~va 行動的な人. secretaria ~va てきぱきと働く秘書
❷ 活動中の: estar en actividad ~ 現役である. población ~va 労働人口
❸〈化学〉活性の: oxígeno ~ 活性酸素
◆ 男〈商業〉資産: ~ fijo 固定資産
en ~ 現職の, 現役の: policía *en* ~ 現職の警官

acto [アクト] 男 ❶ 行為, 行動: ~ de violencia 暴力行為. ~ sexual 性交
❷ 催し, 行事: salón de ~s 講堂. ~ inaugural 開会式. ~ de clausura 閉会式. ~s oficiales 公式行事
❸〈演劇〉幕: comedia en tres ~s 三幕ものの喜劇

~ *seguido* ただちに, すぐ
en el ~ 即座に, その場で: morir *en el* ~ 即死する

actor, triz [アクトル, トリス] 名〈女複 actrices〉俳優, 女優, 役者: ~ principal/ primer ~ 主演俳優. ~ de reparto 助演者

actuación [アクトゥアスィオン] 女 ❶ 行動. ❷ 演技

actual [アクトゥアル] 形 ❶ 現在の, 今の: el Japón ~ 今日(こんにち)の日本. el Gobierno ~ 現内閣. situación ~ 現状
❷ 今日的な, 現代的な
◆ 男〈行政用語で〉今月: el 10 del ~ 今月10日

actualidad [アクトゥアリダ] 女 ❶ 現在；現実, 現状: en la ~ 現在のところ, 今日(こんにち)；現状では. ~ del país 国の現状
❷ 時事問題；複 ニュース
de ~ 今日的な: cuestiones *de* ~ 時事問題

actualización [アクトゥアリサスィオン] 女 ❶ 現代化, 最新化. ❷〈情報〉バージョンアップ, アップデート, 更新

actualizar [アクトゥアリサル] 13 他 ❶ 現実化する；最新のものにする. ❷〈情報〉バージョンアップ（アップデート・更新）する: ~ los datos データを最新化する

actualmente [アクトゥアルメンテ] 副 現在のところ, 目下(もっか)

actuar [アクトゥアル] 1 自 ❶ 行動する；〈de としての〉役割を果たす: ~ *de* mediador 仲介役をつとめる
❷〈薬などが〉作用する
❸ 演技する；出演する: ~ maravillosamente すばらしい演技をする. ~ en el Kabukiza 歌舞伎座に出演する

acuarela [アクアレラ] 女 水彩画；複 水彩絵の具

acuario [アクアリオ] 男 ❶〈魚の飼育用の〉水槽. ❷ 水族館

acuático, ca [アクアティコ, カ] 形 ❶ 水の: deporte ~ 水上スポーツ. ❷ 水にすむ: ave ~ca 水鳥

acuchillar [アクチジャル] 他〈ナイフで〉刺す

acuciante [アクスィアンテ] 形 急を要する: problema ~ 焦眉(しょうび)の問題

acuciar [アクスィアル] 他 ❶ せき立てる, 急がせる. ❷ 悩ます, 困らせる

acudir [アクディル] 自 ❶〈呼ばれて・必要があって, a に〉行く, かけつける: ~ *a* la cita 約束の場所に行く. ~ *al* lugar del accidente 事故の現場にかけつける. ~ en ayuda de+人

…を助けに行く. ❷〈手段などに〉訴える：~ *a* la conciencia de+人 …の良心に訴える

acueducto [アクエドゥクト] 男 水道橋；送水路

acuerd- ⇨**acordar**

acuerdo [アクエルド] 男 ❶〈意見などの〉一致：llegar a un ~ 合意に達する ❷ 協定, 取り決め：firmar un ~ 協定を結ぶ. ~ comercial 通商協定

De ~. 承知した/オーケー/賛成！：¿Me esperas a la entrada?—*De ~.* 入口で待っててくれる？—オーケー

de ~ con… …に従って；…に従えば：*de ~ con* la ley 法に基づいて. *de ~ con* los datos データによれば

estar de ~ 〈con と〉同意見である；〈en+不定詞・que+直説法 することに〉賛成である：Estoy *de ~ contigo*. 私は君の意見に賛成だ

ponerse de ~ 同意する；〈con と〉意見が一致する

◆ 動詞活用形 ⇨**acordar**

acuest- ⇨**acostar**

acumulación [アクムラスィオン] 女 蓄積, 集積

acumular [アクムラル] 他 積み重ねる, 蓄積する：~ estudios 研究を積み重ねる. ~ riquezas 富を蓄える

◆ ~se たまる, 積み重なる

acuñar [アクニャル] 他〈貨幣を〉鋳造する；〈貨幣に〉刻印する

acuoso, sa [アクオソ, サ] 形 ❶ 水(水分)の多い. ❷ 水の；水のような. ❸〈果物が〉ジューシーな

acurrucar [アクルカル] 73 ~se〈寒さなどで〉ちぢこまる, 体を丸める

acusación [アクサスィオン] 女 ❶〈contra に対する〉告発, 告訴, 起訴：acta de ~ 起訴状. ❷ 非難

acusado, da [アクサド, ダ] 名 過分〈刑事事件の〉被告

acusador, ra [アクサドル, ラ] 名 告発者

acusar [アクサル] 他 ❶〈de の罪で〉告発する, 起訴する：~ a+人 *de* asesinato …を殺人罪で告訴する. ❷ 非難する：~ a+人 *de* insensible …を薄情だと非難する

~ *recibo* 〈de の〉受領を通知する

acústica¹ [アクスティカ] 女 音響効果；音響学

acústico, ca² [アクスティコ, カ] 形 ❶ 聴覚の. ❷ 音響効果の；音響学の. ❸〈楽器が〉電子装置を用いない：guitarra ~*ca* アコースティックギター

Adán [アダン] 男〈人名〉アダム：~ y Eva アダムとイブ

adaptable [アダプタブレ] 形 適合できる

adaptación [アダプタスィオン] 女 ❶ 適合, 順応：~ a la nueva situación 新しい状況への適応. ❷ 脚色；編曲

adaptador, ra [アダプタドル, ラ] 名 脚色者；編曲者

◆ 男〈技術〉アダプター

adaptar [アダプタル] 他〈a に〉❶ 適合させる, 適応させる. ❷ 脚色する, 編曲する：~ una novela *al* cine 小説を映画用に脚色する

◆ ~se 適合する, 順応する：Los zapatos *se adaptan* bien *a*l pie. その靴は足にぴったりだ. No *se han adaptado a* su nueva casa. 彼らはこんどの家になじめないでいる

adecuado, da [アデクアド, ダ] 形 過分 適切な；〈para に〉適した：tratamiento ~ 適切な処置. programa ~ *para* niños 子供にふさわしい番組

adecuar [アデクアル] 他〈a に〉合わせる

adelantado, da [アデランタド, ダ] 形 過分 ❶ 進んだ, 進歩した；はかどった：reloj ~ 進んでいる時計. país ~ 先進国. ❷ 前もっての：pago ~ 前払い

por ~ 前もって；前払いで

adelantamiento [アデランタミエント] 男 前進, 進歩；追い越し

adelantar [アデランタル] 他 ❶ 進める, 前に出す：~ una mano 片手を前に出す. ❷〈時計を〉進める：~ el reloj diez minutos 時計を10分進める. ❸ 追い抜く：Me *adelantó* una moto. バイクが私を追い越した. Prohibido ~ 追越し禁止. ❹〈予定を〉早める, くり上げる：~ la salida 出発を早める. ~ el pago 前払いする

◆ 自 ❶ 進歩する, はかどる：El trabajo no *adelanta* nada. 仕事がまったくはかどらない. ❷〈時計が〉進む：Este reloj *adelanta* un minuto al día. この時計は日に1分進む. ❸ 進歩する；〈en が〉上達する：La ciencia *adelanta*. 科学が進歩する. ~ *en* pintura 絵が上達する

◆ ~se ❶ 前に進む：~*se* un paso 1歩前に進み出る

❷〈時計が〉進む：Este reloj tiende a ~*se*. この時計は進みがちだ

❸〈a に〉先んじる：~*se a* su tiempo 時代に先行する. *Me adelanté a* otros en sacar las entradas. 私がまっさきに入場券を手に入れた

❹〈予定より〉早まる：Este año la nevada *se ha adelantado*. 今年は雪の降るのが早い

adelante [アデランテ] 副 前へ, 先へ：ir ~ 前へ進む. dar un paso ~ 一歩前進する

más 〜 〈空間的・時間的に〉もっと先で(に)
◆ 間 ❶ 〈ノックに答えて〉どうぞ〔お入り下さい〕!
❷ 〈促して〉さあ/その調子で続けて!
de aquí (ahora) en 〜 今後は,これからは
adelanto [アデラント] 男 ❶ 前進, 進捗; 先行. ❷ 進歩: 〜*s técnicos* 技術の〜. ❸ 前払い金; 前借り: pedir un 〜 前借りする. ❹ 〈予定の〉繰り上げ, 前倒し
adelgazamiento [アデルガサミエント] 男 やせる(細くなる)こと: régimen de 〜 やせるためのダイエット
adelgazar [アデルガサル] 13 自 やせる, 体重が減る: *He adelgazado seis kilos*. 私は6キロやせた
◆ 他 細く(薄く)する; ほっそり見せる
ademán [アデマン] 男 〈複 ademanes〉 ❶ しぐさ, 身振り; 態度: hacer 〜 de meditar 考え込むようなそぶりを見せる. ❷ 複 行儀
además [アデマス] 副 さらに, その上に
〜 *de...* …の上に, …のほかに: *A*〜 *de ser guapo, es rico*. 彼はハンサムな上に金持ちだ. *A*〜 *de inglés, habla chino y árabe*. 彼は英語のほかに中国語とアラビア語が話せる
adentrar [アデントラル] 〜**se** 入り込む: 〜 *se en el laberinto* 迷路に入り込む
adentro [アデントロ] 副 中へ, 中で: ir 〜 中へ入る. vivir tierra 〜 内陸部に住んでいる
◆ 男 複 内心: para sus 〜*s* 内心では
adepto, ta [アデプト, タ] 名 支持者
aderezar [アデレサル] 13 他 ❶ 味つけする. ❷ 飾りつけをする, 彩りを添える
aderezo [アデレソ] 男 ❶ 味つけ. ❷ 飾りつけ
adeudar [アデウダル] 他 〈a に, +金額 の〉借りがある
adherir [アデリル] 77 他 〈a に〉くっつける, 貼る
◆ 自 くっつく
◆ 〜**se** 〈a に〉❶ くっつく, 付着する. ❷ 同意する, 賛成する. ❸ 加入する
adhesión [アデシオン] 女 ❶ 付着, 粘着. ❷ 加入; 支持
adhesivo, va [アデシボ, バ] 形 粘着力のある: cinta 〜*va* ガムテープ
◆ 男 ❶ 接着剤. ❷ ステッカー
adicción [アディ(ク)スィオン] 女 ❶ 〈a 麻薬などへの〉依存, 中毒. ❷ 耽溺(たんでき)
adición [アディスィオン] 女 ❶ 付加, 追加. ❷ 足し算
adicional [アディスィオナル] 形 付加の, 補足的な: artículo 〜 追加条項
adicionar [アディスィオナル] 他 ❶ 〈a に〉付加する, 補足する. ❷ 加算する
adicto, ta [アディクト, タ] 形 名 ❶ 〈a 麻薬などに〉依存する, 中毒の; 中毒患者: 〜 *al trabajo* 仕事中毒の〔人〕. ❷ 熱中した; 熱狂的なファン(支持者)
adiestramiento [アディエストラミエント] 男 調教; 訓練
adiestrar [アディエストラル] 他 調教する; 訓練する, 養成する
◆ 〜**se** 〈en に〉熟練する
adinerado, da [アディネラド, ダ] 形 金持ちの: familia 〜*da* 裕福な家庭
adiós [アディオス] 間 さようなら; いってきます, いってらっしゃい; 〈すれちがって〉やあ: *A*〜, *hasta luego*. さようなら, また会いましょう
◆ 男 別れ: decir 〜 *a...* …に別れを告げる; …をあきらめる
aditivo [アディティボ] 男 添加物, 添加剤: 〜 *alimentario* 食品添加物
adivinación [アディビナスィオン] 女 占い; 謎解き
adivinanza [アディビナンサ] 女 なぞなぞ
adivinar [アディビナル] 他 ❶ 占う: 〜 *el futuro* 未来を占う
❷ 〈直感的に〉見抜く, 言い当てる; 謎を解く: *Adivina quién ha venido*. 誰が来たか当ててごらん
◆ 〜**se** かすかに見える
adivino, na [アディビノ, ナ] 名 占い師
adjetivo [アドヘティボ] 男 形容詞
adjudicación [アドフディカスィオン] 女 ❶ 授与. ❷ 落札
adjudicar [アドフディカル] 73 他 ❶ 授与する. ❷ 落札させる
◆ 〜**se** 〈賞などを〉得る, 勝ち取る: 〜*se la medalla de oro* 金メダルを獲得する
adjuntar [アドフンタル] 他 〈a に〉同封する, 添付する
adjunto, ta [アドフント, タ] 形 ❶ 同封した, 添付した: remitir 〜*ta una foto* 写真を同封して送る. documentos 〜*s* 添付書類. ❷ 補佐の
◆ 副 同封して: *A*〜 *le envío una fotocopia*. コピーを1通同封します
administración [アドミニストラスィオン] 女
❶ 管理: 〜 *de los bienes* 財産の管理
❷ 経営, 運営: consejo de 〜 理事会, 役員会
❸ 行政; 行政機関, 官公庁 〖〜 *pública*〗; 〈集合的に〉その職員: 〜 *de Franco* フランコ政権. oficina central de 〜 *pública* 中央官庁
❹ 〈薬の〉投与
administrador, ra [アドミニストラドル, ラ]

administrar

图 ❶ 管理者. ❷〈会社などの〉役員, 取締役, 理事. ❸ 行政官

administrar [アドミニストラル] 他 ❶〈財産などを〉管理する: ~ bien la economía de la casa 家計のやりくりがうまい
❷ 経営する, 運営する: ~ un colegio 学校を経営する
❸〈力などを〉セーブする
❹〈薬を〉投与する

administrativo, va [アドミニストラティボ, バ] 形 ❶ 管理の. ❷ 経営の. ❸ 行政〔上〕の: reforma ~va 行政改革
◆ 图 事務職員; 事務官

admirable [アドミラブレ] 形 称賛に値する, 驚嘆すべき, すばらしい: actitud ~ 見上げた行ない

admiración [アドミラスィオン] 女 感嘆, 称賛; 尊敬: mirar con ~ el paisaje 景色に見とれる. objeto de ~ 称賛の的

admirador, ra [アドミラドル, ラ] 名 ファン, 崇拝者, 賛美者

admirar [アドミラル] 他 ❶ 感嘆する, 称賛する: ~ la generosidad de+人 …の心の広さに感心する
❷ 尊敬する: ser *admirado* por todos みんなから尊敬されている
❸ 驚嘆させる, 不思議に思わせる: Siempre me *admira* su talento para los negocios. 彼の商才にはいつも感心させられる
◆ ~se〈de に〉驚嘆する, 感心する

admisible [アドミスィブレ] 形 許容できる, 容認できる

admisión [アドミスィオン] 女 ❶〈入場・入会・入学などの〉許可. ❷〈職員などの〉採用. ❸ 許容, 容認

admitir [アドミティル] 他 ❶〈en 組織などに〉入ることを…に許可する; 合格させる: Me *han admitido en* el club. 私はクラブへの入会を認められた
❷ 許容する, 容認する, 受け入れる: 1) La situación no *admite* optimismo. 事態は楽観を許さない. 2)〈por・como として〉~…por válido …の有効性を認める. 3)〈que+直説法. 事実を〉認める: *Admito que* es verdad. 私はそれが真実だと認める. 〈否定. que+接続法〉No *admito que* digas mentira. 君がうそをつくのは許さない
◆ ~se 容認される: No *se admiten* propinas. チップ不要

admonición [アドモニスィオン] 女 戒告, 説諭

ADN 男〈略語〉DNA〖← *á*cido *d*esoxirribo*n*ucleico〗: prueba de ~ DNA 鑑定

adobar [アドバル] 他 ❶〈料理〉マリネする.

❷〈皮を〉なめす

adobe [アドベ] 男 日干しれんが

adoctrinar [アドクトリナル] 他 …に教義などを教え込む

adolecer [アドレセル] 20 自 ❶〈de 病気を〉患う. ❷〈de 欠点を〉持つ

adolescencia [アドレスセンスィア] 女 思春期

adolescente [アドレスセンテ] 形 思春期の, 青年期の
◆ 图 青年, 若者

adonde [アドンデ] 副〈関係副詞〉…する所へ

adónde [アドンデ] 副〈疑問副詞〉どこへ: ¿*A* ~ vas? どこへ行くの?

adondequiera [アドンデキエラ] 副〈que+接続法〉どこへ…しようとも

adopción [アドプスィオン] 女 ❶〈案などの〉採用, 採択. ❷ 養子縁組

adoptar [アドプタル] 他 ❶〈案などを〉採用する, 取り入れる; 採択する: ~ la idea de… …のアイデアを採用する. ~ la política democrática 民主化政策をとる
❷ 養子にする: *Ha adoptado* a un huérfano. 彼は孤児を養子にした

adoptivo, va [アドプティボ, バ] 形 ❶〈国籍などを〉自ら選んだ: patria ~va 帰化した国. ❷ 養子〔縁組〕の: hijo ~ 養子. padre ~ 養父

adoquín [アドキン] 男 敷石

adoquinado [アドキナド] 男 石畳; 〈敷石による〉舗装

adoración [アドラスィオン] 女 ❶ 崇拝; 敬愛. ❷ 熱愛

adorar [アドラル] 他 ❶ 崇拝する; 敬愛する: ~ a Dios 神をあがめる. ❷ 熱愛する

adormecer [アドルメセル] 20 他 ❶ 眠くする. ❷〈感覚などを〉麻痺させる
◆ ~se ❶ うとうとする, まどろむ. ❷ 麻痺する

adormecimiento [アドルメスィミエント] 男 まどろみ

adormilar [アドルミラル] ~se うとうとする

adornar [アドルナル] 他〈con・de で〉飾る: ~ la habitación *con* flores 花で部屋を飾る

adorno [アドルノ] 男 飾り, 装飾品: de ~ 飾りの; 飾り物

adosado, da [アドサド, ダ] 形 chalet ~ テラスハウス

adquirido, da [アドキリド, ダ] 形 過分 ❶ 既得の: derecho ~ 既得権. ❷ 後天的な

adquirir [アドキリル] 2 他 ❶ 手に入れる, 取得する: ~ honores 名誉を手にする. ~ el hábito de… …の習慣がつく

❷ 買う, 購入する: ~ honores 地位を金で買う

adquisición [アドキシスィオン] 囡 取得；購入

adquisitivo, va [アドキシティボ, バ] 形 取得の: poder ~ 購買力

adrede [アドレデ] 副 わざと, 故意に

adscribir [アドスクリビル] 他〈過分 adscrito〉配属する, 割りふる

aduana [アドゥアナ] 囡 ❶ 税関: pasar la ~ 税関を通る. ❷ 関税〖derechos de ~〗

aduanero, ra [アドゥアネロ, ラ] 形 ❶ 税関の: trámites ~s 通関手続き. ❷ 関税の: tarifa ~ra 関税表
◆ 名 税関の係官(職員)

adueñar [アドゥエニャル] ~se ❶〈de を〉我が物にする. ❷〈感情などが, de の中で〉支配的になる

adulación [アドゥラスィオン] 囡 へつらい, お世辞

adular [アドゥラル] 他 …にへつらう, お世辞を言う

adulterar [アドゥルテラル] 他 ❶〈混ぜ物などをして〉…の品質を落とす. ❷ 事実を曲げる

adulterio [アドゥルテリオ] 男 姦通(罪), 不倫: cometer ~ 不倫をする

adúltero, ra [アドゥルテロ, ラ] 形 姦通の, 不倫の

adulto, ta [アドゥルト, タ] 形 成年に達した: edad ~ta 成年. sociedad ~ta 成熟した社会
◆ 名 成人, 大人

adusto, ta [アドゥスト, タ] 形 そっけない, ぶっきらぼうな

advenedizo, za [アドベネディソ, サ] 形 名 成り上がりの; 成り上がり者

adverbio [アドベルビオ] 男 副詞

adversario, ria [アドベルサリオ, リア] 名 競争相手；敵, 反対者

adversidad [アドベルスィダ] 囡 逆境；不運

adverso, sa [アドベルソ, サ] 形 不利な；敵対する: viento ~ 逆風

advertencia [アドベルテンスィア] 囡 警告, 注意

advertir [アドベルティル] 77 他 ❶〈a+人に〉知らせる, 気づかせる: 1) ~ al alumno su error 生徒に誤りを指摘する. 2)〈que+直説法〉Te *advierto que* no sé nada. 言っておくが, 私は何も知らないよ. 3)〈de について〉~ a+人 del peligro …に危険を知らせる
❷〈que+接続法 するように〉警告する, 注意する: Me *advirtieron que* no saliera de casa. 私は家を出ないよう忠告された

❸ …に気づく: *Adverti* su ausencia. 私は彼がいないことに気づいた

aéreo, a [アエレオ, ア] 形 空中の；航空の: por vía ~a 空路で；航空便で

aero-〈接頭辞〉「空」の意

aeróbic [アエロビ(ク)] 男 エアロビクス: practicar ~ エアロビクスをする

aerobús [アエロブス] 男〈航空〉エアバス

aerodeslizador [アエロデスリサドル] 男 ホーバークラフト

aeródromo [アエロドロモ] 男 飛行場

aerograma [アエログラマ] 男 航空書簡, エアログラム

aerolito [アエロリト] 男 隕石(いんせき)

aeromozo, za [アエロモソ, サ] 名〈ラ〉客室乗務員

aeronáutico, ca [アエロナウティコ, カ] 形 航空の；航空機の. ◆ 囡 航空学

aeronave [アエロナベ] 囡 飛行船

aeropuerto [アエロプエルト] 男 空港: ~ de Barajas バラハス空港

aerosol [アエロソル] 男 スプレー

afabilidad [アファビリダ] 囡 優しさ, 親切さ

afable [アファブレ] 形 優しい, 親切な, 愛想のよい

afamado, da [アファマド, ダ] 形 有名な, 評判の

afán [アファン] 男〈複 afanes〉❶ 熱心さ, 熱意: con mucho ~ 熱心に, 一所懸命に ❷〈主に 複〉苦労: *afanes* de la vida 人生の労苦

afanar [アファナル] ~se〈en・por に〉精を出す, 一所懸命になる

afanoso, sa [アファノソ, サ] 形 熱心な

afear [アフェアル] 他 ❶ 醜くする. ❷ 非難する

afección [アフェ(ク)スィオン] 囡 疾患

afectación [アフェクタスィオン] 囡 わざとらしさ, 気どり

afectado, da [アフェクタド, ダ] 形〈過分〉わざとらしい, 気どった

afectar [アフェクタル] 他 ❶ …に〔悪〕影響を及ぼす, 害を与える: La subida de los precios *afecta* la vida del pueblo. 物価の上昇は国民生活に響く. ❷ …のふりをする, …を装う: ~ ignorancia 知らないふりをする
◆ 自〈a に〉かかわる, 重大な影響を及ぼす: La sequía *afecta* al riesgo de incendios. 干ばつで火事のおそれがある

afectísimo, ma [アフェクティシモ, マ] 形〈手紙〉suyo ~ 敬具

afectivo, va [アフェクティボ, バ] 形 情緒的な

afecto [アフェクト] 男 親愛の情, 愛情：cobrar ～ a+人 …に愛情がわく. tomar ～ a+人 …を好きになる. con ～ 愛を込めて

afectuoso, sa [アフェクトゥオソ, サ] 形 愛情のこもった, 優しい

afeitar [アフェイタル] 他 〈…のひげなどを〉そる. ◆ ～se 〈自分のひげなどを〉そる

afeminado, da [アフェミナド, ダ] 形 女性的な, 柔弱(にゅうじゃく)な

aferrar [アフェラル] 他 〈しっかりと〉つかむ ◆ ～se ❶ 〈a に〉しがみつく, すがる. ❷ 〈意見などに〉固執する, こだわる

afianzamiento [アフィアンサミエント] 男 補強；〈信用などの〉強化

afianzar [アフィアンサル] 13 他 補強する, 確立する；強化する

afiche [アフィチェ] 男 〈ラ〉ポスター

afición [アフィスィオン] 女 ❶ 〈a への〉好み, 趣味：¿Qué aficiones tiene usted? ご趣味は何ですか? tener ～ a los toros 闘牛好きである. pintar por ～ 趣味で絵を描く. carpintero de ～ 日曜大工. ❷ 〈la+. 集合的に〉ファン

aficionado, da [アフィスィオナド, ダ] 形 過分 ❶ 〈a+事物 が〉大好きな：ser muy ～ al béisbol 大の野球ファンである
❷ 素人(しろうと)の
◆ 名 ❶ 愛好家, ファン, サポーター. ❷ 素人：teatro de ～s アマチュア演劇

aficionar [アフィスィオナル] ～se 〈a+事物を〉好きになる

afilado, da [アフィラド, ダ] 形 過分 ❶ 鋭利な, とがった：cuchillo ～ 鋭いナイフ. ❷ 〈顔などが〉細い

afilar [アフィラル] 他 鋭くする, とがらせる, 研ぐ

afiliación [アフィリアスィオン] 女 加入

afiliar [アフィリアル] ～se 〈a に〉加入する：～se al sindicato 組合に加盟する. compañía afiliada 子会社

afín [アフィン] 形 複 afines 関係の近い, 類似の

afinar [アフィナル] 他 ❶ 細くする；仕上げる. ❷ 〈音楽〉調律する

afinidad [アフィニダ] 女 ❶ 〈性格などの〉類似. ❷ 姻族関係

afirmación [アフィルマスィオン] 女 ❶ 断言, 言明. ❷ 肯定

afirmar [アフィルマル] 他 自 ❶ 〈+不定詞・que+直説法〉断言する：Afirmó que había visto al ladrón. 彼は確かにどろぼうを見たと言った
❷ 肯定する：～ con la cabeza うなずいて肯定する

afirmativo, va [アフィルマティボ, バ] 形 肯定の, 肯定的な：hacer un signo ～ con la cabeza うなずいて同意を示す

aflicción [アフリ〔ク〕スィオン] 女 苦悩；悲嘆

aflictivo, va [アフリクティボ, バ] 形 苦しめる；悲しませる

afligir [アフリヒル] 37 他 苦しめる, 悩ます；〈深く〉悲しませる
◆ ～se 悲嘆にくれる；〈por で〉心を痛める：Se afligía por la mala noticia. 彼は悪い知らせに心を痛めていた

aflojar [アフロハル] 他 緩める；緩和する：～ un tornillo ねじを緩める. ～ el límite 制限を緩和する
◆ 自 ❶ 緩む. ❷ 衰える：Ha aflojado el viento. 風が衰えた
◆ ～se 〈自分の…を〉緩める：～se el cinturón ベルトを緩める

aflorar [アフロラル] 自 表面に表われる；〈地表に〉露出する

afluencia [アフルエンスィア] 女 〈多量の人・物の〉流入, 殺到

afluente [アフルエンテ] 男 支流

afluir [アフルイル] 42 自 〈a に〉流れ込む, 殺到する

afonía [アフォニア] 女 〈医学〉失声症

aforismo [アフォリスモ] 男 金言, 警句

aforo [アフォロ] 男 〈劇場などの〉収容能力

afortunadamente [アフォルトゥナダメンテ] 副 幸運にも, 運よく：～ conseguí la entrada. 私は運よくチケットを手に入れた

afortunado, da [アフォルトゥナド, ダ] 形 幸運な；幸せな

afrancesado, da [アフランセサド, ダ] 形 フランス風の；フランスかぶれの, 親仏派の

afrenta [アフレンタ] 女 はずかしめ, 侮辱；不名誉

África [アフリカ] 女 〈単数冠詞は el・un〔a〕〉アフリカ

africano, na [アフリカノ, ナ] 形 名 アフリカの；アフリカ人

afro [アフロ] 形 アフロ〔ヘア〕の

afrontar [アフロンタル] 他 …に立ち向かう：～ el peligro 危険に立ち向かう

afuera [アフエラ] 副 外へ, 外で；戸外へ：Vamos ～. 外へ出よう
◆ 女 複 郊外：en las ～s de Madrid マドリード郊外に

agachar [アガチャル] 他 〈頭・上体を〉低くする, かがめる
◆ ～se かがむ, しゃがむ

agalla [アガジャ] 女 ❶ 鰓(えら). ❷ 複 〈口語〉根性：tener ～s ガッツがある

agarraderas [アガらデラス] 囡 稞 ⟨口語⟩ コネ, つて

agarradero [アガらデロ] 男 ❶ 取っ手, 握り. ❷ ⟨口語⟩ 方便, 口実

agarrado, da [アガらド, ダ] 形 名 過分 ⟨口語⟩ しみったれの⟨人⟩
◆ 男 チークダンス『baile ～』

agarrar [アガらル] 他 ❶ ⟨しっかりと⟩ つかむ: ～ a+人 por el cuello …の襟首をつかむ ❷ ⟨病気に⟩ なり始める: ～ un resfriado 風邪を引きかける
◆ **～se** ❶ ⟨a に⟩ しがみつく: *Agárrate* al pasamanos. 手すりにつかまりなさい ❷ ⟨料理が, 鍋などが⟩ こげつく

agarrotar [アガろタル] 他 ⟨寒さなどで身体の一部が⟩ 硬直する, こわばる; ⟨機械が⟩ 動かなくなる

agasajar [アガサハル] 他 もてなす, 歓待する

agasajo [アガサホ] 男 もてなし, 歓待

agencia [アヘンスィア] 囡 ❶ 代理店, 代行業: ～ de viajes 旅行代理店, 旅行会社. ～ de prensa 通信社. ～ matrimonial 結婚相談所
❷ 出張所; ⟨銀行の⟩ 支店

agenciar [アヘンスィアル] 他 **～se** うまく手に入れる: *～se* (*agenciárselas*) para reunir dinero 金の工面をする

agenda [アヘンダ] 囡 ❶ 手帳, メモ帳: ～ electrónica 電子手帳. ❷ ⟨仕事などの⟩ 予定表, 日程: Tengo la ～ muy cargada esta semana. 私は今週予定が詰まっている

agente [アヘンテ] 名 ❶ 代行業者, ディーラー; 代理人, エージェント: ～ inmobiliario 不動産業者. ～ de bolsa 株式仲買人. ～ de seguros 保険代理店
❷ 刑事, 警官『～ de policía』: ¿Qué ocurre, ～? 何事ですか, おまわりさん?
❸ 情報員: ～ secreto 秘密諜報部員
◆ 男 要因

ágil [アヒル] 形 敏捷な, 機敏な: ～ de movimientos 動作がすばやい

agilidad [アヒリダ] 囡 敏捷さ, 身軽さ

agitación [アヒタスィオン] 囡 ❶ ⟨精神的な⟩ 動揺. ❷ 扇動, アジテーション

agitado, da [アヒタド, ダ] 形 過分 ❶ あわただしい: vida ～*da* de la ciudad 都会のあわただしい生活. ❷ そわそわした

agitar [アヒタル] 他 ❶ ⟨早く・強く⟩ 振る, 揺り動かす: ～ un pañuelo ハンカチを振る. ❷ ⟨心を⟩ 乱す, 動揺させる. ❸ 扇動する
◆ **～se** ❶ ⟨激しく⟩ 揺れる. ❷ そわそわする, ⟨動揺して⟩ 騒ぐ. ❸ ⟨海が⟩ 荒れる: El mar está *agitado*. 海は波立っている

aglomeración [アグロメラスィオン] 囡 ❶ 群集, 人だかり『～ de gente』. ❷ 塊

aglomerar [アグロメラル] 他 ⟨雑多な物を⟩ 寄せ集める
◆ **～se** 群がる: La gente está *aglomerada* en la plaza. 広場に人だかりができている

aglutinar [アグルティナル] 他 ❶ まとめる, 結集させる. ❷ 接着する

agnóstico, ca [アグノスティコ, カ] 形 名 不可知論の; 不可知論者

agobiante [アゴビアンテ] 形 骨の折れる; 耐えがたい

agobiar [アゴビアル] 他 …に重圧感を与える, 苦しめる: Me *agobia* este calor. この暑さには参る
◆ **～se** 苦しむ; 不安になる

agobio [アゴビオ] 男 重圧〔感〕; 疲労〔感〕

agolpar [アゴルパル] **～se** 押し寄せる, 殺到する

agonía [アゴニア] 囡 ❶ 断末魔の苦しみ; 最期: estar en ～ 死に瀕している. ❷ 苦悶

agonizante [アゴニサンテ] 形 瀕死の, 死にかかった

agonizar [アゴニサル] 13 自 死に瀕する

agosto [アゴスト] 男 8月: Él nació en ～. 彼は8月生まれだ
hacer su ～ 荒稼ぎをする

agotado, da [アゴタド, ダ] 形 過分 ❶ 枯渇した; 売り切れた: El libro está ～. その本は絶版(売り切れ)だ. ❷ 疲れ果てた: Estoy ～. 私はくたくただ

agotador, ra [アゴタドル, ら] 形 ❶ 枯渇させる. ❷ 疲労困憊させる

agotamiento [アゴタミエント] 男 ❶ 枯渇. ❷ 疲労困憊(ぱい), 消耗

agotar [アゴタル] 他 ❶ 枯渇させる, 使い果たす: ～ las existencias 在庫を切らす. ❷ ⟨気力・体力を⟩ 消耗させる, 極度に疲れさせる
◆ **～se** ❶ 枯渇する; 品切れになる: *Se han agotado* las entradas. 入場券はもう売り切れだ. ❷ 体力を消耗する, 極度に疲れる; 衰弱する

agraciado, da [アグらスィアド, ダ] 形 ❶ かわいい, 器量のよい. ❷ くじに当たった

agradable [アグらダブレ] 形 ❶ ⟨a に⟩ 快い, 気持ちのよい: música ～ *al* oído 耳に快い音楽. ～ *al* paladar 口当たりのよい. chico ～ 感じのよい青年
❷ 楽しい: tertulia ～ 楽しいつどい

agradar [アグらダル] 自 楽しませる, 喜ばせる; 気に入る: Me *agrada* su presencia. 彼がいると私は楽しい. No me *agrada* la idea. 私はその考えは気に入らない

agradecer [アグらデセル] 20 他 感謝する: Le *agradezco* su invitación. ご招待を感謝

いたします。Les *agradecería* que me enviaran muestras. 見本をお送りいただければありがたいのですが

agradecido, da [アグラデスィド, ダ] 形 過分 〈por に〉感謝している: Estoy 〜 *por* su amabilidad. ご親切に感謝しております。¡Muy 〜! どうもありがとう!

agradecimiento [アグラデスィミエント] 男 感謝〔の念〕: expresar su 〜 a+人〈por について〉…に感謝の意を表わす

agrado [アグラド] 男 ❶ 喜び。❷ 好み。❸ 親切, 愛想のよさ

agrandar [アグランダル] 他 大きくする, 拡大する。◆ 〜se 大きくなる

agrario, ria [アグラリオ, リア] 形 農地の

agravante [アグラバンテ] 形 男/女 悪化させる〔もの〕, 深刻化させる〔もの〕

agravar [アグラバル] 他 悪化させる, 深刻化させる

◆ 〜se 悪化する: *Se ha agravado* el problema demográfico. 人口問題が深刻化した

agraviar [アグラビアル] 他 侮辱する, …の感情を傷つける

agravio [アグラビオ] 男 ❶ 侮辱, 辱め。❷〈権利・利益の〉侵害

agredir [アグレディル] 他〈精神的・肉体的に〉攻撃する

agregado, da [アグレガド, ダ] 名 〜 comercial 大使館付き商務官。〜 cultural 大使館付き文化担当官

agregar [アグレガル] 55 他〈a に〉付加する, 加える: 〜 el interés *al* capital 元金に利子を加える

agresión [アグレシオン] 女 襲撃, 攻撃; 侵略: pacto de no 〜 不可侵条約

agresivo, va [アグレシボ, バ] 形 攻撃的な, けんか腰の

agresor, ra [アグレソル, ラ] 形 襲撃する; 侵略する

◆ 名 襲撃者; 侵略者

agriar [アグリアル] 他 ❶ すっぱくする。❷ 気むずかしくする

◆ 〜se ❶ すっぱくなる。❷ 気むずかしくなる

agrícola [アグリコラ] 形 農業の: país 〜 農業国

agricultor, ra [アグリクルトル, ラ] 名 農民

agricultura [アグリクルトゥラ] 女 農業, 農耕: 〜 biológica/〜 orgánica 有機農業

agridulce [アグリドゥルセ] 形 甘ずっぱい

agrietar [アグリエタル] 〜se 亀裂が入る; ひびが切れる

agrio, gria [アグリオ, グリア] 形 ❶ すっぱい: vino 〜 酸味のあるワイン。❷ 気むずかしい; しんらつな

agrupación [アグルパスィオン] 女 集合, グループ

agrupar [アグルパル] 他 集める;〈グループ別に〉まとめる: 〜 las fichas por temas カードをテーマ別に分ける

◆ 〜se 集合する

agua [アグア] 女〈単数定冠詞は el・un[a]〉❶ 水: pedir un vaso de 〜 水を1杯頼む。whisky con 〜 ウィスキーの水割り。〜 caliente 湯。〜 dulce 真水。〜 dura/〜 gorda 硬水。〜s residuales 下水

❷ 雨: Ha caído mucha 〜. ひどい雨だった。〜s pluviales 雨水

❸〈植物・果物などから抽出した〉液: 〜 de coco ココナッツミルク。〜 de Colonia オーデコロン

❹ 複 海域: 〜s internacionales 公海。〜s jurisdiccionales 領海

〜*s menores* 小便

estar (nadar) entre dos 〜*s* あいまいな態度をとる; ふたまたをかける

llevar el 〜 *a su molino* 我田引水

romper 〜*s*〈妊婦が〉破水する

ser 〜 *pasada* 過ぎたことである

aguacate [アグアカテ] 男 アボカド〔の実〕

aguacero [アグアセロ] 男 にわか雨: Me sorprendió un 〜. 私はにわか雨にあった

aguado, da [アグアド, ダ] 形 過分〈飲み物が〉水っぽい

aguafiestas [アグアフィエスタス] 名〈単複同形〉興ざめさせる人, しらけさせる人

aguafuerte [アグアフエルテ] 男 エッチング

aguanieve [アグアニエベ] 女〈気象〉みぞれ

aguantar [アグアンタル] 他 ❶ 我慢する, 耐える: 〜 el dolor 痛みをたえる。❷〈重さを〉支える: Los pilares *aguantan* el techo. 柱が屋根を支えている

◆ 〜se 自制する

aguante [アグアンテ] 男 ❶ 我慢強さ, 忍耐心。❷ 持久力, スタミナ

aguar [アグアル] 8 他 ❶ 水で薄める。❷ …の興をそぐ, しらけさせる

aguardiente [アグアルディエンテ] 男 蒸留酒, 焼酎: 〜 de caña ラム酒

agudeza [アグデサ] 女 ❶ 機知, ウイット。❷〈感覚などの〉鋭さ

agudizar [アグディサル] 13 他 ❶ 鋭くする。❷〈事態を〉深刻化させる

◆ 〜se ❶ 鋭くなる。❷ 深刻化する: *Se agudiza* la crisis económica. 経済危機が深まる

agudo, da [アグド, ダ] 形 ❶ 尖った: ángulo 〜 鋭角。pico 〜 尖ったくちばし

❷〈感覚などが〉鋭い: orfato 〜 敏感な嗅覚. dolor 〜 激しい痛み
❸〈音・声が〉高い: sonido 〜 高音
❹〔医学〕急性の: pulmonía 〜*da* 急性肺炎

agüero [アグエロ]〔男〕❶ 前兆: buen 〜 吉兆. de mal 〜 不吉な

aguijar [アギハル]〔他〕❶〈突き棒で牛などを〉かり立てる. ❷〈感情を〉刺激する

aguijón [アギホン]〔男〕〈ハチの〉針;〈バラなどの〉とげ

águila [アギラ]〔女〕〈単数冠詞は el・un〔a〕〉ワシ(鷲)

aguileño, ña [アギレニョ, ニャ]〔形〕ワシの〔ような〕: nariz 〜*ña* 鷲鼻

aguinaldo [アギナルド]〔男〕〈クリスマスなどの〉心付け;年末手当

aguja [アグハ]〔女〕❶ 針;縫い針: 〜 de gancho かぎ針. 〜 de punto 編み針. 〜*s* del reloj 時計の針
❷ 飾りピン
❸ 尖塔
❹〔複〕〔鉄道〕転轍(てんてつ)機, ポイント
buscar una 〜 en un pajar 不可能に近い(至難な)ことをする

agujerear [アグヘレアル]〔他〕…に穴をあける

agujero [アグヘロ]〔男〕穴, 破れ目: abrir un 〜 穴をあける. 〜 negro〔天文〕ブラックホール

agujetas [アグヘタス]〔女〕〔複〕筋肉痛

aguzar [アグサル]〔13〕〔他〕鋭くする: 〜 un cuchillo 包丁を研ぐ. 〜 la vista 目を凝らす

ah [ア]〔間〕〈驚き・痛みなど〉ああ!

ahí [アイ]〔副〕そこに, そこで: ¿José está 〜? ホセはそこにいる? *Ahí* viene el profesor. あそこに先生がやって来た
de 〜 そこから;その時から
de 〜 que+接続法 だから…
por 〜 1) その辺に. 2) そのくらい: cien yenes o *por* 〜 100 円かそこら

ahijado, da [アイハド, ダ]〔名〕〔キリスト教〕名付け子, 代子, 教子

ahínco [アインコ]〔男〕熱心: con 〜 一所懸命に, 熱心に

ahíto, ta [アイト, タ]〔形〕❶ 腹一杯の. ❷〈de に〉食傷した, うんざりした

ahogar [アオガル]〔55〕〔他〕❶ 窒息させる;溺死させる: 〜 a+人 con una almohada …を枕で窒息死させる. ❷ 息苦しくさせる. ❸ 苦しめる: Estoy *ahogado* de deudas. 私は借金で首が回らない. ❹ 鎮圧する: 〜 un incendio 火事を消し止める. ❺〈感情を〉抑える: 〜 su pena en la bebida 酒で悲しみをまぎらわす

◆ **〜se** 窒息する;溺死する: *Me ahogo* en un cuarto tan pequeño. こんなに狭い部屋にいると息が詰まりそうだ. *Se ahogó* en el mar. 彼は海で溺死した

ahogo [アオゴ]〔男〕❶ 呼吸困難, 息切れ;窒息. ❷ 悲しみ

ahondar [アオンダル]〔他〕深く掘る;掘り下げる
◆〔自〕〈en を〉掘り下げる

ahora [アオラ]〔副〕❶ 今, 現在は: *A*〜 estoy libre. 今私はひまだ. situación de 〜 現在の状況
❷〈近い過去〉ついさっき;〈近い未来〉今すぐ: Ha llegado 〜. 彼は今着いたばかりだ. *A*〜 voy. 今すぐ行きます
❸ 今度は, さて: *A*〜, ¿a dónde vamos? さて, どこへ行こうか?
〜 bien さて, ところで
〜 mismo 1) 今すぐ: Vete 〜 *mismo*. 今すぐ出て行け. 2) 今さっき
〜 o nunca 今が唯一のチャンスだ/時は今だ
por 〜 今のところ, さしあたって

ahorcamiento [アオルカミエント]〔男〕絞首刑;首吊り自殺

ahorcar [アオルカル]〔73〕〔他〕絞り首にする
◆ **〜se** 首吊り自殺をする

ahorita [アオリタ]〔副〕〈ahora の示小語〉〔ラ〕たった今;今すぐ: *A*〜 viene. 彼は今すぐ来ます

ahorrador, ra [アオらドル, ら]〔形〕〔名〕❶ 預金者〔の〕;倹約家〔の〕. ❷ 節約する〔人〕

ahorrar [アオらル]〔他〕❶ 貯蓄する;倹約する: 〜 diez mil yenes cada mes 毎月1万円貯金(倹約)する. ❷ 節約する: 〜 tiempo 時間を節約する
◆〔自〕貯蓄する;倹約する: 〜 para la vejez 老後にそなえて貯金する
◆ **〜se**〈厄介ごとを〉避ける

ahorrativo, va [アオらティボ, バ]〔形〕倹約家の;節約する

ahorro [アオろ]〔男〕❶〈主に〔複〕〉貯蓄, 貯金: Tengo 〜*s*. 私は貯金がある. caja de 〜*s* 貯蓄銀行. ❷ 倹約. ❸ 節約: 〜 energético 省エネルギー

ahuecar [アウエカル]〔73〕〔他〕くり抜く

ahumado, da [アウマド, ダ]〔形〕〔過分〕❶ いぶした, 煙い;燻製の: salmón 〜 スモークサーモン. ❷〈透明な物が〉黒ずんだ: cristal 〜 スモークガラス
◆〔男〕燻製

ahumar [アウマル]〔68〕〔他〕いぶす;燻製にする

ahuyentar [アウジェンタル]〔他〕追い払う;〈考えなどを〉払いのける

airado, da [アイらド, ダ]〔形〕〔過分〕怒った

airar [アイラル] ③ 他 怒らせる
◆ ～se 怒る

aire [アイレ] 男 ❶ 空気, 大気: respirar el ～ fresco 新鮮な空気を吸う. ～ acondicionado 冷暖房装置, エアコン
❷ 外気, 風: exponer al ～ 外気に当てる. Entra el ～ por la ventana. 窓から風が入ってくる
❸ 様子, 外見; 雰囲気: con ～ de cansancio 疲れた様子で. con ～ majestuoso 堂々と
❹〈音楽〉節(ふし), 旋律
al ～ 露出した: con las piernas *al ～* 両脚をむき出しにして
al ～ libre 戸外の, 戸外で: concierto *al ～ libre* 野外コンサート
cambiar de ～s 転地療養する
darse ～s 〈de を〉 気取る
en el ～ 空中で, 大気中に; 未決定の: suspenso *en el ～* 宙ぶらりんの
tomar el ～ 外の空気を吸う, 風に当たる, 散歩に出る

airear [アイレアル] 他 風にあてる; 風を入れる;〈衣類を〉虫干しする
◆ ～se 外気に当たる

airoso, sa [アイロソ, サ] 形 さっそうとした

aislado, da [アイスラド, ダ] 形 過分 孤立した, 隔離された: Ningún estado puede vivir ～. どの国も孤立しては生きていけない

aislamiento [アイスラミエント] 男 ❶ 孤立, 隔離. ❷〈電気〉絶縁

aislante [アイスランテ] 形〈電気〉絶縁の: cinta ～ 絶縁テープ

aislar [アイスラル] ③ 他 ❶ 孤立させる, 隔離する. ❷〈電気〉絶縁する
◆ ～se 孤立する

ajedrez [アヘドレス] 男 チェス

ajeno, na [アヘノ, ナ] 形 ❶ 他人の: la felicidad ～*na* 他人の幸せ. vivir a costa ～*na* 他人の世話になって暮らす
❷〈a に〉無縁な: Se prohíbe la entrada a toda persona ～*na*. 関係者以外立入禁止. reacción ～*na a* su carácter 彼らしくない反応
❸〈a に〉気づかない; 無関心な: estar ～ *a* los problemas de la familia 家庭内の問題に知らん顔をしている

ajetreado, da [アヘトレアド, ダ] 形 ひどく忙しい

ajetreo [アヘトレオ] 男 あわただしさ, 多忙

ají [アヒ] 男〈ラ〉トウガラシ; チリソース

ajo [アホ] 男 ニンニク: cabeza de ～ ニンニクの玉. diente de ～ ニンニクの一かけ

ajonjolí [アホンホリ] 男 ゴマ(胡麻)

ajuar [アフアル] 男 ❶ 嫁入り道具〖特に衣類〗. ❷〈ラ〉産着

Ajuria Enea [アフリア エネア] 女 バスク自治州政府; その首相官邸

ajustado, da [アフスタド, ダ] 形 過分 ❶ ぴったりした, ぎりぎりの: falda muy ～*da* ぴっちりしたスカート. ❷〈a に〉適合した

ajustar [アフスタル] 他〈a に〉ぴったり合わせる, 適合させる; 調節する: ～ el paso *al* de+人 …と歩調を合わせる. ❷〈値段などを〉取り決める, 折り合いをつける: ～ un matrimonio 縁談をまとめる
◆ 自 ぴったり合う, はまる
◆ ～se ❶〈自分に〉…をぴったり合わせる: ～*se* el cinturón ベルトを締める. ❷〈a に〉ぴったり合う, 適合する: Esta llave no *se ajusta a* la cerradura. この鍵は鍵穴に合わない. ❸〈主語は複数〉折り合う

ajuste [アフステ] 男 ❶ 調整; 寸法合わせ: hacer un ～ del motor エンジンを調整する. ❷〈価格の〉取り決め
～ de cuentas 〈口語〉 仕返し

al [アル] 〖前置詞 a と定冠詞 el との結合形〗⇨**a**
al+不定詞 …する時に; …すると: Se cayó *al* bajar del tren. 彼は電車から下りる時に転んだ

ala [アラ] 女〖単数冠詞は el・un(a)〗❶ 翼, 羽: extender las ～s 翼を広げる. ～s del avión 飛行機の主翼. ～ delta ハングライダー
❷〈帽子の〉つば
❸〈政治〉…派: ～ derecha del partido 党内の右派
❹〈スポーツ〉ウィング

alabanza [アラバンサ] 女 称賛, 賛辞

alabar [アラバル] 他 ほめたたえる, 称賛する

alabastro [アラバストロ] 男 雪花石膏, アラバスター

alacena [アラセナ] 女〈作りつけの〉食器棚

alacrán [アラクラン] 男〈動物〉サソリ

alado, da [アラド, ダ] 形 翼(羽)のある

alambrada [アランブラダ] 女 鉄条網〖～ de púas〗; 金網〖のフェンス〗

alambre [アランブレ] 男 針金: red de ～ 金網. ～ de tierra アース線

alambrera [アランブレラ] 女 金網

alameda [アラメダ] 女 ポプラ並木; 並木道

álamo [アラモ] 男 ポプラ

alarde [アラルデ] 男 誇示: hacer ～ de... …を見せびらかす, 自慢する

alardear [アラルデアル] 自〈de を〉誇示する

alargar [アラルガル] 55 他 ❶ 長くする, 延長する: ～ la falda スカートの丈を伸ばす. ～

la estancia 滞在期間を延長する. ❷ 〈手など を〉伸ばす,手を伸ばして取る(渡す): *Alárga*me el azúcar. 砂糖を取ってくれ
◆ ～se ❶ 長くなる,伸びる. ❷ 長々と話す (書く)

alarido [アラリド] 男 〈恐怖・苦痛の〉叫び 声,悲鳴

alarma [アラルマ] 女 ❶ **警報**;警報器 〖aparato de ～〗: dar la ～ 警報を出す. ～ contra incendios 火災報知器. ～ del despertador 目覚まし時計のアラーム
❷ 警戒態勢: estado de ～ 非常事態

alarmante [アラルマンテ] 形 不穏な,憂慮 すべき: síntoma ～ ただならぬ兆候

alarmar [アラルマル] 他 警戒させる,危険を 知らせる
◆ ～se ひどく心配する,おびえる

alba [アルバ] 女 〈単数冠詞は el・un(a)〉夜 明け,暁: al rayar el ～ 夜明けに

albañil [アルバニル] 男 れんが積み職人,タイ ル張り職人;左官

albaricoque [アルバリコケ] 男 アンズ,ア プリコット

albedrío [アルベドリオ] 男 意志: libre ～ 自由意志

alberca [アルベルカ] 女 ❶ 用水池. ❷ 〈メ キシコ〉プール

albergar [アルベルガル] 55 他 ❶ 泊める,宿 舎を提供する. ❷ 〈感情などを〉いだく
◆ ～se 泊まる

albergue [アルベルゲ] 男 ❶ 宿泊所: dar ～ en su casa 自分の家に泊める. ～ juvenil ユースホステル. ❷ 避難所: ～ alpino 山小屋

albóndiga [アルボンディガ] 女 肉だんご,ミ ートボール

albondiguilla [アルボンディギジャ] 女 = albóndiga

albor [アルボル] 男 ❶ 明け方,あかつき. ❷ 〈複〉黎明(ホム): en los ～es de la vida 幼 年(青年)期に. ❸ 白さ

alborear [アルボレアル] 自 〈単人称〉夜が 明ける,空が白む

albornoz [アルボルノス] 男 〈複 albornoces〉バスローブ

alborotar [アルボロタル] 自 騒ぐ,騒ぎ立て る;〈騒々しく〉暴れる
◆ 他 騒ぎを起こす;混乱させる
◆ ～se 騒ぐ

alboroto [アルボロト] 男 ❶ 騒ぎ,騒動;混 乱: armar mucho ～ 大騒ぎする. ❷ 〈複〉〈ラ〉甘いポップコーン

alborozar [アルボロサル] 13 他 大喜びさせ る. ◆ ～se 大喜びする

alborozo [アルボロソ] 男 大喜び

álbum [アルブン] 男 〈複 ～es〉〈写真・CD などの〉アルバム: ～ de recortes スクラッ プブック

albur [アルブル] 男 *al* ～ 行き当たりばった りに,なりききで

alcahuete, ta [アルカウエテ, タ] 名 ❶ 売 春の仲介者,女街(は). ❷ うわさ話の好きな 人

alcalde, desa [アルカルデ,アルカルデサ] 名 市長,町(区・村)長;その夫人

alcaldía [アルカルディア] 女 市(町・村)長 の職;町(村)役場

álcali [アルカリ] 男 アルカリ

alcalino, na [アルカリノ, ナ] 形 アルカリ性 の

alcance [アルカンセ] 男 ❶ 届く距離;射 程: al ～ de la mano 手の届くところに. El problema está fuera de mi ～. その問題は 私の手にあまる. misil de largo ～ 長距離ミ サイル. ❷ 重要性: hecho de gran ～ ひじ ように重大な事
dar ～ de+人 …に追いつく
de pocos ～s 理解力に乏しい

alcanfor [アルカンフォル] 男 ❶ 〈医学〉カン フル. ❷ 樟脳(ょぅ)

alcantarilla [アルカンタリジャ] 女 下水道,どぶ

alcantarillado [アルカンタリジャド] 男 下 水設備

alcanzar [アルカンサル] 13 他 ❶ …に追い つく: Corrí para ～le. 私は彼に追いつこうと 走った. ❷ 〈に〉〈手が〉届く,到達する,〈水準 などに〉達する: Los daños *alcanzan* un millón de yenes. 被害額は 100 万円に及ぶ. ～ la meta ゴールに入る;目標を達成する. ～ la fama 名声を手に入れる. ❸ 〈手を伸ばし て〉取る;渡す: *Alcánza*me un lápiz. 鉛筆 を1本取ってくれ. ❹ 理解する(に至る)
◆ 自 ❶ 〈a に〉届く: El niño no *alcanzó* a la llave de la luz. その子は電灯のスイッチ に手が届かなかった. hasta donde *alcanza* la vista 見渡す限り. ❷ 〈a+不定詞〉…できる: No *alcancé a* oírte con tanto ruido. うる さくて私は君の言っていることが聞こえなかった. ❸ 〈para に〉十分である,足りる: El vino no *alcanzó para* todos. ワインはみんなに行き渡 らなかった.

alcázar [アルカサル] 男 城;王宮

alcoba [アルコバ] 女 寝室

alcohol [アルコオル] 男 アルコール;酒類: ～ etílico エチルアルコール. ～ metílico メチ ルアルコール. bebida sin ～ ノンアルコール飲 料. Hoy no puedo beber ～. 私はきょうは 酒を飲めない

alcohólico, ca [アルコオリコ, カ] 形 アルコールの: bebida ～ca アルコール飲料, 酒
◆ 名 アルコール中毒患者

alcoholismo [アルコオリスモ] 男 アルコール中毒: ～ agudo 急性アルコール中毒

alcorán [アルコラン] 男 〈イスラム教〉コーラン

alcornoque [アルコルノケ] 男 〈植物〉コルクガシ. ◆ 名 頭がからっぽな人

aldaba [アルダバ] 女 〈ドアの〉ノッカー

aldabilla [アルダビジャ] 女 〈扉の〉掛け金

aldea [アルデア] 女 村, 村落

aldeano, na [アルデアノ, ナ] 形 村の
◆ 名 村人

aleación [アレアスィオン] 女 合金

aleccionar [アレ(ク)スィオナル] 他 〈経験などが〉教える; 戒める

alegación [アレガスィオン] 女 申し立て, 引証

alegar [アレガル] 55 他 〈弁護などで〉主張する, 申し立てる
自 〈ラ〉議論する

alegato [アレガト] 男 ❶ 主張, 申し立て; 〈法律〉弁論書: ～ oral 口答弁論. ❷ 〈ラ〉議論

alegoría [アレゴリア] 女 〈物語の〉寓意, 寓話

alegrar [アレグラル] 他 ❶ 喜ばせる, 楽しませる: Mi regalo le *alegró*. 彼は私のプレゼントを喜んだ
❷ 〈雰囲気を〉陽気にする, 明るくする
◆ ～se ❶ 〈de を〉喜ぶ: Me alegro de verte. 君に会えて私はうれしい. *Me alegro* [*de*] que vengas. 君が来てくれて私はうれしい
❷ 陽気になる, 明るくなる

alegre [アレグレ] 形 ❶ うれしい, 楽しい, うきうきした: Está ～ con la noticia. 彼はその知らせに上機嫌だ. un día ～ 楽しい一日
❷ 陽気な, 朗らかな: ponerse ～ 陽気になる. carácter ～ 明るい性格. Carlos es ～. カルロスは快活な人だ
❸ 〈色などが〉明るい: vestido de color ～ 華やかな色の服

alegría [アレグリア] 女 喜び, 楽しさ: ¡Qué ～! ああ, うれしい!

alejamiento [アレハミエント] 男 遠ざける(遠ざかる)こと; 疎遠

alejar [アレハル] 他 〈de から〉遠ざける; 疎遠にする
◆ ～se ❶ 遠ざかる: El barco *se alejó de* la costa. 船は海岸から遠ざかった. ❷ 疎遠になる

Alemania [アレマニア] 女 ドイツ

alemán, na [アレマン, ナ] 形 名 ドイツ(人・語)の; ドイツ人
◆ 男 ドイツ語

alentador, ra [アレンタドル, ラ] 形 元気づける〔ような〕

alentar [アレンタル] 57 他 ❶ 元気づける, 鼓舞する. ❷ 〈感情などを〉かき立てる
◆ 自 呼吸する

alergia [アレルヒア] 女 〈a に対する〉アレルギー: tener ～ a los cipreses スギ花粉症である. ～ a los huevos 卵アレルギー

alérgico, ca [アレルヒコ, カ] 形 〈a に対して〉アレルギーの: reacción ～*ca* アレルギー反応. ser ～ a*l* polen 花粉症である

alero [アレロ] 男 軒(雪), ひさし

alerta [アレルタ] 女 警戒態勢: estar en ～ 警戒態勢にある
◆ 副 警戒して, 注意して: estar ～ 警戒(注意)している

alertar [アレルタル] 他 …に警告する

aleta [アレタ] 女 ❶ 〈魚の〉ひれ; 〈潜水用の〉フィン. ❷ 〈車輪を覆う〉泥よけ, フェンダー

aletargar [アレタルガル] 55 他 …に眠気を起こさせる; 無気力にする
◆ ～se ❶ 眠くなる. ❷ 〈動物〉冬眠する

aletear [アレテアル] 自 羽ばたく

alevín [アレビン] 男 稚魚

alevosía [アレボスィア] 女 〈犯罪などの〉計画性

alfabético, ca [アルファベティコ, カ] 形 アルファベットの: por orden ～ ABC 順に

alfabetizar [アルファベティサル] 13 他 ❶ …に読み書きを教える, 識字教育をする. ❷ アルファベット順に並べる

alfabeto [アルファベト] 男 アルファベット, 字母

alfarería [アルファレリア] 女 ❶ 陶芸, 製陶. ❷ 窯元, 製陶工場

alfarero, ra [アルファレロ, ラ] 名 陶工

alférez [アルフェレス] 男 〈陸・空軍の〉少尉

alfil [アルフィル] 男 〈チェス〉ビショップ

alfiler [アルフィレル] 男 ❶ 〈裁縫〉待ち針. ❷ ピン, 留め針: ～ de seguridad 安全ピン. ～ de corbata ネクタイピン

alfombra [アルフォンブラ] 女 〈部分的な〉じゅうたん, カーペット: ～ persa ペルシアじゅうたん

alfombrar [アルフォンブラル] 他 …にじゅうたんを敷く

alfombrilla [アルフォンブリジャ] 女 〈小さい〉敷物, マット; バスマット

alga [アルガ] 女 〈単数冠詞は el•un[a]〉海草, コンブ; 海苔(%)

algarabía [アルガラビア] 女 〈大勢が同時に話す〉うるささ, ガヤガヤ

álgebra [アルヘブラ] 女 〈単数冠詞は el•

un[a] 代数

algo [アルゴ] 代 ❶ 何か: Quiero beber ~. 私は何か飲みたい. Vamos a comprar ~ que (de) comer. 何か食べるものを買おう. ¿A ~ más? ほかに何か[必要ですか]? Hay ~ extraño. 何だか奇妙なことがある
❷ 少し[のもの]: Falta ~ para las dos. 2時まで少しある
◆ 副 少し, いくらか: La película es ~ aburrida. その映画は少し退屈だ
~ así 1) それくらい: Cuesta diez mil yenes o ~ así. それは1万円かそこらする. 2) そのようなもの
~ así como... 1) …くらい: Vinieron ~ así como veinte personas. 20人ほどが来た. 2) …のようなもの: Quiero comprarme un abrigo ~ así como el que vimos ayer. 私はきのう見たようなオーバーを買いたい
~ de... 1) 〈+名詞〉少しの: Tengo ~ de dinero. 私は少しばかり金がある. 2) 〈+形容詞〉何か…なもの: ¿Hay ~ de nuevo? 何か変わったことがありますか
A ~ es ~. 少しでもないよりましだ/つまらないものでもばかにしてはいけない
Más vale ~ que nada. =A ~ es ~.
por ~ 何らかの理由があって: Por ~ será. 何かわけがあるのだろう

algodón [アルゴドン] 男 ❶ 木綿, コットン; pañuelo de ~ 綿のハンカチ. ~ hidrófilo 脱脂綿. ❷〈植物〉ワタ; 綿花. ❸ ~ dulce 綿菓子
entre algodones 真綿でくるむように: criar a+人 entre algodones 過保護に育てる

algodonero, ra [アルゴドネロ, ラ] 形 綿の. ◆ 名 綿花栽培者

alguacil, la [アルグアスィル, ラ] 名〈裁判所・市役所などの〉執行官

alguien [アルギエン] 代 ❶ 誰か: Te ha llamado ~. 誰か君に電話してきた人がいる. ¿Buscas a ~? 誰かを探しているの? ¿Hay ~ que hable español? 誰かスペイン語を話せる人はいますか?
❷ ひとかどの人物: creerse ~ 思い上がる, いばる

algún [アルグン] 代 ⇨ alguno

alguno, na [アルグノ, ナ] 形〈男性単数名詞の前で algún となる〉❶〈+名詞〉ある, 何らかの: en algún sitio どこかで(に). algún día〈未来の〉ある日, いつか. ¿Tiene usted ~na pregunta? 何か質問がありますか? Déjame algún libro. 何か本を貸してくれ
❷〈名詞+, 否定〉何の…もない: No tengo interés ~ en ese asunto. 私はその件についてまったく関心がない

❸ いくらかの, 多少の: por algún tiempo しばらくの間. ~s amigos 数人の友人
◆ 代 ❶〈特定の人・物の中の〉誰か, 何か: Si llega ~, avíseme. 誰か来たら知らせてください. ~ de los alumnos 生徒たちの誰か
❷ 複 何人か; いくつか: A ~s piensan así. 何人かはそう考えている/そう考える人たちもいる
~ que otro+単数名詞 わずかの…: ~na otra vez たまに. Vinieron algún que otro alumno. ほんの数人の生徒が来た

alhaja [アラハ] 女 宝石, 宝飾品

aliado, da [アリアド, ダ] 形 過分 同盟した: país ~ 同盟国. fuerzas ~das 連合軍
◆ 男〈第一・二次大戦や湾岸戦争の〉連合国〖los A ~s〗
◆ 名 同盟者; 味方

alianza [アリアンサ] 女 ❶ 同盟, 提携: ~ militar 軍事同盟. ❷ 結婚指輪

aliar [アリアル] 33 他 結びつける
◆ ~se〈互いに〉同盟を結ぶ;〈con と〉同盟する, 提携する

alias [アリアス] 副 別名では

alicatado [アリカタド] 男 過分〈装飾用の〉タイル張り

alicatar [アリカタル] 他〈壁に〉化粧タイルを張る

alicates [アリカテス] 男 複 ペンチ, プライヤー

aliciente [アリスィエンテ] 男〈行為への〉刺激

alienación [アリエナスィオン] 女 疎外

alienar [アリエナル] 他 疎外する

aliento [アリエント] 男 息, 呼気: faltar+人 el ~ …息切れする. tomar ~ ひと息つく. tener mal ~ 口臭がする

aligerar [アリヘラル] 他 ❶ 軽くする: ~ la carga 積み荷を減らす. ~ los impuestos 税を軽減する. ~ el paso 足を速める

alimentación [アリメンタスィオン] 女 ❶ 食物の摂取(供給); 栄養: ~ saludable 健康的な食生活. ❷〈集合的に〉食料品: tienda de ~ 食料品店. ❸〈電気などの〉供給: fuente de ~ 電源

alimentar [アリメンタル] 他 ❶ …に食物を与える: ~ a sus hijos 子供たちを養う. ❷〈機械に, de 動力を〉供給する
◆ 自 栄養になる: La lechuga alimenta poco. レタスはあまり栄養がない
◆ ~se〈de・con を〉食べる, 常食とする: El oso panda se alimenta de bambú. パンダは笹を食べて生きている. ~se bien 十分に栄養をとる

alimentario, ria [アリメンタリオ, リア] 形 食物の, 食品の, 食糧の: feria ~ria 食品フ

ェア. ayuda ~*ria* 食糧援助

alimenticio, cia [アリメンティスィオ, スィア] 形 食物の; 栄養のある: productos ~*s* 食料品. higiene ~*cia* 食品衛生. tabletas ~*cias* 栄養剤

alimento [アリメント] 男 ❶ **食物, 食品**: escasez de ~*s* 食糧難. ~ sustancioso 栄養豊富な食べ物
❷ 糧(かて): ~ del espíritu 心の糧

alineación [アリネアスィオン] 女 ❶ 整列.
❷ 〈スポーツ〉ラインアップ, 出場メンバー

alinear [アリネアル] 他 ❶ 1 列に並べる.
❷ 〈スポーツ〉〈試合の〉メンバーに選ぶ
◆ ~*se* 整列する: A ambos lados de la calle *se alinean* las tiendas. 通りの両側に店が並んでいる. ❷ 〈政治的に〉同盟する, 連合する: países no *alineados* 非同盟諸国

aliñar [アリニャル] 他 〈ドレッシングなどで〉あえる

aliño [アリニョ] 男 ❶ ドレッシング, 調味料.
❷ 味つけ

alioli [アリオリ] 男 にんにくソース

alisar [アリサル] 他 なめらかにする: ~ la camisa con la plancha アイロンでシャツのしわを伸ばす
◆ ~*se* 髪をなでつける

alistar [アリスタル] 他 〈名前を〉名簿に載せる
◆ ~*se* 入隊する: ~*se* como voluntario 軍隊に志願する

aliviar [アリビアル] 他 軽減する, 緩和する: ~ la carga 積み荷を軽くする. ~ el dolor 痛みをやわらげる
◆ ~*se* ❶ 〈病気・痛みなどが〉軽くなる: ¡Que *se alivie*! 早くよくなってください! ❷ 安堵する

alivio [アリビオ] 男 ❶ 軽減. ❷ 安堵: sentir ~ ほっとする

allá [アジャ] 副 ❶ **あちらの方へ(に)**: Mi coche está ~. 私の車は向こう〔の方〕にある. El servicio está ~. トイレはあちらです. más ~ もっとあちらへ(遠くへ). por ~ のあたりに. ~ en Chile あの遠いチリでは
❷ 昔, あのころ: *A*~ en los cuarenta... はるか 1940 年代に…
A~ *tú* 勝手にしろ
el más ~ あの世
más ~ *de*... …の向こう側に, …を越えて; …以上は

allanamiento [アジャナミエント] 男 ❶ 〈土地を〉平らにすること. ❷ 家宅侵入〔罪〕[~ *de morada*]; 〈ラ〉家宅捜索

allanar [アジャナル] 他 ❶ 平らにする: ~ el terreno 土地をならす. ❷ 〈道の〉障害物を取り除く. ❸ 〈他人の住居に〉侵入する

allegado, da [アジェガド, ダ] 形 過分 近い関係の
◆ 名 親族, 近親者

allegar [アジェガル] 55 他 かき集める

allende [アジェンデ] 前 …の向こうに, …を越えて: ~ los mares 海の向こうに

allí [アジ] 副 **あそこに(で)**: Carmen está ~. カルメンはあそこにいる. Voy hasta ~. 私はあそこまで行く. Te esperaré ~. あちらで君を待っているよ. por ~ のあたりに; あちらを通って

alma [アルマ] 女〈単数冠詞は el・un(a)〉
❶ 魂, 霊魂: ~ inocente 汚れのない心, 純真無垢な魂. rezar por el descanso del ~ de un difunto 死者の冥福を祈る
❷ 人; 住民: No hay ni un ~. 人っ子ひとりいない
~ *mía/mi* ~ 〈呼びかけ〉いとしい人
con toda su ~ 心から, 誠心誠意
estar con el ~ *en un hilo* はらはらする

almacén [アルマセン] 男〈複 *almacenes*〉
❶ 倉庫, 貯蔵庫. ❷ 複 デパート, 百貨店〖grandes *almacenes*〗. ❸ 〈ラ〉食料品店

almacenaje [アルマセナヘ] 男 貯蔵

almacenar [アルマセナル] 他 ❶ 倉庫に入れる, 貯蔵する. ❷ 〈情報〉〈データを〉保存する

almacenero, ra [アルマセネロ, ラ] 名 〈ラ〉食料品店の店主(店員)

almanaque [アルマナケ] 男 こよみ, カレンダー

almeja [アルメハ] 女 アサリ, ハマグリ

almendra [アルメンドラ] 女 〈果実〉アーモンド

almendro [アルメンドロ] 男 アーモンドの木

almíbar [アルミバル] 男 シロップ: fruta en ~ 果物のシロップ漬け

almidón [アルミドン] 男 澱粉(でんぷん); 洗濯のり

almidonar [アルミドナル] 他 〈洗濯物に〉のりをつける

almirante [アルミランテ] 男 海軍大将, 提督

almizcle [アルミスクレ] 男 〈香料〉じゃこう, ムスク

almohada [アルモアダ] 女 枕
consultar con la ~ 熟考する, よく考えて決める

almohadilla [アルモアディジャ] 女 ❶ 小クッション. ❷ 〈電話〉シャープ記号

almohadón [アルモアドン] 男 ❶ 背当てクッション, 座布団. ❷ 枕カバー, ピローケース

almorzar [アルモルサル] 38 自 昼食 almuerzo をとる
◆ 他 昼食に…を食べる

almuerzo [アルムエルソ] 男 ❶ 〈主にラ〉昼食：tomar el 〜 昼食をとる. 〜 de trabajo ビジネスランチ. ❷〈朝食と昼食の間に取る〉軽食

aló [アロ] 間〈ラ. 電話〉もしもし

alocado, da [アロカド, ダ] 形 無分別な；そこつな

alocución [アロクスィオン] 女〈権威者・上司などによる〉短い演説, 訓示：dirigir (pronunciar) una 〜 演説する

alojamiento [アロハミエント] 男 宿泊；宿泊所：dar 〜 a+人 …を泊める, …に宿を貸す

alojar [アロハル] 他 泊める
◆ **〜se** 宿泊する：〜se en un hotel ホテルに泊まる

alondra [アロンドラ] 女〈鳥〉ヒバリ

alpaca [アルパカ] 女〈動物〉アルパカ；その毛織物

alpargata [アルパルガタ] 女 布製のサンダル

alpinismo [アルピニスモ] 男 登山, アルピニズム

alpinista [アルピニスタ] 名 登山家, アルピニスト：asociación de 〜s 山岳会

alpino, na [アルピノ, ナ] 形 ❶ アルプス山脈 los Alpes の. ❷ 山岳の, 高山の：prueba de esquí 〜 アルペン種目

alquilar [アルキラル] 他 賃貸しする；賃借りする：Voy a 〜 un coche. 私はレンタカーを借りるつもりだ. Se *alquila* piso.〈掲示〉マンション貸します

alquiler [アルキレル] 男 ❶ 賃貸, リース：casa de 〜 借家, 貸し家. coche de 〜 レンタカー. ❷ 賃貸料：〜 de la casa 家賃

alquimia [アルキミア] 女 錬金術

alquitrán [アルキトラン] 男 タール：〜 de hulla コールタール

alrededor [アルれデドル] 副 ❶〈de の〉まわりに, 周囲に：pasear 〜 *de*l lago 湖のまわりを散歩する
❷ ほぼ, 約：〜 *de* las cinco 5 時ごろ. 〜 *de* quinientas personas 約 500 人
◆ 男 ❶ 周囲：Miré a mi 〜. 私はまわりを見回した. ❷ 複 郊外：en los 〜*es* de Madrid マドリード近郊で

alta[1] [アルタ] 女〈単数冠詞は el・un(a)〉❶〈医師による〉全快証明書：dar de (el) 〜〈医師が〉退院許可を出す. ❷〈団体への〉加入：darse de 〜 en... …への加入届を出す

altanería [アルタネリア] 女 高慢

altanero, ra [アルタネロ, ラ] 形 高慢な, 尊大な

altar [アルタル] 男 祭壇
llevar a+人 *al* 〜 …を妻にめとる

altavoz [アルタボス] 男〈複 altavo*ces*〉スピーカー, 拡声器

alteración [アルテラスィオン] 女 ❶ 変化, 変更；変質. ❷ 混乱, 動揺

alterar [アルテラル] 他 変える, 変更する；変質させる：〜 el plan 計画を変更する. El calor *altera* la carne. 暑さで肉が傷む. ❷〈心を〉乱す：La noticia me ha *alterado*. その知らせに私は動揺した. 〜 el orden público 社会秩序を乱す. ❸ 怒らせる
◆ **〜se** ❶ 変わる；変質する. ❷ 動揺する. ❸ 怒り出す

altercado [アルテルカド] 男 口論, 論争

alternar [アルテルナル] 自 ❶〈con と〉交互に起こる：*Alternan* las alegrías *con* las penas. 喜びと苦しみが交互にくる. ❷〈con と〉交際する：〜 *con* gente de la alta sociedad 上流社会の人とつきあう
◆ 他 交互に行なう：〜 las dos corbatas 2 本のネクタイを交互に締める. *Alternamos* las faenas de casa. 我々は交代で家事をする

alternativa[1] [アルテルナティバ] 女 ❶ 選択肢, 代替案；二者択一：No te queda otra 〜 que separarte de ella. 君には彼女と別れるよりほかに道はない. No tenemos 〜. 我々に選択の余地はない. ❷ 交互：〜s de claros y nubes 晴れたり曇ったり〔の天気〕

alternativamente [アルテルナティバメンテ] 副 交互に, 交代で：conducir el coche 〜 交代で車を運転する

alternativo, va[2] [アルテルナティボ, バ] 形 ❶ 交互の. ❷〈a に〉代わる：energía 〜*va* a la nuclear 原子力の代替エネルギー

alterno, na [アルテルノ, ナ] 形 交互の：en días 〜*s* 1 日おきに

alteza [アルテサ] 女〈皇太子・王女に対する称号〉殿下：Vuestra A〜 〈呼びかけ〉殿下

altibajos [アルティバホス] 男 複 ❶〈土地の〉起伏. ❷ 浮き沈み：tener 〜 en sus notas 成績にむらがある

altillo [アルティジョ] 男〈建築〉天袋(ぶくろ)

altiplanicie [アルティプラニスィエ] 女 高原

altiplano [アルティプラノ] 男〈主にアンデスの〉高原

Altísimo [アルティスィモ] 男〈キリスト教の〉神

altisonante [アルティソナンテ] 形〈ことばづかいが〉仰々しい, もったいぶった

altitud [アルティトゥ] 女 標高, 海抜；高度

altivez [アルティベス] 女 横柄さ, 尊大

altivo, va [アルティボ, バ] 形 横柄な, 尊大な

alto[1] [アルト] 副 ❶ 高く：volar 〜 高く飛ぶ. ❷ 大声で：Hable más 〜. もっと大きい声で話してください
◆ 男 ❶ 高さ：Ese edificio mide cien

alto², ta²

metros de ~. そのビルは高さが100メートルある. ❷ 小休止: hacer el ~ 小休止する. ❸ 丘, 高原. ❹ 複〈建物の〉上の方の階
~ 止まれ/やめろ!
~ *el fuego* 1) 停戦. 2) 撃ち方やめ!
pasar por ~ 大目に見る, 見て見ぬふりをする

alto², ta² [アルト, タ] 形 ❶ 高い: 1) Es más ~ que yo. 彼は私より背が高い. montaña *alta* 高い山. piso ~ 上の方の階. 2)〈価格・程度など〉precio ~ 高値. temperatura *alta* 高温. 3)〈地位など〉clase *alta* 上流階級. ~ funcionario 高官. 4)〈思想など〉*altas* ideas 高遠(ﾖ;ｴﾝ)な思想
❷〈時刻が〉遅い: a *altas* horas de la noche 夜ふけに
❸〈声・音が〉大きい: en voz *alta* 大きな声で
❹ 高地の; 上流の: el ~ Aragón 高地アラゴン. el ~ Amazonas アマゾン川上流地域
lo ~ 高い所: lanzarse desde *lo* ~ 高い所から飛び降りる. *de* ~ *de...* …の上方に

altoparlante [アルトパルランテ] 男〈ラ〉ラウドスピーカー

altura [アルトゥラ] 女 ❶ 高さ; 高度: Este edificio tiene 100 metros de ~. このビルは100メートルの高さがある. a mil metros de ~ 海抜1000メートルの所に
❷ 高所; 山頂: a gran ~ 高い所に
❸〈知的・道徳的な〉水準; 崇高さ
a estas ~s 今ごろになって
a la ~ de... …と同じ程度に;〔だいたい〕…の付近で
mal de las ~s 高山病
tomar ~ 〈飛行機が〉高度を上げる

alubia [アルビア] 女 インゲン〔マメ〕

alucinación [アルシィナシィオン] 女 幻覚: ~ auditiva 幻聴

alucinar [アルシィナル] 他 …に幻覚を起こさせる; 惑わす
◆ 自 幻覚を起こす

alud [アル] 男 雪崩(ﾅﾀﾞﾚ)

aludir [アルディル] 自〈a を〉ほのめかす; それとなく言及する
darse por aludido 自分のことを言われたと思う: No *se dio por aludido*. 彼は自分のことをほのめかされてもそしらぬ顔だった

alumbrado [アルンブラド] 男 過分〈街路などの〉照明; 照明装置〔器具〕

alumbramiento [アルンブラミエント] 男 ❶ 照明. ❷ 出産

alumbrar [アルンブラル] 自 他 ❶ 照らす, 明るくする: Los faroles *alumbran* las calles. 街路灯が通りを照らしている. La habitación está *alumbrada*. 部屋には明かりがついている
❷ 出産する

aluminio [アルミニオ] 男 アルミニウム: de ~ アルミ製の

alumno, na [アルムノ, ナ] 名 生徒, 学生; 弟子: Soy ~ de español. 私はスペイン語の生徒です

alusión [アルシオン] 女 ほのめかし: hacer ~ a... …をほのめかす. ~ maliciosa あてこすり

alusivo, va [アルシボ, バ] 形〈a を〉ほのめかした

aluvión [アルビオン] 男 ❶ 洪水. ❷〈物・人の〉殺到

alza [アルサ] 女〈単数冠詞は el・un{a}〉〈価格などの〉上昇, 高騰: ~ del precio 値上がり. estar en ~ 上昇中である

alzamiento [アルサミエント] 男 ❶ 上昇. ❷ 決起, 蜂起

alzar [アルサル] 13 他 ❶ 上げる, 持ち上げる: ~ la mano 手を上げる. ~ el precio 値上げする. ~ la voz 声を張り上げる
❷〈倒れていた物を〉起こす, 立てる
❸ 建てる: ~ un monumento 記念碑を建てる
◆ ~se 蜂起する;〈contra に〉反旗をひるがえす

ama¹ [アマ] 女〚⇨**amo**〛〈単数冠詞は el・un{a}〉❶ 女主人. ❷ 女中頭
~ *de casa* 主婦
~ *de cría* 乳母
~ *de llaves* 家政婦
◆ 動詞活用形 ⇨**amar**

amabilidad [アマビリダ] 女 親切, 優しさ: Estoy agradecido por su ~. ご親切に感謝しています

amable [アマブレ] 形 親切な, 優しい: ser ~ con todos 誰に対しても親切である. Ha sido muy ~ al ayudarme. 彼は親切にも私を手伝ってくれた. Es usted muy ~. ご親切に〔ありがとうございます〕. ¿Sería usted tan ~ de pasarme la sal? 塩を取っていただけますか?

amaestrar [アマエストラル] 他 調教する, 芸を仕込む

amago [アマゴ] 男 ❶ 兆候, 気配. ❷ そぶり: hacer ~ de+不定詞 …するふりをする. ❸ フェイント

amainar [アマイナル] 自 弱まる, 穏やかになる

amalgama [アマルガマ] 女〈雑多なものの〉混合

amamantar [アママンタル] 他 …に授乳する, 乳を飲ませる

amanecer [アマネセル] 20 自 ❶ 〈単人称〉夜が明ける: Empieza a ~. 夜が明け始める. ❷ 〈ある場所・状態で〉朝を迎える: *Amanecí en Roma*. 私はローマで朝を迎えた
◆ 男 夜明け: al ~ 夜明けに, 明け方に

amanerado, da [アマネラド, ダ] 形 過分 ❶ 気取った, わざとらしい. ❷〈男が〉女性的である

amanerar [アマネラル] ~se〈男性が〉女性的になる

amansar [アマンサル] 他 ❶ 飼い馴らす, おとなしくさせる. ❷ 抑える, 静める
◆ ~se おとなしくなる

amante [アマンテ] 形〈de を〉愛する: pueblo ~ de la paz 平和を愛する国民
◆ 名 ❶ 愛人, 情夫, 情婦. ❷ 愛好家: ~ de la música clásica クラシック音楽愛好家. ~ de los perros 愛犬家

amapola [アマポラ] 女〈植物〉ヒナゲシ

amar [アマル] 他 愛する: ~ a los niños 子供たちをかわいがる. ~ las bellas artes 美術を愛する. ~ a la patria 祖国を愛する. ~ el lujo ぜいたくを好む

amargado, da [アマルガド, ダ] 形 過分 世をすねた〔人〕, ひねくれた〔人〕

amargar [アマルガル] 55 他 ❶ にがくする. ❷ つらくする, 苦しめる
◆ ~se ❶ にがくなる. ❷ つらくなる

amargo, ga [アマルゴ, ガ] 形 ❶ にがい: medicina ~ga にがい薬. ❷ つらい; 不快な: recuerdo ~ つらい思い出. carácter ~ 無愛想な性格

amargura [アマルグラ] 女 ❶ にがみ. ❷ つらさ

amarillento, ta [アマリジェント, タ] 形 黄色みがかった

amarillo, lla [アマリジョ, ジャ] 形 ❶ 黄色の: raza ~*lla* 黄色人種. ❷〈報道が〉扇情的な: prensa ~*lla* 大衆紙
◆ 男 黄色: El semáforo está en ~. いま信号は黄色だ

amarra [アマらs] 女 ❶ 係留ロープ. ❷ 複 後ろだて, コネ

amarrar [アマらル] 他 ❶〈船を〉係留する. ❷ つなぐ, 縛る: tener a+人 *amarrado* …を束縛する

amasar [アマサル] 他 ❶ こねる, 練る: ~ harina y agua 小麦粉と水をこねる. ❷〈金を〉ため込む: ~ una fortuna ひと財産こしらえる

amasijo [アマシホ] 男 寄せ集め, ごたまぜ

amateur [アマテル] 形 名〈複 ~s〉アマチュア〔の〕, 素人〔の〕

amazona [アマソナ] 女 ❶〈神話〉アマゾン; 女性騎手. ❷ el 〔río〕 A~s アマゾン川

ámbar [アンバル] 男 ❶〈鉱物〉琥珀(こはく). ❷〈信号〉黄色

ambición [アンビスィオン] 女 野心: gran ~ 野望. tener ~ de (por) poder 権力欲を持つ

ambicionar [アンビスィオナル] 他 …に野心を抱く

ambicioso, sa [アンビスィオソ, サ] 形〈人が〉野心のある;〈計画などが〉野心的な
◆ 名 野心家

ambientación [アンビエンタスィオン] 女 ❶ 雰囲気づくり. ❷〈作品などの〉舞台設定, 時代設定. ❸〈環境への〉順応

ambiental [アンビエンタル] 形 周囲の, 環境の: música ~ バックグラウンドミュージック; 環境音楽

ambientar [アンビエンタル] 他〈時代・環境などを〉設定する, 舞台とする: El director *ambientó* la obra en un barrio popular de Londres. 演出家は作品の舞台をロンドンの下町にした
◆ ~se〈新しい環境に〉なじむ, 順応する

ambiente [アンビエンテ] 男 ❶ 環境: Me formé en un buen ~. 私はよい環境で育った. ~ familiar 家庭環境. medio ~ 自然環境
❷ 雰囲気, 状況: ~ amigable 友好的な雰囲気. ~ económico del país 国の経済状況

ambigüedad [アンビグエダ] 女 あいまいさ

ambiguo, gua [アンビグオ, グア] 形 あいまいな, 漠然とした: respuesta ~*gua* はっきりしない返事

ámbito [アンビト] 男 ❶ 区域: de ~ nacional 全国的な規模の. ❷ 範囲, 領域

ambivalencia [アンビバレンスィア] 女 両面性

ambivalente [アンビバレンテ] 形 両面性のある

ambos, bas [アンボス, バス] 形 複 両方の: A~ países tienen problemas. 両国とも問題を抱えている. a ~ lados del pasillo 通路の両側に
◆ 代 複 両方, 両者: Tiene dos hijas y *ambas* son guapas. 彼には娘が2人いるが, どちらも美人だ

ambulancia [アンブランスィア] 女 救急車: llamar una ~ 救急車を呼ぶ. trasladar en ~ 救急車で運ぶ

ambulante [アンブランテ] 形 移動する, 動き回る: vendedor ~ 行商人

ambulatorio [アンブラトリオ] 男〈外来専門の〉診療所

ameba [アメバ] 女 アメーバ

amedrentar [アメドレンタル] 他 怖がらせる, 威嚇する. ◆ ～se 怖がる

amén [アメン] 間 〈祈りのことば〉アーメン

amenaza [アメナサ] 囡 ❶ 脅迫, 威嚇；脅威：carta de ～ 脅迫状. ～ para la paz 平和に対する脅威

amenazador, ra [アメナサドル, ラ] 形 脅迫的な：mirada ～ra おどすような目つき

amenazar [アメナサル] 13 他 ❶ おどす, 脅迫する；威嚇する：～ a+人 con+不定詞 …すると…をおどす. ～ con la pistola ピストルで威嚇する. ❷ …の危険がある：Amenaza tormenta. 嵐になりそうだ
◆ 自〈con+不定詞，よくないことが〉今にも…しそうである：[El tiempo] Amenaza con nevar. 雪が降り出しそうだ

ameno, na [アメノ, ナ] 形 快適な；楽しい, おもしろい

América [アメリカ] 囡 アメリカ：～ del Norte 北米. ～ Central 中米. ～ del Sur 南米. ～ Latina ラテンアメリカ

americana[1] [アメリカナ] 囡 〈男性用の〉上着, ジャケット

americanismo [アメリカニスモ] 男 中南米のスペイン語

americano, na[2] [アメリカノ, ナ] 形 名 ❶ アメリカ〔大陸〕の〔人〕；中南米の〔人〕：Continente A～ アメリカ大陸 ❷ 米国の；米国人

ametralladora [アメトラジャドラ] 囡 機関銃

amigable [アミガブレ] 形 友好的な；人なつこい：en tono ～ 親しげな口調で. Este chico es muy ～. この子はとても人なつこい

amígdala [アミグダラ] 囡 へんとう腺

amigdalitis [アミグダリティス] 囡 へんとう腺炎

amigo, ga [アミゴ, ガ] 名 ❶ 友達, 友人；味方：Es un ～ mío. 彼は私の友達だ. hacerse ～ de+人 …と友達になる. gran ～/～ íntimo 親友. Querido ～/Mi estimado ～ 〈手紙〉拝啓
❷ 恋人, 愛人〖～ sentimental〗：María me presentó a su ～. マリアは私に彼氏を紹介してくれた
◆ 形 ❶ 仲のよい, 友人の：Son muy ～gas. 彼女たちは大の仲良しだ. país ～ 友好国. ❷ 〈de＋〉好む：Mi marido es ～ de la limpieza. 私の夫はきれい好きだ

amigote, ta [アミゴテ, タ] 名 〈口語〉遊び仲間；悪友

amiguismo [アミギスモ] 男 友人・知人のコネで便宜を図ること；その風潮

aminorar [アミノラル] 他 減らす：～ la velocidad 速度を落とす
◆ ～se 減少する

amistad [アミスタ] 囡 ❶ 友情：hacer (trabar) ～ con+人 …と友達になる（親しくなる）. romper la〔s〕 ～〔es〕絶交する ❷ 複 1) 友人たち：tener muchas ～es 友人がたくさんいる. 2) コネ

amistoso, sa [アミストソ, サ] 形 友好的な：relaciones ～sas 友好関係. partido ～ 親善試合

amnesia [アムネシア] 囡 記憶喪失, 健忘症

amnistía [アムニスティア] 囡 恩赦, 特赦：A～ Internacional アムネスティ・インターナショナル

amo, ma[2] [アモ, マ] 名 ❶ 飼い主. ❷ 主人；持ち主：～ de una fábrica 工場主
◆ 動詞活用形 ⇨ **amar**

amodorrar [アモドラル] ～se まどろむ

amoldar [アモルダル] 他 ❶ 型にはめる. ❷ 適合させる
◆ ～se ❶ 〈a 型などに〉ぴたりとはまる. ❷ 順応する

amonestación [アモネスタスィオン] 囡 ❶ 説諭, 戒告. ❷ 複 婚姻の公示

amonestar [アモネスタル] 他 ❶ 説諭する, 戒める. ❷ 〈教会が〉婚姻の公示をする

amoniaco [アモニアコ] 男 アンモニア

amontonar [アモントナル] 他 〈乱雑に〉山積みする：～ los libros 本を積み上げる. una gran riqueza 一財産築く
◆ ～se ❶ 積み重なる. ❷ 群がる

amor [アモル] 男 ❶ 愛, 愛情；恋愛：sentir ～ por+人 …に恋心を抱く. carta de ～ ラブレター. ～ de madre a sus hijos 子に対する母の愛. ～ a la patria 祖国愛. ～ propio 自尊心
❷ 恋人, 愛人：¡A～ mío! 〈いとしい人への呼びかけ〉ああ, あなた（君）
hacer el ～ セックスをする
por ～ de Dios 後生だから, 一生のお願いだから

amoratado, da [アモラタド, ダ] 形 〈寒さ・打撲などで〉紫色になった, 青あざのできた

amordazar [アモルダサル] 13 他 …に猿ぐつわをかませる, 口をふさぐ

amorío [アモリオ] 男 色恋ざた, 情事

amoroso, sa [アモロソ, サ] 形 ❶ 愛情の：relaciones ～sas 恋愛関係. ❷ 愛情深い, 優しい

amortiguador [アモルティグアドル] 男 緩衝器, ショックアブソーバー

amortiguar [アモルティグアル] 8 他 和らげる, 弱める：～ el golpe 衝撃を和らげる

amortización [アモルティサスィオン] 囡 償還；減価償却

amortizar [アモルティサル] 13 他 償還する；減価償却する，元を取る

amparar [アンパラル] 他 庇護する，保護する：~ los derechos humanos 人権を擁護する
◆ ~se ❶ 避難する，逃げ込む：~se de la lluvia 雨宿りする. ❷ 〈en の〉庇護を求める：~se en la autoridad 権威をかさにする

amparo [アンパロ] 男 庇護，保護：al ~ de... …に保護されて，…のおかげで

amperio [アンペリオ] 男 〈電気〉アンペア

ampliación [アンプリアスィオン] 囡 ❶ 拡張，拡大. ❷ 〈写真〉引き伸ばし

ampliar [アンプリアル] 33 他 ❶ 拡張する，拡大する：~ el aeropuerto 空港を拡張する. ~ el negocio 事業を拡大する. ❷ 〈写真を〉引き伸ばす

amplificador [アンプリフィカドル] 男 増幅器，アンプ

amplificar [アンプリフィカル] 73 他 〈主に音を〉大きくする，増幅する

amplio, plia [アンプリオ, プリア] 形 広い，ゆったりした：habitación *amplia* 広い部屋. abrigo ~ ゆったりしたオーバー. conocimiento ~ 広範な知識

amplitud [アンプリトゥ] 囡 広さ

ampolla [アンポジャ] 囡 ❶ 〈皮膚の〉水泡，水ぶくれ. ❷ 〈注射液の〉アンプル

amputación [アンプタスィオン] 囡 〈手足の〉切断

amputar [アンプタル] 他 〈手術で手足を〉切断する

amueblar [アムエブラル] 他 …に家具を備えつける：~ la habitación 部屋に家具を入れる

amuleto [アムレト] 男 お守り，護符

anacrónico, ca [アナクロニコ, カ] 形 時代錯誤の

anacronismo [アナクロニスモ] 男 時代錯誤，アナクロニズム

ánade [アナデ] 男 〈鳥〉アヒル

anal [アナル] 形 肛門の

anales [アナレス] 男 複 年代記，年譜

analfabetismo [アナルファベティスモ] 男 読み書きができないこと；無学

analfabeto, ta [アナルファベト, タ] 形 名 読み書きができない〔人〕；無学の〔人〕

analgésico [アナルヘスィコ] 男 鎮痛剤

análisis [アナリスィス] 男 〈単複同形〉 ❶ 分析：~ de la situación 情勢分析. ❷ 〈医学〉検査：~ clínico 臨床検査. ~ de sangre 血液検査

analista [アナリスタ] 名 分析家，アナリスト

analítico, ca [アナリティコ, カ] 形 分析の，分析的な

analizar [アナリサル] 13 他 ❶ 分析する. ❷ 〈医学〉検査する

analogía [アナロヒア] 囡 類似；類推

analógico, ca [アナロヒコ, カ] 形 〈情報〉アナログの

análogo, ga [アナロゴ, ガ] 形 〈a に〉類似した

ananá(s) [アナナ(ス)] 男 〈ラ〉パイナップル〔の木・実〕

anaquel [アナケル] 男 棚，棚板

anaranjado, da [アナランハド, ダ] 形 オレンジ色の

anarquía [アナルキア] 囡 無政府状態；無秩序

anarquismo [アナルキスモ] 男 無政府主義，アナーキズム

anarquista [アナルキスタ] 形 名 無政府主義の(主義者)，アナーキスト(の)

anatomía [アナトミア] 囡 解剖学；解剖

anca [アンカ] 囡 〈単数冠詞はel·un(a). 馬などの〉尻

ancestral [アンセストラル] 形 祖先の，先代伝来の：costumbre ~ 昔からのしきたり

ancestro [アンセストロ] 男 先祖

ancho, cha [アンチョ, チャ] 形 ❶ 〈幅が〉広い：calle *ancha* 広い通り. sala *ancha* 広い部屋
❷ 〈衣服などが〉ゆったりした，大きすぎる：La falda me está *ancha*. スカートは私にはぶかぶかだ
❸ ゆとりのある；くつろいだ：ir ~ en el coche 車でゆったり行く
❹ 得意げな；満足げな
◆ 男 幅：La mesa tiene un metro de ~. 机は幅が1メートルある

a sus anchas くつろいで，のびのびと：vivir *a sus anchas* 気ままに暮らす

anchoa [アンチョア] 囡 〈魚〉アンチョビー

anchura [アンチュラ] 囡 〈前面の〉幅；〈奥行きに対して〉横幅

anciano, na [アンスィアノ, ナ] 形 年老いた：El profesor es muy ~. その先生はたいへん高齢だ
◆ 名 高齢者，老人：respetar a los ~s お年寄りを大切にする

ancla [アンクラ] 囡 〈単数冠詞はel·un(a)〉錨(ﾘ)：echar ~s 錨を下ろす，停泊する. levar ~s 錨を上げる，出航する

ancladero [アンクラデロ] 男 錨地，停泊地

anclar [アンクラル] 自 〈en に〉錨を下ろす，停泊する

andadas [アンダダス] 囡 複 *volver a las ~s* また悪い癖を出す

Andalucía [アンダルスィア] 囡 アンダルシア 《スペイン南部の自治州》

andaluz, za [アンダルス, サ] 形 名 男 複 andalu*ces*〉アンダルシアの〔人〕

andamio [アンダミオ] 男 〈建設現場の〉足場

andar [アンダル] 自 ❶ 歩く；行く：*Voy al colegio andando*. 私は学校に歩いて行く ❷ 〈機械が〉動く, 作動する：*Mi reloj no anda*. 私の時計は動かない ❸ …の状態にある：*Anda muy preocupado*. 彼はとても心配している．*El negocio anda bien*. 仕事は順調だ ❹ 〈con+人 と〉つきあう：~ *con malos amigos* 悪い友達とつきあう．*Dime con quién andas* y te diré quién eres. 〖諺〗誰とつきあっているのか言いなさい，そうすれば君がどんな人か言ってあげよう〖⇒類は友を呼ぶ〗 ❺ 〈+現在分詞〉…している：*Siempre anda quejándose*. 彼はいつも不平を言っている．~ *buscando* 探し回る
◆ 他 〈ある距離を〉歩く：~ *dos kilómetros* 2キロ歩く
◆ 男 複 歩き方
¡Anda! 〘促し〙さあ；〘驚き〙おや！

andariego, ga [アンダリエゴ, ガ] 形 =**andarín**

andarín, na [アンダリン, ナ] 形 歩くのが好きな；健脚の

andén [アンデン] 男 〈駅の〉ホーム

andino, na [アンディノ, ナ] 形 アンデス山脈 los Andes の

andrajo [アンドラホ] 男 〈着古した〉ぼろ〔の服〕

andrajoso, sa [アンドラホソ, サ] 形 〈着古して〉ぼろになった；ぼろをまとった

anduv- ⇨**andar** 自

anécdota [アネクドタ] 囡 逸話

anegar [アネガル] 55 他 水浸しにする
◆ ~*se* 水浸しになる；水没する：~*se en sangre* 血まみれになる．~*se en lágrimas* 涙に暮れる

anejo, ja [アネホ, ハ] 形 男 =**anexo**

anemia [アネミア] 囡 貧血

anestesia [アネステスィア] 囡 麻酔：~ *general* 全身麻酔．~ *local* 局部麻酔

anestesiar [アネステスィアル] 他 …に麻酔をかける

anestésico [アネステスィコ] 男 麻酔薬

anexo, xa [アネ(ク)ソ, サ] 形 〈a に〉付属の：*artículo* ~ 付帯事項
◆ 男 ❶ 付属建物, 別館．❷ 同封物

anfibios [アンフィビオス] 男 複 〈動物〉両生類

anfiteatro [アンフィテアトロ] 男 ❶ 円形劇場．❷ 階段席；階段教室

anfitrión, na [アンフィトリオン, ナ] 名 接待者；〈パーティーなどの〉主人役, ホスト, ホステス：*país* ~ 主催国

ángel [アンヘル] 男 天使：~ *de la guarda* 守護天使．~ *caído* 堕天使

angelical [アンヘリカル] 形 天使の, 天使のような

angélico, ca [アンヘリコ, カ] 形 =**angelical**

angina [アンヒナ] 囡 ❶ 複 喉の炎症：tener ~*s* へんとう腺がはれている．❷ ~ *de pecho* 狭心症

anglicano, na [アングリカノ, ナ] 形 名 英国国教の〔信者〕：*la Iglesia ~na* 英国国教会

anglicismo [アングリスィスモ] 男 英語からの借用語, 英語的用法

angloamericano, na [アングロアメリカノ, ナ] 形 英米〔人〕の；英国系アメリカ人の

anglosajón, na [アングロサホン, ナ] 形 名 アングロサクソン人〔の〕

angosto, ta [アンゴスト, タ] 形 狭い：*pasillo* ~ 狭い廊下

angostura [アンゴストゥラ] 囡 狭さ

anguila [アンギラ] 囡 ウナギ（鰻）

angula [アングラ] 囡 ウナギの稚魚

ángulo [アングロ] 男 ❶ 角度：~ *recto* 直角 ❷ かど, すみ ❸ 見地

anguloso, sa [アングロソ, サ] 形 角ばった, ごつごつした

angustia [アングスティア] 囡 〈強度の〉不安, 恐れ, 苦悩, 苦悶

angustiar [アングスティアル] 他 不安に陥れる

angustioso, sa [アングスティオソ, サ] 形 ひどく不安な, 苦悩の

anhelante [アネランテ] 形 切望する

anhelar [アネラル] 他 切望する, 熱望する

anhelo [アネロ] 男 切望, 熱望

anidar [アニダル] 自 〈鳥が〉巣を作る, 巣ごもる

anillo [アニジョ] 男 ❶ 〈リングだけの〉指輪：*ponerse un* ~ 指輪をはめる．~ *de boda* 結婚指輪 ❷ 〈小さな〉輪, 環
venir como ~ *al dedo* あつらえ向きである

ánima [アニマ] 囡 〈単数冠詞は el・un〔a〕〉

〈死者の〉霊魂

animación [アニマスィオン] 囡 ❶ 活気；活気づけること. ❷ にぎわい, 人出：Hay mucha ～ en la calle. 通りは人でにぎわっている. ❸〈映画〉動画, アニメーション

animado, da [アニマド, ダ] 形 過分 活気のある；おもしろい, 楽しい

animador, ra [アニマドル, ラ] 名〈番組などの〉司会者

animadversión [アニマドベルスィオン] 囡 反感, 嫌悪感

animal [アニマル] 男 動物：～ de compañía ペット

◆ 形 ❶ 動物の, 動物性の；動物的な：proteína ～ 動物性たんぱく質. ❷〈人が〉粗暴な

animar [アニマル] 他 ❶〈人を〉元気づける；〈場に〉活気を与える：～ al jugador 選手を励ます. ～ la fiesta パーティーを盛り上げる

❷〈a+不定詞〉…する気にさせる

◆～se ❶ 元気になる；活気づく：¡Anímate! 元気を出せ/がんばれ！ La ciudad está muy animada. 町はたいへんにぎわっている. ❷〈a+不定詞〉…する気になる, その気になる

ánimo [アニモ] 男 ❶ 心〔の状態〕：estado de ～ 気分, 精神状態. turbar el ～ a+人 …の心を乱す

❷ 元気, 気力：dar ～ a+人 …を元気づける. recobrar el ～ 元気が出る. cobrar ～ 勇気を奮う. con ～ 威勢よく

◆ 間 がんばれ/しっかりしろ/元気を出して！

animoso, sa [アニモソ, サ] 形 元気(意欲)のある

aniquilar [アニキラル] 他 全滅させる

anís [アニス] 男〈植物〉アニス；アニス酒

aniversario [アニベルサリオ] 男 記念日, …周年：～ de la independencia 独立記念日. el quinto ～ de la boda 5 回目の結婚記念日. ～ de la muerte de+人 …の命日

ano [アノ] 男〈解剖〉肛門

anoche [アノチェ] 副 昨夜：A～ me acosté temprano. 私はゆうべは早く寝た. antes de ～ 一昨夜

anochecer [アノチェセル] 20 自 ❶〈単人称〉日が暮れる, 夜になる：En verano anochece tarde. 夏は日の暮れるのが遅い. ❷〈ある場所・状態で〉夜を迎える

◆ 男 日暮れ：al ～ 日暮れに

anodino, na [アノディノ, ナ] 形 内容(重要性)のない, つまらない：partido ～ 退屈な試合

anomalía [アノマリア] 囡 異常；変則

anómalo, la [アノマロ, ラ] 形 異常な；変則的な：comportamiento ～ 異常な(いつもと違う)行動

anonadar [アノナダル] 他 あきれさせる, びっくりさせる, 啞然とさせる

anonimato [アノニマト] 男 匿名である(にする)こと

anónimo, ma [アノニモ, マ] 形 ❶ 匿名の：carta ～ma 匿名の手紙. ❷ 作者不詳の

◆ 男 匿名の文書(手紙)

anorexia [アノレ(ク)スィア] 囡 拒食症

anoréxico, ca [アノレ(ク)スィコ, カ] 形 名 拒食症の〔人〕

anormal [アノルマル] 形 ❶ 異常な, 普通でない：calor ～ 異常な暑さ. ❷ 知恵遅れの

anormalidad [アノルマリダ] 囡 異常

anotación [アノタスィオン] 囡 書き込み, 注記

anotar [アノタル] 他 ❶ 書きとめる, メモする. ❷ 注記する

ansia [アンシア] 囡〈単数冠詞は el+un〔a〕〉❶〈強い〉欲求：～ de poder 権力欲. comer con ～ ガツガツ食べる. ❷ 腹 吐き気

ansiar [アンシアル] 33 他〈+不定詞〉切望する, 熱望する

ansiedad [アンシエダ] 囡 不安, 懸念；焦燥

ansiosamente [アンシオサメンテ] 副 やきもきしながら

ansioso, sa [アンシオソ, サ] 形〈por〉切望する：estar ～ por conocer los resultados 結果を知りたくてうずうずしている

antagónico, ca [アンタゴニコ, カ] 形 敵対する, 対立する

antagonismo [アンタゴニスモ] 男 敵対, 対立

antagonista [アンタゴニスタ] 形 名 敵対する〔人〕；仇(敵)役

antaño [アンターニョ] 副 昔は

antártico, ca [アンタルティコ, カ] 形 南極の

Antártida [アンタルティダ] 囡〈la+〉南極大陸

ante¹ [アンテ] 前 …の前に；…を前にして：～ mis ojos 私の目の前に(で). Todos son iguales ～ la ley. 法の前では万人が平等である

ante² [アンテ] 男〈服飾〉バックスキン, スウェード

ante-〔接頭辞〕「前」「先」の意

anteanoche [アンテアノチェ] 副 一昨夜

anteayer [アンテアジェル] 副 一昨日：Vino aquí ～. おととい彼はここに来た

antebrazo [アンテブラソ] 男 前腕

antecedente [アンテセデンテ] 男 前歴: ~s penales 前科

anteceder [アンテセデル] 自〈a に〉先んじる: La causa *antecede al* efecto. 結果の前に原因がある

antecesor, ra [アンテセソル, ラ] 名 前任者

antelación [アンテラスィオン] 女〈時間の〉先行: con ~ 前もって, あらかじめ; 余裕を見て. Llegué al lugar de la cita con una hora de ~. 私は待ち合わせ場所に〔約束の〕1時間前に着いた

antemano [アンテマノ] *de* ~ 事前に, あらかじめ: Te avisaré *de* ~. 君に前もって知らせるよ

antena [アンテナ] 女 ❶ アンテナ: ~ de televisión テレビアンテナ. ❷〈動物〉触角

anteojos [アンテオホス] 男 複 ❶ 双眼鏡. ❷〈主にラ〉めがね

antepasados [アンテパサドス] 男 複 先祖

anteponer [アンテポネル] 54〈過分 ante*puesto*〉他 ❶〈a より〉優先させる: ~ el interés general *al* particular 個人の利益よりも全体の利益を優先させる. ❷ 前に置く

anteproyecto [アンテプロジェクト] 男 草案, 青写真

anterior [アンテリオル] 形〈a より〉前の: suceso ~ *a* la guerra 戦前の出来事. el día (la noche・el año) ~ その前日(前夜・前年)に. la página ~ 前のページ

anterioridad [アンテリオリダ] 女 先行: con ~〈a より〉前に

anteriormente [アンテリオルメンテ] 副 以前は

antes [アンテス] 副 ❶〈時間. de の〉前に, 以前に〔は〕: 1) A~ vivíamos aquí. 彼らは以前ここに住んでいた. Le había visto dos días ~. 私はその2日前に彼に会った. Él vino media hora ~ *de* la cita. 彼は約束の30分前に来た. poco ~ de... …の直前に. 2)〈de+不定詞・[de] que+接続法〉…する前に: Llámame ~ *de* venir. 来る前に電話をくれ. Volverán ~ *de que* anochezca. 彼らは暗くならないうちに帰ってくるだろう
❷〈順序〉先に: Este tren sale ~. この列車が先に発車する
~ *bien* むしろ
~ *que*... 1) …よりも先に: ~ *que* nada (nadie) 何(誰)よりも先に. 2) …よりむしろ: A~ morir *que* ser un esclavo. 私は奴隷になるくらいならむしろ死を選ぶ
lo ~ *posible* できるだけ早く

antesala [アンテサラ] 女〈病院などの〉待合室

anti-〈接頭辞〉「反」「非」の意

antiaéreo, a [アンティアエレオ, ア] 形〈軍事〉対空の

antibalas [アンティバラス] 形 防弾の: chaleco ~ 防弾チョッキ

antibiótico [アンティビオティコ] 男 抗生物質

anticanceroso, sa [アンティカンセロソ, サ] 形 抗がんの: medicina ~ 抗がん剤

anticipación [アンティスィパスィオン] 女 早めること, 先行: con ~ 前もって, あらかじめ. con 5 minutos de ~ 5分早く

anticipado, da [アンティスィパド, ダ] 形 過分 期限前の; 前もっての: venta ~*da* 前売り
por ~ 前もって: anunciar *por* ~ 予告する

anticipar [アンティスィパル] 他 ❶ 早める: ~ el regreso 帰宅を早める. ❷ 前払いする: ~ el sueldo 給料を前払いする
◆ ~*se* 〈a に〉先んじる, 先手を打つ: ~*se* a su época 時代を先取りする. ❷〈事柄が〉早まる, 早く起こる

anticipo [アンティスィポ] 男 前払い金: pedir un ~ del sueldo 給料の一部を前借りする

anticonceptivo, va [アンティコンセプティボ, バ] 形 避妊用の: medicina ~*va* 避妊薬
◆ 男 避妊器具; 避妊薬

anticongelante [アンティコンヘランテ] 男 不凍液

anticorrosivo [アンティコロスィボ] 男 腐食防止剤, 防食剤

anticuado, da [アンティクアド, ダ] 形 古くさい, 時代おくれの; すたれた: idea ~*da* 古くさい考え方

anticuario, ria [アンティクアリオ, リア] 名 古美術商, こっとう屋

anticuerpo [アンティクエルポ] 男〈医学〉抗体

antídoto [アンティドト] 男 解毒剤

antifaz [アンティファス] 男〈複 antifa*ces*〉〈目の回りを隠す〉仮面; アイマスク

antiguamente [アンティグアメンテ] 副 昔は; かつて, 以前

antigüedad [アンティグエダ] 女 ❶ 古さ; 昔, 古代: en la ~ remota 大昔に. ❷ 勤続年数: tener mucha ~ 古参である. ❸ 複 こっとう品, アンティーク: tienda de ~*es* こっとう品店

antiguo, gua [アンティグオ, グア] 形 ❶ 古い, 古くからの: edificio ~ 古い建物. ser ~ en la compañía 会社で古顔である. desde muy ~ 大昔から
❷ 昔の; 古代の: ~ novio 昔の恋人. civi-

lización ~*gua* 古代文明

❸ 元の: mi dirección ~*gua* 私の以前の住所

antihéroe [アンティエロエ] 男 英雄的でない主人公, アンチヒーロー

antillano, na [アンティジャノ, ナ] 形 名 アンティーリャス諸島 las Antillas の(人)

antílope [アンティロペ] 男〈動物〉レイヨウ, アンテロープ

antinatural [アンティナトゥラル] 形 不自然な, 自然に反する

antinuclear [アンティヌクレアル] 形 反核の, 非核の

antioxidante [アンティオ(ク)シダンテ] 男 酸化防止剤; さび止め剤

antipatía [アンティパティア] 女 反感: tener ~ hacia (por) +人 …に反感を抱く

antipático, ca [アンティパティコ, カ] 形 感じの悪い, 反感を抱かせる: Me cae ~*ca*. 彼女は好きになれない

antípoda [アンティポダ] 形〈主に 複〉地球の裏側の; 正反対の

antirrobo [アンティろボ] 形 盗難防止用の: sistema ~ 盗難防止装置. alarma ~ 盗難防止警報器

antisemita [アンティセミタ] 形 名 反ユダヤ主義の(主義者)

antiterrorista [アンティテろリスタ] 形 反テロの, テロ防止の

antojadizo, za [アントハディソ, サ] 形 気まぐれな, 移り気な

antojar [アントハル] **~se**〈a+人 に〉❶〈+不定詞〉…したい気が起こる: *Se le antojó* comprar un telescopio. 彼は天体望遠鏡を買いたくなった. ❷〈que+直説法〉…しそうな気がする: *Se me antoja que* no vendrá. 彼は来ないような気がする

antojo [アントホ] 男 ❶ 気まぐれ: a su ~ 好きなように. ❷〈妊娠中の〉変わった嗜好

antología [アントロヒア] 女 選集, アンソロジー

antónimo [アントニモ] 男 反意語

antorcha [アントルチャ] 女 たいまつ, トーチ

antro [アントろ] 男 いかがわしい場所

antropófago, ga [アントろポファゴ, ガ] 形 名 食人種(の)

antropología [アントろポロヒア] 女 人類学: ~ cultural 文化人類学

antropólogo, ga [アントろポロゴ, ガ] 名 人類学者

anual [アヌアル] 形 ❶ 毎年の: reunión ~ 年に一度の会合. revista ~ 年刊誌. ❷ 1 年間の: renta ~ 年間所得. ganar ... yenes ~*es* 年に…円稼ぐ

anualmente [アヌアルメンテ] 副 毎年, 年に一度

anuario [アヌアリオ] 男 年鑑, 年報

anudar [アヌダル] 他 結び目を作る, 結び合わせる

◆ **~se**〈自分の…を〉結ぶ: *Me anudé* los cordones de los zapatos. 私は靴の紐を結んだ

anulación [アヌラスィオン] 女 取り消し, 破棄

anular [アヌラル] 他 取り消す, 破棄する, 無効にする: ~ el contrato 契約を解消する

◆ 男 薬指〖dedo ~〗

Anunciación [アヌンスィアスィオン] 女〈キリスト教〉受胎告知

anunciante [アヌンスィアンテ] 形 広告の

anunciar [アヌンスィアル] 他 ❶ 発表する, 告げる: ~ el compromiso de boda 婚約を発表する: ~ al público 公表する ❷ 広告する, 宣伝する

anuncio [アヌンスィオ] 男 ❶ 発表, 通知(状): ~ oficial 公告 ❷ 広告, コマーシャル: poner un ~ de ... en el periódico 新聞に…の広告を出す. cartel de ~ 宣伝ポスター

anverso [アンベルソ] 男〈硬貨・紙などの〉表(おもて)

anzuelo [アンスエロ] 男 釣り針
picar (*tragar*) *el* ~ わなにかかる

añadidura [アニャディドゥラ] 女 付加されたもの
por ~ その上

añadir [アニャディル] 他〈a に〉付け加える, 足す: ~ agua *al* zumo ジュースに水を加える. ~ unos renglones 数行書き足す

añejo, ja [アニェホ, ハ] 形〈酒が〉熟成した

añicos [アニコス] 男 複 細かい破片
hacerse ~ こなごなになる: El vidrio *se ha hecho* ~. ガラスはこなごなになった

añil [アニル] 形 藍色の
◆ 男〈植物〉アイ(藍); 〈染料〉インディゴ

año [アニョ] 男 ❶ 年, 1 年間: Este ~ voy a Perú. 今年私はペルーに行く. el ~ que viene/el ~ próximo 来年. el ~ pasado 去年. hace dos ~*s* 一昨年, 2 年前に. [durante] todo el ~ 一年中. todos los ~*s* 毎年. una vez al ~ 年に一度. estos ~*s* ここ数年

❷〖紀元〗…年: en el ~ 1965 1965 年に. en los ~*s* cincuenta 1950 年代に

❸ …歳: ¿Cuántos ~*s* tienes?—Tengo diez ~*s*. 君は何歳なの?—10 歳だよ. a sus veinte ~*s* 彼の 20 歳の時に. en sus últimos ~*s* 晩年に

añoranza

❹ 年度：~ escolar 学年度．~ fiscal 会計年度
❺ 学年：¿En qué ~ estás?—Estoy en primero. 何年生ですか？—1 年生です
Año Nuevo 新年：día de *Año Nuevo* 元日．¡Feliz *Año Nuevo*! 新年おめでとう
de ~ en ~ 年を追って，年々
entrado en ~s 初老の，年配の
quitarse ~s 年齢を〔少なく〕ごまかす；若く見える

añoranza [アニョランサ] 囡 懐かしさ, 郷愁：sentir ~ por... …を懐かしむ

añorar [アニョラル] 他 懐かしむ；〈いない人・物を〉恋しがる

apabullar [アパブジャル] 他 圧倒する, やりこめる

apacentar [アパセンタル] 57 他 放牧する, 牧草を食べさせる

apacible [アパスィブレ] 形 ❶ 穏やかな, 平穏な：tiempo ~ 穏やかな天気．❷〈人が〉温和な

apaciguar [アパスィグアル] 8 他 ❶ なだめる, 仲直りさせる．❷ 静める, 和らげる

apadrinar [アパドリナル] 他 …の代父になる, 名付け親になる

apagado, da [アパガド, ダ] 形 過分 ❶ 消えた：El fuego está ~. 火は消えた．La televisión está ~*da*. テレビは消えている．❷ 生気のない：color ~ くすんだ色．voz ~*da* 弱々しい声

apagar [アパガル] 55 他 ❶〈火を〉消す：~ el incendio 火事を消す
❷〈明かりなどを〉消す, スイッチを切る：~ la radio ラジオを消す
❸ 欲求などを〉静める：~ la sed 喉の渇きをいやす

apagón [アパゴン] 男 停電

apalabrar [アパラブラル] 他 口約束する

apalancar [アパランカル] 73 他 ❶ てこで動かす，〈バールなどで〉こじ開ける：~ una puerta 戸をこじ開ける
◆ ~*se*〈ス〉〈en に〉寄りかかる, 腰を据える

apalear [アパレアル] 他〈棒などで〉たたく：~ la alfombra じゅうたんをはたく

apañado, da [アパニャド, ダ] 形 過分 ❶ 上手な, 手際のよい．❷ 適当な

apañar [アパニャル] 他 ❶ 修理する．❷ 片付ける, きれいにする．❸〈不当に〉自分の物にする
◆ ~*se* ❶ やりくりする．❷ 身繕いする
apañárselas 解決法を見つける, 何とかする

aparador [アパラドル] 男 ❶ 食器棚, サイドボード．❷〈ラ〉ショーウィンドー

aparato [アパラト] 男 ❶ 器具, 器械；装置：~ auditivo 補聴器．~ eléctrico 電気器具．gimnasia con ~*s* 器械体操
❷〈体の〉器官：~ respiratorio 呼吸器
❸〈口語〉電話機：Al ~.〈電話口に出て〉はい, 私です

aparatoso, sa [アパラトソ, サ] 形〈服装などが〉派手な, 仰々しい

aparcamiento [アパルカミエント] 男 ❶ 駐車．❷ 駐車場

aparcar [アパルカル] 73 他 自 駐車する：Prohibido ~. 駐車禁止

aparear [アパレアル] 他 交尾させる
◆ ~*se* 交尾する

aparecer [アパレセル] 20 自 現れる, 出現する：El sol *apareció* por el horizonte. 太陽が地平線から姿を見せた．Todavía no *ha aparecido* el anillo.〔なくした〕指輪はまだ出てこない
◆ ~*se*〈a の前に〉現れる：Se me *apareció* un fantasma. 私の前におばけが出た

aparecido [アパレスィド] 男 幽霊

aparejo [アパレホ] 男 ❶〈集合的に, 仕事などに〉必要な物(道具)．❷ 準備

aparentar [アパレンタル] 他 ❶ …のふりをする：~ indiferencia 無関心を装う．❷〈年齢が〉…に見える：No *aparenta* 50 años. 彼は 50 歳には見えない

aparente [アパレンテ] 形 ❶ 見せかけの, 見かけ倒しの．❷ 適切な．❸ 明らかな

aparentemente [アパレンテメンテ] 副 外見上は, 見かけは

aparición [アパリスィオン] 囡 ❶ 出現：hacer su ~ 出現する, 登場する．❷〈死者の〉幻影, 幽霊

apariencia [アパリエンスィア] 囡 外見, 見かけ：Las ~*s* engañan.〈諺〉外見はだます〔⇒人は見かけによらない〕．cubrir (guardar) las ~*s* 体裁を繕う
en ~ 外見上は

apartado, da [アパルタド, ダ] 形 過分 ❶〈de から〉離れた．❷ へんぴな, 人里離れた
◆ 男 ❶ 私書箱〔~ de correos, ~ postal〕．❷〈法律などの〉条項

apartamento [アパルタメント] 男〈2 部屋程度の〉アパート, マンション

apartamiento [アパルタミエント] 男 ❶ 分離；引き離すこと．❷〈主にラ〉＝**apartamento**

apartar [アパルタル] 他 ❶〈de から〉離す：~ una silla *de* la ventana 椅子を窓から遠ざける．~ a los hermanos que riñen 兄弟げんかを引き分ける．~ la vista *de*... …から視線をそらす(目を離す)．No pude ~ la idea *de* la cabeza. その考えが私の頭から離れなかっ

❷ 別にする；〈一部を〉取っておく：*Apárta*me una ración de tarta. 私にケーキを取っておいてね

❸ どかす，離れた所に置く：~ el plato 皿を押しやる

◆ ~se 〈de から〉離れる；別れる：~*se de* la fila 列を離れる．¡*Apártate*! どいてくれ!

aparte [アパルテ] 副 別にして，〔切り〕離して；除いて：poner ~ las naranjas podridas 腐ったオレンジを別にしておく．enviar ~ 別送する

~ *de*... …以外に；…を別にして：A~ *del* importe, hay que pagar el impuesto. 代金のほかに税金も払わなければならない

◆ 男 ❶ 改行：Punto y ~. 改行せよ． ❷ 〈演劇〉傍白(ぼう)

apasionado, da [アパシオナド, ダ] 形 過分 情熱的な，熱烈な

apasionante [アパシオナンテ] 形 熱中させる，興奮させる

apasionar [アパシオナル] 他 熱中させる：El fútbol *apasiona* a los españoles. スペイン人たちはサッカーに夢中だ

◆ ~se 〈por・con に〉情熱を燃やす，熱中する，夢中になる

apatía [アパティア] 女 無関心，無気力：~ política 政治的無関心

apático, ca [アパティコ, カ] 形 〈a に〉無関心な，しらけた，無気力な

apátrida [アパトリダ] 形 名 無国籍の；無国籍者

apdo. 〈略語〉私書箱〔←apartado〕

apear [アペアル] ~se 〈de 車・馬などから〉降りる：~*se del* autobús バスから降りる

apegar [アペガル] 55 ~se 〈a に〉愛着を抱く：~*se* excesivamente *a*... …に執着する

apego [アペゴ] 男 愛着，執着：tener ~ a ... …に愛着を抱く．no tener ningún ~ a... …に何の執着もない

apelación [アペラシオン] 女 ❶ 控訴，上告：presentar una ~ 控訴する． ❷ 呼びかけ，働きかけ

apelar [アペラル] 自 ❶ 控訴する，上告する：~ de (contra) la sentencia 判決に対して上訴する． ❷ 〈a 手段などに〉訴える：~ *a* la conciencia de+人 …の良心に訴える

apelativo [アペラティボ] 男 通称：~ cariñoso 愛称

apellidar [アペジダル] ~se …という名字である：*Se apellida* Álvarez. 彼の姓はアルバレスという

apellido [アペジド] 男 姓，名字：¿Cómo te llamas de ~?—Me llamo Pérez [de ~]. 君の名字は何ていうの?—ペレスといいます

apelotonar [アペロトナル] ~se 群がる

apenar [アペナル] 他 つらい思いをさせる，悲しませる

◆ ~se ❶ 悲しむ． ❷ 〈ラ〉恥ずかしい思いをする

apenas [アペナス] 副 ❶ 〈+動詞では no が不要〉ほとんど〔…ない〕：A~ hablo con él. 私は彼とはほとんど話さない

❷ やっと，かろうじて：llegar ~ a tiempo かろうじて間に合う

❸ 〈+数詞〉せいぜい：A~ vendrán cinco. せいぜい5人ぐらいしか来ないだろう

◆ 接 〈主にラ〉…するとすぐ：A~ me vio, rompió a llorar. 彼は私の顔を見るなり泣き出した

~ *si*+直説法 …するのがやっとである：A~ *si* me alcanzaba el dinero para comer. 私は食べていくだけでやっとだった

apéndice [アペンディセ] 男 ❶ 付録． ❷ 〈解剖〉虫垂

apendicitis [アペンディスィティス] 女 〈医学〉虫垂炎，盲腸炎

apercibir [アペルスィビル] 他 ❶ …に知らせる，警告する． ❷ 準備する

◆ ~se 〈de に〉気づく

aperitivo [アペリティボ] 男 食前酒，アペリチフ

apero [アペロ] 男 農機具〖~s de labranza〗

apertura [アペルトゥラ] 女 ❶ 始まり，幕開き；開業：ceremonia de ~ 開会式．hora de ~ 開店時刻． ~ *del* curso 開講，始業． ~ de una sucursal 支店の開設． ❷ 開放：~ del mercado 市場開放

apestar [アペスタル] 他 ❶ ペストに感染させる． ❷ 〈con で〉うんざりさせる

◆ 自 〈a の〉悪臭を放つ：Su boca *apesta a* ajos. 彼はニンニクの口臭がする

apestoso, sa [アペストソ, サ] 形 ❶ くさい，悪臭の． ❷ 不快な，迷惑な

apetecer [アペテセル] 20 自 〈a+人 の〉食欲(欲望)をそそる：¿Te *apetece* una tortilla? オムレツを食べる気ある？ Hoy no me *apetece* trabajar. きょうは仕事する気にならない．Si te *apetece*, ven a la fiesta. よかったらパーティーにおいでよ

apetecible [アペテスィブレ] 形 ❶ 望ましい，魅力のある． ❷ 食欲をそそる

apetito [アペティト] 男 ❶ 食欲：tener mucho ~ 食欲が旺盛である．abrir (despertar) el ~ 食欲をそそる．perder (quitársele) el ~ 食欲がなくなる

❷ 欲望，欲求：~ sexual 性欲．incitar el ~ de+人 …の欲望をそそる

apetitoso, sa [アペティトソ, サ] 形 ❶ おいしそうな. ❷ 欲望をそそるような

apiadar [アピアダル] ~se ⟨de を⟩ 憐れむ, かわいそうに思う

ápice [アピセ] 男 先端, 頂点
ni un ~ 少しも…ない

apicultura [アピクルトゥラ] 女 養蜂

apilar [アピラル] 他 積み重ねる: ~ los platos 皿を重ねる
◆ ~se 山積みになる

apiñar [アピニャル] ~se ひしめく

apio [アピオ] 男 セロリ

aplacar [アプラカル] 73 他 ⟨怒りなどを⟩ 和らげる, 鎮める
◆ ~se 和らぐ, 鎮まる

aplanar [アプラナル] 他 平らにする, ならす

aplastante [アプラスタンテ] 形 圧倒的な: por una mayoría ~ 圧倒的多数で, victoria ~ 圧勝

aplastar [アプラスタル] 他 ❶ 押しつぶす: quedarse *aplastado* つぶれる, ぺちゃんこになる. ❷ 圧倒する; 打ちのめす

aplaudir [アプラウディル] 他 ❶ …に拍手〔喝采〕する. ❷ 称賛する

aplauso [アプラウソ] 男 ❶ 拍手, 拍手喝采: Un ~ para él. どうぞ彼に拍手を. ~ cerrado 万雷の拍手喝采.
❷ 称賛, 賛同

aplazamiento [アプラサミエント] 男 延期

aplazar [アプラサル] 13 他 延期する, 繰り延べる: ~ el pago un mes 支払いを1か月延ばす. ~ el viaje para el otoño 旅行を秋まで延期する

aplicable [アプリカブレ] 形 ⟨a に⟩ 適用できる, 当てはまる

aplicación [アプリカスィオン] 女 ❶ 適用; 応用: tener muchas *aplicaciones* 用途が広い. ❷ 勤勉, 専念: estudiar con mucha ~ 一所懸命勉強する. ❸ ⟨薬などの⟩ 塗布. ❹ ⟨情報⟩ アプリケーション. ❺ ⟨手芸⟩ アップリケ

aplicado, da [アプリカド, ダ] 形 過分 ❶ 勤勉な: alumno ~ よく勉強する生徒. ❷ 応用された: química ~*da* 応用化学

aplicar [アプリカル] 73 他 ❶ ⟨a に⟩ **適用する, 当てはめる; 応用する**: ~ la ley *a* los extranjeros 法律を外国人に適用する. ~ los conocimientos *a* la vida práctica 知識を実生活に応用する

❷ ⟨薬などを⟩ 塗付する: ~ pomada *a* la herida 傷口に軟こうを塗る
❸ 押し当てる: ~ el auricular *al* oído 受話器を耳に当てる
◆ ~se ⟨en に⟩ 精を出す, 励む: ~*se en* el estudio 勉強に励む

aplomo [アプロモ] 男 沈着, 冷静

apocado, da [アポカド, ダ] 形 気弱な, 内気な

apocalipsis [アポカリプシス] 男 ❶ ⟨A~⟩ ヨハネ黙示録. ❷ この世の終わり; 大惨事

apocalíptico, ca [アポカリプティコ, カ] 形 ❶ 黙示録の. ❷ 終末のような, 悲惨な

apodar [アポダル] 他 …にあだ名をつける

apoderado, da [アポデラド, ダ] 名 過分 ⟨芸能人・スポーツ選手などの⟩ 代理人, エージェント

apoderar [アポデラル] 他 …に代行させる, 権限を与える
◆ ~se ❶ ⟨de を⟩ 無理やり自分のものにする, 奪い取る: ~*se del* poder 権力を手中におさめる. ❷ ⟨感情などが⟩ 支配する

apodo [アポド] 男 あだ名: llamar a+人 por el ~ …をあだ名で呼ぶ

apogeo [アポヘオ] 男 絶頂, 頂点: El Imperio Inca estuvo en su ~ en el siglo XV. インカ帝国は15世紀が最盛期だった. ~ de la belleza 美の極致

apolillar [アポリジャル] ~se ⟨衣類などが⟩ 虫に食われる

apolítico, ca [アポリティコ, カ] 形 非政治的な, 政治に無関心な, ノンポリの

apología [アポロヒア] 女 ❶ 支持, 擁護. ❷ 賞賛

apoplejía [アポプレヒア] 女 ⟨医学⟩ 卒中: ~ cerebral 脳卒中

apoquinar [アポキナル] 他 ⟨ス. 口語⟩ しぶしぶ支払う

aporrear [アポれアル] 他 ⟨棒などで⟩ 何度も殴る, たたく

aportación [アポルタスィオン] 女 ❶ 貢献. ❷ 出資

aportar [アポルタル] 他 ❶ 貢献する. ❷ 出資する: ~ cien mil euros a un negocio 事業に10万ユーロ出資する

aporte [アポルテ] 男 ⟨主にラ⟩ =**aportación**

aposento [アポセント] 男 ❶ ⟨大きな⟩ 部屋, 居室. ❷ 宿泊先, 滞在先

apósito [アポシト] 男 包帯, ガーゼ

aposta [アポスタ] 副 わざと, 故意に

apostar¹ [アポスタル] 21 他 ⟨a に⟩ 賭ける: *Apostó* diez mil yenes *a* este caballo. 彼はこの馬に1万円賭けた. *Apostamos* una copa *a* ver quién llega primero. 最初に来るのが誰かに一杯賭けよう
◆ 自 ❶ 賭けをする: ~ en las carreras de caballo 競馬で賭ける. ❷ ⟨a que+直説法⟩ …することに賭ける: *Apuesto a que* no viene él. 賭けてもいいけど彼は来ないよ

apostar² [アポスタル] 他 〈人を〉配置する
apostilla [アポスティジャ] 女 注, 注釈
apóstol [アポストル] 男 〈キリスト教〉使徒: doce ~es 12 使徒
apoyar [アポジャル] 他 ❶〈en に〉**もたせかける**, 支える: ~ la escalera *en* (contra) la pared 壁にはしごを立てかける. ~ los codos *en* (sobre) la mesa 机に両ひじをつく ❷ **支持する**, 支援する: ~ al partido de la oposición 野党を支持する. Te *apoyo en* todo lo que haces. 君をいつも応援してるよ
◆ **~se**〈en に〉❶ 寄りかかる, もたれる: ~*se* contra la pared 壁に寄りかかる. ~*se en* el bastón 杖につかまる
❷〈意見などが〉よりどころとする: *apoyándose en* los hechos 事実に基づいて. ¿En qué *se apoya* para decir tales cosas? 何を根拠にそんなことを言うのですか
❸ 頼りにする: ~*se en* la experiencia 経験に頼る
apoyo [アポジョ] 男 ❶ 支え. ❷ 支持, 支援: prestar ~ a+人 …を支援する
apreciable [アプレスィアブレ] 形 ❶ かなりの. ❷ 評価に値する
apreciación [アプレスィアスィオン] 女 ❶ 評価, 鑑定. ❷ 鑑賞. ❸〈通貨の〉評価額の上昇: ~ del yen 円高
apreciar [アプレスィアル] 他 ❶〈高く〉**評価する**, 価値を認める: Le *aprecio* por su honradez. 私は彼の誠実さを買っている
❷ 鑑賞する: ~ una poesía 詩を味わう
aprecio [アプレスィオ] 男 評価
apremiante [アプレミアンテ] 形 切迫した, 緊急の
apremiar [アプレミアル] 他 急がせる, 催促する: Me *apremia* para que dé una pronta respuesta. 私は彼に返事をせかされている
◆ 自 急を要する: *Apremia* una solución. 解決が急がれる
apremio [アプレミオ] 男 ❶ 急迫. ❷ 催促
aprender [アプレンデル] 他 ❶ **学ぶ, 習う**: ~ español en la universidad 大学でスペイン語を学ぶ. ~ flamenco con (de)+人 …からフラメンコを教わる
❷ 覚える: ~ palabras 単語を覚える
◆ 自〈a+不定詞〉習う; 覚える: ~ *a* tocar el piano ピアノを習う
◆ **~se** 覚える, 暗記する〖~ de memoria〗: *Apréndase* este número. この数字を記憶してください
aprendiz, za [アプレンディス, サ] 名 〈男 複 aprendic*es*〉見習い, 徒弟
aprendizaje [アプレンディサヘ] 男 ❶ 学習; 〈技術などの〉習得. ❷ 見習い期間

apresar [アプレサル] 他 捕える
aprensión [アプレンスィオン] 女 ❶〈病気などに対する〉不安感;〈衛生面での〉極端な嫌悪感: Me da ~ que bebamos del mismo vaso. 私たちが同じコップで飲むのは絶対にいやだ. ❷〈根拠のない〉不安, 懸念: Son *aprensiones* tuyas. それは君の思い過ごしだよ
aprensivo, va [アプレンスィボ, バ] 形〈病気などに対して〉心配性の; 極端に神経質な
apresuradamente [アプレスラダメンテ] 副 急いで
apresurado, da [アプレスラド, ダ] 形 過分 早まった; せっかちな
apresurar [アプレスラル] 他 ❶ 急がせる, せきたてる. ❷ 速める: ~ el paso 足を速める
◆ **~se** 急ぐ;〈a+不定詞〉急いで…する
apretado, da [アプレタド, ダ] 形 過分 ❶ きつい, 窮屈な: falda muy ~*da* ぴっちりした(きつい)スカート. ❷ 過密な: escritura ~*da* びっしり書かれた字. horario ~ 過密スケジュール. ❸ 厳しい, 困難な: Este mes estamos ~*s* (de dinero). 今月は経済的に苦しい
apretar [アプレタル] 57 他 ❶〔強く〕押す, 押しつける: ~ el botón ボタンを押す. ~ a+人 contra el pecho …を胸に抱きしめる. ❷ 締めつける, きつくする: ~ un tornillo ねじを締める. ~ la mano a+人 …の手を握りしめる. ❸〈口語〉〈人に〉圧力をかける
◆ 自〈服・靴などが〉窮屈である: Este anillo me *aprieta*. この指輪はきつい
apretón [アプレトン] 男 ❶ 締めつけること: ~ de manos 握手. ❷ ぎゅうぎゅう詰め
apretura [アプレトゥラ] 女 ぎゅうぎゅう詰め
aprieto [アプリエト] 男 窮地, 困難: poner a+人 en un ~ …を困らせる, 窮地に陥れる
aprisa [アプリサ] 副 急いで
aprisionar [アプリシオナル] 他 身動きできなくする, 押さえつける
aprobación [アプロバスィオン] 女 ❶ 承認, 賛成. ❷ 合格
aprobado [アプロバド] 男 過分 〈成績の〉可, 合格
aprobar [アプロバル] 21 他 ❶ **承認する**, 同意する: ~ la propuesta 提案を承認する. ~ la ley 法案を可決する
❷ **合格する**; 合格させる: He *aprobado* el examen. 私は試験に合格した. No le han *aprobado* en español. 彼はスペイン語で落とされた
◆ 自〈en に〉合格する: He *aprobado* en física. 私は物理のテストに合格した
apropiación [アプロピアスィオン] 女〈不当な手段による〉取得, 私物化
apropiado, da [アプロピアド, ダ] 形 過分

apropiar [アプロピアル] **~se** 〈不当に, de を〉自分のものにする: ~*se de* los terrenos ajenos 他人の土地を横領する

aprovechable [アプロベチャブレ] 形 利用できる, 役に立つ

aprovechado, da [アプロベチャド, ダ] 形 名 過分 ❶ 要領のいい[人]; 締まり屋[の], がめつい[人]. ❷ よく勉強する

aprovechamiento [アプロベチャミエント] 男 〈機会などの〉利用

aprovechar [アプロベチャル] 他 〔うまく〕利用する, 活用する: ~ la experiencia 経験を生かす. ~ la ocasión チャンスをうまく活用する

◆ 自 〈en で〉上達する

◆ **~se ❶** 〈de を〉利用する; つけ込む: ~*se de* su puesto 自分の地位を利用する. ~*se del* punto débil de+人 …の弱味につけ込む

¡Que aproveche! 〈食事をする人へのあいさつ〉たくさん(ゆっくり)召し上がれ!

aproximación [アプロ(ク)シマスィオン] 女 ❶ 接近, アプローチ. ❷ 概算

aproximadamente [アプロ(ク)シマダメンテ] 副 おおよそ, 約; 概算で: calcular ~ 概算する

aproximado, da [アプロ(ク)シマド, ダ] 形 過分 おおよその, だいたいの, 近似の: cálculo ~ 概算

aproximar [アプロ(ク)シマル] 他 〈a に〉近づける, 寄せる: ~ la silla *a* la pared 椅子を壁ぎわに寄せる

◆ **~se** 近づく: *Se aproxima* la primavera. もうすぐ春だ

aptitud [アプティトゥ] 女 適性, 天分: prueba de ~ 適性検査. Le falta ~. 彼は素質がない

apto, ta [アプト, タ] 形 〈para に〉適した: Eres ~ *para* este trabajo. 君はこの仕事に向いている

apuesta¹ [アプエスタ] 女 ❶ 賭け; 賭け事. ❷ 賭け金

apuesto, ta² [アプエスト, タ] 形 粋(いき)な; 格好いい

apuntar [アプンタル] 自 ❶ 〈a に〉ねらいをつける: ~ *al* blanco 的をねらう. ~ con la pistola *a*+人 …にピストルを向ける

❷ 〈方角を〉指す: La brújula *apuntaba al* norte. 磁石は北を指していた

◆ 他 ❶ 書き留める, メモする: Voy a ~ tu teléfono. 君の電話番号をメモしておこう

❷ 指し示す

◆ **~se** ❶ 登録する; 〈口語〉〈en に〉参加する. ❷ 〈スポーツ〉…を獲得する: ~*se* una victoria 勝つ

apunte [アプンテ] 男 メモ, 覚え書き: tomar ~*s* メモ(ノート)を取る. libro de ~*s* 手帳; ノート

apuñalar [アプニャラル] 他 〈刃物で〉刺す

apurado, da [アプラド, ダ] 形 過分 ❶ 困窮した. ❷ 〈ラ〉急いでいる

apurar [アプラル] 他 ❶ 飲み干す; 使い果たす: ~ un vaso de agua 水を一杯飲み干す. ❷ 急がせる

◆ **~se ❶** 〈por に〉気をもむ: ~*se por* poca cosa つまらないことで悩む. ❷ 〈ラ〉急ぐ: *¡Apúrate!* 急げ!/早くしろ!

apuro [アプロ] 男 ❶ 苦境, 窮地: verse (estar) en un ~ 苦境にある, 困っている. ❷ 複 困窮: pasar ~*s* 金に困る. ❸ 気恥ずかしさ

aquel, lla [アケル, ジャ] 形 〈指示形容詞. 複 aque*llos*, *llas*〉あの: ~ niño あの子. ~*lla* ventana あの窓

aquél, lla [アケル, ジャ] 代 〈指示代名詞. 複 aqué*llos*, *llas*〉❶ あれ: Esta moto es mía y ~*lla* es de José. このバイクは私ので, あれ(=あのバイク)はホセのだ. *A*~ lo ha dicho. あいつがそう言った

❷ 〈後者に対して〉前者

aquello [アケジョ] 代 〈中性の指示代名詞〉あれ, あのこと: ¿Qué es ~?—Es un supermercado. あれは何ですか?—スーパーマーケットです. *A*~ es muy importante. あの件はとても重要だ

aquí [アキ] 副 ❶ ここに, ここで: Estoy ~. 私はここにいます. José trabaja ~. ホセはここで働いている. Hace calor ~. ここは暑い. por ~ このあたりを; ここを通って. No soy de ~. 私はこの土地の者ではありません

❷ 今, 現在: de ~ a ocho días 一週間後に. de ~ en adelante 今後

~ *y allá* (*allí*) あちらこちら

de ~ *para allá* (*para allí*) あちらこちらへ, 行ったり来たりして

árabe [アラベ] 形 名 アラビア〔人・語〕の, アラブ〔人〕の; アラビア人, アラブ人: países ~*s* アラブ諸国

◆ 男 アラビア語

arabesco, ca [アラベスコ, カ] 形 アラベスク模様の

Arabia [アラビア] 女 アラビア: ~ Saudita サウジアラビア

arado [アラド] 男 〈農業〉すき

Aragón [アラゴン] 男 アラゴン〖スペイン北東部の自治州〗

aragonés, sa [アラゴネス, サ] 形 名 アラ

ゴンの〔人〕

arancel [アランセル] 男 関税; 関税率: ~ de importación 輸入関税

arancelario, ria [アランセラリオ, リア] 形 関税の; 関税率の: derechos ~s 関税

araña [アラニャ] 女 ❶〈動物〉クモ. ❷ シャンデリア

arañar [アラニャル] 他 ひっかく, ひっかき傷をつける

arañazo [アラニャソ] 男 つめあと, ひっかき傷

arar [アラル] 他 すきで耕す, すく

arbitraje [アルビトラヘ] 男 ❶ 仲裁, 調停. ❷ 審判

arbitrar [アルビトラル] 自 仲裁する: ~ en un conflicto 紛争の調停をする
◆ 他〈スポーツ〉…の審判をする: ~ un partido de fútbol サッカーの試合の審判をする

arbitrariedad [アルビトラリエダ] 女 独断, 専横

arbitrario, ria [アルビトラリオ, リア] 形 ❶ 独断的な, 勝手な, 横暴な: preferencia ~ria えこひいき. ❷ 任意の

arbitrio [アルビトリオ] 男 ❶〈気ままな〉意志, 恣意(し). ❷〔自由〕裁量

árbitro, tra [アルビトロ, トラ] 名 ❶ 審判員, レフェリー: ~ del partido 試合の主審. ❷ 調停者, 仲裁人

árbol [アルボル] 男 ❶ 木, 樹木: plantar (cortar) un ~ 木を植える(切る). ~ frutal 果樹. ~ de hoja ancha 広葉樹
❷〈技術〉軸, シャフト

arbolado, da [アルボラド, ダ] 形 木々の茂った
◆ 男 木立ち, 林

arboleda [アルボレダ] 女 林, 木立ち

arbusto [アルブスト] 男 低木, 灌木(かんぼく)

arca [アルカ] 女〈単数形冠詞は el・un〔a〕〉❶ 〈ふた・鍵のついた〉大箱, 櫃(ひつ). ❷ 複 金庫: ~s fiscales 国庫. ❸ el ~ de Noé ノアの箱舟

arcada [アルカダ] 女 ❶ 複 吐き気. ❷〈建築〉アーケード; 〈橋の〉アーチ

arcaico, ca [アルカイコ, カ] 形 古風な, 擬古的な: sonrisa ~ca アルカイックスマイル

arcaísmo [アルカイスモ] 男 古風な表現; 古語

arcángel [アルカンヘル] 男 大天使

arce [アルセ] 男〈植物〉カエデ(楓)

arcén [アルセン] 男 道路のへり, 路肩

archipiélago [アルチピエラゴ] 男 群島: ~ japonés 日本列島

archivador [アルチバドル] 男 ファイルキャビネット; ファイル

archivar [アルチバル] 他〈文書を〉保管する, ファイルする

archivo [アルチボ] 男 ❶ ファイル; ファイルキャビネット: guardar documentos en un ~ 資料をファイルに保管する. ❷ 記録文書保管所, 史料室. ❸〈集合的に〉記録文書, 古文書; 〈ビデオなどの〉記録映像(音声). ❹〈情報〉ファイル

arcilla [アルスィジャ] 女 粘土

arco [アルコ] 男 ❶ アーチ: ~ de triunfo 凱旋門
❷〈武器の〉弓: tirar una flecha con el ~ 弓を引く
❸〈音楽〉弓: instrumentos de ~ 弓奏弦楽器
❹〈数学〉弧: trazar un ~ 弧を描く
~ *iris* 虹: Ha salido un ~ *iris*. 虹が出た

arder [アルデル] 自 燃える, 焼ける: Esta leña *arde* bien. この薪はよく燃える. Me *arde* la frente. 私の額は焼けるように熱い. ~ de cólera 怒りに燃える. ~ en celos 嫉妬に身を焦がす

ardid [アルディ] 男 策略, 計略

ardiente [アルディエンテ] 形 燃えるような, 熱烈な, 情熱的な

ardilla [アルディジャ] 女〈動物〉リス

ardor [アルドル] 男 ❶ 熱さ, 暑さ: tener ~ de estómago 胸やけがする. ❷ 熱情, 熱意

arduo, dua [アルドゥオ, ドゥア] 形 骨の折れる, ひじょうに困難な

área [アレア] 女〈単数冠詞は el・un〔a〕〉❶ 区域, エリア: ~ metropolitana 大都市圏, 首都圏. ~ de penalti 〈スポーツ〉ペナルティーエリア
❷〈面積の単位〉アール
❸〈図形の〉面積

arena [アレナ] 女 ❶ 砂: reloj de ~ 砂時計
❷〈円形〉闘技場, アリーナ; 〈闘牛場の〉砂場: *edificar sobre ~* 砂上に楼閣を築く〔実現不可能なことを企てる〕

arenal [アレナル] 男 砂地, 砂原

arenga [アレンガ] 女〈激励のための〉演説, 熱弁

arengar [アレンガル] 55 他 熱弁をふるう

arenoso, sa [アレノソ, サ] 形 砂の, 砂状の

arenque [アレンケ] 男〈魚〉ニシン

arete [アレテ] 男〈ラ〉〈主に輪状の〉イヤリング

argamasa [アルガマサ] 女 モルタル

argelino, na [アルヘリノ, ナ] 形 名 ❶ アルジェリア Argelia 〔人〕の; アルジェリア人. ❷ アルジェ Argel の〔人〕

Argentina[1] [アルヘンティナ] 囡 アルゼンチン

argentino, na[2] [アルヘンティノ, ナ] 圏 ❶ アルゼンチン〔人〕の. ❷〈声が〉鈴をころがすような
◆ 图 アルゼンチン人

argolla [アルゴジャ] 囡 ❶〈主に金属の〉輪, 環. ❷〈ラ〉結婚指輪

argot [アルゴ(ト)] 男〈仲間うちの〉隠語, スラング

argucia [アルグスィア] 囡 へ理屈

argüir [アルグイル] 5 他 主張する
◆ 自 論じる

argumentación [アルグメンタスィオン] 囡 論証; 主張

argumentar [アルグメンタル] 他 自 推論する, 論じる; 主張する

argumento [アルグメント] 男 ❶ 論拠; 論法: No puedo seguir tu ~. 君の論法にはついてゆけない. ❷〈小説などの〉あらすじ, プロット: ~ del libro 本のストーリー

árido, da [アリド, ダ] 圏 乾燥した: zona ~da 乾燥地帯

arisco, ca [アリスコ, カ] 圏 無愛想な, つっけんどんな

arista [アリスタ] 囡 ❶〈山の〉稜線, 尾根. ❷〈数学〉稜

aristocracia [アリストクラスィア] 囡 貴族階級; 貴族政治

aristócrata [アリストクラタ] 名 貴族

aristocrático, ca [アリストクラティコ, カ] 圏 貴族の, 貴族的な

aritmética[1] [アリトメティカ] 囡 算数

aritmético, ca[2] [アリトメティコ, カ] 圏 算数の

arma [アルマ] 囡〈単数冠詞は el•un[a]〉❶ 武器〔比喩的にも〕, 兵器: ~ blanca 刃物, 刀剣. ~ de fuego 火器〔ピストル・小銃など〕. ~s biológicas (químicas) 生物(化学)兵器. ~s nucleares 核兵器. ¡A las ~s! 武器をとれ/戦闘準備! ~ de dos filos 両刃の剣
❷ 圏 武力: acudir a las ~s 武力に訴える

armada[1] [アルマダ] 囡 海軍; 艦隊

armadillo [アルマディジョ] 男〈動物〉アルマジロ

armado, da[2] [アルマド, ダ] 圏 過分 ❶ 武装した: fuerzas ~das〈集合的に〉軍隊; 武装勢力. ❷〈鉄骨などで〉補強された

armadura [アルマドゥラ] 囡 ❶ 甲冑(ちゅう). ❷〈建物・機械などの〉骨組, 構造

armamento [アルマメント] 男 武装, 圏 軍備: ~ nuclear 核武装. reducción de ~s 軍縮

armar [アルマル] 他 ❶ 武装させる: ~ a+人 con una pistola …にピストルを持たせる. ❷ 組立てる: ~ la tienda de campaña テントを張る. ❸〈口語〉〈騒ぎなどを〉引き起こす: ~ ruido 音をたてる
◆ ~se ❶〈de で〉武装する. ❷〈騒ぎなどが〉起こる: ~se un escándalo 大騒ぎになる

armario [アルマリオ] 男 洋服だんす, 戸棚: guardar la chaqueta en el ~ 上着をたんすにしまう. ~ de cocina 食器棚

armatoste [アルマトステ] 男 大きすぎて(邪魔になって)役に立たない家具(機械)

armazón [アルマソン] 男〔時に 囡〕骨組, 枠組み

armería [アルメリア] 囡 ❶ 銃砲店. ❷ 武器博物館

armiño [アルミニョ] 男 ❶〈動物〉オコジョ, エゾイタチ. ❷ その毛皮

armisticio [アルミスティスィオ] 男 休戦, 停戦: firmar un ~ 停戦協定を結ぶ

armonía [アルモニア] 囡 ❶ 調和; 協調: en ~ con と 調和して; 協調して, 仲よく. ❷〈音楽〉ハーモニー

armónica [アルモニカ] 囡 ハーモニカ: tocar la ~ ハーモニカを吹く

armonioso, sa [アルモニオソ, サ] 圏 調和のとれた

armonizar [アルモニサル] 13 自〈con と〉調和する; 協調する
◆ 他 調和させる; 協調させる

arnés [アルネス] 男 ❶ ハーネス. ❷ 馬具

aro [アロ] 男 ❶ 輪. ❷〈ラ〉イヤリング

aroma [アロマ] 男 芳香: tener ~ a... …のいい香りがする

aromático, ca [アロマティコ, カ] 圏 芳香のある, 香りのよい

arpa [アルパ] 囡〈単数冠詞は el•un[a]〉ハープ, 竪琴;〈ラ〉アルパ

arpón [アルポン] 男 銛(もり): ~ submarino 水中銃

arquear [アルケアル] 他 弓なりに曲げる
◆ ~se 湾曲する

arqueología [アルケオロヒア] 囡 考古学

arqueológico, ca [アルケオロヒコ, カ] 圏 考古学の

arqueólogo, ga [アルケオロゴ, ガ] 名 考古学者

arquetipo [アルケティポ] 男 原型

arquitecto, ta [アルキテクト, タ] 名 建築家

arquitectura [アルキテクトゥラ] 囡 建築術, 建築学; 建築様式: ~ gótica ゴチック建築

arrabal [あらバル] 男〈主に 圏〉❶ 郊外, 町はずれ; 場末: en los ~es de la ciudad

町の郊外に. ❷〈ラ〉スラム

arraigado, da [アライガド, ダ] 形 過分 深く根を下ろした；定着した: prejuicio profundamente ～ 根強い偏見

arraigar [アライガル] 55 他 根づかせる
◆ 自・～se 根づく，定着する，定住する: El catolicismo está muy *arraigado* en España. カトリック教はスペインに深く根を下ろしている

arraigo [アライゴ] 男 根づくこと；定着

arrancar [アランカル] 73 他 ❶ 引き抜く: Un árbol fue *arrancado* por el viento. 風で木が1本根こそぎにされた. ～ las malas hierbas 雑草をむしる. ❷ ひったくる，もぎ取る: ～ a+人 el bolso …からハンドバッグをひったくる. ～ una hoja de la agenda 手帳から一枚はぎ取る. ❸〈機械などを〉始動させる. ❹ 生じさせる: ～ lágrimas a+人 …の涙を誘う
◆ 自 ❶〈機械などが〉始動する: El motor *arranca*. エンジンがかかる. El autobús *arranca* a la hora. バスは定刻に発車する. ❷〈口語〉〈a+不定詞〉突然…し始める: ～ a correr いきなり走り出す. ❸〈de に〉端を発する

arranque [アランケ] 男 ❶ 始動: motor de ～ スターター. ❷〈感情の〉突発，衝動: en un ～ de cólera かっとなって

arrasar [アラサル] 他 壊滅させる: El terremoto *arrasó* toda la región. 地震でその地方全域が壊滅的打撃を受けた
◆ 自〈口語〉圧勝する；大成功をおさめる

arrastrado, da [アラストラド, ダ] 形 過分 貧しい，悲惨な

arrastrar [アラストラル] 他 ❶ 引っぱる，引きずる: ～ la maleta スーツケースを引きずる. andar *arrastrando* los pies 足を引きずって歩く. ～ una vida miserable 悲惨な暮らしを送る. ❷〈水・風などが〉運び去る: El niño fue *arrastrado* por las olas. 子供が波にさらわれた
◆ 自 裾をひきずる
◆ ～se ❶ 這(は)う. ❷ 卑下する

arrastre [アラストレ] 男 引くこと，引きずること

arrear [アレアル] 他〈馬を〉駆(か)る，急がせる. ◆ 自 急ぐ

arrebatado, da [アレバタド, ダ] 形 過分 ❶〈de・por に〉我を忘れた；怒った. ❷ 上気した

arrebatar [アレバタル] 他 ❶ もぎ取る，奪い去る: ～ a+人 la cartera …からかばんをひったくる. ❷ 心を奪う，魅了する
◆ ～se〈怒りで〉我を忘れる: estar *arrebatado* de cólera 怒り狂っている

arrebato [アレバト] 男〈感情の〉激発，激怒: en un ～ de cólera かっとなって

arrebol [アレボル] 男〈日の出・日の入りに見られる〉あかね色: ～ de la mañana (la tarde) 朝やけ(夕やけ)

arrecife [アレスィフェ] 男 岩礁，暗礁: ～ de coral さんご礁

arreglado, da [アレグラド, ダ] 形 過分 整った，きちんとした: vida ～da 規則正しい生活

arreglar [アレグラル] 他 ❶ 整える，整理する，整頓する: ～ todo para la fiesta パーティーの準備をすっかり整える. ～ el cuarto 部屋をかたづける
❷ 修理する: ～ un reloj 時計を直す
❸ 調整する；解決する: ～ la fecha 日取りを決める. ～ el problema 問題を処理する
❹ 編曲する
◆ ～se ❶ 身じたくをする，身なりを整える: ～se el cabello 髪を整える. ❷ うまくいく，解決がつく: Se *arregló* todo. 万事うまくいった. ～se con+人 …と和解する. No se *arreglaron* en el precio. 彼らは値段で折り合わなかった. ❸ 何とかする

arreglárselas うまくやる，自分で何とかする

arreglo [アレグロ] 男 ❶ 整理，調整: ～ personal 身だしなみ. ～s florales 生け花，フラワーアレンジメント. ～ preliminar 打ち合わせ
❷ 修理: Eso no tiene ～. それはどうしようもない
❸ 和解，合意
❹ 編曲『～ musical』
con ～ a... …にしたがって

arremangar [アレマンガル] 55 他 …のそで(すそ)をまくり上げる
◆ ～se〈自分の〉Se *arremangó* la camisa. 彼はワイシャツのそでをまくり上げた

arremeter [アレメテル] 自〈contra に〉襲いかかる，突撃する

arremolinar [アレモリナル] ～se ❶ 渦巻く. ❷ ひしめきあう

arrendamiento [アレンダミエント] 男 ❶ 賃貸し，リース；賃借り. ❷ 賃貸料

arrendar [アレンダル] 57 他 賃貸しする；賃借りする

arrendatario, ria [アレンダタリオ, リア] 名 賃借人；借地人，借家人，テナント，店子(たなこ)；小作人

arrepentido, da [アレペンティド, ダ] 形 名 過分〈de を〉後悔した；悔悛(かいしゅん)した人

arrepentimiento [アレペンティミエント] 男 後悔，悔い改め: sentir ～ 後悔する

arrepentir [アレペンティル] 77 ～se〈de を〉後悔する；悔い改める: Estoy *arrepentido* de mi imprudencia. 私は軽率だったことを後悔し

arrestar [アレスタル] 他 逮捕する, 検挙する

arresto [アレスト] 男 逮捕, 勾留(ホラゥ): ~ domiciliario 自宅軟禁

arriba [アリバ] 副 ❶ 上に, 上で; 階上に: Ella está ~. 彼女は上の階にいる. desde ~ 上から. ~ mencionado 上記の, 前述の ❷ 〈方向〉上へ: calle ~ 通りを上がって(むこうへ向かって). río ~ 上流へ
◆ 間 ❶ …を上げなさい: ¡Manos ~! 手を上げろ. ❷ 起き上がれ!/立て!
~ *de*+数量 …以上は: No costará ~ de 200 euros. それは200ユーロ以上はしないだろう
~ *del todo* いちばん高いところに
de ~ 1) 上の: el piso *de* ~ 上の階. la parte *de* ~ 上の部分; てっぺん. 2) 上から
de ~ *abajo* 上から下へ, 上から下まで: Me miró *de* ~ *abajo*. 彼は私を頭のてっぺんからつま先まで見た
de+数量 *para* ~ …より以上の: *de* mil yenes *para* ~ 千円以上

arribar [アリバル] 自 〈a に〉入港する

arriendo [アリエンド] 男 賃貸借, リース: dar en ~ リースする

arriesgado, da [アリエスガド, ダ] 形過分 危険な; 向こう見ずな: especulación ~*da* 無謀な投機. empresa ~*da* ベンチャー企業

arriesgar [アリエスガル] 55 他 危険にさらす: ~ su vida 命をかける
◆ ~*se* 〈a+不定詞 する〉危険を冒す: *Se arriesgó* a viajar sin reservar hotel. 彼は大胆にもホテルを予約せずに旅行した

arrimar [アリマル] 他 〈a に〉近づける, 寄せる: ~ la silla *a* la mesa 椅子を机の方に寄せる
◆ ~*se* ❶ 近づく; 寄りかかる. ❷ 〈権力などに〉すり寄る. ❸ 同棲する

arrinconar [アリンコナル] 他 片隅に追いやる; 使わなくする, 追いつめる

arroba [アロバ] 女 〈情報〉アットマーク〖@〗

arrodillar [アロディジャル] ~*se* ひざまずく

arrogancia [アロガンスィア] 女 尊大さ, 傲慢

arrogante [アロガンテ] 形 尊大な, 傲慢な

arrojar [アロハル] 他 ❶ 投げる, 投げつける: ~ piedras 投石する. ~ basuras al río ゴミを川に投げ捨てる. ~ a+人 de su casa …を家から追い出す
❷ 噴き出す: ~ humo 煙を吐く
◆ ~*se* ❶ 〈a に〉飛び込む, 身を投げる: ~*se al* agua 水に飛び込む. ~*se a* la vía del tren 線路に身を投げる
❷ 〈sobre に〉飛びかかる

arrollador, ra [アロジャドル, ラ] 形 圧倒的な

arrollar [アロジャル] 他 ❶ 轢(ひ)く, 押しつぶす. ❷ 巻く. ❸ 圧倒する

arropar [アロパル] 他 〈衣服などで〉くるむ
◆ ~*se* 〈con に〉くるまる

arroyo [アロジョ] 男 小川, 流れ

arroz [アロス] 男 ❶ イネ(稲)
❷ 米: ~ con leche ライスプディング

arrozal [アロサル] 男 水田

arruga [アルガ] 女 しわ: tener ~*s* en la frente 額にしわがある

arrugar [アルガル] 55 他 …にしわを作る, しわくちゃにする: ~ el papel 紙をくしゃくしゃにする. ~ el entrecejo 眉間(みけん)にしわを寄せる
◆ ~*se* しわが寄る: ropa toda *arrugada* しわくちゃの服

arruinar [アルイナル] 他 ❶ 破滅させる; 荒廃させる: La inundación *arruinó* toda la cosecha. 洪水で収穫が全部だめになった. ❷ 破産させる
◆ ~*se* ❶ 破滅する; 荒廃する: ~*se* con la droga 麻薬で身を滅ぼす. ❷ 破産する

arrullar [アルジャル] 他 ❶ 〈鳩が〉クウクウ鳴く
◆ 他 〈子守歌などで〉寝かしつける

arsenal [アルセナル] 男 ❶ 兵器庫. ❷ 〈ス〉海軍工廠

arsénico [アルセニコ] 男 砒素(ひそ)

arte [アルテ] 男/女 〈複数形では女. 単数冠詞は el·un〔a〕〉 ❶ 芸術; 美術: bellas ~*s* 芸術; 美術. obra de ~ 芸術作品; 美術品. facultad de ~*s* liberales 教養学部. el ~ por el ~ 芸術至上主義
❷ 技術; 技能, こつ: ~ de vivir 処世術. tener ~ de+不定詞 …する技能を持っている. con ~ 巧みに

artefacto [アルテファクト] 男 装置, 仕掛け

arteria [アルテリア] 女 ❶ 〈解剖〉動脈. ❷ 〈交通・通信などの〉幹線

arterial [アルテリアル] 形 動脈の: inyección ~ 動脈注射

artero, ra [アルテロ, ラ] 形 ずるい, 狡猾な

artesanal [アルテサナル] 形 手工芸の, 民芸品の

artesanía [アルテサニア] 女 手工芸〔品〕, 民芸品; 〈職人の〉技術: ~ japonesa 日本の工芸〔品〕. tienda de ~ 工芸品店

artesano, na [アルテサノ, ナ] 名 職人; 工芸家
◆ 形 職人の; 手仕事の: queso ~ 手作りのチーズ

ártico, ca [アルティコ, カ] 形 北極の: Océano Á~ 北極海

articulación [アルティクラスィオン] 囡 ❶ 連結. ❷〈解剖〉関節：~ de la rodilla 膝の関節. ❸ 明瞭な発音；〈言語〉調音

articulado, da [アルティクラド, ダ] 形 過分 ❶ 連結された. ❷ 発音が明瞭な

articular [アルティクラル] 他 ❶〈関節・ちょうつがいなどで〉連結する, つなげる. ❷ はっきり発音する
◆ 形 関節の：reuma ~ 関節リューマチ

artículo [アルティクロ] 男 ❶ 記事, 論説；〈雑誌などの〉論文：~ periodístico/~ de periódico 新聞記事. ~ de fondo 社説. ❷ 項目, 条項：dividir en ~s 項目別に分ける. el ~ noveno de la Constitución 憲法第9条 ❸〈主に 複〉品物, 商品：~s para niños 子供用品. ~s de cuero 皮革製品. ~s de primera necesidad 生活必需品 ❹〈文法〉冠詞：~ determinado 定冠詞. ~ indeterminado 不定冠詞

artífice [アルティフィセ] 名 ❶ 実行者, 責任者：~ del triunfo 勝利の立て役者. ❷ 工芸家；〈飾り物などの〉職人

artificial [アルティフィスィアル] 形 ❶ 人工の, 人為的な：colorante ~ 人工着色料. flor ~ 造花. perla ~ 模造真珠. ❷ わざとらしい

artificio [アルティフィスィオ] 男 ❶ 技法, 技術；技巧, 策略：con ~ 巧みに. ❷ 仕掛け, 装置

artillería [アルティジェリア] 囡 ❶〈集合的に〉大砲. ❷ 砲兵隊

artillero, ra [アルティジェロ, ラ] 名 ❶ 砲兵. ❷〈サッカー〉ストライカー

artimaña [アルティマニャ] 囡 計略, 権謀術数

artista [アルティスタ] 名 ❶ 芸術家；画家. ❷ 俳優, 芸能人

artístico, ca [アルティスティコ, カ] 形 芸術の, 芸術的な：nombre ~ 芸名

artritis [アルトリティス] 囡〈医学〉関節炎

arveja [アルベハ] 囡〈ラ〉エンドウマメ, グリーンピース

arzobispo [アルソビスポ] 男〈キリスト教〉大司教

as [アス] 男 ❶〈トランプ〉エース. ❷ 第一人者

asa [アサ] 囡〈単数冠詞は el・un[a]〉取っ手, 柄(ぇ)

asado¹ [アサド] 男 ❶ ロースト肉. ❷〈ラ〉網焼きの肉, バーベキュー

asado², da [アサド, ダ] 形 過分 焼いた, 焼けた：pescado ~ 焼き魚

asador [アサドル] 男 ❶ 焼き串, ロースター. ❷ ステーキハウス

asalariado, da [アサラリアド, ダ] 名 サラリーマン, 賃金労働者

asaltante [アサルタンテ] 名 強盗；襲撃者, 暴漢

asaltar [アサルタル] 他 強盗する；襲撃する：El portero fue *asaltado* por tres individuos. 守衛は3人組に襲われた. ~ la fortaleza 砦を攻撃する

asalto [アサルト] 男 ❶ 強盗；襲撃. ❷〈ボクシング〉ラウンド, 回

asamblea [アサンブレア] 囡 会議；議会：*A*~ General de la ONU 国連総会. *A*~ Nacional 国会

asar [アサル] 他〈料理〉焼く：medio ~ la carne 肉を軽く焼く. ~ ligeramente あぶる

ascendencia [アスセンデンスィア] 囡〈集合的に〉祖先, 先祖：de ~ francesa 先祖がフランス人の

ascendente [アスセンデンテ] 形 上昇する：tendencia ~ 上昇傾向

ascender [アスセンデル] 58 自 ❶ 上がる, 上昇する, 登る：La temperatura *ha ascendido*. 気温が上がった ❷〈a に〉達する：Los daños *ascienden a* un millón de euros. 損害は100万ユーロにのぼる ❸ 昇進する：~ *a* director de sección 部長に昇進する
◆ 他 昇進させる

ascendiente [アスセンディエンテ] 名 先祖, 祖先

ascensión [アスセンスィオン] 囡 ❶ 登ること, 上昇. ❷〈*A*~〉キリストの昇天, 昇天祭

ascenso [アスセンソ] 男 ❶ 上昇；上り坂. ❷ 昇進, 出世

ascensor [アスセンソル] 男 エレベーター：subir en ~ エレベーターで昇る. tomar el ~ エレベーターに乗る

ascensorista [アスセンソリスタ] 名 エレベーターボーイ(ガール)

asceta [アスセタ] 名 苦行者

ascético, ca [アスセティコ, カ] 形 禁欲的な, 苦行の：vida ~*ca* 禁欲生活

ascetismo [アスセティスモ] 男 禁欲[主義], 禁欲生活

asco [アスコ] 男 ❶ 吐き気, むかつき：dar ~ a+人 …に吐き気を催させる, …を不快にする. ❷ 嫌悪：¡Qué ~! ああいやだ/むかつくなあ!

ascua [アスクア] 囡〈単数冠詞は el・un[a]〉燠(ゎき), 燃えさし

aseado, da [アセアド, ダ] 形 過分 こざっぱりした

asear [アセアル] 他 清潔にする；かたづける
◆ ~**se** 身づくろいする；洗面する

asediar [アセディアル] 他 ❶ 包囲する. ❷ しつこく悩ます

asedio [アセディオ] 男 ❶ 包囲. ❷ しつこく悩ますこと

asegurado, da [アセグラド, ダ] 形 過分 確実な, 安定した. ◆ 名 被保険者

asegurador, ra [アセグラドル, ラ] 形 名 保険者〔の〕. ◆ 名 保険会社

asegurar [アセグラル] 他 ❶ 確実にする；確保する：Los refuerzos *aseguran* la victoria. 援軍が勝利を確実にする. ~ el puesto 地位を確保する
❷〈que+直説法を〉保証する, 請け合う：Te *aseguro que* es inocente. 彼は絶対潔白だよ
❸〈contra への〉保険を…にかける：~ la casa *contra* incendios 家に火災保険をかける
◆ ~**se** ❶〈de を〉確かめる：*Asegúrate de* que la luz está apagada. 電気がちゃんと消えているか確かめてよ
❷〈自分用に〉確保する
❸ 保険に入る：estar *asegurado contra accidentes* 災害保険に入っている

asemejar [アセメハル] ~**se**〈a に〉似ている：Se asemeja *a* su padre en el carácter. 彼は性格が父親似だ

asentar [アセンタル] 57 他 ❶ 据えつける；落ち着かせる. ❷ 記帳する
◆ ~**se** 定着する；安定する, 落ち着く：~*se* en el pueblo 村に住みつく

asentimiento [アセンティミエント] 男 同意, 承認

asentir [アセンティル] 77 自〈a に〉同意する, 賛成する：~ con la cabeza うなずく

aseo [アセオ] 男 ❶ 身づくろい, 洗面. ❷〈ス〉洗面所, 化粧室

aséptico, ca [アセプティコ, カ] 形 ❶ 無菌の. ❷ 人間味(感情・暖かみ)のない, 形式主義的な

asequible [アセキブレ] 形 到達できる, 近づきやすい：precio ~ 手ごろな値段

aserrar [アセラル] 57 他 のこぎりで切る

aserrín [アセリン] 男 おがくず

asesinar [アセシナル] 他 殺害する, 暗殺する：El presidente fue *asesinado* por un terrorista. 大統領はテロリストに暗殺された

asesinato [アセシナト] 男 殺人, 暗殺

asesino, na [アセシノ, ナ] 名 殺人犯, 暗殺者：¡A~! 人殺し！

asesor, ra [アセソル, ラ] 名 顧問, コンサルタント；助言者, 相談相手

asesorar [アセソラル] 他 助言する

◆ ~**se**〈con 専門家などに〉相談する：~*se con* un abogado 弁護士に相談する

asesoría [アセソリア] 女 ❶ 相談事務所：~ fiscal 税理士事務所. ❷ 顧問の職

asestar [アセスタル] 他〈一撃などを〉加える

asexual [アセ(ク)スアル] 形 性別のない, 中性的な, 無性の

asfalto [アスファルト] 男 アスファルト

asfixia [アスフィ(ク)シア] 女 窒息：morir por ~ 窒息死する

asfixiante [アスフィ(ク)シアンテ] 形 窒息させる；息の詰まりそうな

asfixiar [アスフィ(ク)シアル] 他 窒息〔死〕させる
◆ ~**se** 窒息〔死〕する：morir *asfixiado* por el humo 煙で窒息死する

asgo ⇨**asir** 6

así [アシ] 副 ❶ そのように, このように：No hables ~. そんな物の言い方をするな. Hazlo ~. こういう風にしなさい. *Así* es la vida. 人生とはそういうものだ. ¿No es ~? そうじゃない？
❷〈形容詞的〉その(この)ような：Quiero un coche ~. 私はこんな車がほしい
así así まあまあだ：¿Te gusta esta pintura? —*Así* ~. この絵好き？— まあね
~ *como...* 1)〈+直説法〉…と同様に：*Así como* te gusta el béisbol, me gusta el fútbol. 君が野球好きなように僕はサッカーが好きだ. 2)〈+接続法〉…するとすぐ〖= ~ *que...*〗
~*... como...* …も…も：*Así* en primavera *como* en otoño vienen muchos turistas. 春も秋もたくさんの観光客がやって来る
~ *como* ~ いい加減に, 軽々しく：gastar ~ *como* ~ 深く考えずに浪費する
~ *de*+形容詞 それほど(こんなに)…な：~ *de* grande こんなに大きい
Así es.〈肯定の返事〉そのとおり
~〔*es*〕*que.../*~ *pues*〈+直説法〉したがって…：Tengo fiebre, ~ *que* no puedo ir. 私は熱があるので行かれない
~ *que...*〈+接続法〉…するとすぐ：*Así que* llegue José, saldremos. ホセが到着したらだちに出発しよう
Así sea. そうあってほしい

Asia [アシア] 女 アジア

asiático, ca [アシアティコ, カ] 形 名 アジア〔人〕の；アジア人：sudeste ~ 東南アジア

asidero [アシデロ] 男 取っ手, 握り, 柄(²)

asiduidad [アシドゥイダ] 女 頻繁に：con ~ 頻繁に, 足繁く

asiduo, dua [アシドゥオ, ドゥア] 形 頻繁な
◆ 名 常連：~ del cine 熱心な映画ファン

asiento [アシエント] 男 ❶ 座席, 椅子: No hay ～s libres. 空席はない. ceder el ～ a ＋人 …に席を譲る. ofrecer un ～ 椅子をすすめる. de ～ reservado 座席指定の. ～ delantero (trasero) フロント(バック)シート ❷〈容器の〉底部: tener poco ～ すわりが悪い
tomar ～ すわる, 腰掛ける, 席に着く

asignación [アシグナスィオン] 女 ❶ 割り当て, ❷ 手当

asignar [アシグナル] 他 割り当てる, 指定する: Me *asignaron* un trabajo fácil. 私には簡単な仕事があてがわれた. ～ la paga extra para pagar la deuda ボーナスを借金の返済に当てる

asignatura [アシグナトゥラ] 女 課目, 学科

asilado, da [アシラド, ダ] 名 過分 被収容者

asilo [アシロ] 男 ❶〈難民などの〉収容施設: ～ de ancianos 老人ホーム. ～ de huérfanos 孤児院. ❷ 保護: pedir (solicitar) ～ político 政治亡命を求める

asimetría [アシメトリア] 女 非対称

asimétrico, ca [アシメトリコ, カ] 形 非対称の

asimilación [アシミラスィオン] 女 吸収, 同化

asimilar [アシミラル] 他 ❶〈食物などを〉吸収する, 同化する. ❷〈知識などを〉吸収する, 理解する: ～ lo que aprende 習ったことを自分のものにする
◆ ～se ❶ 似る. ❷ 同化する: ～se en el país その国になじむ

asimismo [アシミスモ] 副 同様に, …もまた: A～ lo digo yo. 私も同じことを言うよ

asir [アシル] 6 他 つかむ, 握る
◆ ～se〈a に〉しがみつく

asistencia [アシステンスィア] 女 ❶ 出席, 参加;〈集合的に〉出席者, 参列者: Hay poca ～. 客の入りが悪い
❷ 援助, 救済: prestar ～ a＋人 …を援助する. ～ económica 経済援助. ～ médica 医療, 治療. ～ social 社会福祉. ～ técnica 修理サービス; 技術援助
❸ 看病: ～ pública domiciliaria〈ス〉在宅介護
❹〈スポーツ〉アシスト

asistencial [アシステンスィアル] 形 援助の; 福祉の

asistenta [アシステンタ] 女〈通いの〉お手伝いさん

asistente [アシステンテ] 形 ❶ 立会いの, 列席の. ❷ 補助の
◆ 名 ❶ 助手, 補佐: ～ social ソーシャルワーカー. ❷ 出席者, 参列者

asistir [アシスティル] 自 ❶〈a に〉出席する, 参加する: ～ a clase 授業に出る. ～ a los funerales 葬儀に参列する
❷〈a を〉目撃する
◆ 他 ❶ 援助する, 補佐する: ～ a una familia pobre 貧困家庭を救済する. ❷ 看護する

asma [アスマ] 女〈単数冠詞は el・un〔a〕〉ぜん息: crisis (ataque) de ～ ぜん息の発作

asno [アスノ] 男 ❶〈動物〉ロバ. ❷ ばか, まぬけ

asociación [アソスィアスィオン] 女 ❶ 協会, 連合: formar una ～ 会を結成する. ～ cultural 文化協会. ～ de vecinos 町内会 ❷〈物事・思考の〉連係: ～ de ideas 連想

asociado, da [アソスィアド, ダ] 形 過分 参加(協力)した[人], 仲間: miembro ～ 準会員. profesor ～ 非常勤講師

asociar [アソスィアル] 他 ❶〈con に〉結びつける; 連想させる: Asocio esta canción con mi abuela. この歌で私は祖母のことを思い出す. ❷〈a の〉仲間にする
◆ ～se ❶〈con と〉結びつく, 連合する. ❷〈感情などを〉共にする, 仲間になる: ～se a un partido 入党する

asolar [アソラル] 21 他〈場所を〉荒廃させる, 壊滅させる: La sequía *asoló* la región. 干ばつはその地方に大きな被害を与えた

asomar [アソマル] 自 ちらりと見える, 現れる: Te *asoma* la combinación por debajo de la falda. スカートの裾からスリップが見えてるよ
◆ 他〈por から, 身体の一部を〉見せる: ～ la cabeza *por* la ventana 窓から頭をのぞかせる
◆ ～se〈a から〉頭(顔)をのぞかせる; ちょっと現れる: ～se a la ventana 窓から顔を出す

asombrar [アソンブラル] 他 驚かす, 驚嘆させる: Nos *asombró* su sabiduría. 私たちは彼の博識に舌を巻いた
◆ ～se〈de に〉びっくりする, 驚嘆する

asombro [アソンブロ] 男 驚き, 驚嘆: para mi ～ 驚いたことに

asombroso, sa [アソンブロソ, サ] 形 驚くべき, 目ざましい

asomo [アソモ] 男 現れ, 兆候

aspa [アスパ] 女〈単数冠詞は el・un〔a〕〉❶〈風車の〉翼. ❷ X字形

aspaviento [アスパビエント] 男〈主に 複〉芝居がかった(大げさな)ことば(身ぶり)

aspecto [アスペクト] 男 ❶ 外観, 様子: persona de ～ elegante 見たところ品のいい人

❷〈問題などの〉**側面**；様相：estudiar desde varios ～s 様々な観点から検討する． en todos los ～s すべての面で

aspereza [アスペレサ] 囡 **❶** ざらつき． **❷** とげとげしさ

áspero, ra [アスペロ, ラ] 形 **❶** ざらざらした：～ al tacto 手ざわりの悪い． sonido ～ 耳ざわりな音． **❷** 無愛想な, とげとげしい：en tono ～ つっけんどんな口調で

aspersor [アスペルソル] 男 スプリンクラー

aspiración [アスピラスィオン] 囡 **❶** 吸い込むこと． **❷** 複 野心：aspiraciones políticas 政治的野心

aspirador [アスピラドル] 男 =aspiradora

aspiradora [アスピラドラ] 囡 **電気掃除機**：pasar la ～ por la habitación 部屋に掃除機をかける

aspirante [アスピランテ] 名 志望者, 志願者

aspirar [アスピラル] 他 **❶**〈肺に〉吸い込む：～ el aire fresco 新鮮な空気を吸う． **❷**〈機械が〉吸引する：～ la moqueta じゅうたんに掃除機をかける

◆ 自〈a を〉欲しがる, 求める：～ al premio 賞をもらいたがる． ～ a ser actor 俳優になりたいと願う

aspirina [アスピリナ] 囡 アスピリン

asquear [アスケアル] 他 …に吐き気を催させる；不快にさせる

◆ 自 吐き気を催す

asqueroso, sa [アスケロソ, サ] 形 ひどくいやな, 吐き気を催させる

asta [アスタ] 囡〈単数冠詞は el・un〔a〕〉**❶** 旗ざお：izar la bandera a media ～ 半旗をかかげる． **❷** 角(ﾂﾉ)． **❸**〈槍の〉柄(ｴ)

astado, da [アスタド, ダ] 形 角(ﾂﾉ)のある

asterisco [アステリスコ] 男 星印, アステリスク〖*〗

astigmatismo [アスティグマティスモ] 男 乱視：tener ～ 乱視である

astigmático, ca [アスティグマティコ, カ] 形 乱視の：ser ～ 乱視である

astilla [アスティジャ] 囡 **❶** 木片, こっぱ：～ para encender fuego 焚(ﾀ)きつけ． **❷**〈木の〉とげ

astillero [アスティジェロ] 男 造船所

astringente [アストリンヘンテ] 形 収斂(ｼｭｳﾚﾝ)性のある．◆ 男 アストリンゼント

astro [アストロ] 男 **❶** 天体, 星． **❷**〈映画・スポーツなどの〉スター

astrofísica [アストロフィスィカ] 囡 宇宙物理学

astrología [アストロロヒア] 囡 占星術

astrólogo, ga [アストロロゴ, ガ] 名 占星術師

astronauta [アストロナウタ] 名 宇宙飛行士

astronave [アストロナベ] 囡 宇宙船

astronomía [アストロノミア] 囡 天文学

astronómico, ca [アストロノミコ, カ] 形 **❶** 天文学の． **❷**〈数量が〉途方もない, 天文学的な

astrónomo, ma [アストロノモ, マ] 名 天文学者

astucia [アストゥスィア] 囡 ずる賢さ；要領のよさ：obrar con ～ 抜け目なく立ち回る

Asturias [アストゥリアス] 囡 アストゥリアス〖スペイン北部の自治州〗

asturiano, na [アストゥリアノ, ナ] 形 名 アストゥリアスの〈人〉

astuto, ta [アストゥト, タ] 形 **ずる賢い**, 抜け目のない：Es un tipo ～. 彼はずる賢い．

asumir [アスミル] 他 **❶**〈役目を〉引き受ける：～ la dirección de compañía 社長に就任する． ～ la responsabilidad 責任をとる． ～ el poder 権力を握る． **❷**〈限界などを〉自覚する

asunción [アスンスィオン] 囡 **❶** 引き受けること, 就任． **❷** la A～〈キリスト教〉聖母の被昇天；聖母の被昇天の祝日〖8月15日〗

asunto [アスント] 男 **❶** こと, 事柄：Eso es otro ～. それは別問題だ． meterse en los ～s ajenos 他人のことに口を出す

❷ 用事, 仕事：～s personales 私事, 私用． ～s de negocio 商用

❸ 事件：～ difícil 難事件． ～ amoroso 情事

asustar [アススタル] 他 **怖がらせる**, びっくりさせる：Le *asustó* la muerte. 彼は死におびえた

◆ **～se**〈de に〉**おびえる**, ぎょっとする：～*se del* trueno 雷にびくつく

atacar [アタカル] 73 他 **攻撃する**, 襲う：～ un castillo 城を攻める． ～ al enemigo de noche 敵に夜襲をかける

atadura [アタドゥラ] 囡 **❶** 縛っているもの． **❷** 複 束縛, しがらみ

atajar [アタハル] 自〈por を通って〉近道をする．◆ 他 くい止める, さえぎる

atajo [アタホ] 男 近道：No hay ～ sin trabajo.〈諺〉努力なしの近道はない〖⇨学問に王道なし〗

atalaya [アタラジャ] 囡 監視塔

atañer [アタニェル] 79 自〈事柄が, a に〉関わる：El problema no me *atañe*. その問題は私には関係ない

en (por) lo que atañe a... …に関しては

ataque [アタケ] 男 **❶ 攻撃**；〈スポーツ〉アタ

ック: ～ aéreo 空襲. ～ directo a su persona 個人攻撃
❷ を起こす: sufrir un ～ cardíaco 心臓発作を起こす. ～ de cólera かんしゃく

atar [アタル] 他 ❶ 縛る；〈a に〉つなぐ: ～ las revistas 雑誌を束ねる. ～ a+人 de pies y manos …の手足を縛る. ～ a+人 *a* una silla …を椅子に縛りつける. ～ el caballo *a* un árbol 馬を木につなぐ. ❷ 束縛する: Nadie me *ata*. 私は誰にも束縛されない
◆ **～se** 〈自分の…を〉縛る

atardecer [アタルデセル] 20 自〈単人称〉日が暮れる: En verano *atardece* tarde. 夏は日の暮れるのが遅い
◆ 男 夕方, たそがれ: al ～ 日暮れに

atareado, da [アタレアド, ダ] 形 多忙な

atascar [アタスカル] 73 他〈パイプなどを〉ふさぐ, 詰まらせる
◆ **～se** ❶ 詰まる. ❷ 動きがとれなくなる, 立ち往生する

atasco [アタスコ] 男 ❶ 交通渋滞: Hay un gran ～ en la autopista. 高速道路はたいへんな渋滞だ. ❷〈パイプなどの〉詰まり

ataúd [アタウ] 男 棺, ひつぎ

ataviar [アタビアル] 33 他〈con・de で〉着飾らせる, 飾りつける. ◆ **～se** 着飾る

atavío [アタビオ] 男 ❶ 身なり, 装い. ❷ 複 飾り

ateísmo [アテイスモ] 男 無神論

atemorizar [アテモリサル] 13 他 おびえさせる. ◆ **～se** 〈con・de に〉おびえる

atenazar [アテナサル] 13 他 ❶〈ペンチなどで〉締めつける, しっかりつかむ. ❷〈感情などを〉麻痺させる: El miedo me *atenazó*. 私は恐怖で固まってしまった

atención [アテンスィオン] 女 ❶ 注意, 注目: prestar ～ a... …に注意を払う, 気にとめる, 注目する. llamar la ～ 注意をひく. con ～ 注意して. centro de ～ 注目の的. ❷〈主に複〉配慮, 親切；世話: Agradezco sus amables *atenciones*. 温かいお心づかいに感謝します. ～ médica 医療
❸ 応対: horario de ～ al público 営業(受付)時間
◆ 間 ❶〔あぶないから〕注意して！ ❷〈号令〉気をつけ！ ❸〈機内放送などで〉お知らせします
a la ～ *de*... 〈手紙〉…宛て

atender [アテンデル] 58 他 ❶…の世話をする: ～ a un enfermo 病人の面倒を見る. ～ la llamada 電話に出る
❷ 応対する: Aquí *atienden* bien a los clientes. ここは客への応対がいい. ¿Ya le *atienden* a usted? もうご用は承っておりますか？
◆ 自〈a に〉注意を払う, 留意する, 気を配る: ～ *a* las indicaciones 指示に従う

atener [アテネル] 47 **～se**〈a に〉従う, 固守する: *～se a* las instrucciones 指示に従う

atentado [アテンタド] 男〈contra への〉襲撃: ～ terrorista テロ行為. ～ *contra* la moral モラルに反する行為

atentamente [アテンタメンテ] 副 ❶ 注意深く, 熱心に: escuchar la clase ～ 熱心に授業を聞く. ❷ 丁重に: A～/Le saluda ～〈手紙〉敬具

atentar [アテンタル] 自 ❶〈a・contra を〉襲撃する: ～ *al* Presidente 大統領を襲う. ❷〈モラルなどを〉侵害する

atento, ta [アテント, タ] 形 ❶〈a に〉注意している: estar ～ a la explicación 注意深く説明を聞いている. ❷ 気のつく, 丁重な: Es muy ～*ta*. 彼女はよく気のつく人だ. ser ～ con+人 …に対して親切である

atenuante [アテヌアンテ] 形 circunstancias ～*s*〈法律〉情状酌量

atenuar [アテヌアル] ① 他 和らげる；軽減する

ateo, a [アテオ, ア] 形 名 無神論の；無神論者

aterciopelado, da [アテルスィオペラド, ダ] 形 ❶ ビロードのような. ❷〈肌が〉すべすべした, 柔らかい

aterido, da [アテリド, ダ] 形 凍えた

aterrador, ra [アテラドル, ラ] 形 おそろしい, ぞっとさせる

aterrar [アテラル] 他 おびえさせる, ぞっとさせる. ◆ **～se** 〈con・de に〉おびえる

aterrizaje [アテリサヘ] 男 着陸

aterrizar [アテリサル] 13 自 着陸する: ～ en el aeropuerto 空港に着陸する

aterrorizar [アテロリサル] 13 他 恐れおののかせる. ◆ **～se** 恐れおののく

atesorar [アテソラル] 他 ❶ 貯える, 保管する. ❷〈資質・才能などを〉持つ

atestado[1] [アテスタド] 男〈法律〉調書, 供述書

atestado[2]**, da** [アテスタド, ダ] 形 過分〈de で〉一杯の: El pueblo está ～ *de* veraneantes. 町は避暑客で一杯だ

atestar [アテスタル] 他 ❶ 詰め込む；〈人が場所を〉埋め尽くす. ❷〈法律〉証言する

atestiguar [アテスティグアル] ⑧ 他 証明する, 証言する

atiborrar [アティボラル] 他〈容器に〉詰め込む, 押し込む
◆ **～se** 〈de を〉腹一杯食べる

ático [アティコ] 男〈建築〉ペントハウス

atildar [アティルダル] 他 入念に身なりを整えさせる

atinado, da [アティナド, ダ] 形 過分 賢明な；適切な

atinar [アティナル] 自 <con を> うまく捜し当てる；的中する

atisbar [アティスバル] 他 ❶ <そっと>のぞく；<様子を> うかがう. ❷ <かすかに>見える

atizar [アティサル] 13 他 ❶ <火を> かき立てる. ❷ <感情を> あおる

atlántico, ca [アトランティコ, カ] 形 大西洋の：costa ～*ca* 大西洋岸
◆ 男 <el *A*～> 大西洋〔Océano *A*～〕

atlas [アトラス] 男 <単複同形> 地図帳

atleta [アトレタ] 名 陸上競技の選手；運動選手, アスリート

atlético, ca [アトレティコ, カ] 形 陸上競技の；運動の：club ～ アスレチッククラブ

atletismo [アトレティスモ] 男 陸上競技

atmósfera [アトモスフェラ] 女 ❶ 大気, 空気；大気圏：～ contaminada 汚れた空気. ❷ 雰囲気, ムード

atmosférico, ca [アトモスフェリコ, カ] 形 大気の：contaminación ～*ca* 大気汚染

atole [アトレ] 男 <ラ> トウモロコシ粉を牛乳で溶かした飲み物

atolondrado, da [アトロンドラド, ダ] 形 名 過分 そこつな〔人〕, あわて者〔の〕

atolondramiento [アトロンドラミエント] 男 そこつ, あわてること

atolondrar [アトロンドラル] 他 あわてさせる, うろたえさせる. ◆ ～se あわてる

atómico, ca [アトミコ, カ] 形 原子の：bomba ～*ca* 原子爆弾

atomizador [アトミサドル] 男 ❶ <香水などの> アトマイザー. ❷ 霧吹き

átomo [アトモ] 男 原子

atónito, ta [アトニト, タ] 形 びっくり仰天した：quedarse ～ 啞然とする, 呆気(あっ)にとられる

atontado, da [アトンタド, ダ] 形 過分 ぼけた

atontar [アトンタル] 他 ❶ 呆然とさせる. ❷ ばかにならせる, ぼけさせる
◆ ～se ❶ 呆然とする, 頭がぼんやりする：quedarse *atontado* 茫然自失する, ぽかんとする. ❷ ばかになる, ぼける

atopia [アトピア] 女 <医学> アトピー

atópico, ca [アトピコ, カ] 形 <医学> アトピー性の：dermatitis ～*ca* アトピー性皮膚炎

atormentar [アトルメンタル] 他 ❶ 拷問にかける. ❷ 苦しめる, さいなむ
◆ ～se 自分を責める

atornillar [アトルニジャル] 他 ねじを締める；ねじでとめる

◆ ～se 入念に身なりを整える(おしゃれをする)

atracador, ra [アトラカドル, ラ] 名 強盗

atracar [アトラカル] 73 他 ❶ 強奪する：～ un banco 銀行強盗をする. ～ a un taxista タクシー強盗をはたらく. ❷ <口語> <de を> 飽きるほど食べさせる(飲ませる)
◆ 自 <en に> 接岸する
◆ ～se <口語> <de を> 飽きるほど食べる(飲む)

atracción [アトラ(ク)スィオン] 女 ❶ 引きつけること. ❷ 引力. ❸ 引きつけるもの, 魅力：～ principal 呼び物. ❹ 複 アトラクション：parque de *atracciones* 遊園地

atraco [アトラコ] 男 強盗, 強奪：cometer un ～ 強盗をはたらく

atractivo, va [アトラクティボ, バ] 形 魅力的な：No es guapo, pero ～. 彼はハンサムではないが魅力的だ
◆ 男 魅力, 魅惑

atraer [アトラエル] 81 他 ❶ 引きつける, 引き寄せる：El imán *atrae* el hierro. 磁石は鉄を引きつける：～ las miradas de la gente 人目を引く
❷ 魅了する, 気を引く：Sus pinturas me *atraen*. 私は彼の絵に心引かれる. ～ la simpatía de+人 …の共感を呼ぶ

atragantar [アトラガンタル] ～se ❶ <con で> のどが詰まる. ❷ 不快にする；<a+人 にとって> 気に入らない：Se me *atragantan* las matemáticas. 私は数学がきらいだ. Tengo *atragantado* a ese chico. その子は虫が好かない

atrancar [アトランカル] 73 他 <戸に> かんぬきをかける

atrapar [アトラパル] 他 捕まえる：～ a un ladrón 泥棒をつかまえる

atrás [アトラス] 副 ❶ <空間> 後ろへ, 後ろで：ir hacia ～ 後退する, 後ろへ下がる. volverse hacia ～ 後ろを振り返る
❷ <時間> 前に：un año ～ <ある時点から> 1年前に
de ～ 後ろの：puerta de ～ 裏口, 裏門

atrasado, da [アトラサド, ダ] 形 過分 ❶ 遅れた, 遅れている時計, pago ～ 滞納. ❷ 時代遅れの. ❸ 成長の遅い；知恵遅れの

atrasar [アトラサル] 自 <時計が> 遅れる：Mi reloj *atrasa* dos minutos al día. 私の時計は日に2分遅れる
◆ 他 遅らせる：～ la boda 結婚式を日延べする
◆ ～se 遅れる, 遅延する：～*se* en llegar 到着が遅れる

atraso [アトラソ] 男 ❶ 遅れ, 遅延：recuperar el ～ 遅れを取り戻す. ❷ 複 滞納金,

未納金

atravesar [アトラベサル] 57 他 ❶ 横断する：~ la calle 道を横切る．~ el río 川を渡る ❷ 貫通する，突き抜ける：La bala le *atravezó* el corazón. 弾は彼の心臓を撃ち抜いた ❸〈状況を〉通過する：~ el peor momento 最悪の時期にある
◆ ~se ❶ 通行を妨げる．❷〔口語〕〈a+人に〉我慢ならない

atrever [アトレベル] ~se 〈a+不定詞〉思い切って…する，あえて…する：Me atreví a dirigirle la palabra. 私は思い切って彼に話しかけた

atrevido, da [アトレビド, ダ] 形 過分 向こう見ずな，大胆な

atrevimiento [アトレビミエント] 男 大胆さ，ぶしつけ

atribución [アトリブスィオン] 女 ❶〈原因・帰属などを〉帰すること．❷〈主に複〉権限，職権

atribuir [アトリブイル] 42 他 ❶〈a に〉…の原因があるとする：~ el fracaso a la enfermedad 失敗を病気のせいにする．~ la culpa a+人 …に罪をなすりつける．~〈a に〉…の性質があるとする：Los científicos *atribuyen* a esta planta unos efectos medicinales. 学者たちはこの植物に薬効があると考えている
◆ ~se ❶ わがものにする：~se el mérito de ... …を自分の手柄にする．❷ …の原因を押しつけ合う：~se la responsabilidad mutuamente 責任のなすり合いをする

atributo [アトリブト] 男 ❶ 属性．❷ 表象

atrincherar [アトリンチェラル] ~se 〈en に〉立てこもる

atrio [アトリオ] 男〈柱廊に囲まれた〉中庭，アトリウム

atrocidad [アトロスィダ] 女 ❶ 残虐さ；残虐行為．❷ ばかげた〔無謀な〕言動

atropellar [アトロペジャル] 他 ❶ 轢(ひ)く，はねる：El coche *atropelló* a un gato. 車が猫をはねた．❷ 押しのける，突き倒す．❸ 踏みにじる；しいたげる
◆ ~se 大急ぎで行なう：~se al hablar せき込んで話す

atropello [アトロペジョ] 男 ❶ 轢(ひ)くこと，轢死(れきし)事故．❷ 踏みにじること

atroz [アトロス] 形〈複 atroces〉❶ 残虐な．❷ ひどい，途方もない：Hace un calor ~. ひどい暑さだ

atuendo [アトゥエンド] 男〈集合的に〉衣装

atún [アトゥン] 男〈魚〉マグロ，ツナ

aturdido, da [アトゥルディド, ダ] 形 過分 ❶ ぼうっとした，頭が混乱した：Me quedé ~ con la noticia. その知らせに私は何が何だかわからなくなった．❷ そそっかしい

aturdir [アトゥルディル] 他 …をぼうっとさせる，頭を混乱させる：El alcohol me *aturde*. 私は酒を飲むと頭がぼうっとする
◆ ~se ぼうっとする，頭が混乱する；茫然自失する

aturullar [アトゥルジャル] 他 頭を混乱させる

atusar [アトゥサル] ~se 〈髪・ひげを〉なでつける

audacia [アウダスィア] 女 大胆さ：obrar con ~ 思い切ったことをする

audaz [アウダス] 形〈複 audaces〉大胆な：decisión ~ 思いきった決断

audible [アウディブレ] 形 聞き取れる

audición [アウディスィオン] 女 ❶ 聴覚，オーディション：presentarse a una ~ オーディションを受ける

audiencia [アウディエンスィア] 女 ❶〈集合的に〉聴衆；視聴者：índice de ~ 視聴率．de mucha ~ 視聴率の高い．❷ 聴聞会；法廷：~ pública 公判；公聴会．A~ Nacional 最高裁判所．❸ 謁見(えっけん)，引見：conceder ~ a+人 …に謁見を許す

audífono [アウディフォノ] 男 ❶ 補聴器．❷〈複〉イヤホーン

audiovisual [アウディオビスアル] 形 視聴覚の，オーディオビジュアルの

auditor, ra [アウディトル, ラ] 名 会計監査役

auditorio [アウディトリオ] 男 ❶〈集合的に〉聴衆．❷ ホール，講堂，公会堂

auge [アウヘ] 男 絶頂，最盛期；ブーム

augurar [アウグラル] 他〈事物が未来のことを〉告げる，前兆となる

augurio [アウグリオ] 男 前兆

augusto, ta [アウグスト, タ] 形 高貴な

aula [アウラ] 女〈単数冠詞は el・un〔a〕〉教室，講義室

aullar [アウジャル] 48 自 遠ぼえする

aullido [アウジド] 男 遠ぼえ

aumentar [アウメンタル] 自 増加する，増大する：Ha *aumentado* el tráfico. 交通量が増えた．El precio de la gasolina *aumentó* en un diez por ciento. ガソリンが10パーセント値上がりした．*Aumentan* las posibilidades de una guerra. 戦争の可能性が増大する．~ de peso 太る
❷ 他 増やす；拡大する：~ la producción de petróleo 石油を増産する．~ el precio 値上げする．~ el sueldo a+人 …の給料を上げる．~ el valor 価値を高める

aumento [アウメント] 男 ❶ 増加, 増大, 拡大: ir en continuo 〜 増加の一途をたどる. 〜 de impuestos 増税. 〜 de los precios 物価の上昇. 〜 de salario 賃上げ ❷ 〈レンズなどの〉倍率

aun [アウン] 副 …でさえ: *Aun* los niños lo saben. 子供でもそれを知っている
〜 *así* それでも: *Aun así* no iré al extranjero. それでも私は外国へ行かないだろう
〜 *cuando*… 〈+直説法〉…にもかかわらず; 〈+接続法〉たとえ…しても

aún [アウン] 副 ❶ まだ: Los chicos 〜 están afuera. 少年たちはまだ外にいる. *Aún* no conocemos el resultado. 私たちはまだ結果を知らない
❷ 〈+比較級〉なおさら: La escasez de agua se agudizará 〜 más en verano. 水不足は夏にはもっと深刻になるだろう

aunque [アウンケ] 接 ❶ 〈+直説法, 事実〉…ではあるが; しかし: A〜 tenía fiebre, fui a la fiesta. 私は熱があったが, パーティーに行った. Parece mentira, 〜 es verdad. うそみたいだが, 本当のことだ
❷ 〈+接続法, 仮定〉たとえ…であっても: A〜 llueva, voy a salir. たとえ雨が降っても私は出かける

aúpa [アウパ] 間 さあ立て/よいしょ!
aupar [アウパル] 48 他〈人を〉抱き上げる
aureola [アウレオラ] 女 ❶ 後光, 光輪. ❷ 名声
auricular [アウリクラル] 男 ❶〈電話の〉受話器. ❷ イヤホーン; 複 ヘッドホン
aurora [アウロラ] 女 ❶ 夜明け〔の光〕, あけぼの『比喩的にも』. ❷ 〜 polar オーロラ, 極光
auscultar [アウスクルタル] 他〈医学〉聴診する
ausencia [アウセンシィア] 女 ❶ 不在; 欠席: Nadie notó mi 〜. 誰も私がいないことに気づかなかった
❷ 欠如
ausentar [アウセンタル] **〜se** 〈de から〉離れる, 遠ざかる: *〜se de* su casa 留守にする. *〜se de* la familia 家族と離れる
ausente [アウセンテ] 形 不在の; 欠席の: Estaba 〜 de Madrid. 彼はマドリードにはいなかった
◆ 名 欠席者, 欠勤者; 失踪者
auspicio [アウスピシィオ] 男〈主に 複〉後援: bajo los 〜*s* de… …の後援で
austeridad [アウステリダ] 女 ❶ 厳格. ❷ 質素, 簡素
austero, ra [アウステロ, ラ] 形 ❶〈まじめで〉厳格な: juez 〜 厳正な裁判官. ❷ 質素な, 簡素な

austral [アウストラル] 形 南の: hemisferio 〜 南半球. polo 〜 南極
◆ 男 〈アルゼンチンの貨幣単位〉アウストラル
Australia [アウストラリア] 女 オーストラリア
australiano, na [アウストラリアノ, ナ] 形 名 オーストラリア〔人〕の; オーストラリア人
Austria [アウストリア] 女 オーストリア
austríaco, ca [アウストリアコ, カ] 形 名 オーストリア〔人〕の; オーストリア人
autarquía [アウタルキア] 女 自給自足体制, 経済的自立
autenticidad [アウテンティシィダ] 女 本物であること, 真正さ
auténtico, ca [アウテンティコ, カ] 形 本物の, 正真正銘の: firma 〜*ca* 本人自筆の署名
autentificar [アウテンティフィカル] 73 他〈本物であると〉証明する
autismo [アウティスモ] 男〈医学〉自閉症
autista [アウティスタ] 形 名 自閉症の〔人〕
auto [アウト] 男 ❶〈主に ラ〉自動車. ❷〈裁判所の〉決定, 命令; 複 訴訟記録: 〜 de procesamiento 起訴状
〜 *de fe* 宗教裁判
auto- 〈接頭辞〉「自身の」の意
autoabastecer [アウトアバステセル] 20 **〜se** 〈de を〉自給自足する
autoadhesivo, va [アウトアデシボ, バ] 形 押しつけるだけで貼れる, 糊付きの
◆ 男 糊付きシール
autobiografía [アウトビオグラフィア] 女 自叙伝
autobús [アウトブス] 男 〈複 autob*uses*〉バス: tomar un 〜 バスに乗る. ir en 〜 バスで行く
autocar [アウトカル] 男 観光バス; 長距離バス
autocine [アウトシィネ] 男 ドライブインシアター
autocracia [アウトクラシィア] 女 専制政治, 独裁
autócrata [アウトクラタ] 名 専制君主, 独裁者
autocrático, ca [アウトクラティコ, カ] 形 専制の, 独裁的な
autocrítica [アウトクリティカ] 女 自己批判
autóctono, na [アウトクトノ, ナ] 形 名 土着の, 先住民の; 先住民
autodefensa [アウトデフェンサ] 女 自衛, 自己防衛
autodeterminación [アウトデテルミナシィオン] 女 民族自決
autodidacto, ta [アウトディダクト, タ] 形

名 独学の〔人〕

autódromo [アウトドロモ] 男〈自動車の〉サーキット

autoescuela [アウトエスクエラ] 女 自動車教習所

autoestima [アウトエスティマ] 女 自尊心, 誇り

autogol [アウトゴル] 男〈サッカー〉オウンゴール

autógrafo, fa [アウトグラフォ, ファ] 形 自筆の: carta ～fa 自筆の手紙
◆ 男〈有名人の〉サイン, 自署: pedir ～ サインを求める

autómata [アウトマタ] 男 ❶ 自動装置, ロボット. ❷〈口語〉他人の言いなりになる人

automáticamente [アウトマティカメンテ] 副 自動的に, 機械的に

automático, ca [アウトマティコ, カ] 形 ❶ **自動式の**: puerta ～ca 自動ドア ❷ 機械的な, 反射的な: reacciones ～cas 無意識の反応
◆ 男〈服飾〉スナップ

automatización [アウトマティサスィオン] 女 オートメーション〔化〕

automatizar [アウトマティサル] 13 他 自動化する, オートメーション化する

automóvil [アウトモビル] 男 **自動車**: compañía de ～es 自動車会社

automovilismo [アウトモビリスモ] 男 ❶ 自動車全般に関する知識〔製造・機能・運転など〕. ❷ カーレース

automovilista [アウトモビリスタ] 名 自動車運転者, ドライバー

automovilístico, ca [アウトモビリスティコ, カ] 形 自動車の: industria ～ca 自動車産業

autonomía [アウトノミア] 女 ❶ 自治; 自治権: ～ regional 地方自治. ❷〈スペインの〉自治州. ❸ 自立: ～ económica 経済的自立. ～ financiera 独立採算. ❹ 航続距離

autonómico, ca [アウトノミコ, カ] 形 自治制の: gobierno ～ 自治政府

autónomo, ma [アウトノモ, マ] 形 ❶ 自治の; 自治権のある: entidad ～ma 自治団体. ❷ 自立した; 自営の: Soy ～. 私は自営業者です. ❸ 自律的な: nervios ～s 自律神経

autopista [アウトピスタ] 女 **高速道路**: Las ～s son de peaje en Japón. 日本では高速道路は有料だ

autopsia [アウトプスィア] 女 死体解剖, 検死: hacer una ～ 検死する

autor, ra [アウトル, ラ] 名 ❶ 著者, 作家: ～ desconocido 作者不詳 ❷ 犯人〖～ del crimen〗: ～ del robo 窃盗犯

autoridad [アウトリダ] 女 ❶ **権限**, 権力: tener ～ para+不定詞 …する権限がある. estatal 国家権力. ～ de la policía 警察権 ❷〈主に複〉**当局**: ～es municipales 市当局
❸ **権威**; 権威者: Es una ～ en medicina legal. 彼は法医学の権威だ
❹ 典拠

autoritario, ria [アウトリタリオ, リア] 形 権威主義の

autorización [アウトリサスィオン] 女 認可, 許可: pedir ～ para salir 外出許可を求める

autorizado, da [アウトリサド, ダ] 形 過分 ❶ 認可を受けた, 公認の. ❷ 権威のある

autorizar [アウトリサル] 13 他〈当局が〉許可する, 認可する: ～ el rodaje en la calle 街頭ロケを許可する. ❷〈a に〉権限を与える

autorretrato [アウトれトらト] 男 自画像

autoservicio [アウトセルビスィオ] 男 セルフサービス〔店〕

autostop [アウトストプ] 男 ヒッチハイク: hacer ～ ヒッチハイクをする. ir en ～ ヒッチハイクで行く

autostopista [アウトストピスタ] 名 ヒッチハイカー

autosuficiencia [アウトスフィスィエンスィア] 女 ❶ 独善, ひとりよがり. ❷ 自給自足〖～ económica〗

autosuficiente [アウトスフィスィエンテ] ❶ 独善的な. ❷ 自給自足の

autovía [アウトビア] 女 自動車専用道路

auxiliar [アウク(クス)シリアル] 33 他 扶助する, 援助する; 補佐する
◆ 形 補助の: mesa ～ 補助机
◆ 名 補佐: ～ de vuelo 客室乗務員

auxilio [アウク(クス)シリオ] 男 扶助, 助け, 救援: pedir ～ 助けを求める. prestar ～ 救援する, 加勢する
primeros ～s 応急手当: hospital de primeros ～s 救急病院

aval [アバル] 男〈借金などの〉保証

avalancha [アバランチャ] 女 ❶ 雪崩(なだれ). ❷ 殺到

avalar [アバラル] 他 保証する; 保証人となる

avance [アバンセ] 男 ❶ 前進, 進軍〖～ militar〗. ❷ 進歩; 進捗, 進行. ❸〈ビデオなどの〉早送り. ❹〈映画〉予告編. ❺〈テレビ〉ヘッドラインニュース, 臨時ニュース〖～ informativo〗

avanzado, da [アバンサド, ダ] 形 過分 進んだ; 進歩した: edad ～da 高齢. clase de nivel ～ 上級クラス. país ～ 先進国. tecnología ～da 先端技術

avanzar [アバンサル] 13 自 ❶ 前へ進む: Las tropas *avanzaron*. 部隊は前進した ❷〈時間的に〉進む: La noche *avanzaba*. 夜がふけていった. ～ en edad 年をとる ❸ はかどる, 進捗する: *Avanzan* las negociaciones. 交渉は進展している ❹ 進歩する: ～ en los estudios 勉強の力がつく ◆ 他 前進させる: ～ las tropas 部隊を進める. ～ un paso 一歩踏み出す

avaricia [アバリスィア] 女 貪欲, けち

avaricioso, sa [アバリスィオソ, サ] 形 名 =avaro

avaro, ra [アバロ, ラ] 形 名 欲ばりな〔人〕, 貪欲な〔人〕, けちな〔人〕

avasallar [アバサジャル] 他 …に対し傍若無人(ぼうじゃくぶじん)にふるまう; 抑えつける, 服従させる

ave [アベ] 女〈単数冠詞は el・un〔a〕〉鳥: ～ de rapiña 猛禽(もうきん)類

AVE [アベ] 男〈略記〉スペインの新幹線 〖← *A*lta *V*elocidad *E*spañola〗

avellana [アベジャナ] 女 ハシバミの実, ヘーゼルナッツ

avellano [アベジャノ] 男 ハシバミ〔の木〕

avemaría [アベマリア] 女〈単数冠詞は el・un〔a〕〉天使祝詞, アベマリアの祈り

avena [アベナ] 女 ❶ 燕麦(えんばく): ～ loca カラス麦. ❷〈料理〉オートミール〖copos de ～〗

avenida [アベニダ] 女〈両側に並木のある〉大通り: A～ Reina Victoria レイナ・ビクトリア通り

avenir [アベニル] 22 他 和解させる ◆ ～se ❶〈con と〉和解する; 同意する. ❷ 折り合いが良い

aventajado, da [アベンタハド, ダ] 形 過分 抜きん出た

aventajar [アベンタハル] 他〈a より, en で〉優る, リードする

aventar [アベンタル] 他〈穀物からもみがらを〉吹き飛ばす

aventura [アベントゥラ] 女 ❶ 冒険: contar sus ～s 冒険談をする. meterse en ～s 危険なことをする ❷ 情事

aventurado, da [アベントゥラド, ダ] 形 過分 冒険的な, 危険な

aventurar [アベントゥラル] 他 危険にさらす: ～ su vida 命を賭ける ◆ ～se ❶ 危険を冒す. ❷〈a+不定詞〉あえて…する

aventurero, ra [アベントゥレロ, ラ] 形 冒険好きの, 向こう見ずな ◆ 名 ❶ 冒険家. ❷ 山師

avergonzar [アベルゴンサル] 7 他 …に恥ずかしい思いをさせる, 恥をかかせる ◆ ～se 恥ずかしがる;〈de を〉恥ずかしく思う

avería [アベリア] 女 ❶〈機械の〉故障: El avión tiene una ～ en un motor. その飛行機はエンジンが1つ故障している. ❷〈貨物の〉破損, 損害

averiado, da [アベリアド, ダ] 形 ❶ 故障した: El ascensor está ～. エレベーターは故障中だ. coche ～ 故障車. ❷ 破損した

averiguación [アベリグアスィオン] 女 調査, 捜査

averiguar [アベリグアル] 8 他 調査する, 確かめる: ～ la causa 原因を調査する. ～ la verdad 真相を探る

aversión [アベルスィオン] 女 嫌悪, 反感: sentir ～ por... …を嫌う. suscitar la ～ de+人 …の反感を買う

avestruz [アベストルス] 男〈複 avestruces〉〈鳥〉ダチョウ

aviación [アビアスィオン] 女 ❶ 航空, 飛行;〈集合的に〉航空機: ～ civil 民間航空. ❷ 空軍; 航空隊

aviador, ra [アビアドル, ラ] 名 飛行士

aviar [アビアル] 33 他 準備する, 整える

avicultura [アビクルトゥラ] 女 鳥類飼育; 養鶏

avidez [アビデス] 女 貪欲さ; 熱心さ: comer con ～ むさぼる, がつがつ食べる. mirar con ～〔y fijeza〕食い入るように見つめる

ávido, da [アビド, ダ] 形〈de に〉貪欲な

avieso, sa [アビエソ, サ] 形 ❶ 普通でない, ゆがんだ. ❷ 邪悪な, よこしまな

avinagrado, da [アビナグラド, ダ] 形 過分 ❶ 酸味を帯びた: vino ～ すっぱくなったワイン. ❷ とげとげしい

avinagrar [アビナグラル] ～se ❶ すっぱくなる. ❷ とげとげしくなる

avión [アビオン] 男〈複 aviones〉飛行機: tomar el ～ para... …行きの飛行機に乗る. subir al ～ 飛行機に乗り込む. bajar del ～ 飛行機から降りる. ir en ～ 飛行機で行く. mandar por ～ 航空便で送る

avioneta [アビオネタ] 女 軽飛行機

avisar [アビサル] 他 ❶ 知らせる, 通知する, 通報する: Me *ha avisado* que estás enfermo. 彼は私に君が病気だと知らせてくれた. ～ a la policía 警察に通報する ❷ 警告する

aviso [アビソ] 男 ❶ 通知, 知らせ, 通報: sin previo ～ 予告なしに, 前触れもなく ❷ 警告: ～ de alarma 警戒警報 ❸〈ラ〉広告

avispa [アビスパ] 女〈昆虫〉スズメバチ

avispado, da [アビスパド, ダ] 形 利発な; 抜け目ない

avispero [アビスペロ] 男 スズメバチの巣(群れ)

avispón [アビスポン] 男〈昆虫〉モンスズメバチ

avistar [アビスタル] 他〈遠くに〉…を見る

avituallar [アビトゥアジャル] 他 …に食糧を補給する

avivar [アビバル] 他 ❶ 活気づける, あおる: ～ el fuego 火勢を強める, 火をかき立てる
◆ 自・～se 活気づく

axila [ア(ク)シラ] 女 脇の下

ay [アイ] 間〈驚き・苦痛・同情など〉ああ!: ¡Ay! ¡Qué vergüenza! うわあ! 恥ずかしい! ¡Ay! ¡Me han dado un pisotón! 痛い! 足を踏まれた!
¡Ay de mí! かわいそうな私

ayer [アジェル] 副 昨日, きのう: A～ fui al cine. 私はきのう映画に行った. periódico de ～ きのうの新聞. antes de ～ 一昨日, おととい. ～ por la mañana きのうの朝

ayuda [アジュダ] 女 援助, 助力: pedir ～ a+人 en su trabajo …の仕事を手伝う. prestar ～ a+人 …に力を貸す, 手助けする. con la ～ de... …の助けを得て. ～ económica (militar・técnica) 経済(軍事・技術)援助. ～ estatal 国庫補助

ayudante [アジュダンテ] 名 助手, 手伝い, 補助員: profesor ～〈大学の〉助手. ～ de cocina 調理助手

ayudar [アジュダル] 他〈en について〉助ける, 援助する: 1)¿Te *ayudo*? 手伝ってあげようか? ～ a+人 *en* su trabajo …の仕事を手伝う. Este libro te va a ～. この本は君の役に立つだろう. 2)〈a+不定詞 するのを〉 Te *ayudo a* limpiar el cuarto. 部屋の掃除を手伝ってあげるよ

ayunar [アジュナル] 自 断食する, 絶食する

ayunas [アジュナス] 女複 *en*～ 1) 朝食を食べずに; 何も食べずに. 2) 何も知らないで

ayuno [アジュノ] 男 断食, 絶食

ayuntamiento [アジュンタミエント] 男 市役所; 市庁舎

azabache [アサバチェ] 男〈鉱物〉黒玉

azada [アサダ] 女 鍬(くわ)

azafato, ta [アサファト, タ] 名 ❶〈航空〉客室乗務員. ❷〈イベントなどの〉コンパニオン

azafrán [アサフラン] 男〈植物〉サフラン

azahar [アサアル] 男 オレンジ(レモンなど)の花

azar [アサル] 男 偶然, 運: juego de ～ 運まかせの勝負事, ばくち
al ～ 行き当たりばったりに, 成り行きに任せて
por ～ 偶然に

azaroso, sa [アサロソ, サ] 形 危険(障害)の多い: vida ～*sa* 多難な人生

azogue [アソゲ] 男 水銀

azorar [アソラル] 他 心配させる; どぎまぎさせる. ◆ ～*se* 心配する; どぎまぎする

azotar [アソタル] 他 ❶ 鞭で打つ. ❷ 激しく打つ: Las olas *azotan* las rocas. 波が岩に打ち寄せている. ❸ …に重大な被害を与える: El huracán *azotó* la costa. ハリケーンが海岸地帯を襲った

azote [アソテ] 男 ❶ 鞭; 鞭打ち. ❷〈罰として〉お尻を叩くこと. ❸ 災害, 災難

azotea [アソテア] 女 屋上, 平屋根

azteca [アステカ] 形 名 アステカ族(の)〖メキシコの先住民〗

azúcar [アスカル] 男〈単数では時に 女〉❶ 砂糖: poner ～ en el café コーヒーに砂糖を入れる. chicle sin ～ シュガーレスガム. ～ moreno (morena) ブラウンシュガー, 黒砂糖. ～ glas 粉砂糖. ❷ 糖分: tomar ～ 糖分をとる

azucarado, da [アスカラド, ダ] 形 砂糖入りの, 砂糖漬けの; 甘い: agua ～*da* 砂糖水

azucarero, ra [アスカレロ, ラ] 形 砂糖の: industria ～*ra* 製糖業
◆ 男 砂糖入れ
◆ 女〈ラ〉砂糖入れ

azucarillo [アスカリジョ] 男 角砂糖

azucena [アスセナ] 女〈植物〉白ユリ

azufre [アスフレ] 男 硫黄

azul [アスル] 形 青い: cielo ～ 青空
◆ 青色の. ～ celeste 空色. ～ claro 水色. ～ marino 紺色

azulado, da [アスラド, ダ] 形 青みがかった

azulejería [アスレヘリア] 女 タイルの製造; タイル張り(の)装飾

azulejo [アスレホ] 男〈壁用の〉化粧タイル

azuzar [アスサル] 13 他〈犬を〉けしかける

B, b [ベ]

baba [ババ] 女 よだれ: echar ～ よだれをたらす
caérse la a+人 …がうっとりする
babero [バベロ] 男 よだれかけ
babor [バボル] 男 〈船舶〉左舷
babosa [バボサ] 女 〈動物〉ナメクジ
baca [バカ] 女 〈車の屋根上の〉ラック
bacalao [バカラオ] 男 タラ(鱈);〈特に〉干鱈
bache [バチェ] 男 ❶ 〈道路の〉穴. ❷ 〈航空〉エアポケット. ❸ 〈精神的などの〉落ち込み: ～ económico 経済の不振
bachiller, ra [バチジェル, ラ] 名 中等教育修了者, 高卒者
bachillerato [バチジェラト] 男 中等教育, 中学・高校課程; その修了資格: estudiante de ～ 中高生. ～ unificado polivalente 総合中等教育
bacilo [バスィロ] 男 バチルス, 桿菌: ～ de Koch 結核菌
bacinilla [バスィニジャ] 女 おまる, 室内用便器
Baco [バコ] 男 〈神話〉バッカス
bacon [ベイコン] 男 〈料理〉ベーコン
bacteria [バクテリア] 女 バクテリア, 細菌
bádminton [バドミントン] 男 バドミントン
bah [バ] 間 ❶〈不信・軽蔑〉そんなばかな: ¡Bah! ¡Qué cosas dices! もおっ! 何言ってるんだ!. ❷〈あきらめ〉しょうがない, まあいいや: ¡Bah! ¡Otra vez la misma historia! あーあ! また同じ話か!
bahamés, sa [バアメス, サ] 形 名 〈国名〉 バハマ Bahamas 〔人〕の; バハマ人
bahía [バイア] 女 湾, 入り江
bailable [バイラブレ] 男 ダンス音楽
bailaor, ra [バイラオル, ラ] 名 フラメンコのダンサー
bailar [バイラル] 自 他 踊る: invitar a+人 a ～ …を踊りに誘う. ir a ～ 踊りに行く. ～ salsa サルサを踊る
bailarín, na [バイラリン, ナ] 名 舞踊家, ダンサー; バレリーナ
baile [バイレ] 男 ❶ 舞踊, ダンス: ～ clásico クラシックバレー. ～ deportivo 競技ダンス. ～ de salón 社交ダンス. ～ moderno モダンダンス. ～ regional 民俗舞踊
❷ 舞踏会, ダンスパーティー: ir al ～ ダンスパーティーに行く
baja¹ [バハ] 女 ❶〈価格・温度などの〉下降: ～ de las acciones 株価の下落. ❷ 欠員, 脱退; 休職; 退職: estar de ～ por enfermedad 病欠中である. ～ por maternidad 産休. ❸ 診断書. ❹〈軍事〉死傷者, 損害
dar de ～ 免役除隊にする; 解雇する
darse de ～ 退会する, 脱退する
◆ 形 ⇒bajo, ja
bajada [バハダ] 女 ❶ 下降. ❷ 下り坂
bajamar [バハマル] 女 干潮
bajar [バハル] 自 ❶ 降りる: ～ del coche 車から降りる. ～ en ascensor エレベーターで降りる
❷〈温度・価格などが〉下がる: Me *bajó* la fiebre. 私は熱が下がった
❸〈de 数量・等級を〉下げる: *Bajé* de peso. 私は体重が減った. ～ de categoría ～ por 降格する
◆ 他 ❶ 下げる, 低くする: ～ la cabeza 頭を低くする. ～ el precio 価格を下げる. ～ la voz 声を落とす. ～ la velocidad スピードをゆるめる
❷ 降ろす, 下ろす: ～ la carga del barco 船から荷を下ろす
❸ 下る: ～ la escalera 階段を降りる
◆ ～se ❶ 降りる. ❷ 身をかがめる
bajeza [バヘサ] 女 卑しさ; 卑劣な行為
bajo¹ [バホ] 前 ❶ …の下に: andar ～ la lluvia 雨の中を歩く
❷ …のもとで: ～ tiranía 圧政下で
◆ 副 低く: volar ～ 低く飛ぶ. hablar ～ 小声で話す
◆ 男 ❶ 1階; 階下. ❷〈音楽〉低音部; バス〔歌手〕
bajo², ja² [バホ, ハ] 形 ❶ 低い; 下の: Carmen es *baja*. カルメンは背が低い. tierra *baja* 低地
❷〈価格・温度・地位などが〉comprar a ～ precio 安く買う. salario ～ 低賃金. temperatura *baja* 低温. de *baja* calidad 品質の悪い
❸〈音が〉低い, 小さい: hablar en voz *baja* 低い(小さい)声で話す
❹〈色が〉薄い, 淡い
❺ 卑しい, 卑劣な
bajón [バホン] 男 ❶〈音楽〉バスーン. ❷〈激しい〉落ち込み
bala [バラ] 女 弾丸: ～ perdida 流れ弾. tren ～ 超特急〔列車〕
balada [バラダ] 女 〈音楽〉バラード
baladí [バラディ] 形〈複〉-es〉取るに足り

ない
balance [バランセ] 男 ❶ 決算；収支勘定〖=balanza〗；貸借対照表, バランスシート. ❷〈損得などの〉結果, 総括

balancear [バランセアル] 他 揺り動かす；釣合いをとる
◆ ~se 揺れる；ためらう

balanceo [バランセオ] 男 揺れ

balancín [バランスィン] 男 揺り椅子；シーソー

balandro [バランドロ] 男〈1本マストの〉ヨット

balanza [バランサ] 女 ❶ 秤(はかり)；ヘルスメーター〖~ de baño〗, キッチンスケール〖~ de cocina〗: Súbete a la ~. 体重計に乗ってごらん/体重を測ってごらん. ❷〈経済〉収支勘定: ~ comercial 貿易収支. ~ de pagos 国際収支

balar [バラル] 自〈羊・山羊が〉メーと鳴く

balaustrada [バラウストラダ] 女 欄干, 手すり

balazo [バラソ] 男 命中弾；弾傷

balboa [バルボア] 男〈パナマの貨幣単位〉バルボア

balbucear [バルブセアル] 他 自 口ごもる, もごもご言う；かたことを話す

balbuceo [バルブセオ] 男 口ごもり；かたこと

balcón [バルコン] 男 バルコニー

baldar [バルダル] 他 ぐったりさせる
◆ ~se ぐったりする: Estoy baldado. 私はへとへとだ

balde [バルデ] 男 de ~ 無料で, ただで en ~ むだに: perder el tiempo en ~ むだに時間を費やす

baldío, a [バルディオ, ア] 形 男 不毛な〔土地〕, 荒れ地

baldosa [バルドサ] 女〈建築〉タイル, 板石

baldosín [バルドシン] 男〈建築〉小タイル

balear [バレアル] 形 名 バレアレス諸島 las Baleares の(人)
◆ 他〈ラ〉銃撃する

balido [バリド] 男〈羊・山羊の鳴き声〉メーメー

balístico, ca [バリスティコ, カ] 形 弾道の: misil ~ 弾道ミサイル

ballena [バジェナ] 女 クジラ(鯨): caza de ~ 捕鯨

ballet [バレ] 男〈舞踊〉バレエ

balneario, ria [バルネアリオ, リア] 形 湯治の, 温泉の
◆ 男 温泉場〖~ de aguas termales, estación ~ria〗: ¿A qué ~ fuiste? どこの温泉に行ったの?

balón [バロン] 男 ❶ ボール: ~ de fútbol サッカーボール
❷ 風船；気球

baloncesto [バロンセスト] 男 バスケットボール

balonmano [バロンマノ] 男 ハンドボール

balonvolea [バロンボレア] 男 バレーボール

balsa [バルサ] 女 ❶ いかだ. ❷〈植物〉バルサ；バルサ材

bálsamo [バルサモ] 男 ❶ バルサム剤. ❷〈苦悩をいやす〉慰め

báltico, ca [バルティコ, カ] 形 バルト海 Mar Báltico 沿岸〔諸国〕の

baluarte [バルアルテ] 男〈築城〉稜堡(りょうほう)；〈比喩〉とりで

bambolear [バンボレアル] 自 ~se 揺れる, ぐらぐらする；よろよろする

bamboleo [バンボレオ] 男 揺れ, ぐらつき

bambú [バンブ] 男〈複〉~[e]s タケ(竹): cesta de ~ 竹かご

banal [バナル] 形 平凡な, 陳腐な

banana [バナナ] 女〈ラ〉バナナ

banano [バナノ] 男 バナナの木

banca [バンカ] 女 ❶〈集合的に〉銀行；銀行業: Es empleado de ~. 彼は銀行員だ.
❷〈主にラ〉ベンチ

bancario, ria [バンカリオ, リア] 形 銀行の: préstamo ~ 銀行ローン

bancarrota [バンカロタ] 女 破産, 倒産: hacer ~ 破産する, 倒産する. declaración de ~ 破産宣告

banco [バンコ] 男 ❶ ベンチ: ~ de la iglesia 教会の信者席
❷ 銀行: ~ central 中央銀行. B~ de España スペイン銀行
❸〈医学〉~ de ojos アイバンク. ~ de sangre 血液銀行
❹〈情報〉~ de datos データバンク
❺ 浅瀬；厚い層: ~ de arena 砂州. ~ de hielo 氷盤, 氷原
❻ 魚群
❼〈技術〉作業台

banda [バンダ] 女 ❶ 飾り帯, サッシュ；綬, 懸章: ~ de adorno 飾り帯. ❷ 幅, 帯域: ~ de frecuencias 周波数帯. ❸〈映画〉~ sonora サウンドトラック. ❹〈犯罪者などの〉一団. ❺ 楽団, バンド. ❻〈スポーツ〉サイドライン〖línea de ~〗. ❼ 側面: ~ principal de la casa 家の正面側.

bandada [バンダダ] 女〈主に鳥の〉群れ

bandeja [バンデハ] 女 盆, トレイ

bandera [バンデラ] 女 旗: ~ nacional 国旗. ~ española スペイン国旗. ~ blanca/ ~ de paz 白旗

banderilla [バンデリジャ] 女 〈闘牛〉バンデリージャ

banderillero, ra [バンデリジェロ, ラ] 名 〈闘牛〉バンデリジェーロ

banderín [バンデリン] 男 小旗, ペナント

bandido, da [バンディド, ダ] 名 山賊, 悪党

bando [バンド] 男 ❶ 布告, 告示. ❷ 党派, 徒党: ～ contrario 反対派

bandolera [バンドレラ] 女 ❶ 〈肩から斜めに掛ける〉負い革. ❷ 〈ス〉ショルダーバッグ 〖bolso en ～〗

bandolero, ra² [バンドレロ, ラ] 名 山賊, 追いはぎ

bandoneón [バンドネオン] 男 〈楽器〉バンドネオン

bandurria [バンドゥリア] 女 〈楽器〉バンドゥリア

banquero, ra [バンケロ, ラ] 名 銀行家

banqueta [バンケタ] 女 ❶ 〈主に1人用の背のない〉腰掛け; 足台. ❷ 〈ラ〉歩道

banquete [バンケテ] 男 宴会; ごちそう: dar un ～ 宴会を催す. ～ de bodas 結婚披露宴

banquillo [バンキジョ] 男 ❶ 被告席. ❷ 〈スポーツ〉ベンチ

bañador [バニャドル] 男 水着

bañar [バニャル] 他 ❶ 入浴させる: ～ a su niño 子供を風呂に入れる. ❷ 浸す, 覆う: ～ una galleta en leche ビスケットを牛乳に浸す. ～ de plata las cucharas スプーンを銀めっきする
◆～**se** ❶ 水浴びする: ～*se* en el mar 海水浴をする. ～*se* al sol 日光浴をする. ❷ 入浴する: *Me baño* todos los días. 私は毎日風呂に入る

bañera¹ [バニェラ] 女 浴槽

bañero, ra² [バニェロ] 名 〈海岸・プールの〉監視員

bañista [バニスタ] 名 海水浴客; 湯治客

baño [バニョ] 男 ❶ 入浴: tomar (darse) un ～ 入浴する
❷ 浴室 〖cuarto de ～〗: ～s públicos 公衆浴場
❸ 洗面所, トイレ: Voy al ～. トイレに行ってきます
❹ 〈主に 複〉水浴: ～s de mar 海水浴. ～s de sol 日光浴
❺ 塗り, コーティング
❻ 〈料理〉～ María 湯煎(せん)

baptista [バプティスタ] 形 名 〈宗教〉バプテスト派の〔人〕

bar [バル] 男 バル 〖スペイン独特の大衆的なスナック〗: Entramos en el ～ y tomamos un café. バルに入ってコーヒーを飲もう

baraja [バラハ] 女 〈一組の〉トランプ: jugar a la ～ トランプをする

barajar [バラハル] 他 ❶ 〈トランプを〉切る. ❷ 〈数字・名前を〉挙げる

baranda [バランダ] 女 =barandilla

barandilla [バランディジャ] 女 手すり

baratija [バラティハ] 女 安物, 粗悪品

baratillo [バラティジョ] 男 ❶ 〈集合的に〉安物. ❷ 安物を売る店

barato, ta [バラト, タ] 形 安い: zapatos ～s 安物の靴. hotel ～ 安ホテル. Lo ～ es caro. 安いものは高い 〖⇨安物買いの銭失い〗
◆ 副 安く: comprar ～ 安く買う

barba [バルバ] 女 ❶ ひげ, あご(ほお)ひげ: llevar ～ ひげを生やしている. dejarse la ～ ひげを生やす
❷ あご

barbacoa [バルバコア] 女 バーベキュー〔用の焼き網〕; それで焼いた肉

barbaridad [バルバリダ] 女 ❶ 野蛮. ❷ 粗野, 粗暴: hacer una ～ 手荒い(むちゃな)ことをする. decir ～*es* 乱暴な(ひどい)ことを言う. ❸ 〈una+〉大量
¡*Qué* ～! 何とひどい!

barbarie [バルバリエ] 女 野蛮, 未開

barbarismo [バルバリスモ] 男 〈言語〉破格用法; 外国語からの借用

bárbaro, ra [バルバロ, ラ] 形 ❶ 野蛮な, 未開の. ❷ 残虐な; 粗暴な, 粗野な. ❸ すごい: Hace un frío ～. ひどく寒いだ
◆ 名 野蛮人; 乱暴者
pasarlo ～ たいへん楽しく過ごす

barbecho [バルベチョ] 男 休耕地; 休耕

barbería [バルベリア] 女 理髪店

barbero, ra [バルベロ, ラ] 名 理髪師

barbilampiño, ña [バルビランピニョ, ニャ] 形 〈大人なのに〉ひげの生えていない

barbilla [バルビジャ] 女 あご〔の先〕

barbudo, da [バルブド, ダ] 形 ひげもじゃの

barca [バルカ] 女 小舟: ～ de pesca 釣舟, 漁船. ～ de pasaje 渡し舟

barcaza [バルカサ] 女 はしけ, 大型ボート

barcelonés, sa [バルセロネス, サ] 形 名 バルセロナ Barcelona の〔人〕

barco [バルコ] 男 船: ir en ～ 船で行く. viajar en ～ 船旅をする. ～ de carga 貨物船

barítono [バリトノ] 男 〈音楽〉バリトン〔歌手〕

barman [バルマン] 男 バーテンダー

barniz [バルニス] 男 ❶ ニス; うわぐすり. ❷ うわべ, 見てくれ

barnizar [バルニサル] 13 他 ニスを塗る; うわぐすりをかける

barómetro [バロメトロ] 男 気圧計, バロメーター

barón [バロン] 男 男爵

baronesa [バロネサ] 女 男爵夫人

barquero, ra [バルケロ, ラ] 名 船頭

barquillo [バルキジョ] 男 〈アイスクリームなどの〉コーン

barra [バら] 女 ❶ 棒, バー: ~ de oro 金の延べ棒. ~ de labios 口紅. una ~ de pan 1本のフランスパン ❷ 棒線: bandera de ~s y estrellas 星条旗 ❸ 〈酒場などの〉カウンター

barraca [バらカ] 女 バラック, 仮小屋

barranco [バらンコ] 男 ❶ 断崖, 絶壁. ❷ 窮地

barrena [バれナ] 女 錐(きり), ドリル

barrer [バれル] 他 ❶ 掃く, 掃除する: ~ el suelo ゆかを掃く. ❷ 一掃する: El viento *barrió* todas las hojas. 風が葉を全部吹き飛ばした. ❸ 圧倒的に打ち負かす
◆ 自 一人勝ちする: ~ en las elecciones 選挙で圧勝する

barrera [バれラ] 女 ❶ 柵: cercar con ~s 柵で囲む. ❷ 障害, 障壁: eliminar ~s para minusválidos 障害者のためにバリアフリーにする. libre de ~s バリアフリーの. ~s no arancelarias 非関税障壁. ❸ 〈踏切の〉遮断機

barriada [バりアダ] 女 ❶ 〈都市の〉地区, 地域. ❷ 〈ラ〉スラム

barrica [バりカ] 女 〈中ぐらいの大きさの〉樽, 酒樽

barricada [バりカダ] 女 バリケード: levantar una ~ バリケードを築く

barrida [バりダ] 女 〈ラ〉警察の手入れ

barrido [バりド] 男 過分 掃き掃除

barriga [バりガ] 女 ❶ 腹: tener dolor de ~ 腹痛がする. ❷ 〈太った人・妊婦の〉突き出た腹

echar ~ 腹が出る

barrigón, na [バりゴン, ナ] 形 名 =**barrigudo**

barrigudo, da [バりグド, ダ] 形 名 腹の出た〔人〕, 太鼓腹の〔人〕

barril [バりル] 男 ❶ 樽: un ~ de vino ワイン1樽. ❷ 〈石油の容量〉バレル

barrio [バりオ] 男 〈都市の〉地区: ~s bajos 〈マドリードなどの〉貧民街. ~ chino チャイナタウン; 〈ス〉歓楽街, 売春地区. ~ comercial 商業地域

barrizal [バりサル] 男 ぬかるみ

barro [バろ] 男 ❶ 〈水を含んだ〉泥: La calle está llena de ~. 道はぬかるんでいる. ❷ 陶土, 粘土: jarrón de ~ 素焼きの壷. vasija de ~ 土器

barroco, ca [バろコ, カ] 形 男 ❶ バロック様式〔の〕. ❷ 装飾過多の

barrote [バろテ] 男 太い棒; 横木, 桟

barruntar [バるンタル] 他 予感する

barrunto [バるント] 男 きざし; 予感

bartola [バルトラ] 女 *tumbarse a la ~* 気楽に構える; のらくらする

bártulos [バルトゥロス] 男複 用具, 持ち物; がらくた

barullo [バるジョ] 男 騒ぎ, 混乱

basamento [バサメント] 男 〈建物の〉基礎; 〈柱の〉台座

basar [バサル] 他 〈en に〉…の基礎を置く
◆ **~se** 〈en に〉基礎(根拠)を置く: ~*se en* hechos reales 事実に基づく

báscula [バスクラ] 女 台ばかり; 体重計

base [バセ] 女 ❶ 基礎; 基本: 1) ~ de una columna 柱の土台. ~ imponible 課税標準. sentar las ~s de un nuevo sistema 新システムの基礎を固める. 2) 〈形容詞的〉campamento ~ ベースキャンプ. salario ~ 基本給
❷ 根拠, 理由: carecer de ~ 根拠がない
❸ 基地: ~ aérea 空軍基地. ~ auxiliar 中継基地
❹ 〈数学〉底辺, 底面
❺ 〈野球〉ベース, 塁
❻ 〈化粧〉ファウンデーション〖~ de maquillaje〗
❼ 〈情報〉~ de datos データベース

a ~ de... 1) …のおかげで: vivir *a ~ de* agua 水のおかげで生命を保つ. 2) …を主にした: dieta *a ~ de* verdura 野菜中心の食餌療法

en ~ a... …によると: *en ~ a* la encuesta アンケート調査によると

básico, ca [バシコ, カ] 形 基礎の; 基本の: conocimientos ~s 基礎知識. industria ~*ca* 基幹産業. nivel ~ 基礎レベル, 初級

basílica [バシリカ] 女 バシリカ〖初期キリスト教の教会堂〗

basta 形 ⇨**basto, ta**
◆ 動詞活用形 ⇨**bastar**

bastante [バスタンテ] 形 ❶ かなりの: Hoy hace ~ frío. きょうはかなり寒い. ~ número de personas かなりの人数
❷ 〈para に〉十分な: Tiene ~ capacidad *para* aprobar el examen. 彼には試験に受かるだけの実力がある. No tengo tiempo ~ *para* prepararlo. 私にはそれを準備するだけの時間がない

◆ 副 かなり；十分に：Habla ～ bien español. 彼はスペイン語をかなり上手に話す. Ya he vivido ～. 私はもう十分に生きた
◆ 代 かなりなもの(人)；十分なもの(人)：Anoche bebió ～. ゆうべ彼はかなり飲んだ

bastar [バスタル] 自 〈単人称. a にとって/con で〉**十分である**：Me *basta con* tu palabra. 私は君のことばだけで十分だ
¡Basta 〔*de*…〕*!* 〔…は〕もうたくさんだ：*¡Basta de* bromas! 冗談はもうたくさんだ

bastardilla [バスタルディジャ] 女 イタリック体：en ～ イタリック体で

bastardo, da [バスタルド, ダ] 名 私生児, 庶子

bastidor [バスティドル] 男 ❶ 枠, フレーム. ❷ 〈自動車〉シャーシー. ❸ 〈主に 複〉舞台裏, そで
entre ～es 舞台裏で, 秘密裏に

basto, ta [バスト, タ] 形 ❶ 粗野な. ❷ 粗末な；〈表面が〉ざらざらした：tela ～*ta* 粗末な布, 粗い布

bastón [バストン] 男 ❶ 杖, ステッキ. ❷ 〈スキー〉ストック

basura [バスラ] 女 ❶ **ごみ**, 廃棄物：tirar ～ ごみを捨てる. sacar la ～ ごみを出す. ～ de origen orgánico 生ごみ. ～ de tamaño grande 粗大ごみ
❷ くだらないもの(人)

basurero, ra [バスレロ, ラ] 形 ごみの：coche ～/camión ～ ごみ収集車
◆ 名 ごみ清掃員
◆ 男 ごみ捨て場, ごみ処分場；〈ラ〉ごみ容器

bata [バタ] 女 ❶ 部屋着, ガウン. ❷ 〈医者などの〉白衣〖～ blanca〗

batahola [バタオラ] 女 騒音, 騒動

batalla [バタジャ] 女 **戦い**；けんか：campo de ～ 戦場. ～ de Lepanto レパントの海戦
dar la ～ 戦う

batallar [バタジャル] 自 戦う

batallón [バタジョン] 男 〈軍事〉大隊

batata [バタタ] 女 サツマイモ

bate [バテ] 男 〈野球〉バット

bateador, ra [バテアドル, ラ] 名 〈野球〉バッター

batería [バテリア] 女 ❶ 電池, バッテリー：～ recargable 充電式電池. ～ solar 太陽電池. ❷ 〈集合的に〉器具：～ de cocina 炊事用具一式. ❸ 〈音楽〉ドラムス. ❹ 砲兵中隊；砲列
◆ 名 ドラマー

batido [バティド] 男 過分 ❶ かき混ぜ；かき混ぜたもの. ❷ 〈料理〉ミルクセーキ, シェイク〖～ de leche〗；泡立てた卵；〈菓子などの〉生地

batidora [バティドラ] 女 〈料理〉ミキサー；ハンドミキサー

batir [バティル] 他 ❶ **打つ**；たたく：Las olas *batían* las rocas. 波が岩に打ちつけていた. ❷ 打ち負かす：～ al rival ライバルに勝つ. ～ un récord 記録を破る. ❸ かき混ぜる：～ la nata 生クリームを泡立てる. ❹ 激しく動かす：El gallo *batía* sus alas. おんどりが羽をバタバタさせていた

◆ ～*se* 戦う

batuta [バトゥタ] 女 〈音楽〉指揮棒
llevar la ～ 切り回す, 牛耳る

baúl [バウル] 男 ❶ トランク：～ mundo 大型トランク. ❷ 〈ラ〉〈車の〉トランク

bautismo [バウティスモ] 男 〈宗教〉洗礼

bautizar [バウティサル] 13 他 ❶ 〈宗教〉…に洗礼を授ける. ❷ 名づける：Fue *bautizada* con el nombre de Eva. 彼女はエバと命名された. ❸ 〈酒などを〉水で薄める
◆ ～*se* 洗礼を受ける

bautizo [バウティソ] 男 〈宗教〉洗礼式；その祝い

bayeta [バジェタ] 女 雑巾(ぞうきん)

bayoneta [バジョネタ] 女 銃剣

baza [バサ] 女 *meter* ～ 干渉する, 口出しする

bazar [バサル] 男 ❶ 雑貨店. ❷ 〈中近東の〉市場

bazofia [バソフィア] 女 ❶ まずい食べ物. ❷ かす, くず

beato, ta [ベアト, タ] 形 ❶ 信心深い；信心ぶった. ❷ 〈キリスト教〉福者の

bebé [ベベ] 男 **赤ん坊**：ropas para ～ ベビー服

bebedero [ベベデロ] 男 〈鳥の〉水入れ, 水飲み場

bebedor, ra [ベベドル, ラ] 形 酒飲みの
◆ 名 酒飲み；酒豪

beber [ベベル] 他 **飲む**：～ un vaso de agua コップ1杯の水を飲む
◆ 自 ❶ **飲む**：¿Para ～? お飲み物は〔何にしますか〕？
❷ **飲酒する**：Bebe poco. 彼はあまり酒を飲まない
❸ 乾杯する：Bebamos por su éxito. 彼の成功を祝って乾杯しよう
◆ ～*se* 残さず飲む：*Se bebió* una botella de vino. 彼はワインを1びん飲んでしまった

bebida[1] [ベビダ] 女 **飲み物**；酒類〖～ alcohólica〗：～ sin alcohol/～ no alcohólica ノンアルコール飲料

bebido, da[2] [ベビド, ダ] 形 過分 〈estar +〉酔った

beca [ベカ] 女 奨学金, 給費：recibir la ～ para estudiar en España スペインで勉強

becar [ベカル] 73 他 …に奨学金を与える

becario, ria [ベカリオ, リア] 名 奨学生；研修員: Fui a México como ～ de un intercambio. 私は交換留学生としてメキシコに行った

becerro [ベセろ] 男 子牛肉, カーフ

bedel [ベデル] 男 〈学校の〉用務員, 守衛

beduino, na [ベドゥイノ, ナ] 形 名 ベドウィン族〔の〕

beige [ベイス/ベイヘ] 形 男 ベージュ色〔の〕

béisbol [ベイスボル] 男 野球: jugar al ～ 野球をする

beldad [ベルダ] 女 〔詩語〕美しさ；美人

belén [ベレン] 男 ❶ 〈B～. 地名〉ベツレヘム. ❷ 〈キリスト誕生の場面を形どったクリスマスの〉馬小屋と人形の飾り〔portal de ～〕

Bélgica [ベルヒカ] 女 ベルギー

belga [ベルガ] 形 名 ベルギー〔人〕の; ベルギー人

bélico, ca [ベリコ, カ] 形 戦争の: preparativos ～s 軍備

belicoso, sa [ベリコソ, サ] 形 好戦的な, 攻撃的な

beligerante [ベリヘランテ] 形 交戦中の

bellaco, ca [ベジャコ, カ] 形 名 不良〔の〕, 悪党〔の〕

belleza [ベジェサ] 女 ❶ 美しさ: femenina 女性美. productos de ～ 化粧品. salón de ～ 〈ス〉エステティックサロン；〈ラ〉美容院. ❷ 美人: concurso de ～ ミスコン

bello, lla [ベジョ, ジャ] 形 美しい: ～ paisaje 美しい景色. mujer *bella* 美女. la *bella* durmiente 〔del bosque〕『眠れる森の美女』. La *bella* y la bestia『美女と野獣』

bellota [ベジョタ] 女 どんぐり

bencina [ベンスィナ] 女 ❶ ベンジン. ❷ 〈ラ〉ガソリン

bendecir [ベンデスィル] 9 他 〈カトリック〉祝福する: ¡Que Dios te *bendiga*! あなたに神のお恵みがありますように

bendición [ベンディスィオン] 女 ❶ 〈カトリック〉祝福: ～ de Dios 神の祝福. ～ de la mesa 食前・食後の祈り. ❷ 天恵

bendig- ⇨**bendecir** 9

bendito, ta [ベンディト, タ] 形 ❶ 〈カトリック〉祝福された, 聖なる: agua ～*ta* 聖水. ❷ 幸運な, 幸せな. ❸ お人好しの, 愚かな
◆ 名 お人好し

¡*B*～ *sea!* まったくもう!

benedictino, na [ベネディクティノ, ナ] 形 名 〈カトリック〉ベネディクト会の〔修道士・女〕

benefactor, ra [ベネファクトル, ラ] 形 慈善心に富んだ
◆ 名 慈善家；恩人

beneficencia [ベネフィセンスィア] 女 慈善；慈善事業: concierto de ～ チャリティーコンサート

beneficiar [ベネフィスィアル] 他 …に恩恵(利益)を与える: El acuerdo *beneficia* a ambas partes. その協定は双方にとってプラスになる
◆ ～se 〈con・de で〉恩恵に浴する

beneficiario, ria [ベネフィスィアリオ, リア] 名 受益者

beneficio [ベネフィスィオ] 男 ❶ 恩恵, 恵み: ～s sociales 社会福祉. ❷ 〈主に複〉利益, 利潤: rendir ～s 利益をもたらす, もうかる *a* ～ *de*... …のための(に): colecta *a* ～ *de* las víctimas 被災者救援募金
en ～ *de*... …のために: *en* ～ *de* todos すべての人のために

beneficioso, sa [ベネフィスィオソ, サ] 形 恩恵をもたらす, 得になる

benéfico, ca [ベネフィコ, カ] 形 ❶ 慈善の: función ～*ca* チャリティー公演. obra ～*ca* 慈善事業. ❷ 〈主に他人に〉恩恵をもたらす

beneplácito [ベネプラスィト] 男 ❶ 承諾, 許可. ❷ 〈外交〉アグレマン

benevolencia [ベネボレンスィア] 女 好意, 親切

benévolo, la [ベネボロ, ラ] 形 優しい, 思いやりのある

benignidad [ベニグニダ] 女 ❶ 優しさ；穏やかさ. ❷ 〈病気の〉良性

benigno, na [ベニグノ, ナ] 形 ❶ 優しい, 親切な. ❷ 〈気候などが〉穏やかな. ❸ 〈病気が〉軽い, 良性の

beodo, da [ベオド, ダ] 形 酔っぱらった

beréber [ベレベル] 形 名 =berebere

berebere [ベレベレ] 形 名 ベルベル人〔の〕

berenjena [ベレンヘナ] 女 〔植物〕ナス

berlinés, sa [ベルリネス, サ] 形 名 ベルリン Berlín の〔人〕

bermejo, ja [ベルメホ, ハ] 形 鮮紅色の, 朱色の

bermudas [ベルムダス] 男 複 〔服飾〕バミューダショーツ

berrear [ベれアル] 自 〈牛などが〉鳴く

berrido [ベリド] 男 〈牛などの〉鳴き声

berrinche [ベリンチェ] 男 激怒, かんしゃく；泣きじゃくり

berro [べろ] 男 〔植物〕クレソン

berzas [ベルサス] 名 〈単複同形〉間抜け: Eres un ～. おまえはばかだ

besamel [ベサメル] 女 〔料理〕ベシャメルソ

一ス

besar [ベサル] 他 ❶ キスする：～ a+人 la mano …の手にキスする. ❷ 触れる, かすめる
◆ ～se 〈互いに〉キスする

beso [ベソ] 男 ❶ キス, 口づけ：dar a+人 un ～ en la mejilla …の頬にキスする. tirar (mandar) a+人 un ～ …に投げキスをする
❷〈手紙の結辞〉B～s./Un ～. 愛を込めて

bestia [ベスティア] 女 獣；〈主に農耕・運搬に使う〉家畜：～ de carga 荷役用の家畜
◆ 名 獣のような人；愚か者

bestial [ベスティアル] 形 獣のような

bestialidad [ベスティアリダ] 女 獣性

besugo [ベスゴ] 男 タイ(鯛)

besuquear [ベスケアル] 他 …に何度もキスする
◆ ～se 〈互いに〉何度もキスする, いちゃつく

betacaroteno [ベタカロテノ] 男〈生化〉ベータカロチン

betún [ベトゥン] 男 ❶ 靴墨. ❷〈鉱物〉ベチューメン：～ de Judea アスファルト

biberón [ビベロン] 男 哺乳びん

Biblia [ビブリア] 女 聖書

bibliografía [ビブリオグラフィア] 女 文献目録

biblioteca [ビブリオテカ] 女 ❶ 図書館：～ ambulante 移動図書館
❷ 蔵書；本棚

bibliotecario, ria [ビブリオテカリオ, リア] 名 司書, 図書館員

bicameral [ビカメラル] 形 二院制の：sistema ～ 二院制

bicarbonato [ビカルボナト] 男 重炭酸塩：～ sódico 重炭酸ナトリウム, 重曹

bicho [ビチョ] 男 ❶ 虫；小動物. ❷〈闘牛の〉牛

bici [ビスィ] 女 =bicicleta

bicicleta [ビスィクレタ] 女 自転車：ir en ～ 自転車で行く. saber montar en ～ 自転車に乗れる. ～ de montaña マウンテンバイク

bicolor [ビコロル] 形 二色の

bidé [ビデ] 男 ビデ, 婦人用局部洗浄器

bidón [ビドン] 男 ドラム缶, 金属・プラスチック製の大型容器

bien [ビエン] 男 ❶ 善：el ～ y el mal 善悪. hombre de ～ 立派な人
❷ 幸福, 利益：el ～ público 公共の利益, 公益
❸ 複 財産, 富：～es inmuebles/～es raíces 不動産. ～es muebles 動産. ～es de consumo 消費財
◆ 副 ❶ よく, 立派に：Pórtate ～. 行儀よくしなさい. Esta película está muy ～. その

映画はとてもいい
❷ 正しく：El reloj anda ～. その時計は正確だ
❸ 上手に：hablar ～ el español スペイン語を上手に話す
❹ 具合よく, 都合よく：El negocio me va ～. 私の商売はうまくいっている. Vamos mañana, si te parece ～. 君がよければあす行こう.
❺ 元気に；心地よく：¿Cómo estás?—Muy ～, gracias. ごきげんいかが？—ありがとう, とても元気です. No me siento ～. 私は気分がよくない. Este vino huele ～. このワインは香りがよい
❻ よく, 十分に；とても：He dormido ～. 私はよく寝た. Escucha ～ lo que te digo. 私の言うことをよく聞きなさい. Ya es ～ tarde. もうかなり遅い
❼〈間投詞的〉よろしい：¿Nos vamos ya?—B～. もう行こうか？—オーケー. Voy a llamarte esta noche.—Muy ～. 今夜君に電話するよ.—わかった
❼〈形容詞的. 軽蔑的〉上流階級の：niño ～ いい家の子. gente ～ 上品な連中
❽〈繰返して〉…かまたは…か：Puedes ir en coche ～ en tren. 車で行っても列車で行ってもいいよ
❾ 喜んで：Yo ～ querría ir pero… 喜んで行きたいところですが…
～ *que*+接続法 たとえ…であっても

Está ～. よろしい／〈不満〉もういい：¿Así *está* ～?—Sí, *está* ～. これでいいですか？—ええ, 結構です

estar ～ *con*+人 …と仲がよい

hacer ～ *en*+不定詞 適切なことをする：*Has hecho* ～ *en* no venir. 君は来なくてよかった

no ～ …するとすぐに：*No* ～ llegó a casa, empezó a estudiar. 彼は帰宅するとすぐに勉強し始めた

ponerse a ～ *con*+人 …と和解する

ponerse ～ 〈病気が〉良くなる

por (*para*) *el* ～ *de*… …のために：*por tu* ～ 君のために

pues ～ 〈話の切り出し〉では, さて

¡Qué ～ *!* 1) それはいい, いいぞ！ 2)〈*que*+直説法・接続法〉*¡Qué* ～ *que* has llegado a tiempo!* 君が間に合ってくれてよかった！

si ～ …であるが

¡Ya está ～ *!* もういい！

bienal [ビエナル] 形 2年ごとの；2年間の
◆ 女〈芸術〉ビエンナーレ

bienaventurado, da [ビエナベントゥラド, ダ] 形 幸福な, 幸運な

bienestar [ビエネスタル] 男 ❶ 福祉: estado de ~ 福祉国家. ~ público 公共の福祉. ~ social 社会福祉. ❷ 豊かさ, 快適さ, 幸福

bienhechor, ra [ビエネチョル, ラ] 形 名 ❶ 慈善を施す[人]. ❷ 恩人

bienvenido, da [ビエンベニド, ダ] 形 〈間投詞的〉 ようこそ 〖相手の性・数に一致〗: ¡*B*~s todos! みなさんようこそ! ¡Carmen, ~*da* a Japón! カルメン, 日本にようこそ!
◆ 女 歓迎〔のことば〕: dar la ~*da* a+人 …を歓迎する, 歓迎のあいさつをする

bife [ビフェ] 男 〈ラ〉ビフテキ

bifurcación [ビフルカスィオン] 女 分岐; 分岐点

bifurcar [ビフルカル] 73 ~se 分岐する

bigamia [ビガミア] 女 二重結婚, 重婚

bigote [ビゴテ] 男 口ひげ: llevar ~ 口ひげを生やしている. dejarse ~ 口ひげを生やす

bigotudo, da [ビゴトゥド, ダ] 形 口ひげの豊かな(濃い)

bikini [ビキニ] 男 ビキニ[の水着・下着]

bilateral [ビラテラル] 形 両者の: acuerdo ~ 双方の合意, contrato ~ 双務契約

biliar [ビリアル] 形 胆汁の

bilingüe [ビリングエ] 形 名 2言語[併用]の, バイリンガルの[人]

bilis [ビリス] 女 胆汁

billar [ビジャル] 男 ❶ 玉突き, ビリヤード: jugar al ~ ビリヤードをする. ~ ビリヤード台; 複 ビリヤード場

billete [ビジェテ] 男 ❶ 切符: comprar ~/sacar ~ 切符を買う. ~ sencillo 片道切符. ~ de ida y vuelta 往復切符. ~ abierto オープンチケット. ~ de apuesta hípica 馬券
❷ 紙幣, お札 〖~ de banco〗: ~ de diez euros 10ユーロ札

billetera [ビジェテラ] 女 札入れ, 財布

billetero [ビジェテロ] 男 =billetera

billón [ビジョン] 男 1兆: dos *billones* de yenes 2兆円

bimensual [ビメンスアル] 形 月2回の

bimestral [ビメストラル] 形 2か月ごとの, 隔月の; 2か月間の

bimotor [ビモトル] 男 〈航空〉双発機

bingo [ビンゴ] 男 ビンゴ[ゲーム]

bio- 〈接頭辞〉「生」の意

biodegradable [ビオデグラダブレ] 形 生物分解性の

biodiversidad [ビオディベルスィダ] 女 生物学的多様性

biofísica [ビオフィスィカ] 女 生物物理学

biogenética [ビオヘネティカ] 女 遺伝子工学

biografía [ビオグラフィア] 女 伝記

biógrafo, fa [ビオグラフォ, ファ] 名 伝記作者

bioingeniería [ビオインヘニエリア] 女 生物工学

biología [ビオロヒア] 女 生物学

biológico, ca [ビオロヒコ, カ] 形 生物学の: cultivo ~ バイオ栽培

biólogo, ga [ビオロゴ, ガ] 名 生物学者

biombo [ビオンボ] 男 屏風(びょうぶ)

biopsia [ビオプスィア] 女 生検, バイオプシー

bioquímica [ビオキミカ] 女 生化学

biotecnología [ビオテクノロヒア] 女 バイオテクノロジー, 生物工学

bipolar [ビポラル] 形 二極の

birlar [ビルラル] 他 だまし取る

birria [ビリア] 女 〈口語〉くだらないもの

bis [ビス] 副 ❶ 〈同一番地の〉2: Vive en el 80 ~. 彼は80番地の2に住んでいる. ❷ くり返して
◆ 男 アンコール: El pianista hizo un ~. ピアニストはアンコール曲を弾いた

bisabuelo, la [ビサブエロ, ラ] 名 曾祖父, 曾祖母

bisagra [ビサグラ] 女 ちょうつがい

bisexual [ビセ(ク)スアル] 形 ❶ 〈生物〉両性の, 雌雄同体の. ❷ バイセクシュアルの

bisiesto [ビシエスト] 形 año ~ うるう年

bisnieto, ta [ビスニエト, タ] 名 曾孫, ひまご

bisonte [ビソンテ] 男 バイソン, 野牛

bisté [ビステ] 男 =bistec

bistec [ビステ(ク)] 男 〈複〉~s ステーキ: ~ poco (medio・bien) hecho レア(ミディアム・ウェルダン)

bisturí [ビストゥリ] 男 〈医学〉メス

bisutería [ビスィテリア] 女 〈集合的に〉模造の宝石, アクセサリー

bit [ビト] 男 〈情報量の単位〉ビット

bizco, ca [ビスコ, カ] 形 斜視の

bizcocho [ビスコチョ] 男 スポンジケーキ, カステラ

bizquear [ビスケアル] 自 斜視である; 寄り目をする

blanco, ca [ブランコ, カ] 形 ❶ 白い: vestido ~ 白い服. Casa *B*~*ca* ホワイトハウス
❷ 白人の
◆ 名 白人
◆ 男 ❶ 白, 白色: foto en ~ y negro 白黒写真. ~ del ojo 白目
❷ 空白, 余白
❸ 標的: dar en el ~ 的に当てる. ser ~ de

blancura [ブランクラ] 囡 白さ

blandir [ブランディル] 他 〈剣などを〉振り上げる, 振り回す

blando, da [ブランド, ダ] 形 ❶ 柔らかい: cuero ～ 柔らかい革. ❷ 柔和な, 穏やかな; 繊細な: expresión ～da 穏やかな(婉曲な)表現. ser ～ de corazón 優しい, 感じやすい. ❸ 軟弱な; 弱腰の, 気弱い: profesor ～ con los alumnos 生徒に甘い先生

blandura [ブランドゥラ] 囡 ❶ 柔らかさ. ❷ 柔和; 穏やかさ. ❸ 気弱さ

blanquear [ブランケアル] 他 白くする; 漂白する
◆ 自 白くなる, 白く見える: Ya le *blanquea* el cabello. 彼はもう髪が白くなっている

blanquecino, na [ブランケスィノ, ナ] 形 白っぽい

blasfemar [ブラスフェマル] 自 冒瀆(ぼうとく)する; ののしる

blasfemia [ブラスフェミア] 囡 冒瀆(ぼうとく); ののしり

blasón [ブラソン] 男 〈盾形の〉紋章

bledo [ブレド] 男 *importar* a+人 *un* ～ …にとって少しも重要でない

blindar [ブリンダル] 他 装甲する, 鋼板で覆う: coche *blindado*/〈ラ〉 carro *blindado* 装甲車

bloc [ブロク] 男 〈はぎとり式の〉綴り; メモ帳: ～ de fichas 日めくり

bloque [ブロケ] 男 ❶ 塊, ブロック. ❷ 〈政治〉連合体, 圏: ～ monetario 〔同一〕通貨圏. ❸ 街区
en ～ ひとかたまりになって; 結束して

bloquear [ブロケアル] 他 〈通行などを〉妨げる, 封鎖する

bloqueo [ブロケオ] 男 封鎖: levantar el ～ 封鎖を解く. ～ económico 経済封鎖

blusa [ブルサ] 囡 〈服飾〉ブラウス

boato [ボアト] 男 〈富・権力の〉誇示

bobada [ボバダ] 囡 愚行, 愚かなことば: decir ～s ばかなことを言う

bobería [ボベリア] 囡 =bobada

bobina [ボビナ] 囡 ❶ 巻き枠, ボビン; 〈フィルムの〉スプール; 〈電気〉コイル

bobo, ba [ボボ, バ] 形 名 ばか(な), 間抜け(な); 無邪気な: ¡No seas ～! おばかさんね!

boca [ボカ] 囡 ❶ 口: abrir la ～ 口を開ける. cerrar la ～ 口を閉じる; 沈黙する. ～ de fusil 銃口. ～ de una botella びんの口 ❷ 出入り口: ～ del metro 地下鉄の入り口
a ～ *de jarro* =a bocajarro
a ～ *llena* あからさまに, 歯に衣きせずに
a pedir de ～ 思いどおりに, 好調に
～ *abajo* うつぶせに
～ *arriba* あおむけに
con la ～ *abierta* 唖然として: quedarse *con la* ～ *abierta* あっけにとられる
de ～ *en* ～ 口から口へと, 口伝えで
de ～ *para fuera* 口先だけの
hacerse a+人 *la* ～ *agua* 〈比喩的にも〉…はよだれが出そうである: *Se me hacía la* ～ *agua*, *mirando el bistec*. 私はそのステーキを見ていたら, よだれが出てきた
irse a+人 *la* ～ …は口が軽い: *A María se le va la* ～. マリアは口が軽い
irse a+人 *de la* ～ 口をすべらす, 言い過ぎる: *A María se le fue de la* ～. マリアはうっかり口をすべらした

bocacalle [ボカカジェ] 囡 通りの入り口; 横丁

bocadillo [ボカディジョ] 男 ❶ **ボカディージョ** 〖フランスパンで作るサブマリンサンドイッチ〗: tomar un ～ de chorizo チョリソーをはさんだボカディージョを食べる
❷ 軽食

bocado [ボカド] 男 ❶ 一口: comer en un ～ 一口で食べる, あっという間に食べる. probar un ～ de pastel ケーキを一口試食する. ❷ 〈馬の〉くつわ, はみ
～ *de Adán* のどぼとけ

bocajarro [ボカハロ] *a* ～ 1) 至近距離から. 2) いきなり

bocanada [ボカナダ] 囡 〈酒などの〉一飲み; 〈煙などの〉一吹き

boceto [ボセト] 男 ❶ スケッチ, 下絵. ❷ 草案, 下書き

bochinche [ボチンチェ] 男 〈ラ〉けんか騒ぎ

bochorno [ボチョルノ] 男 ❶ 〈夏の〉熱風; 蒸し暑さ: Hace ～. 蒸し暑い. ❷ 赤面, 当惑

bochornoso, sa [ボチョルノソ, サ] 形 ❶ 蒸し暑い. ❷ 恥ずべき

bocina [ボスィナ] 囡 ❶ クラクション: tocar la ～ クラクションを鳴らす. ❷ メガホン

boda [ボダ] 囡 ❶ 〈時に 複〉 **結婚式**, 披露宴: celebrar la ～ 結婚式をあげる. ～s de plata (oro) 銀(金)婚式
❷ 結婚

bodega [ボデガ] 囡 ❶ 酒倉, ワインセラー. ❷ 醸造所; 酒屋. ❸ 船倉

bodegón [ボデゴン] 男 〈美術〉静物画

bofetada [ボフェタダ] 囡 平手打ち: dar una ～ a+人 …にびんたを食らわす
bofetón [ボフェトン] 男 強烈な平手打ち
boga [ボガ] 囡 *estar en* ～ 流行している
bogar [ボガル] 55 自 漕ぐ; 航行する
bohemio, mia [ボエミオ, ミア] 形 图 ❶ ボヘミア Bohemia の〔人〕. ❷ 自由奔放な〔人〕. ❸ ジプシー
boicot [ボイコ] 男 〈複 ～s〉 ボイコット; 不買運動
boicotear [ボイコテアル] 他 ボイコットする
boicoteo [ボイコテオ] 男 =**boicot**
boina [ボイナ] 囡 ベレー帽
bol [ボル] 男 〈料理〉 ボール, 鉢
bola [ボラ] 囡 ❶ 玉, ボール: ～ de vidrio ガラス玉, ビー玉. ～ de billar 玉突きの玉. ❷ うそ, 作り話
boleadoras [ボレアドラス] 囡 複 〈ラ〉 〈ガウチョが使う〉 玉付きの投げ縄
bolera [ボレラ] 囡 ボーリング場; ボーリングのレーン
boleta [ボレタ] 囡 〈ラ〉 〈福引きの〉 抽選券; 〈罰金の〉 反則切符
boletería [ボレテリア] 囡 〈ラ〉 入場券(切符)売り場
boletín [ボレティン] 男 ❶ 公報; 会報, 報告書: B～ Oficial 〔del Estado〕 〈スペインの〉 官報. 〈ラジオ・テレビの〉 ニュース番組; ニュースレター 〖～ informativo, ～ de noticias〗: escuchar el ～ de las doce 12時のニュースを聞く. ❸ 証明書; 申し込み書: ～ de notas 成績表. ～ de pedido 注文書. ～ de precios 価格表
boleto [ボレト] 男 〈ラ〉 切符, 入場券
boli [ボリ] 男 〈ス〉 〈複 ～s〉 =**bolígrafo**
bolígrafo [ボリグラフォ] 男 ボールペン
bolita [ボリタ] 囡 〈セーターなどの〉 毛玉
bolívar [ボリバル] 男 〈ベネズエラの貨幣単位〉 ボリーバル
Bolivia [ボリビア] 囡 ボリビア
boliviano, na [ボリビアノ, ナ] 形 图 ボリビア〔人〕の; ボリビア人
bollo [ボジョ] 男 ❶ 菓子パン, ロールパン. ❷ 〈表面の〉 へこみ; 〈頭の〉 こぶ
bolo [ボロ] 男 ❶ 〈ボーリングの〉 ピン. ❷ 複 ボーリング 〖～s americanos〗: jugar a los ～s ボーリングをする
bolsa [ボルサ] 囡 ❶ 袋; バッグ: ～ de basura ゴミ袋. ～ de papel 紙袋. ～ de viaje ボストンバッグ. ～ plástica/～ de plástico ビニール袋
❷ 取引所; そこでの取引, 相場: ～ de valores 証券取引所; 株式相場
❸ 〈解剖〉 囊(のう)

❹ 〈航空〉 ～ de aire エアポケット
❺ 〈ラ〉 ポケット
bolsillo [ボルシジョ] 男 ❶ ポケット: meter en el ～ ポケットに入れる. ～ interior 内ポケット
❷ ふところ具合
de ～ ポケットサイズの: libro *de* ～ ポケットブック, 文庫本
bolsista [ボルシスタ] 图 株式仲買人
bolsita [ボルシタ] 囡 小さな袋: ～ de té ティーバッグ
bolso [ボルソ] 男 ハンドバッグ; 〈学生の〉 手さげかばん
bomba [ボンバ] 囡 ❶ 爆弾: ～ de mano 手榴弾. ～ lacrimógena 催涙弾
❷ ポンプ: ～ de gasolina 給油ポンプ. ～ de incendios 消防ポンプ
❸ 衝撃的なニュース
bombardear [ボンバルデアル] 他 砲撃する, 爆撃する
bombardeo [ボンバルデオ] 男 砲撃, 爆撃
bombardero [ボンバルデロ] 男 爆撃機
bombero, ra [ボンベロ, ラ] 图 消防士: coche de ～ 消防車. cuerpo de ～s 消防隊, 消防団
bombilla [ボンビジャ] 囡 電球
bombín [ボンビン] 男 ❶ 山高帽. ❷ 〈自転車の〉 空気入れ
bombo [ボンボ] 男 ❶ 〈楽器〉 大太鼓. ❷ 〈くじ引きの〉 回転抽選器
bombón [ボンボン] 男 チョコレートボンボン
bombona [ボンボナ] 囡 ボンベ: ～ de butano ブタンガスボンベ
bonachón, na [ボナチョン, ナ] 形 图 お人よし〔の〕, ばか正直な〔人〕
bonanza [ボナンサ] 囡 ❶ 〈海・天候の〉 静穏; なぎ. ❷ 繁栄
bondad [ボンダ] 囡 ❶ 善良さ, 親切心. ❷ 利点, よさ
tener la ～ *de*+不定詞 〈命令文で〉 …してください; 〈疑問文で〉 …していただけますか: Tenga la ～ de firmar aquí, por favor. こちらにサインをお願いいたします
bondadoso, sa [ボンダドソ, サ] 形 親切な, 優しい
bonificación [ボニフィカスィオン] 囡 ボーナス; 割戻し金
bonísimo, ma [ボニシモ, マ] 形 bueno の絶対最上級
bonito, ta [ボニト, タ] 形 きれいな, かわいい; すてきな: muchacha ～*ta* 美しい娘. color ～ きれいな色. casa ～*ta* すてきな家
◆ 男 〈魚〉 カツオ
bono [ボノ] 男 ❶ 引換券; 回数券. ❷ 証

書；債券, 公債〚~ público〛: ~s del Tesoro 国債

bonobús [ボノブス] 男〈ス〉バスの回数券

bonzo, za [ボンソ, サ] 名〈仏教〉僧侶

boquear [ボケアル] 自 ❶ 口をパクパクさせる；あえぐ. ❷ 臨終である

boquerón [ボケロン] 男 ❶〈魚〉カタクチイワシ. ❷ 大きな穴

boquete [ボケテ] 男 すき間, 穴

boquiabierto, ta [ボキアビエルト, タ] 形 唖然(ぁぜん)とした: Las palabras le han dejado ~. そのことばを聞いて彼はあいた口がふさがらなかった. quedar ~ 唖然とする

boquilla [ボキジャ] 女 ❶〈器具の〉口の部分, ノズル. ❷〈たばこの〉ホルダー

borbollar [ボルボジャル] 自 =borbotear

borbollón [ボルボジョン] 男〈沸騰などによる〉泡立ち

a borbollones 勢いよく, せき込んで: salir *a borbollones* どっと出る；ほとばしり出る. hablar *a borbollones* 〈あわてて〉口ごもる

borbotear [ボルボテアル] 自〈沸騰などによって〉ボコボコいう

borbotón [ボルボトン] 男 =borbollón

bordado [ボルダド] 男 過分 刺繡(ししゅう)

bordar [ボルダル] 他 刺繡(しゅう)する

borde [ボルデ] 男 ふち, へり: llenar la copa hasta el ~ グラスになみなみと注ぐ. ~ de una carretera 道路の端. ~ de la falda スカートのすそ

◆ 形 名〈ス〉意地の悪い〔人〕

al ~ de... 1) …のふちに: *al ~ de* un río 川のふちに. 2) …の瀬戸際に: estar *al ~ de* la bancarrota 破産に瀕している

bordear [ボルデアル] 他 ❶ …のふちに沿う, ふちどりする. ❷ …の瀬戸際にある. ❸〈ラ〉近づく

bordillo [ボルディジョ] 男〈歩道の〉縁石

bordo [ボルド] 男〈船の〉舷側

a ~ 船で, 飛行機で；船内に, 機内に: El avión desapareció con cien pasajeros *a ~*. 飛行機は乗客100人を乗せたまま消息を絶った. estar *a ~* 乗船(乗機)している. subir *a ~* 乗船(搭乗)する

boreal [ボレアル] 形 北の: hemisferio ~ 北半球

borla [ボルラ] 女 ❶〈飾りの〉丸い房. ❷〈化粧〉パフ

borrachera [ボらチェラ] 女 酔い, 酩酊；どんちゃん騒ぎ: agarrar (coger・pescar) una ~ 酔っ払う

borracho, cha [ボらチョ, チャ] 形 ❶ 酔っ払った: Está ~*cha* de (con) vino. 彼女はワインで酔っ払っている. ❷ 大酒飲みの

◆ 名 酔っ払い；大酒飲み

borrador [ボらドル] 男 ❶ 草稿, 下書き；〈美術〉ラフスケッチ. ❷ 消しゴム；黒板消し

borrar [ボらル] 他 消す, 消去する: ~ las letras con una goma 消しゴムで字を消す

borrasca [ボらスカ] 女 暴風雨

borrascoso, sa [ボらスコソ, サ] 形 嵐の〔ような〕

borrico, ca [ボりコ, カ] 名 ❶ ロバ. ❷ うすのろ

borrón [ボろン] 男 染(し)み, 汚れ

borroso, sa [ボろソ, サ] 形 鮮明でない, ぼんやりした；判読しにくい

bosque [ボスケ] 男 森, 林；森林: ~ ecuatorial/~ pluvial 熱帯雨林

bosquejar [ボスケハル] 他 ❶ 素描する, スケッチする. ❷ …の素案を示す

bosquejo [ボスケホ] 男 ❶ 素描, スケッチ. ❷ 素案

bostezar [ボステサル] [13] 自 あくびをする

bostezo [ボステソ] 男 あくび

bota [ボタ] 女 ❶〈主に複〉1) 長靴, ブーツ: ~s de esquí スキー靴. 2) サッカーシューズ

❷〈革製の〉酒袋

botánico, ca [ボタニコ, カ] 形 植物学の: jardín ~ 植物園

◆ 男 植物学者

◆ 女 植物学

botar [ボタル] 他 ❶〈主にラ〉投げ捨てる: Se prohibe ~ basura. ごみ捨てるべからず. ❷〈主にラ〉追い出す: ~ a + 人 del trabajo …を首にする. ❸〈船を〉進水させる

◆ 自 バウンドする；とびはねる

bote [ボテ] 男 ❶ 跳躍, バウンド. ❷ 広口びん, 缶: ~ de mermelada ジャムのびん. ~ de cerveza 缶ビール. ~ de humo 発煙筒. ❸ ボート: ~ salvavidas 救命ボート

de ~ en ~ ぎゅうぎゅう詰めの: El teatro está 〔lleno〕 *de ~ en ~*. 劇場はすし詰めだ

botella [ボテジャ] 女 ❶ びん, ボトル: una ~ de leche 牛乳を1びん飲む. media ~ ハーフボトル. ~ de polietileno ペットボトル

❷ ボンベ: ~ de oxígeno 酸素ボンベ

botellín [ボテジン] 男 小びん

botica [ボティカ] 女〈古語的〉薬局

boticario, ria [ボティカリオ, リア] 名〈古語的〉薬剤師

botija [ボティハ] 女 ❶ つぼ. ❷〈ラ〉腹

botijo [ボティホ] 男〈素焼きの〉水入れ

botín [ボティン] 男〈複 bot*ines*〉❶〈服飾〉ショートブーツ；スパッツ. ❷ 分捕り品, 戦利品

botiquín [ボティキン] 男 ❶ 薬戸棚；救急

箱. ❷ 医務室

botón [ボトン] 男 〈複 botones〉❶〈衣服の〉ボタン：Se me cayó un ～. 私はボタンが1個取れた ❷〈植物の〉芽；つぼみ：brotar *botones nuevos* 新芽を吹く ❸〈器具の〉ボタン，スイッチ：apretar (pulsar) el ～ スイッチを押す

botones [ボトネス] 名〈単複同形〉〈ホテルの〉ベルボーイ

bóveda [ボベダ] 女〈建築〉穹りゅう，丸天井

bovino, na [ボビノ, ナ] 形 牛の

boxeador, ra [ボ(ク)セアドル, ラ] 名 ボクサー

boxeo [ボ(ク)セオ] 男 ボクシング

boya [ボジャ] 女 ブイ，浮漂

boyante [ボジャンテ] 形 繁栄している，隆盛な

bozal [ボサル] 男〈犬などの〉口輪；〈馬の〉おもがい

bracear [ブラセアル] 自 腕を振り動かす

bracero, ra [ブラセロ, ラ] 名 農場労働者；作業員

bracete [ブラセテ] 男 de ～ 互いに腕を組んで

braga [ブラガ] 女〈主に 複〉パンティー

bragueta [ブラゲタ] 女〈ズボン・パンツの〉前開き

braille [ブライジェ] 男 点字：leer en ～ 点字を読む. libro en ～ 点字書

bramar [ブラマル] 自〈牛・風が〉ほえる，うなる

bramido [ブラミド] 男 ほえ声，うなり声

brasa [ブラサ] 女 赤くおこった炭火：a la ～ 〈料理〉炭火焼きの

brasero [ブラセロ] 男 火鉢

Brasil [ブラシル] 男 ブラジル

brasileño, ña [ブラシレニョ, ニャ] 形 ブラジル(人)の；ブラジル人

bravata [ブラバタ] 女 からいばり

braveza [ブラベサ] 女 勇ましさ，どうもうさ

bravío, a [ブラビオ, ア] 形 荒々しい，野生的な

bravo, va [ブラボ, バ] 形 ❶ 勇敢な；荒々しい，野生的な. ❷ 見事な，すばらしい ◆ 間 やったぞ/うまいぞ!

bravura [ブラブラ] 女 勇猛さ

braza [ブラサ] 女 ❶〈水深の単位〉ひろ〖＝約167cm〗. ❷ 平泳ぎ：nadar a la ～ 平泳ぎで泳ぐ

brazada [ブラサダ] 女〈水泳・ボートの〉1かき，ストローク

brazal [ブラサル] 男 腕章：～ de luto 喪章

brazalete [ブラサレテ] 男 ❶ 腕輪，ブレスレット，バングル. ❷ 腕章

brazo [ブラソ] 男 腕：tener un gato en ～s 猫を腕に抱いている. llevar una chaqueta al (en el) ～ 上着を腕に掛けている. llevar una cartera bajo el ～ かばんを腕にかかえている ❷〈器具の〉腕；〈椅子の〉ひじかけ ❸〈菓子〉～ de gitano ロールケーキ
a ～ partido 1) 腕力で，素手で. 2) 必死に
～ derecho 右腕〖比喩的にも〗
con los ～s abiertos 1) 両腕を広げて. 2) 歓迎して
con los ～s cruzados 1) 腕組みして. 2) 何もしないで
cruzarse de ～s 1) 腕組みする. 2) 何もしないでいる
de ～s cruzados ＝con los ～s cruzados
del ～ 互いに腕を組んで

brebaje [ブレバヘ] 男 まずい飲み物

brecha [ブレチャ] 女 ❶ 割れ目. ❷ 裂傷. ❸〈意見などの〉隔たり，ギャップ

Bretaña [ブレタニャ] 女 ❶〈国名〉Gran ～ イギリス. ❷〈フランスの〉ブルターニュ地方

breve [ブレベ] 形 ❶ 短時間の：～ descanso 短い休憩
❷ 簡潔な：discurso ～ 手短かなスピーチ
en ～ すぐに，まもなく

brevedad [ブレベダ] 女 ❶〈時間の〉短さ. ❷ 簡潔さ

brezal [ブレサル] 男〈ヒースの生い茂った〉荒れ野

brezo [ブレソ] 男〈植物〉ヒース

bribón, na [ブリボン, ナ] 名 ごろつき；浮浪者

bricolaje [ブリコラヘ] 男 日曜大工

brida [ブリダ] 女 馬勒(ろく)；〈技術〉添え金

brigada [ブリガダ] 女〈軍事〉旅団；〈警察などの〉班
◆ 男 曹長

brillante [ブリジャンテ] 形 ❶ 輝く：estrella ～ きらめく星
❷ 輝かしい，すばらしい：～ porvenir 輝かしい未来
◆ 男〈ブリリアントカットの〉ダイヤモンド

brillantina [ブリジャンティナ] 女 ヘアリキッド，ポマード，整髪料

brillar [ブリジャル] 自 輝く：*Brillaba el sol.* 太陽が well 輝いていた. ❷ ～ por su inteligencia 頭の良さで抜きん出ている

brillo [ブリジョ] 男 ❶ 輝き；光沢：sacar ～ a... …を磨く. ❷ 栄光

brincar [ブリンカル] 73 自 跳びはねる

estar que brinca かんかんに怒っている
brinco [ブリンコ] 男 跳躍: de un ～ 一跳びで
brindar [ブリンダル] 自 <por に> 乾杯する: *Brindemos por el éxito.* 成功を祈って(祝して)乾杯しよう
◆ 他 提供する: ～ la oportunidad de trabajar 働くチャンスを与える. *Le agradezco el apoyo que me ha brindado usted.* ご支援いただき、感謝申し上げます
brindis [ブリンディス] 男 〈単複同形〉乾杯〔の音頭〕: echar un ～ 乾杯する. *¡B～!* 乾杯!
brío [ブリオ] 男 〈時に 複〉活力; 意気ごみ: con ～s 元気よく; 意気ごんで
brioso, sa [ブリオソ, サ] 形 元気のいい; 意気盛んな
brisa [ブリサ] 女 そよ風
británico, ca [ブリタニコ, カ] 形 名 イギリス Gran Bretaña 〔人〕の; イギリス人
brocal [ブロカル] 男 〈井戸の〉ふち石
brocha [ブロチャ] 女 はけ, ブラシ
broche [ブロチェ] 男 ブローチ
～ *de oro* 有終の美: cerrar con ～ *de oro* フィナーレを飾る
broma [ブロマ] 女 冗談; いたずら, からかい: decir en ～ 冗談で言う. decir ～s/decir una ～ 冗談を言う. ¡Déjate de ～! 冗談はやめてくれ
～*s aparte* 冗談はさておき
gastar (dar・hacer) ～*s (una* ～*)* からかう; いたずらをする
tomar... a ～ …を冗談に取る
bromear [ブロメアル] 自 冗談を言う; いたずらをする, ふざける
bromista [ブロミスタ] 形 名 冗談(いたずら)好きの〔人〕
bronca [ブロンカ] 女 ❶ 叱責: echar una ～ a+人 …を叱りつける. ❷ けんか, 乱闘
bronce [ブロンセ] 男 ❶ ブロンズ, 青銅. ❷ 銅メダル
bronceado, da [ブロンセアド, ダ] 過分 ❶ ブロンズ仕上げの. ❷ 日焼けした; 赤銅色の
◆ 男 ❶ ブロンズ仕上げ. ❷ 日焼け
broncear [ブロンセアル] ～*se* 日焼けする
bronceador [ブロンセアドル] 男 日焼け用クリーム(ローション), サンオイル
bronquitis [ブロンキティス] 女 〈医学〉気管支炎
brotar [ブロタル] 自 ❶ 発芽する, 芽吹く: *El cerezo empieza a* ～. 桜が芽をつけ始めた. ❷ 〈水などが〉わき出る. ❸ 〈吹出物が〉出る

brote [ブロテ] 男 ❶ 芽, つぼみ: echar ～s 芽を出す. ❷ 発生; 兆候
bruces [ブルセス] *de* ～ うつぶせに: caerse *de* ～ うつぶせに倒れる. estar *de* ～ うつぶせになっている
brujería [ブルヘリア] 女 魔法, 魔術: hacer ～s 魔法を使う
brujo, ja [ブルホ, ハ] 名 魔法使い, 魔女: caza de ～*jas* 魔女狩り
brújula [ブルフラ] 女 コンパス, 磁石; 羅針盤
bruma [ブルマ] 女 霧, もや
brumoso, sa [ブルモソ, サ] 形 霧(もや)のかかった
bruñido [ブルニド] 男 過分 つや出し
bruñir [ブルニル] 39 他 磨く, つやを出す
brusco, ca [ブルスコ, カ] 形 ❶ 突然の: frenazo ～ 急ブレーキ. ❷ ぶっきらぼうな: gesto ～ ぞんざいな態度
brusquedad [ブルスケダ] 女 とうとつ, ぶっきらぼう: con ～ 不意に; ぶっきらぼうに
brutal [ブルタル] 形 獣のような, 残酷な: hombre ～ 粗暴な男
brutalidad [ブルタリダ] 女 ❶ 獣性, 残忍性. ❷ むちゃくちゃなこと, 愚行
bruto, ta [ブルト, タ] 形 ❶ 愚鈍な. ❷ 粗暴な, 乱暴な. ❸ 加工(精製)されていない: petróleo ～ 原油. ❹ 〈商業〉総計の; 風袋(ふうたい)込みの: ganancia ～*ta* 粗利益. peso ～ 総重量
en ～ 1) 未加工の: madera *en* ～ 原木. 2) 総計の; 風袋込みの: sueldo *en* ～ 〈税などを差引く前の〉給料総支給額
bucal [ブカル] 形 口の: infección ～ 経口感染
buceador, ra [ブセアドル, ラ] 名 潜水士, ダイバー
bucear [ブセアル] 自 潜水する
buceo [ブセオ] 男 潜水, ダイビング: ～ *con escafandra autónoma* スキューバダイビング, ～ *sin escafandra autónoma* スキンダイビング, 素潜り
bucle [ブクレ] 男 巻き毛, カール
bucólico, ca [ブコリコ, カ] 形 牧歌の, 牧歌的な
Buda [ブダ] 男 仏陀; 仏像
budín [ブディン] 男 〈魚・果物などの〉プディング
budismo [ブディスモ] 男 仏教
budista [ブディスタ] 形 名 仏教の; 仏教徒〔の〕
buen [ブエン] ⇒**bueno**
buenamente [ブエナメンテ] 副 可能な範囲で, 無理せずに

buenaventura [ブエナベントゥラ] 囡 ❶ 占い. ❷ 幸運

bueno, na [ブエノ, ナ] 形〈男性単数名詞の前で **buen**〉❶ 良い, 良好な；優れた：buen tiempo 好天. buen profesor 良い先生, 有能な先生. ~na noticia 朝報. cuero muy ~ とても上質な革. Eres un *buen* nadador. 君は泳ぎが上手だ. ¡Qué ~! それはいい!/いいぞ!

❷〈para に〉適切な, 有効な：No es *buen* ~na para visitas. 人の家を訪ねるのにふさわしい時間ではない. comida ~*na para* la salud 健康に良い食べ物

❸ **善良な**；〈con に〉親切な：profesor ~ 人柄の良い先生. Son muy ~s conmigo. 彼らは私にとても親切だ

❹ 美味な：La sopa de ajo es ~*na*. にんにくスープはおいしい. Está ~*na* esta sopa. このスープはおいしそうだ

❺ かなりの；結構な：una ~*na* cantidad de dinero かなりの大金

❻〈あいさつ〉*B*~s días. おはよう/こんにちは；さようなら〖昼食時まで〗. *Buenas* tardes. こんにちは；さようなら〖日没まで〗. *Buenas* noches. こんばんは/おやすみなさい. ¡[Muy] *Buenas*! こんちは/やあ!〖親しい間柄で, 朝昼晩に関係なく〗. Muy ~s días. おはようございます〖ていねいなあいさつ〗

❼〈性的に〉魅力的な；グラマーな

◆ 間 ❶〈是認・承認〉よろしい/わかった；〈しぶしぶ〉まあいいや：¿No quieres salir conmigo?—*B*~. デートしない?—いいわよ/まあいいけど

❷〈話題の転換〉さて, では：*B*~, hasta mañana. それでは, また明日

❸〈当惑〉*B*~. おやおや

❹〈メキシコ. 電話〉もしもし〖発音は [ブエノ]〗

de ~*nas a primeras* だしぬけに, いきなり

estar de ~*nas* 上機嫌である

Estaría ~ *que*+接続法 もし…ならば困ったことである

por las ~*nas o por las malas* いやがおうでも, なんとしても

ser ~ *que*+接続法 …はいいことだ

buey [ブエイ] 男 雄牛, 去勢牛

búfalo, la [ブファロ] 名 スイギュウ(水牛)

bufanda [ブファンダ] 囡 マフラー, えりまき

bufar [ブファル] 自〈牛・馬などが〉鼻を鳴らす

bufete [ブフェテ] 男 弁護士事務所

buhardilla [ブアルディジャ] 囡 屋根裏部屋

búho [ブオ] 男 ミミズク

buitre [ブイトレ] 男 ハゲワシ, ハゲタカ

bujía [ブヒア] 囡 ❶ 点火プラグ. ❷ ろうそく；燭光

bulbo [ブルボ] 男 球根

bulevar [ブレバル] 男 遊歩道, 並木道

búlgaro, ra [ブルガロ, ラ] 形 名 ブルガリア Bulgaria の；ブルガリア人
◆ 男 ブルガリア語

bulimia [ブリミア] 囡 大食症, 過食症

bulla [ブジャ] 囡 大騒ぎ, 騒音：armar ~ 大騒ぎする

bullicio [ブジィシオ] 男 ざわめき, 大騒ぎ

bullicioso, sa [ブジィシオソ, サ] 形 騒々しい, にぎやかな

bullir [ブジル] 10 自 ❶ 沸騰する, 煮立つ. ❷ ぞくぞくする, ごった返す

bulto [ブルト] 男 ❶ ふくらみ. ❷ はれもの, こぶ, しこり. ❸ 荷物, 包み. ❹ 判然としないもの；人影

buñuelo [ブニュエロ] 男〈料理〉フリッター, 揚げ菓子

BUP [ブプ] 男〈S. 略語〉総合中等教育〖←*B*achillerato *U*nificado *P*olivalente〗

buque [ブケ] 男 船：~ de carga 貨物船. ~ de pasajeros 客船

burbuja [ブルブハ] 囡 泡：~ financiera/ ~ económica バブル経済

burbujear [ブルブヘアル] 自 泡立つ

burdel [ブルデル] 男 売春宿

burdo, da [ブルド, ダ] 形 粗雑な, 粗悪な

burgués, sa [ブルゲス, サ] 形 名 ブルジョア(の), 中産階級の(人)

burguesía [ブルゲシア] 囡 ブルジョアジー

burla [ブルラ] 囡 ❶ からかい；複 冗談：hacer ~ de... …をからかう. ❷ ごまかし

burladero [ブルラデロ] 男〈闘牛場の〉退避所

burlar [ブルラル] 他 ❶ だます；もてあそぶ. ❷〈巧みに〉かわす, 回避する：~ las leyes 法の目をかいくぐる

◆ ~*se*〈de を〉からかう, 嘲笑する：No *te burles* de mí. 私をばかにするな

burlesco, ca [ブルレスコ, カ] 形 おどけた, こっけいな；からかうような

burlón, na [ブルロン, ナ] 形 からかい好きの；あざけるような

burocracia [ブロクラスィア] 囡 官僚制度, 官僚政治；官僚主義, お役所仕事

burócrata [ブロクラタ] 名 官僚, 役人

burocrático, ca [ブロクラティコ, カ] 形 官僚的な

burrada [ブラダ] 囡 ばかなこと, 愚行

burro, rra [ブロ, ら] 名 ❶〈動物〉ロバ：trabajar como un ~ ロバのように黙々と働く. ❷ 愚か者, ばか

bursátil [ブルサティル] 形 証券取引の

bus [ブス] 男 バス〘=autobús〙
busca [ブスカ] 女 ❶ 探すこと；追求：en ～ de... …を探し求めて. ❷〈情報〉検索
◆ 男 ポケベル〘=buscapersonas〙
buscapersonas [ブスカペルソナス] 男〈単複同形〉ポケベル
buscapleitos [ブスカプレイトス] 名〈単複同形〉けんか早い人, トラブルメーカー
buscar [ブスカル] 73 他 ❶ 探す；探し求める：～ un empleo 勤め口を探す. ～ una sociedad ideal 理想社会を追い求める ❷ 迎えに行く(来る)：Voy a *buscar*te a la estación. 君を駅まで迎えに行くよ ❸〈情報〉検索する
◆ ～se〈求人広告などで〉Se buscan cocineros. 料理人求む
búsqueda [ブスケダ] 女 =busca
busto [ブスト] 男 ❶〈美術〉胸像. ❷ 上半身；〈女性の〉胸, バスト
butaca [ブタカ] 女 ❶ ひじかけ椅子. ❷〈劇場・映画館の〉座席：～ de patio 1 階〔椅子〕席. patio de ～s 1 階, 平土間
butano [ブタノ] 男〈化学〉ブタン〔ガス〕
butifarra [ブティファラ] 女〈料理〉腸詰め
buzo [ブソ] 男 潜水士, ダイバー
buzón [ブソン] 男 郵便ポスト；〈各家庭の〉郵便受け：echar la carta en el (al) ～ 手紙をポストに入れる

C, c [セ]

c/ 〈略語〉…通り【←calle】

C.A. 〈略語〉❶ 株式会社【←Compañía Anónima】. ❷ 交流【←corriente alterna】

cabal [カバル] 形 ❶〈人が道徳的に〉完璧な. ❷ 正確な
no estar en sus ~es 〈精神状態が〉まともでない

cabalgar [カバルガル] 55 自〈en 馬などに〉乗る, またがる;馬で行く
◆ 他〈馬などに〉乗る

cabalgata [カバルガタ] 女〈騎馬・山車の〉行列

caballa [カバジャ] 女 サバ(鯖)

caballeresco, ca [カバジェレスコ, カ] 形 騎士の, 騎士道の;紳士的な

caballería [カバジェリア] 女 乗用馬

calleriza¹ [カバジェリサ] 女 厩舎(きゅうしゃ), 馬小屋

caballerizo, za² [カバジェリソ, サ] 名 厩務員, 馬丁(ばてい)

caballero [カバジェロ] 男 ❶ 男性:C~s〈トイレの表示〉男性用. zapatos de ~ 紳士靴
❷〈呼びかけ〉あなた, だんな
❸ 紳士:Pablo es un verdadero ~. パブロは本当の紳士だ
❹ 騎士:~ andante 遍歴の騎士

caballerosidad [カバジェロシダ] 女 紳士らしさ;騎士道精神

caballeroso, sa [カバジェロソ, サ] 形 紳士的な;騎士道にかなった

caballete [カバジェテ] 男 ❶〈美術〉画架, イーゼル;騎手道精神 ❷〈技術〉架台

caballito [カバジト] 男 ❶ 木馬. ❷ 複 メリーゴーラウンド. ❸ ~ de mar/~ marino〈動物〉タツノオトシゴ. ~ del diablo〈昆虫〉トンボ

caballo [カバジョ] 男 ❶ 馬:montar (subir) a ~ 馬に乗る. bajarse de un ~ 馬から降りる
❷〈チェス〉ナイト
❸ 馬力【~ de vapor, ~ de fuerza】:motor de quinientos ~s 500 馬力のエンジン
❹〈俗語〉ヘロイン
a ~ 馬に乗って;またがって:ir *a ~* 馬で行く

cabaña [カバニャ] 女〈木・わらの〉小屋, コテージ

cabecear [カベセアル] 自 頭を振る;こっくりこっくりする
◆ 他〈サッカー〉ヘディングする

cabecera [カベセラ] 女 ❶ 枕もと;〈ベッドの〉頭板:estar a la ~ de+人 …の枕もとにいる;病床につき添う. libro de ~ 座右の書. ❷〈新聞の〉大見出し, トップ

cabecilla [カベスィジャ] 名 首謀者

cabellera [カベジェラ] 女〈文語〉頭髪

cabello [カベジョ] 男 髪の毛:caída de ~ 抜け毛. champú para ~s secos 乾燥ヘア用シャンプー

cabelludo, da [カベジュド, ダ] 形 cuero ~ 頭皮

caber [カベル] 11 自〈収容能力. en に〉はいり得る:En esta aula *caben* cien personas. この教室には 100 人はいれる. No *cabe* la menor duda. 少しも疑いの余地はない

cabeza [カベサ] 女 ❶ 頭:dolor de ~ 頭痛. alzar la ~/levantar la ~ 頭(顔)を上げる. bajar la ~ 頭を下げる, 顔を伏せる;うなずく
❷ 頭脳:tener buena ~ 頭がいい, 記憶力がいい. ser duro de ~ 頑固である
❸ 先頭, 首位
❹〈物の〉頭部, 先端:~ nuclear 核弾頭
❺ 1 人, 1 頭:pagar diez euros por ~ 1 人当たり 10 ユーロ払う
◆ 名 先頭の人;指導者:Él es el ~ de familia. 彼が家長(世帯主)だ
a la ~〈de の〉先頭に(で):ir *a la ~ de* todos みんなの先頭を行く. estar *a la ~* 先頭にいる
~ ajena 他人:aprender en *~ ajena* 他人の失敗を教訓にする
~ dura 頑固な人:tener ~ *dura* 石頭である
en ~ =a la ~
de ~ 1) 頭から:caer *de ~* por la escalera 階段で頭から落ちる. 2)〈サッカー〉ヘディングで:meter un gol *de ~* ヘディングシュートでゴールを決める
perder la ~ 分別を失う
tocado de la ~ 常軌を逸した, 頭のおかしい

cabezada [カベサダ] 女 ❶ 頭突き, 頭への打撃. ❷〈居眠りの〉こっくり:dar ~s こっくりこっくりする

cabezón, na [カベソン, ナ] 形 名〈口語〉

cabezota

❶ 大頭の〔人〕. ❷ 頑固な〔人〕
cabezota [カベソタ] 形 名 =cabezón
cabezudo, da [カベスド, ダ] 形 名 大頭の〔人〕
cabida [カビダ] 女 容量, 収容能力
cabildo [カビルド] 男 ❶〈カトリック〉聖堂参事会. ❷ 市議会
cabina [カビナ] 女 小部屋：～ telefónica 電話ボックス．～ de camión トラックの運転席
cabizbajo, ja [カビスバホ, ハ] 形 うなだれた, しょげた
cable [カブレ] 男 太綱, ケーブル：televisión por ～ ケーブルテレビ．～ telefónico 電話線
cabo [カボ] 男 ❶ 端, 先端．❷ 岬：～ de Buena Esperanza 喜望峰
◆ 男〈軍事〉伍長
al ～ *de*...〈時間〉…の後で：Llegó *al* ～ *de* tres días. 彼は3日後に到着した
llevar a ～ 実行する, 成し遂げる
cabra [カブラ] 女 ヤギ(山羊)
cabrear [カブレアル]〈くだ. 口語〉他 怒らせる
◆ ～se ひどく怒る, 頭に来る
cabrío, a [カブリオ, ア] 形 ヤギの
cabriola [カブリオラ] 女〈舞踊〉カブリオール
cabrito [カブリト] 男 子ヤギ
cabrón, na [カブロン, ナ] 名〈俗語〉野郎, ちくしょうめ
◆ 男〈俗語〉妻に浮気された夫
caca [カカ] 女〈幼児語〉うんち：hacerse ～ うんちをする
cacahuete [カカウエテ] 男〈く〉ピーナッツ
cacao [カカオ] 男 カカオ〔の木・実〕；〈粉末の〉ココア
cacarear [カカレアル] 自〈鶏が〉鳴く
◆ 他 吹聴する, 自慢する
cacería [カセリア] 女 狩猟
cacerola [カセロラ] 女 両手鍋
cacharro [カチャロ] 男 ❶ 安物の容器, 瀬戸物．❷ がらくた
cachear [カチェアル] 他 …のボディーチェックをする, 所持品検査をする
cachemir [カチェミル] 男 カシミヤ織り
cacheo [カチェオ] 男 ボディーチェック, 所持品検査
cachete [カチェテ] 男 ❶ 平手打ち．❷〈ラ〉丸々とした頬；尻
cachivache [カチバチェ] 男〈時に 複〉がらくた
cacho [カチョ] 男 ❶ 小片, かけら．❷〈ラ〉角(つの)
cachondeo [カチョンデオ] 男〈俗語〉からかい, 冗談
cachondo, da [カチョンド, ダ] 形〈俗語〉

❶ 好色な, さかりのついた．❷〈人が〉愉快な
cachorro, rra [カチョロ, ら] 名〈動物の〉子；〈特に〉子犬
cacique [カスィケ] 男 ❶ 族長．❷ ボス
caciquismo [カスィキスモ] 男 地方ボスによる支配
caco [カコ] 男 すり, 泥棒
cacofonía [カコフォニア] 女〈言語〉不調和音, 耳ざわりな音
cacto [カクト] 男 =cactus
cactus [カクトゥス] 男 サボテン
cada [カダ] 形〈単複同形〉❶ それぞれの：C～ país tiene sus problemas. 各国がそれぞれ問題を抱えている．～ día 毎日；日によって
❷ …ごとに：El tren para Madrid sale ～ media hora. マドリード行きの電車は30分おきに出る．Uno de ～ diez pasó el examen. 10人に1人が試験に合格した．～ dos días 1日おきに
～ *cual*〈不特定の人々の〉それぞれ, めいめい：C～ *cual* vive a su manera. 各人各様に生きている
～ *uno*〈特定の集団の〉各々, めいめい：C～ *uno* de los pasajeros lleva su billete. 乗客は一人一人自分の切符を持っている
cadalso [カダルソ] 男 処刑台, 絞首台
cadáver [カダベル] 男 死体, 遺体
cadena [カデナ] 女 ❶ 鎖, チェーン：～ de seguridad〈ドアの〉安全鎖
❷ ひと続きのもの：～ de farmacias 薬局チェーン．～ de montañas 山脈．～ de producción 生産ライン．～ alimentaria/～ alimenticia 食物連鎖
❸〈トイレの〉鎖：tirar de ～ トイレを流す
❹〈放送〉チャンネル
en ～ 連鎖的な：trabajo *en* ～ 流れ作業
cadencia [カデンスィア] 女 拍子, リズム
cadera [カデラ] 女〈主に 複〉腰, ヒップ：ancho de ～s ヒップの大きい
cadete [カデテ] 名 士官学校の生徒, 士官候補生
caducar [カドゥカル] 73 自 失効する, 有効期限が切れる：Me *caducó* el permiso de residencia. 私の滞在許可の期限が切れた
caducidad [カドゥスィダ] 女 ❶ 失効：fecha de ～〈薬の〉使用期限；〈食品の〉賞味期限．❷ 老衰
caduco, ca [カドゥコ, カ] 形 ❶ すたれた, 古くさい．❷ 一時的な, はかない
caer [カエル] 12〈過分 caído, 現分 cayendo〉自 ❶ 落ちる, 下する：Las hojas [se] *caen* de los árboles. 木から葉が落ちる．El coche *cayó* en el mar. 車は海に落ちた．Le

cayeron lágrimas de los ojos. 彼の目から涙がこぼれ落ちた. *Cae* la noche. 夜のとばりが降りる. al ～ la tarde 日が暮れるころ ❷ **転ぶ**, 倒れる：*Caí* mal por la escalera. 私は階段でひどい転び方をした ❸ 下落する, 減少する：*Han caído* los precios. 物価が下がった ❹〈日付が…に〉当たる：Mi cumpleaños *cae* en viernes. 私の誕生日は金曜日だ ❺ 理解する：¡Ah, ya *caigo*! ああ, やっとわかった! ❻〈+主格補語〉…になる：Mi madre *ha caído* enferma. 私の母は病気になった ❼〈+bien・mal〉合う〈合わない〉：José me *cae* bien (mal). 私はホセと気が合う(が気にくわない). Esta chaqueta te *cae* bien. この上着は君によく似合う

◆ ～se 落ちる, 落下する：～*se* del caballo 落馬する. *Se* le *cayó* la copa de la mano. 彼の手からグラスが落ちた／彼はうっかりグラスを手から落とした

dejar ～ 1)〈うっかり〉落とす：*Dejé* ～ un vaso al suelo. 私はコップを床に落としてしまった. 2) 口をすべらす

café [カフェ] 男 ❶ コーヒー：tomar ～ コーヒーを飲む. ～ americano／～ largo アメリカンコーヒー. ～ con leche カフェオレ. ～ exprés／～ expreso エスプレッソコーヒー. ～ granizado フローズンアイスコーヒー. ～ solo／～ negro ブラックコーヒー. ～ soluble／～ instantáneo インスタントコーヒー. ～ vienés ウィンナーコーヒー ❷ コーヒー豆〖～ en grano〗 ❸ 喫茶店, カフェ：～ bar カフェバー ❹ コーヒーブレーク ❺ コーヒー色；〈ラ〉茶色

cafeína [カフェイナ] 女 カフェイン
cafetal [カフェタル] 男〈大規模な〉コーヒー農園
cafetera[1] [カフェテラ] 女 コーヒーポット, コーヒーメーカー
cafetería [カフェテリア] 女 喫茶店
cafetero, ra[2] [カフェテロ, ラ] 形 コーヒーの；コーヒー好きの
cagar [カガル] 55 自〈俗語〉うんち(糞)をする. ◆ 他〈俗語〉台なしにする, しくじる
caída [カイダ] 女 ❶ 落下：～ de las hojas 落葉. a la ～ de la tarde 夕暮れに. ❷ 転倒. ❸ 低下, 下落：～ del dólar ドルの下落. ❹ 崩壊；失則：～ del Muro de Berlín ベルリンの壁の崩壊
caiga-, caigo ⇨ caer 12
caimán [カイマン] 男 カイマン〖南米産のワニ〗

caja [カハ] 女 ❶ 箱, ケース：～ de cartón 段ボール箱. ～ fuerte／～ de caudales 金庫 ❷ レジ, 会計窓口：pagar en la ～ レジで払う ❸ 金融機関：～ de ahorros 貯蓄銀行. ～ de crédito 信用銀行 ❹〈トラックの〉荷台
cajero, ra [カヘロ, ラ] 名 現金出納係；レジ係
◆ 男 ～ automático 現金自動預入払い機, ATM
cajetilla [カヘティジャ] 女 たばこの箱
cajón [カホン] 男〈複 cajones〉❶ 引き出し：abrir un ～ 引き出しを開ける. ❷ 大箱
cal [カル] 女 石灰：～ apagada 消石灰
a ～ *y canto* 密閉して, びっちりと
cala [カラ] 女 ❶ 入り江, 小湾. ❷ 試掘(ボーリング)の穴. ❸〈果物の〉試食用の1切れ
calabacín [カラバスィン] 男 ズッキーニ(の実)
calabacita [カラバスィタ] 女〈ラ〉= calabacín
calabaza [カラバサ] 女 カボチャ(の実)；ヒョウタン(の実)
dar ～*s a*+人〈異性を〉ふる；落第させる
calabobos [カラボボス] 男〈単複同形〉小ぬか雨, 霧雨
calabozo [カラボソ] 男 独房
calada [カラダ] 女〈たばこの煙の〉一吹き
calado [カラド] 男 過分 ❶ カットワーク〔刺繡〕；透かし彫り. ❷〈船舶〉吃水(きっすい)
calamar [カラマル] 男〈動物〉イカ, ヤリイカ
calambre [カランブレ] 男 けいれん：Me dio un ～ en la pierna. 私は脚がつった. ～ de estómago 胃けいれん
calamidad [カラミダ] 女 大災害, 災難：～ natural 天災
calamitoso, sa [カラミトソ, サ] 形 災害を起こす；悲惨な
calandria [カランドリア] 女〈鳥〉ヒバリ
calaña [カラニャ] 女〈主に悪い〉性質
calar [カラル] 他 ❶ しみ通る, びしょぬれにする：Me *caló* la lluvia. 私は雨でずぶぬれになった. ❷ 突き抜ける；突き抜く. ❸ 見抜く；見破る
◆ ～se ❶ しみ通る；びしょぬれになる：～*se* hasta los huesos 骨までずぶぬれになる. ❷〈自動車〉エンストする. ❸〈帽子を〉目深にかぶる：Llevaba un sombrero negro *calado*. 彼は黒い帽子を目深にかぶっていた
calavera [カラベラ] 女 頭蓋骨, どくろ
calcar [カルカル] 73 他 ❶ 透写する, トレースする. ❷ 模倣する
calceta [カルセタ] 女 編み物：hacer ～ 編

calcetín [カルセティン] 男 〈複 calcetines〉 ソックス, 短靴下: ponerse los *calcetines* ソックスをはく. un par de *calcetines* 靴下1足

calcinar [カルスィナル] 他 焼く, 黒焦げにする: perecer *calcinado* 焼死する

calcio [カルスィオ] 男 カルシウム

calco [カルコ] 男 透写, トレース

calcomanía [カルコマニア] 女 写し絵

calculador, ra [カルクラドル, ラ] 形名 打算的な(人)
◆ 女 計算機

calcular [カルクラル] 他 自 ❶ 計算する: ~ la suma de los gastos 出費総額を算出する. ❷ 見積もる, 予測する: Las pérdidas se *calculan* en diez millones de yenes. 損害は1千万円と推定される

cálculo [カルクロ] 男 ❶ 計算: ~ diferencial 微分. ~ integral 積分
❷ 予測, 見積もり: fuera de sus ~s 予想外の
❸〈医学〉結石: ~ biliar 胆石

caldear [カルデアル] 他 暖める, 暑くする

caldera [カルデラ] 女 ❶ ボイラー. ❷ 大鍋

calderilla [カルデリジャ] 女〈少額の〉硬貨, 小銭

caldero [カルデロ] 男 自在鍋

caldo [カルド] 男 ❶ スープ(ストック), 煮出し汁: cubito de ~ 固形スープの素. ~ de pollo チキンブイヨン

calefacción [カレファ(ク)スィオン] 女 暖房: encender (poner) la ~ 暖房を入れる. apagar la ~ 暖房を切る. ~ central セントラルヒーティング

caleidoscopio [カレイドスコピオ] 男 万華鏡

calendario [カレンダリオ] 男 ❶ カレンダー, 暦(ミォ): quitar una hoja del ~ カレンダーをめくる. ~ lunar 太陰暦
❷ 予定表, 予定表: ~ escolar 学校行事予定表

calentador [カレンタドル] 男 湯わかし器, 給湯器〖~ de agua〗

calentamiento [カレンタミエント] 男 ❶ 暖めること; 熱くなること: ~ global 地球温暖化. ❷ ウォーミングアップ

calentar [カレンタル] 57 他 熱する, 暖める: ~ el agua 湯をわかす
◆ ~se 暖まる, 熱くなる

calentura [カレントゥラ] 女〈病気による〉熱

caleta [カレタ] 女 ❶ 小さな入り江. ❷〈ラ〉沿岸航行船

calibrar [カリブラル] 他〈重要性などを〉判断する

calibre [カリブレ] 男 ❶ 内径, 口径. ❷ 重大さ: tema de mucho (gran) ~ 重要課題

calidad [カリダ] 女 ❶ 質, 品質; 良質: ~ de vida クオリティオブライフ, 生命・人生・生活の質. de primera ~ 第一級品の. vino de ~ 上質のワイン
❷ 資格: en ~ de... …の資格で, …として

cálido, da [カリド, ダ] 形 暑い; 暖かい: clima ~ y húmedo 高温多湿の気候

caliente [カリエンテ] 形 ❶ 熱い, 暑い; 暖かい, 暖かい: Esta sopa todavía está muy ~. このスープはまだとても熱い. leche ~ ホットミルク
❷〈衣服が〉暖かい: abrigo muy ~ とても暖かいコート
❸ 熱気のある, 激した; 怒った: discusión ~ 白熱した議論. María está ~ contigo. マリアは君にかんかんだ
❹〈クイズで正解に近い時〉近い, おしい

calificación [カリフィカスィオン] 女 ❶ 格づけ; 成績: agencia de ~ (de riesgos) 信用格付け機関. ❷ 形容, 修飾

calificar [カリフィカル] 73 他 ❶〈de と〉みなす, 形容する: Le *calificaron de* imprudente. 彼は軽率とみなされた. ❷〈試験などで〉成績をつける

caligrafía [カリグラフィア] 女 書道, 習字

cáliz [カリス] 男 ❶〈カトリック〉聖杯. ❷ 苦難

calizo, za [カリソ, サ] 形 石灰質の
◆ 女 石灰岩〖piedra ~za〗

callado, da [カジャド, ダ] 形 過分 黙った; 無口な

callar [カジャル] 他 言わない: ~ la verdad 真実を明かさない
◆ 自 = ~se
◆ ~se 黙る, 言わずにおく: ¡*Cállate*! 黙れ!

calle [カジェ] 女 ❶ 通り, 街: El teatro está en esta ~. 劇場はこの通りにある. pasear por las ~s 街を散歩する. salir a la ~ 外出する. ~ mayor 大通り. ~ arriba (abajo) 通りを向こうに(こちらに)
❷ 車線;〈スポーツ〉コース
echar a+人 *a la* ~ …を追い出す

callejear [カジェヘアル] 自 街をぶらつく(うろつく)

callejero, ra [カジェヘロ, ラ] 形 通りの, 街頭の: combate ~ 市街戦
◆ 男 タウンマップ

callejón [カジェホン] 男 横丁: ~ sin salida 袋小路; 窮地

callejuela [カジェフエラ] 女 路地, 横丁

callista [カジスタ] 名 〈まめ・皮膚病などの〉足治療医

callo [カジョ] 男 ❶ うおのめ, たこ; まめ. ❷ 複〈料理〉胃袋の煮込み

calloso, sa [カジョソ, サ] 形 たこになった, 硬くなった; まめだらけの

calma [カルマ] 女 ❶ **平静**, 落ち着き: pensar con 〜 落ち着いて考える. mantener (perder) la 〜 平静を保つ(失う)
❷ 平穏, 静寂: noche en 〜 静かな夜

calmante [カルマンテ] 男 鎮静剤, 鎮痛剤

calmar [カルマル] 他 static める, 和らげる: 〜 los nervios 神経を静める. 〜 el dolor 痛みを和らげる. 〜 la sed のどのかわきをいやす
◆ 自. **〜se** 穏やかになる; 落ち着く: *Cálmate*. 落ち着け

calor [カロル] 男 ❶ 暑さ: Hace 〜 aquí. ここは暑い. Tengo 〜./Siento 〜. 私は暑い
❷ 熱, 熱さ: cantidad de 〜 熱量
❸〈比喩的に〉温かみ: 〜 del hogar 家庭の温かみ
entrar en 〜 暖まる

caloría [カロリア] 女 カロリー: de pocas 〜s 低カロリーの

calumnia [カルムニア] 女 中傷, 誹謗(ひぼう)

calumniar [カルムニアル] 他 中傷する, 誹謗(ひぼう)する

calumnioso, sa [カルムニオソ, サ] 形 中傷の, 悪(あ)しざまな

caluroso, sa [カルロソ, サ] 形 ❶ 暑い, 暖かい: día 〜 暑い日. ❷ 熱烈な: 〜 recibimiento 熱烈な歓迎. ❸ 暑がりの

calva¹ [カルバ] 女 はげた部分, はげ

calvario [カルバリオ] 男 十字架の道; 長い苦難

calvicie [カルビシエ] 女 はげ[頭]

calvo, va² [カルボ, バ] 形 名 はげた; はげ頭の人

calzada¹ [カルサダ] 女 車道, 道路

calzado¹ [カルサド] 男 はき物, 靴

calzado², da² [カルサド, ダ] 形 過分 靴をはいた

calzador [カルサドル] 男 靴べら

calzar [カルサル] 13 他 ❶〈靴などを〉はく: ¿Qué número *calza* usted?—*Calzo* un 43. あなたの靴のサイズはいくつですか?—43 です. ❷〈家具に〉くさびをかう
◆ **〜se**〔靴を〕はく: *〜se las botas* ブーツをはく

calzón [カルソン] 男 複 calz*ones* ❶〈スポーツ用の〉トランクス. ❷〈ラ〉パンティー

calzoncillos [カルソンスィジョス] 男 複〈下着の〉トランクス

cama [カマ] 女 ❶ ベッド: ir[se] a la 〜 寝に行く, 床につく. caer en 〜 病の床につく. caer en la 〜 ベッドに倒れ込む. levantarse de la 〜 起床する. 〜 individual シングルベッド. 〜 de matrimonio ダブルベッド
❷ 層: 〜 de tierra 地層
guardar 〜 病床についている
hacer la 〜 1) ベッドメーキングをする. 2) 裏工作をする

camada [カマダ] 女 ❶〈動物の〉一腹の子. ❷ 一団, 一味

camaleón [カマレオン] 男 カメレオン

cámara [カマラ] 女 ❶ カメラ〔〜 fotográfica〕: 〜 digital デジタルカメラ. 〜 submarina 水中カメラ
❷ 議会: 〜 alta (baja) 上(下)院
❸ 会議所: 〜 de comercio 商工会議所
❹ 部屋: música de 〜 室内楽. 〜 de oxígeno 酸素テント

camarada [カマラダ] 名 ❶ 同志. ❷ 仲間, 同僚

camarero, ra [カマレロ, ラ] 名 ウェーター, ウェートレス; ボーイ, メード

camarilla [カマリジャ] 女 派閥, 黒幕グループ

camarón [カマロン] 男 複 camar*ones*〉小エビ; 〈ラ〉エビ

camarote [カマロテ] 男 船室, キャビン

cambiante [カンビアンテ] 形 変わりやすい

cambiar [カンビアル] 他 ❶ 変える: 〜 un plan 計画を変更する. 〜 el peinado 髪型を変える
❷ 替える, 交換する: 〜 una pila 電池を替える. 〜 yenes en euros 円をユーロに替える. 〜 opiniones con+人 …と意見を交換する
◆ 自 ❶〈de を〉変える; 替える: 〜 *de* idea 考えを変える. 〜 *de* casa 引っ越す. 〜 *de* tren 列車を乗り換える
❷ 変わる: El mundo *ha cambiado*. 世の中は変わった
◆ **〜se** ❶ 変わる: El amor *se cambió* en odio. 愛が憎しみに変わった. ❷〈de を〉着替える: Voy a 〜*me*. 着替えてきます. ❸ 引っ越す

cambio [カンビオ] 男 ❶ 変化, 変更: 〜 de tiempo 天候の変化. 〜 de domicilio 引っ越し, 住所変更
❷ 交換: 〜 de pieza 部品交換
❸ 交代, 交替: 〜 de gobierno 政権交代. 〜 de jugadores 選手の入れ替え
❹ 両替; 為替〔相場〕: ¿A cuánto está el 〜 del yen hoy? きょうの円相場はいくらですか? casa de 〜 〈中にラ〉両替所
❺ おつり, 小銭: ¿Tienes 〜? 小銭を持っているかい?

cambista [カンビスタ] 名 両替商；為替ディーラー

camboyano, na [カンボジャノ, ナ] 形 カンボジア Camboya〔人〕の；カンボジア人

camelar [カメラル] 他 ❶〈異性に〉言い寄る．❷ 丸め込む，ご機嫌を取る

camelia [カメリア] 女〈植物〉ツバキ

camello[1] [カメジョ] 名〈俗語〉麻薬の売人

camello[2]**, lla** [カメジョ, ジャ] 名〈動物〉ラクダ

camerino [カメリノ] 男〈劇場の〉楽屋

camilla [カミジャ] 女 たんか，ストレッチャー

caminante [カミナンテ] 名 歩く人，歩行者

caminar [カミナル] 自 歩く：～ por la acera 歩道を歩く
◆ 他〈距離を〉歩く，進む：～ dos kilos 2キロ歩く

caminata [カミナタ] 女 長距離を歩くこと；遠足

camino [カミノ] 男 ❶ 道，道路：¿Por este ～ se va a la estación? この道を行けば駅に出られますか？ perderse en el ～ 道に迷う．preguntar el ～ al parque 公園への道を尋ねる
❷ 方法，手段
a medio ～ 途中で
abrirse ～ 道を切り開いて進む
～ *de...* …に向かって；…に向かう途中で：Estaba ～ de la escuela. 彼は学校に向かっていた
en el ～ 途中で；計画途上で
por el ～ 道々

camión [カミオン] 男〈複 camiones〉❶ トラック：～ articulado トレーラートラック．～ cisterna タンクローリー．～ volquete ダンプカー
❷〈メキシコ〉バス

camionero, ra [カミオネロ, ラ] 名 トラック運転手

camioneta [カミオネタ] 女〈自動車〉バン；軽トラック

camisa [カミサ] 女 ワイシャツ，シャツ：～ de deporte スポーツシャツ

camiseta [カミセタ] 女〈下着の〉シャツ；Tシャツ：～ de tirantes／～ sin mangas ランニングシャツ；タンクトップ

camisón [カミソン] 男〈複 camisones〉ネグリジェ，ねまき

camorra [カモラ] 女 けんか：armar ～ 騒ぎを起こす．buscar ～ けんかをふっかける

camote [カモテ] 男〈ラ〉サツマイモ

campamento [カンパメント] 男 ❶ キャンプ〔設備〕：levantar el ～ キャンプをたたむ．❷ 野営地

campana [カンパナ] 女 ❶ 鐘：tañer (tocar) la ～ 鐘を鳴らす．doblar las ～s 弔鐘を鳴らす．❷ 釣鐘型のもの

campanada [カンパナダ] 女 鐘の音

campanario [カンパナリオ] 男 鐘楼

campanilla [カンパニジャ] 女 鈴

campaña [カンパニャ] 女 ❶ キャンペーン，運動：lanzar una ～ キャンペーンを繰り広げる．～ electoral 選挙戦，選挙運動．～ publicitaria 宣伝キャンペーン．～ de prensa プレスキャンペーン
❷〈軍隊の〉遠征

campechano, na [カンペチャノ, ナ] 形 気さくな，気のおけない

campeón, na [カンペオン, ナ] 名〈男複 campeones〉チャンピオン，選手権保持者：～ del mundo 世界チャンピオン

campeonato [カンペオナト] 男 選手権；選手権試合：～ mundial 世界選手権〔試合〕

campesino, na [カンペシノ, ナ] 形 名 田舎の〔人〕，農民〔の〕

campestre [カンペストレ] 形 野原の，田園の

camping [カンピン] 男 キャンプ〖行為〗；キャンプ場：ir de ～ キャンプに行く．hacer ～ キャンプをする

campiña [カンピニャ] 女 平原；畑

campo [カンポ] 男 ❶ 田舎，田園：vivir en el ～ 田舎に住む
❷ 野原：montañas y ～s 野山
❸ 畑：trabajar el ～ 畑を耕す．～ de trigo 麦畑
❹〈色々な〉場所，…場：～ de fútbol サッカー場．～ de golf ゴルフ場．～ de petróleo 油田．～ santo 墓地
❺ 陣地，陣営：～ enemigo 敵陣
❻ 領域，範囲：～ de la medicina 医学の分野

camposanto [カンポサント] 男 墓地

campus [カンプス] 男〈単複同形〉〈大学の〉キャンパス

camuflaje [カムフラヘ] 男 カムフラージュ：

uniforme de ~ 迷彩服
camuflar [カムフラル] 他 カムフラージュする
cana¹ [カナ] 女 しらが, 白髪: Le han salido ~s. 彼はしらがが出始めた. tener ~s しらががある
Canadá [カナダ] 女 カナダ
canadiense [カナディエンセ] 形 名 カナダ〔人〕の; カナダ人. ◆ 女 ムートンジャケット
canal [カナル] 男 ❶ 運河, 水路; 海峡: ~ de Panamá パナマ運河 ❷〈テレビの〉チャンネル: cambiar de ~ チャンネルを切り替える ❸ 経路, 伝達手段: ~ de distribución 販売経路 ❹〈解剖〉管: ~ digestivo 消化管
canalizar [カナリサル] 13 他 ❶ 水路(運河)を開く. ❷ 方向づける
canalla [カナジャ] 女〈集合的に〉下層民, 下賤な連中 ◆ 名 けちな人, ろくでなし
canalón [カナロン] 男 雨どい
canapé [カナペ] 男 ❶〈料理〉カナッペ. ❷ ソファー, 長いす
canario, ria [カナリオ, リア] 形 名 カナリア諸島 Canarias の〔人〕 ◆ 男〈鳥〉カナリア
canasta [カナスタ] 女 ❶〈口の広い〉かご, バスケット. ❷〈バスケットボール〉ゴール〔場所, 得点〕
canasto [カナスト] 男〈口の狭い〉かご
cancela [カンセラ] 女〈門の〉鉄柵, 格子扉
cancelación [カンセラスィオン] 女 取り消し, 解約
cancelar [カンセラル] 他 ❶ 取り消す, 解約する: ~ el pedido 注文を取り消す. ~ la reserva 予約をキャンセルする. ❷〈債務を〉全額支払う: ~ la cuenta 勘定を清算する
cáncer [カンセル] 男〈医学〉癌: tener ~ de estómago 胃癌である
cancerígeno, na [カンセリヘノ, ナ] 形 男 発癌性の〔物質〕
canceroso, sa [カンセロソ, サ] 形 癌の: células ~sas 癌細胞 ◆ 名 癌患者
cancha [カンチャ] 女〈バスケットボール・テニスなどの〉コート, 競技場
canciller [カンスィジェル] 男 ❶ 政府高官;〈ドイツなどの〉首相. ❷〈ラ〉外務大臣
cancillería [カンスィジェリア] 女 ❶ canciller の職. ❷〈ラ〉外務省
canción [カンスィオン] 女 歌, 歌曲: ~ infantil 童謡
cancionero [カンスィオネロ] 男 歌集, 詩歌集

candado [カンダド] 男 南京錠
candela [カンデラ] 女 ❶ ろうそく. ❷〈光度の単位〉燭光
candelabro [カンデラブロ] 男 先が枝分かれしている燭台
candelero [カンデレロ] 男 燭台, ろうそく立て
candente [カンデンテ] 形 白熱した〔比喩的にも〕: tema ~ ホットな話題
candidato, ta [カンディダト, タ] 名 候補者, 志願者: ~ a la presidencia 大統領候補
candidatura [カンディダトゥラ] 女 ❶ 立候補: presentar su ~ para gobernador 知事に立候補する. ❷ 候補者名簿
candidez [カンディデス] 女 純真さ
cándido, da [カンディド, ダ] 形 純真な, 無邪気な
candil [カンディル] 男〈引っかけ式の〉ランプ
candor [カンドル] 男 無邪気さ, あどけなさ
candoroso, sa [カンドロソ, サ] 形 無邪気な, あどけない
canela [カネラ] 女 シナモン: ~ en rama シナモンスティック
canelones [カネロネス] 男 複〈料理〉カネロニ
cangrejo [カングレホ] 男〈動物〉カニ: ~ de río ザリガニ
canguro [カングロ] 男〈動物〉カンガルー ◆ 名〈ス〉ベビーシッター: hacer de ~ 子守りをする
caníbal [カニバル] 形 名 人食いの, 食人種〔の〕
canica [カニカ] 女 ❶ ビー玉. ❷ 複 ビー玉遊び
canijo, ja [カニホ, ハ] 形 病弱な
canino, na [カニノ, ナ] 形 犬の ◆ 男 犬歯
tener un hambre ~na 腹ぺこである
canje [カンヘ] 男 交換: ~ de rehenes 人質交換
canjear [カンヘアル] 他 交換する
cano, na² [カノ, ナ] 形 白髪の: ponerse ~ 白髪になる
canoa [カノア] 女 カヌー
canon [カノン] 男 複 *cánones* ❶ 規範. ❷〈音楽〉カノン
canónigo [カノニゴ] 男〈カトリック〉司教座聖堂参事会員
canonizar [カノニサル] 13 他〈カトリック〉聖人の列に加える, 列聖する
canoso, sa [カノソ, サ] 形 白髪の: anciana ~sa 白髪の老女
cansado, da [カンサド, ダ] 形 過分 ❶ 疲

れた: Estoy muy ～ hoy. 私はきょうはとても疲れている. Tengo piernas ～das. 私は脚が疲れた
❷ 〈de に〉飽きた; うんざりした: Estoy ～ de oír tus quejas. 君のぐちは聞き飽きた
❸ 骨の折れる: Es un trabajo ～. 疲れる仕事だ

cansancio [カンサンスィオ] 男 疲れ; 退屈: sentir ～ 疲労を感じる; 飽きる

cansar [カンサル] 他 ❶ 疲れさせる: Subir estas escaleras me *cansa* mucho. 私はこの階段を上るのはとても疲れる. Jugar a los videojuegos *cansa* la vista. テレビゲームは目が疲れる. ❷ 飽きさせる; うんざりさせる: Me *cansan* estas telenovelas. こういうテレビ小説には飽き飽きする

◆ ～se 〈de で〉疲れる; 飽きる: *Se cansó de* esperar. 彼は待ちくたびれた

Cantabria [カンタブリア] 女 カンタブリア『スペイン北部の自治州』

cantábrico, ca [カンタブリコ, カ] 形 Mar *C*～ カンタブリア海『ビスケー湾のこと』. Montes *C*～s/Cordillera *C*～*ca* カンタブリア山脈

cántabro, bra [カンタブロ, ブラ] 形 名 カンタブリア Cantabria の〔人〕

cantante [カンタンテ] 〔名〕歌手

cantar [カンタル] 自 他 **歌う**: ～ una canción 歌を歌う

cántaro [カンタロ] 男 つぼ, 水がめ
llover a ～*s* どしゃぶりの雨が降る

cantautor, ra [カンタウトル, ラ] 名 シンガーソングライター

cante [カンテ] 男 〈歌〉フラメンコ『～ flamenco』: ～ jondo 重厚なフラメンコの歌

cantera [カンテラ] 女 石切り場, 採石場

cántico [カンティコ] 男 聖歌

cantidad [カンティダ] 女 ❶ 量, 数量: calidad y ～ 質と量. una enorme (gran) ～ de agua 大量の水 ❷ 金額: remitir la ～ de cien mil yenes 10万円送金する ❸ 多数: Tengo ～ de quehaceres. 私はすることがたくさんある
en ～ たくさん, ひじょうに

cantimplora [カンティンプロラ] 女 水筒

cantina [カンティナ] 女 〈工場・駅などの〉食堂, 売店

cantinela [カンティネラ] 女 〈主題・言葉などの〉単調な繰り返し

canto [カント] 男 ❶ **歌**; 歌うこと: ir a clase de ～ 歌のレッスンに行く
❷ 先端, ふち; 〈刃物の〉背, 峰
❸ 石ころ: ～ rodado 丸い小石
de ～ 縦に: colocar los vídeos *de* ～ ビデオを立てて置く

cantor, ra [カントル, ラ] 形 歌う; よい声でさえずる: aves ～*ras* 〈カナリアなどの〉鳴禽(鳥)
◆ 名 歌手

canturrear [カントゥれアル] 自 ハミングで歌う, 鼻歌を歌う

canuto [カヌト] 男 ❶ 〈短い〉管, 筒. ❷ 〈俗語〉マリファナたばこ

caña [カニャ] 女 ❶ 〈植物〉サトウキビ 『～ dulce, ～ de azúcar』. ❷ 〈麦・竹などの〉茎; 〈植物〉ヨシ, アシ. ❸ 〈生ビール用の細長い〉グラス; 生ビール: una ～ de cerveza グラス1杯の生ビール. Vamos a tomar unas ～s. 生ビールを飲もう. ❹ 釣りざお 『～ de pescar』

cañada [カニャダ] 女 ❶ 家畜の通り道. ❷ 〈浅い〉谷

cáñamo [カニャモ] 男 〈植物〉アサ(麻); 大麻

cañería [カニェリア] 女 配管; 水道管 『～ de agua』: Las ～s funcionan a la perfección. 水回りがしっかりしている

caño [カニョ] 男 ❶ 〈噴水の〉口. ❷ 管, パイプ

cañón [カニョン] 男 〈複 cañ*on*es〉 ❶ 大砲: disparar el ～ 大砲を撃つ. ❷ 砲身, 銃身. ❸ 峡谷: Gran *C*～ del Colorado コロラドのグランドキャニオン

cañonazo [カニョナソ] 男 ❶ 砲撃. ❷ 砲声

caoba [カオバ] 女 〈植物〉マホガニー

caos [カオス] 男 〈単複同形〉混沌, 無秩序

caótico, ca [カオティコ, カ] 形 混沌とした

capa [カパ] 女 ❶ 〈服飾〉ケープ, マント. ❷ 層; 地層

capacidad [カパスィダ] 女 ❶ 能力; 資格: tener ～ para... …の能力(資格)がある. persona de gran ～ とても有能な人
❷ 収容能力, 容量: Este avión tiene una ～ de 200 plazas. この飛行機は200人乗りだ. camión de diez toneladas de ～ 10トン積載のトラック. de mucha (poca) ～ たくさんの(あまりはいらない). ～ de carga 積載容量. ～ vital 肺活量

capacitación [カパスィタスィオン] 女 養成, 研修: ～ profesional 職業訓練

capacitar [カパスィタル] 他 〈para の〉資格を…に与える; 能力を養成する: estar *capacitado para*+不定詞 …する能力(資格)がある

capar [カパル] 他 去勢する

caparazón [カパラソン] 男 〈動物〉甲殻, こうら

capataz [カパタス] 名 〈複 capata*ces*〉 職長, 現場監督

capaz [カパス] 形 〈複 capac*es*〉 ❶ 能力のある: secretaria ～ 有能な秘書 ❷ 〈de+不定詞〉 …できる; …かもしれない: Eres ～ de resolver este problema. 君にはこの問題を解決する力がある. Él es ～ de traicionarte. 彼は君を裏切りかねない ❸ 〈*para* の〉収容能力がある: auditorio ～ *para* cinco mil personas 5 千人収容できるホール

capcioso, sa [カプシオソ, サ] 形 人をあざむく: pregunta ～*sa* ひっかけるような質問, 誘導尋問

capellán [カペジャン] 男 〈礼拝堂付きの〉主任司祭

capilar [カピラル] 形 ❶ 髪の: loción ～ ヘアーローション. ❷ vasos ～*es* 毛細血管

capilla [カピジャ] 女 礼拝堂: ～ ardiente 霊安室

capirote [カピロテ] 男 〈聖週間の参列者の〉とんがりずきん

capital [カピタル] 形 主要な, 重大な
◆ 男 資本; 資金, 元手: ～ extranjero 外資. ～ social 資本金
◆ 女 首都: Tokio es la ～ de Japón. 東京は日本の首都だ

capitalismo [カピタリスモ] 男 資本主義

capitalista [カピタリスタ] 形 資本主義の
◆ 名 資本家

capitalizar [カピタリサル] 他 資本(元金)に組み入れる

capitán, na [カピタン, ナ] 名 〈男 複 capit*anes*〉 ❶ 〈スポーツ〉キャプテン. ❷ 隊長. ❸ 船長, 艦長. ❹ 大尉

capitanear [カピタネアル] 他 指揮する

capitolio [カピトリオ] 男 市庁舎

capitulación [カピトゥラシォン] 女 降伏

capitular [カピトゥラル] 自 降伏する

capítulo [カピトゥロ] 男 ❶ 〈本などの〉章: ～ segundo 第 2 章 ❷ 主題, テーマ: Es un ～ aparte. それはまた別の話だ

capó [カポ] 男 〈自動車〉ボンネット

capota [カポタ] 女 ❶ 〈自動車〉折畳式の幌. ❷ ボンネット帽

capote [カポテ] 男 ❶ 〈闘牛〉ケープ. ❷ 袖のある外套

capricho [カプリチョ] 男 気まぐれ, 移り気; わがまま: por puro ～ 単なる気まぐれで *a* ～ 気ままに

caprichoso, sa [カプリチョソ, サ] 形 気まぐれな; わがままな

cápsula [カプスラ] 女 ❶ 〈薬の〉カプセル. ❷ 〈ロケットなどの〉カプセル: ～ del tiempo タイムカプセル

captar [カプタル] 他 〈主に比喩的に〉捕える, 得る: ～ el interés de+人 …の関心を引く. ～ una emisora de España スペインの放送をキャッチする. ～ el sentido de… …の意味を捕える

captura [カプトゥラ] 女 逮捕; 捕獲

capturar [カプトゥラル] 他 捕える, 逮捕する; 捕獲する: ～ al ladrón 泥棒をつかまえる. ～ un jabalí 猪をつかまえる

capucha [カプチャ] 女 フード, ずきん

capullo [カプジョ] 男 ❶ つぼみ. ❷ 繭(ポ). ❸ 〈口語〉ばか, とんま

caqui [カキ] 男 ❶ カキ(柿). ❷ カーキ色
◆ 形 カーキ色の

cara¹ [カラ] 女 ❶ 顔: ～ redonda 丸顔. ～ oval うりざね顔. ～ angulosa 角顔 ❷ 顔つき, 顔色: con ～ de sueño 眠そうな顔で ❸ 面, 側面; 様相: ～ norte de una montaña 山の北壁. una ～ del problema 問題の一側面 ❹ 厚かましさ, 図々しさ: tener mucha ～ ひじょうに厚かましい ❺ 〈硬貨の〉表側: ¿*C*～ o cruz? 〈硬貨を投げて〉表か裏か?

～ *a*… …に向かって; …に面して

～ *a* ～ 向かい合って; 対立して

～ *abajo* うつぶせになって

～ *de pocos amigos* 無愛想な顔, 不機嫌な顔

～ *dura* 厚かましさ, 図々しさ; 厚かましい人, 図々しい人

dar la ～ 責任をとる; 立ち向かう

de ～ 正面から, まともに

de ～ *a*… …に向かって: política a realizar *de* ～ *a* la nueva época 新時代を前に実行すべき政策

poner buena (mala) ～ *a*+人 …に愛想よくする(いやな顔を見せる)

poner ～ *de*+名詞 …な顔をする: *poner* ～ *de* preocupación 心配そうな顔をする

poner ～ *larga* 不快そうな(がっかりした)顔をする

tener buena (mala) ～ 顔色がよい(悪い)
◆ 形 ⇨**caro, ra**

carabela [カラベラ] 女 カラベラ船〔コロンブスの時代の中型帆船〕

carabina [カラビナ] 女 ❶ カービン銃. ❷ 〈昔の, 外出する若い女性につく〉付添いの婦人

carabinero [カラビネロ] 男 ❶ 国境(沿岸)警備隊員. ❷ 〈ラ〉警官

caracol [カラコル] 男 ❶ カタツムリ. ❷ 巻き貝

carácter [カラクテル] 男 〈複 carac*teres*〉

característico, ca

❶ 性格: ser de ~ reservado 控えめな性格である. ser débil de ~ 性格的に弱い
❷ 個性, 特徴: de mucho ~ あくの強い. de poco ~ 個性のない
❸ 〈主に 複〉 文字: caracteres chinos 漢字 *tener buen (mal)* ~ 温和な(怒りっぽい)性格である

característico, ca [カラクテリスティコ, カ] 形 特徴的な: olor ~ de los ajos ニンニク特有の臭し
◆ 女 特徴, 個性: ~cas de la música española スペイン音楽の特色

caracterizar [カラクテリサル] 13 他 特徴づける, 性格を示す
◆ ~se 〈por が〉 特徴である: Su arquitectura *se caracteriza por* la sencillez. 彼の建築の特徴は簡素なことだ

caradura [カラドゥラ] 名 恥知らずな人, つらの皮の厚い人

carajillo [カラヒジョ] 男 ブランデー(リキュール)入りのコーヒー

carajo [カラホ] 間 〈俗語〉〈驚き・怒り・侮辱〉ばかな/ちくしょう/ざまあみろ!
del ~ すごい, ひどい
irse al ~ 失敗に終わる, おじゃんになる
¡Vete al ~! いいかげんにしてくれ!

caramba [カランバ] 間 ❶ 〈奇異〉おやおや. ❷ 〈怒り〉いやはや/まったく!

carámbano [カランバノ] 男 つらら

caramelo [カラメロ] 男 あめ, キャンディー; キャラメル 〖~ blando〗

carantoñas [カラントニャス] 女 複 甘えるしぐさ

caraqueño, ña [カラケニョ, ニャ] 形 名 カラカス Caracas の〔人〕

carátula [カラトゥラ] 女 〈CD・ビデオの〉 ジャケット

caravana [カラバナ] 女 ❶ キャラバン, 隊商. ❷ 渋滞した車の列. ❸ キャンピングカー

caray [カライ] 間 =caramba

carbón [カルボン] 男 石炭; 木炭

carbonato [カルボナト] 男 〈化学〉炭酸塩

carboncillo [カルボンスィジョ] 男 〈デッサン用の〉木炭

carbónico, ca [カルボニコ, カ] 形 〈化学〉 ácido ~ 炭酸

carbonífero, ra [カルボニフェロ, ラ] 形 石炭の

carbonizar [カルボニサル] 13 他 炭化させる, 黒焦げにする: morir *carbonizado* 焼死する

carbono [カルボノ] 男 〈化学〉炭素

carburador [カルブラドル] 男 〈自動車〉気化器, キャブレター

carburante [カルブランテ] 男 〈内燃機関の〉燃料

carcajada [カルカハダ] 女 大笑い, 爆笑: reír[se] a ~s 大声で笑う

cárcel [カルセル] 女 刑務所, 牢獄: ir a la ~ 刑務所に入る. pena de ~ 懲役刑

carcelero, ra [カルセレロ, ラ] 名 刑務官, 看守

carcomer [カルコメル] 他 〈虫が木材を〉食い荒らす; 〈比喩〉 むしばむ
◆ ~se 食い荒らされる; むしばまれる

cardenal [カルデナル] 男 ❶ 〈打撲による〉 あざ. ❷ 〈カトリック〉枢機卿

cárdeno, na [カルデノ, ナ] 形 紫色の

cardíaco, ca [カルディアコ, カ] 形 心臓の: enfermedad ~ca 心臓病
◆ 名 心臓病患者

cardinal [カルディナル] 形 基本の, 主要な: puntos ~es 基本方位, 東西南北

cardiograma [カルディオグラマ] 男 心電図

cardo [カルド] 男 〈植物〉アザミ

carecer [カレセル] 20 自 〈de を〉 欠く, …がない: *Carecemos de* recursos. 我々は資金不足だ

carencia [カレンスィア] 女 ❶ 欠如, 欠乏. ❷ 〈ビタミンなどの〉欠乏症

carente [カレンテ] 形 〈de が〉 欠如した

carestía [カレスティア] 女 〈価格の〉高値: ~ de la vida 高い生活費

careta [カレタ] 女 仮面, マスク

carey [カレイ] 男 〈動物〉アオウミガメ; べっ甲

carga [カルガ] 女 ❶ 荷積み; 積み荷: exceso de ~ 重量オーバー
❷ 負担: ~ personal 個人負担. ~s familiares 家計の負担; 扶養家族. ~s fiscales 税負担
❸ 装填, 充填; 装填(充填)されるもの
❹ 〈電気〉充電; 電荷, 電気量
❺ 突撃, 攻撃; 〈サッカー〉 チャージ
❻ 〈情報〉読み込み, ロード

cargado, da [カルガド, ダ] 形 過分 ❶ 〈de を〉 積んだ, 搭載した; …で一杯の: pistola ~da 弾をこめたピストル. ~ de años 年齢を重ねた. ❷ 重苦しい; 空気の汚れた: El ambiente está ~. 緊張した雰囲気だ/空気が悪い. ❸ 〈コーヒーなどが〉濃い

cargamento [カルガメント] 男 船荷, 積み荷

cargar [カルガル] 55 他 ❶ …に荷を積む; 〈de で〉 いっぱいにする: ~ un camión *de* las mercancías 商品をトラックに積む
❷ …に装填する, 充填する: ~ una batería

バッテリーに充電する. ~ un revólver [con balas] ピストルに弾をこめる. ~ una cámara カメラにフィルムを入れる
❸ 負担させる: ~ la culpa a+人 …に罪を着せる
❹ 〈サッカー〉チャージする
❺ 〈商業〉借方に記入する, つけにする
❻ 〈情報〉読み込む, ロードする: *cargando datos* 〈表示〉データ読込み中
◆ 自 ❶ 重みをかける. ❷ 〈con を〉かつぐ, になう; 持ち去る: ~ *con* un saco 袋を背負う. ~ *con* los gastos 費用を負担する. ❸ 突撃する, 攻撃する
◆~se 再 〈de で〉いっぱいになる: Los árboles *se cargan* de frutos. 木々が実をたくさんつける. *~se de* preocupaciones 多くの心配をかかえる. ❷ 〈con を〉引き受ける, 担当する

cargo [カルゴ] 男 ❶ **職務**, 任務; 地位: Ocupa el ~ de gerente. 彼は支配人の地位にある. tomar el ~ de presidente 大統領に就任する
❷ 担当: Tengo a mi ~ las relaciones públicas. 私は広報を担当している. Tiene cinco hijos a su ~. 彼は5人の子供を養っている
a ~ de... 1) …の負担で: Los gastos corren *a ~ de* la empresa. 費用は会社持ちだ. 2) …の担当で: Los niños están *a ~ de* su abuela. 子供たちは祖母が面倒を見ている
~ de conciencia 良心のとがめ
hacerse ~ de... …を担当する, 引き受ける

carguero [カルゲロ] 男 貨物船
cariado, da [カリアド, ダ] 形 虫歯の: tener una muela *~da* 虫歯が一本ある
Caribe [カリベ] el [Mar] ~ カリブ海
caribeño, ña [カリベニョ, ニャ] 形 名 カリブ海の [人]
caricatura [カリカトゥラ] 女 風刺漫画; パロディー
caricia [カリスィア] 女 愛撫, 優しく触れること
caridad [カリダ] 女 ❶ 慈悲. ❷ 慈善: obra de ~ 慈善事業
caries [カリエス] 女 〈医学〉カリエス; 虫歯
cariño [カリニョ] 男 ❶ 愛情, 愛着: sentir ~ *por...* …に対して愛情(愛着)を感じる. tener ~ *a...* …をいとおしむ
❷〈親愛の呼びかけ〉あなた, おまえ
cariñosamente [カリニョサメンテ] 副 優しく
cariñoso, sa [カリニョソ, サ] 形 愛情のこもった, 優しい: ser ~ *con...* …に優しい
carisma [カリスマ] 男 カリスマ

carismático, ca [カリスマティコ, カ] 形 カリスマ的な
caritativo, va [カリタティボ, バ] 形 慈善の; 慈悲深い
cariz [カリス] 男 形勢, 局面: tomar buen (mal) ~ 雲ゆきがよく(悪く)なる
carmesí [カルメシ] 形 男〈複〉~es 深紅色[の]
carmín [カルミン] 男〈口紅の〉紅
carnal [カルナル] 形 ❶ 肉体の: amor ~ 性愛. ❷ 血縁の, 血のつながった
carnaval [カルナバル] 男 カーニバル, 謝肉祭
carne [カルネ] 女 ❶ 肉: plato de ~ 肉料理. ~ de cerdo 豚肉. ~ de cordero 羊肉. ~ de ternera 牛肉
❷ 肉体: placeres de la ~ 肉体の快楽
de ~ y hueso なま身の, 実物の
echar ~s 太る
perder ~s やせる
ser uña y ~/ser ~ y uña 切っても切れない仲である
carné [カルネ] 男〈複〉~s 身分証明書 [~ de identidad]: ~ de conducir 運転免許証
carnero [カルネロ] 男 雄羊;〈料理〉マトン
carnet [カルネ] 男 =carné
carnicería [カルニセリア] 女 ❶ 精肉店. ❷ 大虐殺
carnicero, ra [カルニセロ, ラ] 名 ❶ 精肉商. ❷ 残虐な人
carnívoro, ra [カルニボロ, ラ] 形 肉食の: animal ~ 肉食動物
carnoso, sa [カルノソ, サ] 形 肉のついた, 肉づきのよい
caro, ra[2] [カロ, ラ] 形 **高価な**, 高い: reloj ~ 高い時計. ciudad *cara* 物価の高い都市
*costar (salir) ~ a+*人 …にとって高くつく
◆ 副 高価に, 高く: vender ~ 高く売る, 値段が高い
carota [カロタ] 名 図々しい人, 鉄面皮
caroteno [カロテノ] 男 カロテン, カロチン: beta ~ ベータカロテン
carpa [カルパ] 女 ❶ コイ(鯉): ~ dorada 金魚. ❷〈サーカスの〉大テント;〈ラ〉〈キャンプの〉テント
carpeta [カルペタ] 女 ❶ 紙ばさみ, フォルダー. ❷〈情報〉フォルダ
carpintería [カルピンテリア] 女 大工仕事; 大工の作業場; 大工の職
carpintero, ra [カルピンテロ, ラ] 名 大工
◆ 男〈鳥〉キツツキ [pájaro ~, pico ~]
carraspear [カラスペアル] 自 咳払いをする
carraspera [カラスペラ] 女 しわがれ, 喉の

いがらっぽさ

carrera [カレラ] 囡 ❶ 競走, レース: ～ de caballos 競馬. ～ de coches カーレース. ～ de cien metros 100メートル競走. ～ de armamentos 軍拡競争
❷ 経歴, キャリア;〈大学の〉専門課程: seguir su ～ de medicina 医学の道を進む. funcionario de ～ キャリア官僚. militar de ～ 職業軍人
❸ 経路
❹〈ストッキングの〉伝線: Tengo una ～ en las medias. 私はストッキングが伝線している
❺〈野球〉得点
a la ～ 大急ぎで

carreta [カレタ] 囡〈二輪の〉荷車, 牛車

carrete [カレテ] 男 ❶〈糸などを巻く〉ボビン, リール;〈技術〉コイル. ❷〈写真〉カートリッジ

carretera [カレテラ] 囡 幹線道路, 街道: ～ de circunvalación 環状道路. ～ nacional 国道

carretilla [カレティジャ] 囡 ❶〈一輪の〉手押し車. ❷ 小型運搬車, 台車: ～ elevadora フォークリフト

carril [カリル] 男 ❶〈道路の〉車線: cambiar de ～ 車線を変更する. ～ bus バス専用レーン. ～ bici 自転車用レーン. ❷ 線路, レール

carrillo [カリジョ] 男 ほお, ほっぺた

carrito [カリト] 男 ❶〈空港・スーパーマーケットなどの〉ワゴン. ❷〈料理などを運ぶ〉ワゴン

carro [カロ] 男 ❶ 荷車, カート 〘=carrito〙. ❸〈軍事〉～ de combate 戦車. ❹〈ラ〉自動車;車両

carrocería [カロセリア] 囡〈自動車・鉄道〉車体, ボディー

carroña [カロニャ] 囡〈動物の〉腐った死体, 腐肉

carroza [カロサ] 囡 豪華な四輪馬車;〈祭りの〉山車(だし)

carruaje [カるアヘ] 男 乗り物

carrusel [カるセル] 男 メリーゴーラウンド

carta [カルタ] 囡 ❶ 手紙: escribir una ～ a+人 …に手紙を書く. recibir una ～ 手紙を受け取る. ～ certificada 書留
❷〈公式の〉書簡: ～ de crédito 信用状. ～ de despido 解雇通知
❸〈トランプの〉カード: jugar a las ～s トランプ遊びをする
❹ メニュー: Tráigame la ～, por favor. メニューを持って来てください. platos a la ～ 一品料理, アラカルト料理. ～ de vinos ワインリスト

～ *blanca* 白紙委任状: dar ～ *blanca* 白

紙委任する
jugar la ～... 〈政治〉…というカードを切る

cartel [カルテル] 男 ❶ ポスター, 貼り紙;立て札. ❷〈経済〉カルテル

cartelera [カルテレラ] 囡〈新聞などの〉娯楽案内欄;〈映画のポスターなどを貼る〉広告掲示板: en ～〈表示〉上映中, 上演中

cartera[1] [カルテラ] 囡 ❶ さいふ, 札入れ 〘～ de bolsillo〙: Buscó la ～ en el bolso. 彼女はハンドバックを開けてさいふを捜した
❷ かばん 〘～ de mano〙: sacar unos papeles de la ～ かばんから書類を取り出す
❸ 大臣の職: ocupar la ～ de Interior 内務大臣をつとめる. ministro sin ～ 無任所大臣

en ～ 検討中の, 計画中の

carterista [カルテリスタ] 名 すり

cartero, ra[2] [カルテロ, ラ] 名 郵便配達人

cartilla [カルティジャ] 囡 ❶〈初級の〉読み書きの教科書. ❷ ～ de ahorros 預金通帳. ～ de la seguridad social 健康保険証

cartón [カルトン] 男 ❶ ボール紙, 厚紙: ～ ondulado 段ボール. ❷〈たばこの〉1カートン

cartucho [カルトゥチョ] 男 ❶ 薬莢(きょう). ❷〈インクなどの〉カートリッジ

cartulina [カルトゥリナ] 囡 ❶〈上質の〉厚紙. ❷〈サッカーなど〉カード 〘=tarjeta〙

casa [カサ] 囡 ❶ 家: Está usted en ～.〈訪問客に〉どうぞお楽に. estar en ～ 在宅している. volver a ～ 家に帰る, 帰宅する. síndrome de ～ enferma シックハウス症候群. ～ de campo 別荘
❷ 家族, 家庭: En ～ todos estamos bien. 我が家ではみんな元気です. amigo de la ～ 家族同様の友人
❸ 会社;店: ～ comercial 商社. ～ matriz/～ central 本社, 本店. vino de la ～ ハウスワイン
❹ 建物, 施設: ～ de socorro 診療所, 救急病院
❺〈スポーツ〉ホームグラウンド: equipo de ～ ホームチーム. jugar en ～ 地元で戦う

de ～ 1) 家の, 家庭の. 2) 地元の;自国の. 3) ふだん着の

hecho en ～ 自家製の, 手造りの

ser muy de 〔*su*〕 ～ 家庭的である;出不精である

casabe [カサベ] 男〈ラ. 料理〉キャッサバ

casadero, ra [カサデロ, ラ] 形 結婚適齢期の

casado, da [カサド, ダ] 形 名 過分 結婚した〔人〕, 既婚者: Aquel profesor es ～. あの先生は既婚だ. Está ～*da* con un español. 彼女はスペイン人と結婚している

casamiento [カサミエント] 男 結婚式；結婚

casar [カサル] 他 ❶ 結婚させる. ❷〈con と〉組み合わせる；調和させる
◆ 自 調和する，ぴったりはまる
◆ ~**se 結婚する**：Pablo *se casa* con María. パブロはマリアと結婚する. *Nos casamos el año pasado*. 私たちは去年結婚した

cascabel [カスカベル] 男 ❶ 鈴：poner el ~ al gato 猫の首に鈴を付ける. ❷ serpiente de ~ ガラガラヘビ

cascada [カスカダ] 女 滝

cascanueces [カスカヌエセス] 男〈単複同形〉クルミ割り

cascar [カスカル] 73 他 割る
◆ ~se 割れる，ひびが入る

cáscara [カスカラ] 女 ❶〈卵・木の実などの〉殻(から). ❷〈バナナ・オレンジなどの〉皮

casco [カスコ] 男 ❶ ヘルメット，かぶと：~ azul 国連軍兵士『ヘルメットをかぶっている』. ❷ 頭，頭蓋；複 判断力，脳. ❸ 空きびん. ❹ 船体. ❺〈馬の〉ひづめ. ❻ ~ urbano 市街地. ~ antiguo 旧市街. ❼ 複 ヘッドホン

caserío [カセリオ] 男〈農家の〉小集落

casero, ra [カセロ, ラ] 形 ❶ 自家製の，手製の：pan ~ 自家製のパン. 家庭的な，家事の好きな；出不精の. ❷ trabajo ~ 家事労働. ❹〈スポーツ〉地元チームびいきの
◆ 名 家主，大家；〈別荘などの〉管理人

caseta [カセタ] 女 ❶ 小さな家，小屋：~ de baño〈海岸などの〉脱衣所. ❷ 屋台

casete [カセテ] 女/男 カセットテープ
◆ 男 カセットテープレコーダー，カセットデッキ

casi [カシ] 副 ❶ ほとんど：C~ todos los ancianos padecen alguna enfermedad. ほとんどすべての老人が何らかの病気にかかっている. Son ~ iguales. それらはほとんど同じものだ. Tardé ~ una hora hasta aquí. 私はここまで1時間近くかかった
❷〈+動詞の現在形〉もう少しで…するところだった：C~ se cae. 彼はあやうくころぶところだった
~ **nada** ほとんど何も…ない：No se oía ~ *nada*. ほとんど何も聞こえなかった
~ **nunca** めったに…ない：C~ *nunca* sale de casa. 彼はめったに外出しない

casilla [カシジャ] 女 ❶〈表などの〉欄，セル；チェックボックス. ❷〈チェス盤などの〉ます目. ❸ 小屋；売店；〈劇場の〉切符売り場. ❹〈ラ〉~ postal 私書箱

casino [カシノ] 男 ❶ カジノ，賭博場. ❷〈社交の〉クラブ

caso [カソ] 男 ❶ **出来事**，事件：~ im- previsto 不測の事態. el ~ Banesto バネスト事件
❷ **場合**：en ese ~ その場合. en mi ~ 私の場合
❸ 事例；症例：Es un ~ anormal. それは異常なケースだ

el ~ es que+直説法 実は…である：*El ~ es que* no tengo dinero. 実は私には金がないのだ

en ~ de... …の場合には：*en ~ de* emergencia 非常の場合は. *En ~ de* que no puedas ir, nos avisarás. 行けない場合には連絡をくれ

en su ~ 私が…だったら：*En tu ~*, no lo haría. 私が君だったらそんなことはしない

en cualquier ~ どんな場合にも；いずれにしても

en todo ~ いずれにしても

hacer al ~ =venir al ~

hacer ~ de (a)... …を考慮する；…の言うことをきく：No *hizo ~ de* mí. 彼は私を無視した

hacer ~ omiso de (a)... …を無視する

venir al ~ 適切である

caspa [カスパ] 女〈頭の〉ふけ

cassette [カセテ] 女/男 =casete

casta¹ [カスタ] 女 ❶ 血統，家系. ❷〈生物〉種

castaña¹ [カスタニャ] 女 栗の実：~ confitada マロングラッセ
sacar a+人 *las ~s del fuego* …の窮地を救ってやる

castañetear [カスタニェテアル] 自〈歯が〉カチカチ鳴る

castaño, ña² [カスタニョ, ニャ] 形〈髪・目が〉栗色の
◆ 男〈植物〉クリ(栗)

castañuela [カスタニュエラ] 女〈主に 複〉カスタネット

castellano, na [カステジャノ, ナ] 形 名 ❶ カスティーリャ Castilla 地方の[人]. ❷ スペイン語の，カスティーリャ語の
◆ 男 スペイン語，カスティーリャ語

castidad [カスティダ] 女 純潔，貞節

castigar [カスティガル] 55 他 ❶ 罰する，こらしめる：Le *castigaron* por haber mentido. 彼はうそをついたので罰を受けた. ❷ 痛めつける，…に被害を与える

castigo [カスティゴ] 男 罰；〈スポーツ〉ペナルティー

Castilla [カスティジャ] 女 カスティーリャ『スペイン中央部の地方』

castillo [カスティジョ] 男 城：~s de naipes 砂上の楼閣，机上の空論

castizo, za [カスティソ, サ] 形 生粋の: castellano ～ 生粋のスペイン語(カスティーリャ人)

casto, ta² [カスト, タ] 形 純潔な, 貞節な

castor [カストル] 男 〈動物〉ビーバー

castrar [カストラル] 他 去勢する

casual [カスアル] 形 偶然の, 思いがけない

casualidad [カスアリダ] 女 偶然(の出来事): por ～ 偶然に. ¡Qué ～! 何という偶然だろう!

casualmente [カスアルメンテ] 副 偶然に, たまたま

casucha [カスチャ] 女 あばら家

cata [カタ] 女 ❶ 試食, 試飲. ❷ 試食品

cataclismo [カタクリスモ] 男 大異変, 大変動

catacumbas [カタクンバス] 女複 カタコンブ〔初期キリスト教徒の地下墓所〕

catador, ra [カタドル, ラ] 名 〈ワインなどの〉鑑定家

catalán, na [カタラン, ナ] 形 名 男複 catalanes〉 ❶ カタルーニャ Cataluña 地方の〔人〕. ❷ カタルーニャ語の
◆ 男 カタルーニャ語, カタラン

catalanismo [カタラニスモ] 男 ❶ カタルーニャ文化・伝統の愛好. ❷ カタルーニャ語風の言いまわし. ❸ カタルーニャ分離主義

catalizador [カタリサドル] 男 〈化学〉触媒

catálogo [カタロゴ] 男 目録, カタログ: consultar el ～ 目録で検索する. venta por ～ カタログ販売

Cataluña [カタルーニャ] 女 カタルーニャ〔スペイン北東部の自治州〕

catar [カタル] 他 試食する, 試飲する

catarata [カタラタ] 女 ❶ 大きな滝: las ～s del Niágara ナイアガラの滝. ❷ 〈医学〉白内障

catarro [カタロ] 男 ❶ 風邪, 感冒: coger un ～ 風邪をひく. tener un ～ 風邪をひいている. ❷ カタル, 粘膜炎症

catástrofe [カタストロフェ] 女 大惨事, 破局: ～ aérea 飛行機事故. ～ natural 自然災害

catastrófico, ca [カタストロフィコ, カ] 形 大惨事となる; さんたんたる

catear [カテアル] 他 〈口語〉落第させる, 不合格にする

catecismo [カテスィスモ] 男 〈キリスト教〉公教要理, 教理問答書

catedral [カテドラル] 女 〈カトリック〉カテドラル, 大聖堂

catedrático, ca [カテドラティコ, カ] 名 正教授〔講座の主任教授〕

categoría [カテゴリア] 女 ❶ カテゴリー, 範疇(はんちゅう). ❷ 階層: ～s sociales 社会階層. de primera ～ 一流の. ❸ 〈スポーツ〉階級 de ～ 一流の, 上流の

categóricamente [カテゴリカメンテ] 副 断定的に: rechazar ～ きっぱりと断わる

categórico, ca [カテゴリコ, カ] 形 断定的な, きっぱりとした

catolicismo [カトリスィスモ] 男 カトリック〔教義・信仰〕

católico, ca [カトリコ, カ] 形 **カトリックの**: iglesia ～ca カトリック教会
◆ 名 カトリック教徒

catorce [カトルセ] 形 **14(の)**

catre [カトレ] 男 簡易ベッド

catsup [カツプ] 男 〈料理〉ケチャップ

cauce [カウセ] 男 ❶ 河床. ❷ 〈決まった〉手順, 手続き
volver las aguas a su ～ 元の状態におさまる

caucho [カウチョ] 男 ❶ ゴム. ❷ 〈ラ〉タイヤ

caudal [カウダル] 男 ❶ 水量, 流量. ❷ 資産, 財宝. ❸ 大量

caudaloso, sa [カウダロソ, サ] 形 水量の豊かな

caudillo [カウディジョ] 男 ❶ 〈軍隊の〉隊長. ❷ 〈el C～〉国家首長〔フランコ Franco の称号〕

causa [カウサ] 女 ❶ 原因, 理由: ～ de la muerte 死因. ～ del accidente 事故原因 ❷ 主義主張, 大義: luchar por la ～ 大義のために戦う
❸ 訴訟〔事件〕
a (por) ～ *de*... …が原因で, …の理由で

causar [カウサル] 他 引きおこす, 原因となる: Su descuido *causó* el incendio. 彼の不注意で火事が起きた. ～ a+人 la tristeza …を悲しませる

cautela [カウテラ] 女 注意, 用心, 慎重: con ～ 用心深く

cauteloso, sa [カウテロソ, サ] 形 用心深い, 慎重な

cautivar [カウティバル] 他 ❶ …の心をとらえる, 魅了する: La belleza del cuadro me *cautivó*. 私はその絵の美しさに心を奪われた. ❷ 捕虜にする

cautiverio [カウティベリオ] 男 捕虜の状態〔生活〕

cautividad [カウティビダ] 女 = **cautiverio**

cautivo, va [カウティボ, バ] 形 名 捕虜〔の〕

cauto, ta [カウト, タ] 形 用心深い, 慎重な

cava [カバ] 男 〈カタルーニャ産の〉発泡ワイン

cavar [カバル] 他〈穴を〉掘る; 掘り返す, 掘り起こす

caverna [カベルナ] 囡 ほら穴, 洞窟

caviar [カビアル] 男〈料理〉キャビア

cavidad [カビダ] 囡 くぼみ, 穴; 空洞

cavilación [カビラスィオン] 囡 思案, 熟考

cavilar [カビラル] 自 ❶ 思い悩む, くよくよする. ❷ よく考える, 熟考する

cayo [カジョ] 男 小島: C~ Hueso〈地名〉キーウエスト

cayó, cayeron ⇨**caer** 12

caza [カサ] 囡 ❶ 狩猟: ir de ~ 狩りに行く. perro de ~ 猟犬. ❷〈集合的に〉獲物: ~ mayor〈クマ・シカなど〉大型の獲物. ~ menor〈シャコ・ウサギなど〉小型の獲物. ❸ 戦闘機

a la ~ de... …を探し求めて, 追い求めて: andar *a la ~ de* un buen trabajo 良い仕事を探しまわる

cazabe [カサベ] 男 =casabe

cazador, ra[1] [カサドル, ラ] 名 猟師, 狩猟家

cazadora[2] [カサドラ] 囡〈服飾〉ブルゾン, ジャンパー

cazar [カサル] 13 他 狩る, 捕える: ~ jabalíes イノシシ狩りをする. Los gatos *cazan* ratones. 猫はネズミを捕る

cazo [カソ] 男 ❶ 片手鍋, ソースパン

cazuela [カスエラ] 囡 ❶〈素焼きの〉浅鍋; その料理, シチュー

ce [セ] 囡 ~ *por be* 事細かに, くどくどと

cebada [セバダ] 囡 オオムギ(大麦)

cebar [セバル] 他 ❶〈動物に〉えさを与える: ~ cerdos 豚にえさをやる. ❷〈釣針に〉えさを付ける;〈わなに〉えさを置く

cebiche [セビチェ] 男〈ラ. 料理〉セビーチェ『魚のマリネー』

cebo [セボ] 男 ❶ えさ, 飼料. ❷〈比喩的に〉えさ, おとり

cebolla [セボジャ] 囡 タマネギ: Contigo, pan y ~.〈諺〉君とならパンと玉ねぎだけでいい『⇨あなたとならば腐さげても』

cebolleta [セボジェタ] 囡 アサツキ, ワケギ

cebra [セブラ] 囡 ❶〈動物〉シマウマ. ❷ paso de ~ 横断歩道

cecina [セスィナ] 囡〈料理〉干し肉, ジャーキー

ceder [セデル] 他 譲る, 譲渡する: ~ el asiento a+人 …に席を譲る

◆ 自 ❶〈a に〉屈する, 譲歩する: ~ *a* la autoridad 権力に屈する. ❷〈押されて〉曲がる. ❸〈力などが〉弱まる: *Cede* el frío. 寒さが和らぐ

cedro [セドロ] 男〈植物〉ヒマラヤスギ

cédula [セドゥラ] 囡 文書, 書類

cegador, ra [セガドル, ラ] 形 目をくらませる, まばゆい

cegar [セガル] 51 他 ❶ 失明させる; 目をくらませる: La luz fuerte me *cegó*. 強い光で私は目がくらんだ. ❷ 分別を失わせる: Le *cegó* el dinero. 彼は金に目がくらんだ. ❸〈穴を〉ふさぐ

◆ 自 盲目になる

◆ ~**se**〈de で〉分別を失う: ~*se de* cólera 怒りに我を忘れる

ceguera [セゲラ] 囡 ❶ 失明, 盲目. ❷ 無分別

ceiba [セイバ] 囡〈植物〉カポックノキ

ceja [セハ] 囡 まゆ, まゆ毛: fruncir las ~*s* まゆをひそめる

hasta las ~s 極度に: estar harto *hasta las ~s* 心底うんざりしている

cejar [セハル] 自〈en を〉断念する『否定文でのみ』

celada [セラダ] 囡 待ち伏せ, 伏兵

celador, ra [セラドル, ラ] 名〈美術館などの〉監視員

celda [セルダ] 囡〈寮などの〉個室;〈刑務所の〉独房

celebración [セレブラスィオン] 囡 開催, 挙行; 挙式

celebrar [セレブラル] 他 ❶ 開催する: ~ el campeonato 選手権試合を催す. ~ una asamblea 集会を開く

❷ 祝う;〈祝賀の〉行事を行なう: ~ el centenario de fundación 創立 100 周年を祝う

❸〈ミサを〉あげる

❹ 喜ぶ, うれしく思う; 賞賛する

◆ ~**se** とり行なわれる, 開催される: La conferencia *se celebró* en Tokio. 会議は東京で開催された

célebre [セレブレ] 形 有名な, 名高い

celebridad [セレブリダ] 囡 ❶ 有名, 名声. ❷ 名士, 有名人

celeste [セレステ] 形 ❶ 空の, 天の: cuerpo ~ 天体. ❷ 空色の

celestial [セレスティアル] 形 天上の; こうごうしい

celibato [セリバト] 男 独身, 未婚

célibe [セリベ] 形 独身の, 未婚の

◆ 名 独身者, 独身主義者

celo [セロ] 男 ❶ 熱心, 熱中: poner ~ en ... …に熱意を傾ける. ❷ 複 嫉妬(とう): tener (sentir) ~*s* de+人 …にやきもちをやく. ❸〈動物の〉発情; 発情期: en ~ 発情期にある. ❹ セロテープ

celofán [セロファン] 男 セロハン

celoso, sa [セロソ, サ] 形 ❶ 嫉妬(とう)深

い: Su novio es ~. 彼女の恋人はやきもちやきだ. estar ~ de+人 …を嫉妬している. ❷〈en に〉熱心な;〈con に〉入念な: ser ~ en su trabajo 仕事熱心である. Siempre es muy ~ con su coche. 彼はいつも自分の車の手入れに余念がない

celta [セルタ] 形 名 ケルト人〔の〕
◆ 男 ケルト語

célula [セルラ] 女 細胞: ~ nerviosa 神経細胞

celular [セルラル] 形 細胞の
◆ 男〈ラ〉携帯電話〖teléfono ~〗

celulosa [セルロサ] 女〈化学〉セルロース

cementerio [セメンテリオ] 男 墓地, 墓場

cemento [セメント] 男 ❶ セメント: ~ armado 鉄筋コンクリート. ❷〈ラ〉接着剤

cena [セナ] 女 ❶ 夕食: tomar la ~ 夕食をとる. ❷ 晩餐会: Última C~〈キリスト教〉最後の晩餐

cenagal [セナガル] 男 泥沼, ぬかるみ

cenar [セナル] 自 夕食をとる
◆ 他 夕食に…を食べる: Hoy cenaré sólo verduras. 私の今晩の夕食は野菜だけにしよう

cencerro [センセロ] 男〈牛などの首の〉鈴, カウベル

cenicero [セニセロ] 男 灰皿

ceniciento, ta [セニスィエント, タ] 形 灰色の
◆ 女〈童話〉C~ta シンデレラ

cenit [セニ(ト)] 男 ❶〈天文〉天頂. ❷ 頂点, 絶頂

ceniza [セニサ] 女 ❶ 灰: ~ volcánica 火山灰. ❷ 複 遺骨
reducirse a ~s 灰燼(ミミミ)に帰する

censo [センソ] 男 ❶ 国勢調査: hacer un ~ 国勢調査を実施する. ~ de la población 人口調査. ❷ 有権者名簿〖~ electoral〗

censura [センスラ] 女 ❶ 検閲. ❷ 批判, 非難

censurar [センスラル] 他 ❶ 検閲する. ❷ 批判する, 非難する

Centauro [センタウロ] 男〈神話〉ケンタウロス

centavo, va [センタボ, バ] 形 男 ❶ 100分の1〔の〕. ❷〈貨幣単位〉センターボ〖ペソの100分の1〗. ❸〈米国の〉セント

centella [センテジャ] 女 ❶〈弱い〉稲光. ❷ 火花, スパーク

centellear [センテジェアル] 自 きらめく, またたく

centelleo [センテジェオ] 男 きらめき, またたき

centenar [センテナル] 男 100のまとまり: ~es de estrellas 何百という星

centenario, ria [センテナリオ, リア] 形 100歳〔ぐらい〕の
◆ 男 100周年, 100年間: celebrar el segundo ~ 200周年を祝う. el ~ del nacimiento de... …の生誕100年祭

centésimo, ma [センテシモ, マ] 形 男 100番目の; 100分の1〔の〕;〈貨幣単位〉センテシモ

centígrado, da [センティグラド, ダ] 形 セ氏の: La temperatura es de 20 grados ~s. 気温はセ氏20度である

centímetro [センティメトロ] 男 センチメートル

céntimo [センティモ] 男〈貨幣単位〉センティモ〖ユーロ・ペセタの100分の1〗
no tener un ~ 一銭も持っていない

centinela [センティネラ] 名 ❶ 歩哨, 番兵. ❷ 見張り

centollo [セントジョ] 男〈動物〉ケアシガニ, ケガニ

central [セントラル] 形 中心の, 中央の: gobierno ~ 中央政府. personaje ~ 中心人物
◆ 女 ❶ 本部, 本社〖casa ~〗: ~ de correos 中央郵便局. ❷ 発電所: ~ hidroeléctrica (térmica・nuclear) 水力(火力・原子力)発電所. ❸ 電話局, 交換台

centralita [セントラリタ] 女〈電話〉交換台

centralización [セントラリサスィオン] 女 集中; 中央集権化

centralizar [セントラリサル] 13 他 中央に集める; 中央集権化する

centrar [セントラル] 他 ❶ 中心に置く. ❷ 集中させる: Centra estos días la atención de los periodistas. 彼は近ごろ記者たちの注目を集めている

céntrico, ca [セントリコ, カ] 形 中央部にある: barrio ~ 中心街

centrífugo, ga [セントリフゴ, ガ] 形 遠心的な, 遠心力による: fuerza ~ga 遠心力

centrista [セントリスタ] 形 名〈政治〉中道派の〔人〕

centro [セントロ] 男 ❶ 中心, 中央: en el ~ de la plaza 広場の中央に. ~ de la curiosidad 好奇心の的(ポ)
❷ 中心地;都心部: ir al ~ 都心(繁華街)に行く. ~ comercial ショッピングセンター, 商店街. ~ industrial 工業の中心地, 工業都市
❸〈中心的な〉施設, 機関: ~ de enseñanza 教育機関
❹〈政治〉中道派: de ~ derecha (izquierda) 中道右派(左派)の
❺〈サッカー〉センタリング

Centroamérica [セントロアメリカ] 女 〈地名〉中央アメリカ
centroamericano, na [セントロアメリカノ, ナ] 形 名 中央アメリカの〔人〕
ceñir [セニル] 14 他 巻きつける；締める
ceño [セニョ] 男 しかめっつら：fruncir el ～ まゆをひそめる
ceñudo, da [セニュド, ダ] 形 しかめっつらの, まゆをひそめた
cepillar [セピジャル] 他 ❶ …にブラシをかける. ❷ 鉋(かんな)をかける
cepillo [セピジョ] 男 ❶ ブラシ：～ del pelo ヘアブラシ. ～ de dientes 歯ブラシ ❷ 鉋(かんな)
cera [セラ] 女 ❶ ろう, ワックス：dar ～ al suelo 床にワックスをかける. museo de ～ ろう人形館. ❷ 耳あか
cerámica[1] [セラミカ] 女 ❶ 陶器, セラミックス：florero de ～ 陶製の花器. ❷ 陶芸：aprender ～ 陶芸を習う
cerámico, ca[2] [セラミコ, カ] 形 陶器の, 陶製の
ceramista [セラミスタ] 名 陶工, 陶芸家
cerca [セルカ] 副 〈空間的・時間的に, de の〉近くに：Mi casa está ～. 私の家は近くにある. Viven ～ *de* la playa. 彼らは海岸の近くに住んでいる. Estamos ～ *de* la fiesta. もうすぐ祭りだ. ～ *de* cien personas 100 人近くの人
◆ 女 囲い, 柵
***de* ～** 近くから
cercanía [セルカニア] 女 ❶ 近いこと, 近接. ❷ 複 近郊, 郊外：en las ～*s* de Barcelona バルセロナ近郊に. ❸ tren de ～*s* 近距離電車
cercano, na [セルカノ, ナ] 形 近い, 近くにある：pueblo ～ a Madrid マドリードの近くにある町
cercar [セルカル] 73 他 囲む；包囲する
cerciorar [セルスィオラル] **～se** 〈de を〉確かめる：*Me cercioré de* que la tienda estaba abierta. 私は店が開いていることを確かめた
cerco [セルコ] 男 ❶ 輪. ❷ 囲むこと；包囲
cerdo [セルド] 男 ブタ(豚)
cereal [セレアル] 男 ❶ 〈主に 複〉穀物, 穀類. ❷ 〈料理〉シリアル
cerebral [セレブラル] 形 ❶ 脳の. ❷ 理知的な, 頭脳的な
cerebro [セレブロ] 男 ❶ 脳；大脳：hemisferio derecho (izquierdo) del ～ 右(左)脳
❷ 頭脳, 知力：no tener ～ 頭が悪い. ～ despierto 優秀な頭脳, 俊才. ～ electrónico 電子頭脳
❸ 知的指導者, ブレーン
***lavar el ～ a*+人** …を洗脳する
ceremonia [セレモニア] 女 ❶ 儀式, 式典：～ de apertura del curso 始業式, 開講式
❷ 〈過度の〉礼儀, 儀礼：sin ～*s* もったいぶらずに, 堅苦しくなく
ceremonial [セレモニアル] 男 〈集合的に〉作法, 儀典
ceremonioso, sa [セレモニオソ, サ] 形 礼儀正しい；儀式ばった
cereza [セレサ] 女 〈果実〉サクランボ
cerezo [セレソ] 男 〈植物〉オウトウ(桜桃), サクラ(桜)
cerilla [セリジャ] 女 マッチ：encender una ～ マッチをする
cerner [セルネル] 58 **～se** 〈脅威などが〉迫る：La desgracia *se cierne* sobre nosotros. 我々に不幸が襲いかかろうとしている
cero [セロ] 男 ゼロ：veinte grados bajo ～ 零下 20 度
***reducir a* ～** 無に帰する
cerrado, da [セラド, ダ] 形 過分 ❶ 閉まった, 閉鎖された：puerta ～*da* 閉じたドア. Los bancos ya están ～*s*. 銀行はもう閉まっている. ❷ 閉鎖的な：sociedad ～*da* 閉鎖的な社会. carácter ～ うちとけにくい性格. ❸ 〈空が〉曇った
cerradura [セラドゥラ] 女 錠前, 止め金：ojo de la ～ 鍵穴
cerrajero, ra [セラヘロ, ラ] 名 錠前屋
cerrar [セラル] 57 他 ❶ 閉める, 閉じる：～ la ventana 窓を閉める. ～ un libro 本を閉じる. ～ un grifo 蛇口を閉める. ～ una tienda 店を閉める. ～ con llave 鍵をかける
❷ 封鎖する, 遮断する：～ el tráfico 通行止めにする
❸ 終わらせる：～ la asamblea 閉会にする. ～ la cuenta 勘定を締める
◆ 自 閉まる：La puerta *cierra* mal. ドアがうまく閉まらない. Esta tienda *cierra* temprano. この店は早く閉まる
◆ **～se** ❶ 閉まる：La puerta *se cerró* por el viento. ドアが風で閉まった. ❷ 〈a を〉受け入れない
cerro [セろ] 男 〈切り立った〉丘, 小山
cerrojo [セろホ] 男 差し錠, かんぬき
certamen [セルタメン] 男 コンクール
certero, ra [セルテロ, ラ] 形 的(まと)をはずさない, 的確な：respuesta ～*ra* 的を射た答え
certeza [セルテサ] 女 確信；確実さ：con ～ 確信して；確かに
certidumbre [セルティドゥンブレ] 女 確信

certificado [セルティフィカド] 男 過分 ❶ 証明書：～ médico 診断書．～ de garantía〔品質〕保証書．～ de residencia 居住証明書，住民票．❷ 書留郵便物〖correo ～〗

certificar [セルティフィカル] 73 他 ❶ 証明する，保証する：～ la inocencia de+人 …の無罪を証明する．❷ 書留にする

cervecería [セルベセリア] 女 ビヤホール

cerveza [セルベサ] 女 ビール：beber ～/tomar ～ ビールを飲む．～ de barril 生ビール．～ de lata 缶ビール

cervical [セルビカル] 形 頸部の，首の
◆ 女 複 頸部，首

cerviz [セルビス] 女 首筋，うなじ

cesar [セサル] 自 ❶ やむ，終わる：Cesó la lluvia. 雨がやんだ
❷〈de+不定詞〉…するのをやめる：～ de llorar 泣きやむ
◆ 他 解職する：El entrenador fue cesado. 監督は解任された
sin ～ 絶えず，休みなく

cesárea [セサレア] 女〈医学〉帝王切開

cese [セセ] 男 ❶ 解雇，解任；解雇通知．❷ 中止，中断

césped [セスペ] 男 芝生

cesta [セスタ] 女 かご，バスケット：～ de compras 買い物かご

cesto [セスト] 男〈大きく深い〉かご

cetro [セトロ] 男〈王の〉笏(しゃく)

cfr.〈略語〉参照せよ〖←confróntese〗

chabacano, na [チャバカノ, ナ] 形 俗っぽい，悪趣味な

chabola [チャボラ] 女〈ス〉バラック，あばら家

chacal [チャカル] 男〈動物〉ジャッカル

chacha [チャチャ] 女〈幼児語〉子守り女，家政婦

cháchara [チャチャラ] 女 おしゃべり，雑談

Chaco [チャコ] 男〈地理〉Gran ～ グランチャコ〖パラグアイからアルゼンチンにかけての草原地帯〗

chacra [チャクラ] 女〈ラ〉小さな農場

chafar [チャファル] 他 ❶ 押しつぶす，つぶす；台なしにする．❷〈ス〉ぐうの音も出なくする；失望させる

chal [チャル] 男〈服飾〉ショール，肩かけ

chalado, da [チャラド, ダ] 形 気が変になった〔人〕；〈por に〉夢中になった〔人〕

chalé [チャレ] 男 庭付きの家；別荘

chaleco [チャレコ] 男〈服飾〉チョッキ，ベスト

chalet [チャレ] 男 =chalé

chalote [チャロテ] 男〈植物〉エシャロット

chalupa [チャルパ] 女 ❶ 小型ボート．❷〈ラ〉カヌー

chamaco, ca [チャマコ, カ] 名〈ラ〉少年，少女，子供

champán [チャンパン] 男〈酒〉シャンパン

champaña [チャンパニャ] 男 =champán

champiñón [チャンピニョン] 男 マッシュルーム

champú [チャンプ] 男 シャンプー：～ anti-caspa ふけ取りシャンプー

chamuscar [チャムスカル] 73 他 焦(こ)がす，あぶる

chance [チャンセ] 男〈ラ〉チャンス，機会

chancho, cha [チャンチョ, チャ] 名〈ラ〉豚

chanchullo [チャンチュジョ] 男〈口語〉不正な取引(手口)

chancleta [チャンクレタ] 女〈主に複〉ビーチサンダル

chándal [チャンダル] 男〈複 ～[e]s〉〈服飾〉スウェットスーツ，ジャージー

chantaje [チャンタヘ] 男 恐喝，ゆすり

chantajear [チャンタヘアル] 他 自 恐喝する，ゆする

chanza [チャンサ] 女 冗談，からかい

chao [チャオ] 間〈口語〉じゃあね/さようなら

chapa [チャパ] 女 ❶ 薄板：～ de acero 鋼板．❷ バッジ，名札．❸〈びんの〉口金

chapar [チャパル] 他〈de・con の薄板を〉…に張る

chaparrón [チャパロン] 男〈激しい〉にわか雨，スコール

chapotear [チャポテアル] 自 ピチャピチャと水音をたてる

chapucero, ra [チャプセロ, ラ] 形 名〈仕事が〉そんざいな〔人〕

chapurrear [チャプレアル] 他 たどたどしく話す：～ el alemán 片言のドイツ語を話す

chapuza [チャプサ] 女 ❶ やっつけ仕事，粗末な仕事．❷ ちょっとした仕事

chapuzón [チャプソン] 男 一泳ぎ：darse un ～ 一泳ぎする

chaqueta [チャケタ] 女 上着，ジャケット：llevar una ～ de cuero 革の上着を着ている

charca [チャルカ] 女 池，ため池

charco [チャルコ] 男 水たまり

charcutería [チャルクテリア] 女 ハム・ソーセージ店

charla [チャルラ] 女 ❶ おしゃべり，雑談．❷ 講演，トークショー

charlar [チャルラル] 自 おしゃべりをする

charlatán, na [チャルラタン, ナ] 形 名 よくしゃべる〔人〕，おしゃべりな〔人〕

charol [チャロル] 男〈革の〉エナメル；エナメ

ル革

chárter [チャルテル] 形〈単複同形〉チャーター（便）の: vuelo ～ チャーター便

chas [チャス] 男〈衝突などの音〉バシッ, ガチャン

chasco [チャスコ] 男 失望, 当てはずれ: llevarse un ～ がっかりする

chasis [チャシス] 男〈単複同形〉シャーシー, 車台；フレーム

chasquear [チャスケアル] 他〈鞭などを〉鳴らす: ～ la lengua 舌打ちする. ～ los dedos 指をパチッと鳴らす

chasquido [チャスキド] 男〈鞭などの〉ヒュッという音, 舌打ちの音

chata ⇨chato, ta

chatarra [チャタら] 女 くず鉄, 廃品, スクラップ

chatear [チャテアル] 自〈情報〉チャットする

chato, ta [チャト, タ] 形 鼻の低い, 鼻ぺちゃの
◆ 男 ワイン用のコップ: un ～ de vino 1杯のワイン

chauvinismo [チャウビニスモ] 男 狂信的愛国心, 排外主義

chaval, la [チャバル, ラ] 名 子供；青二才

chavo, va [チャボ, バ] 名〈メキシコ〉若者

che [チェ] 間〈ラ〉〈呼びかけ〉ねえ, おい

cheque [チェケ] 男 小切手: extender un ～ 小切手を振り出す. cobrar un ～ 小切手を現金化する. ～ al portador 持参人払い小切手. ～ cruzado 横線小切手. ～ de viaje/～ de viajero トラベラーズチェック. ～ en blanco〈金額未記入の〉白地式小切手. ～ sin fondos 不渡り小切手

chequear [チェケアル] 他 ❶ …の健康診断をする. ❷ 照合する, 点検する, チェックする

chequeo [チェケオ] 男 ❶ 健康診断. ❷ 照合, 点検, チェック

chequera [チェケら] 女〈ラ〉小切手帳

chica ⇨chico, ca

chicano, na [チカノ, ナ] 形 名 メキシコ系米国人〔の〕

chícharo [チチャロ] 男〈ラ〉エンドウマメ

chicharrón [チチャろン] 男 ❶〈ラードを取った後の〉豚肉の揚げかす；〈ラ〉豚肉や豚の皮を揚げたもの

chichón [チチョン] 男〈頭の〉こぶ

chicle [チクレ] 男 チューインガム: ～ de globo 風船ガム

chico, ca [チコ, カ] 形〈主にラ〉小さい: Estos zapatos son ya ～s para mí. この靴は私にはもう小さい
◆ 名 子供, 少年, 少女；青年: buen ～ いい若者. ～ca simpática 感じのいい女の子

◆ 女 家政婦, お手伝いさん

chiflado, da [チフラド, ダ] 形 過分 頭のおかしい；熱中した

chiflar [チフラル] 他 熱中させる
◆ 自 口笛を吹く；やじる
◆ ～se ❶ 頭がおかしくなる. ❷〈por に〉夢中になる

chile [チレ] 男 ❶ C～〈国名〉チリ. ❷〈ラ〉トウガラシ

chileno, na [チレノ, ナ] 形 名 チリ Chile〔人〕の；チリ人

chilindrón [チリンドロン] 男〈料理〉トマトとピーマンのソース

chillar [チジャル] 自 かん高く叫ぶ（鳴く）, キーキーいう, わめく

chillido [チジド] 男 金切声, キーキーいう声

chillón, na [チジョン, ナ] 形 ❶ 金切声の, かん高い, キーキーいう. ❷〈色が〉けばけばしい, どぎつい: corbata *chillona* はでなネクタイ

chimenea [チメネア] 女 ❶ 煙突. ❷ 暖炉

chimpancé [チンパンセ] 男〈動物〉チンパンジー

china[1] [チナ] 女 ❶ 小石. ❷ 陶磁器. ❸ C～〈国名〉中国

chinche [チンチェ] 女〈昆虫〉ナンキンムシ

chincheta [チンチェタ] 女 画びょう

chinchín [チンチン] 間〈口語〉乾杯!

chinesco, ca [チネスコ, カ] 形 sombras ～cas 影絵

chino, na[2] [チノ, ナ] 形 名 中国 China〔人・語〕の；中国人
◆ 男 中国語

chiquillada [チキジャダ] 女 子供っぽいふるまい

chiquillo, lla [チキジョ, ジャ] 名〈口語〉子供. ◆ 形 子供っぽい, 愚かな

chiquito, ta [チキト, タ] 形〈主にラ〉ちっちゃな. ◆ 名 男の子, 女の子

chirimoya [チリモジャ] 女〈果実〉チェリモヤ

chirriar [チリアル] 33 自 ❶ きしむ. ❷〈鳥が〉不快な声で鳴く；〈人が〉調子はずれに歌う

chirrido [チりド] 男 ❶ きしむ音. ❷ 不快な声

chis [チス] 間〈黙らせる時の〉しっ!

chisme [チスメ] 男 ❶ うわさ話, ゴシップ. ❷ しろもの, がらくた

chismoso, sa [チスモソ, サ] 形 名 うわさ話（陰口）の好きな〔人〕

chispa [チスパ] 女 ❶ 火花, 火の粉；スパーク: Saltan ～s. 火花が飛ぶ. ❷ ひらめき；機知, ウィット: tener ～ 頭が切れる；ウィットがある

echar ~s かっかと怒っている

chispeante [チスペアンテ] 形 ❶ きらめく. ❷ 機知に富んだ

chispear [チスペアル] 自 ❶ 火花を出す；きらめく. ❷〈単人称〉雨がパラつく

chisporrotear [チスポロテアル] 自〈火・油が〉パチパチいう

chiste [チステ] 男 ❶ 笑い話, 冗談：contar un ~ 笑い話をする
❷ おもしろいこと
no tener ~ 〈ラ〉役に立たない；つまらない

chistoso, sa [チストソ, サ] 形 おもしろい, 機知に富んだ

chitón [チトン] 間 =chis

chivar [チバル] ~*se*〈de のことを〉告げ口する, 密告する

chivato, ta [チバト, タ] 名 ❶ 告げ口屋, 密告者. ❷ 子ヤギ

chivo, va [チボ, バ] 名 子ヤギ
~ *expiatorio* 身代わり, スケープゴート

chocante [チョカンテ] 形 奇異な, 奇妙な

chocar [チョカル] 73 自 ❶ 衝突する, ぶつかる：El coche *chocó* con un camión. 車はトラックと衝突した. ~ contra la pared 壁にぶつかる. ❷ 争う, けんかする：~ con+人 …と反目する. ❸ 奇異感を与える
◆ 他 ぶつける

chochear [チョチェアル] 自 もうろくする, ぼける

chocho, cha [チョチョ, チャ] 形 ぼけた, もうろくした

choclo [チョクロ] 男〈ラ〉トウモロコシの穂軸

chocolate [チョコラテ] 男 ❶ チョコレート：~ de leche ミルクチョコレート
❷ ココア：tomar un ~ ココアを飲む
❸〈俗態〉大麻

chofer [チョフェル] 名〈主にラ〉=chófer

chófer [チョフェル] 名〈ス〉運転手

chollo [チョジョ] 男〈口語〉もうけもの, 役得

cholo, la [チョロ, ラ] 形 名〈ラ〉白人とインディオとの混血の〔人〕

chopo [チョポ] 男〈植物〉ポプラ, ヨーロッパヤマナラシ

choque [チョケ] 男 ❶ 衝突, 激突：~ en cadena 玉突き衝突
❷ けんか, 口論：~ armado 武力衝突
❸ 衝撃, ショック：sentir ~ ショックを感じる. estado de ~ ショック状態. ~ cultural カルチャーショック

chorizo¹ [チョリソ] 男〈料理〉チョリーソ〔香辛料のきいたソーセージ〕

chorizo², za [チョリソ, サ] 名〈口語〉こそ泥

chorrada [チョラダ] 女〈口語〉ばかげたこと

chorrear [チョれアル] 自 ❶ ほとばしる. ❷ したたる, ポタポタ落ちる

chorro [チョろ] 男 ❶ ほとばしり：beber a ~ 流し飲みする〔びんなどから口を離して飲む〕. ❷ したたり
a ~*s* 豊富に, ふんだんに

chovinismo [チョビニスモ] 男 =chauvinismo

choza [チョサ] 女 ほったて小屋, 山小屋

chubasco [チュバスコ] 男 にわか雨, スコール：Cayó un ~. 夕立ちが降った

chuchería [チュチェリア] 女 駄菓子

chuleta [チュレタ] 女 ❶〈料理〉骨つきのあばら肉, リブロース, スペアリブ：~ empanada カツレツ. ~ de cerdo ポークチョップ. ❷ カンニングペーパー

chulo, la [チュロ, ラ]〈口語〉形 ❶ 生意気な, 横柄な. ❷ かっこいい
◆ 男〈ス〉ぽん引き, ひも

chupada¹ [チュパダ] 女 吸うこと：dar una ~ al cigarrillo たばこを一服吸う

chupado, da² [チュパド, ダ] 形 過分 ❶ げっそりやせた, やつれた. ❷〈ス. 口語〉ひじょうに容易な

chupar [チュパル] 他 吸う, しゃぶる
◆ ~*se* ❶ しゃぶる, なめる：~*se* el dedo 指をしゃぶる. ❷ やせ細る, やつれる

chupete [チュペテ] 男 おしゃぶり, ゴムの乳首

churriguerismo [チュりゲリスモ] 男〈建築〉チュリゲラ様式〔バロック的な装飾過多の様式〕

churrería [チュれリア] 女 チューロ churro の販売店

churro [チュろ] 男 ❶〈料理〉チューロ〔棒状のドーナツ〕. ❷ できそこない

chut [チュト] 男〈サッカー〉シュート

chutar [チュタル] 自〈サッカー〉シュートする

Cía. 〈略語〉会社〔←compañía〕

cianuro [スィアヌロ] 男〈化学〉シアン化物：~ potásico シアン化カリウム, 青酸カリ

cibercafé [スィベルカフェ] 男 インターネットカフェ

ciberespacio [スィベレスパスィオ] 男〈情報〉サイバースペース

cibernauta [スィベルナウタ] 名〈情報〉インターネットサーファー

cibernética [スィベルネティカ] 女 サイバネティックス

cicatriz [スィカトリス] 女〈複 cicatri*ces*〉傷跡：tener una ~ en la frente 額に傷跡がある

cicatrizar [スィカトリサル] 13 他〈傷を〉治

す, 癒合させる
◆ ～se 〈傷が〉ふさがる, 癒合する
cíclico, ca [スィクリコ,カ] 形 周期的な
ciclismo [スィクリスモ] 男 自転車競技；サイクリング
ciclista [スィクリスタ] 形 自転車の：carrera ～ 自転車レース
　名 サイクリング(自転車レース)をする人；自転車利用者
ciclo [スィクロ] 男 ❶ 周期, 循環, サイクル：～ económico 景気循環
❷ 一連の文化的催し：～ de conferencia 連続講演
❸ 〈教育〉課程, コース
ciclomotor [スィクロモトル] 男 モーターバイク, 原動機付き自転車
ciclón [スィクロン] 男 〈気象〉サイクロン
ciego, ga [スィエゴ,ガ] 形 ❶ 盲目の：ser ～ de nacimiento 生まれつき目が不自由である
❷ 分別をなくした：estar ～ de ira 怒りに我を忘れている
◆ 名 盲人, 目の不自由な人：perro de ～ 盲導犬
a ～gas 手さぐりで；無思慮に
cielo [スィエロ] 男 ❶ 空：El ～ está despejado. 空は晴れている
❷ 天国, 神：subir al ～ 昇天する
¡～s! 〈驚き〉まあ/ああ!
ciempiés [スィエンピエス] 男〈単複同形〉ムカデ
cien [スィエン] 形 ⇒**ciento**
◆ 男 100：Cuenta hasta ～. 100 まで数えなさい
al ～ por ～ 完全に
ciénaga [スィエナガ] 女 沼地, 湿地
ciencia [スィエンスィア] 女 ❶ 科学, 学問：～ y técnica 科学技術. ～s naturales (sociales・humanas) 自然(社会・人文)科学. ～s económicas 経済学. ～ ficción 空想科学小説, SF
❷ 複 理科；理科系の学問：facultad de ～s 理学部
científico, ca [スィエンティフィコ,カ] 形 科学的な, 学問上の：estudios ～s 学術研究
◆ 名 科学者
ciento [スィエント] 形 男〈名詞・mil・millones の前では cien となる〉100〔の〕：cien personas 100 人. ～ veinte años 120 年
～s de... 数百の…
... por ～ …パーセント：Las frutas tienen un descuento del diez por ～. 果物は 10 ％割引だ
cierne [スィエルネ] 男 en ～s 初期の(に)

médico en ～s 医者の卵
cierr- ⇨**cerrar** 57
cierre [スィエラ] 男 ❶ 閉めること；閉まること：hora de ～ de la tienda 閉店時刻. ❷ 〈服飾〉ファスナー 〘～ de cremallera〙. ❸ 〈建築〉シャッター 〘～ metálico〙
ciertamente [スィエルタメンテ] 副 確かに；そのとおり
cierto, ta [スィエルト,タ] 形 ❶ 〈名詞+/ser+〉確実な, 疑いのない：promesa ～ta 確約. Es ～ que él no está aquí. 彼がここにいないのは確かだ
❷ 〈+名詞〉ある…；いくらかの, ある程度の：～ hombre ある男. ～tas personas ある人々；幾人かの人々
Es ～. そのとおりだ
Lo ～ es que+直説法 実は…だ
por ～ ところで
ciervo, va [スィエルボ,バ] 名 シカ(鹿)
cierzo [スィエルソ] 男 北風
cifra [スィフラ] 女 ❶ 数字；桁：una elevada (baja) ～ de... 多数(少数)の…. número de cinco ～s 5 桁の数
❷ 暗号：en ～ 暗号の(で)
cigala [スィガラ] 女 アカザエビ, ウミザリガニ
cigarra [スィがら] 女 〈昆虫〉セミ
cigarrera [スィガレラ] 女 シガレットケース, 葉巻ケース
cigarrillo [スィガリジョ] 男 紙巻きたばこ：fumar un ～ たばこを吸う
cigarro [スィガロ] 男 葉巻；紙巻きたばこ
cigüeña [スィグエニャ] 女 〈鳥〉コウノトリ
cilíndrico, ca [スィリンドリコ,カ] 形 円柱の, 円筒状の
cilindro [スィリンドロ] 男 ❶ 円柱, 円筒. ❷ 〈自動車〉気筒, シリンダー
cima [スィマ] 女 頂上, てっぺん：estar en la ～ de popularidad 人気の絶頂にある
cimentar [スィメンタル] 他 …の基礎を作る
cimiento [スィミエント] 男〈主に複〉基礎, 土台：poner los ～s de la paz 平和の礎(いしずえ)を築く
cinc [スィンク] 男 亜鉛
cincel [スィンセル] 男 〈彫刻用の〉のみ, たがね
cincelar [スィンセラル] 他 彫刻する, 彫る
cinco [スィンコ] 形 5〔の〕
cincuenta [スィンクエンタ] 形 50〔の〕：moda de los ～ 1950 年代のファッション
cincuentenario [スィンクエンテナリオ] 男 50 周年記念日
cincuentón, na [スィンクエントン,ナ] 形 名 〈からかいの意味をこめて〉50 歳代の〔人〕
cine [スィネ] 男 ❶ 映画館：ir al ～ 映画

館に行く, 映画を見に行く
❷ 〈ジャンルとしての〉映画: actor de ~ 映画俳優
❸ 映画界
hacer ~ 映画を作る; 映画に出演する

cineasta [スィネアスタ] 名 映画人;〈特に〉映画監督

cinematografía [スィネマトグラフィア] 女 映画技術, 映画芸術

cinematográfico, ca [スィネマトグラフィコ, カ] 形 映画の

cínico, ca [スィニコ, カ] 形 名 シニカルな, 冷笑的な〔人〕

cinismo [スィニスモ] 男 シニシズム, 皮肉な見方, 冷笑癖

cinta [スィンタ] 女 ❶ リボン: poner una ~ al regalo プレゼントにリボンをかける
❷ テープ: ~ adhesiva 粘着テープ, ガムテープ. ~ de vídeo ビデオテープ. ~ métrica 巻尺

cinto [スィント] 男 ベルト, 帯

cintura [スィントゥラ] 女 腰, ウエスト: abrazar a+人 por la ~ …の腰を抱く

cinturón [スィントゥロン] 男 ❶〔複 cinturo*nes*〕ベルト, バンド: ~ de seguridad 安全ベルト, シートベルト
❷ 帯状のもの: ~ de miseria 貧民地区
apretarse el ~ 財布のひもを締める

ciprés [スィプレス] 男〈植物〉イトスギ

circo [スィルコ] 男 サーカス; サーカス団

circuito [スィルクイト] 男 ❶ サーキット: ~ automovilístico オートサーキット. ❷ 周遊, ツアー: hacer un ~ por Andalucía アンダルシアを周遊する. ❸〈電気〉回路: corto ~ ショート. ~ integrado 集積回路

circulación [スィルクラスィオン] 女 ❶ 通行, 交通: Hay mucha ~. 交通量が多い. ~ prohibida 通行禁止. ❷ 循環: ~ de sangre 血液の循環. ❸ 流通: ~ de dinero 貨幣の流通

circular [スィルクラル] 自 ❶ 循環する, 回る: *Circulan* rumores de que... …といううわさが流れている. ❷ 通行する: *Circule* por la izquierda. 左側を通行せよ
◆ 形 円形の, 環状の. ◆ 女 回状, 回覧

círculo [スィルクロ] 男 ❶ 円, 輪: dibujar un ~ 円を描く. marcar... con un ~ …に丸をつける. ~ vicioso 悪循環
❷ 圏: ~ polar ártico 北極圏
❸ 集まり, サークル: ~ de lectores 読書会
❹〔複〕…界: ~s económicos 経済界

circuncisión [スィルクンスィスィオン] 女 割礼, 包皮切除

circundar [スィルクンダル] 他 …のまわりにある, 囲む

circunferencia [スィルクンフェレンスィア] 女〈数学〉円: coeficiente de la ~ 円周率

circunscribir [スィルクンスクリビル] 他〔過分 circunscri*to*〕限定する
◆ ~se 自らを限定する; 限定される

circunscripción [スィルクンスクリプスィオン] 女 区域: ~ electoral 選挙区

circunspecto, ta [スィルクンスペクト, タ] 形 慎重な, 控え目な

circunstancia [スィルクンスタンスィア] 女 事情, 状況: ~ favorable 好ましい状況. en estas ~s こんな事情で

circunstancial [スィルクンスタンスィアル] 形 状況による, 一時的な

circunvalación [スィルクンバラスィオン] 女 取り囲むこと: autovía de ~ 環状道路

cirio [スィリオ] 男〈植物〉大型ろうそく

ciruela [スィルエラ] 女〈果実〉プラム, スモモ; 梅の実: ~ pasa 干しプラム

ciruelo [スィルエロ] 男〈植物〉プラム, スモモ; 梅

cirugía [スィルヒア] 女 外科

cirujano, na [スィルハノ, ナ] 名 外科医

cisne [スィスネ] 男〈鳥〉ハクチョウ(白鳥)

cisterna [スィステルナ] 女 水槽, タンク

cita [スィタ] 女 ❶ 会う約束;〈診察・面会などの〉予約; デート: arreglar una ~ con+人 …と会う日時・場所を決める. acudir a la ~ con+人 …との約束の場所に行く. tener una ~ con+人 …と会う約束がある. darse ~〈互いに〉会う約束をする; 寄り集まる
❷ 引用; 引用文: sacar una ~ de... …から引用する

citación [スィタスィオン] 女 召喚; 召喚状

citado, da [スィタド, ダ] 形〔過分〕前記の, 前述の

citar [スィタル] 他 ❶ …と会う約束をする: ~ a+人 en la oficina …と事務所で会う約束をする. ❷ 引用する: ~ a Cervantes セルバンテスを引用する. ❸〈法律〉召喚する
◆ ~se〈互いに・con と〉会う約束をする: *Se citaron* en el teatro. 彼らは劇場で落ち合うことにした

cítricos [スィトリコス] 男〔複〕〈植物〉かんきつ類

ciudad [スィウダ] 女 ❶ 都市, 町: ~ universitaria 大学都市
❷ 都会: vivir en la ~ 都会に住む

ciudadanía [スィウダダニア] 女 市民権, 公民権, 国籍

ciudadano, na [スィウダダノ, ナ] 名 ❶ 市民, 国民. ❷ 都会人

cívico, ca [スィビコ, カ] 形 ❶ 公徳心のあ

る. ❷ 市民の

civil [スィビル] 形 ❶ 市民の : sociedad ~ 市民社会 ; 社団法人. guerra ~ 内戦, 内乱
❷ 民事の, 民法上の : derecho ~ 市民権, 公民権 ; 民法. casarse por lo ~〈教会でなく〉役所で入籍結婚する
❸〈軍に対して〉民間の : control ~ シビリアンコントロール
◆ 男 民間人. ❷ 治安警備隊員

civilización [スィビリサスィオン] 女 ❶ 文明 : ~ occidental 西欧文明
❷ 文明化

civilizar [スィビリサル] 13 他 ❶ 文明化する. ❷ しつける

civismo [スィビスモ] 男 公民精神, 公徳心

cizaña [スィサニャ] 女 不和, 敵対 : meter ~ 不和の種をまく

clamar [クラマル] 他〈強く・叫んで〉要求する
◆ 自 <por を>求める ; <クスて>叫ぶ : ~ por la justicia 正義を求める

clamor [クラモル] 男 叫び, ざわめき

clamoroso, sa [クラモロソ, サ] 形 ❶ 騒がしい ; 強く求める : ~ recibimiento 熱烈な歓迎. ❷ 特別な ; はなはだしい

clan [クラン] 男 ❶ 一族. ❷ 一味

clandestinidad [クランデスティニダ] 女 秘密 ; 非合法活動 : pasar a la ~ 地下にもぐる

clandestino, na [クランデスティノ, ナ] 形 秘密の, 内密の ; 非合法の : organización ~na 地下組織

clara¹ [クララ] 女 ❶ 卵白. ❷〈ス〉炭酸飲料で割ったビール

claraboya [クララボジャ] 女 天窓

claramente [クララメンテ] 副 はっきりと, 明瞭に

clarear [クラレアル] 自〈単人称〉夜が明ける, 晴れる ;〈空が〉明るくなる
◆ 他 明るくする
◆ ~se 透ける

clarete [クラレテ] 男 クラレット【淡紅色のワイン】

claridad [クラリダ] 女 ❶ 明解さ : con ~ はっきりと. ❷ 明るさ, 光 ; 透明さ

clarificar [クラリフィカル] 73 他 ❶ 明らかにする. ❷ 透明にする

clarinete [クラリネテ] 男〈音楽〉クラリネット

clarividencia [クラリビデンスィア] 女 洞察力, 先見の明

claro, ra² [クラロ, ラ] 形 ❶ 明るい ; 晴天の : sala ~ra 明るい広間. cielo ~ 澄んだ空, 晴天
❷ 透明な : agua ~ra 澄んだ水
❸ 明らかな, 明瞭な : razón ~ra 明白な理由. pronunciación ~ra 明瞭な発音
❹〈濃度・密度などが〉薄い
◆ 男 空き, すきま ; 空き地
◆ 副 明白に, はっきりと : decir ~ はっきり言う
◆ 間 もちろん/そのとおりだ!
¡C~ que sí (no)! もちろんそうだ(違う)!
[Es] C~ que+直説法 …は明らかである, もちろん…である
poner... en ~ …を明らかにする

clase [クラセ] 女 ❶ クラス, 学級 : compañero de ~ クラスメート
❷ 教室 : El profesor entra en la ~. 先生が教室に入る
❸ 授業 : No hay ~ hoy. きょうは授業がない. Tengo ~ a las dos. 私は2時に授業がある. dar ~ a+人 …に授業をする. dar ~ con+人〈ス〉…の授業を受ける. asistir a la ~ de español スペイン語の授業に出る. faltar a ~ 授業に欠席する
❹ 階級 : ~ alta (media・baja) 上流(中流・下層)階級. ~ obrera 労働者階級
❺ 種類 ; 等級 : de la misma ~ 同類の. toda ~ de... あらゆる種類の…. de primera ~ 一流の, ファーストクラスの

clásico, ca [クラスィコ, カ] 形 古典の, 古典的な : música ~ca クラシック音楽

clasificación [クラシフィカスィオン] 女 ❶ 分類. ❷ 順位〔づけ〕, ランク

clasificar [クラスィフィカル] 73 他 ❶ 分類する. ❷ 等級に分ける
◆ ~se ❶〈en の〉順位を占める. ❷〈para に〉進出する : ~se para las finales 決勝に進出する

claudicar [クラウディカル] 73 自 ❶ 妥協する, 屈服する. ❷ <de を>放棄する

claustro [クラウストロ] 男〈修道院などの〉内庭回廊

cláusula [クラウスラ] 女 ❶ 条項, 約款. ❷〈文法〉節, 文

clausura [クラウスラ] 女 ❶ 閉会式, 終了式 : ~ de curso 終業式. ❷ 終了 ; 閉鎖. ❸〈宗教〉禁域, 修道院生活

clausurar [クラウスラル] 他 終了させる, 閉会にする
◆ ~se 終了する, 閉会する : El festival se clausuró ayer. フェスティバルはきのう閉幕した.

clavar [クラバル] 他 ❶ 打ち込む, 突き刺す : ~ un clavo en la pared 壁に釘(ﾞ)を打つ. ~ los (sus) ojos en... …をじっと見つめる.
❷ 釘(鋲)でとめる : ~ un calendario en la

pared カレンダーを壁に釘(鋲)でとめる

clave [クラベ] 囡 ❶〈解決・成功などの〉鍵, 手がかり: 1) ～ para resolver el problema 問題解決の鍵. 2)〈形容詞的〉palabra ～ キーワード. punto ～ キーポイント. industria ～ 基幹産業. ❷ 暗号: escribir en ～ 暗号で書く. ～ de acceso パスワード

clavel [クラベル] 男〈植物〉カーネーション

clavícula [クラビクラ] 囡〈解剖〉鎖骨

clavija [クラビハ] 囡〈技術〉ピン;〈電気〉プラグ

clavo [クラボ] 男 ❶ 釘(%), 鋲(%3): clavar un ～ en... …に釘を打つ. sacar (arrancar) un ～ 釘を抜く
❷〈植物・香料〉クローブ

claxon [クラ(ク)ソン] 男〈複 ～s〉クラクション, 警笛: tocar el ～ クラクションを鳴らす

clemencia [クレメンスィア] 囡 慈悲, 温情

clerical [クレリカル] 形 聖職者の

clérigo [クレリゴ] 男〈カトリック〉聖職者

clero [クレロ] 男〈集合的に〉聖職者

clic [クリク] 男〈情報〉クリック: hacer ～ en ... …をクリックする. hacer doble ～ ダブルクリックする

cliché [クリチェ] 男 決まり文句

cliente, ta [クリエンテ, タ] 名 客, 顧客, クライアント: ～ de un abogado 弁護士の依頼人. ～ habitual 常連客

clientela [クリエンテラ] 囡〈集合的に〉顧客

clima [クリマ] 男 ❶ 気候, 風土: El ～ de esta región es duro. この地方の気候はきびしい
❷ 雰囲気, ムード: ～ de amistad 友好的な雰囲気

climático, ca [クリマティコ, カ] 形 気候の: cambios ～s 気候の変動

climatización [クリマティサスィオン] 囡 エアコンディショニング

climatizar [クリマティサル] 13 他 …に空調設備を施す: piscina *climatizada* 温水プール

clínica¹ [クリニカ] 囡 病院, 診療所

clínico, ca² [クリニコ, カ] 形 臨床の
◆ 名 臨床医

cloaca [クロアカ] 囡 ❶ 下水道. ❷ 汚くて不快な場所

clon [クロン] 男〈生物〉クローン

clonación [クロナスィオン] 囡〈生物〉クローン技術, クローニング

clonar [クロナル] 他〈生物〉…のクローンを作る

clónico, ca [クロニコ, カ] 形〈生物〉クローンの: oveja ～*ca* クローン羊

cloquear [クロケアル] 自〈雌鶏が〉コッコッと鳴く

cloqueo [クロケオ] 男 雌鶏の鳴き声

clorhídrico, ca [クロリドリコ, カ] 形 塩化水素の: ácido ～ 塩酸

cloro [クロロ] 男 塩素

clorofila [クロロフィラ] 囡 クロロフィル, 葉緑素

cloroformo [クロロフォルモ] 男〈化学〉クロロホルム

club [クルブ] 男〈複 ～[e]s クラブ, 部, 同好会: ～ de tenis テニスクラブ; テニス部

coacción [コア(ク)スィオン] 囡 強制, 強要

coactivo, va [コアクティボ, バ] 形 強制的な

coagular [コアグラル] 他 凝固させる
◆ ～se 凝固する

coágulo [コアグロ] 男 凝固物, かたまり; 血塊

coala [コアラ] 男〈動物〉コアラ

coalición [コアリスィオン] 囡 提携, 同盟: gobierno de ～ 連立政府

coartada [コアルタダ] 囡〈法律〉アリバイ

coba [コバ] 囡 へつらい: dar ～ a+人 …にゴマをする

cobarde [コバルデ] 形 臆病な; 卑怯な
◆ 名 臆病者; 卑怯者

cobardía [コバルディア] 囡 臆病; 卑怯

cobaya [コバジャ] 男〈動物〉モルモット, テンジクネズミ

cobertizo [コベルティソ] 男 ❶ ひさし. ❷ 物置, 納屋

cobertura [コベルトゥラ] 囡 ❶ 覆い, カバー. ❷〈放送・通信などの〉行き渡る範囲, サービスエリア: programa de ～ nacional 全国放送の番組. ❸ 掩護(ξ^). ❹〈経済〉保証, カバー

cobija [コビハ] 囡〈ラ〉毛布

cobijar [コビハル] 他 …に避難所を提供する
◆ ～se 避難する

cobijo [コビホ] 男 避難所

cobra [コブラ] 囡〈動物〉コブラ

cobrador, ra [コブラドル, ラ] 名 ❶ 集金人. ❷〈バスの〉車掌

cobrar [コブラル] 他 ❶〈金を〉受け取る, 取り立てる: ¿Cuánto *cobra* por hora esta escuela de idiomas? この語学学校は1時間いくらですか？ *Cóbre*me.〈店員に〉お勘定お願いします. ～ un buen sueldo 高給をとる.
❷ 得る: ～ afecto a+人 …に親しみを感じる
◆ ～se ❶〈…の代金などを〉受け取る: *Cóbrese* los cafés de aquí.〈金を取り出して〉ここからコーヒーの代金を取ってください. ❷〈人命を〉奪う

cobre [コブレ] 男 銅: ～ amarillo 黄銅

真鍮
cobrizo, za [コブリソ, サ] 形 銅色の, 赤褐色の
cobro [コブロ] 男 〈金の〉受け取り, 集金：llamar a ～ revertido コレクトコールで電話する
coca [コカ] 女 〈植物〉コカ, コカノキ
cocaína [コカイナ] 女 コカイン
cocción [コ(ク)スィオン] 女 煮ること；調理, 料理
cocer [コセル] 15 他 ❶ 煮る, ゆでる：～ las verduras en agua 野菜をゆでる．～ el arroz ご飯を炊く．❷〈オーブン・かまどで〉焼く：～ pan パンを焼く
◆ ～se 煮える；焼ける
coche [コチェ] 男 ❶ 自動車, 車：conducir (manejar) un ～ 車を運転する．ir en ～ 車で行く．～ automático オートマチック車．～ con marchas マニュアル車．～ bomba 自動車爆弾．～ celular 囚人護送車．～ fúnebre 霊柩車．～ de caballos 馬車 ❷〈鉄道〉客車, 車両：～ cama 寝台車．～ restaurante 食堂車 ❸ ～ cuna〈箱型の〉乳母車．～ silla〈椅子型の〉ベビーカー
cochecito [コチェスィト] 男 ❶ おもちゃの自動車．❷ 乳母車, ベビーカー
cochera [コチェラ] 女 〈バスなどの〉車庫
cochinillo [コチニジョ] 男 〈料理〉乳飲み豚〔の丸焼き〕
cochino, na [コチノ, ナ] 形 名 ❶ 豚．❷ 汚い〔人〕；卑劣な〔人〕, 卑猥な〔人〕
cocido, da [コスィド, ダ] 過分 煮た, 焼いた：arroz ～ ご飯
◆ 男 ポトフに似た煮込み料理
cociente [コスィエンテ] 男 =coeficiente
cocina [コスィナ] 女 ❶ 台所, 調理場：～-comedor ダイニングキッチン ❷ 調理台, コンロ：～ de gas ガスレンジ．～ eléctrica 電気調理器 ❸ 料理；料理法：libro de ～ 料理の本．～ japonesa 日本料理
cocinar [コスィナル] 他 〈料理を〉作る, 調理する：Sabe ～ bien la comida italiana. 彼はイタリア料理が上手だ
cocinero, ra [コスィネロ, ラ] 名 コック, 料理人
coco [コ コ] 男 ❶ ココナッツ, ヤシの実．❷〈口語〉頭：calentarse el ～ よく考える, 知恵をしぼる．❸ 鬼, おばけ
cocotero [ココテロ] 男 〈植物〉ココヤシ
cocodrilo [ココドリロ] 男 〈動物〉ワニ
cóctel [コクテル] 男 ❶ カクテル：preparar un ～ カクテルを作る．～ Molotov 火炎びん．

❷ カクテルパーティー．❸〈料理〉～ de gambas 小エビのカクテル
codazo [コダソ] 男 肘(ひじ)で突くこと：abrirse paso a ～s 肘で人混みをかき分ける．dar un ～ a+人 …を肘で突く
codear [コデアル] 自 〈ら〉せがむ, 金をせびる
◆ ～se 〈con 上流の人と〉交際する
codicia [コディスィア] 女 ❶ 強欲, 貪欲．❷ 渇望
codiciar [コディスィアル] 他 〈むやみに〉欲しがる
codicioso, sa [コディスィオソ, サ] 形 貪欲な, 欲ばりな
código [コディゴ] 男 ❶ 法典, 法規集：～ civil 民法．～ penal 刑法．～ de comercio 商法．❷ 信号, コード：～ de acceso パスワード．～ de barras バーコード．～ postal 郵便番号．～ secreto 暗号
codillo [コディジョ] 男 〈料理〉肩肉
codo [コド] 男 ❶ 肘(ひじ)：apoyar los ～s sobre la mesa 机に両肘をつく ❷ 曲がり角, 湾曲部
～ a ～ 力を合わせて, 団結して
hablar por los ～s しゃべりまくる
codorniz [コドルニス] 女〈複 codornices〉〈鳥〉ウズラ
coeficiente [コエフィスィエンテ] 男 係数, 指数：～ de inteligencia 知能指数
coetáneo, a [コエタネオ, ア] 形 名 同時代の〔人〕
coexistencia [コエ(ク)システンスィア] 女 共存
coexistir [コエ(ク)システィル] 自 共存する
cofradía [コフラディア] 女 ❶〈宗教〉信徒会．❷ 同業者団体
cofre [コフレ] 男 〈ふた付きの〉大箱, 櫃(ひつ)
coger [コヘル] 16 他〈中南米では❽の意味があるため, ❶～❼ の意味では他の動詞を使うことが多い〉❶ つかむ, 取る：～ una pelota ボールを取る．～ del (por el) brazo a+人 …の腕をつかむ．～ la revista del suelo 床から雑誌を拾い上げる．Nadie *cogió* el teléfono. 誰も電話に出なかった ❷ 自分のものにする, 取り上げる：Él siempre *coge* mis bolis. 彼はいつも私のボールペンを勝手に取る ❸ 捕える：～ al ladrón 泥棒をつかまえる ❹〈乗物に〉乗る：～ un taxi タクシーを拾う ❺ 獲得する, 持つようになる：～ un billete 切符を買う．～ una borrachera 酔っ払う．～ cariño a+人 …に愛情を感じる．～ resfriado 風邪をひく ❻ 収穫する：～ las fresas イチゴを摘む ❼ …の不意をつく, 巡り合わせる：Nos *cogió*

cogollo

❽ ⟨ラ⟩ …と性交する

◆ **~se** ❶ つかまれる: *Me cogí* los dedos en la puerta. 私はドアに指をはさまれた. ❷ ⟨de を⟩ つかむ: ~*se de* la barandilla 手すりにつかまる. ir *cogidos de* la mano 手をつないで行く

cogollo [コゴジョ] 男 ❶ ⟨料理⟩ 若く小さなレタス. ❷ 核心

cogote [コゴテ] 男 首すじ, うなじ

cohabitar [コアビタル] 自 同居する, 同棲する

cohecho [コエチョ] 男 買収

coherencia [コエレンスィア] 女 一貫性

coherente [コエレンテ] 形 首尾一貫した, まとまりのある: idea ~ 筋の通った考え

cohesión [コエスィオン] 女 まとまり, 団結

cohete [コエテ] 男 ❶ ⟨複⟩ 打ち上げ花火: lanzar los ~s 花火を打ち上げる

❷ ロケット: ~ espacial 宇宙ロケット

cohibir [コイビル] 63 他 ❶ 抑制する. ❷ おどおどさせる

◆ **~se** おどおどする, 固くなる

coima [コイマ] 女 ⟨ラ⟩ わいろ, リベート

coincidencia [コインスィデンスィア] 女 ❶ ⟨偶然の⟩ 遭遇. ❷ 一致

coincidir [コインスィディル] 自 ❶ ⟨con と, en について⟩ 一致する: Mi opinion *coincide con* la tuya. 私の意見は君と同じだ. *Coincidimos en* nuestros gustos. 私たちは好みが一緒だ. ❷ 同時に起こる: Su boda *coincide con* mi cumpleaños. 彼の結婚式の日はちょうど私の誕生日だ. ❸ 居合わせる: A veces *coincidimos en* el tren. 時々私たちは電車で一緒になる

coito [コイト] 男 性交, 交尾

coja [コハ] ⇨ **cojo, ja**

cojear [コヘアル] 自 ❶ 片足で歩く, 片足を引きずって歩く. ❷ 不安定である: Esta silla *cojea*. この椅子はがたつく

cojera [コヘラ] 女 片足が不自由なこと

cojín [コヒン] 男 ⟨複⟩ coj*i*nes クッション

cojinete [コヒネテ] 男 ⟨機械⟩ ベアリング, 軸受: ~ de bolas ボールベアリング

cojo, ja [コホ, ハ] 形 名 ❶ 片足の不自由な⟨人⟩. ❷ 不安定な: mesa *coja* がたつく机

◆ 動詞活用形 ⇨ **coger** 16

cojón [コホン] 男 ⟨複⟩ coj*o*nes ⟨俗語⟩ 金玉, 睾丸

¡*Cojones*! ちくしょう!

cojonudo, da [コホヌド, ダ] 形 ⟨俗語⟩ すばらしい, すごい

col [コル] 女 ⟨総称⟩ キャベツ類: ~ de Bruselas 芽キャベツ

cola [コラ] 女 ❶ 尾, しっぽ: mover la ~ しっぽを振る

❷ ⟨順番などの⟩ 後尾; 列: ponerse a la ~ 列のいちばんうしろにつく. formar ~/hacer ~ 列を作る

❸ にかわ

colaboración [コラボラスィオン] 女 協力: en ~ 協力して, 共同で

colaborador, ra [コラボラドル, ラ] 名 協力者

colaborar [コラボラル] 自 協力する: ~ con +人 +en la obra …と共同で事業を行なう

colada¹ [コラダ] 女 ❶ 洗濯: hacer la ~ 洗濯をする. ❷ 洗濯物: tender la ~ 洗濯物を干す

colado, da² [コラド, ダ] 形 過分 ❶ aire ~ すきま風. ❷ ⟨ス. 口語⟩ ほれ込んだ: estar ~ por+人 …に夢中である

colador [コラドル] 男 ⟨料理⟩ こし器, ざる: ~ de té 茶こし

colágeno [コラヘノ] 男 ⟨生化⟩ コラーゲン

colapso [コラプソ] 男 ❶ ⟨活動の⟩ 停滞: ~ de tráfico 交通麻痺. ❷ 衰退, 不振. ❸ ⟨医学⟩ 虚脱

colar [コラル] 21 他 ⟨液体を⟩ こす, ろ過する

◆ **~se** しみ込む; 入り込む, もぐり込む

colateral [コラテラル] 形 ❶ わきに並んだ. ❷ 傍系の, 付随的な: efectos ~es 副作用. daños ~es 付帯的損害

colcha [コルチャ] 女 ベッドカバー

colchón [コルチョン] 男 ⟨複⟩ colch*o*nes マットレス, 敷きぶとん

cole [コレ] 男 ⟨口語⟩ 学校 〚colegio の省略語〛: ir al ~ 学校に行こう

colear [コレアル] 自 尾を振る

◆ 他 ⟨ラ⟩ …歳に近づく

colección [コレ〔ク〕スィオン] 女 コレクション, 収集品: ~ de sellos antiguos 古い切手のコレクション

coleccionar [コレ〔ク〕スィオナル] 他 収集する

coleccionista [コレ〔ク〕スィオニスタ] 名 収集家

colecta [コレクタ] 女 募金: hacer una ~ 寄付を募る

colectivo, va [コレクティボ, バ] 形 集団の, 共同の: contrato ~ 団体契約. trabajo ~ 共同作業

◆ 男 ⟨ラ⟩ バス, 乗合タクシー

colega [コレガ] 名 ❶ 同僚, 同業者. ❷ ⟨口語⟩ 仲間, 友人

colegial, la [コレヒアル, ラ] 形 学校 colegio の; 生徒の

◆ 图 生徒

colegio [コレヒオ] 男 ❶ 学校; 小学校: ~ privado/~ de pago 私立学校. ~ público/~ estatal 公立学校. ~ universitario カレッジ
❷ 同業組合: ~ de abogados 弁護士会. ~ de médicos 医師会
❸ ~ mayor 学生寮
❹ ~ electoral 投票所

cólera [コレラ] 女 激怒, かんしゃく: montar en ~ かっとなる
◆ 男 〈医学〉コレラ

colérico, ca [コレリコ, カ] 形 激怒した; 怒りっぽい

colesterol [コレステロル] 男 コレステロール: ~ bueno (malo) 善玉(悪玉)コレステロール

coleta [コレタ] 女 お下げ髪;〈闘牛士の〉弁髪

colgado [コルガド] 男 過分〈情報〉ハング, フリーズ

colgante [コルガンテ] 形 ぶら下がる: puente ~ 吊り橋
◆ 男 ペンダント

colgar [コルガル] 17 他 ❶ 吊るす, 吊り上げる: ~ el abrigo en una percha コートをハンガーにかける
❷ 〈受話器などを〉置く: ~ el teléfono 電話を切る
◆ 自 ぶら下がる, 垂れ下がる: En el centro del salón *cuelga* una araña. 広間の中央にシャンデリアが下がっている

colibrí [コリブリ] 男〈複 ~es〉〈鳥〉〈総称〉ハチドリ

cólico [コリコ] 男〈医学〉仙痛, 激しい腹痛

coliflor [コリフロル] 女 カリフラワー

colilla [コリジャ] 女〈たばこの〉吸いがら, 吸いさし

colina [コリナ] 女 丘: ciudad sobre la ~ 丘の上の町

colindante [コリンダンテ] 形 隣の, 隣接する

colindar [コリンダル] 自 〈con と〉隣接する

colirio [コリリオ] 男 目薬: echarse ~ 目薬をさす

Coliseo [コリセオ] 男〈古代ローマの〉コロセウム

colisión [コリシオン] 女 衝突: casi ~ ニアミス. ~ frontal/~ de frente 正面衝突

colisionar [コリシオナル] 自〈contra・con に・と〉衝突する

colitis [コリティス] 女〈医学〉大腸炎; 下痢

collar [コジャル] 男 ❶ 首飾り, ネックレス.
❷ 首輪

colmar [コルマル] 他 〈de で〉満たす: una cucharada *colmada* de harina スプーンに山盛り1杯の小麦粉. ~ sus sueños 夢を実現する

colmena [コルメナ] 女〈ミツバチの〉巣, 巣箱

colmillo [コルミジョ] 男 犬歯, きば: enseñar los ~s 牙をむく; 自分の力を見せつける

colmo [コルモ] 男 絶頂, 極み: en el ~ de la felicidad 幸福の絶頂に
¡Es el ~! あんまりだ/ひどすぎる!
para ~ さらに悪いことに

colocación [コロカスィオン] 女 ❶ 置くこと, 配置. ❷ 職, 地位: buscar ~ 職を探す

colocar [コロカル] 73 他 ❶ 置く, 配置する: ~ las sillas alrededor de la mesa テーブルのまわりに椅子を置く
❷ 職につける: ~ a+人 en una compañía …を会社に入れる
◆ ~se ❶ 位置につく. ❷ 就職する

Colombia [コロンビア] 女〈国名〉コロンビア

colombiano, na [コロンビアノ, ナ] 形 名 コロンビアの; コロンビア人

colon [コロン] 男〈解剖〉結腸

colón [コロン] 男〈貨幣単位〉コロン

colonia [コロニア] 女 ❶ オーデコロン〔agua de ~〕. ❷ 植民地. ❸ 居留民; 集団: ~ española en Londres ロンドン在住のスペイン人たち. ❹〈生物〉集落, コロニー. ❺〈ラ〉行政区, 区

colonización [コロニサスィオン] 女 植民地化

colonizador, ra [コロニサドル, ラ] 形 植民地化する
◆ 名 植民地建設者

colonizar [コロニサル] 13 他 植民地化する

colono [コロノ] 男 ❶ 植民者, 開拓者. ❷ 小作人;〈ラ〉移民労働者

coloquial [コロキアル] 形 ❶ 会話の. ❷ 口語的の, 話しことばの

coloquio [コロキオ] 男 ❶ 会話, 対話. ❷ 討論〔会〕

color [コロル] 男 ❶ 色, 色彩: Su coche es de ~ verde. 彼の車は緑色だ
❷ 絵の具; 染料
❸ 特色: ~ local 地方色
en ~ カラーの: televisión *en* ~ カラーテレビ
subido de ~ いかがわしい, きわどい

colorado, da [コロラド, ダ] 形 赤い: ponerse ~ 赤面する

colorante [コロランテ] 男 着色剤, 染料

colorear [コロレアル] 他 着色する, 染色する

colorete [コロレテ] 男〈化粧〉ほお紅, チーク

colorido [コロリド] 男 ❶ 色調, 色あい; 配

colorín [コロリン] 男 派手な色
colosal [コロサル] 形 巨大な; すごい
coloso [コロソ] 男 巨像; 巨人
columna [コルムナ] 女 ❶ 円柱, 柱: ~ vertebral 脊柱, 背骨. ~ de fuego 火柱 ❷ 〈新聞などの〉欄, コラム; 〈印刷〉たての段
columpiar [コルンピアル] 〜**se** ブランコをこぐ
columpio [コルンピオ] 男 ブランコ
coma [コマ] 女 ❶ コンマ, 句点. ❷ 小数点: cero ~ cinco cinco/cero ~ cincuenta y cinco 0.55
◆ 男 〈医学〉昏睡: estado de ~ 昏睡状態. entrar en ~ 昏睡に陥る
comadre [コマドレ] 女 ❶ うわさ話(悪口)好きの女. ❷ 助産婦〚=comadrona〛. ❸ 〈カトリック〉代母
comadrona [コマドロナ] 女 助産婦
comandancia [コマンダンスィア] 女 司令官の地位(管轄地域); 司令部
comandante [コマンダンテ] 名 ❶ 少佐. ❷ 指揮官, 司令官. ❸ 〈飛行機の〉機長
comandar [コマンダル] 他 指揮する
comando [コマンド] 男 特殊部隊
comarca [コマルカ] 女 地方, 地域
comba [コンバ] 女 なわとび; なわとびのなわ: jugar (saltar) a la ~ なわとびをする
combate [コンバテ] 男 ❶ 戦い, 戦闘. ❷ 〈ボクシング〉fuera de ~ ノックアウト
combatiente [コンバティエンテ] 名 戦闘員
combatir [コンバティル] 自 戦う: ~ por la independencia 独立のために戦う
◆ 他 …と戦う: ~ su soledad 孤独と戦う
combinación [コンビナスィオン] 女 ❶ 組み合わせ: ~ de colores 配色. ❷ 〈化学〉化合; 化合物. ❸ 〈服飾〉スリップ
combinar [コンビナル] 他 ❶ 組み合わせる, 結合させる: ~ los zapatos con el vestido 服に合った靴をコーディネートする. ~ sus esfuerzos 協力する, 団結する. plato *combinado* 盛り合わせの定食. ❷ 調整する: Los empleados *combinan* sus vacaciones para que la tienda no tenga que cerrar. 従業員たちは店が休業にならなくてすむよう休暇の日程を調整する
◆ 自 〈con と〉調和する
◆ 〜**se** 互いに取り決める: Todos *se combinaron* para llegar allí a la una. 彼らは全員でそこに1時に行くことにした
combustible [コンブスティブレ] 形 可燃性の: basura ~ (no ~) 燃える(燃えない)ごみ

◆ 男 燃料; 可燃物: ~ sólido 固体燃料
combustión [コンブスティオン] 女 燃焼: ~ espontánea 自然発火. ~ incompleta 不完全燃焼
comedia [コメディア] 女 喜劇; 演劇
comediante, ta [コメディアンテ, タ] 名 喜劇俳優; 役者
comedido, da [コメディド, ダ] 形 節度のある, 穏健な
comedor¹ [コメドル] 男 食堂
comedor², **ra** [コメドル, ラ] 形 大食漢の, 食欲旺盛な
comensal [コメンサル] 名 食卓を共にする人; 〈レストランなどの〉客
comentar [コメンタル] 他 解説する, コメントする; …を話題にする: ~ la noticia ニュースを論評する(話題にする)
comentario [コメンタリオ] 男 ❶ 解説, コメント: hacer ~s sobre… …について論評する(話題にする). Sin ~s. ノーコメントです. ❷ 複 うわさ, ゴシップ. ❸ 注釈, 注解
comentarista [コメンタリスタ] 名 解説者, コメンテーター
comenzar [コメンサル] 他 始める, 開始する: ~ sus estudios 勉強にとりかかる
◆ 自 ❶ 始まる: *Ha comenzado* la guerra. 戦争が始まった
❷ 〈a+不定詞〉…し始める: ~ *a* trabajar 働き始める
❸ 〈por+不定詞〉…することから始める: *Comenzó por* contar su experiencia. 彼はまず自分の体験を話した
comer [コメル] 他 ❶ 食べる: ~ pan パンを食べる. ~ sopa スープを飲む
❷ 消費する; むしばむ
◆ 自 ❶ 食べる, 食事する: ~ en casa 自宅で食事をとる. ~ poco 少食である. ❷ 〈ス〉昼食をとる
◆ **〜se** 〈すべて〉食べてしまう: *Se comió* todos los sándwiches. 彼はサンドイッチをすっかりたいらげた
comercial [コメルスィアル] 形 商業の, 貿易の: ciudad ~ 商業都市. relaciones ~*es* 取引関係. tratado ~ 通商条約
comercialismo [コメルスィアリスモ] 男 営利主義, コマーシャリズム
comercialización [コメルスィアリサスィオン] 女 商品化; 売り出し
comercializar [コメルスィアリサル] 他 商品化する; 売り出す
comerciante [コメルスィアンテ] 名 商人, 商店主
comerciar [コメルスィアル] 自 商売をする: ~ con países latinoamericanos 中南米諸

comercio [コメルスィオ] 男 ❶ 商業；商売，取引：salir al ～ 〈商品が〉市場に出る．～ exterior 貿易．～ libre 自由貿易 ❷ 商店；〈集合的に〉商人：pequeño ～ 小売商(小売店)たち

comestible [コメスティブレ] 形 食べられる，食用の
◆ 男 複 食料品：tienda de ～s 食料品店

cometa [コメタ] 男 彗星(ホォセム)
◆ 女 凧(ﾀ)：volar una ～ 凧を上げる

cometer [コメテル] 他 〈犯罪・過失などを〉犯す：～ un robo 窃盗を働く．～ un error 誤りを犯す

cometido [コメティド] 男 過分 役目，任務

comezón [コメソン] 女 かゆみ，むずがゆさ

comic [コミ(ク)] 男 (複 ～s) ❶ 漫画，劇画．❷ 漫画本，漫画雑誌

comicios [コミスィオス] 男 複 選挙

cómico, ca [コミコ, カ] 形 ❶ 喜劇の：actor ～ 喜劇俳優
❷ こっけいな：gesto ～ おかしな身振り
◆ 名 喜劇俳優，コメディアン

comida [コミダ] 女 ❶ 食べ物，料理：comprar ～ 食糧を買う．tienda de ～ preparada おそうざい屋．～ japonesa 日本食．～ rápida ファーストフード．～ para perros (gatos) ドッグ(キャット)フード
❷ 食事；昼食：preparar la ～ 食事のしたくをする．～ de negocios ビジネスランチ．～ corrida 〈ラ〉定食

comidilla [コミディジャ] 女 悪いうわさの的：ser la ～ de la ciudad 町じゅうの笑いものである

comienzo [コミエンソ] 男 始まり，開始；初め：～ de una nueva era 新時代の幕明け
a ～s de... ...の初めに：*a ～s de*l año 年頭に
dar ～ 1) 始まる．2) 〈a を〉始める

comillas [コミジャス] 女 複 引用符『"..."』：entre ～ 引用符(ﾅｶ)でくくって；強調して

comilón, na[1] [コミロン, ナ] 形 名 大食の；大食漢

comilona[2] [コミロナ] 女 〔口語〕ごちそう，大振るまい

comino [コミノ] 男 〔植物・香料〕クミン
*(no) importar a+*人*un ～* ...にとってまったくどうでもいい

comisaría [コミサリア] 女 警察署『～ *de policía*』

comisario, ria [コミサリオ, リア] 名 ❶ 委員，役員；コミッショナ-．❷ 警察署長，警視

comisión [コミスィオン] 女 ❶ 委員会：*C*～ Europea EU 委員会
❷ 委任，委託；任務：realizar una ～ 任務を果たす
❸ 手数料，コミッション：pagar una ～ del cinco por ciento 5％の手数料を支払う

comisionar [コミスィオナル] 他 ...に権限を委任する

comisura [コミスラ] 女 〔解剖〕～ de los labios 口角

comité [コミテ] 男 委員会：*C*～ Internacional Olímpico 国際オリンピック委員会

como [コモ] 接 ❶〈同様〉…のように，…のとおりに；…のような：frío ～ el hielo 氷のように冷たい．quedarse ～ muerto 死んだようになる．dejar las cosas ～ están 物事をあるがままにしておく．Lo haré ～ tú digas. 君の言うとおりにやってみます．Quiero unos zapatos ～ los tuyos. 私は君のと同じような靴がほしい
❷〈例示〉…のような，例えば：en las grandes ciudades ～ Tokio 東京のような大都市では．Viajé a varios países, ～ España, Francia, etc. 私はスペイン，フランスなど色々な国を旅した
❸〈資格〉…として：aconsejar ～ médico 医者として忠告する
❹〈概数〉およそ…，…ごろ：Vinieron ～ cien personas. 約100人が来た．Es ～ la una. 1時ごろだ
❺〈原因・理由〉なので：*C*～ tenía fiebre, tomé la medicina. 私は熱があったので，薬を飲んだ
◆ 副〈方法・様態の関係副詞〉：Explicó la manera ～ se resuelve el problema. 彼は問題の解き方を説明した

*～ si+*接続法過去(過去完了) まるで…である(…であった)かのように：Lloró ～ si fuera un niño. 彼はまるで子供のように泣いた．Lloró ～ si hubiera perdido a su novio. 彼女はまるで恋人を失ったかのように泣いた

*hacer ～ que+*直説法 …であるふりをする
◆ 動詞活用形 ⇨**comer**

cómo [コモ] 副 ❶〈様態〉どのように：¿*C*～ estás? ごきげんいかが？ ¿*C*～ es su madre? あなたのお母さんはどんな方ですか？ ¿*C*～ se hace la paella? パエリャはどうやって作るのですか？ 〈間接疑問〉No sé ～ fue el resultado. 私は結果がどうだったか知らない
❷〈理由〉なぜ：¿*C*～ has hecho tal cosa? どうしてそんなことをしたの？
❸〈聞き返し〉何ですって？
❹〈感嘆〉何と!：¡*C*～ llueve! 何てひどい雨だ!
◆ 男 様子，方法：el ～ y el porqué 原因

理由

a ~ いくら?: ¿A ~ está el kilo de tomate hoy? きょうはトマトは1キロいくらですか?
¡C~ no!/¿C~ no? もちろん/いいとも!
¿C~ que…?/¡C~ que…! 〈強い不審・反発〉…とはどういうことなのだ

cómoda¹ [コモダ] 囡 整理だんす

comodidad [コモディダ] 囡 ❶ 快適さ；便利さ. ❷ 複〈便利で快適な〉設備

comodín [コモディン] 男〈トランプ〉ジョーカー

cómodo, da² [コモド, ダ] 形 **快適な；便利な**: vida ~*da* 安楽な生活. cama ~*da* 寝心地のいいベッド. aparato ~ 使いやすい器具

comodón, na [コモドン, ナ] 形 名〈口語〉楽をしたがる〔人〕

compacto, ta [コンパクト, タ] 形 ❶ ぎっしり詰まった, 密な. ❷〈自動車・機械が〉小型の
◆ 男 コンパクトディスク, CD〖disco ~〗

compadecer [コンパデセル] 20 他 …に同情する, 哀れむ
◆ ~se 〈de に〉同情する

compadre [コンパドレ] 男 ❶ 友人, 仲間. ❷〈カトリック〉代父. ❸〈呼びかけ〉やあ

compaginar [コンパヒナル] 他 両立させる: ~ el estudio con el deporte 勉強とスポーツを両立させる

compañerismo [コンパニェリスモ] 男 仲間意識

compañero, ra [コンパニェロ, ラ] 名 **仲間**, 相棒: ~ de equipo チームメート. ~ de oficina 会社の同僚. ~ de piso ルームメート

compañía [コンパニア] 囡 ❶ **会社**: ~ de seguros 保険会社
❷ **同伴**；同伴者: hacer ~ a+人 …の相手をする, 連れになる
❸ 劇団, 一座: ~ de circo サーカス団
en ~ de+人 …と一緒に

comparación [コンパラスィオン] 囡 比較: en ~ con… …と比較して. sin ~ 比べようもなく, 断然

comparar [コンパラル] 他 ❶ 比べる, 比較する: ~ la traducción con el original 翻訳を原書と比較する. literatura *comparada* 比較文学. ❷〈a に〉たとえる: ~ el rocío *a* la perla 露を真珠になぞらえる

comparativo, va [コンパラティボ, バ] 形 比較の: estudio ~ 比較研究

comparecer [コンパレセル] 20 自 出頭する: ~ ante el tribunal 裁判所に出頭する

comparsa [コンパルサ] 名〈演劇〉端役

compartimento [コンパルティメント] 男〈鉄道〉車室, コンパートメント

compartimiento [コンパルティミエント] 男 =**compartimento**

compartir [コンパルティル] 他 共用する, 共有する: ~ la habitación con un amigo 友人と部屋を共用する. ~ el dolor de+人 …と苦しみを分かち合う. ~ la opinión de+人 …と同意見である. ❷ 分け合う: ~ los gastos entre todos 費用を全員で分担する

compás [コンパス] 男 ❶〈幾何〉コンパス. ❷〈船舶〉羅針盤. ❸ リズム, 拍子: al ~ de… …のリズムで, …のテンポに合わせて

compasión [コンパスィオン] 囡 同情, 哀れみ: sentir ~ por… …に同情する

compasivo, va [コンパスィボ, バ] 形 同情的な, 思いやりのある

compatibilidad [コンパティビリダ] 囡 ❶ 両立性, 適合性. ❷ 互換性

compatible [コンパティブレ] 形 ❶ 両立できる: ser ~ con la teoría 理論と矛盾しない. ❷ 互換性のある

compatriota [コンパトリオタ] 名 同国人, 同郷人

compendio [コンペンディオ] 男 要約, 概要

compensación [コンペンサスィオン] 囡 償い, 補償, 埋め合わせ: en ~〈de の〉埋め合わせに, 代償として

compenetrar [コンペネトラル] **~se** 理解し合う, 共感する

compensar [コンペンサル] 他 補償する, 埋め合わせる: Me *compensaron* con mil dólares por los daños. 私は被害の補償として千ドルもらった

competencia [コンペテンスィア] 囡 ❶ 競争: Hay mucha ~ en el mercado. 市場での競争が激しい. hacer ~ a… …と張り合う. en ~ con… …と競争で. libre ~ 自由競争. ❷ 権限, 管轄. ❸ 資格, 能力

competente [コンペテンテ] 形 ❶ 権限のある: autoridad ~ 所轄官庁. ❷ 有能な, 資格のある: secretaria ~ 有能な秘書

competición [コンペティスィオン] 囡 ❶ 競争. ❷ 試合, コンペ

competidor, ra [コンペティドル, ラ] 名 競争者

competir [コンペティル] 56 自 競争する, 争う: ~ por el premio 賞を争う. ~ en precio 価格で競争する

competitividad [コンペティティビダ] 囡 ❶ 競争力. ❷ 競争関係

competitivo, va [コンペティティボ, バ] 形 ❶ 競争の. ❷ 競争力のある

compilar [コンピラル] 他 ❶ 集成する. ❷

〈情報〉コンパイルする

complacencia [コンプラセンスィア] 囡 満足, 喜び: con ～ 満足して

complacer [コンプラセル] 20 他 喜ばせる, …の気に入るようにする: Me *complace* su visita. ご来訪うれしく思います

◆ ～se 〈en を〉喜ぶ, 満足する

complaciente [コンプラスィエンテ] 形 愛想のよい, 好意的な

complejidad [コンプレヒダ] 囡 複雑さ

complejo, ja [コンプレホ, ハ] 形 ❶ 複雑な: problema ～ 込み入った問題. situación ～*ja* 錯綜した状況. ❷ 複合した

◆ 男 ❶ 複合したもの: ～ vitamínico 複合ビタミン剤. ❷ コンビナート『～ industrial』; 総合施設: ～ petroquímico 石油化学コンビナート. ～ deportivo スポーツセンター. ❸ コンプレックス: ～ de inferioridad 劣等感. ～ de superioridad 優越感

complementar [コンプレメンタル] 他〈con で〉補う, 補完する

complementario, ria [コンプレメンタリオ, リア] 形 補完的な: explicaciones ～*rias* 補足説明

complemento [コンプレメント] 男 ❶ 補足, 補完. ❷〈文法〉補語: ～ directo 直接補語. ～ indirecto 間接補語

completamente [コンプレタメンテ] 副 完全に, まったく: Mi opinión es ～ diferente de la tuya. 私の意見は君のとはまったく異なる

completar [コンプレタル] 他 完全にする, 完成させる, 終える

completo, ta [コンプレト, タ] 形 ❶ 完全な, 完璧な; 仕上がった: felicidad ～*ta* 完璧な幸せ. obras ～*tas* 全集

❷ 満員の: El hotel está ～. ホテルは満室だ *por* ～ 完全に, 徹底的に: Lo olvidé por ～. 私はそれをすっかり忘れてしまった

complexión [コンプレ〔ク〕スィオン] 囡 体格, 体質

complicación [コンプリカスィオン] 囡 ❶ 複雑, 紛糾: Hay otra ～. もう一つやっかいなことがある. ❷〈医学〉合併症

complicado, da [コンプリカド, ダ] 形 過分 ❶ 複雑な, 込み入った: problema ～ やっかいな問題, ややこしい問題. ❷〈en に〉関与した: estar ～ *en* el suceso 事件に関わっている

complicar [コンプリカル] 73 他 ❶ 複雑にする, ややこしくする: No hacen más que ～ las cosas. 彼らは事をややこしくするだけだ. ❷〈en 事件などに〉巻き込む

◆ ～se ❶ 複雑になる. ❷ 巻き添えになる. ❸〈病気が〉こじれる

cómplice [コンプリセ] 名 共犯者

complicidad [コンプリスィダ] 囡 共犯: en ～ con+人 …と共謀して

complot [コンプロ〔ト〕] 男 陰謀

componente [コンポネンテ] 形 名 構成する; 構成員

◆ 男 構成要素; 部品

componer [コンポネル] 54 〈過分 com-*puesto*〉他 ❶ 構成する, 組み立てる: Diez personas *componen* un grupo. 10人が一つのグループを作っている. ❷ 作曲する, 創作する: ～ una canción 歌を作曲する. ～ versos 詩を書く. ❸ 修理する; 取りつくろう

◆ ～se 〈de で〉構成されている: El comité se *compone de* ocho doctos. 委員会は8人の有識者で構成される

comportamiento [コンポルタミエント] 男 行動, ふるまい

comportar [コンポルタル] ～se 行動する, ふるまう: ～*se* bien 立派にふるまう. ～*se* mal 行儀が悪い

composición [コンポシスィオン] 囡 ❶ 構成; 成分. ❷ 作曲; 創作. ❸ 作品. ❹ 作文

compositor, ra [コンポシトル, ラ] 名 作曲家

compostura [コンポストゥラ] 囡 ❶ 節度; 身だしなみ: Ten ～. お行儀よくしなさい. ❷ 修理

compra [コンプラ] 囡 買い物, 購入: hacer la ～〈食料品・日用品の〉買い物をする. salir de ～*s* 買い物に出かける. ～ por catálogo カタログショッピング, 通信販売

comprador, ra [コンプラドル, ラ] 名 買い手; バイヤー

comprar [コンプラル] 他 買う, 購入する: *Compró* el coche por diez mil euros. 彼はその車を1万ユーロで買った. Le *compré* a mi padre una corbata. 私は父にネクタイを買ってあげた. Le *compré* a un amigo su chalet./*Compré* de un amigo su chalet. 私は友人から彼の別荘を買い取った

compraventa [コンプラベンタ] 囡 売買: contrato de ～ 売買契約

comprender [コンプレンデル] 他 ❶ 理解する; 了解する: ～ el ruso ロシア語がわかる. No *comprendo* por qué se enfadó. 彼がどうして怒ったのか私にはわからない. ¿*Comprendido*?—Sí, *comprendido*. わかった？—うん, わかった

❷ 含む, 包含する

comprensible [コンプレンシブレ] 形 理解できる, 納得がいく

comprensión [コンプレンシオン] 囡 ❶ 理

comprensivo, va [コンプレンシボ, バ] 形 ❶ 物わかりのよい. ❷ 包括的な

compresa [コンプレサ] 女 生理用ナプキン〖～ higiénica〗

compresión [コンプレスィオン] 女 圧縮

compresor [コンプレソル] 男 コンプレッサ

comprimido [コンプリミド] 男 錠剤

comprimir [コンプリミル] 他 圧縮する：aire *comprimido* 圧搾空気. ～ un documento 〈情報〉ファイルを圧縮する
◆ ～**se** 詰め合う

comprobante [コンプロバンテ] 男 〈支払いなどの〉証明書

comprobar [コンプロバル] 21 他 確認する, 証明する：Voy a ～ si es verdad. 私は本当かどうか確かめてみる

comprometer [コンプロメテル] 他 ❶ 危険にする, 困難にする：～ el éxito 成功を妨げかねない. ❷〈a〉義務づける：Esto no le *compromete a* nada a usted. これであなたに何らかの義務が発生することは一切ありません
◆ ～**se** ❶〈a+不定詞〉…すると約束する：～*se a* hacer todo lo posible できるだけのことをすると約束する. ❷〈en に〉関与する：～*se en* la campaña contra el sida エイズ撲滅キャンペーンに関わる

comprometido, da [コンプロメティド, ダ] 形 過分 危険な, 困難な：situación ～*da* やっかいな事態

compromiso [コンプロミソ] 男 ❶ 取り決め, 約束：Tengo un ～ para esta tarde. 私はきょうの午後は約束がある. ❷ 婚約〖～ matrimonial〗：anillo de ～ 婚約指輪. ❸ 窮地：poner a+人 en un ～ …を窮地に陥れる

sin ～ 自由に；無償で：Solicite una muestra *sin* ～ alguno. お買い上げの義務はありませんので, サンプルをご請求ください

compuesto, ta [コンプエスト, タ] 形〈componer の 過分〉❶ 構成された：El tren está *compuesto* de (por) siete vagones. 電車は7両編成だ. ❷ 合成の
◆ 男〈化学〉化合物

computación [コンプタスィオン] 女〈ラ〉コンピュータ操作, 情報処理；計算

computador [コンプタドル] 男〈ラ〉= **computadora**

computadora [コンプタドラ] 女〈ラ〉コンピュータ；計算機：～ personal パソコン. ～ de mesa デスクトップコンピュータ. ～ portátil ラップトップコンピュータ

cómputo [コンプト] 男 計算, 算定

comulgar [コムルガル] 55 自〈カトリック〉聖体拝領をする

común [コムン] 形〈複 com*unes*〉❶ 共通の；共同の：amigo ～ 共通の友人. intereses *comunes* a todos みんなに共通の利害. empresa ～ ジョイントベンチャー
❷ 普通の, 平凡な：nombre muy ～ ごくありふれた名前
en ～ 共通して；共同で：Tenemos muchas cosas *en* ～. 私たちは多くのものを共有している
fuera de lo ～ 並はずれた

comunicación [コムニカスィオン] 女 ❶ 伝達, 連絡, 通信：～ de masas マスコミュニケーション. ～ por internet インターネット通信
❷ 交通
❸ 報告, 発表

comunicado, da [コムニカド, ダ] 形 過分 bien (mal) ～ 交通の便のよい(悪い)
◆ 男 公式声明, コミュニケ：～ conjunto 共同声明

comunicar [コムニカル] 73 他 ❶ 伝達する：～ la noticia ニュースを知らせる
❷ つなげる：El puente *comunica* dos pueblos. 橋は2つの村をつないでいる
◆ 自〈con と〉❶ 連絡をとる：～ *con*+人 por teléfono …と電話で連絡をとる. Está *comunicando*. 〈電話が〉話し中だ
❷ つないでいる：La cocina ～ *con* el comedor por esta puerta. 台所はこのドアで食堂と通じている
◆ ～**se** ❶〈互いに〉伝達しあう：*Nos comunicamos* con frecuencia. 私たちはひんぱんに連絡をとりあっている. ❷〈con と〉連絡をとる；意志の疎通をする：No sabe ～*se* bien *con* los demás. 彼は他人とコミュニケーションをとるのが下手だ

comunicativo, va [コムニカティボ, バ] 形 話し好きな, 気さくな

comunidad [コムニダ] 女 ❶ 共同体：～ autónoma 〈スペインの〉自治州. C～ Europea〈歴史〉ヨーロッパ共同体. ～ de vecinos 〈マンションなどの〉住民自治会. ❷ 共通性；共有. ❸〈ラ〉村, 町. ❹ 教団, 修道会〖～ religiosa〗

comunión [コムニオン] 女〈カトリック〉聖体拝領：recibir la ～ 聖体を拝領する. primera ～ 初聖体拝領

comunismo [コムニスモ] 男 共産主義

comunista [コムニスタ] 形 共産主義の, 共産党の：partido ～ 共産党
◆ 名 共産主義者, 共産党員

comunitario, ria [コムニタリオ, リア] 形 共同体の

con [コン] 前 <+mí・ti・sí は **conmigo・contigo・consigo** となる> ❶ 〈同伴〉…と一緒に: *¿Con quién vas?*—*Voy ~ mi madre.* 誰と行くの?—母と行くんだ. *Hoy estaré contigo.* きょうは君と一緒にいるよ
❷ 〈所持・付属〉…を持って; …の付いた: *salir ~ paraguas* 傘を持って出かける. *piso ~ terraza* テラス付きのマンション
❸ 〈手段・材料〉…で: *comer ~ cuchara* スプーンで食べる. *atar ~ cuerda* なわで縛る
❹ 〈様態〉…の様子で: *recibir ~ cara risueña* 笑顔で迎える. *~ sorpresa* 驚いて
❺ 〈原因〉…によって: *estar ciego ~ el amor* 恋に目がくらんでいる. *Con llegar tan tarde se quedó sin comer.* あんまり遅く着いたので彼は食事ができなかった
❻ 〈関係〉…と, …に対して; …に対しても: *casarse ~+人* …と結婚する. *ser amable ~+人* …に対してやさしい. *aprender inglés ~+人* …に英語を習う
❼ 〈小数点〉*dos ~ quince* 2.15

~ lo+形容詞・副詞 que+直説法 …なのに…である

~ que+接続法 …すれば

~ tal (de) que+接続法 …という条件で: *Con tal de que me digas la verdad, te ayudaré.* 君が真実を話すなら助けてあげよう

~ todo 1) それでも, しかしながら: *Con todo, creo que es imposible.* それでも私は無理だと思う. 2) <+名詞> …をもってしても: *~ todos sus esfuerzos* あらゆる努力にもかかわらず

conato [コナト] 男 未遂: *~ de incendio* ぼや

concavidad [コンカビダ] 女 くぼみ; 凹状

cóncavo, va [コンカボ, バ] 形 凹状の: *lente ~va* 凹レンズ

concebir [コンセビル] 56 他 ❶ 心にいだく, 考えつく: *~ ilusiones* 幻想をいだく. ❷ みごもる
◆ 自 受胎する, 妊娠する

conceder [コンセデル] 他 ❶ 与える: *Me concedieron una beca.* 私は奨学金をもらった. *~ un premio* 賞を与える. ❷ 容認する

concejal, la [コンセハル, ラ] 名 市(町・村)議会議員

concejo [コンセホ] 男 市(町・村)議会

concentración [コンセントラスィオン] 女 ❶ 集中; 専心. ❷ 〈スポーツ〉合宿, キャンプ

concentrar [コンセントラル] 他 ❶ 〈en に〉集中させる: *~ la atención en...* …に注意を集中する. *~ tropas en la frontera* 兵力を国境に集結させる. ❷ 〈液体を〉濃縮する
◆ *~se* ❶ 集中する: *Miles de personas se concentraron en la plaza.* 数千人が広場に集まった. ❷ 精神統一する: *~se en el trabajo* 仕事に精神を集中する. ❸ 〈スポーツ〉合宿する, キャンプに入る

concepción [コンセプスィオン] 女 ❶ 概念形成, 把握. ❷ 妊娠, 受胎: *Inmaculada C~* 〈カトリック〉無原罪のお宿り

concepto [コンセプト] 男 ❶ 概念; 考え, 意見: *~ de la vida* 人生観. ❷ 〈商業〉品目

en ~ de... …として, …の資格で

concerniente [コンセルニエンテ] 形 <a に> 関する

concernir [コンセルニル] 25 自 <a に> 関係する

por (en) lo que concierne a... …については

concertar [コンセルタル] 57 他 ❶ 取り決める: *~ un tratado* 条約を締結する. *~ el precio* 価格を決める. *~ una cita* 会合の日時・場所を取り決める. ❷ 一致させる, 調和させる, 和解させる: *~ voluntades* 力を合わせる. ❸ 〈音楽〉音を合わせる
◆ 自 調和する

concertista [コンセルティスタ] 名 演奏者

concesión [コンセスィオン] 女 ❶ 〈賞などの〉授与; 譲渡: *~ de derechos de autor* 著作権の譲渡. ❷ 認可; 利権: *~ de una mina* 鉱山の採掘権. ❸ 譲歩, 容認: *hacer concesiones a...* …に譲歩する

concesionario [コンセスィオナリオ] 男 認可された人(企業), 特約店

concha [コンチャ] 女 ❶ 貝殻. ❷ 甲羅, ベっ甲

conciencia [コンスィエンスィア] 女 ❶ 意識, 自覚: *~ de sí mismo* 自意識. *tomar ~ de...* …を自覚する
❷ 良心, 道義心: *Me remuerde la ~.* 私は良心がとがめる. *tener la ~ limpia* 良心に恥じるところがない

concienzudo, da [コンスィエンスド, ダ] 形 良心的な, 誠実な; 行き届いた

concierto [コンスィエルト] 男 ❶ 音楽会: *dar un ~* コンサートを開く. ❷ 協奏曲, コンチェルト. ❸ 協定. ❹ 一致, 協調

conciliar [コンスィリアル] 他 <con と> ❶ 和解させる, 調停する. ❷ 両立させる: *~ el trabajo con la crianza de los niños* 仕事と育児を両立させる

~ el sueño 眠る

concilio [コンスィリオ] 男 〈カトリック〉宗教会議, 公会議

conciso, sa [コンスィソ, サ] 形 簡潔な, 簡明な

conciudadano, na [コンスィウダダノ, ナ]

名 ❶ 同じ町の人, 同郷人. ❷ 同国人

concluir [コンクルイル] 42 他 ❶ 完結させる; 終了させる: ~ la novela 小説を書き終える. ❷ …と結論する: De esto *concluimos* que es inocente. 以上のことから我々は彼が無実だと結論づけた
◆ 自 終わる: El congreso *concluyó* ayer. 会議はきのう終わった

conclusión [コンクルシオン] 女 ❶ 結論: sacar la ~ de que... …という結論を引き出す
❷ 終了, 完結: ~ de la reforma del edificio ビル改修工事の完了
en ~ 結局のところ

concordancia [コンコルダンスィア] 女 一致

concordar [コンコルダル] 21 自〈con と〉一致する. ◆ 他 一致させる

concordia [コンコルディア] 女 融和, 和合

concretamente [コンクレタメンテ] 副 具体的に, 具体的には

concretar [コンクレタル] 他 具体化させる: ~ la idea 考えを具体的に述べる
◆ ~se 具体化する

concreto, ta [コンクレト, タ] 形 ❶ 具体的な: pregunta ~*ta* 具体的な質問. fijar una hora ~*ta* はっきりした時間を決める
❷ 特定の, 個々の: en mi caso ~ 私の場合に限って言えば
en ~ 具体的に; 結局: No hay nada *en* ~. はっきりしたことは何もない

concurrencia [コンクレンスィア] 女 ❶〈集合的に〉参加者, 観衆. ❷ 人出

concurrido, da [コンクリド, ダ] 形 過分 混み合った, 参加者の多い

concurrir [コンクリル] 自 ❶ 集まる. ❷〈a に〉参加する

concursante [コンクルサンテ] 名 ❶〈コンクールなどの〉応募者. ❷〈クイズ番組の〉解答者

concurso [コンクルソ] 男 ❶ コンクール, 競技会: participar en un ~ hípico 馬術競技会に出場する
❷ 選抜試験, 採用試験
❸ クイズ番組

conde [コンデ] 男 伯爵

condecoración [コンデコラスィオン] 女 ❶ 勲章. ❷ 叙勲

condecorar [コンデコラル] 他〈con 勲章・勲位を〉…に授与する, 叙勲する

condena [コンデナ] 女 ❶ 有罪判決, 刑の宣告. ❷ 刑

condenar [コンデナル] 他 ❶〈a の刑を〉…に宣告する, 有罪判決を下す: ~ al asesino *a* muerte 殺人犯に死刑を宣告する. ~ *a* tres años de cárcel 懲役3年の刑を宣告する. ❷ 非難する

condensar [コンデンサル] 他 凝縮させる: leche *condensada* コンデンスミルク

condesa [コンデサ] 女 女伯爵; 伯爵夫人

condescender [コンデスセンデル] 58 自〈a +不定詞. 気安く〉…してくれる

condescendiente [コンデスセンディエンテ] 形 物わかりのよい, 甘い; 寛大な

condición [コンディスィオン] 女 ❶ 条件: poner una ~ a... …に条件をつける. satisfacer una ~ 条件を満たす. sin *condiciones* 無条件で. *condiciones* de pago 支払い条件. ~ necesaria y suficiente 必要十分条件
❷〈主に 複〉状態, 状況: *condiciones* de vida 生活状態; 生活環境
❸ 複 適性
a ~ *de que*+接続法 …という条件で
estar en ~ *de* +不定詞 …できる状態にある

condicional [コンディスィオナル] 形 条件つきの

condicionar [コンディスィオナル] 他 条件づける, 制約する

condimentar [コンディメンタル] 他 …に味つけする

condimento [コンディメント] 男 調味料

condiscípulo, la [コンディススィプロ, ラ] 名 同級生, 同窓生

condolencia [コンドレンスィア] 女 弔意; 同情: expresar ~ a+人 …に弔意を表わす

condoler [コンドレル] 50 ~se〈de・por に〉弔意を表わす; 気の毒に思う

condominio [コンドミニオ] 男 ❶ 共同所有の家(権利). ❷〈ラ〉コンドミニアム, マンション

condón [コンドン] 男 コンドーム

conducción [コンドゥ(ク)スィオン] 女〈主にス〉運転

conducir [コンドゥスィル] 19 他 ❶〈a に〉導く, 案内する: ~ a+人 *al* triunfo …を勝利に導く
❷ 率いる, 指揮する
❸〈主にス〉運転する: ~ un autobús バスを運転する
◆ 自 ❶ 車を運転する: saber ~ 運転できる. ❷〈道などが, a に〉通じる: Esta calle *conduce a* la plaza. この道を行くと広場に出る
◆ ~se ふるまう

conducta [コンドゥクタ] 女 行動, ふるまい: de mala ~ 不品行な, 身持ちの悪い

conducto [コンドゥクト] 男 管, パイプ, ダクト

conductor, ra [コンドゥクトル, ラ] 名 運転者, 運転手

conectar [コネクタル] 他 つなぐ, 接続させる
◆ 自 〈con と〉 接続する: Este vuelo *conecta con* el de Madrid en París. この便はパリでマドリード行きと接続する

conejillo [コネヒジョ] 男 ～ de Indias モルモット, テンジクネズミ

conejo, ja [コネホ, ハ] 名 ウサギ: ～ de Angora アンゴラウサギ

conexión [コネクスィオン] 女 ❶ つながり, 接続. ❷ 複 〈ラ〉 コネクション, コネ

confección [コンフェ[ク]スィオン] 女 ❶ 〈服などの〉 製造, 仕立て: traje de ～ 既製服. ❷ 〈食品・飲料などの〉 製造. ❸ 〈リストなどの〉 作成

confeccionar [コンフェ[ク]スィオナル] 他 ❶ 〈服などを〉 製造する: ～ un traje hacer se fabrica un traje se fabrica. ❷ 〈食品・飲料などを〉 製造する. ❸ 〈リストなどを〉 作成する

confederación [コンフェデラスィオン] 女 ❶ 連邦. ❷ 同盟, 連合

conferencia [コンフェレンスィア] 女 ❶ 会議, 協議: ～ de desarme 軍縮会議
❷ 講演, 講演会: dar una ～ 講演する
❸ 〈ス〉 長距離電話, 市外通話: poner una ～ 長距離電話をかける. ～ persona a persona パーソナルコール

conferir [コンフェリル] 77 他 〈称号などを〉 授ける, 与える

confesar [コンフェサル] 57 他 告白する, 認める: ～ su amor 愛を告白する. ～ pecados 〈カトリック〉 罪を告解する

confesión [コンフェスィオン] 女 ❶ 告白, 白状. ❷ 〈カトリック〉 告解

confesionario [コンフェスィオナリオ] 男 〈カトリック〉 告解室

confesonario [コンフェソナリオ] 男 = confesionario

confesor [コンフェソル] 男 〈カトリック〉 聴罪師

confeti [コンフェティ] 男 〈お祝いなどの〉 紙ふぶき

confianza [コンフィアンサ] 女 ❶ 信頼: Tengo mucha ～ en él. 私は彼をとても信頼している
❷ 自信 〖～ en sí mismo〗: lleno de ～ 自信満々な
❸ 親密さ; 率直さ: tener ～ con+人 …と親しい
de ～ 信頼のおける; 親しい: amigo *de* ～ 親友

confiar [コンフィアル] 33 自 〈en を〉 信頼する, あてにする: ～ *en* su padre 父親を頼りにする. ～ *en* la victoria 勝利を信じる
◆ 他 ❶ ゆだねる, 任せる: ～ un cargo a+人 …に仕事を任せる. ❷ うち明ける: ～ un secreto a+人 …に秘密をうち明ける
◆ ～se ❶ 心の中をうち明ける. ❷ 過信する: No *se confíe*. 油断しないようにしてください

confidencia [コンフィデンスィア] 女 うち明け話, 内密の話

confidencial [コンフィデンスィアル] 形 内密の: carta ～ 親展書. documento ～ 内部書類

confidente, ta [コンフィデンテ, タ] 名 ❶ 親友. ❷ 内部通報者, スパイ

configuración [コンフィグラスィオン] 女 ❶ 形状, 外形. ❷ 形成

configurar [コンフィグラル] 他 形成する, 形作る

confín [コンフィン] 男 〈主に 複〉 confines 〈主に 複〉 境, 果て

confirmación [コンフィルマスィオン] 女 ❶ 確認. ❷ 〈カトリック〉 堅信式

confirmar [コンフィルマル] 73 他 ❶ 確認する: ～ oficialmente la noticia ニュースを公式に確認する
❷ 〈en 信念などを〉 強固にさせる: Esto me *confirmó en* mi idea. これで私は意を強くした

confiscar [コンフィスカル] 73 他 没収する, 押収する

confite [コンフィテ] 男 砂糖菓子, 果物の砂糖漬け

confitería [コンフィテリア] 女 菓子店

confitura [コンフィトゥラ] 女 糖菓, 砂糖漬け

conflictivo, va [コンフリクティボ, バ] 形 ❶ 紛争の, 闘争の: zona ～*va* 紛争地域. ❷ 争いを起こす: propuesta ～*va* もめそうな提案. ❸ 対立する: opiniones ～*vas* 対立する意見

conflicto [コンフリクト] 男 紛争, 闘争: estar en ～ con... …と対立している, 紛争状態にある. zona en ～ 紛争地域. ～ de intereses 利害の衝突. ～ generacional 世代間の争い

confluencia [コンフルエンスィア] 女 合流点

confluir [コンフルイル] 42 自 合流する; 結集する

conformar [コンフォルマル] 他 ❶ 形成する, 形作る. ❷ 〈a に〉 適合させる. ❸ 〈con で〉 満足させる, 我慢させる
◆ ～se ❶ 〈a に〉 一致する. ❷ 〈con 〉 順応する; 満足する: ～*se con* su suerte 運命に甘んじる. ～*se con* un café コーヒー1杯で我慢する

conforme [コンフォルメ] 形 ❶ ⟨con と⟩適合した, 合致した: El pago es ~ *con* el trabajo. 支払いは仕事に見合っている ❷ 同意見の, 賛成の: estar ~ *con*+人 en ... ...について...と同意見である ❸ 満足した: No estoy ~ *con* mi sueldo. 私は給料に満足していない
◆ 副 ⟨**a** に⟩ したがって; ...次第で: ~ *a* la ley 法にのっとり. ~ *a* las instrucciones 指示どおりに
◆ 間 ⟨同意⟩ オーケー/わかった!
◆ 接 ...するとおりに, ...するのにしたがって

conformidad [コンフォルミダ] 女 ❶ 適合, 合致. ❷ 同意, 承認. ❸ ⟨ラ⟩ 甘受, あきらめ *de* ~ *con*... ...にしたがって, ...に応じて

conformismo [コンフォルミスモ] 男〔体制〕順応主義

conformista [コンフォルミスタ] 形 名〔体制〕順応主義の(主義者)

confort [コンフォル] 男 ⟨物質的な⟩ 快適さ: todo ~ ⟨マンションなどの広告で⟩ 最新設備完備

confortable [コンフォルタブレ] 形 快適な

confortar [コンフォルタル] 他 励ます; 元気を回復させる

confraternizar [コンフラテルニサル] 13 自 ⟨con と⟩ 友好関係を結ぶ

confrontar [コンフロンタル] 他 ❶ 対照する, 照合する. ❷ 対決させる
◆ ~*se* ❶ ⟨互いに⟩ 対決する. ❷ ⟨con と⟩直面する: ~*se* con la dificultad 困難に直面する

confundir [コンフンディル] 他 ❶ ⟨con と⟩混同する, 取り違える: Oyendo la voz, le *confundí con* su hijo. 声を聞いて私は彼を息子の方だと勘違いした. ~ el acelerador *con* el freno アクセルとブレーキをまちがえる. ~ las dos palabras 2つの単語を混同する ❷ 当惑させる, 困惑させる
◆ ~*se* ❶ 混ざる, まぎれ込む: ~*se* en (entre) la multitud 群衆にまぎれ込む. ❷ まちがえる, 混同する. ❸ 当惑する, 困惑する: Estoy *confundido*. 私は頭の中が混乱している

confusión [コンフシオン] 女 ❶ 混同, 取り違え. ❷ 当惑, 困惑. ❸ 混乱

confuso, sa [コンフソ, サ] 形 ❶ 当惑した, 途方に暮れた. ❷ 不明瞭な: explicación ~*sa* あいまいな説明. ❸ ⟨考えなどが⟩ 混乱した

congelación [コンヘラスィオン] 女 凍結, 冷凍: punto de ~ 氷点. ~ de precios 物価の凍結

congelado, da [コンヘラド, ダ] 形 過分 凍結した, 冷凍の: carne ~*da* 冷凍肉. Estoy ~. 私は寒くてこごえそうだ
◆ 男 複 冷凍食品〖alimentos ~*s*〗

congelador [コンヘラドル] 男 冷凍庫, フリーザー

congelar [コンヘラル] 他 凍結させる, 冷凍する: ~ el pescado 魚を冷凍する. ~ el proyecto 計画を凍結する
◆ ~*se* ❶ 凍結する. ❷ こごえる

congeniar [コンヘニアル] 自 ⟨con と⟩ 気が合う

congestión [コンヘスティオン] 女 ❶ うっ血, 充血. ❷ 渋滞, 混雑: ~ del tráfico 交通渋滞

congestionar [コンヘスティオナル] 他 ❶ 充血させる. ❷ 混雑させる
◆ ~*se* ❶ 充血する: ojos *congestionados* 充血した目. ❷ 混雑する

congoja [コンゴハ] 女 悲痛, 心痛

congratular [コングラトゥラル] ~*se* ⟨de を⟩喜ぶ

congregar [コングレガル] 55 他 ⟨人を⟩ 集める. ◆ ~*se* 集まる

congresista [コングレスィスタ] 名 会議のメンバー; 議員

congreso [コングレソ] 男 ❶ 会議, 大会: ~ nacional 全国大会. ❷ ⟨*C*~⟩ 国会; 国会議事堂: *C*~ de los Diputados ⟨ス⟩下院

congruencia [コングルエンスィア] 女 ⟨主に論理的な⟩ 適合性, 一貫性

cónico, ca [コニコ, カ] 形 円錐形の

conjetura [コンヘトゥラ] 女 ⟨主に複⟩ 憶測, 推測: hacer ~*s* 憶測する

conjeturar [コンヘトゥラル] 他 憶測する, 推測する

conjugación [コンフガスィオン] 女 ⟨動詞の⟩ 活用, 変化

conjugar [コンフガル] 55 他 ❶ ⟨動詞を⟩活用させる. ❷ ⟨con と⟩ 調和させる

conjunción [コンフンスィオン] 女 ⟨文法⟩ 接続詞

conjunto[1] [コンフント] 男 ❶ 集合, 集団: ~ español スペイン選手団, スペインチーム. ❷ 全体, 総体. ❸ 楽団, バンド〖~ musical〗. ❹ ⟨服飾⟩ アンサンブル, セット
en ~ 全体として, 概して

conjunto[2], **ta** [コンフント, タ] 形 結合した, 連帯の: bajo el patrocinio ~ 共催で. obra ~*ta* 共同作品

conjurar [コンフラル] 他 ⟨悪霊を⟩ 祓(はら)う; ⟨災いを⟩ 払いのける
◆ ~*se* 陰謀を企てる, 共謀する

conllevar [コンジェバル] 他 ⟨必然的に⟩ 結

果として〉伴う: Este trabajo *conlleva* muchos riesgos. この仕事には多くのリスクが伴う

conmemoración [コンメモラスィオン] 女 記念; 記念祭: en ～ de... …を記念して

conmemorar [コンメモラル] 他 記念する, 祝う: ～ el centenario del nacimiento de … …の生誕100年を記念する

conmemorativo, va [コンメモラティボ, バ] 形 記念の: acto ～ 記念式典. sello ～ 記念切手

conmigo [コンミゴ] 〈←con+mí〉私と; 私に: Venga ～. 私と一緒に来てください

conminar [コンミナル] 他 おどす, 威嚇する

conmoción [コンモスィオン] 女 ❶ 感動; 動揺: causar ～ a+人 …に感動(ショック)を与える. ❷ 衝撃: ～ cerebral 脳しんとう

conmovedor, ra [コンモベドル, ラ] 形 感動的な, 心を揺さぶる

conmover [コンモベル] 50 他 ❶ 感動させる: Su carta me *conmovió*. 彼の手紙は私の心を打った. ❷ 動揺させる
◆ ～se 感動する; 心が動揺する

conmutador [コンムタドル] 男 ❶ スイッチ. ❷〈ラ. 電話〉交換台

conmutar [コンムタル] 他 減刑する

cono [コノ] 男 円錐形: C～ Sur アルゼンチン, チリ, ウルグアイの3国［時にパラグアイを含めた4国］

conocedor, ra [コノセドル, ラ] 形 名 精通した(人), 通(ツウ)

conocer [コノセル] 20 他 ❶〈体験的に〉知っている, 知る;〈学術などに〉精通している: *Conozco* Madrid. 私はマドリードに行ったことがある. ～ la filosofía oriental 東洋哲学に詳しい
❷〈人と〉知り合いである; 知り合いになる: ¿*Conoces* al hijo de José? ホセの息子を知っているかい? Lo *conocí* ayer. 私は彼ときのう知り合った. ～ a+人 de nombre (de vista) …の名前(顔)は知っている
❸ 気づく, 察知する; 識別できる
◆ ～se ❶ 自分のことを知る. ❷〈互いに〉知り合う: ¿Dónde *os conocisteis*? —*Nos conocimos* en España. 君たちはどこで知り合ったの? —スペインで知り合いました
dar a ～ 知らせる, 公表する

conocido, da [コノスィド, ダ] 形 過分 よく知られている, 有名な: Es ～ como uno de los mejores cantantes de Japón. 彼は日本でもっともうまい歌手の一人として知られている
◆ 名 知人

conocimiento [コノスィミエント] 男 ❶〈主に 複〉知識: tener ～s de inglés 英語ができる. clase según el nivel de ～s 習熟度別クラス. ～s técnicos ノウハウ
❷ 意識: perder el ～ 気を失う. estar sin ～ 意識がない

conque [コンケ] 接 それで…, 結局

conquista [コンキスタ] 女 征服: ～ de América アメリカ征服

conquistador, ra [コンキスタドル, ラ] 形 名 征服する; 征服者

conquistar [コンキスタル] 他 ❶ 征服する: ～ el mundo 世界を制覇する. ❷ …の心をとらえる: ～ el corazón del público 観衆の心をつかむ. ～ a una mujer 女性をくどき落とす

consabido, da [コンサビド, ダ] 形 昔からよく知られた, お決まりの

consagrar [コンサグラル] 他 ❶〈宗教〉聖別する. ❷〈a に〉ささげる: ～ su vida *a* la ciencia 生涯を学問にささげる

consciente [コンスシエンテ] 形 ❶〈de を〉自覚した; 意識した: ser ～ *de* sus derechos 権利意識に目覚めている. ❷〈estar+〉意識のある: El enfermo está ～. 病人は意識がある

conscripción [コンスクリプスィオン] 女〈ラ〉徴兵

consecución [コンセクスィオン] 女 獲得, 達成

consecuencia [コンセクエンスィア] 女 ❶ 結果: traer malas ～s 悪い結果をもたらす
❷ 結論
a ～ de.../como ～ de... …の結果として
en ～ したがって, それゆえに

consecuente [コンセクエンテ] 形〈人が〉思想的に一貫した, 言行に矛盾のない

consecutivamente [コンセクティバメンテ] 副 次々に, 順々に

consecutivo, va [コンセクティボ, バ] 形 連続した, あいつぐ: tres días ～s 3日連続して

conseguir [コンセギル] 76 他 達成する, 獲得する: Ese ciclista *consiguió* su objetivo. その自転車選手は目標を達成した. *Conseguí* llegar a tiempo. 私は何とか間に合うことができた. ～ la entrada 入場券を手にする. ～ un buen trabajo いい仕事を見つける

consejero, ra [コンセヘロ, ラ] 名 ❶ 助言者; 顧問. ❷ 評議員, 理事; 取締役. ❸〈大使館の〉参事官: ～ cultural 文化参事官

consejo [コンセホ] 男 ❶ 忠告, 助言: pedir ～ a+人 …に相談する. dar un ～ a+人 …にアドバイスする
❷〈代表者の〉会議, 審議会: ～ de administración 理事会; 取締役会. ～ de ministros 閣議, 閣僚会議. C～ de Segu-

consenso [コンセンソ] 男 同意, 合意: ～ nacional 国民のコンセンサス

consentimiento [コンセンティミエント] 男 同意, 許可: ～ informado〈医学〉インフォームドコンセント

consentir [コンセンティル] 77 他 ❶ 容認する, 許容する: El médico me *ha consentido* que beba. 医者は私に酒を飲んでもいいと言った. ❷ 甘やかす: niño *consentido* わがままな子供
◆ 自〈en に〉同意する, 承諾する

conserje [コンセルヘ] 名 ❶ 守衛, 用務員. ❷〈ホテルの〉コンセルジェ

conserjería [コンセルヘリア] 女 ❶ 守衛の職務; 守衛室. ❷〈ホテルの〉コンセルジェ

conserva [コンセルバ] 女 缶詰: anchoas en ～ 缶詰のアンチョビ

conservación [コンセルバスィオン] 女 保存, 保管: ～ de la naturaleza 自然保護

conservacionista [コンセルバスィオニスタ] 形 名 自然保護主義の(主義者): grupo ～ 自然保護団体

conservador, ra [コンセルバドル, ラ] 形 名 ❶ 保守的な〔人〕, 保守主義者: partido ～ 保守党. ❷ 保管する〔人〕. ❸〈美術館などの〉キュレーター, 学芸員

conservante [コンセルバンテ] 男 防腐剤, 保存料: ～ químico 合成保存料

conservar [コンセルバル] 他 保存する, 保管する, 保つ: *Consérvese* en lugar fresco y seco. 涼しく湿気のない所で保管してください. ～ la tradición 伝統を守る
◆ ～se〈自分の良い状態などを〉保つ: María *se conserva* muy bien. マリアは上手に若く(容姿)を保っている

conservatorio [コンセルバトリオ] 男 音楽学校, 音楽院

considerable [コンスィデラブレ] 形 かなりの, 相当な: un ～ número de personas かなりの人数

considerablemente [コンスィデラブレメンテ] 副 かなり, 相当

consideración [コンスィデラスィオン] 女 ❶ 考慮, 熟慮, 配慮. ❷ 敬意, 思いやり: falta de ～ 思いやりのなさ, 軽視. ❸〈ラ. 手紙〉De mi〔mayor〕～. 拝啓
de ～ かなりの, 相当の: herida *de* ～ 重傷
en ～ *a...* …を考慮して
tomar(*tener*)*... en* ～ …を考慮に入れる

considerar [コンスィデラル] 他 ❶ よく考える, 考慮する: ～ la posibilidad 可能性を検討する
❷〈+形容詞/〔+como〕+名詞 と〉みなす: ～ el coche *como* un mal necesario 車を必要悪と考える
◆ ～se 自分を…とみなす

consigna [コンスィグナ] 女 ❶ 手荷物預かり所: dejar... en ～ …を一時預けにする. ～ automática コインロッカー. ❷ 指令, 指示. ❸ 標語, スローガン

consignar [コンスィグナル] 他 ❶ 明記する. ❷〈予算に〉計上する. ❸ 預ける; 委託する

consigo [コンスィゴ] (←con+sí. 3人称が主語) 自分自身と; 自分自身に: Siempre está hablando ～ mismo. 彼はいつもひとりごとを言っている

consiguiente [コンスィギエンテ] 形 結果として生じる
por ～ したがって, それ故

consistente [コンスィステンテ] 形 ❶ 粘りのある; 堅い: salsa ～ どろっとしたスープ. ❷ 内実のある: tesis ～ 内容のしっかりした論文. ❸〈en から〉構成される: premio ～ *en* un viaje a Madrid マドリード旅行が当たる賞. ❹〈ラ〉首尾一貫した

consistir [コンスィスティル] 自 ❶〈en に〉ある, 基づく: Su atractivo *consiste en* su elegancia. 彼女の魅力は品の良さにある
❷ 構成される: Esta obra de teatro *consiste en* tres actos. この芝居は3幕からなっている

consola [コンソラ] 女 ❶ コンソール, 制御卓. ❷ ビデオゲーム機〖～ de videojuegos〗. ❸ 飾り机

consolación [コンソラスィオン] 女 ❶ premio de ～ 残念賞. ❷〈スポーツ〉敗者復活戦

consolar [コンソラル] 21 他 慰める
◆ ～se〈自分を〉慰める: ～*se* bebiendo 酒を飲んで憂さを晴らす

consolidar [コンソリダル] 他 強化する, 補強する: ～ las relaciones amistosas entre los dos países 両国間の友好関係を強化する

consomé [コンソメ] 男 コンソメ〔スープ〕

consonante [コンソナンテ] 女〈言語〉子音

consorcio [コンソルスィオ] 男 ❶ 業界団体, 組合. ❷ コンツェルン

conspiración [コンスピラスィオン] 女 陰謀, 共謀: en ～ con+人 …と共謀して

conspirador, ra [コンスピラドル, ラ] 名 陰謀家, 共謀者

conspirar [コンスピラル] 自 陰謀をたくらむ, 共謀する

constancia [コンスタンスィア] 女 ❶ 粘り強さ: estudiar con ～ 根気よく勉強する. ❷ 確実さ, 明白さ: No hay ～. 証拠はない. ❸

記録：dejar ～ de... …を記録にとどめる. ❹ 恒常性

constante [コンスタンテ] 形 ❶ 粘り強い：esfuerzo ～ 不断の努力 ❷ 恒常的な；絶え間ない：viento ～ 絶え間なく吹く風. ～s peticiones ひっきりなしの要求

constantemente [コンスタンテメンテ] 副 絶えず，ずっと

constar [コンスタル] 自 ❶〈de から〉構成される：La novela *consta de* ocho capítulos. 小説は8章からなっている. ❷〈en に〉記載されている：*En* este diccionario no *consta* esa palabra. この辞書にその単語は載っていない. ❸ 確かである，明白である：Me *consta* que su pasaporte era falso. 彼のパスポートが偽物のことは明らかだ
hacer ～ 明記する；明らかにする

constatar [コンスタタル] 他 確認する，確かめる

constelación [コンステラスィオン] 女 ❶ 星座. ❷〈比喩〉～ de pintores 画壇の巨星たち

consternación [コンステルナスィオン] 女 茫然自失，悲痛

constipado¹ [コンスティパド] 男 風邪：coger (agarrar) un ～ 風邪をひく

constipado², da [コンスティパド, ダ] 形 風邪をひいた：Estoy ～. 私は風邪をひいている

constitución [コンスティトゥスィオン] 女 ❶ 構成，組成：～ de una molécula 分子構造 ❷ 憲法：modificar la *C*～ 憲法を改正する ❸ 体格；体質：ser de ～ débil 虚弱体質である ❹ 設立

constitucional [コンスティトゥスィオナル] 形 ❶ 憲法の：monarquía ～ 立憲君主制. ❷ 合憲の；護憲の

constituir [コンスティトゥイル] 42 他 ❶ 構成する：Veinte jugadores *constituyen* el equipo. 20人の選手がチームを構成している. ❷〈内実を〉構成する，…となる：La falta de recursos *constituye* un problema. 資金不足は問題だ. ❸ 設立する

constituyente [コンスティトゥジェンテ] 形 男 構成する；構成要素

construcción [コンストル(ク)スィオン] 女 ❶ 建築，建設，建造：edificio en ～ 建築中のビル. compañía de ～ 建設会社 ❷ 建物，建造物 ❸ 建設業，建設業界：obrero de la ～ 建設労働者 ❹〈文法〉構文

constructor, ra [コンストルクトル, ラ] 形 建築する；組み立てる：empresa ～*ra* 建設会社
◆ 名 建設業者

construir [コンストルイル] 42 他 ❶ 建築する，建設する，建造する：～ una casa 家を建てる. ～ un puente 橋を作る. ～ una sociedad justa 公正な社会を築く ❷ 組み立てる：～ una máquina 機械を組み立てる. ～ una teoría 理論を構築する

consuelo [コンスエロ] 男 安らぎ，慰め：llorar sin ～ さめざめと泣く

cónsul [コンスル] 名 領事：～ general 総領事

consulado [コンスラド] 男 領事館

consulta [コンスルタ] 女 ❶ 医院，診察室. ❷ 診察：horas de ～ 診察時間. ❸ 相談：hacer una ～ a una ～ …に相談する. ❹ 参照：libro de ～ 参考書

consultar [コンスルタル] 他 ❶ 相談する，意見を求める：～ el asunto con un amigo 友達にその件を相談する. ～ a un médico 医者に診察してもらう. ❷ 参照する，調べる：～ un diccionario 辞書を引く

consultor, ra [コンスルトル, ラ] 名 顧問，コンサルタント

consultorio [コンスルトリオ] 男 ❶ 医院，診療所. ❷ 相談所：～ sentimental〈雑誌・ラジオなどの〉悩み事相談

consumar [コンスマル] 他 完遂する，完了する

consumición [コンスミスィオン] 女〈バルなどの〉飲み物，料理；その代金：La entrada incluye una ～. 入場料にはドリンク1杯分が含まれています. ～ mínima 席料，カバーチャージ

consumidor, ra [コンスミドル, ラ] 形 消費する：país ～ de petróleo 石油消費国
◆ 名 消費者：～ final 末端消費者

consumir [コンスミル] 他 ❶ 消費する：～ gasolina ガソリンを消費する. ❷ 飲食する：*C*～ preferentemente antes del fin de...〈表示〉賞味期限…. Una vez abierta la lata, *consúmase* en el día. 缶を開けたらその日のうちにお召し上がりください. ❸ 消滅させる：～ su fortuna 財産を使い果たす. ❹ 衰弱させる
◆ ～se ❶ 尽きる；消滅する. ❷ やつれる，やせ衰える

consumismo [コンスミスモ] 男 消費主義

consumista [コンスミスタ] 形 消費主義の：sociedad ～ 消費社会

consumo [コンスモ] 男 消費，消耗：sociedad de ～ 消費社会. ～ de gasolina ガソリンの消費〔量〕. ～ privado 個人消費

contabilidad [コンタビリダ] 囡 簿記; llevar la ～ 帳簿をつける

contable [コンタブレ] 名 〈主にス〉会計係; 会計士: ～ público 公認会計士

contacto [コンタクト] 男 ❶ 接触: contagiarse por ～ 接触によって感染する ❷ 連絡: ponerse en ～ con+人 …と接触する, 連絡をとる

contado[1] [コンタド] 男 *al* ～ 即金で: pagar *al* ～ 現金で支払う

contado[2], **da** [コンタド, ダ] 形 過分 複で まれな, 数少ない: en ～*das* ocasiones たまに

contador, ra [コンタドル, ラ] 名 ❶ 〈主にラ〉会計係; 会計士: ～ público 公認会計士. ❷ 話し手, 語り手
◆ 男 メーター: ～ de agua 水道のメーター

contagiar [コンタヒアル] 他 伝染させる, 感染させる: ～ la gripe a+人 …に風邪をうつす
◆ ～**se** 〈de に〉伝染する, 感染する: *Se ha contagiado de* la varicela. 彼は水ぼうそうにかかった

contagio [コンタヒオ] 男 伝染, 感染

contagioso, sa [コンタヒオソ, サ] 形 伝染性の: enfermedad ～*a* 伝染病

contaminación [コンタミナスィオン] 囡 汚染: ～ ambiental 公害. ～ del agua 水質汚染. ～ del aire 大気汚染

contaminar [コンタミナル] 他 汚染する: agua *contaminada* 汚染された水

contante [コンタンテ] 形 ～ *y sonante* 現金の, キャッシュの

contar [コンタル] 21 他 ❶ 数える: ～ el dinero 金を勘定する
❷ 語る, 物語る: ～ una anécdota 逸話を語る. ¿Qué me *cuentas*? 何か変わったことはありませんか/どうですか?
◆ 自 ❶ 数をかぞえる, 計算する: ～ hasta mil 1000まで数える. ❷ 計算にはいる: Los niños no *cuentan*. 子供は数にはいらない. ❸ 〈con を〉あてにする: Puedes ～ *conmigo*. 僕をあてにしてくれていいよ. ❹〈con を〉持っている: Este gimnasio *cuenta con* una sauna. このジムはサウナバスを備えている
◆ ～**se** 〈entre の中に〉数えられる, 含まれる
a ～ *de* (*desde*)... …から起算して
～ *atrás* カウントダウンする

contemplación [コンテンプラスィオン] 囡 ❶ 熟視. ❷ 熟考, 瞑想

contemplar [コンテンプラル] 他 ❶ じっと見つめる, 熟視する: ～ el mar 海を眺める. ❷ 熟考する. ❸ 複 配慮
◆ 自 瞑想する

contemporáneo, a [コンテンポラネオ, ア] 形 名 ❶ 現代の; 現代人: historia ～*a* 現代史
❷ 同時代の; 同時代人

contención [コンテンスィオン] 囡 ❶ 制止, 抑制: ～ de precios 物価の抑制. ❷ 自制

contendiente [コンテンディエンテ] 名 競争相手

contenedor [コンテネドル] 男 ❶ ゴミ収集容器 [～ de basura]. ❷ コンテナー: tren de ～*es* コンテナー列車

contener [コンテネル] 47 他 ❶ 含む, はいっている: La botella *contiene* vinagre. びんには酢がはいっている
❷ 制止する, 抑制する: La policía no pudo ～ a la multitud. 警察は群集を制止できなかった. ～ la risa 笑いをこらえる. ～ la inflación インフレを抑える
◆ ～**se** 自制する, 我慢する

contenido [コンテニド] 男 過分 中身; 内容

contentar [コンテンタル] 他 満足させる, 喜ばせる
◆ ～**se** 〈con で〉満足する

contento, ta [コンテント, タ] 形 〈con・de で〉満足した, うれしい: Estoy ～ *con* el (*del*) resultado. 私は結果に満足している. Están ～*s de* oír la noticia. 彼らは知らせを聞いて喜んでいる

contestación [コンテスタスィオン] 囡 答え, 返事: dar una ～ 返事をする

contestador [コンテスタドル] 男 留守番電話 [～ automático]

contestar [コンテスタル] 自〈a に〉答える, 返事をする: ～ *a* una pregunta 質問に答える. ～ *a* una carta 手紙に返事を書く
◆ 他 〈que と〉答える: Ella me *contestó que* no. 彼女は私にいいえと答えた
❷〈質問・手紙などに〉答える, 返事をする

contexto [コンテ(クスト)] 男 ❶〈前後の〉状況: ～ cultural 文化的背景. ❷ 文脈, 文の前後関係

contienda [コンティエンダ] 囡 争い, けんか

contigo [コンティゴ]〈←con+ti〉君と; 君に: Quiero hablar ～. 君と話したい. Tu padre está furioso ～. 君のお父さんは君にかんかんだ

contiguo, gua [コンティグオ, グア] 形 隣の

continental [コンティネンタル] 形 大陸の: clima ～ 大陸性気候

continente [コンティネンテ] 男 大陸: ～ americano アメリカ大陸

contingencia [コンティンヘンスィア] 囡 偶発性; 不測の事態

contingente [コンティンヘンテ] 形 偶発的な. ◆ 男 軍隊, 軍事力

continuación [コンティヌアスィオン] 女 ❶ 連続, 継続, 続行. ❷ 続き, 続編
a ～ (de に) 引き続いて

continuamente [コンティヌアメンテ] 副 絶えず, ずっと

continuar [コンティヌアル] [1] 自 続く, 継続する: 1) La crisis *continúa*. 危機が続いている. *Continúa* en la página 20. 「20ページへ続く」. 2) ⟨+形容詞⟩ …であり続ける: *Continúa* soltera. 彼女はいまだに独身だ. 3) ⟨+現在分詞⟩ …し続ける: *Continúan* hablando. 彼らはまだ話している. 4) ⟨con を⟩ 続ける: ～ *con* su trabajo 仕事を続ける
◆ 他 続ける: ～ sus estudios 勉強を続ける

continuidad [コンティヌイダ] 女 継続性, 連続性

continuo, nua [コンティヌオ, ヌア] 形 連続した, 切れ目のない: dolor ～ 持続する痛み. cine de sesión ～*nua* 入れ替えなしの映画館
de ～ 連続的に, 絶えず

contorno [コントルノ] 男 ❶ 輪郭 ; 周囲. ❷ 複 周辺, 郊外

contorsión [コントルシオン] 女 ⟨体を⟩ よじらせること, ひどくねじること

contra [コントラ] 前 ❶ …に反して, …に逆らって, …に対して: lucha ～ la injusticia 不正に対する戦い. chocar ～ la pared 壁にぶつかる. vacuna ～ la gripe インフルエンザワクチン
❷ …にもたれて ; …に触れて ; …に面して: apoyarse ～ el muro 壁に寄りかかる. poner la mesa ～ la ventana 机を窓ぎわに置く
◆ 男 反対, 不利な点
◆ 女 ⟨ラ⟩ 困難, 不都合
en ～ ⟨de に⟩ 反対に, 不利に: ¿Está usted con nosotros, o *en ～*? あなたは私たちに賛成ですか, それとも反対ですか? votar *en ～ de* la propuesta 議案に反対票を投じる

contra- ⟨接頭辞⟩ 「反」「逆」の意

contraataque [コントラアタケ] 男 逆襲, 反撃, カウンターアタック

contrabajo [コントラバホ] 男 ⟨音楽⟩ コントラバス, ベース

contrabandista [コントラバンディスタ] 名 密輸業者, 密売人

contrabando [コントラバンド] 男 密輸 ; 密輸品

contracción [コントラ(ク)スィオン] 女 ❶ 収縮, ひきつり. ❷ 複 陣痛 〖contracciones del útero〗

contracepción [コントラセプスィオン] 女 避妊

contraceptivo, va [コントラセプティボ, バ] 形 避妊用の
◆ 男 避妊法 ; 避妊具

contrachapado [コントラチャパド] 男 ベニヤ板, 合板

contradecir [コントラデスィル] [61] ⟨過分⟩ contra*dicho*⟩ 他 …に反論する ; …と矛盾する

contradicción [コントラディ(ク)スィオン] 女 ❶ 矛盾: estar en ～ con… …と矛盾している. ❷ 反論, 異論

contradictorio, ria [コントラディクトリオ, リア] 形 矛盾した ; 相反する

contraer [コントラエル] [81] 他 ❶ 収縮させる ; こわばらせる: ～ los músculos 筋肉を引きつらせる. ❷ ⟨約束などを⟩ 結ぶ: ～ matrimonio 婚姻を取り結ぶ. ❸ ⟨病気に⟩ かかる ; ⟨負債・義務などを⟩ 負う
◆ ～se 収縮する

contraluz [コントラルス] 男 逆光: sacar a ～ 逆光で撮る

contrapartida [コントラパルティダ] 女 代償: como ～ 埋め合わせに

contrapelo [コントラペロ] *a ～* 1) さかなでに. 2) 通常と逆に: ir *a ～ de* los tiempos 時流に逆らう

contrapeso [コントラペソ] 男 釣り合いをとるもの

contraposición [コントラポスィオン] 女 対置, 対比: en ～ con… …と対置されて

contraproducente [コントラプロドゥセンテ] 形 逆効果の

contrapunto [コントラプント] 男 ❶ 付随したテーマ, 副次的主題. ❷ ⟨音楽⟩ 対位法

contrariar [コントラリアル] [33] 他 ❶ …の機嫌を損ねる, 不快にする. ❷ …に反対する, 逆らう

contrariedad [コントラリエダ] 女 ❶ 対立. ❷ 障害 ; 災難. ❸ 不機嫌, 不愉快

contrario, ria [コントラリオ, リア] 形 ❶ ⟨a と⟩ 反対の, 逆の: en dirección ～*ria a*… …と逆方向に. acto ～ *a* las buenas costumbres 良俗に反した行為
❷ 相手の, 敵の: equipo ～ 相手チーム, 敵. parte ～*ria* 相手方
◆ 名 敵, 反対者
al ～ 反対に: ¿Está usted cansado?—No, *al ～*, estoy muy bien. 疲れましたか?—いいえ, それどころか, とても元気です
de lo ～ さもなければ: Vamos a darnos prisa, *de lo ～* no llegaremos a tiempo. 急ごう, でないと間に合わない

llevar la ~ria a+人 …に反対する、逆らう
por el ~ =*al* ~
todo lo ~ 〈*de* と〉正反対: ¿Es rico?—No, *todo lo* ~. No tiene ni un céntimo. 彼は金持ちなの?—いや、とんでもない。無一文だ

contrarreloj [コントラれロ(ホ)] 形 女 〈スポーツ〉タイムトライアル(の); a ~ タイムトライアルで. carrera ~ タイムトライアルレース
◆ 副 時計との競争で: trabajar ~ para acabar el proyecto プロジェクトを終わらせるために時間と競争で働く

contrarrestar [コントラれスタル] 他 ❶ …に抵抗する、立ち向かう. ❷ …の効果を消す、帳消しにする

contrasentido [コントラセンティド] 男 非常識、ばかげた行為

contraseña [コントラセニャ] 女 合いことば、パスワード

contrastar [コントラスタル] 自 〈con と〉対照をなす、きわ立った違いを見せる
◆ 他 比較対照する; 検証する

contraste [コントラステ] 男 対照、対比、コントラスト

contratar [コントラタル] 他 契約する; …と雇用契約を結ぶ: Le *han contratado* como cocinero. 彼はコックとして雇われた

contratiempo [コントラティエンポ] 男 不慮の出来事、災難
a ~ おりあしく

contratista [コントラティスタ] 名 請負人、請負業者

contrato [コントラト] 男 **契約**; 契約書: concluir un ~ 契約を結ぶ. firmar un ~ 契約書にサインする. ~ de alquiler 賃貸契約

contravenir [コントラベニル] 22 他 …に違反する、…に背く

contraventana [コントラベンタナ] 女 〈窓の〉よろい戸

contribución [コントリブスィオン] 女 ❶ 〈aへの〉貢献、寄与: ~ *al* desarrollo del país 国の発展への貢献. ❷ 税金: ~ municipal/~ (territorial) urbana 地方税. ❸ 分担金、出資金; 寄付

contribuir [コントリブイル] 42 自 ❶ 〈a に〉貢献する、寄与する; 原因となる: ~ *al* éxito 成功に貢献する. el gene que *contribuye al* desarrollo de la enfermedad 病気の進行の一因となる遺伝子. ❷ 〈con を〉出資する; 分担金を払う

contribuyente [コントリブジェンテ] 名 納税者

contrincante [コントリンカンテ] 名 競争相手

control [コントロル] 男 ❶ 制御、統制、管理: estar bajo ~ de... …の管理下にある. perder el ~ de... …を制御できなくなる. fuera de ~ 制御できない. ~ aéreo 航空管制. ~ de calidad 品質管理、QC. ~ de sí mismo セルフコントロール. ~ remoto リモートコントロール
❷ 検問、検査; 検問所、検査所: ~ de aduanas 税関(検査). ~ de pasaportes パスポート審査(所)

controlador, ra [コントロラドル, ラ] 名 航空管制官 [~ *aéreo*]

controlar [コントロラル] 他 制御する; 統制する、管理する: ~ la inflación インフレを抑える. ~ la situación 状況を掌握する. ~ los gastos 支出を加減する. ~ sus emociones 感情を抑える
◆ ~se 自分を抑える

controversia [コントロベルスィア] 女 論争、論戦

contundente [コントゥンデンテ] 形 ❶ 打撲を負わせる: golpear con un objeto ~ 鈍器でなぐる. ❷ 有無をいわせない、はっきりした: derrota ~ 完敗. prueba ~ 確証

contusión [コントゥスィオン] 女 打撲傷

convalecencia [コンバレセンスィア] 女 〈病気の〉回復: período de ~ 回復期. centro de ~ 療養所

convalecer [コンバレセル] 20 自 〈de 病気から〉回復する; 立ち直る

convaleciente [コンバレスィエンテ] 形 回復期の、病み上がりの

convalidación [コンバリダスィオン] 女 〈他大学の単位の〉認定、換算

convalidar [コンバリダル] 他 〈単位を〉認める、換算する

convencer [コンベンセル] 84 他 説得する、納得させる: Le *he convencido* para que venga. 私は彼に来るように説得した. Le *he convencido* de que debe estudiar más. 私は彼にもっと勉強すべきだと説得した
◆ ~se 納得する、確信する: Puedes pasar el exámen. ¡*Convéncete*! 君は試験に受かるよ。本当だよ!

convencido, da [コンベンスィド, ダ] 形 過分 〈de を〉確信した、自信のある: estar ~ *de* su éxito 成功を確信している

convencimiento [コンベンスィミエント] 男 確信; 信念

convención [コンベンスィオン] 女 ❶ 取決め、協定. ❷ 大会、代表者会議. ❸ しきたり、風習

convencional [コンベンスィオナル] 形 ❶ 慣用的に受け入れられた、型にはまった: ideas

~es 因習的な考え方. ❷ 従来どおりの: armas ~es〈核兵器に対して〉通常兵器

conveniencia [コンベニエンスィア] 囡 ❶ 都合,便宜；適切さ: a su ~ 自分の都合のいいように. ❷ 複 礼儀, 作法『~ sociales』

conveniente [コンベニエンテ] 形 都合のよい；適切な: cuando le sea ~ あなたの都合のよい時に. Es ~ no olvidar esto. これは忘れないほうがいい. El ejercicio es ~ para la salud. 運動は健康によい

convenio [コンベニオ] 男 取決め,協定: ~ laboral 労働協約. ~ Ramsar ラムサール条約

convenir [コンベニル] 22 自 ❶ 都合がよい；ふさわしい,適切である: No me conviene el viernes. 私は金曜日は都合が悪い. ¿A qué hora te conviene? 君は何時が都合がいい? No conviene que te vean con ella. 君は彼女と一緒にいるのを見られない方がいい ❷〈en で〉合意する,協定する: Hemos convenido en el precio. 我々は価格について意見が一致した

convento [コンベント] 男 修道院

convergencia [コンベルヘンスィア] 囡 収斂(しゅう),集中

converger [コンベルヘル] 16 自 一点に向かう,集中する

conversación [コンベルサスィオン] 囡 ❶ 会話: Han tenido una larga ~ por teléfono. 彼らは電話で長々と話した. trabar ~ con+人 …と話し始める ❷ 複 交渉, 会談

conversar [コンベルサル] 自 会話をする,話す

conversión [コンベルスィオン] 囡 ❶ 変換, 転換. ❷ 改宗

converso, sa [コンベルソ,サ] 形 名 改宗した,改宗者；カトリックに改宗したユダヤ人『judío ~』

convertir [コンベルティル] 77 他 ❶〈en に〉変換する,転換する: ~ la pena en alegría 苦しみを喜びに変える. ❷〈a に〉改宗させる；転向させる: ~ a+人 al cristianismo …をキリスト教徒にする

◆ ~se ❶ 変わる: Se convirtió en un millonario. 彼は大金持ちになった. ~se en realidad 現実と化す. ❷〈a に〉改宗する, 転向する

convexo, xa [コンベ(ク)ソ,サ] 形 凸状の: lente ~xa 凸レンズ

convicción [コンビ(ク)スィオン] 囡 ❶ 複 信念,信条: Eso está en contra de mis convicciones. それは私の信念に反する. ❷ 確信,自信. ❸ 説得: poder de ~ 説得力

convidado, da [コンビダド,ダ] 名 過分 招待客

convidar [コンビダル] 他〈a に〉招待する；誘う: ~ a+人 a una cerveza …にビールを一杯おごる

convincente [コンビンセンテ] 形 説得力のある

convite [コンビテ] 男 招待；宴会

convivencia [コンビベンスィア] 囡 同居,共同生活

convivir [コンビビル] 自 同居する,一緒に暮らす

convocar [コンボカル] 73 他 ❶ 召集する: ~ consejo de ministros 閣議を召集する. ❷〈採用試験などを〉公示する

convocatoria [コンボカトリア] 囡 ❶ 召集(の告示). ❷ 募集(要綱)；選考

convoy [コンボイ] 男 輸送隊, 護送隊

convulsión [コンブルスィオン] 囡 ❶ けいれん,ひきつけ. ❷ 震撼(しんかん),激動；混乱

convulsivo, va [コンブルスィボ,バ] 形 けいれん性の. ❷ 震撼(しんかん)させる

convulso, sa [コンブルソ,サ] 形 けいれんした,ひきつった

conyugal [コンジュガル] 形 夫婦の: vida ~ 夫婦生活

cónyuge [コンジュヘ] 名 ❶ 配偶者. ❷ 複 夫婦

coñac [コニャク] 男 (複 ~s)〈酒〉コニャック

coñazo [コニャソ] 男〈主にス.俗語〉わずらわしいこと,つまらないこと: dar el ~ a+人 …をうんざりさせる

coño [コニョ] 男〈俗語〉女性性器
◆〈主にス.俗語〉ちくしょう/くそっ!

cooperación [コ(オ)ペラスィオン] 囡 協力: ~ económica 経済協力

cooperar [コ(オ)ペラル] 自〈a のために〉協力する: ~ a la realización del proyecto 計画の成功のために力を貸す

cooperativa [コ(オ)ペラティバ] 囡 協同組合: ~ de consumo 消費者組合

coordinación [コ(オ)ルディナスィオン] 囡 連携,調整

coordinador, ra [コ(オ)ルディナドル,ラ] 形 名 調整役の. ◆ 名 調整役, コーディネイター

coordinar [コ(オ)ルディナル] 他 うまく組み合わせる,調整する: ~ esfuerzos 努力を結集する. ~ falda con la blusa ブラウスにスカートをコーディネイトする. intervención coordinada 協調介入

copa [コパ] 囡 ❶〈脚つきの〉グラス；グラス1杯の酒: ~ de champaña シャンパングラス. tomar una ~〔酒を〕1杯飲む

❷ 優勝杯, カップ, トロフィー; その争奪戦: ~ mundial ワールドカップ戦
❸ 樹冠, 梢
❹ 帽子の山, クラウン: sombrero de ~ シルクハット

ir de ~s 一杯飲みに行く

copia [コピア] 囡 ❶ 写し, コピー: sacar (hacer) ~s de... …のコピーをとる. hacer una ~ de vídeo ビデオをダビングする. ~ en color カラーコピー. ~ en limpio 清書. ~ de seguridad (respaldo) バックアップコピー. ~ de llave 合い鍵
❷ 模倣; 模写
❸〈写真〉プリント, 印画

copiadora [コピアドラ] 囡 コピー機: ~ de color カラーコピー機

copiar [コピアル] 他 ❶ 写す, コピーにとる; ダビングする: ~ un artículo de la revista 雑誌の記事をコピーする. ❷ 模倣する; 模写する: Le *copia* todo a su padre. 彼はなんでも父親のまねをする
◆ 自 カンニングする: Lo pillaron *copiando* en el examen. 彼はカンニングしているところを見つかった

copiloto [コピロト] 名 ❶ 副操縦士. ❷〈自動車〉ナビゲーター

copioso, sa [コピオソ, サ] 形 多量の, 豊富な

copistería [コピステリア] 囡 コピー屋

copla [コプラ] 囡 ❶〈歌などの〉節; 複 詩. ❷ 俗謡, 民謡

copo [コポ] 男 ~ de nieve 雪片. ~s de maíz コーンフレークス

coproducción [コプロドゥ(ク)スィオン] 囡〈映画などの〉共同制作, 合作: película de ~ japonés-francesa 日仏合作映画

copropiedad [コプロピエダ] 囡 共同所有; 共有物

copropietario, ria [コプロピエタリオ, リア] 名 共同所有者

cópula [コプラ] 囡 性交, 交尾

copyright [コピらイト] 男 著作権, 版権

coqueta[1] [コケタ] 囡 色っぽい女, コケティッシュな女; 浮気な女

coquetear [コケテアル] 自〈con に〉色っぽくふるまう, 戯れに恋をしかける

coquetería [コケテリア] 囡 色っぽさ

coqueto, ta[2] [コケト, タ] 形 ❶ 色っぽい, コケティッシュな; 浮気な. ❷ しゃれた

coraje [コらへ] 男 ❶ 勇気, 気力: echar ~ a... …に全力をつくす. ❷ 怒り: Me da pensar en eso. 私はそれを考えると頭に来る

coral [コらル] 形 合唱の
◆ 囡 合唱団

◆ 男〈動物〉サンゴ

corán [コらン] 男〈el C~〉コーラン

coraza [コらサ] 囡 ❶ 胴よろい; 装甲. ❷〈カメの〉甲羅

corazón [コらソン] 男 ❶ 心臓: estar enfermo del ~ 心臓を患っている. estar mal del ~ 心臓が悪い. enfermedad del ~ 心臓病
❷ 心, 愛: tener buen (mal) ~ 優しい(冷酷な)心の持ち主である. no tener ~ 思いやりがない, 冷たい
❸ 中心, 芯: ~ de una manzana りんごの芯. ~ de la ciudad 市の中心部
❹〈トランプ〉ハート; ハートマーク
❺〈親愛の呼びかけ〉~ mío いとしい人よ

abrir su ~ a+人 …に心を開く, 本心を打ち明ける
con el ~ en un puño びくびくしながら
con la mano en el ~ 心から, 率直に
con todo su ~ 心の底から: querer a+人 *con todo su ~* 心から…を愛す
de [todo] ~ 心から: Te agradezco *de [todo] ~*. 心から礼を言うよ
decir el ~ …に予感させる: Me lo *dice el ~*. 私はそんな予感がする
ser duro de ~ 無慈悲である, 不人情である
ser todo ~ たいへんいい人である

corazonada [コらソナダ] 囡 予感, 虫の知らせ

corbata [コルバタ] 囡 ネクタイ: llevar ~ ネクタイをしめている. ponerse la ~ ネクタイをしめる. ir de ~ ネクタイをして行く. ~ de lazo 蝶ネクタイ

corcel [コルセル] 男 駿馬

corcho [コルチョ] 男 ❶ コルク. ❷ コルク栓

cordel [コルデル] 男〈細い〉綱, ひも

cordero, ra [コルデロ, ら] 名 子羊
◆ 男〈料理〉ラム, 子羊肉

cordial [コルディアル] 形 心からの, 心のこもった, 丁重な: Saludos ~es. 心からごあいさつ申し上げます/〈手紙〉敬具. ambiente ~ なごやかな雰囲気

cordialidad [コルディアリダ] 囡 丁重さ; なごやかさ: con ~ 丁重に

cordialmente [コルディアルメンテ] 副 ❶ 心をこめて, 丁重に. ❷〈手紙〉敬具

cordillera [コルディジェら] 囡 山脈, 山系: C~ Pirenaica ピレネー山脈

cordobés, sa [コルドベス, サ] 形 名 コルドバ Córdoba の〈人〉
◆ 男〈服飾〉コルドバハット, つば広のフェルト帽

cordón [コルドン] 男〈複 cord*on*es〉❶ ひも: *cordones* de los zapatos 靴ひも. ~ umbrical へその緒. ❷〈電気の〉コード. ❸

警戒線, 非常線
cordura [コルドゥラ] 囡 分別, 思慮；慎重さ
Corea [コレア] 囡〈国名〉朝鮮：*C*~ del sur 韓国. *C*~ del norte 北朝鮮
coreano, na [コレアノ, ナ] 形 朝鮮〔人・語〕の, 韓国〔人・語〕の；朝鮮人, 韓国人
◆ 男 朝鮮語, 韓国語
corear [コレアル] 他 合唱する
coreografía [コレオグラフィア] 囡〈踊りの〉振り付け
coreógrafo, fa [コレオグラフォ, ファ] 名 振り付け師
córner [コルネル] 男〈複 ~s〉〈サッカー〉コーナーキック
corneta [コルネタ] 囡 軍隊らっぱ
coro [コロ] 男 ❶ 合唱, コーラス；合唱団. ❷ 聖歌隊
a ~ 声をそろえて；一斉に：cantar *a* ~ 合唱する
corona [コロナ] 囡 ❶ 冠, 王冠；栄冠：~ de espinas いばらの冠. ~ fúnebre 棺や墓などの上に置く花輪
❷ 王位, 王権；王：heredar la ~ 王位を継承する
❸〈太陽の〉コロナ；〈聖像などの〉光背
coronación [コロナスィオン] 囡 ❶ 戴冠〔式〕. ❷ 栄光の頂点；完成, 仕上げ
coronar [コロナル] 他 ❶ …に冠をかぶせる；王位につける. ❷ 完成させる；…に報いる
coronel [コロネル] 男〈軍事〉大佐
coronilla [コロニジャ] 囡 頭頂, 脳天
estar hasta la ~ うんざりしている
corpiño [コルピニョ] 男〈女性用の〉胴着
corporación [コルポラスィオン] 囡 ❶ 同業者団体, 同業組合：~ de médicos 医師会. ❷ 公団, 公社；会社
corporal [コルポラル] 形 肉体の, 肉体的な：trabajo ~ 肉体労働. castigo ~ 体罰
corpulento, ta [コルプレント, タ] 形 恰幅のいい, 体の大きい
corpus [コルプス] 男〈単複同形〉資料集, 例文集, コーパス
corral [コラル] 男 ❶〈家畜を入れる〉囲い場. ❷ ベビーサークル
correa [コレア] 囡 ❶ ベルト, バンド：~ del reloj 時計のバンド. ~ transportadora ベルトコンベア. ❷〈犬の〉引き綱
corrección [コレ(ク)スィオン] 囡 ❶ 訂正, 修正, 校正：~ de exámenes 試験答案の添削〔採点〕. ❷ 矯正, 補正：~ de la visión 視力の矯正. ❸ 正確さ, 正しさ：vestir con ~ きちんとした服装をする
correccional [コレ(ク)スィオナル] 男 少年院, 教護院
correctamente [コレクタメンテ] 副 正しく；きちんと
correcto, ta [コレクト, タ] 形 ❶ 正確な, 正しい：pronunciación ~*ta* 正確な発音. ¿Es (Está) ~*ta* la frase? その文は正しいですか？ ❷ 礼儀にかなった：persona ~*ta* きちんとした人
corrector, ra [コレクトル, ラ] 名 ❶ 校正者. ❷ 採点者
◆ 男 ❶ 修正液〖líquido ~〗. ❷〈情報〉~ ortográfico スペルチェッカー
corredizo, za [コレディソ, サ] 形 すべる：puerta ~*za* 引き戸
corredor, ra [コレドル, ラ] 形 走る, 足の速い
◆ 名 ❶ 走者, ランナー. ❷ 仲買人, ブローカー
◆ 男 廊下, 回廊
corregir [コレヒル] 30 他 ❶ 訂正する, 修正する；校正する：~ los errores まちがいを直す
❷ 矯正する：~ a+人 una mala costumbre …の悪い習慣をやめさせる
❸〈答案を〉添削する：~ el exámen 試験の採点をする
◆ ~se ❶〈自分の欠点などを〉改める. ❷〈欠点が〉直る
correlación [コレラスィオン] 囡 相関関係
correlativo, va [コレラティボ, バ] 形 相関的な
correo [コレオ] 男 ❶ 郵便；郵便物：enviar... por ~ …を郵送する. ~ aéreo 航空便
❷ E メール〖~ electrónico〗：¿Has recibido el ~ que te mandé? 私が送ったメールを受け取った？ Ayer tuve unos ~*s*. 私はきのう何通かのメールを受信した. comunicarse por ~ electrónico E メールでやりとりする. ~ basura ジャンクメール
❸〈複〉〈X〉〈時に *C*~*s*〉郵便局〖oficina de ~*s*〗：¿Dónde está ~*s*? 郵便局はどこですか？ ir a ~*s* 郵便局に行く
❹〈ラ〉〈*C*~〉郵便局
❺ ポスト：echar una carta al ~ 手紙をポストに投函する
correr [コレル] 自 ❶ 走る：*Corrió* para no llegar tarde. 彼は遅刻しないように走った. ~ con todas sus fuerzas 全力で走る
❷ 急ぐ：1) Voy *corriendo* a casa. 私は急いで家に帰る. Los días pasan *corriendo*. 月日の経つのははやい. 2)〈a+不定詞 をするために〉急ぐ：*Corrimos a* avisarle. 私たちは急いで彼に知らせに行った
❸ 流れる：*Corre* el agua. 水が流れる. *Co-*

correspondencia 112

rrió un rumor. うわさが流れた
❹ ⟨con を⟩ 引き受ける，負担する：La compañía *corre con* los gastos. 費用は会社持ちだ
◆ 他 ❶ 走る；走り回る：～ mundo 世界を駆け巡る．❷ 動かす：～ la silla 椅子をずらす．～ la cortina カーテンを引く．❸ ⟨錠を⟩かける
◆ ～se ❶ 動く，ずれる：*Córrase* un poco a la derecha. 少し右に席をつめてください．❷ ⟨色が⟩にじむ
a todo ～ 全速力で

correspondencia [コレスポンデンシア] 女
❶ 文通，通信；⟨集合的に⟩ 手紙：mantener ～ con+人 …と文通している．educación por ～ 通信教育．～ comercial 商業通信文．❷ 対応，一致．❸ ⟨地下鉄などの⟩乗り換え，接続

corresponder [コレスポンデル] 自 ❶ ⟨a に⟩ 対応する，相当する；ふさわしい：Esta traducción *corresponde a* la primera página de la carta. この翻訳は手紙の1ページ目の分だ．❷ 報いる，応じる：～ a un favor 好意にこたえる．amor no *correspondido* 片思い．❸ ⟨責任・役割が⟩ 属す：No me *corresponde* esa tarea. それは私の仕事ではない．*a quien corresponda* ⟨手紙⟩ 関係各位殿
◆ ～se ⟨互いに/con と⟩ 一致する，対応する

correspondiente [コレスポンディエンテ] 形 ⟨a に⟩ 対応する，相応の：los gastos ～s al año pasado 昨年分の支出．rellenar el formulario ～ しかるべき用紙に記入する

corresponsal [コレスポンサル] 名 特派員；通信員，駐在員

corrida [コリダ] 女 ❶ 走ること．❷ 闘牛〖～ de toros〗

corriente [コリエンテ] 形 ❶ 流れている：agua ～ 流水，水道の水．❷ 現在の：el mes ～ 今月．❸ 普通の，日常の：costumbre ～ ありふれた習慣．persona ～ 平凡な人
◆ 女 ❶ 流れ：～ del río 川の流れ．～ de aire 空気の流れ；すきま風；気流．～ de chorro ジェット気流
❷ 海流：～ fría 寒流．～ cálida 暖流
❸ 電流〖～ eléctrica〗：～ continua 直流．～ alterna 交流
❹ 風潮，時流
al ～ 1) ⟨de に⟩ 通じた，知った：estar *al* ～ *del* suceso その出来事について知っている．2) 遅れずに：estar *al* ～ *de* todos los pagos 支払いをすべて遅滞なく行っている
común y ～ ありきたりの，よくある

corro [コロ] 男 ⟨人々の⟩ 集まり，輪

corroborar [コロボラル] 他 確証する，裏づける

corroer [コロエル] 71 他 腐食させる，むしばむ．◆ ～se 腐食する，むしばまれる

corromper [コロンペル] 他 腐敗させる，堕落させる

corrosión [コロシオン] 女 腐食

corrosivo, va [コロシボ, バ] 形 腐食性の

corrupción [コルプシオン] 女 腐敗，堕落

corrupto, ta [コルプト, タ] 形 腐敗した，堕落した

corsé [コルセ] 男 ⟨服飾⟩ コルセット

corta ⇨**corto, ta**
◆ 動詞活用形 ⇨**cortar**

cortacésped [コルタセスペ] 男 ⟨単複同形⟩ 芝刈り機

cortacircuitos [コルタスィルクイトス] 男 ⟨単複同形⟩ ⟨電気⟩ ブレーカー

cortado [コルタド] 男 過分 ミルクを少し入れたコーヒー〖café ～〗

cortafuegos [コルタフエゴス] 男 ⟨単複同形⟩ 防火壁；⟨情報⟩ ファイヤーウォール

cortante [コルタンテ] 形 ❶ 鋭利な．❷ 身を切るような

cortapapeles [コルタパペレス] 男 ⟨単複同形⟩ ペーパーナイフ

cortaplumas [コルタプルマス] 男 ⟨単複同形⟩ ポケットナイフ

cortar [コルタル] 他 ❶ **切る**，切断する：～ el papel 紙を切る
❷ さえぎる，遮断する：～ el suministro 供給を断つ．～ el tráfico 交通を遮断する
◆ 自 ❶ よく切れる：Esta navaja no *corta* bien. このナイフはよく切れない．❷ ⟨con と⟩ 縁を切る：～ *con* su novio 恋人と別れる
◆ ～se ❶ ⟨自分の体の一部を⟩ 切る：*Me corté* el dedo. 私は指をけがした．¿*Te cortaste* el pelo? 髪を切ったの？ ❷ 困惑する，あがる．❸ ⟨牛乳が⟩ 分離する，変質する

cortaúñas [コルタウニャス] 男 ⟨単複同形⟩ 爪切り

corte [コルテ] 男 ❶ **切ること**，切断：simular un ～ en el cuello con la mano 手で首を切るまねをする
❷ 裁断；切片，布切れ：～ y confección 婦人服製造
❸ 切り傷：Me hice un ～ en el dedo. 私は指を切った
❹ 切り口，断面図
❺ 遮断，中断：～ de luz 停電
❻ ウエハースではさんだアイスクリーム〖～ de helado〗
◆ 女 ❶ 宮廷；⟨集合的に⟩ 廷臣．❷ las C～s ⟨スペインの⟩ 国会．❸ ⟨ラ⟩ 裁判所

cortejar [コルテハル] 他 …に言い寄る，機嫌

cortejo [コルテホ] 男 ❶ 口説き. ❷〈集合的に〉行列, 随員の一行：~ fúnebre 葬列

cortés [コルテス] 形〈複 corteses〉礼儀正しい, 丁重な：saludo ~ ていねいなあいさつ

cortesía [コルテシア] 女 礼儀, 礼節：con ~ 礼儀正しく. visita de ~ 表敬訪問

corteza [コルテサ] 女 ❶ 樹皮. ❷ 外皮：~ del limón レモンの皮. ❸〈解剖〉皮質：~ cerebral 大脳皮質

cortijo [コルティホ] 男〈アンダルシアの〉農場

cortina [コルティナ] 女 カーテン, 幕：abrir (cerrar) la ~ カーテンを開ける(閉める). ~ de humo 煙幕

corto, ta [コルト, タ] 形 ❶ 短い：lápiz ~ 短い鉛筆. vacaciones ~tas 短期休暇
❷ 少ない, 足りない：estar ~ de fondos 資金が少ない. ~ de luces 薄暗い. niño de ~ta edad 幼い子供
❸ 無能な, 頭の悪い
~ *de vista* 近視の；近視眼的な

cortocircuito [コルトスィルクイト] 男〈電気〉ショート

corvo, va [コルボ, バ] 形 湾曲した

cosa [コサ] 女 ❶ 物, 物体：Me dio una ~ bonita. 彼は私にきれいな物をくれた
❷ 事, 事柄；出来事；物事：He pensado muchas ~s. 私は色々なことを考えた. Eso es ~ mía. それは私の問題だ. Esto no es ~ de risa. 笑いごとではない. Son ~s de niños. 子供のやることだ
❸ 俗 事態：¿Cómo te van las ~s? うまくいっているかい？
❹ 複 身の回り品：Recogió sus ~s y se fue. 彼は自分の持ち物を持って行ってしまった
como si tal ~ 何事もなかったかのように, 平然と
entre otras ~*s* 色々ある中で；例えば；〈文末で〉など
poca ~ 取るに足りない人；ささいなこと
una ~ *es... y otra* [*es*]... …と…は別問題である：*Una* ~ *es* saber la gramática *y otra es* hablar bien. 文法を知っていることと上手に話せることは別だ

cosecha [コセチャ] 女 収穫；収穫物：hacer la ~ 取り入れをする. buena ~ 豊作. mala ~ 不作

cosechar [コセチャル] 他 収穫する, 取り入れをする

coser [コセル] 他 縫う, 縫いつける：~ la manga 袖を縫う

cosmético¹ [コスメティコ] 男 化粧品

cosmético², ca [コスメティコ, カ] 形 化粧用の, 理容用の

cósmico, ca [コスミコ, カ] 形 宇宙の

cosmopolita [コスモポリタ] 形 全世界的な, 世界主義の
◆ 名 国際人, コスモポリタン

cosmos [コスモス] 男〈単複同形〉宇宙

cosquillas [コスキジャス] 女 複 くすぐったさ：Me hacen ~ en los sobacos. わきの下がくすぐったい. tener ~ くすぐったがる

costa [コスタ] 女 ❶ 海岸, 沿岸：C~ del Sol コスタ・デル・ソル《スペイン南部の地中海岸》
❷ C~ Rica〈国名〉コスタリカ
a toda ~ どんな犠牲を払っても, ぜひとも

costado [コスタド] 男 過分 ❶ 横腹, わき腹. ❷ 側面
de ~ 横向きに

costal [コスタル] 男 大袋

costar [コスタル] ②1 他 自 ❶ 値段が…である, …の費用がかかる：¿Cuánto *cuesta* este libro?—Diez euros. この本はいくらですか？—10ユーロです. Este reloj me *ha costado* cien euros. この時計は100ユーロした. El piso *cuesta* mucho. そのマンションは高い
❷〈努力・犠牲を〉要する；〈+不定詞 するのに〉骨が折れる：Me *costó* mucho convencerle. 彼を説得するのはたいへんだった. ~ a+人 muchos sacrificios …に大きな犠牲を強いる
cueste lo que cueste どんなに犠牲を払っても, ぜひとも

costarricense [コスタリセンセ] 形 名 コスタリカ Costa Rica〔人〕の；コスタリカ人

costarriqueño, ña [コスタリケーニョ, ニャ] 形 名 ＝costarricense

coste [コステ] 男 ＝costo

costear [コステアル] 他 …の費用を負担する

costeño, ña [コステーニョ, ニャ] 形 名〈ラ〉沿岸の；沿岸の住民

costilla [コスティジャ] 女 ❶ 肋骨(ろっこつ), あばら骨. ❷〈料理〉〈骨付きの〉背肉, 〔リブ〕ロース

costo [コスト] 男 費用；経費, コスト：a precio de ~ 原価で. ~ de la vida 生活費. ~, seguro y flete 運賃保険料込み価格, CIF

costoso, sa [コストソ, サ] 形 ❶ 高価な, 費用のかかる. ❷ 犠牲を要する, 骨の折れる

costra [コストラ] 女 ❶ 堅い皮. ❷〈医学〉かさぶた

costumbre [コストゥンブレ] 女 ❶ 習慣：Tengo la ~ de levantarme temprano. 私は早起きの習慣がある
❷ 複 慣習, 習性：~s japonesas 日本の風習
de ~ いつもの；いつも：como *de* ~ いつものように

costura [コストゥラ] 囡 ❶ 裁縫, 仕立て: alta ～ オートクチュール. ❷ 縫い目: sin ～ 縫い目なしの, シームレスの

cotejar [コテハル] 他 対照する, つき合わせる

cotidiano, na [コティディアノ, ナ] 形 日々の, 毎日の: vida ～na 日常生活

cotilla [コティジャ] 形 名〈ス〉うわさ好きの〈人〉

cotillear [コティジェアル] 自 うわさ話をして歩く, 陰口を言う

cotilleo [コティジェオ] 男 うわさ話, 陰口

cotización [コティサスィオン] 囡 ❶ 建て値, 見積もり. ❷ 相場: alta ～ del yen 円高. ❸ 会費, 分担金

cotizar [コティサル] 13 他 ❶ …に値をつける. ❷ …の会費を払う
◆ ～se〈a の〉値がつく: El dólar *se cotiza a* …euros. 1ドルは…ユーロだ

coto [コト] 男 ❶ 保護地域, 禁猟区〖～ de caza〗, 禁漁区〖～ de pesca〗. ❷ 私有地〖～ privado〗

cotorra [コトら] 囡〈鳥〉インコ

COU [コウ] 男〈ス. 略語〉大学準備コース〖←*Curso de Orientación Universitaria*〗

coyote [コジョテ] 男〈動物〉コヨーテ

coyuntura [コジュントゥラ] 囡 ❶ 情勢, 局面: ～ económica 景気. ❷ 好機. ❸ 関節

coz [コス] 囡〈複 *coces*〉後脚を跳ね上げること: dar *coces* ポンポン蹴る

crac [クラ(ク)] 男〈物が割れる音〉ガチャン, メリメリ

cráneo [クラネオ] 男 頭蓋骨

cráter [クラテル] 男 噴火口, クレーター

creación [クレアスィオン] 囡 ❶ 創造, 創造物; 天地創造. ❷ 創作, 創設

creador, ra [クレアドル, ら] 形 創造する
◆ 名 ❶ 創造者, 創始者. ❷ クリエーター
◆ 男〈el *C*～〉創造主, 神

crear [クレアル] 他 ❶ 創造する, 生み出す: ～ empleos 雇用を創出する
❷ 創作する: ～ una obra 作品を作り出す
❸ 創設する: ～ un fondo 基金を創設する. ～ una universidad 大学を設立する

creativo, va [クレアティボ, バ] 形 創造的な. ◆ 名 クリエーター

creatividad [クレアティビダ] 囡 創造性, 創造力

crecer [クレセル] 20 自 ❶ 成長する, 発育する: Mis hijos *han crecido* mucho. 私の子供たちはとても大きくなった
❷ 増大する: *Crece* el río. 川が増水する. *Crece* el descontento. 不満が大きくなる
❸〈月・潮が〉満ちる
◆ ～se ❶ 勢いづく. ❷ 生意気になる

creces [クレセス] *con* ～ たっぷりと, 余分に

crecido, da [クレスィド, ダ] 形 過分 成長した; 増大した. ◆ 囡 増水

creciente [クレスィエンテ] 形 増大する: luna ～ 満ちていく月

crecimiento [クレスィミエント] 男 成長; 増大: ～ económico 経済成長

credencial [クレデンスィアル] 囡 ❶ 複〈外交〉信任状. ❷ 身元保証書

crédito [クレディト] 男 ❶〈商業〉信用, 信用貸し: ～ bancario 銀行ローン. ～ de (para) vivienda 住宅ローン
❷〈商業〉信用状〖carta de ～〗: abrir un ～ 信用状を開設する
❸〈簿記〉貸方
❹〈一般に〉信用, 信望
❺〈授業の〉単位
a ～ 掛けで, クレジットで: comprar *a* ～ クレジットで買う

credo [クレド] 男 ❶〈カトリック〉使徒信経. ❷ 信条

credulidad [クレドゥリダ] 囡 信じやすさ

crédulo, la [クレドゥロ, ラ] 形 信じやすい, たやすく信じる

creencia [クレエンスィア] 囡 ❶〈主に 複〉信仰; 信条. ❷ 確信: tener la ～ de… …について確信している

creer [クレエル] 45 過分 creído, 現分 creyendo 他 ❶ 信じる, 本当だと思う: No puedo ～ que sea cierto. 私はそれが確かだとは信じられない. *Créeme*. 私を信じてよ/本当なんだから
❷ …だと思う: 1)〈+que+直説法(否定では +接続法)〉Creo que lloverá esta noche. 私は今夜雨が降ると思う. No *creo que* llueva mañana. 私はあす雨は降らないと思う. *Creo que* sí. そのとおりだと思う. *Creo que* no. 違うと思う. 2)〈+形容詞〉La creo muy inteligente. 彼女はとても頭がいいと私は思う
◆ 自 ❶〈en を〉信じる: ～ *en* Dios 神を信じる. ❷ 信仰を持つ
◆ ～se ❶ 信じ込む. ❷ 自分を…だと思う: Aún *se cree* joven. 彼はまだ若いつもりだ
¡Ya lo creo! もちろんだ/当然だ!

creíble [クレイブレ] 形 信用できる, 信じられる

creído, da [クレイド, ダ] 形 過分 思い上がった, うぬぼれた

crema [クレマ] 囡 ❶ クリーム, 乳脂: ～ de Chantilly ホイップクリーム
❷ クリームスープ: ～ de champiñón マッシュルームのポタージュ
❸〈化粧品などの〉クリーム, 乳液: ～ dental 練り歯磨き. ～ solar 日焼け止めクリーム

cremallera [クレマジェラ] 女 〈服飾〉ファスナー

crematorio [クレマトリオ] 男 火葬場

cremoso, sa [クレモソ, サ] 形 クリームの; クリーム状の

crepitar [クレピタル] 自 パチパチいう, バラバラいう

crepuscular [クレプスクラル] 形 たそがれの, 薄暮の

crepúsculo [クレプスクロ] 男 ❶ 薄明かり, たそがれ; その時間. ❷ 衰退期

crespo, pa [クレスポ, パ] 形 〈髪が〉ちぢれた

crespón [クレスポン] 男 ❶ 喪章. ❷ 〈繊維〉クレープ

cresta [クレスタ] 女 ❶ 〈ニワトリの〉とさか; 〈鳥の〉冠羽. ❷ 〈山の〉尾根, 峰

cretino, na [クレティノ, ナ] 形 〈口語〉ばか〔な〕

creyente [クレジェンテ] 名 信者

creyó, creyeron [クレジョ, クレジェロン] ⇒**creer** 45

cría¹ [クリア] 女 ❶ 動物の子供. ❷ 飼育

criadero [クリアデロ] 男 飼育場, 養魚場; 苗床

criado, da [クリアド, ダ] 名 過分 召使い, 下男, 女中

criador, ra [クリアドル, ラ] 名 飼育家, ブリーダー; 飼育係

crianza [クリアンサ] 女 ❶ 養育, 育児. ❷ 飼育

criar [クリアル] 33 他 ❶ **育てる**, 養育する: ~ a un niño 子供を育てる ❷ 飼育する: ~ pollos 鶏のひなを育てる

criatura [クリアトゥラ] 女 ❶ 幼児, 赤ん坊. ❷ 〈神による〉被造物; 人間

criba [クリバ] 女 ふるい, 選別機

crimen [クリメン] 男 〈複 crímenes〉〈殺人・傷害などの重い〉**犯罪**, 罪: cometer un ~ 犯罪を犯す

criminal [クリミナル] 形 ❶ 犯罪の: acto ~ 犯罪行為. ❷ 〈法律〉刑事の, 刑法上の: derecho ~ 刑法

◆ 名 罪人, 犯罪者: ~ político 政治犯

crin [クリン] 女 〈馬などの〉たてがみ

crío, a² [クリオ, ア] 名 小さな子, 赤ん坊

criollo, lla [クリオジョ, ジャ] 形 名 ❶ ヨーロッパ(スペイン)系中南米人〔の〕; 中南米生まれの黒人〔の〕. ❷ 〈ラ〉中南米特有の: plato ~ クレオル風料理

crisantemo [クリサンテモ] 男 キク(菊)

crisis [クリシス] 女 ❶ **危機**, 難局: estar en ~ 危機にある; 危篤状態にある. estar atravesando una grave ~ económica 深刻な経済危機に直面している. salir de la ~ 危機を脱する. gestión de ~ 危機管理. ~ energética エネルギー危機

❷ 〈医学〉発作: tener una ~ nerviosa 神経の発作(ヒステリー)を起こす

crisol [クリソル] 男 るつぼ: ~ de razas 人種のるつぼ

crispar [クリスパル] 他 ❶ けいれんさせる, 引きつらせる; 〈手を〉握りしめる. ❷ いらだたせる

◆ **~se** ❶ けいれんする. ❷ いらだつ

cristal [クリスタル] 男 ❶ **ガラス**; 窓ガラス: copa de ~ クリスタルグラス. ~ tallado カットグラス

❷ 結晶体; 水晶: ~ líquido 液晶

cristalino, na [クリスタリノ, ナ] 形 ❶ 〈結晶のように〉透明な, 澄んだ: agua ~*na* 澄んだ水. ❷ 結晶の

cristalizar [クリスタリサル] 13 自・**~se** 結晶する

cristiandad [クリスティアンダ] 女 〈集合的に〉キリスト教徒, キリスト教会; キリスト教世界

cristianismo [クリスティアニスモ] 男 キリスト教

cristianizar [クリスティアニサル] 13 他 キリスト教に改宗させる, キリスト教化する

cristiano, na [クリスティアノ, ナ] 形 キリスト教の, キリスト教徒の: Iglesia ~*na* キリスト教会

◆ 名 **キリスト教徒**

Cristo [クリスト] 男 イエス・キリスト
antes de ~ 紀元前
después de ~ 紀元後

criterio [クリテリオ] 男 ❶ 基準, ガイドライン. ❷ 判断, 意見; 観点: en mi ~ 私の意見では

crítica¹ [クリティカ] 女 ❶ **批評**, 評論: hacer la ~ de una película 映画の批評をする. recibir buenas (malas) ~s 好評を得る(悪評をこうむる). ~ literaria 文芸批評

❷ 批判: Ahora el ministro es el blanco de ~s en el Congreso. 大臣は今国会で批判的になっている

criticar [クリティカル] 73 他 ❶ 批評する, 論評する: ~ una obra 作品を批評する. ❷ 批判する: No tienes derecho a ~la. 君に彼女のことをとやかく言う資格はない

crítico, ca² [クリティコ, カ] 形 ❶ 批評の; 批判的な: opinión ~*ca* 批判的な意見. ❷ 危機的な: estado ~ 危機の状態; 危篤. ❸ 決定的な: momento ~ 決定的瞬間. ❹ 〈物理〉臨界の

◆ 名 批評家, 評論家: ~ de cine 映画評論家

croar [クロアル] 自 〈カエルが〉鳴く
croissant [クルアサン] 男〈複 ~s〉クロワッサン
crol [クロル] 男〈水泳〉クロール: nadar a ~ クロールで泳ぐ
cromo [クロモ] 男〈元素〉クロム
cromosómico, ca [クロモソミコ, カ] 形〈生物〉染色体の
cromosoma [クロモソマ] 男〈生物〉染色体: ~ X (Y) X(Y)染色体
crónica[1] [クロニカ] 女 ❶〈新聞の〉ニュース欄; 〈ラジオ・テレビの〉報道番組: ~ de sucesos 三面記事. ~ deportiva スポーツ欄; スポーツニュース. ❷ 年代記, 年代順の記録
crónico, ca[2] [クロニコ, カ] 形 慢性的な: bronquitis ~ca 慢性気管支炎. déficit ~ 慢性的赤字
cronología [クロノロヒア] 女 ❶ 年代の決定; 年代学. ❷ 年表; 年代順の記録
cronológico, ca [クロノロヒコ, カ] 形 年代順の: por orden ~ 年代順に
cronometrar [クロノメトラル] 他〈競走などの〉タイムを計る
cronómetro [クロノメトロ] 男 ストップウォッチ
croqueta [クロケタ] 女〈料理〉コロッケ
cruce [クルセ] 男 ❶ 交差点, 十字路. ❷ 横断歩道 [~ de peatones]. ❸ 交差; すれ違い. ❹〈電話の〉混線. ❺ 交配; 雑種
◆ 動詞活用形 ⇨**cruzar**
crucero [クルセロ] 男 ❶ 巡航, クルージング: hacer un ~ por el Mar Caribe 船でカリブ海巡りをする. misil de ~ 巡航ミサイル. ❷ クルーザー〔客船・遊覧船など〕
crucial [クルシアル] 形 決定的な, 重大な: momento ~ 決定的瞬間
crucificar [クルシフィカル] 73 他 十字架にかける, はりつけにする
crucifijo [クルシフィホ] 男〈キリスト像のついた〉十字架
crucigrama [クルシグラマ] 男 クロスワードパズル: hacer ~s クロスワードパズルをする
crudeza [クルデサ] 女 ❶ きびしさ. ❷ どぎつさ
crudo, da [クルド, ダ] 形 ❶ 生(ﾅﾏ)の, 調理していない: La carne todavía está ~da. 肉はまだ生焼け(生煮え)だ. pescado ~ 生魚, 刺身. ❷ 未加工の, 未精製の: de color ~ 生なり色の. ❸ きびしい: invierno ~ 厳冬. ❹ どぎつい, 生々しい
◆ 男 原油 [petróleo ~]
cruel [クルエル] 形 ❶ 残酷な, 無慈悲な: asesino ~ 残忍な殺人者. Eres ~. 君は意地悪だ.

❷ 過酷な, つらい: vida ~ 過酷な人生. dolor ~ ひどい痛み

crueldad [クルエルダ] 女 ❶ 残酷さ; 残虐行為: ~ mental 精神的虐待. ❷ つらさ, きびしさ
crujido [クルヒド] 男 過分 きしみ: dar un ~ ギシギシいう
crujiente [クルヒエンテ] 形 パリパリした: pan ~ カリカリしたパン
crujir [クルヒル] 自 きしむ, ギシギシいう; パリパリいう: Cruje el suelo. 床がミシミシいう. Me crujieron los huesos, cuando me hicieron el masaje. 私はマッサージをしてもらったら, 骨がポキポキ鳴った
cruz [クルス] 女〈複 cruces〉❶ 十字架, 十字架像: clavar a+人 en la ~ で …を十字架にかける. ~ gamada かぎ十字
❷ 十字架の印: hacer la (una) señal de la ~ 十字を切る. ~ roja 赤十字〔社〕
❸ ×(ﾊﾞﾂ)印: Marque la respuesta correcta con una ~. 正しい答えに×印をつけなさい
❹〈貨幣の〉裏面
❺ 南十字星 [~ del Sur]
❻ 苦難: llevar la ~ a cuestas 十字架を背負う, 苦難を忍ぶ
con los brazos en ~ 両手を広げて
cruzada[1] [クルサダ] 女 十字軍, 聖戦
cruzado, da[2] [クルサド, ダ] 形 過分 ❶ 交差した. ❷〈服飾〉ダブルの: chaqueta ~da ダブルの上着
◆ 男 十字軍の兵士
cruzar [クルサル] 13 他 ❶ 横断する, …と交差する: ~ la calle 通りを渡る
❷ 交差させる, 横切らせる: ~ las piernas 足を組む
❸〈あいさつなどを〉交わす: ~ palabras con +人 …とことばを交わす
❹〈生物〉交配させる
◆ 自 横切る, 交差する; 行きかう
◆ **~se**〈互いに/con と〉❶ 交差する. ❷ すれ違う; 行き違いになる: *Nos cruzamos en la estación*. 私たちは駅ですれ違った. *Me cruzo con él todas las mañanas*. 私は毎朝彼と出会う
cuaderno [クアデルノ] 男 ノート, 帳面: escribir en el ~ ノートに書く
cuadra [クアドラ] 女 ❶ うまや, 厩舎. ❷〈ラ〉街区, ブロック: a dos ~s de aquí ここから2ブロック先に
cuadrado, da [クアドラド, ダ] 形 過分 ❶ 四角の, 正方形の: caja ~da 四角い箱. ❷ 二乗の: dos metros ~s 2平方メートル. ❸〈estar+, 体格が〉がっしりしている, いかつい
◆ 男 ❶ 正方形. ❷ 二乗

cuadrar [クアドラル] 他 ❶ 四角にする, 直角にする. ❷ 二乗する. ❸ 〈ラ〉駐車する
◆ 自 〈con と〉 調和する, 合致する: Esta alfombra no *cuadra* con la habitación. このじゅうたんは部屋に合わない. No me *cuadran* las cuentas. 計算が合わない. ❷ 〈a+人 に〉 適する, 都合がよい: No me *cuadra* ese horario. その時間割は私に不都合だ
◆ ~**se** 直立不動の姿勢をとる

cuadriculado, da [クアドリクラド, ダ] 形 papel ~ 方眼紙

cuadrilátero [クアドリラテロ] 男 ❶ 四辺形. ❷ 〈ボクシングなどの〉リング

cuadrilla [クアドリジャ] 女 〈作業員などの〉一団, グループ

cuadro [クアドロ] 男 ❶ 〈主に額入りの〉絵: colgar un ~ en la pared 壁に絵を掛ける. pintar un ~ 絵を描く
❷ 光景, 場面；〈演劇〉場
❸ 表：~ estadístico 統計表
❹ 四角いもの；四角い土地
❺ 〈集合的に〉スタッフ, 幹部；チーム: ~ médico 医師団
❻ 格子じま, ます目: tela a ~s チェックの布

cuádruple [クアドルプレ] 形 4 倍の

cuajada [クアハダ] 女 ❶ 凝乳 『leche ~』. ❷ クアハーダ 『羊乳で作ったヨーグルト状のデザート』

cuajar [クアハル] 他 凝固させる. ❷ 〈de で〉おおう, 満たす
◆ 自 凝固する: Ha *cuajado* la sangre. 血が固まった. ❷ 達成される, 実現する
◆ ~**se** 凝固する

cuajo [クアホ] 男 de ~ 根こそぎに, すっかり

cual [クアル] 代 〈関係代名詞. 定冠詞+〉 ❶ 〈説明的〉 Tengo una prima en Toledo, la ~ es muy bonita. 私はトレドにいとこがいるが, 彼女はとても美人だ
❷ 〈前置詞+〉 He comprado un libro del ~ me han hablado mucho. 私はみんなが盛んに話していた本を買った. Abrí la puerta, detrás de *la* ~ estaba un gato. 私がドアをあけたら, そのうしろに猫がいた
❸ 〈lo+ で先行文全体を受ける〉Se fue de repente, *lo* ~ me sorprendió. 彼は突然行ってしまったが, そのことは私を驚かせた
~ *si*+接続法 まるで…であるかのように 〖=como si…〗
por lo ~ したがって

cuál [クアル] 〈選択の疑問詞. 複 cuáles〉 代
❶ どれ, どちら?: ¿*C*~ es tu coche? 君の車はどれですか? ¿*C*~ de estos libros es más interesante? これらの本のうち, どれがいちばんおもしろいですか? ¿*C*~ te gusta más, el verano o el invierno? 夏と冬のどっちが好きですか? ¿*C*~ es la situación? どんな状況ですか? Tengo cuatro hermanos.—¿*C*~ eres tú? 私は 5 人兄弟です.—君は何番目?
❷ 〈名称の特定〉?: ¿*C*~ es tu nombre? 君の名前は何ていうの? ¿*C*~ es la capital de Cuba? キューバの首都はどこですか?
❸ 〈数などの特定〉どのくらい: ¿*C*~ es el precio? 値段はいくらですか?
◆ 形 〈ラ〉〈+名詞〉どの?: ¿*C*~ reloj vas a comprar? 君はどの時計を買うの?

cualidad [クアリダ] 女 ❶ **特徴**, 特性: ~es del cristal ガラスの特性
❷ 質, 品質
❸ 長所, 強味: persona de muchas ~es 長所のたくさんある人

cualificado, da [クアリフィカド, ダ] 形 資格のある, 熟練した

cualitativo, va [クアリタティボ, バ] 形 質的な

cualquier [クアルキエル] 形 ⇨**cualquiera**

cualquiera [クアルキエラ] 形 〈複 cualesquiera. 名詞の前で **cualquier**〉 ❶ 〈主に+名詞〉 どんな […でも]: Puedes venir a *cualquier* hora. 何時に来てもいいよ. en *cualquier* caso どんな場合でも, いずれにしても. *cualquier* día いつでも
❷ 〈名詞+〉 普通の, ありふれた: No es un hombre ~. 彼はただものではない
◆ 代 ❶ どれでも: Puedes elegir ~ de los dos. 君は 2 つのうちのどちらを選んでもいい
❷ 誰でも: *C*~ sabe hacerlo. それは誰でもできる
❸ 〈un+una+〉取るに足りない人
~ *que*+接続法 〈譲歩〉…であろうとも: ~ *que* sea la causa 原因が何であれ

cuando [クアンド] 接 ❶ …する時: 1) *C*~ hace mal tiempo, no salgo de casa. 天気が悪い時は私は外出しない. Hubo un terremoto, ~ yo estaba en casa. 地震があったが, その時私は家にいた. 2) 〈未来のこと. +接続法〉Te enseñaré la foto, ~ vengas a mi casa. 君が家に来た時にその写真を見せてあげよう. 3) 〈+名詞〉 *C*~ la guerra, vivía en Salamanca. 私は戦争の時サラマンカに住んでいた
❷ 〈条件. +接続法〉…すれば, …するなら: *C*~ encuentres las piezas de recambio, podrás arreglarlo. 交換部品が手に入れば, 君はそれを直せるよ
❸ 〈譲歩〉…するにもかかわらず; たとえ…でも: ¿Por qué te preocupas, ~ a él no le importa? 彼が気にしてないのに, どうして君が心配

cuándo

するの?

◆ 副 〈時の関係副詞〉 …する時: En agosto, ~ hace más calor, me voy a la montaña. 8月はいちばん暑いので，私は山へ行く. Fue entonces ~ la vi. 私が彼女を見たのはその時だった

~ *no* そうでなければ

~ *quieras*・*quiera*・*quieran* 1) お好きな時に: Llámame ~ *quieras*. いつでも電話してくれ. 2) 〈開始の促し〉始めてください

de ~ *en* ~ 時々

cuándo [クアンド] 副 〈時の疑問副詞〉いつ?: ¿C~ sales de viaje? いつ旅に出るの? Dime ~ vas a venir. いつ来るか言ってくれ. ¿Desde ~ estudias español? いつからスペイン語を勉強しているの?

cuantía [クアンティア] 女 ❶ 量; 総額. ❷ 重要性

cuantioso, sa [クアンティオソ, サ] 形 〈量的に〉大きい, 大量の

cuantitativo, va [クアンティタティボ, バ] 形 量の, 量的の

cuanto, ta [クアント, タ] 〈全部を表わす関係詞〉形 …するすべての: Compraré ~s libros pueda. 私はできるだけ多くの本を買おう

◆ 代 …するすべて: Ese hombre tiene [todo] ~ desea. その男は欲しいものすべてを持っている. Tome ~s quiera. いくつでもお好きなだけお取りください. Haré ~ pueda. できるだけのことはします

◆ 副 …するそれだけ一杯; …する間はずっと: Puedes llorar ~ quieras. 好きなだけ泣いていいよ

◆ 接 ~+比較級… [*tanto*]+比較級 …すればするほど: C~ más practiques, [*tanto*] más progresarás. 練習すればするほど上達するよ

~ *antes* できるだけ早く: Quiero llegar ~ *antes*. できるだけ早く到着したい

~ *más* 多くても, せいぜい

en ~ 1) …するとすぐ, …する間: En ~ llegó, me llamó por teléfono. 彼は着くとすぐ私に電話してきた. En ~ llegue, me avisará. 彼は着いたらすぐ私に知らせてくれるだろう. 2) …の資格で, …として

en ~ *a*… …に関して: en ~ a mí 私のことなら

tanto ~ …するそれだけの: Le voy a prestar *tanto* [*dinero*] ~ necesite él. 私は彼が必要なだけお金を貸してあげます

unos ~*s* いくらかの: Había *unos* ~*s* alumnos. 数人の生徒がいた

cuánto, ta [クアント, タ] 〈数量の疑問詞〉形 いくつの, どれだけの: 1) ¿C~s hermanos tiene? ご兄弟は何人ですか? No sé ~ vino queda. 私はワインがどれくらい残っているか知らない. 2) 〈感嘆〉何て多くの: ¡C~*ta* gente! 何てたくさんの人!

◆ 代 いくつ: Quiero unas rosas.—¿C~*tas*? バラを欲しいのですが.—何本ですか? ¿A ~s estamos hoy?—Estamos a cuatro de enero. きょうは何日ですか?—1月4日です

◆ 副 〈形容詞・副詞の前では cuán となるが, qué の方がよく使われる〉 どれだけ, どれほど: 1) ¿C~ cuesta este reloj? この時計はいくらですか? 2) 〈感嘆〉 ¡C~ tarda! 何て遅いんだ!

a ~+価格… はいくら?: ¿A ~ están las naranjas? オレンジはいくらですか?

~ *más* ましてや; …なので

~ *menos* ましてや (…ない)

cuarenta [クアレンタ] 形 男 40 [の]

cantar las ~ *a*+人〈口語〉…にはっきりと不満を述べる

cuarentena [クアレンテナ] 女 ❶ 40 [のまとまり]. ❷ 検疫; 検疫期間

cuarentón, na [クアレントン, ナ] 形 名 〈からかいの意味をこめて〉 40 歳代の [人]

cuaresma [クアレスマ] 女 〈キリスト教〉 四旬節

cuartel [クアルテル] 男 兵舎: ~ general 司令部; 本部

cuarteto [クアルテト] 男 四重奏団, カルテット; 四重奏曲

cuarto¹ [クアルト] 男 ❶ 部屋, 私室: ~ de estar 居間. ~ de baño 浴室, トイレ ❷ 4分の1: un ~ de kilo 4分の1キロ ❸ 15分 [~ de hora]: Son las ocho y ~. 8時15分です. tres ~s de hora 45分 ❹ 〈スポーツ〉 ~s de final 準々決勝

cuarto², **ta** [クアルト, タ] 形 4番めの; 4分の1の: ~*ta* vez 4回目. la ~*ta* parte 4分の1

cuartofinalista [クアルトフィナリスタ] 名 準々決勝出場者

cuatro [クアトロ] 形 男 4; 4つの

cuatrocientos, tas [クアトロスィエントス, タス] 形 男 400 [の]

cuba [クバ] 女 たる, 桶

estar [*borracho*] *como una* ~ ぐでんぐでんに酔っている

Cuba [クバ] 女 〈国名〉 キューバ

cubalibre [クバリブレ] 男 〈酒〉 ラム (ジン) のコーラ割り

cubano, na [クバノ, ナ] 形 名 キューバ [人] の; キューバ人

cúbico, ca [クビコ, カ] 形 立方体の, 3乗の: un metro ~ 1立方メートル

cubículo [クビクロ] 男 ❶ 小部屋. ❷〈ラ〉研究室

cubierta¹ [クビエルタ] 女 ❶ おおい, カバー: ～ de la cama ベッドカバー. ❷〈本の〉表紙 ❸ 屋根;〈船の〉甲板

cubierto¹ [クビエルト] 男 ❶〈主に複〉〈そろいの〉スプーンとフォークとナイフ;〈一人分の〉食器セット. ❷ コース料理, 定食 *a ～ de*... …から保護されて

cubierto², ta² [クビエルト, タ] 形〈cubrir の過分〉おおわれた: estar ～ de polvo ほこりをかぶっている. piscina ～*ta* 室内プール

cubismo [クビスモ] 男〈美術〉立体派, キュービズム

cubito [クビト] 男 角氷

cubo [クボ] 男 ❶ バケツ: ～ de basura ごみバケツ. ❷ 立方体;3 乗. ❸〈車輪の〉ハブ

cubrir [クブリル] 他 過分 cub*ierto* ❶〈con・de で おおう, かぶせる, カバーする: ～ una silla *con* una tela 椅子に布をかける. ～ el suelo *de* flores 地面を花でいっぱいにする ❷ かばう, 掩護する ❸〈必要を〉満たす;〈出費を〉償う, まかなう: ～ los trámites necesarios 必要な手続きをふむ. ～ el déficit 赤字を埋める ❹〈保険が〉保証する
◆ ～*se* おおわれる: Las montañas *se cubrieron* de nieve. 山々は雪でおおわれた. ❷〈自分を〉おおう: Me cubrí *con* una toalla. 私はタオルで体をおおった. ～*se* la cara *con* …で顔をおおう. ❸〈空が〉曇る

cucaracha [クカラチャ] 女 ゴキブリ

cuchara [クチャラ] 女 スプーン: comer con ～ スプーンで食べる. ～ de servir 取り分け用のスプーン

cucharada [クチャラダ] 女 1 さじの量: una ～ de azúcar 大さじ1杯の砂糖

cucharadita [クチャラディタ] 女 小さじ1杯の量

cucharilla [クチャリジャ] 女 小さじ, ティースプーン

cucharón [クチャロン] 男 おたま, 玉じゃくし

cuchichear [クチチェアル] 自 ひそひそ話をする, 耳うちをする

cuchilla [クチジャ] 女 ❶ かみそり〖～ de afeitar〗. ❷〈器具の〉刃. ❸ 牛刀

cuchillo [クチジョ] 男 ナイフ, 包丁: cortar con un ～ ナイフで切る

cuchitril [クチトリル] 男 狭くて汚い部屋〈家〉

cuclillas [ククリジャス] *en ～* しゃがんで: ponerse *en* ～ しゃがむ

cuco [クコ] 男〈鳥〉カッコウ

cucurucho [ククルチョ] 男 円錐形の紙袋(容器);〈アイスクリームの〉コーン

cuello [クエジョ] 男 ❶ 首: Me duele el ～. 私は首が痛い ❷〈服飾〉えり: agarrar a+人 *del* ～ …のえり首をつかむ. ～ alto ハイネック;タートルネック. ～ de pico V ネック. ～ vuelto/〈ラ〉～ tortuga タートルネック ❸〈解剖〉～ del útero/～ uterino 子宮頸部

～ de botella 1) びんの首. 2) 渋滞;ボトルネック

cuenca [クエンカ] 女 ❶ 流域: ～ del Amazonas アマゾン川流域. ❷ 盆地

cuenco [クエンコ] 男 ❶〈料理〉ボール. ❷ くぼみ

cuenta [クエンタ] 女 ❶ 計算, 数えること: hacer una ～ 計算をする ❷ 会計, 勘定;勘定書, 請求書: La ～, por favor.〈客が〉お勘定をお願いします. pagar la ～ 会計をする, 勘定を払う. libro de ～s 会計簿, 帳簿 ❸ 口座: abrir una ～ 口座を開く. ingresar dinero en la ～ de+人 …の口座に金を振り込む. ～ corriente 当座預金〔口座〕. ～ de ahorros 貯蓄口座 ❹ 報告, 説明;釈明: pedir ～s a+人 …に釈明を求める ❺ 責任, 役目 ❻〈ロザリオ・首飾りなどの〉珠 ❼〈情報〉アカウント

a ～ de... 1) …の勘定で. 2) …に依存して
a fin de ～s 最後になって, 結局は
caer en la ～ de...〈初めて〉…に気づく, わかる
～ atrás カウントダウン, 秒読み
darse ～ de... …に気づく, わかる: No *me di ～ de* su ausencia. 私は彼がいないのに気づかなかった
llevar la ～ de... …を数える, 数を記録する
llevar las ～s …の会計を担当する, 帳簿つけをする
más de la ～ 過度に
por ～ de+人 …払いの, 負担の
por su ～ 自分の責任で, 勝手に: Estudia la gramática *por su ～*. 彼は文法は自分で勉強している
sin darse ～ 気づかずに, 知らないうちに
tener... en ～ …を考慮に入れる: Hay que *tener en ～* la situación actual. 現状を考慮しなければならない
tomar... en ～ …を気にかける, 留意する
◆ 動詞活用表 ⇨**contar** 21

cuentagotas [クエンタゴタス] 男〈単複同

cuentista [クエンティスタ] 形 名 ❶ 短編作家. ❷ うわさ好きの〔人〕; 大げさな〔人〕

cuento [クエント] 男 ❶ 話, 物語: ~ de hadas おとぎ話. ~ infantil 童話 ❷ 作り話, うそ
◆ 動詞活用形 ⇨**contar** 21

cuerda¹ [クエルダ] 女 ❶ なわ, ロープ; ひも: atar el paquete con una ~ 荷物をひもで縛る. escalera de ~ なわばしご. ~ de cáñamo 麻なわ
❷ ぜんまい: dar ~ a un reloj 時計のぜんまいを巻く. juguete de ~ ぜんまい仕掛けのおもちゃ
❸〈音楽〉弦; 弦楽器
en la ~ floja 綱渡り的(不安定・微妙)な状況にある

cuerdo, da² [クエルド, ダ] 形 ❶ 正気の. ❷ 思慮深い, 良識のある

cuerno [クエルノ] 男 ❶ 角(つの), 触角. ❷ 角笛
poner los ~s 浮気をする
oler (saber) a ~ quemado a+人〔口語〕…にとって不快である

cuero [クエロ] 男〈なめした〉皮, 革: guantes de ~ 革手袋. ~ sintético 合成皮革
en ~s 1) まる裸で. 2) 無一文で

cuerpo [クエルポ] 男 ❶ 身体, 肉体; 胴: todo el ~ 全身. medio ~ de arriba 上半身
❷ 物体: ~ sólido 固体. ~ líquido 液体. ~ gaseoso 気体
❸ 本体, 主要部; 本文
❹ 団体, 機関: ~ diplomático 外交団
❺〈酒などの〉濃さ, こく: vino de mucho ~ こくのある(フルボディーの)ワイン
luchar ~ a ~ con... …と格闘する, 取っ組み合いをする

cuervo [クエルボ] 男 カラス(烏)

cuesta [クエスタ] 女 坂, 斜面; 勾配: subir (bajar) una ~ 坂を上る(下る). ir ~ arriba (abajo) 坂を上って(下って)行く
a ~s 背負って
◆ 動詞活用形 ⇨**costar**

cuestación [クエスタスィオン] 女 募金

cuestión [クエスティオン] 女 問題〔議論のテーマ〕: Todo es ~ de gustos. すべては好みの問題だ. ~ de vida o muerte 死活問題
en ~ 問題の, 話題になっている

cuestionar [クエスティオナル] 他 問題にする, 疑問を投げかける

cuestionario [クエスティオナリオ] 男 ❶ 質問票. ❷〈集合的に〉試験のテーマ

cueva [クエバ] 女 ❶ ほら穴, 洞窟: C~s de Altamira アルタミラの洞窟. ❷ 穴蔵

cuidado [クイダド] 男 過分 ❶ 注意, 配慮: con ~ 気をつけて, ていねいに
❷ 世話, 手入れ: ~ del jardín 庭の手入れ
❸ 心配: Pierde ~. 心配はいらないよ
❹ 複 看護: ~s intensivos 集中治療
◆ 間 気をつけて, あぶない!: ¡C~ con los ladrones! 泥棒に気をつけろ
estar al ~ de... …の世話になっている
tener ~ 〈con・de に〉用心する, 気を配る: *Ten ~ con* él. 彼に用心しろ

cuidadosamente [クイダドサメンテ] 副 入念に, 注意深く

cuidadoso, sa [クイダドソ, サ] 形 入念な, 注意深い; 気にする

cuidar [クイダル] 他 ❶ …の世話をする; 看病する: ~ a los niños 子供たちの面倒を見る. ~ las plantas 植え木の手入れをする
❷ …に気を配る: ~ su apariencia 自分の外見に気を使う
◆ 自〈de を〉気にかける; 世話する: ~ de la salud 健康に気をつける
◆ **~se** ❶ 自分〔の健康〕に気を配る: *Se cuida mucho.* 彼は自分の体を大切にする. *Cuídate.* 体に気をつけて. ❷〈de を〉気を配る, 注意する: *~se de* los demás 他人に気を使う

culata [クラタ] 女 銃床, 銃尾

culebra [クレブラ] 女 ヘビ(蛇)

culebrón [クレブロン] 男〈テレビの〉長編メロドラマ

culinario, ria [クリナリオ, リア] 形 料理の: arte ~ 料理法, 料理術

culminación [クルミナスィオン] 女 頂点に達すること; 最高潮

culminante [クルミナンテ] 形 最高潮にある; 最高潮の: momento ~ de la película 映画のクライマックス

culminar [クルミナル] 自 ❶ 頂点(最高潮)に達する. ❷〈en・con〉ついに…になる: *La conferencia culminó en un acuerdo.* 会議はついに合意に達した
◆ 他 完了させる

culo [クロ] 男〔口語〕❶ 尻, 肛門. ❷〈瓶などの〉底

culpa [クルパ] 女 あやまち〔の責任〕: Es ~ mía. それは私のせいだ. Nadie tiene la ~ del fracaso. その失敗は誰のせいでもない. *por ~ de...* …のせいで
echar a+人 la ~ de... …を…のせいにする: *Me echó la ~ de* todo. 彼はすべてを私のせいにした

culpabilidad [クルパビリダ] 女 罪のあること, 有罪

culpable [クルパブレ] 形 罪のある, 有罪の : sentirse ~ 罪悪感を感じる
◆ 名 ❶ 責任負うべき人. ❷ 罪人

culpar [クルパル] 他 ⟨de 責任・罪を⟩ …に負わせる : Todos me *culpan del* accidente. みんな事故を私のせいにしている

cultivar [クルティバル] 他 ❶ 耕す : ~ la tierra 地面を耕す
❷ 開拓する
❸ **栽培する** : ~ el trigo 小麦を栽培する
❹ 養殖する : ~ perlas 真珠を養殖する
❺ 培養する : ~ bacterias 細菌を培養する
❻ 養成する, 育成する ; 開発する : ~ a los futuros líderes 未来のリーダーを育てる. ~ la amistad 友情をはぐくむ. ~ aficiones comunes 共通の趣味を開拓する

cultivo [クルティボ] 男 ❶ 耕作 : tierra de ~ 耕作地. ❷ 開拓. ❸ 栽培 : ~ de frutas 果樹栽培. ~ ecológico/~ orgánico 有機栽培. ❹ 養殖 : ~ de ostras カキの養殖. ❺ 培養. ❻ 養成 ; 開発

culto¹ [クルト] 男 ❶ 信仰 ; 礼拝, 崇拝 : ~ del héroe 英雄崇拝. ~ del dinero 拝金. ❷ カルト : película de ~ カルトムービー *rendir ~ a...* …を崇拝する ; 賞賛する

culto², ta [クルト, タ] 形 教養のある ; 洗練された : persona ~*ta* 教養人. lenguaje ~ 教養語, 雅語

cultura [クルトゥラ] 女 ❶ **文化** : ~ occidental 西洋文化
❷ **教養** : persona de amplia ~ 幅広い教養のある人

cultural [クルトゥラル] 形 ❶ 文化の : actividades ~*es* 文化活動. bienes ~*es* 文化財
❷ 教養的な : programa ~ 教養番組

culturismo [クルトゥリスモ] 男 ボディービル : hacer ~ ボディービルをする

culturista [クルトゥリスタ] 名 ボディービルダー

cumbre [クンブレ] 女 ❶ 山頂, 頂上. ❷ 頂点 : top de poder 権力の頂点. ❸ 首脳会談, トップ会談, サミット : ~ de la Tierra 地球サミット

cumpleaños [クンプレアニョス] 男 ⟨単複同形⟩ 誕生日 ; そのお祝い : ¿Qué día es tu ~? —Es el dos de marzo. 君の誕生日はいつ? —3月2日です. ¡Feliz ~! お誕生日おめでとう. celebrar el ~ 誕生日を祝う

cumplido [クンプリド] 男 過分 ❶ 礼儀, 作法 : visita de ~ 表敬訪問. ❷ ⟨主に 複⟩ 賞賛, お世辞 : decir ~*s* お世辞を言う *por* ~ 礼儀で, 義理で

cumplimentar [クンプリメンタル] 57 他 ❶ 表敬訪問する ; 敬意を表わす. ❷ 履行する, 処理する. ❸ ⟨書類などに⟩ 記入する

cumplimiento [クンプリミエント] 男 ❶ 遂行. ❷ ⟨期限の⟩ 満了

cumplir [クンプリル] 他 ❶ ⟨責任・義務などを⟩ 果たす : ~ su promesa 約束を果たす. ~ condena ⟨懲役で⟩ 服役する. ~ el servicio militar 兵役をつとめる. ~ la ley 法を遵守する. ~ sus obligaciones 義務を果たす
❷ 満…歳になる, …歳になる : Ayer *cumplí* treinta años. 私はきのう30歳になった. Este año *cumplimos* veinte años de casados. 私たちは今年で結婚20年になる
◆ 自 ❶ ⟨con 責任・義務などを⟩ 果たす : ~ *con* el trabajo asignado 与えられた仕事を遂行する. ~ *con* las normas 規則を守る. ❷ 義理を果たす, 礼儀をつくす
◆ ~*se* ❶ ⟨期間が⟩ 経過する, 期限になる. ❷ ⟨希望などが⟩ かなえられる, 実現する

cúmulo [クムロ] 男 大量, たくさん : un ~ de problemas 山積する問題

cuna [クナ] 女 ❶ ベビーベッド ; ゆりかご : canción de ~ 子守り歌. ❷ 出生地 ; 発祥の地 : ~ de la civilización oriental 東洋文明発祥の地. ❸ 家柄 : ser de ilustre ~ 名門の出である

cundir [クンディル] 自 ❶ ⟨うわさ・感情などが⟩ 広がる : *Cundió* el pánico entre los pasajeros. 乗客の間にパニックが広がった. ❷ ⟨仕事などが⟩ はかどる ; 効率がよい : Hoy me *ha cundido* el día. きょうは一日充実していた. Este detergente *cunde* mucho. この洗剤は使いでがある

cuneta [クネタ] 女 ⟨道路の⟩ 側溝, 排水溝

cuña [クニャ] 女 くさび ; かいもの

cuñado, da [クニャド, ダ] 名 義兄, 義弟, 義姉, 義妹 ⟨夫・妻の兄弟・姉妹, 兄弟・姉妹の妻・夫⟩

cuño [クニョ] 男 ⟨貨幣などの⟩ 打ち型, 刻印 *de nuevo ~* 新しい, できたての

cuota [クオタ] 女 ❶ 割り当て分 : pagar su ~ 自分の分を払う. ~ de importación 輸入割当て, 輸入クォータ. ~ de mercado 市場占有率. ~ del seguro 保険料. ❷ 会費 : ~ del club クラブ会費. ~ sindical 労働組合費. ❸ ⟨ラ⟩ 分割払いの1回分料金 : comprar en ~*s* 分割払いで買う. ~ inicial 頭金

Cupido [クピド] 男 ⟨神話⟩ キューピッド

cupo [クポ] 男 ❶ 割当て分, 配給分. ❷ ⟨ラ⟩ 収容能力 ; 容量

cupón [クポン] 男 ❶ 半券. ❷ クーポン券 : ~ de descuento 割引クーポン券. ❸ ギフト券 ⟨~ de regalo⟩ ; 買物券, 商品券 ⟨~ de

cúpula [クプラ] 女 ❶ 丸屋根, 丸天井. ❷ 〈組織の〉指導者たち, 首脳部: ~ militar 軍部, 軍隊上層部

cura [クラ] 女 ❶ 治療; 治癒: no tener ~ 手の施しようがない. primera ~ 応急手当 ❷ いやし, ヒーリング
◆ 男 〈カトリック〉司祭

curación [クラスィオン] 女 治療; 治癒

curandero, ra [クランデロ, ラ] 名 民間療法医; 呪術医, まじない師

curar [クラル] 他 ❶ 治療する, 治す: Mi madre me *curó* la herida. 母が私の傷の手当をしてくれた.
❷ 〈精神的に〉いやす
❸ 〈塩漬け・くん製などの〉保存加工する: jamón *curado* 熟成ハム
❹ 〈皮革を〉なめす
◆ **~se** 〈de から〉回復する, 治る: Me he *curado* de la gripe. 私は風邪が治った.

curativo, va [クラティボ, バ] 形 治療に役立つ; 心をいやす: música ~*va* ヒーリング音楽

curiosear [クリオセアル] 自 ❶ 他人のことを知りたがる, かぎ回る. ❷ 店を冷やかす
◆ 他 詮索する

curiosidad [クリオスィダ] 女 ❶ 好奇心: tener ~ de (por)... …に好奇心を持つ. con ~ ものめずらしそうに. por ~ 好奇心から
❷ めずらしいもの(こと)
❸ 複 こっとう品

curioso, sa [クリオソ, サ] 形 ❶ 好奇心の強い; 知りたがっている: Mi hijo es muy ~. 私の息子は好奇心が強い. Está ~ por conocer la verdad. 彼は真相が知りたくてうずうずしている
❷ 好奇心をかきたてる: cuento ~ 面白い話, 奇妙な話
❸ 清潔好きな, きちょうめんな
❹ 清潔な, きちんとした
◆ 名 ❶ 好奇心の強い人. ❷ 野次馬

currante [クランテ] 名 〈ス. 口語〉労働者

currar [クラル] 自 〈ス. 口語〉雇われて働く

currículo [クリクロ] 男 ❶ カリキュラム. ❷ =currículum

currículum [クリクルム] 男 履歴書 [~ vitae]: tener (un) buen ~ 立派な経歴を持っている

curro [クロ] 男 〈ス. 口語〉仕事

curry [クリ] 男 複 curr*ies*〈料理〉カレー; カレー粉: arroz con ~ カレーライス

cursar [クルサル] 他 ❶ 履習する. ❷ …の手続きをする

cursi [クルシ] 形 名 ひどく気取った〔人〕; 悪趣味な〔人〕

cursillista [クルシジスタ] 名 〈短期の〉受講生

cursillo [クルシジョ] 男 〈短期の〉講習会

cursiva [クルシバ] 女 〈印刷〉イタリック体

curso [クルソ] 男 ❶ 講座, 講習会: abrir un ~ 講座を開く. hacer un ~ de español スペイン語の講座を受ける. ~ de verano para extranjeros 外国人向け夏期講座. ~ acelerado 速習講座. ~ intensivo 集中講座
❷ 課程; 学年 [~ académico]: alumno de primer ~ 1 年生. Es un chico de mi ~. その子は私と同学年だ
❸ 流れ: ~ de un río 川の流れ
❹ 経緯, 推移: ~ de la enfermedad 病気の経過
❺ 経路; 流通: monedas de ~ legal 法定通貨

en ~ 進行中の, 現在の: el año *en ~* 今年
en el ~ de... …の間に: *en el ~ de* la entrevista 面会中に

cursor [クルソル] 男 〈情報〉カーソル

curtido, da [クルティド, ダ] 形 過分 ❶ なめした: piel ~*da* なめし革. ❷ 日焼けした. ❸ 鍛えられた, 経験を積んだ

curtir [クルティル] 他 ❶ 〈皮を〉なめす. ❷ 〈皮膚を〉褐色にする, 日焼けさせる. ❸ 〈人を苦難に対して〉鍛える, たくましくする

curva[1] [クルバ] 女 曲線, カーブ: tomar una ~ カーブを切る. ~ cerrada 急カーブ. Ella tiene muchas ~*s*. 彼女はとてもグラマーだ

curvo, va[2] [クルボ, バ] 形 曲がった: línea ~*va* 曲線

cúspide [クスピデ] 女 山頂; 頂点

custodia [クストディア] 女 ❶ 監視; 保管, 管理; 保護. ❷ 〈カトリック〉聖体顕示台

custodiar [クストディアル] 他 ❶ 監視する. ❷ 保管する, 管理する. ❸ 保護する

custodio [クストディオ] 男 保護者, 監督者

cutáneo, a [クタネオ, ア] 形 皮膚の: enfermedad ~*a* 皮膚病

cutícula [クティクラ] 女 〈解剖〉角皮, キューティクル

cutis [クティス] 男 〈単複同形〉〈顔の〉皮膚, 肌

cuyo, ya [クジョ, ジャ] 形 〈所有の関係形容詞. 後続の名詞の性数に応じて語尾変化する〉…するその: Tengo un amigo *cuya* madre es médica. 私にはお母さんが医者をしている友達がいる
en ~ caso その場合には

D, d [デ]

D. 〈略語〉⇨**don**
Da. 〈略語〉⇨**doña**
daca [ダカ] 囡 **toma y ～** ギブアンドテーク, お互いさまである
dactilar [ダクティラル] 形 指の
dactilología [ダクティロロヒア] 囡〈指文字による〉手話法
dado¹ [ダド] 男 ❶ さいころ: tirar los ～*s* さいころを振る. cortar en ～*s* さいころの目に切る. ❷ 複 さいころ遊び
dado², da [ダド, ダ] 形 過分 ❶ 与えられた: *Dadas* las circunstancias, es difícil resolver el problema. そうした状況では問題の解決は困難だ. ❷ 特定の: en un momento ～ いざという時に
～ que... 〈+直説法〉…であるので; 〈+接続法〉…であるならば
daga [ダガ] 囡 短剣
dama [ダマ] 囡 ❶ 婦人: *D～s* 〈表示〉婦人用. primera ～ ファーストレディー
❷ 貴婦人; 女官, 侍女
❸ 複〈ゲーム〉1) チェッカー〖juego de ～*s*〗. 2) ～ chinas ダイヤモンドゲーム
damasco [ダマスコ] 男〈繊維〉ダマスク, 西洋どんす
damasquinado [ダマスキナド] 男 象眼細工
damnificado, da [ダムニフィカド, ダ] 形 名 過分 罹災した; 罹災者, 被災者
damnificar [ダムニフィカル] 73 他 …に損害を与える
danés, sa [ダネス, サ] 形 名 デンマーク Dinamarca〔人・語〕の; デンマーク人
◆ 男 デンマーク語
danza [ダンサ] 囡 ダンス, 舞踊
danzar [ダンサル] 13 自 踊る, ダンスをする
dañar [ダニャル] 他 …に損害を与える; 傷つける: Ver la televisión tan de cerca *daña* la vista. テレビをそんなに近くで見たら目が悪くなる. ～ el prestigio de... …の威信を傷つける
◆ **～se** 損害を受ける
dañino, na [ダニノ, ナ] 形 有害な: insecto ～ 害虫. sustancias ～*nas* 有害物質
daño [ダニョ] 男 ❶ **損害**, 被害: El terremoto causó muchos ～*s*. 地震で多くの被害が出た. ～*s* y perjuicios〈法律〉損害, 損失

❷ けが, 痛み; 病気
hacer ～ 1)〈a に〉痛みを与える; 傷つける: Me *hace* ～ la pierna. 私は脚が痛い. Beber tanto te va a *hacer* ～. そんなに飲むと体に悪いよ. 2) 損害をもたらす
hacerse ～〈自分の〉体を痛める; けがをする: Me *hice* ～ en la mano. 私は手を痛めた
dar [ダル] 23 他 ❶〈a に〉**与える**, あげる: Te *doy* este libro. 君にこの本をあげる. *Dame* dos kilos de cebollas. タマネギを2キロください
❷ 渡す: *Dame* la sal. 塩をとってくれ
❸ 生み出す, 作り出す: Las vacas *dan* leche. 雌牛は乳を出す
❹ 伝える, 示す: *Dame* tus señas. 君の連絡先を教えてくれ. Te *doy* mi enhorabuena. 君におめでとうを言うよ
❺〈会などを〉催す; 上映する, 上演する, 放送する: ～ una fiesta パーティーを催す. En este cine *dan* una película muy buena. この映画館ではとてもいい映画をやっている. ¿Qué *dan* esta noche en la tele? 今夜はテレビで何をやる?
❻〈影響・結果を〉もたらす: Sus palabras me *dieron* ánimo. 彼のことばは私に元気をくれた. La comida picante nos *da* sed. 辛い食べ物を食べると喉がかわく
❼〈行為を〉する: ～ un grito 叫び声を上げる
❽〈時計が〉…時を打つ: El reloj *dio* las tres. 時計が3時を打った
❾〈por+形容詞・過去分詞 と〉みなす: Lo *dimos por* entendido. 私たちはそれをもう了解すみのことにした
◆ 自 ❶〈con に〉出会う, 見い出す: *Dimos con* él en la calle. 私たちは通りで彼に出会った. ～ *con* la solución 解決法を見い出す. ❷ 1)〈en に〉ぶつける, 打つ; ぶつかる: Le *di en* la cabeza. 私は彼の頭をぶった. 2)〈en+不定詞〉…する習慣がつく. ❸〈a に〉1) 面している; 通じている: Esta ventana *da a* la calle. この窓は通りに面している. 2) …に重要である: Me *da* lo mismo. 私には同じことだ. 3)〈人に〉起こる, 感じられる: Le *dio* un mareo. 彼は頭がくらくらした. ❹〈para に〉十分である: ～ *para* todos 全員にゆき渡る. Este pan *da para* dos comidas. このパンは2食分ある. ❺〈de+不定詞する物を〉与える: ～ *de* comer a+人 …に食べ物を与える. ❻

〈時報が〉鳴る: Van a ~ las doce. 12時を打つよ

◆ ~se ❶〈a に〉熱中する；身を任せる: ~se a la bebida 酒におぼれる. ❷ 起こる，生じる: Se dará otra vez una situación como ésta. 再びこれと同じ状況が起こるだろう. ❸〈por+過去分詞・形容詞〉自分を…とみなす: ~se por vencido 敗北を認める. ❹〈a+人は〉上手・下手である: Se me dan bien (mal) los idiomas. 私は語学が得意(苦手)だ. ❺〈con・de で, en・contra に〉ぶつかる: Me di contra la puerta. 私はドアにぶつかった. Se dio con (de) las narices en el suelo. 彼は床にうつぶせに倒れた
¡Dale! そらいけ/続けろ!
~ de sí 1) 伸びる: Este jersey ha dado de sí. このセーターは伸びてしまった. 2) 役に立つ: Cien yenes no dan mucho de sí. 100 円はあまり使い出がない
dárselas de... …のふりをする: Se las da de experto. 彼は専門家気どりだ

dardo [ダルド]男 ❶ ダーツ, 投げ矢. ❷ 投げ槍

dársena [ダルセナ]女 波止場, 埠頭

datar [ダタル]自〈de に〉さかのぼる: Esta catedral data del siglo XV. この大聖堂は15世紀のものだ

dátil [ダティル]男 ナツメヤシの実

dato [ダト]男〈主に 複〉資料, データ: recoger ~s 資料を集める. poner los ~s en el ordenador コンピュータにデータを入れる. ~s personales 個人情報

d.C.〔略語〕紀元 〖=después de Cristo〗

de [デ]前〈de+el は del となる〉❶〈所有・帰属〉…の: Este paraguas es de Pedro. この傘はペドロのだ. suelo de la cocina 台所の床

❷〈種類・性質〉libro de geografía 地理の本. alumno de español スペイン語の生徒. niña de los ojos negros 黒い目の少女. horno de gas ガスオーブン

❸〈動作の主体〉obra de Cervantes セルバンテスの作品

❹〈材料〉…で: Esta mesa es de madera. このテーブルは木製だ

❺〈内容〉una taza de café 1 杯のコーヒー/コーヒー 1 杯. plato de pescado 魚料理. grupo de turistas 観光客のグループ

❻〈数量〉El precio es de quinientos euros. 値段は 500 ユーロだ. La torre tiene cincuenta metros de altura. その塔は高さ 50 メートルだ

❼〈全体の一部〉uno de los miembros メンバーの中の 1 人

❽〈起点〉…から: Voy de Tokio a Osaka. 私は東京から大阪へ行く. Trabajan de 9 a 18 horas. 彼らは 9 時から 18 時まで働く

❾〈出身・出所〉¿De dónde es usted? ―Soy de México. どちらのご出身ですか?―メキシコ出身です. sacar dinero del banco 銀行からお金を引き出す

❿〈原因・理由〉…で: morir de hambre 餓死する. ir a Cuba de turismo 観光でキューバに行く

⓫〈題材・テーマ〉…について: hablar de política 政治の話をする

⓬〈手段〉…で: vivir de la pesca 漁で生計を立てる

⓭〈様態・役割〉…の状態で；…として: De pequeño era muy travieso. 小さいころ彼はとてもいたずらだった. trabajar de guía ガイドとして働く

⓮〈同格〉la ciudad de Barcelona バルセロナ市. el mes de mayo 5 月

⓯〈動作主〉…によって: acompañado de su padre 父親に付き添われて

⓰〈年代〉…の時に: de niño 子供の時に. de joven 若い時に

⓱〈仮定. +不定詞〉もし…したら: de no terminarlo hoy きょうそれが終えられなかったら
~+名詞 en+同一名詞〉…から…まで: de rama en rama 枝から枝へ. 〈+数詞〉…ずつ: de dos en dos 2つ(2人)ずつ

deambular [デアンブラル]自 ぶらつく, そぞろ歩く

debajo [デバホ]副 ❶〈de の〉下に: La maleta está ~ de la mesa. スーツケースは机の下にある. pasar por ~ del puente 橋の下を通る

❷ その下に: Déjeme ver la muñeca que está ~. その下にある人形を見せてください

debate [デバテ]男 討論, 論議

debatir [デバティル]他 討議する, 討論する: ~ el presupuesto 予算について討議する

deber [デベル]他 ❶〈+不定詞〉…しなければならない, …すべきである: Debemos guardar el secreto. 私たちは秘密を守らなければいけない. No debes comer demasiado. 食べ過ぎてはいけないよ

❷〈a に〉…の借りがある: Te debo mil yenes. 私は君に千円借りている. ¿Cuánto le debo? あなたにいくら借りていますか/支払いはいくらですか?

❸ …についておかげをこうむっている: A ti te debo la vida. 私は君のおかげで命びろいした

◆ 自〈(de)+不定詞〉…するに違いない: Él debe〔de〕estar en casa. 彼は家にいるはずだ

◆ **~se** ⟨a に⟩ 原因がある: La mala cosecha *se debe a*l mal tiempo. 凶作は悪天候のせいだ

② 男 ❶ **義務, 責務**: cumplir con su ~ とつとめを果たす

❷ 複 宿題: Hoy tenemos muchos *~es*. きょうは宿題がたくさんある. hacer los *~es* 宿題をする. poner *~es* 宿題を出す

debido, da [デビド, ダ] 形 過分 当然の, しかるべき: en ~*da* forma しかるべき方法で ~ *a*... ⟨原因⟩ …のために: El tren llegó con retraso ~ *al* accidente. 列車は事故のため遅れて到着した

débil [デビル] 形 ❶ **弱い**; 衰弱した: niño ~ 体の弱い子供. luz ~ 弱い光

❷ ⟨con に対して⟩ 気弱な: ser ~ *con* su mujer 妻に対して弱気である

◆ 名 弱者

debilidad [デビリダ] 女 ❶ 弱さ; 衰弱: ~ senil 老衰. ❷ ⟨por への⟩ 過度の愛好: sentir ~ *por* los chocolates チョコレートに目がない

debilitar [デビリタル] 他 弱める, 衰弱させる

◆ **~se** 弱まる; 衰弱する

debut [デブ] 男 デビュー, 初登場

debutar [デブタル] 自 デビューする, 初登場する: ~ en el cine 映画界にデビューする

debutante [デブタンテ] 名 ⟨芸能・スポーツ⟩ 新人

◆ 女 初めて社交界入りする少女

década [デカダ] 女 10 年間: en la ~ de los años 80 1980 年代に. en estas últimas ~*s* ここ数十年

decadencia [デカデンスィア] 女 ❶ 衰退; 衰退期: ~ del Imperio Romano ローマ帝国の衰退. ❷ 退廃

decaer [デカエル] 12 自 ❶ 衰える, 弱くなる; 衰退する. ❷ 退廃する

decaído, da [デカイド, ダ] 形 過分 ❶ 衰えた; 衰弱した. ❷ 元気のない, 意気消沈した: estar ~ 落ち込んでいる

decaimiento [デカイミエント] 男 ❶ 衰弱. ❷ 意気消沈

decano, na [デカノ, ナ] 名 学部長

decantador [デカンタドル] 男 ⟨ワインの⟩ デカンター

decapitar [デカピタル] 他 …の首を切る

decena [デセナ] 女 ⟨集合的に⟩ 10: unas ~*s* de metros 数十メートル

decencia [デセンスィア] 女 礼儀正しさ, 品位, 慎ましさ

decente [デセンテ] 形 ❶ 礼儀にかなった, 品位のある: mujer ~ 慎みのある女性. ser de una familia ~ きちんとした家柄の出である. llevar una vida ~ まっとうな暮らしをする. ❷ ⟨量などが⟩ 常識にかなった, 妥当な: sueldo ~ まずまずの給料

decepción [デセプスィオン] 女 失望, 落胆: ¡Qué ~! 何と残念な/がっかりだ!

decepcionar [デセプスィオナル] 他 失望させる

◆ **~se** 失望する, 落胆する

decidido, da [デスィディド, ダ] 形 過分 ❶ ⟨estar+⟩ 決定した, 決心した: 1) Todavía no estoy ~ si voy o no. 私はまだ行くかどうか決めていない. 2) ⟨a+不定詞 することに⟩ Estoy ~ *a* marcharme. 私は立ち去る決心をしている. ❷ ⟨ser+⟩ 決然とした; 果敢な: actitud ~*da* きっぱりとした態度. persona ~*da* 思いきりがった人

decidir [デスィディル] 他 ❶ **決定する, 決心する**: 1) ¿Ya *has decidido* a dónde vas de vacaciones? 休暇にどこへ行くかもう決めた? 2) ⟨+不定詞⟩ *Hemos decidido* cambiar de casa. 私たちは引っ越すことに決めた

❷ 決定づける

◆ 自 ⟨sobre について⟩ 決定を下す

◆ **~se** ❶ ⟨a+不定詞 することを⟩ 決心する: Al fin *se decidió a* retirarse de la empresa. 彼はついに退職する決意をした. ❷ ⟨por を⟩ 選ぶ: *Me decidí por* el último modelo. 私は最新モデルに決めた

décima[1] [デスィマ] 女 ❶ 10 分の 1. ❷ 複 微熱: tener unas *~s* 微熱がある

decimal [デスィマル] 形 ❶ 10 分の 1 の. ❷ 10 進法の

décimo, ma[2] [デスィモ, マ] 形 男 ❶ 10 番目の. ❷ 10 分の 1 の(の)

decir [デスィル] 24 ⟨過分 *dicho*, 現分 *diciendo*⟩ 他 ❶ **言う**, 述べる: 1) *Dijo* su nombre. 彼は自分の名前を言った. 2) ⟨que +直説法 であると⟩ *Dice que* le duele el estómago. 彼は胃が痛いと言っている. 3) ⟨que +接続法 するように⟩ Te *he dicho que* no lo hagas. それをするなと言ったろう

❷ 表明する, 示す: El periódico *dice*… 新聞は…と言っている. Su cara me lo *dice* todo. 彼の顔がすべてを物語っている

❸ 思う, 主張する: ¿Qué *dices* de este asunto? この件について君はどう思う?

❹ 教える: ¿Me puedes ~ la hora? いま何時か教えてくれる?

◆ **~se** ❶ 言われる: ¿Cómo *se dice* "konbanwa" en español? 「こんばんは」はスペイン語で何と言うのですか? ❷ 自分に言う, ひとりごとを言う

◆ 男 ことば; 言い回し

como quien dice 言ってみれば
~ *para sí* ひとりごとを言う
~ *por* ～ 何の気なしに言う, 意味なく言う : *Lo he dicho por* ～ *algo*. ただ言ってみただけだ
***Dicen que*+直説法** …だそうだ, …といううわさだ : *Dicen que* su esposa está enferma. 彼の奥さんは病気だそうだ
Dígame./Diga. 1)〈電話を受けて〉はい, もしもし. 2)〈声をかけられて〉何でしょう? 3)〈店で〉何をさし上げましょう?
digamos いわば;およそ
Dime. 〈相手をうながして〉何? 何だい?
el qué dirán 世間の評判, うわさ
es ～ 言い換えると, つまり
es un ～ それは表向きのことだ/ことばのあやだ
Eso digo yo. まったく同感だ
ni que ～ *tiene que*+直説法 …は言うまでもない
***No me diga*[*s*].** まさか
querer ～ **意味する** : ¿Qué *quiere* ～ esa palabra? その単語はどういう意味ですか?
Se dice que+直説法 …だそうだ, …というわさだ : *Se dice que* el calentamiento global causa muchos daños. 地球温暖化は多くの被害をもたらすと言われている
..., te lo digo 〈念押し〉そうだろ
Usted dirá. 1)〈用件は〉何でしょうか? 2)〈酒などを注ぎながら〉いいところで言ってください

decisión [デスィスィオン]〔女〕 ❶ **決定**;裁定, 判定 : poder de ～ 決定権
❷ **決心** : tomar una ～ 決心する ; 決断を下す. con ～ 決然と, きっぱりと

decisivo, va [デスィシボ, バ]〔形〕決定的な : gol ～ 決定的ゴール

declaración [デクララスィオン]〔女〕 ❶ **宣言**, 表明, 声明, 宣告 : ～ de derechos humanos 人権宣言. ～ de la independencia 独立宣言. ～ de quiebra 破産宣告. ❷ 申告 : ～ del impuesto sobre la renta 所得税申告. ❸〈法律〉証言, 供述

declarar [デクララル]〔他〕 ❶ **宣言する**, 表明する, 明言する : ～ la guerra 宣戦を布告する ; 公然と敵対する. ～ su opinión 意見を表明する
❷ 申告する, 届け出る : ¿Algo que ～?—No, nada que ～.〈税関で〉申告するものはありますか?—いいえ, 何もありません
❸〈判決を〉下す : El tribunal lo *declaró* culpable. 裁判所は彼を有罪とした
❹〈法廷で〉証言する, 供述する
◆ **~*se*** ❶ 自分は…であると言明する : *~se* inocente 自分は無罪だと主張する. ❷ 愛を告白する. ❸〈火災などが〉発生する

declinar [デクリナル]〔自〕衰える ; 終わりに近づく : *Declina* el día. 日が暮れる
◆〔他〕辞退する, ことわる

declive [デクリベ]〔男〕❶ 傾斜 : en ～ 傾斜した ; 衰退しつつある. ❷ 衰退

decodificador [デコディフィカドル]〔男〕= **descodificador**

decolorar [デコロラル]〔他〕色あせさせる
◆ **~*se*** 色があせる, 退色する

decomisar [デコミサル]〔他〕〈密輸品などを〉押収する

decomiso [デコミソ]〔男〕〈密輸品などの〉押収

decoración [デコラスィオン]〔女〕 ❶ 装飾, 飾りつけ〔行為〕: ～ de interiores 室内装飾, インテリアデザイン. ❷〈集合的に〉装飾品

decorado [デコラド]〔男〕〔過分〕舞台装置 ;〈映画・テレビの〉セット

decorador, ra [デコラドル, ラ]〔名〕装飾家 : ～ de interiores インテリアデザイナー

decorar [デコラル]〔他〕飾る, 飾りつける

decorativo, va [デコラティボ, バ]〔形〕装飾の ; 飾りものの

decoro [デコロ]〔男〕品格, 尊厳 : vivir con ～ きちんとした暮らしをする

decrecer [デクレセル]〔20〕〔自〕減少する

decreciente [デクレスィエンテ]〔形〕減少する

decrecimiento [デクレスィミエント]〔男〕減少

decrépito, ta [デクレピト, タ]〔形〕老衰した, よぼよぼの

decretar [デクレタル]〔他〕❶ 発令する, 布告する. ❷〈裁判官が〉命令する

decreto [デクレト]〔男〕❶ 法令, 政令 : ley 政令. real ～ 勅令. ❷〈裁判官の〉命令

dedicación [デディカスィオン]〔女〕❶ 勤務, 従事 : ～ exclusiva/～ plena フルタイム勤務. ❷ 献身, 専念. ❸ 献納, 奉納

dedicar [デディカル]〔73〕〔他〕❶〈a に〉ささげる, 当てる : ～ una hora *a* la lectura 1 時間を読書に当てる. ❷〈著書などを〉献呈する ; 献辞を書く. ❸ 献納する, 奉納する : ～ un monumento *a*+人 …のために記念碑を建てる
◆ **~*se*** ❶ 従事する : ¿*A* qué *se* dedica usted? あなたのご職業は? *~se a*l periodismo ジャーナリズムにたずさわる. ❷ …に時間を当てる

dedicatoria [デディカトリア]〔女〕献辞

dedo [デド]〔男〕指 : señalar con el ～ 指さす. ～ pulgar/～ gordo 親指. ～ índice 人差指. ～ corazón 中指. ～ anular 薬指. ～ meñique 小指

a ~ ヒッチハイクで: viajar *a* ~ ヒッチハイクで旅行する

estar a dos ~s de... もう少しで…するところである

deducción [デドゥ(ク)スィオン] 囡 ❶ 推論; 演繹(益). ❷ 差引き; 控除

deducir [デドゥスィル] 19 他 ❶ 推論する; 演繹(益)する. ❷ 差引く; 控除する

defecto [デフェクト] 男 ❶ 欠陥: Este coche tiene ~s de fábrica. この車には製造上の欠陥がある
❷ 欠点, 短所: Su mayor ~ es la terquedad. 彼の最大の欠点は頑固さだ
❸ 障害: ~ genético 遺伝子障害

en su ~ それがない場合; その人がいない場合

defectuoso, sa [デフェクトゥオソ, サ] 形 欠陥のある, 欠点のある

defender [デフェンデル] 58 他 ❶ 〈de・contra から〉守る, 防衛する: ~ la ciudad *contra* el terrorismo テロから町を守る. ❷ 弁護する; 擁護する, 支持する: ~ al acusado 被告を弁護する. ~ los derechos humanos 人権を擁護する
◆ **~se** 身を守る, 自衛する: ~*se de* los ataques del enemigo 敵の攻撃から身を守る. ❷ 何とか切り抜ける: ¿Sabe usted hablar español?—Bueno, *me defiendo*. スペイン語が話せますか?—まあ, 何とか. ❸ 自己弁護する

defensa [デフェンサ] 囡 ❶ 防衛, 防御: ~ nacional 国防
❷ 弁護, 擁護; 擁護人
❸ 〈スポーツ〉 ディフェンス[陣]
◆ 名 〈スポーツ〉ディフェンダー, バックス

defensivo, va [デフェンシボ, バ] 形 防衛の, 防御の

a la ~va 守勢に立って

defensor, ra [デフェンソル, ラ] 形 弁護する, 擁護する
◆ 名 ❶ 守護者, 擁護者: *D*~ del Pueblo 〈スペ〉オンブズマン. ❷ 弁護人〘abogado ~〙.
❸ 〈スポーツ〉 ディフェンダー; 選手権保持者

deficiencia [デフィスィエンスィア] 囡 ❶ 欠陥, 不足. ❷ 障害: ~ mental 知的障害

deficiente [デフィスィエンテ] 形 ❶ 欠陥のある: trabajo ~ 出来の悪い仕事. ❷ 〈en が〉 不十分な: dieta ~ *en* calcio カルシウム不足の食事
◆ 名 障害者: ~ mental 知的障害者

déficit [デフィスィト] 男 ❶ 赤字, 欠損: ~ comercial 貿易赤字. ❷ 不足

definición [デフィニスィオン] 囡 ❶ 定義, 定義づけ. ❷ 〈光学〉 televisión de alta ~ ハイビジョン, 高品位テレビ

definir [デフィニル] 他 ❶ 定義する: ~ una palabra ことばの意味を定義する. ❷ 明確にする: ~ su postura 態度をはっきりさせる

definitivo, va [デフィニティボ, バ] 形 決定的な, 最終的な: respuesta ~*va* 確答. resultados ~s de las elecciones 選挙の最終結果

en ~va 結局, つまりは

deflación [デフラスィオン] 囡 〈経済〉 デフレーション

deflacionario, ria [デフラスィオナリオ, リア] 形 〈経済〉 デフレーションの: espiral ~*ria* デフレ・スパイラル

deforestación [デフォレスタスィオン] 囡 森林破壊

deformación [デフォルマスィオン] 囡 ❶ 変形, ゆがみ, ひずみ. ❷ 〈事実などの〉歪曲. ❸ 〈美術〉デフォルメ

deformar [デフォルマル] 他 ❶ 変形させる, ゆがめる. ❷ 〈事実などを〉 歪曲する. ❸ 〈美術〉 デフォルメする
◆ **~se** 変形する, ゆがむ

deforme [デフォルメ] 形 ❶ 変形した, ぶかっこうな. ❷ 歪曲された

defraudar [デフラウダル] 他 ❶ …の期待を裏切る: El partido me *defraudó*. 試合は期待はずれだった. ❷ …に対し不正をはたらく; 不当に支払わない: *Defraudaron* dos millones de euros a Hacienda. 彼らは 200 万ユーロを脱税した

defunción [デフンスィオン] 囡 死, 死亡

degeneración [デへネラスィオン] 囡 ❶ 〈生物〉退化. ❷ 退廃

degenerar [デへネラル] 自 ❶ 〈生物〉退化する. ❷ 退廃する

degollar [デゴジャル] 25 他 …の首を切る

degradar [デグラダル] 他 ❶ …の地位を下げる, 降格させる. ❷ 堕落させる
◆ **~se** 堕落する

degustación [デグスタスィオン] 囡 試食, 試飲

degustar [デグスタル] 他 試食する, 試飲する

deidad [デイダ] 囡 神性; 神

dejar [デハル] 他 ❶ 残す, **置いておく**: *Dejé* mi coche en la calle. 私は車を道にとめておいた. Si no estoy en casa, *deja* tu mensaje en mi contestador. 私が家にいなければ, 留守電にメッセージを残しておいてくれ
❷ 置き忘れる, 置き去りにする: *Dejó* su paraguas en el tren. 彼はかさを電車に置き忘れた
❸ 放棄する; …から去る: ~ los estudios 学業をやめる. ~ la ciudad 町を後にする. ~ a su novia 恋人を捨てる. Bueno, te *dejo*, que

tengo que irme ya. じゃあ, これで失礼, もう行かなきゃ

❹ 任せる, 預ける: *Dejo* el asunto en tus manos. その件は君に任せる. ~ a su niño en la guardería 子供を保育園に預ける

❺ 貸す: *Déja*me ese diccionario. その辞書を貸してくれ

❻ 〈放任〉…させておく: Le *dejé* llorar a mi niño. 私は子供を泣かせておいた. *Déje*me pasar, por favor. 通してください. *Deja* que lo haga él. 彼にそれをやらせておきなさい

❼ 〈放置〉…の状態にしておく: *Déja*lo así./ *Déja*lo como está. それはそのままにしておけ. ~ la puerta abierta ドアを開けっぱなしにしておく

❽ 〈para に〉延期する: *Déja*lo *para* mañana. それはあすにしなさい

◆ 〈de+不定詞〉 ❶ …するのをやめる: El niño *dejó de* llorar. 子供は泣きやんだ. ~ *de* fumar 禁煙する

❷ 〈no+〉…をやめない; かならず…する: *No dejó de* llover. 雨はやまなかった. *No dejes* de llamarme. かならず電話をくれ

◆ ~**se** ❶ 不精をする, だらしなくする. ❷ 〈+不定詞, por に〉…されるままになる: Puedes ~*te* ayudar *por* los otros. 君は他人の助けを借りていいんだよ. ❸ 〈de+名詞・不定詞〉…しない方をやめる, やめる: *Déja*te de rodeos. 遠まわしな言い方をやめてよ

~ *mucho que desear* まったく不十分である, 出来が悪い

del [デル] ⇨**de**

delantal [デランタル] 男 エプロン, 前掛け

delante [デランテ] 副 ❶〈空間, de の〉前に: La tienda está ~ *de* la estación. その店は駅前にある. Vamos por ~ *de*l parque. 公園の前を通って行こう

❷ 前部に, 前面に: El vestido lleva la cremallera ~. この服はファスナーが前側に付いている

delantera[1] [デランテラ] 女 ❶ 前部. ❷〈スポーツ〉フォワード陣

llevar la ~ a... …に先行している, リードしている

delantero, ra[2] [デランテロ, ラ] 形 前にある; 前部の: rueda ~*ra* 前輪

◆ 男〈スポーツ〉前衛, フォワード

delatar [デラタル] 他 密告する, あばく

delator, ra [デラトル, ラ] 名 密告者

DELE [デレ] 男〈ス. 略語〉外国語としてのスペイン語免状 〖←*D*iploma de *E*spañol como *L*engua *E*xtranjera〗

delegación [デレガスィオン] 女 ❶ 代表事務所; 支店, 出張所. ❷ 代表の職. ❸ 代表団: ~ cultural 文化使節団

delegado, da [デレガド, ダ] 名 過分 ❶ 代表; 代理人, エージェント. ❷〈ス〉地方責任者

delegar [デレガル] 55 他 委任する; 代表として送る

deleitar [デレイタル] 他 楽しませる

◆ ~**se** 楽しむ

deleite [デレイテ] 男 楽しさ, 喜び

deletrear [デレトレアル] 他〈単語の〉スペルを言う: Soy Sachiko Garrigues. —¿Me lo puede ~? 私はサチコ・ガリグエスです.—スペルを言っていただけますか?

delfín [デルフィン] 男〈複 delf*ines*〉〈動物〉イルカ

delgadez [デルガデス] 女 ❶ やせていること. ❷ 薄さ. ❸ 細さ

delgado, da [デルガド, ダ] 形 ❶ やせた, すらりとした: Es gordo, pero antes estaba más ~. 彼は太っているが, 以前はもっとやせていた. muchacho alto y ~ ひょろっとした少年

❷ 薄い: tela ~*da* 薄い布

❸〈音・声が〉弱い

deliberación [デリベラスィオン] 女 ❶ 討議, 審議. ❷ 熟考

deliberado, da [デリベラド, ダ] 形 過分 ❶ 故意の. ❷ 熟考された

deliberar [デリベラル] 自 ❶ 討議する, 審議する. ❷ 熟考する

delicadeza [デリカデサ] 女 ❶ 繊細さ: ~ del bordado 刺繍(しゅう)の精巧さ. ~ del paladar 味覚の鋭敏さ. ❷ 気配り: guardar silencio por ~ 気を使って沈黙を守る. falta de ~ デリカシーのなさ

delicado, da [デリカド, ダ] 形 ❶ 繊細な, 優美な, 洗練された: gusto ~ 上品な趣味

❷ 微妙な; 傷つきやすい: 1) sentido ~ 微妙な意味あい. niño ~ 腺病質の子; 線の細い子. 2)〈de が〉弱い, 過敏な: ser ~ *de* salud 体が弱い, 病弱である. estar ~ *de*l estómago 胃が弱っている

❸ 気配りをする, 思いやりのある

delicia [デリスィア] 女 喜び, 歓喜

delicioso, sa [デリスィオソ, サ] 形 ❶ 非常にここちよい: perfume ~ えも言えぬ香り

❷ 美味な: sopa ~*sa* おいしいスープ

❸ 魅力的な

delimitar [デリミタル] 他 …の境界を定める; 範囲を限定する

delincuencia [デリンクエンスィア] 女〈集合的に〉犯罪: ~ juvenil 青少年犯罪

delincuente [デリンクエンテ] 名 犯罪者

delinear [デリネアル] 他 …の輪郭を描く,線で描く

delineador [デリネアドル] 男 〈化粧〉ライナー: ~ de labios リップライナー. ~ de ojos アイライナー

delinquir [デリンキル] 26 自 犯罪 delito を犯す

delirante [デリランテ] 形 ❶ 精神が錯乱した. ❷ ひどく興奮した; 熱狂した

delirar [デリラル] 自 ❶ 精神錯乱を起こす. ❷ おかしなことを言う(する). ❸ 〈por に〉熱狂する

delirio [デリリオ] 男 ❶ 精神錯乱: estar en un ~ 錯乱状態にある. ~s de grandeza 誇大妄想. ❷ 熱狂

delito [デリト] 男 犯罪: cometer un ~ de robo 窃盗の罪を犯す. ~ político 政治犯罪

delta [デルタ] 男 三角州

demacrado, da [デマクラド, ダ] 形 やせ細った, やつれた

demagogia [デマゴヒア] 女 民衆扇動, デマゴギー

demagogo, ga [デマゴゴ, ガ] 名 民衆扇動家, デマゴーグ

demanda [デマンダ] 女 ❶ 要求, 依頼: ~s de empleo 求職. ❷ 需要: tener mucha ~ 需要が多い. ley de la oferta y la ~ 需要と供給の法則. ❸ 〈法律〉請求; 提訴: presentar una ~ 訴訟を起こす

demandado, da [デマンダド, ダ] 形 名 過分 提訴された; 被告: parte ~da 被告側

demandante [デマンダンテ] 形 原告(の): parte ~ 原告側

demandar [デマンダル] 他 ❶ 求める, 要求する. ❷ 〈法律〉〈por の件で〉請求する, 訴える: ~ a... por daños y perjuicios …に損害賠償を請求する

demarcación [デマルカスィオン] 女 ❶ 管轄(担当)区域. ❷ 境界

demás [デマス] 形 〈単複同形〉 そのほかの: Ya han llegado las ~ chicas. ほかの女の子たちはもう着いている
◆ 代 ❶ 〈los・las+〉 そのほかの人(物・事): Mi perro es diferente de los ~. 私の犬はほかの犬とは違う. No me interesan las cosas de los ~. 私は他人のことには関心がない. ❷ 〈lo+〉 その他のこと(もの): Lo ~ no es importante. それ以外は重要でない
por lo ~ それはそれとして

demasía [デマスィア] 女 *en ~* 過度に

demasiado¹ [デマスィアド] 副 あまりに, 過度に: Hablas ~. 君はしゃべりすぎだ. Este trabajo es ~ duro para él. この仕事は彼にはきつすぎる

demasiado², da [デマスィアド, ダ] 形 あまりに多くの, 過度の: En la calle hay ~s coches. 道には車が多すぎる

demencia [デメンスィア] 女 ❶ 精神錯乱, 狂気. ❷ 痴呆: ~ precoz 若年性痴呆. ~ senil 老年性痴呆. ❸ 心神喪失

demente [デメンテ] 名 ❶ 精神の錯乱した人. ❷ 痴呆患者. ❸ 心神喪失者

demérito [デメリト] 男 欠点, 不利, デメリット

democracia [デモクラスィア] 女 民主主義

demócrata [デモクラタ] 形 民主主義の: partido ~ 民主党
◆ 名 民主主義者; 民主党員

democrático, ca [デモクラティコ, カ] 形 民主主義の, 民主的な: país ~ 民主主義国家

democratizar [デモクラティサル] 13 形 民主化する

demográfico, ca [デモグラフィコ, カ] 形 人口統計学の; 人口の: densidad ~ca 人口密度. expansión ~ca 人口の激増

demoler [デモレル] 50 他 解体する, 取り壊す

demolición [デモリスィオン] 女 解体, 取り壊し

demoniaco, ca [デモニアコ, カ] 形 = demoníaco

demoníaco, ca [デモニアコ, カ] 形 悪魔の, 悪魔のような

demonio [デモニオ] 男 ❶ 悪魔. ❷ ひどいいたずらっ子; ひどく悪賢いやつ. ❸ 複 〈疑問詞+. 強調〉いったい: ¿Qué ~s estás haciendo aquí? いったいここで何をしているんだい? *¡D~s!* ちくしょう!/あれっ!

demora [デモラ] 女 〈主にラ〉遅延

demorar [デモラル] 他 〈主にラ〉遅らせる: ~ el viaje 旅行を延期する
◆ 自・~se 遅れる, 〈en+不定詞 するのに〉まどる, 時間がかかる

demostración [デモストラスィオン] 女 ❶ 証明, 立証. ❷ 表明, 明示. ❸ 実演, デモンストレーション

demostrar [デモストラル] 21 他 ❶ 証明する, 立証する: ~ un teorema 定理を証明する. ❷ 明らかにする, 示す: ~ interés 興味を示す. ❸ 実際にやって見せる, 実演する: ¿Quiere ~me cómo funciona ese aparato? その機械を動かして見せてくださいませんか?

denegar [デネガル] 51 他 拒絶する

denominación [デノミナスィオン] 女 名称: ~ de origen 原産地証明

denominar [デノミナル] 他 命名する, 名づ

densidad [デンシダ] 囡 ❶ 密度, 濃度, 濃さ: ~ de población 人口密度. ❷ 比重

denso, sa [デンソ, サ] 形 ❶ 濃い, 密度の高い: niebla ~sa 濃霧. bosque ~ 密林. ❷ 内容の充実した: libro ~ 内容の濃い本

dentado, da [デンタド, ダ] 形 ぎざぎざのある

dentadura [デンタドゥラ] 囡〈集合的に〉歯, 歯並び
~ postiza 義歯；総入れ歯: llevar ~ postiza 入れ歯をしている

dental [デンタル] 形 歯の: hilo ~/seda ~ デンタルフロス

dentífrico [デンティフリコ] 男 練り歯磨き

dentista [デンティスタ] 名 歯科医: ir al ~ 歯医者に行く

dentro [デントロ] 副 ❶〈de. 内部〉中に, 中で: ¿Qué hay ~ de la caja? 箱の中には何が入っていますか？
❷〈de. 未来の期間〉…後に, …が経過してから: ~ de cinco días 5日後に. ~ de poco まもなく
❸ 中に；屋内に: Él está ~. 彼は中にいる
por ~ 1) 内側を(に・から): mirar por ~ 内側のぞく. 2) 内心では

denuncia [デヌンスィア] 囡 訴え, 告発；告発状: hacer la ~ 訴え出る, 告発する. presentar la ~ del robo 盗難届を出す

denunciar [デヌンスィアル] 他 ❶ 訴え出る, 告発する: ~ en la comisaría el robo de su maleta 警察署にスーツケースの盗難を届ける. ❷〈公然と〉非難する: El periódico denuncia la corrupción política. 新聞は政治腐敗を批判している. ❸〈公然と〉示す

departamento [デパルタメント] 男 ❶〈会社などの〉部: ~ de ventas 営業部. ❷〈大学の〉学科: ~ de español スペイン語学科. ❸〈政府の〉省: D~ de Estado 国務省. ❹ 区画, 仕切り. ❺〈鉄道〉車室. ❻〈ラ〉アパート. ❼〈ラ〉県

dependencia [デペンデンスィア] 囡 ❶ 依存；従属. ❷ 支局, 出張所；支店. ❸〈医学〉依存症. ❹ 付属建物

depender [デペンデル] 自〈de〉❶ …次第である, …による: El coste de envío depende del peso. 送料は重さによって違う. ¿Siempre cenas en casa?—D~. いつも家で夕食を食べるの？—場合によるよ
❷ …に依存する: Depende económicamente de su padre. 彼は経済的に父親に頼っている
❸ …に従属する

dependiente[1] [デペンディエンテ] 形〈de に〉依存する；従属する

dependiente[2], **ta** [デペンディエンテ, タ] 名 店員

depilar [デピラル] 他 …の毛を抜く
◆ ~se …を脱毛する: ~se las cejas con unas pinzas ピンセットで眉毛を抜く. ~se las piernas 脚の脱毛をする

depilatorio [デピラトリオ] 男 脱毛剤

deplorable [デプロラブレ] 形 嘆かわしい；ひどい

deplorar [デプロラル] 他 嘆く；遺憾に思う

deponer [デポネル] 54〈過分 depuesto〉他 ❶ 放す, 捨てる. ❷ 解任する. ❸〈法律〉証言する, 供述する
◆ 自 排便する

deportar [デポルタル] 他 追放する, 流刑にする

deporte [デポルテ] 男 スポーツ: hacer ~ スポーツをする. ropa de ~ スポーツウェア

deportista [デポルティスタ] 形 スポーツをする
◆ 名 スポーツマン, スポーツ選手

deportivo, va [デポルティボ, バ] 形 スポーツの: club ~ スポーツクラブ；運動部. espíritu ~ スポーツマンシップ
◆ 男 スポーツカー〖coche ~〗

depositar [デポシタル] 他 ❶〈金品を〉預ける, 託す: ~ sus ahorros en un banco 銀行に預金する. ❷ 置く；安置する. ❸〈信頼・期待などを〉寄せる
◆ ~se 沈殿する

depositario, ria [デポシタリオ, リア] 名 受託者, 保管者

depósito [デポシト] 男 ❶ 槽, タンク: ~ de agua 水槽；貯水池. ~ de gasolina ガソリンタンク. ❷ 保管所, 倉庫: ~ de armas 武器庫. ❸ 預金: hacer un ~ en un banco 銀行に預金する. ~ a plazo fijo 定期預金. ❹ 預け物, 預かり物

depreciación [デプレスィアスィオン] 囡〈通貨の〉評価額の下落: ~ del yen 円安

depreciar [デプレスィアル] 他〈貨幣の〉価値を下げる: ~ el peso ペソを切り下げる
◆ ~se 価値が下がる

depresión [デプレスィオン] 囡 ❶ 気落ち；〈医学〉うつ病. ❷〈経済〉不況〖~ económica〗: Gran D~ 世界大恐慌. ❸〈気象〉低気圧〖~ atmosférica〗

depresivo, va [デプレシボ, バ] 形 ❶ 気落ちした, うつ状態の. ❷ 気落ちさせる

depresor [デプレソル] 男〈医学〉抑うつ剤

deprimir [デプリミル] 他 意気消沈させる
◆ ~se 意気消沈する: Él está muy deprimido. 彼はひどく落ち込んでいる

deprisa [デプリサ] 副 急いで: Tengo que volver a casa ~. 私は急いで帰宅しなければならない

depuración [デプラスィオン] 女 ❶ 浄化, 純化: ~ del agua 浄水. ❷ 粛清

depuradora [デプラドラ] 女 ❶ 浄化装置. ❷ 浄水設備, 浄水場

depurar [デプラル] 他 ❶ 浄化する, 純化する, 精製する: ~ el aire 空気を浄化する. ❷ 〈政治〉粛清する

derecha¹ [デレチャ] 女 ❶ 右, 右側: a la ~ de... …の右側に, 右手に. ¿Dónde está la Plaza Mayor?—La primera calle a la ~. 中央広場はどこですか?―最初の通りを右へ行ったところです. Vivo en el segundo ~. 私は2階の右側に住んでいる
❷〈政治〉右翼, 右派

derechista [デレチスタ] 形 名〈政治〉右翼の(人), 右派の(人)

derecho¹ [デレチョ] 男 ❶〈a・de への〉権利. ~s humanos 人権. ~ a la vida 生存権. ~ de reproducción 著作権〔=copyright〕. No tienes ~ a meterte en asuntos ajenos. 君には他人のことに口出しする権利はない
❷〈集合的に〉法律; 法律学: facultad de ~ 法学部. estudiar ~ 法律学を学ぶ
❸ 複 税金; 税金: ~s de aduana 関税. ~s de autor 著作権使用料, 印税

derecho² [デレチョ] 副 まっすぐに; 寄り道せずに: Siga〔todo〕~. 〔ずっと〕まっすぐ行きなさい

derecho³, **cha**² [デレチョ, チャ] 形 ❶ 右の: mano ~cha 右手. al lado ~ 右側に ❷〈手足が〉右の: línea ~cha 直線. camino ~ まっすぐな道

deriva [デリバ] 女 *a la ~* 漂流して; なりゆきに任せて

derivado [デリバド] 男 過分 ❶ 派生語. ❷ 副産物, 二次製品. ❸〈経済〉~s financieros 金融デリバティブ

derivar [デリバル] 自・~se ❶〈de から〉由来する;〈言語〉派生する: "Comedor" *deriva de* "comer". comedor (食堂) は comer (食べる) から派生した. ❷〈船が〉流される
◆ 他 導く

dermatólogo, **ga** [デルマトロゴ, ガ] 名 皮膚科医

derramar [デラマル] 他 こぼす, まき散らす: ~ agua 水をこぼす. ~ lágrimas 涙を流す
◆ ~se こぼれる, 散らばる

derrame [デラメ] 男 流出, 漏出: ~ cerebral 脳溢血(いっけつ)

derredor [デレドル] 男 *en ~ de...* …のまわりに

derretir [デレティル] 56 他〈熱で〉溶かす, 融解する
◆ ~se 溶ける: La nieve *se derritió*. 雪が溶けた

derribar [デリバル] 他 ❶〈建造物を〉取り壊す. ❷ 倒す: El viento *derribó* los árboles. 風で木々が倒れた. ~ el gobierno 政府を転覆させる. ❸ 撃墜する

derrocar [デロカル] 73 他〈高位から〉突き落とす; 打倒する: ~ el gobierno 政府を倒す

derrochar [デロチャル] 他 ❶ 浪費する: ~ dinero お金をむだづかいする. ~ agua 水を浪費する. ❷〈才能などを〉あふれるほど持っている

derroche [デロチェ] 男 浪費

derrota [デロタ] 女 敗北: sufrir una ~ 敗北を喫する

derrotar [デロタル] 他 ❶ 打ち負かす. ❷〈精神的に〉がっくりさせる

derrumbamiento [デルンバミエント] 男 =derrumbe

derrumbar [デルンバル] 他 倒壊させる, 取り壊す
◆ ~se 倒壊する

derrumbe [デルンベ] 男 ❶ 取り壊し; 倒壊. ❷ 土砂崩れ, 崖崩れ

des- 〈接頭辞〉「反対」「不」「分離」の意

desabotonar [デサボトナル] 他 …のボタンをはずす
◆ ~se ❶〈自分の服の〉ボタンをはずす. ❷〈服が主語〉ボタンがはずれる

desabrido, **da** [デサブリド, ダ] 形 ❶ 味がない, まずい. ❷〈気候が〉不順な. ❸〈人〉むっつりした, 無愛想な

desabrochar [デサブロチャル] 他 〈…のボタン・ホックを〉はずす
◆ ~se ❶〈自分の…を〉はずす: ~se la camisa ワイシャツの前を開ける. ~se el cinturón de seguridad シートベルトをはずす. ❷ はずれる

desacato [デサカト] 男〈a 権威への〉不服従

desaceleración [デサセレラスィオン] 女 減速

desacertado, **da** [デサセルタド, ダ] 形 見当はずれの, 不適切な

desacierto [デサスィエルト] 男 見当はずれ, へま

desaconsejar [デサコンセハル] 他 …をしないように勧める

desacorde [デサコルデ] 形〈音楽〉調子のはずれた

desacreditar [デサクレディタル] 他 …の信

用を失わせる

desacuerdo [デスクエルド] 男 <con との> 不一致, 不調和, 不和: Estamos en ~ sobre ese asunto. その件についての私たちの意見は食い違っている. Manifestó su ~ *con* nuestra decisión. 彼は私たちの決定に異議を唱えた

desafiante [デスフィアンテ] 形 挑戦的な: palabras ~s 挑戦的なことば

desafiar [デスフィアル] 33 他 ❶ …に挑戦する. ❷ 立ち向かう: ~ las dificultades 困難に立ち向かう

desafinar [デスフィナル] 自・~se <楽器・声の> 調子が狂う

desafío [デスフィオ] 男 <a への> 挑戦, 決闘の申し込み: aceptar un ~ 挑戦に応じる. ~ *al* récord mundial 世界記録への挑戦

desaforado, da [デスフォラド, ダ] 形 とてつもない, 並はずれた

desafortunadamente [デスフォルトゥナダメンテ] 副 不運にも, 残念ながら

desafortunado, da [デスフォルトゥナド, ダ] 形 不幸な, 不運な

desagradable [デスグラダブレ] 形 **不愉快な, いやな**: Estuvo muy ~ conmigo. 彼は私に対してとてもいやな感じだった. sabor ~ 不快な味

desagradar [デスグラダル] 自 <a+人 に> 不快に感じられる: Me *desagrada* el ruido de la autopista. 私は高速道路の騒音が耳ざわりだ

desagradecido, da [デスグラデスィド, ダ] 形 名 恩知らずな[人]

desagrado [デスグラド] 男 不快, 不満: causar ~ a+人 …に不快感を与える. poner cara de ~ いやな顔をする, 不満げな顔をする

desagraviar [デスグラビアル] 他 …に償いをする, 謝罪をする

desagravio [デスグラビオ] 男 償い, 謝罪

desagüe [デスグエ] 男 排水管, 下水管

desahogado, da [デスオガド, ダ] 形 過分 <主に経済的に> ゆとりのある: vida ~*da* 余裕のある生活. habitación ~*da* ゆったりとした部屋

desahogar [デスオガル] 55 他 ❶ <感情を> 発散させる, あふれ出させる: ~ su ira con +人 …に怒りをぶちまける

◆ ~se ❶ 気分が楽になる. ❷ 憂(う)さ晴らしをする: ~se bebiendo 酒を飲んで憂さを晴らす. ❸ 真情を打ち明ける

desahogo [デスオゴ] 男 ❶ <主に経済的な> ゆとり, 安楽. ❷ <感情の> 発散

desahuciar [デスアウスィアル] 他 ❶ <借家人を> 立ち退かせる. ❷ <医者が病人に> 不治を宣告する

desahucio [デスアウスィオ] 男 ❶ 立ち退き. ❷ 不治の宣告

desairar [デサイラル] 3 他 軽んじる, 軽視する

desaire [デサイレ] 男 軽蔑, 軽視

desajustar [デスアフスタル] 他 <調子・バランスを> 狂わす

◆ ~se 狂う, 乱れる

desajuste [デスアフステ] 男 狂い, 乱れ

desalentador, ra [デスレンタドル, ラ] 形 がっかりさせる, 期待はずれの

desalentar [デスレンタル] 57 他 気落ちさせる: La muerte de su marido la *desalentó*. 夫の死に彼女はがっくりきた

◆ ~se がっくりする, 元気をなくす

desaliento [デスリエント] 男 落胆, 意気消沈

desaliñado, da [デスリニャド, ダ] 形 <身の回りが> だらしのない

desaliño [デスリニョ] 男 <身の回りの> だらしなさ

desalmado, da [デスルマド, ダ] 形 <人が> 凶悪な, 血も涙もない

desalojar [デスロハル] 他 ❶ 立ち退かせる: 1) <+場所 から> Los bomberos *desalojaron* el edificio. 消防隊は建物から人々を退去させた. 2) <+人 を, de+場所 から> La policía *desalojó* a los manifestantes *de* la plaza. 警察はデモ隊を広場から追い出した. ❷ …から立ち退く

desamarrar [デスマラル] 他 ❶ ほどく. ❷ <船舶> もやい綱を解く

desamor [デスモル] 男 愛情のなさ, 冷ややかさ

desamparado, da [デスンパラド, ダ] 形 過分 身寄りのない, 寄るべのない

desamparar [デスンパラル] 他 見捨てる, 見はなす

desamparo [デスンパロ] 男 寄るべのなさ

desandar [デスンダル] 4 他 引き返す: ~ lo andado 来た道を逆戻りする; やり直しをする

desangrar [デスングラル] 他 ❶ <大量に> 出血させる. ❷ …から金を搾り取る

◆ ~se 出血する: morir *desangrado* 出血多量で死ぬ

desanimado, da [デスニマド, ダ] 形 過分 ❶ がっくりした, 気力をなくした. ❷ 元気のない, 活気のない

desanimar [デスニマル] 他 …の気力を奪う

◆ ~se 気力を失う, がっくりする

desapacible [デスパスィブレ] 形 不快な:

tiempo ~ いやな天気

desaparecer [デサパレセル] 20 自 ❶ 見えなくなる, 姿を消す: *Desapareció* la luna entre las nubes. 月が雲間に隠れた ❷ なくなる: Me *han desaparecido* las gafas. 私のめがねがなくなった

desaparecido, da [デサパレスィド, ダ] 形 過分 姿を消した: dinero ~ 紛失金. animales ~s 絶滅した動物
◆ 名 行方不明者

desaparición [デサパリスィオン] 女 ❶ 見えなくなること. ❷ 消滅. ❸ 紛失. ❹ 行方不明, 失踪

desapego [デサペゴ] 男 冷淡, 無関心

desapercibido, da [デサベルスィビド, ダ] 形 気づかれない: pasar ~ 目立たない, 見過ごされる

desaprensivo, va [デサプレンスィボ, バ] 形 厚顔無恥な

desaprovechar [デサプロベチャル] 他 ❶ 利用し損う: ~ la oportunidad 好機を逃す. ❷ 十分に利用しない: *Desaprovechó* su tiempo libre. 彼はせっかくの自由時間を十分に活用しなかった

desarmar [デサルマル] 他 ❶ 武装解除する. ❷ 〈機械などを〉分解する

desarme [デサルメ] 男 ❶ 武装解除, 軍備縮小: ~ nuclear 核軍縮. ❷ 分解

desarraigar [デサライガル] 55 他 〈de una ❶ 根こそぎにする, 根絶する. ❷ 〈故郷などから〉引き離す, 根なし草にする

desarraigo [デサライゴ] 男 ❶ 根こそぎ, 根絶. ❷ 祖国喪失

desarreglado, da [デサれグラド, ダ] 形 過分 乱雑な, 乱れた

desarreglar [デサれグラル] 他 ❶ 乱雑にする. ❷〈調子・計画などを〉狂わす

desarreglo [デサれグロ] 男 乱雑, 乱れ

desarrollado, da [デサろジャド, ダ] 形 過分 ❶ 発展した: país ~ 先進国. ❷ 成長した; 発育のいい

desarrollar [デサろジャル] 他 ❶ 発達させる, 発展させる: ~ la industria 工業を発展させる. ❷〈製品などを〉開発する: ~ un nuevo producto 新製品を開発する. ❸〈思想・活動などを〉展開する; 繰り広げる: ~ una teoría 理論を展開する. ~ un proyecto 計画を進める. ❹〈知力・体力などを〉伸ばす: ~ la memoria 記憶力を伸ばす. ~ los músculos 筋肉を発達させる. ❺ 発育させる: ~ las plantas 植物を成長させる. ❻〈巻いたものを〉広げる, 伸ばす

◆ ~se ❶ 発達する, 発展する: Se ha *desarrollado* la tecnología informática.

情報技術が進歩した ❷ 展開される; 進展する ❸ 成長する

desarrollo [デサろジョ] 男 ❶ 発達, 発展; 開発: país en vías de ~ 開発途上国. ~ económico 経済発展; 経済開発 ❷ 展開, 進展: ~ de un partido 試合の展開. ~ de una enfermedad 病気の推移 ❸ 発育, 成長: ~ físico y mental 身体的知的発達

desarticular [デサルティクラル] 他 ❶〈関節を〉はずす. ❷ 分解する; 解体する: ~ una banda de terroristas テロ集団をつぶす
◆ ~se 分解される; 解体される

desaseo [デサセオ] 男 よごれ; 乱雑

desasir [デサシル] 6 他 放す
◆ ~se〈de 悪習などから〉離れる, やめる

desasosegar [デサソセガル] 51 他 不安にする, 平穏を乱す
◆ ~se 気をもむ: estar *desasosegado* 不安である

desasosiego [デサソスィエゴ] 男 不安, 気がかり

desastrado, da [デサストラド, ダ] 形〈服装などが〉だらしのない; 汚らしい

desastre [デサストレ] 男 ❶ 災害, わざわい, 惨事: ~s de la guerra 戦争の惨禍. ~ aéreo 航空機事故災害 ❷ ひどい失敗: Nuestro viaje ha sido un ~. 私たちの旅行はさんざんだった ❸ 不器用な人, 何をやらせてもだめな人; 不運な人

desastroso, sa [デサストロソ, サ] 形 悲惨な, さんたんたる

desatar [デサタル] 他 ❶ 解く, ほどく: ~ las cuerdas de un paquete 荷物のロープをほどく. ~ a un perro 犬を放す. ❷〈感情などを〉噴出させる: ~ la cólera de+人 …を激怒させる
◆ ~se ❶ 解ける, ほどける. ❷〈自分の…を〉解く: ~se los cordones de los zapatos 靴のひもをほどく. ❸〈感情などが〉噴出する. ❹〈災難などが〉突発する. ❺ 解放される, のびのびする

desatascar [デサタスカル] 73 他〈管の〉詰まりを除去する

desatender [デサテンデル] 58 他 …に注意を払わない, 無視する

desatento, ta [デサテント, タ] 形 ❶ 注意の散漫な. ❷ 失礼な

desatinado, da [デサティナド, ダ] 形 見当はずれの. ❷ ばかげた

desatino [デサティノ] 男 ❶ へま, 見当はずれ. ❷ ばかげたこと: decir ~s たわごとを言う

desautorizar [デサウトリサル] 13 他 ❶ …の権威を失わせる. ❷ 否定する, 取り消す

desavenencia [デサベネンスィア] 女 不和, 対立

desaventajado, da [デサベンタハド, ダ] 形 不利な, 不都合な

desayunar [デサジュナル] 自 朝食をとる: ¿*Has desayunado* ya? もう朝ごはんは食べた? Viene sin ~. 彼は朝食抜きで来る
◆ 他 朝食に…を食べる: ~ un café y unas galletas コーヒー1杯とビスケットの朝食をとる
◆ **~se** 〈ラ〉朝食をとる

desayuno [デサジュノ] 男 朝食: tomar el ~ 朝食をとる

desazón [デサソン] 女 ❶ 不安感. ❷ 不快感; むずがゆさ

desbandar [デスバンダル] **~se** 我勝ちに逃げる, ちりぢりになる

desbarajuste [デスバラフステ] 男 混乱, 無秩序

desbaratar [デスバラタル] 他 ぶち壊す, めちゃくちゃにする: La lluvia *desbarató* nuestro viaje. 雨で私たちの旅行がだいなしになった

desbloquear [デスブロケアル] 他 〈封鎖などを〉解除する: ~ las negociaciones 交渉を再開する

desbocado, da [デスボカド, ダ] 形 暴走した; 止められない, 手のつけられない

desbordar [デスボルダル] 他 ❶ あふれさせる. ❷ 〈境界・限界を〉越える
◆ 自・**~se** あふれる: El río *se desbordó* cerca de aquí. この近くで川が氾濫した

descabellado, da [デスカベジャド, ダ] 形 常規を逸した, とっぴな

descafeinado, da [デスカフェイナド, ダ] 形 男 カフェイン抜きの [コーヒー]

descalabro [デスカラブロ] 男 大損害, 大被害

descalificar [デスカリフィカル] 73 他 ❶ …の信用を失わせる. ❷ 〈スポーツ〉失格させる

descalzar [デスカルサル] 13 他 …のはき物を脱がせる
◆ **~se** はき物を脱ぐ, はだしになる

descalzo, za [デスカルソ, サ] 形 はき物を脱いだ, はだしの: andar ~ はだしで歩く

descambiar [デスカンビアル] 他 返品する

descaminado, da [デスカミナド, ダ] 形 正道からはずれた, 道を踏みはずした

descampado [デスカンパド] 男〈木・建物のない〉空き地

descansado, da [デスカンサド, ダ] 形 過分 ❶ 疲れのとれた: ¿Ya estás ~? もう疲れはとれた? ❷〈仕事などが〉楽な, 気楽な: vida ~*da* のんびりした生活

descansar [デスカンサル] 自 ❶ 休む, 休息する, 休憩する: Vamos a ~ un momento. 一休みしよう
❷ 〈de の〉疲れを休める: ~ *de* las tensiones del trabajo 仕事のストレスをいやす
❸ 横になる; 眠る: Hasta mañana, que *descanse* bien. またあした. ゆっくりお休みください
❹ 埋葬されている, 安置されている
❺ 〈en に〉基づく, のっとる
◆ 他 ❶ 休ませる: ~ la vista 目を休ませる. ❷ のせる, 寄りかからせる: ~ los pies sobre el taburete 足をスツールに置く

descansillo [デスカンスィジョ] 男 〈階段の〉踊り場

descanso [デスカンソ] 男 ❶ 休み; 休憩: tomar unos minutos de ~ 数分休息をとる. trabajar sin ~ 休みなく働く. hora de ~ 休み時間. día de ~ 休日. ❷ 慰め, 安らぎ. ❸ 〈スポーツ〉ハーフタイム

descapotable [デスカポタブレ] 男 〈自動車〉コンバーチブル [*coche* ~]

descarado, da [デスカラド, ダ] 形 厚かましい, 恥知らずの

descarga [デスカルガ] 女 ❶ 荷揚げ, 荷降ろし: hacer la ~ del camión トラックから積み荷を降ろす. ❷〈負担の〉軽減. ❸ 放出, 排出. ❹〈電気〉放電: recibir una ~ eléctrica 感電する. ❺ 一斉射撃. ❻〈情報〉ダウンロード

descargar [デスカルガル] 55 他 ❶〈車・船の〉荷降ろしをする: ~ un barco 船から荷を降ろす. ❷〈de から, 積み荷を〉降ろす: ~ las mercancías *de* una furgoneta ワゴン車から商品を降ろす. ❸〈銃を〉発射する; 弾丸を抜く: ~ la pistola contra+人 …に向かってピストルを撃つ. ❹〈感情を〉ぶつける: ~ la ira sobre+人 …に八つ当たりする. ❺〈殴打を〉浴びせる. ❻〈de 義務・責任を〉…から免除する; 取り除く. ❼〈情報〉ダウンロードする
◆ 自〈嵐などが〉猛威をふるう
◆ **~se** ❶〈de 職務・責任を〉辞する, 免れる. ❷〈感情を〉ぶつける; 当たり散らす. ❸ 放電する: *Se descargó* la batería del coche. 車のバッテリーがあがった

descarnado, da [デスカルナド, ダ] 形 ❶ やせこけた. ❷〈表現が〉生々しい, 赤裸々な

descaro [デスカロ] 男 厚かましさ: con ~ ずうずうしく

descarriar [デスカリアル] 33 他 道を誤らせる
◆ **~se** 迷い子になる, 道を誤る

descarrilamiento [デスカリラミエント] 男 〈鉄道〉脱線

descarrilar [デスカリラル] 自 〈列車が〉脱線する

descartar [デスカルタル] 他 ❶ 排除する: ~ la posibilidad 可能性を排除する. ❷ 拒絶する

◆ **~se** 〈トランプ〉〈de 不用な札を〉捨てる

descascarillado, da [デスカスカリジャド, ダ] 形 はげ落ちた

descendencia [デセンデンスィア] 女 ❶ 〈集合的に〉子や孫たち. ❷ 家系, 血統

descendente [デセンデンテ] 形 下降する: curva ~ 下降曲線, 下りカーブ

descender [デセンデル] 58 自 ❶ 下がる, 低下する: *Desciende* la temperatura. 温度が下がる

❷ 降りる, 下降する: El avión empezó a ~ de altura. 飛行機が高度を下げ始めた

❸ 〈de の〉子孫である: *Desciende* de los Borbones. 彼はブルボン家の子孫だ

◆ 他 降りる: ~ la escalera 階段を降りる

descendiente [デセンディエンテ] 名 子孫: ~ de japoneses 日系人

descenso [デセンソ] 男 ❶ 降下; 低下: ~ del precio de la gasolina ガソリン価格の下落. ❷ 下り坂. ❸ 〈スキー〉滑降

descifrar [デスィフラル] 他 ❶ 解読する. ❷ 〈謎を〉解く

descolgar [デスコルガル] 17 他 〈吊ってあるものを〉降ろす: ~ un cuadro de la pared 壁から絵をはずす

◆ 自 受話器を取る〖~ el teléfono〗

◆ **~se** ❶ 伝って降りる. ❷ 〈de 集団から〉脱落する

descolonización [デスコロニサスィオン] 女 非植民地化

descolonizar [デスコロニサル] 13 他 非植民地化する

descolorido, da [デスコロリド, ダ] 形 ❶ 色あせた. ❷ 顔色の悪い

descompaginar [デスコンパヒナル] 他 乱す, めちゃめちゃにする

descompasado, da [デスコンパサド, ダ] 形 過度の, けたはずれの

descomponer [デスコンポネル] 54 〈過分〉descom*puesto*〉他 ❶ 分解する, 部分に分ける: ~ una palabra en sílabas 単語を音節に分ける. ❷ 乱す, めちゃめちゃにする: El viento me *descompuso* el peinado. 私は風で髪がくしゃくしゃになった. ❸ 〈体調・気分を〉悪くさせる; 平静を失わせる: Los ajos me *descomponen* el estómago. 私はニンニクを食べると胃がおかしくなる. La noticia la *descompuso*. その知らせに彼女は取り乱した. ❹ 腐敗させる

◆ **~se** ❶ 分解される. ❷ 乱れる: Llorando se le *descompuso* el maquillaje. 彼女は泣いて化粧がめちゃくちゃになった. ❸ 〈体調・気分などが〉悪くなる; 平静を失う: *Se le descompuso* el rostro al escucharlo. 彼はそれを聞いて顔色を失った. ❹ 〈天気が〉悪くなる. ❺ 腐敗する. ❻ 〈ラ〉故障する: *Se descompuso* la nevera. 冷蔵庫が壊れた

descomposición [デスコンポスィスィオン] 女 ❶ 分解. ❷ 腐敗: estar en ~ 腐っている, 腐りかけている. ❸ 〈ラ〉下痢. ❹ 〈ラ〉故障

descompuesto, ta [デスコンプエスト, タ] 形 〈descomponer の 過分〉 ❶ 分解した. ❷ 腐敗した. ❸ 〈ラ〉故障した

descomunal [デスコムナル] 形 ❶ 巨大な. ❷ 異常な, 途方もない

desconcertado, da [デスコンセルタド, ダ] 形 過分 困惑した, 面くらった

desconcertar [デスコンセルタル] 57 他 ❶ 混乱させる, 調子を狂わす. ❷ 困惑させる, あわてさせる: Su inesperada visita la *desconcertó*. 彼の思いがけない訪問に彼女はどぎまぎした

◆ **~se** 困惑する

desconcierto [デスコンスィエルト] 男 ❶ 混乱, 不調. ❷ 困惑

desconectar [デスコネクタル] 他 …の電源を切る: ~ el ordenador コンピュータの電源を切る

◆ **~se** 電源が切れる

desconfianza [デスコンフィアンサ] 女 疑念, 不信: mirar... con ~ …を疑いの目で見る

desconfiar [デスコンフィアル] 33 自 〈de を〉疑う, 信用しない

descongelar [デスコンヘラル] 他 ❶ 解凍する. ❷ 〈冷蔵庫などの〉霜取りをする

descongestionar [デスコンヘスティオナル] 他 ❶ …のうっ血をとる. ❷ 混雑を緩和する

desconocer [デスコノセル] 20 他 ❶ 知らない: Todavía *desconocemos* el resultado de las elecciones. 私たちはまだ選挙の結果を知らない. ❷ 見分けられない, 見違える

desconocido, da [デスコノスィド, ダ] 形 過分 ❶ 知られていない, 未知の; 面識のない: Esta obra es de autor ~. この作品は作者不明である. hombre ~ 見知らぬ男. ❷ 見分けられない, 見違えるほどの: ¡Chica, estás ~*da* tan guapa! やあ, あんまりきれいで見違えたよ

◆ 名 見知らぬ人

desconocimiento [デスコノスィミエント] 男 知らないこと, 無知

desconsideración [デスコンスィデラスィオン]

囡 ❶ 無視, 軽視. ❷ 無礼

desconsiderado, da [デスコンシデラド, ダ] 形 他人のことを考えない, 無礼な

desconsolar [デスコンソラル] 21 他 悲しませる
◆ ~se 悲しむ

desconsuelo [デスコンスエロ] 男 悲しみ, 悲嘆

descontado [デスコンタダ] dar... por ~ …を当然のこととみなす
por ~ もちろん

descontaminación [デスコンタミナスィオン] 囡 汚染除去

descontaminar [デスコンタミナル] 他 …から汚染を除去する

descontar [デスコンタル] 21 他 ❶ 割引きする: ~ el veinte por ciento 20%割引く. ❷ 差引く, 控除する; 計算に入れない

descontento, ta [デスコンテント, タ] 形 不満な
◆ 男 不満

descorazonar [デスコラソナル] 他 …のやる気を失わせる

descorchar [デスコルチャル] 他〈びんの〉栓を抜く

descorrer [デスコれル] 他〈カーテンなどを〉開ける

descortés [デスコルテス] 形 複 descorteses〉無作法な, 失礼な

descortesía [デスコルテシア] 囡 無作法, 失礼

descoser [デスコセル] 他 …の縫い目をほどく
◆ ~se ほころびる

descrédito [デスクレディト] 男 信用(評判)の下落

descreído, da [デスクレイド, ダ] 形 無信仰の

descremado, da [デスクレマド, ダ] 形 leche ~da スキムミルク

describir [デスクリビル]〈過分 descrito〉他 描く, 叙述する: El libro *describe* los problemas actuales. その本は現代の問題を描いている

descripción [デスクリプスィオン] 囡 ❶ 描写, 叙述. ❷ 記述, 記録

descriptivo, va [デスクリプティボ, バ] 形 描写する, 記述的な

descuartizar [デスクアルティサル] 13 他 ❶〈牛・豚などを〉解体する. ❷〈死体を〉ばらばらにする

descubierto, ta [デスクビエルト, タ] 形〈descubrir の 過分〉❶ 覆われていない, むき出しの: coche ~ オープンカー. ❷〈プールなどが〉

屋外の. ❸ 無帽の. ❹〈空が〉晴れ上がった
◆ 男〈口座の〉借越し, 赤字
al ~ 1) 屋外で; 屋根の一戸外で寝る. 2) あからさまに: hablar la verdad *al* ~ 真実を包み隠さず話す. quedar *al* ~ 明らかになる; 知られる. poner (sacar)... *al* ~ … を明らかにする; 暴露する

descubrimiento [デスクブリミエント] 男 発見: el ~ de América por Colón コロンブスのアメリカ発見

descubrir [デスクブリル]〈過分 descubierto〉他 ❶ 発見する, 見つける: ~ un nuevo virus 新しいウィルスを発見する. ~ unas ruinas antiguas 古代遺跡を発見する. ❷ 覆いを取る, あらわにする: ~ una estatua 銅像の除幕をする
◆ ~se ❶ 露見する, 明らかになる: *Se ha descubierto* un complot. 陰謀が発覚した. ❷ 帽子を脱ぐ, 脱帽する

descuento [デスクエント] 男 ❶ 値引き: Estos zapatos tienen un ~. これらの靴は値引きされている. hacer (un) ~ 値引きする. con un diez por ciento de ~ 1割引で
❷〈給料などからの〉差し引き, 天引, 控除
❸〈スポーツ〉ロスタイム
❹〈手形の〉割引: tipo oficial de ~ 公定歩合

descuidado, da [デスクイダド, ダ] 形〈過分〉
❶ おろそかにされた: El jardín está ~. 庭は荒れている. tener a los hijos ~s 子供たちをほったらかしにする. ❷ 不注意な, 不精な

descuidar [デスクイダル] 他 おろそかにする, ほったらかしにする: ~ sus deberes 宿題をなまける. ~ su aspecto 身なりに構わない
◆ 自〈命令文で〉心配しないでください: *Descuide*, que su herida no es tan grave. ご安心ください, あなたのけがはそんなにひどくありませんか
◆ ~se 注意を払わない; 油断する: *Me descuidé* y me olvidé apagar la luz. 私はうっかりして明かりを消すのを忘れた

descuido [デスクイド] 男 ❶ 不注意, 怠慢. ❷ ケアレスミス

desde [デスデ] 前 …から: ❶〈場所〉*D*~ aquí hasta la estación hay quinientos metros. ここから駅まで500メートルある. Me envió una postal ~ Córdoba. 彼はコルドバから絵葉書を送ってくれた
❷〈時間〉La tienda está abierta ~ las nueve hasta las seis. 店は9時から6時まで開いている. Nos conocemos ~ hace treinta años. 私たちは30年来の知り合いです. *D*~ que nací, nunca he salido al extran-

jero. 生まれてこのかた私は外国に行ったことがない

❸ …の時から: ～ niño 子供の時から
❹ 〖範囲〗 ～ la página quince hasta la veinte 第15ページから20ページまで. ～ los niños hasta los ancianos 子供からお年寄りまで

～ *luego* ⇨luego

desdecir [デスデシィル] [61] 〖過分〗 desd*i-cho*〗 **～se** 〈de 前言を〉ひるがえす, 取り消す

desdén [デスデン] [男] 軽蔑, 軽視

desdeñar [デスデニャル] [他] 軽蔑する, 軽視する

desdeñoso, sa [デスデニョソ, サ] [形] 軽蔑的な

desdibujar [デスディブハル] [他] **～se**〈形が〉ぼやける

desdicha [デスディチャ] [女] 災難, 不運

desdichado, da [デスディチャド, ダ] [形][名] 不幸な〔人〕, 不運な〔人〕

desdoblar [デスドブラル] [他] 〈折り畳んだものを〉広げる, 伸ばす

deseable [デセアブレ] [形] 望ましい

desear [デセアル] [他] 望む, 願う: 1)〈+名詞〉～がほしい: Deseo un coche nuevo. 私は新車がほしい. Le deseo mucha felicidad. お幸せに. ¿Qué desea (deseaba) usted?〈店で〉何をさしあげましょうか? 2)〈+不定詞〉…したい: Deseo verte pronto. 早く君に会いたい. 3)〈que+接続法〉Deseo que vuelvas pronto. 早く戻ってきておくれ

desecar [デセカル] [73] [他] 乾燥させる, 干す
◆ **～se** 乾く, からからになる

desechable [デセチャブレ] [形] 使い捨ての: envase ～ 使い捨て容器. pañal ～ 紙おむつ

desechar [デセチャル] [他] ❶ 排除する, 拒否する: ～ una propuesta 申し出を拒絶する. ❷〈不用物を〉捨てる: ～ una mesa vieja 古い机を処分する

desecho [デセチョ] [男] 廃棄物, 残り物: ～s industriales 産業廃棄物. ～s radiactivos 放射性廃棄物

desembarazar [デセンバラサル] [13] [他] ❶〈de 邪魔な物を〉…から取り除く. ❷〈ラ〉出産する; 流産する
◆ **～se** ❶〈de ～〉自由の身になる. ❷〈de を〉やっかい払いする, 捨てる

desembarcar [デセンバルカル] [73] [他] 〈de 船・飛行機から〉降ろす: ～ la carga del buque 積み荷を船から陸揚げする
◆ [自] 上陸する, 下船する

desembarco [デセンバルコ] [男] ❶ 陸揚げ, 荷揚げ. ❷ 上陸, 下船

desembocadura [デセンボカドゥラ] [女] 河口

desembocar [デセンボカル] [73] [自] ❶〈川が, en に〉注ぐ: ～ en el Atlántico 大西洋に注ぐ. ❷ …に帰着する: ～ en una guerra 戦争に至る

desembolso [デセンボルソ] [男] 支払い, 支出

desemejanza [デセメハンサ] [女] 相違, 不同

desempatar [デセンパタル] [自] 同点決勝をする, プレイオフをする

desempate [デセンパテ] [男] 同点決勝戦, プレイオフ

desempeñar [デセンペニャル] [他] ❶〈任務を〉遂行する, 果たす: ～ el cargo de gobernador 知事の職務を果たす. ～ un papel importante 重要な役割を果たす. ❷〈演劇〉演じる: ～ el papel de Hamlet ハムレットの役を演じる. ❸〈質・抵当物を〉請け戻す

desempeño [デセンペニョ] [男] ❶ 遂行. ❷〈質・抵当物〉請け戻し

desempleado, da [デセンプレアド, ダ] [名] 失業者

desempleo [デセンプレオ] [男] ❶ 失業: Está aumentando el ～. 失業が増えている. tasa de ～ 失業率. ❷ 失業手当〔subsidio de ～〕: cobrar el ～ 失業手当を受け取る

desempolvar [デセンポルバル] [他] ❶ …のほこりを払う. ❷〈思い出を〉よみがえらせる

desencadenar [デセンカデナル] [他] ❶〈激しい勢いで〉引き起こす: ～ una lluvia de protestas 抗議の嵐を巻き起こす. ❷ …の鎖を解き放つ; 解放する
◆ **～se** ❶ 荒れ狂う: Se desencadenó la tempestad. 嵐が猛威をふるった. ❷ 突発する, 激発する: Se desencadenó la guerra. 戦争が勃発した

desencajar [デセンカハル] [他] 取りはずす

desencantar [デセンカンタル] [他] 幻滅させる
◆ **～se** 幻滅する

desencanto [デセンカント] [男] 幻滅, 失望

desenchufar [デセンチュファル] [他] …のプラグを抜く, 電源を切る: ～ la aspiradora 掃除機のプラグを抜く

desenfadado, da [デセンファダド, ダ] [形] 屈託のない, のびのびした: película ～da 気楽な映画

desenfado [デセンファド] [男] 屈託のなさ, 気楽さ

desenfocar [デセンフォカル] [73] [他]〈写真〉焦点をはずす: foto desenfocada ピンぼけ写真

desenfrenado, da [デセンフレナド, ダ] [形] 歯止めのきかない, 抑えられない

desenfreno [デセンフレノ] 男 歯止めがきかないこと

desenganchar [デセンガンチャル] 他 ❶ 〈鈎などから〉はずす. ❷ 〈鉄道〉連結を切り離す

desengañar [デセンガニャル] 他 ❶ 幻滅させる, 失望させる. ❷ 〈誤っていることを〉…に気づかせる
◆ **~se** ❶ 〈de に〉幻滅する, 失望する: *Se desengañó de su novia.* 彼は恋人に幻滅した. ❷ 誤りに気づく: *Desengáñate, no te van a dar ese trabajo.* 目を覚ませ, 君はその仕事をもらえないよ

desengaño [デセンガニョ] 男 幻滅, 失望: ~ amoroso 失恋

desenlace [デセンラセ] 男 ❶ 〈事件などの〉結末, 解決. ❷ 〈芝居などの〉最後の場面, 大詰め

desenmascarar [デセンマスカラル] 他 ❶ …の正体を暴く. ❷ …の仮面を取る

desenredar [デセンレダル] 他 ❶ 〈もつれを〉解きほぐす. ❷ 〈問題点などを〉整理する

desenrollar [デセンロジャル] 他 〈巻いたものを〉広げる

desentender [デセンテンデル] 58 **~se** ❶ 〈de に〉関心がない, 関与しない; 注意を払わない. ❷ 〈de を〉知らないふりをする

desenterrar [デセンテラル] 52 他 掘り出す, 発掘する: ~ ruinas 遺跡を発掘する. ~ recuerdos 思い出をよみがえらせる

desentonar [デセントナル] 自 ❶ 〈con と〉調和しない: *El color de la cortina desentona con la habitación.* カーテンの色はこの部屋としっくりしない. ❷ 調子はずれに歌う(演奏する)

desentrañar [デセントラニャル] 他 〈問題の〉核心に迫る

desentumecer [デセントゥメセル] 20 他 〈筋肉などの〉固さを取る

desenvoltura [デセンボルトゥラ] 女 ❶ 平然, 自信: *contestar a las preguntas con* ~ 質問にすらすらと答える. ❷ 技能, 自在さ

desenvolver [デセンボルベル] 87 〈過分 desenv*uelto*〉 他 〈包んだ・巻いたものを〉広げる
◆ **~se** ❶ 〈事柄が〉展開する: *Se desenvolvieron las negociaciones.* 交渉が進展した. ❷ 〈人が〉何とかやっていく: *saber ~se en la vida* 処世術にたけている

deseo [デセオ] 男 欲望, 願望: *Espero que se cumplan todos sus ~s.* あなたの願いがすべてかないますように. *satisfacer un* ~ 欲望を満たす. ~ *de comer* 食欲
buenos ~s 善意

deseoso, sa [デセオソ, サ] 形 〈de を〉望んでいる: *estar* ~ *de fama* 名声を欲している

desequilibrado, da [デセキリブラド, ダ] 形 ❶ 不均衡な, アンバランスな. ❷ 精神的に不安定な

desequilibrio [デセキリブリオ] 男 不均衡, 不安定: ~ *entre la oferta y la demanda* 需要と供給のアンバランス

deserción [デセルスィオン] 女 脱走

desertar [デセルタル] 自 脱走する

desértico, ca [デセルティコ, カ] 形 砂漠の

desertización [デセルティサスィオン] 女 砂漠化

desertor, ra [デセルトル, ラ] 名 脱走兵

desesperación [デセスペラスィオン] 女 絶望; 捨てばち, やけ: *llorar de* ~ 絶望して泣く
con ~ 1) 絶望的に(な). 2) 必死に(な), 懸命に(な): *luchar con* ~ 死に物狂いで戦う

desesperadamente [デセスペラダメンテ] 副 ❶ 絶望的に; やけになって. ❷ 必死に: *gritar* ~ 必死で叫ぶ

desesperado, da [デセスペラド, ダ] 形 過分 ❶ 絶望した, やけになった. ❷ 必死の

desesperante [デセスペランテ] 形 絶望的な; いらいらさせる

desesperar [デセスペラル] 自 絶望する: *No desesperes.* 絶望するな
◆ 他 いらいらさせる, うんざりさせる
◆ **~se** 〈de に〉絶望する: *~se de la vida* 人生に絶望する

desestimar [デセスティマル] 他 ❶ 〈法律〉拒絶する: ~ *una acusación* 告訴を却下する. ❷ 過小評価する, みくびる

desfachatez [デスファチャテス] 女 ❶ 羞恥心のなさ; 厚かましさ, ずうずうしさ. ❷ 生意気

desfalco [デスファルコ] 男 使い込み, 横領

desfallecer [デスファジェセル] 20 自 ❶ 〈体力・気力が〉衰える. ❷ 気が遠くなる, 卒倒する

desfasado, da [デスファサド, ダ] 形 ずれた, 時代遅れの; 場違いな

desfase [デスファセ] 男 〈実際との〉ずれ, 時代遅れ

desfavorable [デスファボラブレ] 形 不利な, 都合の悪い: *condiciones ~s* 不利な条件

desfavorecer [デスファボレセル] 20 他 不利にする: *zona desfavorecida* 貧しい地域

desfigurar [デスフィグラル] 他 ❶ 醜くする. ❷ 歪曲する

desfiladero [デスフィラデロ] 男 〈山間の〉狭い道

desfilar [デスフィラル] 自 ❶ 行進する. ❷ 次々と通る

desfile [デスフィレ] 男 ❶ 行進, パレード. ❷ ~ de modelos/~ de moda ファッションショー

desfogar [デスフォガル] 55 ~se 感情を爆発させる; 怒りに身を任せる

desgajar [デスガハル] 他〈枝などを〉折り取る, もぎ取る
◆ ~se ❶ 折れる. ❷ 離れる

desgana [デスガナ] 女 ❶ いや気:estudiar con ~ いやいや勉強する. ❷ 食欲不振

desganado, da [デスガナド, ダ] 形 ❶ やる気のない. ❷ 食欲不振の

desgarrador, ra [デスガラドル, ラ] 形 胸を引き裂くような, 悲痛な

desgarrar [デスガラル] 他 ❶ 引き裂く. ❷〈精神的に〉痛めつける

desgarrón [デスガロン] 男 大きな破れ目

desgastar [デスガスタル] 他 ❶ すり減らす. ❷〈肉体的・精神的を〉消耗させる
◆ ~se ❶ すり減る: Estos pantalones se me han desgastado por las rodillas. このズボンは膝がすり切れた. ❷ 消耗する, 疲れ果てる

desgaste [デスガステ] 男 ❶ 摩滅. ❷〈肉体的・精神的な〉消耗

desgracia [デスグラスィア] 女 不運, 災難: Tuvo la ~ de perder su casa por un incendio. 彼は不幸にも火事で家を失った. sufrir una ~ 不幸な目にあう
~s personales〈事故・災害の〉犠牲者
por ~ 不運なことに, 残念ながら: Por ~ hubo muchos muertos en el accidente. 不幸にも事故で多くの死者が出た

desgraciado, da [デスグラスィアド, ダ] 形 名 ❶ 不運な〔人〕, 不幸な〔人〕, 哀れな〔人〕. ❷ ろくでなし〔の〕. ❸ 魅力のない〔人〕

desgreñado, da [デスグレニャド, ダ] 形 髪が乱れた, ぼさぼさの

desguace [デスグアセ] 男 ❶ 解体, スクラップ化. ❷〈ス〉解体場

deshabitado, da [デサビタド, ダ] 形 住む人のない: casa ~da 空き家

deshacer [デサセル] 75〈過分 deshecho〉他 ❶〈形作ったものを〉乱す, 解く: ~ la cama〈主に取り替えるために〉ベッドのシーツをはぐ. ~ la maleta スーツケースの中身を取り出す. ❷〈契約などを〉破棄する. ❸ 破壊する; めちゃくちゃにする. ❹ 溶かす: ~ el azúcar 砂糖を溶かす
◆ ~se ❶ 乱れる, 壊れる: Se deshizo el nudo. 結び目がほどけた. ❷〈de から〉解放される; やっかい払いする: ~se de los trastos がらくたを捨てる. ❸ 溶ける. ❹〈不安などに〉さいなまれる. ❺ 一所懸命働く, 必死になる

deshecho, cha [デセチョ, チャ] 形〈deshacer の 過分〉❶ 疲れ果てた, へとへとの. ❷ 打ちのめされた. ❸ 壊れた; 溶けた

deshidratar [デシドラタル] 他 脱水する: verduras deshidratadas 乾燥野菜
◆ ~se 脱水症状を起こす

deshielo [デシエロ] 男 雪解け

deshonesto, ta [デソネスト, タ] 形 ❶ 不品行の, 不道徳な. ❷ 不誠実な

deshonra [デソンラ] 女 不面目, 恥

deshonrar [デソンラル] 他 ❶ …の面目をつぶす, 侮辱する. ❷〈女性を〉はずかしめる

deshora [デソラ] a ~ 不適切な時刻に

deshumanizar [デスマニサル] 13 他 …の人間性を失わせる

desierto¹ [デスィエルト] 男 ❶ 砂漠: ~ de Sahara サハラ砂漠
❷ 不毛の地

desierto², ta [デスィエルト, タ] 形 無人の, 人けのない: calle ~ta 人影のない街

designación [デスィグナスィオン] 女 ❶ 指名, 任命; 指定. ❷ 名称; 命名

designar [デスィグナル] 他 ❶ 指名する, 任命する; 指定する: Le designaron presidente del comité. 彼は委員長に任命された. ❷〈con 名称を〉…につける: ~ la nueva tienda con un nombre francés 新しい店にフランス語の名をつける

designio [デスィグニオ] 男 考え, 意図

desigual [デスィグアル] 形 ❶ 等しくない; lucha ~ 一方的な戦い. ❷ 不平等な: trato ~ 不公平な扱い. ❸ 不規則な, ふぞろいな, むらのある: terreno ~ でこぼこした土地

desigualdad [デスィグアルダ] 女 不平等, 不公平

desilusión [デスィルシオン] 女 幻滅, 期待はずれ: tener (sufrir) una ~ 幻滅を感じる

desilusionar [デスィルシオナル] 他 幻滅させる, 失望させる: Su conducta me desilusiona. 彼の行動にがっかりさせられる
◆ ~se ❶ 幻滅する, 失望する: Me desilusioné del resultado. 私は結果にがっかりした

desinfección [デシンフェ(ク)スィオン] 女 消毒, 殺菌

desinfectar [デシンフェクタル] 他 消毒する, 殺菌する: ~ la herida 傷口を消毒する

desinflar [デシンフラル] 他 しぼませる
◆ ~se ❶ しぼむ: Se desinfló el globo. 風船がしぼんだ. ❷ 意気消沈する, がっくりする: Su orgullo se desinfló. 彼の自尊心はぺしゃんこになった

desintegración [デシンテグラスィオン] 囡 ❶ 崩壊. ❷ 解体, 分裂. ❸ 風化

desinterés [デシンテレス] 男 ❶ 無関心. ❷ 無私,無欲

desinteresado, da [デシンテレサド, ダ] 形 過分 無欲な, 私心のない

desinteresar [デシンテレサル] ~se ⟨de に⟩関心(興味)を持たない: ~se de la política 政治に関心を示さない

desistir [デシスティル] 自 ⟨de を⟩あきらめる: ~del viaje 旅行を断念する

desleal [デスレアル] 形 ❶ 不誠実な: ser ~ con+人 …に対して誠実でない. ❷ 不公正な: competencia ~ 不公正な競争

deslealtad [デスレアルタ] 囡 ❶ 不誠実, 背信. ❷ 不公正

desligar [デスリガル] 55 他 ❶ ⟨de から⟩分離する;解放する. ❷ ⟨縛られているものを⟩ほどく
◆ ~se ⟨de から⟩解放される, 自由になる

desliz [デスリス] 男 ⟨複 desl*ices*⟩ 過ち, 失言: cometer un ~ 過ちを犯す

deslizamiento [デスリサミエント] 男 すべること: ~ de tierra 地すべり

deslizar [デスリサル] 13 他 ❶ すべらす. ❷ すべりこませる
◆ ~se ❶ すべる: ~se por el suelo 床ですべる. ❷ こっそり抜け出す;忍び込む: *Se deslizó* en casa por la puerta trasera. 彼は裏口からこっそり家に入った. ❸ うっかりまちがえる(失敗をする)

deslucir [デスルスィル] 46 他 …から輝きを失わせる, くすませる

deslumbrante [デスルンブランテ] 形 まぶしい, まばゆい: belleza ~ まぶしいほどの美しさ

deslumbrar [デスルンブラル] 他 ❶ …の目をくらませる: Me *deslumbra* el rayo del sol. 私は太陽の光に目がくらむ. ❷ ⟨美しさなどが⟩まぶしがらせる; 眩惑させる

desmán [デスマン] 男 ⟨複 desm*anes*⟩ ❶ いきすぎた行為(発言);やりすぎ. ❷ 乱暴;横暴

desmantelar [デスマンテラル] 他 ❶ ⟨商売などを⟩やめる. ❷ 撤去する

desmaquillador [デスマキジャドル] 男 ⟨化粧⟩ クレンジングクリーム

desmayado, da [デスマジャド, ダ] 形 過分 ❶ 気絶した. ❷ 生気のない;⟨色が⟩薄い

desmayar [デスマジャル] 自 気力を失う
◆ ~se 気絶する, 失神する, 卒倒する: *Se desmayó* y se cayó al suelo. 彼は気が遠くなって床に倒れた

desmayo [デスマジョ] 男 ❶ 気絶, 失神, 卒倒. ❷ 気力の衰え: trabajar sin ~ がんばって働く

desmedido, da [デスメディド, ダ] 形 過度の, 並はずれた: apetito ~ とてつもない食欲

desmejorar [デスメホラル] 自 健康状態が悪くなる, 衰弱する
◆ 他 …を損ねる, 悪化させる

desmembrar [デスメンブラル] 57 他 ❶ …の手足を切り取る. ❷ ⟨比喩⟩ 分割する, 分断する: ~ un partido 党を分裂させる

desmemoriado, da [デスメモリアド, ダ] 形 忘れっぽい

desmentir [デスメンティル] 77 他 ⟨真実でないと⟩否認する: ~ a un testigo 証人の申し立てを否認する: ~ un rumor うわさを否定する

desmenuzar [デスメヌサル] 13 他 ❶ 細かく砕く: ~ la carne 肉をぶつ切りにする. ❷ 細かく検討する

desmerecer [デスメレセル] 20 自 ❶ 良さ(価値)を失う. ❷ ⟨de より⟩ 劣る

desmesurado, da [デスメスラド, ダ] 形 過度の, 並はずれた: ambición ~*da* とてつもない野望

desmilitarizar [デスミリタリサル] 13 他 非武装化する: zona *desmilitarizada* 非武装地帯

desmontar [デスモンタル] 他 分解する, 解体する: ~ un reloj 時計を分解する
◆ 自 ⟨de 馬などから⟩降りる

desmoralizar [デスモラリサル] 13 他 …の士気をくじく, 意欲をそぐ

desmoronar [デスモロナル] 他 崩壊させる, 崩す
◆ ~se 崩壊する, 崩れる

desmotivar [デスモティバル] 他 …のやる気を失わせる

desmovilizar [デスモビリサル] 13 他 …の動員を解除する

desnatado, da [デスナタド, ダ] 形 クリームを取除いた: leche ~*da* 脱脂乳, スキムミルク

desnivel [デスニベル] 男 ❶ ⟨土地の⟩高低差, 起伏, でこぼこ. ❷ レベル差, 不均衡: ~ económico 経済的格差

desnuclearizar [デスヌクレアリサル] 13 他 非核化する, 核兵器を撤去する

desnudar [デスヌダル] 他 …の服を脱がす, 裸にする
◆ ~se 裸になる

desnudez [デスヌデス] 囡 裸〔の状態〕

desnudo, da [デスヌド, ダ] 形 ❶ 裸の: El bebé está ~. 赤ん坊は裸だ. ❷ ⟨de の⟩ない: árboles ~*s* de hojas 葉を落とした木

desnutrición [デスヌトリスィオン] 囡 栄養失調, 栄養不良

desnutrir [デスヌトリル] ~**se** 栄養失調になる

desobedecer [デソベデセル] 20 他 …に従わない, 背く

desobediencia [デソベディエンスィア] 囡 不服従, 反抗

desobediente [デソベディエンテ] 形 反抗的な; わがままな

desocupado, da [デソクパド, ダ] 形 過分 ❶ 空いた: casa ~*da* 空き家. ❷ 失業中の. ❸ 暇な

desocupar [デソクパル] 他 空ける, 障害物を取り除く

desodorante [デソドランテ] 男 脱臭剤, 消臭剤

desolación [デソラスィオン] 囡 ❶ 荒廃. ❷ 悲嘆, 悲痛

desolador, ra [デソラドル, ラ] 形 痛ましい

desolar [デソラル] 21 他 ❶ 荒廃させる. ❷ ひどく悲しませる

desorden [デソルデン] 男 〈複 des*ó*rdenes〉 ❶ 無秩序, 混乱. ❷ 複 騒乱, 暴動 *en* ~ 無秩序な, 乱雑な な: Las fichas están *en* ~. カードがばらばらになっている. Mi mesa está *en* ~. 私の机は散らかっている

desordenado, da [デソルデナド, ダ] 形 ❶ 無秩序な, 乱雑な: Su cuarto está siempre ~. 彼の部屋はいつも散らかっている. ❷ 〈人が〉だらしない

desorganización [デソルガニサスィオン] 囡 〈秩序の〉解体, 混乱

desorganizar [デソルガニサル] 13 他 〈秩序を〉乱す, 混乱させる

desorientar [デソリエンタル] 他 ❶ …に方向感を失わせる. ❷ 途方に暮れさせる
◆ ~**se** ❶ 方向を見失う. ❷ 途方に暮れる

desovar [デソバル] 自 〈魚・昆虫などが〉産卵する

despabilar [デスパビラル] 他 …の頭をはっきりさせる
◆ ~**se** 頭がはっきりする; 完全に目がさめる

despachar [デスパチャル] 他 ❶ 〈仕事・食事などを〉かたづける, 終わらせる: ~ un asunto pendiente 懸案事項を処理する. ❷ 送る, 発送する: ~ el correo 手紙を出す. ❸ 〈商品を〉売る; 〈客の〉相手をする. ❹ 追い払う, やっかい払いする

despacho [デスパチョ] 男 ❶ 執務室, 事務室, オフィス: ~ de dirección 社長(所長)室. ❷ 店. ❸ 通知, 連絡. ❹ 処理; 発送; 販売

despacio [デスパスィオ] 副 ゆっくり: Hable más ~, por favor. もっとゆっくり話してください

desparpajo [デスパルパホ] 男 ❶ 屈託のなさ, 闊達(たつ)さ: hablar con ~ はきはき話す. ❷ なれなれしさ

desparramar [デスパらマル] 他 まき散らす
◆ ~**se** 分散する

despavorido, da [デスパボリド, ダ] 形 ひどくおびえた

despecho [デスペチョ] 男 悔しさ, 恨み

despectivo, va [デスペクティボ, バ] 形 軽蔑的な: en tono ~ さげすみの口調で

despedazar [デスペダサル] 13 他 ずたずたにする, 寸断する, 細分する

despedida [デスペディダ] 囡 別れ; 別れのことば: fiesta de ~ 送別会. ~ de soltero 独身最後の夜のパーティー

despedir [デスペディル] 56 他 ❶ 見送る; 別れのあいさつをする: Fui a ~lo al aeropuerto. 私は彼を見送りに空港まで行った. ❷ 解雇する: Lo *despidieron* por el desfalco. 彼は会社の金を使いこんで首になった. ❸ 放出する; 投げつける: ~ mal olor 悪臭を放つ
◆ ~**se** 互いに別れる; 〈de と〉別れる: *Se despidió de* su padre. 彼は父親に別れの挨拶をした

despegar [デスペガル] 55 他 はがす
◆ 自 離陸する: El avión *despegó* del aeropuerto. 飛行機は空港を離陸した
◆ ~**se** ❶ はがれる. ❷ 〈心が〉離れる; 関心が薄れる. ❸ 〈競走で集団から〉離れる; 引き離す

despego [デスペゴ] 男 冷淡, 無関心

despegue [デスペゲ] 男 離陸

despeinar [デスペイナル] 他 …の髪を乱す
◆ ~**se** 髪が乱れる

despejado, da [デスペハド, ダ] 形 過分 ❶ 〈空が〉晴れた, 快晴の: Hoy está ~. きょうは快晴だ. día ~ よく晴れた日. ❷ 〈頭が〉はっきりした; 頭脳明晰な: tener la cabeza ~*da* 頭が冴えている. ❸ 視界をさえぎるものがない: llanura ~*da* 広々とした平原

despejar [デスペハル] 他 ❶ 〈de 障害物を〉…から取り除く; かたづける: ~ el pasillo *de* cajones 廊下から箱をどける. ~ la mesa かたづける. ❷ 〈問題などを〉明らかにする: ~ el misterio 謎を解明する. ❸ 〈サッカー〉〈シュートされたボールを〉クリアする
◆ ~**se** ❶ 晴れる: *Se ha despejado* el cielo. 空が晴れた. ❷ 頭がはっきりする: Me

despejé después de tomar un café. 私はコーヒーを飲んだら頭がすっきりした

despellejar [デスペジェハル] 他 …の皮をはぐ

despenalización [デスペナリサスィオン] 女 合法化；刑事訴追免責：~ de la eutanasia 安楽死の合法化

despenalizar [デスペナリサル] 13 他 合法化する；訴追免責する：~ el aborto 中絶を犯罪として罰しない

despensa [デスペンサ] 女 食料貯蔵室, 食品戸棚, パントリー

despeñadero [デスペニャデロ] 男 ❶ 断崖, 絶壁. ❷ 危機, 窮地

desperdiciar [デスペルディスィアル] 他 ❶ むだにする, 浪費する：~ el tiempo 時間を浪費する. ❷ 見逃す：~ la oportunidad 好機を逸する

desperdicio [デスペルディスィオ] 男 ❶ むだづかい, 浪費. ❷ 複 くず, ごみ, 廃物

desperezar [デスペレサル] 13 ~se 手足を伸ばす, 伸びをする

desperfecto [デスペルフェクト] 男 ❶ 欠陥, 欠点. ❷ 破損, 損害

despertador [デスペルタドル] 男 目覚まし時計：Ha sonado el ~. 目覚ましが鳴った. poner el ~ a las siete 目覚ましを7時にセットする

despertar [デスペルタル] 57 他 ❶ 目ざめさせる. ❷〈感覚などを〉呼び起こす：~ a+人 el apetito 人の食欲をそそる
◆ 自・~se 目をさます：Esta mañana 〔*me*〕 *he despertado* a las cinco. 私はけさ5時に目がさめた

despiadado, da [デスピアダド, ダ] 形 無慈悲な, 冷酷な：ataque ~ 情け容赦のない攻撃

despido [デスピド] 男 ❶ 解雇. ❷ 解雇補償金

despierto, ta [デスピエルト, タ] 形 ❶ 目ざめている：Ya estoy ~. 私はもう目がさめている. No me esperes ~. 起きて待っていなくていいよ. ❷ 頭脳明晰な, 賢い：Es un chico muy ~. その子はとても利発だ

despilfarrar [デスピルファラル] 他 自 むだづかいする：*Despilfarró* toda su fortuna en el juego. 彼は賭け事で全財産を使い果たした

despilfarro [デスピルファロ] 男 浪費, むだづかい

despistado, da [デスピスタド, ダ] 形 過分 ❶ うっかりした, ぼんやりした：Soy muy ~ y a menudo pierdo cosas. 私はうっかり者でよく物をなくす. Estaba ~ y se pasó de estación. 彼はぼうっとしていて駅を乗り過ごした. ❷ 混乱した, 途方に暮れた

despistar [デスピスタル] 他 ❶〈追跡などを〉かわす：~ a la policía 警察をまく. ❷ 方向をわからなくさせる. ❸ 混乱させる, 惑わせる：Su carta me *despistó*. 彼の手紙で私はわけがわからなくなった
◆ ~se 方向を見失う

despiste [デスピステ] 男 うっかり, ぼんやり

desplazamiento [デスプラサミエント] 男 移動, 移転

desplazar [デスプラサル] 13 他 ❶ 移動させる：~ la cama ベッドの位置を変える. ❷〈a に〉取って代わる：Las cámaras digitales *han desplazado* a las convencionales. デジタルカメラが従来のカメラの座を奪った. ❸〈船舶〉…の排水量がある
◆ ~se 移動する：~se de Madrid a Toledo en coche マドリードからトレドまで車で行く

desplegar [デスプレガル] 51 他 ❶〈折り畳んだものを〉広げる：~ un periódico 新聞を広げる. ❷ 大いに示す：~ su talento 才能を発揮する. ❸〈部隊を〉展開させる；〈兵器を〉配備する
◆ ~se ❶ 広がる. ❷ 展開する

despliegue [デスプリエゲ] 男 ❶ 広げること. ❷ 展開

desplomar [デスプロマル] ~se ❶〈建物などが〉崩れ落ちる. ❷ 卒倒する

desplumar [デスプルマル] 他 ❶〈鳥の〉羽をむしる. ❷〈人を〉一文なしにする, 身ぐるみはぐ

despoblado, da [デスポブラド, ダ] 形 住民のいなくなった：zona ~da 過疎地帯

despojar [デスポハル] 他〈de を〉…から奪う：Le *despojaron* de su puesto. 彼は地位を奪われた
◆ ~se ❶ 脱ぐ：~se de la camiseta Tシャツを脱ぐ. ❷ 手放す；捨てる：~se de su timidez 勇気を出す

despojo [デスポホ] 男 ❶ 没収, 略奪；略奪品. ❷ 複 残り物, 残骸；くず肉, 臓物

desposar [デスポサル] 他〈司祭が〉結婚させる, …の結婚式をとり行なう
◆ ~se 結婚する

déspota [デスポタ] 名 専制君主, 暴君, 独裁者

despotismo [デスポティスモ] 男 専制政治, 専制主義；横暴

despreciable [デスプレスィアブレ] 形 軽蔑すべき

despreciar [デスプレスィアル] 他 軽蔑する, 軽視する：~ a las personas humildes 身分の低い人たちを見下す

despreciativo, va [デスプレスィアティボ, バ] 形 軽蔑的な

desprecio [デスプレスィオ] 男 軽蔑, 軽視: Me miró con ~. 彼は私をばかにしたように見た. sentir ~ por... …を軽蔑する

desprender [デスプレンデル] 他 ❶〈de から〉はがす, はずす. ❷〈臭いなどを〉発する, 放つ

◆ ~se ❶ はがれる, はずれる: Se desprendió un botón de la camisa. ワイシャツのボタンが取れた. ❷〈de から〉離れる, 逃れる. ❸〈de を〉手放す. ❹〈結論などが〉引出される: De la encuesta se desprende que este programa es muy popular. アンケート調査からこの番組は人気が高いのがわかる

desprendido, da [デスプレンディド, ダ] 形 過分 気前のよい, 無欲な

desprendimiento [デスプレンディミエント] 男 ❶ はがれること: ~ de tierras 地すべり, 土砂崩れ. ~ de retina 網膜剥離. ❷ 気前のよさ

despreocupado, da [デスプレオクパド, ダ] 形 過分 心配しない, 気を使わない; のんきな: ser ~ con su aspecto 身なりにむとんちゃくである

despreocupar [デスプレオクパル] ~se〈de について〉心配(関与)しなくなる: Se despreocupa de sus hijos. 彼は子供たちに無関心だ

desprestigiar [デスプレスティヒアル] 他 …の威信を傷つける, 評判を落とす

desprestigio [デスプレスティヒオ] 男 威信 (評判)の失墜

desprevenido, da [デスプレベニド, ダ] 形 備えのない; 不意の

desproporcionado, da [デスプロポルスィオナド, ダ] 形 並はずれた; 不釣合な

después [デスプエス] 副 ❶〈時間〉後で: Te llamaré ~. 後で君に電話をする. Venga media hora ~. 30分後に来てください ❷ 引き続いて: Fui a Madrid y ~ a Barcelona. 私はマドリードに行って, それからバルセロナに行った ❸〈順序・空間〉次に: Primero me gusta el fútbol y ~ el béisbol. 私はサッカーがいちばん好きで, 次に野球が好きだ. Hay una oficina de correos y ~ está mi oficina. 郵便局があって, その先に私のオフィスがある

~ de... 1) …の後で: ~ de la clase 授業の後で. ~ de ducharse シャワーを浴びた後で. ~ de terminada la guerra 戦争が終わった後で. 2) …に次いで: Barcelona es, ~ de Madrid, la ciudad más grande de España. バルセロナはマドリードに次ぐスペイン最大の都市だ

~ [de] que... …してから: 1)〈過去. +直説法〉D~ de que se murió su marido, vive sola. 夫が亡くなってから, 彼女は一人で暮らしている. 2)〈未来. +接続法〉Vamos a hablar ~ de que regreses. 君が戻ってきたら話をしよう

poco ~ de... …の直後に

~ de todo 1) 結局; どうにか. 2) いずれにしても

desquite [デスキテ] 男 ❶ 埋め合わせ, 償い. ❷ 挽回;〈スポーツ〉リターンマッチ

desregulación [デスれグラスィオン] 女 規制撤廃; 規制緩和

desregular [デスれグラル] 他 …の規制を撤廃(緩和)する

destacado, da [デスタカド, ダ] 形 過分 きわ立った, 傑出した: jugador más ~ 最優秀選手, MVP

destacar [デスタカル] 73 他 ❶ きわ立たせる, 強調する. ❷〈部隊を〉派遣する

◆ 自・~se きわ立つ, 傑出する: Picasso [se] destaca por su originalidad. ピカソは独創性おいて飛び抜けている

destapar [デスタパル] 他 ❶ …のふた(栓)を開ける: ~ una botella びんの栓を抜く. ❷ あばく, あらわにする

◆ ~se ❶〈自分の〉布団(毛布)をはぐ. ❷ 自分をさらけ出す, 告白する

destartalado, da [デスタルタラド, ダ] 形 荒廃した, がたの来た: edificio ~ 荒れ果てたビル

destello [デステジョ] 男 きらめき, またたき

destemplado, da [デステンプラド, ダ] 形 ❶ 調子の狂った. ❷ 体調の悪い. ❸〈天候が〉不快な. ❹ 不機嫌な

desteñir [デステニル] 14 他 退色させる, 色あせさせる

◆ ~se 色が落ちる(あせる)

desternillar [デステルニジャル] ~se 大笑いする [~se de risa]

desterrar [デステらル] 57 他 ❶〈国外に〉追放する, 流刑にする. ❷〈比喩〉払いのける, 捨てる

destetar [デステタル] 他 離乳させる

destiempo [デスティエンポ] a ~ 時機はずれに

destierro [デスティエろ] 男 国外追放, 流刑

destilar [デスティラル] 他 蒸留する: agua destilada 蒸留水

destinar [デスティナル] 他〈a・para 用途・職務に〉割り当てる: ~ una parte de presupuesto a la publicidad del producto 予算

destinatario, ria [デスティナタリオ, リア] 名 〈郵便の〉名あて人, 受取人

destino [デスティノ] 男 ❶ **運命**, 宿命: luchar contra el ～ 運命にさからう ❷ 目的地: avión con ～ a Madrid マドリード行きの飛行機 ❸ 使命, 任務; 赴任先: Lima fue su primer ～ como enviado especial. リマは彼の特派員としての最初の赴任地だった ❹ 使用目的, 使途

destituir [デスティトゥイル] 42 他 ❶ 免職する, 罷免する; 〈de から〉解任する

destornillador [デストルニジャドル] 男 ねじ回し, ドライバー: ～ ordinario マイナスドライバー. ～ cruciforme プラスドライバー

destreza [デストレサ] 女 巧妙さ, 熟達: tener ～ con las manos 手先が器用である

destrozar [デストロサル] 13 他 ❶ 打ち壊す, ばらばらにする: La bomba *destrozó* el edificio. 爆弾はビルをこっぱみじんにした. ❷ 痛めつける, だいなしにする. ❸ 〈精神的に〉打ちのめす; 〈極度に〉疲れさせる

◆ ～se ばらばらになる, 粉々になる: El coche *se destrozó* en el accidente. 事故で車は大破した

destrozo [デストロソ] 男 破壊

destrucción [デストル(ク)スィオン] 女 破壊, 破滅: arma de ～ masiva 大量破壊兵器

destructivo, va [デストルクティボ, バ] 形 破壊的な, 破壊力のある

destruir [デストルイル] 42 他 ❶ 破壊する: El incendio *destruyó* la casa. 火事でその家は焼け落ちた. ～ el medio ambiente 環境を破壊する. ❷ 破滅させる, だめにする: ～ un plan これまでの計画をぶち壊す

desuso [デスソ] 男 使われないこと: caer en ～ 使われなくなる, すたれる

desvalido, da [デスバリド, ダ] 形 見捨てられた, 寄るべのない

desvalijar [デスバリハル] 他 身ぐるみはぐ, 金目のものを奪う

desván [デスバン] 男 屋根裏, グルニエ

desvanecer [デスバネセル] 20 他 ❶ 散らす, 一掃する: Su respuesta *desvaneció* mis miedos. 彼の返事で私の心配はすっかり消えた. ❷ 〈輪郭を〉ぼかす

◆ ～se ❶ 散る, 一掃する; 消える: *Se desvaneció* la niebla. 霧が晴れた. ❷ 失神する

desvanecimiento [デスバネスィミエント] 男 ❶ 消散. ❷ 失神

desvariar [デスバリアル] 33 自 うわごと(たわごと)を言う

desvarío [デスバリオ] 男 ❶ (複) うわごと, たわごと. ❷ 精神錯乱

desvelar [デスベラル] 他 ❶ 眠れなくする. ❷ あばき出す, 暴露する

◆ ～se ❶ 眠れない: Tomé demasiado café y *me desvelé*. 私はコーヒーを飲みすぎて, 眠れなかった. ❷ 〈por に〉気を使う

desvencijado, da [デスベンスィハド, ダ] 形 〈家具などが〉がたがたの

desventaja [デスベンタハ] 女 ❶ 不利(な点), ハンディキャップ: Al no saber hablar inglés está en ～. 彼は英語を話せないので不利だ. El equipo lleva una ～ de dos goles. チームは2ゴール差で負けている. ❷ 短所, 欠点

desventura [デスベントゥラ] 女 不運, 不幸

desvergonzado, da [デスベルゴンサド, ダ] 形 恥知らずな

desvergüenza [デスベルグエンサ] 女 厚顔無恥, 厚かましさ: con ～ はれんちにも, 厚かましく

desvestir [デスベスティル] 56 他 …の服を脱がせる

◆ ～se 服を脱ぐ

desviación [デスビアスィオン] 女 ❶ 〈方向が〉それること. ❷ 迂回路, バイパス; わき道. ❸ 偏差: ～ típica/～ estándar 標準偏差

desviar [デスビアル] 33 他 ❶ そらす, …からそれる: ～ sus ojos de... …から目をそらす. ～ la conversación 話をそらす

◆ ～se それる: ～*se* de la ruta 針路からはずれる

desvío [デスビオ] 男 迂回路, バイパス; わき道

desvirtuar [デスビルトゥアル] 1 他 …のよさを失わせ, だいなしにする

◆ ～se よさを失う, だいなしになる

desvivir [デスビビル] ～se 〈por に〉強い関心を示す; 懸命になる: *se por* sus hijos 子供のことに一所懸命である

detalladamente [デタジャダメンテ] 副 詳細に

detallado, da [デタジャド, ダ] 形 過分 詳しい: información ～*da* 詳細な情報

detallar [デタジャル] 他 詳細に述べる(描く)

detalle [デタジェ] 男 ❶ 細部, 詳細: No sabemos los ～s. 私たちは詳しいことは知らない. explicar los ～s 細かい点を説明する. Para más ～s, diríjase a recepción. 詳細は受付にお問い合わせください ❷ 心づかい, 思いやり

al ～ 1) 小売りで. 2) 細部にわたって
en ～ 細かく

detallista [デタジスタ] 形 〈細かい点にも〉よく気のつく
◆ 名 小売商

detección [デテ〔ク〕スィオン] 女 検知, 探知: ～ temprana de un cáncer 癌の早期発見

detectar [デテクタル] 他 検出する, 探知する: ～ una sustancia contaminante 汚染物質を検出する

detective [デテクティベ] 名 ❶ 私立探偵 〖～ privado〗. ❷ 刑事

detector [デテクトル] 男 検出器, センサー: ～ de incendios/～ de humo 煙探知機. ～ de mentiras うそ発見器

detención [デテンスィオン] 女 ❶ 逮捕, 勾留(こうりゅう): ～ domiciliaria 自宅監禁, 軟禁. ❷ 阻止, 停止

detener [デテネル] 47 他 ❶ 引き止める; 〈前進を〉はばむ: ～ la marcha 歩みを止める. ～ la subida de los precios 物価の上昇を抑える. ❷ 逮捕する, 留置する, 勾留(こうりゅう)する
◆ ～se ❶ 立ち止まる; 止まる. ❷ 〈en に〉手間どる, ゆっくり…する

detenidamente [デテニダメンテ] 副 詳細に, 長々と: pensar ～ じっくり考える

detenido, da [デテニド, ダ] 形 過分 ❶ 逮捕(留置・勾引)された. ❷ 詳細な; 時間をかけた
◆ 名 逮捕者, 留置人

detergente [デテルヘンテ] 男 洗剤, 粉石けん

deteriorar [デテリオラル] 他 損傷する; 悪化させる: ～ su salud 健康を損なう
◆ ～se 悪化する

deterioro [デテリオロ] 男 破損; 悪化

determinación [デテルミナスィオン] 女 ❶ 決定, 決心. ❷ 決断力, 勇気

determinado, da [デテルミナド, ダ] 形 過分 決まった, 一定の: en un lugar ～ ある特定の場所で

determinar [デテルミナル] 他 ❶ 決定する: ～ la fecha 日取りを決める
❷ 〈与えられた原因から〉推定する: ～ la causa de la enfermedad 病気の原因を確定する
◆ ～se 〈a+不定詞 する〉決心をする

detestable [デテスタブレ] 形 憎むべき, いやな

detestar [デテスタル] 他 ひどく嫌う: Detesto a los mentirosos. 私はうそつきが大嫌いだ. Detesto el ruido de los coches. 私は車の騒音が我慢ならない

detrás [デトラス] 副 ❶ 後ろに; 背後に: D～ venía otro coche. 後ろに別の車が来ていた. salida de ～ 後ろの出口. acercarse por ～ 背後から近づく
❷ 〈de の〉後ろに: D～ de mi casa hay un río. うちの裏に川がある. Se sentó ～ de mí. 彼は私の後ろにすわった

detrimento [デトリメント] 男 損害
en ～ de... …に害を与えて

deuda [デウダ] 女 ❶ 借金, 負債: tener una ～ 借金がある. pagar una ～ 借金を返す. ～ acumulada 累積債務. ～ externa 対外債務
❷ 〈経済〉公債: ～ pública 国債, 公債; 公的債務. ～ nacional 国債. ～ exterior 外債. ～s morosas 不良債権
❸ 恩義, 義理

deudor, ra [デウドル, ラ] 名 債務者

devaluación [デバルアスィオン] 女 平価切下げ

devaluar [デバルアル] 1 他 〈通貨の〉平価を切下げる

devastar [デバスタル] 他 荒廃させる

devengar [デベンガル] 55 他 〈利益などを〉生み出す, もたらす

devoción [デボスィオン] 女 ❶ 〈por・a への〉信心, 信仰心: con ～ 敬虔に; 一心に. ❷ 崇拝, 献身: sentir gran ～ *por*+人 …を非常に敬愛している

devolución [デボルスィオン] 女 返却, 返済: No se admiten *devoluciones*. 返品(返金)不可

devolver [デボルベル] 87 〈過分 dev*uelto*〗 他 返す, 返却する, 返済する: ～ el dinero a +人 …に借りた金を返す. ～ una carta 手紙を返送する. ～ insultos ののしり返す. ～ a+人 un favor recibido …に恩返しをする
◆ 自 吐く, もどす

devorar [デボラル] 他 ❶ むさぼり食う. ❷ むさぼるように読む(見る・聞く)

devoto, ta [デボト, タ] 形 名 〈de に対して〉信心深い〔人〕; 献身的な〔人〕

DF 男 〈メキシコ. 略語〉連邦区 〖←*D*istrito *F*ederal〗: México, *DF* 〈郵便〉メキシコシティー

di ⇨ **dar** 23, **decir** 24

día [ディア] 男 ❶ 日, 1日: Estuve dos ～s en Granada. 私はグラナダに2日間いた. ¿Qué ～ es hoy? きょうは何曜日(何日)ですか? Nació ese ～. その日彼は生まれた. en un ～ 1日で. ～ laborable (hábil・de trabajo) 平日. ～ de la madre 母の日
❷ 昼間, 日中: en pleno ～ 真昼間に
❸ 天気: Hoy hace un ～ caluroso. きょう

diabetes

は暑い. Hace buen ~. 天気がよい. Hace mal ~. 天気が悪い

al ~ 1) 一日につき: dos veces *al* ~ 日に2度. 2) 最新の; 遅れずに: estar *al* ~ 最新の事情に通じている. poner... *al* ~ を最新のものにする

algún ~ いつか

de ~ 昼間に, 日中に: Solamente sale a la calle *de* ~. 彼は日中しか外出しない. Cuando me desperté, ya era *de* ~. 目がさめたら, もう昼(屋)だった

de ~ *en* ~ 1) 日に日に, 次第に. 2) 来る日も来る日も

de un ~ *a otro* まもなく, きょうあすじゅうに

~ *a* ~ 毎日, 日々

~ *y noche* 昼も夜も

el ~ *menos pensado* 思いがけない時に, 出し抜けに

el otro ~ 先日

[en] estos ~*s* 最近, ここ数日

en su ~ 1) 往時, 以前: *En su* ~ era muy popular con las mujeres. 彼は昔, 女性にたいへんもてた. 2) しかるべき時に: *En su* ~ te lo diré. 折りを見て君に言うよ

ocho ~*s* 1週間

quince ~*s* 2週間

tener los ~*s contados* 余命いくばくもない

todo el ~ 一日じゅう: Ayer estuve en casa *todo el* ~. きのうの私は一日じゅう家にいた

todos los ~*s* 毎日: Estudio español *todos los* ~*s*. 私は毎日スペイン語を勉強している

un ~ ある日

un ~ *de éstos* 近日中に

vivir al ~ その日暮しをする

diabetes [ディアベテス] 囡〈医学〉糖尿病

diabético, ca [ディアベティコ, カ] 图 糖尿病患者

diablo [ディアブロ] 男 ❶ 悪魔. ❷ 悪魔のような人; いたずらっ子

¿疑問詞+ ~*s...?*: *¿Qué* ~*s estás diciéndome?* おまえはいったい何を言っているんだ?

¡Vete al ~*!* とっとと消えろ/くたばれ!

diablura [ディアブルラ] 囡 いたずら

diabólico, ca [ディアボリコ, カ] 形 ❶ 悪魔の. ❷ 悪魔のような, 悪賢い

diáfano, na [ディアファノ, ナ] 形 ❶ 澄み切った, 透き通った: día ~ 晴れた日. ❷ 明解な

diafragma [ディアフラグマ] 男 ❶〈解剖〉横隔膜. ❷〈カメラの〉絞り. ❸ ペッサリー

diagnosis [ディアグノシス] 囡〈医学〉診断〖=diagnóstico〗; 診断法

diagnosticar [ディアグノスティカル] 73 他 診断する: El médico me *diagnosticó* una úlcera de estómago. 私は医者に胃潰瘍だと診断された

diagnóstico [ディアグノスティコ] 男 ❶〈医学〉診断. ❷ 現状分析

diagonal [ディアゴナル] 形 対角線の, 斜めの

diagrama [ディアグラマ] 男 図, グラフ

dialecto [ディアレクト] 男 方言, 地方なまり

dialogar [ディアロガル] 55 圓 ❶ 対談する. ❷ 交渉する

diálogo [ディアロゴ] 男 ❶ 対話, 話し合い: ~ Norte-Sur 南北対話. ❷〈芝居などの〉せりふ, 会話部分

diamante [ディアマンテ] 男 ダイヤモンド

diámetro [ディアメトロ] 男 直径: tener un ~ de dos metros 直径 2 メートルである

diapositiva [ディアポシティバ] 囡〈写真〉スライド

diariamente [ディアリアメンテ] 副 毎日, 日々

diario¹ [ディアリオ] 男 ❶ 日記: llevar un ~ 日記をつける
❷ 新聞, 日刊紙
❸ 報道番組, ニュース

diario², ria [ディアリオ, リア] 形 毎日の, 日々の: estudiar tres horas ~*rias* 毎日3時間勉強する. vida ~*ria* 日常生活

a ~ 毎日

de ~ ふだんの: ropa *de* ~ ふだん着

diarrea [ディアレア] 囡〈医学〉下痢: tener ~ 下痢をしている

dibujante [ディブハンテ] 图 漫画家

dibujar [ディブハル] 他〈線で〉描く, スケッチする: ~ un triángulo 三角形をかく

dibujo [ディブホ] 男 ❶ 素描, 線描, デッサン: ~*s animados* 動画, アニメーション. ❷ 製図, 見取り図. ❸ 図がら, 模様: vestido con ~*s* de flores 花がらの服

diccionario [ディクシィオナリオ] 男 辞書, 辞典: ~ de español-japonés 西和辞典

dice ⇒ **decir** 24

dicha¹ [ディチャ] 囡 幸福; 幸運

dicho¹ [ディチョ] 男 ❶ ことば, 表現: Del ~ al hecho hay mucho trecho.〈諺〉ことばと行為の間には大きなへだたりがある〖⇒言うは易(秒)く, 行なうは難(笠)し〗. ❷ 格言, ことわざ, 警句

dicho², cha² [ディチョ, チャ] 形〈decir の過分〉前記の, 前述の

~ *sea de paso* ついでに言うと

~ y hecho 言うが早いか

dichoso, sa [ディチョソ, サ] 形 幸福な、うれしい

diciembre [ディスィエンブレ] 男 12月: en ~ 12月に

dictado [ディクタド] 男 過分 口述；〈教学〉書き取り: escribir al ~ 口述筆記する

dictador, ra [ディクタドル, ラ] 名 独裁者

dictadura [ディクタドゥラ] 女 独裁；独裁制, 独裁政治, 専制: ~ militar 軍部独裁

dictamen [ディクタメン] 男 〈複 dictámenes〉見解, 判断

dictar [ディクタル] 他 ❶〈a+人 に〉口述する, 書き取らせる: ~ una carta a su secretaria 手紙を秘書に口述筆記させる. ❷〈法律・命令を〉発する, 宣告する: ~ una sentencia 判決を言い渡す. ❸〈ラ〉~ clase 授業をする

didáctico, ca [ディダクティコ, カ] 形 教育の: material ~ 教材

diecinueve [ディエスィヌエベ] 形 男 19〔の〕

dieciocho [ディエスィオチョ] 形 男 18〔の〕

dieciséis [ディエスィセイス] 形 男 16〔の〕

diecisiete [ディエスィスィエテ] 形 男 17〔の〕

diente [ディエンテ] 男 ❶ 歯: lavarse (limpiarse) los ~s 歯を磨く. ~ de leche 乳歯. ~ definitivo 永久歯

❷ 歯状のもの: ~s de sierra のこぎりの目 *hablar entre ~s* ぼそぼそと言う

diéresis [ディエレスィス] 女 〈単複同形〉分音符〔¨〕

diesel [ディエセル] 男 ❶ ディーゼルエンジン〔motor ~〕. ❷ ディーゼル車

diestro, tra [ディエストロ, トラ] 形 ❶ 右の. ❷ 右利きの. ❸ 上手な, 巧みな
◆ 女 右手; 右側
a ~ y siniestro 四方八方に；手当たり次第

dieta [ディエタ] 女 ❶ 食餌療法；節食, ダイエット: estar a ~ 食餌療法をしている；節食中である. ❷〈日常の〉食事. ❸〈出張などの〉手当. ❹ La *D*~ 日本などの国会, 議会

dietético, ca [ディエテティコ, カ] 形 食餌療法の: alimento ~ ダイエット食
◆ 女 食餌療法学

diez [ディエス] 形 男 10〔の〕

difamación [ディファマスィオン] 女 中傷；名誉毀損(きそん)

difamar [ディファマル] 他 中傷する, 誹謗(ひぼう)する, …の名誉を傷つける

diferencia [ディフェレンスィア] 女 ❶ 相違: Hay gran ~ de carácter entre los dos hermanos. 2人の兄弟は性格がまったく違う ❷ 差: Entre España y Japón hay ocho horas de ~. スペインと日本では8時間の時差がある. pagar la ~ 差額を払う
a ~ de… …と違って

diferenciar [ディフェレンスィアル] 他〈de と〉区別する, 識別する: ~ el bien *del* mal 善悪を区別する
◆ ~se 異なる

diferente [ディフェレンテ] 形 ❶〈de と〉違った: Su opinión es ~ *de* la mía. 彼の意見は私のと異なる
❷ 複〈+名詞〉さまざまな: Los estudiantes vienen de ~s países. 学生たちは色々な国から来ている

diferido [ディフェリド] *en* ~ 録画中継で: transmitir *en* ~ 録画中継する

diferir [ディフェリル] 77 他 延期する
◆ 自〈de と〉異なる

difícil [ディフィスィル] 形 ❶ 困難な, むずかしい: 1) El examen fue muy ~. 試験はとてもむずかしかった. 2)〈ser ~ de+不定詞〉Su idea es ~ *de* entender. 彼の考えは理解しがたい. 3)〈ser ~+不定詞・que+接続法〉Es ~ resolver el problema. その問題を解決するのはむずかしい. Es ~ *que* ganemos el partido. 我々が試合に勝つのはむずかしい
❷ 気むずかしい, 扱いにくい: Es una persona ~. 彼はむずかしい人だ

difícilmente [ディフィスィルメンテ] 副 ほとんど不可能に近く: *D*~ podrás conseguir la entrada del concierto. そのコンサートのチケットを手に入れるのはほとんど無理だ

dificultad [ディフィクルタド] 女 ❶ 困難；障害: Tuvo muchas ~es para encontrar el empleo. 彼は仕事を見つけるのにとても苦労した. superar (vencer) una ~ 困難を克服する ❷ 苦境: verse en ~es 苦境に陥っている
con ~ 苦労して, やっとのことで

dificultar [ディフィクルタル] 他 困難にする: La niebla *dificultó* el aterrizaje del avión. 霧で飛行機の着陸が困難だった

difuminar [ディフミナル] 他 ぼかす

difundir [ディフンディル] 他 ❶〈うわさ・思想などを〉広める, 普及させる. ❷〈光・においを〉まき散らす, 発散する
◆ ~se ❶ 広まる, 流布する, 普及する: El rumor *se difundió* entre el vecindario. うわさは近所の人たちの知るところとなった. El Internet *se ha difundido* rápidamente. インターネットが急速に普及した. ❷ まき散らされる

difunto, ta [ディフント, タ] 形 死亡した, 亡くなった
◆ 名 故人, 死者: día de los ~s 死者の日, 万霊節〔11月2日〕

difusión [ディフスィオン] 女 ❶ 流布, 普及；

~ de la noticia ニュースの伝播. revista de gran ~ 広く読まれている雑誌. ❷ 拡散

difuso, sa [ディフソ, サ] 形 ❶ 拡散した. ❷ 散漫な; 漠然とした

digerir [ディヘリル] 77 他 ❶ 消化する. ❷〈知識などを〉吸収する

digestión [ディヘスティオン] 女 消化

digestivo, va [ディヘスティボ, バ] 形 ❶ 消化の: aparato ~ 消化器. ❷ 消化を促進する; 消化のよい
◆ 男 消化剤

digital [ディヒタル] 形 ❶ デジタル〔方式〕の, 計数型の: reloj ~ デジタル時計. sonido ~ デジタルサウンド. transmisión ~ デジタル放送. ❷ 指の

digitalizar [ディヒタリサル] 13 他 デジタル化する

digna ⇨digno, na
◆ 動詞活用形 ⇨dignar

dignar [ディグナル] ~se ❶〈敬語.〔+a〕+不定詞〉…してくださる: Dígnese a pasar por mi oficina. 私のオフィスにお寄りください. ❷〈否定では強調〉No se dignó a aparecer. 彼は顔も見せなかった

dignidad [ディグニダ] 女 ❶ 威厳: actuar con mucha ~ 堂々とふるまう. ❷ 尊厳; 品位, 誇り: morir con ~ 尊厳死する. propia ~ 自尊心

digno, na [ディグノ, ナ] 形 ❶〈de に〉値する, ふさわしい: ~ de admiración 称賛に値する. Es ~ de ser llamado maestro. 彼は巨匠と呼ばれるにふさわしい
❷ 威厳のある, 堂々とした; 敬意に値する: muerte ~na 尊厳死. llevar una vida ~na 立派な人生を送る
❸ 人並みの, まずまずの

digo, diga- ⇨decir 24

dij- ⇨decir 24

dilación [ディラシオン] 女 遅延, 延期

dilapidar [ディラピダル] 他 浪費する

dilatado, da [ディラタド, ダ] 過分 ❶ 広がった; 広大な: pupilas ~das 開いた瞳孔. ❷ 長引いた, 延びた

dilatar [ディラタル] 他 ❶ 膨張させる; 拡大させる. ❷ 遅らせる; 長引かせる; 延期する
◆ ~se ❶ 膨張する; 広がる. ❷ 遅れる; 長引く

dilema [ディレマ] 男 ジレンマ, 板ばさみ: verse en un ~ ジレンマに陥っている

diligencia [ディリヘンスィア] 女 ❶ 迅速さ; 勤勉さ: estudiar con ~ 熱心に勉強する. ❷ 複〈法律〉手続き

diligente [ディリヘンテ] 形 迅速な; 勤勉な

diluir [ディルイル] 42 他〈水などで〉溶かす; 薄める: ~ el detergente en el agua 洗剤を水に溶かす

diluvio [ディルビオ] 男 大洪水: D~ de Noé ノアの洪水

dimensión [ディメンシオン] 女 ❶ 複 大きさ, 寸法; 規模: fábrica de grandes dimensiones 大規模な工場. ❷〈物理〉次元: espacio de tres dimensiones 3 次元空間. ❸〈物事の〉様相

diminutivo [ディミヌティボ] 男〈文法〉示小詞, 指小辞

diminuto, ta [ディミヌト, タ] 形 たいへん小さい

dimisión [ディミシオン] 女 辞職, 辞任: ~ en pleno 総辞職

dimitir [ディミティル] 自〈de・como を〉辞職する, 辞任する: ~ de su cargo 職を辞する

dinamarqués, sa [ディナマルケス, サ] 形 名 デンマーク Dinamarca〔人・語〕の; デンマーク人〖=danés〗
◆ 男 デンマーク語

dinámico, ca [ディナミコ, カ] 形 ❶ 活動的な, 活発な: Es una persona ~ca. 彼はバイタリティーのある人だ. ❷ 力学の
◆ 女 力学

dinamita [ディナミタ] 女 ダイナマイト

dinastía [ディナスティア] 女 王朝

dineral [ディネラル] 男 大金: ganar un ~ 大もうけする

dinero [ディネロ] 男 金(かね): Tiene mucho ~. 彼はたくさん金を持っている/大金持だ. ~ contante ・ efectivo 現金. ~ de bolsillo ポケットマネー. ~ negro ブラックマネー. ~ prestado 借入金

dinosaurio [ディノサウリオ] 男〈総称〉恐竜

dios [ディオス] 男 神〖キリスト教など一神教の神は D~〗: rezar a D~ 神に祈る. D~ padre 父なる神. D~ Todopoderoso 全能の神. los ~es de la mitología griega ギリシア神話の神々. Que D~ te bendiga./Que D~ te lo pague. ありがとう. あなたに神の祝福がありますように

como ~ manda しかるべく, 適切に: portarse *como ~ manda* きちんとふるまう

dejado de la mano de ~ 神に見放された, 悲惨な

~ mediante うまくいけば, 神のおぼしめしがあれば

¡D~ mío!〈驚き・苦痛など〉おお/ああ!

¡Por D~! 後生だから!

¡Vaya con D~! 1) お達者で/ご無事で! 2) うるさい/黙れ!

diosa [ディオサ] 女 女神

dióxido [ディオ〔ク〕シド]〔男〕〈化学〉二酸化物; ~ de carbono 二酸化炭素

dioxina [ディオ〔ク〕シナ]〔女〕〈化学〉ダイオキシン

diploma [ディプロマ]〔男〕免状, 資格; 卒業証書, 修了証書

diplomacia [ディプロマスィア]〔女〕❶ 外交. ❷ 外交的手腕; 外交辞令: hablar con ~ そつなく話す. ❸ 外交団; 外交機関

diplomado, da [ディプロマド, ダ]〔形〕〔名〕免状(資格)を持った〔人〕: ~ en peluquería 理髪師

diplomático, ca [ディプロマティコ, カ]〔形〕❶ 外交の, 外交上の: por la vía ~ca 外交ルートを通じて. relaciones ~cas 外交関係. ❷ 如才のない, 駆け引き上手な: Tienes que ser más ~. 君はもっと付き合い上手にならなくてはいけない
◆〔名〕外交官

diputado, da [ディプタド, ダ]〔名〕下院議員, 代議士

dique [ディケ]〔男〕❶ 堤防, 土手. ❷〈船舶〉ドック

dir- ⇨**decir** 24

dirección [ディレ〔ク〕スィオン]〔女〕❶ 方向, 方角: cambiar de ~ 方向を変える. venir en ~ contraria 反対方向から来る. ~ única 一方通行. ~ prohibida 進入禁止. ❷ 指導, 指揮: bajo la ~ de+人 …の指揮の下に. tomar la ~ de... …の指揮を取る ❸〈集合的に〉幹部, 執行部; 経営陣 ❹ ~ general〈省庁の〉局, 庁 ❺ 住所: ¿Cuál es su ~? あなたの住所はどこですか? ❻〈自動車〉かじ取り装置, ハンドル: ~ asistida パワーステアリング ❼〈演劇〉監督; 演出 ❽〈音楽〉指揮 ❾〈情報〉アドレス
en ~ *a*... …の方向へ

directamente [ディレクタメンテ]〔副〕直接に

directivo, va [ディレクティボ, バ]〔形〕〔名〕指導する〔人〕; 幹部, 役員
◆〔女〕役員会, 重役会

directo, ta [ディレクト, タ]〔形〕❶ 一直線の; 直行の: 1) vuelo ~〈飛行機の〉直行便. 2)〈副詞的〉Ella fue ~ta al trabajo. 彼女は仕事に直行した ❷ 直接の: ~ negociaciones ~tas 直接交渉 ❸ 率直な, ストレートな: expresión demasiado ~ta 露骨な表現
en ~ 生放送で, 生中継で: El partido fue televisado *en* ~. 試合は生中継された

director, ra [ディレクトル, ラ]〔名〕❶ 長; 局長, 取締役, 理事: ~ 〔general〕 de una empresa 会社社長. ~ de una escuela 校長. ~ general 総支配人; 局長. ~ del departamento de venta 販売部長 ❷〈演劇・放送〉監督, ディレクター: ~ de cine 映画監督. ~ de teatro 演出家 ❸〈音楽〉指揮者 ❹〈スポーツ〉~ técnico ヘッドコーチ

directorio [ディレクトリオ]〔男〕名簿, 住所録

directriz [ディレクトリス]〔女〕〈複〉directrices〈主に複〉指針, ガイドライン

dirigente [ディリヘンテ]〔名〕指導者, 幹部

dirigir [ディリヒル] 37〔他〕❶〈a・hacia の方へ〉向ける, 導く: ~ una carta *a* su amigo 友達に手紙を出す. ~ la vista *hacia* la ventana 窓の方を見る ❷ 指揮する, 指導する; 取り仕切る, 経営する: ~ una orquesta オーケストラを指揮する. ~ una empresa 会社を経営する ❸〈演劇〉演出する, 監督する: ~ una obra de teatro 芝居の演出をする. ~ una película 映画を監督する
◆ **~se** ❶ 向かう, 目指す: Se dirigió *a* la entrada. 彼は入口に向かった. ~*se hacia* la frontera 国境の方を目指す. ❷ 話しかける; 手紙を出す: No me atrevo a ~*me a*l profesor. 私は先生に話しかける勇気がない

discapacitado, da [ディスカパシタド, ダ]〔形〕〔名〕身障者〔の〕: ~ físico 身体障害者. ~ mental 知的障害者

discernir [ディスセルニル] 27〔自他〕識別する, 判別する: ~ entre el bien y el mal/~ el bien del mal 善悪をわきまえる

disciplina [ディスィプリナ]〔女〕❶ 規律, 訓練, しつけ: seguir la ~ 規律に従う. educar con mucha ~ きびしくしつける. ❷ 学科, 課目: ~s básicas〈大学の〉基礎課程

discípulo, la [ディスィプロ, ラ]〔名〕弟子, 信奉者; 生徒

disco [ディスコ]〔男〕❶ 円盤: lanzamiento de ~ 円盤投げ. ❷ レコード: escuchar un ~ レコードを聴く. poner un ~ レコードをかける. ~ compacto コンパクトディスク, CD. ~ sencillo シングル盤. ❸〈情報〉~ flexible フロッピーディスク. ~ duro/~ rígido ハードディスク. ❹ 信号灯: ~ en rojo 赤信号. ❺〈電話・金庫などの〉ダイヤル
◆〔女〕〖=discoteca〗

disconforme [ディスコンフォルメ]〔形〕〈con・a と〉一致しない: Estoy ~ contigo. 私は君と意見が違う

discontinuo, nua [ディスコンティヌオ, ヌ

ア] 形 連続しない, 断続的な

discordia [ディスコルディア] 女 不和, 争い

discoteca [ディスコテカ] 女 ❶ ディスコ(テイック). ❷ レコードコレクション

discreción [ディスクレスィオン] 女 ❶ 秘密を守ること : con absoluta ～ 極秘扱いで. ❷ 慎み深さ, 慎重さ, 分別
a ～ 1) 〈de の〉自由に : Dejo los preparativos *a* su ～. 準備はあなたに任せます. 2) 好きなだけ : Vino *a* ～ ワイン飲み放題

discrepancia [ディスクレパンスィア] 女 相違, 不一致

discreto, ta [ディスクレト, タ] 形 ❶ 秘密を守れる, 口のかたい. ❷ 慎み深い, 慎重な, 控えめな : Es muy ～ en sus palabras. 彼は慎重な話し方をする. ❸ 適度の, ほどほどの : ganancias ～*tas* ささやかな利益

discriminación [ディスクリミナスィオン] 女 ❶ 差別 : ～ racial 人種差別. ～ sexual 性差別. ～ positiva 積極的差別是正措置. ❷ 区別, 識別

discriminar [ディスクリミナル] 他 ❶ 差別する : ～ a los inmigrantes 移民を差別する. ❷ 区別する ; 識別する

discriminatorio, ria [ディスクリミナトリオ, リア] 形 ❶ 差別的な. ❷ 区別する

disculpa [ディスクルパ] 女 ❶ 言いわけ, 弁解 : No tengo ～. 私には弁解のしようがない. ❷ 謝罪 : pedir ～*s* a+人 …に許しを求める

disculpar [ディスクルパル] 他 〈de・por について〉許す, 容赦する : *Discúlp*eme *por* mi tardanza. 遅れたことをお許しください
◆ ～se ❶ 謝罪する : *Se disculpó* con ella *por* su retraso. 彼は遅れたことを彼女に謝った. ❷ 言い訳をする, 弁解する

discurrir [ディスクリル] 自 ❶ 〈水・時などが〉流れる. ❷ 熟考する

discurso [ディスクルソ] 男 ❶ 演説, 講演 ; スピーチ : pronunciar un ～ 演説をする. ～ de apertura 開会の辞

discusión [ディスクスィオン] 女 ❶ 討論, 議論 : No admite ～. それは問答無用だ
❷ 口論

discutible [ディスクティブレ] 形 ❶ 議論の余地のある. ❷ 好ましくない

discutir [ディスクティル] 他 ❶ 討論する, 議論する : ～ un problema ある問題について議論する
❷ 〈a+人 に対して〉…に異議を唱える
◆ 自 ❶ 〈de・sobre について〉議論する : Los dos *discutieron sobre* Dios. 2 人は神について議論した
❷ 口論する

disección [ディセ(ク)スィオン] 女 解剖

diseminar [ディセミナル] 他 まき散らす
◆ ～se 散らばる ; 散布する

disentería [ディセンテリア] 女 〈医学〉赤痢

diseñador, ra [ディセニャドル, ラ] 名 設計家 ; デザイナー : ～ de moda ファッションデザイナー. ～ industrial 工業デザイナー

diseñar [ディセニャル] 他 設計する ; デザインする : ～ una casa 家を設計する. ～ un vestido 服をデザインする

diseño [ディセニョ] 男 ❶ 製図, 設計 ; デザイン : ～ asistido por ordenador 計算機援用設計, CAD. ～ gráfico グラフィックデザイン. ❷ 設計図
de ～ デザイナーズブランドの

disfraz [ディスフラス] 男 〈複 disfra*ces*〉 ❶ 変装, 仮装 : baile de *disfraces* 仮装舞踏会.
❷ 見せかけ

disfrazar [ディスフラサル] 13 他 〈de に〉変装させる
◆ ～se 変装する, 仮装する : ～*se de* pirata 海賊に扮装する

disfrutar [ディスフルタル] 他 享受する
◆ 自 〈de を〉享受する, 楽しむ : ～ *de* buena salud 健康に恵まれる. ～ *de* la vida 人生を楽しむ

disgustar [ディスグスタル] 他 …の気に入らない, …を怒らせる, 不快にする : Me *disgusta* el olor de la basura. 私はごみの臭いがいやでたまらない
◆ ～se ❶ 不愉快な思いをする. ❷ 〈互いに〉けんかする, 仲たがいする

disgusto [ディスグスト] 男 ❶ 不快, 腹立たしさ : trabajar con ～ いやいや働く
❷ 苦悩, 不安
❸ 対立
estar a ～ 気に入らない, いやである
matar a ～ *a*+人 …の手を焼かせる

disidencia [ディスィデンスィア] 女 ❶ 離反, 脱退. ❷ 異議を唱えること

disidente [ディスィデンテ] 形 ❶ 離反する. ❷ 異論のある ; 反主流の : movimiento ～ 反体制運動
◆ 名 ❶ 離反者. ❷ 反対者 ; 反主流派

disimular [ディスィムラル] 他 〈感情・考えを〉隠す : ～ su verdadera intención 本心を表に出さない
◆ 自 知らないふりをする

disimulo [ディスィムロ] 男 〈感情・考えの〉偽装, 空とぼけ : con ～ こっそりと, そしらぬ顔で

disipar [ディスィパル] 他 ❶ 〈煙・雲などを〉散らす. ❷ 浪費する
◆ ～se 散る ; 一掃される

dislocación [ディスロカスィオン] 女 脱臼

dislocar [ディスロカル] 73 ～se 脱臼する :

Se me *dislocó* el hombro. 私は肩を脱臼した

disminución [ディスミヌスィオン] 囡 減少: ~ de la población 人口の減少

disminuir [ディスミヌイル] 42 他 減らす, 小さくする: ~ la velocidad 減速する
◆ 自 減る, 小さくなる: 1) *Ha disminuido* el número de parados. 失業者の数が減った. 2) 〈en・de が〉El dolor *ha disminuido en* intensidad. 痛みが和らいだ. ~ *de* peso 体重が減る

disolución [ディソルスィオン] 囡 ❶ 溶解. ❷ 溶液

disolver [ディソルベル] 87 〈過分 dis*uelto*〉他 ❶ 溶解させる, 溶かす: ~ el azúcar en el café 砂糖をコーヒーに溶かす. ❷ 解消させる, 解散させる: ~ el parlamento 議会を解散する
◆ ~se ❶ 溶解する. ❷ 解消する, 解散する

disparador [ディスパラドル] 男 ❶ 〈銃の〉引き金. ❷ 〈カメラの〉シャッター

disparar [ディスパラル] 他 発射する, 発砲する: ~ un tiro 1発撃つ
◆ 自 ❶ 発射する, 発砲する: ~ contra… …に向かって発砲する: ~ al aire 威嚇射撃をする. ❷ シャッターを切る
◆ ~se ❶ 暴発する. ❷ 〈価格などが〉過度に上昇する

disparatado, da [ディスパラタド, ダ] 形 常軌を逸した, でたらめな

disparate [ディスパラテ] 男 常軌を逸した言動, でたらめ: decir ~s めちゃくちゃなことを言う

disparo [ディスパロ] 男 発射, 発砲

dispensar [ディスペンサル] 他 ❶ 〈名誉・恩恵などを〉与える. ❷ 〈過ちなどを〉許す. ❸ 〈de を〉免除する

dispersar [ディスペルサル] 他 分散させる: ~ a los manifestantes デモ隊を追い散らす
◆ ~se 四散する

dispersión [ディスペルシオン] 囡 分散

disponer [ディスポネル] 54 他 〈過分 dis*puesto*〉 ❶ 並べる, 配置する: ~ las mesas en la clase 教室に机を並べる. ❷ 整える: ~ todos los preparativos あらゆる準備を整える. ❸ 命じる, 規定する: La ley *dispone* que … 法は…と定めている
◆ 自 〈de を〉 自由に使う, 所有している: *Disponemos de* poco tiempo. 私たちにはほとんど時間がない
◆ ~se 〈a+不定詞〉 ❶ …しようとする: *Se disponía a* irse. 彼は立ち去るところだった. ❷ …する準備(覚悟)ができている

disponible [ディスポニブレ] 形 自由に使用できる: asiento ~ 空いている席. Hoy no estoy ~ para ir a tu casa. 私はきょうは君の家に行く暇がない

disposición [ディスポスィオン] 囡 ❶ 配置, 配列, レイアウト: ~ de los muebles 家具の配置 ❷ 精神状態 〖~ de ánimo〗; 健康状態: Hoy se encuentra en buena ~. きょう彼は機嫌がいい ❸ 素質, 才能: tener gran ~ para la música 音楽の素質がある ❹ 自由処理: A tu ~. どうぞご自由に. Estoy en todo a su ~. 何なりとお申しつけください. pasar (ser puesto) a ~ judicial 司直の手にゆだねられる ❺ 規定, 条項 ❻ 〈主に 複〉 処置, 方策

dispositivo [ディスポスィティボ] 男 装置, 仕掛け: ~ de seguridad 安全装置

dispuesto, ta [ディスプエスト, タ] 形 〈disponer の過分〉 ❶ 素質(才能)のある. ❷ 〈a+不定詞 する〉 用意のできた: Estoy ~ *a* ayudarte. 私は君を助ける用意がある

disputa [ディスプタ] 囡 争い; 議論 *en* ~ 論争の種の, 係争中の

disputar [ディスプタル] 他 〈a+人 と〉 争う, 競う: ~ un encuentro 試合を行なう
◆ 自 ❶ 口論する; 議論する. ❷ 〈por を〉 争う
◆ ~se 奪い合う: ~*se* el territorio 領土を奪い合う. ~*se* el título de campeón チャンピオンのタイトルを競い合う

disquete [ディスケテ] 男 〈情報〉 フロッピーディスク

distancia [ディスタンスィア] 囡 距離, へだたり: De la estación a mi casa hay una ~ de dos kilómetros. 駅から私の家まで2キロある. mantener la ~ de seguridad 車間距離を保つ
a ~ 距離を置いた: enseñanza *a* ~ 通信教育. universidad *a* ~ 通信制大学. mantener a+人 *a* ~ …を敬遠する

distanciar [ディスタンスィアル] 他 引き離す
◆ ~se 距離を置く, 離れる

distante [ディスタンテ] 形 離れている, へだたった

distar [ディスタル] 自 〈de から〉 離れている: El pueblo *dista* diez kilómetros *de* la capital. その村は首都から10キロ離れている

distensión [ディステンシオン] 囡 ❶ 弛緩 (しかん), 緩和. ❷ 〈政治〉緊張緩和

distinción [ディスティンスィオン] 囡 ❶ 区別, 識別: sin ~ de sexo 男女の区別なく. ❷ 気品, 品位: tener ~ 気品がある. ❸ 敬

distinguido, da [ディスティンギド, ダ] 形 過分 卓越した: alumno ~ 優秀な生徒

distinguir [ディスティンギル] 28 他 〈de から〉区別する, 見分ける: ~ lo bueno de lo malo 善悪を見分ける
◆ **~se** 抜きん出る, きわ立つ

distintivo, va [ディスティンティボ, バ] 形 区別する
◆ 男 記章

distinto, ta [ディスティント, タ] 形 ❶ 〈a・de と〉異った: Este libro es ~ del mío. この本は私のと違う. Su marido es algo ~. 彼女の夫は少し変わっている
❷ 複 〈+名詞〉色々な: en ~s lugares de España スペイン各地で

distorsión [ディストルシオン] 女 〈映像・音などの〉ゆがみ, ひずみ

distracción [ディストラ(ク)スィオン] 女 ❶ 放心, 不注意. ❷ 気晴らし, 娯楽

distraer [ディストラエル] 81 他 〈de から〉…の気をそらせる: No me distraigas del trabajo. 私の仕事の邪魔をしないでくれ. ❷ …に気晴らしをさせる, 楽しませる: La televisión me distrae mucho. テレビはとてもいい気晴らしになる
◆ **~se** ❶ 気晴らしをする: ~se escuchando la música 音楽を聞いて楽しむ. ❷ ぼんやりする; 気を紛らす: ~se con facilidad 気が散りやすい

distraído, da [ディストライド, ダ] 形 過分 ❶ 放心した, うわのそらの: Estabas ~ en clase. 君は授業中ぼんやりしてたよ. ❷ 楽しい: película ~da 娯楽映画
◆ 名 ぼんやりした人

distribución [ディストリブスィオン] 女 ❶ 分配: ~ de los beneficios 利益の分配. ~ del trabajo 仕事の配分. ❷ 流通: ~ de películas 映画の配給. ❸ 配置, レイアウト: ~ de las habitaciones 間取り

distribuidor, ra [ディストリブイドル, ラ] 形 名 流通業の; 流通業者

distribuir [ディストリブイル] 42 他 ❶ 配る, 分配する: ~ folletos entre los turistas 観光客にパンフレットを配る. ~ el agua 給水する. ❷ 配置する, 配列する

distrito [ディストリト] 男 〈行政上・司法上の〉区: ~ judicial 司法区. D~ Federal 〈メキシコ〉連邦特別区

disturbio [ディストゥルビオ] 男 騒乱, 擾乱; 複 暴動

disuadir [ディスアディル] 他 〈de を〉…に思いとどまらせる: ~ a+人 de fumar …にたばこをやめさせる

DIU [ディウ] 男 〈略語〉避妊リング 《←dispositivo intrauterino》

diurético [ディウレティコ] 男 〈医学〉利尿剤

diurno, na [ディウルノ, ナ] 形 昼の

diva ⇨ divo, va

divagar [ディバガル] 55 自 余談をする, 脇道にそれる

diván [ディバン] 男 〈複 divanes〉寝椅子, カウチ

divergencia [ディベルヘンスィア] 女 ❶ 相違; 対立. ❷ 分岐

diversidad [ディベルシダ] 女 ❶ 多様性: Hay una gran ~ cultural en este país. この国は文化的多様性に富んでいる. ❷ 相違: ~ de opiniones 意見の不一致

diversificar [ディベルシフィカル] 73 他 多様化させる, 変化をつける

diversión [ディベルシオン] 女 娯楽, 気晴らし: El cine es mi mayor ~. 映画は私のいちばんの気晴らしだ

diverso, sa [ディベルソ, サ] 形 ❶ 多様な, 変化に富んだ: Su obra es ~sa. 彼の作品は多彩だ. Tiene muchos discos muy ~s. 彼は実に様々なレコードをたくさん持っている
❷ 複 いくつかの: Habla ~s idiomas. 彼はいくつかの言語を話す
❸ 〈a・de と〉異なった

divertido, da [ディベルティド, ダ] 形 過分 楽しい, 愉快な: película ~da おもしろい映画. Es una persona ~da. 彼は愉快な人だ

divertir [ディベルティル] 77 他 楽しませる, 気を晴らす
◆ **~se** 楽しむ: Anoche me divertí mucho en la fiesta. 夕べ私はパーティーでとても楽しかった. ¡Que te diviertas! 楽しんでおいで!

dividendo [ディビデンド] 男 〈商業〉配当金

dividir [ディビディル] 他 ❶ 分割する, 割る: ~ un pastel en cuatro partes ケーキを4つに分ける. ~ 40 entre (por) 5 40を5で割る
❷ 分裂させる, 不和にする
◆ **~se** 分かれる; 分裂する

divinamente [ディビナメンテ] 副 〈口語〉見事に, すばらしく

divino, na [ディビノ, ナ] 形 ❶ 神の: castigo ~ 天罰. ❷ 〈この上なく〉すばらしい: mujer ~na 絶世の美女

divisa [ディビサ] 女 ❶ 外国為替, 外貨: mercado de ~s 為替市場. ❷ 記章, バッジ

divisar [ディビサル] 他 〈遠く・かすかに〉…を見ることができる
◆ **~se** …が見える: A lo lejos se divisaba

una torre alta. 遠くに高い塔が見えた

división [ディビシオン] 囡 ❶ 分割；分裂：~ del trabajo 分業．~ de poderes 三権分立．~ de una célula 細胞分裂．~ de opiniones 意見の対立．❷ 区画, 仕切り：~ administrativa/~ territorial 行政区分．❸ 部門；局, 部, 課：~ de contabilidad 経理部門, 経理部．❹〈数学〉割り算．❺〈軍事〉師団：*D*~ *Azul* 国連軍．❻〈スポーツ〉クラス, 等級：jugar en la primera ~ 1 部リーグでプレイする

divo, va [ディボ, バ] 形 名 スター(の)

divorciado, da [ディボルスィアド, ダ] 形 名 [過分] 離婚した；離婚者

divorciar [ディボルスィアル] 他 離婚させる
◆ ~se〈互いに/de と〉離婚する：*Se divorciaron por la incompatibilidad de caracteres.* 彼らは性格不一致のために離婚した．*Va a ~se de su segundo marido.* 彼女は 2 度目の夫と離婚するつもりだ

divorcio [ディボルスィオ] 男 離婚

divulgación [ディブルガスィオン] 囡 ❶ 公表．❷ 流布, 普及

divulgar [ディブルガル] 55 他 ❶ 公表する；〈秘密を〉暴露する, 漏らす．❷ 広める, 普及させる
◆ ~se ❶ 公表される．❷ 流布する, 普及する

DNI〈略語〉〈政府発行の〉身分証明書 〖=*D*ocumento *N*acional de *I*dentidad〗

dobladillo [ドブラディジョ] 男〈折り返して縫った〉へり, ヘム：subir (coger) el ~ a los pantalones ズボンの裾をあげる

doblaje [ドブラヘ] 男〈映画〉吹き替え

doblar [ドブラル] 50 他 ❶ 2 倍にする；2 重にする：~ su fortuna 財産を倍に増やす．*Te doblo en edad.* 私の年齢は君の 2 倍だ．❷ 折る, 折り曲げる：~ un papel en dos 紙を 2 つ折りにする．❸〈角などを〉曲がる：~ la esquina 角を曲がる．❹〈映画〉吹き替えする：*película doblada al japonés* 日本語吹き替え映画
◆ 自 ❶ 曲がる：~ a la derecha en un cruce 四つ角を右折する．❷〈弔鐘が〉鳴る：*Las campanas doblan por el difunto.* 死者のために弔いの鐘が鳴っている
◆ ~se ❶ 折れる；曲がる：~*se de risa* 笑いで身をよじる．❷〈a 圧力などに〉屈する：~*se a las exigencias* 要求に屈する

doble [ドブレ] 形 ❶ 2 倍の：*Tomó ~ dosis de somnífero.* 彼は睡眠薬を通常の 2 倍飲んだ
❷ 2 重の：ventana ~ 二重窓．espía ~/~ agente 二重スパイ
◆ 名 ❶ 瓜二つの人：*Eres la ~ de tu madre.* 君はお母さんにそっくりだ．❷〈映画〉吹き替えの人；スタントマン
◆ 男 ❶ 2 倍：*Sus ingresos son el ~ de los míos.* 彼の収入は私の 2 倍だ．❷〈ホテルなどで〉ツインの部屋．❸ 複〈スポーツ〉ダブルス

doblegar [ドブレガル] 55 他 ❶ 屈服させる．❷ 折る, 曲げる
◆ ~se 従う, 服従する

doblez [ドブレス] 男 複 doble*ces* 折り目, 折り返し

doce [ドセ] 形 名 12〔の〕

docena [ドセナ] 囡 ダース：una ~ de lápices 1 ダースの鉛筆．media ~ 半ダース

docente [ドセンテ] 形 教育に携わっている：centro ~ 教育機関．personal ~ 教授スタッフ

dócil [ドスィル] 形 従順な, 素直な

docto, ta [ドクト, タ] 形 名 博学な；有識者

doctor, ra [ドクトル, ラ] 名 ❶ 博士：~ en letras 文学博士
❷ 医師 〖=médico〗

doctorado [ドクトラド] 男 博士号；博士課程

doctoral [ドクトラル] 形 博士号の：tesis ~ 博士論文

doctrina [ドクトリナ] 囡 ❶ 学説, 主義, 主張：~ Monroe モンロー主義．❷ 教義：~ cristiana キリスト教の教義

documentación [ドクメンタスィオン] 囡 ❶〈集合的に〉身分証明書類．❷〈ある事柄に関する〉情報, 参考資料．❸ 資料による裏付け, 考証

documental [ドクメンタル] 形 情報を提供する；記録に基づく
◆ 男 情報番組；記録映画, ドキュメンタリー

documento [ドクメント] 男 ❶ 証明書, 文書：~*s del embarque* 船積み書類．~ oficial/~ público 公文書．❷ 資料, 文献

dogma [ドグマ] 男 教義, 教理；教条

dólar [ドラル] 男〈貨幣単位〉ドル：pagar en ~ ドルで支払う．billete de cien ~*es* 100 ドル紙幣

doler [ドレル] 50 自 ❶〈痛む個所が主語．a に〉痛みを与える：¿*Dónde te duele?*—*Me duele el estómago.* どこが痛いの?—胃が痛いんだ
❷ 心痛を与える：*Tus palabras me dolieron mucho.* 君のことばがひどく傷ついた
◆ ~se〈de に〉心を痛める；気分を害する

dolor [ドロル] 男 ❶ 苦痛, 痛み：Tengo ~ de cabeza. 私は頭が痛い
❷〈精神的な〉苦しみ, 悲嘆：*La noticia le*

causó un gran ~. その知らせに彼は嘆き悲しんだ

doloroso, sa [ドロロソ, サ] 形 ❶ 痛い, 苦しい. ❷ 痛ましい, 悲痛な

domar [ドマル] 他〈猛獣などを〉馴らす

doméstico, ca [ドメスティコ, カ] 形 ❶ 家の, 家庭の: para (de) uso ~ 自家用の. economía ~ca 家計；家政学. violencia ~ca 家庭内暴力. ❷ 国内の: mercado ~ 国内市場. ❸ 飼い馴らされた: animal ~ ペット；家畜
◆ 名 家事使用人, お手伝いさん

domiciliación [ドミスィリアスィオン] 女〈ス〉自動口座振替, 自動振込み, 引落とし〔~ de pagos〕

domicilio [ドミスィリオ] 男 ❶ 住所: ¿Cuál es tu ~?; ¿Dónde está tu ~? 君の住所はどこですか？ sin ~ fijo 住所不定の. ~ social 会社の所在地. ~ legal 法定住所. ❷ 住居
a ~ 1) 自宅で(に): ayudas a ~ 〈ス〉在宅介護. entrega a ~ 宅配. venta a ~ 訪問販売. 2) 〈スポーツ〉相手チームの地元で: jugar a ~ アウェイで試合をする

dominante [ドミナンテ] 形 ❶ 支配的な, 優勢な: clase ~ 支配階級. opinión ~ 主流の意見. ❷ 横柄な, 威圧的な. ❸ あたりを見下ろす, そびえ立つ. ❹〈生物〉優性の

dominar [ドミナル] 他 ❶ 支配する: ~ todo el mundo 全世界を支配する. ~ el mercado 市場を制覇する. ~ el mar 制海権を握る
❷ 抑える: El fuego quedó *dominado*. 火事は鎮火した. ~ su ira 怒りをこらえる
❸ 修得する, 精通する: ~ el idioma español スペイン語をマスターする
❹ 見下ろす, 高くそびえる: La torre *domina* todo el pueblo. 塔が村じゅうを見下ろしている
❺ きわ立つ, 圧倒する
◆ 自 ❶ 支配する. ❷ きわ立つ. ❸ 高くそびえる
◆ ~se 自分を抑える, 我慢する: Tienes que ~te más. 君はもっと落ち着かなくてはいけない

domingo [ドミンゴ] 男 日曜日: Va a la iglesia todos los ~s. 彼は毎週日曜に教会に行く

dominical [ドミニカル] 形 日曜日の
◆ 男〈主にス〉〈新聞の〉日曜版

dominicano, na [ドミニカノ, ナ] 形 名 ❶ サント・ドミンゴ Santo Domingo 島の. ❷ ドミニカ共和国 República Dominicana の; ドミニカ人

dominio [ドミニオ] 男 ❶ 支配, 統治: ~ del aire 制空権. ❷ 領土. ❸ 分野. ❹〈情報〉ドメイン
tener un ~ de... …に精通(熟達)している

don [ドン] 男 ❶〈男性名の前につける尊称〉¡Buenos días, ~ José! ホセさん, おはようございます
❷〈天賦の〉才能: tener el ~ de la palabra 口が達者である. tener un ~ para la música 音楽の才能がある
~ *nadie* 取るに足りない人
tener ~ *de gentes* 人あしらいがうまい, 人好きがする

donación [ドナスィオン] 女 ❶ 寄贈, 寄付, 贈与. ❷〈臓器などの〉提供

donaire [ドナイレ] 男 優雅さ, 品格；魅力

donante [ドナンテ] 名 ❶ 寄贈者. ❷ ドナー, 臓器提供者 〔~ de órganos〕: trasplante de hígado de ~s vivos 生体肝移植. ~ de sangre 献血者

donar [ドナル] 他 寄贈する, 贈与する: ~ sangre 献血する

donativo [ドナティボ] 男〈慈善のための〉寄贈, 寄付

doncella [ドンセジャ] 女 ❶ 処女, 乙女. ❷〈古語〉メード, 小間使い

donde [ドンデ] 副 ❶〈関係副詞〉…する所(に): Vivimos en el piso ~ estabas. 私たちは君が以前住んでいたマンションに住んでいる. el camino por ~ pasan los coches 車の通っている道
❷〈主にラ〉〈前置詞的〉…のいる所に: Fui ~ mis padres. 私は両親の家に行った

dónde [ドンデ] 副〈疑問副詞〉どこ(に): ¿D~ está Pedro? ペドロはどこにいますか？ ¿D~ vas? 君はどこへ行くの？ ¿De ~ vienes? 君はどこから来たの？ ¿Por ~ empezamos?〈授業で〉きょうはどこからですか？ No sabía ~ sentarme. 私はどこにすわったらいいかわからなかった

dondequiera [ドンデキエラ] 副 どこにでも: D~ que estés, llámame. どこにいても電話をくれ

doña [ドニャ] 女〈既婚女性の名の前につける尊称〉~ Carmen カルメンさん

dopaje [ドパヘ] 男〈スポーツ〉ドーピング

doping [ドピン] 男 =**dopaje**

dorado, da [ドラド, ダ] 形 過分 ❶ 金色の: botón ~ 金ボタン. ❷ edad ~*da* 黄金時代. El *D*~ 黄金郷

dorar [ドラル] 他 ❶ …に金めっきする；金箔を貼る. ❷ …の体裁をよくする. ❸〈料理〉キツネ色に焼く, こんがりと焼く

dormilón, na [ドルミロン, ナ] 形 名 よく眠る(人)；寝坊(の)

dormir [ドルミル] 29〈現分 durmiendo〉自

❶ 眠る：¿Ha dormido bien? よく眠れましたか？ Está *durmiendo*. 彼は眠っている。¡A～! さあ寝なさい
❷ 宿泊する：Anoche *dormí* en un hotel. 私は夕べはホテルに泊まった
◆ 他 ❶ 眠らせる：～ a un niño 子供を寝しつける。❷ ～ la siesta 昼寝する
◆ ～se 眠り込む：Como estaba cansado, *se durmió* pronto. 彼は疲れていたので、すぐ寝ついた。❷ しびれる：Se me han *dormido* los pies. 私は足がしびれてしまった
medio dormido 寝ぼけて；うとうとした

dormitar [ドルミタル] 自 うとうとする、うたた寝する

dormitorio [ドルミトリオ] 男 ❶ 寝室。❷〈学校などの〉寮。❸ ciudad ～ ベッドタウン

dorso [ドルソ] 男 ❶ 背面、裏。❷〈手・足の〉甲；背中

dos [ドス] 形 男 2；2つの
de ～ en ～ 2つ(2人)ずつ

doscientos, tas [ドススィエントス, タス] 形 男 200(の)

dosis [ドスィス] 女 ❶〈薬の1回分の〉服用量：～ mortal 致死量。❷ 分量、程度

dotado, da [ドタド, ダ] 過分〈de の〉才能のある：chica ～*da* de una hermosa voz 美しい声に恵まれた少女

dotar [ドタル] 他 ❶〈con・de 設備・予算・才能などを〉付与する。❷〈娘に〉持参金を持たせる

dote [ドテ] 女 複 才能、天分：tener ～*s* de mando 指導力がある。❷ 持参金

doy ⇨dar 23

drama [ドラマ] 男 ❶ 演劇、ドラマ
❷ 戯曲

dramático, ca [ドラマティコ, カ] 形 ❶ 演劇の：obra ～*ca* 戯曲。❷ 劇的な、ドラマチックな

dramaturgo, ga [ドラマトゥルゴ, ガ] 名 劇作家、脚本家

drástico, ca [ドラスティコ, カ] 形 激烈な、思い切った：adoptar medidas ～*cas* 思い切った手段を取る

droga [ドロガ] 女 麻薬：～ blanda 弱い麻薬『マリファナなど』。～ dura 強い麻薬『コカイン、ヘロインなど』

drogadicción [ドロガディ(ク)スィオン] 女 麻薬中毒

drogadicto, ta [ドロガディクト, タ] 名 麻薬中毒患者

droguería [ドロゲリア] 女 ドラッグストア

ducha [ドゥチャ] 女 シャワー：tomar (darse) una ～ シャワーを浴びる。habitación con ～ シャワーつきの部屋

duchar [ドゥチャル] 他 シャワーを浴びさせる
◆ ～se シャワーを浴びる

duda [ドゥダ] 女 ❶ 疑い、疑念：No cabe ninguna ～. 疑いの余地はまったくない
❷ 疑問点：¿Han entendido todo o todavía tienen alguna ～？ 全部理解できましたか？ それともわからないところがありますか？
poner... en ～ …について疑問を呈する
sin ～ 1) まちがいなく、かならず。2) おそらく
sin lugar a ～s 疑いの余地もなく

dudar [ドゥダル] 他 ❶〈de を〉疑う：No *dudo de* su capacidad. 私は彼の能力には疑いを持っていない
❷〈entre の間で〉迷う：*Dudé entre* comprar o alquilar el coche. 私は車を買おうか借りようか迷った
❸〈en+不定詞 を〉ためらう：Si tienes algún problema, no *dudes en* decírmelo. 何か困ったことがあったら遠慮なく私に言ってくれ
◆ 他 疑う：1) No lo dudo. それは確かだと思う。2)〈que+接続法（否定では直説法も）〉*Dudo que* venga mañana. 彼があす来るとは思えない

dudoso, sa [ドゥドソ, サ] 形 ❶ 疑わしい、怪しい：conducta ～*sa* 不審な行動。❷ 疑っている、迷っている

duel- ⇨doler 50

duelo [ドゥエロ] 男 ❶ 喪：estar de ～ 喪に服している。❷ 決闘：batirse en ～ 決闘する。～ a muerte 死をかけた戦い

duende [ドゥエンデ] 男 ❶ 小妖精、小鬼。❷〈妖しい〉魅力

dueño, ña [ドゥエニョ, ニャ] 名 持ち主、所有者、オーナー：～ de casa 家主。perro sin ～ のら犬

duerm- ⇨dormir 29

dulce [ドゥルセ] 形 ❶ 甘い、甘口の：Este pastel es demasiado ～. このケーキは甘すぎる。vino ～ 甘口のワイン
❷ 心地よい；穏やかな：voz ～ 柔らかい声。carácter ～ 優しい性格
◆ 男〈主に 複〉菓子、甘いもの：Me gustan los ～*s*. 私は甘いものが好きだ

dulcería [ドゥルセリア] 女〈ラ〉菓子店

dulcero, ra [ドゥルセロ, ラ] 形 名 甘いもの好きの(人)、甘党の(人)

dulcificar [ドゥルスィフィカル] 73 他 ❶ 甘くする。❷ 和らげる、穏やかにする

dulzura [ドゥルスラ] 女 ❶ 甘美さ；優しさ、温和さ。❷ 甘さ

duna [ドゥナ] 女 砂丘

dúo [ドゥオ] 男 二重奏(唱)曲、デュエット：cantar a ～ デュエットで歌う

duplicado [ドゥプリカド] 男 過分 副本、控

え, 写し

duplicar [ドゥプリカル] 73 他 2倍にする; 二重にする
◆ ～se 2倍になる, 倍増する

duque [ドゥケ] 男 公爵

duquesa [ドゥケサ] 女 公爵夫人, 女公爵

dura ⇨duro, ra
◆ 動詞活用形 ⇨**durar**

duración [ドゥラスィオン] 女 ❶ 継続期間: corta ～ de estancia 短期滞在. ～ de un cursillo 講習会の期間. ❷ 寿命, もち: ～ de un coche 車の寿命

duradero, ra [ドゥラデロ, ラ] 形 長く続く, 耐久性のある: zapatos ～s 長もちする靴

duralex [ドゥラレ(ク)ス] 男〈単複同形〉〈商標〉耐熱ガラス食器

duramente [ドゥラメンテ] 副 きびしく: criticar ～ 激しく非難する

durante [ドゥランテ] 前〈継続〉…の間: D～ las vacaciones estuve en el extranjero. 休暇中私は外国にいた

durar [ドゥラル] 自 ❶ 続く, 継続する, 持続する: La conferencia *duró* tres horas. 講演は3時間続いた
❷ 長もちする, 耐久性がある: Esta pila *dura* un año. この電池の寿命は1年だ

durazno [ドゥラスノ] 男 モモ(桃)

dureza [ドゥレサ] 女 ❶ 硬さ, 硬度. ❷ きびしさ; 非情さ

duro, ra [ドゥロ, ラ] 形 ❶ 堅い, 硬い: Las patatas están todavía *duras*. ジャガイモはまだ堅い. pan ～ 堅いパン
❷ きびしい; 困難な: clima ～ きびしい気候. trabajo ～ きつい仕事
❸ 厳格な; 無情な; 妥協しない: profesor ～ 厳格な先生. ser ～ con+人 …にきびしくあたる
◆ 副 ❶ 乱暴に, 強く. ❷ 一所懸命に
◆ 男〈貨幣単位〉ドゥーロ〖=5ペセタ〗

E, e [エ]

e [エ] 〘接続詞 y が i- hi- で始まる語の前に来る時. ⇨**y**〙 Francia *e* Italia フランスとイタリア. padre *e* hijo 父と息子

ébano [エバノ] 男 〈植物〉コクタン(黒檀)

ebrio, bria [エブリオ, ブリア] 形 酔っ払った: conducir ～ 酔っ払い運転をする

ebullición [エブジスィオン] 女 沸騰: punto de ～ 沸点

eccema [エ(ク)セマ] 男 〈医学〉湿疹

echar [エチャル] 他 ❶ 投げる, 投げ入れる, 投げかける: *Écha*me el balón. 私にそのボールを投げて. ～ una carta al buzón 手紙を投函する

❷ そそぐ: ～ agua al fuego 火に水をかける

❸ 〈de から〉追い出す: ～ a+人 *de* la empresa …を解雇する

❹ 放つ, 出す, 発する: ～ buen olor 芳香を放つ. ～ los dientes 歯が生える

❺ 〈体を〉動かす: ～ la cabeza atrás 頭をのけぞらす

❻ 〈ス〉上映する, 上演する, 放送する: ¿Qué *echan* en ese cine? その映画館では何をやってますか?

❼ 〈ある行為を〉行なう: ～ un discurso 演説をする

◆ 〈a+不定詞〉…し始める: ～ *a* correr 駆け出す

◆ **～se** ❶ 飛び込む. ❷ 横になる: ~se en la cama ベッドに寝そべる. ❸ 〈a+不定詞〉…し始める: Él se echó *a* reír. 彼は笑い出した

～ *abajo* 〈建物などを〉壊す;〈計画などを〉だいなしにする

～ *de menos* …がないのを物足りなく(寂しく)思う: *Echa de menos* a su hija. 彼は娘がいなくて寂しがっている

~se atrás 1) 後退する; ひるむ. 2) 〈前言を〉ひるがえす

eclesiástico, ca [エクレシアスティコ, カ] 形 〈キリスト教の〉教会の, 聖職者の

◆ 男 聖職者

eclipse [エクリプセ] 男 ❶ 〈天文〉食: ～ solar 日食. ～ lunar 月食. ～ total 皆既食. ❷ 衰退, かげり

eco [エコ] 男 ❶ こだま; エコー. ❷ 反響: tener ～ 反響を呼ぶ, 大評判になる

ecografía [エコグラフィア] 女 〈医学〉超音波検査法, エコー

ecología [エコロヒア] 女 生態学, エコロジー

ecológico, ca [エコロヒコ, カ] 形 ❶ 生態学の; 環境の: desastre ～ 環境破壊. problema ～ 環境問題. ❷ 環境に配慮した, 環境にやさしい: alimentos ~s 有機食品. turismo ～ エコツーリズム 〚=ecoturismo〛

ecologista [エコロヒスタ] 形 名 エコロジスト〔の〕: organización ～ 環境保護団体

economato [エコノマト] 男 〈協同組合・社内販売などの〉廉売店, 組合店

economía [エコノミア] 女 ❶ 経済: ～ europea ヨーロッパ経済. ～ de mercado 市場経済

❷ 経済学: estudiar ～ 経済学を学ぶ

❸ 節約, 倹約: ～ de gasolina ガソリンの節約

económico, ca [エコノミコ, カ] 形 ❶ 経済の: ayuda ~ca 経済援助. ciencias ~cas 経済学. crisis ~ca 経済危機. La familia tenía problemas ~s. 一家はお金に困っていた

❷ 節約になる, 安い: restaurante ～ 安いレストラン. clase ~ca エコノミークラス. tarifa ~ca エコノミー料金

❸ 倹約家の, つましい: Tengo que ser más ～. 私はもっと節約しなければいけない

economista [エコノミスタ] 名 経済学者, エコノミスト

economizar [エコノミサル] 13 他 節約する: ～ combustible 燃料を節約する. ～ esfuerzos 労を惜しむ, 楽をする

◆ 自 倹約する, 貯金する

ecosistema [エコシステマ] 男 生態系, エコシステム

ecotasa [エコタサ] 女 環境税, エコタックス

ecoturismo [エコトゥリスモ] 男 エコツーリズム

ecuación [エクアスィオン] 女 〈数学〉等式, 方程式: resolver una ～ 方程式を解く. sistema de *ecuaciones* 連立方程式

ecuador [エクアドル] 男 ❶ 赤道. ❷ *E*～ 〈国名〉エクアドル

ecuánime [エクアニメ] 形 〈冷静で〉公正

ecuatoriano, na [エクアトリアノ, ナ] 形 名 エクアドル〔人〕の; エクアドル人

edad [エダ] 女 ❶ 年齢: ¿Qué ～ tiene usted?—Tengo 30 años. おいくつですか?—30歳です. a la ～ de quince años/a los quince años de ～ 15歳の時に. de mediana ～ 中年の. ～ madura 熟年期.

~ avanzada 老年期
❷ **時代**: E~ de Piedra 石器時代. E~ de Hierro 鉄器時代. E~ Antigua 古代. E~ Media 中世. E~ Moderna 近代. E~ Contemporánea 現代
de corta ~ 年少の, 幼少の
entrar en ~ 年をとる
tercera ~ 定年を過ぎた年代: centro de (para) *tercera* ~ 老人ホーム

edema [エデマ] 男 〈医学〉水腫, 浮腫: ~ pulmonar 肺水腫

edén [エデン] 男 〈主に E~〉エデン, エデンの園; 楽園

edición [エディスィオン] 女 ❶ **出版**, 刊行: ~ de un diccionario 辞書の出版
❷ …版: primera ~ 初版. ~ revisada 改訂版. ~ limitada 限定版
❸〈催し物・競技会などの〉…回: la cuarta ~ de la Feria del libro 第4回ブックフェア

edicto [エディクト] 男 布告; 勅令

edificar [エディフィカル] 73 他 ❶ 建てる, 建造する: ~ un monumento 記念碑を建てる. ❷ 築き上げる; 創設する

edificio [エディフィスィオ] 男 建物, ビル: Mi oficina está en este ~. 私のオフィスはこのビルにある

editar [エディタル] 他 ❶ 出版する, 発行する. ❷ 製作する, 編集する

editor, ra [エディトル, ラ] 名 発行者
◆ 男 〈情報〉エディター
◆ 女 出版社 《=editorial》

editorial [エディトリアル] 形 出版の; 出版業の
◆ 男 社説, 論説
◆ 女 出版社

edredón [エドレドン] 男 〈羽毛・羽の〉掛けぶとん

educación [エドゥカスィオン] 女 ❶ **教育**: ~ primaria 初等教育. ~ secundaria 中等教育. ~ especial 特殊教育, 身障児教育 ❷ しつけ, 行儀作法: tener buena ~ しつけがよい. falta de ~ 不作法

educado, da [エドゥカド, ダ] 形 過分 しつけのよい: bien ~ 礼儀正しい, 行儀のよい. mal ~ 粗野な, 行儀の悪い

educar [エドゥカル] 73 他 ❶ 教育する: Quiere ~ a su hijo en un colegio internacional. 彼は息子をインターナショナルスクールで学ばせたいと考えている. ❷ しつける: Sus padres lo *educaron* rígidamente. 彼の両親は彼をきびしくしつけた. ❸ 鍛錬する: ~ la voz のどを鍛える
◆ ~se ❶ 教育を受ける: ~*se* en el extranjero 外国で教育を受ける. ❷ 人生を学ぶ: Se *educó* viajando por el extranjero. 彼は外国旅行で人生勉強をした

educativo, va [エドゥカティボ, バ] 形 ❶ 教育の: sistema ~ 教育制度. ❷ 教育的な: programa ~ 教育番組

EE.UU. 〈略語〉アメリカ合衆国, USA 《← *E*stados *U*nidos 〔de América〕》

efectivamente [エフェクティバメンテ] 副 ❶ 実際に, 本当に. ❷〈相手の発言に対して〉そのとおり

efectividad [エフェクティビダ] 女 有効性, 効力

efectivo, va [エフェクティボ, バ] 形 ❶ 効果のある, 効力のある: medida ~*va* 有効な手段. ❷ 実際の, 現実の
◆ 男 現金: pagar en ~ 現金で支払う
hacer ~ 実現する, 実行する; 〈小切手などを〉現金化する

efecto [エフェクト] 男 ❶ **効果**, 効き目; 結果: producir ~ 効果をあげる. de ~ inmediato 即効性のある. ~*s* especiales 〈映画〉特殊効果, SFX. ~ secundario 副作用 ❷ 印象, 感銘: Sus palabras me causaron un gran ~. 彼のことばに私は強い感銘を受けた
❸ 目的: a este ~ この目的で
❹ 複 身の回りの品〔~s personales〕; 財産
❺〈ボールの〉スピン
a ~*s* (*al* ~) *de*... …の目的で
en ~ 1)実際に, 本当に: A ella, *en* ~, no le gusta correr. 彼女は本当は走るのは好きではない 2)〈相手の発言に対して〉そのとおり
hacer ~ 効果を現わす

efectuar [エフェクトゥアル] 1 他 実行する, 行なう: El tren va a ~ su salida dentro de tres minutos. 列車は3分後に発車する

eficacia [エフィカスィア] 女 ❶ 効果, 効力: de gran ~ たいへん効果のある; 有能な. ❷ 能率, 効率

eficaz [エフィカス] 形 複 eficaces〉❶ 効力のある: medida ~ 効果的な手段. ❷ 有能な

eficiencia [エフィスィエンスィア] 女 有効性; 能率: ~ económica 経済効率

eficiente [エフィスィエンテ] 形 ❶ 有能な: secretario ~ 有能な秘書. ❷ 効果的な

efímero, ra [エフィメロ, ラ] 形 つかの間の, はかない: vida ~*ra* はかない人生

efusión [エフシオン] 女 〈感情などの〉流出: con ~ 感激して, 熱烈に

efusivo, va [エフシボ, バ] 形 〈感情などが〉あふれるばかりの, 熱烈な

egeo, a [エヘオ, ア] 形 エーゲ海 Mar *Egeo* の

egipcio, cia [エヒプスィオ, スィア] 形 名 エジプト Egipto〔人〕の; エジプト人

ego [エゴ] 男 ❶ うぬぼれ. ❷ 自我, エゴ

egoísmo [エゴイスモ] 男 利己主義, エゴイズム

egoísta [エゴイスタ] 形 利己主義の, 自分勝手な: Es muy ~. 彼はとても自己中心的だ
◆ 名 エゴイスト

eh [エ] 間 〈質問・呼びかけ・念押しなど〉: ¿Eh, qué dices? え, 何言っているんだい? No se lo digas a nadie, ¿eh? 誰にも言っちゃだめだよ, いいね?

ej. 〔略語〕例〔←ejemplo〕

eje [エヘ] 男 ❶ 軸; 中心線: girar sobre su ~ 軸を中心に回転する. ❷ 〈機械の〉シャフト; ~ de las ruedas 車軸. ❸ el Eje 〈第2次大戦の〉枢軸国

ejecución [エヘクスィオン] 女 ❶ 実行, 遂行, 実施: poner... en ~ …を実行に移す. ❷ 死刑執行, 処刑. ❸ 演奏. ❹〔法律〕差し押さえ: ~ forzada 強制執行

ejecutar [エヘクタル] 他 ❶ 実行する, 遂行する: ~ un plan 計画を実行する. ❷ 処刑する, 死刑を執行する. ❸ 演奏する. ❹〔法律〕差し押さえる

ejecutiva¹ [エヘクティバ] 女 理事会, 執行部

ejecutivo, va² [エヘクティボ, バ] 形 執行する, 行政上の: comité ~ 実行(執行)委員会
◆ 名 重役, 役員, 幹部職員

ejemplar [エヘンプラル] 形 ❶ 模範的な, 手本となる: Es un alumno ~. 彼は模範的な生徒だ.
◆ 男 ❶〈本・新聞の〉…部, …冊: La revista tiene una tirada de diez mil ~es. その雑誌の発行部数は1万部だ. ❷ 標本

ejemplo [エヘンプロ] 男 ❶ 例, 実例: poner (dar) un ~ 例をあげる. poner... como ~ …を例にあげる
❷ 模範, 手本; 見せしめ: servir de ~ a+人 …の模範(見せしめ)となる
por ~ たとえば: Quiero aprender a cocinar algunos platos españoles; *por* ~, gazpacho, paella. 私はスペイン料理を覚えたい, たとえばガスパチョとかパエリャとか
sin ~ 前代未聞の; まれなことに
tomar como (por) ~ *a*+人 …を見習う

ejercer [エヘルセル] 84 他 ❶〈職業〉に従事する, 営む: ~ la abogacía 弁護士を営む. ❷〈影響などを〉及ぼす: ~ influencia sobre... …に影響を与える. ❸〈権力を〉行使する
自 〈de 職業〉に従事する: ~ de médico 医者をしている

ejercicio [エヘルスィスィオ] 男 ❶ 練習, 訓練; 練習問題: hacer ~s de gramática 文法の練習問題をする
❷ 運動〔~ físico〕: hacer ~ para perder peso 体重を減らすために運動をする
❸〈職業の〉従事;〈権利の〉行使: hacer ~ de sus derechos 権限を行使する
❹ 試験, 試問, 審査: ~ escrito 筆記試験. ~ oral 口答試問
❺ 会計年度, 事業年度
en ~ 現役の; 業務中の

ejercitar [エヘルスィタル] 他 ❶〈権利などを〉行使する. ❷ 鍛練する, 訓練する: ~ la memoria 記憶力を鍛える
◆ ~se 〈en の〉練習をする, トレーニングする

ejército [エヘルスィト] 男 軍隊;〈特に〉陸軍〔~ de Tierra〕: entrar en el ~ 入隊する

ejote [エホテ] 男〈ラ〉サヤインゲン

el [エル] 冠〔定冠詞男性単数形. 女性単数 *la*, 男性複数 *los*, 女性複数 *las* と変化する. アクセントのある a-・ha- で始まる女性単数名詞の直前では *la* は el となる: *el agua*, *el hacha*〕
❶〈既知〉その, 例の: *el libro* その本. *la mesa* その机
❷〈特定化〉*la madre de Isabel* イサベルの母. *el pintor más famoso de Japón* 日本でもっとも有名な画家. *la España actual* 今日(ミミボ)のスペイン
❸〈唯一物〉*el sol* 太陽
❹〈抽象名詞〉*el amor* 愛. *la juventud* 青春
❺〈全体・総称〉…というもの: *El hombre es mortal.* 人間は死ぬべきものである. *Me gusta el pescado.* 私は魚が好きだ. *los empleados de nuestra empresa* 当社の従業員全員
❻〈日付・曜日・時刻など〉*Hoy es el*〔*día*〕*tres de enero.* きょうは1月3日だ. *Salgo de viaje el viernes.* 私は金曜日に旅行に出かける. *Los domingos voy a misa.* 毎日曜日私はミサに行く. *Es la una.* 1時だ. *Son las cinco.* 5時だ
❼〈通称・あだ名〉*Alfonso el Sabio* 賢王アルフォンソ
❽〈単位〉…につき: *Venden cebollas a 2 euros el kilo.* 玉ねぎ1キロが2ユーロで売られている
❾〈los+姓〉…家: *los Méndez* メンデス家の人々
❿〈名詞の省略. 代名詞的用法〉*mi libro y el de usted* 私の本とあなたのそれ(=本)

él [エル] 代〈人称代名詞3人称単数男性形〉❶〈主語〉彼: *Él no sabe nada.* 彼は

elaboración

何も知らない ❷〈前置詞+〉彼;〈男性名詞をうけて〉それ: Hay un restaurante muy bueno cerca de aquí y en *él* podemos comer hoy. この近くにとてもおいしいレストランがあるので、きょうはそこで食事してもいい

elaboración [エラボラスィオン] 囡 ❶ 加工, 精製. ❷〈計画などの〉作成: ～ de un plan 計画の立案

elaborar [エラボラル] 他 ❶ 加工する, 精製する: alimento *elaborado* 加工食品. ❷〈計画などを〉作成する: ～ un informe 報告書を作成する

elasticidad [エラスティスィダ] 囡 ❶ 弾性, 弾力性. ❷ 柔軟性

elástico, ca [エラスティコ, カ] 形 ❶ 弾力性のある. ❷ 柔軟な
◆ 男 ❶ ゴムひも, ゴムバンド. ❷〈服飾〉ゴム編み, リブ

elección [エレクスィオン] 囡 ❶ 選択: ～ de carrera 職業の選択. No tenemos ～. 私たちに選択の余地はない
❷〈主に 複〉選挙: *elecciones* generales 総選挙

electo, ta [エレクト, タ] 形 当選した

electorado [エレクトラド] 男〈集合的に〉選挙民, 有権者

electoral [エレクトラル] 形 選挙の: cuerpo ～ 選挙団. distrito ～ 選挙区

electricidad [エレクトリスィダ] 囡 電気, 電力: producción de ～ 発電

electricista [エレクトリスィスタ] 图〈電気設備の設置・修理をする〉電気技術者

eléctrico, ca [エレクトリコ, カ] 形 電気の: coche (vehículo) ～ 電気自動車. estufa ～ca 電気ストーブ

electrizar [エレクトリサル] 13 他 ❶ 帯電させる. ❷ 感動させる, 熱狂させる

electrocardiograma [エレクトロカルディオグラマ] 男〈医学〉心電図

electrocución [エレクトロクスィオン] 囡 ❶ 感電死. ❷ 電気椅子による死刑

electrocutar [エレクトロクタル] 他 感電死させる; 電気椅子で死刑にする
◆ ～se 感電死する

electrodo [エレクトロド] 男 電極

electrodoméstico [エレクトロドメスティコ] 男 家庭電化製品: tienda de ～s 電気店. fabricante de ～s 家電メーカー

electromagnético, ca [エレクトロマグネティコ, カ] 形 電磁気の: onda ～ca 電磁波

electrónica¹ [エレクトロニカ] 囡 電子工学, エレクトロニクス

electrónico, ca² [エレクトロニコ, カ] 形 電子の; 電子工学の: comercio ～ 電子商取引. agenda ～ca 電子手帳

electrotecnia [エレクトロテクニア] 囡 電気工学

elefante, ta [エレファンテ, タ] 图 ゾウ(象)

elegancia [エレガンスィア] 囡 優雅, 上品. ❷ かっこよさ

elegante [エレガンテ] 形 ❶ **優雅な**, 気品のある: vestido ～ しゃれた(品のいい)ドレス
❷ かっこいい: Estás muy ～ hoy. 君はきょうずいぶんおしゃれだね

elegía [エレヒア] 囡 哀歌, エレジー

elegir [エレヒル] 30 他 ❶ 選ぶ, 選択する: De las tres corbatas, *eligió* la más cara. 3本のネクタイのうち彼はいちばん高いのを選んだ
❷ 選出する: Le *eligieron* primer ministro. 彼は首相に選出された

elemental [エレメンタル] 形 ❶ 基本の, 基礎の: curso ～ 入門課程, 初級コース. ❷ 初歩的な, わかりきった

elemento [エレメント] 男 ❶ 要素, 成分, 部品: ～ decisivo 決定的要素
❷〈化学〉元素
❸ 複 基本原理, 初歩

elenco [エレンコ] 男〈集合的に〉出演者

elevación [エレバスィオン] 囡 ❶ 上昇: ～ de precios 物価の上昇. ❷ 高所, 高台

elevado, da [エレバド, ダ] 形 過分 高い: terreno ～ 高台. precio ～ 高値

elevador [エレバドル] 男〈ラ〉エレベーター

elevar [エレバル] 他 上げる, 持ち上げる, 高める: ～ los materiales con grúa クレーンで資材を持ち上げる. ～ el nivel de la vida 生活水準を向上させる
◆ ～se ❶ 上がる: Se han *elevado* los precios. 物価が上がった. ❷〈塔・山などが〉そびえ立つ. ❸〈数が, a に〉達する

eliminación [エリミナスィオン] 囡 除去, 排除

eliminar [エリミナル] 他 除去する, 排除する: ～ la posibilidad de... …の可能性を排除する

eliminatoria [エリミナトリア] 囡 予選: jugar una ～ 予選を戦う. pasar la última ～ 最終予選を通過する

elite [エリテ] 囡〈集合的に〉エリート

élite [エリテ] 囡 =elite

elixir [エリクスィル] 男 ❶ 霊薬, 妙薬. ❷ 口内洗浄剤

ella [エジャ] 代〈人称代名詞3人称単数女性形〉❶〈主語〉彼女: *E*～ es mexicana. 彼女はメキシコ人だ
❷〈前置詞+〉彼女;〈女性名詞をうけて〉それ: ¿Recuerdas la Plaza Mayor? Quedamos

a las tres en ~. 中央広場を覚えている? そこで3時に会いましょう

ellas [エジャス] 代 ❶ 〈人称代名詞3人称複数女性形〉〈主語〉彼女ら: *E*~ son las víctimas de la violencia doméstica. 彼女たちは家庭内暴力の犠牲者だ ❷ 〈前置詞+〉彼女ら; 〈女性複数名詞をうけて〉それら

ello [エジョ] 代 ❶ 〈人称代名詞中性形〉そのこと, それ: Él hablaba demasiado y ~ me molestó. 彼はしゃべりすぎて, それが私にはわずらわしかった ❷ 〈前置詞+〉De ~ no sé nada. それについて私は何も知らない. por ~ それ故, だから

ellos [エジョス] 代 〈人称代名詞3人称複数男性形〉❶ 〈主語〉彼ら: *E*~ son los responsables del proyecto. 彼らが計画の責任者だ ❷ 〈前置詞+〉彼ら; 〈男性複数名詞をうけて〉それら

elocuencia [エロクエンスィア] 女 雄弁

elocuente [エロクエンテ] 形 ❶ 雄弁な, 弁舌さわやかな. ❷ 表現力に富んだ

elogiar [エロヒアル] 他 ほめたたえる

elogio [エロヒオ] 男 賞賛, 賛辞: hacer ~s de... …をほめたたえる. recibir muchos ~s de la crítica 批評家たちに絶賛される

elote [エロテ] 男 〈ラ〉トウモロコシ

eludir [エルディル] 他 巧みに避ける, 免れる: ~ la persecución de la policía 警察の追跡をかわす. ~ su responsabilidad 責任を逃れる

em- 〈接頭辞〉⇨**en-**

emanar [エマナル] 自 〈de から〉❶ 発散する, 放射する; 湧き出る. ❷ 由来する

emancipación [エマンスィパスィオン] 女 解放: ~ de esclavos 奴隷解放. ~ de la mujer 女性解放

emancipar [エマンスィパル] 他 解放する
◆ ~se 自由になる

embadurnar [エンバドゥルナル] 他 〈con・de べたべたしたものを〉…に塗る, 汚す

embajada [エンバハダ] 女 **大使館**: ~ de España en Tokio 東京のスペイン大使館

embajador, ra [エンバハドル, ラ] 名 ❶ 大使: ~ de México en Japón 駐日メキシコ大使. ❷ 使節, 特使: ~ 〈de la buena amistad〉de la UNICEF ユニセフ親善大使

embalaje [エンバラヘ] 男 ❶ 包装, 梱包; 荷造り. ❷ 梱包材

embalar [エンバラル] 他 包装する, 梱包する; 荷造りする
◆ ~se 猛スピードを出す

embalsamar [エンバルサマル] 他 ❶ 〈死体に〉防腐処置を施す. ❷ 芳香で満たす

embalse [エンバルセ] 男 貯水池

embarazada [エンバラサダ] 形 妊娠している: estar ~ de ocho meses 妊娠9か月である〖日本では1か月=28日と計算するためずれが生じる〗
◆ 女 妊婦

embarazar [エンバラサル] 13 他 ❶ 妊娠させる. ❷ 邪魔する, 妨げる
◆ ~se ❶ 妊娠する. ❷ 困惑する, どぎまぎする

embarazo [エンバラソ] 男 ❶ 妊娠: hacerse una prueba de ~ 自分で妊娠検査をする. ❷ 困惑, 当惑: sentir ~ どぎまぎする. ❸ 障害, 迷惑; 窮地

embarazoso, sa [エンバラソソ, サ] 形 困惑させる; やっかいな: situación ~*sa* 困った状況, 面倒な事態

embarcación [エンバルカスィオン] 女 船舶

embarcadero [エンバルカデロ] 男 桟橋, 埠頭

embarcar [エンバルカル] 73 他 〈船・飛行機に〉乗せる; 積み込む
◆ 自・~se ❶ 乗船する, 搭乗する: *Embarqué* por la puerta 5. 私は5番ゲートから搭乗した. ❷ 着手する: ~se en una aventura 冒険に乗り出す

embargar [エンバルガル] 55 他 〈法律〉差し押さえる

embargo [エンバルゴ] 男 ❶ 〈法律〉差し押さえ. ❷ 輸出禁止
sin ~ とはいえ, それにもかかわらず: Ya se ha restablecido de la enfermedad, sin ~ todavía no se atreve a salir de casa. 彼は病気が治ったが, まだ外出する勇気はない

embarque [エンバルケ] 男 ❶ 船積み, 積み込み. ❷ 乗船, 搭乗: tarjeta de ~ 搭乗券

embaucar [エンバウカル] 31 他 だます, たぶらかす

embelesar [エンベレサル] 他 魅了する, うっとりさせる
◆ ~se 〈con・en に〉うっとりする, 夢中になる

embellecer [エンベジェセル] 20 他 美しくする, 飾る

embestida [エンベスティダ] 女 攻撃, 突進, 猛襲

embestir [エンベスティル] 56 他 自 襲いかかる, 突進する

emblema [エンブレマ] 男 ❶ 紋章, 記章. ❷ 象徴, 表象

emblemático, ca [エンブレマティコ, カ] 形 象徴的の, 象徴的な

embobado, da [エンボバド, ダ] 形 うっとりした; 驚嘆した: estar ~ con la televisión

テレビに夢中である

emborrachar [エンボらチャル] 他 ❶ 酔わせる. ❷ 陶然とさせる
◆ **～se** 酔う: Sólo con una copa de vino me emborraché. 私はワイン1杯で酔ってしまった. ❷ 陶然とする: ～se con el éxito 成功に酔う

emboscada [エンボスカダ] 女 伏兵, 待ち伏せ; わな

embotar [エンボタル] 他 ❶ 鈍らせる: ～ los sentidos 感覚を鈍らせる
◆ **～se** 鈍る: Se me embotó la cabeza. 私は頭が働かなくなった

embotellamiento [エンボテジャミエント] 男 ❶ 交通渋滞〖～ del tráfico〗. ❷ びん詰め, 詰め込み

embotellar [エンボテジャル] 他 ❶ びんに詰める, 詰め込む. ❷ 〈交通を〉渋滞させる
◆ **～se** 渋滞する

embozar [エンボサル] 13 ～se 顔を隠す

embrague [エンブらゲ] 男 〈自動車〉クラッチ

embriagar [エンブりアガル] 55 他 ❶ 酔わせる. ❷ 陶然とさせる, 有頂天にする
◆ **～se** ❶ 酔っ払う: Anoche bebimos hasta ～nos. 私たちはゆうべ酔っ払うまで飲んだ. ❷ 陶然とする: ～se con la felicidad 幸せに酔いしれる

embriaguez [エンブりアゲス] 女 ❶ 酔い: conducir en estado de ～ 酔っ払い運転をする. ❷ 陶酔

embrión [エンブりオン] 男 ❶ 〈生物〉胚. ❷ 萌芽, 初期段階

embrollar [エンブロジャル] 他 ❶ 混乱させる. ❷ 紛糾させる
◆ **～se** ❶ 混乱する. ❷ 紛糾する, もつれる. ❸ 頭の中が混乱する

embrollo [エンブロジョ] 男 ❶ 混乱. ❷ 錯綜; 紛糾, ごたごた. ❸ でっちあげ, うそ

embrujar [エンブルハル] 他 魔法にかける: casa embrujada おばけ屋敷

embrutecer [エンブルテセル] 20 他 〈人を〉獣のようにする, 粗暴にする; 愚かにする
◆ **～se** 獣のようになる, 粗暴になる; 愚かになる

embudo [エンブド] 男 ろうと, じょうご

embuste [エンブステ] 男 うそ, 偽り

embustero, ra [エンブステロ, ら] 形 名 うそつき〔の〕

embutido [エンブティド] 男 腸詰め, ソーセージ

emergencia [エメルヘンスィア] 女 緊急事態: en caso de ～ 非常の際には. aterrizaje de ～ 緊急着陸. salida de ～ 非常口

emerger [エメルヘル] 16 自 ❶ 浮上する. ❷ 現われる

emérito, ta [エメりト, タ] 形 profesor ～ 名誉教授

emigración [エミグらスィオン] 女 〈他国・他の土地への〉移住; 出稼ぎ

emigrante [エミグらンテ] 名 〈他国・他の土地への〉移住者; 出稼ぎ者: El Presidente fue un hijo de los ～s japoneses. 大統領は日本人移民の息子だった

emigrar [エミグらル] 自 ❶ 〈a 他国・他の土地へ〉移住する; 出稼ぎに行く. ❷ 〈鳥が〉渡る; 〈魚が〉回遊する

eminencia [エミネンスィア] 女 ❶ 大物, 権威者. ❷ su E－ 〈枢機卿への敬称〉猊下（げいか）

eminente [エミネンテ] 形 傑出した, 卓越した: cirujano ～ 高名な外科医

emisario, ria [エミサりオ, りア] 名 特使, 使者

emisión [エミスィオン] 女 ❶ 放送: ～ televisiva テレビ放送. ❷ 〈紙幣などの〉発行. ❸ 放出, 放射: ～ de dióxido de carbono 二酸化炭素の排出

emisora [エミソら] 女 〈主にラジオの〉放送局

emitir [エミティル] 他 ❶ 放出する, 放射する: ～ calor 熱を発する. ❷ 放送する: Esta noche emiten en la televisión una película española. 今夜テレビでスペイン映画が放映される. ～ en directo 生中継する. ❸ 〈紙幣などを〉発行する. ❹ 〈意見などを〉表明する: ～ un comunicado 声明を出す

emoción [エモスィオン] 女 ❶ 感動: sentir una ～ muy fuerte 強い感動を覚える, 感激する. llorar de ～ 感動の涙を流す
❷ 感情: sin mostrar sus emociones 感情を見せずに, 平然と

emocional [エモスィオナル] 形 ❶ 感情の, 感情的な: trastorno ～ 情緒障害. reacción ～ 感情的な反応. ❷ 感動しやすい: persona ～ 感じやすい人

emocionante [エモスィオナンテ] 形 感動的な: canción ～ 心を打つ歌

emocionar [エモスィオナル] 他 感動させる, 感激させる; …の心を動揺させる: Su muerte me emocionó mucho. 彼の死に私の心は痛んだ
◆ **～se** 〈con・por に〉感動する: ～se con la película 映画に心を動かされる

emotivo, va [エモティボ, バ] 形 ❶ 感動的な: discurso ～ 心を打つ演説. ❷ すぐ感激する, 感受性の強い

empacar [エンパカル] 73 他 梱包する, 包装する

empachar [エンパチャル] 他 ❶ 胃にもたれさせる. ❷ 飽きさせる, うんざりさせる
◆ ~se ❶ ⟨con・de で⟩ 消化不良になる, 胃にもたれる. ❷ 飽きる, うんざりする

empacho [エンパチョ] 男 ❶ 胃のもたれ. ❷ 飽き

empadronar [エンパドロナル] ~se 住民登録をする

empalagoso, sa [エンパラゴソ, サ] 形 ❶ ⟨食べ物が⟩ 甘すぎる, しつこい. ❷ ⟨人が⟩ 押しつけがましい

empalmar [エンパルマル] 他 つなげる
◆ 自 ⟨交通機関が⟩ 接続する

empalme [エンパルメ] 男 ❶ 接続. ❷ ⟨交通機関の⟩ 接続個所: estación de ~ 接続駅

empanada [エンパナダ] 女 ⟨料理⟩ エンパナーダ 『肉・魚などのパイ皮包み』

empañar [エンパニャル] 他 ⟨ガラスなどを⟩ 曇らせる
◆ ~se ❶ 曇る. ❷ 目をうるませる

empapar [エンパパル] 他 ❶ ずぶぬれにする; ⟨en に⟩ 浸す: ~ el algodón en alcohol 綿をアルコールに浸す. ❷ 吸収する
◆ ~se ❶ ずぶぬれになる: Estoy empapado en sudor. 私は汗びっしょりだ. ❷ しみ込む

empapelar [エンパペラル] 他 …に壁紙を貼る

empaquetar [エンパケタル] 他 包装する, 包む

emparedado [エンパレダド] 男 ⟨料理⟩ サンドイッチ

emparejar [エンパレハル] 他 対(ﾂｲ)にする; カップルにする
◆ ~se ❶ カップルになる. ❷ ⟨con に⟩ レベルが追いつく

empaste [エンパステ] 男 虫歯の充塡; 充塡材

empatar [エンパタル] 自 同点になる: Los dos equipos empataron a cero. 両チームは 0 対 0 で引き分けた

empate [エンパテ] 男 同点, 引き分け: El partido terminó en ~. 試合は引き分けに終わった

empedernido, da [エンペデルニド, ダ] 形 ⟨悪習などに⟩ こり固まった: fumador ~ ヘビースモーカー

empedrado [エンペドラド] 男 石畳

empeine [エンペイネ] 男 ⟨足・靴の⟩ 甲

empeñar [エンペニャル] 他 ❶ 担保 ⟨抵当・質⟩ に入れる. ❷ ⟨en に⟩ 時間を費やす
◆ ~se ❶ 借金する. ❷ ⟨en に⟩ 固執する, …と言い張る: Se ha empeñado en comprar un coche nuevo. 彼はどうしても新車を買うと言って聞かなかった

empeño [エンペニョ] 男 ❶ 固執, 執心. ❷ 努力, 根気: con ~ 粘り強く

empeorar [エンペオラル] 他 悪化させる: ~ la situación 状況を悪化させる
◆ 自・~se 悪化する: Empeora el tiempo. 天候が悪化する

empequeñecer [エンペケニェセル] 20 他 小さくする

emperador [エンペラドル] 男 皇帝, 天皇: ~ romano ローマ皇帝

emperatriz [エンペラトリス] 女 女帝, 皇后

empezar [エンペサル] 18 自 ❶ 始まる: La clase empieza a las nueve. 授業は9時に始まる
❷ ⟨a+不定詞⟩ …し始める: Empezó a llorar. 彼は泣き出した
❸ ⟨por+不定詞⟩ …から始める: Empezó por poner las cosas en orden. 彼はまずかたづけることから始めた
◆ 他 始める: ~ la clase 授業を始める
para ~ まず最初に: tomando
Ya empezamos. ⟨口語⟩ またか!

empinado, da [エンピナド, ダ] 形 急な, けわしい: cuesta ~da 急な坂

emplasto [エンプラスト] 男 貼り薬: aplicar un ~ a... …に貼り薬を貼る

emplazamiento [エンプラサミエント] 男 ❶ 位置, 配置. ❷ ⟨法律⟩ 召喚, 出頭

emplazar [エンプラサル] 13 他 ❶ ⟨日時・場所を⟩ 指定する. ❷ 配置する. ❸ ⟨法律⟩ 召喚する, 出頭を命じる

empleado, da [エンプレアド, ダ] 名 過分 従業員, 職員: Soy ~ de una compañía aérea. 私は航空会社の社員です. ~ bancario/~ de un banco 銀行員
◆ 女 家政婦, メード 『~ doméstica, ~ de servicio』

emplear [エンプレアル] 他 ❶ 使う, 費やす: ~ un kilo de harina 小麦粉を1キロ使う. ~ bien el tiempo 時間の使い方が上手である. ~ un método ある方法を用いる
❷ 雇う: ~ a+人 como secretario …を秘書として雇う

empleo [エンプレオ] 男 ❶ 職, 仕事: buscar un ~ 職を捜す. perder su ~ 失業する. ❷ 雇用: creación de ~ 雇用の創出. ❸ 使用

empobrecer [エンポブレセル] 20 他 貧しくする
◆ 自・~se 貧しくなる

empollar [エンポジャル] 他 自 ⟨ス. 口語⟩ 猛勉強する

empollón, na [エンポジョン, ナ] 名 ⟨ス.

ガリ勉家

emporio [エンポリオ] 男 ❶ 国際商業都市. ❷ 文化(芸術)の中心地. ❸〈ラ〉百貨店

empotrado, da [エンポトラド, ダ] 形〈家具を〉作り付けの: armario ～ 作り付けの戸棚

emprendedor, ra [エンプレンデドル, ラ] 形 名 積極的な〔人〕, やる気のある〔人〕

emprender [エンプレンデル] 他 着手する, 取りかかる: ～ el estudio de los genes 遺伝子の研究に取り組む

empresa [エンプレサ] 女 ❶ 企業, 会社: trabajar en una ～ de ordenadores コンピュータ会社に勤めている. gran (mediana・pequeña) ～ 大(中・小)企業. ～ mixta 第3セクター. ～ privada 民間企業. ～ pública 公営企業
❷ 企て, 事業: llevar a cabo una gran ～ 大事業を成し遂げる

empresarial [エンプレサリアル] 形 企業の, 経営の: ciencias ～es 経営学. organización ～ 経営者団体

empresario, ria [エンプレサリオ, リア] 名 企業家, 経営者

empréstito [エンプレスティト] 男 公債

empujar [エンプハル] 他 ❶ 押す, 突く: ～ la puerta ドアを押す. ❷〈a に〉駆り立てる, 圧力をかける: Sus palabras me *empujaron a* comprar la casa. 彼のことばで私はその家を買う気になった

empuje [エンプヘ] 男 ❶ 押すこと; 圧力. ❷ 気力, 行動力, 決断力

empujón [エンプホン] 男〈強く〉押すこと: dar un ～ a+人 …を突き飛ばす
a empujones 人を押しのけて

empuñar [エンプニャル] 他 ❶ つかむ, 握る. ❷ 振りかざす

en [エン] 前 ❶〈場所〉1) …の中に, …に, …で: Las tijeras están ～ el cajón. はさみは引き出しの中にある. Mi padre está ～ España. 父はスペインにいる. entrar ～ una tienda 店の中に入る. 2) …の上に: Hay una copa ～ la mesa. テーブルの上にグラスがある
❷〈時間〉…に: ～ 2004 2004 年に. ～ invierno 冬に. ～ enero 1 月に
❸〈期間〉…かかって: acabar ～ 5 días 5日間で終える
❹〈様態・手段・方法〉…で: ～ voz alta 大声で. viajar ～ coche (avión) 車(飛行機)で旅行する. escribir ～ japonés 日本語で書く
❺〈価格〉…で: comprar ～ mil euros 千ユーロで買う
❻〈数量の差〉aumentar ～ un 18 por ciento 18 パーセント増やす
❼〈分野〉…における: experto ～ informática コンピュータの専門家

en-〈接頭辞〉『b・p の前では em- となる』❶「中」の意. ❷「…ならしめる」の意の他動詞を作る

enagua [エナグア] 女〈服飾〉ペチコート

enajenación [エナヘナスィオン] 女 ❶ 精神異常. ❷ 譲渡

enajenar [エナヘナル] 他 ❶ 正気を失わせる. ❷ 譲り渡す
◆ ～se 正気を失う

enamorado, da [エナモラド, ダ] 形 過分〈de に〉恋している: estar ～ de+人 …に恋している
◆ 名 恋人

enamorar [エナモラル] 他 …の心を捕える
◆ ～se〈de に〉恋をする: *Se ha enamorado de Carmen*. 彼はカルメンが好きになった

enano, na [エナノ, ナ] 形 名 小びと〔の〕

enarbolar [エナルボラル] 他〈旗などを〉掲げる

enardecer [エナルデセル] 20 他 興奮させる, 熱狂させる
◆ ～se 興奮する, 熱狂する

encabezamiento [エンカベサミエント] 男 前置き, 前文

encabezar [エンカベサル] 13 他 ❶ …の最初にある: La noticia sobre la Cumbre *encabeza* el periódico de hoy. サミットのニュースがきょうの新聞のトップ記事だ. ❷ 前置きとする. ❸ 率いる, 指揮する: ～ la manifestación デモの先頭に立つ

encadenar [エンカデナル] 他 ❶〈a に〉鎖でつなぐ. ❷ 束縛する

encajar [エンカハル] 他 ❶〈en に〉はめる: ～ el tornillo *en* el agujero ねじを穴にはめ込む. ❷〈殴打などを〉与える; 投げつける. ❸〈逆境などを〉受け入れる, 甘受する
◆ 自 ❶ はまる. ❷〈con と〉一致する, 調和する: Su declaración *encajó con* la de los otros testigos. 彼の供述は他の証人のと一致した
◆ ～se はまり込む

encaje [エンカヘ] 男〈服飾〉レース: pañuelo de ～ のハンカチ. ～ de bolillos ボビンレース

encalar [エンカラル] 他 …に石灰を塗る

encallar [エンカジャル] 自 ❶ 座礁する. ❷ 挫折する, 暗礁に乗り上げる

encaminar [エンカミナル] 他〈a・hacia に〉向かわせる: ～ todos los esfuerzos *a*... …に全力を傾ける
◆ ～se 向かう

encandilar [エンカンディラル] 他 眩惑する, 惑わす

encantado, da [エンカンタド, ダ] 形 過分
❶ 〈初対面の挨拶〉初めまして 〖～ de conocerle. 女性が言う場合は ～da〗: Tanto gusto en haberle conocido.—E～. お目にかかれて光栄です. —初めまして
❷ 〈con で〉うっとりした；満足した: estar ～ con su trabajo 仕事に満足している
❸ 魔法にかけられた: casa ～da おばけ屋敷

encantador, ra [エンカンタドル, ラ] 形 魅惑的な, すてきな: chica ～ra チャーミングな娘. paisaje ～ すばらしい景色
◆ 男 魔法使い, 魔術師: ～ de serpientes 蛇使い

encantar [エンカンタル] 他 ❶ 魅惑する, 魅了する; 喜ばせる: Me *encanta* esta canción. 私はこの歌にうっとりする. Le *encanta* esquiar. 彼はスキーが大好きだ. ¿Qué te pareció el concierto?—Me *encantó*. コンサートはどうだった？—すばらしかった. Me *encantaría* que vinieras conmigo. 私と一緒に来てくれたらうれしいんだが
❷ …に魔法をかける

encanto [エンカント] 男 魅力; 複 肉体的な魅力: No es guapa, pero tiene cierto ～. 彼女は美人ではないが魅力的だ

encañonar [エンカニョナル] 他 …に銃口を向ける

encapuchado, da [エンカプチャド, ダ] 形 名 覆面をした〔人〕

encarcelar [エンカルセラル] 他 投獄する

encarecer [エンカレセル] 20 他 ❶ 値上げする. ❷ 熱心に頼む. ❸ ほめそやす

encarecidamente [エンカレスィダメンテ] 副 熱心に, 切に

encargado, da [エンカルガド, ダ] 名 過分 〈de の〉担当者, 係員: ～ de la caja 会計(レジ)の担当者

encargar [エンカルガル] 55 他 ❶ ゆだねる, 任せる: 1) 〈a+人 に〉～ a+人 la administración de la compañía …に会社の経営を任せる. 2) 〈de を〉Me han encargado *del* teléfono. 私は電話番を頼まれた
❷ 〈que+接続法 するように〉指示する, 依頼する: Me *encargó que* le cuidara su perro en su ausencia. 私は彼の留守中犬の世話をするよう頼まれた
❸ 注文する: ～ una pizza ピザを注文する
◆ ～se 〈de を〉引き受ける: ～se de la recepción 受付の役を引き受ける

encargo [エンカルゴ] 男 ❶ 依頼; 使命: cumplir su ～ 使命を果たす. Tengo unos ～s que hacer. 私は用事をいくつか頼まれている. ❷ 〈商品の〉注文

encariñar [エンカリニャル] ～se 〈con を〉好きになる

encarnación [エンカルナスィオン] 女 ❶ 〈キリストの〉受肉, 托身. ❷ 化身, 権化: Es la ～ del mal. 彼は悪の権化だ

encarnar [エンカルナル] 他 ❶ 〈宗教〉受肉させる, 人の姿をとらせる. ❷ 体現する, 具現する: *Encarna* la avaricia. 彼は欲の権化だ. ❸ 〈俳優が役を〉演じる

encarnizado, da [エンカルニサド, ダ] 形 〈闘いが〉激しい, 残酷な

encarrilar [エンカリラル] 他 ❶ 〈列車を〉レール上にのせる. ❷ 順調に進行させる; 正しい道を歩ませる

encasillar [エンカシジャル] 他 分類する; 決めつける

encauzar [エンカウサル] 13 他 ❶ 誘導する, 方向づける. ❷ 〈流れを〉水路で導く

encefalograma [エンセファログラマ] 男 脳電図, 脳波図

encendedor [エンセンデドル] 男 ライター〖＝ mechero〗

encender [エンセンデル] 58 他 ❶ …に火をつける: ～ la chimenea 暖炉に火をつける
❷ …のスイッチを入れる: ～ la luz 電灯をつける. ～ la televisión テレビをつける
❸ 〈欲望・情熱を〉燃え上がらせる
◆ 自 火がつく
◆ ～se ❶ 火がつく. ❷ スイッチが入る. ❸ 顔を赤らめる

encendido [エンセンディド] 男 過分 〈エンジンの〉点火装置, イグニション

encerar [エンセラル] 他 …に蝋(ワックス)を塗る: ～ el suelo 床をワックスで磨く

encerrar [エンセラル] 57 他 ❶ 〈en に〉閉じこめる, 監禁する: ～ a+人 *en* el sótano …を地下室に閉じ込める. ❷ 含む: La película *encierra* un mensaje muy importante. その映画にはひじょうに重要なメッセージがこめられている
◆ ～se 閉じこもる; 立てこもる: ～*se en* un cuarto 部屋に閉じこもる. ～*se en* sí mismo 自分の殻に閉じこもる

encharcado, da [エンチャルカド, ダ] 形 水びたしの

enchilada [エンチラダ] 女 〈ラ. 料理〉エンチラーダ〖トルティージャにひき肉などを入れチリソースをかけたもの〗

enchufar [エンチュファル] 他 ❶ 〈電気器具を〉接続する, コンセントにつなぐ；スイッチを入れる: ～ el secador ドライヤーをコンセントにつなぐ. ～ el aire acondicionado エアコンの

スイッチを入れる. ❷ コネで採用する: ～ a+人 en una empresa …をコネで会社に入れる

enchufe [エンチュフェ] 男 ❶〈電気〉差し込み, コンセント; プラグ. ❷ コネ, 裏工作: tener un buen ～ よいコネがある

encía [エンスィア] 女 歯茎, 歯肉

enciclopedia [エンスィクロペディア] 女 百科事典: consultar (buscar) la palabra en la ～ 百科事典でそのことばを調べる. ser una ～ viviente (ambulante) 生き字引である

encierro [エンスィエロ] 男 ❶ 隠遁, 引きこもり; 立てこもり. ❷ 監禁, 幽閉. ❸ 牛追い『特にパンプローナのサンフェルミン祭で牛を闘牛場に追い込む行事』

encima [エンスィマ] 副 ❶〈de の〉上に(で): El gato está ～ del tejado. 猫は屋根の上にいる
❷ その上, さらに: Ese restaurante es caro y ～ la comida no es buena. そのレストランは高い上にまずい
❸ 身に付けて, 所持して: no llevar dinero ～ お金の持ち合わせがない
❹ さし迫って: tener ～ los exámenes 近々試験がある

por ～ 1)〈de の〉上を(に): volar *por* ～ *del* mar 海の上を飛ぶ un porcentaje muy *por* ～ *del* promedio 平均よりずっと高い割合. 2) ざっと, 上っ面だけ: limpiar la casa muy *por* ～ 家をざっと掃除する

encina [エンスィナ] 女〈植物〉コナラ; オーク材

encinta [エンスィンタ] 形 estar ～ 妊娠している

enclave [エンクラベ] 男 ❶ 飛び地, 飛び領土. ❷ 異質の集団

encoger [エンコヘル] 16 他 ❶ 小さくする, 縮める. ❷ 気力を失わせる, 委縮させる
◆ 自 小さくなる, 縮む: La camiseta *ha encogido* al lavarla. そのシャツは洗ったら縮んでしまった
◆ ～se ❶〈体を〉縮ませる: ～*se* de hombros 肩をすくめる. ❷ 気力を失う, 委縮する

encolerizar [エンコレリサル] 13 他 怒らせる
◆ ～se 怒る

encomendar [エンコメンダル] 57 他 …を委託する, 委任する: ～ la investigación a un abogado 弁護士に調査を頼む
◆ ～se〈a に〉保護を依頼する: ～*se a* Dios 神の加護を求める

encomienda [エンコミエンダ] 女 ❶ 委託, 委任. ❷〈ラ〉郵便小包『～ postal』. ❸〈歴史〉エンコミエンダ『新大陸の土地・先住民の征服者への委託, その土地・先住民』

enconar [エンコナル] 他 ❶〈対立などを〉激化させる. ❷ 怒らせる

encono [エンコノ] 男 強い反感, 敵意

encontrar [エンコントラル] 21 他 ❶ 見つける, 発見する: Por fin *encontré* la llave que había perdido. 私は失くした鍵をやっと見つけ出した. He encontrado una solución para el problema. 問題の解決法がわかった. La *encontré* llorando. 見ると彼女は泣いていた
❷〈偶然に〉出会う
❸〈性質などを〉認める, 評価する, …だと思う: ¿Qué tal estuvo la película?—La *encontré* aburrida. 映画はどうだった?—退屈だった
◆ ～se ❶〈ある場所・状態に〉いる, ある『= estar』: ～*se* bien〔de salud〕元気である. La Sagrada Familia *se encuentra* en Barcelona. 聖家族教会はバルセロナにある. Ellos *se encuentran* de viaje. 彼らは旅行中だ
❷〈互いに〉落ち合う: Han quedado en ～*se* en la estación. 彼らは駅で会うことにした
❸〈偶然, a・con と〉出会う: A la salida *me encontré a* tu padre. 私は出口で君のお父さんにばったり出会った. *Se encontró con* un problema inesperado. 彼は思いがけない問題にぶつかった
❹〈con que+直説法〉…であることに気づく: Al llegar a casa, *me encontré con que* había perdido la cartera. 家に着いて私は財布をなくしたことに気づいた

encorvar [エンコルバル] 他 曲げる
◆ ～se 曲がる; 背中が曲がる

encrucijada [エンクルスィハダ] 女 交差点, 十字路; 岐路: estar (encontrarse) en una ～ 岐路に立っている

encuadernación [エンクアデルナスィオン] 女 製本; 装丁

encuadernar [エンクアデルナル] 他 製本する

encuadrar [エンクアドラル] 他〈枠組に〉はめ込む; 分類する

encubrimiento [エンクブリミエント] 男 隠匿, 隠蔽(いんぺい)

encubrir [エンクブリル] 他〈過分 encubier-to〉❶ 隠す, 隠蔽する. ❷〈犯人を〉かくまう

encuentro [エンクエントロ] 男 ❶ 出会い: ～ inesperado 予期せぬ出会い. ❷ 会見, 会談. ❸ 衝突. ❹ 試合, 対戦: ～ de fútbol サッカーの試合

salir al ～ *de*+人 …を迎えに出る

encuesta [エンクエスタ] 女 ❶ アンケート,

調査: ~ de la opinión pública 世論調査. ❷ アンケート用紙

encuestar [エンクエスタル] 他 …にアンケート調査をする

encumbrar [エンクンブラル] 他 …の地位を上げる
◆ ~se 出世する

encurtido [エンクルティド] 男〈料理〉ピクルス, 酢漬け

ende [エンデ] *por* ~ したがって, だから

endeble [エンデブレ] 形 ❶ 虚弱な: constitución ~ 虚弱体質. ❷ 弱い, もろい: argumento ~ 薄弱な論拠

endemoniado, da [エンデモニアド, ダ] 形 ❶ 悪魔に取りつかれた. ❷ いたずらな; 意地悪な

enderezar [エンデレサル] 13 他 ❶〈曲がった・傾いたものを〉まっすぐにする, 立て直す, ぴんと伸ばす. ❷ 修正する, 矯正する
◆ ~se ❶ まっすぐになる. ❷ 背筋をぴんと伸ばす

endeudar [エンデウダル] ~se 借金をする

endiablado, da [エンディアブラド, ダ] 形 ❶ ひどく悪い; ひどく不快な. ❷ きわめてむずかしい

endosar [エンドサル] 他〈商業〉裏書きする

endoscopia [エンドスコピア] 女〈医学〉内視鏡検査

endoso [エンドソ] 男〈商業〉裏書き

endulzar [エンドゥルサル] 13 他 ❶ …に甘みをつける. ❷ 穏やかにする; 快くする

endurecer [エンドゥレセル] 20 他 ❶ 堅くする. ❷ 強くする, 鍛える: ~ las piernas 脚を鍛える. ❸ きびしくする: ~ su actitud 態度を硬化させる
◆ ~se ❶ 堅くなる. ❷ 鍛えられる, 強くなる

endurecimiento [エンドゥレスィミエント] 男 ❶ 硬化. ❷ 強化

enemigo, ga [エネミゴ, ガ] 名 敵: Es mi ~. 彼は私の敵だ. ~ de la paz 平和の敵. ~ mortal (jurado・encarnizado) 不倶戴天(だいてん)の敵. ~ público 社会の敵
◆ 形 ❶ 敵の: país ~ 敵国. ❷〈de が〉嫌いな: ser ~ de los ordenadores パソコンが大嫌いである

enemistad [エネミスタ] 女 敵意, 反感

enemistar [エネミスタル] 他 敵対させる
◆ ~se 〈con と〉敵対する

energético, ca [エネルヘティコ, カ] 形 ❶ エネルギーの: política ~ca エネルギー政策. ❷ エネルギーを生む: comida ~ca エネルギー源になる食べ物

energía [エネルヒア] 女 ❶ エネルギー: fuentes de ~ エネルギー源. ~ solar 太陽エネルギー
❷ 活力, 気力: con ~ 力強く; 断固として

enérgico, ca [エネルヒコ, カ] 形 元気のよい; 力強い: de forma ~ca エネルギッシュに. hombre ~ 精力的な人; 決断力のある人

energúmeno, na [エネルグメノ, ナ] 名 狂人; 粗暴な人

enero [エネロ] 男 1月: en ~ 1月に

enésimo, ma [エネスィモ, マ] 形〈数学〉n番目の
por ~*ma vez* 何度も何度も, 何度目かの

enfadado, da [エンファダド, ダ] 形 過分〈con に〉怒った: Está muy ~ conmigo. 彼は私にすごく腹を立てている

enfadar [エンファダル] 他 怒らせる
◆ ~se 〈con に, por で〉怒る: Se enfada por nada. 彼は何でもないことで腹を立てる

enfado [エンファド] 男 怒り, 不快感: causar a+人 …をむっとさせる

énfasis [エンファスィス] 男 ❶ 強調: poner ~ en... …を強調する. ❷ 誇張

enfatizar [エンファティサル] 13 他 ❶ 強調する, 力説する. ❷ 誇張する

enfermar [エンフェルマル] 他 病気にさせる
◆ 自・~se 病気にかかる

enfermedad [エンフェルメダ] 女 病気, 疾患: tener una ~ de hígado 肝臓の病気にかかっている. ~ grave 重病. ~ de Parkinson パーキンソン病

enfermería [エンフェルメリア] 女 医務室

enfermero, ra [エンフェルメロ, ラ] 名 看護師, 看護婦

enfermizo, za [エンフェルミソ, サ] 形 ❶ 病弱な: niño ~ 病気がちの子供. ❷ 病的な, 不健全な: curiosidad ~za 病的な好奇心

enfermo, ma [エンフェルモ, マ] 形 病気の: estar muy ~ 重病である. caer ~/ ponerse ~ 病気になる. caer ~ del riñón 腎臓病になる
◆ 名 病人, 患者
poner ~ *a*+人 …をうんざりさせる

enfilar [エンフィラル] 他 ❶ …をまっすぐ進む: ~ la autopista hacia el aeropuerto 高速道路を空港に向かって進む. ❷〈視線など を〉向ける. ❸ …に糸を通す, 数珠(じゅ)つなぎにする
◆ 自 進む

enfocar [エンフォカル] 73 他 ❶〈レンズなどの〉焦点を合わせる: ~ la cámara カメラのピントを合わせる. ❷ …に光を当てる: ~ la caja fuerte con la linterna 懐中電灯で金庫を照らす. ❸ 検討する, 見つめる: ~ el problema desde el punto de vista económico 問題を経済的見地から捉える

enfoque [エンフォケ] 男 ❶ ピント合わせ: ~ automático オートフォーカス. ❷ 視点, 観点; アプローチ: nuevo ~ del tema そのテーマへの新たな視点

enfrascar [エンフラスカル] 73 ~se〈en〉没頭する: ~se en el trabajo 仕事に夢中になる

enfrentamiento [エンフレンタミエント] 男 対決; 対立: ~ armado 武力衝突

enfrentar [エンフレンタル] 他 ❶ …に立ち向かう: ~ la realidad 現実に立ち向かう. ❷〈con に〉挑ませる. ❸ 向かい合わせにする
◆ ~se〈a・con に〉立ち向かう; 対決する: ~se a una dificultad 困難に立ち向かう

enfrente [エンフレンテ] 副〈de の〉正面に, 向かい側に: José está sentado ~ de mí. ホセは私の正面にすわっている. casa de ~ 向かい側の家

enfriamiento [エンフリアミエント] 男 ❶ 冷却. ❷ 風邪

enfriar [エンフリアル] 33 他 ❶ 冷却する, さます: ~ el vino en la nevera ワインを冷蔵庫で冷やす. ❷〈情熱などを〉冷やす
◆ ~se ❶ 冷える, さめる: La sopa se ha enfriado. スープはさめてしまった. ❷〈軽い〉風邪をひく, 風邪気味である

enfurecer [エンフレセル] 20 他 激怒させる
◆ ~se ❶ 激怒する, 憤慨する. ❷〈海が〉荒れる

engalanar [エンガラナル] 他 飾り立てる
◆ ~se 着飾る

enganchar [エンガンチャル] 他 ❶〈鉤などに〉掛ける, ひっかける; つなぐ. ❷〈上手に・だまして, 人を〉引きつける;〈恋人などを〉つかまえる, ひっかける: ~ un novio rico 金持ちの恋人をつかまえる
◆ ~se〈en に〉ひっかかる: Se me enganchó la falda en un clavo. 私のスカートがくぎにひっかかった. ❷〈a に〉おぼれる: Está enganchado a l videofuego. 彼はテレビゲームにはまっている

engañar [エンガニャル] 他 ❶ だます: Me engañó diciéndome mentiras. 彼はうそを言って私をだました. ¡No me engañes! 冗談だろう! Si la memoria no me engaña 私の記憶にまちがいがなければ. ~ el hambre 空腹をまぎらわす
❷〈con と〉…に対し不貞を働く: Su marido la engaña con otra mujer. 彼女の夫は別の女性と浮気している
◆ ~se ❶ 自分をごまかす 〖~se a sí mismo〗. ❷ 誤る

engaño [エンガニョ] 男 ❶ 欺瞞(ぎまん), ぺてん. ❷ 誤り, 思い違い. ❸ 浮気

engañoso, sa [エンガニョソ, サ] 形 だます, 感わせる: promesa ~sa から約束

engarzar [エンガルサル] 13 他 ❶〈鎖状に〉つなげる: ~ abalorios ビーズ玉をつなぐ. ❷〈宝石を〉はめ込む. ❸ 結びつける, 関連づける

engatusar [エンガトゥサル] 他 甘言でだます, 丸め込む

engendrar [エンヘンドラル] 他 ❶〈子を〉なす, 作る. ❷〈状況などを〉生む, 引き起こす

engordar [エンゴルダル] 他 太らせる; 肥育する: ~ un pavo 七面鳥を太らせる
◆ 自 ❶ 太る: He engordado tres kilos. 私は3キロ太った. ❷ 太らせる: Los dulces engordan. 甘いものは太る

engorroso, sa [エンゴロソ, サ] 形 迷惑な, やっかいな

engranaje [エングラナヘ] 男 歯車装置, ギア: caja de ~ ギアボックス

engrandecer [エングランデセル] 20 他 ❶ 大きくする, 広げる. ❷ 偉大にする, 高貴にする; 名声を高める
◆ ~se 立派になる; 昇進する

engrasar [エングラサル] 他 …に油をさす; 油脂を塗る: ~ las bisagras de una puerta ドアのちょうつがいに油をさす

engreído, da [エングレイド, ダ] 形 うぬぼれた, 思い上がった

engrosar [エングロサル] 他 ❶ 太らせる; 厚くする. ❷ 増やす: ~ los fondos 資金を増やす
◆ 自・~se ❶ 太る; 厚くなる. ❷ 増える

engullir [エングジル] 10 他 自 むさぼり食う; 丸飲みする

enhebrar [エネブラル] 他〈針に〉糸を通す;〈数珠などを〉つなぎ合わせる

enhorabuena [エノラブエナ] 女〈努力の成果・出産などに対する〉お祝いのことば, おめでとう: dar la ~ a+人 …に祝辞を述べる, お祝いを言う. Te doy la ~ por el nacimiento de tu bebé. 赤ちゃんのご誕生おめでとうございます
◆ 間 おめでとう/よかったですね!

enigma [エニグマ] 男 謎, 不可解なこと: descifrar un ~ 謎を解く

enigmático, ca [エニグマティコ, カ] 形 謎の, 不可解な: persona ~ca 謎の人物

enjabonar [エンハボナル] 他 …に石けんをつける, 石けんで洗う
◆ ~se〈自分の体に〉石けんをつける, 石けんで洗う: ~se las manos 石けんで手を洗う

enjambre [エンハンブレ] 男〈ミツバチの〉群れ

enjaular [エンハウラル] 他 檻に入れる;〈口語〉投獄する

enjuagar [エンフアガル] 55 他 すすぐ, 水洗いする: ~ un plato 皿をすすぎ洗いする
◆ ~se〈自分の口・体を~する〉: ~se con un elixir 口内洗浄剤で口をすすぐ. ~se el pelo 髪をゆすぐ

enjuague [エンフアゲ] 男 ❶ すすぎ, 水洗い. ❷〈ラ〉ヘアリンス, ヘアコンディショナー

enjugar [エンフガル] 55 他 ❶〈水けを〉ふき取る, ふく. ❷〈赤字を〉解消する
◆ ~se 自分の体をふく: ~se las lágrimas con un pañuelo ハンカチで涙をふく

enjuiciar [エンフイスイアル] 他 検討する; 判断する: ~ la conducta de+人 …の行動を評価する

enjuto, ta [エンフト, タ] 形 やせた, 肉づきの悪い

enlace [エンラセ] 男 ❶ つながり, 結合. ❷ 結婚〖~ matrimonial〗. ❸〈交通〉接続. ❹ 連絡係: ~ sindical〈ス〉組合代表. ❺〈情報〉リンク: ~ a sitios relacionados 関連サイトへのリンク

enlatar [エンラタル] 他 缶詰にする

enlazar [エンラサル] 13 他 結ぶ, つなぐ: La autopista *enlaza* el aeropuerto con la ciudad. その道路は空港と都市を結んでいる
◆ 自〈交通機関が〉接続する

enlodar [エンロダル] 他 泥でよごす

enloquecedor, ra [エンロケセドル, ラ] 形 気を狂わせるような

enloquecer [エンロケセル] 20 他 ❶ 発狂させる; 逆上させる. ❷ 熱狂させる: Me *enloquece* el rock. 私はロックに夢中だ
◆ 自; ~se 発狂する; 逆上する: ~[se] de celos 嫉妬に狂う

enlutado, da [エンルタド, ダ] 形 喪服を着た

enmarañar [エンマラニャル] 他 もつれさせる; 混乱させる
◆ ~se もつれる, 混乱する

enmarcar [エンマルカル] 73 他 ❶ 額縁に入れる. ❷〈en~dentro de の中に〉位置づける

enmascarar [エンマスカラル] 他 ❶ 仮面で覆う. ❷ 覆い隠す
◆ ~se 仮面をつける;〈de に〉仮装する, 変装する

enmendar [エンメンダル] 57 他 訂正する, 修正する: ~ un error まちがいを直す. ~ su conducta 行ないを改める
◆ ~se〈自分の欠点を〉直す, 行ないを改める

enmienda [エンミエンダ] 女 ❶ 訂正, 修正; 訂正個所; 修正案. ❷ 改心

enmohecer [エンモエセル] 20 ~se ❶ かびが生える. ❷ さびつく

enmudecer [エンムデセル] 20 自 黙る;〈話すべき時に〉黙っている, 何も言わない
◆ 他 黙らせる

ennegrecer [エンネグレセル] 20 他 ❶ 黒くする; 暗くする. ❷ 陰気にする
◆ ~se ❶ 黒くなる; 暗くなる. ❷ 陰気になる

enojado, da [エノハド, ダ] 形 過分 〈con に〉怒った, いらいらした: Está ~ *con*tigo. 彼は君に腹を立てている

enojar [エノハル] 他 怒らせる, いらいらさせる
◆ ~se〈con に〉腹を立てる, いらだつ: Se enojó *con*migo. 彼は私に腹を立てた

enojadizo, za [エノハディソ, サ] 形 怒りっぽい

enojo [エノホ] 男〈主にラ〉怒り, いらだち

enojoso, sa [エノホソ, サ] 形 不快な, やっかいな: situación ~sa 面倒くさい事態

enorgullecer [エノルグジェセル] 20 ~se 思い上がる, 高慢になる.〈de を〉自慢する, 誇る: Nos enorgullecemos de haber participado en este proyecto. 私たちはこのプロジェクトに参加できたことを誇りに思う

enorme [エノルメ] 形 巨大な, 並はずれた: edificio ~ 巨大なビル. ~ cantidad 莫大な量. ~ alegría ~ とても大きな喜び

enoteca [エノテカ] 女 ワインの貯蔵 (コレクション)

enotecnia [エノテクニア] 女 ワイン醸造法

enraizar [エンライサル] 32 自; ~se〈en に〉根づく, 根を下ろす: costumbres *enraizadas* en el pueblo japonés 日本人の中に根を下ろした風俗習慣

enrarecer [エンらレセル] 20 他 汚染する, 希薄にする
◆ ~se〈大気が〉汚染される;〈大気中の酸素が〉希薄になる

enredadera [エンれダデラ] 女 つる植物

enredar [エンれダル] 他 ❶〈糸などを, en に〉からませる. ❷ 紛糾化する: ~ la situación 事態を混乱させる. ❸〈面倒に〉巻き込む
◆ ~se ❶ からまる, からみつく: Se enredaron las cuerdas. ロープがからまった. Se me *enredó* el pelo. 私は髪の毛がからまった. ❷ 紛糾する; けんかになる. ❸ 巻き込まれる: Se ha enredado en un negocio oscuro. 彼はうさんくさい商売にかかわりを持った

enredo [エンれド] 男 ❶ もつれ, からまり. ❷ 紛糾, トラブル. ❸ 悪だくみ. ❹〈劇などの〉筋立て, プロット

enrevesado, da [エンれベサド, ダ] 形 入り組んだ, 複雑な

enriquecer [エンリケセル] 20 他 ❶ 金持ちにする, 裕福にする. ❷ 豊かにする, 充実させる: ~ su espíritu 精神を豊かにする. ~ el vo-

cabulario ボキャブラリーを増やす
◆ **～se ❶** 金持ちになる, 富ませる: El país *se ha enriquecido* gracias a su desarrollo industrial. 産業の発達で国が豊かになった. ❷ 豊かになる, 充実する

enrojecer [エンロヘセル] 20 他 赤くする
◆ 自・**～se** 〈人が〉赤くなる; 顔が赤くなる

enrolar [エンロラル] 他 〈兵を〉徴募する
◆ **～se** 入隊する

enrollar [エンロジャル] 他 巻く
◆ **～se** 〈ス. 口語〉長々と話す, くどくどと話す

enroscar [エンロスカル] 73 他 ❶ らせん(渦巻)状にする; 巻く. ❷ ～ un tornillo ねじを締める
◆ **～se** 〈蛇が〉とぐろを巻く

ensalada [エンサラダ] 女 サラダ: ～ de frutas フルーツサラダ. ～ mixta ミックスサラダ. ～ rusa 〈ゆで卵・ツナなどの入った〉ポテトサラダ

ensaladilla [エンサラディジャ] 女 ポテトサラダ 〖～ rusa〗

ensalzar [エンサルサル] 13 他 賛美する, ほめたたえる

ensambladura [エンサンブラドゥラ] 女 = ensamblaje

ensamblaje [エンサンブラヘ] 男 組立て: planta de ～ 組立て工場

ensamblar [エンサンブラル] 他 組立てる

ensanchar [エンサンチャル] 他 広げる: ～ un hueco 穴を大きくする. ～ una carretera 道路を拡張する
◆ **～se ❶** 広がる: El río *se ensancha* a partir de aquí. ここから川幅が広くなる. ❷ 思い上がる, うぬぼれる

ensanche [エンサンチェ] 男 ❶ 拡張, 拡大. ❷ 〈都市の〉新規拡張地区: vivir en el ～ de Barcelona バルセロナの新興住宅地に住む

ensangrentar [エンサングレンタル] 57 他 血に染める, 血でよごす
◆ **～se** 血だらけになる

ensañar [エンサニャル] **～se** 〈con・contra を〉痛めつける

ensartar [エンサルタル] 他 …に糸を通す, つなぐ

ensayar [エンサジャル] 他 ❶ 練習する, リハーサルする: ～ una canción 歌のリハーサルをする. ❷ 〈性能などの〉試験をする; 試用する: ～ una nueva vacuna 新しいワクチンの効能を試す

ensayista [エンサジスタ] 名 随筆家, エッセイスト

ensayo [エンサジョ] 男 ❶ 稽古, リハーサル. ❷ 〈性能などの〉試験, テスト; 試用: ～ de resistencia 耐久性テスト. ～ nuclear 核実験. ❸ エッセー, 随筆

enseguida [エンセギダ] 副 すぐに, ただちに: E～ voy. すぐ行きます. El tren va a llegar ～. 電車はすぐ来る

ensenada [エンセナダ] 女 入り江

enseñanza [エンセニャンサ] 女 ❶ 教育; 教育法: dedicarse a la ～ 教育にたずさわる. ～ a distancia 通信教育. ～ primaria 初等教育. ～ media/～ secundaria 中等教育. ～ superior 高等教育. ～ técnica 技術教育
❷ 〈時に 複〉教訓, 教え: servir de ～ 教訓として役立つ

enseñar [エンセニャル] 他 ❶ 教える: 1) ～ química 化学を教える. 2) 〈a+不定詞〉 ～ a nadar 泳ぎを教える
❷ 示す, 見せる: *Enséña*me esa foto. その写真を見せて. Te voy a ～ la ciudad. 君に町を案内してあげよう

enseres [エンセレス] 男 複 家財道具; 〈仕事などの〉道具

ensillar [エンシジャル] 他 〈馬に〉鞍を置く

ensimismar [エンシミスマル] **～se ❶** 物思いにふける; 〈en に〉没頭する, 没入する: ～se *en* sus recuerdos 思い出にふける. ❷ 〈ラ〉思い上がる

ensombrecer [エンソンブレセル] 20 他 暗くする; 影を落とす
◆ **～se** 暗くなる: El día *se ha ensombrecido*. 日がかげった. Su rostro *se ensombreció* al oír la noticia. その知らせを聞いて彼の顔が曇った

ensordecedor, ra [エンソルデセドル, ラ] 形 耳をつんざくような: ruido ～ ひどい騒音

ensordecer [エンソルデセル] 20 他 …の耳を聞こえなくする
◆ 自 耳が聞こえなくなる

ensortijado, da [エンソルティハド, ダ] 形 巻き毛の

ensuciar [エンスシアル] 他 ひどくよごす; 〈名声などを〉よごす
◆ **～se ❶** ひどくよごれる: ～*se* la ropa 〈自分の〉服をよごす. ❷ 大便をもらしてしまう

ensueño [エンスエニョ] 男 夢; 夢想

entablado [エンタブラド] 男 板張りの床

entablar [エンタブラル] 他 ❶ 始める, 着手する: ～ negociaciones 交渉にとりかかる. ～ amistad con+人 …と友情を結ぶ. ❷ …に板を張る

ente [エンテ] 男 ❶ 団体, 機関. ❷ el E～ 〈ス〉国営放送. ❸ 〖哲学〗存在

entender [エンテンデル] 58 他 ❶ 理解する, わかる: No te *entiendo*. 私には君が理解

できない/君が何を言っているかわからない. ～ francés フランス語がわかる. ～ algo de coche 車のことが少しわかる

❷ 判断する: *Entendí* que no debía decirle la verdad. 私は彼に本当のことを言ってはいけないと思った

◆ 自 ❶ 〈de に〉精通している: No *entiendo de* pintura. 私は絵のことはわからない. ～ *de* mecánica 機械に強い. ❷ 〈en に〉関わる

～**se** ❶ 理解し合う. ❷ 〈con と〉仲がよい; うまくやる: ～*se* bien (mal) *con* su jefe 上司とうまくいっている(いない). ❸ 打ち合わせる;〈意見の〉一致を見る. ❹ 自分を理解する

◆ 男 判断, 意見

a mi ～ 私が思うには

dar a ～ ほのめかす: Me *dio a* ～ que necesitaba dinero. 彼はお金を必要としていることを私にそれとなく匂わせた

～ *mal* 誤解する: Me *has entendido mal*. 君は私を誤解している/私の言っていることを誤解してしまった

entendido, da [エンテンディド,ダ] 形 過分 ❶ 理解された: Tengo ～ que... 私は…と理解している. palabras mal ～*das* 誤解されたことば. ❷ 〈en に〉精通した. ❸〈つねに男性形で〉¿*E*～? わかった？ ¡*E*～! 了解/わかった!

◆ 名 専門家

entendimiento [エンテンディミエント] 男 理解力, 判断力

enteramente [エンテラメンテ] 副 すっかり, 完全に

enterar [エンテラル] 他 …に知らせる

◆ ～**se** 〈de を〉知る; 気づく: Me *enteré de* la noticia ayer. 私はそのニュースをきのう知った

entereza [エンテレサ] 女 意志の堅さ

enternecer [エンテルネセル] 20 他 ほろりとさせる, 感動させる

◆ ～**se** ほろりとなる, 感動する

entero, ra [エンテロ,ラ] 形 ❶ 全部の, 全部そろった; 全体の: Se comió un melón ～. 彼はメロンを丸ごと1個たいらげた. una semana ～*ra* 丸一週間

❷ 完全無欠な, 無傷の: El florero llegó ～. 花びんは無傷で届いた

❸ 意志の堅い; 公明正大な

por ～ すべて, 完全に

enterrar [エンテラル] 57 他 ❶〈土の中に〉埋める, 埋葬する: ～ a+人 en un cementerio …を墓地に葬る. ❷ 隠す; 葬り去る: ～ un recuerdo 思い出を忘れ去る

entidad [エンティダ] 女 ❶ 機関, 団体: ～ financiera 金融機関. ❷ 価値, 重要性: problema de gran ～ 重要な問題. ❸〈哲学〉実体, 本質

entierro [エンティエロ] 男 埋葬, 葬式, 葬列: asistir al ～ de+人 …の葬儀に参列する

entonación [エントナスィオン] 女〈声の〉抑揚, イントネーション

entonar [エントナル] 他 ❶ 歌う. ❷ 活力を与える, 元気づける

◆ 自 ❶ 声の調子をとる: No *entona* bien. 彼は音が外れている. ❷〈con と〉調和する

～**se** しゃきっとする, 元気になる

entonces [エントンセス] 副 ❶ その時; 当時: *E*～ se oyó un grito. その時, 叫び声が聞こえた. desde ～ 当時から. en (por) aquel ～ あの時; 当時

❷ それでは: *E*～, hasta mañana. ではまたあした

◆ 間 何をいまさら/しからばしかたがない! [¡Pues ～!]

entornar [エントルナル] 他〈扉・窓などを〉細めに開く, 少し開けておく: ～ los ojos 薄目を開ける; 目を軽く閉じる

entorno [エントルノ] 男 環境, 周囲: ～ social 社会環境

entorpecer [エントルペセル] 20 他 困難にする, 妨げる: ～ el paso 通行を妨げる. ～ el entendimiento 理解力を鈍らせる

entrada[1] [エントラダ] 女 ❶ 入ること: Prohibida la ～. 立入禁止/入場お断わり. La ～ es gratuita. 入場は無料です. hacer su ～ en la escena 舞台に登場する

❷ 入り口: esperar a la ～ del metro 地下鉄の入り口で待つ. ～ de aire 空気取り入れ口

❸ 入場券: sacar una ～ 入場券を買う. ～ de un concierto コンサートのチケット

❹〈主に複〉入金, 収入: ～s y salidas 収支

❺〈季節・年などの〉初め

❻ 頭金, 内金

❼〈料理〉前菜, オードブル

❽〈情報〉入力, インプット

❾〈サッカー〉タックル

❿〈主に複〉額の両側の〉はえぎわ: Tiene un poco de ～s. 彼ははえぎわが少し後退している

de ～ まず, 手初めに

entrado, da[2] [エントラド,ダ] 形 過分: ～ en años 年をとった. ～*da* la noche 夜になってから

entramado [エントラマド] 男〈建築〉骨組み

entrante [エントランテ] 形 入る; 次の: el año ～ 来年

entraña [エントラニャ] 女 ❶〈複〉内臓. ❷

奥底, 本質

entrañable [エントラニャブレ] 形 ❶ 親しい, 最愛の: amigo ~ 心からの友. ❷ 心の底からの: cariño ~ 深い愛情

entrar [エントラル] 自 ❶ <en・a に> 入る: ~ *en* un cuarto 部屋に入る. ~ *por* la puerta trasera 裏口から入る. ~ *en* una escuela 入学する. ~ *en* discusiones 議論に加わる

❷ 含まれる: Su nombre también *entró en* la lista de candidatos. 彼の名前も候補者リストに入った

❸ <時期・状態などが> 始まる: el año (el mes) que *entra* 来年(来月). Me *entra* sueño (miedo). 私は眠く(怖く)なる

❹ <時期などに> 達する; <ある状態に> なる: Hemos *entrado en* invierno. 冬になった

❺ 収まる: Esta falda no me *entra*. このスカートは私には入らない

◆ 他 ❶ 入れる: ~ la ropa tendida *en* la habitación 干した洗濯物を室内に取り込む. ❷ <情報> アクセスする; インプットする

no ~ *a*+人) …に理解(納得)できない: *No me entran* las matemáticas. 私は数学がわからない. 2) <人が> …に親しみを感じさせない: No me *entra* esa chica. あの娘は虫が好かない

entre [エントレ] 前 ❶ …の間に, …の中で: 1) <空間> Tokio y Osaka 東京と大阪の間に. 2) <時間> salir de casa ~ las ocho y las nueve 8時から9時の間に家を出る

❷ <選択・分割・区別> vacilar ~ ir o no ir 行くか行かないかに迷う. repartir los dulces ~ los niños 菓子を子供たちに分ける. diferencia ~ los ricos y los pobres 貧富の差

❸ <中間> color ~ verde y azul 緑と青の中間の色

❹ <協力> …がかりで: coger al ladrón ~ tres personas 3人がかりで泥棒をつかまえる

❺ <相互> Vamos a ayudarnos ~ todos. みんなで助け合おう. relaciones ~ Japón y España 日西関係

entreabrir [エントレアブリル] 他 <過分 entreab*ierto*> <扉・窓などを> 少し開ける, 半開きにする: ~ los ojos 薄目を開ける

entreacto [エントレアクト] 男 <演劇> 幕間(まく)

entrecejo [エントレセホ] 男 眉間(みけん): fruncir el ~ 眉間にしわを寄せる, まゆをひそめる

entrecortado, da [エントレコルタド, ダ] 形 <音・声が> とぎれとぎれの

entredicho [エントレディチョ] 男 *estar en* ~ 疑われている

poner en ~ 疑う, 問題にする

entrega [エントレガ] 女 ❶ 引き渡し; 接与, 交付: ~ a domicilio 宅配. fecha de ~ 引き渡し期日. ❷ 献身; 没頭. ❸ <連載などの> 1回分

entregar [エントレガル] 55 他 ❶ <a に> 渡す, 引き渡す: ~ un documento *a*+人 …に書類を渡す. ~ una carta en mano 手紙を手渡しする. ~ a un delincuente a la policía 犯人を警察に引き渡す

❷ 授与する: ~ el diploma *a*+人 …に修了証書を授与する

◆ ~*se* ❶ …に身(心)を任せる; 没頭する: ~*se a* la lectura 読書にふける. ❷ 投降する: ~*se a* la policía 警察に自首する

entrelazar [エントレラサル] 13 他 <糸などを> からみ合わせる

entremeses [エントレメセス] 男複 <料理> オードブル, 前菜

entrenador, ra [エントレナドル, ラ] 名 トレーナー, コーチ, 監督

entrenamiento [エントレナミエント] 男 練習, 訓練: hacer ~ de baloncesto バスケットボールの練習をする. Te falta ~. 君はトレーニング不足だ

entrenar [エントレナル] 他 訓練する, 鍛える: ~ un equipo チームを鍛える

◆ 自 トレーニングする

◆ ~*se* 自分を訓練する, 練習する: ~*se en* un gimnasio ジムでトレーニングする

entrepierna [エントレピエルナ] 女 股

entresemana [エントレセマナ] 副 女 ウィークデイ(に) [=entre semana]

entresuelo [エントレスエロ] 男 中二階

entretanto [エントレタント] 副 <時間> その間に

entretejer [エントレテヘル] 他 ❶ 織る. ❷ 織りまぜる, 加える

entretener [エントレテネル] 47 他 楽しませる, 気晴らしをさせる: Me *entretuvo* mucho tu visita. 君が来てくれてとても楽しかったよ

◆ ~*se* <con/+現在分詞 で> 楽しむ, 気晴らしをする: ~*se con* la lectura 読書で気晴らしをする. ~*se* tocando el piano ピアノを弾いて楽しむ

entretenido, da [エントレテニド, ダ] 形 過分 楽しい, 愉快な: libro ~ おもしろい本

entretenimiento [エントレテニミエント] 男 娯楽, 気晴らし: Hacer deporte es mi mayor ~. スポーツが私のいちばんの楽しみだ. servir de ~ 気晴らしになる

entrever [エントレベル] 62 他 かいま見る, ちらりと見える

entrevista [エントレビスタ] 女 ❶ 会見, 会

談：celebrar una ～ 会談を行なう. ❷ インタビュー：hacer una ～ a+人 en televisión …にテレビでインタビューする. ❸ 面接試験

entrevistador, ra [エントレビスタドル, ラ] 名 インタビュアー

entrevistar [エントレビスタル] 他 ❶ …にインタビューする. ❷ 面接試験をする
◆ ～se ⟨con と・に⟩ 会談する；インタビューする

entristecer [エントリステセル] 20 他 悲しませる
◆ ～se 悲しむ

entrometer [エントロメテル] ～se ⟨en に⟩ 介入する, 口出しする：～se en los asuntos ajenos 他人のことにおせっかいをやく

entrometido, da [エントロメティド, ダ] 形 過分 差し出がましい, おせっかいな

entumecer [エントゥメセル] 20 他 ⟨筋肉・関節の⟩動きを鈍らせる
◆ ～se ⟨筋肉・関節が⟩よく動かなくなる；しびれる：Se me entumecieron las manos por el frío. 私は寒さで手がかじかんだ

enturbiar [エントゥルビアル] 他 ❶ 濁らせる. ❷ かき乱す：～ la felicidad 幸福に水をさす
◆ ～se ❶ 濁る. ❷ かき乱される

entusiasmar [エントゥシアスマル] 他 ❶ 熱狂させる. ❷ …の気に入る：Me entusiasman los bombones. 私はチョコレートに目がない
◆ ～se ❶ ⟨con・por に⟩熱狂する, 夢中になる. ❷ 張り切る：Estamos entusiasmados con la idea del viaje. 私たちは旅行に行こうと張り切っている

entusiasmo [エントゥシアスモ] 男 熱狂, 興奮：Su baile despertó gran ～ en el público. 彼の踊りは観衆に熱狂を呼び起こした. poner gran ～ en… …に張り切る. estudiar con ～ 一所懸命勉強する

entusiasta [エントゥシアスタ] 形 名 熱狂的な(人), 熱心な：gran ～ de los toros 闘牛の大ファン

enumeración [エヌメラスィオン] 女 列挙

enumerar [エヌメラル] 他 数え上げる, 列挙する

envainar [エンバイナル] 他 ⟨剣を⟩鞘(ぎゃ)におさめる

envalentonar [エンバレントナル] 他 大胆にする
◆ ～se 大胆になる, 強気になる

envanecer [エンバネセル] 20 他 高慢にする
◆ ～se 高慢になる, ⟨de を⟩ひどく自慢する

envasar [エンバサル] 他 容器に入れる：～ la leche en cartón 牛乳を紙パック詰めする

envase [エンバセ] 男 容器：en ～s de vidrio ガラス容器入りの

envejecer [エンベヘセル] 20 他 老けさせる
◆ 自 ～ 年をとる；老ける

envejecimiento [エンベヘスィミエント] 男 老化, 老齢化

envenenar [エンベネナル] 他 ❶ …に毒を盛る, 毒殺する. ❷ 害する, 損なう

envergadura [エンベルガドゥラ] 女 重要性；規模：de gran ～ 大がかりな

envés [エンベス] 男 裏, 裏面

enviado, da [エンビアド, ダ] 名 過分 ⟨政治⟩外交使節；⟨新聞・放送⟩通信員：～ especial 特使；特派員

enviar [エンビアル] 33 他 ❶ 送る, 発送する, 送付する：～ un paquete a+人 …に小包を送る. ～ dinero 送金する ❷ 派遣する：～ tropas 派兵する

envidia [エンビディア] 女 羨望, ねたみ, 嫉妬：tener ～ de… …をうらやましく思う, 嫉妬する. ¡Qué ～! うらやましいなあ!

envidiar [エンビディアル] 他 うらやむ, ねたむ, 嫉妬する：～ la belleza de+人 …の美しさをうらやましく思う

envidioso, sa [エンビディオソ, サ] 形 うらやましがる, ねたみ深い

envío [エンビオ] 男 ❶ 発送, 送付：hacer un ～ 送付する. gastos de ～ 送料. ～ por correo 郵送. ～ a domicilio 宅配. ❷ 派遣. ❸ 発送品

enviudar [エンビウダル] 自 やもめ(未亡人)になる

envoltorio [エンボルトリオ] 男 包み, 束

envoltura [エンボルトゥラ] 女 包装

envolver [エンボルベル] 87 過分 envuelto 他 ❶ ⟨con で, en に⟩包む, 覆う：～ una caja con papel 箱を紙で包む. papel de ～ 包装紙. ❷ ⟨事件などに⟩巻き込む
◆ ～se ❶ 身を包む, くるまる：～se en una manta 毛布にくるまる. ❷ 巻き込まれる

enzima [エンスィマ] 男/女 ⟨生物⟩酵素

eólico, ca [エオリコ, カ] 形 風による, 風力による：energía ～ca 風力エネルギー

épica[1] [エピカ] 女 叙事詩

épico, ca[2] [エピコ, カ] 形 ❶ 叙事詩的の；叙事詩的な. ❷ 英雄的な；壮大な

epidemia [エピデミア] 女 ⟨伝染病の⟩流行；流行病

epidémico, ca [エピデミコ, カ] 形 流行性の：enfermedad ～ca 流行病

epígrafe [エピグラフェ] 男 ❶ 表題, 見出し. ❷ 碑銘

epilepsia [エピレプスィア] 女 ⟨医学⟩てんかん

epiléptico, ca [エピレプティコ, カ] 形 名 てんかんの[患者]

epílogo [エピロゴ] 男 ❶ 終章, エピローグ. ❷ 〈事件の〉終局, 結末

episodio [エピソディオ] 男 ❶ エピソード; 出来事. ❷ 〈テレビ・ラジオのシリーズ物の〉一回. ❸ 〈医学〉症状の発現

época [エポカ] 女 ❶ 時代: ～ isabelina イサベル女王時代. ～ de la Restauración 王政復古時代 ❷ 時期: ～ de la siembra 種まきの季節. ～ de mi niñez 私が子供のころ *hacer* ～ 一時代を画する, 一世を風靡(ふう)する

epopeya [エポペジャ] 女 ❶ 叙事詩. ❷ 叙事詩的な出来事, 偉業

equidad [エキダ] 女 公平, 公正: con ～ 公平に

equilibrado, da [エキリブラド, ダ] 形 過分 ❶ 釣合い(バランス)のとれた: presupuesto ～ 均衡予算, 健全財政. ❷ 安定した: persona ～*da* 情緒の安定した人, 分別のある人

equilibrar [エキリブラル] 他 釣合わせる, 均衡を図る: ～ los ingresos y los gastos 収支のバランスをとる

equilibrio [エキリブリオ] 男 ❶ 平衡, 釣合い: mantener el ～ バランスを保つ. perder el ～ バランスを失う. sentido del ～ 平衡感覚. ～ de fuerzas 勢力バランス, バランス・オブ・パワー
❷ 精神的安定, 冷静

equilibrista [エキリブリスタ] 名 軽業師, 綱渡り芸人

equinoccio [エキノ(ク)シオ] 男 昼夜平分時: ～ de primavera 春分. ～ de otoño 秋分

equipaje [エキパヘ] 男 〈旅行用の〉荷物, 手荷物〖～ de mano〗: Tengo que hacer el ～. 私は荷づくりしなければならない

equipar [エキパル] 他 ❶ 〈con・de 装備を〉…に施す: el avión *con* misiles 飛行機にミサイルを搭載する. bien (mal) *equipado* 設備の良い(悪い). ❷ 支度をさせる
◆ ～se 装備を整える, 支度する

equiparable [エキパラブレ] 形 〈con と〉比肩しうる, 匹敵する

equiparar [エキパラル] 他 〈等しいものとして, con と〉比較する

equipo [エキポ] 男 ❶ 〈スポーツ〉チーム: ～ de fútbol サッカーチーム. ～ nacional ナショナルチーム. ～ local/～ de casa ホームチーム. ～ visitante/～ de fuera ビジターチーム
❷ 班: ～ médico 医療チーム
❸ 〈集合的に〉装備, 備品, キット: ～ de alpinismo 登山用具一式
❹ 設備: ～ eléctrico 電気設備
❺ システムコンポ〖～ de música〗
en ～ チームを組んで(の), 集団で(の): trabajo *en* ～ チームワーク

equitación [エキタスィオン] 女 馬術, 乗馬

equitativo, va [エキタティボ, バ] 形 公平な, 公正な: cantidad ～ *a* mi ingreso mensual 私の月収に等しい金額

equivalente [エキバレンテ] 形 〈a と〉同等の: cantidad ～ *a* mi ingreso mensual 私の月収に等しい金額
◆ 男 同等のもの: Esta palabra no tiene ～ en español. このことばに相当するスペイン語はない

equivaler [エキバレル] 83 自 〈a と〉同等である, 等しい: Una milla *equivale a* 1.609 metros. 1マイルは1,609メートルに相当する

equivocación [エキボカスィオン] 女 誤り, まちがい, 過ち: Es una ～. それはまちがいだ. por ～ まちがって

equivocar [エキボカル] 73 他 まちがえる; 〈con と〉取り違える: ～ la respuesta 答をまちがえる. respuesta *equivocada* 誤答
◆ ～se 〈de を〉まちがえる: *Se ha equivocado de número*. 〈電話で〉番号が違います. ～*se de* autobús バスをまちがえる. si no *me equivoco* 私がまちがっていなければ/私の記憶が正しければ. Estás *equivocado*. 君はまちがっている

equívoco, ca [エキボコ, カ] 形 ❶ あいまいな, 色々な意味にとれる: frase ～*ca* 意味のあいまいな文章. ❷ 疑わしい, 怪しい

era [エラ] 女 ❶ 紀元: ～ cristiana 西暦. ❷ 時代: ～ espacial 宇宙時代. ～ de Edo 江戸時代

era- ⇒ser 78

erección [エレ(ク)スィオン] 女 ❶ 建立; 設立, 制定. ❷ 〈生理〉勃起

eres ⇒ser 78

erguir [エルギル] 34 他 まっすぐに立てる: ～ la cabeza 頭を起こす
◆ ～se ❶ 立ち上がる. ❷ そびえる: El edificio *se yergue* en el centro de la ciudad. そのビルは町の中央にそびえ立っている

erigir [エリヒル] 37 他 ❶ 建立する. ❷ 設立する, 制定する. ❸ 〈en に〉昇格させる, 任命する
◆ ～se 〈en をもって〉自ら任じる

erizar [エリサル] 13 他 〈毛を〉逆立てる
◆ ～se ❶ 〈毛が〉逆立つ. ❷ 〈ラ〉鳥肌が立つ

erizo [エリソ] 男 〈動物〉ハリネズミ: ～ de mar ウニ

ermita [エルミタ] 女 〈人里離れた〉僧院, 礼拝堂

ermitaño, ña [エルミタニョ, ニャ] 名 隠者, 世捨て人

erosión [エロシオン] 女 浸食

erosionar [エロシオナル] 他 浸食する

erótico, ca [エロティコ, カ] 形 ❶ 官能的な, エロティックな. ❷ 恋愛の, 性愛の

erotismo [エロティスモ] 男 好色, エロティシズム

erradicar [エラディカル] 73 他 根こそぎにする, 根絶する

errante [エランテ] 形 放浪する, さすらう

errar [エラル] 35 自〈en を〉誤る. ❷ 放浪する, さまよう
◆ 他 誤る：～ el camino 道をまちがえる. ～ el tiro 的を外す

erróneo, a [エロネオ, ア] 形 誤った, まちがった：decisión ～*a* まちがった決定

error [エロル] 男 ❶ 誤り, まちがい；過失：cometer un ～ 誤りを犯す. caer en un ～ 誤りに陥る. ～ de imprenta 誤植, ミスプリント. ～ médico 医療過誤
❷〈物理〉誤差
❸〈情報〉エラー, バグ
por ～ まちがえて, 誤って

eructar [エルクタル] 自 げっぷをする

eructo [エルクト] 男 げっぷ

erudición [エルディシオン] 女 学識

erudito, ta [エルディト, タ] 形 名 学識豊かな〔人〕, 碩学(せきがく)の〔人〕

erupción [エルプシオン] 女 ❶ 噴出：El volcán entró en ～. 火山が噴火した. ～ volcánica 噴火. ❷〈医学〉発疹

es ⇨ser 78

esa 形 ⇨**ese**

ésa 代 ⇨**ése**

esbelto, ta [エスベルト, タ] 形 すらりとした, ほっそりとした：tener un cuerpo ～ すらりとした体つきをしている

esbozar [エスボサル] 13 他 ❶ …の下絵を書く. ❷ だいたいの輪郭を示す
～ una sonrisa ほほえみを浮かべる

esbozo [エスボソ] 男 ❶ 下絵, スケッチ, 下書き. ❷ 素案

escabeche [エスカベチェ] 男〈料理〉マリネー：salmón en ～ 鮭のマリネー

escabroso, sa [エスカブロソ, サ] 形 ❶〈土地が〉起伏の激しい. ❷ きわどい, わいせつな. ❸ やっかいな, 障害の多い

escabullir [エスカブジル] 10 ～**se** ❶〈手から〉滑り落ちる.〈de から〉こっそり抜け出る；〈entre に〉まぎれ込む

escafandra [エスカファンドラ] 女 ❶ 潜水服：～ autónoma アクアラング. ❷ 宇宙服〔～ espacial〕

escala [エスカラ] 女 ❶ 段階；序列：～ musical 音階. ～ de salarios 給与体系. ❷ 規模, スケール：a (en) gran ～ 大規模に. a ～ mundial 世界的規模で. ❸ 寄港：hacer ～ en… …に寄港する；〈飛行機が〉…に立ち寄る. vuelo sin ～ 直行便. ❹ 目盛り. ❺〈地理〉縮尺：mapa a la ～ de uno por diez mil 1万分の1の地図. ❻ はしご；〈船・飛行機の〉タラップ〔=escalerilla〕

escalada [エスカラダ] 女 ❶〈登山〉登攀(とうはん). ❷ 急激な拡大, エスカレーション. ❸〈価格の〉高騰. ❹ 昇格, 昇進

escalafón [エスカラフォン] 男〈勤続年数・能力などによる〉序列：subir (ascender) en el ～ 出世する

escalar [エスカラル] 他 よじ登る：～ un muro 壁をよじ登る
◆ 自 ❶ 登る. ❷ 昇進する, 出世する. ❸ エスカレートする

escalera [エスカレラ] 女 ❶ 階段：subir (bajar) la ～ 階段を上がる（下りる）. ～ de emergencia / ～ de incendios 非常階段. ～ de caracol らせん階段
❷ ～ mecánica エスカレーター
❸ ～ de mano はしご. ～ de tijera きゃたつ
❹ マンション〔各階の個々のマンションは piso〕：Conoce a todos los vecinos de la ～. 彼はマンションの住人をすべて知っている

escalerilla [エスカレリジャ] 女 ❶〈航空・船舶〉タラップ. ❷ 小階段

escalfar [エスカルファル] 他〈料理〉落とし卵にする

escalinata [エスカリナタ] 女〈玄関前などの〉ステップ, 外付き階段

escalofriante [エスカロフリアンテ] 形 ぞっとするような：escena ～ 身の毛のよだつような光景

escalofrío [エスカロフリオ] 男〈主に複〉悪寒(おかん)；戦慄(せんりつ)：sentir ～*s* 寒気がする. Sólo de pensarlo me da ～*s*. それを考えるだけでぞっとする

escalón [エスカロン] 男〈複 escalones〉〈階段の〉段：Esta escalera tiene diez *escalones*. この階段は10段ある

escalope [エスカロペ] 男〈料理〉ビーフカツ

escama [エスカマ] 女〈魚などの〉うろこ

escamotear [エスカモテアル] 他 ❶〈手品などで〉隠す. ❷ くすねる, する

escampar [エスカンパル] 自〈単人称〉雨がやむ

escandalizar [エスカンダリサル] 13 他 …のひんしゅくを買う, ショックを与える：Su traje llamativo nos *escandalizó* a todos. 彼の派手な服にみんながまゆをひそめた

◆ ~se まゆをひそめる, ショックを受ける; 憤慨する

escándalo [エスカンダロ] 男 ❶ 大騒ぎ: armar un ~ 大声をあげて騒ぐ. ❷ ひんしゅく, 醜聞, スキャンダル: dar (causar) un ~ ひんしゅくを買う, スキャンダルをまき起こす. ~ financiero 汚職事件

escandaloso, sa [エスカンダロソ, サ] 形 ❶ 破廉恥(はれんち)な, けしからぬ: noticia ~sa スキャンダラスなニュース. ❷ 騒々しい: risa ~sa けたたましい笑い

escandinavo, va [エスカンディナボ, バ] 形 名 〈地名〉スカンジナビア Escandinavia の〔人〕: Península ~va スカンジナビア半島

escáner [エスカネル] 男 (複 ~s) 〈医学〉CT スキャナー; 〈情報〉スキャナー

escanear [エスカネアル] 他 〈医学・情報〉スキャンする

escaño [エスカニョ] 男 議席: ganar un ~ 議席を獲得する

escapada [エスカパダ] 女 ❶ さぼり; 息抜きの外出: hacer una ~ a la playa 息抜きに海岸に行く. ❷ 逃亡, 脱走

escapar [エスカパル] 自 〈de から〉のがれる; 免れる: ~ del peligro 危険をのがれる
◆ ~se ❶ 逃走する, 脱走する, 抜け出す: ~se de la cárcel 刑務所から逃走する. ~se de casa 家出する
❷ 〈ガス・水などが〉漏れる

escaparate [エスカパラテ] 男 〈ス〉ショーウィンドー: ir (salir) a ver ~s ウィンドーショッピングに行く

escape [エスカペ] 男 ❶ 漏出; 排気: ~ de gas ガス漏れ. gases de ~ 排気ガス. ❷ 脱出, 逃亡

escarabajo [エスカラバホ] 男 〈昆虫〉甲虫, コガネムシ

escaramuza [エスカラムサ] 女 局地戦, 小ぜりあい

escarbar [エスカルバル] 他 ❶ 〈地面を〉かく, 掘り返す. ❷ 詮索する

escarcha [エスカルチャ] 女 霜

escarlata [エスカルラタ] 形 男 緋(ひ)色〔の〕, スカーレット

escarlatina [エスカルラティナ] 女 〈医学〉しょうこう熱

escarmentar [エスカルメンタル] 57 他 厳しく叱る(罰する)
◆ 自 懲りる

escarmiento [エスカルミエント] 男 ❶ 厳罰; 懲らすこと. ❷ 厳罰

escarnio [エスカルニオ] 男 嘲弄, 愚弄

escarpado, da [エスカルパド, ダ] 形 切り立った, けわしい: ladera ~da 急斜面

escasamente [エスカサメンテ] 副 わずかしか…ない

escasear [エスカセアル] 自 少なくなる, 乏しくなる: Entonces *escaseaban* los alimentos. 当時は食糧不足だった

escasez [エスカセス] 女 ❶ 不足, 欠乏: ~ de agua 水不足. ❷ 窮乏, 貧困

escaso, sa [エスカソ, サ] 形 ❶ 〈主に +名詞〉わずかな, 不足した: país de ~sas lluvias 雨がほとんど降らない国
❷ 〈estar +. de〉が不足した: Estamos ~s de dinero. 私たちにはお金が足りない
❸ 〈数詞 +〉…ぎりぎりの, たった: en una hora ~sa 1 時間足らずで

escatimar [エスカティマル] 他 …にけちけちする, 出し惜しむ: ~ esfuerzos 努力を惜しむ

escayola [エスカジョラ] 女 ❶ 石膏(せっこう). ❷ 〈医学〉ギプス

escena [エスセナ] 女 ❶ 舞台: entrar en ~/salir a ~ 登場する. salir de ~ 退場する. poner en ~ 上演する
❷ 〈演劇〉…場: ~ segunda del acto primero 第 1 幕第 2 場
❸ 場面, 光景, シーン: ~ conmovedora 感動的な場面. ~ de un accidente 事故現場

escenario [エスセナリオ] 男 ❶ 舞台; 〈映画〉撮影現場. ❷ 雰囲気, 状況

escenografía [エスセノグラフィア] 女 舞台美術

escepticismo [エスセプティスィスモ] 男 懐疑; 懐疑論, 懐疑主義

escéptico, ca [エスセプティコ, カ] 形 名 懐疑的な, 疑い深い; 懐疑主義者

escisión [エススィシオン] 女 分裂

esclarecer [エスクラレセル] 20 他 明らかにする, 解明する: ~ un asunto 事件を解明する

esclavitud [エスクラビトゥ] 女 ❶ 奴隷状態. ❷ 奴隷制度. ❸ 隷属, 屈従

esclavizar [エスクラビサル] 13 他 奴隷にする; 隷属させる

esclavo, va [エスクラボ, バ] 名 奴隷: negro ~ 黒人奴隷. ~ del dinero 金の亡者
◆ 形 奴隷のような: Es ~va de su casa. 彼女は家事に追い回されている

esclerosis [エスクレロシス] 女 〈医学〉硬化症

esclusa [エスクルサ] 女 〈運河などの〉閘門(こうもん), 水門

escoba [エスコバ] 女 ほうき: barrer con ~ ほうきで掃く

escobilla [エスコビジャ] 女 〈掃除用の〉ブラシ

escocer [エスコセル] 15 自 うずく, ひりひりす

る：Me *escuecen* los ojos. 私は目がひりひりする

◆ ～se〈汗・こすれなどで〉ひりひりする，かぶれる

escocés, sa [エスコセス, サ]形〈地名〉スコットランド Escocia の〔人〕

escoger [エスコヘル]16 他 選ぶ，選び出す：*Escogió* la mejor foto y me la regaló. 彼はいちばんいい写真を選んで私にくれた．Tienes que tener cuidado al ～ tus palabras. 君は慎重にことばを選ばなければならない

escogido, da [エスコヒド, ダ]形過分 よりすぐった：obras ～*das* 選集

escolar [エスコラル]形 学校の：edad ～ 就学年齢．nuevo curso ～ 新学年．violencia ～ 校内暴力

◆ 名〈主に小学校の〉生徒，学童

escolarización [エスコラリサスィオン]女 就学

escolarizar [エスコラリサル]13 他 就学させる

escollo [エスコジョ]男 ❶ 暗礁．❷ 障害

escolta [エスコルタ]女 ❶ 護衛，護送．護衛隊，護送の隊

◆ 名 護衛の人

escoltar [エスコルタル]他 護衛する，護送する

escombros [エスコンブロス]男 複〈建物などの〉残骸，瓦礫（がれき）

esconder [エスコンデル]他 隠す：～ el dinero debajo de la cama ベッドの下に金を隠す

◆ ～se 身を隠す，隠れる

escondidas [エスコンディダス] a ～ 隠れて，こっそりと

escondite [エスコンディテ]男 ❶〈遊戯〉隠れん坊：jugar al ～ 隠れん坊をする．❷ 隠し場所，隠れ場所

escondrijo [エスコンドリホ]男 隠し場所，隠れ家

escopeta [エスコペタ]女 猟銃，散弾銃

escoria [エスコリア]女 ❶〈技術〉スラグ，鉱滓．❷ くず，かす

escorpión [エスコルピオン]男〈動物〉サソリ

escotado, da [エスコタド, ダ]形 襟ぐりの深い（大きい）：vestido muy ～ 胸の大きくあいた服

escote [エスコテ]男 ❶〈服飾〉襟ぐり，ネックライン：～ redondo 丸首，U ネック．～ en pico V ネック．～ barco 舟底からのぞく）胸もと．*pagar a* ～ 割り勘にする

escotilla [エスコティジャ]女 ハッチ，昇降口

escozor [エスコソル]男 ひりひりした痛み，うずき

escribano, na [エスクリバノ, ナ]名 ❶〈昔の裁判所の〉書記．❷〈ラ〉公証人

escribiente [エスクリビエンテ]名 筆耕者

escribir [エスクリビル]他 過分 escri*to* 書く：～ una carta en español スペイン語で手紙を書く．*Escriba* su nombre aquí. ここにあなたの名前を書いてください．～ con ordenador personal パソコンで書く．～ en el ordenador コンピュータで書きこむ．～ a mano 手書きする．～ a máquina タイプで打つ

◆ 自 ❶ 書く：No sabe leer ni ～. 彼は読み書きができない

❷ **手紙を書く（出す）**：Me *escribió* desde Madrid. 彼はマドリードから手紙をくれた

❸〈ペンなどが〉書ける：Este bolígrafo no *escribe* bien. このボールペンはよく書けない

◆ ～se ❶ 綴られる：¿Cómo *se escribe* esa palabra? その単語はどういう綴りですか？ ❷〈互いに/con と〉文通する：Ellos *se escriben* con frecuencia. 彼らは頻繁に手紙のやりとりをしている

escrito[1] [エスクリト]男 ❶ 文書，書類．❷ 複 著作，作品

por ～ 文書で，書面で：avisar *por* ～ 書面で知らせる

escrito[2]**, ta** [エスクリト, タ]形〈escribir の過分〉書かれた：examen ～ 筆記試験

escritor, ra [エスクリトル, ラ]名 作家，著述家

escritorio [エスクリトリオ]男 ❶〈事務・学習用の〉机．❷〈ラ〉事務所

escritura [エスクリトゥラ]女 ❶ 書くこと：hacer ejercicios de lectura y de ～ 読み書きの練習をする．❷ 筆跡：tener mala ～ 字が下手である．❸ 文書；証書：～ pública 公正証書

escrúpulo [エスクルプロ]男 ❶ 良心のとがめ：no tener ～ en +不定詞 …することに良心がとがめない，臆面もなく…する．❷ 細心の注意：con ～ 細心の注意を払って．❸ 複 不潔さに対する嫌悪

sin ～*s* 良心のかけらもなく；臆面もなく

escrupuloso, sa [エスクルプロソ, サ]形 ❶ きちょうめんな，綿密な．❷ 清潔好きな．❸ 良心的な，きまじめな

escrutar [エスクルタル]他 ❶〈票を〉集計する，開票する．❷ 探索する，詮索する；注意深く観察する

escrutinio [エスクルティニオ]男 票の集計，開票

escuadra [エスクアドラ]女 ❶ 三角定規．❷〈軍事〉分隊；艦隊

escuadrilla [エスクアドリジャ]女〈軍事〉飛

行隊；小艦隊

escuálido, da [エスクアリド, ダ] 形 やせ細った、やせこけた

escucha [エスクチャ] 女 聴くこと、聴取：~ telefónica 盗聴、傍受

escuchar [エスチャル] 他 ❶〈注意して〉聞く、聴く：~ la radio ラジオを聞く。~ la música 音楽を聴く
❷ 言うことを聞く、聞き入れる：No quiere ~me. 彼は私の言うことを聞こうとしない

escudero [エスクデロ] 男 従者、家来

escudo [エスクド] 男 ❶ 盾(ﾀﾃ)。❷ 盾形の紋章

escudriñar [エスクドリニャル] 他 ❶ 細かく調べる；詮索する。❷ じっと見る、目を凝らす

escuela [エスクエラ] 女 ❶ 学校；〈特に〉小学校《~ primaria》：ir a la ~ 通学する。~ de idiomas 語学学校。~ de bellas artes 美術学校
❷ 流派、学派；〈集合的に〉門下生：pintor de la ~ flamenca フランドル派の画家

escueto, ta [エスクエト, タ] 形 〈描写が〉簡潔な、飾りのない：mensaje ~ 簡単なメッセージ

esculpir [エスクルピル] 他 彫刻する、彫る：~ en mármol la imagen de la Virgen 大理石にマリア像を彫る

escultor, ra [エスクルトル, ラ] 名 彫刻家

escultura [エスクルトゥラ] 女 彫刻；彫像：~ en madera 木彫

escupir [エスクピル] 自 つばを吐く、痰(ﾀﾝ)を吐く
◆ 他 吐く、吐き出す

escurridizo, za [エスクリディソ, サ] 形 ❶ すべりやすい：suelo ~ つるつるした床。❷ とらえがたい、とらえどころのない：persona ~za のらりくらりした人

escurridor [エスクリドル] 男 〈水切り用の〉ざる

escurrir [エスクリル] 他 …の水を切る、脱水する：~ la verdura 野菜の水切りをする
◆ 自 したたり落ちる
◆ ~se すべる；すり抜ける

ese, sa [エセ, サ] 形 〈指示形容詞．複 esos, esas〉その：1)〈普通は+名詞〉Esos libros son míos. それは私の本だ。en esa época その当時。2)〈名詞+．強調・軽蔑〉¿Quién es el hombre ~? そいつはいったい誰なんだ?

ése, sa [エセ, サ] 代 〈指示代名詞．複 ésos, ésas〉それ：Este libro es aburrido, pero ~ es interesante. この本はつまらない、しかしそれ(=その本)はおもしろい。Quiero comprar unos zapatos como ésos. 私はそれと同じような靴が買いたい

esencia [エセンシィア] 女 ❶ 本質、真髄：~ de la cultura española スペイン文化の精髄。❷ エキス、エッセンス；香水、香料：~ de vainilla バニラエッセンス

esencial [エセンシィアル] 形 ❶ 本質的な：problema ~ de la sociedad japonesa 日本社会の本質的な問題
❷ 主要な：parte ~ de un discurso スピーチの要点
❸ 不可欠な：La gasolina es ~ para la vida moderna. ガソリンは現代生活に欠かせない
❹ エキスの：aceite ~ エッセンシャルオイル

esencialmente [エセンシィアルメンテ] 副 本質的に、もともと

esfera [エスフェラ] 女 ❶ 球体、球面：~ terrestre 地球。❷ 範囲、領域：~ de acción 活動範囲。en la ~ económica 経済分野では。❸〈時計の〉文字盤

esférico, ca [エスフェリコ, カ] 形 球形の：cuerpo ~ 球体

esforzar [エスフォルサル] 38 他 …に力を込める：~ la vista 目をこらす；目を酷使する
◆ ~se 〈en・para・por に〉努める、努力する：Me he esforzado mucho para (en) realizar este proyecto. 私はこの計画を実現しようとがんばった。Se esforzó por (para) mejorar la situación. 彼は事態を好転させようと努めた

esfuerzo [エスフエルソ] 男 努力：hacer ~s para (por・en)… …のために努力する。Hizo un gran ~ para no llorar. 彼は懸命に泣くまいとした。con ~ 一所懸命に、がんばって。sin ~ 労せずして、たやすく

esfumar [エスフマル] ~se ❶〈徐々に〉見えなくなる、消える。❷〈人が〉突然いなくなる

esgrima [エスグリマ] 女 フェンシング：practicar la ~ フェンシングをする

esgrimir [エスグリミル] 他〈剣などを〉扱う、振り回す

eslabón [エスラボン] 男 ❶〈鎖の〉環。❷〈連鎖の〉一環

eslogan [エスロガン] 男〈複 ~s/eslóganes〉スローガン、標語

esmaltar [エスマルタル] 他 ❶ ほうろう(エナメル)を引く；七宝を施す。❷ うわぐすりをかける

esmalte [エスマルテ] 男 ❶ ほうろう、エナメル；七宝：~ de uñas ネイル エナメル。❷ うわぐすり、釉(ﾕｳ)

esmerado, da [エスメラド, ダ] 形 過分 入念になされた：trabajo ~ ていねいな仕事

esmeralda [エスメラルダ] 女〈鉱物〉エメラ

ルド

esmerar [エスメラル] **~se ❶** 〈en を〉入念にする：~*se en* la limpieza del jardín ていねいに庭を掃除する．**❷** 身だしなみに気をつける

esmero [エスメロ] 男 細心さ，入念さ：con gran ~ 細心の注意を払って

esmoquin [エスモキン] 男 〈服飾〉タキシード

esnob [エスノブ] 形 名 〈複 ~s〉スノッブ〔的〕，上流気どりの〔俗物〕

esnobismo [エスノビスモ] 男 スノビズム，俗物根性

eso [エソ] 代 〈指示代名詞中性形〉それ：¿Qué es ~? それは何ですか？ ¿Cómo va ~? —Muy bien. 調子はどうですか？—上々です．¿Cómo va ~ del otro día? 先日の件はどうなっている？

a ~ de... …時ごろに：*a* ~ *de* las ocho 8時ごろに

en ~ その時

Eso es. そのとおり

Eso sí que+直説法 確かに…である：*Eso sí que* es verdad. それは確かに本当のことだ

por ~ したがって：*Por* ~ no te dije nada. だからきみには何も言わなかったんだ．Llovía mucho y *por* ~ no quería salir de casa. ひどい雨だったので私は出かけたくなかった

¿Y ~*?* さらなる説明を求めて〉それから？

y ~ *que*+直説法 …であるにもかかわらず

¿Y ~ *qué?* それがどうしたというのだ？

ESO 女 〈S. 略語〉後期義務教育 〖←*Enseñanza Secundaria Obligatoria*〗

esófago [エソファゴ] 男 〈解剖〉食道

espabilar [エスパビラル] 他 =despabilar

espacial [エスパスィアル] 形 ❶ 宇宙の：nave ~ 宇宙船．paseo ~ 宇宙遊泳．viaje ~ 宇宙旅行．❷ 空間の

espaciar [エスパスィアル] 他 …の間隔をあける

espacio [エスパスィオ] 形 ❶ 空間：~ de tres dimensiones 三次元空間．~ vital 生活空間

❷ 宇宙：viaje por el ~ 宇宙旅行

❸ 空き，場所，スペース：dejar ~ 余地(余白)を残す

❹ 時間；〈番組の〉時間帯：por ~ de dos horas (años) 2時(年)間．~ publicitario コマーシャルの時間

❺ 〈情報〉スペースキー〖tecla〔de〕~〗

espacioso, sa [エスパスィオソ, サ] 形 広々とした

espada [エスパダ] 女 ❶ 剣，刀．❷ 〈トランプ〉スペード

espagueti [エスパゲティ] 男 〈複 ~s〉〈主に 複〉スパゲッティ

espalda [エスパルダ] 女 ❶ 〈時に 複〉背中：anchura de ~s 肩幅．Me duele la ~. 私は背中(腰)が痛い．cargado de ~s 猫背の，腰の曲がった

❷ 背面；裏側：atacar a+人 por la ~ …を背後から襲う

❸ 〈水泳〉背泳：nadar de ~〔s〕背泳をする

a ~*s de*+人 …のいない所で，内緒で：Se reían de mí *a mis* ~*s*. 彼らは陰で私のことをばかにしていた

a las ~*s* 1) 背負って．2) 背後に

caer de ~ 1) あお向けに倒れる．2) びっくり仰天する

dar la ~ =volver la ~

de ~*s* 1) あお向けに：tumbarse *de* ~*s* あお向けに寝る．2) 〈a に〉背を向けて：Se sentó *de* ~ *a* mí. 彼は私に背を向けてすわった

volver la ~ 1) 〈a+人 に〉背を向ける．2) 逃げる；〈困っている時に〉知らんぷりする

volverse de ~*s* 後ろ向きになる

espantapájaros [エスパンタパハロス] 男 〈単複同形〉案山子(かかし)

espantar [エスパンタル] 他 ❶ 怖がらせる．❷ 〈おどかして〉追い払う：~ las moscas ハエを追い払う

◆ ~**se** おびえる

espanto [エスパント] 男 恐怖，おびえ

espantoso, sa [エスパントソ, サ] 形 恐ろしい；ひどい

España [エスパニャ] 女 スペイン：Nueva E~ ヌエバ・エスパーニャ〖スペイン統治時代のメキシコ〗

español, la [エスパニョル, ラ] 形 名 スペイン〔人・語〕の；スペイン人

◆ 男 スペイン語

esparadrapo [エスパラドラポ] 男 ばんそうこう

esparcimiento [エスパルスィミエント] 男 気晴らし

esparcir [エスパルスィル] 89 他 散らす，ばらまく：~ los papeles por el suelo 床に紙を散らばす．~ un rumor うわさを広める

◆ ~**se** 散る；分散する；広まる

espárrago [エスパラゴ] 男 アスパラガス

espartano, na [エスパルタノ, ナ] 形 名 ❶ 〈歴史・地名〉スパルタの；スパルタ人．❷ スパルタ式の，厳格な

esparto [エスパルト] 男 〈植物〉アフリカハネガヤ，エスパルト

espasmo [エスパスモ] 男 〈医学〉けいれん

especia [エスペスィア] 女 香辛料，スパイス

especial [エスペスィアル] 形 ❶ 特別の，特殊な：programa ~ 特別番組．caso ~ 特

especialidad

例．clase (unidad) de educación ~ 特殊学級
❷ 独特な，変わった
en ~ 特に，特別に

especialidad [エスペスィアリダ] 囡 ❶ 専門，専攻；専門分野：Su ~ es la cirugía. 彼の専門は外科だ．❷ 得意なもの，特技：~ de la casa〈店の〉おすすめ料理．La paella es mi ~. パエージャが私の得意料理だ．❸ 特性

especialista [エスペスィアリスタ] 图〈en・de の〉専門家

especializar [エスペスィアリサル] 他 ~se〈en を〉専門にする，専攻する

especialmente [エスペスィアルメンテ] 副 特に，特別に

especie [エスペスィエ] 囡 ❶ 種類：una ~ de…　…の一種，一種の…　Son de la misma ~. それらは同じ種類に属する
❷〈生物〉種(½)：origen de las ~s 種の起源．~ en peligro de extinción 絶滅危惧種．~ humana 人類
en ~ 現物で

especificar [エスペスィフィカル] 73 他 明示する，具体的に示す；明記する：No *especificó* el día de su partida. 彼は出発日をはっきり言わなかった

específico, ca [エスペスィフィコ, カ] 形 特有の，固有の

espécimen [エスペスィメン] 男〈複 espe-*címenes*〉代表例，見本

espectacular [エスペクタクラル] 形 人目を引く，めざましい；すばらしい

espectáculo [エスペクタクロ] 男 ❶ 見せ物，興行：mundo del ~ 興行界，芸能界．página de ~s 催し物案内欄〔のページ〕
❷ 光景；見もの：~ grandioso 壮大な眺め．¡Qué ~ ! 何というありさまだ!

espectador, ra [エスペクタドル, ラ] 图 観客，見物人．❷ 傍観者

espectro [エスペクトロ] 男 ❶ 幽霊，妖怪．❷〈物理〉スペクトル．❸ 範囲，領域：~ político 政界諸派，各政党

especulación [エスペクラスィオン] 囡 ❶ 投機：~ en terrenos/~ del suelo 土地投機．❷〈根拠のない〉憶測；空論．❸ 思索：~ filosófica 哲学的思索

especular [エスペクラル] 自 ❶ 投機する：~ en la bolsa 株に手を出す．❷〈根拠のない〉憶測をする．❸ 思索する

espejismo [エスペヒスモ] 男 蜃気楼(½¾ₜ)；幻影

espejo [エスペホ] 男 鏡：mirarse al (en el) ~ 鏡を見る．luna de tres ~s 三面鏡．La cara es el ~ del alma. 顔は心の鏡だ

espeluznante [エスペルスナンテ] 形 身の毛のよだつような

espera [エスペラ] 囡 待つこと：lista de ~ キャンセル(空席)待ち名簿，ウェイティングリスト
a la ~ 待機して，待って：Estoy *a la* ~ del resultado de los exámenes. 私は試験結果を待っているところだ
en ~ *de*… …を待ちつつ：*En* ~ *de* su respuesta〈手紙〉ご返事を待ちつつ

esperanza [エスペランサ] 囡 希望，期待：concebir una ~ 希望を持つ．perder la ~ 絶望する．Tenemos pocas ~s de que venga. 彼が来ることはほとんどないだろう
~ *de vida* 平均余命

esperanzar [エスペランサル] 13 他 …に希望(期待)を抱かせる

esperar [エスペラル] 他 ❶ 待つ：1) Te *espero* a la una en la estación. 1時に駅で待っているよ．~ el tren 電車を待つ．~ una llamada de Madrid マドリードからの電話を待つ．2)〈目的語なしで〉*Espere* un momento, por favor. 少々お待ちください
❷ 期待する，希望する：*Espero* que no llueva mañana. あす雨が降らないといいんだが
◆ 自〈a que+接続法 するのを〉待つ：*Espera a que* le llamen por teléfono. 彼は電話がかかってくるのを待っている
◆ ~se ❶ 予想する：No *me esperaba* su fracaso. 彼が失敗するなんて思いもしなかった．❷ 待つ：*Espérate*, que voy contigo. 待って，一緒に行くから
ser de ~ 〈que+接続法〉当然…だと予想される：*Es de* ~ *que* pase algo. 何か起きるに違いない

esperma [エスペルマ] 男/囡 精液

espesar [エスペサル] 他 ❶〈液体を〉濃くする．❷〈織り目・編み目を〉詰ませる
◆ ~se 濃くなる

espeso, sa [エスペソ, サ] 形 ❶〈主に液体が〉濃い：café ~ 濃いコーヒー．salsa ~*sa* どろりとしたソース．❷ 密生した：bosque ~ 密林．barba ~*sa* もじゃもじゃのひげ

espesor [エスペソル] 男 厚さ

espesura [エスペスラ] 囡 茂み

espía [エスピア] 图 スパイ：~ industrial 産業スパイ

espiar [エスピアル] 33 他 こっそり観察する，見張る
◆ 自 スパイをする

espiga [エスピガ] 囡 穂

espina [エスピナ] 囡 ❶ とげ；いばら：Me he pinchado en el dedo con una ~. 私は指にとげが刺さった．camino de ~s いばらの

道. ❷ 〈魚の〉骨. ❸ 気がかりなこと, ひっかかり；心の傷. ❹ 〈解剖〉脊柱〖～ dorsal〗
espinaca [エスピナカ] 囡 ホウレンソウ
espinazo [エスピナソ] 男〈解剖〉脊柱
espinilla [エスピニジャ] 囡 ❶ 向こうずね. ❷ 吹き出物, にきび
espino [エスピノ] 男 ❶〈植物〉サンザシ. ❷ 有刺鉄線, 鉄条網
espinoso, sa [エスピノソ, サ] 形 ❶ とげのある（木）. ❷〈魚が〉小骨の多い. ❸ むずかしい, やっかいな
espionaje [エスピオナヘ] 男 スパイ活動(行為)：～ industrial 産業スパイ
espiración [エスピラスィオン] 囡 息を吐くこと, 呼気
espiral [エスピラル] 形 らせん状の, 渦巻状の ◆ 囡 ❶ らせん. ❷ らせん状のもの：～ de violencia エスカレートする暴力. ～ inflacionaria 悪性インフレ
espirar [エスピラル] 自 息を吐き出す
espiritismo [エスピリティスモ] 男 交霊術
espiritista [エスピリティスタ] 名 交霊術者
espíritu [エスピリトゥ] 男 ❶ 精神, 心：tener un ～ noble 気高い精神を持っている. ～ de sacrificio 犠牲的精神. ～ de la ley 法の精神
❷ 意欲；気骨：persona de mucho ～ 意欲的な人
❸ 霊魂, 霊：E～ Santo 聖霊. ～ maligno 悪魔, 悪霊
espiritual [エスピリトゥアル] 形 ❶ 精神的な, 心の：placer ～ 精神的な喜び. ❷ 霊的な：vida ～ 信仰生活
espléndido, da [エスプレンディド, ダ] 形 ❶ 華麗な, すばらしい：mujer ～da 輝くばかりに美しい女性. tiempo ～ すばらしい天気 ❷ 気前のよい
esplendor [エスプレンドル] 男 ❶ 華麗さ, 壮麗さ；燦然（さん）とした輝き. ❷ 絶頂期
espolear [エスポレアル] 他 ❶〈馬に〉拍車をかける. ❷ 刺激する, そそのかす
espolvorear [エスポルボレアル] 他〈粉などを〉sobre に／…に con・de を〉振りかける, まぶす
esponja [エスポンハ] 囡 スポンジ, 海綿
esponjoso, sa [エスポンホソ, サ] 形 ❶ 海綿質の, スポンジ状の. ❷ ふっくらした
esponsales [エスポンサレス] 男 複 婚約；婚約式
espontaneidad [エスポンタネイダ] 囡 ❶ 自然発生. ❷ 自然性. ❸ 自然さ, 率直さ
espontáneo, a [エスポンタネオ, ア] 形 ❶ 自然発生的な：combustión ～a 自然発火. curación ～a 自然治癒. ❷ 自発的な, 任意の；意識的でない：ayuda ～a 自発的な援助. esfuerzos ～s 自助努力. gesto ～ de alegría 思わず出た喜びの表情. ❸ 率直な, 素直な：persona ～a 自然にふるまう人, 飾らない人

◆ 名 飛び入り

esporádico, ca [エスポラディコ, カ] 形 時々起こる, 散発的な
esposas [エスポサス] 囡 複 手錠
esposo, sa [エスポソ, サ] 名 夫, 妻：Su ～sa es española. 彼の奥さんはスペイン人だ
◆ 男 複 夫妻, 夫婦
espuela [エスプエラ] 囡 拍車
espuma [エスプマ] 囡 ❶ 泡：Este jabón no hace ～. この石けんは泡立たない. ❷〈料理〉あく：quitar la ～ del caldo スープのあくを取る. ❸〈化粧〉フォーム, ムース：～ de afeitar シェービングフォーム. ❹ フォームラバー〖～ de caucho〗. ❺〈繊維〉ストレッチナイロン
espumoso, sa [エスプモソ, サ] 形 泡立つ, 発泡性の；泡状の：vino ～ スパークリングワイン
esquela [エスケラ] 囡〈新聞などの〉死亡公告
esqueleto [エスケレト] 男 骸骨, 骨格
esquema [エスケマ] 男 ❶〈概略的な〉図表, 図式. ❷〈計画などの〉概要, アウトライン；草案

romper **a**+人 *los* ～**s** …の先入観を打ち壊す

esquí [エスキ] 男〈複〉～s スキー〖行為, 道具〗：hacer ～ スキーをする. calzarse los ～s スキーをはく. estación (campo) de ～ スキー場. ～ de fondo クロスカントリー. ～ acuático/～ náutico 水上スキー
esquiador, ra [エスキアドル, ラ] 名 スキーヤー
esquiar [エスキアル] 33 自 スキーをする：ir a ～ スキーに行く
esquilar [エスキラル] 他〈動物の毛を〉刈り込む, 剪毛する
esquimal [エスキマル] 形 名 エスキモー（の）
esquina [エスキナ] 囡 ❶ 角（かど）：En la ～ hay un banco. 角に銀行がある. doblar la ～ 角を曲がる. sentarse en la ～ 隅の席に座る
❷〈サッカー・ボクシング〉コーナー

a la vuelta de la ～ 1)〈時間・空間的に〉すぐ近くに：La primavera ya está *a la vuelta de la* ～. 春はもうそこまできている. 2) 角を曲がった所に

esquinazo [エスキナソ] 男 *dar* ～ *a*+人 …に待ちぼうけを食わせる；…と会うのを避ける

esquivar [エスキバル] 他 〈巧みに〉避ける, よける: ~ un golpe パンチをかわす. ~ una pregunta 質問をかわす

esquivo, va [エスキボ, バ] 形 ❶ 避ける, 逃げる: mirada ~*va* そらすような視線. ❷ よそよそしい; 内気な

esquizofrenia [エスキソフレニア] 女 〈医学〉統合失調症

esta 形 ⇒**este²**, **ta**

ésta 代 ⇒**éste**, **ta**

está 直 ⇒**estar** ㊱

estabilidad [エスタビリダ] 女 安定性: ~ política 政治の安定

estabilizar [エスタビリサル] ⑬ 他 安定させる: ~ la economía 経済を安定させる. ~ los precios 物価を安定させる
◆ **~se** 安定する

estable [エスタブレ] 形 しっかりした, 安定した: gobierno ~ 安定政権. empleo ~ 安定した職業

establecer [エスタブレセル] ⑳ 他 ❶ 設立する, 創設する; 設置する: ~ una sucursal 支店を開設する
❷ 確立する: ~ una ley 法を制定する. ~ las relaciones con... …との関係を結ぶ. ~ el récord mundial 世界新記録を打ち立てる
❸ 規定する: La ley *establece* que... 法は…と定めている
◆ **~se** ❶ 定住する: *Se ha establecido* en Caracas. 彼はカラカスに居を定めた
❷ 自立する, 独立する; 〈de を〉開業する

establecimiento [エスタブレスィミエント] 男 ❶ 設立, 創立; 設置. ❷ 施設, 機関, 店: ~ benéfico 慈善施設. ~ comercial 商業施設, 店舗. ❸ 定住[地]

estaca [エスタカ] 女 杭[い]

estación [エスタスィオン] 女 ❶ 季節: las cuatro *estaciones* del año 四季. ~ turística 観光シーズン. ~ seca 乾季. ~ lluviosa/~ de lluvias 雨季
❷ 駅: E~ de Tokio 東京駅. ~ de autobuses バスターミナル
❸ 施設: ~ de servicio サービスステーション, ガソリンスタンド

estacionamiento [エスタスィオナミエント] 男 ❶ 駐車: reloj de ~ パーキングメーター. ❷ 駐車場. ❸ 停滞

estacionar [エスタスィオナル] 他 〈主にラ〉〈車を〉駐(と)める
◆ **~se** ❶ 駐車する. ❷ 停滞する

estadía [エスタディア] 女 〈ラ〉滞在, 在留: ~ ilegal 不法滞在

estadio [エスタディオ] 男 競技場, スタジアム: ~ de fútbol サッカー場

estadista [エスタディスタ] 名 政治家

estadística [エスタディスティカ] 女 統計; 統計表; 統計学: hacer la[s] ~[s] de... …の統計をとる

estado [エスタド] 男 ❶ 状態: ~ físico 体の調子; 物理的状態. ~ de ánimo 気分
❷ 身分, 地位: ~ civil 〈既婚・未婚などの〉戸籍上の身分
❸ **国家**, 政府: ~ de derecho 法治国家. hombre de ~ 〈首相クラスの〉政治家. ministro de E~ 国務大臣
❹ 〈米国・メキシコの〉州: E~ de Oaxaca オアハカ州. E~ de Florida フロリダ州. [los] E~s Unidos [de América] アメリカ合衆国
❺ 報告書; 〈商業〉計算書 [~ de cuenta]
❻ 〈軍事〉~ mayor 参謀本部
en ~ 〈婉曲〉妊娠中の: mujer *en* ~ 妊婦. estar *en* ~ 妊娠している
◆ 過去分詞 ⇒**estar**

estadounidense [エスタドウニデンセ] 形 名 アメリカ合衆国の, 米国の; アメリカ人, 米国人

estafa [エスタファ] 女 詐取, 詐欺: cometer una ~ 詐欺を働く

estafador, ra [エスタファドル,ラ] 名 詐欺師

estafar [エスタファル] 他 詐取する, だます

estafeta [エスタフェタ] 女 郵便局[の支局]

estallar [エスタジャル] 自 ❶ 破裂する, 爆発する; 割れる, 裂ける: *Estalló* una bomba. 爆弾が炸裂した. ❷ 突然起こる: *Ha estallado* la guerra. 戦争が勃発した. ❸ 〈感情が〉爆発する: ~ de alegría 大喜びする

estallido [エスタジド] 男 ❶ 破裂. ❷ 突発: ~ de la revolución 革命の勃発

estampa [エスタンパ] 女 ❶ 〈本の〉さし絵, イラスト; 〈主に宗教的な〉版画. ❷ 姿, 様子

estampado, da [エスタンパド, ダ] 形 過分 〈服飾〉プリント地の: blusa ~ *da* プリントのブラウス
◆ 男 プリント; プリント地

estampar [エスタンパル] 他 ❶ …に型押しする; 印刷する, プリントする. ❷ 〈心に〉刻みつける

estampida [エスタンピダ] 女 めちゃくちゃに走って逃げること, 暴走

estampido [エスタンピド] 男 爆発音; 砲声, 銃声

estampilla [エスタンピジャ] 女 〈ラ〉郵便切手; 収入印紙

estancamiento [エスタンカミエント] 男 停滞, よどみ: ~ del crecimiento económico 経済成長の行き詰まり

estancar [エスタンカル] 73 他 ❶ …の流れを止める, 停滞させる; 抑制する: ～ agua 水をせき止める. ❷〈売買を〉独占する, 専売にする
◆ ～se よどむ, 停滞する

estancia [エスタンスィア] 女 ❶ 滞在(期間): durante su ～ en Toledo 彼のトレド滞在中に. ～ ilegal 不法滞在. ❷〈大きな〉部屋, 居室. ❸〈ラ〉大農園

estanciero, ra [エスタンスィエロ, ラ] 名〈ラ〉農場主

estanco [エスタンコ] 男〈切手など専売品を売る〉たばこ店

estándar [エスタンダル] 形 標準の, 規格にかなった: tipo ～ スタンダードタイプ, 標準型
◆ 男 標準

estandarte [エスタンダルテ] 男 軍旗; 団体旗

estanque [エスタンケ] 男 池, ため池

estante [エスタンテ] 男 ❶〈本棚などの〉棚, 棚板. ❷ 本立て

estantería [エスタンテリア] 女〈何段もある〉棚, 本棚

estaño [エスタニョ] 男〈元素〉スズ(錫)

estar [エスタル] 36 自 ❶〈状態〉…である, …になっている: Estoy triste. 私は悲しい. La sopa está fría. スープは冷めている
❷〈所在. 存在で〉いる, ある: ¿Dónde estás?—Estoy en la cocina. どこにいるの?—台所にいるよ. ¿Está José? ホセはいるかい? ¿Ha estado usted alguna vez en España? —Sí, he estado dos veces. スペインに行ったことがありますか?—はい, 2回あります. La Alhambra está en Granada. アルハンブラ宮殿はグラナダにある. Ya estamos en primavera. もう春だ
❸〈進行形. +現在分詞〉…しつつある: Estoy leyendo el periódico. 私は新聞を読んでいるところだ
❹〈動作の結果の状態. +過去分詞〉…になっている: Está preparada la comida. 食事の準備ができている
❺〈+a+日付〉¿A qué estamos hoy?—Estamos a 5 de mayo. きょうは何日ですか? —5月5日です
❻〈+de〉1) …のさいちゅうである: ～ de vacaciones 休暇中である. ～ de viaje 旅行中である. 2)〈一時的に〉…として働く: Es pintor, pero está de profesor. 彼は[本職は]画家だが, [今は]教師をしている
❼〈+para〉…するところである: Está para salir. 彼は出かけるところだ. No estoy para bromas. 私は冗談を言う気分ではない
❽〈+por〉1) まだ…していない, これから…される: La habitación está por limpiar. 部屋はまだ掃除されてない. 2) …の味方である; …に魅力を感じている
❾〈+sin〉…なしでいる: ～ sin dinero お金がない
◆ ～se〈一ヵ所に〉じっとしている: Se estuvo en la cama toda la tarde. 彼は午後じゅうずっとベッドにいた
¿*Estamos*? いいですね/わかったね?
¡*Ya está*! さあでき上がった! それでよし!

estatal [エスタタル] 形 国家の, 国営の: universidad ～ 国立大学

estático, ca [エスタティコ, カ] 形 静的な, 静止した: electricidad ～ca 静電気

estatua [エスタトゥア] 女 彫像, 立像: ～ de bronce 銅像. ～ de la Libertad 自由の女神像

estatura [エスタトゥラ] 女 身長: tener un metro ochenta de ～ 身長が1メートル80センチである

estatus [エスタトゥス] 男 =status

estatuto [エスタトゥト] 男 法規;〈会社などの〉規約, 定款: ～ de los trabajadores 就業規則

este[1] [エステ] 男 東; 東部: Valencia está en el ～ de España. バレンシアはスペインの東部にある. El sol sale por el ～. 太陽は東からのぼる. estar al ～ de... …の東側にある

este[2]**, ta** [エステ, タ] 形〈指示形容詞. 複 est*os*, tas〉❶ この: 1)〈普通は+名詞〉Estas flores son muy bonitas. これらの花は美しい. esta situación このような状況. ～ verano 今年の夏. ～ domingo 今度の日曜日/この前の日曜日. 2)〈名詞+. 強調・軽蔑〉El estúpido ～ rompió el florero. このばかが花びんを割った
❷〈ことばに詰まった時などのつなぎ〉えーと

esté ⇨ **estar** 36

éste, ta [エステ, タ] 代〈指示代名詞. 複 ést*os*, tas〉❶ これ: Éste es mi coche. これが私の車だ. Ésta es mi amiga Paloma. こちらは私の友人のパロマです
❷〈前者 aquél に対して〉後者

estela [エステラ] 女 航跡; 飛行機雲

estelar [エステラル] 形 ❶ 星の, 天体の. ❷ たいへん重要な

estera [エステラ] 女 むしろ, ござ

estéreo [エステレオ] 男 ステレオ: emisión en ～ ステレオ放送

estereofónico, ca [エステレオフォニコ, カ] 形 ステレオの

estereotipo [エステレオティポ] 男 ❶ ステレオタイプ. ❷ 常套句

estéril [エステリル] 形 ❶ 不毛の, 実のならな

い: tierra 〜 不毛な土地. esfuerzo 〜 むだな努力. ❷ 不妊の, 不妊症の. ❸ 殺菌した, 消毒した

esterilizar [エステリリサル] 13 他 ❶ 殺菌する, 消毒する. ❷ …に不妊手術をする

estética¹ [エステティカ] 女 ❶ 美学; 美的価値観, 美意識. ❷ 〈外見の〉美. ❸ 美容整形: Se hizo la 〜 en la nariz. 彼は鼻を整形した

esteticista [エステティスィスタ] 名 エステティシャン

estético, ca² [エステティコ, カ] 形 ❶ 美に関する: sentido 〜 美的感覚, 審美眼. ❷ 審美的な; 美しい. ❸ 美容の: cirugía 〜ca 美容外科

estiércol [エスティエルコル] 男 〈動物の〉糞(ふん); 堆肥

estigma [エスティグマ] 男 ❶ 〈体に残った〉跡. ❷ 汚点, 汚名

estilar [エスティラル] 〜se 一般に…する習慣である; 流行する

estilista [エスティリスタ] 名 ❶ スタイリスト, デザイナー. ❷ 名文家

estilo [エスティロ] 男 ❶ 様式, やり方, スタイル: 〜 de vida 生活様式. 〜 barroco バロック様式
❷ 文体; 画風: 〜 de Picasso ピカソの画風. ❸ 泳法: 〜 mariposa バタフライ
❹ 粋(いき), かっこよさ: vestirse con mucho 〜 スタイリッシュな着こなしをする
al 〜 de... 風の(に): vestirse *al 〜 de* los años 60 60 年代風の服装をする. jardín *al 〜* japonés 日本庭園
por el 〜 1) ほぼ同じ(同様の); ほぼ同じく(同様に): Pagué mil euros o algo *por el 〜*. 私は千ユーロかそこら払った. 2) ...y *por el 〜* …など

estilográfica [エスティログラフィカ] 女 万年筆

estima [エスティマ] 女 評価

estimable [エスティマブレ] 形 ❶ 評価に値する. ❷ かなりの

estimación [エスティマスィオン] 女 見積り; 評価

estimado, da [エスティマド, ダ] 形 過分 〈手紙〉…様; 親愛なる 拝啓. Mi 〜 amigo Juan: 親愛なる友フアンへ

estimar [エスティマル] 他 ❶ 評価する; 敬意を抱く: *Estimamos* mucho su talento. 私たちは彼の才能を高く買っている
❷ 愛する; 大切に思う: *Estima* mucho el álbum de fotos de su difunto padre. 彼は亡父のアルバムを大事にしている. Ella te *estima*, pero sólo como amigo. 彼女は君のことが好きだが, あくまで友達としてだ
❸ 〈en に〉見積る: 〜 un collar *en* diez mil euros 首飾りを 1 万ユーロに評価する
❹ …と思う, 考える

estimulante [エスティムランテ] 形 刺激する, 発奮させる
◆ 男 興奮剤

estimular [エスティムラル] 他 刺激する, 発奮させる: 〜 el apetito 食欲をそそる

estímulo [エスティムロ] 男 刺激; 刺激効果, インセンティブ

estío [エスティオ] 男 〈文語〉夏

estipulación [エスティプラスィオン] 女 約款, 契約条項

estipular [エスティプラル] 他 〈契約などで〉定める, 規定する

estiramiento [エスティラミエント] 男 ❶ 〈スポーツ〉ストレッチング: hacer 〜s ストレッチをする. ❷ 〈美容〉しわ取り整形

estirar [エスティラル] 他 ❶ 伸ばす, ぴんと張らせる: 〜 el cable コードを伸ばす. 〜 las piernas 脚を伸ばす. ❷ 〈金を〉倹約して使う, やりくりする
◆ 自 〈子供が〉背が伸びる
〜se ❶ 伸びをする; 手足を伸ばす. ❷ 〈ゴム・セーターなどが〉伸びる

estirón [エスティロン] 男 〈子供が〉急に背が伸びること: El niño ha dado un 〜. その子は急に大きくなった

estirpe [エスティルペ] 女 血統, 家系

estival [エスティバル] 形 夏の

esto [エスト] 代 ❶ 〈指示代名詞中性形〉これ: ¿Qué es 〜?—Es un reloj. これは何ですか?—時計です. *E*〜 es muy importante. このことはたいへん重要である
❷ 〈話をつなぐ時の〉えーと…
a todo 〜 ところで, それはそうと
en 〜 この時; するとすぐ

estofado [エストファド] 男 過分 〈料理〉シチュー

estofar [エストファル] 他 とろ火で煮る

estoico, ca [エストイコ, カ] 形 ❶ 禁欲的な, ストイックな. ❷ ものに動じない, 冷静な

estomacal [エストマカル] 形 胃の: jugos 〜es 胃液

estómago [エストマゴ] 男 胃: tener dolor de 〜 腹(胃)が痛い
revolver el 〜 a+人 …を怒らす, はらわたの煮えくり返る思いをさせる
tener 〜 神経好が図太い

estorbar [エストルバル] 他 ❶ 妨げる: 〜 el paso 通行を妨害する. ❷ 困らせる, 迷惑をかける

estorbo [エストルボ] 男 障害, 妨害

estornudar [エストルヌダル] 自 くしゃみをする

estornudo [エストルヌド] 男 くしゃみ

estoy ⇨**estar** 36

estrado [エストラド] 男 壇, 演壇

estrafalario, ria [エストラファラリオ, リア] 形 風変わりな, とっぴな

estrago [エストラゴ] 男〈戦争・天変地異などによる〉害: ~s de la guerra 戦禍
hacer ~*s* 1)〈en・entre を〉荒らす, だいなしにする, 害を与える. 2)〈entre を〉夢中にさせる

estrangular [エストラングラル] 他 ❶ 絞殺する. ❷〈医学〉締めつける, 狭くする

estratagema [エストラタヘマ] 女 戦略 ; 策略

estratega [エストラテガ] 名 戦略家

estrategia [エストラテヒア] 女 戦略 ; 作戦 : ~ comercial 商業戦略. ~ nuclear 核戦略

estratégico, ca [エストラテヒコ, カ] 形 戦略的な, 戦略上の : armas ~*cas* 戦略兵器. punto ~ 戦略上の拠点

estrato [エストラト] 男 ❶ 地層. ❷ 層 : ~*s* sociales 社会階層

estrechar [エストレチャル] 他 ❶ 狭める ; 緊密にする : ~ las relaciones 関係を緊密にする. ~ la mano a (de) +人 …と握手する
◆ ~*se* ❶ 狭まる ; 緊密になる. ❷〈席を〉詰める

estrechez [エストレチェス] 女〈複 estrecheces〉❶ 狭さ ; きゅうくつさ. ❷ 複 困窮 : pasar *estrecheces* 貧しい暮らしをする

estrecho, cha [エストレチョ, チャ] 形 ❶ 狭い ; きゅうくつな : calle ~*cha* 狭い道. ❷〈服などが〉体にぴったりした, きつい : Esta falda me queda ~*cha*. このスカートはきつい. ❸ 緊密な, 親密な : ~*cha* amistad 固い友情. ~*cha* relación 密接な関係. ❹ 厳格な ; 狭量な : ~*cha* vigilancia きびしい監視. de mentalidad ~*cha* 心の狭い
◆ 男 海峡 : ~ de Gibraltar ジブラルタル海峡

estrella [エストレジャ] 女 ❶ 星 : cielo lleno de ~*s* 星空, 満天の星. ~ fugaz 流れ星. ~ Polar/~ del Norte 北極星. ❷ スター, 花形 : Su hermano fue una ~ de cine. 彼の兄は映画スターだった. ❸ 星印, 星形 : hotel de tres ~*s* 3つ星のホテル. ❹ 運命 ; 幸運 : nacer con buena ~ 幸運の星の下に生まれる. ❺〈生物〉~ de mar ヒトデ
ver las ~*s*〈激痛で〉目から火が出る

estrellar [エストレジャル] 他 投げつける, 粉々に打ち砕く : ~ un vaso contra la pared コップを壁にたたきつける
◆ ~*se* ❶ 激突する, つぶれる ;〈飛行機が〉墜落する. ❷ 失敗する, 挫折する

estremecer [エストレメセル] 20 他 揺り動かす, 震えさせる
◆ ~*se* 揺れ動く ; 震える : ~*se* de miedo 恐くて震えあがる

estremecimiento [エストレメスィミエント] 男 震えること

estrenar [エストレナル] 他 ❶ 初めて使う : ~ una blusa 新しいブラウスを下ろす. ~ el coche 新しい車に乗り始める. ❷ 初演する ; 封切る
◆ ~*se*〈職業などの〉第一歩を踏み出す, デビューする

estreno [エストレノ] 男 ❶ 初演, 初日 ; 封切り : cine de ~ 封切り館. riguroso ~〈表示〉世界初演. ❷ デビュー, 初登場. ❸ 使い始め

estreñido, da [エストレニド, ダ] 形 便秘した : Estoy ~. 私は便秘している

estreñimiento [エストレニミエント] 男 便秘

estrépito [エストレピト] 男 大きな音 : ~ del motor エンジンの轟音

estrepitoso, sa [エストレピトソ, サ] 形 大きな音をたてる, けたたましい

estrés [エストレス] 男 ストレス : sufrir ~/tener ~ ストレスを感じる

estresado, da [エストレサド, ダ] 形 ストレスを感じている

estresante [エストレサンテ] 形 ストレスのかかる : trabajo ~ ストレスの多い仕事

estribar [エストリバル] 自〈en に〉❶ 重みがかかる. ❷ 基づく

estribillo [エストリビジョ] 男 反復句, リフレイン

estribo [エストリボ] 男 ❶〈馬の〉あぶみ. ❷〈車・列車の〉踏み台, ステップ. ❸〈建築〉控え壁

estribor [エストリボル] 男〈船舶〉右舷

estricto, ta [エストリクト, タ] 形 ❶ 厳密な : en el sentido ~ de la palabra ことばの厳密な意味において. ❷ 厳格な ; 厳正な : profesor ~ きびしい先生

estridente [エストリデンテ] 形〈音などが〉耳ざわりな, かん高い

estropajo [エストロパホ] 男 ❶〈食器洗い用などの〉スポンジ, たわし. ❷〈植物〉ヘチマ

estropear [エストロペアル] 他 ❶〈外見などを〉壊す, 損なう. ❷ だいなしにする : El tifón *estropeó* nuestro viaje. 台風のせいで私たちの旅行はさんざんだった

◆ ～se ❶ 壊れる, 損なわれる: *Se me ha estropeado* la cámara. 私のカメラが壊れた. El televisor está *estropeado*. テレビは壊れている. ❷ 〈食べ物が〉腐る

estructura [エストルクトゥラ] 囡 ❶ 構造: ～ industrial 産業構造. ～ de un edificio 建物の骨組み
❷ 組織, 機構: ～ administrativa 行政機構

estructural [エストルクトゥラル] 形 構造的な: reformas ～*es* 構造改革

estruendo [エストルエンド] 男 大きな音, 大音響; 騒音

estrujar [エストルハル] 他 ❶ 絞る, 圧搾する: ～ una naranja オレンジを絞る. ❷ 押しつぶす: ～ un papel 紙をクシャクシャにする. ❸ 抱きしめる. ❹ 搾取する

estuche [エストゥチェ] 男〈主に固い〉ケース, 入れ物: ～ de lápices 筆箱. ～ de gafas めがねケース

estudiante [エストゥディアンテ] 名 学生: ser ～ de la Universidad de Sevilla セビーリャ大学の学生である. ～ universitario 大学生

estudiantil [エストゥディアンティル] 形 学生の: vida ～ 学生生活

estudiar [エストゥディアル] 他 ❶ 勉強する, 学ぶ; 研究する: *Estudio* química. 私は化学を勉強している. ～ español con un profesor mexicano メキシコ人の先生にスペイン語を習う
❷ 検討する, 討議する: ～ la situación actual 現状を検討する. ～ un proyecto de ley 法案を審議する

◆ 自 ❶ 勉強する: ～ en una universidad 大学で学ぶ. *Estudias* mucho. 君はよく勉強する
❷ 研究する: ～ sobre el agujero de ozono オゾンホールについて研究する

estudio [エストゥディオ] 男 ❶ 勉強, 勉学, 学習: Empecé mis ～*s* de español hace dos años. 私はスペイン語の勉強を2年前に始めた. ～ de la música 音楽の勉強
❷ 研究; 研究書, 論文: ～ sobre la Segunda Guerra Mundial 第2次世界大戦についての研究. ～ de mercado 市場調査, マーケットリサーチ
❸ 複 学校教育, 学業: cursar ～*s* de sociología en una universidad 大学で社会学の勉強をする. señor de muchos ～*s* 学識のある人. ～*s* superiores 高等教育
❹ 検討; 討議: estar en ～ 検討(審議)中である
❺ 研究室; 勉強部屋
❻〈画家などの〉アトリエ
❼〈映画などの〉スタジオ: ～ fotográfico 写真スタジオ
❽ ワンルームマンション
❾〈音楽〉練習曲, エチュード;〈美術〉習作

estudioso, sa [エストゥディオソ, サ] 形 勉強好きな; 研究熱心な: alumno ～ よく勉強する生徒

estufa [エストゥファ] 囡 ストーブ

estupefaciente [エストゥペファスィエンテ] 形 麻酔(麻薬)効果のある
◆ 男 麻酔薬; 麻薬

estupefacto, ta [エストゥペファクト, タ] 形 びっくり仰天した; 茫然(ぼう)とした

estupendamente [エストゥペンダメンテ] 副 すばらしく: Lo pasé ～. とても楽しかった

estupendo, da [エストゥペンド, ダ] 形 すばらしい: Ha sido un viaje ～. 最高の旅行だった. ¡*E*～! それはすてきだ!

estupidez [エストゥピデス] 囡 複 estupide*ces*) 愚かさ; 愚行

estúpido, da [エストゥピド, ダ] 形 ばかな, 愚かな: idea ～*da* ばかげた考え. cara ～*da* まぬけ顔. por una razón ～*da* くだらない理由で

estupor [エストゥポル] 男 ❶ 仰天, 茫然(ぼう)自失: lleno de ～ びっくり仰天して(した). ❷ 麻痺, 昏睡(こんすい)

estupro [エストゥプロ] 男〈未成年者に対する〉婦女暴行

ETA [エタ] 囡〈略語〉バスク祖国と自由《← *Euskadi T a Askatasuna*. バスクの革命的民族組織》

etapa [エタパ] 囡 ❶ 段階; 期間, 時期: la primera ～ 第1期, 第1段階. ❷ 旅程, 行程. ❸〈自転車など〉一走行区間, ステージ

etarra [エタら] 形 名 ETA の(構成員)

etc. [エトセテラ]〈略語〉…など《← etcétera》

etcétera [エトセテラ] 男 …など

eternamente [エテルナメンテ] 副 ❶ 永遠に, 永久に. ❷ 際限なく

eternidad [エテルニダ] 囡 ❶ 永遠, 不朽.
❷ ひじょうに長い時間

eterno, na [エテルノ, ナ] 形 ❶ 永遠の, 永久の: amor ～ 永遠の愛. obra ～*na* 不朽の名作
❷ 果てしない; あいかわらずの: Es el ～ candidato. 彼は万年候補だ. ～ problema de la discriminación sexual いつの時代も変わらない男女差別の問題

ética[1] [エティカ] 囡 倫理学; 倫理: ～ profesional 職業倫理

ético, ca[2] [エティコ, カ] 形 倫理学の; 倫理の, 道徳に関する

etimología [エティモロヒア] 囡 語源；語源学

etiqueta [エティケタ] 囡 ❶ ラベル；名札, 荷札：La fecha de caducidad está en la ~. 賞味期限はラベルに書いてある．poner a+人 la ~ de derechista …に右翼のレッテルをはる．~ del precio 値札．❷ 儀礼, 礼儀作法：con mucha ~ うやうやしく *de* ~ 1) 正装を必要とする，正式な：Se ruega vestirse *de* ~.〈招待状で〉正装でおいでください．fiesta *de* ~ 正装でのパーティー．2) 儀礼的な, 形だけの：visita *de* ~ 儀礼的訪問

etnia [エトニア] 囡 民族

étnico, ca [エトニコ, カ] 厖 民族の, エスニックの：limpieza ~*ca* 民族浄化

etnología [エトノロヒア] 囡 民族学

eucalipto [エウカリプト] 男〖植物〗ユーカリ

eucaristía [エウカリスティア]囡〈キリスト教〉❶ 聖体．❷ 聖体拝領；聖餐式

eufemismo [エウフェミスモ] 男 婉曲語法, 遠回しな表現

euforia [エウフォリア] 囡 幸福感, 陶酔

eufórico, ca [エウフォリコ, カ] 厖 幸福感をもたらす

euro [エウロ] 男〈EUの貨幣単位〉ユーロ

eurodiputado, da [エウロディプタド, ダ] 图 欧州議会議員

Europa [エウロパ] 囡 ヨーロッパ

europeo, a [エウロペオ, ア] 厖 ヨーロッパの；ヨーロッパ人の：países ~*s* ヨーロッパ諸国
图 ヨーロッパ人

Eurovisión [エウロビシオン] 囡 ユーロビジョン〖ヨーロッパテレビ放送網〗

Euskadi [エウスカディ]〈地名, バスク語〉バスク

euskera [エウスケラ] 男 厖 バスク語；バスク語の

eutanasia [エウタナシア] 囡 安楽死：~ activa 積極的安楽死．~ pasiva 消極的安楽死

evacuación [エバクアスィオン] 囡 ❶ 避難, 撤退．❷ 排便

evacuar [エバクアル] 他 ❶ 立ち退(の)かせる, 避難させる：Los bomberos *evacuaron* a las personas de la casa. 消防隊はその家の人たちを避難させた(救出した)．~ a los manifestantes デモ隊を排除する．❷ …から立ち退く；撤退する
◆ 自 排便する

evadir [エバディル] 他〈面倒・危険などから〉逃げる, 避ける：~ el peligro 危険を回避する．~ la responsabilidad 責任を逃れる．~ impuestos 脱税する
◆ ~*se* 〈de から〉脱走する；逃げる：~*se de* la realidad 現実逃避する

evaluación [エバルアスィオン] 囡 見積り, 評価：~ de impacto ambiental 環境アセスメント

evaluar [エバルアル] ① 他 ❶ 鑑定する, 評価する：~ los daños y perjuicios 損害額を見積もる．~ la situación con los datos データを使って状況を検討する．❷〈試験などで〉採点する

evangélico, ca [エバンヘリコ, カ] 厖〈キリスト教〉❶ 福音の, 福音にかなった．❷ 福音主義の, プロテスタント

evangelio [エバンヘリオ] 男 福音〖キリストの教え〗；福音書

evangelista [エバンヘリスタ] 男〈キリスト教〉福音書家, 福音史家

evangelizar [エバンヘリサル] ⑬ 他 …に福音を伝える, キリスト教を伝道する

evaporar [エバポラル] 他 蒸発させる
◆ ~*se* ❶ 蒸発する．❷ 消える, 消滅する

evasión [エバシオン] 囡 逃走；逃避：~ de los prisioneros 囚人たちの脱走．~ de impuestos/~ fiscal 脱税

evasivo, va [エバシボ, バ] 厖 回避の, 逃避的な：tomar una actitud ~*va* あいまいな態度をとる, 逃げ腰になる
◆ 囡 逃げ口上

evento [エベント] 男 ❶ 出来事, 事件．❷ 催し, イベント

eventual [エベントゥアル] 厖 ❶ 起こる可能性のある, 不確定の：ante un ~ ataque de los enemigos 場合によっては起こりうる敵の攻撃に対し, ❷〈労働者などが〉臨時の

evidencia [エビデンスィア] 囡 ❶ 明白さ, 明らかなこと．❷〈ラ〉証拠

evidenciar [エビデンスィアル] 他 明らかにする；証明する

evidente [エビデンテ] 厖 明らかな, 明白な：Es ~ que eres culpable. 君が悪いのははっきりしている．prueba ~ 明白な証拠

evitar [エビタル] 他 避ける：~ la guerra 戦争を回避する．*Evitó* hablar conmigo. 彼は私と話すのを避けた

evocación [エボカスィオン] 囡 想起, 喚起

evocador, ra [エボカドル, ラ] 厖 想起する, 喚起する；思い出させる

evocar [エボカル] ⑬ 他 ❶ 思い出す：~ su niñez 子供のころのことを思い浮かべる．❷ 想起させる：Este paisaje me *evoca* la tierra natal. この景色を見ていると故郷を思い出す

evolución [エボルスィオン] 囡 ❶ 進展, 発達；変遷：~ económica 経済発展．~ de

una enfermedad 病気の推移. ~ de la sociedad 社会の移り変わり. ❷〈生物〉進化

evolucionar [エボルスィオナル]自 ❶ 進展する；変遷する：La informática *ha evolucionado* mucho. 情報技術がひじょうに進歩した. ~ favorablemente 好転する. ❷〈生物〉進化する

evolucionismo [エボルスィオニスモ] 男 進化論

ex [エ(ク)ス] 前 前(元・旧)…：el *ex* ministro 前(元)大臣. *ex* marido 前夫

ex- [接頭辞]「外へ」「強意」などの意

exacerbar [エ(ク)サセルバル] 他 ❶〈感情を〉激化させる；激怒させる：~ los nervios 神経を高ぶらせる. ❷〈病状などを〉悪化させる；亢進(こうしん)させる

◆ **~se** 激怒する. ❷ 悪化する；亢進する

exactamente [エ(ク)サクタメンテ] 副 ❶ 正確に；厳密に. ❷〈同意〉まったくそのとおりだ！

exactitud [エ(ク)サクティトゥ] 女 正確さ；厳密さ：con ~ 正確に；厳密に

exacto, ta [エ(ク)サクト, タ] 形 ❶ 正確な：hora ~*ta* 正確な時刻. copia ~*ta* 正確な写し. cinco metros ~*s* きっかり5メートル

❷ 厳密な；精密な：sentido ~ de la palabra ことばの厳密な意味. ciencias ~*tas* 精密科学

◆ 間〈同意〉そのとおり！

para ser ~[*s*] 厳密に言えば

exageración [エ(ク)サヘラスィオン] 女 ❶ 誇張, 大げさな表現：hablar con ~ 大げさに話す. ❷ 過度：Trabaja 15 horas diarias. Es una ~. 彼は毎日15時間働いている. 働きすぎだ

exagerado, da [エ(ク)サヘラド, ダ] 形 過分 ❶ 誇張された, 大げさな：expresión ~*da* 誇張した表現. ❷ 過度の：precio ~ 法外な値段

exagerar [エ(ク)サヘラル] 他 ❶ 誇張する：~ la gravedad del asunto 事の重大さを誇張する

◆ 自 ❶ 大げさに言う：No *exageres*, que no es para tanto. オーバーに言うな, それほどじゃない. ❷〈con・en の〉度を越す：~ *con* la bebida 飲みすぎる

exaltación [エ(ク)サルタスィオン] 女 ❶ 高揚；興奮, 熱狂：con ~ 興奮して, 熱狂的に. ❷ 賛美, 称揚

exaltado, da [エ(ク)サルタド, ダ] 形 過分 興奮した；熱狂的な：hablar en un tono ~ 興奮した口調で話す. discusión ~*da* 白熱した議論

◆ 名 熱狂的な人；熱狂した人

exaltar [エ(ク)サルタル] 他 ❶ 賛美する, 称揚する：~ la hazaña de+人 …の偉業を称える. ❷ 高揚させる；興奮させる：~ la ira de +人 …の怒りをあおる

◆ **~se** 興奮する, 熱狂する

examen [エ(ク)サメン] 男〈複 exámenes〉❶ 試験：Hoy tenemos un ~ de inglés. きょう私たちは英語のテストがある. aprobar (pasar) un ~ 試験に合格する. presentarse a un ~ 試験を受ける. hacer un ~ 試験を行なう；試験を受ける. ~ de ingreso 入学試験 ❷ 検査, 点検；検診〖~ médico〗：~ de calidad 品質検査. ~ de sangre 血液検査 ❸ 検討, 調査：realizar un municioso ~ de... …を細かく検討する. someter... a ~ …を検討にけける

examinador, ra [エ(ク)サミナドル, ラ] 名 試験官；審査官, 検査官

examinar [エ(ク)サミナル] 他 ❶ 検討する；調査する：~ las circunstancias 状況を検討する

❷ 検査する, 点検する：~ a un paciente 患者を診察する. ~ un motor エンジンを点検する

❸〈生徒を〉試験する

◆ **~se**〈de の〉試験を受ける：~*se de* química 化学の試験を受ける

exasperar [エ(ク)サスペラル] 他 ひどく怒らせる

◆ **~se** ひどく怒る

excavación [エ(ク)スカバスィオン] 女 ❶ 掘削. ❷ 発掘

excavadora [エ(ク)スカバドラ] 女 掘削機

excavar [エ(ク)スカバル] 他 ❶ 掘る：~ un túnel トンネルを掘る. ~ la tierra 地面を掘る. ❷ 発掘する

excedente [エ(ク)スセデンテ] 形 ❶ 超過した, 過剰の：dinero ~ 余剰金. ❷ 休職中の

◆ 男 ❶ 超過, 過剰：~*s* agrícolas 余剰農産物. ❷ 黒字：~ comercial 貿易黒字

exceder [エ(ク)スセデル] 他〈限度などを〉越える：~ la carga máxima permitida 最大積載量を越える

◆ 自〈a・de を, en で〉上回る, 越える：Los ingresos *excedieron a* los gastos *en* cinco mil euros. 収入が支出を5千ユーロ上回った

◆ **~se**〈限度・規準などを〉越える：~*se en* la bebida 飲みすぎる

excelencia [エ(ク)スセレンスィア] 女 ❶〈主に Su *E*~. 大臣・大使・司教などへの敬称〉閣下, 猊下(げいか)〗：Vuestra ~〈呼びかけ〉閣下, 猊下. ❷ すばらしさ

excelente [エ(ク)スセレンテ] 形 すばらしい, すぐれた: alumno ～ 優秀な生徒. vino ～ 上等のワイン. Es una persona ～. 彼はとてもいい人だ

excelso, sa [エ(ク)スセルソ, サ] 形 傑出した, 卓越した

excentricidad [エ(ク)スセントリスィダ] 女 奇抜さ; 複 奇行

excéntrico, ca [エ(ク)スセントリコ, カ] 形 奇抜な, 風変わりな: conducta ～ca とっぴな行動. ropa ～ca 奇抜な服
◆ 名 奇人, 変人

excepción [エ(ク)スセプスィオン] 女 例外; 除外: No hay regla sin ～. 例外のない規則はない. hacer una ～ a... …を例外扱いする. estado de ～ 非常事態
a (*con*) ～ *de*... …を除いて, 例外として
de ～ 特例の; 特別の: medida *de* ～ 特別措置

excepcional [エ(ク)スセプスィオナル] 形 ❶ 例外の, 異例の: trato ～ 特別待遇. ❷ 並はずれた: tener una inteligencia ～ まれに見る高い知能を持つ

excepto [エ(ク)スセプト] 前 …を除いて, …を別にすれば: La tienda está abierta ～ los lunes. 店は月曜以外開いている

exceptuar [エ(ク)スセプトゥアル] ① 他 除く, 除外する

excesivamente [エ(ク)スセシバメンテ] 副 過度に

excesivo, va [エ(ク)スセシボ, バ] 形 過度の, 過剰の: El precio me parece ～. その値段は高すぎると思う

exceso [エ(ク)スセソ] 男 過多, 過剰; 超過分: beber con (en) ～ 酒を飲みすぎる. ～ de equipaje 超過手荷物. ～ de peso 超過重量

excitación [エ(ク)ススィタスィオン] 女 興奮; 興奮状態

excitante [エ(ク)ススィタンテ] 形 興奮させる: libro ～ 刺激的な本

excitar [エ(ク)スィタル] 他 興奮させる: ～ los nervios 神経を高ぶらせる. ～ la ira de +人 …の怒りをかりたてる
◆ ～*se* 興奮する

exclamación [エ(ク)スクラマスィオン] 女 ❶ 〈感嘆などの〉叫び: lanzar ～ 叫び声を上げる. ❷ 感嘆符〖signos de ～〗

exclamar [エ(ク)スクラマル] 自 〈喜び・怒りの〉声を上げる, 叫ぶ

excluir [エ(ク)スクルイル] ㊷ 他 ❶ 追放する, 排斥する: ～ a+人 de la lista …をリストからはずす. ❷ 排除する: ～ la posibilidad 可能性を排除する. *Excluyendo* los niños había diez personas. 子供を除いて10人いた

exclusión [エ(ク)スクルシオン] 女 ❶ 追放, 除名. ❷ 除外, 排除: con ～ de... …を除外して. sin ～ 例外なく

exclusiva[1] [エ(ク)スクルシバ] 女 ❶ 独占権, 占有権. ❷ 独占記事

exclusivamente [エ(ク)スクルシバメンテ] 副 もっぱら, ひたすら

exclusive [エ(ク)スクルシベ] 副 …を含めずに

exclusivo, va[2] [エ(ク)スクルシボ, バ] 形 ❶ 排他的な, 独占的な; 専用の: entrevista ～*va* 独占会見. ❷ 唯一の: Éste es un modelo ～ de nuestra marca. これは当ブランドにしかないモデルです. ❸ 客を厳選する, 上流相手の: restaurante ～ 高級レストラン

Ex[c]mo., ma. 〈略語〉閣下〖＝Excelentísimo〗

excomulgar [エ(ク)スコムルガル] 55 他 〈宗教〉破門する

excomunión [エ(ク)スコムニオン] 女 〈宗教〉破門

excremento [エ(ク)スクレメント] 男 排泄物, 糞〈ふん〉, 大便

excursión [エ(ク)スクルシオン] 女 遠足; 〈日帰り・1泊程度の〉ツアー, 小旅行: ir de ～ 遠足(ハイキング)に行く

excursionista [エ(ク)スクルシオニスタ] 名 ハイカー, 見物客

excusa [エ(ク)スクサ] 女 ❶ 言いわけ, 弁解, 口実: ¡Nada de ～*s*! 言いわけは無用だ. inventar una ～ 言いわけをでっちあげる. ❷ 複 わび(のことば): presentar ～*s* a+人 por+事 …に…のわびをする

excusar [エ(ク)スクサル] 他 ❶ 許す, 大目に見る: Eso no *excusa* tu retraso. だからといって君の遅刻は許されない. ❷ 〈de から〉免除する: ～ a+人 *del* servicio nocturno …の夜勤を免除する. ❸ 〈面倒などを〉回避する
◆ ～*se* 言いわけをする, わびる: No sé cómo ～*me*. 何とおわびしたらいいかわかりません

exención [エ(ク)センスィオン] 女 免除

exento, ta [エ(ク)セント, タ] 形 ❶ 〈de を〉免除された: ～ *de* impuestos 免税の. ❷ 〈危険・面倒などの〉ない: vida ～*ta de* preocupaciones 心配ごとのない生活

exhalación [エ(ク)サラスィオン] 女 ❶ 発散. ❷ 呼気

exhalar [エ(ク)サラル] 他 ❶ 〈香りなどを〉発散する. ❷ 〈ため息などを〉吐き出す

exhaustivo, va [エ(ク)サウスティボ, バ] 形 徹底的な, 網羅する

exhausto, ta [エ(ク)サウスト, タ] 形 疲れ

exhibición [エ(ク)シビスィオン] 囡 ❶ 公開, 展示 : estar en ~ 展示されている. ❷ ⟨スポーツ⟩ エキジビジョン, 模範演技. ❸ 見せびらかし, 誇示

exhibir [エ(ク)シビル] 他 ❶ 公開する ; 展示する : ~ obras de Miró ミロの作品を展示する. ❷ 見せびらかす, 誇示する

exhortar [エ(ク)ソルタル] 他 激励する, 奨励する

exigencia [エ(ク)シヘンスィア] 囡 ⟨主に複⟩ ❶ ⟨強い⟩ 要求 : atender a las ~s de los empleados 従業員たちの要求に答える. por ~s de la situación 状況の必要性によって. ❷ 無理な希望, わがまま

exigente [エ(ク)シヘンテ] 形 多くを要求する, 気むずかしい : Los consumidores son muy ~s con la calidad de los productos. 消費者は製品の質にうるさい

exigir [エ(ク)シヒル] 37 他 ❶ ⟨強く⟩ 要求する : Me *exigieron* el pago de las deudas. 私は借金の返済を迫られた. ❷ 必要とする : un trabajo que *exige* un gran sacrificio 大きな犠牲を伴う仕事

exiliado, da [エ(ク)シリアド, ダ] 形 名 過分 ❶ 追放された〔人〕, 流刑者 : ⟨主に政治的理由で⟩ 亡命した ; 亡命者

exiliar [エ(ク)シリアル] **~se** ⟨主に政治的理由で⟩ 亡命する : ~se en (a) Francia フランスに亡命する

exilio [エ(ク)シリオ] 男 ❶ 国外追放, 流刑. ❷ 亡命 : vivir en el ~ en... ...で亡命生活を送る. gobierno en el ~ 亡命政権

eximir [エ(ク)シミル] 他 ⟨de 責務から⟩ 免除する

existencia [エ(ク)システンスィア] 囡 ❶ 存在, 実存 : ~ de Dios 神の存在 ❷ 生活 ; 生涯 : a lo largo de su ~ 彼の一生を通じて ❸ 複 在庫品

existencial [エ(ク)システンスィアル] 形 ❶ 存在の, 実存の. ❷ 人生の ; 生活の

existencialismo [エ(ク)システンスィアリスモ] 男 実存主義

existente [エ(ク)システンテ] 形 実存の, 現存の

existir [エ(ク)システィル] 自 存在する : No sé si todavía *existe* ese edificio. 今もその建物があるかどうかわからない

éxito [エ(ク)スィト] 男 ❶ 成功 : tener ~ ⟨en に⟩ 成功する ; ⟨作品などが⟩ ヒットする. con ~ 首尾よく. gran (mucho) ~ 大成功 ❷ ヒット作品

tener ~ con los hombres (las muje- *res*) 男(女)にもてる

exitoso, sa [エ(ク)シトソ, サ] 形 ⟨ラ⟩ 成功した, 上首尾の

éxodo [エ(ク)ソド] 男 ❶ 集団の脱出(移動), 移住. ❷ *É*~ ⟨聖書⟩ 出エジプト記

exorbitante [エ(ク)ソルビタンテ] 形 法外な : precio ~ 目の飛び出るような値段

exorcismo [エ(ク)ソルスィスモ] 男 悪魔ばらい

exorcista [エ(ク)ソルスィスタ] 名 悪魔ばらい師

exorcizar [エ(ク)ソルスィサル] 13 他 ⟨悪魔を⟩ はらう

exótico, ca [エ(ク)ソティコ, カ] 形 ❶ 外国〔産〕の ; 異国風の : plantas ~*cas* 外来植物. restaurante ~ エキゾチックなレストラン. ❷ 珍しい, 風変わりな

exotismo [エ(ク)ソティスモ] 男 異国情緒, 異国趣味, エキゾチシズム

expandir [エ(ク)スパンディル] 他 ⟨ニュース・うわさなどを⟩ 広める

expansión [エ(ク)スパンスィオン] 囡 ❶ 拡大, 膨張 : ~ de la epidemia 伝染病の広がり. ~ económica 経済発展. ❷ ⟨感情の⟩ 発露 ; 気晴らし. ❸ 普及

expatriar [エ(ク)スパトリアル] 33 他 国外へ追放する

◆ **~se** 国外へ移住する ; 亡命する

expectativa [エ(ク)スペクタティバ] 囡 ❶ 期待. ❷ ⟨時に複⟩ 見通し, 見込み : ~ de vida 平均余命

estar a la ~ de... ...を待っている, 期待している

expedición [エ(ク)スペディスィオン] 囡 ❶ 遠征, 探検 : ~ a la Antártida 南極探検. ❷ 遠征隊, 探検隊. ❸ 発送 ; 発送品. ❹ 交付, 発行

expedicionario, ria [エ(ク)スペディスィオナリオ, リア] 形 名 遠征の, 探検の ; 遠征隊員, 探検隊員

expediente [エ(ク)スペディエンテ] 男 ❶ ⟨集合的に⟩ 一件書類, 関係文書. ❷ ⟨法律⟩ 行政審判. ❸ 一時しのぎ, 窮余の策. ❹ 成績 ; 経歴

expedir [エ(ク)スペディル] 56 他 ❶ 発送する : ~ un paquete por correo 小包を郵送する. ❷ ⟨証明書などを⟩ 発行する : ~ un pasaporte a+人 ...にパスポートを交付する

expeditar [エ(ク)スペディタル] 他 ⟨ラ⟩ 迅速に処理する

expeditivo, va [エ(ク)スペディティボ, バ] 形 迅速な, てきぱきした

expendedor, ra [エ(ク)スペンデドル, ラ] 形 máquina ~*ra* de cigarrillos たばこの自動

販売機
◆ 図 売り子
◆ 男 自動販売機

expendio [エ(ク)スペンディオ] 男 〈ラ〉販売店

expensas [エ(ク)スペンサス] 女 複 *a ~ de...* …の費用(負担)で

experiencia [エ(ク)スペリエンスィア] 女 ❶ 経験, 体験: saber por ~ 経験で知っている. abogado con mucha ~ 経験豊富な弁護士. falta de ~ 経験不足 ❷ 実験, 試み
tener ~ de+不定詞 …の経験がある: No tiene ~ de vivir en el extranjero. 彼は外国に住んだことがない

experimentado, da [エ(ク)スペリメンタド, ダ] 形 過分 経験を積んだ, 熟練した

experimental [エ(ク)スペリメンタル] 形 ❶ 実験に基づく. ❷ 実験的な, 試験的な

experimentar [エ(ク)スペリメンタル] 他 ❶ 実験する, 試す. ❷ 体験する, 身をもって知る; 感じる: ~ una derrota 敗北を喫する. ~ una gran alegría 大きな喜びを覚える. La economía de España *ha experimentado* un gran crecimiento. スペイン経済は大きく成長した

experimento [エ(ク)スペリメント] 男 実験; 試験, 試み: realizar un ~ de química 化学の実験を行なう

experto, ta [エ(ク)スペルト, タ] 形 〈en に〉熟練した, 精通した
◆ 名 専門家, エキスパート

expiatorio, ria [エ(ク)スピアトリオ, ア] 形 罪滅ぼしの, 贖罪(しょくざい)の

expiración [エ(ク)スピラスィオン] 女 期限切れ, 期限満了: ~ del pasaporte パスポートの期限切れ

expirar [エ(ク)スピラル] 自 〈婉曲〉息を引き取る, 死ぬ. ❷〈期限が〉切れる: El plazo del pago *ha expirado*. 支払い期限が切れた

explayar [エ(ク)スプラジャル] ~*se* ❶ 長々と話す: ~ *se* en su discurso 長々と論じる. ❷〈con に〉心を開く, 打ち明ける

explicación [エ(ク)スプリカスィオン] 女 ❶ 説明, 解説: dar una ~ minuciosa sobre ... …について細かい説明をする ❷〈主に 複〉釈明, 言いわけ

explicar [エ(ク)スプリカル] 73 他 ❶ 説明する, 解説する: *Explíca*me lo que ha sucedido. 何があったのか説明してくれ ❷ 釈明する, 弁明する
◆ ~*se* ❶〈自分の考えなどを〉相手に理解させる: No sé si *me explico* bien, pero... うまく説明できているかわかりませんが… ¿Me ex*plico*? 私の言っていることがわかりますか? ❷ 納得する, 理解する

explícito, ta [エ(ク)スプリスィト, タ] 形 明確に述べられた, はっきりした

exploración [エ(ク)スプロラスィオン] 女 ❶ 探検, 調査: ~ polar 極地探検. ❷〈医学〉検査. ❸〈光学〉走査, スキャン

explorador, ra [エ(ク)スプロラドル, ラ] 名 ❶ 探検家. ❷ ボーイスカウト, ガールスカウト

explorar [エ(ク)スプロラル] 他 ❶ 探検する, 踏査する; 探査する: ~ una isla desierta 無人島を探検する. ❷〈医学〉検査する. ❸〈光学〉走査する

explosión [エ(ク)スプロスィオン] 女 ❶ 爆発: ~ atómica/~ nuclear 核爆発. ~ de gas ガス爆発. ❷ 突発; 激発: ~ de risa 爆笑. ❸ 激増: ~ demográfica 人口の爆発的な増加

explosivo, va [エ(ク)スプロスィボ, バ] 形 爆発[性]の: materiales ~*s* 爆発物
◆ 男 爆薬

explotación [エ(ク)スプロタスィオン] 女 ❶ 開発, 開拓; 採掘: ~ forestal 森林開発. ~ de una mina 鉱山の採掘. ❷ 営業, 経営: ~ cooperativa 協同組合経営. ❸ 搾取: ~ de los obreros 労働者に対する搾取. ❹ 利用, 活用; 悪用: ~ de una patente 特許の活用

explotar [エ(ク)スプロタル] 自 爆発する: *Explotó* una bomba. 爆弾が破裂した
◆ 他 ❶ 開発する, 開拓する; 採掘する: ~ los recursos del mar 海洋資源を開発する. ❷ 営業する, 経営する: ~ un negocio 事業を営む. ❸ 搾取する: ~ a los empleados 従業員から搾取する. ❹ 利用する, 活用する; 悪用する: ~ los puntos débiles de+人 …の弱点につけ込む

exponer [エ(ク)スポネル] 54 他 過分 ex*puesto*) ❶ 展示する, 陳列する: ~ un cuadro en la sala 絵をホールに展示する. ❷〈a·ante 光・風などに〉さらす: ~ ... *al* sol …を日に当てる. ❸ 危険にさらす: ~ su vida 命を危険にさらす. ❹〈考えを〉表明する: ~ sus motivos 動機を述べる
◆ ~*se* 〈a に〉身をさらす: ~*se al* viento 吹きさらしにいる. ~*se a* un peligro 危険に身をさらす

exportación [エ(ク)スポルタスィオン] 女 ❶ 輸出: ~ de automóviles a Europa ヨーロッパへの自動車輸出. ❷ 輸出品; 輸出量: Han aumentado las *exportaciones* a Latinoamérica. 中南米への輸出が増えた

exportador, ra [エ(ク)スポルタドル, ラ] 形 輸出の: países ~*es* de petróleo 石油輸出

国
◆ 名 輸出業者

exportar [エ(ク)スポルタル] 他 輸出する：~ coches a todo el mundo 全世界に自動車を輸出する．~ la idea del budismo 仏教の思想を国外に広める

exposición [エ(ク)スポシシオン] 女 ❶ 展覧会, 展示会：~ de Goya ゴヤ展．~ de cerámica 陶芸展．E~ Universal 万国博 ❷ 展示, 陳列；〈集合的に〉展示品：sala (salón) de ~ 展示室, 展示場
❸〈光などに〉さらすこと；危険に身をさらすこと：~ de la piel al sol 肌を日にさらすこと
❹ 論述, 説明：hacer una corta ~ oral 短いスピーチをする
❺〈写真〉露出

exprés [エ(ク)スプレス] 形〈単複同形〉：tren ~ 急行列車．enviar un paquete por correo ~ 速達で小包を送る
◆ 男 ❶ エスプレッソコーヒー〘café ~〙．❷〈表示〉速達

expresamente [エ(ク)スプレサメンテ] 副 ❶ 明らかに, はっきりと．❷ わざわざ, 故意に

expresar [エ(ク)スプレサル] 他 表現する：No sé cómo ~ mi agradecimiento. 何とお礼を申したらいいのかわかりません．Este poema *expresa* bien sus sentimientos. この詩は彼の気持ちをよく表わしている
◆ ~se 自分の考え(気持ち)を表現する

expresión [エ(ク)スプレシオン] 女 ❶ 表現：~ oral 言語表現．~ corporal 身体表現．medio de ~ 表現手段．libre ~ de opiniones 自由な意見の表現
❷ 言い回し, 語句：~ muy corriente よく使われる言い回し
❸ 表情：Tenía una ~ de miedo en su cara. 彼の顔には恐怖の色が浮かんでいた

expresivo, va [エ(ク)スプレシボ, バ] 形 ❶ 表現力に富んだ, 表情豊かな．❷ 意味深長な

expreso, sa [エ(ク)スプレソ, サ] 形 ❶ はっきり示された：de forma ~*sa* はっきりわかる形で．❷ 急行の．❸ café ~ エスプレッソコーヒー
◆ 男 ❶ 急行列車〘tren ~〙．❷ 速達：por ~ 速達で．❸ エスプレッソコーヒー

exprimidor [エ(ク)スプリミドル] 男〈果汁の〉絞り器

exprimir [エ(ク)スプリミル] 他 ❶〈果実などを〉絞る．❷〈人を〉搾取する

expropiación [エ(ク)スプロピアスィオン] 女 収用, 接収：~ forzosa 強制収用

expropiar [エ(ク)スプロピアル] 他〈土地などを〉収用する, 接収する

expuesto, ta [エ(ク)スプエスト, タ] 形〈exponer の 過分〉❶〈a に〉さらされた：~ a la intemperie 風雨にさらされた．❷ 危険な

expulsar [エ(ク)スプルサル] 他 追い出す, 追放する：Fueron *expulsados* del país. 彼らは国外追放になった

expulsión [エ(ク)スプルシオン] 女 追放

exquisito, ta [エ(ク)スキシト, タ] 形 ❶ 上品な, 洗練された：modales ~*s* 上品な物腰．❷ 美味な；ここちよい：plato ~ おいしい料理

éxtasis [エ(ク)スタシス] 男 ❶ 恍惚(ﾐｶ), エクスタシー．❷〈麻薬〉エクスタシー

extender [エ(ク)ステンデル] 58 他 ❶ 伸ばす, 広げる：~ la mano 手を伸ばす．~ un mapa en la mesa 地図を机の上に広げる
❷〈文書を〉発行する：~ un certificado 証明書を交付する
◆ ~se 広がる, 伸びる：Se extiende la epidemia. 伝染病が広がる．Se extiende un paisaje maravilloso ante nuestros ojos. 私たちの目の前にすばらしい景色が広がっている

extensión [エ(ク)ステンシオン] 女 ❶ 広がり：en toda la ~ de la palabra あらゆる意味で．❷ 面積：tener una ~ de cinco hectáreas 面積が5ヘクタールある．❸〈電話〉内線

extenso, sa [エ(ク)ステンソ, サ] 形 ❶ 広い, 広大な：territorio ~ 広大な領地．❷ 長く続く：discurso ~ 長い演説

extenuar [エ(ク)ステヌアル] ① 他 へとへとに疲れさせる
◆ ~se 疲れ果てる

exterior [エ(ク)ステリオル] 形 ❶ 外部の, 外側の；外面的な：aspecto ~ 外見, 外observable.influencia ~ 外部からの影響
❷ 戸外の：deporte ~ 屋外スポーツ
❸ 対外的な：política ~ 対外政策．Ministerio de Asuntos E~*es* 外務省
◆ 男 ❶ 外部, 外側；外観：~ de la iglesia 教会の外側(外観)
❷ 外国：noticias del ~ 外国のニュース．relaciones con el ~ 対外関係
❸〈映画〉ロケーション

exterminar [エ(ク)ステルミナル] 他 根絶する：~ las ratas ネズミを駆除する．~ la violencia 暴力を一掃する

exterminio [エ(ク)ステルミニオ] 男 根絶, 絶滅

externo, na [エ(ク)ステルノ, ナ] 形 ❶ 外側の, 外部の；外的な：apariencia ~*na* 外観, 外見．herida ~*na* 外傷．medicamento de aplicación ~*na* 外用薬
❷ 外国の
◆ 名 通学生

extinción [エ(ク)スティンスィオン] 女 ❶ 消

extinguir [エ(ク)スティンギル] 28 他 ❶ 〈火を〉消す. ❷ 絶滅させる, 根絶する
◆ **~se** 〈火・音などが〉消える. ❷ 絶滅する, 根絶される；消滅する
* 〜 de un incendio 火事の鎮火. ❷ 絶滅；消滅：animales en peligro de 〜 絶滅の危機にある動物

extinto, ta [エ(ク)スティント, タ] 形 ❶ 〈火などが〉消えた. ❷ 絶滅した

extintor [エ(ク)スティントル] 男 消火器

extorsión [エ(ク)ストルシオン] 女 ゆすり, たかり；強要

extorsionar [エ(ク)ストルシオナル] 他 ゆする, たかる

extra [エ(ク)ストラ] 形 ❶ 臨時の：horas 〜s 超過勤務時間, 残業. ❷ 極上の；特別の；de tamaño 〜 特大サイズの
◆ 名 〈映画〉エキストラ
◆ 男 臨時増刊, 号外
◆ 女/男 ボーナス, 賞与 〖paga 〜〗

extra- 〈接頭辞〉「…外の」「…の範囲外の」の意

extracción [エ(ク)ストラ(ク)シィオン] 女 ❶ 引き抜くこと：〜 de una muela 抜歯. ❷ 採掘. ❸ 抽出：〜 de aceite de oliva オリーブ油の抽出. ❹ 素性, 出身

extracto [エ(ク)ストラクト] 男 ❶ 抜粋, 要約. ❷ 抽出物, エキス；エッセンス：〜 de tomate トマトペースト(ピューレ)

extradición [エ(ク)ストラディシィオン] 女 〈自国政府への犯人の〉引渡し, 送還

extraer [エ(ク)ストラエル] 81 他 ❶ 引き抜く, 取り出す：〜 una muela 歯を抜く. ❷ 採掘する. ❸ 抽出する

extraescolar [エ(ク)ストラエスコラル] 形 校外の：actividades 〜es 校外活動, 課外活動

extrajudicial [エ(ク)ストラフディシィアル] 形 法廷の権限外の：acuerdo 〜 示談

extramatrimonial [エ(ク)ストラマトリモニアル] 形 婚外の：tener relaciones 〜es con +人 …と婚外交渉(不倫)をする

extranjería [エ(ク)ストランヘリア] 女 外国人であること；その法的地位：ley de 〜 外国人登録法

extranjero, ra [エ(ク)ストランヘロ, ラ] 形 外国の：país 〜 外国. lengua 〜ra 外国語
◆ 名 外国人：〜s residentes en Japón 在日外国人
◆ 男 外国：vivir en el 〜 外国に住む. viajar al 〜 外国に旅行に行く

extrañar [エ(ク)ストラニャル] 他 ❶ 奇異に感じさせる；驚かす：1) Me *extraña* su ausencia. 彼がいないなんて変だな. 2) 〈que+接続法〉 Me *extraña* que no me haya dicho nada. 彼が私に何も言わなかったのは妙だ. No es de 〜 que+接続法 …は不思議ではない. ❷ 〈…がないのを〉寂しく思う：Te *extraño*. 君がいなくて寂しい. ❸ 〈新しいもの・慣れていないものに〉違和感(不便)を感じる：Durante el viaje *extrañaba* la cama y no podía dormir bien. 私は旅行中枕が変わってよく眠れなかった
◆ **~se** 〈de を〉奇妙に思う, 驚く：1) *Se extrañó de* tu raro comportamiento. 彼は君のおかしな行動に驚いていた. 2) 〈que+接続法〉 *Me extrañé de que* hubieras llegado tan tarde. 君があんなに遅刻するなんて意外だった

extrañeza [エ(ク)ストラニェサ] 女 ❶ 奇妙さ, 奇妙なこと. ❷ 驚き

extraño, ña [エ(ク)ストラニョ, ニャ] 形 ❶ 奇妙な, 普通ではない：1) Es 〜. それは変だ. ruido 〜 怪しい物音. cuerpo 〜 〈医学〉異物. 2) 〈Es 〜 que+接続法〉 *Es 〜 que* llueva tanto en esta época. この時期にこんなに雨が降るなんておかしい
❷ よその；外国の：No hables de los asuntos de familia ante personas 〜ñas. 知らない人の前で身内の話はするな
◆ 名 よそ者, 部外者, 知らない人

extraoficial [エ(ク)ストラオフィシィアル] 形 非公式の, 私的な

extraordinario, ria [エ(ク)ストラオルディナリオ, リア] 形 ❶ 並はずれた, 途方もない：éxito 〜 すばらしい成功. frío 〜 異常な寒さ. ❷ 臨時の, 特別の：permiso 〜 特別許可. asamblea 〜ria 臨時集会
◆ 男 〈新聞・雑誌の〉増刊号, 号外
◆ 女 ボーナス, 賞与 〖paga 〜〗

extraterrestre [エ(ク)ストラテレストレ] 形 名 地球外の〔生物〕；宇宙人

extravagancia [エ(ク)ストラバガンスィア] 女 常軌を逸したこと, とっぴなこと

extravagante [エ(ク)ストラバガンテ] 形 常軌を逸した, とっぴな

extravertido, da [エ(ク)ストラベルティド, ダ] 形 〈性格が〉外向的な

extraviado, da [エ(ク)ストラビアド, ダ] 形 過分 ❶ 道に迷った：perro 〜 迷い犬. mirada 〜ra うつろな目つき. ❷ 紛失した：objetos 〜s 遺失物

extraviar [エ(ク)ストラビアル] 33 他 ❶ 〈道に〉迷わせる. ❷ 〈人心を〉惑わす. ❸ 紛失する
◆ **~se** ❶ 道に迷う. ❷ 紛失する. ❸ 正道を踏みはずす

extravío [エ(ク)ストラビオ] 男 ❶ 紛失. ❷

Extremadura [エ(ク)ストレマドゥラ] 囡 エストレマドゥラ 『スペイン南西部の自治州』

extremado, da [エ(ク)ストレマド, ダ] 形 過分 極端な, この上ない

extremar [エ(ク)ストレマル] 他 極端にする, 徹底する: ~ las medidas preventivas 予防措置を徹底する
◆ ~se 丹精こめる

extremaunción [エ(ク)ストレマウンスィオン] 囡 〈カトリック〉終油の秘跡

extremeño, ña [エ(ク)ストレメニョ, ニャ] 形 名 エストレマドゥラ Extremadura の〔人〕

extremidad [エ(ク)ストレミダ] 囡 ❶ 端, 先端. ❷ 複 四肢の先, 手足

extremista [エ(ク)ストレミスタ] 形 名 過激派〔の〕

extremo, ma [エ(ク)ストレモ, マ] 形 ❶ 極度の, 極端な: ~ma pobreza 極貧. frío ~ 厳寒. ~ma derecha 〈政治〉極右. opinión ~ma 極論
❷ 端の, 先端の
◆ 男 ❶ 端: al otro ~ del pasillo 廊下の突きあたりに. ❷ 極端: ir de un ~ a otro 極端から極端へ走る. ❸ 〈スポーツ〉ウィング
en (*con*・*por*) ~ ひどく, 極度に: La película me aburrió *en* ~. 映画はどうしようもないほど退屈だった
en último ~ 窮余の一策で

exuberancia [エ(ク)スベランスィア] 囡 豊かさ

exuberante [エ(ク)スベランテ] 形 豊かな, 豊かすぎる: vegetación ~ 豊かな緑. mujer ~ 豊満な女性. alegría ~ あふれるばかりの喜び

eyaculación [エジャクラスィオン] 囡 〈生理〉射精

eyacular [エジャクラル] 他/自 〈生理〉射精する

F, f [エフェ]

fábrica [ファブリカ] 囡 **工場**：～ de tejidos 織物工場．precio de ～ 工場渡し価格, 製造原価

fabricación [ファブリカスィオン] 囡 製造：de ～ española スペイン製の．de ～ nacional 国産の

fabricante [ファブリカンテ] 名 製造業者, メーカー

fabricar [ファブリカル] 73 他 製造する：～ coches 車を製造する．*fabricado* en Japón 日本製の．～ una mentira うそをでっち上げる

fabril [ファブリル] 形 製造〔業〕の

fábula [ファブラ] 囡 ❶ 寓話：～s de Esopo イソップ寓話．❷ うわさ話；作り話

fabuloso, sa [ファブロソ, サ] 形 ❶ 空想的な．❷ 途方もない

facción [ファ(ク)スィオン] 囡 ❶ 過激派；派閥．❷ 復 顔だち, 容貌

facha [ファチャ] 囡 容姿：tener buena ～ 容姿端麗である

fachada [ファチャダ] 囡 〈建物の〉正面, ファサード

fácil [ファスィル] 形 ❶ **やさしい**, 容易な：pregunta ～ やさしい質問．trabajo ～ 簡単な仕事．Este libro es ～ de entender. この本は理解しやすい
❷ 安易な：llevar una vida ～ 安易な生活をおくる

facilidad [ファスィリダ] 囡 ❶ 容易さ：con mucha (gran) ～ やすやすと, いとも簡単に．❷ 能力：Tiene mucha ～ de palabra. 彼はひじょうに能弁だ．❸ 複 便宜：dar (ofrecer) a+人 toda clase de ～es …にあらゆる便宜をはかる

facilitar [ファスィリタル] 他 ❶ 容易にする：Este libro nos *facilita* el estudio. この本は私たちの研究を助けてくれる．❷ 供与する, 便宜を与える：～ datos データを提供する

fácilmente [ファスィルメンテ] 副 容易に：El niño llora ～. その子はすぐ泣く．dejarse engañar ～ 簡単にだまされる

facsímil [ファクスィミル] 男 写真電送, ファクシミリ

factible [ファクティブレ] 形 実行(実現)できる

factor [ファクトル] 男 ❶ 要因, ファクター．❷ 〈数学〉因数；〈生物〉因子

factura [ファクトゥラ] 囡 ❶ 請求書；送り状, インボイス：pedir una ～ 請求書をもらう．❷ 出来ばえ
pasar ～ *a*+人 …につけを回す

facturar [ファクトゥラル] 他 ❶ 〈料金を〉請求する；送り状を作成する．❷ 託送手荷物にする：～ la maleta 〈空港などで〉スーツケースをチェックインする

facultad [ファクルタ] 囡 ❶ 〈大学の〉学部：～ de medicina 医学部
❷ 能力；複 才能：～ de pensar 思考力
❸ 権限

facultativo, va [ファクルタティボ, バ] 形 ❶ 任意の．❷ 学部の；専門職の
◆ 名 医師

faena [ファエナ] 囡 〈一日の〉仕事, 作業：～s de casa 家事．～s del campo 畑仕事, 農作業

faenar [ファエナル] 自 〈漁船が〉操業する

fagot [ファゴ] 男 〈音楽〉ファゴット, バスーン

faisán [ファイサン] 男 〈鳥〉キジ

faja [ファハ] 囡 ❶ 〈服飾〉ガードル；サッシュベルト．❷ 〈本の〉帯．❸ 細長い(帯状の)土地

fajo [ファホ] 男 〈紙などの〉束：～ de billetes 札束

Falange [ファランヘ] 囡 〈ス. 歴史〉ファランヘ党

falda [ファルダ] 囡 ❶ **スカート**：ponerse la ～ スカートをはく
❷ 山腹：～s de la montaña 山腹

falla [ファジャ] 囡 ❶ 〈製品の〉欠陥, 傷．❷ 〈地質〉断層：～ activa 活断層．❸ 〈火祭りで燃やす〉張り子の大人形；〈*F*～s〉バレンシアの火祭り

fallar [ファジャル] 他 ❶ 裁決する．❷ 失敗する：～ el tiro 撃ち損なう
◆ 自 ❶ 失敗する：～ en el despegue 離陸に失敗する．Todos podemos ～. 誰にもまちがいはある．❷ 壊れる, だめになる：*Fallan* los frenos. ブレーキがきかなくなる．❸ 裁定を下す：～ a favor (en contra) de+人 …に有利(不利)な裁定を下す

fallecer [ファジェセル] 20 自 亡くなる, 逝去する

fallecimiento [ファジェスィミエント] 男 死去, 逝去

fallido, da [ファジド, ダ] 形 失敗した, 期待に反した：intento ～ 挫折した企て．ocasión ～*da* 取り逃がしたチャンス

fallo [ファジョ] 男 ❶ 〈ス〉失敗；欠陥：~ humano 人的ミス. ❷ 裁決，判決

falo [ファロ] 男 〈文語〉陰茎，男根

falsedad [ファルセダ] 女 虚偽，うそ

falsificación [ファルシフィカスィオン] 女 偽造；にせ物

falsificar [ファルシフィカル] 73 他 偽造する：~ moneda にせ金を作る. ~ un documento oficial 公文書を偽造する

falso, sa [ファルソ, サ] 形 偽りの，虚偽の；~sa 虚偽の：noticia ~ 虚報. billete ~ にせ札. diamante ~ 模造ダイヤ. ~sa modestia うわべだけの謙遜
en ~ 1) 偽って. 2) 誤って：dar un paso *en* ~ 足を踏みはずす

falta[1] [ファルタ] 女 ❶ 不足，欠如：~ de experiencia 経験不足. ~ de mano de obra 人手不足. ~ del sentido común 常識の欠如
❷ 誤り，まちがい；過失：Es ~ mía. 私の手落ちです. cometer una ~ 過ちを犯す. ~ gramatical 文法上の誤り. ~ de ortografía 綴りのまちがい
❸〈スポーツ〉反則，ファウル：hacer una ~ 反則を犯す
❹ 欠席，欠勤
a ~ de... ＝*por ~ de...*
hacer ~ 〈物・事が主語〉必要である，足りない：Aquí *hacen* ~ dos cucharas. ここはスプーンが2本足りない. Te *hace* ~ tener paciencia. 君はしんぼう強くなくてはいけない／忍耐が必要だ
por ~ de... …がないので：Fue puesto en libertad *por* ~ *de* pruebas. 彼は証拠不十分で釈放された
sin ~ かならず，きっと：Volveré aquí *sin* ~. かならずここへ戻ってきます

faltar [ファルタル] 自 ❶〈a にとって〉不足する，欠如する：Te *falta* paciencia. 君は我慢が足りない. Nos *falta* dinero para comprar ese piso. そのマンションを買うには私たちは金が足りない
❷〈時間・距離〉が，para までに〉まだ…ある，残っている：*Faltan* quince días *para* la Semana Santa. 聖週間まであと2週間だ
❸〈a に〉欠席する：~ *a* la clase 授業に欠席する. ~ *al* trabajo 欠勤する
❹〈a に〉背く：~ *a* sus deberes 自分の義務を怠る. *Faltó a* su palabra. 彼は約束をすっぽかした
falta poco para＋不定詞・*que*＋接続法 もう少しで…するところである
¡No faltaba más!〈承諾〉どうぞ！：¿Puedo usar el teléfono?—*¡No faltaba más!* 電話を使っていいですか？—もちろん！

falto, ta[2] [ファルト, タ] 形 〈de が〉ない，必要とする

fama [ファマ] 女 名声；評判：tener buena (mala) ~ 評判がよい（悪い）. La tienda tiene ~ de vender todo barato. その店は何でも安いという評判だ
de ~ 名高い：restaurante *de* ~ mundial 世界的に有名なレストラン

famélico, ca [ファメリコ, カ] 形 飢えた

familia [ファミリア] 女 家族，家庭：Recuerdos a su ~. ご家族のみなさんによろしく. tener mucha ~ 家族が多い. ~ acomodada 裕福な家庭

familiar [ファミリアル] 形 ❶ 家族の，家庭の：lazos ~*es* 家族のきずな. ambiente ~ 家庭環境
❷ くだけた：tono ~ くだけた調子. mostrarse demasiado ~ con＋人 …になれなれしくする
❸ 身近な：cara no ~ 見慣れない顔
◆ 名 親族，親類

familiaridad [ファミリアリダ] 女 親しさ；俗 なれなれしい態度：saludar con ~ 親しげに挨拶する

familiarizar [ファミリアリサル] 13 ~se〈con に〉慣れる，なじむ；うちとける，なつく

famoso, sa [ファモソ, サ] 形〈por で〉有名，名高い：Jerez es ~ *por* su vino. へレスはワインで有名だ

fanático, ca [ファナティコ, カ] 形 狂信的な；熱狂的な
◆ 名 狂信者；熱狂的なファン

fanatismo [ファナティスモ] 男 狂信〔的行為〕

fanfarria [ファンファリア] 女 ❶ ファンファーレ. ❷ 虚勢

fanfarrón, na [ファンファロン, ナ] 形 名 虚勢を張る〔人〕，からいばり屋〔の〕

fango [ファンゴ] 男 泥，ぬかるみ

fangoso, sa [ファンゴソ, サ] 形 ぬかるんだ

fantasear [ファンタセアル] 自 空想にふける

fantasía [ファンタシア] 女 ❶ 空想：mundo de ~ 空想の世界
❷ 想像力

fantasma [ファンタスマ] 男 幽霊，ばけもの

fantástico, ca [ファンタスティコ, カ] 形 ❶ 空想上の，幻想的な：literatura ~ 幻想文学. ❷〈口語〉すばらしい：obra ~*ca* すばらしい作品

faringe [ファリンヘ] 女 〈解剖〉咽頭(いんとう)

faraónico, ca [ファラオニコ, カ] 形 ❶〈歴史〉ファラオ faraón の. ❷ 豪華な

farmacéutico, ca [ファルマセウティコ, カ] 形 製薬の；薬品の：compañía ~*ca* 製薬会社

社
◆ 图 薬剤師
farmacia [ファルマスィア] 囡 ❶ **薬局**: Se venden medicamentos en la ～. 薬は薬局で売っている
❷ 薬学: facultad de ～ 薬学部
fármaco [ファルマコ] 圐 医薬品, 薬剤: efecto dañino por los ～s 薬害
faro [ファロ] 圐 ❶ 灯台. ❷〈車の〉ヘッドライト
farol [ファロル] 圐 屋外灯, 街路灯
farola [ファロラ] 囡〈大型の〉街路灯
farsa [ファルサ] 囡 ❶ 道化芝居. ❷〈比喩〉狂言, 茶番
farsante [ファルサンテ] 图 ❶ 道化役者. ❷ ペテン師
fascículo [ファスィクロ] 圐 分冊
fascinación [ファスィナスィオン] 囡 魅惑, 魅力
fascinante [ファスィナンテ] 形 魅惑的な
fascinar [ファスィナル] 他 魅惑する, 魅了する
fascismo [ファスィスモ] 圐 ファシズム
fascista [ファスィスタ] 形图 ファシズムの; ファシスト〔の〕
fase [ファセ] 囡 段階, 局面: El asunto está entrando en la ～ final. その件は最終段階に入りつつある
fastidiar [ファスティディアル] 他 ❶ 不愉快にさせる, うんざりさせる: Me *fastidia* el ruido. 私は騒音にうんざりだ. ❷〈口語〉だいなしにする, だめにする
◆ ～se〈con に〉うんざりする
fastidio [ファスティディオ] 圐 迷惑; 不快
fastidioso, sa [ファスティディオソ, サ] 形 迷惑な, やっかいな; 不愉快な
fatal [ファタル] 形 ❶ まったくひどい, 最低の: comida ～ ひどい料理. mujer ～ 毒婦. 非運の, 不幸な. ❸ 致命的な: herida ～ 致命傷. ❹ 宿命的な, 不可避の: destino ～ 宿命
fatalidad [ファタリダ] 囡 ❶ 不運, 不幸. ❷ 宿命
fatídico, ca [ファティディコ, カ] 形 不吉な
fatiga [ファティガ] 囡 **疲労**: con un gesto de ～ 疲れた様子で. ～ del metal 金属疲労
fatigar [ファティガル] 55 他 疲れさせる: Me *fatiga* subir la cuesta. 坂を登るのは疲れる
◆ ～se 疲れる
fatigoso, sa [ファティゴソ, サ] 形 疲れさせる: trabajo ～ 骨の折れる仕事
fatuo, tua [ファトゥオ, トゥア] 形 うぬぼれの強い
fuego ～ 鬼火

fauces [ファウセス] 囡 複〈哺乳動物の〉喉の奥
fauna [ファウナ] 囡 動物相
favor [ファボル] 圐 ❶ 親切, 好意: ¿Quiere usted hacerme un ～? お願いがあるのですが. ❷ 愛顧, 引き立て: Agradezco sus continuos ～*es*. 日ごろのご愛顧に感謝します
a ～ de... …に有利に, …を支持して: La opinión pública está *a su ～*. 世論は彼に好意的である
en ～ de... …の利益のために；…を支持して
hacer el ～ de+不定詞〈ていねいな命令・依頼〉Haga el ～ de irse. どうぞお帰りください ¿Me *hace* el ～ *de* decirme su nombre? お名前を教えていただけますか?
por ～ どうぞ, どうか: Siéntese, *por ～*. どうぞお掛けください
favorable [ファボラブレ] 形 ❶〈para に〉好都合な, 有利な: proposiciones ～s para mí 私に有利な提案. viento ～ 順風. ❷〈a に〉好意的な: crítica ～ 好意的な批評
favorecer [ファボレセル] 20 他 ❶ 有利にする; ひいきする: Las circunstancias nos *favorecen*. 状況は我々に有利だ. La fortuna le *ha favorecido*. 運命の女神は彼に味方した. ser *favorecido* con... …の恩恵を受ける. familia poco *favorecida* 恵まれない家庭. ❷ …に似合う, 引き立てる: Le *favorece* el quimono. 彼女には着物が似合う
favorito, ta [ファボリト, タ] 形 **お気に入りの**, ひいきの: mi plato ～ 私のいちばん好きな料理
◆ 图 ❶ お気に入り: María es la ～*ta* del profesor. マリアは先生のお気に入りだ/先生はマリアばかりひいきする. ❷ 優勝候補, 本命: gran ～ 大本命. ❸ シード選手: primer ～ 第1シードの選手
fax [ファ(ク)ス] 圐 ファックス
faz [ファス] 囡 複 faces) ❶〈文語〉顔. ❷〈貨幣・布地の〉表面
fe [フェ] 囡 ❶ 信用, 信頼: tener *fe* en+人・事 …を信頼する. ❷ 信仰: *fe* católica カトリック信仰
buena (mala) fe 善意 (悪意)
dar fe〈専門家が〉証明する
fealdad [フェルダ] 囡 醜さ
febrero [フェブレロ] 圐 **2月**: Hace más frío en ～. 2月はいちばん寒い
febril [フェブリル] 形 ❶ 発熱の. ❷ 激しい
fecha [フェチャ] 囡 **日付**, 日取り: poner la ～ en... …に日付を書き込む. fijar la ～ de la boda 結婚式の日取りを決める. ～ límite 締切期日. línea de cambio de ～ 日付変更線

hasta la ~ 今までのところ, 現在まで

fechar [フェチャル] 他 …に日付を書き込む: carta *fechada* el 5 de mayo 5月5日付けの手紙

fechoría [フェチオリア] 女 悪事, いたずら: cometer una ~ 悪事をはたらく

fécula [フェクラ] 女 でんぷん

fecundación [フェクンダスィオン] 女 受胎, 受精: ~ asistida／~ artificial 人工授精

fecundar [フェクンダル] 他 受胎させる, 受精させる

fecundizar [フェクンディサル] 13 他 肥沃にする

fecundo, da [フェクンド, ダ] 形 ❶ 肥沃な: campo ~ 肥沃な畑. ❷ 多産な: escritor ~ 多作な作家

federación [フェデラスィオン] 女 連盟, 連合体: F~ Internacional de Fútbol Asociado 国際サッカー連盟, FIFA

federal [フェデラル] 形 連邦制の: estado ~ 連邦

felicidad [フェリスィダ] 女 幸福: vivir con ~ 幸せに暮らす. ¡[Muchas] F~*es*! おめでとう

felicitación [フェリスィタスィオン] 女 〈誕生日などの〉お祝い, 祝辞: palabras de ~ 祝辞

felicitar [フェリスィタル] 他 祝う, 祝福する: Te *felicito* por tu cumpleaños. お誕生日おめでとう

feliz [フェリス] 形 (複 felices) 幸福な: Me siento ~. 私は今幸せだ. ¡F~ viaje! よいご旅行を. llevar una vida ~ 楽しく暮らす

felpudo [フェルプド] 男 玄関マット, 靴ぬぐい

femenil [フェメニル] 形 〈ラ〉女性的な

femenino, na [フェメニノ, ナ] 形 女性の, 女性的な: mujer muy ~*na* 女らしい女性. nombre ~ 女性名詞

femineidad [フェミネイダ] 女 ＝feminidad

feminidad [フェミニダ] 女 女らしさ

feminismo [フェミニスモ] 男 女性解放論, フェミニズム

feminista [フェミニスタ] 形 名 女性解放の; 女性解放論者

fenomenal [フェノメナル] 形 〈口語〉並はずれた, すばらしい

◆ 副 〈口語〉すばらしく: Lo pasamos ~. 我々はとても楽しく過ごした

fenómeno [フェノメノ] 男 ❶ 現象: ~ natural 自然現象
❷ 驚くべきこと(物・人)
◆ 形 〈口語〉並はずれた; すばらしい

◆ 間 すごい／すばらしい！

feo, a [フェオ, ア] 形 ❶ 醜い: cara *fea* 醜い顔. música *fea* 不快な音楽
❷ 見苦しい, みっともない: hacer algo ~ みっともないことをする
◆ 男 非礼: hacer un ~ a+人 …に対して失礼なことをする
tocarle a+人 *con la más fea* …が貧乏くじを引く

féretro [フェレトロ] 男 棺, ひつぎ

feria [フェリア] 女 ❶ 〈定期的な〉市(ｲﾁ); 品評会, フェア: ~ internacional 国際見本市. ~ del libro ブックフェア
❷ 祭り, 縁日
❸ 〈ラ〉つり銭, 小銭

ferial [フェリアル] 形 市(ｲﾁ)の

fermentación [フェルメンタスィオン] 女 発酵

fermentar [フェルメンタル] 自 発酵する

fermento [フェルメント] 男 酵素

ferocidad [フェロスィダ] 女 どうもうさ; 残忍さ, 凶暴性

feroz [フェロス] 形 (複 feroces) どうもうな; 残忍な, 凶暴な: bestia ~ 猛獣

férreo, a [フェレオ, ア] 形 鉄のような, 鉄の

ferretería [フェレテリア] 女 金物店

ferrocarril [フェロカリル] 男 鉄道: viajar por ~ 列車で旅行する

ferroviario, ria [フェロビアリオ, リア] 形 鉄道の: red ~*ria* 鉄道網
◆ 名 鉄道員

fértil [フェルティル] 形 肥沃な, 豊かな: tierra ~ 肥沃な土地. imaginación ~ 豊かな想像力

fertilidad [フェルティリダ] 女 肥沃さ, 豊かさ

fertilizante [フェルティリサンテ] 男 肥料

fertilizar [フェルティリサル] 13 他 〈土地に〉肥料をやる; 肥沃にする

ferviente [フェルビエンテ] 形 熱心な, 熱烈な: ~ admirador 熱烈なファン

fervor [フェルボル] 男 熱意, 情熱: hablar con ~ 熱意をこめて話す

fervoroso, sa [フェルボロソ, サ] 形 熱狂的な, 熱烈な

festejar [フェステハル] 他 〈行事などを〉祝う: ~ el triunfo 勝利を祝う

festejo [フェステホ] 男 祝賀行事, 祭り

festín [フェスティン] 男 〈豪華な料理の出る〉宴会

festival [フェスティバル] 男 芸術祭, フェスティバル: ~ de cine 映画祭

festividad [フェスティビダ] 女 〈宗教的な〉祝日

festivo, va [フェスティボ, バ]形 ❶ 祭りの: día ～ 祝日, 祭日. ❷ 愉快な, 陽気な

fétido, da [フェティド, ダ]形 悪臭を放つ

feto [フェト]男 胎児

feudal [フェウダル]形 封建制の, 封建的な

fiable [フィアブレ]形〈人が〉信用できる;〈情報などが〉信頼できる

fiador, ra [フィアドル, ラ]名 保証人: salir ～ por+人 …の保証人になる

fiambre [フィアンブレ]男 冷肉〖ハム, ソーセージなど〗

fianza [フィアンサ]女 保証金; 保釈金

fiar [フィアル]33 他 ❶ 掛け売りする. ❷〈人物を〉保証する
◆ ～se〈de〉信頼する: *Me fío de ti.* 私は君を信じる
ser de ～〈人が〉信頼するに足る, 信用できる

fibra [フィブラ]女 繊維: ～ sintética 合成繊維. ～ de vidrio グラスファイバー. cable de ～ óptica 光ファイバーケーブル

fibroso, sa [フィブロソ, サ]形 繊維状の, 繊維質の, 繊維の多い

ficción [フィ(ク)スィオン]女 虚構, 作り話, フィクション

ficha [フィチャ]女 ❶〈ゲームの〉駒. ❷〈資料・分類用の〉カード: ～ bibliográfica 図書カード. ❸ 記録, リスト

fichaje [フィチャヘ]男〈スポーツ選手との〉契約; 契約選手

fichar [フィチャル]他 ❶ カードに記載する. ❷〈スポーツ〉…と契約を結ぶ: ～ a un entrenador extranjero 外国人監督と契約する
◆ 自 タイムカードを押す

fichero [フィチェロ]男 ❶ ファイル. ❷ ファイルキャビネット

ficticio, cia [フィクティスィオ, スィア]形 虚構の

fidedigno, na [フィデディグノ, ナ]形〈情報などが〉信用できる

fidelidad [フィデリダ]女 ❶ 忠実, 忠誠: jurar ～ a+人 …に忠誠を誓う. ❷ 正確さ. ❸〈音響〉alta ～ ハイファイ

fideo [フィデオ]男 ❶〈主に複〉麺, ヌードル, スパゲッティ. ❷複〈ラ〉パスタ類

fiebre [フィエブレ]女 ❶〈病気の〉熱: tener ～〔alta〕〔高い〕熱がある. ❷ 熱病: ～ amarilla 黄熱病. ❸ 熱狂, フィーバー: ～ del juego ギャンブル熱. ～ del oro ゴールドラッシュ

fiel [フィエル]形 ❶ 忠実な, 誠実な: ～ a su patria 祖国に忠実な. ❷ 正確な: balanza ～ 狂わない秤
◆ 名 信者, 信徒

fieltro [フィエルトロ]男〈繊維〉フェルト

fiera¹ [フィエラ]女 ❶ 猛獣. ❷ 気性の激しい人

fiereza [フィエレサ]女 どうもう性, 残忍さ

fiero, ra² [フィエロ, ラ]形 ❶ どうもうな, 残忍な. ❷ すさまじい. ◆ 名 残忍な人

fiesta [フィエスタ]女 ❶ パーティー: dar una ～ パーティーを開く
❷ 祭り, 祭典: ambiente de ～ お祭り気分
❸ 祝日〖día de ～〗;複 休暇: Hoy es ～. きょうは祝日〔で休み〕だ. ～s de Navidad クリスマス休暇
aguar la ～ *a*+人 …を白けさせる

figura [フィグラ]女 ❶ 形, 姿, 体形: bella ～ de la montaña 山の美しい姿
❷〈人物の〉像
❸ 図形: ～ plana 平面図形
❹ 人物: ～ histórica 歴史上の人物
❺複〈トランプ〉絵札

figurado, da [フィグラド, ダ]形 過分 比喩的な

figurar [フィグラル]他〈形に〉表わす
◆ 自 記載されている;〈数の中に〉含まれている: ～ en la lista リストにのっている
◆ ～se ❶ 想像する. ❷〈a+人 に〉…と思われる: *Se me figura que es mexicano.* 彼はメキシコ人だと私には思える

figurativo, va [フィグラティボ, バ]形 具象の: pintura ～va 具象画

fija ⇨**fijo, ja**
◆ 動詞活用形 ⇨**fijar**

fijador [フィハドル]男 ❶〈写真〉定着液. ❷ 整髪剤, ポマード

fijar [フィハル]他 ❶ 固定する, 取り付ける: ～ un cartel en la pared 壁にポスターを貼る. ～ la mirada en... …をじっと見つめる
❷〈日時を〉定める: ～ el día del viaje 旅行の日取りを決める
◆ ～se ❶〈en〉に注目する: *Se fijaba en ti.* 彼はじっと君を見つめていた
❷〈日時が〉決まる
¡Fíjate!/¡Fíjese usted!〈相手の注意を喚起して〉考えてもみなさい/わかるでしょう!

fijo, ja [フィホ, ハ]形 ❶ 固定した: *Esa estantería está fija.* その本棚は固定されている. con la mirada *fija* じっと見つめて
❷ 一定の: no tener domicilio ～ 住所不定である. trabajo ～ 定職. cliente ～ 固定客

fila [フィラ]女 ❶ 列: ponerse en ～/formar ～ 列を作る, 並ぶ. sentarse en la primera ～ 1列目に座る
❷複〈軍事〉entrar en ～s 入隊する

filantropía [フィラントロピア]女 博愛, 慈善

filántropo, pa [フィラントロポ, パ] 名 博愛主義者

filatelia [フィラテリア] 女 切手の収集

filete [フィレテ] 男 ❶〈肉・魚の〉切り身. ❷ ヒレ肉

filial [フィリアル] 形 子〔として〕の: amor ～ 子の〔親への〕愛情
◆ 女 子会社, 系列会社〖compañía ～, sociedad ～〗

Filipinas [フィリピナス] 女複 フィリピン

filipino, na [フィリピノ, ナ] 形 名 フィリピン〔人〕の; フィリピン人

filmar [フィルマル] 他〈映画を〉撮影する

filo [フィロ] 男 ❶ fig. de doble ～ 両刃の

filón [フィロン] 男 ❶ 鉱脈. ❷〈比喩〉金脈, 金のなる木

filosofía [フィロソフィア] 女 哲学: ～ griega ギリシア哲学. facultad de ～ y letras 文学部

filosófico, ca [フィロソフィコ, コ] 形 哲学の, 哲学的な

filósofo, fa [フィロソフォ, ファ] 名 哲学者

filtración [フィルトラスィオン] 女 ❶ 濾過(ろか). ❷〈秘密の〉漏洩(ろうえい)

filtrar [フィルトラル] 他 ❶ 濾過(ろか)する; フィルターにかける. ❷〈秘密を〉漏らす
◆ ～se ❶ 漏れる. ❷〈秘密が〉漏洩(ろうえい)する

filtro [フィルトロ] 男 フィルター; 濾過(ろか)器

fin [フィン] 男 ❶ 終わり, 最後: tener un triste ～ 悲しい結末になる. a ～〔es〕de año 年末に
❷ 目的: con el ～ de... …の目的で
a ～ de+不定詞・que+接続法 …するために
al ～ 最後には, ついに: Al ～ no vino. とうとう彼は来なかった
al ～ y al cabo とどのつまり, 結局のところ
en ～ 要するに, つまり
～ de semana 週末: Iremos de excursión este ～ de semana. 私たちは今週末ハイキングに行くつもりだ
poner ～ a... …を終わりにする, …に決着をつける
por ～ 最後には, ついに; やっと: Por ～ aprobó el examen. 彼はやっと試験にパスした
sin ～ 無数の, おびただしい; 果てしのない

fina ⇨**fino, na**

final [フィナル] 形 **最後の**, 最終的な: objetivo ～ 最終目的
◆ 男 ❶ 終わり, 最後: a ～es de este mes 今月の終わりごろに. al ～ de la carta 手紙の最後に. al ～ del pasillo 廊下の突きあたりに
❷ 結末: ～ feliz ハッピーエンド
◆ 女 決勝戦
al ～ 最後に, 最後には, 結局

finalidad [フィナリダ] 女 目的, 意図

finalista [フィナリスタ] 名 決勝進出者, ファイナリスト

finalizar [フィナリサル] 13 他 終える
◆ 自 終わる: Hoy *finaliza* el plazo de inscripción. 申し込み期限はきょうまでである

finalmente [フィナルメンテ] 副 最後に, とうとう, 結局

financiación [フィナンスィアスィオン] 女 融資, 資金調達

financiar [フィナンスィアル] 他 …に融資する

financiero, ra [フィナンスィエロ, ラ] 形 財政の; 金融の: situación ～ra 財政状態
◆ 名 財政(金融)の専門家; 財界人
◆ 女 ノンバンク, 金融子会社

finanzas [フィナンサス] 女複 財政; 金融

finca [フィンカ] 女 地所, 農場

fineza [フィネサ] 女 ❶ 細かさ, 繊細さ. ❷ 上品さ. ❸ 心づかい

fingimiento [フィンヒミエント] 男 見せかけ

fingir [フィンヒル] 37 他 …のふりをする: *Fingió* estar dormido. 彼は寝たふりをした. ～ sorpresa 驚いたふりをする. ～ una enfermedad 仮病を使う

finlandés, sa [フィンランデス, サ] 形 名 フィンランドの; Finlandia〔人・語〕の; フィンランド人.
◆ 男 フィンランド語

fino, na [フィノ, ナ] 形 ❶ **細かい**, 細い, 薄い: lluvia *fina* 細かい雨. hilo ～ 細い糸. papel ～ 薄い紙
❷ 繊細な, 洗練された; 上等な: tela *fina* 手ざわりのよい布. de modales muy ～s 洗練されたマナーの, たいへん礼儀正しい. muebles ～s 上等な家具
❸ 鋭敏な: olfato ～ 鋭い嗅覚

finura [フィヌラ] 女 ❶ 繊細さ. ❷ 上品さ

firma [フィルマ] 女 ❶ 署名, サイン〔字, 行為〕. ❷ 会社: ～ comercial 商社

firmamento [フィルマメント] 男〈星の見える〉天空, 大空

firmante [フィルマンテ] 形 名 署名した, 調印した; 署名者: países ～s 調印国

firmar [フィルマル] 他 …に署名する, 調印する: ～ un documento 書類にサインする

firme [フィルメ] 形 ❶ **しっかりした**: Esta mesa está ～. このテーブルはがんじょうだ
❷ 確固とした: convicción ～ ゆるぎない信念. tomar una actitud ～ 断固とした態度をとる
◆ 男〈舗装道路の〉路面

firmemente [フィルメメンテ] 副 しっかりと
firmeza [フィルメサ] 女 ゆるぎなさ
fiscal [フィスカル] 形 国政の, 財政の: año ～ 会計年度
◆ 名 検事, 検察官
fisco [フィスコ] 男 国庫
fisgar [フィスガル] 55 他 詮索する, かぎ回る
física¹ [フィシカ] 女 物理学
físico¹ [フィシコ] 男 体つき
físico², ca² [フィシコ, カ] 形 ❶ 物理的な, 物理学の: fenómeno ～ 物理現象 ❷ 物質の: mundo ～ 物質界 ❸ 肉体的な, 身体の: trabajo ～ 肉体労働. fuerza ～ca 体力. educación ～ca 体育
◆ 名 物理学者
fisiología [フィシオロヒア] 女 生理学
fisiológico, ca [フィシオロヒコ, カ] 形 生理的な, 生理学の
fisión [フィシオン] 女 核分裂
fisonomía [フィソノミア] 女 ❶ 人相, 顔だち, ❷ 外観
flaco, ca [フラコ, カ] 形 ❶ やせこけた, 肉づきの悪い: caballo ～ やせ馬. ❷ 〈精神的に〉弱い
punto ～ 弱点, 弱味
flagrante [フラグランテ] 形 ❶ 今行なわれている: delito ～ 現行犯. ❷ 明白な
flamante [フラマンテ] 形 ❶ できたての, 新品の: ～ coche ピカピカの新車. ❷ 強く輝く
flamear [フラメアル] 自 ❶ 炎を上げる. ❷ 〈旗などが〉はためく
flamenco¹ [フラメンコ] 男 ❶ 〈音楽・舞踊〉フラメンコ. ❷ 〈鳥〉フラミンゴ
flamenco², ca [フラメンコ, カ] 形 ❶ 〈地名〉フランダースの(フランドル) Flandes の. ❷ フラメンコの: guitarra ～ca フラメンコギター
flan [フラン] 男 〈料理〉プディング, プリン
flanco [フランコ] 男 側面; 脇腹
flanquear [フランケアル] 他 …の側面にある
flaquear [フラケアル] 自 弱くなる
flaqueza [フラケサ] 女 ❶ 〈精神的な〉弱さ. ❷ やせていること
flash [フラス] 男 〈写真〉フラッシュ, ストロボ
flauta [フラウタ] 女 〈音楽〉フルート 〖～ travesera〗; 笛. ◆ 名 フルート奏者
flecha [フレチャ] 女 ❶ 矢: tirar una ～ 矢を射る ❷ 矢印
flechazo [フレチャソ] 男 ❶ 矢を射ること. ❷ 一目ぼれ
fleco [フレコ] 男 房, 房飾り
flema [フレマ] 女 痰(たん)
flequillo [フレキジョ] 男 〈ひたいにかかった〉前髪

fletar [フレタル] 他 〈飛行機・船を〉チャーターする
flete [フレテ] 男 チャーター料, 船荷運賃
flexibilidad [フレ(ク)シビリダ] 女 ❶ 曲げやすさ. ❷ 柔軟性
flexible [フレ(ク)シブレ] 形 ❶ 曲げられる. ❷ 柔軟な: carácter ～ 柔軟な性格. horario ～ フレックスタイム
flexo [フレ(ク)ソ] 男 〈アームが曲げられる〉電気スタンド
flirtear [フリルテアル] 自 〈異性と〉遊びでつきあう; 〈異性に〉気のあるそぶりをする
flojear [フロヘアル] 自 弱まる, 低下する
flojo, ja [フロホ, ハ] 形 ❶ ゆるい; ゆるんだ; たるんだ: nudo ～ ゆるんだ結び目. ❷ 活力のない, 無気力な
flor [フロル] 女 ❶ 花: estar en ～ 花が咲いている. campo de ～es 花畑. paraguas de ～es 花がらのかさ ❷ 精華, 精鋭 〖～ y nata〗
a ～ de... …の表面すれすれに
flora [フロラ] 女 植物相
floración [フロラスィオン] 女 開花; 開花期
floral [フロラル] 形 花の
florecer [フロレセル] 20 自 ❶ 花が咲く, 開花する. ❷ 繁栄する
floreciente [フロレスィエンテ] 形 盛んな, 繁栄している
florecimiento [フロレスィミエント] 男 繁栄
florero [フロレロ] 男 花びん, 花器
florista [フロリスタ] 名 花売り, 花屋
floristería [フロリステリア] 女 花店
flota [フロタ] 女 ❶ 船団, 艦隊. ❷ 〈ラ〉長距離バス
flotación [フロタスィオン] 女 línea de ～ 〈船の〉吃水線
flotador [フロタドル] 男 ❶ 〈水泳〉浮き袋. ❷ 〈釣り〉浮き
flotante [フロタンテ] 形 ❶ 浮かぶ. ❷ 流動的な
flotar [フロタル] 自 ❶ 浮く, 浮かぶ. ❷ 漂う
flote [フロテ] 男 *a ～* 〈水に〉浮いて
salir a ～ 窮地を脱する
fluctuación [フルクトゥアスィオン] 女 〈物価などの〉変動
fluctuar [フルクトゥアル] 1 自 〈物価などが〉変動する, 上下する
fluidez [フルイデス] 女 ❶ 流暢(りゅうちょう)さ: hablar español con ～ 流暢にスペイン語を話す. ❷ 流動性
fluido, da [フルイド, ダ] 形 過分 ❶ 流暢(りゅうちょう)な. ❷ 流れのよい

◆ 男 電気, 電流 [~ eléctrico]

fluir [フルイル] 42 自 〈液体・気体が〉流れる

flujo [フルホ] 男 ❶ 流出, 流れ: ~ de agua 水の流出. ~s de lava 溶岩流. ❷ 上げ潮: ~ y reflujo 潮の干満

fluorescente [フルオレスセンテ] 形 蛍光を発する: color ~ 蛍光色
◆ 男 蛍光灯

fluvial [フルビアル] 形 河川の

fobia [フォビア] 女 恐怖症; 嫌悪

foca [フォカ] 女 〈動物〉アザラシ

foco [フォコ] 男 ❶ 焦点. ❷ 源, 中心: ~ de infección 感染源. ❸ スポットライト. ❹ 〈ラ〉電球

fofo, fa [フォフォ, ファ] 形 ぶよぶよした, しまりのない

fogón [フォゴン] 男 かまど

fogoso, sa [フォゴソ, サ] 形 情熱的な, 血気盛んな

folclore [フォルクロレ] 男 民間伝承; 民俗学

folclórico, ca [フォルクロリコ, カ] 形 民間伝承の; 民俗学的な

folio [フォリオ] 男 ❶ 〈本・ノートなどの〉1枚 〖表裏2ページ〗. ❷ A4 サイズの紙

follaje [フォジャヘ] 男 〈集合的に〉葉

folleto [フォジェト] 男 ❶ 〈宣伝用の〉パンフレット. ❷ 小冊子: ~ de instrucciones 〈取り扱いに〉説明書

follón [フォジョン] 男 〖口語〗❶ 混乱. ❷ やっかいごと. ❸ 騒動

fomentar [フォメンタル] 他 奨励する, 振興する: ~ el ahorro 貯蓄を奨励する

fomento [フォメント] 男 奨励, 振興: ~ de empleo 雇用促進

fonda [フォンダ] 女 〈hostal より等級の低い〉安ホテル

fondo [フォンド] 男 ❶ 底: ~ del mar 海底. en el ~ de su corazón 心の奥底では, 内心
❷ 奥, 〈建物内の〉突きあたり: en el ~ de la habitación 部屋の奥に
❸ 背景: telón de ~ 背景幕. música de ~ バックグラウンドミュージック, BGM
❹ 〈容器の〉深さ; 奥行き
❺ 〈時に 複〉資金: reunir los ~s necesarios 必要な資金を集める. F~ Monetario Internacional 国際通貨基金, IMF. ~ ético エコファンド. ~s de reptiles/~s secretos 機密費
❻ 本質: En el ~ es pesimista. 彼は根は悲観論者だ

a ~ 徹底的に, 根本的に: reformar *a ~* 根底から改革する

bajos ~s 暗黒街

tocar ~ 〈相場などが〉底を打つ

fonético, ca [フォネティコ, カ] 形 発音の; 音声学の: alfabeto ~ 発音記号
◆ 女 音声学

fono [フォノ] 男 〈ラ〉電話番号

fontanería [フォンタネリア] 女 ❶ 水道工事業. ❷ 配管

fontanero, ra [フォンタネロ, ラ] 名 〈水回りの〉配管工, 修理工

footing [フティン] 男 ジョギング

forastero, ra [フォラステロ, ラ] 形 名 よそ者〔の〕, 見慣れない〔人〕, 外国人〔の〕

forcejear [フォルセヘアル] 自 〈相手から離れようと〉もがく

forestal [フォレスタル] 形 森林の: guardia ~ 森林警備隊員, 森林監視員

forjar [フォルハル] 他 ❶ 〈金属を〉鍛える. ❷ ねつ造する

forma [フォルマ] 女 ❶ 形: tener la ~ de un triángulo 三角形をしている. en ~ de X X字形の
❷ 形式: respetar las ~s 形式を重んじる
❸ 〈de ~〉方法, やり方: mi ~ *de* pensar 私の考え方. de esta ~ こんなふうに
❹ 複 礼儀

de todas ~s とにかく, 何はともあれ
estar en ~ 調子がよい: El jugador *está en* baja ~. その選手は不調だ

formación [フォルマシオン] 女 ❶ 形成. ❷ 養成, 育成; 修業: ~ profesional 職業訓練. ❸ 隊形, 陣形

formal [フォルマル] 形 ❶ まじめな, 信頼できる: Es un alumno muy ~. 彼はとてもまじめな生徒だ
❷ 正式な: orden ~ 正式な命令
❸ 形式上の, 形式的な: saludo ~ 形式的なあいさつ

formalidad [フォルマリダ] 女 ❶ 〈規則で定められた〉形式; 〈正規の〉手続き: ~es aduaneras 通関手続き. ❷ まじめさ
sin ~es かたくるしくない; 形式ばらずに

formalizar [フォルマリサル] 13 他 正式なものにする. ◆ ~se まじめになる

formar [フォルマル] 他 ❶ 形成する; 結成する: ~ el carácter de+人 …の人格を形成する. ~ nuevo gobierno 新政府を作る
❷ 養成する, 育成する: ~ ingenieros 技師を養成する
◆ ~se ❶ 形作られる. ❷ 教育を受ける

formidable [フォルミダブレ] 形 ❶ 巨大な; ものすごい. ❷ すばらしい, すてきな

fórmula [フォルムラ] 女 ❶ 〈きまった〉方式; 書式, きまり文句: conforme a la ~ 定

formular [フォルムラル] 他 ❶〈定式に従って〉作成する. ❷ 表明する

formulario [フォルムラリオ] 男 用紙：llenar el ~ 用紙に記入する. ~ de suscripción 申し込み用紙

fornido, da [フォルニド, ダ] 形 筋骨がたくましい

foro [フォロ] 男 ❶ フォーラム, 公開討論会. ❷ 法廷

forrar [フォラル] 他 ❶ …に裏地をつける. ❷〈本に〉カバーをかける
◆ **~se**〔口語〕短期間で〉大もうけする

forro [フォロ] 男 ❶〈服の〉裏地. ❷〈本の〉カバー

fortalecer [フォルタレセル] 20 他 強くする, 強化する：~ los músculos 筋肉を鍛える

fortaleza [フォルタレサ] 女 ❶ 強さ, じょうぶさ. ❷ 要塞, 砦

fortificar [フォルティフィカル] 73 他 ❶ 強くする；〈心身を〉鍛える. ❷ 要塞化する

fortuito, ta [フォルトゥイト, タ] 形 偶然の, 偶発的な

fortuna [フォルトゥナ] 女 ❶ 運, 幸運：probar ~ 運を試す. La F~ nos sonrió. 幸運の女神は我々にほほえんだ
❷ 財産, 富：hacer una ~ 一財産築く. *por* ~ 幸運にも, 運のいいことに

forzar [フォルサル] 38 他 ❶ こじ開ける；押し入る：~ la puerta 戸をこじ開ける
❷ 強制する：1) trabajos forzados 強制労働. 2)〈a+不定詞・que+接続法〉無理で…させる：Me *forzaron a* firmar el contrato. 私は無理やり契約書にサインさせられた
❸〈女性に〉暴行する

forzoso, sa [フォルソソ, サ] 形 やむを得ない：aterrizaje ~ 不時着

fosa [フォサ] 女 ❶ 墓穴：~ común 共同墓地, 無縁墓地. ❷ 穴, 縦穴：F~ de las Marianas マリアナ海溝. ~s nasales 鼻腔(ぞ)

fósforo [フォスフォロ] 男 ❶ マッチ. ❷ 燐(りん)

fósil [フォシル] 男 化石

foso [フォソ] 男 ❶〈細長い〉穴. ❷ オーケストラボックス. ❸〈跳躍競技の〉砂場. ❹〈城の〉堀

foto [フォト] 女 写真〖fotografía の省略語〗：sacar (hacer) una ~ 写真を撮る

fotocopia [フォトコピア] 女 コピー, 写真複写

fotocopiadora [フォトコピアドラ] 女 コピー機, 複写機

fotocopiar [フォトコピアル] 他 コピーをとる

fotografía [フォトグラフィア] 女 写真；写真撮影：~ en color カラー写真

fotografiar [フォトグラフィアル] 33 他 …の写真を撮る

fotográfico, ca [フォトグラフィコ, カ] 形 写真の

fotógrafo, fa [フォトグラフォ, ファ] 名 写真家, カメラマン

frac [フラク] 男〔複 fra*ques*/~s〕燕尾服(えんびふく)

fracasar [フラカサル] 自 失敗する, 挫折する：*Fracasó* en el examen de ingreso. 彼は入試に失敗した

fracaso [フラカソ] 男 失敗, 挫折：tener (sufrir) un ~ 失敗する. ~ escolar 落ちこぼれ〔状態〕

fracción [フラ〔ク〕スィオン] 女 ❶ 部分；分割. ❷〈数学〉分数

fraccionamiento [フラ〔ク〕スィオナミエント] 男〈ラ〉住宅団地

fractura [フラクトゥラ] 女 骨折

fracturar [フラクトゥラル] **~se** 骨折する

fragancia [フラガンスィア] 女 芳香

frágil [フラヒル] 形 壊れやすい, もろい：F~〔表示〕壊れ物注意

fragmento [フラグメント] 男 ❶ 破片, 断片. ❷ 文学作品の一部, 断章

fragor [フラゴル] 男 とどろき

fraguar [フラグアル] 8 他〈鉄を〉鍛える, 鍛造する. 自〈セメントなどが〉固まる

fraile [フライレ] 男 修道士

frambuesa [フランブエサ] 女〈果実〉キイチゴ, ラズベリー

francamente [フランカメンテ] 副 率直に：~ hablando 率直に言えば

francés, sa [フランセス, サ] 形 名 フランス〔人・語〕の；フランス人：vino ~ フランスワイン
◆ フランス語
despedirse a la francesa あいさつせずに立ち去る

Francia [フランスィア] 女 フランス

franco, ca [フランコ, カ] 形 ❶ 率直な, けっぴろげな：ser ~ con+人 …に隠し立てしない. persona ~*ca* 裏表のない人
❷ 関税のかからない；通行の自由な

francotirador, ra [フランコティラドル, ラ] 名 狙撃兵

franela [フラネラ] 女〈繊維〉フランネル, ネル

franja [フランハ] 女 帯状のもの：una ~ de terreno 細長い土地

franquear [フランケアル] 他 ❶ 開放する, 通行を自由にする. ❷ 切手を貼る

franqueo [フランケオ] 男 郵便料金, 切手代

franqueza [フランケサ] 女 率直さ: hablar con ～ 率直に話す, ざっくばらんにものを言う

franquicia [フランキスィア] 女 免税

frasco [フラスコ] 男〈化粧品などの〉小びん: ～ de perfume 香水のびん

frase [フラセ] 女 ❶〈文法〉句: ～ adjetiva 形容詞句 ❷ 語句: ～ hecha 成句 ❸〈音楽〉フレーズ

fraternal [フラテルナル] 形 兄弟の, 姉妹の

fraternidad [フラテルニダ] 女 兄弟愛: igualdad, libertad y ～ 自由・平等・博愛

fraude [フラウデ] 男 詐欺, 不正行為: cometer un ～ 詐欺を働く. ～ electoral 選挙違反. ～ fiscal 脱税

fraudulento, ta [フラウドゥレント, タ] 形 詐欺的な, 不正な

frecuencia [フレクエンスィア] 女 ❶ 頻度, 回数: ～ cardíaca 脈拍数 ❷ 振動数, 周波数
con ～ ひんぱんに, しばしば

frecuentar [フレクエンタル] 他 …によく行く, 足しげく通う

frecuente [フレクエンテ] 形 ひんぱんな, 頻度の高い: Eso es ～. それはよくあることだ

frecuentemente [フレクエンテメンテ] 副 しばしば, ひんぱんに

fregadero [フレガデロ] 男〈台所の〉流し, シンク

fregar [フレガル] 51 他 ❶〈食器などを〉洗う. ❷ ごしごしこする. ❸〈ラ〉うんざりさせる, 困らせる

fregona [フレゴナ] 女 ❶〈ス〉モップ: pasar la ～ al suelo 床にモップをかける. ❷〈軽蔑的に〉掃除婦, 女中

freír [フレイル] 69〈過分 frito〉他〈料理〉油で揚げる, フライにする; 炒める

frenar [フレナル] 他 ❶ …にブレーキをかける; ブレーキをかけて止める. ❷ 抑制する, 抑止する: ～ sus inpulsos 衝動を抑える. ～ la inflación インフレに歯止めをかける
◆ 自 ブレーキをかける: ～ bruscamente 急ブレーキをかける

frenazo [フレナソ] 男 急ブレーキ: dar un ～ 急ブレーキをかける

frenesí [フレネスィ] 男 熱狂, 狂乱

frenético, ca [フレネティコ, カ] 形 熱狂的な, 狂乱した

freno [フレノ] 男 ❶ ブレーキ: echar el ～ ブレーキをかける. pisar el ～ ブレーキを踏む. poner ～ a… …にブレーキをかけ(て止め)る; 抑制する. ～ de disco ディスクブレーキ ❷ 抑制 ❸ 馬銜(はみ)

frente [フレンテ] 女 額(ひたい): tener la ～ ancha 額が広い
◆ 男 ❶ 正面: puerta del ～ 表のドア ❷〈軍事・政治〉前線; 戦線: ir al ～ 戦地に行く. ～ común 共同戦線 ❸〈気象〉前線: ～ frío 寒冷前線
al ～ 前に; 〈de の〉正面に, 先頭に: ir *al* ～ *de* todos みんなの先頭に立つ
de ～ 正面から, 真っ向から: choque *de* ～ 正面衝突. oponerse a… *de* ～ …に真っ向から反対する
en ～ *de*… …と向かい合って; …の正面に〖＝ enfrente de…〗
～ *a*… …の正面に: sentarse ～ *a*+人 …と向かい合って座る
～ *a* 向かい合って, 面と向かって
hacer ～ *a*… …に立ち向かう, 対処する; …に直面する: *hacer* ～ *a* la crisis económica 経済危機に立ち向かう

fresa [フレサ] 女〈植物・果実〉イチゴ

fresco, ca [フレスコ, カ] 形 ❶ 涼しい; ひんやりした: brisa ～ca 涼風 ❷ 新鮮な, 生きのいい;〈冷凍物でない〉生(なま)の: carne ～ca 新鮮な肉 ❸〈記憶・傷などが〉生々しい ❹ ずうずうしい, 厚かましい: Lo dijo tan ～. 彼は涼しい顔でそう言った
◆ 名 厚かましい人
◆ 男 ❶ 涼しさ, 涼気: Hoy hace ～. きょうは少し肌寒い. tomar el ～ 涼をとる, 涼む. ❷〈美術〉フレスコ画. ❸〈ラ〉冷たい飲み物

frescura [フレスクラ] 女 ❶ 涼しさ. ❷ ずうずうしさ, 厚かましさ: con ～ ずうずうしく, 涼しい顔で

frialdad [フリアルダ] 女 ❶ 冷たさ. ❷ 冷淡さ: tratar a+人 con ～ …に冷たくする, 冷遇する

fricción [フリ(ク)スィオン] 女 ❶ 摩擦. ❷ あつれき, もめごと: ～ económica 経済摩擦. ❸ マッサージ

friccionar [フリ(ク)スィオナル] 他 摩擦する, マッサージする

friega [フリエガ] 女 マッサージ
◆ 動詞活用形 ⇒**fregar** 51

frigorífico [フリゴリフィコ] 男〈ス〉冷蔵庫

frijol [フリホル] 男〈ラ〉インゲンマメ

frío, a [フリオ, ア] 形 ❶ 冷たい, 寒い: La sopa está ～*a*. スープは冷めている. viento ～ 冷たい風. aire ～ 寒気 ❷ 冷淡な, 冷ややかな: mostrarse ～ con+人 …に冷たくする. mirada ～*a* 冷ややかなまなざし

❸ 冷静な
◆ 男 ❶ 寒さ, 冷気: Hace mucho ~ hoy. きょうはたいへん寒い. Tengo ~. 私は寒い
❷ 風邪: coger ~ 風邪をひく

friolero, ra [フリオレロ, ラ] 名 寒がりの〔人〕

frito, ta [フリト, タ] 形 〈freír の過分〉❶ 油で揚げた, フライにした; 炒めた: calamares ~s イカフライ. patatas ~tas ポテトチップス, フライドポテト. ❷ うんざりした; 疲れ果てた
◆ 男 〈料理〉フライ

frivolidad [フリボリダ] 女 軽薄

frívolo, la [フリボロ, ラ] 形 ❶ 軽薄な, 浅薄な. ❷ 尻軽な

frontal [フロンタル] 形 正面からの

frontera [フロンテラ] 女 国境: pasar la ~ 国境を越える. Médicos sin F~s 国境なき医師団

fronterizo, za [フロンテリソ, サ] 形 国境の; 国境を接する

frontón [フロントン] 男 〈スポーツ〉ハイアライ〔のコート〕

frotar [フロタル] 他 こする
◆ ~se 自 こすり合わせる: ~se las manos 手をこすり合わせる; 〈満足して〉もみ手をする

fructífero, ra [フルクティフェロ, ラ] 形 ❶ 実のなる. ❷ 収穫をもたらす, 実り多い

fructuoso, sa [フルクトゥオソ, サ] 形 実り多い

frugal [フルガル] 形 〈食事が〉少量の; 〈飲食などが〉控え目な: comida ~ 粗食

fruncir [フルンスィル] 他 ❶ 〈布に〉ギャザーを寄せる. ❷ しかめる: ~ el ceño まゆをひそめる, しかめっつらをする

frustración [フルストラスィオン] 女 欲求不満, フラストレーション

frustrar [フルストラル] 他 挫折させる, 失敗させる
◆ ~se 挫折する: Se frustró el delito. 犯行は未遂に終わった

fruta [フルタ] 女 〈食用の〉果物: tomar ~ de postre デザートに果物を食べる. ~ seca ドライフルーツ

frutería [フルテリア] 女 果物店

frutero, ra [フルテロ, ラ] 名 果物商
◆ 男 果物皿

frutilla [フルティジャ] 女 〈ラ〉イチゴ

fruto [フルト] 男 ❶ 果実, 木の実: tener ~s 〈木が〉実をつけている. ❷ 成果: dar ~ 成果を上げる, 実を結ぶ. ~ del amor 愛の結晶

fue ⇨ **ir** 43, **ser** 78

fuego [フエゴ] 男 ❶ 火: prender (pegar) ~ a... …に火をつける. apagar el ~ 火を消す. dar ~ a+人 …に〔たばこの〕火を貸す. subir (bajar) el ~ 火を強く(弱く)する. a ~ lento (vivo) とろ火(強火)で
❷ 火事: ¡F~! 火事だ!
❸ 砲火, 射撃
~s artificiales 花火

fuente [フエンテ] 女 ❶ 泉; 噴水: beber agua de la ~ 泉の水を飲む
❷ 源, 源泉: ~s de energía エネルギー源, エネルギー資源. ~ de información 情報源, ニュースソース. según ~s bien informadas 消息筋によれば
❸ 〈料理〉〈大きな〉深皿

fuera [フエラ] 副 ❶ 〈de の〉外に; 屋外で: ¡F~ de aquí! ここから出ていけ! jugar ~ 外で遊ぶ. comer ~ 外食する
❷ 〈de を〉除いて: ~ de mí 私以外は
❸ 〈スポーツ〉1) ラインの外に. 2) アウェイで, ビジターで
de ~ 1) 外の; 外から. 2) よその; よそから
~ de sí 我を忘れて, 逆上して
por ~ 外から; 外見上は
◆ 動詞活用形 ⇨ **ir** 43, **ser** 78

fuerte [フエルテ] 形 ❶ 強い, 力のある: golpe ~ 激しい殴打
❷ じょうぶな, がんじょうな: Mi hija es ~. 私の娘は体がじょうぶだ. cuerda ~ がんじょうなロープ
❸ 〈en に〉強い, 得意な: Es ~ en matemáticas. 彼は数学が得意だ
❹ 強烈な, 強力な; 有力な: tener una ~ personalidad 強烈な個性がある. empresa ~ 有力企業
◆ 男 ❶ 強み, 得意とすること. ❷ 砦
◆ 副 強く, 激しく: llover ~ 雨が激しく降る

fuertemente [フエルテメンテ] 副 強く, 激しく: pegar ~ ひどく殴る

fuerza [フエルサ] 女 ❶ 力: tener mucha ~ 力が強い. con todas sus ~s 力いっぱい, 力の限り. ~ del viento 風力
❷ 体力: recobrar las ~s 元気になる, 体力が回復する
❸ 〈集合的に〉軍隊: ~ de paz 平和維持軍. ~ multinacional 多国籍軍
a ~ de... …によって
a la ~ やむをえず, しかたなしに
~ mayor 不可抗力
por la ~ 力ずくで, 強引に, 無理やり
◆ 動詞活用形 ⇨ **forzar** 38

fuga [フガ] 女 ❶ 逃走, 逃亡. ❷ 〈液体・気体の〉漏れ, 流出. ❸ 〈音楽〉フーガ
darse a la ~ 逃げ出す

fugar [フガル] 55 ~se 逃亡する, 逃走する

fugaz [フガス] 形 〈複 fugaces〉すぐに消え

fugitivo, va [フヒティボ, バ] 名 逃亡者, 脱走者

fui ⇨ ir 43, ser 78

fulano, na [フラノ, ナ] 名 某, ある人

fulgor [フルゴル] 男 (強烈な) 輝き

fumador, ra [フマドル, ラ] 名 喫煙者: asiento reservado para no ~es 禁煙席

fumar [フマル] 自 たばこを吸う, 喫煙する: ~ en pipa パイプを吸う
◆ 他 (たばこなどを) 吸う: ~ un puro 葉巻きを吸う
◆ ~se 〈口語〉 ❶ …を浪費する. ❷ …をサボる: ~se el trabajo (la clase) 仕事(授業)をサボる

funámbulo, la [フナンブロ, ラ] 名 綱渡りの芸人

función [フンスィオン] 女 ❶ **職務**, 役目: desempeñar su ~ 職務を遂行する. entrar en *funciones* 職務につく
❷ **機能**: ~ del estómago 胃の働き
❸ **公演**, 上演: dos *funciones* diarias 一日2回の公演(上映)
en ~ *de*... …に応じて
en funciones 代行の: primer ministro *en funciones* 首相代行

funcional [フンスィオナル] 形 機能的な

funcionamiento [フンスィオナミエント] 男 作動: poner en ~ 作動させる. entrar (ponerse) en ~ 作動する

funcionar [フンスィオナル] 自 機能する; 作動する: La ducha no *funciona* bien. シャワーの調子が悪い. No *funciona*. 〈表示〉故障中. ~ mal 調子が悪い, 誤作動する

funcionario, ria [フンスィオナリオ, リア] 名 公務員, 役人 『~ público』: alto ~ 高官

funda [フンダ] 女 ケース, サック: ~ de la raqueta ラケットケース. ~ de almohada 枕カバー, ピローケース

fundación [フンダスィオン] 女 ❶ 財団; 基金: F~ Japón 国際交流基金. ❷ 創設, 設立; 〈都市の〉建設

fundador, ra [フンダドル, ラ] 名 創始者, 設立者

fundamental [フンダメンタル] 形 **基本的な**, 根本的な: problema ~ 根本問題

fundamentar [フンダメンタル] 他 …に根拠(基礎)を置く

fundamento [フンダメント] 男 基礎, 土台; 根拠

fundar [フンダル] 他 ❶ 創設する, 設立する: ~ una compañía 会社を設立する. ❷ …の根拠を置く

◆ ~se 〈en に〉根拠を置く

fundición [フンディスィオン] 女 ❶ 〈熱による〉溶解, 融解. ❷ 鋳物工場

fundir [フンディル] 他 〈熱で〉溶かす, 融解させる: ~ hierro 鉄を溶かす
◆ ~se 溶ける, 溶解する: *Se funde* la nieve. 雪が解ける. *Se han fundido* los plomos. ヒューズがとんだ

fúnebre [フネブレ] 形 葬儀の: marcha ~ 葬送行進曲

funeral [フネラル] 男 〈主に 複〉 葬式, 葬儀: celebrar los ~es de+人 …の葬儀を行なう, 葬式を出す

funerario, ria [フネラリオ, リア] 形 葬式の: monumento ~ 慰霊碑

furgón [フルゴン] 男 ❶ 〈自動車〉バン. ❷ 〈鉄道〉有蓋貨車

furgoneta [フルゴネタ] 女 〈自動車〉ワゴン車, 小型バン

furia [フリア] 女 激怒, 激高: Está hecho una ~. 彼は激怒している

furibundo, da [フリブンド, ダ] 形 怒り狂った

furioso, sa [フリオソ, サ] 形 ❶ 激怒した: ponerse ~ 激高する. ❷ 激しい, 猛烈な: llama ~sa 猛火

furor [フロル] 男 ❶ 激怒. ❷ 熱心; 熱狂

furtivo, va [フルティボ, バ] 形 秘かな: cazador ~ 密猟者

fuselaje [フセラヘ] 男 〈航空〉胴体, 機体

fusible [フスィブレ] 男 〈電気〉ヒューズ

fusil [フスィル] 男 鉄砲, 小銃

fusilar [フスィラル] 他 銃殺する

fusión [フスィオン] 女 ❶ 融解: ~ nuclear 核融合. ❷ 合併

fusionar [フスィオナル] 他 融合させる; 合併させる. ◆ ~se 融合する; 合併する

fusta [フスタ] 女 〈乗馬用の〉むち

fútbol [フトボル] 男 サッカー: ~ sala フットサル, ミニサッカー. ~ americano アメリカンフットボール

futbolín [フトボリン] 男 サッカー盤ゲーム

futbolista [フトボリスタ] 名 サッカー選手

fútil [フティル] 形 くだらない, 取るに足りない

futilidad [フティリダ] 女 くだらなさ, 無意味さ

futurismo [フトゥリスモ] 男 未来派, 未来主義

futuro, ra [フトゥロ, ラ] 形 **未来の**, 次の: El bosque es nuestro legado a las ~*ras* generaciones. 森は未来の世代への遺産である
◆ 名 婚約者, 未来の夫・妻 『~ esposo』
◆ 男 **未来**: en el ~ 将来に. en un ~ cercano 近い将来に

G, g [ヘ]

gabán [ガバン] 男 〈複 gabanes〉〈厚地の〉オーバー

gabardina [ガバルディナ] 女 ❶ レインコート, コート. ❷〈繊維〉ギャバジン

gabinete [ガビネテ] 男 ❶ 書斎, 研究室. ❷ 事務所. ❸ 内閣: formar un ～ 組閣する. ～ en la sombra 影の内閣

gachas [ガチャス] 女 複〈料理〉かゆ

gafas [ガファス] 女 複 めがね: ponerse las ～ めがねをかける. llevar ～ めがねをかけている. ～ de sol サングラス

gafe [ガフェ] 名 悪運をもたらす人, 疫病(びょう)神

gaita [ガイタ] 女〈音楽〉バグパイプ

gajo [ガホ] 男 〈オレンジなどの〉房, 袋

gala [ガラ] 女 ❶ 盛装. ❷ 盛装で参加するパーティー. ❸ ガラ公演
de ～ 盛装の
hacer ～ *de*... ...を自慢する, 見せびらかす

galán [ガラン] 男 〈複 galanes〉❶ 女性に言い寄る男. ❷〈演劇〉主役男優, 二枚目〖primer ～〗

galante [ガランテ] 形〈男性が女性に〉親切な

galantear [ガランテアル] 他 ...に言い寄る, くどく

galantería [ガランテリア] 女〈女性に対する〉親切さ; お世辞

galápago [ガラパゴ] 男 ウミガメ(海亀)

galardón [ガラルドン] 男〈功績に対する〉賞

galardonar [ガラルドナル] 他 ...に賞を与える: ser *galardonado* con el Premio Nobel ノーベル賞を受賞する

galaxia [ガラ(ク)シア] 女 銀河〔系宇宙〕

galeón [ガレオン] 男〈歴史〉ガレオン船

galera [ガレラ] 女〈歴史〉ガレー船

galería [ガレリア] 女 ❶ 回廊. ❷ 画廊. ❸ 複 ショッピングセンター

galgo, ga [ガルゴ, ガ] 名〈犬〉グレーハウンド

Galicia [ガリスィア] 女 ガリシア〖スペイン西端の自治州〗

gallardía [ガジャルディア] 女 りりしさ, 堂々たる態度

gallardo, da [ガジャルド, ダ] 形 さっそうとした, りりしい; 堂々とした

gallego, ga [ガジェゴ, ガ] 形 名 ガリシア〔人・語〕の; ガリシア人
— 男 ガリシア語

galleta [ガジェタ] 女 ビスケット;〈ラ〉クッキー

gallina [ガジナ] 女 ❶ 雌鶏; 鶏肉. ❷〈口語〉〈男性について〉腰抜け, 臆病者
carne de ～/*piel de* ～ 鳥肌

gallinero [ガジネロ] 男 鶏小屋, 鶏舎

gallo [ガジョ] 男 雄鶏

galón [ガロン] 男〈服飾〉モール, 飾りひも

galopar [ガロパル] 自〈馬術〉ギャロップで走る

galope [ガロペ] 男〈馬術〉ギャロップ
a ～ *tendido* 全速力で

gama [ガマ] 女 ❶〈色の〉階調; 音階. ❷〈製品の〉シリーズ

gamba [ガンバ] 女〈ス〉芝エビ

gamberro, rra [ガンベロ, ら] 名〈ス〉ちんぴら, 不良

gamuza [ガムサ] 女〈動物〉シャモア; セーム皮

gana [ガナ] 女〈主に 複〉意欲, 願望
dar a+人 ～*s de*+不定詞 ...が...する気になる: No me *dan* ～s de comer. 私は食事をする気になれない
dar a+人 *la* ～ 〔de+不定詞〕〈口語〉...が...したくなる: No salgo porque no me *da la* ～. 私は気が進まないから出かけない
de buena ～ 喜んで, 進んで
de mala ～ いやいや, しぶしぶ
tener ～〔*s*〕*de*... ...したい: Tengo 〔muchas〕 ～s *de* ir a España. 私は〔とても〕スペインに行きたい

ganadería [ガナデリア] 女 牧畜, 畜産

ganadero, ra [ガナデロ, ら] 形 名 牧畜の, 畜産の; 畜産業者

ganado [ガナド] 男〈集合的に〉家畜: ～ vacuno 牛
◆ 過分 ⇨ ganar

ganador, ra [ガナドル, ら] 形 勝った: obra ～*ra* del premio Nadal ナダル賞受賞作品
◆ 名 勝者

ganancia [ガナンスィア] 女〈主に 複〉利益, もうけ

ganar [ガナル] 他 ❶ 稼ぐ, もうける; 得る: ～ dinero 金を稼ぐ. ～ el premio 賞を取る. ～ tiempo 時間を稼ぐ
❷ ...に勝つ: ～ un partido 試合に勝つ
◆ 自 ❶ 勝つ. ❷ 進歩する
◆ ～se 稼ぐ;〈a+人 を〉味方につける

gancho [ガンチョ] 男 フック, 鉤(かぎ)

gandul, la [ガンドゥル, ラ] 形 名 怠け者(の), ぐうたら(な)

ganga [ガンガ] 女 ❶ 掘り出し物, 特価品: precio de ~ 特別価格, 安売り値段. ❷ もうけもの

gangrena [ガングレナ] 女 〈医学〉壊疽(え)

gángster [ガングステル] 男 ギャング

ganso, sa [ガンソ, サ] 名 ガチョウ

ganzúa [ガンスア] 女 ピッキング『錠前をあける道具』

garabatear [ガラバテアル] 他 自 なぐり書きする, 落書きする

garabato [ガラバト] 男 なぐり書き, 落書き

garaje [ガラヘ] 男 ❶ 車庫, ガレージ. ❷ 自動車修理工場

garante [ガランテ] 名 保証人

garantía [ガランティア] 女 ❶ 保証; 保証書: con ~ por dos años 2年間の保証つきの. ~ de calidad 品質保証. ❷ 担保: tomar... en ~ …を担保にとる

garantizar [ガランティサル] 13 他 保証する, 請け負う: cámara *garantizada* por un año 1年間保証つきのカメラ

garbanzo [ガルバンソ] 男 エジプト豆

garbeo [ガルベオ] 男 〈口語〉散歩: dar[se] un ~ 散歩する

garbo [ガルボ] 男 さっそう, 粋(い), 優雅: con ~ さっそうと

garfio [ガルフィオ] 男 鉤(かぎ), フック

garganta [ガルガンタ] 女 喉: Me duele la ~. 私は喉が痛い

gargantilla [ガルガンティジャ] 女 プチネックレス, チョーカー

gárgaras [ガルガラス] 女 複 うがい: hacer ~ うがいをする

garita [ガリタ] 女 見張り小屋, 哨舎

garra [ガらラ] 女 〈獣・鳥の〉鉤爪(かぎづめ) 〔ある手・足〕
caer en las ~s de+人 …の魔手にかかる

garrafa [ガらファ] 女 〈ワインなどの〉細首の大びん

garrapata [ガらパタ] 女 〈動物〉ダニ

garrote [ガろテ] 男 棍棒

garúa [ガルア] 女 〈ラ〉霧雨, 濃霧

garza [ガルサ] 女 〈鳥〉サギ, アオサギ

gas [ガス] 男 気体, ガス: ~ natural 天然ガス

gasa [ガサ] 女 ガーゼ

gaseosa[1] [ガセオサ] 女 炭酸飲料, ソーダ水

gaseoso, sa[2] [ガセオソ, サ] 形 気体の, ガス状の

gasoducto [ガソドゥクト] 男 天然ガスのパイプライン

gasóleo [ガソレオ] 男 軽油

gasolina [ガソリナ] 女 ガソリン

gasolinera [ガソリネラ] 女 ガソリンスタンド

gastado, da [ガスタド, ダ] 形 過分 すり切れた, 使い古した

gastar [ガスタル] 他 費やす, 消費する: José *gastó* inútilmente el dinero en el juego. ホセは賭け事でむだな金を使った. Esta nevera *gasta* poca electricidad. この冷蔵庫はあまり電気を食わない. ~ unos zapatos 靴をはきつぶす
◆ **~se** ❶ 消費される. ❷ すり減る

gasto [ガスト] 男 〈主に 複〉❶ 出費, 支出: ~ público 公共支出
❷ 費用, 経費: ~s de viaje 旅費
◆ 動詞活用形 ⇨**gastar**

gastronomía [ガストロノミア] 女 美食

gastrónomo, ma [ガストロノモ, マ] 名 美食家

gastroscopio [ガストロスコピオ] 男 胃カメラ

gatear [ガテアル] 自 四つんばいで歩く, はいはいする

gatillo [ガティジョ] 男 〈銃の〉引き金

gato[1] [ガト] 男 〈技術〉ジャッキ

gato, ta[2] [ガト, タ] 名 ネコ(猫): ~ del barrio のら猫
andar a gatas 四つんばいで歩く, はいはいする

gaucho, cha [ガウチョ, チャ] 形 名 ガウチョ(の)『アルゼンチンの牧童』

gaveta [ガベタ] 女 〈机の〉引出し

gaviota [ガビオタ] 女 〈鳥〉カモメ

gay [ガイ] 形 男〈複 ~s〉ゲイ(の), ホモ(の)

gazpacho [ガスパチョ] 男 ガスパチョ『冷たい野菜スープ』

gel [ヘル] 男 ジェル状せっけん(整髪料)

gelatina [ヘラティナ] 女 ゼラチン; 煮こごり, ゼリー

gema [ヘマ] 女 宝石

gemelo, la [ヘメロ, ラ] 形 名 ふたご(の), 双生児(の)
◆ 男 複 ❶ カフスボタン. ❷ 双眼鏡: ~s de teatro オペラグラス

gemido [ヘミド] 男 過分 うめき声

gemir [ヘミル] 56 自 うめく, うなる

gen [ヘン] 男 遺伝子

genealogía [ヘネアロヒア] 女 家系; 家系図

genealógico, ca [ヘネアロヒコ, カ] 形 家系の: árbol ~ 家系図

generación [ヘネラシオン] 女 ❶ 世代: tercera ~ 3世, 孫. ~ joven 若い世代
❷ 〈生物〉発生, 生殖

generacional [ヘネラスィオナル] 形 世代の

generador [ヘネラドル] 男 発電機, ジェネレーター

general [ヘネラル] 形 ❶ **全般的な**, 全体の; gerente ~ 総支配人. impresión ~ 大まかな印象, 全体的な印象. junta ~ 総会 ❷ **一般的な**: cultura ~ 一般教養 ◆ 名 将軍

en ~ 一般の(に), 全般的に; 概して: la ciencia *en* ~ 科学全般

por lo ~ 一般的に; 概して

generalidad [ヘネラリダ] 女 一般性

Generalitat [ジェネラリタ] 女 カタルーニャ自治州政府

generalizar [ヘネラリサル] 13 他 一般化させる, 普及させる
◆ ~se 一般化する, 普及する

generalmente [ヘネラルメンテ] 副 一般的に; たいてい

generar [ヘネラル] 他 発生させる: ~ la electricidad 発電する. ~ odios 憎しみを生む

género [ヘネロ] 男 ❶ **ジャンル**: por ~s ジャンル別に
❷ **種類**: del mismo ~ 同種類の
❸ 織物
❹〈商業〉品物, 商品
❺〈文法〉性: ~ masculino 男性. ~ femenino 女性
~ *humano* 人類

generosidad [ヘネロスィダ] 女 気前のよさ; 寛大さ

generoso, sa [ヘネロソ, サ] 形 ❶ 気前のよい; 寛大な: ~ con los pobres 貧しい人々に温かい

genético, ca [ヘネティコ, カ] 形 遺伝の; 遺伝学の: ingeniería ~*ca* 遺伝子工学

genial [ヘニアル] 形 ❶ 天才的な. ❷〈間投詞的〉すばらしい

génico, ca [ヘニコ, カ] 形 遺伝子の: terapia ~*ca* 遺伝子療法

genio [ヘニオ] 男 ❶ **天才**〖人〗; 天分: tener ~ de poeta 詩の才能がある
❷ **気質**, 性質: tener mal ~ 気むずかしい
❸ 機嫌, 気分: estar de mal ~ 機嫌が悪い

genitales [ヘニタレス] 男 複 外部生殖器, 性器

genocidio [ヘノスィディオ] 男 大虐殺, ジェノサイド

genoma [ヘノマ] 男〈生物〉ゲノム: ~ humano ヒトゲノム

gente [ヘンテ] 女 **人々**: Hay mucha ~ en el aeropuerto. 空港には人が大勢いる

gentil [ヘンティル] 形 ❶ 親切な. ❷ 優美な, 容姿端麗な

gentileza [ヘンティレサ] 女 ❶ 親切さ, 心づかい. ❷ 優美さ

gentío [ヘンティオ] 男 群衆, 人ごみ

gentuza [ヘントゥサ] 女 ろくでもない連中

genuino, na [ヘヌイノ, ナ] 形 ❶ 本物の: cuero ~ 本革. ❷ 純粋な

geografía [ヘオグラフィア] 女 地理学

geográfico, ca [ヘオグラフィコ, カ] 形 地理学の; 地理的な

geología [ヘオロヒア] 女 地質学

geológico, ca [ヘオロヒコ, カ] 形 地質学的な

geometría [ヘオメトリア] 女 幾何学

geométrico, ca [ヘオメトリコ, カ] 形 幾何学的な

georama [ヘオラマ] 男 ジオラマ

geotermia [ヘオテルミア] 女 地熱

geotérmico, ca [ヘオテルミコ, カ] 形 地熱の

geranio [ヘラニオ] 男〈植物〉ゼラニウム

gerencia [ヘレンスィア] 女 支配人の職務, 管理職

gerente, ta [ヘレンテ, タ] 名 支配人, 管理責任者; 経営者: ~ general 総支配人

geriatría [ヘリアトリア] 女 老人病学

germano, na [ヘルマノ, ナ] 形 ❶ ゲルマン人〔の〕: pueblo ~ ゲルマン民族. ❷ ドイツの, ドイツ人

germánico, ca [ヘルマニコ, カ] 形 名 = germano

germen [ヘルメン] 男〈複 g*é*rmenes〉 ❶ 胚, 胚芽. ❷ 病原菌

germinar [ヘルミナル] 自 発芽する, 芽ばえる

gerundio [ヘルンディオ] 男〈文法〉現在分詞

gesticular [ヘスティクラル] 自 身ぶりをする

gestión [ヘスティオン] 女 ❶〈目的達成のための〉工作, 働きかけ, 手続き: hacer *gestiones* 措置を講じる. ❷ 管理, 経営: ~ de la información 情報管理

gestionar [ヘスティオナル] 他 働きかける, …の手続きをする

gesto [ヘスト] 男 ❶ **表情**, 顔つき: con ~ resignado あきらめた表情で
❷ **身ぶり**, 手ぶり: hablar con ~s 身ぶりを交えて話す

gestor, ra [ヘストル, ラ] 名 ❶〈専門的な手続きの〉代行者. ❷ 管理職の人

gigante¹ [ヒガンテ] 形 巨大な

gigante², ta [ヒガンテ, タ] 名 巨人

gigantesco, ca [ヒガンテスコ, カ] 形 巨

gilipollas [ヒリポジャス] 形 名 〈俗語〉ばか〔な〕
gimnasia [ヒムナシア] 女 体操：～ rítmica 新体操．～ mental 頭の体操
gimnasio [ヒムナシオ] 男 ❶ 体育館．❷ スポーツクラブ
gimnasta [ヒムナスタ] 名 体操選手
gimotear [ヒモテアル] 自 めそめそ泣く
ginebra [ヒネブラ] 女 〈酒〉ジン
ginecología [ヒネコロヒア] 女 婦人科〔学〕
ginecólogo, ga [ヒネコロゴ, ガ] 名 婦人科医
gira [ヒラ] 女 ❶ 一周旅行, 周遊．❷ 地方公演, 巡業
girar [ヒラル] 自 ❶ 回転する, 旋回する：Los planetas *giran* alrededor del sol. 惑星は太陽のまわりを回る．❷〈道・車などが〉曲がる：～ a la derecha 右折する
◆ 他 ❶ 回転させる．❷〈郵便為替で〉送金する；〈手形を〉振り出す
girasol [ヒラソル] 男 〈植物〉ヒマワリ
giratorio, ria [ヒラトリオ, リア] 形 回転する：puerta ～*ria* 回転ドア
giro [ヒロ] 男 ❶ 回転, 旋回：dar un ～ 回転する, 旋回する．❷ 局面, 展開．❸ 為替；〈為替による〉送金；〈手形の〉振り出し：～ postal 郵便為替．❹ 言いまわし, 表現
gis [ヒス] 男 〈メキシコ〉チョーク, 白墨
gitano, na [ヒタノ, ナ] 形 名 ジプシー〔の〕
glacial [グラシアル] 形 ❶ ひじょうに冷たい, 氷のような；冷淡な．❷ 氷の；氷河の：período ～ 氷河期
glaciar [グラシアル] 男 氷河
glándula [グランドゥラ] 女 〈解剖〉腺
global [グロバル] 形 ❶ 全体の, 包括的な．❷ 世界的な, 地球的な：estándar ～ グローバルスタンダード
globalización [グロバリサシォン] 女 ❶ 全体化．❷ 世界化, グローバル化
globalizar [グロバリサル] 13 他 ❶ 全体化する．❷ 世界化する, グローバル化する
globo [グロボ] 男 ❶ 球, 球体：～ del ojo 目玉．～ terrestre 地球；地球儀
❷ 風船, 気球
glóbulo [グロブロ] 男 ～s blancos 白血球．～s rojos 赤血球
gloria [グロリア] 女 ❶ 栄光, 誉れ, 誇り：alcanzar la ～ 名声を博す
❷〈キリスト教〉天上の栄光；天国
❸〈口語〉喜び, 楽しみ
glorieta [グロリエタ] 女 ❶〈交差点の〉ロータリー．❷〈庭園の〉あずまや
glorificar [グロリフィカル] 73 他 賛美する；栄誉を与える
glorioso, sa [グロリオソ, サ] 形 栄(は)ぇある, 輝かしい
glosa [グロサ] 女 注釈, 注解
glosar [グロサル] 他 …に注釈をつける
glosario [グロサリオ] 男 〈巻末などの〉用語解説, 語彙集
glotón, na [グロトン, ナ] 形 名 〈男複 glot*ones*〉がつがつ食べる, 大食らいの〔人〕
glucosa [グルコサ] 女 ブドウ糖
gobernación [ゴベルナシォン] 女 統治
gobernador, ra [ゴベルナドル, ラ] 名 ❶ 知事．❷ 総裁
gobernante [ゴベルナンテ] 形 名 統治する；統治者, 為政者
gobernar [ゴベルナル] 57 他 統治する, 支配する：～ un país 国を治める
gobierno [ゴビエルノ] 男 ❶ 政府, 内閣：Los pescadores acusaron al G～. 漁民たちは政府を非難した
❷ 統治：～ de la nación 国政
goce [ゴセ] 男 楽しみ, 喜び
gol [ゴル] 男 ゴール, 得点：meter un ～ ゴールを決める
golear [ゴレアル] 自 他 〈スポーツ〉得点する
golf [ゴルフ] 男 ゴルフ
golfista [ゴルフィスタ] 名 ゴルファー
golfo¹ [ゴルフォ] 男 湾：G～ de Vizcaya ビスケー湾
golfo², fa [ゴルフォ, ファ] 形 名 素行の悪い〔人〕, 不良
golondrina [ゴロンドリナ] 女 〈鳥〉ツバメ
golosina [ゴロシナ] 女 甘い物, 菓子
goloso, sa [ゴロソ, サ] 形 名 甘党の〔人〕
golpe [ゴルペ] 男 ❶ 打撃, 殴打：dar a+人 un ～ en la cabeza …の頭を一発殴る．dar ～s en la puerta ドアをドンドンたたく
❷ 衝撃：sufrir un ～ ショックを受ける
❸ 突発：～ de tos 咳の発作．～ de viento 突風
❹〈サッカー〉キック；〈テニス・ゴルフ〉ショット, ストローク；〈ボクシング〉パンチ
de ～ 突然
de un ～ 一気に, 一度に
～ *de Estado* クーデター
golpear [ゴルペアル] 他 自 打つ, たたく：～ la mesa テーブルをたたく
◆ ～*se* 自分の…を打つ：～*se* la cabeza 頭を打つ
goma [ゴマ] 女 ❶ ゴム：suelas de ～ ゴム底．～ de pegar ゴム糊．～ de mascar チューインガム．～ espuma フォームラバー
❷ 輪ゴム, ゴムひも
❸ 消しゴム

❹ 〈ラ〉二日酔い
gordo[1] [ゴルド] 男 ❶ 〈宝くじの〉大当たり《premio ～》. ❷ あぶら身
gordo[2], **da** [ゴルド, ダ] 形 ❶ 太った：ponerse ～ 太る
❷ 〈口語〉大きい, 太い, 厚い
❸ 〈口語〉重大な, たいへんな
◆ 名 太った人
gordura [ゴルドゥラ] 女 肥満；脂肪
gorila [ゴリラ] 男 〈動物〉ゴリラ
gorjear [ゴルヘアル] 自 〈鳥が〉さえずる
gorra [ゴら] 女 ひさしのある帽子, キャップ
de ～ 〈口語〉ただで, 他人の払いで
gorrión [ゴりオン] 男 〈鳥〉スズメ(雀)
gorro [ゴろ] 男 縁なし帽子, ボンネット：～ de baño 水泳帽
gorrón, na [ゴろン, ナ] 形 名 いつも他人におごってもらう〔人〕；居候(いそうろう)
gota [ゴタ] 女 ❶ しずく, したたり：～ de agua 水滴, 雨だれ
❷ 〈医学〉痛風
～ a ～ 1) 1滴ずつ；少しずつ. 2) 男 点滴, 点滴器
ni 〔una〕 ～ 何も…ない
parecerse como dos ～s de agua 瓜二つである
gotear [ゴテアル] 自 したたる；雨がポツポツ降る
gotera [ゴテラ] 女 雨漏り〔の個所〕
gótico, ca [ゴティコ, カ] 形 男 ゴシック様式〔の〕
gozar [ゴサル] 13 自 ❶ 〈con を〉楽しむ：～ *con* las películas 映画を見て楽しむ
❷ 〈de を〉享受する, 持っている：～ *de* buena salud 健康に恵まれている. ～ *de* la vida 人生を楽しむ
gozne [ゴスネ] 男 ちょうつがい
gozo [ゴソ] 男 喜び, 楽しみ
no caber de sí de ～ うれしくてたまらない
gr. 〈略語〉グラム《←gramo(s)》
grabación [グラバスィオン] 女 録音；録画
grabado [グラバド] 男 過分 ❶ 版画；版画〔製作, 絵〕：～ al agua fuerte エッチング. ～ en madera 木版. ❷ 挿し絵, カット
grabador, ra[1] [グラバドル, ラ] 名 版画家
grabadora[2] [グラバドラ] 女 テープレコーダー
grabar [グラバル] 他 ❶ 彫る, 刻む. ❷ 録音する；録画する：～ una conversación 会話を録音する. ～ en vídeo ビデオに録画する
gracia [グラスィア] 女 ❶ 優美さ；魅力：andar con ～ 優雅に歩く
❷ おもしろさ, おかしさ, 滑稽：Ese chiste tiene mucha ～. その小話はすごく愉快だ

❸ 〈神の〉恩寵, 恵み
❹ 複 感謝, ありがとう：¡〔Muchas〕G～s! 〔どうも〕ありがとう！ G～s por el regalo. プレゼントをありがとう. G～s por haberme ayudado. 助けてくれてありがとう
dar 〔las〕 ～s a +人 …にお礼を言う
～s a... …のおかげで
¡G～s a Dios! よかった／おかげさまで！
hacer ～ a +人 …をおもしろがらせる
gracioso, sa [グラスィオソ, サ] 形 おもしろい, おかしい；機知に富んだ：niño ～ ひょうきんな子, 愛嬌のある子
grada [グラダ] 女 ❶ 〈階段の〉段. ❷ 〈集合的に〉階段席, スタンド
gradación [グラダスィオン] 女 グラデーション
graderío [グラデリオ] 男 〈ス〉〈集合的に〉階段席, スタンド
grado [グラド] 男 ❶ 程度, 段階：en cierto ～ ある程度. ～ de dificultad 難度
❷ 〈温度・角度などの〉…度：temperatura de veinte ～s 20度の気温
en mayor o menor ～ 多かれ少なかれ, 程度の差こそあれ
por ～s 段階を追って, 徐々に
graduación [グラドゥアスィオン] 女 ❶ 〈大学の〉卒業, 学位の授与(取得). ❷ 度数
gradual [グラドゥアル] 形 段階的な, 少しずつの
gradualmente [グラドゥアルメンテ] 副 次第に, 徐々に
graduar [グラドゥアル] 11 他 ❶ 調節する：～ el volumen 音量を調節する. ❷ 測定する：～ la vista 視力を測定する. ❸ 目盛りをつける；等級をつける
◆ ～**se** 卒業する：Se graduó en la universidad. 彼は大学を卒業した
gráfica[1] [グラフィカ] 女 =gráfico[1]
gráfico[1] [グラフィコ] 男 グラフ, 図表
gráfico[2], **ca**[2] [グラフィコ, カ] 形 グラフ(図形・写真・記号)で表わした：artes ～cas グラフィックアート
grafismo [グラフィスモ] 男 グラフィックデザイン
grafista [グラフィスタ] 名 グラフィックデザイナー
gramática [グラマティカ] 女 文法：～ española スペイン語文法
gramatical [グラマティカル] 形 文法の
gramo [グラモ] 男 グラム：100 ～s de azúcar 砂糖 100 グラム
gran [グらン] 形 ⇒**grande**
grana [グらナ] 形 女 えんじ色〔の〕, 暗赤色〔の〕

granada [グラナダ] 囡 ❶ ザクロの実. ❷ 〈軍事〉榴弾: ~ de mano 手榴弾

granadino, na [グラナディノ, ナ] 形 名 グラナダ Granada の〔人〕

granate [グラナテ] 形 男 ❶ えんじ色〔の〕, 暗赤色〔の〕. ❷ ガーネット, ざくろ石

grande [グランデ] 形〈単数名詞の直前で gran となる〉❶ 大きい; 広い; 背の高い: maleta ~ 大きなスーツケース. jardín ~ 広い庭. *gran* error 大まちがい
❷〈+名詞〉偉大な; 立派な, すばらしい: *gran* hombre 偉人. *gran* empresa 偉業. *gran* obra 大作
a lo ~ 豪華に, ぜいたくに
en ~ すばらしく: pasarlo *en* ~ ひじょうに楽しく過ごす

grandeza [グランデサ] 囡 ❶ 大きいこと. ❷ 偉大さ, 立派さ

grandioso, sa [グランディオソ, サ] 形 壮大な, 雄大な

granel [グラネル] *a* ~ 〈穀物などを容器に入れず〉ばらのまま, 計り売りで

granero [グラネロ] 男 穀物倉

granito [グラニト] 男 花崗岩

granizado [グラニサド] 男〈細かい氷の入った〉アイスドリンク

granizar [グラニサル] 13 自〈単人称〉ひょう(あられ)が降る

granizo [グラニソ] 男 ひょう, あられ

granja [グランハ] 囡 農場, 農園

granjero, ra [グランヘロ, ラ] 名 農園主

grano [グラノ] 男〈穀物などの〉粒: ~s de trigo 小麦の粒. ~ de uva ブドウの粒
❷〈医学〉吹き出物, にきび
ir al ~ 本題に入る, 単刀直入に言う

granuja [グラヌハ] 名 詐欺師; 不良

granulado, da [グラヌラド, ダ] 形 粒状の, 顆粒状の: azúcar ~ グラニュー糖

gránulo [グラヌロ] 男 顆粒

grapa [グラパ] 囡 ❶ ホッチキスの針. ❷〈建築〉かすがい

grapadora [グラパドラ] 囡 ホッチキス

grapar [グラパル] 他 ホッチキスでとめる

grasa¹ [グラサ] 囡 ❶ 脂肪; 脂(あぶら): porcentaje de ~ corporal 体脂肪率. ❷ 脂汚れ. ❸ グリース

grasiento, ta [グラシエント, タ] 形 ❶ 脂肪分の多い, 油っこい. ❷ 脂(あぶら)ぎった

graso, sa² [グラソ, サ] 形 ❶ 脂肪分の多い;〈肌が〉脂性(しせい)の. ❷ ácido ~ 脂肪酸

grasoso, sa [グラソソ, サ] 形 =grasiento

gratificación [グラティフィカスィオン] 囡 賞与, ボーナス; 謝礼金

gratificar [グラティフィカル] 73 他 …に賞与を与える; 謝礼を出す

gratis [グラティス] 副 無料で, ただで: trabajar ~ 無報酬で働く
◆ 形 無料の: La entrada es ~. 入場無料

gratitud [グラティトゥ] 囡 感謝〔の気持ち〕: expresar su ~ a+人 …に感謝の意を表わす

grato, ta [グラト, タ] 形〈a に〉快い, 楽しい; música ~*ta* al oído 耳に快い音楽

gratuidad [グラトゥイダ] 囡 無料, 無償

gratuito, ta [グラトゥイト, タ] 形 ❶ 無料の, 無償の: entrada ~*ta* 無料入場券. ❷ 根拠のない

grava [グラバ] 囡 砂利(じゃり)

gravamen [グラバメン] 男〈複 gravámenes〉❶ 税金, 課税金. ❷ 負担, 重荷: ~ fiscal 租税負担

gravar [グラバル] 他 ❶ …に課税する. ❷ 負担をかける

grave [グラベ] 形 ❶ 重大な, 深刻な: accidente ~ 重大な事故. expresión ~ 深刻な表情
❷ 重態の: encontrarse en estado ~ 重態(重症)である
❸ 重々しい, 厳粛な; まじめな: actitud ~ 厳粛な態度

gravedad [グラベダ] 囡 ❶ 重大さ, 深刻さ. ❷ 重々しさ. ❸ 重力: centro de ~ 重心

gravilla [グラビジャ] 囡 細かい砂利(じゃり)

gravitación [グラビタスィオン] 囡 引力: ~ universal 万有引力

gravitar [グラビタル] 自 ❶〈sobre に〉重さがかかる. ❷ 負担がかかる

graznar [グラスナル] 自〈カラスなどが〉カアカア(ガアガア)と鳴く

graznido [グラスニド] 男〈カラスなどの〉鳴き声

Grecia [グレスィア] 囡 ギリシア

gremio [グレミオ] 男 ❶ 同業者団体. ❷〈歴史〉ギルド

greñas [グレニャス] 囡 複 ぼさぼさ(もじゃもじゃ)の髪

gresca [グレスカ] 囡 けんか; 騒ぎ

griego, ga [グリエゴ, ガ] 形 名 ギリシア〔人・語〕の; ギリシア人: antiguos ~s 古代ギリシア人
◆ 男 ギリシア語

grieta [グリエタ] 囡 割れ目, 亀裂

grifo [グリフォ] 男 ❶〈ス〉〈水道の〉蛇口, カラン. ❷〈ラ〉ガソリンスタンド

grillete [グリジェテ] 男〈鉄の〉足かせ

grillo [グリジョ] 男 コオロギ, キリギリス

gringo, ga [グリンゴ, ガ] 形 名 〈ラ. 軽蔑〉 ヤンキー〔の〕, 米国の, 米国人

gripe [グリペ] 女 インフルエンザ, 流行性感冒: coger la ~ インフルエンザにかかる. estar con ~ インフルエンザにかかっている

gris [グリス] 形 ❶ 灰色の: pantalones ~es グレーのズボン
❷ 目立たない; 陰気な
◆ 男 灰色: ~ oscuro ダークグレー

grisáceo, a [グリサセオ, ア] 形 灰色がかった, グレー系の

gritar [グリタル] 自 他 叫ぶ, わめく, どなる: ~ insultos a+人 …を大声で侮辱する

grito [グリト] 男 叫び, 叫び声, 大声: lanzar un ~ 叫び声をあげる

grosella [グロセジャ] 女 〈果実〉スグリ

grosería [グロセリア] 女 不作法, 下品な言動

grosero, ra [グロセロ, ラ] 形 名 ❶ 不作法な〔人〕, 下品な〔人〕: joven ~ 不作法な若者
❷ 粗悪な, 粗雑な

grosor [グロソル] 男 太さ; 厚さ

grotesco, ca [グロテスコ, カ] 形 醜悪な, グロテスクな

grúa [グルア] 女 ❶ クレーン, 起重機: alzar en la ~ クレーンで持ち上げる. ❷ レッカー車

grueso, sa [グルエソ, サ] 形 ❶ 太い, 太った: árbol ~ 太い木. señor ~ 太った男性
❷ 厚い: álbum ~ 分厚いアルバム
◆ 男 太さ; 厚さ

grulla [グルジャ] 女 ツル(鶴)

grumo [グルモ] 男 〈料理〉〈小麦粉などの〉だま

gruñido [グルニド] 男 過分 ❶ 豚の鳴き声. ❷ 不平

gruñir [グルニル] 39 自 ❶ 〈豚が〉ブーブー鳴く. ❷ ぶうぶう不平を言う

gruñón, na [グルニョン, ナ] 形 名 〈口語〉いつも不平を言う〔人〕

grupo [グルポ] 男 集団, グループ: dividir en ~s グループに分ける. viaje en ~ 団体旅行

gruta [グルタ] 女 洞窟, ほら穴

guacamole [グアカモレ] 男 〈料理〉アボカドのサラダ

guadalajareño, ña [グアダラハレニョ, ニャ] 形 名 グワダラハラ Guadalajara の〔人〕

guadaña [グアダニャ] 女 長柄(ぇ)の鎌

guagua [グアグア] 女 〈ラ〉❶ バス. ❷ 赤ん坊

guante [グアンテ] 男 ❶ 手袋: ponerse los ~s 手袋をはめる. llevar ~s 手袋をしている ❷ 〈スポーツ〉グローブ

guapo, pa [グアポ, パ] 形 ❶ 〈人が〉美しい, きれいな: Es ~pa. 彼女は美人だ. chico ~ ハンサムな青年
❷ 着飾った: Ponte ~pa. おしゃれをしなさい
◆ 名 美男, 美女

guarache [グアラチェ] 男 〈メキシコの粗末な〉サンダル

guaraní [グアラニ] 形 名 グアラニー族〔の〕 『南米のインディオ』. ◆ 男 グアラニー語

guarda [グアルダ] 名 番人, 守衛: ~ jurado 警備員

guardabarros [グアルダバロス] 男 〈単複同形〉〈車輪の〉泥よけ, フェンダー

guardabosques [グアルダボスケス] 男 〈単複同形〉自然監視人; 猟場の番人

guardacostas [グアルダコスタス] 男 〈単複同形〉沿岸警備艇

guardaespaldas [グアルダエスパルダス] 名 〈単複同形〉ボディーガード

guardameta [グアルダメタ] 名 〈スポーツ〉ゴールキーパー

guardapolvos [グアルダポルボス] 男 〈単複同形〉作業服, 上っぱり

guardar [グアルダル] 他 ❶ 〈de から〉守る: La lana nos guarda del frío. 羊毛は防寒になる
❷ 見張る, 見守る: Un perro guarda la casa. 1匹の犬が家の番をしている
❸ 保管する: ~ las joyas en un banco 宝石を銀行に預けておく. ~ la ropa en el ropero 服をタンスにしまう
❹〈感情などを〉持ち続ける: ~ rencor 恨みを抱く. ~ un recuerdo 思い出を忘れないでいる
❺〈…の状態に〉保つ: ~ silencio 黙秘する
❻〈para のために〉守る
◆ ~se ❶〈自分のために〉取っておく: Guárdese la vuelta. おつりは取っておいてください. ❷〈de から〉自分の身を守る; 用心する

guardarraíl [グアルダらイル] 男 〈道路の〉ガードレール

guardarropa [グアルダろパ] 男 ❶ 〈劇場などの〉クローク. ❷ 〈集合的に〉個人が持っている衣装, ワードローブ

guardería [グアルデリア] 女 託児所, 保育園 『~ infantil』

guardia [グアルディア] 女 ❶ 警備, 監視; 当直: estar de ~ 警備している; 当直である
❷ 警備員
◆ 名 ❶ 警備隊員; 警官. ❷ 警備員, ガードマン 『~ jurado, ~ de seguridad』
~ civil 治安警備隊; 治安警備隊員

guardián, na [グアルディアン, ナ] 名 番人, 守衛, 警備員

guardilla [グアルディジャ] 女 屋根裏部屋 〚=buhardilla〛

guarecer [グアレセル] 20 ~se 避難する

guarida [グアリダ] 女 〈悪人の〉隠れ家, 巣窟;〈動物の〉巣穴, 隠れ場所

guarnecer [グアルネセル] 20 他 ❶〈de・con〉飾りを…に施す. ❷〈料理〉〈con を〉付け合わせる

guarnición [グアルニスィオン] 女 ❶ 飾り, 装飾. ❷〈料理〉付け合わせ. ❸ 守備隊

guarro, rra [グアろ, ら] 形 〈豚のように〉汚い〔人〕

guasa [グアサ] 女 〈口語〉冗談, ジョーク: estar de ~ ふざけている. con ~ 冗談で

guata [グアタ] 女 〈衣服・寝具などに〉詰め綿

Guatemala [グアテマラ] 男 グアテマラ

guatemalteco, ca [グアテマルテコ, カ] 形 名 グアテマラ〔人〕の; グアテマラ人

guateque [グアテケ] 男 〈飲食物を持ち寄る〉ホームパーティー

guay [グアイ] 形 〈口語〉すごくいい

guayaba [グアヤバ] 女 グアバの実

gubernamental [グベルナメンタル] 形 ❶ 行政の, 統治の. ❷ 政府支持の: partido ~ 与党

gubernativo, va [グベルナティボ, バ] 形 政府の

gubernista [グベルニスタ] 形 名 〈ラ〉政府側の〔人〕, 政府支持者

guerra [ゲら] 女 戦争, 戦い; 争い: hacer la ~ a… …と戦争する; 争う. la Segunda G~ Mundial 第二次世界大戦. ~ de nervios 神経戦. ~ fría 冷戦
dar ~ 〈子供が〉困らせる, うるさくする

guerrear [ゲれアル] 自 〈contra·con と〉戦う, 戦争をする

guerrero, ra [ゲれロ, ら] 形 ❶ 戦争の. ❷〈子供が〉いたずらな, 手に負えない
◆ 名 戦士

guerrilla [ゲリジャ] 女 ゲリラ〔部隊〕; ゲリラ戦

guerrillero, ra [ゲリジェロ, ら] 名 ゲリラ兵

guía [ギア] 名 案内人, ガイド: ~ turístico 観光ガイド
◆ 女 案内書, ガイドブック, 手引き: ~ de ferrocarriles 鉄道の時刻表. ~ telefónica 電話帳

guiar [ギアル] 33 他 ❶ 案内する, 導く: ¿Nos *guiaría* hasta allí? そこまで私たちを案内してくれませんか?
❷ 教え導く
~se 〈por を頼りに〉進む

guijarro [ギハろ] 男 〈河原などの〉丸い小石, 砂利〔じゃり〕

guinda [ギンダ] 女 〈果実〉アメリカンチェリー

guindilla [ギンディジャ] 女 トウガラシ, シシトウ

guiñapo [ギニャポ] 男 ぼろ, ぼろ切れ

guiñar [ギニャル] 他 ~ un ojo a+人 …にめくばせする, ウインクする

guiño [ギニョ] 男 目配せ, ウインク

guion [ギオン] 男 ❶ シナリオ, 脚本, 台本. ❷〈文法〉ハイフン(-);ダッシュ(—)

guionista [ギオニスタ] 名 シナリオライター, 脚本家

guirnalda [ギルナルダ] 女 リース〚花・葉・色紙をつないだ飾り〛

guisado [ギサド] 男 過分 シチュー, 煮込み

guisante [ギサンテ] 男 〈ス〉エンドウ〔マメ〕, グリンピース

guisar [ギサル] 自 他 ❶ 〈ス〉料理する. ❷ 煮込む

guiso [ギソ] 男 シチュー, 煮込み

guitarra [ギタら] 女 ギター: tocar la ~ ギターをひく

guitarrista [ギタリスタ] 名 ギタリスト

gula [グラ] 女 大食: comer con ~ ガツガツ食べる

gusano [グサノ] 男 〈ミミズ・回虫などの〉虫, 毛虫, うじ

gustar [グスタル] 自 ❶〈a+人の〉気に入る: Me *gustan* mucho los gatos. 私は猫が大好きだ. A José no le *gusta* nadar. ホセは泳ぐのが嫌いだ
❷〈過去未来で婉曲表現〉Me *gustaría* acompañarle. あなたとご一緒したいのですが
❸〈文語〉〈de が〉好きである: Gusto de leer novelas. 私は小説を読むのが好きだ

gustillo [グスティジョ] 男 後味

gusto [グスト] 男 ❶ 味; 味覚: tener buen ~/dar buen ~ al paladar 味がよい
❷ 好み, 趣味: pintar por ~ 趣味で絵を描く. de buen ~ センスのよい
a ~ 快適に, 気持ちよく; 気楽に: sentirse muy *a* ~ 居心地がいい; 落ち着く. comer muy *a* ~ おいしく食べる
coger ~ *a*… …を好きになる
con mucho ~ 喜んで: ¿Quiere ayudarme?—*Con mucho* ~. 手伝ってくださいますか?—喜んで
Mucho ~.—*El* ~ *es mío.* 初めまして.—こちらこそ
ser del ~ *de*+人 …の好みに合う

gustoso, sa [グストソ, サ] 形 楽しい, 喜ばしい

H, h [アチェ]

ha ⇨ haber ④⓪
haba [アバ] 囡 ソラマメ〘植物, 豆〙
habano, na [アバノ, ナ] 形 名 ハバナ La Habana の〔人〕
◆ 男〈キューバ産の〉葉巻
haber [アベル] ④⓪ 助〈+過去分詞. 複合時制を作る〉¿*Has* visto a José? ホセに会ったかい? Mi padre se *había* levantado antes de amanecer. 父は日が昇る前に起きていた
◆ 他〈単人称〉…がある, …がいる: En esta caja *hay* pasteles. この箱にはケーキがはいっている. *Hay* un chico allí. あそこに男の子が1人いる. *Hubo* un gran terremoto en Kobe. 神戸で大きな地震があった
~ de+不定詞 1) …しなければならない: *He de* hacer la maleta. 私は旅行のしたくをしなければならない. 2) …することになっている: El avión *ha de* llegar a las once. 飛行機は11時に着くはずの
◆ 動詞活用形 ⇨haber

hay que+不定詞〈単人称〉1) …しなければならない: *Hay que* trabajar para comer. 〔人は〕食べるために働かなくてはならない. 2) 〈否定で〉…する必要はない; …してはならない: No *hay que* salir. 外出してはいけない/外出しなくてもいい
No hay de qué.〈感謝に対して〉どういたしまして
No hay más que+不定詞 …しさえすればよい
¿Qué hay?〈挨拶〉やあ!
hábil [アビル] 形 ❶ 器用な, 巧みな: cirujano ~ 腕のいい外科医. ❷ día ~ 営業日
habilidad [アビリダ] 囡 器用さ, 巧みさ: tener la ~ de+不定詞 上手に…できる. ~ manual 手先の熟練
hábilmente [アビルメンテ] 副 器用に, 巧みに
habilitar [アビリタル] 他 ❶〈場所などを, 別の用途に〉使えるようにする. ❷ 資格を与える
habitación [アビタスィオン] 囡 **部屋, 個室**: ¿Tienen ustedes *habitaciones* libres? 〔ホテルで〕空き部屋ありますか? ~ sencilla シングル(の部屋). ~ doble ツイン. ~ de matrimonio ダブル
habitáculo [アビタクロ] 男 ❶ 居住部分, 居住空間. ❷〈自動車〉車内
habitante [アビタンテ] 名 住民, 居住者: número de ~s 人口
habitar [アビタル] 自 他 …に住む

hábito [アビト] 男 ❶ 癖, 習性; 習慣. ❷ 修道服
habitual [アビトゥアル] 形 習慣的な: delincuente ~ 常習犯
habituar [アビトゥアル] ① 他 慣らす
◆ **~se**〈a に〉慣れる
habla [アブラ] 囡〈単数冠詞は el-un{a}〉❶ 言語能力: perder el ~ 口がきけなくなる. ❷ 言語: países de ~ española スペイン語諸国
dejar a+人 ***sin ~*** …を唖然とさせる
◆ 動詞活用形 ⇨hablar
hablador, ra [アブラドル, ラ] 形 名 おしゃべりな〔人〕
habladuría [アブラドゥリア] 囡〈主に 複〉うわさ話, 陰口
hablante [アブランテ] 名 話す人, 話し手: ~ nativo ネイティブスピーカー
hablar [アブラル] 他 話す: ~ español muy bien スペイン語をとても上手に話す
◆ 自 話す: ~ con Carmen カルメンと話す. ~ de fútbol サッカーについて話す. ~ a+人 …に話しかける
◆ **~se** ❶ 話し合う. ❷〈表示〉Se habla inglés. ここでは英語が通じます
~ bien (mal) de… …をほめる(けなす)
~ para sí ひとりごとを言う
hacer [アセル] ④① 〈過分〉hecho 他 ❶ 作る: ~ el guisado シチューを作る. ~ una película 映画を制作する. ~ una fortuna 財産を築く
❷ する, 行なう: ¿Qué *haces*? 何をしているの? Quería verla, pero no lo *hice*. 私は彼女に会いたかったがそうしなかった. ~ gimnasia 体操をする. no ~ nada 何もしない
❸ 生じさせる: ~ efecto 効果を現わす
❹ …にする: Yo la *haré* feliz. 彼女を幸せにします. ~ de su hijo un abogado/~ abogado a su hijo 息子を弁護士にする
❺〈使役. +不定詞〉…させる: La *hice* pasar a la sala. 私は彼女を居間に通した. *Hazle* callar. 彼を黙らせなさい
❻〈計算が〉…になる: 2 y 2 *hacen* 4. 2足す2は4
❼〈天候. 単人称〉*Hace* calor. 暑い. *Hace* frío. 寒い. *Hacía* buen tiempo. いい天気だった
❽〈時間. 単人称〉前に; 〈desde+〉…前から; 〈+que+直説法〉…してから…になる, …前

から…している: Mi abuelo murió *hace* tres años./*Hace* tres años *que* murió mi abuelo. 私の祖父は3年前に死んだ/私の祖父が死んで3年たつ. Aquí vivo 〔*desde*〕 *hace* un año./*Hace* un año *que* vivo aquí. 私は1年前からここに住んでいる/私はここに住んで1年になる

◆ 自 ❶ 行なう: *Haz* como quieras. したいようにしなさい

❷〈de 職業・役割を〉つとめる: ~ de abogado 弁護士として働く. ~ de Otelo オテロを演じる

◆ **~se** ❶ 作られる: El flan *se hace* con huevos, leche y azúcar. プリンは卵と牛乳と砂糖で作られる. ❷ …になる: José *se hizo* médico. ホセは医者になった. ~*se* rico 金持ちになる. ❸ …のふりをする: ~*se* el sordo 耳が聞こえないふりをする. ❹〈con を〉自分のものにする: ~*se con* el poder 権力を手に入れる. ❺〈a に〉慣れる: ~*se al* frío 寒さに慣れる

~ *bien* 〈…するのは〉よいことである: *Hiciste bien* en llamarme. 電話してくれてよかった

hacha [アチャ] 囡〈単数冠詞は el・un〔a〕〉斧(ホシ)

hachís [アチス] 男 大麻, ハシッシュ

hacia [アスィア] 前 ❶ …の方へ: El hombre va ~ el parque con un perro. その男は犬を連れて公園の方へ行く

❷〈場所・時〉…のあたりで; …のころに: ~ el mediodía 正午ごろ

hacienda [アスィエンダ] 囡 ❶ 農場, 農園. ❷ 財産. ❸ 財務省〖Ministerio de *H*~〗
~ *pública* 国家財政

hada [アダ] 囡〈単数冠詞は el・un〔a〕〉妖精; cuento de ~ おとぎ話

haga-, hago ⇒hacer 41

haitiano, na [アイティアノ, ナ] 形 名 ハイチ Haití〔人〕の; ハイチ人

hala [アラ] 間 ❶〈激励・催促〉がんばれ/さあ! ❷〈驚き〉わあ! ❸ それでは

halagar [アラガル] 55 他 ❶ …にへつらう, お世辞を言う. ❷ 喜ばせる

halago [アラゴ] 男 へつらい, お世辞

halagüeño, ña [アラグエニョ, ニャ] 形 ❶ へつらいの. ❷ 有望な

halcón [アルコン] 男〈鳥〉ハヤブサ

hálito [アリト] 男 吐く息, 呼気

hallar [アジャル] 他 見つける, 探し当てる: ~ a su amigo en la muchedumbre 人ごみで友人を捜し出す

◆ **~se**〈ある場所・状態に〉いる, ある: ~*se* en Tokio 東京にいる(ある). ~*se* enfermo 病気である

hallazgo [アジャスゴ] 男〈偶然の〉発見

halo [アロ] 男 ❶〈太陽・月の〉暈(ホャ); 光輪. ❷〈写真〉ハレーション

halterofilia [アルテロフィリア] 囡 重量挙げ

hamaca [アマカ] 囡 ハンモック

hambre [アンブレ] 囡〈単数冠詞は el・un〔a〕〉❶ 空腹; 空腹感: tener mucha ~ ひどく腹がへっている

❷ 飢え, 飢饉: aguantar el ~ 飢えをしのぐ
❸ 渇望: tener ~ de justicia 正義を渇望する

hambriento, ta [アンブリエント, タ] 形 飢えた

hambruna [アンブルナ] 囡 飢饉

hamburguesa [アンブルゲサ] 囡 ハンバーガー; ハンバーグステーキ

hamburguesería [アンブルゲセリア] 囡 ハンバーガーショップ

hámster [ハムステル] 男〈動物〉ハムスター

han ⇒haber 40

har- ⇒hacer 41

haragán, na [アラガン, ナ] 形 名 怠け者〔の〕

harapo [アラポ] 男〈主に 複〉ぼろ着, ぼろ切れ

harina [アリナ] 囡 小麦粉〖~ de trigo〗; 粉

hartar [アルタル] 他〈de で〉うんざりさせる; 満腹にする, 飽きるほど食べさせる

◆ **~se** ❶〈de に〉うんざりする, いや気がさす; 飽きるほど…する. ❷ 満腹になる, 飽きるほど食べる: comer hasta ~*se* たらふく食べる

harto, ta [アルト, タ] 形 ❶〈de に〉飽きた: Estoy ~ de oír esta canción. 私はこの歌は聞き飽きた
❷ 満腹になった

has ⇒haber 40

hasta [アスタ] 前 ❶ …まで: 1) José me llevó en taxi ~ la casa. ホセは私を家までタクシーで送ってくれた. estudiar ~ la una 1時まで勉強する. 2)〖que+接続法〗Le esperaré ~ *que* vuelva. 彼が戻るまで私は待っている

❷ …さえ: *H*~ los niños saben quién es. 子供でさえ彼が誰かを知っている
❸〈別れの挨拶〉*H*~ ahora. またあとで. *H*~ luego. また後ほど/また今度. *H*~ mañana. またあした. *H*~ el lunes. また月曜日に. *H*~ la vista. またこの次

hastiar [アスティアル] 33 他 うんざりさせる

◆ **~se**〈de に〉うんざりする, 飽き飽きする

hastío [アスティオ] 男 倦怠感, 退屈

hay, haya- ⇒haber 40

haz [アス] 男 〈複 haces〉 束: ～ de leña たきぎの束
◆ 動詞活用形 ⇨hacer 41

hazaña [アサニャ] 女 偉業, 殊勲

hazmerreír [アスメレイル] 男 嘲笑の的, 笑い者

he¹ ⇨haber 40

he² [エ] ～ *aquí* (*ahí*)... ほら, ここ(そこ)に…がある

hebilla [エビジャ] 女 締め金, バックル

hebra [エブラ] 女 ❶〈針に通す〉糸. ❷ 繊維. ❸〈野菜・肉などの〉繊維, すじ

hebreo, a [エブレオ, ア] 形 名 ヘブライ〔人・語〕の; ヘブライ人, ユダヤ教徒
男 ヘブライ語

hechicero, ra [エチセロ, ラ] 名 呪術師, 魔法使い

hechizar [エチサル] 13 他 ❶ …にまじないをかける. ❷ 魅了する

hechizo [エチソ] 男 ❶ まじない. ❷ 魅了する人(もの)

hecho¹ [エチョ] 男 **事実**; 出来事: el ～ de que+接続法・直説法 …ということ. ～ consumado 既成事実 *de* ～ 実際; 事実上〔の〕

hecho², cha [エチョ, チャ] 形 〈hacer の過分〉❶ **作られた**; 行なわれた: carne muy *hecha* ウェルダンの肉. ❷ 成熟した: hombre ～ 一人前の男
◆ 間 賛成/決めた!
¡Bien ～! よくやった(言った)!
～ *y derecho* 大人の, 一人前の

hechura [エチュラ] 女 ❶ 形状. ❷〈服の〉仕立て; 仕立て上がり

hectárea [エクタレア] 女〈面積の単位〉ヘクタール

heder [エデル] 58 自 ❶ 悪臭を放つ. ❷ うんざりさせる

hediondo, da [エディオンド, ダ] 形 ❶ 悪臭を放つ. ❷ 不快な, わずらわしい

hedor [エドル] 男 悪臭, 腐臭

hegemonía [エヘモニア] 女 覇権, ヘゲモニー

helada¹ [エラダ] 女 霜: Ha caído una ～. 霜が降りた

heladera [エラデラ] 女〈ラ〉冷蔵庫

heladería [エラデリア] 女 アイスクリーム店

helado¹ [エラド] 男 **アイスクリーム**: ～ al corte アイスもなか

helado², da² [エラド, ダ] 形 過分 ❶ 凍った: lago ～ 凍った湖. ❷ ひじょうに冷たい(寒い): agua ～*da* 冷水

helar [エラル] 57 他〈液体を〉凍らせる
自〈気温が〉氷点下になる
◆ ～*se* 凍る, 凍結する. ❷ こごえる

helecho [エレチョ] 男〈植物〉シダ

hélice [エリセ] 女 ❶ プロペラ, スクリュー: avión de ～ プロペラ機. ❷ らせん

helicóptero [エリコプテロ] 男 ヘリコプター

hembra [エンブラ] 女 ❶ 雌, 女性. ❷ 雌ねじ, ナット

hemisferio [エミスフェリオ] 男 半球: ～ norte (sur) 北(南)半球

hemorragia [エモらヒア] 女 出血: ～ cerebral 脳出血

hemorroides [エモろイデス] 女複〈医学〉痔(ぢ)

hemos ⇨haber 40

hendidura [エンディドゥラ] 女 割れ目, 裂け目, 亀裂

heno [エノ] 男 干し草, まぐさ

hepático, ca [エパティコ, カ] 形 肝臓の

hepatitis [エパティティス] 女〈医学〉肝炎

herbicida [エルビスィダ] 男 除草剤

hercio [エルスィオ] 男〈周波数の単位〉ヘルツ

heredad [エレダ] 女 所有地, 地所

heredar [エレダル] 他 相続する; 継承する: Ha heredado una fortuna de sus padres. 彼は親から一財産相続した
◆ ～*se* 遺伝する

heredero, ra [エレデロ, ラ] 形 相続する, 後を継ぐ: príncipe ～ 皇太子
◆ 名 相続人, 後継者

hereditario, ria [エレディタリオ, リア] 形 ❶ 世襲の, 相続の. ❷ 遺伝性の

hereje [エレへ] 名〈宗教〉異端者

herencia [エレンスィア] 女 ❶ 相続. ❷ 遺産, 相続財産: dejar una ～ 遺産を残す. ❸ 遺伝

herida¹ [エリダ] 女 **傷, けが**: Se hizo una ～ en la pierna. 彼は足にけがをした. ～ leve (grave) 軽傷(重傷)

herido, da² [エリド, ダ] 形 過分 傷ついた, 負傷した: Cinco personas resultaron ～*das* en el accidente. その事故で5名が負傷した. sentirse ～ 精神的に傷つく, 感情を害する
◆ 名 負傷者

herir [エリル] 77 他 傷つける, 負傷させる: El cristal le *hirió* en la cabeza. 彼はガラスで頭を切った
◆ ～*se* 傷を負う, けがをする

hermanastro, tra [エルマナストロ, トラ] 名 異父(異母)の兄弟(姉妹)

hermandad [エルマンダ] 女 兄弟愛, 友愛

hermano, na [エルマノ, ナ] 名 ❶ **兄, 弟; 姉, 妹**: Tengo tres ～*s*. 私は4人兄弟だ.

hermético, ca [エルメティコ, カ] 形 密封した, 密閉した

hermoso, sa [エルモソ, サ] 形 美しい, きれいな: paisaje 〜 美しい景観. un día 〜 好天の一日

hermosura [エルモスラ] 女 美しさ, 美: 〜 de las calles 都市の景観

hernia [エルニア] 女 〈医学〉ヘルニア

héroe [エロエ] 男 ❶ 英雄, 勇士
❷ 主人公

heroico, ca [エロイコ, カ] 形 英雄的な, 勇ましい

heroína [エロイナ] 女 ❶ 女性の英雄; 女主人公, ヒロイン. ❷ ヘロイン

heroísmo [エロイスモ] 男 英雄的な行為(精神)

herradura [エラドゥラ] 女 蹄鉄: de 〜 馬蹄形の

herramienta [エラミエンタ] 女 工具: 〜s de carpintero 大工道具

herrero, ra [エレロ, ラ] 名 鍛冶(かじ)屋

herrumbre [エルンブレ] 女 錆(さび)

hervidero [エルビデロ] 男〈人・物が〉ひしめく場所

hervir [エルビル] 77 自 ❶ 沸騰する, 煮立つ: El agua *hierve*. 湯が沸く. ❷〈de で〉一杯である, ひしめく
◆ 他 沸かす; ゆでる

hervor [エルボル] 男 沸騰

heterodoxo, xa [エテロド(ク)ソ, サ] 形 名 異端的; 異端者

hez [エス] 女〈複 heces〉〈ワインなどの〉おり, かす

hice, hici- ⇨**hacer** 41

hidratante [イドラタンテ] 形 crema 〜〈化粧〉モイスチャークリーム

hidráulico, ca [イドラウリコ, カ] 形 水力の: energía 〜ca 水力

hídrico, ca [イドリコ, カ] 形 水の: recursos 〜s 水資源

hidroeléctrico, ca [イドロエレクトリコ, カ] 形 水力電気の: central 〜 水力発電所

hidrofobia [イドロフォビア] 女 ❶ 狂犬病. ❷ 水に対する恐怖心

hidrógeno [イドロヘノ] 男〈元素〉水素

hiel [イエル] 女 ❶ 胆汁〖=bilis〗. ❷ 苦しさ, 悲痛

hielo [イエロ] 男 氷: 〜s flotantes 流氷. 〜 seco ドライアイス

hiena [イエナ] 女〈動物〉ハイエナ

hierba [イエルバ] 女 ❶ 草: malas 〜s 雑草
❷〈料理〉ハーブ: a las 〜s 香草風味の

hierbabuena [イエルバブエナ] 女〈植物〉ハッカ

hierro [イエロ] 男 鉄: puerta de 〜 鉄のとびら
de 〜 がんじょうな: tener una salud *de* 〜 ひじょうに健康である

higadillo [イガディジョ] 男〈料理〉〈鶏などの〉レバー

hígado [イガド] 男 肝臓;〈料理〉レバー

higiene [イヒエネ] 女 衛生; 衛生学

higiénico, ca [イヒエニコ, カ] 形 衛生的な: papel 〜 トイレットペーパー

higo [イゴ] 男〈果実〉イチジク

higuera [イゲラ] 女〈イチジクの木

hijastro, tra [イハストロ, トラ] 名 義理の息子(娘), 継子

hijo, ja [イホ, ハ] 名 息子, 娘: Ellos tienen dos 〜s y una *hija*. 彼らには息子が2人と娘が1人いる. el 〜 mayor (menor) 長男(末っ子)
〜 *de papá* 道楽息子
〜 *de puta*〈俗語〉〈ののしり〉このやろう

hilar [イラル] 他 紡ぐ
〜 *fino* 細心の注意を払う

hilera [イレラ] 女 連なり; 列: 〜 de árboles 並木

hilo [イロ] 男 ❶ 糸: 〜 de coser 縫い糸
❷〈電気〉線: 〜 telefónico 電話線
con un 〜 *de voz* か細い声で
perder el 〜 話の筋道がわからなくなる

hilvanar [イルバナル] 他 ❶ 仮縫いする. ❷ ざっとしたくする. ❸〈語句などを〉つぎはぎする

himno [イムノ] 男 ❶ 賛歌: 〜 nacional 国歌. ❷ 賛美歌

hincapié [インカピエ] *hacer* 〜 *en...* …を言い張る

hincar [インカル] 73 他 打ち込む, 突き立てる
〜*se de rodillas* ひざまずく

hincha [インチャ] 名〈スポーツチームの〉熱狂的なファン, サポーター

hinchada¹ [インチャダ] 女〈集合的に〉ファン, サポーター

hinchado, da² [インチャド, ダ] 形 ❶ 過ぎふくらんだ; 腫(は)れた: cara 〜*da* 腫れた(むくんだ)顔

hinchar [インチャル] 他 ❶ ふくらます. ❷ 誇張する
◆ 〜*se* ❶ ふくらむ; 腫(は)れる, むくむ. ❷ 思い上がる

hinchazón [インチャソン] 女 腫(は)れ, むく

hindú [インドゥ] 形 ❶ インドの: música ~ インド音楽. ❷ ヒンズー教の
◆ 名 ヒンズー教徒

hipar [イパル] 自 しゃっくりをする

hipermercado [イペルメルカド] 男 大型スーパーマーケット

hipermétrope [イペルメトロペ] 形 名 遠視の〔人〕

hipermetropía [イペルメトロピア] 女〈医学〉遠視

hipersensibilidad [イペルセンシビリダ] 女〈医学〉過敏症

hipersensible [イペルセンシブレ] 形 過敏症の

hipertensión [イペルテンシオン] 女〈医学〉高血圧

hipertenso, sa [イペルテンソ, サ] 形 名 高血圧症の〔人〕

hípico, ca [イピコ, カ] 形 馬の; 馬術の
◆ 女〈集合的に〉馬術競技

hipnosis [イプノシス] 女 催眠状態

hipnótico, ca [イプノティコ, カ] 形 催眠〔状態〕の
◆ 男 睡眠薬

hipnotismo [イプノティスモ] 男 催眠術

hipnotizar [イプノティサル] 13 他 …に催眠術をかける

hipo [イポ] 男 しゃっくり: tener ~ しゃっくりをする

hipocresía [イポクレシア] 女 偽善

hipócrita [イポクリタ] 形 名 偽善的な, うわべだけの; 偽善者

hipódromo [イポドロモ] 男 競馬場

hipopótamo [イポポタモ] 男〈動物〉カバ

hipoteca [イポテカ] 女 抵当〔権〕, 担保: prestar dinero sobre ~ 担保を取って金を貸す

hipotecar [イポテカル] 73 他 担保に入れる

hipotecario, ria [イポテカリオ, リア] 形 抵当権の: préstamo ~ 抵当貸し

hipotensión [イポテンシオン] 女〈医学〉低血圧

hipótesis [イポテシス] 女〈単複同形〉仮説, 仮定; 憶測

hiriente [イリエンテ] 形 感情を害する, 傷つける

hispánico, ca [イスパニコ, カ] 形 名 スペイン語圏の〔人〕, スペイン系の〔人〕

hispanista [イスパニスタ] 名 スペイン〔語・文学・文化〕研究者

hispano, na [イスパノ, ナ] 形 名 スペイン〔系〕の〔人〕

hispanoamericano, na [イスパノアメリカノ, ナ] 形 名 スペイン系アメリカ Hispanoamérica〔人〕の; スペイン系アメリカ人

hispanohablante [イスパノアブランテ] 形 名 スペイン語を話す(母国語とする)〔人〕

histeria [イステリア] 女 ⇨ histerismo

histérico, ca [イステリコ, カ] 形 名 ヒステリーの〔患者〕: ponerse ~ ヒステリックになる

histerismo [イステリスモ] 男〈医学〉ヒステリー

historia [イストリア] 女 ❶ 歴史: estudiar la ~ de Japón 日本史を学ぶ. ~ de la literatura 文学史 ❷ 沿革, 来歴: ~ personal 経歴. ~ clínica 医療記録, 病歴 ❸ 話, 物語: contar una ~ お話をする. ~ de un amor 愛の物語 ❹ 複 作り話
~ *natural* 博物学
pasar a la ~ 歴史に残る; 過去のものとなる

historiador, ra [イストリアドル, ラ] 名 歴史家, 歴史学者

historial [イストリアル] 男 履歴, 経歴: ~ profesional 職歴

histórico, ca [イストリコ, カ] 形 歴史的な, 歴史上の: monumento ~ 歴史的建造物. novela ~*ca* 歴史小説

historieta [イストリエタ] 女 ❶ 漫画. ❷ 短い話

hito [イト] 男 ❶ 境界標; 里程標. ❷ 画期的な出来事
mirar de ~ *en* ~ じっと見つめる

hizo ⇨ **hacer**

hocico [オシコ] 男 ❶〈動物の〉鼻口部, 鼻面(ぽろ). ❷〈軽蔑的に. 人の〉顔

hockey [ホケイ] 男 ホッケー: ~ sobre hielo アイスホッケー. ~ sobre patines ローラーホッケー

hogar [オガル] 男 ❶ 家庭, 家: tener un ~ 家庭を持つ; 家庭がある ❷ 炉, かまど

hogareño, ña [オガレニョ, ニャ] 形 家庭の, 家庭的な: ambiente ~ 家庭的な雰囲気

hoguera [オゲラ] 女 たき火

hoja [オハ] 女 ❶ 葉: ~s caídas 落ち葉 ❷ 薄片; 紙片; 本のページ: una ~ de papel 1枚の紙. pasar ~ ページをめくる ❸ 刃: ~ de afeitar 安全かみそりの刃

hojalata [オハラタ] 女 ブリキ

hojaldre [オハルドレ] 男〈料理〉パイ生地

hojear [オヘアル] 他〈本・新聞などの〉ページをめくる

hola [オラ] 間〈呼びかけ〉やあ!: *¡H~!* *¿Qué tal?* やあ! 元気?

Holanda [オランダ] 女 オランダ

holandés, sa [オランデス, サ] 形 名 オランダ(人・語)の; オランダ人
◆ 男 オランダ語

holgado, da [オルガド, ダ] 形 ❶〈服などが〉ゆったりした. ❷〈時間・金などが〉ゆとりのある

holgazán, na [オルガサン, ナ] 形 名 怠け者(の)

holgura [オルグラ] 女 ❶ ゆとり, 余裕. ❷〈機械の〉あそび

hollín [オジン] 男 煤(すす)

hombre [オンブレ] 男 ❶ 男: Es un ~ alegre. 彼は陽気な男だ
❷〈一般に〉人間, 人: El ~ es mortal. 人間は死ぬものだ. buen ~ 善人
◆ 間〈喜び・疑い・驚き〉まあ!/おや!/何だって?

hombrera [オンブレラ] 女 ❶〈服飾〉肩パッド. ❷ 肩章

hombro [オンブロ] 男 肩: cargar sobre (en) los ~s 肩にかつぐ. con la cámara al ~ カメラを肩にかけて

hombruno, na [オンブルノ, ナ] 形 男のような

homenaje [オメナヘ] 男 ❶ 敬意, 賞賛: rendir ~ a+人 …に敬意を表する, ほめたたえる. en ~ a... …に敬意を表して, …をたたえる. ❷ 表彰式

homicida [オミスィダ] 形 人殺しの: arma ~ 凶器
◆ 名 殺人者, 殺人犯

homicidio [オミスィディオ] 男 殺人

homosexual [オモセ(ク)スアル] 形 名 同性愛の; 同性愛者

homosexualidad [オモセ(ク)スアリダ] 女 同性愛

hondo, da [オンド, ダ] 形 深い: lo ~ 深い所, 奥底

Honduras [オンドゥラス] 男 ホンジュラス

hondureño, ña [オンドゥレニョ, ニャ] 形 名 ホンジュラス(人)の; ホンジュラス人

honestidad [オネスティダ] 女 実直さ, 清廉

honesto, ta [オネスト, タ] 形 ❶ 実直な, 清廉な. ❷〈女性が〉慎み深い

hongo [オンゴ] 男 キノコ: ~ venenoso 毒キノコ

honor [オノル] 男 ❶ 名誉, 体面; 栄誉: hombre de ~ 名誉を重んじる人
❷ 複〈名誉ある〉地位
en ~ de+人 …に敬意を表して: organizar un banquete en ~ del embajador 大使に敬意を表して晩餐会を開く
palabra de ~ 1) 誓言. 2) 名誉にかけて

honorable [オノラブレ] 形 尊敬に値する, 名誉ある

honorario, ria [オノラリオ, リア] 形 肩書きだけの, 名誉職の
◆ 男 複〈弁護士などへの〉謝礼金

honorífico, ca [オノリフィコ, カ] 形 肩書きだけの, 名誉職の: presidente ~ 名誉会長

honra [オンラ] 女 ❶ 面目, 体面: en defensa de ~ 体面を守って
❷ 栄誉, 誇り: tener... a mucha ~ …を名誉に思う

honradez [オンラデス] 女 誠実, 正直

honrado, da [オンラド, ダ] 形 過分 正直な, 誠実な: Es un hombre ~ y trabajador. 彼は正直で働き者だ

honrar [オンラル] 他 …に名誉を与える
◆ ~se〈con+事, de+不定詞〉…を名誉とする, 光栄に思う

honroso, sa [オンろソ, サ] 形 名誉ある, 立派な

hora [オラ] 女 時間; 時刻: ¿Qué ~ es? 何時ですか? ¿A qué ~ empieza la clase? 授業は何時から始まりますか? Ya es ~ de ir a la cama. もう寝る時間だよ. a la ~ de recreo 遊び時間に, 休憩時間に. ~s de trabajo 勤務時間
¡A buena ~...! 今さら…しても遅すぎる!
a estas ~s 今ごろは; こんな時刻に
a la ~ 時間どおりに
a última ~ 最後の瞬間に; 期限ぎりぎりに
dar la ~〈時計が〉時を打つ
entre ~s 食間に: comer entre ~s 間食する
~ pico 〈ラ〉=~ punta
~ punta ラッシュアワー
la ~ de la verdad 決定的瞬間, いざという時
las ~s muertas 〈一つのことに費やす〉長い時間: pasar las ~s muertas jugando con los videojuegos 時のたつのも忘れてテレビゲームにふける
media ~ 30分, 半時間: El tren sale dentro de media ~. 列車は30分後に出発する
poner en ~ el reloj 時計の針を合わせる
por ~ 1時間につき
por ~s 時間ぎめで: trabajar por ~s 時間給(パートタイム)で働く
un cuarto de ~ 15分: Ha pasado un cuarto de ~. 15分たった

horadar [オラダル] 他〈所々に〉穴を開ける

horario[1] [オラリオ] 男 時間割; 時刻表

horario, ria[2] [オラリオ, リア] 形 時間の: señal ~ria 時報

horca [オルカ] 女 ❶〈農業〉フォーク. ❷ 絞

首台
horcajadas [オルカハダス] *a* ～ またがって
horchata [オルチャタ] 囡 アーモンド水〖清涼飲料〗
horizontal [オリソンタル] 形 水平の、横の
horizonte [オリソンテ] 男 ❶ 地平線、水平線: El sol aparece (se pierde) en el ～. 太陽が地平線(水平線)に現われる(沈む) ❷ 領域、視野 ❸ 将来性、先行き
hormiga [オルミガ] 囡 アリ(蟻): ～ blanca シロアリ. ～ león ウスバカゲロウ; アリジゴク
hormigón [オルミゴン] 男 コンクリート: ～ armado 鉄筋コンクリート
hormigonera [オルミゴネラ] 囡 コンクリートミキサー
hormiguero [オルミゲロ] 男 ❶ アリの巣. ❷ 雑踏
hormona [オルモナ] 囡 ホルモン: ～ masculina (femenina) 男性(女性)ホルモン
hornillo [オルニジョ] 男 こんろ、レンジ
horno [オルノ] 男 ❶ オーブン、天火: patatas al ～ ジャガイモのオーブン焼き ❷ かまど、炉: alto ～ 溶鉱炉、高炉
horóscopo [オロスコポ] 男 星占い、占星術
horquilla [オルキジャ] 囡〈化粧〉ヘアピン
horrendo, da [オレンド, ダ] 形 恐ろしい
horrible [オリブレ] 形 ❶ 恐ろしい: sueño ～ 怖い夢 ❷ ひどい: ～ dolor ひどい痛み
horripilante [オリピランテ] 形 身の毛のよだつような、ぞっとする
horror [オロル] 男 ❶ 恐怖: escena del ～ 怖い場面 ❷ 嫌悪: ¡Qué ～! 何てひどい!
horrorizar [オロリサル] 13 他 ぞっとさせる
◆ ～se ぞっとする
horroroso, sa [オロロソ, サ] 形 ❶ 恐ろしい、身の毛のよだつ. ❷ ひどい
hortaliza [オルタリサ] 囡〈主に 複〉野菜: exportar ～s 野菜を輸出する
hortera [オルテラ] 名〈服装などの〉趣味の悪い人
horticultura [オルティクルトゥラ] 囡 野菜栽培、園芸
hosco, ca [オスコ, カ] 形 無愛想な、とっつきにくい
hospedaje [オスペダヘ] 男 ❶ 宿泊場所. ❷ 宿泊
hospedar [オスペダル] 他 泊める、滞在させる
◆ ～se 泊まる、滞在する
hospital [オスピタル] 男 病院: ingresar en un ～ 入院する. salir del ～ 退院する
hospitalario, ria [オスピタラリオ, リア] 形 ❶ 温かく迎える、手厚くもてなす. ❷ 病院の
hospitalidad [オスピタリダ] 囡 手厚いもてなし
hospitalizar [オスピタリサル] 13 他 入院させる
hostal [オスタル] 男〈hotel より等級の低い〉小ホテル
hostelería [オステレリア] 囡 ホテル業
hostia [オスティア] 囡〈キリスト教〉ホスチア、聖体のパン
hostigar [オスティガル] 55 他 悩ます、つきまとう
hostil [オスティル] 形 敵意のある、敵対する
hostilidad [オスティリダ] 囡 敵意: sentir ～ contra+人 …に敵意を抱く
hotel [オテル] 男 ホテル: ～ residencia 素泊まり用のホテル
hotelero, ra [オテレロ, ラ] 形 名 ホテルの; ホテル経営者
hoy [オイ] 副 ❶ きょう、今日: Salgo ～. 私はきょう出発します. ¿A cuántos estamos ～? きょうは何日ですか? *Hoy* es domingo. きょうは日曜です.
❷ 現在: los jóvenes de ～ 今どき(近ごろ)の若者
～ *en día/*～ *día* 今日(にち)では、当節
hoyo [オジョ] 男 ❶〈地面の〉穴、くぼみ. ❷〈ゴルフ〉ホール
hoyuelo [オジュエロ] 男 えくぼ
hoz [オス] 囡〈複 ho*ces*〉鎌
hub- ⇨**haber** 40
hucha [ウチャ] 囡 貯金箱
hueco¹ [ウエコ] 男 くぼみ、空洞
hueco², ca [ウエコ, カ] 形 中空の、からの: árbol ～ 空洞になった木. sonido ～ うつろな音
huel- ⇨**oler** 53
huelga [ウエルガ] 囡 ストライキ: entrar en ～ ストに入る. ～ de hambre ハンガーストライキ. ～ general ゼネスト
huelguista [ウエルギスタ] 名 ストライキ参加者
huella [ウエジャ] 囡 ❶ 足跡: dejar ～s en la arena 砂の上に足跡を残す. ❷ 跡: ～ dactilar/～ digital 指紋
huérfano, na [ウエルファノ, ナ] 形 名 孤児(の)
huerta [ウエルタ] 囡 野菜畑、果樹園
huerto [ウエルト] 男〈小さな〉菜園、果樹園
hueso [ウエソ] 男 ❶ 骨: ～ de la cadera 腰の骨
❷〈桃などの〉種: ～ de aceituna オリーブの

種
calarse (mojarse) hasta los ~s 全身ずぶ濡れになる

huésped, da [ウエスペ, ダ] 名 ❶ 宿泊客. ❷ 下宿人: *casa de ~es* 下宿屋

huesudo, da [ウエスド, ダ] 形 骨太の, 骨ばった

hueva [ウエバ] 女〈魚の〉卵

huevo [ウエボ] 男 卵;〈特に〉鶏卵: *poner un ~* 卵を産む. *~ duro* 固ゆで卵. *~ pasado por agua* 半熟卵. *~ escalfado* ポーチドエッグ. *~ frito* 目玉焼き. *~ revuelto* スクランブルエッグ

huida [ウイダ] 女 逃亡, 逃走, 脱走: *~ de la realidad* 現実逃避

huir [ウイル] 42 自〈de から〉逃げる: *~ de la cárcel* 脱獄する
◆ 他 避ける: *Siempre me huye.* 彼はいつも私を避けている

hule [ウレ] 男 ❶ 防水布, オイルクロス. ❷〈ラ〉ゴム〖=goma〗

humanidad [ウマニダ] 女 ❶ 人類. ❷ 人間性. ❸ 人間味, 人情

humanitario, ria [ウマニタリオ, リア] 形 人道主義的な;人情のある

humano, na [ウマノ, ナ] 形 ❶ 人間の: *cuerpo ~* 人体. *letras ~nas* 人文科学. *ser ~* 人間
❷ 人間的な, 人間らしい: *tratamiento ~* 人道的な扱い
◆ 男 人間

humareda [ウマレダ] 女 もうもうたる煙

humedad [ウメダ] 女 湿り気;湿度: *Hay ~.* 湿気がある

humedecer [ウメデセル] 20 他 湿らせる, 軽くぬらす
◆ ~se 湿る

húmedo, da [ウメド, ダ] 形 湿った, じめじめした: *Hace un calor ~.* 蒸し暑い. *país ~* 湿度の高い国, 雨の多い国

humildad [ウミルダ] 女 ❶ 謙虚, 卑下: *con ~* へり下って. ❷ 卑しさ, 身分の低さ

humilde [ウミルデ] 形 ❶ 慎ましい, 謙虚な: *familia ~ y trabajadora* 慎ましく働き者の家族
❷ 卑しい, 身分の低い: *ser de origen ~* 低い身分の出である
❸ 質素な, 粗末な

humillación [ウミジャスィオン] 女 屈辱;侮辱

humillante [ウミジャンテ] 形 屈辱的な;侮辱的な

humillar [ウミジャル] 他 …に屈辱を与える, …の面目を失わせる
◆ ~se ❶ へり下る. ❷ 屈服する

humo [ウモ] 男 ❶ 煙: *echar ~* 煙を吐く
❷ 蒸気, 湯気
❸ 複 うぬぼれ
subírsele a+人 los ~s a la cabeza …が高慢になる

humor [ウモル] 男 ❶ 機嫌, 気分: *estar de buen ~* 機嫌がいい. *ponerse de mal ~* 不機嫌になる
❷ ユーモア: *sentido del ~* ユーモアのセンス. *~ negro* ブラックユーモア
estar de un ~ de perros ひじょうに機嫌が悪い

humorismo [ウモリスモ] 男 ユーモア

humorista [ウモリスタ] 名 ユーモア〔のセンス〕のある人;ユーモア作家

humorístico, ca [ウモリスティコ, カ] 形 ユーモラスな: *novela ~ca* ユーモア小説

hundimiento [ウンディミエント] 男 沈没, 沈下, 陥没;倒壊

hundir [ウンディル] 他 ❶ 沈める: *~ un barco* 船を沈没させる(撃沈する). ❷〈地面を〉沈下(陥没)させる. ❸〈建物を〉倒壊させる. ❹〈人を〉打ちのめす
◆ ~se 沈む;沈下する;倒壊する

húngaro, ra [ウンガロ, ラ] 形 名 ハンガリー *Hungría*〔人・語〕の;ハンガリー人
◆ 男 ハンガリー語

huracán [ウラカン] 男 複 *huracanes* 大暴風, ハリケーン

huraño, ña [ウラニョ, ニャ] 形 人嫌いの, 非社交的な

hurgar [ウルガル] 55 他 自 ❶〈en を〉かき回す: *~ en un bolso* ハンドバッグの中をかき回す. ❷ 詮索する, かぎ回る
◆ ~se〈自分の…を〉: *~se las narices* 鼻をほじくる

hurón [ウロン] 男〈動物〉フェレット

hurtadillas [ウルタディジャス] *a ~* こっそりと

hurtar [ウルタル] 他 こっそり盗む, くすねる

hurto [ウルト] 男 盗み

husmear [ウスメアル] 自 他 ❶ においをかぐ. ❷ 詮索する, かぎ回る

huy [ウイ] 間 ❶〈驚き〉あら/まあ! ❷〈苦痛〉いてっ!

I, i [イ]

i- ⇨ **in-**
iba- ⇨ **ir** 43
ibérico, ca [イベリコ, カ] 形 イベリア Iberia の: Península *I~ca* イベリア半島
iberoamericano, na [イベロアメリカノ, ナ] 形 名 中南米 Iberoamérica の(人)
iceberg [イセベル] 男 氷山: la punta del ~ 氷山の一角
icono [イコノ] 男 ❶ 〈キリスト教〉イコン, 聖像, 聖画. ❷ 〈情報〉アイコン
iconoclasta [イコノクラスタ] 形 名 聖像(偶像)破壊の(破壊者); 旧習打破の(主義者)
ictericia [イクテリスィア] 女 〈医学〉黄疸(おうだん)
ida[1] [イダ] 女 ❶ 行くこと. ❷ 行き, 往路 *~ y vuelta* 行きと帰り, 往復: *billete de ~ y vuelta* 往復切符
idea [イデア] 女 ❶ 考え, 意図, 計画: *tener ~ de viajar por España* スペインを旅行するつもりである. *cambiar de ~* 考えを変える
❷ アイディア, 思いつき: *Es una buena ~.* 名案だ. *Se me ocurre una ~.* いいことを思いついた
❸ 意見, 見解; 見当, 判断: *¿Qué ~ tienes de Japón?* 日本をどう思う? *No tengo la menor ~ de mi futuro.* 私は自分の将来についてまったく見当がつかない
❹ 概念; 観念, 理念: *~ fija* 固定観念
❺ 複 思想: *~s políticas* 政治思想
hacerse a la ~ de... …という考えを受け入れる
mala ~ 悪意; 意地の悪さ
¡Ni ~! さっぱりわからない
ideal [イデアル] 形 ❶ 理想的な, 完璧な: *mujer ~* 理想の女性. *lugar ~ para veranear* 避暑にもってこいの場所
❷ 観念的な, 空想上の: *mundo ~* 空想の世界
◆ 男 理想: *realizar su ~* 理想を実現する
idealismo [イデアリスモ] 男 観念論; 理想主義
idealista [イデアリスタ] 形 名 観念論的な, 観念論者; 理想主義的な, 理想主義者
idealizar [イデアリサル] 13 他 理想化する
idear [イデアル] 他 ❶ 考えつく, 考え出す: *~ un nuevo método* 新しい方法を考案する
ídem [イデン] 副 同上; 同様に
idéntico, ca [イデンティコ, カ] 形 〈a と〉❶ 同じの. ❷ よく似た

identidad [イデンティダ] 女 ❶ 本人であること, 身元: *carné de ~* 身分証明書. ❷ 同一性, 一致; アイデンティティ
identificación [イデンティフィカスィオン] 女 ❶ 識別, 鑑識. ❷ 同一視
identificar [イデンティフィカル] 73 他 ❶ 識別する, 特定する; 〈身元を〉確認する: *~ a una víctima* 被害者の身元を割り出す. ❷ 同一視する
◆ **~se** 〈con に〉❶ 賛成(同意見)である; 一体感を持つ. ❷ 自分の身分を証明する
ideología [イデオロヒア] 女 イデオロギー
ideológico, ca [イデオロヒコ, カ] 形 イデオロギーの
idílico, ca [イディリコ, カ] 形 牧歌的な, のどかな
idioma [イディオマ] 男 言語: *¿Qué ~s habla él?* 彼は何語が話せますか? *¿Cuántos ~s habla usted?* あなたは何か国語が話せますか? *~ español* スペイン語
idiota [イディオタ] 形 名 愚かな, ばかな; 愚か者, ばか者: *¡No seas ~!* ばかなまねはやめろ!
idiotez [イディオテス] 女 複 idiote*ces* 愚かさ, 愚かな言動
ido, da[2] [イド, ダ] ir の 過分
ídolo [イドロ] 男 ❶ 偶像. ❷ アイドル
idóneo, a [イドネオ, ア] 形 〈para に〉適した, ふさわしい
iglesia [イグレシア] 女 教会: *ir a la ~* 教会に行く. *casarse por la ~* 〈役所でなく〉教会で結婚式をあげる. *I~ católica* カトリック教会
ignominia [イグノミニア] 女 不名誉, 屈辱
ignorancia [イグノランスィア] 女 無知, 無学
ignorante [イグノランテ] 形 無知な; 〈de を〉知らない
◆ 名 無知な人, 無学な人
ignorar [イグノラル] 他 ❶ 知らない, 知らないでいる. ❷ 無視する
igual [イグアル] 形 ❶ 〈que・a と〉等しい, 同じ; 同様の: *Tu cámara es ~ que la mía.* 君のカメラは僕のと同じだ. *El enfermo sigue ~.* 病人に変わりはない
❷ 対等の, 平等な
❸ 一様な, むらのない; 平らな: *terreno ~* 平らな地面
◆ 副 ❶ 〈que と〉同様に: *Haré ~ que tú.*

私は君と同じようにしよう. ❷ たぶん
◆ 男 複 同点
al ~ que... …と同様に
dar ~ que どうでもよい, 大したことはない: Me da ~ ir o no ir. 私は行っても行かなくてもどちらでもいい
de ~ a ~ 対等に
¡Es ~! 〈謝る相手に対し〉かまいません
por ~ 一様に; 区別なく
sin ~ 比類のない

igualar [イグアラル] 他 ❶ 等しくする; 平等にする. ❷ …に匹敵する. ❸ 平らにする, ならす
◆ 自 〈a+点数〉同点になる
◆ ~**se** 等しくなる, 同等になる

igualmente [イグアルメンテ] 副 ❶ 均等に, 平等に; 同様に, 同様に. ❷ 〈挨拶〉あなたも…; こちらこそ: ¡Que se divierta!—I~. 楽しんできてください.—あなたも

igualdad [イグアルダ] 女 ❶ 平等: ~ de oportunidades 機会均等. ❷ 同等, 等しさ

iguana [イグアナ] 女 〈動〉イグアナ

ilegal [イレガル] 形 不法の, 違法の; 不当な: acto ~ 違法行為. inmigrante ~ 不法滞在者

ilegalidad [イレガリダ] 女 不法〔行為〕, 違法〔性〕

ilegible [イレヒブレ] 形 判読できない, 読みづらい

ilegítimo, ma [イレヒティモ, マ] 形 ❶ 正当な結婚によらない: hijo ~ 私生児, 非嫡出子. ❷ 不法の, 不当な

ileso, sa [イレソ, サ] 形 無傷な

ilícito, ta [イリスィト, タ] 形 不法な, 違法の; 非道徳な: mantener relaciones ~*tas* con+人 …と不倫な関係をもつ

ilimitado, da [イリミタド, ダ] 形 無限の, 無制限の

ilógico, ca [イロヒコ, カ] 形 非論理的な, 理屈に合わない

iluminación [イルミナスィオン] 女 照明; 複 イルミネーション

iluminar [イルミナル] 他 ❶ 照らす, 照明する, イルミネーションで飾る: ~ la fuente 噴水に照明を当てる. ❷ 啓発する; …にわからせる
◆ ~**se** 〈顔・目が〉輝く: Se le *iluminó* la cara de alegría. 彼は喜びに顔を輝かせた

ilusión [イルスィオン] 女 ❶ **錯覚**, 幻覚: ~ óptica 目の錯覚
❷ 幻想, 夢: tener ~ por... …に夢を抱く
❸ 期待, 希望; 満足, 喜び: con ~ 期待して. ¡Qué ~ verte aquí! ここで君に会えるなんてうれしいな!
hacer a+人 ~ …に夢を与える, 喜ばせる: Me *hace* mucha ~ el viaje por España. 私はスペイン旅行が待ち遠しい
hacerse ilusiones 幻想を抱く; 期待しすぎる

ilusionar [イルスィオナル] 他 …に幻想を抱かせる
◆ ~**se** 〈con に〉幻想を抱く

ilusionista [イルスィオニスタ] 名 手品師

ilusorio, ria [イルソリオ, リア] 形 見せかけの, むなしい

ilustración [イルストラスィオン] 女 ❶ さし絵, イラスト; 図版, 写真: texto con *ilustraciones* 図解入りのテキスト. ❷ 説明, 例証. ❸ 〈la I~〉啓蒙運動

ilustrado, da [イルストラド, ダ] 形 過分 ❶ さし絵(図版・写真)入りの. ❷ 学識のある, 教養豊かな

ilustrador, ra [イルストラドル, ラ] 名 イラストレーター, さし絵画家

ilustrar [イルストラル] 他 ❶ …にさし絵(イラスト・写真)を入れる. ❷ 例証する, 説明する. ❸ 啓発する, 啓蒙する
◆ ~**se** 知識を得る

ilustre [イルストレ] 形 著名な, 名高い

im- ⇨**in-**

imagen [イマヘン] 女 ❶ 像, 映像, 画像: ~ reflejada en el espejo 鏡に映った像. derecho a la propia ~ 肖像権
❷ イメージ: guardar la ~ de+人 …の面影を抱き続ける. cambio de ~ イメージチェンジ
❸ 聖像, 聖画: ~ de Cristo キリスト像

imaginación [イマヒナスィオン] 女 ❶ 想像; 想像力: tener mucha ~ 想像力が豊かである
❷ 空想: Eso son las *imaginaciones* tuyas. それは君の妄想だ

imaginar [イマヒナル] 他 ❶ 想像する: ~ su futura esposa 未来の妻を思い描く
❷ 思う, 考える
◆ ~**se** 想像する: Me imagino su tristeza. 彼の悲しみは想像がつく
¡Imagínate! 考えてもごらん

imaginario, ria [イマヒナリオ, リア] 形 想像上の, 架空の

imaginativo, va [イマヒナティボ, バ] 形 想像力豊かな; 想像の

imán [イマン] 男 〈複 imanes〉磁石

imbécil [インベスィル] 形 名 愚かな, ばかな; 愚か者, ばか者: ¡No seas ~! ばかなことをするな(言うな)

imborrable [インボラブレ] 形 消えない; 忘れられない

imitación [イミタスィオン] 女 ❶ 模造品; 模造: vender bolsos de ~ a famosos 有

名品の模造バッグを売る. ❷ 模倣作品；模倣, まね

imitar [イミタル] 他 ❶ 模造する. ❷ 模倣する, まねる

impaciencia [インパスィエンスィア] 女 ❶ 忍耐力のなさ, いらだち, 焦燥：esperar con ～ じりじりしながら待つ

impacientar [インパスィエンタル] 他 もどかしがらせる, いらいらさせる
◆ ～se 〈por・con に〉我慢できなくなる, いらだつ

impaciente [インパスィエンテ] 形 ❶ 忍耐力のない, 短気な. ❷ 〈con・de・por で〉いらいらした：estar ～ por+不定詞 …したくてうずうずしている

impacto [インパクト] 男 衝撃, インパクト：causar un ～ 衝撃を与える

impar [インパル] 形 奇数の
◆ 男 奇数

imparcial [インパルスィアル] 形 公平な, 不偏不党の

imparcialidad [インパルスィアリダ] 女 公平, 公正, 不偏不党

impartir [インパルティル] 他 ❶ 教える；授業をする『～ clases』. ❷ 分け与える, 与える

impasible [インパスィブレ] 形 無感動な, 平然とした

impávido, da [インパビド, ダ] 形 ❶ 大胆不敵な. ❷ 平然とした, 図々しい

impecable [インペカブレ] 形 完全無欠な, 完璧な

impedido, da [インペディド, ダ] 形 名 過分 〈手足が〉不自由な〔人〕, 身体障害者

impedimento [インペディメント] 男 妨げ, 支障

impedir [インペディル] 56 他 妨げる, 防ぐ, 邪魔をする：El ruido me *impide* dormir. 私はうるさくて眠れない. ～ el paso 通行をさえぎる

impenetrable [インペネトラブレ] 形 ❶ 入り込めない；〈a を〉通さない：bosque ～ 人を寄せつけない森. ❷ 不可解な

impensado, da [インペンサド, ダ] 形 予期しない, 思いがけない

imperar [インペラル] 自 君臨する, 統治する；支配的である

imperativo, va [インペラティボ, バ] 形 ❶ 命令的な, 命令の；威圧的な. ❷ ぜひ必要な
◆ 男 〈文法〉命令法

imperceptible [インペルセプティブレ] 形 知覚できない, ごくわずかな

imperdible [インペルディブレ] 男 安全ピン

imperdonable [インペルドナブレ] 形 許されない, 許しがたい

imperfección [インペルフェ〔ク〕スィオン] 女 ❶ 未完成, 不完全. ❷ 欠点

imperfecto, ta [インペルフェクト, タ] 形 ❶ 未完成の, 不完全な. ❷ 〈文法〉不完了の：pretérito ～ 線過去, 不完了過去

imperial [インペリアル] 形 ❶ 帝国の. ❷ 皇帝の：familia ～ 皇室, palacio ～ 皇居

imperialismo [インペリアリスモ] 男 帝国主義

imperialista [インペリアリスタ] 形 名 帝国主義の；帝国主義者

imperio [インペリオ] 男 ❶ 帝国：*I*～ Romano ローマ帝国
❷ 帝政

imperioso, sa [インペリオソ, サ] 形 ❶ 緊急に必要な, 余儀ない：necesidad ～*sa* さしせまった必要. ❷ 横柄な, 高圧的な

impermeable [インペルメアブレ] 形 水などを通さない, 防水〔加工〕の
◆ 男 レインコート

impersonal [インペルソナル] 形 ❶ 非人格的な, 個性のない. ❷ 〈文法〉単人称の

impertinencia [インペルティネンスィア] 女 無礼, 無作法；生意気：decir una ～ ぶしつけなことを言う

impertinente [インペルティネンテ] 形 名 無礼な〔人〕, 不作法な；生意気な〔人〕

imperturbable [インペルトゥルバブレ] 形 動揺しない, 平然とした

ímpetu [インペトゥ] 男 勢い, はずみ：con ～ 勢いよく

impetuoso, sa [インペトゥオソ, サ] 形 ❶ 激しい. ❷ 向こうみずな

impío, a [インピオ, ア] 形 名 ❶ 不信心な〔人〕；罰当たりな. ❷ 無慈悲な〔人〕

implacable [インプラカブレ] 形 ❶〈欲求・怒りなどが〉抑えがたい. ❷ 容赦のない, 非情な

implantación [インプランタスィオン] 女 ❶ 導入, 設置. ❷ 〈医学〉移植

implantar [インプランタル] 他 ❶ 導入する. ❷ 〈医学〉移植する

implicación [インプリカスィオン] 女 ❶ 〈en 犯罪などへの〉関わり合い, 連座. ❷ 結果, 影響. ❸ 含蓄, 言外の意味

implicar [インプリカル] 73 他 ❶ 〈en の〉巻き添えにする：～ en el crimen 犯罪に巻き込む. ❷ 結果として伴う. ❸ 意味する
◆ ～se 〈en の〉巻き添えになる

implícito, ta [インプリスィト, タ] 形 暗黙の, 言外の：acuerdo ～ 暗黙の合意

implorar [インプロラル] 他 懇願する, 哀願する

imponderable [インポンデラブレ] 形 ❶ はかり知れない. ❷ 予測不能の

imponente [インポネンテ] 形 ❶ 堂々たる, 威圧的な. ❷ ひじょうに印象的な; すごい. ❸ すごい美女(美男子)の

imponer [インポネル] 54 〈過分 imp*uesto*〉 他 ❶ 課する; 強いる: ~ una multa 罰金を課する. ~ una disciplina 規則を押しつける. ❷ 〈敬意・恐怖を〉抱かせる
◆ **~se** ❶ 強いられる; 必要である. ❷ 自分に課す. ❸ はばをきかせる, 優位に立つ; 勝利する

imponible [インポニブレ] 形 課税される, 課税対象になる

impopular [インポプラル] 形 不人気の, 不評の

importación [インポルタスィオン] 女 ❶ 輸入: coche de ~ 輸入車
❷ 輸入品

importancia [インポルタンスィア] 女 ❶ 重要性, 重大さ; 価値: tener mucha ~ ひじょうに重要である. asunto de ~ 重要な事柄. pregunta sin ~ どうでもいい質問
❷ 勢力, 権威: persona de ~ 有力者
dar ~ *a*... …を重視する
darse ~ 偉そうにする, もったいをつける

importante [インポルタンテ] 形 ❶ 重要な, 重大な; 大切な: Es ~+不定詞・que... …することが重要である. Lo ~ es+不定詞・que... 重要なのは…である. problema ~ 重要な問題
❷ 地位(身分)の高い: persona muy ~ 要人, VIP
❸ かなりの, 多数の: cantidad ~ かなりの量

importar [インポルタル] 他 ❶ 輸入する: ~ petróleo de México メキシコから石油を輸入する
❷ 〈ある額に〉のぼる, 達する
◆ 自 ❶ 重要である: Nos *importa* conocer la verdad. 真実を知ることが私たちにとって大切なことだ. Lo que *importa* es que... 重要なのは…である
❷ 〈a にとって〉迷惑である: ¿Le *importa* que fume? たばこを吸ってもかまいませんか?
Me importa un bledo (*un comino・un pito*). 私にとってはどうでもいい
meterse en lo que no le importa 関係ないことに口を突っ込む
No importa. かまいません
¿Qué te importa? 君には関係ないだろう?

importe [インポルテ] 男 代金, 金額; 料金

importunar [インポルトゥナル] 他 うるさがらせる, 迷惑をかける, わずらわす

importuno, na [インポルトゥノ, ナ] 形 ❶ 間の悪い. ❷ わずらわしい

imposibilidad [インポスィビリダ] 女 不可能性

imposibilitar [インポスィビリタル] 他 不可能にする

imposible [インポスィブレ] 形 ❶ 不可能な, ありえない: Es ~+不定詞・que+接続法 …するのは不可能である. proyecto ~ 不可能な計画
❷ 〈人について〉耐えがたい, 手に負えない: Este niño está ~. この子は手に負えない
hacer lo ~ できる限りのことをやってみる

imposición [インポスィスィオン] 女 ❶ 押しつけ; 課税. ❷ 預金

impostor, ra [インポストル, ラ] 名 にせ者, 詐欺師

impotencia [インポテンスィア] 女 ❶ 無力, 無能. ❷ 性的不能

impotente [インポテンテ] 形 ❶ 無力な, 無能な. ❷ 性的不能の
◆ 男 性的不能者

impracticable [インプラクティカブレ] 形 実行できない, 使えない

imprecisión [インプレスィシオン] 女 不正確, 不明確

impreciso, sa [インプレスィソ, サ] 形 不明確な, 漠然とした: respuesta ~*sa* あいまいな返事

impregnar [インプレグナル] 他 〈con を〉…にしみ込ませる

imprenta [インプレンタ] 女 ❶ 印刷: escribir en letras de ~ 活字体で書く. ❷ 印刷所. ❸ 出版: libertad de ~ 出版の自由

imprescindible [インプレスィンディブレ] 形 必要不可欠な: cosas ~*s* para la vida 生活必需品

impresentable [インプレセンタブレ] 形 人前に出せない, 見苦しい

impresión [インプレシオン] 女 ❶ 印象, 感想: cambiar *impresiones* con... …と意見を交換する. causar (producir) buena ~ a+人 …によい印象を与える. dar a+人 la ~ de que+直説法 …という印象を…に与える. tener la ~ de que+直説法 …という気がする. la primera ~ de... …に関する第一印象. ~ de frialdad 冷たい感じ
❷ 印刷, プリント

impresionable [インプレシオナブレ] 形 感じやすい, 感受性の強い

impresionante [インプレシオナンテ] 形 ❶ 印象的な, 感銘を与える. ❷ 驚くほど大きい(強い)

impresionar [インプレシオナル] 他 ❶ 深く感動させる, 強い印象を与える: Su discurso nos *impresionó* muchísimo. 彼の演説は私

inapreciable

たちに深い感銘を与えた. ❷〈写真〉感光させる ◆ ～se 〈de・con・por に〉感動する

impreso, sa [インプレソ, サ] 形〈imprimir の過分〉印刷された
◆ 男 ❶ 印刷物, 書籍小包: *l* ～s 印刷物在中. enviar como ～s 書籍小包扱いで送る. ❷ 記入用紙: ～ de solicitud 申し込み用紙

impresor, ra¹ [インプレソル, ラ] 名 印刷業者, 印刷工

impresora² [インプレソラ] 女 印刷機, プリンター

imprevisto, ta [インプレビスト, タ] 形 意外な, 思いがけない: accidente ～ 不測の事件
◆ 男 複 臨時の出費

imprimir [インプリミル] 他〈過分 imprimido/impr*eso*〉❶ 印刷する, 出版する: ～ los folletos パンフレットを印刷する. ❷〈跡を〉残す

improbable [インプロバブレ] 形 ありそうもない

improcedente [インプロセデンテ] 形 ❶ 不適当な. ❷ 不当な

improductivo, va [インプロドゥクティボ, バ] 形 不毛の, 非生産的な

improperio [インプロペリオ] 男〈主に複〉侮辱(のことば)

impropio, pia [インプロピオ, ピア] 形〈de・en・para に〉ふさわしくない, 不適切な: conducta ～*pia* de un caballero 紳士にふさわしくない行為. palabra ～*pia* 不適切な発言

improvisación [インプロビサスィオン] 女 ❶ 即興: a la ～ 即興で. ❷ 即興曲(詩・劇)

improvisar [インプロビサル] 他 即興で作る, 即席で行なう

improviso [インプロビソ] *de* ～ 不意に, 突然

imprudencia [インプルデンスィア] 女 ❶ いらそつ(な言動), 不用意: cometer una ～ けいそつなことをする. ❷ 過失: homicidio por ～ 過失致死

imprudente [インプルデンテ] 形 けいそつな, うかつな

impúdico, ca [インプディコ, カ] 形 恥知らずな, みだらな

impudor [インプドル] 男 羞恥(しゅうち)心のなさ, みだらさ, 破廉恥(はれんち)

impuesto [インプエスト] 男 税金: pagar ～s 納税する. tienda libre de ～s 免税店. ～ sobre el valor añadido 付加価値税, 消費税

impugnar [インプグナル] 他 …に反論する, 異議を唱える

impulsar [インプルサル] 他 ❶ 押す: ～ una barca ボートを押す. ❷ 促進する: ～ el desarrollo económico 経済発展を推進する. ❸〈a に〉かりたてる, しむける: ～ a+人 *a* la muerte …を死に追いやる

impulsivo, va [インプルシボ, バ] 形 衝動的な

impulso [インプルソ] 男 ❶ 押すこと; 推進力. ❷ 促進, 衝動: por un ～ momentáneo ふとしたでき心で
a ～s de… …の力で, …に駆られて

impulsor, ra [インプルソル, ラ] 形 名 推進的な(人)

impune [インプネ] 形 罰せられない

impunidad [インプニダ] 女 無処罰

impureza [インプレサ] 女 汚れ, 不純物

impuro, ra [インプロ, ラ] 形 不純な, まざりもののある

imputar [インプタル] 他〈a の〉せいにする

in- 〈接頭辞〉「反対」「否定」の意〖b・p の前では im-, l の前で i-, r の前で ir- となる〗

inacabable [イナカバブレ] 形 際限のない, 無限の

inaccesible [イナ(ク)セシブレ] 形 ❶ 近寄れない. ❷ 理解できない. ❸〈価格が〉手の届かない

inaceptable [イナセプタブレ] 形 承諾できない

inactividad [イナクティビダ] 女 不活動, 不活発

inactivo, va [イナクティボ, バ] 形 不活発な, 非活動的な

inadaptación [イナダプタスィオン] 女 不適応

inadecuado, da [イナデクアド, ダ] 形 不適切な, 当を得ない

inadmisible [イナドミシブレ] 形 承認(容認)できない

inadvertencia [イナドベルテンスィア] 女 不注意: por ～ うっかり

inadvertido, da [イナドベルティド, ダ] 形 ❶ 気づかれない. ❷ 不用意な

inagotable [イナゴタブレ] 形 尽きない, 無尽蔵の

inaguantable [イナグアンタブレ] 形 耐えられない, 我慢のならない: dolor ～ 耐えがたい痛み

inalcanzable [イナルカンサブレ] 形 到達不能の

inalterable [イナルテラブレ] 形 変質しない, 変わらない

inanición [イナニスィオン] 女 飢餓による衰弱

inanimado, da [イナニマド, ダ] 形 ❶ 生命のない. ❷ 意識を失った

inapreciable [イナプレスィアブレ] 形 ❶ は

かり知れない, この上なく貴重な: talento ～ すばらしい才能. ❷ 感知できない, ごくわずかな

inasequible [イナセキブレ] 形 獲得できない, 到達できない: precio ～ とても手が出ない値段

inaudito, ta [イナウディト, タ] 形 前代未聞の, 驚くべき

inauguración [イナウグラスィオン] 女 開会〔式〕; 落成〔式〕; 除幕〔式〕: ～ de un puente 橋の開通式

inaugural [イナウグラル] 形 開会(落成・除幕)の

inaugurar [イナウグラル] 他 ❶ …の開会(落成・除幕)式を行なう: ～ una exposición 展覧会の開会式を行なう. ❷ 開始する: ～ una línea de autobuses バス路線を開業する

INB 〈ス. 略語〉公立高等学校〔← *Instituto Nacional de Bachillerato*〕

inca [インカ] 形 インカ〔人〕の: Imperio *I*～ インカ帝国
◆ 名 インカ人

incalculable [インカルクラブレ] 形 はかり知れない, 莫大な

incandescente [インカンデスセンテ] 形 白熱した

incansable [インカンサブレ] 形 疲れを知らない; 持久力のある, 根気強い

incapacidad [インカパスィダ] 女 能力がないこと, 不能

incapacitar [インカパスィタル] 他 不適格にする

incapaz [インカパス] 形 〈複 incapaces〉〈de+不定詞/para+名詞 が〉できない; 不適格な, 無能な: ser ～ de mentir うそがつけない. ser ～ *para* las matemáticas 数学ができない

incautación [インカウタスィオン] 女 押収

incautar [インカウタル] **～se** 〈de を〉押収する, 差し押さえる

incauto, ta [インカウト, タ] 形 ❶ 無警戒な. ❷ お人好しの

incendiar [インセンディアル] 他 …に火をつける, 放火する
◆ **～se** 焼ける

incendiario, ria [インセンディアリオ, リア] 形 火災を起こさせる
◆ 名 放火犯人

incendio [インセンディオ] 男 火事, 火災, 大火: ～ forestal 山火事

incentivo [インセンティボ] 男〈主に経済〉刺激, インセンティブ: viaje de ～ インセンティブツアー〔得意先などの招待旅行〕

incertidumbre [インセルティドゥンブレ] 女 ❶ 不確かさ, 不確実性. ❷ 半信半疑

incesante [インセサンテ] 形 絶え間のない, 不断の

incesantemente [インセサンテメンテ] 副 絶え間なく

incidencia [インスィデンスィア] 女 ❶ 影響, はね返り. ❷〈ささいな〉出来事, 事故

incidente [インスィデンテ] 男 ❶〈ちょっとした〉支障, トラブル: terminar sin ～s 何事もなく終了する
❷ もめごと

incidir [インスィディル] 自 ❶〈en に〉影響する. ❷〈en を〉強調する. ❸〈en 誤りなどに〉陥る

incienso [インスィエンソ] 男 香: quemar ～ 香をたく

incierto, ta [インスィエルト, タ] 形 ❶ 不確かな, 疑わしい. ❷ あいまいな

incineración [インスィネラスィオン] 女 焼却; 火葬

incinerar [インスィネラル] 他 焼却する; 火葬する

incipiente [インスィピエンテ] 形 初期の

incisión [インスィシオン] 女 ❶ 切り口. ❷ 切開

incisivo, va [インスィシボ, バ] 形 ❶ 鋭利な, よく切れる. ❷ しんらつな

inciso [インスィソ] 男 余談

incitar [インスィタル] 他 〈a に〉かり立てる, そそのかす: ～ a+人 *a* la rebelión …に反乱を起こさせる

inclemencia [インクレメンスィア] 女 ❶〈天候の〉荒れ, きびしさ. ❷ 冷酷, 無慈悲

inclinación [インクリナスィオン] 女 ❶ 傾斜, 勾配. ❷ うなずき; おじぎ: con una ～ de cabeza うなづいて, おじぎして. ❸〈por・hacia への〉愛情, 好み; 気質, 性癖: tener ～ *por* los niños 子供好きである

inclinar [インクリナル] 他 傾ける, 斜めにする: ～ la cabeza 頭を下げる; うなづく; おじぎをする
◆ **～se** ❶ 傾斜する: torre *inclinada* de Pisa ピサの斜塔. ❷ 身をかがめる; おじぎをする: ～*se* hacia adelante 前かがみになる. ❸〈a+不定詞〉…しがちである; …に心が傾く: ～*se a* aceptar la oferta 申し出を受け入れる気になる

incluir [インクルイル] 42 他 ❶〈en に〉含める, 入れる: ～ a+人 *en* la lista …をリストに入れる. ❷ 含む, 包含する: Este precio no *incluye* el impuesto. この料金には税金は含まれていない. precio todo *incluido* 一切込みの料金. IVA *incluido* 消費税込みで

inclusive [インクルシベ] 副 含めて

incluso [インクルソ] 副 …さえも, …までを:

I ~ los niños lo saben. 子供だってそれを知っている

incógnita[1] [インコグニタ] 囡 未知数; 未知のこと

incógnito, ta[2] [インコグニト, タ] 形 未知の, 知られていない
de ~ お忍びで

incoherencia [インコエレンスィア] 囡 脈絡のなさ: decir ~s 支離滅裂なことを言う

incoherente [インコエレンテ] 形 ❶ 脈絡のない, 一貫性のない, ちぐはぐな: frases ~s 支離滅裂な文章. ❷ 〈con と〉矛盾する

incomodar [インコモダル] 他 不快にする, 迷惑をかける
◆ ~*se* 腹を立てる

incomodidad [インコモディダ] 囡 ❶ 不便さ, 使いにくさ. ❷ 居心地の悪さ

incómodo, da [インコモド, ダ] 形 ❶ 不便な, 使いにくい: asiento ~ すわり心地の悪い椅子. ❷ 居心地の悪い: sentirse ~ 気詰まりである

incomparable [インコンパラブレ] 形 比類のない

incompatibilidad [インコンパティビリダ] 囡 相いれないこと, 非両立性: ~ de caracteres 性格の不一致

incompatible [インコンパティブレ] 形 〈con と〉相いれない, 両立しない

incompetencia [インコンペテンスィア] 囡 無能力, 不適格

incompetente [インコンペテンテ] 形 無能な, 不適格な

incompleto, ta [インコンプレト, タ] 形 不完全な, 不備な

incomprensible [インコンプレンスィブレ] 形 理解できない, 不可解な

incomprensión [インコンプレンスィオン] 囡 無理解

incomunicación [インコムニカスィオン] 囡 連絡不能; 音信不通

incomunicar [インコムニカル] 73 他 …と連絡できなくする: quedar *incomunicado* telefónicamente 電話が不通になる

inconcebible [インコンセビブレ] 形 想像もつかない, 考えられない, 信じがたい

incluso, sa [インクルソ, サ] 形 未完成の

incondicional [インコンディスィオナル] 形 無条件の
◆ 囝 熱狂的なファン(支持者)

inconfundible [インコンフンディブレ] 形 まちがえようのない, まぎれもない

incongruente [インコングルエンテ] 形 ❶ 〈con と〉適合しない, 不適当な. ❷ つじつまの合わない

inconmensurable [インコンメンスラブレ] 形 はかり知れない, 莫大な; 広大な

inconsciencia [インコンスィエンスィア] 囡 ❶ 無意識, 意識喪失. ❷ 無自覚, 無分別

inconsciente [インコンススィエンテ] 形 ❶ 無意識の, 意識不明の: movimiento ~ 無意識の動作. ❷ 無自覚な, けいそつな

inconsecuente [インコンセクエンテ] 形 一貫性のない; 言行が一致しない, 無定見な

inconsistente [インコンスィステンテ] 形 粘りのない, もろい

inconsolable [インコンソラブレ] 形 慰めようのない, 悲嘆にくれた

inconstancia [インコンスタンスィア] 囡 ❶ 変わりやすさ. ❷ 無節操, 移り気

inconstante [インコンスタンテ] 形 ❶ 変わりやすい. ❷ 無定見な, 気まぐれな

inconstitucional [インコンスティトゥスィオナル] 形 憲法に反する, 違憲の

incontable [インコンタブレ] 形 数えきれない: ~s muertos おびただしい死者

incontenible [インコンテニブレ] 形 抑えきれない

incontestable [インコンテスタブレ] 形 異論の余地のない, 否定できない

incontrolable [インコントロラブレ] 形 制御(抑制)できない

inconveniencia [インコンベニエンスィア] 囡 不適切, 不都合

inconveniente [インコンベニエンテ] 形 〈para にとって〉不適切な, 不都合な
◆ 男 不都合, 支障: No tengo ningún ~. 私はまったくさしつかえありません

incorporación [インコルポラスィオン] 囡 合体, 加入, 合併

incorporar [インコルポラル] 他 ❶ 合体させる, 加入させる. ❷ …の上体を起こさせる
◆ ~*se* 〈a に〉合体する, 加入する: ~*se a* un grupo グループに入る. ❷ 上体を起こす

incorrección [インコれ(ク)スィオン] 囡 ❶ 不正確. ❷ 不作法

incorrecto, ta [インコれクト, タ] 形 ❶ 不正確な, まちがった: mapa ~ 不正確な地図. ❷ 不作法な, 無礼な

incorregible [インコれヒブレ] 形 ❶ 矯正できない, 直せない. ❷ 〈人が〉手に負えない

incredulidad [インクれドゥリダ] 囡 ❶ 疑い深いこと. ❷ 無信仰

incrédulo, la [インクれドゥロ, ラ] 形 名 ❶ 疑い深い〔人〕, 懐疑的な. ❷ 神を信じない〔人〕

increíble [インクれイブレ] 形 信じられない, 信じがたい: ¡Es ~! まさか! Es ~ *que*+接続法 …は信じられない

incrementar [インクレメンタル] 他 増やす
◆ ~se 増加する

incremento [インクレメント] 男 増加

incrustar [インクルスタル] 他 はめ込む, 象嵌(ぞうがん)する

incubación [インクバスィオン] 女 ❶〈病気の〉潜伏: período de ~ 潜伏期. ❷ 抱卵, 孵化(ふか)

incubadora [インクバドラ] 女 ❶〈未熟児の〉保育器. ❷ 孵卵(ふらん)器

incubar [インクバル] 他 ❶〈鳥が卵を〉抱く, 孵化(ふか)させる. ❷〈病気を〉潜在的にもつ

incuestionable [インクエスティオナブレ] 形 疑う余地のない

inculcar [インクルカル] 73 他 教えこむ, たたきこむ: ~ a su hijo el sentido de responsabilidad 子供に責任感を植えつける

inculpar [インクルパル] 他 告訴する

inculto, ta [インクルト, タ] 形 ❶ 教養のない. ❷ 粗野な, 洗練されていない

incumplimiento [インクンプリミエント] 男 不履行, 違反: ~ del contrato 契約不履行, 契約違反

incumplir [インクンプリル] 他 履行しない, 違反する

incurable [インクラブレ] 形 不治の

incurrir [インクリル] 自 ❶〈en 誤りに〉陥る;〈罪を〉犯す. ❷〈en 怒り・憎しみなどを〉受ける

incursión [インクルシオン] 女 急襲, 突然の侵入

indagación [インダガスィオン] 女 探求, 調査

indagar [インダガル] 55 他 探求する, 調査する

indebido, da [インデビド, ダ] 形 ❶ 不当な, 不適当な: despido ~ 不当解雇. ❷ 不法な

indecencia [インデセンスィア] 女 下品；慎みのなさ

indecente [インデセンテ] 形 ❶ 下品な; 慎みのない, わいせつな. ❷ むさ苦しい

indecisión [インデスィスィオン] 女 優柔不断, ためらい

indeciso, sa [インデスィソ, サ] 形 ❶ 決心のつかない, はっきりしない. ❷ 優柔不断な, 決断力のない

indefenso, sa [インデフェンソ, サ] 形 無防備の, 保護されていない

indefinible [インデフィニブレ] 形 定義できない, 漠然とした; 形容しがたい

indefinidamente [インデフィニダメンテ] 副 ❶ 漠然と. ❷ 無期限に

indefinido, da [インデフィニド, ダ] 形 ❶ 定義されていない, 漠然とした. ❷ 際限のない, 果てしない: por tiempo ~ 無期限に

indeleble [インデレブレ] 形 消すことのできない

indemne [インデムネ] 形 損害を受けない, 無傷の

indemnización [インデムニサスィオン] 女 ❶ 賠償, 補償. ❷ 賠償金, 補償金

indemnizar [インデムニサル] 13 他 …に弁償する, 補償する: ~ a+人 por los daños …に損害の賠償をする

independencia [インデペンデンスィア] 女 独立, 自立: conseguir la ~ 独立をかちとる. declaración de ~ 独立宣言. día de la ~ 独立記念日

independiente [インデペンディエンテ] 形 ❶ 独立した, 自立した: nación ~ 独立国. mujer ~ 自立した女性. ❷ 独立心の強い

independizar [インデペンディサル] 13 ~se 〈de から〉独立する

indescriptible [インデスクリプティブレ] 形 ことばに表わせない

indeseable [インデセアブレ] 形 好ましくない

indeterminado, da [インデテルミナド, ダ] 形 ❶ 不確定な. ❷ 不明確な, あいまいな

India [インディア] 女 ❶〈国名〉インド. ❷〈las ~s〉西インド諸島;〈歴史〉アメリカ大陸のスペイン植民地

indicación [インディカスィオン] 女 ❶ 指示, 指図: por ~ de… …の指示に従って. ❷ 表示, 印

indicado, da [インディカド, ダ] 形 過分 〈para に〉適当な

indicador, ra [インディカドル, ラ] 形 表示する
◆ 男 ❶ 標識. ❷ 指示器, 針針: ~ de velocidad スピードメーター

indicar [インディカル] 73 他 ❶ 指し示す, 表示する: El termómetro *indica* veinte grados. 温度計は 20 度を指している
❷ 指示する; 教える: a la hora *indicada* 指定された時刻に. ~ a+人 el camino …に道を教える

indicativo [インディカティボ] 男〈文法〉直説法

índice [インディセ] 男 ❶ 索引, インデックス: consultar un ~ 索引を調べる. ❷ 指数, 率; 指標: ~ de precios 物価指数. ~ de natalidad 出生率

indicio [インディスィオ] 男 ❶ 手がかり. ❷ 徴候

indiferencia [インディフェレンスィア] 女 無関心, 冷淡: mostrar ~ 関心を示さない

indiferente [インディフェレンテ] 形 ❶ 無関心な, 冷淡な: ser ~ a los asuntos ajenos 他人のことに無関心である. ❷ 重要でない: Me es ~ su opinión. 私は彼の意見などどうでもよい

indígena [インディヘナ] 形 名 先住民〔の〕

indigencia [インディヘンスィア] 女 貧窮, 極貧

indigenismo [インディヘニスモ] 男 ❶ インディオ文化の研究. ❷ インディオ文化の復興運動. ❸ 先住民語風の表現

indigente [インディヘンテ] 形 ひじょうに貧しい, 困窮した

indigestar [インディヘスタル] **~se** 消化不良になる

indigestión [インディヘスティオン] 女 消化不良

indigesto, ta [インディヘスト, タ] 形 消化されにくい

indignación [インディグナスィオン] 女 憤慨, 怒り

indignante [インディグナンテ] 形 腹立たしい, いらいらする

indignar [インディグナル] 他 憤慨させる
◆ **~se** <con+人・por+事 に> 憤慨する

indigno, na [インディグノ, ナ] 形 ❶ <に> 値しない, ふさわしくない: ser ~ de elogio 称賛に値しない. ❷ 低劣な, 恥ずべき

indio, dia [インディオ, ディア] 形 名 ❶ インディオ〔の〕; インディアン〔の〕
❷ インド India の; インド人

indirecta¹ [インディレクタ] 女 ほのめかし

indirectamente [インディレクタメンテ] 副 間接的に; 遠まわしに

indirecto, ta² [インディレクト, タ] 形 間接の: impuesto ~ 間接税

indisciplinado, da [インディスィプリナド, ダ] 形 規則を守らない, 反抗的な

indiscreción [インディスクレスィオン] 女 無遠慮, ぶしつけな言動

indiscreto, ta [インディスクレト, タ] 形 無遠慮な, ぶしつけな

indiscutible [インディスクティブレ] 形 議論の余地のない, 確実な

indispensable [インディスペンサブレ] 形 欠くことのできない, 必要不可欠の: condición ~ para... …に不可欠の条件

indisponer [インディスポネル] 54 <過分> indispuesto> 他 ❶ 仲たがいさせる; …の気分を害する. ❷ 体調を悪くさせる: El calor me indispone. 暑くて私は体調がすぐれない
◆ **~se** ❶ 仲たがいする; 悪感情を抱く. ❷ 気分が悪くなる, 体調をくずす: Se sintió repentinamente indispuesto. 彼は急に気分が悪くなった

indisposición [インディスポスィオン] 女 体の不調, 気分の悪いこと

indispuesto, ta 過分 ⇒**indisponer**

indistintamente [インディスティンタメンテ] 副 区別なく

indistinto, ta [インディスティント, タ] 形 ❶ どちらでもよい. ❷ 不明瞭な, ぼんやりした

individual [インディビドゥアル] 形 個人の, 個人用の: habitación ~ 個室, シングルの部屋
◆ 男 <スポーツ> 個人戦: ~ caballeros 男子シングルス. ~ damas 女子シングルス

individualidad [インディビドゥアリダ] 女 個性

individualismo [インディビドゥアリスモ] 男 個人主義

individualista [インディビドゥアリスタ] 形 名 個人主義の; 個人主義者

individuo [インディビドゥオ] 男 ❶ 個人. ❷ <信頼・好感の持てない> 人, やつ

indocumentado, da [インドクメンタド, ダ] 形 ❶ 身分証を持っていない. ❷ <資料などが> 裏づけのない. ❸ 教養(知識)のない

índole [インドレ] 女 性質, 性格, 気質, 特徴: cuestión de ~ técnica 技術的な問題

indolencia [インドレンスィア] 女 怠惰, 無気力

indolente [インドレンテ] 形 怠惰な, 無気力な

indomable [インドマブレ] 形 ❶ 飼い馴らせない: caballo ~ 荒馬. ❷ 服従させられない

indonesio, sia [インドネスィオ, スィア] 形 名 インドネシア Indonesia 〔人・語〕の; インドネシア人
◆ 男 インドネシア語

inducción [インドゥ(ク)スィオン] 女 ❶ <aへの> 教唆, そそのかし. ❷ 推論; 帰納

inducir [インドゥスィル] 19 他 ❶ <a に> 仕向ける, そそのかす. ❷ 推論する; 帰納する

indudable [インドゥダブレ] 形 疑う余地のない, 確かな: Es ~ que+直説法 …は確かだ

indulgencia [インドゥルヘンスィア] 女 ❶ 寛容, 寛大〔な措置〕. ❷ <カトリック> 贖宥(しょくゆう)

indulgente [インドゥルヘンテ] 形 寛大な, 甘やかす

indultar [インドゥルタル] 他 赦免する

indulto [インドゥルト] 男 赦免, 恩赦

indumentaria [インドゥメンタリア] 女 <集合的に> 衣裳, 衣類

industria [インドゥストリア] 女 ❶ 産業, 工業: ~ pesada 重工業. ~ ligera 軽工業 ❷ 工場

industrial [インドゥストリアル] 形 産業の, 工

業の: ciudad ～ 工業都市
◆ 图 実業家, 製造業者

industrialización [インドゥストリアリサスィオン] 囡 産業化, 工業化

industrializar [インドゥストリアリサル] 13 他 産業化させる, 工業化させる: país *industrializado* 工業国

inédito, ta [イネディト, タ] 形 ❶ 未刊の, 未発表の: película ～*ta* 未公開の映画. ❷ 新奇な

inefable [イネファブレ] 形 ことばで説明できない

ineficacia [イネフィカスィア] 囡 効果のない(役に立たない)こと

ineficaz [イネフィカス] 形〈複 ineficaces〉効果のない, 役に立たない

ineludible [イネルディブレ] 形 避けられない

ineptitud [イネプティトゥ] 囡 無能, 不適格

inepto, ta [イネプト, タ] 形 無能な, 不適格な

inequívoco, ca [イネキボコ, カ] 形 まちがいのない, 明白な: prueba ～*ca* はっきりした証拠

inercia [イネルスィア] 囡 ❶ 慣性, 惰性: por ～ 惰性で. ❷ 無気力, 不活発

inerme [イネルメ] 形 武装していない, 無防備な

inerte [イネルテ] 形 生命のない; 生気のない

inesperado, da [イネスペラド, ダ] 形 思いがけない, 予想外の: visita ～*da* 思いがけない訪問

inestabilidad [イネスタビリダ] 囡 不安定さ: ～ política 政局の不安定

inestable [イネスタブレ] 形 ❶ 不安定な, 変わりやすい. ❷ 気分屋の

inestimable [イネスティマブレ] 形 はかり知れない, ひじょうに貴重な

inevitable [イネビタブレ] 形 避けられない, 免れ得ない

inexactitud [イネ(ク)サクティトゥ] 囡 不正確, 誤り

inexacto, ta [イネ(ク)サクト, タ] 形 不正確な, まちがった: información ～*ta* 不正確な情報

inexistencia [イネ(ク)システンスィア] 囡 存在しないこと

inexistente [イネ(ク)システンテ] 形 存在しない

inexperiencia [イネ(ク)スペリエンスィア] 囡 無経験, 不慣れ

inexperto, ta [イネ(ク)スペルト, タ] 形 图 無経験の〔人〕, 未熟な〔人〕

inexplicable [イネ(ク)スプリカブレ] 形 説明できない, 不可解な

inexpresivo, va [イネ(ク)スプレシボ, バ] 形 無表情な

infalible [インファリブレ] 形 絶対に誤ることのない, 絶対確実な

infamar [インファマル] 他 中傷する, 名誉を傷つける

infame [インファメ] 形 ❶ 卑劣な, 不名誉な. ❷ ひどく悪い

infamia [インファミア] 囡 不名誉, 恥辱, 卑劣な行為

infancia [インファンスィア] 囡 幼年期: recuerdos de la ～ 子供のころの思い出

infante, ta [インファンテ, タ] 图〈王位継承順位の低い〉王子, 王女; 親王, 内親王
◆ 男〈軍事〉歩兵

infantería [インファンテリア] 囡 歩兵隊: ～ de marina 海兵隊

infantil [インファンティル] 形 ❶ 幼児の: literatura ～ 児童文学. ❷ 子供っぽい: capricho ～ 子供じみた気まぐれ

infarto [インファルト] 男 心筋梗塞〖～ de miocardio〗

infatigable [インファティガブレ] 形 疲れを知らない, 根気のある

infección [インフェ(ク)スィオン] 囡 ❶ 感染, 伝染: ～ hospitalaria 院内感染. ❷ 感染症

infeccioso, sa [インフェ(ク)スィオソ, サ] 形 伝染する, 伝染性の: enfermedad ～*sa* 伝染病

infectar [インフェクタル] 他 感染させる, 汚染する
◆ ～se 感染する; 化膿する

infeliz [インフェリス] 形 图〈複 infelices〉不幸な〔人〕, 哀れな〔人〕

inferior [インフェリオル] 形〈a より〉❶ 劣った, 下等の: Mi obra es ～ *a* la tuya. 僕の作品は君のより劣っている. ❷ 下の, 低い: en el piso ～ 下の階に

inferioridad [インフェリオリダ] 囡 劣ること

inferir [インフェリル] 77 他 ❶〈de・por から, que+直説法 と〉推論する, 推理する. ❷〈傷などを〉負わせる

infernal [インフェルナル] 形 地獄の; 地獄のような

infestar [インフェスタル] 他 …にはびこる, 荒らす

infidelidad [インフィデリダ] 囡 ❶ 不忠実, 不誠実. ❷ 不貞, 浮気

infiel [インフィエル] 形 ❶ 忠実でない, 不誠実な: traducción ～ 原文に忠実でない翻訳. ❷ 不貞な, 浮気をする

infierno [インフィエルノ] 男 地獄: irse a

〜 地獄に落ちる
infiltración [インフィルトラスィオン] 囡 浸透
infiltrar [インフィルトラル] 他 しみ込ませる, 浸透させる
◆ 〜se しみ込む, 浸透する
ínfimo, ma [インフィモ, マ] 形 最下級の, 最低の
infinidad [インフィニダ] 囡 無数; 膨大な数(量): 〜 de regalos 数え切れないほどのプレゼント
infinitivo [インフィニティボ] 男 〈文法〉不定詞
infinito, ta [インフィニト, タ] 形 無限の, 限りない: espacio 〜 無限の宇宙空間
inflación [インフラスィオン] 囡 〈経済〉インフレーション
inflacionario, ria [インフラスィオナリオ, リア] 形 インフレ[傾向]の
inflamable [インフラマブレ] 形 引火性の, 燃えやすい
inflamación [インフラマスィオン] 囡 ❶ 〈医学〉炎症. ❷ 引火, 発火
inflamar [インフラマル] 他 ❶ 〈医学〉炎症を起こさせる. ❷ 発火させる
◆ 〜se ❶ 炎症を起こす, 腫(は)れる. ❷ 発火する
inflar [インフラル] 他 ❶ ふくらます: 〜 un globo 風船をふくらます. ❷ 誇張する
◆ 〜se ふくらむ
inflexible [インフレ(ク)シブレ] 形 ❶ 〈物が〉曲げられない. ❷ 不屈の, 強情な
infligir [インフリヒル] 37 他 ❶ 〈苦痛などを〉与える. ❷ 〈罰などを〉課する
influencia [インフルエンスィア] 囡 影響: ejercer 〜 sobre (en) la economía 経済に影響を及ぼす. tener 〜 sobre (en) el mundo político 政界で顔がきく. hombre de mucha 〜 有力者
influir [インフルイル] 42 自 〈en に〉影響を及ぼす: La corriente marina *influye en* el clima. 海流は気候に影響する
influjo [インフルホ] 男 影響
influyente [インフルジェンテ] 形 影響力のある, 権威のある
información [インフォルマスィオン] 囡 ❶ 情報, ニュース, 報道: obtener 〜 情報を得る. para su 〜 参考までに. agencia de 〜 通信社. 〜 privilegiada インサイダー取引 ❷ 案内; 案内所: 〜 telefónica 番号案内. oficina de 〜 turística 観光案内所 ❸ 〈法律〉予審, 証人尋問
informador, ra [インフォルマドル, ラ] 形 情報を提供する
◆ 名 報道記者, ジャーナリスト

informal [インフォルマル] 形 ❶ 〈人が〉当てにならない, 不まじめな. ❷ 非公式の. ❸ 形式ばらない, くだけた
informante [インフォルマンテ] 名 情報(資料)提供者, インフォーマント
informar [インフォルマル] 他 〈de・sobre について, que+直説法 であると〉…に知らせる, 報告する: 〜 al público *del* accidente 事故について公表する
◆ 自 調べる, 情報を与える
◆ 〜se 〈de・sobre について〉知る, 問い合わせる
informática¹ [インフォルマティカ] 囡 情報科学, 情報処理
informático, ca² [インフォルマティコ, カ] 形 名 情報科学(処理)の; その専門家
informativo, va [インフォルマティボ, バ] 形 情報を与える
◆ 男 ニュース番組
informe [インフォルメ] 男 ❶ 報告書, レポート. ❷ 知らせ, 情報: dar 〜s a+人 …に情報を教える. 〜 comercial 市況
◆ 形 形の定かでない
infortunado, da [インフォルトゥナド, ダ] 形 名 不運な[人]
infortunio [インフォルトゥニオ] 男 ❶ 不幸な(悲しい)できごと. ❷ 逆境, 不運
infracción [インフラ(ク)スィオン] 囡 違反: 〜 del código de circulación 道路交通法違反
infractor, ra [インフラクトル, ラ] 名 違反者
infraestructura [インフラエストルクトゥラ] 囡 〈経済〉インフラ[ストラクチャー], 基礎的経済基盤
infranqueable [インフランケアブレ] 形 越えられない; 克服できない
infrarrojo [インフラろホ] 男 赤外線: 〜 lejano 遠赤外線
infringir [インフリンヒル] 37 他 侵す, 侵害する: 〜 el precepto おきてに背く
infructuoso, sa [インフルクトゥオソ, サ] 形 実りのない, 無益な: esfuerzo 〜 むなしい努力
infundado, da [インフンダド, ダ] 形 根拠のない
infundir [インフンディル] 他 〈感情などを〉抱かせる: 〜 miedo a+人 …を怖がらせる
infusión [インフシオン] 囡 煎(せん)じた飲み物, ハーブティー: 〜 de manzanilla カミツレ茶
ingeniar [インヘニアル] 他 考案する, 考え出す
ingeniárselas 〈para するように〉うまくやる, 都合をつける
ingeniería [インヘニエリア] 囡 工学, エンジ

ニアリング

ingeniero, ra [インヘニエロ, ラ] 名 技師, 技術者, エンジニア：～ de minas 鉱山技師

ingenio [インヘニオ] 男 ❶ 独創力, 創造力. ❷ 機知, ウイット. ❸〈ラ〉製糖工場〔～ azucarero〕

ingenioso, sa [インヘニオソ, サ] 形 ❶ 創造力に富んだ. ❷ 機知に富んだ

ingenuidad [インヘヌイダ] 女 無邪気さ；ばか正直

ingenuo, nua [インヘヌオ, ヌア] 形 無邪気な, 天真らんまんな；ばか正直な, お人好しの

ingerir [インヘリル] 77 他 摂取する, 飲みくだす：～ alcohol アルコールを摂取する

ingestión [インヘスティオン] 女 摂取

Inglaterra [イングラテら] 女 イギリス

ingle [イングレ] 女〈解剖〉鼠蹊（ホサい）部

inglés, sa [イングレス, サ] 形 イギリス[人]の；英語の
◆ 名 イギリス人
◆ 女 英語

ingratitud [イングラティトゥ] 女 恩知らず

ingrato, ta [イングラト, タ] 形 ❶ 恩知らずの. ❷ あまり報われない

ingravidez [イングラビデス] 女 無重力〔状態〕

ingrediente [イングレディエンテ] 男〈食品などの〉成分, 材料

ingresar [イングレサル] 他 ❶ 入金する：～ dinero en su cuenta 自分の口座に振り込む. ❷ 入院させる：paciente *ingresado* 入院患者
◆ 自〈en に〉入る：～ *en* un club クラブに入会する. ～ *en* una universidad 大学に入学する

ingreso [イングレソ] 男 ❶ 入学；入会；入院：examen de ～ 入学試験
❷〈主に 複〉収入, 所得：～s anuales 年収

inhabitable [イナビタブレ] 形〈家が〉住めない

inhalación [イナラスィオン] 女 吸入：～ de oxígeno 酸素吸入

inhalador [イナラドル] 男 吸入器

inhalar [イナラル] 他 吸入する

inherente [イネレンテ] 形〈a に〉固有の, 内在する：fenómeno ～ *al* envejecimiento 老化特有の現象

inhibir [イニビル] 他 抑制する：～ la proliferación de células cancerosas 癌細胞の増殖をおさえる

inhumano, na [イヌマノ, ナ] 形 無情な, 非人間的な

iniciación [イニスィアスィオン] 女 ❶ 開始. ❷ 手ほどき：～ a las matemáticas 数学入門

inicial [イニスィアル] 形 ❶ 最初の, 冒頭の. ❷ 語頭の
◆ 女 頭文字, イニシャル

iniciar [イニスィアル] 他 ❶ 始める：～ un diálogo 話し合いを始める. ❷〈en の〉手ほどきを…にする
◆ ～se ❶ 始まる：El incendio *se inició* en la cocina. 調理場から出火した. ❷ 初歩を身につける

iniciativa [イニスィアティバ] 女 ❶ 率先；主導権：tomar la ～ イニシアチブをとる；主導権を握る. ～ privada 民間活力. ❷ 進取の気性, 自発性

inicuo, cua [イニクオ, クア] 形 不公平な, 不当な

ininterrumpido, da [イニンテるンピド, ダ] 形 絶え間のない, 連続した

injerencia [インヘレンスィア] 女 干渉, 口出し

injerir [インヘリル] 77 ～se〈en に〉干渉する, 口出しする

injertar [インヘルタル] 他 ❶ 接（つ）ぎ木する. ❷〈医学〉移植する

injerto [インヘルト] 男 ❶ 接（つ）ぎ木. ❷〈医学〉〈皮膚など組織の〉移植

injuria [インフリア] 女 悪口, ののしり, 侮辱

injuriar [インフリアル] 他 ののしる；侮辱する

injurioso, sa [インフリオソ, サ] 形 侮辱的な

injusticia [インフスティスィア] 女 ❶ 不正行為. ❷ 不当；不公平

injustificado, da [インフスティフィカド, ダ] 形 正当化されていない, 根拠のない

injusto, ta [インフスト, タ] 形 不正な, 不当な；不公平な

inmaculada [インマクラダ] 女〈キリスト教〉〈la *I*～*da*〉無原罪の聖母

inmadurez [インマドゥレス] 女 未成熟

inmaduro, ra [インマドゥロ, ラ] 形 未成熟な, 幼稚な；〈果実が〉まだ熟していない

inmediaciones [インメディアスィオネス] 女 複 付近, 郊外：en las ～ de la frontera 国境の近くに

inmediatamente [インメディアタメンテ] 副 ❶ 直接. ❷ 即座に

inmediato, ta [インメディアト, タ] 形 ❶ じかの, 媒介なしの：causa ～*ta* 直接原因
❷ 隣の
❸ 即座の：tener un efecto ～ 即効性がある
de ～ 即座に, 即刻

inmejorable [インメホラブレ] 形 最上の, 申し分のない

inmensidad [インメンシダ] 囡 ❶ 広大さ. ❷ 広大な空間

inmenso, sa [インメンソ, サ] 形 ❶ 広大な, 測り知れない: tierra ～*sa* 果てしない大地 ❷ 巨大な: ～ poder 絶大な権力

inmerecido, da [インメレスィド, ダ] 形 ふさわしくない, 過分の

inmersión [インメルスィオン] 囡 ❶ 沈める(沈む)こと, 水没. ❷ 潜水

inmerso, sa [インメルソ, サ] 形 ❶ 沈められた, 沈んだ. ❷ ⟨en に⟩ 没頭した

inmigración [インミグラスィオン] 囡 ⟨他国・他の土地からの⟩ 移住; 出稼ぎ: oficina de ～ 入国管理事務所

inmigrante [インミグランテ] 名 ⟨他国・他の土地からの⟩ 移民; 出稼ぎ者: En esta fábrica trabajan muchos ～*s* latinoamericanos. この工場には中南米からの出稼ぎ人がたくさん働いている

inmigrar [インミグラル] 自 ⟨de 他国・他の土地から⟩ 移住する; 出稼ぎに来る

inminente [インミネンテ] 形 さし迫った

inmiscuir [インミスクイル] 42 ～se ⟨en に⟩ 干渉する, 口出しする

inmobiliario, ria [インモビリアリオ, リア] 形 不動産の: agente ～ 不動産業者
◆ 囡 不動産会社

inmoral [インモラル] 形 不道徳な, みだらな

inmortal [インモルタル] 形 不死の, 不滅の

inmortalizar [インモルタリサル] 13 他 不滅にする

inmóvil [インモビル] 形 不動の, 動かない

inmovilizar [インモビリサル] 13 他 動かなくする

inmueble [インムエブレ] 形 不動産の
◆ 男 ❶ ビル, マンション. ❷ 複 不動産〖bienes ～*s*〗

inmundicia [インムンディスィア] 囡 ❶ 汚物. ❷ ⟨道徳的な⟩ 不純

inmundo, da [インムンド, ダ] 形 ❶ 汚れた, きたない. ❷ ⟨道徳的に⟩ 不純な, 不潔な

inmune [インムネ] 形 ❶ 免除された. ❷ ⟨a に対して⟩ 免疫の

inmunidad [インムニダ] 囡 ❶ 特権. 免疫性

inmunizar [インムニサル] 13 他 ⟨contra に対する⟩ 免疫性を…に与える
◆ ～se 免疫になる

inmunodeficiencia [インムノデフィスィエンスィア] 囡 免疫不全: virus de la ～ humana エイズウイルス, VIH

inmutable [インムタブレ] 形 ❶ 不変の. ❷ ⟨人が⟩ 動じない

inmutar [インムタル] 他 動揺させる
◆ ～se 動揺する, 顔色を変える

innato, ta [インナト, タ] 形 生まれつきの, 生来の: talento ～ 生まれつきの才能

innecesario, ria [インネセサリオ, リア] 形 不必要な, よけいな

innegable [インネガブレ] 形 否定できない, 明白な

innoble [インノブレ] 形 下品な; 卑劣な

innovación [インノバスィオン] 囡 革新, 新機軸: ～ técnica 技術革新

innovar [インノバル] 他 刷新する

innumerable [インヌメラブレ] 形 数えきれない, 無数の

inocencia [イノセンスィア] 囡 ❶ 無罪, 潔白. ❷ 純真, 無邪気

inocente [イノセンテ] 形 ❶ 無罪の, 潔白な: declarar a+人 ～ …の無罪を宣告する ❷ 無邪気な, 純真無垢な: cara ～ あどけない顔

hacerse el ～ 無実を装う, しらばくれる

inocentón, na [イノセントン, ナ] 形 名 お人よし〔の〕

inocular [イノクラル] 他 ⟨医学⟩ 接種する

inocuo, cua [イノクオ, クア] 形 無害の

inodoro, ra [イノドロ, ラ] 形 無臭の
◆ 男 水洗便所

inofensivo, va [イノフェンシボ, バ] 形 無害の

inolvidable [イノルビダブレ] 形 忘れられない

inoperante [イノペランテ] 形 効果のない

inopinado, da [イノピナド, ダ] 形 予期しない, 思いがけない

inoportuno, na [イノポルトゥノ, ナ] 形 時宜(ぎ)を得ない, 不都合な: pregunta ～*na* 間の悪い質問

inoxidable [イノ(ク)シダブレ] 形 酸化しない, さびない: acero ～ ステンレス鋼

input [インプット] 男 ⟨情報⟩ インプット, 入力

inquebrantable [インケブランタブレ] 形 ⟨比喩的に⟩ 壊れない: fe ～ 固い信念

inquietante [インキエタンテ] 形 不安を抱かせる, 気をもませる

inquietar [インキエタル] 他 不安にする, 心配させる
◆ ～se 心配する, 気をもむ

inquieto, ta [インキエト, タ] 形 ❶ 不安な, 心配な: una noche ～*ta* 不安な一夜 ❷ 落ち着きのない

inquietud [インキエトゥ] 囡 不安, 心配

inquilino, na [インキリノ, ナ] 名 借家人, 間借り人

inquirir [インキリル] 2 他 調査する; 尋ねる

inquisición [インキスィスィオン] 囡 ❶ 調査,

inquisitivo, va [インキシティボ, バ] 形 探るような

insaciable [インサシアブレ] 形 〈de に〉飽くことを知らない: curiosidad ~ 飽くなき好奇心

insalubre [インサルブレ] 形 健康によくない，不衛生な

inscribir [インスクリビル] 他 〈過分 inscri(p)to〉 ❶ 書きつける，記入する；登録する：~ el nombre de+人 en la lista …の名前をリストに載せる． ❷ 彫る，刻み込む
◆ **~se** 〈自分の名前を〉記入する；登録する，申し込む：~se en el seguro 保険に入る

inscripción [インスクリプスィオン] 女 ❶ 登録，申し込み． ❷ 碑文

insecticida [インセクティスィダ] 男 殺虫剤

insecto [インセクト] 男 昆虫: ~ social 社会性昆虫

inseguridad [インセグリダ] 女 ❶ 安全でないこと． ❷ 不確実． ❸ 確信(自信)のなさ: hablar con ~ 自信なさそうに話す

inseguro, ra [インセグロ, ラ] 形 ❶ 安全でない: Este barrio es ~. この地域は治安が悪い． ❷ 確実でない: noticia ~ra 不確かなニュース． ❸ 確信(自信)がない

inseminación [インセミナスィオン] 女 授精: ~ artificial 人工授精

inseminar [インセミナル] 他 …に授精させる

insensato, ta [インセンサト, タ] 形 分別のない

insensibilidad [インセンシビリダ] 女 無感覚，麻痺；無関心

insensible [インセンシブレ] 形 ❶ 無感覚な，麻痺した: ~ al dolor 痛みを感じない． ❷ 無関心な，冷淡な． ❸ 知覚できないほどわずかな

inseparable [インセパラブレ] 形 〈de から〉切り離せない，不可分の

inserción [インセルスィオン] 女 挿入

insertar [インセルタル] 他 挿入する，差し込む

inservible [インセルビブレ] 形 使用に耐えない，役に立たない

insignia [インシグニア] 女 記章，バッジ

insignificante [インシグニフィカンテ] 形 取るに足りない

insinuación [インスィヌアスィオン] 女 ほのめかし

insinuar [インスィヌアル] I 他 遠回しに言う，ほのめかす
◆ **~se** 〈a+人 の〉気を引く

insípido, da [インシピド, ダ] 形 ❶ 味のしない，まずい． ❷ おもしろみのない

insistencia [インスィステンスィア] 女 固執，しつこさ: con ~ しつこく

insistente [インスィステンテ] 形 しつこい

insistir [インスィスティル] 自 ❶ 〈en に〉**固執する**，しつこく頼む: Insistió en ir solo. 彼は一人で行くと言い張った
❷ 力説する: ~ en su inocencia 無実を強く主張する

insolación [インソラスィオン] 女 日射病: coger una ~ 日射病にかかる

insolencia [インソレンスィア] 女 無礼，横柄；無礼(横柄)な言動

insolente [インソレンテ] 形 無礼な，横柄な

insólito, ta [インソリト, タ] 形 ❶ まれな． ❷ 並はずれた

insoluble [インソルブレ] 形 ❶ 不溶性の． ❷ 解決できない

insolvencia [インソルベンスィア] 女 支払い不能，破産

insomnio [インソムニオ] 男 不眠症: noches de ~ 眠れない夜

insondable [インソンダブレ] 形 はかり知れない，底知れない

insonorizar [インソノリサル] 13 他 防音する

insoportable [インソポルタブレ] 形 耐えられない，我慢のならない: dolor ~ 耐えがたい痛み

insospechado, da [インソスペチャド, ダ] 形 思いもよらない，予想外の

insostenible [インソステニブレ] 形 ❶ 支えられない． ❷ 支持できない

inspección [インスペ(ク)スィオン] 女 検査，点検；視察，査察: ~ de cuentas 会計検査. ~ sanitaria 衛生状態の検査；検疫

inspeccionar [インスペ(ク)スィオナル] 他 検査(点検)する；視察(査察)する

inspector, ra [インスペクトル, ラ] 名 ❶ 検査官；視察官． ❷ 警部 [~ de policía]

inspiración [インスピラスィオン] 女 ❶ 吸気． ❷ 霊感，インスピレーション． ❸ 示唆，勧め

inspirar [インスピラル] 他 ❶ 吸い込む． ❷ …に着想(霊感)を与える；〈感情などを〉抱かせる: ~ simpatía a+人 …の共感を呼ぶ
◆ **~se** 〈en から〉着想を得る，思いつく

instalación [インスタラスィオン] 女 ❶ すえつけ，設置． ❷ 設備；施設: instalaciones deportivas スポーツ施設． ❸ 身を落ち着けること． ❹ 〈情報〉インストール

instalar [インスタラル] 他 ❶ すえつける，設置する: ~ el teléfono 電話を引く． ~ un semáforo 信号機を設置する. ❷〈情報〉インストールする

◆ ~se 身を落ち着ける, 住む

instancia [インスタンスィア] 囡 ❶ 請願書. ❷〈法律〉primera ~ 一審

en última ~ しかたなく, ほかに打つ手がないので

instantánea¹ [インスタンタネア] 囡 スナップ写真

instantáneo, a² [インスタンタネオ, ア] 形 ❶ 瞬間的な, 瞬時の. ❷ 即座の: muerte ~a 即死. ❸ 即席の: café ~ インスタントコーヒー

instante [インスタンテ] 男 **瞬間**: Vaciló un ~. 彼は一瞬迷った

a cada ~ しばしば, ひっきりなしに, 常に

al ~ すぐに: Se levantó *al* ~. 彼は即座に立ち上がった

en un ~ たちまち

instar [インスタル] 他

◆ 自〈a+不定詞・que+接続法 するように〉せきたてる

instaurar [インスタウラル] 他 創立する

instigar [インスティガル] 55 他 扇動する, そそのかす

instintivo, va [インスティンティボ, バ] 形 ❶ 本能的な. ❷ 衝動的な

instinto [インスティント] 男 **本能**: ~ maternal 母性本能

por ~ 本能的に, 本能で

institución [インスティトゥスィオン] 囡 ❶ 制定, 設立. ❷ 制度; 組織, 機構: ~ benéfica 慈善団体

institucional [インスティトゥスィオナル] 形 制度上の

instituir [インスティトゥイル] 42 他〈制度・組織を〉制定する, 設立する

instituto [インスティトゥト] 男 ❶〈ス〉中学校, 高校. ❷ 研究所. ❸ 協会

institutriz [インスティトゥトリス] 囡 女性家庭教師

instrucción [インストルク〔ク〕スィオン] 囡 ❶ 教育: ~ primaria 初等教育. ❷ 複 指示, 指令: dar *instrucciones* a+人 sobre+事 …について…に指示を与える. ❸ 複〈商品の〉使用法, 説明書

instructivo, va [インストルクティボ, バ] 形 教育的な; 教訓的な

instructor, ra [インストルクトル, ラ] 名 教官, インストラクター

instruido, da [インストゥルイド, ダ] 形 過分 教養のある, 学識が深い

instruir [インストルイル] 42 他〈en を〉…に教える, 教育する: ~ a+人 *en* el manejo del ordenador …にコンピュータの操作法を教える

instrumental [インストルメンタル] 形 ❶ 道具の. ❷ 楽器の

instrumento [インストルメント] 男 ❶ **道具**, 器具: ~ óptico 光学器械

❷ **楽器**〖~ musical〗: saber tocar un ~ 楽器をひける

❸ 手段

insubordinar [インスボルディナル] ~se〈contra に〉反抗する, 従わない

insuficiencia [インスフィスィエンスィア] 囡 ❶ 不足, 不十分: por ~ de pruebas 証拠不十分のために. ❷〈医学〉不全: ~ cardíaca 心不全

insuficiente [インスフィスィエンテ] 形 足りない, 不十分な

◆ 男〈成績の〉不可, 不合格

insufrible [インスフリブレ] 形 耐えられない, 我慢できない

insular [インスラル] 形 島の

insulina [インスリナ] 囡〈生化〉インシュリン

insulso, sa [インスルソ, サ] 形 ❶ 味の薄い, 味のない. ❷ おもしろみのない, 味気ない

insultar [インスルタル] 他 侮辱する, ののしる

insulto [インスルト] 男 **侮辱**: proferir ~s contra+人 …をののしる

insumiso, sa [インスミソ, サ] 形 服従しない, 反抗的な

insuperable [インスペラブレ] 形 ❶ この上ない, 最高の. ❷〈困難などが〉克服できない

insurgente [インスルヘンテ] 形 名 反乱を起こした, 蜂起した; 反徒

insurrección [インスれ〔ク〕スィオン] 囡 反乱, 蜂起

intachable [インタチャブレ] 形 非の打ちどころのない, 申し分のない

intacto, ta [インタクト, タ] 形 手を触れていない, 手つかずの

integración [インテグラスィオン] 囡 統合, 同化

integral [インテグラル] 形 完全な, 全面的な: pan ~ 全粒パン

◆ 男〈数学〉積分

integrar [インテグラル] 他 ❶ …の全体を構成する. ❷ 統合する, 同化させる. ❸〈数学〉積分する

◆ ~se 同化する: ~se en la clase クラスにとけ込む

integridad [インテグリダ] 囡 ❶ 完全さ, 無傷. ❷ 高潔

integrismo [インテグリスモ] 男 原理主義: ~ islámico イスラム原理主義

integrista [インテグリスタ] 名 原理主義者

íntegro, gra [インテグロ, グラ] 形 ❶ 全部

の, 完全な: texto ~ del comunicado 共同声明の全文. ❷ 高潔な

intelectual [インテレクトゥアル] 形 知能の, 知的な: curiosidad ~ 知的好奇心
◆ 名 知識人, インテリ: ~es y artistas 知識人と芸術家たち

inteligencia [インテリヘンスィア] 女 ❶ 知能, 知性: hombre de mucha ~ たいへん知性的な人, とても頭のよい人 ❷ servicio de ~ 情報機関

inteligente [インテリヘンテ] 形 頭のいい, 賢い: ser ~ 知的存在

inteligible [インテリヒブレ] 形 理解できる, わかりやすい

intemperie [インテンペリエ] 女 悪天候 *a la* ~ 野天で, 風雨にさらされて: dormir *a la* ~ 野宿する

intempestivo, va [インテンペスティボ, バ] 形 時機を失した, 場違いな

intención [インテンスィオン] 女 意図, 意向: tener [la] ~ de luchar 戦うつもりである. buena ~ 善意. mala ~ 悪意 *con* ~ 故意に, わざと *tener segunda* ~ 下心がある

intencionado, da [インテンスィオナド, ダ] 形 故意の, 意図的な: incendio ~ 放火. bien (mal) ~ 善意(悪意)の

intensidad [インテンスィダ] 女 強度, 強さ: llover con ~ 雨が激しく降る

intensificar [インテンスィフィカル] 73 他 強化する: ~ la vigilancia 監視を強化する
◆ ~se 激化する

intensivo, va [インテンスィボ, バ] 形 集中的な: curso ~ 集中講義. agricultura ~va 集約農業

intenso, sa [インテンソ, サ] 形 強い, 激しい: frío ~ 厳しい寒さ

intentar [インテンタル] 他 試みる, 企てる: *Intenté* adelgazar pero no pudo. 私はやせようとしたがだめだった. ¡*Inténta*lo otra vez! さあもう一度やってごらん

intento [インテント] 男 ❶ 試み, 企て. ❷ 未遂: ~ de robo 窃盗未遂

interacción [インテラ[ク]スィオン] 女 相互作用

interactivo, va [インテラクティボ, バ] 形 相互作用の, インタラクティブな, 双方向の

intercalar [インテルカラル] 他 挿入する, 差し込む

intercambiar [インテルカンビアル] 他 交換する: ~ informaciones 情報を交換する

intercambio [インテルカンビオ] 男 交換: becario de ~ 交換留学生. ~ cultural 文化交流

interceder [インテルセデル] 自 仲介する, とりなす

interceptar [インテルセプタル] 他 ❶ 途中で奪う, 横取りする. ❷〈スポーツ〉インターセプトする. ❸〈通信を〉傍受する

intercesión [インテルセシオン] 女 とりなし, 仲介

interés [インテレス] 男〈複 intereses〉 ❶ 利益, 利点: casamiento por ~ お金目当ての結婚, 政略結婚. ~ del Estado/~ nacional 国益. ~ público 公共の利益 ❷ 複 利害;利害関係 ❸ 利子, 利息: tipo (tasa) de ~ 利率. ~ simple (compuesto) 単利(複利). ~ sobre el depósito 預金金利 ❹ 複〈投資の〉収益 ❺〈por·en への〉関心, 興味: tener mucho ~ *por*... ...にたいへん関心がある

interesado, da [インテレサド, ダ] 形 過分 ❶〈por·en に〉関心のある: estar ~ *por* el flamenco フラメンコに興味を持っている. ❷ 利害関係のある. ❸ 利にさとい, 欲得ずくの
◆ 名 当事者, 関係者

interesante [インテレサンテ] 形 ❶ おもしろい, 興味深い: libro ~ おもしろい本 ❷〈人が〉魅力的な

interesar [インテレサル] 他 ...の関心を引く, 興味を抱かせる: Esta novela me *interesa* mucho. この小説はおもしろそうだ
◆ ~se〈por に〉関心を示す;...のことを尋ねる

interferencia [インテルフェレンスィア] 女 ❶ 干渉. ❷ 電波障害

interferir [インテルフェリル] 77 自 ❶〈en に〉干渉する: ~ *en* los asuntos de otros 他人のことに口出しする. ❷ 電波障害を起こす
◆ 他 妨害する
◆ ~se〈en に〉干渉する;割り込む

interfono [インテルフォノ] 男 インターフォン

interino, na [インテリノ, ナ] 形 名 代行〔の〕, 代理〔の〕

interior [インテリオル] 形 ❶ 内部の, 内側の: mar ~ 内海. ropa ~ 下着 ❷ 国内の: comercio ~ 国内取引 ❸ 内心の: vida ~ 精神生活
◆ 男 ❶ 内部: Ministerio de *I*~ 内務省. ~ de la Tierra 地球の内部 ❷ 内陸部, 中央部 ❸ 内心

interjección [インテルヘ[ク]スィオン] 女〈文法〉間投詞

interlocutor, ra [インテルロクトル, ラ] 名 対談者

intermediario, ria [インテルメディアリオ, リア] 名 ❶ 仲買人. ❷ 仲介者；仲裁人

intermedio, dia [インテルメディオ, ディア] 形 **中間の**：color 〜 中間色. tamaño 〜 中くらいのサイズ
◆ 男 ❶ 合い間. ❷〈演劇〉幕間(まく), 休憩

interminable [インテルミナブレ] 形 終わりのない, 際限のない：cola 〜 長蛇の列

intermitente [インテルミテンテ] 形 断続的な, 間欠的な
◆ 男〈自動車〉ウィンカー

internacional [インテルナスィオナル] 形 **国際的な**：problema 〜 国際問題. relaciones 〜es 国際関係

internado [インテルナド] 男 過分 寄宿学校, 寄宿舎

internar [インテルナル] 他 収容する, 入院させる：Los heridos fueron *internados* en un hospital. 負傷者は病院に収容された
◆ 〜se 深く入り込む

internauta [インテルナウタ] 名 インターネット利用者

Internet [インテルネ(ト)] 女〈情報〉インターネット：conectarse a 〜 インターネットに接続する

internista [インテルニスタ] 名 内科医

interno, na [インテルノ, ナ] 形 ❶ **内部の**, 内的な：factor 〜 内的要因 ❷ 国内の：política 〜na 国内政治
◆ 名 寄宿生

interpelación [インテルペラスィオン] 女 質疑, 質問

interpelar [インテルペラル] 他 …に質疑する, 説明を求める

interponer [インテルポネル] 54〈過分 inter*puesto*〉他 ❶〈entre の〉間に置く, 間に入れる. ❷ 介入させる
◆ 〜se 間に入る, 介在する；干渉する

interpretación [インテルプレタスィオン] 女 ❶ 解釈. ❷ 翻訳；通訳：〜 simultánea 同時通訳. ❸ 演奏；演技

interpretar [インテルプレタル] 他 ❶ 解釈する. ❷ 翻訳する, 通訳する：〜 del español al japonés スペイン語から日本語に訳す. ❸ 演奏する, 歌う；〈役を〉演じる：〜 el himno nacional 国歌を演奏する. 〜 el papel de Hamlet ハムレットの役を演じる

intérprete [インテルプレテ] 名 ❶ 通訳. ❷ 代弁者. ❸ 演奏者；出演者

interpuesto 過分 ⇨**interponer** 54

interrogación [インテロガスィオン] 女 ❶ 質問, 尋問. ❷〈文法〉疑問；疑問文；疑問符〖signos de 〜〗

interrogante [インテロガンテ] 男〈時に 女〉疑問点, 問題点

interrogar [インテロガル] 55 他 …に質問する, 尋問する：〜 a un testigo 証人に質問する

interrogativo, va [インテロガティボ, バ] 形 ❶ 問いかけるような. ❷〈文法〉疑問の

interrogatorio [インテロガトリオ] 男 尋問

interrumpir [インテルンピル] 他 ❶ **中断する**：〜 los estudios 勉学を中断する. 〜 el tráfico 交通を遮断する, 不通にする ❷ …の話をさえぎる：No me *interrumpas*. 話の腰を折らないでくれ

interrupción [インテるプスィオン] 女 ❶ 中断, 遮断：〜 voluntaria del embarazo 妊娠中絶. ❷〈話の〉妨害

interruptor [インテるプトル] 男〈電気〉スイッチ

intersección [インテルセ(ク)スィオン] 女 交差点

interurbano, na [インテルルバノ, ナ] 形 都市間の：llamada 〜*na* 市外通話. autobús 〜 長距離バス

intervalo [インテルバロ] 男 間隔, 間(*)：diez minutos de 〜 entre clase y clase 授業と授業の間の 10 分の休み時間
a 〜*s* 間をおいて, ところどころに

intervención [インテルベンスィオン] 女 ❶ 介入, 干渉；仲裁：〜 militar 軍事介入. ❷ 参加；出演. ❸ 手術

intervenir [インテルベニル] 22 自〈en に〉❶ 介入する, 干渉する；仲裁する：〜 en la política de otro país 他国に内政干渉する. 〜 en una pelea けんかの仲裁をする. ❷ 参加する；出演する：〜 en la conversación 会話に加わる. 〜 en la película como protagonista 映画に主役で出演する
◆ 他 ❶ …に手術をする. ❷ 統制する. ❸ 検閲する

interventor, ra [インテルベントル, ラ] 名 ❶ 会計検査官, 監査官. ❷〈鉄道〉改札係

interviú [インテルビウ] 女 インタビュー：hacer una 〜 a... …にインタビューする

intestino [インテスティノ] 男〈解剖〉腸：〜 delgado 小腸. 〜 grueso 大腸. 〜 ciego 盲腸

intimar [インティマル] 自〈con と〉親しくなる

intimidad [インティミダ] 女 ❶ 親密な関係. ❷ 私生活, プライバシー. ❸ 複 性器
en la 〜 内輪での；内輪での

intimidar [インティミダル] 他 おどす, 威嚇する

intimidatorio, ria [インティミダトリオ, リア] 他 威嚇する：disparo 〜 威嚇射撃

íntimo, ma [インティモ, マ] 形 ❶ 親密な, 緊密な: amigo ～ 親友. ❷ 内輪の, 仲間うちの；くつろいだ感じの: fiesta ～ma 内輪のパーティー. vida ～ma 私生活 ❸ もっとも内側の, いちばん奥の

intolerable [イントレラブレ] 形 許しがたい, 耐えがたい

intolerancia [イントレランスィア] 女 不寛容

intolerante [イントレランテ] 形 不寛容な, 偏狭な

intoxicación [イント〔ク〕シカスィオン] 女 中毒: ～ alimenticia 食中毒

intoxicar [イント〔ク〕シカル] 73 ～se 中毒になる

intranquilidad [イントランキリダ] 女 不安, 心配

intranquilizar [イントランキリサル] 13 他 不安にする
◆ ～se 不安になる

intranquilo, la [イントランキロ, ラ] 形 ❶ 不安な, 心配な ❷ 落ち着きのない

intransigencia [イントランスィヘンスィア] 女 非妥協性, がんこ

intransigente [イントランスィヘンテ] 形 妥協しない, 融通のきかない, がんこな

intransitable [イントランスィタブレ] 形 通れない, 通行不能な

intransitivo [イントランスィティボ] 男 〈文法〉自動詞

intrascendente [イントラスセンデンテ] 形 重要でない, 取るに足りない

intratable [イントラタブレ] 形 ❶ 手に負えない, ❷ 無愛想な

intrépido, da [イントレピド, ダ] 形 恐れを知らない, 大胆不敵な

intriga [イントリガ] 女 ❶ 陰謀, 策謀: tramar ～s 陰謀をめぐらす. novela de ～ 冒険推理小説. ❷ 筋立て, プロット

intrigar [イントリガル] 55 自 〈contra に対し〉陰謀をめぐらす
◆ 他 好奇心をそそる

intrincado, da [イントリンカド, ダ] 形 錯綜した, 込み入った

introducción [イントロドゥ〔ク〕スィオン] 女 ❶ 入れること, 挿入. ❷ 紹介. ❸ 入門, 入門書: I～ a la gramática española スペイン文法入門. ❹ 序文；序奏

introducir [イントロドゥスィル] 19 他 ❶ 差し込む, 挿入する；～ la llave en la cerradura 錠前に鍵を差し込む. ❷ 〈人を〉招き入れる；紹介する. ❸ 導入する, 取り入れる: ～ un nuevo sistema 新しいシステムを導入する
◆ ～se 入り込む

intromisión [イントロミスィオン] 女 干渉

introvertido, da [イントロベルティド, ダ] 形 内向的な

intruso, sa [イントルソ, サ] 形 名 ❶ 侵入した；侵入者. ❷ 無資格の〔人〕, もぐりの

intuición [イントゥイスィオン] 女 直観, 勘: por ～ 直観的に, 勘で

intuir [イントゥイル] 42 他 直観する

intuitivo, va [イントゥイティボ, バ] 形 ❶ 直観的な. ❷ 勘の鋭い

inundación [イヌンダスィオン] 女 洪水, 氾濫(はん), 浸水

inundar [イヌンダル] 他 〈場所に〉洪水を起こす, 浸水させる
◆ ～se 洪水になる, 浸水する: Se inundaron muchas casas. 多くの家屋が水びたしになった

inútil [イヌティル] 形 役に立たない, むだな: esfuerzo ～ むだな努力. Es ～+不定詞・que+接続法 …してもむだである

inutilidad [イヌティリダ] 女 無益, むだ

inutilizar [イヌティリサル] 13 他 役に立たなくする, 使えなくする

invadir [インバディル] 他 ❶ …に侵入する, 侵略する. ❷ あふれる: Miles de turistas *invadían* el pueblo. 村は数千人の観光客であふれていた

invalidez [インバリデス] 女 ❶ 障害, 廃疾. ❷ 無効性

inválido, da [インバリド, ダ] 形 ❶ 〈de 身体が〉動かない: estar ～ de las piernas 足が不自由である. ❷ 無効の
◆ 名 身体障害者

invariable [インバリアブレ] 形 不変の, 一定の

invasión [インバスィオン] 女 侵入, 侵略；不法占拠

invasor, ra [インバソル, ラ] 形 名 侵略者〔の〕, 侵略軍〔の〕

invencible [インベンスィブレ] 形 ❶ 不敗の, 無敵の: Armada I～ 無敵艦隊. ❷ 克服しがたい

invención [インベンスィオン] 女 ❶ 発明, 発明品. ❷ 作り話, でっち上げ

inventar [インベンタル] 他 ❶ 発明する, 考案する. ❷ 〈作り話を〉でっち上げる: ～ una excusa 言い訳をでっち上げる

inventario [インベンタリオ] 男 ❶ 在庫品目録. ❷ 在庫調べ, たな卸し

inventiva [インベンティバ] 女 発明の才, 創造力

invento [インベント] 男 ❶ 発明品. ❷ 作り話, でっち上げ

inventor, ra [インベントル, ラ] 名 発明者, 発明家

invernadero [インベルナデロ] 男 温室 : gas de efecto ~ 温室効果ガス

invernal [インベルナル] 形 冬の

invernar [インベルナル] 57 自 ❶ 冬を過ごす, 避寒する. ❷ 冬眠する

inverosímil [インベロシミル] 形 本当とは思えない, ありそうもない : historia ~ うそのような話

inversión [インベルシオン] 女 投資 : ~ en maquinaria y equipos 設備投資. ~ pública 公共投資

inverso, sa [インベルソ, サ] 形 逆の, 反対の : en sentido ~ a... …と逆方向に *a la* ~*sa* <de とは> 逆に, 反対に

inversor, ra [インベルソル, ラ] 名 出資者, 投資家

invertir [インベルティル] 77 他 ❶ 投資する : ~ su dinero en fincas 金を不動産に投資する. ❷ 逆転させる : ~ los números 数の順序を逆にする. ❸ <時間を>ついやす

investidura [インベスティドゥラ] 女 ❶ <位階などの>授与, 叙任. ❷ <議会による>首相指名

investigación [インベスティガスィオン] 女 ❶ 捜査. ❷ 研究, 調査 : ~ de mercado 市場調査

investigador, ra [インベスティガドル, ラ] 形 ❶ 捜査の. ❷ 研究の, 調査の : equipo ~ 研究チーム ; 調査団
◆ 名 ❶ 捜査員. ❷ 研究者, 研究員, 調査員

investigar [インベスティガル] 55 他 ❶ 捜査する. ❷ 研究する, 調査する : ~ la cultura española スペイン文化を研究する. ~ la causa 原因を調査する

investir [インベスティル] 56 他 <高い地位・名誉を>…に授与する

invierno [インビエルノ] 男 冬 : en ~ 冬に. deportes de ~ ウインタースポーツ

inviolable [インビオラブレ] 形 不可侵の

invisible [インビシブレ] 形 目に見えない

invitación [インビタスィオン] 女 ❶ 招待 ; 招待状 『carta de ~』: aceptar (rehusar) la ~ 招待に応じる(を断る). ❷ おごり

invitado, da [インビタド, ダ] 名 過分 招待客, 客

invitar [インビタル] 他 ❶ <a に> 招待する, 招く : ~ a+人 *a* la cena …を夕食に招く
❷ おごる : Te *invito a* una copa. 一杯おごるよ

invocar [インボカル] 73 他 ❶ <神の加護などを>祈る, 願う. ❷ 引き合いに出す, 援用する

involucrar [インボルクラル] 他 <en 犯罪などに> 巻き込む, 巻き添えにする

involuntario, ria [インボルンタリオ, リア] 形 ❶ 意志によらない : homicidio ~ 過失致死. ❷ 無意識の

invulnerable [インブルネラブレ] 形 ❶ 傷つくことのない, 不死身の. ❷ <a に> 動じない

inyección [インジェ(ク)スィオン] 女 ❶ 注射 : poner una ~ a+人 …に注射する. ❷ 注入

inyectar [インジェクタル] 他 ❶ 注射する. ❷ 注入する

ion [イオン] 男 <化学> イオン : ~ positivo (negativo) プラス(マイナス)イオン

ir [イル] 43 過分 ido, 現分 yendo 自 I ❶ 行く : 1) <a へ> *Voy a* España. 私はスペインに行く. 2) <en+交通手段> *ir en* coche (avión・barco・tren・autobús) 車(飛行機・船・列車・バス)で行く. <a+不定詞> ~ *a* pie 歩いて行く. ~ *a* caballo 馬に乗って行く. 3) <a+不定詞> …しに行く : *Fue* al parque *a* pasear. 彼は公園に散歩に出かけた. <de+名詞> ~ *de* compras (*de* paseo・*de* viaje) 買い物(散歩・旅行)に出かける. 4) <con> *Fui* al cine *con* Juan. 私はフアンと映画を見に行った

❷ 達する : Esta carretera *va* hasta Toledo. この道はトレドまで通じている

❸ <健康・進行状況などが, a にとって>…である : 1) Por ahora los estudios me *van* bien. 今のところ私の勉強は順調だ. ¿Cómo te *va?*—〔Me *va*〕muy bien. ごきげんいかが?—元気です. ¡Que le *vaya* bien! <別れの挨拶> ごきげんよう/気をつけて/がんばって! 2) <en で> Le *va* muy bien *en* el nuevo trabajo. 彼の新しい仕事はうまくいっている

❹ <a に, con と> 適する, 合う : Te *va* muy bien ese color. その色は君にとてもよく似合う. Esta blusa no *va con* la falda. このブラウスはスカートと合わない

❺ <con> 身につけている ; …の状態である : ~ *con* abrigo コートを着ている. ~ *con* miedo おびえている

❻ <por> 取りに(捜しに)行く : ~ *por* el médico 医者を呼びに行く

II <助動詞的> ❶ <a+不定詞> 1) …しようとしている, …するつもりだ : *Iban a* salir. 彼らは出かけようとしていた. Yo no *voy a* quedarme aquí. 私はここに残るつもりはない. 2) …だろう : *Va a* llover. 雨が降るだろう

❷ <**vamos a**+不定詞. 勧誘> …しよう : *Vamos a* comer juntos. 一緒に食事しよう

❸ <+現在分詞. ゆっくりと> …していく : *Va* anocheciendo. しだいに日が暮れていく

❹ <+過去分詞. 状態> *Iba* muy bien vestida. 彼女はいい服を着ていた

◆ **～se ❶** 立ち去る, 帰る; 行ってしまう: Ya *se fue*. 彼はもう行ってしまった. *Vámonos*. 行こう/帰ろう. *¡Vete!* 出て行け!
❷〈3人称単数形. 一般に人が〉行く: ¿Cómo *se va* a la estación? 駅にはどのように行ったらいいのですか?

en lo que va de año 年の初めから現在までに
ir a lo suyo 自分勝手なことをする
ir todos a una 力を合わせる, 団結する
no ～ a+人 ni venir+人 …にとってどうでもよい
no vaya a ser que+接続法 …するといけないので: Tienes que correr, *no vaya a ser que* pierdas el tren. 列車に乗り遅れるといけないから急ぎなさい
¡Qué va! とんでもない!
vamos 1) さあ行こう. 2)〈うながして〉さあ: *Vamos*, no llores. さあ, 泣かないで. 3)〈ためらい〉ええと, まあ
¡Vaya!〈不快・抗議・驚き・強調など〉わあ/まさか/へえー/おやおや!: *¡Vaya* coche! すごい車だ!

ir- ⇨**in-**

ira [イラ] 囡 激怒: descargar la ～ contra +人 …に怒りを爆発させる
iracundo, da [イラクンド, ダ] 形 **❶** 怒りっぽい, 怒った
iraní [イラニ] 形 名 イラン Irán〔人〕の; イラン人
iraquí [イラキ] 形 名 イラク Irak〔人〕の; イラク人
irascible [イラスィブレ] 形 怒りっぽい, 短気な
iris [イリス] 男〈気象〉虹〖arco ～〗
irlandés, sa [イルランデス, サ] 形 名 アイルランド Irlanda〔人・語〕の; アイルランド人 ◆ 男 アイルランド語
ironía [イロニア] 囡 皮肉, 当てこすり
irónico, ca [イロニコ, カ] 形 皮肉の
irracional [イラスィオナル] 形 **❶** 非理性的な. **❷** 不合理な
irradiar [イラディアル] 他〈光・熱などを〉発する, 放射する
irreal [イレアル] 形 実在しない, 非現実的な
irrealizable [イレアリサブレ] 形 実現不可能な
irreconciliable [イレコンスィリアブレ] 形 和解できない
irrecuperable [イレクペラブレ] 形 回収不可能な, 取り返しのつかない
irregular [イレグラル] 形 **❶** 不規則な, 一様でない: ritmo ～ 一定しないリズム. terreno ～ でこぼこな土地. **❷** 法律に反する, 不正な
irregularidad [イレグラリダ] 囡 **❶** 不規則性. **❷** 不正
irrelevante [イレレバンテ] 形 取るに足りない, 重要でない
irremediable [イレメディアブレ] 形 取り返しのつかない, 手の施しようのない
irreparable [イレパラブレ] 形 修理(修繕)できない; 取り返しのつかない
irreprochable [イレプロチャブレ] 形 非の打ちどころの無い, 申し分のない
irresistible [イレシスティブレ] 形 抵抗できない, 抑えがたい
irrespetuoso, sa [イレスペトゥオソ, サ] 形 不敬な, 無礼な
irresponsable [イレスポンサブレ] 形 **❶** 無責任な. **❷** 責任のない
irreverente [イレベレンテ] 形 不敬な, 罰当たりな
irrigación [イリガスィオン] 囡 灌漑(がい)
irrigar [イリガル] 55 他 灌漑(がい)する
irrisorio, ria [イリソリオ, リア] 形 **❶** こっけいな. **❷** 取るに足らない
irritación [イリタスィオン] 囡 **❶** いらだち, 立腹. **❷**〈軽い〉炎症, かぶれ
irritante [イリタンテ] 形 いらいらさせる
irritar [イリタル] 他 **❶** いらいらさせる, 怒らせる. **❷**〈軽い〉炎症を起こさせる, ひりひりさせる ◆ **～se ❶** いらいらする, 腹を立てる. **❷** 炎症をおこす, ひりひりする
irrumpir [イルンピル] 自〈en に〉押し入る, 乱入する
irrupción [イルプスィオン] 囡 乱入, 侵入
isla [イスラ] 囡 島: *I*～ de Chipre キプロス島. *I*～s Canarias カナリア諸島
islam [イスラン] 男〈主に el *I*～〉イスラム教; イスラム世界
islámico, ca [イスラミコ, カ] 形 イスラム教の
islandés, sa [イスランデス, サ] 形 名 アイスランド Islandia〔人〕の; アイスランド人
isleño, ña [イスレニョ, ニャ] 形 名 島の; 島民
islote [イスロテ] 男〈無人の〉小島
israelí [イスらエリ] 形 名 イスラエル Israel〔人〕の; イスラエル人
istmo [イスモ] 男 地峡
Italia [イタリア] 囡 イタリア
italiano, na [イタリアノ, ナ] 形 名 イタリア〔人・語〕の; イタリア人 ◆ 男 イタリア語
itinerario [イティネラリオ] 男 旅程, 行程; 道順
IVA [イバ] 男〈略語〉付加価値税, 消費税〖←*i*mpuesto sobre el *v*alor *a*ñadido〗

izar [イサル] 13 他 〈旗などを〉あげる：~ la bandera española スペイン国旗をあげる

izq. 〈略語〉左 〖←izquierda〗

izquierda[1] [イスキエルダ] 囡 ❶ 左, 左側：El hotel está a la ~. そのホテルは左手にある. ir por la ~ 左側を行く. doblar a la ~ 左へ曲がる

❷ 〈政治〉左翼, 左派

izquierdista [イスキエルディスタ] 形 名 〈政治〉左翼の〔人〕, 左派の〔人〕

izquierdo, da[2] [イスキエルド, ダ] 形 左の：mano ~*da* 左手

***levantarse con el pie* ~** 〈その日は〉縁起が悪い

J, j [ホタ]

jabalí [ハバリ] 男 イノシシ(猪)
jabón [ハボン] 男 石けん: ~ en polvo 粉石けん. ~ en crema ボディシャンプー
dar ~ *a*+人 …におべっかを使う
jabonar [ハボナル] 他 石けんで洗う
jabonera [ハボネラ] 女 石けん入れ
jabugo [ハブゴ] 男 〈料理〉〈ウエルバ産の〉ハブゴハム
jaca [ハカ] 女 雌馬; 小馬
jacinto [ハスィント] 男 〈植物〉ヒヤシンス
jactancia [ハクタンスィア] 女 自慢, うぬぼれ
jactar [ハクタル] ~*se* 〈*de* を〉自慢する
jade [ハデ] 男 〈鉱物〉ひすい
jadear [ハデアル] 自 息を切らす, あえぐ
jadeo [ハデオ] 男 息切れ, あえぎ
jaguar [ハグアル] 男 〈動物〉ジャガー
jalea [ハレア] 女 〈料理〉ジャム
jalear [ハレアル] 他 …に掛け声をかける; 励ます
jaleo [ハレオ] 男 ❶ 大騒ぎ, どんちゃん騒ぎ: armar ~ うるさく騒ぎ立てる. ❷ 掛け声, 喝采
jamaicano, na [ハマイカノ, ナ] 形 名 ジャマイカ Jamaica〔人〕の; ジャマイカ人
jamás [ハマス] 副 決して…ない, 一度も(二度と)…ない: No volveré ~. 二度と戻ってこないぞ. No lo he visto ~./*J*~ lo he visto. 私はそれを一度も見たことがない
~ *de los jamases* 決して…ない
para siempre ~ 絶対に…ない; 永遠に
jamón [ハモン] 男 〈料理〉ハム: ~ ibérico ドングリだけで飼育した豚のハム. ~ serrano 生ハム. ~ 〔de〕 York 成形したハム
Japón [ハポン] 男 日本
japonés, sa [ハポネス, サ] 形 日本の; 日本人の; 日本語の
◆ 名 日本人
◆ 男 日本語
jaque [ハケ] 男 〈チェス〉王手, チェック
poner (tener) en ~ *a*+人 …を脅す, 心配させる
jaqueca [ハケカ] 女 偏頭痛
jarabe [ハラベ] 男 〈料理・薬〉シロップ
jardín [ハルディン] 男 〈複 jardines〉 ❶ 庭, 庭園: ~ botánico 植物園. ❷ ~ de infancia 幼稚園
jardinera[1] [ハルディネラ] 女 プランター, フラワーポット
jardinería [ハルディネリア] 女 園芸, ガーデニング
jardinero, ra[2] [ハルディネロ, ラ] 名 庭師, 園芸家
jarra [ハラ] 女 ジョッキ, 水差し: una ~ de cerveza ジョッキ1杯のビール. vino en ~ カラフ入りのワイン
en ~*s* 両手を腰にあてて
jarro [ハロ] 男 〈取っ手が1つの〉ジョッキ, 水差し
echar a+人 *un* ~ *de agua fría* …をがっかりさせる
jarrón [ハロン] 男 〈装飾用の〉つぼ, 花びん
jaula [ハウラ] 女 檻(おり); 鳥かご
jazmín [ハスミン] 男 〈植物〉ジャスミン
jazz [ジャス] 男 〈音楽〉ジャズ
jeep [ジプ] 男 〈自動車〉ジープ
jefatura [ヘファトゥラ] 女 ❶ 本部: *J*~ de Policía 警察本部. ❷ jefe の地位(職務); リーダーシップ
jefe, fa [ヘフェ, ファ] 名 長, 頭(かしら); 上司; 長官; 指導者, ボス: 1) ~ de cocina 料理長, シェフ. ~ de estación 駅長. *J*~ de Estado 国家元首. *J*~ Supremo 最高司令官. 2) 〈同格的に〉investigador ~ 主任研究員
jengibre [ヘンヒブレ] 男 〈植物〉ショウガ
jeque [ヘケ] 男 〈イスラム教国で〉長老, 族長
jerarquía [ヘラルキア] 女 階級制, 序列, ヒエラルキー
jerárquico, ca [ヘラルキコ, カ] 形 階級制の
jerez [ヘレス] 男 〈酒〉シェリー
jerga [ヘルガ] 女 ❶ 〈仲間内の〉隠語, スラング: ~ estudiantil 学生ことば. ❷ 粗布, サージ
jerigonza [ヘリゴンサ] 女 わけのわからないことば
jeringa [ヘリンガ] 女 ❶ 注射器; 洗浄器, 浣腸器. ❷ 〈ラ〉 わずらわしさ, 迷惑
jeringar [ヘリンガル] 55 他 悩ます, 迷惑をかける
jeringuilla [ヘリンギジャ] 女 〈小型の〉注射器
jeroglífico [ヘログリフィコ] 男 象形文字, 絵文字
jersey [ヘルセイ] 男 〈複 ~s〉〈服飾〉セーター
Jesucristo [ヘスクリスト] 男 〈キリスト教〉イ

jesuita [ヘスイタ] 男 ⟨カトリック⟩ イエズス会士；複 イエズス会

Jesús [ヘスス] 男 ⟨キリスト教⟩ イエス
◆ 間 ⟪くしゃみをした人に⟫ お大事に

jeta [ヘタ] 女 ⟨口語⟩⟨人の⟩顔 *tener* ~ 図々しい

jet lag [ジェトラグ] 女 時差ぼけ

jícara [ヒカラ] 女 ❶ ⟨ココア用の⟩カップ。❷ ⟨ラ⟩⟨ヒョウタンの⟩椀

jinete [ヒネテ] 男 騎手，馬に乗る人

jipijapa [ヒピハパ] 男 ⟨服飾⟩ パナマ帽

jirafa [ヒラファ] 女 ⟨動物⟩ キリン

jirón [ヒロン] 男 切れ端，ぼろ

jitomate [ヒトマテ] 男 ⟨メキシコ⟩ トマト

JJ.OO. 男 ⟨略語⟩ オリンピック大会 ⟨← *Juegos Olímpicos*⟩

jocoso, sa [ホコソ, サ] 形 ひょうきんな，おどけた

joder [ホデル] ⟨卑語⟩ 他 ❶ …と性交する。❷ うんざりさせる，いらいらさせる
◆ 間 ⟨怒り・不快・驚き⟩ ちくしょう／くそっ／うへっ！

jofaina [ホファイナ] 女 洗面器

jolgorio [ホルゴリオ] 男 お祭り騒ぎ，大騒ぎ

jolín [ホリン] 間 ＝jolines

jolines [ホリネス] 間 ⟨不快・怒り⟩ ひどい／あらまあ／あーあ！

jornada [ホルナダ] 女 ❶ 一日の労働時間 ⟪~ laboral⟫：~ de ocho horas 一日8時間労働．trabajo de media ~ パートタイムの仕事．❷ ⟨日程の⟩一日：segunda ~ del congreso 会議の2日目。❸ 一日分の行程；旅程

jornal [ホルナル] 男 日給：trabajar a ~ 日給で働く

jornalero, ra [ホルナレロ, ラ] 名 日雇い労働者

joroba [ホロバ] 女 こぶ，出っぱり

jorobado, da [ホロバド, ダ] 形 名 背骨の湾曲した〔人〕

jota [ホタ] 女 ⟨アラゴン地方などの民俗舞踊・音楽⟩ ホタ
ni ~ 少しも…ない：no saber *ni* ~ de... について少しもいっちも知らない

joven [ホベン] 形 ⟨複 j*ó*venes⟩ 若い：Es dos años más ~ que yo. 彼は私より2歳年下だ．rostro ~ 若々しい顔
◆ 若者，青年：Es una ~ alegre. 彼女ははがらかな娘だ；
de ~ 若いころに(の)
desde ~ 若い時から

jovial [ホビアル] 形 陽気な，快活な

joya [ホジャ] 女 ❶ 宝石，宝飾品：llevar ~s 宝石をつけている
❷ 大切なもの〔人〕

joyería [ホジェリア] 女 宝石店

joyero, ra [ホジェロ, ラ] 名 宝石商
◆ 男 宝石箱

jubilación [フビラスィオン] 女 ❶ 定年退職。❷ 退職年金

jubilado, da [フビラド, ダ] 形 名 過分 定年退職した〔人〕；年金生活者

jubilar [フビラル] 他 定年退職させる
◆ ~se 定年退職する

jubileo [フビレオ] 男 ⟨カトリック⟩ 聖年 ⟪año de ~⟫；全職宥 (ゆうしゃ)

júbilo [フビロ] 男 歓喜，大喜び

jubiloso, sa [フビロソ, サ] 形 大喜びの，歓喜に満ちた

judaísmo [フダイスモ] 男 ユダヤ教

judía[1] [フディア] 女 ⟨植物⟩ インゲンマメ：~ verde サヤインゲン

judicial [フディスィアル] 形 司法の，裁判の：derecho ~ 司法権，裁判権

judío, a[2] [フディオ, ア] 形 名 ユダヤ〔人〕の，ユダヤ人；ユダヤ教の，ユダヤ教徒

judo [ジュド] 男 柔道

jueg- ⇨jugar ④

juego [フエゴ] 男 ❶ 遊び，ゲーム：~ de cartas トランプゲーム．~ de manos 手品．~ de palabras ことばの遊び，駄じゃれ
❷ ⟨スポーツ⟩ 競技，試合：*J*~s Olímpicos オリンピック大会
❸ ⟨テニスなどの⟩回，ゲーム：partido de tres ~s 3回勝負
❹ 賭け事，ばくち，ギャンブル ⟪~ de azar⟫：perder en el ~ ばくちで金をする．casa (lugar) de ~ 賭博場，カジノ
❺ ⟨器具などの⟩一式，ひとそろい：~ de té 紅茶セット
fuera de ~ オフサイド；⟨ボールが⟩ アウトの
hacer ~ ⟨con と⟩合う，調和する
~ *de niños* たやすいこと

juerga [フエルガ] 女 お祭り騒ぎ，どんちゃん騒ぎ：irse de ~ 飲んで騒ぎに出かける

jueves [フエベス] 男 ⟨単複同形⟩ 木曜日

juez, za [フエス, サ] 名 男 複 jue*ces* ❶ 裁判官，判事：~ de instrucción 予審判事．~ de paz／~ municipal 治安判事
❷ 審判員；審査員：~ árbitro 主審．~ de línea 線審，ラインズマン

jugada [フガダ] 女 プレー，一手：buena ~ うまいプレー，ナイスショット

jugador, ra [フガドル, ラ] 名 ❶ 競技者，選手，プレーヤー：~ de fútbol サッカー選手。
❷ 賭博師，ばくち打ち

jugar [フガル] 44 自 ❶ 遊ぶ: ～ en el parque 公園で遊ぶ
❷ 〈a 競技・遊びを〉する: ～ al tenis (al ajedrez) テニス(チェス)をする
❸ 賭け事をする; 投機する: ～ a la bolsa 株をやる
❹ 〈con を〉いい加減に扱う, もてあそぶ: ～ con su salud 体を大切にしない
◆ 他 ❶ 〈試合を〉する: ～ un partido de fútbol サッカーの試合をする. ❷ 〈金額を〉賭ける. ❸ 〈役割を〉果たす. ❹ 〈ラ〉〈競技・遊びを〉する: ～ tenis (ajedrez) テニス(チェス)をする
◆ ~se 〈自分の…を〉賭ける; 〈賭け金を〉失う

~ *limpio* フェアプレーをする, 正々堂々と戦う
jugársela A+ …に悪らつなことをする
~ *sucio* 汚い手をつかう

jugo [フゴ] 男 ❶ 〈ラ〉ジュース: ～ de naranja オレンジジュース
❷ 〈料理〉しぼり汁; 肉汁

jugoso, sa [フゴソ, サ] 形 ❶ 汁気の多い, 水々しい. ❷ 内容の充実した

juguete [フゲテ] 男 おもちゃ, 玩具: pistola de ～ おもちゃのピストル

juguetear [フゲテアル] 自 ❶ 〈con を〉もてあそぶ. ❷ …とふざける

juguetería [フゲテリア] 女 玩具店

juguetón, na [フゲトン, ナ] 形 ふざけ好きの, じゃれ好きの

juicio [フイスィオ] 男 ❶ 判断; 見方, 意見: a su ～ 彼の判断では
❷ 判断力: estar en su [sano] ～ [まったく]正気である. perder el ～ 理性を失う; 気が狂う. hombre de mucho ～ 分別のある男
❸ 裁判: llevar... a ～ …を裁判に持ち込む. ～ civil 民事裁判. ～ criminal 刑事裁判. ～ final 〈キリスト教〉最後の審判

juicioso, sa [フイスィオソ, サ] 形 分別のある, 賢明な

julio [フリオ] 男 7月

jungla [フングラ] 女 密林, ジャングル

junio [フニオ] 男 6月

junior [フニオル] 形 名 ❶ 〈スポーツ〉ジュニア級の〔選手〕. ❷ 〈父子同名の場合の〉息子の方の, ジュニア

junta¹ [フンタ] 女 ❶ 会議, 委員会: celebrar (tener) ～ 会議を開く. ～ directiva 重役会, 理事会
❷ 接合箇所, ジョイント

juntar [フンタル] 他 ❶ 合わせる, くっつける, つなぐ: ～ dos mesas 2つのテーブルをくっつける
❷ 集める; 収集する: ～ a los niños 子供たちを集合させる
◆ ~se ❶ 集まる: Allí *se juntan*, cada fin de semana, muchos jóvenes. そこには毎週末多くの若者が集まる
❷ 〈con と〉一緒になる, 付き合う

junto¹ [フント] 副 ❶ 〈a の〉すぐ近くに, 隣に: El banco está ～ a la estación. 銀行は駅のすぐそばにある
❷ 〈con と〉一緒に: mandar una carta ～ con un paquete 手紙を荷物と一緒に送る

junto², ta² [フント, タ] 形 ❶ 一緒の: Vamos a salir ～s. 一緒に出かけよう. todo ～ 全部まとめて. con las manos ～tas 両手を合わせて
❷ 隣り合った

juntura [フントゥラ] 女 接合箇所, ジョイント

jurado [フラド] 男 過分 ❶ 陪審員; 陪審団. ❷ 審査員; 審査会

juramento [フラメント] 男 誓い, 宣誓; 誓いのことば: prestar ～ 宣誓する

jurar [フラル] 他 誓う, 宣誓する: ～ por su honor 名誉にかけて誓う. ～ sobre la Biblia 聖書にかけて誓う, 聖書に手を置いて誓う. ～ decir la verdad 真実を述べることを誓う ¡Te lo juro! 間違いないよ/本当だよ!

jurel [フレル] 男 〈魚〉アジ

jurídico, ca [フリディコ, カ] 形 法的な, 法律上の

jurisdicción [フリスディ(ク)スィオン] 女 ❶ 裁判権, 司法権. ❷ 管轄権, 権限. ❸ 管轄区域

jurisdiccional [フリスディ(ク)スィオナル] 形 裁判権の; 管轄権の

jurisprudencia [フリスプルデンスィア] 女 ❶ 法律学. ❷ 判例, 法解釈

jurista [フリスタ] 名 法学者, 法律家

justa¹ [フスタ] 女 馬上槍試合

justamente [フスタメンテ] 副 ちょうど, まさしく; 正しく: *¡J*～! まさにそのとおりだ!

justicia [フスティスィア] 女 ❶ 正義: ～ social 社会正義
❷ 公平さ, 公正さ: con ～ 公平に, 公正に
❸ 裁判, 司法: Ministerio de J～ 司法省 *hacer* ～ 裁判を行なう; 公平に扱う

justiciero, ra [フスティスィエロ, ラ] 形 厳正な, 正義の

justificación [フスティフィカスィオン] 女 ❶ 正当化; 弁明, 釈明. ❷ 証明

justificante [フスティフィカンテ] 男 証明書

justificar [フスティフィカル] 73 他 ❶ 正当化する: ～ su retraso 遅刻の弁明をする. ❷ 〈書類で〉証明する: ～ los gastos con los recibos 経費を領収書で証明する

◆ ~se 弁明する, 釈明する

justo, ta[2] [フスト, タ] 形 ❶ 公平な, 公正な, 正当な: reparto ~ 公平な分配. sociedad ~ta 公正な社会. precio ~ 正当な値段
❷ ちょうどの, 正確な: cinco mil yenes ~s ちょうど5千円. expresión ~ta ぴったりの表現
❸ ぎりぎりの, 余裕のない: tener el dinero ~ para vivir 生活するのにぎりぎりのお金しかない
❹ 〈寸法などが〉きっちりした, きゅうくつな: zapatos muy ~s きつい靴
◆ 副 ちょうど, ぴったりと: ~ ahora ちょうど今

juvenil [フベニル] 形 若々しい, 若者の: moda ~ 若者のファッション

juventud [フベントゥ] 女 ❶ 青春時代, 青年期: en su ~ 彼の若い時に
❷ 若々しさ: conservar la ~ 若さを保つ
❸ 青年たち, 若い人

juzgado [フスガド] 男 過分 裁判所, 法廷: ~ de primera instancia 第一審

juzgar [フスガル] 55 他 ❶ 裁く, 裁判する: ~ al acusado 被告を裁く
❷ 判断する; 判定する: *Juzgo* necesario avisarle. 彼に知らせることが必要だと私は考える. ~ a+人 por las apariencias 外見で人を判断する

a ~ *por*... …から判断すると
~ *bien* 正しく判断する
~ *mal* 判断を誤る

K, k [カ]

kaki [カキ] 男 =caqui
karaoke [カラオケ] 男 カラオケ【装置, 店】
karate [カラテ] 男 =kárate
kárate [カラテ] 男 空手
ketchup [ケチュプ] 男 〈料理〉ケチャップ
kg. 〈略語〉キログラム【←kilogramo】
kilo [キロ] 男 〈kilogramo の省略語〉dos ~s de cebollas タマネギ2キロ
kilogramo [キログラモ] 男 キログラム
kilometraje [キロメトラヘ] 男 走行距離
kilométrico, ca [キロメトリコ, カ] 形 キロメートルの
kilómetro [キロメトロ] 男 キロメートル
kilovatio [キロバティオ] 男 キロワット
kimono [キモノ] 男 =quimono
kiosco [キオスコ] 男 =quiosco
kleenex [クリネス] 男 ティッシュペーパー
km. 〈略語〉キロメートル【←kilómetro】

L, l [エレ]

l. 〈略語〉リットル 〚←litro〛
la [ラ] 冠 〈定冠詞女性単数形〉 *la* mujer その女性
◆ 代 〈人称代名詞3人称単数女性形. 直接目的〉彼女を, あなたを, 〈女性名詞をうけて〉それを: La vi. 私は彼女(あなた・それ)を見た. Recibió una carta y *la* leyó. 彼は手紙を受け取り, それを読んだ
laberinto [ラベリント] 男 迷宮, 迷路
labia [ラビア] 女 冗舌, 能弁
labio [ラビオ] 男 **くちびる**: apretar los ~s くちびるをきゅっと引き締める. morderse los ~s 〈笑いたい・言いたいのを我慢して〉くちびるをかむ
labor [ラボル] 女 **❶ 労働**, 仕事, 作業: ~es domésticas 家事
❷ 針仕事；編み物〚~ de punto〛: hacer ~es de ganchillo かぎ針編み
❸ 農作業, 耕作〚~es agrícolas〛；すき返し
sus ~es 〚職業として〛家事, 専業主婦
laborable [ラボラブレ] 形 día ~ 就業日, 平日. tierra ~ 耕作可能な土地
laboral [ラボラル] 形 労働の: accidente ~ 労働災害
laboratorio [ラボラトリオ] 男 **❶** 実験室；試験所, 研究所: ~ de idiomas ランゲージ・ラボラトリー, LL教室. **❷** 〈写真の〉現像所〚~ fotográfico〛
laborioso, sa [ラボリオソ, サ] 形 **❶** 勤勉な. **❷** 骨の折れる
labrador, ra [ラブラドル, ラ] 名 農民, 自作農
labranza [ラブランサ] 女 耕作
labrar [ラブラル] 他 **❶** 耕す, すき返す. **❷** …に細工を施す；彫る
labriego, ga [ラブリエゴ, ガ] 名 農民, 農場労働者
laca [ラカ] 女 **❶** ヘアスプレー. **❷** 漆；漆器. **❸** ラッカー. **❹** マニキュア用のエナメル〚~ de uñas〛
lacio, cia [ラスィオ, スィア] 形 〈髪が〉こしのない, 張りのない
lacónico, ca [ラコニコ, カ] 形 簡潔な；口数の少ない
lacrar [ラクラル] 他 封ろうで閉じる
lacre [ラクレ] 男 封ろう
lacrimal [ラクリマル] 形 涙の: glándula ~ 涙腺

lacrimógeno, na [ラクリモヘノ, ナ] 形 gas ~ 催涙ガス
lacrimoso, sa [ラクリモソ, サ] 形 涙が出る；涙を誘う
lactancia [ラクタンスィア] 女 **❶** 授乳期. **❷** 授乳: ~ materna 母乳哺乳
lácteo, a [ラクテオ, ア] 形 乳の: productos ~s 乳製品. Vía L~a 天の川, 銀河
láctico, ca [ラクティコ, カ] 形 乳の；乳酸の
ladear [ラデアル] 他 傾ける: ~ la cabeza 首をかしげる
◆ ~se **❶** 傾く. **❷** ~se el sombrero 帽子をあみだにかぶる
ladera [ラデラ] 女 〈山の〉斜面, 山腹
ladino, na [ラディノ, ナ] 形 ずるい, 腹黒い
lado [ラド] 男 **❶ わき**, そば: Puso el bolso a su ~. 彼女はバッグを横に置いた. Su casa está al ~ del parque. 彼の家は公園のとなり. vecinos de al ~ となりの家の人
❷ 側面, 面: a ambos ~s de... …の両側に. el ~ sur de la casa 家の南側. el ~ bueno de la vida 人生のよい面
❸ わき腹: tener dolor en el ~ derecho 右わき腹が痛い
a todos ~s あらゆる所に
al otro ~ de... …の向こう側に
dar de ~ a+人 …を無視する, 相手にしない
de ~ 横向きに: sentarse *de* ~ 横向きにすわる
de un ~ para otro あちらこちらへ
estar a su ~ …の味方である
ponerse de ~ de+人 …の側につく, …の味方をする
por otro ~ 別の側面から；他方
por un ~..., por otro [~]... 一面では…他面では…
ladral [ラドラル] 自 〈犬が〉ほえる
ladrido [ラドリド] 男 〈犬の〉ほえ声
ladrillo [ラドリジョ] 男 れんが
ladrón, na [ラドロン, ナ] 名 **どろぼう**: ¡Al ~! どろぼうだ！ ~ de automóviles 自動車どろぼう
lagartija [ラガルティハ] 女 〈動物〉ヤモリ
lagarto [ラガルト] 男 〈動物〉トカゲ
lago [ラゴ] 男 **湖**: L~ Titicaca チチカカ湖
lágrima [ラグリマ] 女 **涙**: derramar ~s 涙を流す. secarse las ~ 涙をふく
llorar a ~ viva さめざめと泣く

~s de cocodrilo そら涙, うそ泣き

laguna [ラグナ] 囡 ❶ 潟, 潟湖. ❷ 欠落, 空白

laico, ca [ライコ, カ] 形 聖職者でない, 世俗の

lamentable [ラメンタブレ] 形 悲しむべき, 痛ましい; 嘆かわしい: Es ~ que+接続法 …とは嘆かわしい

lamentar [ラメンタル] 他 〈+名詞・不定詞・que+接続法 を〉 残念(気の毒・遺憾)に思う: *Lamento* mucho su fracaso. 彼の失敗はとても気の毒だと思う. *Lamento* no poder ir a la fiesta. 残念ですが私はパーティーに行けません
◆ ~se 嘆く, 泣きごとを言う

lamento [ラメント] 男 嘆きの声, 泣きごと

lamer [ラメル] 他 なめる

lámina [ラミナ] 囡 ❶ 薄板, ボード. ❷ 版画; 銅版〔画〕. ❸ 図版

laminar [ラミナル] 他 ❶ 薄板にする. ❷ 薄板をかぶせる; ラミネート加工する

lámpara [ランパラ] 囡 ❶ 電灯; 電球: ~ de bolsillo 懐中電灯. ~ de mesa 電気スタンド. ~ de pie フロアスタンド
❷ ランプ: ~ de alcohol アルコールランプ. ~ de gas ガス灯

lamparón [ランパロン] 男 〈衣服の〉 油じみ

lampiño, ña [ランピニョ, ニャ] 形 ひげの生えていない

lana [ラナ] 囡 ❶ 羊毛; 毛糸, 毛織物: de pura ~ 純毛の. jersey de ~ ウールのセーター. ❷ 〈ラ〉 お金

lance [ランセ] 男 ❶ 出来事, 事件. ❷ 難局, 苦境. ❸ 〈闘牛〉 ランセ〔ケープによるかわし〕
de ~ 中古の(で)

lancha [ランチャ] 囡 〈船舶〉 ランチ, はしけ, ボート: ~ motora モーターボート. ~ salvavidas 救命ボート

langosta [ランゴスタ] 囡 ❶ 〈動物〉 イセエビ, ロブスター. ❷ 〈昆虫〉 イナゴ

langostino [ランゴスティノ] 男 〈動物〉 クルマエビ, テナガエビ; ザリガニ

languidecer [ラングイデセル] 20 自 衰弱する, 元気がなくなる

lánguido, da [ラングイド, ダ] 形 衰弱した, 元気のない: cara ~*da* やつれた顔, もの憂げな顔

lanudo, da [ラヌド, ダ] 形 毛がふさふさした, 長毛の

lanza [ランサ] 囡 槍

lanzadera [ランサデラ] 囡 ❶ 〈織機・ミシンの〉 杼(ひ), シャトル. ❷ スペースシャトル〔~ espacial〕

lanzamiento [ランサミエント] 男 ❶ 投げること; 発射: ~ de misiles ミサイルの発射. ~ de bombas 爆弾の投下. ❷ 〈スポーツ〉 投擲(とうてき): ~ de disco (jabalina・martillo・peso) 円盤(槍・ハンマー・砲丸)投げ. ❸ 売り出し, 新発売

lanzar [ランサル] 13 他 ❶ 投げる: ~ una pelota ボールを投げる
❷ 発射する: ~ una flecha 矢を放つ. ~ un cohete ロケットを打ち上げる
❸ 〈声などを〉 発する: ~ un grito 叫び声をあげる
❹ 売り出す: ~ un nuevo producto al mercado 新商品を売り出す
◆ ~se ❶ 〈a に〉 飛び出す, 飛び込む: ~*se al* agua 水に飛び込む. ❷ 開始する: ~*se a* los negocios 事業を起こす

lapicero [ラピセロ] 男 ❶ シャープペンシル. ❷ 〈ラ〉 ボールペン

lápida [ラピダ] 囡 石碑: ~ sepulcral 墓石. ~ conmemorativa 記念碑

lapidario, ria [ラピダリオ, リア] 形 ❶ 石碑に彫った, 碑銘の. ❷ 〈文章が〉 簡潔な

lápiz [ラピス] 男 〈複 *lápices*〉 ❶ 鉛筆: escribir con ~ 鉛筆で書く. ~ de color 色鉛筆
❷ 〈化粧〉 ~ de labios 口紅, リップペンシル. ~ de ojos アイライナー

lapso [ラプソ] 男 経過, 期間

lapsus [ラプスス] 男 誤り, 思い違い

largar [ラルガル] 55 他 ❶ 打つ, なぐる: ~ un puntapié a+人 …を蹴とばす. ❷ 〈不適切なことを〉 言う. ❸ 追い出す
◆ ~se ❶ 〈急いで〉 立ち去る, 逃げ出す: *¡Lárgate!* 出ていけ! ❷ 〈ラ〉 〈a+不定詞〉 …し始める

largo, ga [ラルゴ, ガ] 形 ❶ 長い; 長時間の: puente ~ 長い橋. viaje ~ 長旅
❷ たっぷりの, 多い: un día ~ たっぷり一日
◆ 副 長々と
◆ 間 出ていけ!
◆ 男 長さ: tener veinticinco metros de ~ 長さが25メートルある
a la ~ga 長い目で見れば, ついには
a lo ~ de… …に沿って; …の間ずっと
dar ~gas a… …を長引かせる, 先延ばしする

largometraje [ラルゴメトラヘ] 男 長編映画

laringe [ラリンヘ] 囡 〈解剖〉 喉頭

laringitis [ラリンヒティス] 囡 喉頭炎

larva [ラルバ] 囡 〈動物〉 幼虫

las [ラス] 冠 〈定冠詞女性複数形〉 ~ montañas 山々
◆ 代 〈人称代名詞3人称複数女性形. 直

lascivo, va [ラスィボ, バ] 形 好色な, みだらな

láser [ラセル] 男 レーザー: rayo ～ レーザー光線

lástima [ラスティマ] 女 ❶ 哀れみ, 同情: sentir ～ de (por)+人 …を気の毒に思う. Me da ～ ver su tristeza. 彼の悲しみは見るに忍びない. ❷ 残念
estar hecho una ～ 哀れな状態になっている
¡Qué ～!/*¡Es una ～!* 〈que+接続法 …することは〉残念だ!

lastimar [ラスティマル] 他 〈軽く〉傷つける
◆ **～se** 傷つく: *Me lastimé* la rodilla. 私はひざをけがした

lastimero, ra [ラスティメロ, ラ] 形 悲しみ〔哀れみ〕を誘う

lastimoso, sa [ラスティモソ, サ] 形 ❶ かわいそうな, 気の毒な. ❷ 嘆かわしい

lastre [ラストレ] 男 ❶ 〈船・気球の〉バラスト. ❷ 邪魔, 障害

lata [ラタ] 女 ❶ 缶, 缶詰: abrir una ～ de sardinas イワシの缶詰を開ける. cerveza en ～ 缶ビール
❷ ブリキ
❸ いや気, わずらわしさ, 退屈〔なこと・人〕: Es una ～ tener que esperar. 待たなくちゃいけないなんうんざりだ
dar la ～ a+人 …をうんざりさせる; …に迷惑をかける
¡Qué ～!/*¡Vaya una ～!* うんざりだ!

latente [ラテンテ] 形 潜在する, 隠れた

lateral [ラテラル] 形 ❶ 側面の, 横の: calle ～ 横道, 横丁. ❷ 傍系の

latido [ラティド] 男 過分 〈心臓の〉鼓動, 脈拍

latifundio [ラティフンディオ] 男 大私有農地, 大農園

latifundista [ラティフンディスタ] 名 大土地所有者, 大農園主

latigazo [ラティガソ] 男 むちで打つこと; その音

látigo [ラティゴ] 男 むち

latín [ラティン] 男 ラテン語: ～ vulgar 俗ラテン語

latino, na [ラティノ, ナ] 形 名 ❶ ラテン系の〔人〕. ❷ ラテン語の. ❸ ラテンアメリカの〔人〕: música ～*na* ラテン音楽

latinoamericano, na [ラティノアメリカノ, ナ] 形 名 ラテンアメリカ Latinoamérica の〔人〕: países ～*s* ラテンアメリカ諸国

latir [ラティル] 自 〈心臓が〉鼓動する, 脈打つ

latitud [ラティトゥ] 女 緯度: ～ norte 北緯. ～ sur 南緯

latón [ラトン] 男 〈金属〉しんちゅう

latoso, sa [ラトソ, サ] 形 名 やっかいな〔人〕, うるさい〔人〕

laureado, da [ラウレアド, ダ] 形 栄冠を得た, 受賞した

laurel [ラウレル] 男 ❶ ゲッケイジュ〔月桂樹〕: corona de ～〔月〕桂冠. hoja de ～ ベイリーフ, ローリエ. ❷ 栄冠, 名誉
dormirse en los ～es 過去の栄光の上にあぐらをかく

lava [ラバ] 女 溶岩; 火山岩

lavabo [ラバボ] 男 ❶ 洗面台. ❷ 洗面所, 便所: ir (pasar) al ～ トイレに行く

lavadero [ラバデロ] 男 洗濯場, 洗濯室

lavado [ラバド] 男 過分 洗うこと, 洗濯: ～ en seco ドライクリーニング. ～ de cerebro 洗脳

lavadora [ラバドラ] 女 洗濯機: ～ super-automática 全自動洗濯機

lavanda [ラバンダ] 女 〈植物〉ラベンダー

lavandería [ラバンデリア] 女 洗濯屋, クリーニング店: ～ automática コインランドリー

lavaplatos [ラバプラトス] 男 〈単複同形〉 = **lavavajillas**

lavar [ラバル] 他 洗う, 洗濯する: ～ los platos 食器を洗う. ～ la ropa 衣類を洗濯する. ～ en seco ドライクリーニングする
◆ **～se** 〈自分の体・手足を〉洗う: *Me lavo* las manos. 私は手を洗う

lavavajillas [ラババヒジャス] 男 〈単複同形〉食器洗い機

laxante [ラ(ク)サンテ] 男 〈医学〉緩下剤, 便秘の薬

lazada [ラサダ] 女 蝶結び〔の飾り〕

lazarillo [ラサリジョ] 男 perro ～ 盲導犬

lazo [ラソ] 男 ❶ リボン飾り, 蝶結び. ❷ 蝶ネクタイ〖corbata de ～〗. ❸ 投げ縄; その形の罠: tender un ～ a+人 …に罠を仕掛ける
❹ きずな: ～*s* de amistad 友情のきずな

le [レ] 代 〈人称代名詞3人称単数〉 ❶ 〈間接目的〉彼(彼女)に, あなたに; それに, そのことに: *Le* di un libro. 私は彼〔彼女・あなた〕に本をあげた
❷ 〈ス〉〈男性を表わす直接目的〉彼を, あなたを: *Le* visité. 私は彼〔あなた〕を訪問した

leal [レアル] 形 忠実な, 誠実な: corazón ～ 忠誠心

lealtad [レアルタ] 女 忠実, 忠誠

lebrel [レブレル] 男 〈犬〉グレイハウンド
lección [レ(ク)スィオン] 女 ❶ 〈教科書・参考書の〉…課: ~ tres/~ tercera 第3課 ❷ 授業, 講義 〖=clase〗; けいこ, レッスン: dar *lecciones* a+人 …に教える. recibir (tomar) *lecciones* de baile 踊りのレッスンを受ける ❸ 教訓, いましめ: dar una ~ a+人 …に教訓を与える, …をいましめる
lechal [レチャル] 男 子羊 〖cordero ~〗
leche [レチェ] 女 ❶ **乳, ミルク**; 牛乳: ~ en polvo 粉ミルク ❷ 乳液
 estar de mala ~ 〈俗語〉機嫌が悪い
 ¡L~!/¡Qué ~! 〈俗語〉ちくしょう!
 tener mala ~ 〈俗語〉意地が悪い
lechera[1] [レチェラ] 女 牛乳びん(缶)
lechería [レチェリア] 女 牛乳店
lechero, ra[2] [レチェロ, ラ] 形 ❶ 乳の. ❷ 酪農の: industria ~*ra* 酪農業, 乳業 ◆ 名 牛乳屋; 酪農家
lecho [レチョ] 男 ❶ 寝床. ❷ 河床; 地層
lechón [レチョン] 男 〈料理〉子豚, 乳飲み豚
lechoso, sa [レチョソ, サ] 形 乳液状の, 乳白色の
lechuga [レチュガ] 女 〈植物〉レタス
lechuza [レチュサ] 女 〈鳥〉フクロウ
lectivo, va [レクティボ, バ] 形 授業の: período ~ 学期
lector, ra [レクトル, ラ] 名 ❶ 読者. ❷ 〈語学の〉外人教師
lectura [レクトゥラ] 女 ❶ **読書**, 読むこと: sala de ~ 閲覧室. ~ de la sentencia 判決の読み上げ. ~ de labios 読唇術 ❷ 読解, 解釈: libro de ~ 読本, リーダー
leer [レエル] 45 〈過分〉leído, 〈現分〉leyendo 他 ❶ 読む: ~ un libro (una carta) 本(手紙)を読む ❷ 解読する; 察知する
◆ 自 読む, 読書する: no saber ~ 字が読めない
legado [レガド] 男 〈過分〉❶ 遺産. ❷ 使節, 特使
legajo [レガホ] 男 一件書類, 書類の束
legal [レガル] 形 ❶ 法律(上)の, 法的な: medio ~ 法的手段; 合法的手段. ~ de labios 合法的な. ❸ 法定の
legalidad [レガリダ] 女 合法性
legalización [レガリサィオン] 女 ❶ 合法化. ❷ 〈文書の〉証明, 査証
legalizar [レガリサル] 13 他 ❶ 合法化する. ❷ 〈文書が〉本物だと証明する
legalmente [レガルメンテ] 副 ❶ 法律上, ❷ 合法的に
legaña [レガニャ] 女 目やに
legar [レガル] 55 他 ❶ 遺贈する. ❷ 後世に残す
legendario, ria [レヘンダリオ, リア] 形 伝説上の, 伝説的な
legible [レヒブレ] 形 〈字が〉読み取れる, 読みやすい
legión [レヒオン] 女 ❶ 多数. ❷ 部隊: ~ extranjera 外人部隊
legislación [レヒスラスィオン] 女 ❶ 〈集合的に〉法律, 法. ❷ 立法
legislar [レヒスラル] 自 法律を制定する
legislativo, va [レヒスラティボ, バ] 形 立法の, 立法権のある: poder ~ 立法権. cuerpo ~ 立法府
legitimar [レヒティマル] 他 ❶ 〈文書などを〉本物と認める. ❷ 〈子供を〉認知する
legítimo, ma [レヒティモ, マ] 形 ❶ 合法的な, 正当な: defensa ~*ma* 正当防衛. hijo ~ 嫡出子. ❷ 本物の
legua [レグア] 女 〈昔の距離の単位〉レグワ 〖=約5572m〗: ~ de posta 里 〖=約4000m〗. ~ marítima 海里 〖=約5555m〗
legumbre [レグンブレ] 女 マメ(豆): comer ~s 豆類を食べる
leído, da [レイド, ダ] 形 〈過分〉❶ 広く読まれている. ❷ 博学の, 博識の
lejanía [レハニア] 女 ❶ 遠さ. ❷ 遠方: en la ~ 遠くに
lejano, na [レハノ, ナ] 形 遠い, はるかな: ciudad ~*na* 遠い町. en épocas ~*nas* はるか昔に
lejía [レヒア] 女 灰汁(ぁく); 漂白剤
lejos [レホス] 副 〈de から〉**遠くに**: Mi casa está ~ de aquí. 私の家はここから遠い
 a lo ~ 遠くに
 de ~/*desde* ~ 遠くから
 ~ *de*+不定詞 …するどころか
 llevar demasiado ~ 度を過ごす
lelo, la [レロ, ラ] 形 名 愚鈍な〔人〕, 薄らばか〔る〕
lema [レマ] 男 標語, モットー, スローガン
lencería [レンセリア] 女 ❶ 〈女性用の〉下着類, ランジェリー. ❷ ランジェリーショップ, 下着売り場. ❸ シーツ・テーブルクロス・タオルなど
lengua [レングア] 女 ❶ **舌**: sacar la ~ 舌を出す ❷ **言語**, 国語: ~ española スペイン語
 irse de la ~ 口をすべらす, 言いすぎる
 malas ~*s* 悪口, 毒舌
 morderse la ~ 口をつぐむ, 言いたいことをのみ込む
 tener... en la punta de la ~ …を言い

lenguado [レングアド] 男 〈魚〉シタビラメ

lenguaje [レングアヘ] 男 ❶ ことばづかい: ~ coloquial 口語. ~ escrito 書きことば. ~ hablado 話しことば. ~ vulgar 俗語 ❷ 言語

lengüeta [レングエタ] 女 ❶〈音楽〉リード. ❷〈靴の〉舌革

lenta ⇨ **lento, ta**

lentamente [レンタメンテ] 副 ゆっくりと, のろのろと

lente [レンテ] 女 レンズ: ~ de aumento 拡大鏡, ルーペ. ~s de contacto コンタクトレンズ
◆ 男 複 めがね

lenteja [レンテハ] 女〈植物〉レンズマメ, ヒラマメ

lentejuela [レンテフエラ] 女〈服飾〉スパンコール

lentilla [レンティジャ] 女 コンタクトレンズ: llevar ~s コンタクトレンズを入れている

lentitud [レンティトゥ] 女 遅さ: con ~ ゆっくりと

lento, ta [レント, タ] 形 遅い, ゆっくりした: Soy ~ en comer. 私は食べるのが遅い. caminar a paso ~ ゆっくり歩く

leña [レニャ] 女 まき, たきぎ
echar ~ al fuego 火に油をそそぐ

leñador, ra [レニャドル, ラ] 名 きこり, たき取り

leño [レニョ] 男 丸太

león, na [レオン, ナ] 名〈男 複 leones〉❶ ライオン. ❷ ~ marino トド
llevarse la parte del ~ ひとり占めする, うまい汁を吸う

leopardo [レオパルド] 男 ヒョウ(豹)

leotardos [レオタルドス] 男 複〈服飾〉タイツ

lepra [レプラ] 女 ハンセン病

leproso, sa [レプロソ, サ] 名 ハンセン病患者

lerdo, da [レルド, ダ] 形 のろまな, 鈍い

les [レス] 代〈人称代名詞3人称複数〉❶〈間接目的〉彼ら(彼女ら)に, あなたがたに; それらに: Les contesté. 私は彼ら(彼女ら・あなたがた)に返事をした
❷〈ス〉〈男性を表わす直接目的〉彼らを, あなたがたを: Les esperaré. 私は彼ら(あなたがた)を待とう

lesbiana [レスビアナ] 女 同性愛の女性, レスビアン

lesión [レシオン] 女 傷害, 傷: sufrir una ~ cerebral 脳に損傷を受ける

lesionado, da [レシオナド, ダ] 名 過分 負傷者

lesionar [レシオナル] 他 傷つける
◆ **~se** 負傷する: *Se lesionó un brazo.* 彼は腕にけがをした

letal [レタル] 形 致死の: dosis ~ 致死量

letargo [レタルゴ] 男 ❶ 冬眠. ❷ 昏睡. ❸ 無気力

letra [レトラ] 女 ❶ 文字: ~ mayúscula 大文字. ~ minúscula 小文字
❷ 字体, 筆跡: tener buena (mala) ~ きれいな(汚い)字を書く
❸ 歌詞: autor de la ~ 作詞者
❹〈主に *L~s*〉文学, 文芸: facultad de *L~s* 文学部
❺ 複 学問: hombre de ~s 教養人, 学者
❻〈商業〉手形: girar una ~ 手形を振り出す. ~ de cambio 為替手形

letrado, da [レトラド, ダ] 形 学問のある, 博識な; ペダンチックな

letrero [レトレロ] 男 看板, 掲示, 立て札: ~ luminoso ネオンサイン

letrina [レトリナ] 女〈キャンプ地などの〉便所

leucemia [レウセミア] 女 白血病

leucémico, ca [レウセミコ, カ] 形 名 白血病の〔患者〕

levadura [レバドゥラ] 女 酵母, イースト: ~ en polvo ベーキングパウダー

levantamiento [レバンタミエント] 男 ❶ 持ち上げること; 上げ: ~ de pesas 重量挙げ, ウェイトリフティング. ❷ 蜂起, 決起: ~ militar 軍部の反乱. ❸ 解除, 解禁: ~ de la veda 猟の解禁

levantar [レバンタル] 他 ❶ 上げる, 高くする: ~ la mano 手を上げる. ~ el nivel de vida 生活水準を上げる. ~ el ánimo 元気づける
❷〈物を〉立てる; 建てる, 建造する: ~ una estatua 像を建てる
❸ 取り除く; 解除する: ~ el asedio 包囲を解く
❹ 生じさせる, 引き起こす: ~ protestas entre los vecinos 住民の抗議を招く
◆ **~se** ❶ 立ち上がる: ~se de la silla いすから立つ
❷ 起きる, 起床する: ~se temprano 早起きする
❸ 上がる; 建つ: *Se levantó un viento.* 風が巻き起こった
❹ 蜂起する, 決起する: ~se en armas 武装蜂起する

levante [レバンテ] 男 ❶ 東〖=este〗; 東風. ❷〈*L~*. スペインの〉レバンテ, 東部地方

levar [レバル] 他 ~ anclas 錨を上げる, 出航する

leve [レベ] 形 ❶ 軽い. ❷ ささいな: falta ~ 小さなミス

levita [レビタ] 女 〈服飾〉フロックコート

léxico [レ(ク)シコ] 男 語彙; 語彙集, 辞典

ley [レイ] 女 ❶ 法, 法律; 規則, 決まり: respetar la ~ 法を尊重する. conforme a la ~ 法律に従って
❷ 法則: ~ de la gravedad 重力の法則
❸ 戒律, おきて

leyenda [レジェンダ] 女 伝説

leyer- ⇨**leer** 45

leyó ⇨**leer** 45

liar [リアル] 33 他 ❶ 縛る; 包む, くるむ: ~ un paquete con una cuerda 小包をひもでくくる. ~ un cigarrillo たばこを巻く. ❷ 複雑にする. ❸〈人を事件などに〉巻き込む
◆ **~se** 〈ス〉❶〈a を〉始める. ❷ 混乱する, 紛糾する. ❸〈con と〉不倫関係になる

libélula [リベルラ] 女〈昆虫〉トンボ

liberación [リベラスィオン] 女 ❶ 解放, 釈放: ejército de ~ 解放軍. ~ de esclavos 奴隷解放. ❷ 免除, 解除

liberal [リベラル] 形 ❶ 自由主義の, リベラルな: familia ~ 物わかりのいい家庭
❷ 気前のよい, 寛大な
❸ 自由業の: profesión ~ 自由業
◆ 名 自由主義者

liberalismo [リベラリスモ] 男 自由主義, リベラリズム

liberalización [リベラリサスィオン] 女 自由化

liberalizar [リベラリサル] 13 他 自由化する: ~ las importaciones de... …の輸入を自由化する

liberar [リベラル] 他 ❶ 自由にする, 解放する: ~ a los presos 囚人たちを釈放する. ❷〈de を〉…に免除する

libertad [リベルタ] 女 ❶ 自由: tener ~ para+不定詞 自由に…できる. ~ de comercio 自由貿易. ~ de imprenta 出版の自由
❷ 釈放: poner a+人 en ~ …を釈放する. ~ bajo fianza/~ provisional 保釈. condicional 仮釈放
con toda ~ 遠慮なく, 自由に
tomarse la ~ *de*+不定詞 遠慮なく…する, あえて…する

libertar [リベルタル] 他 ❶ 解放する, 自由の身にする: zona *libertada* 解放地区. ❷〈de を〉…に免除する

libertinaje [リベルティナヘ] 女 勝手気まま, 放縦; 放蕩

libertino, na [リベルティノ, ナ] 形 名 勝手気ままな〔人〕; 放蕩な〔人〕

libra [リブラ] 女〈重量・貨幣の単位〉ポンド

librador, ra [リブラドル, ラ] 名〈手形などの〉振出人

librar [リブラル] 他 ❶〈de から〉解放する, 救い出す: ~ de un peligro 危険から救う. ❷ 免れさせる. ~ *del* impuesto 税金を免除する. ❸〈手形などを〉振り出す: ~ un cheque contra... …あてに小切手を振り出す. ❹ ~ batalla/~ combate 戦いを交える
◆ **~se** 〈de を〉免れる: ~*se del* servicio militar 兵役を免れる

libre [リブレ] 形 ❶ 自由な: ~ comercio 自由貿易. ~ competencia 自由競争. entrada ~ 入場無料
❷〈de を〉免除された, …のない: ~ de impuestos 免税の
❸ 暇な: Estoy ~ hoy. 私はきょう暇だ. tiempo ~ 自由時間, 暇
❹〈場所が〉空いた: asiento ~ 空席. taxi ~ 空車のタクシー
❺〈スポーツ〉tiro ~ フリーキック. los 100 metros ~s 100 メートル自由形
trabajar por ~ フリーランスで働く

librería [リブレリア] 女 書店, 本屋

librero, ra [リブレロ, ラ] 名 書店主, 書店員

libreta [リブレタ] 女 手帳, メモ帳: ~ de ahorros 預金通帳

libro [リブロ] 男 ❶ 本: ~ de historia 歴史書
❷ 帳簿: llevar los ~s 帳簿をつける. ~ de caja 現金出納簿

Lic. 〈略記〉大学卒業者〔←Licenciado〕

licencia [リセンスィア] 女 許可, 免許; 許可証, 免許証: derechos de ~ ライセンス料. ~ de conductor 運転免許〔証〕. ~ de obras 建築許可

licenciado, da [リセンスィアド, ダ] 名 過分 大学卒業者, 学士

licenciar [リセンスィアル] 他〈ス〉除隊させる
◆ **~se** 〈ス〉❶ 除隊する, 兵役を終える. ❷ 学士号を得る: ~*se* en Derecho 法学士号をとる, 法学部を卒業する

licenciatura [リセンスィアトゥラ] 女 学士号; 専門課程

liceo [リセオ] 男〈ラ〉中学, 高校

licitación [リスィタスィオン] 女 競売, 入札

licitar [リスィタル] 他 せり値をつける, 入札する

lícito, ta [リスィト, タ] 形 適法な, 正当な

licor [リコル] 男 リキュール; 蒸留酒: ~ de naranja オレンジリキュール

licorería [リコレリア] 女 ❶ 酒造所. ❷ 酒店

licuación [リクアスィオン] 女 溶解, 液化

licuadora [リクアドラ] 女 ジューサー

licuar [リクアル] [時に 14] 他 ❶ ジュースにする. ❷ 溶解する, 液化する: gas de petróleo licuado 液化石油ガス

lid [リ] 女 戦い, 争い, 論戦

líder [リデル] 名 ❶ 指導者, リーダー: ～ de la oposición 野党の党首. ❷ トップ, 1位: empresa ～ トップ企業

liderato [リデラト] 男 =liderazgo

liderazgo [リデラスゴ] 男 指導者の地位, リーダーシップ

lidia [リディア] 女 闘牛: toros de ～ 闘牛用の牛たち

lidiar [リディアル] 他 自 闘う

liebre [リエブレ] 女 ノウサギ(野兎)

lienzo [リエンソ] 男 ❶〈美術〉カンバス；油絵. ❷〈麻・木綿の〉布. ❸〈建築〉壁面の一部

liga [リガ] 女 ❶ 靴下どめ, ガーター. ❷〈スポーツ〉リーグ(戦): campeón de ～ リーグチャンピオン. ～ de fútbol サッカーリーグ. ❸ 連盟, 同盟

ligadura [リガドゥラ] 女 ❶ ひも, 縄. ❷ 結ぶ(結ばれている)こと

ligamento [リガメント] 男〈解剖〉靭帯

ligar [リガル] 55 他 ❶ 結ぶ, 縛る: ～ a+人 las manos a la espalda …を後ろ手に縛る. ❷ 関連させる
◆ 自〈口語〉〈con 異性を〉ナンパする, ひっかける
◆ ～se〈互いに〉結びつく

ligeramente [リヘラメンテ] 副 ❶ 軽く；軽快に. ❷ 少しだけ. ❸ 軽率に

ligereza [リヘレサ] 女 ❶ 軽さ, 軽快さ. ❷ 軽率さ: obrar con ～ 軽率に行動する

ligero, ra [リヘロ, ラ] 形 ❶ 軽い: caja ～ra 軽い箱. comida ～ra 軽い食事. sueño ～ 浅い眠り. tela ～ra 薄手の布
❷ 軽快な, すばやい: paso ～ 軽やかな足取り
❸ けいそつな, 軽薄な: mujer ～ra 身持ちの悪い女
a la ～ra けいそつに, 軽薄に

ligue [リゲ] 男〈口語〉ナンパ

liguero [リゲロ] 男〈服飾〉ガーターベルト

lija [リハ] 女 紙やすり〖papel de ～〗

lila [リラ] 女〈植物〉リラ, ライラック

lima [リマ] 女 ❶ やすり: ～ de uñas 爪やすり. ❷〈植物・果実〉ライム

limar [リマル] 他 …にやすりをかける

limeño, ña [リメニョ, ニャ] 形 名 リマ Lima の(人)

limitación [リミタスィオン] 女 制限: ～ de velocidad 速度制限

limitado, da [リミタド, ダ] 過分 制限のある；ごく少ない: edición ～da 限定版

limitar [リミタル] 他〈a に〉制限する: ～ la velocidad a 100 kilómetros por hora 速度を時速100キロに制限する. ❷ …の境界を定める(示す)
◆ 自〈con と〉境界を接する
◆ ～se〈a+不定詞〉ただ…するだけにとどめる: *Me limito a poner un solo ejemplo.* 一例をあげるだけにします

límite [リミテ] 男 ❶ 限界, 制限；範囲: ～ de velocidad 制限速度. ～ de edad 年齢制限
❷ 境界: ～ de las provincias 県境

limítrofe [リミトロフェ] 形 隣接する

limón [リモン] 男〖複 limones〗❶〈果実〉レモン. ❷ レモン色, レモンイエロー

limonada [リモナダ] 女 レモネード

limonero [リモネロ] 男〈植物〉レモンの木

limosna [リモスナ] 女 施し物: dar ～ 施しを与える. pedir ～ 施しを乞う

limpiabotas [リンピアボタス] 名〈単複同形〉靴磨き

limpiador, ra [リンピアドル, ラ] 名 掃除人

limpiaparabrisas [リンピアパラブリサス] 男〈単複同形〉〈車の〉ワイパー

limpiar [リンピアル] 他 ❶ 掃除する, 拭く, 洗う: ～ el cuarto 部屋を掃除する. ～ los zapatos 靴を磨く. ～ con un trapo ぞうきんで拭く. ～ en seco ドライクリーニングする
❷〈de を〉…から取り除く: ～ el jardín de hierba 庭の草むしりをする
❸ 盗む, だましとる；〈賭け事で〉無一文にする
◆ ～se〈体を〉清潔にする: ～*se* las narices 鼻をかむ

limpieza [リンピエサ] 女 ❶ 清潔さ. ❷ 掃除；洗濯: hacer la ～ de... …の掃除をする. artículos de ～ 掃除用具. ～ general 大掃除. ～ en seco ドライクリーニング. ❸ 公正さ；フェアプレー: actuar con ～ 誠実にふるまう. ❹ operación de ～ 掃討作戦

limpio, pia [リンピオ, ピア] 形 ❶ 清潔な, 汚れのない: La cocina está ～*pia*. 台所ははきれいになっている. aire ～ 澄んだ空気
❷ 清潔好きな, 清楚な: niño muy ～ こざっぱりとした服装の少年
❸ 公正な, 慎みのある: alma ～*pia* 清らかな心
❹ 鮮明な: imagen ～*pia* はっきりした映像
❺ 正味の, 余分を取り除いた: beneficio

純益. grano ～ 脱穀した粒
❻〈プレー・動作が〉見事な；フェアな：juego ～ フェアプレー
◆ 副 正々堂々と：jugar ～ フェアプレイをする
en ～ 正味で；手取りで：ganar seiscientos mil yenes *en* ～ 手取りで60万円かせぐ
poner en ～/*pasar a* ～ 清書する

linaje [リナヘ] 男 血統, 家系；〈貴族の〉家柄：ilustre ～ 名門〔の血筋〕

linaza [リナサ] 女 亜麻仁(ぁ⁴)

lince [リンセ] 男 ❶〈動物〉オオヤマネコ. ❷〈洞察力の〉鋭い人：vista de ～ 鋭い洞察力

linchamiento [リンチャミエント] 男 私刑, リンチ

linchar [リンチャル] 他 …に私刑(リンチ)を加える

lindar [リンダル] 自〈con と〉隣接する

linde [リンデ] 女 境界〔線〕

lindero, ra [リンデロ, ラ] 形 隣接している
◆ 男 = linde

lindo, da [リンド, ダ] 形〈主にラ〉きれいな, かわいい：chica ～*da* きれいな少女. vestido ～ すてきなドレス
◆〈ラ〉見事に, うまく：cantar ～ 上手に歌う
de lo ～ 大いに〔楽しく〕：divertirse *de lo* ～ 大いに楽しむ

línea [リネア] 女 ❶ 線, すじ：trazar una ～ 線を引く. ～ curva 曲線. ～ de meta 〈スポーツ〉ゴールライン
❷〈交通・通信の〉線：autobús de ～ 路線バス. ～ aérea 航空路. ～ telefónica 電話線. La ～ está ocupada.〈交換手が〉お話し中です
❸〈文章の〉行：la primera ～ de la página ページの1行目
❹ 複 短い手紙：escribir a+人 unas ～*s* …に一筆書く
❺ 輪郭, スタイル：mantener (conservar) la ～ スタイルを保つ, 太らないようにする. vestido de ～ elegante 優雅なラインのドレス
❻ 列：plantar los árboles en ～ 木を一列に植える. ～ de montaje〈工場の〉組み立てライン
❼ 方向；方針：～ del partido 党の路線
de primera ～ 一流の：jugador *de primera* ～ 一流プレーヤー
en ～*s generales* 大筋において
leer entre ～*s* 行間の意味を読み取る
～ *recta* 1) 直線：en ～ *recta* まっすぐに. 2) 直系

lineal [リネアル] 形 線の, 線状の

linfa [リンファ] 女〈医学〉リンパ〔液〕

lingote [リンゴテ] 男 インゴット, 鋳塊：～ de oro 金塊

lingüista [リングイスタ] 名 言語学者

lingüístico, ca [リングイスティコ, カ] 形 言語の, 言語学の
◆ 女 言語学

linimento [リニメント] 男〈医学〉塗布剤

lino [リノ] 男 ❶ 亜麻布, リネン. ❷〈植物〉アマ

linóleo [リノレオ] 男 リノリウム

linterna [リンテルナ] 女 ❶ 懐中電灯. ❷ カンテラ, ランタン

lío [リオ] 男 ❶ 混乱；困難な事態：armar un ～ 騒ぎ(もめごと)を起こす. ❷ 包み：～ de ropa 衣類の包み
hacerse (estar hecho) un ～ 頭の中が混乱する(している)
meterse en un ～ 面倒なことに首を突っ込む
¡Qué ～*!/¡Vaya* ～*!* やっかいだ/うんざりだ!

liquen [リケン] 男〈植物〉地衣〔類〕

liquidación [リキダスィオン] 女 ❶ 清算, 決済. ❷ 投売り, バーゲンセール

liquidar [リキダル] 他 ❶ 清算する, 決済する：～ una deuda 借金を全額返済する. ～ una empresa 会社をたたむ. ❷ 投売りする, 安売りする

líquido, da [リキド, ダ] 形 ❶ 液体の：alimento ～ 流動食
❷〈商業〉正味の：sueldo ～ 手取り給与
◆ 男 ❶ 液体. ❷ 純益, 純所得：～ imponible 課税対象所得

lira [リラ] 女〈音楽〉リラ, たて琴

lírico, ca [リリコ, カ] 形 抒情的な, 抒情詩の
◆ 女 抒情詩

lirio [リリオ] 男〈植物〉アヤメ, アイリス

lirismo [リリスモ] 男 抒情性, リリシズム

lirón [リロン] 男〈動物〉オオヤマネ
dormir como un ～ ぐっすり眠る

lisiado, da [リシアド, ダ] 形 過分〈四肢に〉障害のある；身体障害者

lisiar [リシアル] 他 ひどく傷つける, 不具にする

liso, sa [リソ, サ] 形 ❶ 平らな；なめらかな：terreno ～ 平坦な土地. ❷〈髪の毛が〉まっすぐな. ❸〈服飾〉装飾のない, シンプルな；無地の

lisonja [リソンハ] 女 おべっか, お追従

lisonjear [リソンヘアル] 他 …にへつらう, おもねる；得意がらせる

lisonjero, ra [リソンヘロ, ラ] 形 へつらいの, 自尊心をくすぐるような
◆ 名 おべっかつかい

lista[1] [リスタ] 女 ❶ 表, リスト, 名簿：～ de

precios 価格表. ～ de pasajeros 乗客名簿. ～ negra ブラックリスト

❷ 縞(ｼﾏ)

～ *de correos* 局留め郵便

pasar ～ 点呼をとる, 出席をとる

listo, ta² [リスト, タ] 形 ❶ 利口な, 頭の回転が速い; 抜け目のない

❷ 用意のできた: Ya estoy ～ [para salir]. もう私は〔出かける〕準備ができている

listón [リストン] 男 ❶ 細長い板. ❷ 〈走り高跳び・棒高跳びの〉バー

litera [リテラ] 女 ２段ベッド; 〈船・列車の〉簡易寝台

literal [リテラル] 形 文字どおりの, 逐語訳の

literario, ria [リテラリオ, リア] 形 文学の, 文芸の: obra ～*ria* 文学作品. crítico ～ 文芸批評家

literato, ta [リテラト, タ] 名 作家, 文学者

literatura [リテラトゥラ] 女 文学: ～ española スペイン文学

litigar [リティガル] 55 自 他 ❶ 訴訟を起こす. ❷ 論争する

litigio [リティヒオ] 男 訴訟, 係争: en ～ con... …と係争中の

litografía [リトグラフィア] 女 石版印刷〔画〕, リトグラフ

litoral [リトラル] 形 沿岸の

◆ 男 沿岸地方

litro [リトロ] 男 〈容量の単位〉リットル: botella de un ～ １リットルびん

liturgia [リトゥルヒア] 女 〈宗教〉礼拝〔の儀式〕; 典礼学

liviano, na [リビアノ, ナ] 形 ❶ 軽い; ささいな. ❷ 軽薄な, 移り気な

lívido, da [リビド, ダ] 形 青ざめた, 土気色の, 鉛色の

living [リビン] 男 居間

llaga [ジャガ] 女 傷, 潰瘍(ｶｲﾖｳ)

poner el dedo en la ～ 問題の核心をつく; 弱いところをつく

llama [ジャマ] 女 ❶ 炎, 火炎: edificio en ～*s* 炎に包まれた建物. ❷ 〈動物〉リャマ

llamada¹ [ジャマダ] 女 ❶ 呼ぶこと; 点呼, 召集: ～ a escena 〈演劇〉カーテンコール

❷ 通話 〔～ telefónica〕: hacer una ～ a +人 …に電話をかける. ～ personal 指名通話. ～ a cobro revertido コレクトコール

llamado, da² [ジャマド, ダ] 形 過分 いわゆる

llamador [ジャマドル] 男 〈ドアの〉ノッカー

llamamiento [ジャマミエント] 男 ❶ 呼びかけ, 訴え: hacer un ～ a la opinión pública 世論に訴える. ❷ 〈軍事〉召集

llamar [ジャマル] 他 ❶ 呼ぶ, 呼び出す: ～ un taxi タクシーを呼ぶ. ～ al médico 医者を呼ぶ

❷ 電話をかける 〔～ por teléfono〕: Después te *llamaré*. あとで電話するよ

❸ 名づける, …と呼ぶ: Lo *llamaron* niño prodigio. 人々は彼を神童と呼んだ

❹ 引きつける

◆ 自 〈戸口で〉ノックする, 呼び鈴を鳴らす: Están *llamando* a la puerta. 誰かドアをノックしている/呼び鈴を押している

◆ **～se** …という名前である: ¿Cómo *se llama* usted?—*Me llamo* Jaime Rodríguez. お名前は何とおっしゃいますか?—私はハイメ・ロドリゲスといいます

llamarada [ジャマラダ] 女 ❶ 燃え上がる炎. ❷ 〈顔が〉赤らむこと; 〈感情などの〉激発

llamativo, va [ジャマティボ, バ] 形 ひどく目立つ, けばけばしい: colores ～*s* どぎつい色, 派出な色

llamear [ジャメアル] 自 燃え上がる, 炎を上げる

llano, na [ジャノ, ナ] 形 ❶ 平らな: camino ～ 平坦な道

❷ 気さくな, 飾り気のない; 〈表現が〉平易な

◆ 男 平原, 平地

llanta [ジャンタ] 女 ❶ 〈車輪の〉リム. ❷ 〈ラ〉タイヤ

llanto [ジャント] 男 泣くこと, 嘆き: deshacerse (anegarse) en ～ 泣きくずれる

llanura [ジャヌラ] 女 平原, 平野

llave [ジャベ] 女 ❶ 鍵: echar la ～ a la puerta/cerrar la puerta con ～ ドアに鍵をかける. ～ de contacto 〈車の〉イグニッションキー. ～ del éxito 成功の鍵

❷ スパナ, レンチ; ～ inglesa 自在スパナ

❸ 〈電灯の〉スイッチ 〔～ de la luz〕

❹ 〈ラ〉〈ガス・水道の〉栓, コック

❺ 〈管楽器の〉弁, キー; 音部記号

bajo ～ 安全な場所に; しっかり鍵をかけて

llavero [ジャベロ] 男 キーホルダー

llavín [ジャビン] 男 〈掛けがねの〉鍵

llegada [ジェガダ] 女 ❶ 到着: línea de ～ 〈スポーツ〉ゴールライン

❷ 到来; 到達

llegar [ジェガル] 55 自 ❶ 〈a に〉着く, 到着する: ～ a casa 家に着く, 帰宅する

❷ 到来する: Ya *llega* la Navidad. もうすぐクリスマスだ

❸ 到達する: ～ a su destino 目的地に達する. ～ a la conclusión 結論に達する. La falda me *llega* por las rodillas. スカートは私の膝のあたりまである

❹ 〈a+不定詞〉…することになる, …するに至る: Algún día *llegarás a* saber el secreto. 君

はいつかその秘密を知ることになるだろう. ～ *a* ser catedrático ついに大学教授になる
◆ ～**se** ⟨*a* に⟩ 近づく; 寄る

llenar [ジェナル] 他 ❶ ⟨*de* で⟩ いっぱいにする, 満たす: ～ un vaso *de* leche コップに牛乳をいっぱい入れる
❷ ⟨穴などを⟩ 埋める
❸ ⟨空欄に⟩ 書き込む: ～ un formulario 用紙に記入する
❹ ⟨条件などを⟩ 満たす
◆ ～**se** ⟨*de* で⟩ いっぱいになる: La plaza *se llenó de* gente. 広場は人で埋まった

lleno, na [ジェノ, ナ] 形 ⟨*de* で⟩ いっぱいの, 満ちた: La cesta está ～*na de* fresas. かごはイチゴでいっぱいだ. El autobús está ～. バスは満員だ. Estoy ～. 私は満腹だ
◆ 男 満席, 満員
de ～ 1) いっぱいに, 完全に. 2) 真っ向から: El coche dio *de* ～ contra el muro. 車は塀にもろにぶつかった

llevadero, ra [ジェバデロ, ラ] 形 我慢できる, 辛抱できる

llevar [ジェバル] 他 ❶ 持つ: ～ un libro bajo el brazo 本を小脇にかかえている
❷ ⟨*a* に⟩ 持って行く, 運ぶ: ～ la maleta *al* hotel スーツケースをホテルに運ぶ
❸ 連れて行く: ～ *a* los niños *a* la playa 子供たちを海岸に連れて行く
❹ 身につけている, 着ている: ～ gafas めがねをかけている. ～ camisa roja 赤いシャツを着ている
❺ 導く, …に至らせる; もたらす: Este camino nos *lleva a* la estación. この道を行くと駅に出る
❻ ⟨日時を⟩ 過ごす: *Llevamos* dos días en España. 私たちはスペインに来て2日になる
❼ ⟨人より⟩ 多い, 上回る: Él me *lleva* dos años. 彼は私より2歳年上だ
❽ ⟨ある状態に⟩ ある, 保っている: *Lleva* muy bien el negocio. 彼の商売は順調だ. ～ el pelo largo 長髪である
◆ 自 ⟨+現在分詞⟩ …し続けている: *Llevo* trabajando en esta oficina diez años. 私はこの会社で10年働いている
◆ ～**se** ❶ 一緒に連れて行く. ❷ 獲得する, 買う: Me *llevo* este jersey. このセーターを買います. ❸ 持って行く; 持ち去る: *Llévate* el paraguas, que va a llover. 雨が降るからかさを持って行きなさい. Los atracadores *se llevaron* un millón de euros. 強盗は100万ユーロ持ち去った
～ *adelante* 実現させる, 推進する
～ *consigo* 1) 連れて行く. 2) 持って行く, 持ち合わせる
～ *se bien* (*mal*) *con*+人 …と仲がよい (悪い)

llorar [ジョラル] 自 泣く, 涙を流す: ～ *de* risa 笑いすぎて涙が出る
◆ 他 嘆く, 悼(いた)む: ～ la desgracia 不運を嘆く

lloriquear [ジョリケアル] 自 めそめそする

lloro [ジョロ] 男 泣くこと

llorón, na [ジョロン, ナ] 形 名 泣き虫(の), めそめそする

lloroso, sa [ジョロソ, サ] 形 泣きぬれた, 涙ぐんだ

llover [ジョベル] 50 自 ⟨単人称⟩ 雨が降る: *Llueve* mucho. 雨がたくさん降る (降っている)

llovizna [ジョビスナ] 女 霧雨, 小ぬか雨

lloviznar [ジョビスナル] 自 ⟨単人称⟩ 霧雨が降る

lluev- ⇨ **llover** 50

lluvia [ジュビア] 女 雨: Cae. ～. 雨が降る. ～ radiactiva 放射能雨

lluvioso, sa [ジュビオソ, サ] 形 雨がちな, 雨の多い

lo [ロ] 冠 ⟨定冠詞中性形⟩ ❶ …のこと: *lo* bello 美, 美しさ. *lo* de ayer きのうのこと. *Lo* mejor es... いちばんいいのは…だ
❷ …のもの: Te doy *lo* mío. 私のをあげよう
❸ ⟨部位⟩ …のところ: en *lo* alto del árbol 木の上に
❹ …らしさ: *lo* madre 母親らしさ
❺ ⟨+que/+形容詞・副詞+que⟩ ⇨ **que** 代 ❹
◆ 代 ⟨人称代名詞3人称単数. 直接目的⟩
❶ ⟨男性形⟩ 彼を, あなたを; ⟨男性名詞をうけて⟩ それを: *Lo* vi ayer. 私はきのう彼(あなた)を見かけた. Ese paquete *lo* he traído yo. この荷物は私が持って来た
❷ ⟨中性の代名詞⟩ そのことを; そう: Se casó.—No *lo* sabía. 彼は結婚した.—それは知らなかった. ¿Eres enfermera?—Sí, *lo* soy. あなたは看護婦ですか?—はい, そうです. Es joven, aunque no *lo* parece. 彼は若い. そうは見えない

loa [ロア] 女 称賛

loable [ロアブレ] 形 称賛すべき

loar [ロアル] 他 称賛する

lobo, ba [ロボ, バ] 名 ❶ オオカミ(狼): hombre ～ 狼男. ❷ ～ *de* mar 老練な船乗り. ❸ ～ *marino* アシカ; アザラシ
como boca de ～ 真っ暗な
tener un hambre de ～ 腹ぺこである

lóbrego, ga [ロブレゴ, ガ] 形 ❶ 暗い. ❷ 陰気な

lóbulo [ロブロ] 男 耳たぶ

loca ⇨**loco, ca**
local [ロカル] 形 ❶ 地方の；その土地の：color ～ 地方色. equipo ～ ホームチーム. hora ～ 現地時間 ❷ 局地的な：guerra ～ 局地戦 ❸ 局部の：anestecia ～ 局部麻酔 ◆ 男 〈建物内の〉場所, 部屋：alquilar un ～ 部屋を借りる. ❷ 施設；店舗：～ público 公共施設
localidad [ロカリダ] 女 ❶ 居住地域：en esta ～ この土地(町・村)では. ❷ 観客席, 座席：reserva de ～es 座席の予約. ❸〈催し物の〉入場券：sacar una ～ 入場券を買う
localizar [ロカリサル] 13 他 ❶〈…の所在・位置を〉捜し当てる, 位置を示す：～ al autor del delito 犯人の居所を突きとめる. ❷ 局地(局部)化させる：～ un fuego 火事を食い止める
loción [ロスィオン] 女 化粧水, ローション
loco, ca [ロコ, カ] 形 ❶ 気が変になった；狂気じみた：estar ～ de dolor 痛みで気が変になりそうである. alegría *loca* 狂喜. precio ～ 法外な値段 ❷〈por に〉夢中な：estar ～ *por* el béisbol 野球に熱中している ◆ 名 気が変な人；狂気じみた人, 変人 *hacerse el* ～ 気づかない(わからない)ふりをする *¡No seas* ～*!* ばかなことをする(言う)な！ *volver* ～ 狂わせる；熱狂させる：Este niño me *vuelve* ～. この子がいると私は頭がおかしくなりそうだ
locomoción [ロコモスィオン] 女 移動, 輸送
locomotora [ロコモトラ] 女 機関車
locuaz [ロクアス] 形 複 locua*ces* 多弁な, おしゃべりな
locución [ロクスィオン] 女 ❶ 言い回し, 句：～ verbal 動詞句. ❷ 熟語
locura [ロクラ] 女 ❶ 狂気［じみたこと］：cometer ～[s] ばかげたことをする. Esto es una ～. これは狂気の沙汰だ. ❷ 熱愛, 熱狂：tener ～ por... …に夢中になっている *con* ～ ひじょうに：Quiere a su novia *con* ～. 彼は恋人にぞっこんだ
locutor, ra [ロクトル, ラ] 名 アナウンサー, ニュースキャスター
locutorio [ロクトリオ] 男 ❶〈修道院・刑務所の〉面会室. ❷ 電話ボックス
lodo [ロド] 男 泥：botas cubiertas de ～ 泥だらけの長靴
lógica[1] [ロヒカ] 女 論理；論理学
lógico, ca[2] [ロヒコ, カ] 形 ❶ 当然の, 理にかなった：Es ～ que+接続法 …は当然である ❷ 論理的な；論理学の：pensamiento ～ 論理的思考
logística [ロヒスティカ] 女 物流管理；〈軍事〉兵站業務
logotipo [ロゴティポ] 男 ロゴ, シンボルマーク
lograr [ログラル] 他 ❶〈+不定詞・que+接続法〉達成する, 何とか…やり遂げる：*Logré* convencerle. 私は彼をうまく説得できた ❷ 獲得する：～ la victoria 勝利を得る
logro [ログロ] 男 成功, 達成
loma [ロマ] 女 丘
lombriz [ロンブリス] 女 複 lombri*ces* ❶〈動物〉ミミズ. ❷ 回虫［～ intestinal］
lomo [ロモ] 男 ❶〈動物・本・刃物の〉背. ❷〈料理〉サーロイン, ロース：ロースハム
lona [ロナ] 女 ❶ 帆布, カンバス. ❷〈スポーツ〉マット
loncha [ロンチャ] 女 薄切り, スライス：una ～ de tocino ベーコンの薄切り1枚
lonchería [ロンチェリア] 女〈ラ〉軽食堂
longaniza [ロンガニサ] 女 細長いソーセージ
longevo, va [ロンヘボ, バ] 形 長寿の, 高齢の
longitud [ロンヒトゥ] 女 ❶ 長さ；縦：tener tres metros de ～ 長さが3メートルある. ❷ 経度, 経線：～ este (oeste) 東経(西経)
lonja [ロンハ] 女 ❶ 取引所, 市場：～ de pescados 魚市場. ❷ 薄切り, スライス
loro [ロロ] 男〈鳥〉オウム
los [ロス] 冠 *定冠詞男性複数形* ～ niños 子供たち ◆ 代〈人称代名詞3人称複数男性形. *直接目的*〉彼らを, あなたがたを；〈男性複数名詞をうけて〉それらを：*Los* visité ayer. きのう私は彼ら(あなたがた)を訪問した. Compró unos discos y ～ oyó. 彼は数枚のレコードを買って, それらを聞いた
losa [ロサ] 女 ❶ 板石, 平石. ❷ 墓石
lote [ロテ] 男 ❶〈商品などの〉1口, 1山, ロット. ❷ 分け前
lotería [ロテリア] 女 宝くじ：jugar a la ～ 宝くじを買う
loto [ロト] 男〈植物〉スイレン, ハス
loza [ロサ] 女 陶土；〈集合的に〉陶器
lozanía [ロサニア] 女 みずみずしさ；はつらつさ
lozano, na [ロサノ, ナ] 形 ❶〈植物が〉青々とした, みずみずしい. ❷〈人が〉はつらつとした
lubricante [ルブリカンテ] 男 潤滑剤, 潤滑油
lubricar [ルブリカル] 73 他 …に潤滑油をさす, 注油する
lucero [ルセロ] 男 ～ de la mañana/ del alba 明けの明星. ～ de la tarde 宵の

星

lucha [ルチャ] 囡 ❶ 闘争, 戦い: ～ de clases 階級闘争. ～ contra el cáncer 癌との闘い
❷ レスリング: ～ libre フリースタイル; プロレス

luchador, ra [ルチャドル, ラ] 名 ❶ 闘士. ❷ 格闘技の選手, レスラー

luchar [ルチャル] 自 戦う: ～ contra la injusticia 不正と戦う. ～ por la libertad 自由を守るために闘う

lucidez [ルスィデス] 囡 明晰(めいせき)さ, 正気

lucido, da [ルスィド, ダ] 形 過分 輝かしい, すばらしい: festejo ～ 華やかなパーティー

lúcido, da [ルスィド, ダ] 形 ❶ 明晰(めいせき)な; 明解な: mente ～da 明晰な頭脳. ❷〈患者が〉正気の

luciérnaga [ルスィエルナガ] 囡〈昆虫〉ホタル

lucir [ルスィル] 46 自 ❶ 輝く, 光る: Las estrellas *lucían*. 星がきらめいていた. ❷〈努力などの〉かいがある
◆ 他 見せびらかす
◆ ～se 見事に成功する, 抜きん出る. ❷ 着飾る

lucrativo, va [ルクラティボ, バ] 形 金(かね)になる, もうけの多い: organización sin fines ～s 非営利団体

lucro [ルクロ] 男 もうけ, 利益

luego [ルエゴ] 副 ❶〈時間〉後で, 後になって: *L*～ te avisaré. 後で君に知らせるよ
❷〈順序〉その後に, それから: Primero voy a correos y ～ al banco. 私はまず郵便局へ行き, 次に銀行へ行く
desde ～ もちろん

lugar [ルガル] 男 ❶ 場所: No hay ～es donde practicar deportes. スポーツをする場所がない. ～ del suceso 事件の現場
❷ 順位; 地位, 職: quedar en tercer ～ 第3位になる
cierto ～〈婉曲〉便所
dar ～ *a...* …の原因(動機・口実)になる
en ～ *de...* 1)…の代わりに: Vino en taxi en ～ de tomar el autobús. 彼はバスに乗らないでタクシーで来た. 2) …の立場にいれば: Yo, *en tu* ～, no lo haría. 私が君の立場だったらそうしないだろう
en primer ～ 第一に
en último ～ 最後に; 最後の手段として
fuera de ～ 不適当な, 場違いの
hacer ～ 場所を空ける
tener ～〈事が〉起こる, 催される: La ceremonia *tendrá* ～ en el salón. 式はホールで行われる予定だ

lugareño, ña [ルガレニョ, ニャ] 形 名 村の, 田舎の; 田舎者

lugarteniente [ルガルテニエンテ] 男 副責任者, 次席者

lúgubre [ルグブレ] 形 悲痛な, 悲しみに沈んだ

lujo [ルホ] 男 ぜいたく, 豪華: vivir con ～ ぜいたくな暮らしをする
de ～ デラックスな, 豪華な: hotel *de* ～ 高級ホテル
permitirse el ～ *de*+不定詞 …というぜいたくをする: No puedo *permitirme el* ～ *de* vivir solo. 私には一人で暮らすなどというぜいたくはできない

lujoso, sa [ルホソ, サ] 形 ぜいたくな, 豪華な: piso ～ 高級マンション

lujuria [ルフリア] 囡 邪淫, 色欲

lujurioso, sa [ルフリオソ, サ] 形 淫乱な, 好色な

lumbago [ルンバゴ] 男 腰痛, ぎっくり腰

lumbar [ルンバル] 形 腰痛の

lumbre [ルンブレ] 囡〈かまど・暖炉などの〉火

lumbrera [ルンブレラ] 囡〈屋根の〉明かり取り. ❷〈知的に〉傑出した人

luminosidad [ルミノスィダ] 囡 明るさ, 光度

luminoso, sa [ルミノソ, サ] 形 ❶ 光る: bomba ～*sa* 照明弾. ❷ 明るい. ❸ 明解な, 明晰(めいせき)な

luna [ルナ] 囡 ❶ 月: Hay ～. 月が出ている. Ha salido la ～. 月が出た. ～ llena 満月. ～ nueva 新月. media ～ 半月
❷ 月光
❸〈ショーウインドーなどの〉ガラス
❹〈大型の〉鏡: armario de ～ 鏡付きの洋服だんす
estar en la ～ うわの空である; 現実離れしている

lunar [ルナル] 形 月の
◆ 男 ❶ ほくろ. ❷ 複 水玉模様: vestido de ～es 水玉模様のドレス

lunático, ca [ルナティコ, カ] 形 名 精神異常の[人]; 気まぐれな[人]; 変人, 奇人

lunes [ルネス]男〈単複同形〉月曜日: Volveré el ～. 私は月曜日に戻ります

lupa [ルパ] 囡 拡大鏡, 虫めがね, ルーペ

lustrar [ルストラル] 他 磨く

lustre [ルストレ] 男 ❶ つや, 光沢: dar (sacar) ～ *a...* …のつやを出す. ❷ 栄光

lustro [ルストロ] 男 5年間

lustroso, sa [ルストロソ, サ] 形 つやつやした, 光沢のある

luto [ルト] 男 ❶ 喪, 喪中: estar de ～ 喪中である. ❷ 喪服: llevar ～ 喪服を着てい

る;喪に服している

luz [ルス] 囡 〈穰 lu*ces*〉 ❶ 光, 光線: ~ solar/~ del sol 日光. ~ natural 自然光. *luces* y sombras 光と影
❷ 明かり, 灯火; 電灯 〖~ eléctrica〗: encender (apagar) la ~ 明かりをつける(消す). *luces* de la ciudad 町の明かり. ~ de emergencia ハザードランプ
❸ 電気: pagar la ~ 電気料金を払う
❹ 交通信号: ~ roja (verde) 赤(青)信号
❺ 穰 知性, 教養: siglo de las *luces* 啓蒙の世紀〖18世紀〗

a la ~ de... 1)…の光の下で. 2)…から判断して
a media ~ 薄暗い明かりの下で
a todas luces どこから見ても;明らかに
dar a ~ 出産する
dar ~ verde a... …にゴーサインを出す
sacar a la ~ 明るみに出す;出版する
salir a 〔la〕~ 明るみに出る;出版される
tener pocas luces 頭が悪い, 愚鈍である
ver la ~ 1) 生まれる. 2) 出版される

luzca ⇨**lucir** 46

M, m [エメ]

m. 〈略語〉メートル 〖←metro〗

macabro, bra [マカブロ, ブラ] 形 ぶきみな, ぞっとする; 死の

macarrones [マカロネス] 男 複 〈料理〉マカロニ

macedonia [マセドニア] 女 〈料理〉フルーツポンチ; マセドニアサラダ

macerar [マセラル] 他 〈料理〉漬ける, 浸す

maceta [マセタ] 女 植木ばち

machacar [マチャカル] 73 他 叩きつぶす, 砕く: ~ ajos ニンニクをつぶす
◆ 自 しつこくせがむ, うるさく言う

machacón, na [マチャコン, ナ] 形 名 しつこい〔人〕, うるさい〔人〕

machete [マチェテ] 男 マチェテ, 山刀

machismo [マチスモ] 男 男尊女卑, 男らしさの誇示

machista [マチスタ] 形 名 男尊女卑の〔人〕, 男らしさを誇示する〔人〕

macho [マチョ] 形 雄の: flor ~ 雄花
◆ 男 ❶ 雄. ❷ 男らしい男, 男っぽい男. ❸ 〈技術〉雄ねじ; 〈部品の〉オス

macilento, ta [マシィレント, タ] 形 ❶ 〈人が〉やつれた, 青白い. ❷ 〈光が〉青白い, 弱々しい

macizo, za [マスィソ, サ] 形 ❶ 中身の詰まった. ❷ がんじょうな, たくましい
◆ 男 ❶ 〈地理〉山塊: M~ de las Guayanas ギアナ高地. ❷ 〈装飾用植物の〉小さな寄せ植え

macuto [マクト] 男 〈兵士の〉背嚢（はいのう）

madeja [マデハ] 女 〈糸の〉かせ

madera [マデラ] 女 木材, 材木: mesa de ~ 木製の机
tener ~ de... …の素質がある
tocar ~ 〈木製品に触れながら, 不吉なことに対して〉くわばらを唱える

madero [マデロ] 男 丸太, 角材

madrastra [マドラストラ] 女 まま母, 継母

madre [マドレ] 女 ❶ 母, 母親: Es ~ de tres hijos. 彼女は 3 児の母だ. M~ de Dios 聖母マリア. ~ suplente/~ de alquiler〈医学〉代理母
❷〈形容詞的〉barco ~ 母船. casa ~ 本店. ~ patria 母国, 本国
❸〈女子修道院の〉マザー
❹ 源泉: ~ de la cultura 文化の源
¡La ~ que lo parió!〈俗語〉ちくしょう/〈賞賛〉すごい!

¡M~ mía!/¡Mi ~! さあ, 困った/〈驚き〉おやまあ!

madreperla [マドレペルラ] 女 真珠貝;〈宝飾〉マベ〔パール〕

madriguera [マドリゲラ] 女 〈ウサギなどの〉穴

madrileño, ña [マドリレニョ, ニャ] 形 名 マドリード Madrid の〔人〕

madrina [マドリナ] 女 ❶〈キリスト教〉代母. ❷〈結婚式の〉介添え人〖~ de boda〗

madroño [マドロニョ] 男 〈植物・果実〉マドローニャ

madrugada [マドルガダ] 女 ❶ 夜明け, 明け方. ❷ 真夜中から明け方までの時間: a las tres de la ~ 午前 3 時に
de ~ 夜明けに

madrugador, ra [マドルガドル, ラ] 形 名 早起きする〔人〕

madrugar [マドルガル] 55 自 早起きする

madurar [マドゥラル] 他 ❶ 成熟させる. ❷〈計画などを〉練る
◆ 自 成熟する

madurez [マドゥレス] 女 ❶ 成熟. ❷ 円熟〔期〕, 壮年期: Él está en plena ~. 彼は男〔分別〕盛りだ

maduro, ra [マドゥロ, ラ] 形 ❶ 熟した: Las uvas están ~ras. ブドウが熟している. proyecto ~ 機の熟した計画
❷〈体力・知力が〉十分に発達した, 円熟した: pianista ~ 円熟したピアニスト
❸ 中年の, 壮年の: edad ~ra 中年. hombre ~ 壮年の男

maestría [マエストリア] 女 巧みさ, 名人芸

maestro, tra [マエストロ, トラ] 名 ❶〈小学校などの〉先生〔de escuela〕; 師匠: ~ de piano ピアノの先生
❷ 大芸術家, 巨匠; 名人
❸〈職人の〉親方
◆ 形 ❶ すぐれた, 完璧な: obra ~tra 傑作, 名作. ❷ 主要な: llave ~tra マスターキー

mafia [マフィア] 女 マフィア, 暴力団, 犯罪組織

maga ⇨ mago, ga

magdalena [マグダレナ] 女 〈菓子〉マドレーヌ

magia [マヒア] 女 魔法, 魔力: ~ blanca 白魔術. ~ negra 黒魔術

mágico, ca [マヒコ, カ] 形 ❶ 魔法の, 魔術の. ❷ 魅惑的な

magisterio [マヒステリオ] 男 ❶ 教職. ❷ 〈集合的に〉教員

magistrado, da [マヒストラド, ダ] 名 司法官；行政官

magistral [マヒストラル] 形 ❶ 教師の；教師ぶった. ❷ 見事な，名人芸の

magma [マグマ] 男 〈地質〉マグマ

magnánimo, ma [マグナニモ, マ] 形 寛大な，心の広い

magnate [マグナテ] 名 〈経済界の〉大物，実力者

magnesio [マグネシオ] 男 マグネシウム

magnético, ca [マグネティコ, カ] 形 磁気の

magnetismo [マグネティスモ] 男 磁気，磁力

magnetizar [マグネティサル] 13 他 磁化する

magnetofónico, ca [マグネトフォニコ, カ] 形 テープレコーダーの: cinta ~*ca* 録音テープ

magnetófono [マグネトフォノ] 男 テープレコーダー

magnífico, ca [マグニフィコ, カ] 形 ❶ 壮大な，雄大な: panorama ~ 雄大な景観. ❷ 豪華な；すばらしい: sala ~*ca* 豪華な広間. tiempo ~ すばらしい好天

magnitud [マグニトゥ] 女 ❶ 大きさ；単位. ❷ 重要性

mago, ga [マゴ, ガ] 名 ❶ 魔術師，魔法使い. ❷ 手品師

magro, gra [マグロ, グラ] 形 ❶ 〈肉が〉脂身のない, 赤身の. ❷ やせた

magulladura [マグジャドゥラ] 女 打撲傷，あざ

magullar [マグジャル] 他 打撲傷を負わせる
◆ ~se 打撲傷を負う

mahometano, na [マオメタノ, ナ] 形 〈人名〉マホメット Mahoma の；イスラム教の
◆ 名 イスラム教徒

mahometismo [マオメティスモ] 男 イスラム教

mahonesa [マオネサ] 女 〈料理〉マヨネーズ

maíz [マイス] 男 〈植物〉トウモロコシ

maizal [マイサル] 男 トウモロコシ畑

maja ⇨ majo, ja

majadería [マハデリア] 女 愚かさ，ばかげたこと

majadero, ra [マハデロ, ラ] 形 愚かな，くだらない

majestad [マヘスタ] 女 ¡Su M~! 〈国王などに対する敬称〉陛下！

majestuoso, sa [マヘストゥオソ, サ] 形 威厳のある，堂々とした

majo, ja [マホ, ハ] 形 ❶ 感じのいい，すてきな. ❷ 粋(½)な，だてな；格好のいい
◆ 名 ❶ すてきな人，感じのよい人. ❷ 粋な人. ❸ 〈呼びかけ〉ねえ，おい

mal [マル] 形 ⇨ malo, la
◆ 副 ❶ 悪く，不正に，不適切に: hablar ~ de su amigo 友達のことを悪く言う. niño ~ educado しつけの悪い子
❷ 下手に: cantar ~ 歌が下手である
❸ 不十分に，よく…できない: Te oigo ~. 君の言うことがよく聞こえない
❹ 体調(気分)が悪い: encontrarse (estar) ~ 病気である. sentirse ~ 気分が悪い
❺ 不快に: oler ~ いやな臭いがする
◆ 男 ❶ 悪，悪事，悪行: hacer ~ 悪いことをする. el bien y el ~ 善悪
❷ 不幸，害悪: causar un ~ 不幸をもたらす
❸ 病気，痛み: ~ de montaña 高山病
de ~ en peor ますます悪く
hacer ~ en +不定詞 …するのは正しくない
~ que bien 〈色々あったが〉どうにかこうにか
¡Menos ~! ああ，助かった／不幸中の幸いだ！: *Menos* ~ que no hay que pagar la multa. 罰金を払う必要がなくて助かった
ponerse a ~ con +人 …と仲たがいする

mala ⇨ malo, la

malabar [マラバル] 形 juegos ~*es* 軽業，曲芸，ジャグリング

malabarismo [マラバリスモ] 男 軽業，曲芸，ジャグリング

malabarista [マラバリスタ] 名 軽業師，ジャグラー

malagueño, ña [マラゲニョ, ニャ] 形 名 マラガ Málaga の〔人〕

malaria [マラリア] 女 〈医学〉マラリア

malcriado, da [マルクリアド, ダ] 形 名 甘やかされた〔子〕，しつけの悪い〔子〕

maldad [マルダ] 女 悪さ；悪事，悪行

maldecir [マルデシル] 9 他 ののしる，呪う
◆ 自 〈de を〉悪く言う，けなす

maldición [マルディシオン] 女 ののしり，悪口

maldito, ta [マルディト, タ] 形 ❶ 呪われた，天罰を受けた. ❷ 性悪な. ❸ いまいましい，不快な: ¡M~ ruido! いまいましい騒音め. ❹ 〈+冠詞+名詞〉少しも…ない: *M~ta* la gracia que tiene. それは全然おもしろくない
¡M~ta sea! 〈不快・不同意〉ちくしょうめ!

maleante [マレアンテ] 形 名 ごろつき〔の〕，ならず者〔の〕

malecón [マレコン] 男 堤防，防波堤；桟橋

maledicencia [マレディセンシア] 女 悪口, 中傷

maleducado, da [マレドゥカド, ダ] 形 しつけの悪い〔人〕, 行儀の悪い〔人〕

maleficio [マレフィスィオ] 男 たたり；呪い

malentendido [マレンテンディド] 男 誤解

malestar [マレスタル] 男 不快感；〈体の〉不調：causar ～ a+人 …を不快にする. sentir ～ 気持ちが悪くなる；体の調子が悪い

maleta [マレタ] 女 スーツケース：hacer la ～ 荷物をスーツケースに詰める, 旅じたくをする

maletero [マレテロ] 男 〈車の〉トランク

maletín [マレティン] 男 アタッシェケース, 小型のスーツケース；手さげかばん

malévolo, la [マレボロ, ラ] 形 悪意のある, 邪悪な

maleza [マレサ] 女 ❶ 茂み, 下生え. ❷ 雑草

malformación [マルフォルマスィオン] 女 奇形

malgastar [マルガスタル] 他 むだづかいする, 浪費する：～ su tiempo 時間を浪費する

malhechor, ra [マレチョル, ラ] 名 悪人, 犯罪者

malhumor [マルモル] 男 不機嫌：estar de ～ 不機嫌である

malhumorado, da [マルモラド, ダ] 形 不機嫌な

malicia [マリスィア] 女 ❶ 性悪さ；悪賢さ, ずるさ：tener mucha ～ ひじょうに性悪である. ❷ 悪意, 下心：con ～ 悪意で, 下心があって

malicioso, sa [マリスィオソ, サ] 形 ❶ 性悪な, 悪賢い. ❷ 悪意のある

maligno, na [マリグノ, ナ] 形 ❶ 悪意のある. ❷〈病気が〉悪性の：tumor ～ 悪性腫瘍

malintencionado, da [マリンテンスィオナド, ダ] 形 名 悪意のある〔人〕

malla [マジャ] 女 ❶〈複〉〈服飾〉タイツ, レオタード. ❷ メッシュ；ネット：bolsa de ～ ネット袋. ❸ 網目

mallorquín, na [マジョルキン, ナ] 形 名 マジョルカ島 Mallorca の〔人〕

malo, la [マロ, ラ] 形〈男性単数名詞の前で **mal**〉❶ 悪い：mal gobierno 悪政. mala noticia 悪い知らせ
❷ 性悪な：¡Qué ～ eres! おまえは何て悪いやつだ/何て意地が悪いんだ！
❸ 不道徳な：malas costumbres 悪習
❹ 病気の：Estoy ～. 私は病気だ
❺〈物が〉傷んだ：La leche está mala. その牛乳は腐っている
◆ 名 悪者

estar a malas con+人 …と仲が悪い
estar de malas 1) 機嫌が悪い. 2) 運が悪い
Lo ～ es que+直説法 ただし…であるが/残念なことに…であるが
por las malas 無理にでも, 力づくで

malograr [マログラル] 他 むだにする；〈機会などを〉逸する
◆ ～se 〈計画などが〉挫折する；〈願望などが〉達せられない

maloliente [マロリエンテ] 形 悪臭を放つ

malparado, da [マルパラド, ダ] 形 ひどい目にあった：salir ～ del negocio 商売で痛手をこうむる

malpensado, da [マルペンサド, ダ] 形 名 他人を信用しない〔人〕, ひねくれた〔人〕

malsano, na [マルサノ, ナ] 形 ❶ 健康に悪い. ❷ 不健全な

malsonante [マルソナンテ] 形〈ことば・表現が〉下品な, 聞くに耐えない

malta [マルタ] 女 麦芽, モルト；麦芽飲料

maltratar [マルトラタル] 他 虐待する, いじめる：～ a su mujer 妻に暴力をふるう

maltrato [マルトラト] 男 虐待：～ a los niños/～ infantil 児童虐待

maltrecho, cha [マルトレチョ, チャ] 形 みじめな状態の, ぼろぼろの

malvado, da [マルバド, ダ] 形 名 悪事を働く, 凶悪な〔人〕；悪者, 悪人

malversar [マルベルサル] 他 横領する, 着服する：～ fondos públicos 公金を横領する

mama [ママ] 女 乳房：cáncer de ～ 乳癌

mamá [ママ] 女〈複 ～s〉ママ, お母さん

mamar [ママル] 他 ❶ 乳を吸う. ❷〈習慣などを〉幼児期から身につける
◆ 自 乳を飲む：dar de ～ a un niño 赤ん坊に乳を飲ませる

mamarracho [ママラチョ] 男 ❶ くだらないやつ, ふうがわりな人. ❷ 醜いもの, めちゃくちゃなもの

mamífero, ra [マミフェロ, ラ] 形 名 哺乳類の

mampara [マンパラ] 女 ついたて, スクリーン

mampostería [マンポステリア] 女〈建築〉荒石積み

manada [マナダ] 女〈主に野生動物の〉群れ

manantial [マナンティアル] 男 ❶ 泉：agua 〔de〕 ～ わき水. ❷ 起源

manar [マナル] 自 わき出る
◆ 他 吹き出す

mancha [マンチャ] 女 ❶ しみ, よごれ：llevar una ～ en la blusa ブラウスにしみがつ

いている
❷ 斑点, まだら; 〈肌の〉しみ, あざ
❸ 汚点, きず: conducta sin ～ 非のうちどころのないふるまい
❹ La M— ラ・マンチャ〖スペイン中央部の地方〗

manchar [マンチャル] 他 ❶ …にしみをつける, よごす: ～ el mantel de café テーブルクロスにコーヒーのしみをつける. ❷ 〈名声などを〉汚(ﾖｺﾞ)す
◆ ～se ❶ 自分の服にしみをつける: Me he manchado la falda de tinta. 私はスカートをインクでよごしてしまった. ❷ 汚(ﾖｺﾞ)れる

manchego, ga [マンチェゴ, ガ] 形 名 ラ・マンチャ La Mancha の〔人〕

manco, ca [マンコ, カ] 形 名 〈手・腕が〉不具の〔人〕

mancomunar [マンコムナル] 他 集める, 結集する

mancomunidad [マンコムニダ] 女 〈自治体などの〉連合

mandado [マンダド] 男 過分 用事, 使い: ir a un ～ お使いに行く

mandamiento [マンダミエント] 男 ❶ 〈宗教的な〉おきて, 戒律: los diez ～s 十戒. ❷ 命令

mandar [マンダル] 他 ❶ 〈+不定詞・que+接続法 するように〉**命令する**: Me mandó cerrar la puerta. 彼は私にドアを閉めるよう命じた. ～ hacer un traje 背広を注文する
❷ **発送する**: ～ a+人 un paquete por correo …に郵便小包を送る
❸ **出向かせる**, 派遣する: ～ a+人 a comprar fruta …に果物を買いに行かせる
❹ 〈por, 迎えに・取りに・買いに〉 行かせる: Mandó a su hijo por el médico. 彼は息子に医者を迎えに行かせた
◆ 自 指揮する; 支配する
¡Mande! 何なりとお申しつけください
¿Mande? 〈主にラ〉〈聞き返し〉すみません, もう一度おっしゃってください

mandarina [マンダリナ] 女 〈果実〉マンダリンオレンジ, ミカン

mandatario, ria [マンダタリオ, リア] 名 ❶ 〈法律〉受任者, 受託者. ❷ primer ～ 国家元首

mandato [マンダト] 男 ❶ 命令. ❷ 〈議員などの〉任期. ❸ 〈歴史〉委任統治

mandíbula [マンディブラ] 女 あご
reír a ～ batiente 大笑いする

mandil [マンディル] 男 〈長くじょうぶな〉エプロン, 前掛け

mandioca [マンディオカ] 女 〈植物〉キャッサバ, マンジョーカ

mando [マンド] 男 ❶ 操縦装置, 制御装置: ～ a distancia リモコン装置. ❷ 指揮; 支配: tener el ～ de.../tener... bajo su ～ …を指揮している. ❸ 支配者, 幹部: los ～s policiales 警察幹部

mandolina [マンドリナ] 女 〈音楽〉マンドリン

mandón, na [マンドン, ナ] 形 名 命令好きな〔人〕, いばりちらす〔人〕

manecilla [マネスィジャ] 女 〈時計・計器の〉針

manejable [マネハブレ] 形 扱いやすい, 操縦しやすい

manejar [マネハル] 他 ❶ 〈手で〉**操る**, 扱う; 操作する, 操縦する: ～ bien los palillos はしを上手に使う. ～ el volante ハンドルを操作する
❷ 管理する, 運用する
❸ 〈人・ことばなどを〉あやつる: ～ a su marido 夫を操縦する. ～ el negocio 商売を切り回す. ～ el español スペイン語をあやつる
❹ 〈ラ〉〈車を〉運転する
◆ ～se 〈どうにか〉処理する, やってゆく

manejo [マネホ] 男 ❶ 取扱い; 操作, 操縦: ordenador de fácil ～ 使いやすいコンピュータ. ❷ 複 術策, 小細工

manera [マネラ] 女 ❶ **仕方**, 方法: Me molesta su ～ de hablar. 私は彼の話し方にはいらいらする. ～ de pensar 考え方, 意見. ～ de ver 物の見方
❷ 複 態度, 行儀〔作法〕: con buenas ～s 礼儀正しく; 親切に
a la ～+形容詞 (*de*+名詞) …風の(に), …に似せて
a su ～ …の〔好きな・特有の〕やり方で
de cualquier ～ 1) いいかげんに, ぞんざいに; 簡単に. 2) いずれにしても, ともかく
de esta ～ 1) このようにして 2) そうならば
de ～ *que*... 1) 〈+直説法〉だから…, したがって…. 2) 〈+接続法〉…するように
de ninguna ～ 決して〔…ない〕: No lo he dicho *de ninguna* ～. 私は断じて言っていない
de otra ～ 1) もしそうでなければ. 2) 別のやり方で
de tal ～ *que*+直説法 それほど…なので
de todas ～s とにかく, いずれにしても
～ *de ser* あり方; 性格
no haber ～ 〈de は〉不可能である, どうしようもない: *No hay* ～ *de* persuadirle. 彼を説得するのは不可能だ

manga [マンガ] 女 ❶ 袖: de ～ larga (corta) 長袖(半袖)の. sin ～s ノースリーブの. en ～s de camisa ワイシャツ姿で, 上着を

脱いで
❷ ホース: ~ de riego 水まき用ホース

mango [マンゴ] 男 ❶ 〈道具の〉柄(2), 取っ手. ❷ 〈植物〉マンゴー

mangonear [マンゴネアル] 自 勝手なことをする, 我が物顔にふるまう

manguera [マンゲラ] 女 ホース

manía [マニア] 女 ❶ 癖: tener la ~ de morderse las uñas 爪をかむ癖がある. ❷ 熱中: ~ del fútbol サッカー狂. ❸ 毛嫌い: tener a+人 ~ …を毛嫌いする. ❹ 妄想: ~ persecutoria/~ de persecución 被害妄想. ❺ 〈医学〉躁病

maníaco, ca [マニアコ, カ] 形 名 躁病の[患者] ~ depresivo 躁うつ病の[患者]

maniatar [マニアタル] 他 …の手を縛る, 手錠をかける

maniático, ca [マニアティコ, カ] 形 名 偏執的な[人]; マニア[的な]

manicomio [マニコミオ] 男 精神病院

manicura [マニクラ] 女 マニキュア: hacerse la ~ 〈自分で〉マニキュアをする

manifestación [マニフェスタスィオン] 女 ❶ デモ, 示威行進(集会): asistir a una ~ デモに参加する. hacer una ~ デモをする. ❷ 表明, 表われ: ~ de alegría 喜びの表現

manifestante [マニフェスタンテ] 名 デモの参加者; 複 デモ隊

manifestar [マニフェスタル] 57 他 表明する, 明示する: ~ su contento 満足であることを示す
◆ ~se ❶ 現れる, 明らかになる. ❷ 自分の立場(態度)を明らかにする: ~se contra de… …に反対の意向を表明する. ❸ デモをする

manifiesto, ta [マニフィエスト, タ] 形 明らかな; 公表された
◆ 男 声明文, 宣言書
poner... de ~ …を明らかにする
● 動詞活用形 ⇒manifestar 57

manilla [マニジャ] 女 ❶ 〈ドア・窓などの〉ノブ, ハンドル. ❷ 〈時計の〉針

manillar [マジャル] 男 〈自転車・オートバイの〉ハンドル

maniobra [マニオブラ] 女 ❶ 操作, 運転. ❷ 術策, かけひき. ❸ 複 軍事演習 [~s militares]

maniobrar [マニオブラル] 自 操作する, 操縦する, 運転する

manipulación [マニプラスィオン] 女 ❶ 取扱い, 操作: ~ genética 遺伝子操作. ❷ 〈利益目的で〉操作, 工作: ~ de precios 価格操作

manipular [マニプラル] 他 ❶ 〈手で〉取り扱う, 操作する: ~ la máquina 機械を動かす.

❷ 〈利益目的で〉あやつる, 工作する

maniquí [マニキ] 男 マネキン人形
◆ 名 ファッションモデル

manivela [マニベラ] 女 クランク〔ハンドル〕

manjar [マンハル] 男 料理, 食べ物: ~ exquisito ごちそう

mano [マノ] 女 ❶ 手; 〈動物の〉前脚: La tomé por la ~. 私は彼女の手を取った. estrechar la ~ a+人 …と握手する. ¡M~s arriba! 手を上げろ!
❷ 人手: Faltan ~s. 人手が不足している. ~ de obra 人手, 労働力
❸ 結婚の承諾: pedir la ~ de Isabel a sus padres イサベルの両親に結婚の申し込みをする. petición de ~ 求婚; 婚約式
❹ 塗り, 塗装: dar una ~ de pintura ペンキを1回塗る
❺ 〈トランプ〉手, 手札
a ~ 1) 〈機械でなく〉手で: jersey hecho *a* ~ 手編みのセーター. 2) 手元に, 手近に
a ~ *derecha (izquierda)* 右(左)の方に
buena(s) ~ *[-s]* 器用, 上手: tener *buena* ~ *para…* …するのが上手である
con las ~*s vacías* 1) 手ぶらで. 2) 得るところなく
dar la ~ *a*+人 1) …に握手を求める. 2) …に手を貸す; …を助ける. 3) …の手を取る, …に手を引かれる
de la ~ 手をつないで, …の手を取って
de primera ~ 1) 直接の. 2) オリジナルの
de segunda ~ 1) 間接の. 2) 中古の
caer en ~*s de*+人 …の手に渡る
dejar... en ~*s de*+人 …を…の手にゆだねる
echar ~ *a*+人 …をつかまえる
echar una ~ *a*+人 …に手を貸す
lavarse las ~*s* 1) 手を洗う. 2) 責任をとらない
poner ~ *a la obra* 仕事にとりかかる

manojo [マノホ] 男 一握り, 一束: ~ de llaves 鍵束

manopla [マノプラ] 女 ミトン, 親指だけ分かれた手袋

manosear [マノセアル] 他 ❶ いじくり回す. ❷ 愛撫する

manotazo [マノタソ] 男 平手打ち

mansalva [マンサルバ] *a* ~ 大量に, おびただしく

mansedumbre [マンセドゥンブレ] 女 おとなしさ, 我慢強さ

mansión [マンスィオン] 女 邸宅, 豪邸

manso, sa [マンソ, サ] 形 ❶ 〈動物が〉飼いならされた. ❷ 〈人が〉温和な, おとなしい. ❸ ゆっくり動く: río ~ ゆるやかに流れる川

manta [マンタ] 囡 毛布：~ eléctrica 電気毛布

manteca [マンテカ] 囡 ❶ 脂肪；〈料理〉ラード〖~ de cerdo〗. ❷ バター〖=mantequilla〗：~ de cacahuete ピーナッツバター

mantecado [マンテカド] 男〈ラードを使った〉パン菓子

mantecoso, sa [マンテコソ, サ] 形 脂肪分の多い；脂肪のような

mantel [マンテル] 男 テーブルクロス：poner el ~ テーブルクロスを掛ける

mantelería [マンテレリア] 囡 テーブルクロスとナプキンのセット

mantener [マンテネル] 47 他 ❶ 維持する, 保つ：~ el orden público 治安を保つ. ~ la mano en alto 手を高く上げたままにする. ~ la luz encendida 明かりをつけたままにする
❷ 養う, 扶養する：~ a sus hermanos 弟たちを養う
❸〈行為を〉続ける, 行なう：~ una charla 雑談をする
❹ 支える, 固定する
❺〈意見などを〉固持する：~ su opinión 自説を曲げない
◆ **~se** ❶ 持ちこたえる. ❷〈姿勢・態度を〉取り続ける：~se firme en sus convicciones 信念を曲げない. ❸〈con・de で〉生計を立てる；生活する, 食べる

mantenimiento [マンテニミエント] 男 ❶ 維持, 保持. ❷ 整備, メンテナンス：servicio de ~ メンテナンスサービス. gastos de ~ 維持費

mantequilla [マンテキジャ] 囡〈料理〉バター：untar pan con ~ パンにバターを塗る. pan con ~ バターつきのパン

mantien- ⇨**mantener** 47

mantilla [マンティジャ] 囡 ❶〈服飾〉マンティーリャ. ❷〈乳児用の〉おくるみ

manto [マント] 男〈服飾〉マント

mantón [マントン] 男〈服飾〉ショール, 肩掛け：~ de Manila 大きな絹のショール

mantuv- ⇨**mantener** 47

manual [マヌアル] 形 手を使う：trabajo ~ 手仕事, 手作業
◆ 男 手引書, マニュアル；参考書

manufactura [マヌファクトゥラ] 囡 ❶〈手工業の〉製品. ❷ 製造所, 工場

manufacturar [マヌファクトゥラル] 他 製造する, 加工する

manuscrito, ta [マヌスクリト, タ] 形 手書きの
◆ 男 ❶ 手稿本, 手写本. ❷〈手書きの〉原稿

manutención [マヌテンスィオン] 囡 ❶ 養うこと, 扶養：gastos de ~ 生活費. ❷ 維持, 保全

manzana [マンサナ] 囡 ❶〈果実〉リンゴ ❷ 街区, ブロック：tres ~s arriba 3ブロック先に

estar sano como una ~/estar más sano que una ~ たいへん健康である

manzanilla [マンサニジャ] 囡 ❶〈植物〉カミツレ. ❷ カミツレ茶, マンサニージャ

manzano [マンサノ] 男〈植物〉リンゴ〔の木〕

maña [マニャ] 囡 ❶ 器用さ, 巧みさ：tener ~ para+不定詞 巧みに…する, …するこつをのみこんでいる. ❷ 複 抜け目のなさ, ずる賢さ：emplear las ~s 策略を用いる

mañana [マニャナ] 囡 朝；午前：Esta ~ me levanté a las siete. けさ私は7時に起きた. por la ~/〈ラ〉a (en) la ~ 午前中に. a las tres de la ~ 午前3時に. todas las ~s 毎朝
◆ 男 未来
◆ 副 明日, あした：Te llamaré ~. あす君に電話するよ. ~ por la mañana あすの午前中. pasado ~ あさって

mañoso, sa [マニョソ, サ] 形 器用な, 巧みな

mapa [マパ] 男 地図：~ de carreteras/~ de rutas ドライブマップ

mapamundi [マパムンディ] 男 世界地図

maqueta [マケタ] 囡 模型, プラモデル

maquillaje [マキジャヘ] 男 ❶ 化粧品：~ de fondo ファウンデーション. ❷ 化粧, メイキャップ

maquillar [マキジャル] 他 …にメイキャップする
◆ **~se** メイキャップする

máquina [マキナ] 囡 ❶ 機械：~ herramienta 工作機械
❷ タイプライター〖~ de escribir〗：escribir a ~ タイプで打つ
❸ ミシン〖~ de coser〗：coser a ~ ミシンで縫う
❹ 自動販売機〖~ expendedora〗：~ de billetes 券売機
❺〈自動車・バイクなど〉マシーン；機関車
❻ カメラ〖~ fotográfica〗
a ~ 機械で：lavar *a* ~ 洗濯機で洗う. pasar una carta *a* ~ 手紙をタイプする
a toda ~ 全速力で

maquinal [マキナル] 形 機械的な

maquinaria [マキナリア] 囡 機械類, 機械設備

maquinilla [マキニジャ] 囡 電気かみそり〖~ eléctrica〗；安全かみそり

maquinista [マキニスタ] 名 ❶〈列車の〉運転士. ❷〈機械の〉操作係;〈船の〉機関士

mar [マル] 男〈時に 女〉海: El ~ estaba tranquilo. 海は穏やかだった. *M*~ Negro 黒海. *M*~ del Japón 日本海
a ~ *es* たくさん: llorar *a* ~ *es* 大泣きする
alta ~ 外洋, 遠洋;公海: en *alta* ~ 沖で
la ~ *de*.../ *un* ~ *de*... 大量の…: *la* ~ *de gente* 大勢の人
~ *adentro* 沖に
~ *gruesa* 荒海

maraña [マラニャ] 女 ❶ 茂み. ❷〈糸・髪の〉もつれ. ❸ 紛糾

maratón [マラトン] 男〈時に 女〉マラソン〔競走〕: medio (media) ~ ハーフマラソン

maratoniano, na [マラトニアノ, ナ] 形 マラソンの;長時間続く

maravilla [マラビジャ] 女 驚異, 驚嘆すべきもの: las siete ~s del mundo 世界の七不思議. ¡Qué ~! すごい! Este palacio es una ~. この宮殿はすばらしい
a las mil ~*s* 見事に, ひじょうによく
de ~ すばらしく, よく: La fiesta ha salido *de* ~. パーティーはすばらしかった

maravillar [マラビジャル] 他 驚嘆させる
◆ ~*se* 〈de・con に〉驚嘆する

maravilloso, sa [マラビジョソ, サ] 形 驚異的な, すばらしい: paisaje ~ 絶景. chico ~ すてきな男の子

marca [マルカ] 女 ❶ 印, 符号: poner una ~ a un pañuelo ハンカチに目印をつける ❷ 商標〔= *de fábrica*〕;銘柄: ~ registrada 登録商標. ¿De qué ~ es tu reloj? 君の時計はどこのメーカーなの? coche de ~ japonesa 日本車 ❸〈スポーツ〉〔最高〕記録: batir una ~ 記録を破る
de ~ 1) ブランド品の, 銘柄品の: ropa *de* ~ ブランドものの服. 2) けたはずれの
de ~ *mayor* けたはずれの

marcado, da [マルカド, ダ] 形 過分 顕著な

marcador [マルカドル] 男 ❶ スコアボード, 得点掲示板. ❷〈ラ. 文房具〉マーカー

marcar [マルカル] 73 他 ❶ …に印をつける: *Marque* con X la respuesta adecuada. 正解に×印をつけなさい
❷ 表示する: El reloj *marca* las tres. 時計は3時を指している
❸〈電話番号を〉回す, 押す: ~ el 091 091を押す〖日本の110番に相当する〗. ~ el 061 061を押す〖日本の119番に相当する〗
❹〈得点などを〉記録する;得点する: ~ un gol 1点入れる
❺ …に痕跡をとどめる
❻ 目立たせる
❼〈自他〉髪をセットする: lavar y ~ 洗ってセットする

marcha [マルチャ] 女 ❶ 歩み, 歩行: Inició de nuevo la ~. 彼は再び歩き始めた
❷ 進行, 経過: acelerar la ~ del coche 車の速度を上げる. buena ~ de un negocio 商売の順調な伸び
❸〈自動車〉ギヤ: cambiar de ~ ギアチェンジをする. ~ atrás バックギア
❹ 行進;デモ行進: ¡En ~! 前に進め!
❺〈音楽〉行進曲: ~ nupcial 結婚行進曲
a toda ~ 大急ぎで, 全速力で
dar ~ *atrás* 1)〈車が〉バックする. 2) 変更する
en ~ 1) 進行中の: tren *en* ~ 進行中の列車. 2) 作動中の
poner en ~ 始動させる, 作動させる
ponerse en ~ 動き出す

marchar [マルチャル] 自 ❶ 進む: ~ a pie 歩く
❷〈機械などが〉動く
❸〈物事が〉うまく運ぶ: Le *marcha* bien su negocio. 彼の商売は順調だ
❹ 行進する: ~ por la carretera 大通りを行進する
◆ ~*se* 去る, 出かける: Se *marchó* a la ciudad. 彼は町へ行ってしまった

marchitar [マルチタル] 他 ❶ しなびさせる. ❷ やつれさせる
◆ ~*se* ❶ しなびる, しおれる. ❷ やつれる

marchito, ta [マルチト, タ] 形 ❶ しなびた, しおれた. ❷ やつれた

marcial [マルスィアル] 形 戦争の, 軍隊の: ley ~ 戒厳令. artes ~*es*〈東洋の〉武道, 格闘技

marco [マルコ] 男 ❶ 枠;額縁: ~ de la ventana 窓枠
❷ 環境;〈問題の〉枠組み: ~ político 政治情勢. ~ jurídico 法的枠組み
❸〈ドイツの旧貨幣単位〉マルク

marea [マレア] 女〈潮の〉干満: Sube (Baja) la ~. 潮が満ちる(引く). ~ alta 満潮. ~ baja 干潮

marear [マレアル] 他 ❶ 乗物酔いさせる, 気分を悪くさせる. ❷ めまいを起こさせる. ❸ うんざりさせる: Me *mareas* con tantas preguntas. 君の質問攻めにはうんざりだ
◆ ~*se* ❶ 乗物酔いする, 気分が悪くなる: *Me mareo* fácilmente en el barco. 私はすぐ船酔いする. ❷ めまいがする

marejada [マレハダ] 女〈海の〉うねり

maremoto [マレモト] 男 津波, 海底地震
marengo [マレンゴ] 形 gris ～ チャコールグレー
mareo [マレオ] 男 ❶ 乗物酔い, 気分が悪くなること. ❷ めまい
marfil [マルフィル] 男 象牙(ぞうげ) : torre de ～ 象牙の塔
◆ 形 象牙色の, アイボリーの
margarina [マルガリナ] 女〈料理〉マーガリン
margarita [マルガリタ] 女〈植物〉デージー, マーガレット : deshojar la ～ 花びらをむしって恋占いをする
margen [マルヘン] 男〈複 márgenes〉❶〈本などの〉余白, 縁 : dejar ～ 余白を残す. ❷ 余裕 ; 許容範囲 : dejar ～ a+人〈選択などの〉余地を…に与える. ❸〈商業〉マージン, 利ざや
◆ 女〈時に 男〉河岸, 岸辺 : ～ derecha del río 川の右岸
al ～〈de ～〉1) 欄外に : firmar al ～ 欄外に署名する. 2) らち外に : vivir al ～ de la sociedad 世間と絶縁した生活をする ; 社会からのけ者にされて暮らす
mantenerse al ～ 傍観する
marginado, da [マルヒナド, ダ] 形 名 過分 社会から疎外された(人), 落伍者
marginal [マルヒナル] 形 ❶ 縁の ; 欄外の. ❷ 二義的な. ❸ 社会からのけ者にされた, 疎外された
marginar [マルヒナル] 他 ❶〈社会から〉のけ者にする, 疎外する. ❷ 余白をあける ; 傍注をつける
mariachi [マリアチ] 男 マリアッチ『メキシコの民俗音楽・舞踊. その楽団』
marica [マリカ] 男〈俗語〉ホモ, 男色家 ; 女みたいな男
maricón [マリコン] 男〈俗語〉=marica
marido [マリド] 男 夫 : Yo os declaro ～ y mujer. あなたがたを夫婦と認めます
marihuana [マリワナ] 女 マリファナ
marimacho [マリマチョ] 男/女〈俗語〉男のような女
marimba [マリンバ] 女〈音楽〉マリンバ
marina¹ [マリナ] 女 ❶ 海軍 ;〈一国全体の〉船舶. ❷ 航海術
marinera¹ [マリネラ] 女 ❶ セーラー服. ❷〈料理〉a la ～ マリネーにした
marinero, ra² [マリネロ, ラ] 形 ❶ 船舶の, 航海の. ❷ 船員の ; 水夫の
◆ 男 船乗り, 船員 ; 水兵
marino, na² [マリノ, ナ] 形 海の : productos ～s 海産物
◆ 男 船乗り : ～ mercante 商船員

marioneta [マリオネタ] 女 ❶ マリオネット, あやつり人形. ❷ 複 あやつり人形劇
mariposa [マリポサ] 女 ❶ チョウ(蝶) ; ガ(蛾)〖～ nocturna〗. ❷〈水泳〉バタフライ
mariquita [マリキタ] 女〈昆虫〉テントウムシ
◆ 男〈俗語〉=marica
marisco [マリスコ] 男 海の幸, シーフード〖貝, エビ, イカなど〗: sopa de ～s 魚貝類のスープ
marisma [マリスマ] 女 ❶〈海岸近くの〉沼地. ❷ Las M～s スペインのグアダルキビル川下流の湿地〖米作地帯〗
marisquería [マリスケリア] 女 シーフードレストラン
marítimo, ma [マリティモ, マ] 形 ❶ 海上の : transporte ～ 海上輸送. por vía ～ma 船便で. ❷ 海に面した : ciudad ～ma 臨海都市
marmita [マルミタ] 女〈ふた付きの〉なべ, 圧力なべ
mármol [マルモル] 男 大理石
maroma [マロマ] 女 太綱, ケーブル
marqués [マルケス] 男 侯爵
marquesa [マルケサ] 女 女侯爵 ; 侯爵夫人
marquesina [マルケシナ] 女〈入り口・ホーム・停留所の〉ひさし, 張り出し, ガラス張りの屋根
marquetería [マルケテリア] 女 寄せ木細工 ; はめこみ細工, 象嵌(ぞうがん)
marrano, na [マラノ, ナ] 形 ❶〈豚のように〉汚ない, 不潔な. ❷ 卑劣な
◆ 名 ❶ 豚. ❷ 汚らしい人 ; 卑劣な人
marrón [マロン] 形 茶色の, 栗色の
marroquí [マロキ] 形 名〈複 ～es〉モロッコ(人)の ; モロッコ人
Marruecos [マルエコス] 男 ❶〈国名〉モロッコ. ❷ スペイン領モロッコ
Marte [マルテ] 男〈天文〉火星 ;〈神話〉マルス
martes [マルテス] 男 火曜日 : ～ y trece 13日の火曜日〖13日の金曜日に相当する不吉な日〗
martillar [マルティジャル] 他 =martillear
martillazo [マルティジャソ] 男〈かなづちなどで〉たたく(打つ)こと
martillear [マルティジェアル] 他〈かなづちなどで〉たたく, 打つ
martillo [マルティジョ] 男 かなづち, ハンマー, 槌(つち) : golpear un clavo con el ～ かなづちでくぎを打つ
mártir [マルティル] 名 殉教者 ; 受難者, 犠牲者
martirio [マルティリオ] 男 ❶ 殉教, 殉死 ;

受難. ❷ 〈ひどい〉苦痛, 苦難
martirizar [マルティリサル] 13 他 殉教させる; 迫害する, 苦しめる
marxismo [マル(ク)シスモ] 男 マルクス Marx 主義
marxista [マル(ク)シスタ] 形 名 マルクス主義の, マルクス主義者
marzo [マルソ] 男 3 月
mas [マス] 接 しかし
más [マス] 〈mucho の比較級〉副 ❶〈優等比較級. que より〉もっと: José es ~ listo que Carlos. ホセはカルロスより利口だ. Mi hermano trabaja ~ que yo. 兄は私よりもっと働く. ~ que nadie 誰よりも. ~ que nunca 今までになく
❷〈優等最上級. 定冠詞・所有形容詞+. de・en・entre の中で〉もっとも: Tokio es la ciudad ~ grande de Japón. 東京は日本最大の都市だ. El fútbol es el deporte que me gusta ~. サッカーは私がいちばん好きなスポーツだ. Miguel corre ~ rápido que los demás. ミゲルは他の誰よりも速く走る
❸ より多くの, もっと: 1) Déme ~. もっとください. Ven ~ temprano. もっと早く来なさい. Vamos a bailar una vez ~. もう一度踊ろう. ¿Quiere usted algo ~?—No, nada ~. 他に何かいりますか?—いいえ, もう何も. 2) 〈否定文で〉もはや…ない: Aquel hombre no viene ~ por aquí. あの男はもうこの辺には来ない
❹〈数量・程度の比較. de〉…以上: Tengo ~ de mil yenes. 私は千円以上持っている. Su marido parece ~ joven de lo que es. 彼女の夫は実際より若く見える
❺〈que というよりは〉むしろ: Él es ~ perezoso que tonto. 彼は頭が悪いというよりしろ怠け者なのだ
❻〈感嘆文で〉とても: ¡Qué perro ~ sucio! 何て汚い犬だ! ¡Es ~ perezoso! 何て怠け者なんだ!
❼〈数学〉プラスして: Dos ~ tres son cinco. 2 足す 3 は 5
◆ 形〈que より〉もっと多くの: con ~ frecuencia もっとひんぱんに. No tengo ~ dinero. 私はこれしか金がない. Hoy hace ~ frío que ayer. きょうはきのうよりも寒い
◆ 代〈定冠詞+〉大多数, 大部分: las ~ de las veces たいていの場合
a lo ~ 多くても, せいぜい
a ~ *no poder* 1) この上なく. 2) 全力をつくして
cuanto ~… 〔*tanto*〕+比較語 ⇨*cuanto*
de ~ 余分に: Hay tres sillas *de* ~. 余分の椅子が 3 つある

es ~ さらに言えば; それだけでなく
estar de ~ 余計である: Estoy aquí *de* ~. 私はここでは邪魔者だ
lo ~+形容詞 この上なく…な: *lo* ~ importante いちばん大切なこと
lo ~+形容詞・副詞+*posible*（*que poder*）できる限り…を(に): Venga usted *lo* ~ pronto *posible* できるだけ早く来てください
lo ~ *posible*（*que poder*）できる限り: Grité *lo* ~ *que podía*. 私は声を限りに叫んだ
~ *bien* むしろ
~ *o menos* 1) 多かれ少なかれ: La historia va a tener un final ~ *o menos* feliz. 物語はまずまず幸福な結末で終わりそうだ. 2) 〈+数詞〉およそ: Esta ciudad tiene ~ *o menos* tres millones de habitantes. この都市の人口はおよそ 300 万人だ
~ *y* ~ ますます
no ~ 単に, わずかに
no ~ *que*… …だけ: *No* come ~ *que* pan. 彼はパンしか食べない
por ~ *que*… ⇨*por*
¡Qué ~ *da!* どうせ同じではないか/そんなことどうでもいいじゃないか!
sus ~ *y sus menos* ごたごた, やっかいな問題

masa [マサ] 女 ❶〈料理〉パン生地. ❷〈ものの〉塊: ~ de hierro 鉄の塊. ❸ 総体; 総量: ~ salarial 賃金総額. ❹ 多数, 多量: ~ producción ~ en ~ 大量生産. ❺ 複 大衆, 民衆: psicología de ~*s* 群集心理
en ~ まとめて; 群れをなして: llegar *en* ~ 一団となってやって来る
masacre [マサクレ] 女 大量虐殺, 殺戮
masaje [マサヘ] 男 マッサージ, あんま: dar a+人 ~*s* (un ~) a (en) la pierna …の足をマッサージする
masajista [マサヒスタ] 名 マッサージ師; トレーナー
mascar [マスカル] 73 他 かみ砕く, かむ
máscara [マスカラ] 女 仮面, マスク: ponerse una ~ 仮面をかぶる; マスクをかける. quitar[se] la ~ 仮面をとる; 正体を現わす. baile de ~*s* 仮面舞踏会. ~ antigás/~ de gas 防毒マスク. ~ de oxígeno 酸素マスク. ~ facial 美顔用パック
mascarada [マスカラダ] 女 仮装行列, 仮装舞踏会
mascarilla [マスカリジャ] 女 〈医師などの〉マスク; 〈美顔用の〉パック
mascota [マスコタ] 女 ❶ お守り. ❷ マスコット: ~ de los juegos olímpicos オリンピックのマスコット

masculinidad [マスクリニダ] 女 男らしさ
masculino, na [マスクリノ, ナ] 形 ❶ 男の: ropa 〜na 紳士服 ❷ 男らしい: actitud 〜na 男らしい態度 ❸〈文法〉男性の: nombre 〜 男性名詞
mascullar [マスクジャル] 他 もぐもぐ言う, ぶつぶつ言う
masilla [マシジャ] 女〈技術〉パテ
masivo, va [マシボ, バ] 形 大量の, 大勢の: producción 〜va 大量生産. manifestación 〜va 大規模なデモ
masón, na [マソン, ナ] 名 フリーメーソンの会員
masonería [マソネリア] 女 フリーメーソン
masoquismo [マソキスモ] 男 マゾヒズム, 被虐趣味
masoquista [マソキスタ] 形 名 マゾヒズムの; マゾヒスト
master [マステル] 名 修士
◆ 男 修士課程; 修士号
máster [マステル] 名 男 =master
masticar [マスティカル] 73 他 ❶ かみ砕く, かむ: 〜 (un) chicle チューインガムをかむ. ❷ …について思案する: 〜 su derrota 敗北の味をかみしめる
mástil [マスティル] 男 ❶ マスト, 帆柱. ❷ 支柱. ❸〈弦楽器の〉さお
mastín [マスティン] 男〈犬〉マスティフ
masturbación [マストゥルバスィオン] 女 マスターベーション, 自慰
masturbar [マストゥルバル] 〜se 自慰をする
mata [マタ] 女 小灌木; 茂み, 草むら
matadero [マタデロ] 男 畜殺所
matador, ra [マタドル, ラ] 名〈闘牛〉マタドール
matamoscas [マタモスカス] 男〈単複同形〉ハエたたき, ハエ取り器
matanza [マタンサ] 女 ❶〔大量〕虐殺, 殺戮. ❷〈豚の〉畜殺
matar [マタル] 他 ❶ 殺す: 〜 los ratones ネズミを殺す
❷ 苦しめる, へとへとにする: 〜 a+人 a preguntas …を質問攻めにする
❸〈渇き・飢えを〉いやす: 〜 el hambre con unos bocadillos サンドイッチでお腹をもたせる
◆ 〜se ❶ 自殺する. ❷〈事故で〉死ぬ. ❸〈a+不定詞〉一所懸命…する
que me maten si+直説法 …ならば死んでもかまわない, 誓って…でない
matasanos [マタサノス] 名〈単複同形〉やぶ医者
matasellos [マタセジョス] 男〈単複同形〉消し印

mate [マテ] 形 くすんだ, つやのない: plata 〜 いぶし銀
◆ 男 ❶〈チェス〉詰み, メイト. ❷ マテ茶; マテ茶用の器
matemáticas [マテマティカス] 女 複 数学
matemático, ca [マテマティコ, カ] 形 数学の
◆ 名 数学者
materia [マテリア] 女 ❶ 物質, 物体: 〜 y el espíritu 物質と精神. ❷ 材料, 素材. ❸ 教科, 科目: tener (estudiar) cinco 〜s 5科目とっている. ❹ 事柄;〈作品などの〉題材, 題目: Eso es otra 〜. それは別の問題だ
en 〜 de... …に関して
entrar en 〜 〈話の〉本題に入る
〜 prima 原料
material [マテリアル] 形 ❶ 物質の; 物質的な: civilización 〜 物質文明. daños 〜es 物的損害. ❷ 具体的な, 実際上の
◆ 男 ❶ 材料, 素材: 〜es de construcción 建築資材. ❷〈作品・研究などの〉資料, 題材: 〜 informativo 情報〔資料〕. ❸ 機材一式, 用具一式: 〜 de oficina 事務用品
materialismo [マテリアリスモ] 男 物質主義; 唯物論
materialista [マテリアリスタ] 形 名 物質主義の, 物質主義者; 唯物論の, 唯物論者
materializar [マテリアリサル] 13 他 実現する, 具体化する; 物質化する
materialmente [マテリアルメンテ] 副 物質的に; 具体的に, 実質的に
maternal [マテルナル] 形 母の, 母親らしい: instinto 〜 母性本能
maternidad [マテルニダ] 女 ❶ 母親であること; 母性. ❷ 産科病院;〈病院の〉産科
materno, na [マテルノ, ナ] 形 ❶ 母の, 母らしい: amor 〜 母性愛. ❷ 母系の, 母方の: abuelo 〜 母方の祖父
lengua 〜na 母国語
matinal [マティナル] 形 朝の
matinée [マティネ] 女 昼興行, マチネー
matiz [マティス] 男 複 matic*es* ❶ 色合い, 色調. ❷ ニュアンス: captar el 〜 ニュアンスをつかむ. diferencia de 〜 ニュアンスの差
matizar [マティサル] 13 他 ❶ …に色合いをつける. ❷ 微妙な変化をつける, 含みをもたせる
matón [マトン] 男 殺し屋, 用心棒
matorral [マトラル] 男 小灌木の茂み
matraca [マトラカ] 女〈玩具〉がらがら
matrícula [マトリクラ] 女 ❶ 登録簿, 名簿. ❷ 登録; 入学手続き: derechos de 〜 入学金. 〜 de honor 授業料免除の特待生資格. ❸〈車の〉ナンバー〔プレート〕

matricular [マトリクラル] 他 登録する；入学させる

◆ **~se** 登録する；入学手続きをする： *Me he matriculado en el curso de verano de español.* 私はスペイン語の夏期講習に申し込んだ

matrimonial [マトリモニアル] 形 結婚の： vida ~ 結婚生活

matrimonio [マトリモニオ] 男 ❶ 結婚： contraer ~ con+人 …と婚姻を結ぶ． ~ civil 民法上の結婚． ~ religioso/~ por la iglesia 教会での結婚
❷ 夫婦： el ~ Fernández フェルナンデス夫妻

matriz [マトリス] 女 ❶〈解剖〉子宮；母胎．
❷ 本社． ❸〈技術〉鋳型, 抜き型

◆ 形 casa ~ 本社, 本店, 本部；親会社

matrona [マトロナ] 女 ❶ 助産婦． ❷〈威厳のある〉年配の婦人

matutino, na [マトゥティノ, ナ] 形 朝の： periódico ~ 朝刊

maullar [マウジャル] 48 自〈猫が〉ニャオと鳴く

maullido [マウジド] 男〈猫の鳴き声〉ニャオ

mausoleo [マウソレオ] 男 霊廟

maxilar [マ(ク)シラル] 男 顎骨

máxima¹ [マ(ク)シマ] 女 格言, 金言

máxime [マ(ク)シメ] 副 まして, とりわけ

máximo, ma² [マ(ク)シモ, マ] 形〈量・程度が〉最大の, 最高の： límite ~ 最大限度． temperatura ~ma 最高気温

◆ 男 最大限, 極限： aguantar al ~ ぎりぎりまで我慢する

como ~ 最大限；せいぜい, できる限り

hacer el ~ 全力を尽くす

maya [マヤ] 形 名〈歴史〉マヤ〈人・語〉の： civilización ~ マヤ文明

mayo [マジョ] 男 5月

mayonesa [マジョネサ] 女 =mahonesa

mayor [マジョル]〈grande の比較級〉形
❶〈que より〉もっと大きい 『形状の大きさを比較する場合は主に más grande』： *La cosecha fue ~ que la anterior.* 収穫は前年より多かった
❷ 年上の： *José es [tres años] ~ que yo.* ホセは私より[3歳]年上だ
❸〈最上級．定冠詞・所有形容詞+. de の中で〉最大の；最年長の： su ~ preocupación 彼のいちばん気にかかること． el ~ de los tres hermanos 3兄弟のいちばん上
❹ 成人の, 大人の；年老いた： ser ~ de edad 成年である． persona ~ 大人；年配の人
❺ 主要な： calle ~ 大通り, メインストリート
❻〈音楽〉長調の

◆ 名 ❶ 目上の人, 年上の人, 先輩： respetar a los ~es 年上の人を敬う． ~es de sesenta años 60歳以上の人々
❷ 成人, 大人 『~ de edad』；老人

al por ~ 卸の, 卸で： venta *al por* ~ 卸売り

la ~ parte de... 大部分の…

ser de ~ 大人になる

mayoral [マジョラル] 男 牧童頭；〈農場の〉監督

mayordomo [マジョルドモ] 男 執事, 家令

mayoría [マジョリア] 女 ❶ 大部分, 大半： la ~ de los estudiantes 学生の大部分． en la ~ de los casos ほとんどの場合． la ~ de las veces ほとんどいつも
❷ 多数派；過半数： obtener la ~ 過半数を得る． ~ absoluta 絶対過半数

~ *de edad* 成年： llegar a la ~ *de edad* 成年に達する

en su ~ その大半は： *La población es en su* ~ *de origen español.* 住民の大半はスペイン系だ

mayorista [マジョリスタ] 名 卸売り商, 問屋

mayoritario, ria [マジョリタリオ, リア] 形 大多数の；多数派の

mayúscula [マジュスクラ] 女 大文字： escribir con (en) ~[s] 大文字で書く

mayúsculo, la² [マジュスクロ, ラ] 形 ❶ 大文字の． ❷ 途方もない： susto ~ びっくり仰天

maza [マサ] 女 こん棒；大づち

mazapán [マサパン] 男〈菓子〉マジパン

mazmorra [マスモらラ] 女 地下牢, 土牢

mazo [マソ] 男 ❶ 大づち；木づち． ❷ 束： ~ de llaves 鍵束

me [メ] 代〈人称代名詞1人称単数〉❶〈直接目的〉私を： Espére*me* a la salida. 出口で待っててください
❷〈間接目的〉私に： *El médico me dijo la verdad.* 医者は私に真実を言った． ¡Dá*me*lo! それを私にくれ
❸〈再帰代名詞〉 *Me acuesto a las once.* 私は11時に寝る

meada [メアダ] 女〈俗語〉小便： echar una ~ 小便をする

mear [メアル] 自〈俗語〉小便をする

Meca [メカ] 女 メッカ〈イスラム教の聖地〉

mecánica¹ [メカニカ] 女 ❶ 力学． ❷ 仕組み

mecánico, ca² [メカニコ, カ] 形 ❶ 機械の, 機械による；力学の． ❷ 機械的な, 無意識的な： reacción ~ca 無意識の反応

◆ 名 修理工, 整備士

mecanismo [メカニスモ] 男 ❶ **装置**, 仕掛け, メカニズム：~ del reloj 時計の仕掛け ❷ 構造, 機構：~ administrativo 行政機構

mecanización [メカニサスィオン] 女 機械化

mecanizar [メカニサル] 13 他 機械化する

mecanografía [メカノグラフィア] 女 タイプ技術

mecanógrafo, fa [メカノグラフォ, ファ] 名 タイピスト

mecedora [メセドラ] 女 ロッキングチェアー, 揺り椅子

mecenas [メセナス] 男〈単複同形〉文芸(学術)の庇護者, メセナ

mecer [メセル] 84 他 揺する：~ la cuna 揺りかごを揺らす

◆ ~se ❶ ロッキングチェアを揺する；〈ブランコを〉こぐ. ❷ 揺れる；〈風に〉そよぐ

mecha [メチャ] 女 ❶〈ろうそく・ランプの〉灯心. ❷ 導火線, 信管. ❸〈髪の〉部分染め, メッシュ

mechero [メチェロ] 男 ❶ ライター. ❷ バーナー；〈ガスレンジ・ストーブなどの〉火口(ひぐち)

mechón [メチョン] 男〈髪・毛の〉房

medalla [メダジャ] 女 メダル, 勲章：~ de oro (plata・bronce) 金(銀・銅)メダル

medallón [メダジョン] 男 ❶〈装身具の〉ロケット. ❷〈肉・魚の〉輪切り

media¹ [メディア] 女 ❶〈服飾〉1)〈主に複〉ストッキング, 長靴下：ponerse las ~s 靴下をはく. 2)〈ラ〉ソックス, 短靴下；複 パンティストッキング

❷ **30分**：Son las nueve y ~. 9時半だ. dos horas y ~ 2時間半

❸〈数学〉平均

a ~s 1) 半々に, 折半して：pagar *a ~s* 割勘で払う. 2) 中途半端に：hacer todo *a ~s* すべて中途半端にやる

mediación [メディアスィオン] 女 仲裁, 調停：por ~ de... …の仲介で

mediado, da [メディアド, ダ] 形 過分 半分満ちた, 半分終えた

a ~s de... …の中ごろに：*a ~s de* junio 6月中旬に

mediador, ra [メディアドル, ラ] 名 仲裁人, 調停者

medianero, ra [メディアネロ, ラ] 形 境界の

mediano, na [メディアノ, ナ] 形 ❶ 中ぐらいの：hombre de ~*na* edad 中年の男性. pequeñas y ~*nas* empresas 中小企業. ❷ 凡庸な, 並の, あまり良くない：~*na* inteli-

gencia 凡才

medianoche [メディアノチェ] 女 真夜中〔ごろ〕；午前零時：a ~ 真夜中に

mediante [メディアンテ] 前 …を通じて, …によって：decidir ~ la votación 投票で決める

mediar [メディアル] 自 ❶ 介入する, 仲裁に入る：~ en una riña けんかの仲裁をする. ❷〈entre の間に〉起こる, ある；介在する. ❸〈2つの事柄の間に〉時が経つ. ❹ 半分に達する

medicación [メディカスィオン] 女 ❶ 医療行為, 投薬. ❷〈集合的に〉医薬品

medicamento [メディカメント] 男 薬剤, 医薬

medicina [メディスィナ] 女 ❶ **医学；医療**：estudiar ~ 医学を勉強する. facultad de ~ 医学部. ~ interna 内科

❷ **薬**：tomar ~ 薬を飲む. ~ de uso interno (externo) 内服(外用)薬. ~ contra la gripe 風邪薬

medicinal [メディスィナル] 形 薬用の：planta ~ 薬用植物

medición [メディスィオン] 女 測定, 測量

médico, ca [メディコ, カ] 形 **医学の；医療の**：reconocimiento ~/examen ~ 健康診断

◆ 名 **医者**：consultar al ~ 医者にかかる, 医者にみてもらう. ir al ~ 医者に行く, 病院に行く. ~ de cabecera/~ de familia かかりつけの医者, ホームドクター〔専門医ではなく全科を診る一般医〕. ~ general 一般医, 内科医

medida [メディダ] 女 ❶ **大きさ, 寸法**：tomar las ~s de... …の寸法をはかる. ~ de cuello カラーサイズ

❷ **措置, 方策**：tomar las ~s necesarias 必要な措置をとる

❸ 節度, 適度：comer con ~ ほどほどに食べる

❹ 測定, 計量：~ de peso 体重測定

a la ~ 1) 寸法に合わせて(合わせた)：traje *a la ~* オーダーメイドの服. 2) 手ごろな；〈de に〉釣り合った, 相応の

a ~ que+直説法 …するにつれて：*A ~ que* se acerca el verano, los días son más largos. 夏が近づくにつれて日が伸びる

en cierta ~ ある程度は

en gran ~ たくさん, とても

sin ~ 度を越して

medieval [メディエバル] 形 中世の, 中世風の

medievo [メディエボ] 男 中世

medio¹ [メディオ] 男 ❶ **真ん中**, 中間：en ~ de la calle 通りの真ん中で

❷ **手段**, 方策：por ~s pacíficos 平和的手

段で. ～s de transporte 輸送手段, 交通機関. ～s de comunicación [de masas] マスメディア ❸ 環境：～ ambiente 自然環境 ❹ …界：～s económicos 経済界 ❺ 半分：un litro y ～ 1.5リットル ❻ 複 資産
◆ 副 半ば, 中途半端に：estar ～ dormido 寝ぼけている. ～ en broma ～ en serio 半ば冗談, 半ば本気で
a ～+不定詞 …しかけの：*a* ～ terminar やりかけの
en ～ *de*... …の間に；中央に：Estoy *en* ～ *de* las dos chicas. 僕は2人の女の子にはさまれている
por ～ 1) 半分に：cortar un pastel *por* ～ ケーキを半分に切る. 2) やりかけて, 途中で
por ～ *de*... 1) …を仲介して. 2) …の真ん中を

medio², dia² [メディオ, ディア] 形 ❶ 半分の：～ día 半日. *media* botella de vino ハーフボトルのワイン. dos kilos y ～ de naranjas 2.5キロのオレンジ ❷ 中間の：coche de tamaño ～ 中型車. clase *media* 中流階級 ❸ 平均の；普通の：temperatura *media* 平均気温. japonés ～ 平均的な日本人 ❹〈誇張して〉多数の, 大量の：Lo sabe ～ Madrid. マドリードのほとんどの人がそれを知っている
a ～+名詞 半分の…の, …の半ばで：*a media* luz 薄明かりで. *a media* mañana 午前中の中ごろ

medioambiental [メディオアンビエンタル] 形 環境の：contaminación ～ 環境汚染
medioambiente [メディオアンビエンテ] 男 自然環境, 環境
mediocre [メディオクレ] 形 ❶ 凡庸な, ほんくらな. ❷ 並の, 中程度の
mediodía [メディオディア] 男 ❶ 正午；昼食時, お昼：a ～/al ～ 正午に；正午ごろに. comer a ～ お昼を食べる. ❷ 南 [=sur]
medir [メディル] 56 他 ❶ 測る, 測定する. ❷〈言動を〉控え目にする
◆ 自 寸法が…ある：¿Cuánto *mides*? —*Mido* un metro ochenta. 身長はどのくらいですか？—1メートル80です
◆ ～*se* 競う, 雌雄を決する
meditación [メディタスィオン] 女 黙想, 瞑想
meditar [メディタル] 自 思索にふける, 瞑想する；思いを巡らす
mediterráneo, a [メディテらネオ, ア] 形 地中海 Mar Mediterráneo の；地中海沿岸の

médula [メドゥラ] 女 ❶〈解剖〉髄：～ ósea 骨髄. ～ espinal 脊髄. ❷ 真髄, 本質
medusa [メドゥサ] 女〈動物〉クラゲ
megabyte [メガバイト] 男〈情報〉メガバイト
megáfono [メガフォノ] 男 メガホン, 拡声器
megalómano, na [メガロマノ, ナ] 形 名 誇大妄想狂の[人]
mejicano, na [メヒカノ, ナ] 形 名 = mexicano
mejilla [メヒジャ] 女 ほお：besar en las ～s 両ほほにキスする
mejillón [メヒジョン] 男 ムール貝, ムラサキイガイ
mejor [メホル] 〈bueno・bien の比較級〉形 ❶〈*que* より〉もっと良い：Hoy hace ～ tiempo *que* ayer. きょうはきのうよりも天気がいい ❷〈最上級. 定冠詞・所有形容詞+. *de* の中で〉もっとも良い：Es *mi* ～ amigo. 彼は私のいちばんの親友だ. Es *la* ～ alumna de la clase. 彼女がクラスでいちばんよくできる生徒だ
◆ 副 ❶〈比較級〉もっと良く：Hoy el enfermo está ～ *que* ayer. きょう病人はきのうよりも良くなっている. ❷〈最上級〉Ana cocina ～ *que* nadie. アナは誰よりも料理がうまい. José es el que ～ canta en la clase. ホセはクラスの中でいちばん歌がうまい
a lo ～〈+直説法〉もしかすると；たぶん
～ *dicho* というより, むしろ
¡ [*Mucho・Tanto*] *M*～! それは[たいへん]結構だ
ser ～+不定詞/[*ser*] ～ *que*+接続法 …する方がよい：Será ～ *que* no digamos nada. 私たちは何も言わない方がいいだろう
mejora [メホら] 女 改良, 改善：～ del suelo 土地改良. ❷ 改修, 修繕
mejorar [メホらル] 他 より良くする, 改良する, 改善する
◆ 自/～*se* 良くなる：¡Que *se mejore* pronto! 早くよくなられますように
mejoría [メホリア] 女〈病状などの〉回復
melancolía [メランコリア] 女 ゆううつ, メランコリー：sentir ～ 気分が沈む
melancólico, ca [メランコリコ, カ] 形 ゆううつな, わびしい
melena [メレナ] 女 ❶ お下げ髪. ❷〈ライオンの〉たてがみ
melenudo, da [メレヌド, ダ] 形 長髪の, ふさふさとした髪の
mella [メジャ] 女 ❶〈刃の〉こぼれ；〈縁の〉

欠け. ❷〈歯の〉抜け跡
mellizo, za [メジソ, サ] 形 名 双生児〔の〕
melocotón [メロコトン] 男 モモ(桃)
melodía [メロディア] 女 メロディー, 旋律
melódico, ca [メロディコ, カ] 形 旋律の, 旋律的な
melodioso, sa [メロディオソ, サ] 形 美しい調べの, 音楽的な
melodrama [メロドラマ] 男 メロドラマ
melodramático, ca [メロドラマティコ, カ] 形 メロドラマ〔調〕の
melón [メロン] 男 メロン
meloso, sa [メロソ, サ] 形 ❶ 蜂蜜の〔ような〕. ❷ ひどく柔らかい; ひどく甘い
membrana [メンブラナ] 女〈生物〉膜: ~ celular 細胞膜
membrete [メンブレテ] 男 レターヘッド
membrillo [メンブリジョ] 男 マルメロ, カリン: carne de ~ マルメロのゼリー
memorable [メモラブレ] 形 記憶すべき; 忘れがたい
memorándum [メモランドゥン] 男 ❶〈外交〉覚書. ❷ メモ, メモ帳
memoria [メモリア] 女 ❶ 記憶力; 記憶, 思い出: tener buena (mala) ~ 記憶力がよい(悪い). pérdida (falta) de ~ 記憶忘れ
❷ 複 回想録, 手記: escribir sus ~s 回想録を書く
❸ 報告書; 論文: ~ anual 年次報告書, 年報
❹〈情報〉記憶装置, メモリ
de ~ *de* 暗記して: aprender[se] *de* ~ 暗記する. saber[se] *de* ~ 暗記している
en ~ *de...* …の記念に, …をしのんで
memorizar [メモリサル] 13 他 丸暗記する
menaje [メナヘ] 男〈集合的に〉家庭用品; 家具, 調度: ~ de cocina 台所用品
mención [メンスィオン] 女 ❶ 言及; 記載: hacer ~ de... …に言及する. ❷ ~ honorífica 選外佳作
mencionar [メンスィオナル] 他 …に言及する; 記載する: arriba *mencionado* 上述の; 上記の
mendicidad [メンディスィダ] 女 物乞い, 乞食の境遇
mendigar [メンディガル] 55 他〈施しを〉乞う
◆ 自 物乞いをする
mendigo, ga [メンディゴ, ガ] 名 乞食
mendrugo [メンドルゴ] 男 固くなったパンのかけら
menear [メネアル] 他 動かす, 振る: ~ la cola しっぽを振る
◆ ~*se* 動く

menester [メネステル] 男 ❶〈主に複〉職, 仕事. ❷ 必要性
ser ~ *+*不定詞・*que* ~ +接続法 …することが必要である: No *es* ~ *que* lo hagas. 君がそうする必要はない
menestra [メネストラ] 女〈料理〉ミネストローネ
mengano, na [メンガノ, ナ] 名 某, ある人 ⇒**fulano**
menguante [メングアンテ] 形 減少する: luna ~ 欠けていく月
menguar [メングアル] 8 自 ❶ 減少する.
❷〈月が〉欠ける
◆ 他 減少させる
menopausia [メノパウスィア] 女〈医学〉閉経, 更年期
menor [メノル]〈pequeño の比較級〉形 ❶
〈*que* より〉もっと小さい〖形状の大きさを比較する場合には主に más pequeño〗: La cosecha ha sido ~ *que* el año pasado. 収穫は昨年よりも少なかった
❷ 年少の: Soy [tres años] ~ *que* Luis. 私はルイスより〔3つ〕年下だ. mujeres ~*es* de treinta años 30 歳以下の女性
❸〈最上級. 定冠詞・所有形容詞+. de の中で〉最小の; 最年少の: Soy el ~ *de* los tres hermanos. 僕は3人兄弟のいちばん下だ
❹ ごくわずかの: No cabe la ~ duda. 少しも疑いの余地はない
❺ 未成年の
❻〈音楽〉短調の
◆ 名 ❶ 年下の人, 目下の人, 後輩. ❷ 未成年者 [~ de edad]: película no apta para ~*es* 成人映画
al por ~ 小売りの, 小売りで
menorquín, na [メノルキン, ナ] 形 名 メノルカ島 Menorca の〔人〕
menos [メノス]〈poco の比較級〉副 ❶〈劣等比較級. *que* より〉もっと少なく, …ほど…ない: España es ~ grande *que* Francia. スペインはフランスほど広くない. Estudio ~ *que* él. 私は彼ほど勉強しない
❷〈劣等最上級. 定冠詞・所有形容詞+. de・en・entre の中で〉もっとも少なく: Miguel es el ~ aplicado *entre* nosotros. ミゲルは私たちの中でいちばん勉強でない. Carmen es la *que* come ~ *en* la familia. カルメンは家族の中でいちばん少食だ
❸〈数量・程度の比較. +de〉…以下: Mi hermano tiene ~ *de* treinta años. 私の弟は 30 歳以下だ. llegar en ~ *de* una hora 1 時間足らずで着く. Antonio es ~ estudioso *de* lo que crees. アントニオは君が思っているほど勉強家ではない

❹ …以外, …を除いて: Van todos ~ Ana. アナを除いてみんな行く
❺〈数学〉引いて: Cinco ~ tres son dos. 5引く3は2
❻〈時刻〉…分前: Son las dos ~ diez. 2時10分前だ
◆ 形〈que より〉もっと少ない: Miguel trabaja con ~ entusiasmo que antes. ミゲルは以前ほど熱心に働かない. Hace ~ frío este invierno. 今年の冬はそれほど寒くない
a ~ que+接続法 …するのでない限り: Vamos de excursión mañana, *a ~ que* llueva. 雨が降らない限り, 私たちはハイキングに行く
al ~/por lo ~ 少なくとも, せめて: ¿Quieres darme *al ~* tus señas? せめて住所ぐらいは教えてくれないか?
cuanto ~ ... [*tanto*]+比較語 ⇨cuanto
de ~ 不足して: Me has dado cien pesos *de ~*. 君は僕に100ペソ少なくくれた
hacer [de] ~ a+人 …を無視する
ni mucho ~ とんでもない
ser lo de ~ 重要でない, ささいなことである
y ~ (aún) ましてや…ない: No quiero verle *y ~* visitarle. 私は彼に会いたくないし, ましてや訪ねて行くなんて

menospreciar [メノスプレスィアル] 他 ❶ 軽視する, 過少評価する. ❷ 軽蔑する
menosprecio [メノスプレスィオ] 男 ❶ 軽視, 過少評価. ❷ 軽蔑
mensaje [メンサヘ] 男 伝言; メッセージ: dejar un ~ a+人 …に伝言を残す
mensajero, ra [メンサヘロ, ラ] 形 名 ❶ 使者, メッセンジャー. ❷〈バイク便などの〉配達人
menstruación [メンストルアスィオン] 女〈医学〉月経
menstruar [メンストルアル] 自 月経(生理)がある
mensual [メンスアル] 形 月1回の, 毎月の: dar cien mil yenes ~es 月々10万円与える
mensualidad [メンスアリダ] 女 ❶ 月給. ❷ 月々支払う(受け取る)金
menta [メンタ] 女〈植物〉ハッカ
mental [メンタル] 形 ❶ 精神の, 心の: control ~ マインドコントロール. enfermedad ~ 心の病い
❷ 知力の, 知的な: trabajo ~ 頭脳労働
mentalidad [メンタリダ] 女 考え方, 精神状態, 気質: tener una ~ infantil 幼稚な考え方をする. ~ española スペイン人の精神構造
mente [メンテ] 女 ❶ 知性, 精神: persona de ~ lúcida 頭脳明晰(ﾒｲｾｷ)な人. ❷ 考え; 意図. ❸ 考え方: tener una ~ abierta 度量が大きい
tener... en ~ …を意図する; …を心に留める
venir a la ~ 心に浮かぶ
-mente〈接尾辞〉形容詞に付けて副詞化〖breve 簡潔な → breve*mente* 簡潔に〗
mentecato, ta [メンテカト, タ] 形 名 愚かな〔人〕, ばか〔な〕
mentir [メンティル] 自 うそをつく: No me *mientas*. うそをつくな
mentira [メンティラ] 女 うそ, 虚偽: decir ~s うそをつく
aunque parezca ~ 信じられないかもしれないが
Parece ~ うそのようだ/信じられない
mentiroso, sa [メンティロソ, サ] 形 名 うそつきの
mentón [メントン] 男 あご, 下あご
menú [メヌ] 男〈レストランの〉メニュー: El ~, por favor. メニューを見せてください. ~ del día 日替わり定食
menudencia [メヌデンスィア] 女 ささいなこと
menudo¹ [メヌド] *a ~* しばしば: Mi madre me telefonea *a ~*. 母はしょっちゅう電話してくる
menudo², da [メヌド, ダ] 形 ❶ ひじょうに小さい: letra ~*da* 小さな字. ❷ 小さな, 重要でない. ❸〈間投詞的〉ひどい; すごい: ¡*M*~ lío! すごい騒ぎだ!
meñique [メニケ] 男 小指〖dedo ~〗
meollo [メオジョ] 男 実質, 真髄: el ~ del problema 問題の核心
mera ⇨mero, ra
mercado [メルカド] 男 ❶ 市(いち), 市場(いちば): ir al ~ 市場へ買い物に行く
❷ 市場(しじょう): ~ de divisas 為替市場. ~ laboral 労働市場
mercancía [メルカンスィア] 女 商品
mercante [メルカンテ] 形 海運の
mercantil [メルカンティル] 形 商業の: derecho ~ 商法
merced [メルセ] 女 恩恵
a ~ de... …のなすままに: flotar *a ~ de* las olas 波のまにまに漂う
a ~... …のおかげで
mercenario, ria [メルセナリオ, リア] 形 名 傭兵; 金で雇われた〔人〕
mercería [メルセリア] 女 手芸材料店
mercurio [メルクリオ] 男〈化学〉水銀
merecedor, ra [メレセドル, ラ] 形 称賛に値する, 功績のある
merecer [メレセル] 20 他 …に値する: Ese museo *merece* una visita. その美術館は行

ってみる価値がある
◆ ～se〈自分に〉値する, ふさわしい
merecido [メレスィド] 男 過分 当然の罰: llevar su ～ 当然の罰(報い)を受ける
merendar [メレンダル] 57 自 おやつを食べる
◆ 他 おやつに…を食べる
merendero [メレンデロ] 男〈観光地などの〉休憩所, 茶店
merengue [メレンゲ] 男 ❶〈料理〉メレンゲ. ❷〈カリブ海諸国の舞踊〉メレンゲ
meridiano [メリディアノ] 男 子午線, 経線
meridional [メリディオナル] 形 南の: Europa ～ 南欧
merienda [メリエンダ] 女 ❶〈午後の〉おやつ, 間食: tomar la ～ おやつを食べる. ❷〈ピクニックなどの〉弁当: ir de ～ ピクニックに行く
◆ 動詞活用形 ⇨**merendar** 57
mérito [メリト] 男 ❶ 長所, 取り柄: tener ～ 価値がある. ❷ 功績, 手柄
de ～ すばらしい, 傑出した
hacer ～*s* 自分の真価を示す
merluza [メルルサ] 女〈魚〉メルルーサ
merma [メルマ] 女 減少, 目減り
mermar [メルマル] 他〈分量を〉減らす: ～ la paga 給料を減らす
◆ 自 減る
mermelada [メルメラダ] 女 ジャム, マーマレード
mero¹ [メロ] 男〈魚〉メロ, 銀ムツ
mero², ra [メロ, ラ] 形 単なる, まったくの: por *mera* casualidad 単なる(まったくの)偶然で
merodear [メロデアル] 自 うろつく
mes [メス] 男 ❶ 月, 1か月: en el ～ de mayo 5月に. este ～ 今月. el ～ pasado 先月. el ～ que viene/el ～ próximo 来月. ❷ 月給
al ～*/por* ～ 1) 1か月に, 月に: una vez *al* ～ 月に一度. 2) 月ぎめで: alquilar un piso *por* ～ 月ぎめでマンションを借りる
mesa [メサ] 女 ❶ テーブル, 食卓; 机: La llave está en la ～. 鍵は机の上にある. sentarase a la ～ 食卓につく. ～ redonda 円卓; 円卓会議
❷ 台: ～ de billar ビリヤード台. ～ de operaciones 手術台
❸ 執行部, 委員会
de ～ 1) 卓上用の. 2) 食卓用の: vino *de* ～ テーブルワイン
poner (*preparar*) *la* ～ 食卓の用意をする
quitar (*levantar*) *la* ～ 食卓を片付ける

meseta [メセタ] 女 台地, 高原;〈スペイン中央部の〉高原台地
mesilla [メシジャ] 女 ナイトテーブル〖～ de noche〗
mesón [メソン] 男 居酒屋, 料理屋;〈昔の〉宿屋
mesonero, ra [メソネロ, ラ] 名 居酒屋の主人
mestizo, za [メスティソ, サ] 形 名 メスティーソ〔の〕〖白人とインディオとの混血の(人)〗
mesura [メスラ] 女 節度, 慎み: beber con ～ ほどほどに飲む
meta [メタ] 女 ❶〈スポーツ〉ゴール: llegar a la ～ ゴールに入る. ❷ 目的, 目標
metabolismo [メタボリスモ] 男〈生理〉新陳代謝
metáfora [メタフォラ] 女 隠喩, 暗喩
metal [メタル] 男 ❶ 金属: ～ ligero 軽金属. ～ precioso 貴金属
❷ 金管楽器
metálico, ca [メタリコ, カ] 形 金属の; 金属的な: ruido ～ 金属音
en ～ 現金で
metalurgia [メタルルヒア] 女 冶金(ゃきん), 金属工業
metalúrgico, ca [メタルルヒコ, カ] 形 冶金(ゃきん)の; 冶金工
meteorología [メテオロロヒア] 女 気象学
meteorológico, ca [メテオロロヒコ, カ] 形 気象の; 気象学の: mapa ～ 天気図
meteorólogo, ga [メテオロロゴ, ガ] 名 気象予報官, 気象予報士
meter [メテル] 他 ❶〈en に〉入れる: ～ la llave *en* el bolsillo 鍵をポケットに入れる. ～ a+人 *en* la cárcel …を投獄する
❷ 引き起こす: ～ a+人 miedo …を怖がらせる
❸ 巻き込む: No me *metas en* tus asuntos. 僕を君の問題に巻き込まないでくれ
◆ ～se ❶〈自分の, en に〉入れる: ～*se* la mano *en* el bolsillo ポケットに手を入れる. ❷ 入る: *Se me ha metido* un bicho *en* el ojo. 虫が私の目に入った. ❸ 介入する: ～*se en* asuntos ajenos 他人のことに口を出す. ❹〈con+人 を〉攻撃する. ❺〈ある場所・状況に〉至る: *¿Dónde se habrá metido* ese chico? あの子はどこに行ってしまったんだろう?
estar muy metido en+事 …に深く関わっている; とても忙しい
meticuloso, sa [メティクロソ, サ] 形 細心の, 入念な
metódico, ca [メトディコ, カ] 形 秩序立った, 体系的な
método [メトド] 男〈体系的な〉方法; 手

順: ～ de enseñanza 教授法
metodología [メトドロヒア] 囡 方法論
metraje [メトラヘ] 男《映画》largo ～ 長編. corto ～ 短編
metralleta [メトラジェタ] 囡 軽機関銃, 自動小銃
métrica¹ [メトリカ] 囡 韻律論；詩法
métrico, ca² [メトリコ, カ] 形 ❶ メートル〔法〕の. ❷ 韻律の
metro [メトロ] 男 ❶ メートル: comprar tres ～s de una tela 布を3メートル買う. ～ cuadrado 平方メートル
❷ 地下鉄: ir en ～ 地下鉄で行く. tomar el ～ 地下鉄に乗る
metrónomo [メトロノモ] 男 メトロノーム
metrópoli [メトロポリ] 囡 大都市, 主要都市
metropolitano, na [メトロポリタノ, ナ] 形 大都市の: área ～na 大都市圏
mexicano, na [メヒカノ, ナ] 形 名 メキシコ〔人〕の；メキシコ人
México [メヒコ] 男 メキシコ
mezcla [メスクラ] 囡 混合；混合物
mezclar [メスクラル] 他 混合する, まぜる: ～ el azúcar y la harina 砂糖と小麦粉をまぜる. ～ whisky con agua ウイスキーを水で割る
◆ ～se ❶ まざり合う. ❷ 〈en に〉介入する: ～se en una discusión 議論に口を出す. ❸ 〈con と〉交際する
mezquindad [メスキンダド] 囡 けち；さもしさ
mezquino, na [メスキノ, ナ] 形 ❶ けちな, しみったれた；さもしい: actitud ～na こせこせした態度. hombre ～ 卑屈な男. ❷ 取るに足りない；不十分な: sueldo ～ 安月給
mezquita [メスキタ] 囡 イスラム教寺院, モスク
mg.《略語》ミリグラム〖←miligramo〗
mi [ミ] 形《所有形容詞》私の: mi cuaderno 私のノート
mí [ミ] 代《前置詞格の人称代名詞》私: una carta para mí 私あての1通の手紙. A mí me toca el turno. 私の番だ
¡A mí qué! 私には関係ない!
miau [ミアウ] 男《猫の鳴き声》ニャオ
microbio [ミクロビオ] 男 微生物
microbús [ミクロブス] 男 マイクロバス
micrófono [ミクロフォノ] 男 マイクロフォン
microondas [ミクロオンダス] 男《単複同形》電子レンジ〖horno ～〗
microordenador [ミクロオルデナドル] 男 マイクロコンピュータ, マイコン
microscopio [ミクロスコピオ] 男 顕微鏡

miedo [ミエド] 男 ❶〈a・de・por への〉恐怖, おびえ: tener ～ a la oscuridad 暗闇を怖がる. película de ～ ホラー映画
❷ 心配, 不安: Tengo ～ de no llegar a tiempo. 私は遅刻するのではないかと心配だ
dar ～ a+人 …を怖がらせる: Me da ～ salir de noche. 私は夜外出するのが怖い
de ～ すごい；すばらしい: Hace un frío de ～. すごく寒い
miedoso, sa [ミエドソ, サ] 形 臆病な, 怖がりの
miel [ミエル] 囡 蜂蜜, 蜜
luna de ～ ハネムーン, 蜜月
miembro [ミエンブロ] 男 ❶ 一員, 会員: familia de cinco ～s 5人家族. país ～ 加盟国. ～ del club deportivo スポーツクラブの会員
❷ 肢, 手足: cuatro ～s 四肢, 手足
mientras [ミエントラス] 接 ❶ …している間: 1) M～ come, habla mucho. 彼は食事している間, よくしゃべる. 2)《前置詞的》…の間: Dormitaba ～ la clase. 彼は授業中うたたねしていた
❷ …する一方で, …に反して: M～ que ellos van en coche, nosotros vamos en tren. 彼らは車で行くけれど, 私たちは電車で行く
❸《+接続法》…する限り: M～ yo viva, no me olvidaré de ti. 私が生きている限り, あなたのことは忘れません
❹《比例比較》…すればするほど: M～ más tiene, más quiere. 持てば持つほど欲しくなる
◆ 副《～ tanto》その間: Voy a ir de compras, ～ tanto limpia la habitación. 私は買物に行ってくるから, その間に部屋を掃除しておいてくれ
miércoles [ミエルコレス] 男 水曜日: ～ de ceniza 灰の水曜日〖復活祭前46日目の水曜日〗
mierda [ミエルダ] 囡〈俗語〉❶ 糞；よごれ. ❷ くだらないもの, がらくた: El concierto fue una ～. そのコンサートはひどかった
◆ 間〈俗語〉くそっ/ちぇっ!
¡A la ～!/¡Vete (Vaya) a la ～! くそでも食らえ!
hecho una ～ ひどく疲れた
miga [ミガ] 囡 ❶ パンの柔らかい中身. ❷ 複 パンくず；パン粉
hacer buenas ～s con+人 …とうまが合う
migaja [ミガハ] 囡 ❶〈パンなどの〉かけら, くず. ❷ 少量: una ～ de sal ほんの少しの塩
migración [ミグラスィオン] 囡 ❶〈民族などの〉移動, 移住: migraciones de los pueblos germanos ゲルマン民族大移動. ❷〈鳥

などの〉渡り, 回遊

migratorio, ria [ミグラトリオ, リア] 形 ❶ 移動の, 移住の. ❷ 渡りをする, 回遊する：ave ～ria 渡り鳥

mil [ミル] 形 男 ❶ 1000〔の〕：dos ～ euros 2千ユーロ. cien ～ 10万
❷ 多数の, 際限がない：～ veces/～es de veces 何度も何度も, しばしば
❸ 複 数千：～es de personas 数千人

milagro [ミラグロ] 男 ❶ 奇跡：hacer un ～ 奇跡を起こす
❷ 驚異
de ～ 奇跡的に
Es un ～ que+接続法 …なんて驚きだ

milagroso, sa [ミラグロソ, サ] 形 奇跡の, 奇跡による

milenario, ria [ミレナリオ, リア] 形 1000年の

milenio [ミレニオ] 男 1000年間；1000年：el tercer ～ 紀元2000年代

mili [ミリ] 女〈ス. 口語〉兵役〔＝servicio militar〕：hacer la ～ 兵役をつとめる

milicia [ミリスィア] 女 ❶ 兵役. ❷ 民兵, 義勇軍

miligramo [ミリグラモ] 男 ミリグラム

mililitro [ミリリトロ] 男 ミリリットル

milímetro [ミリメトロ] 男 ミリメートル

militante [ミリタンテ] 名〈政党などの〉活動家

militar [ミリタル] 形 軍隊の, 軍人の：gobierno ～ 軍政, 軍事政権. servicio ～ 兵役
◆ 名 兵士, 軍人
◆ 自〈党員として〉活動する

militarismo [ミリタリスモ] 男 軍国主義

milla [ミジャ] 女〈距離の単位〉マイル；海里

millar [ミジャル] 男 1000〔のまとまり〕：un ～ de personas 約1000人. ～es de personas 数千人

millón [ミジョン] 男 ❶ 100万：un ～ de euros 100万ユーロ. cien millones 1億
❷ 無数, 多数：Un ～ de gracias. 本当にどうもありがとう

millonario, ria [ミジョナリオ, リア] 形 名 億万長者の〔人〕, 大金持ち〔の〕

mimar [ミマル] 他 甘やかす, ちやほやする

mimbre [ミンブレ] 男 ❶ ヤナギの枝, 籘. ❷ ヤナギの林

mímica [ミミカ] 女 身ぶり, ジェスチャー

mimo [ミモ] 男 ❶ 甘やかし, 過保護：criar con mucho ～ a un niño 子供を甘やかして育てる. ❷ かわいがり. ❸ パントマイム〔劇〕
◆ 名 パントマイムの俳優

mimoso, sa [ミモソ, サ] 形 甘ったれの, わがままな

mina [ミナ] 女 ❶ 鉱山；坑道：～ de carbón 炭鉱. ❷ 地雷；機雷：campo de ～s 地雷原

minar [ミナル] 他 ❶ …に地雷(機雷)を敷設する. ❷ 少しずつ壊す

mineral [ミネラル] 形 鉱物の；無機物の：agua ～〔con gas·sin gas〕〔発泡性の·炭酸なしの〕ミネラルウォーター
◆ 男 鉱物, 鉱石：～ de hierro 鉄鉱石.
❷ 無機物

minería [ミネリア] 女 ❶ 鉱業, 採掘. ❷〈集合的に〉鉱山

minero, ra [ミネロ, ラ] 形 鉱業の, 採掘の
◆ 名 鉱山労働者

miniatura [ミニアトゥラ] 女 ❶ ミニチュア, 模型：en ～ ミニチュアの. ❷ 細密画

minicadena [ミニカデナ] 女 ミニコンポ

minidisco [ミニディスコ] 男 ミニディスク, MD

minifalda [ミニファルダ] 女 ミニスカート

mínimo, ma [ミニモ, マ] 形 最少の, 最低の：salario ～ 最低賃金. No tiene el ～ma educación. 彼は行儀作法がなっていない
◆ 男 最少, 最低〔限〕
como ～ 最少限, 少なくとも
no... lo más ～ 少しも…ない

ministerial [ミニステリアル] 形 ❶ 大臣の, 閣僚の；省の. ❷ 与党の

ministerio [ミニステリオ] 男 …省：M～ de Educación y Ciencia 文部科学省

ministro, tra [ミニストロ, トラ] 名 大臣：primer ～ 首相, 総理大臣. ～ de Transportes y Obras Públicas 国土交通大臣

minoría [ミノリア] 女 ❶ 少数；少数派.
❷ 少数民族. ❸ ～ de edad 未成年

minorista [ミノリスタ] 形 名 小売りの；小売商

minoritario, ria [ミノリタリオ, リア] 形 少数派の

minucioso, sa [ミヌスィオソ, サ] 形 ❶ 綿密な, 細心の. ❷ 細部にこだわる

minúscula[1] [ミヌスクラ] 女 小文字：escribir con (en) ～〔s〕大文字で書く

minúsculo, la[2] [ミヌスクロ, ラ] 形 ❶ 小文字の. ❷ ごく小さい, 微小の

minusválido, da [ミヌスバリド, ダ] 形 名 身心に障害のある〔人〕, 身障者

minuta [ミヌタ] 女〈弁護士・医者などの〉料金請求書

minutero [ミヌテロ] 男〈時計の〉分針

minuto [ミヌト] 男〈時間の単位〉分：Se tarda treinta ～s. それは30分かかる

mío, a [ミオ, ア] 形 〈所有形容詞〉 私の : un amigo ~ 私の友達の一人. Esta maleta es *mía*. このスーツケースは私のだ
◆ 代 〈定冠詞+〉 私のそれ : Este coche es de Miguel y ése es *el* ~. この車はミゲルので, それが私のだ
lo ~ 私のこと(もの) : No se meta en *lo* ~. 私のことに口を出さないでください
los ~*s* 私の家族(仲間・味方)

miope [ミオペ] 形 名 近視の〔人〕, 近眼〔人〕

miopía [ミオピア] 女 近視, 近眼

mira [ミラ] 女 ❶ 〈銃の〉照準器 ❷ 狙い, 目標 : con ~ a... …を目標にして

mirada¹ [ミラダ] 女 名 ❶ 視線 : echar una ~ a... …をちらっと見る. levantar la ~ 視線を上げる [] fija 注視, 凝視
❷ 目つき : tener una ~ dulce 優しい目をしている

mirado, da² [ミラド, ダ] 形 過分 ❶ 〈bien・mal+〉 よく・悪く思われた : Está muy mal ~ en la oficina. 彼は職場でとても評判が悪い. ❷ 気配りをする, 注意深い : Es muy ~ en lo que dice. 彼は発言がとても慎重だ
bien ~ 〈前言の打消し〉 よく考えてみると

mirador [ミラドル] 男 ❶ 展望台, 見晴台. ❷ ガラスのはまったバルコニー

mirar [ミラル] 他 〈注意して〉 見る, 眺める : ~ un cuadro 絵を見る
❷ 考える : *Mira* bien lo que haces. 自分が何をやっているかよく考えなさい
❸ 〈命令文で〉 ほら! : ¡*Mira*!, tu madre está ahí. ほら, 君のお母さんはあそこにいる
◆ 自 ❶ 見る : ~ hacia el jardín 庭の方を見る. ❷ 〈a に〉 面する : La ventana *mira al sur*. 窓は南向きだ. ❸ 捜す : ~ en el bolsillo ポケットの中を捜す. ❹ 〈por に〉 気を配る, 大切にする
◆ ~*se* ❶ 自分の姿(顔)を見る. ❷ 顔を見合わせる. ❸ 熟慮する, よく考える〖~*se bien*〗

mirilla [ミリジャ] 女 〈ドアなどの〉のぞき窓

mirlo [ミルロ] 男 〈鳥〉クロウタドリ

mirón, na [ミロン, ナ] 形 名 ひどく好奇心の強い〔人〕, ものみ高い〔人〕

misa [ミサ] 女 〈カトリック〉 ミサ : celebrar ~/decir ~ ミサを行なう. ir a ~ ミサに行く. oír ~ ミサにあずかる

miserable [ミセラブレ] 形 ❶ 極貧の ; 哀れな, 悲惨な : casa ~ みすぼらしい家. una familia ~ ひどく貧しい一家 ; 哀れな家族. けちな. ❸ ごく少ない : sueldo ~ わずかな給料
◆ 名 ❶ 下劣な人, ごろつき. ❷ けちん坊

miseria [ミセリア] 女 ❶ 貧窮, 極貧 : vivir en la ~ ひどく貧しい暮らしをする. ❷ 悲惨, 不幸な出来事. ❸ けち. ❹ わずかばかりのもの

misericordia [ミセリコルディア] 女 慈悲, 憐れみ : pedir ~ 情け(許し)を乞う

misil [ミシル] 男 ミサイル

misión [ミシオン] 女 ❶ 使命, 任務. ❷ 複 布教, 伝道. ❸ 使節団, 調査団, 派遣隊

misionero, ra [ミシオネロ, ラ] 名 宣教師, 伝道師

mismo, ma [ミスモ, マ] 形 ❶ 〈que と〉 同じ, 同一の : Tiene la ~*ma* edad *que* yo. 彼は私と同い年だ. Todos están de la ~*ma* opinión. 彼らはみんな同じ意見だ
❷ 〈強調〉 まさにその : en ese ~ momento まさにその時
❸ 〈人称代名詞+〉 …自身 : Ábrelo tú ~. 自分で開けなさい
◆ 副 〈強調〉 まさに…, …でさえ : aquí ~ まさにここで. hoy ~ まさにきょう
◆ 代 〈定冠詞+〉 同じもの : Su vestido es el ~ *que* ayer. 彼女の服はきのうと同じだ. Siempre dice lo ~. 彼はいつも同じことを言う
Es lo ~. 同じことだ/構わない
lo ~ *que...* …と同様に ; 同様にまた… : Ella baila bien *lo* ~ *que* tú. 彼女は君と同様に踊りがうまい
Me da lo ~. 私には同じことだ/構わない
por sí ~ 独力で ; それ自体で

misterio [ミステリオ] 男 ❶ 神秘, 謎. ❷ 秘密, 隠しごと

misterioso, sa [ミステリオソ, サ] 形 不思議な, 神秘的な, 謎の

místico, ca [ミスティコ, カ] 形 名 神秘主義の ; 神秘主義者
◆ 女 神秘主義

mitad [ミタ] 女 半分 : reducir... a la ~ …を半分に減らす. la ~ de la clase クラスの半数. la segunda ~ del siglo XX 20世紀の後半
a ~ *de...* …の中間で : *a* ~ *de* camino 途中で. *a* ~ *de precio* 半値で
en ~ *de...* 1) …のほどに, 真ん中に. 2) …のさいちゅうに : salir de la sala *en* ~ *de* la reunión 会議のさいちゅうに部屋を出る
~..., 〔*y*〕 ~... 半分は…, 半分は…
por 〔*la*〕 ~ 中間で, 真ん中で : cortar una cinta *por la* ~ テープを真ん中で切る

mítico, ca [ミティコ, カ] 形 神話の ; 神話的な

mitigar [ミティガル] 55 他 〈苦しみ・刑罰などを〉 軽減する, 和らげる

mitin [ミティン] 男 〈複〉 m*í*tines 〈政治的な〉 集会

mito [ミト] 男 ❶ 神話, 伝説. ❷ 架空のこと, 作り話

mitología [ミトロヒア] 女 〈集合的に〉神話 ; ～ griega ギリシャ神話

mixto, ta [ミ(ク)スト, タ] 形 混成の, 混合の : colegio ～ 男女共学の学校

ml. 〈略語〉ミリリットル【←mililitro】

mm. 〈略語〉ミリメートル【←milímetro】

mobiliario [モビリアリオ] 男 〈集合的に〉家具, 調度

mochila [モチラ] 女 リュックサック

mochuelo [モチュエロ] 男 〈鳥〉フクロウ

moción [モスィオン] 女 動議 : ～ de censura 不信任動議

moco [モコ] 男 〈主に複〉鼻水, 鼻くそ : Se le caen al niño los ～s. その子は鼻水をたらしている. limpiarse los ～s 鼻をかむ. tener ～s 鼻水が出る

mocoso, sa [モコソ, サ] 形 ❶ 鼻水が出る. ❷ なまいきな
◆ 名 青二才, なまいきな子供

moda [モダ] 女 ❶ 流行 : ～ de los años setenta 70年代の流行
❷ モード, ファッション : tienda de ～s ブティック. revista de ～s ファッション雑誌
a la ～/*de* ～ 流行の, 流行している : color *de* ～ 流行色
estar de ～ 流行している
fuera de ～/*pasado de* ～ 流行遅れの, すたれた

modales [モダレス] 男 複 行儀〔作法〕, 物腰 : tener [buenos] ～ 行儀がよい

modalidad [モダリダ] 女 様式, 方式

modelar [モデラル] 他 ❶ …の形を作る, 造形する. ❷ 〈性格などを〉形成する

modelo [モデロ] 男 ❶ 模範, 手本 ; 典型 : 1) tomar... como ～ …を手本(モデル)にする. 2) 〈形容詞的〉niña ～ 模範的な女の子
❷ 型, 機種 : nuevo ～ de coche 新型車
◆ 名 〈作品・服飾などの〉モデル

moderación [モデラスィオン] 女 節度 : beber con ～ 飲酒をほどほどにする

moderado, da [モデラド, ダ] 形 過分 ❶ 節度のある ; 穏健派の : actitud ～*da* 控えめな態度. partido ～ 中道政党. ❷ 適度の : temperatura ～*da* 適温. precio ～ 手ごろな値段

moderar [モデラル] 他 控え目にする, 和らげる
◆ ～*se* 自制する : ～*se* en las palabras ことばを慎む

modernismo [モデルニスモ] 男 モダニズム, 近代主義

modernizar [モデルニサル] 13 他 近代化させる, 現代化させる

moderno, na [モデルノ, ナ] 形 ❶ 現代の, 最新の : ciencia ～*na* 現代科学. maquinaria ～*na* 最新機器
❷ 近代の : época ～*na* 近代

modestia [モデスティア] 女 ❶ 謙虚, 控え目, 慎み深さ. ❷ 質素 : vivir con ～ つつましく暮らす

modesto, ta [モデスト, タ] 形 ❶ 謙虚な, 控え目な ;〈女性が〉貞淑な : actitud ～*ta* 控え目な態度
❷ 質素な, つつましい ; みすぼらしい : vida ～*ta* 質素な暮らし. ingresos ～*s* ささやかな収入

módico, ca [モディコ, カ] 形 〈金額が〉まずまずの, 妥当な

modificación [モディフィカスィオン] 女 修正, 変更 : ～ de órbita 軌道修正

modificar [モディフィカル] 73 他 修正する, 変更する : ～ un proyecto de ley 法案を修正する

modismo [モディスモ] 男 熟語, 慣用句

modisto, ta [モディスト, タ] 名 ドレスメーカー, 婦人服デザイナー

modo [モド] 男 ❶ やり方, 方法 ; 様式 : ～ de vivir 生き方, 生活様式. ～ de pensar 考え方, 意見
❷ 〈文法〉法 : ～ indicativo 直説法. ～ subjuntivo 接続法
❸ 複 行儀 : con buenos (malos) ～*s* 行儀よく(無作法に)
a ～ *de...* …のように ; …として
a su ～ 自己流で, 自分のやり方で : *a mi* ～ *de ver* 私の意見では
de cualquier ～ 1) どうにかして, 何がどうあろうと, いずれにしても. 2) 無造作に
de ～ *que*+直説法 だから…, したがって…
de ningún ～ 決して[…ない]
de otro ～ さもなければ
de todos ～*s* それでも, とにかく
～ *de ser* あり方 ; 人となり
Ni ～. 〈ラ〉無理である

modorra [モドら] 女 ひどい眠り

modular [モドゥラル] 他 抑揚をつける, 調子を変える

módulo [モドゥロ] 男 〈建築など〉モジュール

mofa [モファ] 女 愚弄, からかい : hacer ～ *de...* …をからかう, ちゃかす

mofar [モファル] ～*se* 〈*de* を〉からかう

moflete [モフレテ] 男 〈丸々とした〉頬

mogollón [モゴジョン] 男 〈口語〉❶ 多量. ❷ 大混乱

mohín [モイン] 男 しかめっ面 : hacer un ～ しかめっ面をする

moho [モオ] 男 かび ; 錆 : cubierto de ～

かび(銹)だらけの
mohoso, sa [モオソ, サ] 形 かびの生えた; 錆びた
mojar [モハル] 他 ❶ ぬらす, 湿らす. ❷ ひたす: ~ pan en la leche パンを牛乳にひたす
◆ **~se** ❶ ぬれる, 湿る. ❷ 自分の体をぬらす
molar [モラル] 男 臼歯, 奥歯
◆ 自 〈ス. 口語〉 ❶ 〈a+人の〉気に入る. ❷ かっこいい
molde [モルデ] 男 型; 鋳型
moldear [モルデアル] 他 鋳造する, 型に入れて作る
mole [モレ] 女 大きな塊; 巨体
◆ 男 〈ラ. 料理〉チリソース〖チョコレートとピーナッツを入れることがある〗; 肉のチリソース煮込み
molécula [モレクラ] 女 〈化学〉分子
moler [モレル] 50 他 ❶ 挽(ひ)く, 粉にする: ~ [el] café コーヒー豆を挽く. ❷ ひどく疲れさせる
molestar [モレスタル] 他 ❶ …に迷惑をかける, 邪魔する: No me molestes. 私の邪魔をしないでくれ
❷ 不快にする; 立腹させる: Le molestaba el humo de tabaco. 彼はたばこの煙がいやでたまらなかった. Me molesta esperar tantas horas. 私はこんなに何時間も待たされて腹が立つ
❸ 軽い痛み(違和感)を与える: Me molestan estos zapatos nuevos. この新しい靴は痛い
◆ **~se** ❶ 〈en+不定詞〉わざわざ…する: Se molestó en escribirme. 彼はわざわざ手紙をくれた. ❷ 〈por で〉気をつかう, 心配する: No te molestes. どうぞお構いなく. ❸ 〈por で〉腹を立てる
molestia [モレスティア] 女 ❶ 迷惑, 面倒: Es una ~ ir de compras ahora mismo. これから買物に出かけるなんて面倒だ. Perdone la ~, pero… 申し訳ありませんが…. ❷ 軽い痛み, 違和感: tener ~s en el estómago 胃の具合が悪い
tomarse la ~ de+不定詞 わざわざ…する
molesto, ta [モレスト, タ] 形 ❶ 迷惑な, わずらわしい: ~ta mosca うるさい蝿. ❷ 不快な: Estaba muy ~ contigo por lo que hiciste. 彼は君のやったことでとても腹が立っていた. ❸ 〈por で〉腹を立てている
molinero, ra [モリネロ, ラ] 名 粉屋, 製粉業者
molinillo [モリニジョ] 男 〈小型の〉挽(ひ)く器具: ~ de café コーヒーミル
molino [モリノ] 男 ❶ 風車, 風車小屋〖~ de viento〗. ❷ 水車, 水車小屋〖~ de agua〗. ❸ 〈穀物などを〉挽(ひ)く機械, 製粉機

molusco [モルスコ] 男 ❶ 軟体動物. ❷ 複 〈料理〉タコ・イカ・貝類
momentáneo, a [モメンタネオ, ア] 形 一時的な, つかの間の
momento [モメント] 男 ❶ 一瞬, 短時間: Espérame un ~. ちょっと待ってください
❷ 時機, 機会: Ha llegado el ~ de decir la verdad. 真実を言うべき時が来た
❸ 時間, 時期: pasar unos ~s agradables 楽しいひとときを過ごす
a cada ~ しょっちゅう
al ~ すぐに
de ~ 目下, さしあたって
de un ~ a otro すぐに, 今にも
dentro de un ~ じきに
en este ~ たった今; 現在
en estos ~s 目下, 今は
por el ~ 目下, 今は
por ~s 刻々と, しだいに
¡Un ~! ちょっと待って!
momia [モミア] 女 ミイラ
monarca [モナルカ] 男 君主, 帝王
monarquía [モナルキア] 女 君主制, 王政: ~ absoluta 絶対君主制. ~ constitucional 立憲君主制
monárquico, ca [モナルキコ, カ] 形 名 君主制の, 王制の; 王党派〔の〕
monasterio [モナステリオ] 男 修道院, 僧院
mondadientes [モンダディエンテス] 男〈単複同形〉つまようじ
mondar [モンダル] 他 〈果物などの〉皮をむく
◆ **~se** 大笑いする
moneda [モネダ] 女 貨幣, 硬貨, 通貨: ~ suelta 小銭. ~ de oro 金貨
monedero [モネデロ] 男 小銭入れ, 財布
monetario, ria [モネタリオ, リア] 形 貨幣の, 通貨の
monitor, ra [モニトル, ラ] 名 コーチ, 指導員: ~ de tenis テニスのコーチ
◆ 男 モニター装置, モニターテレビ
monja [モンハ] 女 修道女
monje [モンヘ] 男 修道士
mono¹ [モノ] 男 〈服飾〉オーバーオール, つなぎの服: ~ de trabajo 作業服
mono², na [モノ, ナ] 名 サル(猿)
◆ 形 かわいい, きれいな; すてきな: ¡Qué niño más ~! 何てかわいい子でしょう!
monocarril [モノカリル] 男 モノレール
monociclo [モノスィクロ] 男 一輪車
monólogo [モノロゴ] 男 ❶ モノローグ, 独白; 一人芝居. ❷ ひとりごと
monopatín [モノパティン] 男 スケートボー

monopolio [モノポリオ] 男 独占, 専売
monopolizar [モノポリサル] 13 他 独占する, 専売する
monotonía [モノトニア] 女 単調さ, 一本調子
monótono, na [モノトノ, ナ] 形 単調な, 変化に乏しい
monóxido [モノ〔ク〕シド] 男〈化学〉 ~ de carbono 一酸化炭素
monserga [モンセルガ] 女 不快でつまらない話；不快なこと
monstruo [モンストルオ] 男 怪物, 化け物；怪獣
monstruoso, sa [モンストルオソ, サ] 形 ❶ 怪物のような, ひどい. ❷ 巨大な, 途方もない：gasto ～ 巨額の出費
monta [モンタ] 女 ❶ 価値, 重要性；合計：de poca ～ ささいな, つまらない. ❷ 乗馬
montacargas [モンタカルガス] 男〈単複同形〉貨物用エレベーター
montaje [モンタヘ] 男 ❶ 組立て；据えつけ. ❷〈映画〉編集；〈写真〉モンタージュ. ❸〈演劇〉舞台化, 上演. ❹ でっち上げ, やらせ
montaña [モンタニャ] 女 山：ir a la ～ 山に行く. pasar sus vacaciones en la ～ 山で夏休みを過ごす. mal de ～s 高山病
～ *rusa* ジェットコースター
montañero, ra [モンタニェロ, ラ] 名 登山家
montañés, sa [モンタニェス, サ] 形 名 山地に住む〔人〕
montañismo [モンタニスモ] 男 登山
montañoso, sa [モンタニョソ, サ] 形 山の多い：región ～sa 山岳地方
montar [モンタル] 自 ❶〈en 乗り物に〉乗る：～ *en* bicicleta 自転車に乗る. ～ *en* un coche (un tren) 車(列車)に乗り込む ❷ ～ a caballo 乗馬をする
❸〈金額が, a に〉達する
◆ 他 ❶〈en の上に〉乗せる：～ a un niño *en* el burro 子供をロバに乗せる. ❷〈馬などに〉乗る. ❸ 組み立てる, 作り上げる：～ un ordenador コンピュータをセットアップする. ～ una película 映画を編集する. ❹〈調度品などを〉…にそろえる；〈店などを〉設置する：～ una tienda 店をオープンする
◆ ～*se*〈en に〉乗る
montaraz [モンタラス] 形〈複 montaraces〉 ❶〈動植物が〉山に生息(自生)している. ❷〈人が〉野生的な, 粗野な
monte [モンテ] 男 ❶ 山, …山：*M*～ Fuji 富士山. ❷〈複〉山脈：los ～s Pirineos ピレネー山脈

～ *de piedad* 公益質店
montés [モンテス] 形 gato ～ 山猫
monto [モント] 男 総額
montón [モントン] 男〈複 montones〉❶ 山積み：un ～ de papeles 書類の山. ❷ 多量：un ～ de gente たくさんの人
montura [モントゥラ] 女 ❶〈めがねの〉フレーム. ❷ 乗用の動物. ❸ 馬具；鞍
monumental [モヌメンタル] 形 ❶ 記念建造物の；記念碑的な, 不朽の. ❷ 巨大な, 途方もない：error ～ ひどいまちがい
monumento [モヌメント] 男 ❶ 記念碑, 記念像. ❷ 歴史的建造物：～ nacional 国の文化財
monzón [モンソン] 男 モンスーン, 季節風
moño [モニョ] 男 アップにしてまとめた髪, 束ねて巻いた髪：hacerse un ～ 髪をアップにする
moquear [モケアル] 自 鼻水が出る
moqueta [モケタ] 女 じゅうたん, 〈繊維〉モケット
mora[1] [モラ] 女 桑の実〖食用〗
morada[1] [モラダ] 女 住居, すみか
morado, da[2] [モラド, ダ] 形 暗紫色の
moral [モラル] 形 ❶ 道徳の, 倫理の：valores ～*es* 価値観
❷ 道徳にかなった
❸ 心の, 精神的な
◆ 女 ❶ 道徳, 倫理：faltar a la ～ 道義に反する
❷ 気力, 士気：levantar (elevar) a+人 la ～ …の士気を高める
moraleja [モラレハ] 女〈物語などの〉教訓
moratoria [モラトリア] 女〈法律〉モラトリアム, 支払い猶予〔令〕
morbo [モルボ] 男 不健全(不道徳)な魅力
morboso, sa [モルボソ, サ] 形 ❶ 病的な, 不健全な. ❷ 病気の
morcilla [モルスィジャ] 女〈血入りの〉腸詰め, ソーセージ
mordaz [モルダス] 形〈複 mordaces〉しんらつな, 手きびしい
mordaza [モルダサ] 女 さるぐつわ
morder [モルデル] 50 他 かむ, かじる：～ una manzana リンゴをかじる
◆ ～*se* 自分の…をかむ：～*se* las uñas 爪をかむ
mordisco [モルディスコ] 男 かむ(かじる)こと：dar un ～ かむ, かみつく
mordisquear [モルディスケアル] 他 かむ, かじる
moreno, na [モレノ, ナ] 形 名 ❶〈肌が〉浅黒い；〈髪が〉暗色の〔人〕, ブルネット〔の〕. ❷ 日焼けした. ❸〈ラ〉黒人(の)
morfina [モルフィナ] 女 モルヒネ

moribundo, da [モリブンド, ダ] 形 危篤の〔人〕, 死に瀕した〔人〕

morir [モリル] 49 〈過分 muerto, 現分 muriendo〉 自 ❶ 〈de で〉死ぬ: ~ de cáncer 癌で死ぬ. ~ en un accidente 事故で死ぬ ❷ 〈植物が〉枯れる ❸ 終わる, 消滅する

◆ **~se** ❶ 死ぬ, 死んでしまう: Su madre *se murió* a los ochenta años. 彼の母は80歳で亡くなった. Está *muriéndose*. 彼は今にも死にそうだ. 〈a+人 にとって〉 Se le *murió* su marido. 彼女は夫に死なれた. ❷ 〈de で〉死ぬほどの思いをする: ~*se* de aburrimiento 死ぬほど退屈である. ~*se* de miedo 怖くてたまらない. ❸ 〈por が〉欲しくて(好きで)たまらない

moro, ra² [モロ, ラ] 形 名 〈アフリカ北西部の〉イスラム教徒〔の〕, モーロ人〔の〕, ムーア人〔の〕

moroso, sa [モロソ, サ] 形 ❶ 金払いの悪い, 滞納する. ❷ 〈動作が〉遅い, 悠長な

morro [モロ] 男 ❶ 〈動物の〉鼻面. ❷ 〈機首・船首の〉先端. ❸ 厚かましさ, 恥知らず *de ~s* 機嫌の悪い; 腹を立てた

morsa [モルサ] 女 〈動物〉セイウチ

mortaja [モルタハ] 女 〈遺体を包む〉白布, 屍衣

mortal [モルタル] 形 ❶ 必ず死ぬ. ❷ 命にかかわる, 致命的な: accidente ~ 死亡事故. heridas ~*es* 致命傷

◆ 名 人間

mortalidad [モルタリダ] 女 死亡者数; 死亡率

mortandad [モルタンダ] 女 多数の死亡者

mortero [モルテロ] 男 ❶ 乳鉢; 臼. ❷ 〈建築〉モルタル. ❸ 迫撃砲

mortífero, ra [モルティフェロ, ラ] 形 殺人用の; 命取りの: arma ~*ra* 凶器

mortificar [モルティフィカル] 73 他 苦しめる, さいなむ

mortuorio, ria [モルトゥオリオ, リア] 形 死者の; 葬式の: cámara ~*ria* 遺体安置所

mosaico [モサイコ] 男 モザイク〔模様〕; 寄せ木細工

mosca [モスカ] 女 ハエ(蠅) *por si las ~s* 万が一

moscatel [モスカテル] 男 〈ブドウの〉マスカット

mosquitero [モスキテロ] 男 蚊帳(ﾉ)

mosquito [モスキト] 男 カ(蚊): Me ha picado un ~. 私は蚊に刺された

mostaza [モスタサ] 女 〈植物・料理〉カラシ, マスタード

mosto [モスト] 男 酒造用のブドウ果汁

mostrador [モストラドル] 男 ❶ 〈バル・受付の〉カウンター. ❷ 〈商品の〉陳列台, ショーケース

mostrar [モストラル] 21 他 ❶ 見せる, 示す: ~ su carné al policía 警官に身分証明書を見せる ❷ 〈感情などを〉表わす: ~ una gran alegría 大喜びする

◆ **~se** ❶ 姿を見せる. ❷ 〈態度などを〉見せる: ~*se* amable con... …に親切にする. ~*se* vergonzoso はにかむ

mota [モタ] 女 ❶ 〈丸い〉小さな破片(汚れ)

mote [モテ] 男 あだ名

motín [モティン] 男 〈複 mot*ines*〉暴動, 騒動

motivación [モティバスィオン] 女 動機づけ

motivar [モティバル] 他 ❶ …の動機(理由)になる: Su ignorancia *motivó* la discusión. 彼の無知がもとで口論になった. ❷ やる気を起こさせる

motivo [モティボ] 男 ❶ 動機, 理由, 原因: dimitir por ~s de salud 健康上の理由で辞職する. ~ de disputa 口論の原因 ❷ 〈音楽など〉主題, モチーフ *con ~ de...* 1) …のために. 2) …の機会に, …にちなんで

moto [モト] 女 ❶ オートバイ 《motocicleta の省略語》: montar en ~ バイクに乗る. ir en ~ バイクで行く ❷ ~ de nieve スノーモービル

motocicleta [モトスィクレタ] 女 オートバイ

motociclismo [モトスィクリスモ] 男 オートバイ競技

motociclista [モトスィクリスタ] 名 オートバイ乗り, ライダー

motor [モトル] 男 モーター, エンジン: poner el ~ en marcha エンジンをかける

motora [モトラ] 女 モーターボート

motorista [モトリスタ] 名 ❶ =motociclista. ❷ 白バイ警官

motorización [モトリサスィオン] 女 モータリゼーション; 機械化

motorizar [モトリサル] 13 他 ❶ …にモーター(エンジン)を装備する. ❷ 機械化する

movedizo, za [モベディソ, サ] 形 ❶ よく動く; 可動の. ❷ 不安定な

mover [モベル] 50 他 動かす: ~ el armario たんすを動かす. ~ la cabeza 頭を振る

◆ **~se** 動く: ¡No *te muevas*! 動くな!

móvil [モビル] 形 動く, 動くことができる: biblioteca ~ 移動図書館

◆ 男 ❶ 携帯電話 〔teléfono ~〕: hablar por el ~ 携帯電話で話す. ❷ 動機, 理由.

movilización [モビリサスィオン] 女 動員

movilizar [モビリサル] 13 他 〈軍隊を〉動

員する

movimiento [モビミエント] 男 ❶ 動き,動作: asentir con ～s de cabeza 頭の動きで同意を示す. ～ de los astros 天体の動き ❷ 移動: ～ de la población 人口の移動. ～ del personal 人事異動 ❸ 往来: Hay mucho ～ en las calles. 通りはたいへんな人出だ ❹〈社会的・芸術的な〉運動: ～ político 政治運動

ponerse en ～ 動き始める

mozo, za [モソ, サ] 名 ❶ 青年, 若者, 少女, 若い女の子. ❷〈肉体労働の〉作業員. ❸〈駅の〉ポーター 〖～ de estación〗. ❹〈ラ〉ウエーター, ウエートレス;〈ホテルの〉ボーイ, メード

muchacho, cha [ムチャチョ, チャ] 名 ❶ 少年, 少女
❷ 青年, 若者
◆ 女 お手伝いさん 〖～cha de servicio〗

muchedumbre [ムチェドゥンブレ] 女 群集, 人混み

mucho, cha [ムチョ, チャ] 形 ❶ たくさんの, 多くの: ～s amigos おおぜいの友人. tener ～ dinero お金がたくさんある
❷ たいへんな, ひじょうな: Hace ～ calor. ひじょうに暑い
❸〈否定文で〉あまり…ない, それほど…ない: No tiene ～ trabajo. 彼はあまり仕事がない
◆ 代 ❶ 多くの人(物・事): M～s dicen que... 多くの人が…と言っている. Tengo ～ que hacer. 私はやらなければならないことがたくさんある
❷ 長い間: Hace ～ que no los veo. 私は彼らに長い間会っていない
◆ 副 ❶ 多く; たいへん, とても: trabajar ～ よく働く. Me gusta ～ el tango. 私はタンゴが大好きだ
❷〈+比較級〉はるかに, ずっと: Es ～ más alto que su hermano. 彼は兄よりずっと背が高い. ～ menos ずっと少ない. ～ mejor ずっと良い

como ～ 多くても, せいぜい
con ～ はるかに, ずっと; 余裕をもって, 楽々と
ni ～ *menos* それどころではない, 正反対だ: No es cobarde, ni ～ menos. 彼は臆病ではない, それどころかまったく逆だ
por ～ *que*+接続法 どれほど…しても: Por ～ que estudies, no pasarás el examen. 君はどんなに勉強しても試験に合格しないだろう

mucoso, sa [ムコソ, サ] 形 粘液性の
◆ 女 粘膜 〖membrana ～sa〗

muda¹ [ムダ] 女 ❶ 替えの下着ひとそろい. ❷ 脱皮;〈羽毛の〉抜け替わり

mudanza [ムダンサ] 女 ❶ 引っ越し: hacer la ～ 引っ越しする. camión de ～s 引っ越しトラック. ❷ 変化

mudar [ムダル] 他 変える: ～ la piel〈動物が〉脱皮する
◆ 自〈de が〉変わる: ～ *de* voz 声変わりする
◆ ～*se* 〈de〉❶ 着替える: ～*se de* camisa ワイシャツを着替える. ❷ 移動する: ～*se de* casa 引っ越す

mudo, da² [ムド, ダ] 形 ❶ 口の不自由な: Es ～ de nacimiento. 彼は生まれつき口がきけない. ❷ 無言の: quedarse ～ 黙っている. ～ cine サイレント映画
◆ 名 口の不自由な人

mueble [ムエブレ] 男 家具: con ～s 家具つきの. ～ bar サイドボード

mueca [ムエカ] 女 おどけ顔; しかめつら, 渋面: hacer ～s a... …におどけて見せる; しかめつらをする

muela [ムエラ] 女 歯;〈特に〉臼歯, 奥歯: tener dolor de ～s 歯が痛む. ～ del juicio 親知らず

muelle [ムエジェ] 男 ❶ ばね, スプリング; ぜんまい: colchón de ～ スプリングマットレス. ❷ 桟橋, 埠頭, 波止場

muer- ⇨**morir** 49

muerte [ムエルテ] 女 死: ～ natural 自然死. ～ violenta 変死
a ～ 1) 死ぬまで; 2) 死ぬほど: odiar *a* ～ ひどく憎む
dar ～ *a*+人 …を殺す

muerto, ta [ムエルト, タ] 形〈morir 過分〉❶ 死んだ: Cuando lo encontraron, ya estaba ～. その男は発見された時にはすでに死んでいた
❷〈植物が〉枯れた: árbol ～ 枯れ木
❸ 生気のない, 死んだような: ciudad ～*ta* さびれた町. lengua ～*ta* 死語
◆ 名 死者, 故人: En el accidente hubo tres ～s. 事故で死者が3人出た
estar ～ *de*... …で死にそうである: *estar* ～ *de* cansancio ひどく疲れている. *estar* ～ *de* risa おかしくてたまらない
hacerse el ～ 死んだふりをする

muestr- ⇨**mostrar** 21

muestra [ムエストラ] 女 ❶ 見本, サンプル, 手本: feria de ～s 見本市. piso de ～ モデルルーム. ❷ 証拠, あかし; 表明: como una ～ de cariño 愛情の印として

muestrario [ムエストラリオ] 男〈集合的に〉見本

mugir [ムヒル] 37 自〈牛が〉鳴く

mugre [ムグレ] 女 汚れ, 垢(ᵃᵏ)

mugriento, ta [ムグリエント, タ] 形 ひどく

汚れた, 垢(ぁ)だらけの

mujer [ムヘル] 囡 ❶ 女, 女性: Es una ~ muy orgullosa. 彼女はとても誇り高い女性だ. ~ policía 婦人警官
❷ 妻: Te presento a mi ~, María. 君に僕の妻のマリアを紹介します
◆ 間〈女性の女性に対する親愛の呼びかけなど〉ねえ!

mujeriego [ムヘリエゴ] 形 男 女好きな〔男〕

mulato, ta [ムラト, タ] 形 名 ムラート〔の〕〖黒人と白人の混血の〔人〕〗

muleta [ムレタ] 囡 ❶ 松葉杖: andar con ~s 松葉杖を突いて歩く. ❷〔闘牛〕ムレタ

muletilla [ムレティジャ] 囡 口癖;〈意味のない〉はさみことば

mullido, da [ムジド, ダ] 形 柔らかい, ふかふかの

mulo, la [ムロ, ラ] 名〈動物〉ラバ

multa [ムルタ] 囡 罰金刑: poner (imponer) una ~ a+人 …に罰金を科する

multar [ムルタル] 他 罰金を科す

multi- 〈接頭辞〉「多」の意

multicolor [ムルティコロル] 形 多色の

multimedia [ムルティメディア] 形 男 マルチメディア〔の〕

multimillonario, ria [ムルティミジョナリオ, リア] 形 名 億万長者〔の〕, 大金持ち〔の〕

multinacional [ムルティナスィオナル] 形 多くの国に関係する
◆ 囡 多国籍企業〖empresa ~〗

múltiple [ムルティプレ] 形 ❶〈複数名詞と共に〉多数の, さまざまの. ❷〈単数名詞と共に〉複式の, 多重の

multiplicación [ムルティプリカスィオン] 囡 掛け算

multiplicar [ムルティプリカル] 73 他 ❶〈数〉掛ける: ~ dos por tres 2に3を掛ける. tabla de ~ 九九の表. ❷ 増やす; 増殖させる
◆ **~se** 増加する, 増大する; 繁殖する

multitud [ムルティトゥ] 囡 群衆; 多数〔una〕~ de... たくさんの

mundano, na [ムンダノ, ナ] 形 ❶ この世の, 世俗的の. ❷ 社交界の

mundial [ムンディアル] 形 全世界の, 世界的な: récord ~ 世界記録. fama ~ 世界的名声
◆ 男 世界選手権大会〖campeonato ~〗: M~ de fútbol サッカーワールドカップ

mundo [ムンド] 男 ❶ 世界: Este puente es el más largo del ~. この橋は世界でいちばん長い. Nuevo M~ 新世界. tercer ~ 第三世界

❷ …界: ~ de los negocios 実業界

❸ 世間; 社会: salir al ~ 社会に出る
el otro ~ あの世
en el ~ *entero* 世界中で
este ~ この世
medio ~ 大勢の人
todo el ~ 1) 世界中: viajar por *todo el* ~ 世界中を旅行する. 2) 誰もかれも, みんな: Todo el ~ sabe la noticia. みんなそのニュースを知っている

munición [ムニスィオン] 囡 弾薬

municipal [ムニスィパル] 形 男 市(町・村)の, 地方自治体の: piscina ~ 市(町・村)営プール. elecciones ~es 地方選挙

municipalidad [ムニスィパリダ] 囡 ❶ 市(町・村)当局, 地方自治体. ❷〈ラ〉市役所

municipio [ムニスィピオ] 男 ❶ 市, 町, 村;〈集合的に〉その住民. ❷ 市(町・村)当局, 市役所, 町(村)役場

muñeca¹ [ムニェカ] 囡 手首

muñeco, ca² [ムニェコ, カ] 名 人形: jugar a las ~cas お人形遊びをする

mural [ムラル] 男 壁画〖pintura ~〗

muralla [ムラジャ] 囡 城壁, 防壁

Murcia [ムルスィア] 囡 ムルシア〖スペイン南東部の自治州〗

murciano, na [ムルスィアノ, ナ] 形 名 ムルシアの〔人〕

murciélago [ムルスィエラゴ] 男〈動物〉コウモリ

murmullo [ムルムジョ] 男 ざわめき: ~ del río 川のせせらぎ

murmuración [ムルムラスィオン] 囡 陰口, 中傷

murmurar [ムルムラル] 自 ❶ 陰口を言う, ぶつぶつ不平を言う. ❷ ひそひそと話す. ❸〈風・水などが〉サラサラ音を立てる

muro [ムロ] 男 壁, 塀: caída del ~ de Berlín ベルリンの壁の崩壊

musa [ムサ] 囡 ❶〈神話〉M~s ミューズ. ❷ 詩神, 詩的霊感

muscular [ムスクラル] 形 筋肉の: dolores ~es 筋肉痛

músculo [ムスクロ] 男 筋肉: dolor en los ~s 筋肉痛

musculoso, sa [ムスクロソ, サ] 形 筋骨たくましい, 筋肉質の

museo [ムセオ] 男 博物館, 美術館: visitar un ~ 博物館(美術館)を見学する. M~ del Prado プラド美術館

musgo [ムスゴ] 男 コケ(苔)

música¹ [ムシカ] 囡 ❶ 音楽: escuchar (oír) ~ 音楽を聞く. poner ~ 音楽をかける. ~ instrumental 器楽. ~ vocal 声楽
❷ 曲; 楽譜: saber leer ~ 楽譜が読める

musical [ムシカル] 形 音楽の: programa ~ 音楽番組
◆ 男 ミュージカル〖comedia ~〗

músico, ca² [ムシコ, カ] 名 音楽家

musitar [ムシタル] 他 自 ささやく, つぶやく

muslo [ムスロ] 男 腿(%), 大腿部: ~ de pollo 鶏の腿肉

mustio, tia [ムスティオ, ティア] 形 ❶ 〈草花が〉しおれた. ❷ 意気消沈した

musulmán, na [ムスルマン, ナ] 形 名 イスラム教の; イスラム教徒, ムスリム

mutación [ムタスィオン] 女 ❶ 変化. ❷ 〈生物〉突然変異

mutilado, da [ムティラド, ダ] 名 手足を失った人

mutilar [ムティラル] 他 ❶ 〈手足を〉切断する. ❷ 〈一部を〉削除する

mutuamente [ムトゥアメンテ] 副 お互いに, 相互に

mutuo, tua [ムトゥオ, トゥア] 形 相互の: por ~ consentimiento 双方の合意に基づいて

muy [ムイ] 副 ❶ ひじょうに, とても, たいへん: 1) ~ difícil ひじょうにむずかしい. Canta ~ bien. 彼は歌がとても上手だ. 2) 〈+無冠詞名詞〉Es ~ hombre. 彼はとても男らしい ❷ 〈否定文で〉あまり…ない: No es ~ estudioso. 彼はあまり勉強熱心ではない
~ *de*+名詞 ひじょうに…: ~ *de* mañana 朝早く, 早朝に
Muy señor mío. 〈手紙〉拝啓
por ~+形容詞・副詞 *que*… ⇨**por**
ser ~ *de*… いかにも…らしい: Eso *es* ~ *de* él. それはいかにも彼らしい

N, n [エネ]

N 〈略語〉 ❶ 北 〖←norte〗. ❷ 〈ス〉 国道 〖←carretera nacional〗

nabo [ナボ] 男 〈植物〉カブ

nácar [ナカル] 男 真珠層

nacer [ナセル] 20 自 ❶ **生まれる**: Nació en Barcelona en 1970. 彼は1970年にバルセロナで生まれた
❷ 生じる, 現れる: Nació una sospecha en su mente. 彼の心に疑惑が生じた
❸〈植物が〉芽を出す

nacido, da [ナスィド,ダ] 形 名 過分 生まれた(人): el recién ～ 新生児
bien (mal) ～ 高潔(卑劣)な

naciente [ナスィエンテ] 形 生まれかけの, 現われ始めの: sol ～ 朝日, 日の出; 日の丸

nacimiento [ナスィミエント] 男 ❶ **誕生**, 出生: fecha de ～ 生年月日. lugar de ～ 出生地
❷ 生まれ, 出自: ser de noble (humilde) ～ 高貴な(卑しい)生まれである
❸ 始まり, 出現: ～ de una nación 新国家の誕生
de ～ 生まれつきの: ser ciego de ～ 生まれつき目が不自由である

nación [ナスィオン] 女 ❶ **国家, 国**: [Organización de las] Naciones Unidas 国際連合
❷ 国民

nacional [ナスィオナル] 形 ❶ **国家の, 国の**: universidad ～ 国立大学
❷ **国民の**: carácter ～ 国民性
❸ 国内の, 自国の: línea ～ 国内線. mercado ～ 国内市場

nacionalidad [ナスィオナリダ] 女 国籍: tener ～ mexicana メキシコ国籍を持っている. adquirir la ～ japonesa 日本国籍を取得する

nacionalismo [ナスィオナリスモ] 男 ナショナリズム, 民族主義, 民族意識; 国家主義

nacionalista [ナスィオナリスタ] 形 名 民族主義の(主義者); 国家主義の(主義者)

nacionalización [ナスィオナリサスィオン] 女 ❶ 国営化, 国有化. ❷ 帰化

nacionalizar [ナスィオナリサル] 13 他 ❶ 国営化する, 国有化する. ❷ 帰化させる
◆ ～se 帰化する

nada [ナダ] 代 何も[…ない]: ¿Quieres algo?—No quiero ～./N～ quiero. 何か欲しい?—何も欲しくない. No hay ～ de nuevo. 何も変わったことはない. No tengo ～ que hacer. 私はすることが何もない
◆ 副 まったく[…ない]: 1) No es ～ difícil. それは全然むずかしくない. 2)〈問間詞的〉¿Te has divertido?—¡N～! 楽しかった?—全然!
◆ 女 無: reducir a la ～ 無に帰する
como si ～ 問題にせずに, 何事もなかったように
De ～. 〈感謝・謝罪に対して〉どういたしまして
¡N～ de...! …してはいけない: ¡N～ de excusas! 弁解無用だ!
¡N～ de eso! 全然/とんでもない!
～ más 1) …だけ: ¿Algo más?—No, ～ más. ほかに何か?—いいえ, それだけです. 2) 〈+不定詞〉…するとすぐ: Salí ～ más comer. 私は食べるとすぐ出かけた
～ más que... …のほかに何も…ない: No tengo ～ más que cien yenes. 私は100円しか持っていない
～ más y ～ menos 〈que より〉以上でも以下でもなく, まさに
～ menos que... 1) まさに…. 2) …までも
para ～ 〈否定の強調〉まったく…ない: ¿Hay tiempo?—Para ～. 時間はある?—全然
por ～ 1) まったく…ない. 2) 何でもないことで; ただ同然で
pues ～ 〈間投詞的〉1) よろしい, 構わない. 2) 〈特に意味なく〉Pues ～, adiós. じゃあ, さよ うなら. 3) 別に: ¿Qué haces?—Pues ～. 何やってるの?—別に

nadador, ra [ナダドル,ラ] 名 泳ぎ手, 水泳選手

nadar [ナダル] 自 **泳ぐ**: ～ en la piscina プールで泳ぐ

nadie [ナディエ] 代 **誰も[…ない]**: ¿Hay alguien en la sala?—No, no hay ～. 誰か部屋にいますか?—いいえ, 誰もいません. No lo sabe ～./N～ lo sabe. 誰もそれを知らない
no ser ～ 取るに足りない者である

nado [ナド] 男 *a* ～ 泳いで

nafta [ナフタ] 女 ❶〈化学〉ナフサ. ❷〈ラ〉ガソリン

nailon [ナイロン] 男 ナイロン

naipe [ナイペ] 男 トランプ, カード: juego de ～s トランプ遊び

nalga [ナルガ] 女 〈主に 複〉お尻

nana [ナナ] 女 子守歌

naranja [ナランハ] 女 **オレンジ**: zumo de

naranjada 〜 オレンジジュース
◆ 形 男 オレンジ色〔の〕
◆ 名 *media* 〜 伴侶, 夫, 妻

naranjada [ナランハダ] 女 オレンジエード
naranjo [ナランホ] 男 〈植物〉オレンジの木
narcisismo [ナルスィスィスモ] 男 ナルシシズム, 自己陶酔
narcisista [ナルスィスィスタ] 名 ナルシシスト
narciso [ナルスィソ] 男 ❶〈植物〉スイセン. ❷ ナルシシスト
narcótico [ナルコティコ] 男 麻酔剤, 麻薬
narcotizar [ナルコティサル] 他 …に麻酔をかける, 麻酔剤を打つ
narcotraficante [ナルコトラフィカンテ] 名 麻薬密売人
narcotráfico [ナルコトラフィコ] 男 麻薬取引
nardo [ナルド] 男 〈植物〉カンショウ(甘松)
nariz [ナリス] 女 〈複〉 narices 〈時に 複〉鼻: Tiene la 〜 corta. 彼の鼻は低い. echar humo por las *narices* 鼻から煙を出す
delante de las narices de+人 …の鼻先に, すぐ目の前に
estar hasta las narices de... …に飽き飽き(うんざり)している
meter las narices en... …に首を突っこむ, 口を出す
narración [ナラスィオン] 女 ❶ 物語. ❷ ナレーション
narrador, ra [ナラドル, ラ] 名 語り手, ナレーター
narrar [ナラル] 他 物語る, 話す
narrativa [ナラティバ] 女 〈集合的に〉物語, 小説
nasal [ナサル] 形 ❶ 鼻の. ❷〈言語〉鼻音の
nata[1] [ナタ] 女〈料理〉生クリーム: 〜 batida ホイップクリーム
natación [ナタスィオン] 女 水泳, 競泳
natal [ナタル] 形 生まれた: ciudad 〜〔生まれ〕故郷
natalidad [ナタリダ] 女 出生者数; 出生率: control de 〜 産児制限. sociedad de baja 〜 少子化社会
natillas [ナティジャス] 女 複〈料理〉カスタードクリーム
Natividad [ナティビダ] 女 =**Navidad**
nativo, va [ナティボ, バ] 形 ❶ 生まれた場所の: lengua 〜*va* 母国語. ❷ その土地生まれの: profesor 〜 ネイティブの先生
◆ 名 現地の人
nato, ta[2] [ナト, タ] 形 生まれつきの, 生来の: músico 〜 天性の音楽家
natural [ナトゥラル] 形 ❶ 自然の: fenómeno 〜 自然現象
❷ 天然の: perla 〜 天然真珠
❸ 当然の: Es 〜 que+接続法 …は当然である
❹ …生まれの: Es 〜 de Córdoba. 彼はコルドバ生まれだ
❺ ありのままの, 気取らない: hablar de forma 〜 自然な話し方をする
❻ 生まれつきの, 本来の
◆ 名 現地の人
¡Es 〜! 当然だ/もちろん!

naturaleza [ナトゥラレサ] 女 ❶ 自然: La 〜 está llena de enigmas. 自然は謎だらけである. 〜 / gran 〜 大自然
❷ 本性, 性質; 気質: 〜 del agua 水の性質
❸〈美術〉〜 muerta 静物画
por 〜 生まれつき; 本来
naturalidad [ナトゥラリダ] 女 自然さ; 率直さ: hablar con 〜 自然(率直)に話す
naturalización [ナトゥラリサスィオン] 女 帰化
naturalizar [ナトゥラリサル] 他 〜*se* 帰化する: *Se ha naturalizado* española. 彼女はスペインに帰化した
naturalmente [ナトゥラルメンテ] 副 ❶ 当然: ¡*N*〜! もちろん! ❷ 自然に, ひとりでに
naturismo [ナトゥリスモ] 男 自然療法
naturista [ナトゥリスタ] 形 名 自然療法の〔実行者〕
naufragar [ナウフラガル] 自 難破する
naufragio [ナウフラヒオ] 男 難船, 難破
náufrago, ga [ナウフラゴ, ガ] 形 名 難破した, 難船した〔人〕
náusea [ナウセア] 女〈主に 複〉❶ 吐き気, むかつき: tener (sentir) 〜*s* 吐き気がする. dar a+人 〜*s* …に吐き気(嫌悪感)を催させる. ❷ 嫌悪感, 不快感
nauseabundo, da [ナウセアブンド, ダ] 形 吐き気(嫌悪感)を催させる
náutico, ca [ナウティコ, カ] 形 航海の; 水上の: club 〜 ヨットクラブ. deporte 〜 水上スポーツ
navaja [ナバハ] 女〈折りたたみ式の〉ナイフ; かみそり
naval [ナバル] 形 ❶ 船の, 航海の: construcción 〜 造船. ❷ 海軍の: base 〜 海軍基地
navarro, rra [ナバろ, ら] 形 名 ナバラ Navarra の〔人〕《スペイン北部の自治州》
nave [ナベ] 女 ❶〈昔の〉大型帆船. ❷〈宇宙船 [〜 espacial]. ❸〈教会の〉外陣廊 [〜 principal]: 〜 lateral 側廊. ❹〈工場・倉庫の〉建物
navegable [ナベガブレ] 形〈川などが〉航

行可能な

navegación [ナベガスィオン] 女 ❶ 航行, 航海; 航空 〖～ aérea〗. ❷〈情報〉ネットサーフィン

navegante [ナベガンテ] 名 ❶〈古語的〉航海者, 船乗り. ❷ ナビゲーター

navegar [ナベガル] 55 自 ❶ 航行する, 航海する; 飛行する. ❷〈情報〉ネットサーフィンをする〖～ por Internet〗

Navidad [ナビダ] 女 ❶ **クリスマス**: ¡Feliz ～!/¡Felices ～es! メリークリスマス. felicitar las ～es クリスマスを祝う. en ～ クリスマスに
❷ 複 クリスマス休暇

navideño, ña [ナビデニョ, ニャ] 形 クリスマスの: árbol ～ クリスマスツリー

navío [ナビオ] 男〈大型の〉船

nazi [ナスィ] 形 名〈歴史〉ナチス(の)

neblina [ネブリナ] 女 かすみ, もや

nebuloso, sa [ネブロソ, サ] 形 霧のかかった
◆ 女〈天文〉星雲

necedad [ネセダ] 女 愚かさ; 愚行, 愚かなことば

necesariamente [ネセサリアメンテ] 副 ❶ どうしても; 必然的に, かならず. ❷〈否定文で〉かならずしも…でない

necesario, ria [ネセサリオ, リア] 形 ❶〈para・a に〉**必要な**: La oposición es ～ria para la democracia. 野党は民主主義になくてはならない. gastos ～s 必要経費
❷ 必然的な, 避けがたい: consecuencia ～ria 必然的帰結. mal ～ 必要悪
hacer... ～ …を必要とする
ser ～+不定詞・*que*+接続法 …することが必要である, …しなければならない: No es ～ que vengas. 君は来なくてもいいよ

neceser [ネセセル] 男 化粧ポーチ, 化粧道具入れ

necesidad [ネセシダ] 女 ❶ **必要性**: Siento ～ de hacer deporte. 私はスポーツをする必要性を感じている
❷ 必需品: artículos de primera ～ 生活必需品
❸ 欲求
❹ 苦境; 貧窮
en caso de ～ やむを得ない場合は
hacer sus ～*es*〈大小便の〉用を足す
por ～ 必要にせまられて

necesitado, da [ネセシタド, ダ] 形 過分
❶ 貧窮している. ❷〈de を〉必要とする

necesitar [ネセシタル] 他 **必要とする**: 1) *Necesito* tu ayuda. 私は君の助けが必要だ. Se *necesita* cocinero. コック募集中. 2)〈+不定詞・*que*+接続法〉*Necesitas* adelgazar. 君はやせないといけない
◆ 自〈de を〉必要とする: *Necesitas de* mí. 君には私が必要だ

necio, cia [ネスィオ, スィア] 形 名 愚かな〔人〕, ばかな〔人〕

necrológico, ca [ネクロロヒコ, カ] 形 死亡広告〔の〕, 死亡記事〔の〕

néctar [ネクタル] 男〈神々の〉飲み物; 〈花の〉蜜

nectarina [ネクタリナ] 女〈果実〉ネクタリン

nefasto, ta [ネファスト, タ] 形 災いをもたらす, 不吉な

negación [ネガスィオン] 女 否定, 否認; 拒否

negar [ネガル] 51 他 ❶ **否定する, 否認する**: 1) ～ el hecho 事実を否定する. 2)〈+不定詞・*que*+接続法〉No *niego* que haya dificultades. 困難があることは否定しません
❷ **拒否する**, 拒絶する: ～ el aumento de sueldo 賃上げを拒否する
◆ ～*se*〈a を〉拒否する: ～*se a* pagar 支払いをこばむ

negativa[1] [ネガティバ] 女 否定の返事, 拒否

negativo, va[2] [ネガティボ, バ] 形 ❶ 否定の, 拒否の: respuesta ～*va* 否定の返事. ❷ 否定的な, 消極的な: pensamiento ～ マイナス思考. ❸〈数学〉signo ～ マイナス記号. ❹〈医学〉reacción ～*va* 陰性反応
◆ 男〈写真〉陰画, ネガ

negligencia [ネグリヘンスィア] 女 怠慢, 不注意; だらしなさ: ～ médica 医療ミス

negligente [ネグリヘンテ] 形 怠慢な, 不注意な; だらしない

negociación [ネゴスィアスィオン] 女 交渉, 折衝; 商談: ～ diplomática 外交交渉. en ～ 交渉中の(に)

negociante [ネゴスィアンテ] 名 商人, ビジネスマン: ～ en coches 自動車のディーラー

negociar [ネゴスィアル] 自〈en の, con と〉商売(取引)をする: ～ *en* trigo 小麦を商う
❷〈と〉交渉をする: solución *negociada* 話し合いによる解決

negocio [ネゴスィオ] 男 **商売, 取引**: Nuestro ～ va muy bien. 我々の商売はたいへん順調だ. hombre (mujer) de ～*s* ビジネスマン(ウーマン); 実業家. viaje de ～*s* 出張, 商用の旅行
hacer ～ 大もうけする

negro, gra [ネグロ, グラ] 形 ❶ 黒い: cabello ～ 黒い髪
❷ 黒人の: música *negra* 黒人音楽
❸ 不正な, 邪悪な: mercado ～ 闇市, ブラッ

クマーケット
❹ 不吉な; 不幸な: futuro ～ 暗い将来
◆ 男 ❶ 黒, 黒色
❷ においのきついタバコ〔tabaco ～〕
◆ 名 黒人
poner a+人 ～ ……を怒らせる
trabajar como un ～ あくせく働く
negrura [ネグルラ] 女 黒さ
nene, na [ネネ, ナ] 名 赤ん坊
neologismo [ネオロヒスモ] 男 新語
neón [ネオン] 男 ❶〈化学〉ネオン. ❷ ネオンサイン
neoyorquino, na [ネオジョルキノ, ナ] 形 名 ニューヨーク Nueva York の〔人〕
neozelandés, sa [ネオセランデス, サ] 名 ニュージーランド Nueva Zelanda〔人〕の; ニュージーランド人
nepotismo [ネポティスモ] 男 身内びいき, 縁者の優遇
nervio [ネルビオ] 男 ❶ 神経: ～ vago 迷走神経
❷ 複 神経の興奮: tener muchos ～s 神経がひじょうに高ぶっている
nerviosismo [ネルビオシスモ] 男 神経質, いらだち
nervioso, sa [ネルビオソ, サ] 形 ❶ 神経の; 神経性の. ❷ 神経質な, いらいらした; あがった: ponerse ～ いらいらする; あがる
nervudo, da [ネルブド, ダ] 形 すじばった, 血管が浮き出た
neto, ta [ネト, タ] 形 ❶ 正味の: peso ～ 正味重量. sueldo ～〈給料が〉手取り額. beneficio ～ 純益. ❷ はっきりした, 明瞭な
neumático, ca [ネウマティコ, カ] 形 空気の: balsa ～*ca* ゴムボート
◆ 男 タイヤ
neumonía [ネウモニア] 女〈医学〉肺炎
neurólogo, ga [ネウロロゴ, ガ] 名 神経科医
neurosis [ネウロシス] 女〈医学〉神経症, ノイローゼ
neutral [ネウトラル] 形 中立の, 中立的な: país ～ 中立国
neutralidad [ネウトラリダ] 女 中立
neutralizar [ネウトラリサル] 13 他 中立化する; 無力化する
neutro, tra [ネウトロ, トラ] 形 ❶ 中間的な: color ～ 中間色. ❷〈政治的に〉中立の. ❸〈化学〉中性の
nevada [ネバダ] 女 降雪, 積雪: fuerte ～ 大雪
nevar [ネバル] 57 自〈単人称〉雪が降る: *Nieva* mucho en enero. 1月は雪が多い
nevera [ネベラ] 女 冷蔵庫; アイスボックス

nexo [ネ(ク)ソ] 男 つながり, 関係, 関連
ni [ニ] 接 …も…もない: Su padre *ni* (no) fuma *ni* bebe. 彼の父はたばこも吸わないし, 酒も飲まない. No tengo〔*ni*〕tiempo ～ dinero./*Ni* tiempo *ni* dinero tengo. 私には時間もお金もない
◆ 副 …さえ〔…ない〕: Se marcharon sin decir *ni* una palabra. 彼らはひとことも言わずに立ち去った
¡Ni que＋接続法過去！ …ではあるまいし!
Nicaragua [ニカラグア] 男 ニカラグア
nicaragüense [ニカラグエンセ] 形 名 ニカラグア〔人〕の; ニカラグア人
nicho [ニチョ] 男〈建築〉壁龕(へきがん), ニッチ
nicotina [ニコティナ] 女〈化学〉ニコチン
nido [ニド] 男 ❶ 巣. ❷ 巣窟
niebla [ニエブラ] 女 霧: Hay ～. 霧がかかっている
nieg- ⇨*negar* 51
nieto, ta [ニエト, タ] 名 孫: tener cinco ～s 5人の孫がいる
niev- ⇨*nevar* 57
nieve [ニエベ] 女 雪: Cae la ～. 雪が降る. Hay mucha ～. 雪がたくさん積もっている. ～*s* eternas (perpetuas) 万年雪
◆ 動詞活用形 ⇨*nevar* 57
nihilismo [ニイリスモ] 男 ニヒリズム, 虚無主義
nimio, mia [ニミオ, ミア] 形 ❶ 重要でない, 取るに足りない. ❷ 細かいことを気にする
ninfa [ニンファ] 女 ❶〈神話〉ニンフ. ❷ 少女
ningún [ニングン] 形 ⇨*ninguno*
ninguno, na [ニングノ, ナ] 形〈男性単数名詞の前で *ningún*〉一つ〔一人〕の…も〔…ない〕, どんな…も〔…ない〕: No tengo ～*na* pluma. 私は万年筆を一本も持っていない
◆ 代 誰(何)も〔…ない〕: Esperé a mis amigos, pero no vino ～/pero ～ vino. 私は友達を待ったが, 誰も来なかった. No he tocado ～*na* de las cartas. 私はどのカードにも触っていない
niña¹ [ニニャ] 女 瞳(ひとみ)
niñería [ニニェリア] 女 子供っぽい言動
niñero, ra [ニニェロ, ラ] 名 ベビーシッター
niñez [ニニェス] 女 幼年時代, 幼年期: en su ～ 子供のころに
niño, ña² [ニニョ, ニャ] 名 ❶ 子供, 児童: Parece un ～. 彼はまるで子供みたいだ. ropa de ～ 子供服
❷ 赤ん坊
❸〈親に対して〉子: Van a tener un ～. 彼らにはもうすぐ子供ができる

◆ 形 幼少の, おさない: N～ Jesús おさなごイエス
de ～ 子供のころに(の)
desde ～ 子供の時から
el N～ 〈気象〉エルニーニョ現象
¡*No seas* ～! ばかなまねはよしなさい/おばかさんだね!

nipón, na [ニポン, ナ] 形 名 日本の, 日本人の; 日本人
níquel [ニケル] 男 〈金属〉ニッケル
níspero [ニスペロ] 男 〈植物〉ビワ『～ del Japón』; セイヨウカリン
nitidez [ニティデス] 女 明確さ; 明らかさ
nítido, da [ニティド, ダ] 形 ❶ 明確な; 鮮明な. ❷ 清らかな, 清潔な; 透明な
nitrato [ニトラト] 男 硝酸塩: ～ de Chile チリ硝石
nitrógeno [ニトロヘノ] 男 窒素
nitroglicerina [ニトログリセリナ] 女 ニトログリセリン
nivel [ニベル] 男 ❶ 高さ: Madrid está a 655 metros sobre el ～ del mar. マドリードは海抜655メートルの高さにある ❷ 水準, 程度: ～ de vida 生活水準
nivelar [ニベラル] 他 平らにする; 均等にする
no [ノ] 副 ❶〈応答〉1)いいえ: ¿Estás libre?—*No*. 暇かい?―いいや. 2)〈否定疑問・否定命令に対して〉はい: ¿No quieres comer más?—*No*, ya no quiero. もう食べたくないの?―うん, もういらない. 3)〈付加疑問〉そうでしょう?: Hay algo nuevo, ¿*no*? 何か変わったことがあるのだろう?
❷〈否定〉…ない: 1)〈動詞の否定〉*No* es mío. それは私のではない. ¿*No* lo sabes? それを知らないの? 2)〈語句の否定〉los países *no* alineados 非同盟諸国. 3)〈部分否定〉 *No* todos van. 全員が行くわけではない
¡*A que no*...! 断じて…ない!
¡*Cómo no*! もちろん
n°/N° (略語) 番号『←número』
Nobel [ノベル] 男 ノーベル賞『Premio ～』
nobiliario, ria [ノビリアリオ, リア] 形 貴族の
noble [ノブレ] 形 ❶ 高貴な, 気高い: profesión ～ 崇高な職業. ❷ 貴族の
◆ 名 貴族
nobleza [ノブレサ] 女 貴族の身分; 貴族階級
noche [ノチェ] 女 夜: a las once de la ～ 夜の11時に
a media ～ 真夜中に, 夜の12時〔ごろ〕に
de la ～ *a la mañana* 一夜にして, 突然
de ～ 夜間に; 夜の: Ya es *de* ～. もう夜だ.

salir de ～ 夜間外出する. *servicio de* ～ 夜勤
en la ～〈主にラ〉=*por la*
esta ～ 今晩; 昨晩: Vamos al cine *esta* ～. 今晩映画を見に行こう. ¿Has dormido bien *esta* ～? ゆうべはよく眠れたかい?
hacer ～ *en*... …で夜を過ごす
hacerse de ～ 夜になる, 日が暮れる
por la ～ 夜に: mañana *por la* ～ 明晩
toda la ～ 一晩中
Nochebuena [ノチェブエナ] 女 クリスマスイブ
Nochevieja [ノチェビエハ] 女 おおみそかの夜
noción [ノスィオン] 女 ❶ 観念, 概念. ❷ 複 基礎知識: tener *nociones* de árabe アラビア語が少しわかる
nocivo, va [ノスィボ, バ] 形 有毒な, 有害な
noctámbulo, la [ノクタンブロ, ラ] 名 夜遊びをする人
nocturno, na [ノクトゥルノ, ナ] 形 夜の, 夜間の: curso ～ 夜学, 夜間講座. tren ～ 夜行列車
◆ 男〈音楽〉ノクターン
nodriza [ノドリサ] 女 ❶ 乳母. ❷ buque ～ 母船, 補給船
nogal [ノガル] 男 〈植物〉クルミ〔の木〕
nómada [ノマダ] 形 遊牧の: tribu ～ 遊牧民族
◆ 名 遊牧民
nombramiento [ノンブラミエント] 男 ❶ 任命, 指名. ❷ 辞令
nombrar [ノンブラル] 他 ❶ …の名を言う. ❷ 任命する, 指名する: Le *han nombrado* presidente de la junta. 彼は委員会の議長に任命された
nombre [ノンブレ] 男 ❶ 名, 名前: ¿Cuál es el ～ de esta flor? この花の名前は何と言いますか? poner ～ a un gato 猫に名前をつける. ～ de pila 洗礼名. ～(s) y apellidos 姓名, 氏名
❷ 名声『buen ～』: tener cierto ～ como poeta 詩人としてある程度有名である
❸ 名詞: ～ común 普通名詞. ～ propio 固有名詞
a ～ *de*... …の名前(名義)で: reservar una mesa *a* ～ *de* Tanaka 田中の名前でテーブルを予約する
en ～ *de*... …の名において, …を代表して
hacerse un ～ 名をなす, 名を上げる
poner de (*por*) ～ 名づける: Mis padres me *pusieron de* ～ Cristina. 両親は私をクリスティーナと名づけた

nomeolvides [ノメオルビデス] 囡〈植物〉ワスレナグサ

nómina [ノミナ] 囡 ❶ 名簿, 一覧表. ❷ 従業員名簿. ❸ 給料

nominación [ノミナスィオン] 囡 ❶ 命名. ❷ ノミネート

nominal [ノミナル] 形 ❶ 名前の. ❷ 名目上の, 名だけの: sueldo ～ 名目賃金

nominar [ノミナル] 他 ❶ 名づける. ❷ ノミネートする

non [ノン] 形 男 奇数〔の〕

nono, na [ノノ, ナ] =noveno

nopal [ノパル] 男〈植物〉ノパルサボテン

nordeste [ノルデステ] 男 北東

nórdico, ca [ノルディコ, カ] 形 ❶ 北の, 北部の. ❷ 北欧の

noreste [ノレステ] 男 =nordeste

noria [ノリア] 囡 ❶ 観覧車: subir en la ～ 観覧車に乗る. ❷ 水くみ水車

norma [ノルマ] 囡 規範, 規準; 規格, 標準; ～ de seguridad 安全基準, 安全規則

normal [ノルマル] 形 正常な, 普通の: horario ～ 正常ダイヤ. Es ～ que+接続法 …は普通(当然)である

normalidad [ノルマリダ] 囡 正常, 常態: volver a la ～ 正常に戻る

normalizar [ノルマリサル] 13 他 ❶ 正常化する. ❷ 規格化する. 標準化する
◆ ～se 正常になる(戻る)

normalmente [ノルマルメンテ] 副 普通は; いつもは

normativa [ノルマティバ] 囡〈集合的に〉規範, 基準

noroeste [ノロエステ] 男 北西

norte [ノルテ] 男 ❶ 北; 北部: Europa del ～ 北ヨーロッパ. Aomori está al ～ de Tokio. 青森は東京の北にある
❷ 北風
❸ 指針

norteamericano, na [ノルテアメリカノ, ナ] 形 名 ❶ 北アメリカ Norteamérica の. ❷ 米国の; 米国人

noruego, ga [ノルエゴ, ガ] 形 名 ノルウェー Noruega〔人・語〕の; ノルウェー人
◆ 男 ノルウェー語

nos [ノス] 代〈人称代名詞 1 人称複数〉❶〈直接目的〉私たちを: Nos invitaron a su casa. 彼らは私たちを家に招いた
❷〈間接目的〉私たちに: Nos envió una carta. 彼は私たちに手紙をよこした
❸〈再帰代名詞〉Nos levantamos a las seis. 私たちは6時に起きる

nosotros, tras [ノソトロス, トラス] 代〈人称代名詞 1 人称複数. 主語, 前置詞の後〉私たち, 我々: N～ somos argentinos. 私たちはアルゼンチン人だ. Va con ～. 彼は私たちと一緒に行く

nostalgia [ノスタルヒア] 囡 郷愁, ホームシック; 懐旧の情: sentir ～ por la juventud 青春時代を懐かしむ

nostálgico, ca [ノスタルヒコ, カ] 形 郷愁に満ちた; 懐旧の

nota [ノタ] 囡 ❶ メモ, ノート; 覚え書き: tomar ～s メモする, ノートを取る
❷ 注, 注解: ～ a pie de la página 脚注
❸ 成績, 評点: sacar buenas (malas) ～s en el examen 試験でよい(悪い)点を取る
❹ 音符

notable [ノタブレ] 形 ❶ 注目に値する; 顕著な: ～ progreso めざましい進歩. ❷ 有名な
◆ 男〈評点〉良

notar [ノタル] 他 …に気づく
hacerse ～ 目立つ
◆ ～se 感じとれる, 見てとれる: Se nota que … ということがわかる

notarial [ノタリアル] 形 公証人の: acta ～ 公正証書

notario, ria [ノタリオ, リア] 名 公証人

noticia [ノティスィア] 囡 ❶ ニュース; 知らせ, 通知: dar la ～ de... …について知らせる. agencia de ～s 通信社. buena ～ 朗報
❷ 複 消息: Hace dos años que no tengo ～s de mi hijo. 2年前から息子の消息がわからない
❸ 複 ニュース番組

noticiario [ノティスィアリオ] 男 ニュース番組

notificación [ノティフィカスィオン] 囡 通告, 通達

notificar [ノティフィカル] 73 他 通知する, 通告する

notorio, ria [ノトリオ, リア] 形 周知の, 有名な; 明白な

novatada [ノバタダ] 囡 新入生(新人)いびり

novato, ta [ノバト, タ] 形 名 新入り〔の〕, 新人〔の〕; 初心者

novecientos, tas [ノベスィエントス, タス] 形 名 900〔の〕

novedad [ノベダ] 囡 ❶ 新しさ, 新しいこと: No hay ～ en mi familia. 私の家族に変わりはありません
❷ 最近の出来事; ニュース
❸ 複 新製品
sin ～ 新しい(変わった)ことのない, 異状なし

novedoso, sa [ノベドソ, サ] 形 新しい,

斬新な
novel [ノベル] 形 初心者の, 未熟な
novela [ノベラ] 女 小説 : leer una ~ 小説を読む. ~ por entregas 連載小説
novelesco, ca [ノベレスコ, カ] 形 小説の; 小説のような
novelista [ノベリスタ] 名 小説家
noveno, na [ノベノ, ナ] 形 9番目の
noventa [ノベンタ] 形 男 90〔の〕: en los años ~ 1990年代に
novia ⇨ novio
noviazgo [ノビアスゴ] 男 ❶ 恋人(婚約者)の関係. ❷ 婚約期間
novicio, cia [ノビスィオ, スィア] 名 ❶ 見習い修道士(修道女). ❷ 初心者
noviembre [ノビエンブレ] 男 11月
novillero, ra [ノビジェロ, ラ] 名 見習い闘牛士
novillo, lla [ノビジョ, ジャ] 名 若牛
hacer ~s 〈口語〉学校をずる休みする, 授業をサボる
novio, via [ノビオ, ビア] 名 ❶ 恋人 ; 婚約者 : Tiene ~. 彼女には恋人がいる
❷ 新郎, 新婦 : traje de *novia* ウエディングドレス. viaje de ~s 新婚旅行
¿Qué hay de ~? 何か変わったことはありませんか/近ごろどうですか?
nubarrón [ヌバロン] 男 黒雲, 暗雲
nube [ヌベ] 女 雲 : El cielo está cubierto de ~s. 空は雲に覆われている
estar (andar) en las ~s うわのそらである, 夢想にふけっている
estar por las ~s ひじょうに高価である
nublado, da [ヌブラド, ダ] 形 過分 曇っての
◆ 男 嵐になりそうな雲行き
nublar [ヌブラル] 他 曇らせる
◆ ~se 曇る
nuboso, sa [ヌボソ, サ] 形 雲のある, 曇りの
nuca [ヌカ] 女 後頭部, えりあし
nuclear [ヌクレアル] 形 核の; 原子力の : energía ~ 核エネルギー, 原子力
núcleo [ヌクレオ] 男 ❶〈果実の〉核, 種. ❷〈物理・生物〉核 : ~ atómico 原子核. ~ de la célula 細胞核. ❸ 中核, 中心 ; 核心
nudillo [ヌディジョ] 男 指の付け根の関節 ; 複 げんこつ
nudo [ヌド] 男 ❶ 結び目 : hacer un ~ 結び目を作る. aflojar el ~ de la corbata ネクタイを緩める. ❷ 絆(きずな), 縁. ❸〈木の〉節(ふ). ❹〈交通〉合流点 ; 要所. ❺〈速度の単位〉ノット
~ gordiano 難問, 難題
hacerse un ~ en la garganta a+人〈感動などで〉…の喉が詰まる, 胸がいっぱいにな

る
nudoso, sa [ヌドソ, サ] 形 節(ふ)の多い, 節くれだった
nuera [ヌエラ] 女 息子の妻, 嫁
nuestro, tra [ヌエストロ, トラ] 形〈所有形容詞〉私たちの, 我々の : Éste es ~ padre. これが私たちの父です. Esta casa es ~*tra*. この家は私たちのだ
◆ 代〈定冠詞+〉私たちのそれ : Su coche es más grande que el ~. 彼の車は私たちの〔車〕より大きい
nueva¹ [ヌエバ] 女 知らせ, ニュース
nuevamente [ヌエバメンテ] 副 もう一度, ふたたび
nueve [ヌエベ] 形 男 9〔の〕
nuevo, va² [ヌエボ, バ] 形 新しい ❶〈名詞+〉最新の; 初めての : traje ~ 新しい服 ❷〈+名詞〉新たな, 今度の : ~ aeropuerto 新空港
❸〈人が〉なりたての, 新前の, 今度来た : ~ profesor 新任の先生. Soy ~ en este oficio. 私はこの仕事にまだ慣れていない
de ~ ふたたび, もう一度
nuez [ヌエス] 女 複 *nueces* ❶ クルミ〔の実〕: cascar *nueces* クルミを割る. ~ moscada ナツメグ. ❷ のどぼとけ〔~ de Adán〕
nulidad [ヌリダ] 女 ❶ 無効. ❷ 無能な人, 役立たず
nulo, la [ヌロ, ラ] 形 ❶ 無効の : voto ~ 無効票. ❷ 無能な : ser ~ para la música 音楽がにが手である
numerar [ヌメラル] 他 …に番号をつける
numerario, ria [ヌメラリオ, リア] 形 正規雇用の, 専任の : profesor no ~ 非常勤講師
numérico, ca [ヌメリコ, カ] 形 数の, 数値の
número [ヌメロ] 男 ❶ 数, 数量 : ~ de votos 投票数
❷ 番号 : ¿Cuál es el ~ de tu móvil? 君の携帯電話の番号は? ~ de cuenta 口座番号. ~ de teléfono 電話番号. habitación ~ nueve 9号室
❸ 番地〔建物の番号〕
❹〈雑誌などの〉号 : último ~ 最新号. atrasado バックナンバー
❺〈靴・手袋などの〉サイズ : ¿Qué ~ calza usted? あなたの靴のサイズはいくつですか?
gran ~ de… 多数の
~s rojos 赤字 : La cuenta está en ~s *rojos*. 会計は赤字だ
ser el ~ uno ナンバーワンである

sin ~ 無数の, 数限りない
numeroso, sa [ヌメロソ, サ] 形 ❶ 多数からなる: familia ~*sa* 大家族. ❷ 〈+名詞〉多くの, たくさんの: ~*sas* personas 大勢の人
nunca [ヌンカ] 副 決して[…ない], 一度も(二度と)…ない: No he estado ~ en México. 私は一度もメキシコへ行ったことがない. *N*~ volveré aquí. 二度とここへは来るものか
como ~ 今までになく
más... que ~ かつてないほど…
~ *jamás* 絶対に…ない
~ *más* 決して(二度と)…ない
nupcial [ヌプスィアル] 形 婚礼の, 結婚の

nupcias [ヌプスィアス] 女 複 結婚: segundas ~ 再婚
nutria [ヌトリア] 女 〈動物〉カワウソ
nutrición [ヌトリスィオン] 女 栄養[の摂取]
nutrido, da [ヌトリド, ダ] 形 過分 ❶ 栄養を与えられた: niño bien (mal) ~ 栄養状態のよい(悪い)子. ❷ 豊富な, 多い
nutrir [ヌトリル] 他 ❶ …に食物(栄養)を与える. ❷ 助長する
◆ ~**se** 〈con・de を〉摂取する
nutritivo, va [ヌトリティボ, バ] 形 栄養になる
nylon [ナイロン] 男 〈繊維〉ナイロン

Ñ, ñ [エニェ]

ñato, ta [ニャト, タ] 形 〈ラ〉鼻べちゃの
ñoño, ña [ニョニョ, ニャ] 形 かたくるしい, おもしろみのない, 野暮ったい

O, o [オ]

o [オ] 接 〈o-・ho-で始まる語の前では **u**〉 ❶ または：¿Cuál es más listo, el perro *o* el gato? 犬と猫とどちらが利口ですか？ Tú *o* yo tendremos que volver. 君か私が戻らなければならないだろう. siete *u* ocho años 7年ないし8年
❷〈命令文+〉さもないと：Date prisa, *o* no llegarás a tiempo. 急げ. さもないと間に合わないよ
❸ 言いかえれば, つまり
o... o... あるいは…またあるいは…
o sea 言いかえれば；だから
o, si no そうでなければ, さもないと
接続法+o no [+接続法] …すると…しないとにかかわらず

O 〈略語〉西 〖←oeste〗

oasis [オアシス] 男〈単複同形〉オアシス

obcecar [オブセカル] 73 他 …の理性を失わせる
◆ **~se** 理性を失う；夢中になる

obedecer [オベデセル] 20 他 …に従う, 服従する：~ las órdenes 命令に従う

obediencia [オベディエンスィア] 女 服従；従順

obediente [オベディエンテ] 形 従順な, 素直な

obelisco [オベリスコ] 男 オベリスク, 方尖柱

obertura [オベルトゥラ] 女〈音楽〉序曲

obesidad [オベスィダ] 女 太りすぎ, 肥満

obeso, sa [オベソ, サ] 形 太りすぎの, 肥満症の

obispo [オビスポ] 男〈カトリック〉司教

objeción [オブヘスィオン] 女 反対, 異論：poner (hacer) *objeciones* a... …に反対する

objetar [オブヘタル] 他 自 反対する, 異議を唱える

objetividad [オブヘティビダ] 女 客観性

objetivo, va [オブヘティボ, バ] 形 客観的な；公平な, 偏見のない
◆ 男 ❶ 目的, 目標；的(ま)：conseguir su ~ 目的を達成する. ❷〈カメラ〉のレンズ

objeto [オブヘト] 男 ❶ もの；〈複〉品物, 道具：arrojar ~s por su habitación 部屋を散らかす. ~ perdido 紛失物. ~s personales 私物, 身の回り品. ~ de valor 貴重品
❷ 対象：~ del estudio 研究対象
❸ 目的, 目標：~ del viaje 旅の目的
❹〈文法〉目的語：~ directo 直接目的語. ~ indirecto 間接目的語
❺〈美術〉オブジェ
con el ~ de... 〈+不定詞・que+接続法〉…する目的で
tener... por ~ …を目的としている

objetor, ra [オブヘトル, ラ] 名 良心的兵役忌避者〖~ de conciencia〗

oblicuo, cua [オブリクオ, クア] 形 斜めの, 傾いた：línea ~*cua* 斜線

obligación [オブリガスィオン] 女 ❶ 義務, 責務：cumplir con sus *obligaciones* 義務を果たす. tener la ~ de+不定詞 …する義務がある
❷〈商業〉債券, 社債
por ~ 義務として, 義務的に

obligar [オブリガル] 55 他〈a+不定詞 することを〉…に強いる, 強制する：La policía le *obligó a* confesar. 警察は彼に自白を強要した
◆ **~se** 義務を負う
estar (verse) obligado a+不定詞 …せざるを得ない

obligatorio, ria [オブリガトリオ, リア] 形 義務の, 強制の：enseñanza ~*ria* 義務教育. asignatura ~*ria* 必修科目

oboe [オボエ] 男〈音楽〉オーボエ

obra [オブラ] 女 ❶ 作品；著書：~ maestra 傑作, 名作. ~ teatral 戯曲, 演劇〔作品〕
❷〈複〉工事：La calle está en ~s. その通りは工事中だ. ~s públicas 公共土木工事, 公共事業
❸ 仕事, 活動：¡Manos a la ~! 仕事にかかろう！
❹ 成果, 業績
por ~ 〔y gracia〕de... …のせいで, …のおかげで

obrar [オブラル] 自 ❶ 行動する, ふるまう. ❷ 作用する, 効く
◆ 他 行なう

obrero, ra [オブレロ, ラ] 名 労働者：~s y campesinos 労働者と農民
◆ 形 労働者の：clase ~*ra* 労働者階級

obscenidad [オブスセニダ] 女 わいせつ〔な言動〕

obsceno, na [オブスセノ, ナ] 形 わいせつな, みだらな

obscu- ⇨ **oscu-**

obsequiar [オブセキアル] 他 …に贈り物をする: ~ a+人 con un libro …に本を贈る. ~ a+人 con una fiesta …の歓迎パーティーを開く

obsequio [オブセキオ] 男 贈り物〖物, 行為〗

obsequioso, sa [オブセキオソ, サ] 形 愛想のよい, 親切な

observación [オブセルバスィオン] 女 ❶ 観察, 観測: hacer *observaciones* astronómicas 天体観測をする ❷ 所見, 批評, 意見

observador, ra [オブセルバドル, ラ] 名 ❶ 観察者, 観測者. ❷ オブザーバー

observancia [オブセルバンスィア] 女 守ること, 遵守(じゅん)

observar [オブセルバル] 他 ❶ 観察する, 観測する; 見守る. ❷ 気づく: *Observó* que el niño estaba aburrido. 彼は子供が退屈しているのに気づいた. ❸ 〈規則などを〉守る

observatorio [オブセルバトリオ] 男 ❶ 天文台〖~ astronómico〗. ❷ 観測所, 気象台〖~ meteorológico〗

obsesión [オブセシオン] 女 妄想, 強迫観念: tener ~ 妄想をもつ

obsesionar [オブセシオナル] 他 〈妄想などが〉…に取りつく

◆ **~se** 〈妄想に〉取りつかれる

obstaculizar [オブスタクリサル] 13 他 妨害する, 障害物を置く

obstáculo [オブスタクロ] 男 障害, 障害物: superar (vencer) los ~s 障害を克服する. poner ~s 妨害する. 3000 metros ~s 〈スポーツ〉3千メートル障害

obstante [オブスタンテ] *no* ~ 〈文語〉とはいえ, それにもかかわらず

obstetricia [オブステトリスィア] 女 産科学

obstinación [オブスティナスィオン] 女 がんこ, 強情: con ~ かたくなに, 意地になって

obstinado, da [オブスティナド, ダ] 形 過分 がんこな, 強情な

obstinar [オブスティナル] ~se 〈en に〉 強情を張る, 意地になる, 固執する: *Se obstinó en* hacerlo. 彼はあくまでそうすると言い張った

obstrucción [オブストルク(ク)スィオン] 女 ❶ 詰まること. ❷ 妨害, 障害: ~ a la justicia 司法妨害

obstruir [オブストルイル] 42 他 ❶ ふさぐ, 詰まらせる. ❷ 妨害する

◆ **~se** 詰まる: *Se obstruyó* la cañería. パイプが詰まった

obtención [オブテンスィオン] 女 取得, 獲得

obtener [オブテネル] 47 他 得る, 取得する, 獲得する: ~ la fama 名声を得る

obturador [オブトゥラドル] 男 〈カメラの〉シャッター

obtuso, sa [オブトゥソ, サ] 形 ❶ 〈先が〉丸い: tijeras de punta ~*sa* 刃先の丸いはさみ. ángulo ~ 鈍角. ❷ 鈍い, 理解が遅い

obviar [オブビアル] 他 避ける

obvio, via [オブビオ, ビア] 形 明らかな, わかりきった: Es ~ que+直説法 …は明らかである

oca [オカ] 女 〈鳥〉ガチョウ

ocasión [オカシオン] 女 ❶ 機会, 好機: aprovechar una ~ 機会を利用する. tener la ~ de… …する機会がある ❷ 場合: reservado para las grandes *ocasiones* とっておきの. en aquella ~ あの時 ❸ 特売; 買得品: precios de ~ バーゲン価格

con ~ *de*… …の機会を利用して, …にちなんで

de ~ 特売の; 中古の

en ocasiones おりにふれて, 時おり

en otra ~ 別の時には; いずれまた

ocasional [オカシオナル] 形 ❶ 偶然の; 臨時の. ❷ その場限りの

ocasionar [オカシオナル] 他 引き起こす, …の原因となる: Un rayo *ocasionó* el incendio. 落雷が原因で火事になった

ocaso [オカソ] 男 〈文語〉 ❶ 日の入り. ❷ 衰退(期), 末期

occidental [オ(ク)スィデンタル] 形 ❶ 西の: Europa ~ 西ヨーロッパ. ❷ 西洋の, 西欧の: países ~*es* 西欧諸国

occidente [オ(ク)スィデンテ] 男 ❶ 西. ❷ 〈O~〉西洋, 西欧

OCDE 略 〈略語〉 経済協力開発機構, OECD〖←*O*rganización de *C*ooperación y *D*esarrollo *E*conómico〗

oceánico, ca [オセアニコ, カ] 形 ❶ 大洋の; 〈特に〉大西洋の. ❷ オセアニア Oceanía の

océano [オセアノ] 男 ❶ 海洋, 大海: isla en medio del ~ 大海の真ん中の島 ❷ 大洋: *O*~ Atlántico 大西洋

oceanografía [オセアノグラフィア] 女 海洋学

ochenta [オチェンタ] 形 男 80〔の〕

ocho [オチョ] 形 男 8〔の〕

ochocientos, tas [オチョスィエントス, タス] 形 800〔の〕

ocio [オスィオ] 男 ❶ 余暇, レジャー. ❷ 無為, 怠惰

ocioso, sa [オスィオソ, サ] 形 ❶ 何もしない, 無為の; 暇な. ❷ 無益な, むだな

ocre [オクレ] 男 〈鉱物〉オークル, 黄土；黄土色

octágono, na [オクタゴノ, ナ] 形 男 八角形(の)

octano [オクタノ] 男 〈化学〉オクタン: índice de ~ オクタン価

octavilla [オクタビジャ] 女 〈政治宣伝の〉びら, パンフレット

octavo, va [オクタボ, バ] 形 8番目の

octubre [オクトゥブレ] 男 10月

ocular [オクラル] 形 目の

oculista [オクリスタ] 名 眼科医

ocultación [オクルタスィオン] 女 隠すこと: ~ de pruebas 証拠隠滅

ocultar [オクルタル] 他 隠す, 覆い隠す；秘密にする: ~ el tesoro 宝を隠す. ~ su nombre 名前を隠す
◆ ~se ❶ 自分の…を隠す: ~se la cara 顔を隠す. ❷ 姿を隠す, 隠れる

ocultismo [オクルティスモ] 男 神秘学；オカルト

oculto, ta [オクルト, タ] 形 隠れた；秘密の: cámara ~ta 隠しカメラ

ocupación [オクパスィオン] 女 ❶ 占有；占拠, 占領: ejército de ~ 占領軍. ❷ 仕事, 活動；職業: no tener ~ 職がない

ocupado, da [オクパド, ダ] 形 過分 ❶ 忙しい: Estoy muy ~. 私はたいへん忙しい. ❷ 使用中の: Ese asiento está ~. その席はふさがっている
❸ 占領された

ocupante [オクパンテ] 形 名 居住(占領)している(人)；乗客

ocupar [オクパル] 他 ❶ 占める, 占拠(占領)する: El ordenador *ocupa* casi toda su mesa. コンピュータが彼の机をほぼ全部ふさいでいる. ¿Quién *ocupa* esta habitación? この部屋には誰が住んでいるのですか？ ~ su sitio 位置(席)につく. ❷ 〈地位·職に〉つく: ~ un puesto importante 重要な地位につく. ❸ 〈時を〉費やす: Me *ocupó* mucho tiempo limpiar el cuarto. 私は部屋を掃除するのにとても時間をとられた. ❹ 〈人を〉雇う
◆ ~se ❶ 〈de·en に〉従事する, 役割を果たす: Me *ocupo de* corregir las faltas. 誤りを訂正するのが私の役目だ. ❷ 〈de の〉世話をする

ocurrencia [オクレンスィア] 女 思いつき, 機知

ocurrir [オクリル] 自 〈事件などが〉起こる: ¿Cuándo *ocurrió* el accidente? 事故はいつ起きたのですか？ ¿Qué te *ocurre*? どうしたんだい？
◆ ~se 〈a+人 の〉頭に浮かぶ: *Se me ocurre* una buena idea. 私は名案を思いついた

odiar [オディアル] 他 憎む, 嫌う

odio [オディオ] 男 憎しみ, 嫌悪: Me tiene ~. 彼は私を憎んでいる（嫌っている）

odioso, sa [オディオソ, サ] 形 憎らしい, いやな

odisea [オディセア] 女 冒険旅行, 一連の冒険

odontología [オドントロヒア] 女 口腔外科, 歯科学

odontólogo, ga [オドントロゴ, ガ] 名 口腔外科医, 歯科医

OEA 女 〈略語〉米州機構, OAS 〖←*Or*ganización de *E*stados *A*mericanos〗

oeste [オエステ] 男 西；西部: película del ~ 西部劇

ofender [オフェンデル] 他 ❶ 侮辱する, …の感情を傷つける. ❷ …に不快感を与える
◆ ~se 〈con·por に〉腹を立てる, 気を悪くする

ofensa [オフェンサ] 女 侮辱, 無礼

ofensiva[1] [オフェンシバ] 女 攻勢, 攻撃: tomar la ~ 攻勢に出る

ofensivo, va[2] [オフェンシボ, バ] 形 ❶ 感情を傷つけるような, 侮辱的な. ❷ 攻撃の

oferta [オフェルタ] 女 ❶ 申し出: aceptar una ~ 申し出を受け入れる. ❷ 供給: la ~ y la demanda 需要と供給. ❸ 〈商業〉オファー. ❹ お買い得品；特別価格, バーゲン: estar de (en) ~ 特売中である

oficial [オフィスィアル] 形 公式の: lengua ~ 公用語. visita ~ 公式訪問
◆ 名 ❶ 士官, 将校. ❷ 役人

oficialmente [オフィスィアルメンテ] 副 公式に, 公的に；公には

oficina [オフィスィナ] 女 ❶ 事務所, 仕事場: ir a la ~ 出勤する. horas de ~ 営業時間, 執務時間
❷ 取扱所；役所: ~ de turismo 観光案内所

oficinista [オフィスィニスタ] 名 事務員, 会社員

oficio [オフィスィオ] 男 ❶ 仕事；職務, 役目. ❷ 〈宗教〉祭礼, 典礼: ~ de difuntos 死者のための祭式
de ~ 国費で, 公式に

oficioso, sa [オフィスィオソ, サ] 形 非公式の

ofrecer [オフレセル] 20 他 ❶ 提供する, 差し出す: Nos *ofreció* su casa. 彼は自宅を私たちに使わせてくれた
❷ 申し出る: ~ ayuda 援助を申し出る
◆ ~se ❶ 身をささげる. ❷ 〈a·para に〉申し出る: *Se ofreció a* explicarme. 彼は私へ

の説明役を買って出た

ofrecimiento [オフレスィミエント] 男 提供；申し出

ofrenda [オフレンダ] 女 奉納〔物〕

ofrendar [オフレンダル] 他 奉納する，ささげる

oftalmología [オフタルモロヒア] 女 眼科学

oftalmólogo, ga [オフタルモロゴ, ガ] 名 眼科医

ofuscación [オフスカスィオン] 女 判断力を失うこと；目がくらむこと

ofuscar [オフスカル] 73 他 …の判断力を失わせる；目をくらませる
◆ ~se 判断力を失う；目がくらむ

oh [オ] 間〈驚き・喜び・苦痛など〉おお！：¡*Oh*, qué maravilla! あら, 何てすばらしい!

oída [オイダ] *de* ~*s* うわさで, 伝聞で：Le conozco *de* ~*s*. 私は彼のことを耳にしたことがある

oído [オイド] 男〈oír の 過分〉❶ 耳：limpiarse los ~*s* 耳垢を取る
❷ 聴覚, 聴力：tener el ~ muy fino 耳がとてもよい
❸ 音感：tener buen ~ 音感がよい
aguzar el ~ 耳を澄ます
al ~ 1) 耳もとで；内緒で. 2) 聞いただけで
de ~ 1) 聞き覚えで：tocar *de* ~ 楽譜なしで弾く, 聞き覚えで弾く. 2) 聞いただけで；うわさで, 伝聞で
duro de ~ 耳が遠い

oiga, **oigo** ⇨ **oír** 52

oír [オイル] 52〈過分 oído, 現分 oyendo〉他 ❶ …が聞こえる；聞く：He oído un ruido en la cocina. 台所で物音が聞こえた
❷〈命令形で〉もしもし, ちょっと：*Oye*, ¿adónde vas? ねえ, どこへ行くの? *Oiga*.〈相手の注意を喚起する；電話をかけた人が〉もしもし
◆ ~se〈un が主語〉聞こえる：Se oyó un disparo. 銃声が聞こえた

ojal [オハル] 男〈服飾〉ボタン穴, ボタンホール

ojalá [オハラ] 間 どうか…しますように；…であればよかったのだが：¡*O*~ 〔que〕 venga hoy! どうか彼がきょう来ますように!

ojeada [オヘアダ] 女 *echar una* ~ *a*... …にざっと目を通す, ちらっと見る

ojear [オヘアル] 他 …にざっと目を通す, ちらっと見る

ojera [オヘラ] 女〈目のまわりの〉くま：tener ~*s* くまができている

ojeroso, sa [オヘロソ, サ] 形〈目のまわりに〉くまのできている

ojo [オホ] 男 ❶ 目：tener los ~*s* azules 青い目をしている
❷ 視線, 目つき：bajar los ~*s* 視線を下げる；うつむく
❸ 観察眼；注意力：tener ~*s* para las piedras preciosas 宝石に目がきく
❹ 針の目；鍵穴
cerrar los ~*s* 1) 目を閉じる；眠りに落ちる；死ぬ. 2) 見ようとしない, 目をそむける
clavar los ~*s en*... …に視線をそそぐ, じっと見つめる
en un abrir 〔y cerrar〕 de ~*s* 一瞬のうちに, あっという間に
no pegar ~ 一晩じゅう眠れない
¡*Ojo* 〔*con*...〕! 〔…に〕気をつけろ!
pasar los ~*s por*... …にざっと目を通す, ちらっと見る
un ~ *de la cara* たいへん高い値段：costar a+人 *un* ~ *de la cara*/salir a+人 por *un* ~ *de la cara* 目の玉が飛び出るほど高価である

ola [オラ] 女 ❶ 波, うねり：levantar ~*s* 波を立てる
❷〈応援の〉ウェーブ
❸〈気象〉~ de frío 寒波. ~ de calor 熱波

ole [オレ] 間 = **olé**

olé [オレ] 間〈激励・掛け声〉オーレ；ばんざい!

oleada [オレアダ] 女 ❶ 大群, 人波. ❷ 大波

oleaje [オレアヘ] 男〈波の〉うねり

óleo [オレオ] 男 油絵：pintar al ~ 油絵を描く

oleoducto [オレオドゥクト] 男〈石油の〉パイプライン

oler [オレル] 53 他 ❶ …のにおいをかぐ：~ una rosa バラの香りをかぐ
❷ 詮索する, かぎ回る
◆ 自 *におう*；〈a の〉においがする：Esto *huele a* limón. これはレモンの香りがする. ~ *a* mentira うそくさい

olfatear [オルファテアル] 他 …のにおいをくんくんかぐ, かぎ回る；かぎつける

olfato [オルファト] 男 嗅覚：tener buen ~ para... …に鼻がきく

oligarquía [オリガルキア] 女 寡頭政治

Olimpiada [オリンピアダ] 女 オリンピック：las ~*s* de Barcelona バルセロナオリンピック

olímpico, ca [オリンピコ, カ] 形 オリンピックの：Juegos O~*s* オリンピック大会. récord ~ オリンピック新記録

oliva [オリバ] 女 オリーブ〔の実〕：aceite de ~ オリーブ油

olivar [オリバル] 男 オリーブ畑

olivo [オリボ] 男〈植物〉オリーブ〔の木〕

olla [オジャ] 女 ❶ 鍋(なべ): ～ a presión/～ exprés 圧力鍋. ❷ 煮込み料理, シチュー

olmo [オルモ] 男 〈植物〉ニレ(楡)

olor [オロル] 男 〈の〉におい, 香り: ～ a jazmín ジャスミンの香り

oloroso, sa [オロロソ, サ] 形 香りのよい

olvidadizo, za [オルビダディソ, サ] 形 忘れっぽい

olvidar [オルビダル] 他 忘れる: ～ el número de teléfono 電話番号を忘れる. ～ tomar la medicina 薬を飲み忘れる
◆ ～se ❶ 〈de を〉忘れてしまう: *Me he olvidado de* su nombre. 私は彼の名前を忘れてしまった. ❷ 〈a+人 に〉忘れられる: *Se me olvidó* el paraguas. 私はかさを置き忘れてしまった

olvido [オルビド] 男 忘れること, 忘却: caer en el ～ 忘れられる

ombligo [オンブリゴ] 男 〈解剖〉へそ

OMC 女 〈略語〉世界貿易機構, WTO 〖←*Organización Mundial del Comercio*〗

omisión [オミシオン] 女 省略; 言い落とし, 書き落とし

omiso, sa [オミソ, サ] 形 *hacer caso ～ de...* …を無視する, 気にとめない

omitir [オミティル] 他 ❶ 省略する; 言い落とす, 書き落とす. ❷ …し忘れる; …しないでおく

ómnibus [オムニブス] 男 〈単複同形〉〈ラ〉乗合バス, 市内バス

omnipotencia [オムニポテンスィア] 女 全能

omnipotente [オムニポテンテ] 形 全能の: Dios ～ 全能の神

OMS [オムス] 女 〈略語〉世界保健機構, WHO 〖←*Organización Mundial de la Salud*〗

once [オンセ] 形 男 ❶ 11[の]. ❷ 〈サッカー〉イレブン. ❸ 複 〈ラ〉間食, 軽食

onda [オンダ] 女 波: ～s del pelo 髪のウェーブ

ondear [オンデアル] 自 波うつ; はためく

ondulación [オンドゥラスィオン] 女 波動; 起伏, ウェーブ

ondulado, da [オンドゥラド, ダ] 形 過分 波うった, 波状の

ondulante [オンドゥランテ] 形 波うつ

ondular [オンドゥラル] 他 波形にする, ウェーブをする: ～ a+人 el cabello …の髪にウェーブをつける

ONG 女 〈略語〉非政府機関, NGO 〖←*organización no gubernamental*〗

ONU [オヌ] 女 〈略語〉国連 〖←*Organización de las Naciones Unidas*〗

onza [オンサ] 女 〈重量の単位〉オンス

opaco, ca [オパコ, カ] 形 ❶ 不透明な: cristal ～ くもりガラス. ❷ くすんだ, さえない: luz ～*ca* 鈍い光

ópalo [オパロ] 男 〈鉱物〉オパール

opción [オプスィオン] 女 ❶ 選択; 選択権, オプション: No hay ～. いやも応もない. ❷ 〈a の〉権利, 資格

opcional [オプスィオナル] 形 選択できる: excursión ～ オプショナルツアー

OPEP [オペプ] 女 〈略語〉石油輸出国機構, OPEC 〖←*Organización de Países Exportadores de Petróleo*〗

ópera [オペラ] 女 ❶ 歌劇, オペラ. ❷ オペラハウス, オペラ劇場

operación [オペラスィオン] 女 ❶ 操作; 働き, 作用; 活動: ～ de rescate 救助活動. ❷ 手術: someterse a una ～ del estómago 胃の手術を受ける. ❸ 取引, 売買; 運用: ～ brusátil 株式取引. *operaciones* financieras 資金運用. ❹ 〈軍事〉作戦: ～ de limpieza 掃討作戦

operador, ra [オペラドル, ラ] 名 ❶ 操作者, オペレーター. ❷ 〈手術の〉執刀者. ❸ 撮影技師, カメラマン; 映写技師. ❹ 電話交換手

operar [オペラル] 他 ❶ 手術する: La *operaron* de cáncer de mama. 彼女は乳癌の手術を受けた. ❷ 〈結果を〉もたらす
◆ 自 ❶ 作用する; 行動する. ❷ 商取引をする
◆ ～se ❶ 手術を受ける. ❷ 行なわれる, 起こる

operativo, va [オペラティボ, バ] 形 ❶ 効果的な, 有効な. ❷ 操作の, 作業の: sistema ～ 〈情報〉オペレーティングシステム, OS

opereta [オペレタ] 女 オペレッタ, 軽歌劇

opinar [オピナル] 他 …という意見である: ¿Qué *opina* de este asunto? この件についてどう思いますか?
◆ 自 意見を言う, 意見を持つ: Prefiero no ～. 私は意見を差し控えたい

opinión [オピニオン] 女 意見, 見解, 評判: ¿Cuál es su ～ sobre el programa? 番組についてのあなたのご意見は? cambiar de ～ 意見を変える. dar su ～ 意見を述べる. ～ pública 世論. *en ～ de+人/en su ～* …の意見によれば

opio [オピオ] 男 阿片

oponente [オポネンテ] 名 相手, 敵

oponer [オポネル] 54 〈過分 op*uesto*〉他 〈妨げるものを〉置く: ～ resistencia 抵抗する
◆ ～se ❶ 〈a に〉反対する: *Se opuso a* mi

opinión. 彼は私の意見に反対した. *Me opongo a pensar así.* そのように考えることに私は反対だ ❷〈互いに〉対立する ❸ 反対である: *Nuestros caracteres se oponen.* 私たちの性格はまるで正反対だ

oportunidad [オポルトゥニダ] 囡 ❶ **好機, チャンス**: aprovechar la ～ チャンスをとらえる. tener ～ de... …する機会がある ❷ 複 安売り, バーゲン

oportunismo [オポルトゥニスモ] 男 日和見主義, ご都合主義

oportunista [オポルトゥニスタ] 形 名 日和見主義者; 日和見主義者

oportuno, na [オポルトゥノ, ナ] 形 **タイムリーな**, 都合のよい: en el momento ～ ちょうどいい時に. respuesta ～*na* 適切な返事 *ser* ～+不定詞 …するのがよい

oposición [オポシシィオン] 囡 ❶ 反対, 対立. ❷〈集合的に〉野党の人, 反対派. ❸ 複〈主に公務員の〉採用試験

opositor, ra [オポシトル, ラ] 名〈採用試験の〉志願者, 受験者

opresión [オプレシオン] 囡 ❶ 圧迫; 抑圧. ❷ 圧迫感: sentir ～ en el pecho 胸苦しさを感じる

opresivo, va [オプレシボ, バ] 形 抑圧の; 重苦しい

opresor, ra [オプレソル, ラ] 名 抑圧者, 圧制者

oprimir [オプリミル] 他 ❶ 締めつける; 押す: ～ el botón ボタンを押す. ❷ 抑圧する: ～ al trabajador 労働者を抑圧する

oprobio [オプロビオ] 男〈文語〉恥辱, 汚名

optar [オプタル] 自〈por に, entre の中から〉決める, 選ぶ: ～ *por* marcharse 帰ることにする

optativo, va [オプタティボ, バ] 形 選択できる: asignatura ～*va* 選択科目

óptica¹ [オプティカ] 囡 ❶ めがね店. ❷ 光学: ～ electrónica 電子光学

óptico, ca² [オプティコ, カ] 形 ❶ 目の, 視覚の: nervio ～ 視神経. ❷ 光学の: aparatos ～*s* 光学器械
◆ 名 めがね屋

optimismo [オプティミスモ] 男 楽天主義, 楽観論

optimista [オプティミスタ] 形 名 楽天的な〔人〕, 楽観論の

óptimo, ma [オプティモ, マ] 形〈bueno の絶対最上級〉たいへん良い

opuesto, ta [オプエスト, タ] 形〈oponer の 過分〉❶ 対照的な, 反対の: dirección ～*ta* 逆方向. ❷ 向かいあった, 反対側の: orilla ～*ta* 向こう岸. ❸ 反対する, 敵対する: Mi padre es ～ al plan. 父は計画に反対する

opulencia [オプレンスィア] 囡 ❶ 富裕さ. ❷ 豊かさ; 豊満さ

opulento, ta [オプレント, タ] 形 ❶ 富裕な. ❷ 豊かな; 豊満な

oración [オラスィオン] 囡 ❶ 祈り. ❷〈文法〉文, 節: ～ interrogativa 疑問文. ～ principal 主節. ～ subordinada 従属節

oráculo [オラクロ] 男 神託; 神託所

orador, ra [オラドル, ラ] 名 雄弁家; 演説者

oral [オラル] 形 ❶ 口頭の, 口伝えの: examen ～ 口頭試問. promesa ～ 口約束. ❷ 口の, 経口の: por vía ～ 経口で

orangután [オラングタン] 男〈動物〉オランウータン

orar [オラル] 自〈文語〉祈る, 祈りを捧げる

oratoria [オラトリア] 囡 雄弁術: concurso de ～ 弁論大会

órbita [オルビタ] 囡 ❶〈天文〉軌道: poner en ～ 軌道に乗せる. ❷ 範囲. ❸〈解剖〉眼窩(がん)

orden [オルデン] 〈複 *órd*enes〉男 ❶ **順序, 順番**: por ～ alfabético アルファベット順に. ～ de palabras 語順
❷ **秩序**: ～ público 治安
❸ 種類, 等級: de primer ～ 一流の *en* ～ きちんと, 整然と: El cuarto está *en* ～. 部屋は整頓されている
poner... en ～ …を整理する, 整頓する
por ～ 順序どおりに, 順序よく
◆ 囡 **命令**, 指令; 注文: seguir la ～ 命令に従う. dar la ～ de+不定詞 …するように命じる. ～ de arresto 逮捕状
¡A la ～! かしこまりました
A sus órdenes. 何なりとご用命ください/どうぞよろしく

ordenado, da [オルデナド, ダ] 形 過分 ❶ きちょうめんな. ❷ 整理された, 整然とした

ordenador [オルデナドル] 男〈ス〉コンピュータ: ～ personal パソコン

ordenanza [オルデナンサ] 囡〈主に 複〉法規, 法令: ～*s* municipales 市条例

ordenar [オルデナル] 他 ❶ **整理する**: ～ un cajón 引き出しを整理する
❷ 命じる: Me *ordenó* que volviera. 彼は私に戻るよう命じた
❸〈a に〉方向づける

ordeñar [オルデニャル] 他 …の乳をしぼる

ordinario, ria [オルディナリオ, リア] 形 ❶ **普通の**; 日常的な, いつもの: tarifa ～*ria* 普通料金
❷ 平凡な, ありふれた: idea ～*ria* 平凡な考え

❸ 粗野な, 下品な
de ~ いつもは, 普通 : como *de* ~ いつものとおり

orégano [オレガノ] 男 〈植物・香辛料〉オレガノ

oreja [オレハ] 女 耳 : agarrar a+人 por las ~s …の耳をつかむ
con las ~*s gachas* 落胆して, 打ちしおれて

orfanato [オルファナト] 男 孤児院

orfandad [オルファンダ] 女 孤児であること

orfebrería [オルフェブレリア] 女 金銀細工

orgánico, ca [オルガニコ, カ] 形 ❶ 有機体の : materia ~*ca* 有機物. vegetales ~*s* 有機野菜. ❷ 有機的な

organismo [オルガニスモ] 男 ❶ 有機体, 生物. ❷ 〈集合的に〉器官, 臓器. ❸ 機関, 機構 : ~ internacional 国際機関

organista [オルガニスタ] 名 オルガン奏者

organización [オルガニサスィオン] 女 ❶ 組織化, 編成 : ~ de una excursión 遠足の計画
❷ 団体, 機関 : ~ no gubernamental 非政府機関

organizador, ra [オルガニサドル, ラ] 形 名 ❶ 組織する〔人〕. ❷ 主催者 : país ~ 主催国

organizar [オルガニサル] 13 他 ❶ 組織する, 編成する : ~ a los obreros 労働者を組織する. ❷ 主催する : ~ un concurso コンテストを催す. campeonato *organizado* por… …主催の選手権試合. ❸ 〈細部まで〉準備する, 計画する : ~ las vacaciones 休暇の予定を立てる. viaje *organizado* パック旅行

órgano [オルガノ] 男 ❶ 〈動植物の〉器官 : ~ de la digestión 消化器官. ❷ 装置 ; 機構 : ~ administrativo 行政機関. ❸ 〈音楽〉パイプオルガン ; オルガン

orgasmo [オルガスモ] 男 オルガスム, 絶頂感

orgía [オルヒア] 女 〈はめを外した〉宴会, どんちゃん騒ぎ

orgullo [オルグジョ] 男 ❶ 誇り, 自尊心. ❷ 思い上がり, 傲慢

orgulloso, sa [オルグジョソ, サ] 形 ❶ 誇り高い, 自尊心の強い, プライドの高い ; 傲慢な. ❷ 自慢する : estar ~ de su hijo 息子を誇りに思っている

orientación [オリエンタスィオン] 女 ❶ 方向の決定 : perder la ~ 方角がわからなくなる. no tener sentido de la ~ 方向音痴である. ❷ 〈建物などの〉向き ; 〈進路などの〉方角. ❸ 指導, オリエンテーション, ガイダンス : ~ profesional 就職指導

oriental [オリエンタル] 形 東の ; 東洋の
◆ 名 東洋人

orientar [オリエンタル] 他 ❶ 〈a・hacia に〉…の方向を決める : ~ la antena *hacia* el sur アンテナを南に向ける. ❷ 指導する ; 道を教える
◆ ~*se* 自分の方向を見定める ; 向かう : ~*se hacia* las ciencias 理科系に進む

oriente [オリエンテ] 男 ❶ 東, 東方. ❷ 〈O~〉東洋 : Cercano *O*~ 近東. Medio *O*~ 中東. Lejano *O*~ 極東

origen [オリヘン] 男 〈複 orígenes〉 ❶ 起源, 源 : deporte de ~ inglés イギリス起源のスポーツ. ~ de la vida 生命の起源
❷ 原因 : enfermedad de ~ desconocido 原因不明の病気
❸ 産地 : país de ~ 原産国
❹ 家柄 ; 出身 : ser de ~ mexicano メキシコ生まれである
dar ~ *a*… …を引き起こす, もたらす

original [オリヒナル] 形 ❶ 最初の ; 本来の : en su forma ~ 原形では. pecado ~ 原罪. ❷ 独創的な, 独自の : crear formas ~*es* 独創的な形式を作り上げる. ❸ もとの, オリジナルの : texto ~ 原文, 原典
◆ 男 原文, 原書 ; 原画, 原作 ; 〈複写されたものに対して〉原本

originalidad [オリヒナリダ] 女 独創性, オリジナリティ

originar [オリヒナル] 他 引き起こす, もたらす : El accidente *originó* un gran atasco. 事故がもとで大渋滞が起きた
◆ ~*se* 生じる, 起こる

originario, ria [オリヒナリオ, リア] 形 ❶ 出身の, 原産の. ❷ もともとの, 最初の

orilla [オリジャ] 女 ❶ 岸, 岸辺 : pasear por (a) la ~ del río 川岸を散歩する
❷ 縁(ﾌﾁ), へり

orín [オリン] 男 〈複 orines〉 ❶ 鉄さび. ❷ 複 =orina

orina [オリナ] 女 尿, 小便

orinal [オリナル] 男 尿器, しびん

orinar [オリナル] 自 排尿する
◆ ~*se* 失禁する

oriundo, da [オリウンド, ダ] 形 〈de〉…生まれ(出身)の ; 原産の

ornamental [オルナメンタル] 形 装飾の

ornamentar [オルナメンタル] 他 飾る, …に装飾を施す

ornamento [オルナメント] 男 装飾品, 飾り

oro [オロ] 男 金, 黄金 : reloj de ~ 金時計. Siglo de *Oro* 〈スペイン文学の〉黄金世紀 〖16～17世紀〗. ~ puro 純金
de ~ すばらしい : corazón *de* ~ 美しい心

oropel [オロペル] 男 安ぴか物

orquesta [オルケスタ] 囡 オーケストラ, 管弦楽団: ～ de cámara 室内管弦楽団. ～ sinfónica 交響楽団

orquídea [オルキデア] 囡 ラン(蘭), 洋蘭

ortiga [オルティガ] 囡 〈植物〉イラクサ

ortodoxia [オルトド(ク)シア] 囡 正統, 正統性

ortodoxo, xa [オルトド(ク)ソ, サ] 形 ❶ 正統的な, オーソドックスな. ❷ Iglesia O～xa griega (rusa) ギリシャ(ロシア)正教会

ortografía [オルトグラフィア] 囡 つづり, スペル: cometer una falta de ～ つづりをまちがえる

ortopedia [オルトペディア] 囡 整形外科

ortopédico, ca [オルトペディコ, カ] 形 名 整形外科の; 整形外科医

oruga [オルガ] 囡 ❶ 毛虫, 青虫. ❷ 〈技術〉キャタピラー

orujo [オルホ] 男 ❶ 〈ブドウ・オリーブなどの〉搾りかす. ❷ ブドウの搾りかすから作る蒸留酒

orzuelo [オルスエロ] 男 〈医学〉ものもらい

os [オス] 代 〈人称代名詞2人称複数〉 ❶ 〈直接目的〉君たちを: Os espero a la entrada. 君たちを入り口で待っているよ
❷ 〈間接目的〉君たちに: Os doy las gracias. 君たちに礼を言うよ
❸ 〈再帰代名詞〉Os levantasteis temprano. 君たちは早く起きた. Sentaos. 君たち座りなさい

osadía [オサディア] 囡 大胆さ, 勇敢さ

osado, da [オサド, ダ] 形 過分 大胆な, 思い切った

osar [オサル] 自 〈+不定詞〉大胆にも…する, 思い切って…する

oscilación [オスィラスィオン] 囡 ❶ 振動. ❷ 変動

oscilar [オスィラル] 自 ❶ 揺れる, 振動する. ❷ 変動する: El precio *oscila* entre ochenta y noventa euros. 価格は80から90ユーロの間で上下している

oscurecer [オスクレセル] 20 他 暗くする, 黒ずませる
◆ 自 〈単人称〉日が暮れる; 〈空がどんよりと〉くもる
◆ ～se 暗くなる

oscuridad [オスクリダド] 囡 暗さ, 闇

oscuro, ra [オスクロ, ラ] 形 ❶ 暗い, 黒っぽい: habitación ～ra 暗い部屋
❷ 〈空がどんよりと〉くもった
❸ 漠然とした, 不確かな
a ～*ras* 〈比喩的にも〉暗闇の中に

óseo, a [オセオ, ア] 形 〈解剖〉骨の

oso, sa [オソ, サ] 名 クマ(熊): ～ blanco 白熊

ostensible [オステンシブレ] 形 ❶ 明らかな. ❷ これ見よがしの, 露骨な

ostentación [オステンタスィオン] 囡 誇示, 見せびらかし: hacer ～ de... …を誇示する, 見せびらかす

ostentar [オステンタル] 他 ❶ 誇示する, 見せびらかす. ❷ 〈称号・権利などを〉持っている

ostentoso, sa [オステントソ, サ] 形 ❶ 華美な, 派手な. ❷ これ見よがしの

ostra [オストラ] 囡 〈貝〉カキ
¡*O*～*s*! 〈驚き・不快〉まさか/まあ!

OTAN [オタン] 〈略語〉北大西洋条約機構, NATO 《← *O*rganización del *T*ratado del *A*tlántico *N*orte》

otear [オテアル] 他 ❶ 〈高い所から遠くを〉見る, 眺める. ❷ 観察する

otitis [オティティス] 囡 〈医学〉耳炎: ～ media (externa) 中(外)耳炎

otoñal [オトニャル] 形 秋の〔ような〕

otoño [オトニョ] 男 秋: en ～ 秋に

otorgar [オトルガル] 55 他 与える, 授ける; 許諾する: ～ el premio 賞を与える

otorrinolaringólogo, ga [オトリノラリンゴロゴ, ガ] 名 耳鼻咽喉科医

otro, tra [オトロ, トラ] 形 ❶ ほかの, 別の: Voy a comprar ～ vestido. 私は〔どれか〕ほかの服を買おう. Los ～s chicos no vendrán. そのほかの子供たちは来ないだろう
❷ さらに1つ(いくつか)の: Tráigame *otra* taza de café. コーヒーのおかわりをお願いします. ～*s* diez días さらにあと10日
❸ 〈*uno* と対照させて〉: *Unos* días habla mucho y ～*s* (*días*) permanece callado. 彼はある日はよくしゃべり, またある日は黙りこくっている

◆ 代 ❶ ほかの人(物・事): Esta maleta es pequeña. Vamos a buscar *otra*. このスーツケースは小さい. ほかのを探そう. Los ～s van en coche. そのほかの人々は車で行く
❷ 複 他人: No debes hablar mal de los ～s. 他人の悪口を言っちゃいけないよ
❸ 〈*uno* と対照させて〉Allí hay dos estudiantes: *uno* es de Perú y el ～ es de Chile. あそこに2人の学生がいる. 一人はペルー, そしてもう一人はチリの出身だ. un día sí y ～ no 1日おきに

entre otras cosas とりわけ, なかんづく
¡*Hasta otra!* いずれまた/また今度!
no ～ *que...* 1) …よりほかには: *No* tuve ～ remedio *que* callar. 私は黙っているしかなかった. 2) …にほかならない
¡*Otra*! もう一度/アンコール!
～ *tanto* 同数〔の〕, 同量〔の〕: Recibí seis

telegramas y *otras tantas* llamadas. 私は6通の電報と同じ数の電話をもらった

por otra 他方では，その上

ovación [オバスィオン] 女 喝采，熱烈な歓迎

ovacionar [オバスィオナル] 他 …に喝采をおくる

ovalado, da [オバラド, ダ] 形 卵形の，楕円形の

óvalo [オバロ] 男 卵形，楕円形

ovario [オバリオ] 男 〈解剖〉卵巣；〈植物〉子房

oveja [オベハ] 女 ヒツジ(羊)，雌羊

~ *negra* はみ出し者

overol [オベロル] 男 胸当て付きの作業ズボン，オーバーオール，サロペット

ovillo [オビジョ] 男 〈毛糸などの〉玉

hacerse un ~ 体を丸くする

OVNI [オブニ] 〈略語〉未確認飛行物体，UFO 〖←*o*bjeto *v*olador *n*o *i*dentificado〗

óvulo [オブロ] 男 〈生物〉卵，卵子

oxidar [オ(ク)シダル] 他 ❶ さびさせる．❷ 酸化させる

◆ ~**se** ❶ さびる．❷ 酸化する

óxido [オ(ク)シド] 男 〈化学〉酸化物

oxigenar [オ(ク)シヘナル] 他 …に酸素を添加する，酸素処理する：*agua oxigenada* 過酸化水素水，オキシドール

◆ ~**se** 〈口語〉きれいな空気を吸う

oxígeno [オ(ク)シヘノ] 男 酸素：~ *activo* 活性酸素

oye-, oyó ⇨ **oír** 52

oyente [オジェンテ] 名 ❶ 聞き手，聴取者；複 聴衆．❷ 聴講生，見学者

ozono [オソノ] 男 〈化学〉オゾン：*agujero de* ~ オゾンホール．*capa de* ~ オゾン層

P, p [ペ]

pabellón [パベジョン] 男 〈複 pabellones〉
❶ 別棟；パビリオン：~ de deportes スポーツ会場．P~ de Japón〈万博などの〉日本館．❷〈船の〉国旗

pabilo [パビロ] 男〈ろうそくなどの〉しん

pacer [パセル] 20 自〈家畜が〉草を食べる

pachucho, cha [パチュチョ, チャ] 形 ❶〈果物が〉熟しすぎの, 新鮮でない；〈花などが〉しおれた．❷〈人が〉元気のない, 軽い病気の

paciencia [パスィエンスィア] 女 忍耐, 我慢：Ten ~. 我慢しなさい．esperar con ~ しんぼう強く待つ, 気長に待つ

paciente [パスィエンテ] 形 忍耐強い
◆ 名 患者

pacientemente [パスィエンテメンテ] 副 しんぼう強く, 根気よく

pacificación [パスィフィカスィオン] 女 平定；和解；和平工作

pacificar [パスィフィカル] 73 他 平定する, 鎮圧する；和解させる
◆ ~se 静まる

pacífico, ca [パスィフィコ, カ] 形 ❶ 平和な, 穏和な：uso ~ de la energía nuclear 原子力の平和利用．vida ~ca 平穏な生活．❷ 平和を好む．❸ Océano P~ 太平洋

pacifismo [パスィフィスモ] 男 平和主義

pacifista [パスィフィスタ] 形 名 平和主義の；平和主義者

pacotilla [パコティジャ] 女 de ~ 粗製の, 安物の

pactar [パクタル] 他 取り決める, …に合意する：~ una tregua 休戦を結ぶ

pacto [パクト] 男 協定, 条約：firmar un ~ con... …と協定を結ぶ

padecer [パデセル] 20 他 ❶ …に苦しむ, わずらう：~ pena 苦痛を味わう．~ una enfermedad 病気をわずらっている．❷ 被害を受ける：~ una sequía 日照りに苦しむ
◆ 自〈de で〉苦しむ, わずらう：~ de los nervios 神経をわずらう

padecimiento [パデスィミエント] 男 ❶ 苦しむこと；苦境．❷ 病気

padrastro [パドラストロ] 男 継父

padre [パドレ] 男 ❶ 父, 父親：Es ~ de dos hijos. 彼は 2 人の子供の父親だ．❷ 複 両親：vivir con sus ~s 両親と一緒に住む．❸ 複〈文語〉祖先．❹〈キリスト教〉神父：el ~ Francisco フランシスコ神父
◆ 形〈メキシコ〉すばらしい, すごい

padrino [パドリノ] 男 ❶〈キリスト教〉代父．❷ 付添い人, 立会人：~ de boda 結婚式の介添え人．❸ 後援者, パトロン

padrón [パドロン] 男 住民名簿

paella [パエジャ] 女〈料理〉パエリャ

pág.〈略語〉ページ [←página]

paga [パガ] 女 給料：cobrar la ~ 給料を受け取る．día de ~ 給料日．~ extra[ordinaria] ボーナス, 賞与
◆ 動詞活用形 ⇨ pagar 55

pagano, na [パガノ, ナ] 形〈キリスト教以外の〉異教徒[の]

pagar [パガル] 55 他 ❶〈金を〉払う：Pagué veinte euros por los libros. 私は本代として 20 ユーロ払った．~ la comida 食事代を払う．vacaciones pagadas 有給休暇．❷ …に報いる：~ las atenciones 親切に報いる．❸ …の代償を払う, 報いを受ける：~ las consecuencias〈言行の〉結果から報いを受ける．~ bien よく報いる

pagaré [パガレ] 男〈複 ~s〉約束手形：~ bancario 銀行手形

página [パヒナ] 女 ❶ ページ：Lea usted la ~ cinco. 5 ページを読んでください．abrir el texto por la ~ diez 教科書の 10 ページを開く．pasar la ~ ページをめくる．❷〈情報〉~ de Internet/~ web ホームページ

pago [パゴ] 男 支払い：hacer un ~ inicial 初回分を支払う．~ anticipado 前払い．~ contra reembolso 代金引換払い
de ~ 有料の：aparcamiento *de* ~ 有料駐車場
en ~ *a (de)*... …への返礼として
◆ 動詞活用形 ⇨ pagar 55

pagoda [パゴダ] 女 仏塔

país [パイス] 男 ❶ 国：¿De qué ~ es usted? お国(ご出身)はどちらですか？ ~es centroamericanos 中米諸国．❷ 地方
del ~ 1) 自国の, 国産の．2) 地元産の：vino *del* ~ 地ワイン
P~es Bajos オランダ

paisaje [パイサヘ] 男 ❶ 景色, 風景：~ de nieve 雪景色．❷ 風景画；風景写真

paisano, na [パイサノ, ナ] 形 名 ❶ 同郷の[人], 同国の[人]. ❷ 田舎の人. ❸ ⟨軍人に対して⟩民間人: vestir de ～ 平服を着る. policía de ～ 私服刑事

paja [パハ] 女 ❶ 麦わら, わら: sombrero de ～ 麦わら帽子. ❷ ストロー

pajarita [パハリタ] 女 ⟨服飾⟩蝶ネクタイ

pájaro [パハロ] 男 鳥, 小鳥: matar dos ～s de un tiro 一石二鳥である

pala [パラ] 女 スコップ: ～ mecánica パワーシャベル

palabra [パラブラ] 女 ❶ 単語: ¿Cómo se escribe esa ～? その単語はどうつづるのですか? no decir ni una ～ 一言も話さない. ～ fea 汚いことば, 卑語
❷ 複 ことば: cambiar unas ～s con+人 …とことばを交わす
❸ 発言: libertad de ～ 言論の自由
❹ 約束: cumplir su ～ 約束を果たす
dar su ～ 約束する
de ～ 口頭で
de pocas ～s 口数の少ない
dirigir la ～ a+人 …にことばをかける, 話しかける
en dos (pocas・cuatro) ～s 簡潔に, 手短かに
en otras ～s 言い換えれば
~ por ～ 一語ずつ, 逐語的に
tener la ～ 話す番である
tomar la ～ 発言する, 話し始める

palabrota [パラブロタ] 女 野卑なことば, ののしり

palacio [パラスィオ] 男 ❶ 宮殿; 大邸宅: ～ real 王宮. ～ presidencial 大統領官邸. ❷ P～ de Congreso[s] 国会議事堂. P～ de Justicia 裁判所

paladar [パラダル] 男 ❶ ⟨解剖⟩口蓋. ❷ 味覚: bueno al ～ 口当たりのよい

paladear [パラデアル] 他 ゆっくり味わう, 賞味する

palanca [パランカ] 女 ❶ てこ: hacer ～ てこを使う, こじ開ける. ❷ レバー; ハンドル: ～ de cambios 変速レバー. ～ de mando 操縦桿; 操作レバー

palangana [パランガナ] 女 洗面器

palco [パルコ] 男 ⟨劇場の⟩ボックス席

palestino, na [パレスティノ, ナ] 形 名 パレスチナ Palestina [人]の; パレスチナ人

paleta [パレタ] 女 ❶ ⟨美術⟩パレット. ❷ ⟨料理⟩フライ返し. ❸ ⟨左官の⟩こて. ❹ ⟨ラ⟩アイスキャンディー

paliar [パリアル] ⟨時に 33⟩ 他 ⟨痛みなどを⟩一時的に抑える, 緩和する

paliativo, va [パリアティボ, バ] 形 ⟨痛みなどを⟩一時的に抑える: cuidados ～s ターミナルケア
sin ～s はっきりと; 容赦なく

palidecer [パリデセル] 20 自 ❶ ⟨顔色が⟩青ざめる. ❷ ⟨光が⟩弱まる; 色あせる

palidez [パリデス] 女 ❶ 蒼白. ❷ 薄明かり; 色あせ

pálido, da [パリド, ダ] 形 ❶ ⟨顔色が⟩青白い: tener la cara ～da/estar ～ 顔色が悪い, 青ざめている. ponerse ～ 青ざめる, 血の気を失う
❷ ⟨光が⟩弱い; ⟨色が⟩薄い

palillo [パリジョ] 男 ❶ つまようじ. ❷ 複 はし: comer con ～s はしで食べる. ❸ ⟨太鼓の⟩ばち, スティック. ❹ やせ細った人: estar hecho un ～ 骨と皮ばかりにやせている

paliza [パリサ] 女 ❶ 殴打: dar (pegar) a+人 una ～ …をひっぱたく. ❷ 惨敗. ❸ 重労働

palma [パルマ] 女 ❶ 手のひら: leer la ～ de la mano 手相を見る. ❷ ⟨植物⟩シュロ, ヤシ. ❸ 複 拍手; 手拍子: dar (batir) ～s 手をたたく; 手拍子を打つ

palmada [パルマダ] 女 手のひらで打つこと: dar una ～ a+人 en el hombro …の肩をポンとたたく

palmera [パルメラ] 女 ⟨植物⟩ヤシ

palmo [パルモ] 男 un ～ de... たいへん小さい(少ない)…
～ a ～ 徐々に, 少しずつ

palo [パロ] 男 ❶ ⟨主に木製の⟩棒; ボール: dar un ～ a... …を棒で打つ. matar a ～s 棒で殴り殺す. ❷ 帆柱, マスト. ❸ ⟨トランプ⟩組札. ❹ ⟨野球⟩バット; ⟨ゴルフ⟩クラブ

paloma [パロマ] 女 ハト(鳩): ～ mensajera 伝書鳩

palomita [パロミタ] 女 ポップコーン 〖～s de maíz〗

palpable [パルパブレ] 形 ❶ 手でさわることのできる. ❷ 明白な

palpar [パルパル] 他 手でさわってみる, 手さぐりする

palpitación [パルピタスィオン] 女 鼓動; 複 動悸(き)

palpitante [パルピタンテ] 形 ❶ 鼓動する. ❷ ⟨話題が⟩新鮮で興味深い

palpitar [パルピタル] 自 ❶ ⟨心臓が⟩鼓動する; 動悸(き)がする, ドキドキする. ❷ ピクピク動く

paludismo [パルディスモ] 男 ⟨医学⟩マラリア

pampa [パンパ] 女 パンパ 〖アルゼンチンの大草原〗

pan [パン] 男 ❶ パン: comer ～ con

mantequilla パンにバターをつけて食べる. ～ de molde 食パン. ～ rallado パン粉

❷ 薄片：～ de oro 金箔

Al ～, ～ y al vino, vino. 率直に(はっきりと)言うべきだ

el ～ de cada día 日常茶飯事

ganarse el ～ 生活費を稼ぐ

ser ～ comido たやすい, 朝めし前である

pana [パナ] 女 〈繊維〉 コーデュロイ

panadería [パナデリア] 女 パン店

panadero, ra [パナデロ, ラ] 名 パン職人, パン屋

Panamá [パナマ] 男 パナマ

panameño, ña [パナメニョ, ニャ] 形 名 パナマ〔人〕の; パナマ人

panamericano, na [パナメリカノ, ナ] 形 全アメリカの: carretera ～*na* パンアメリカンハイウェー

pancarta [パンカルタ] 女 プラカード, 横断幕

páncreas [パンクレアス] 男 〈解剖〉 すい臓

panda [パンダ] 男 〈動物〉 パンダ 〖oso ～〗

pandereta [パンデレタ] 女 タンバリン

pandilla [パンディジャ] 女 ❶ 遊び仲間. ❷ 一味, 徒党

panecillo [パネスィジョ] 男 小型のフランスパン, プチパン

panel [パネル] 男 ❶ ボード, パネル; 羽目板：～ solar ソーラーパネル. ❷ 表示板：～ electrónico 電光掲示板. ❸ 計器盤：～ de control コントロールパネル. ❹ 〈討論会の〉パネラー

panfleto [パンフレト] 男 〈政治的な〉パンフレット, ビラ

pánico [パニコ] 男 パニック

sembrar el ～ パニックを引き起こす

panorama [パノラマ] 男 ❶ 全景, パノラマ. ❷ 〈問題などの〉概観：～ político 政治展望

panorámico, ca [パノラミコ, カ] 形 全景の

pantalla [パンタジャ] 女 ❶ 画面, ディスプレー, スクリーン：～ táctil タッチパネル(スクリーン). ❷ 映写幕. ❸ 〈電灯の〉笠, シェード

～ *grande* 映画

pequeña ～ テレビジョン

pantalón [パンタロン] 男 〈複 pantalon*es*〉〈主に 複〉 ズボン：ponerse *pantalones* ズボンをはく. llevar *pantalones* ズボンをはいている. ～ *corto* 半ズボン, ハーフパンツ

pantano [パンタノ] 男 ❶ 沼. ❷ 貯水池

panteón [パンテオン] 男 ❶ 〈古代ギリシアの〉パンテオン. ❷ 霊廟

pantera [パンテラ] 女 ヒョウ(豹)：～ negra 黒ヒョウ

pantomima [パントミマ] 女 パントマイム

pantorrilla [パントリジャ] 女 ふくらはぎ

pantufla [パントゥフラ] 女 スリッパ, 室内ばき

panty [パンティ] 男 〈複 ～s〉〈主に 複〉 パンティストッキング

panza [パンサ] 女 ふくらんだ腹, 太鼓腹：tener ～ 腹が出ている

panzudo, da [パンスド, ダ] 形 腹の出た, 太鼓腹の

pañal [パニャル] 男 〈時に 複〉 おむつ, おしめ：cambiar el ～ a+人 …のおむつを取り替える. llevar ～s おむつをしている

paño [パニョ] 男 ❶ 〈繊維〉 ラシャ; 布地. ❷ タオル; ふきん〖～ de cocina〗; ぞうきん：secar los platos con el ～ ふきんで皿をふく

en ～s menores 下着姿で

pañuelo [パニュエロ] 男 ❶ ハンカチ：sonarse con un ～ ハンカチではなをかむ. ～ de bolsillo ポケットチーフ

❷ スカーフ, ネッカチーフ：llevar un ～ al cuello 首にスカーフを巻いている

papa [パパ] 男 〈主に P～〉 ローマ法王, 教皇

◆ 女 〈ラ〉 ジャガイモ 〖＝patata〗

papá [パパ] 男 〈複 ～s〉 パパ, お父さん; 〈複〉 パパとママ

papagayo [パパガジョ] 男 〈鳥〉 オウム

papaya [パパジャ] 女 〈果実〉 パパイヤ

papel [パペル] 男 ❶ 紙：envolver en ～ 紙で包む. avión de ～ 紙飛行機. ～ de cartas 便箋. ～ de cocina キッチンタオル. ～ higiénico トイレットペーパー. ～ pintado 壁紙

❷ 〈紙状のもの〉 ～ de aluminio アルミホイル. ～ de lija 紙やすり

❸ 〈複〉 書類：tener los ～es en regla 正規の書類を持っている

❹ 〈複〉〈口語〉 新聞

❺ 紙幣 〖～ moneda〗

❻ 〈演劇〉 役：desempeñar el ～ de malo 悪役を演じる. ～ principal 主役

❼ 役割, 役目：hacer su ～ 自分の役目を果たす

papeleo [パペレオ] 男 面倒な書類手続き

papelera¹ [パペレラ] 女 くずかご, ごみ箱

papelería [パペレリア] 女 文房具店

papelero, ra² [パペレロ, ラ] 形 紙の：industria ～*ra* 製紙業

papeleta [パペレタ] 女 ❶ 用紙, 券, カード：～ de examen 採点票. ～ de rifa 宝くじ券. ❷ 投票用紙：～ nula 無効票

paperas [パペラス] 女 複 〈医学〉 おたふく風

邪
papilla [パピジャ] 女 粥(ॐ)
paquete [パケテ] 男 ❶ 包み：～ postal 郵便小包
❷ パッケージ：un ～ de cigarrillos たばこ1箱
par [パル] 形 偶数の：número ～ 偶数
◆ 男 ❶ 2つ；いくつか：un ～ de días 2日；2, 3日
❷ 一対：un ～ de zapatos 靴1足
a la ～ 同時に
abrir de ～ *en* ～ 〈ドア・窓を〉いっぱいに開ける
no tener ～ 並ぶものがない
sin ～ 比類のない
para [パラ] 前 ❶〈目的〉…のために：1) ¿*P* ～ qué quieres dinero? 何のために金がほしいのか？ 2)〈+不定詞・que+接続法〉…するために：Hay que trabajar ～ comer. 食べるためには働かなくてはならない．Traigo el periódico ～ que lo leas. 私は君に読ませるために新聞を持ってきた
❷〈対象・用途〉…に対して，…用の：regalo ～ su hijo 息子への贈り物．película ～ niños 子供向きの映画．jarabe ～ la tos 咳止めシロップ
❸〈関与〉…にとって：Este libro es difícil ～ mí. この本は私にはむずかしい
❹〈方向〉…に向かって：Partieron ～ Málaga. 彼らはマラガへ発った．el expreso ～ Madrid マドリード行きの急行
❺〈比較〉…にしては：Este niño es alto ～ su edad. この子は年のわりに背が高い
❻〈期限〉…まで：Regresaré ～ el domingo. 日曜日までには戻ります．Déjalo ～ mañana. それはあしたにしなさい
～ *con...* …に対する(対して)
～ *sí* 自分自身に向かって，内心で
para-〈接頭辞〉「防御」「近接」などの意
parábola [パラボラ] 女 ❶ たとえ話，寓話．
❷〈数学〉放物線
parabólico, ca [パラボリコ, カ] 形 antena ～*ca* パラボラアンテナ
parabrisas [パラブリサス] 男〈単複同形〉〈自動車〉フロントガラス
paracaídas [パラカイダス] 男〈単複同形〉パラシュート
paracaidista [パラカイディスタ] 名 スカイダイバー；空挺隊員
parachoques [パラチョケス] 男〈単複同形〉〈自動車〉バンパー
parada[1] [パラダ] 女 ❶ 停留所：～ de autobús バス停．～ de taxis タクシー乗り場．
❷ 停止，停車：～ brusca 急停車．❸ パ

ード：～ militar 軍事パレード
paradero [パラデロ] 男 居場所，ゆくえ，ありか：en ～ desconocido ゆくえのわからない
parado, da[2] [パラド, ダ] 形 過分 ❶ 止まった，停止した：El reloj está ～. 時計が止まっている．fábrica ～*da* 閉鎖中の工場．❷ 失業した．❸〈ラ〉立った
◆ 名 失業者
paradoja [パラドハ] 女 逆説，パラドックス
parador [パラドル] 男〈スペインの〉国営観光ホテル
parafina [パラフィナ] 女〈化学〉パラフィン
paraguas [パラグアス] 男〈単複同形〉かさ：abrir el ～ かさをさす(開く)．cerrar el ～ かさをすぼめる(閉じる)．～ plegable 折りたたみがさ
Paraguay [パラグアイ] 男 パラグアイ
paraguayo, ya [パラグアジョ, ジャ] 形 名 パラグアイ〔人〕の；パラグアイ人
paraíso [パライソ] 男 ❶ 天国：ir al ～ 天国に行く
❷ 楽園
paraje [パラヘ] 男 所，場所
paralelo, la [パラレロ, ラ] 形〈a に〉平行な，並行した：camino ～ *al* río 川に並行して走る道
parálisis [パラリシス] 女 麻痺
paralítico, ca [パラリティコ, カ] 形 名 麻痺した〔患者〕
paralizar [パラリサル] 13 他 麻痺させる
◆ ～*se* 麻痺する
paramilitar [パラミリタル] 形 軍隊をまねた，軍隊式の
páramo [パラモ] 男 荒野，荒れ地
paraninfo [パラニンフォ] 男〈大学の〉講堂
paranoia [パラノイア] 女 パラノイア，偏執病
paranoico, ca [パラノイコ, カ] 形 名 パラノイアの〔患者〕，偏執狂的な
parar [パラル] 自 ❶ 止まる，停止する：Un coche *paró* delante de mí. 私の前に1台の車が止まった
❷ 宿泊する
❸〈de+不定詞 するのを〉やめる：Ha parado de llover. 雨がやんだ
❹〈en に〉行く：Va a ～ *en* la cárcel. 彼は結局刑務所行きになるだろう
◆ 他 止める：～ el motor エンジンを止める
◆ ～*se* ❶ 止まる；立ち止まる：*Se me ha parado* el reloj. 私の時計が止まってしまった
❷ やめる
❸〈ラ〉立つ，立ち上がる
sin ～ 続けて；ひんぱんに
pararrayos [パラらジョス] 男〈単複同形〉

避雷針

parásito, ta [パラシト, タ] 形 寄生する
- 男 寄生虫, 寄生生物
- 名 寄食者, いそうろう

parasol [パラソル] 男 ❶ ビーチパラソル. ❷〈自動車〉サンバイザー

paratifoidea [パラティフォイデア] 女〈医学〉パラチフス

parcela [パルセラ] 女 ❶〈土地の〉区画. ❷ 分譲地

parche [パルチェ] 男 ❶ 継ぎ, パッチ. ❷ 貼り薬, 膏薬

parcial [パルスィアル] 形 ❶ 部分的な, 一部分の: elecciones ~es 補欠選挙. negación ~ 部分否定. ❷ 不公平な, 偏った
- 男 中間試験

parcialidad [パルスィアリダ] 女 不公平, えこひいき

parcialmente [パルスィアルメンテ] 副 ❶ 部分的に. ❷ 不公平に

parco, ca [パルコ, カ] 形 控えめな: ser ~ en palabras 口数が少ない

pardo, da [パルド, ダ] 形 褐色の, 茶色の

parear [パレアル] 他 対(ﾂｲ)にする

parecer [パレセル] 20 自 …のように見える, …らしい: 1) El coche *parece* nuevo. その車は新車みたいだ. 2)〈a+人 にとって〉El examen nos *pareció* difícil. 試験はむずかしいように私たちには思えた. 3)〈+不定詞〉*Parece* tener muchos problemas. 彼はどうも問題をたくさんかかえているようだ. 4)〈que+直説法〉*Parece que* va a llover. 今にも雨が降りそうだ. Me *parece que* es mentira. 私はそれはうそだと思う
- ~se〈a に/互いに〉似ている: Ella *se parece* mucho *a* su madre. 彼女は母親にそっくりだ
- 男 ❶ 意見, 見方: Soy del mismo ~ que tú. 私は君と同意見だ. ❷ 顔だち, 外見
- *a mi* ~ 私の考えでは
- *al* ~ 見たところ, 外見では
- *¿Qué te parece?* 君はどう思う?
- *¿Qué te parece si*+直説法1人称複数*?*〈勧誘〉…しませんか?
- *según parece* 見たところ, 外見では
- *si te parece...* 君がよければ〔…しよう〕

parecido, da [パレスィド, ダ] 形 過分〈a に〉似ている: Es muy ~ *a* su padre. 彼は父親とよく似ている. Los hermanos son ~s en carácter. その兄弟は性格が似ている
- 男 似ていること, 類似: tener ~ con... …と似ている
- *bien* ~ 容姿のよい

pared [パレ] 女 壁, 塀: colgar una foto en la ~ 壁に写真を掛ける

pareja¹ [パレハ] 女 ❶ ペア, カップル;〈動物の〉つがい: formar ~ con... …とペアになる. hacer buena ~ お似合いのカップルである. en ~ ペアになって, カップルで. ❷ ペア(対)の片方: ~ de baile ダンスの相手
- *por* ~*s* 2つずつ, 2人ずつ
- *vivir en* ~ 同棲する

parejo, ja² [パレホ, ハ] 形 ❶ 同じような; 同じ. ❷〈ラ〉平坦な

parentela [パレンテラ] 女〈集合的に〉親類縁者

parentesco [パレンテスコ] 男 血縁関係, 親戚関係

paréntesis [パレンテシス] 男〈単複同形〉かっこ;〔特に〕丸かっこ: poner... entre ~ …をかっこに入れる
- *entre* ~ ついでながら, 余談として

parezca-, parezco ⇨parecer 20

paridad [パリダ] 女 ❶ 同等, 同一. ❷〈通貨の〉レート

pariente, ta [パリエンテ, タ] 名 親戚, 親類: ~ cercano 近い親戚. ~ lejano 遠い親戚

parir [パリル] 他 自 産む, 出産する

parking [パルキン] 男〈複 ~s〉〈主に有料の〉駐車場

parlamentar [パルラメンタル] 自 交渉する, 折衝する

parlamentario, ria [パルラメンタリオ, リア] 形 議会の: democracia ~*ria* 議会制民主主義
- 男 国会議員

parlamento [パルラメント] 男〈主に P~〉議会, 国会; 国会議事堂

parlanchín, na [パルランチン, ナ] 形〈口語〉おしゃべりな〔人〕; 口の軽い〔人〕

paro [パロ] 男 ❶ 止めること; 止まること: ~ cardíaco 心拍停止. ❷〈ス〉失業 〖= forzoso〗: estar en ~ 失業している. ❸〈ス〉失業保険給付金: cobrar el ~ 失業手当をもらう. ❹ 操業停止;〈ラ〉ストライキ

parodia [パロディア] 女 もじり, パロディー

parodiar [パロディアル] 他 もじる, パロディー化する

parpadear [パルパデアル] 自 ❶ まばたきする. ❷〈星などが〉またたく

parpadeo [パルパデオ] 男 まばたき

párpado [パルパド] 男 まぶた

parque [パルケ] 男 ❶ 公園: ~ de ocio アミューズメントパーク. ~ nacional 国立公園. ❷ 機材置き場: ~ de bomberos〈ス〉消防署

parquímetro [パルキメトロ] 男 パーキングメーター

parra [パラ] 囡〈棚作りの〉ブドウの木

párrafo [パラフォ] 男 パラグラフ, 段落, 節

parricidio [パリスィディオ] 男 近親殺人〖特に父母, 配偶者〗

parrilla [パリジャ] 囡〈料理〉網焼き: carne a la ~ 網焼きの肉

parrillada [パリジャダ] 囡〈料理〉❶ 網焼きの魚介類や肉. ❷〈ラ〉ステーキ・チョリソなどの盛り合わせ

párroco [パロコ] 男〈カトリック〉教区司祭

parroquia [パロキア] 囡〈カトリック〉小教区; 教区教会

parroquiano, na [パロキアノ, ナ] 名〈小教区〉の信者

parsimonia [パルスィモニア] 囡 温和, 平静; のろさ

parte[1] [パルテ] 囡 ❶ 部分: dividir en dos ~s 二分する. la mayor ~ de los españoles スペイン人の大部分
❷〈分数〉una tercera ~ 3分の1. dos terceras ~s 3分の2
❸ 場所: ¿De qué ~ de España es usted? スペインのどちらのご出身ですか? en alguna ~ de Europa ヨーロッパのどこかで. en (por) todas ~s いたる所に, どこにでも
❹〈党派などの〉側;〈当事者の〉一方: por ~ de obreros 労働者側としては. ~ litigante 原告側
❺ 分け前; 分担
de... a esta ~ …から今まで, …以来
de ~ *de*+人 1）…から, …としては: *De mi* ~ no hay ningún inconveniente. 私としては何ら不都合はない 2）…の代理で: Dale recuerdos *de mi* ~. 彼によろしく伝えてください. 3）…に味方して: Estoy *de tu* ~. 僕は君の味方だ
¿De ~ *de quién?*〈電話で・訪問者に〉どちらさまですか?
de un tiempo a esta ~ 最近
en gran ~ 大部分, 主に
en ~ 部分的に
en ninguna ~ どこにも〔…ない〕
formar ~ *de...* …の一部をなす; 一員となる
por mi ~ 私としては
por otra ~ 他方では, その上
tomar ~ *en...* …に参加する

parte[2] [パルテ] 男 ❶ 報告, 報告書: dar ~ a su superior 上司に報告する. ❷ ニュース〔番組〕: ~ meteorológico 天気予報

partera [パルテラ] 囡 助産婦

partición [パルティスィオン] 囡 分配

participación [パルティスィパスィオン] 囡 ❶ 参加. ❷〈経済〉市場占有率, シェア. ❸ 通知, 挨拶状

participante [パルティスィパンテ] 形 参加する: país ~ 参加国
◆ 名〈en への〉参加者: ~*s en* una manifestación デモの参加者

participar [パルティスィパル] 自 ❶〈en に〉参加する: ~ *en* los juegos olímpicos オリンピックに出場する. ❷〈de を〉共有する: ~ *de* la misma opinión 同じ意見である
◆ 他 知らせる

partícipe [パルティスィペ] 形 名 参加する; 参加者

participio [パルティスィピオ] 男〈文法〉過去分詞〖~ pasado〗

partícula [パルティクラ] 囡 微粒子

particular [パルティクラル] 形 ❶ 独特の, 特有の: costumbre ~ de Japón 日本独特の習慣
❷ 特別の, 特殊な:〔No hay〕Nada de ~. 別に変わったことはありません
❸ 個人的な, 私的な: clase ~ 個人授業. correspondencia ~ 私信
❹ 個々の, 個別の: caso ~ 個々の場合; 具体的なケース
◆ 名 一個人, 私人; 一般人
en ~ 特に, とりわけ
sin otro ~ 〈手紙〉まずは要件のみ

particularidad [パルティクラリダ] 囡 独自性, 特殊性, 特徴

particularmente [パルティクラルメンテ] 副 ❶ 特に. ❷ 個々に

partida [パルティダ] 囡 ❶ 出発: fecha de ~ 出発日
❷〈チェス・トランプ・ゴルフ・卓球などの〉試合: jugar una ~ de ajedrez チェスを一局する
❸〈商品の〉一口: comprar una ~ de... …を1口購入する
❹ 戸籍〔抄本・謄本〕: ~ de nacimiento 出生証明書, 戸籍謄本
❺〈帳簿・予算の〉項目: doble ~ 複式簿記
❻〈人の〉群れ, グループ

partidario, ria [パルティダリオ, リア] 形 名〈de を〉支持する, 信奉する; 支持者, 味方

partido [パルティド] 男 過分 ❶ 政党; 党派: acusar al ~ del gobierno 与党を非難する. ~ de la oposición 野党
❷ 試合: Hay ~ de béisbol hoy. きょう野球の試合がある. jugar un ~ de tenis テニスを一試合する
sacar ~ *de...* …から利益を得る
tomar ~ *por...* …の方に味方する

partir [パルティル] 自 出発する: Han partido para Barcelona. 彼らはバルセロナに向けて出発した

◆ 他 ❶ 分割する, 分ける: ～ un pastel en cinco ケーキを5つに切る. ～ su fortuna entre sus hijos 財産を子供たちに分け与える ❷ 割る: ～ un huevo 卵を割る
◆ ～se ひびが入る, 割れる
a ～ *de* ... …から: *a* ～ *de* mañana あすから

partitura [パルティトゥラ] 囡 〈音楽〉総譜, 楽譜

parto [パルト] 男 出産, 分娩: estar de ～ 陣痛が始まっている, 分娩中である. ～ difícil 難産

párvulo, la [パルブロ, ラ] 名 ❶ 幼稚園児. ❷ 幼児

pasa [パサ] 囡 干しブドウ
◆ 動詞活用形 ⇒pasar

pasada[1] [パサダ] 囡 ❶ 〈拭く・塗る〉作業, 処理: dar otra ～ de pintura a la puerta ペンキをもう一度ドアに塗る
de ～ 1) ざっと, 急いで. 2) ついでに
jugar una mala ～ 汚い手を使う

pasadizo [パサディソ] 男 狭い通路；抜け道, 裏道；渡り廊下

pasado[1] [パサド] 男 過去, 昔: olvidar el ～ 過去のことを忘れる. en el ～ 過去には, 昔は

pasado, da[2] [パサド, ダ] 形 過分 ❶ 過ぎ去った, 過去の: el ～ 2 de junio 去る6月2日. el ～ domingo この前の日曜日. por estos tres años ～*s* この3年間 ❷ 古くなくなった；〈布が〉すり切れた；煮(焼き)すぎた；〈食べ物が〉いたみかけた
lo ～, *lo* ～ 過ぎたことはしかたがない

pasador [パサドル] 男 ❶ 髪留め, バレッタ. ❷ ネクタイピン. ❸ 〈ドアなどの〉掛け金

pasaje [パサへ] 男 ❶ 通過, 移動. ❷ 通路；横丁, 抜け道. ❸ 〈作品の〉一節. ❹ 〈ラ〉〈乗り物の〉切符. ❺ 〈ラ〉〈集合的に〉乗客

pasajero, ra [パサヘロ, ラ] 形 つかの間の, 一時的な
◆ 名 乗客, 旅客: lista de ～s 乗客名簿

pasamanos [パサマノス] 男〈単複同形〉手すり

pasamontañas [パサモンタニャス] 男〈単複同形〉目だし帽

pasaporte [パサポルテ] 男 パスポート, 旅券: sacar el ～ パスポートを取る

pasar [パサル] 自 〈por を〉通る, 通過する；立ち寄る: ～ *por* la calle 通りを行く. Este tren *pasa por* Toledo. この列車はトレドを通る. *Pasaré por* tu casa. 君の家へ寄るよ
❷ 〈a に〉移る, 移動する；入る: Pasamos al comedor. 私たちは食堂に移った. Pasa, pasa. 入って, 入って
❸ 起こる: No sé lo que *pasó*. 私は何が起きたか知らない. ¿Qué te *pasa*? どうしたの？Son cosas que *pasan*. よくあることだ
❹ 〈時が〉過ぎる；終わる: Han pasado cinco años desde que estalló la guerra. 戦争が起きてから5年が過ぎた. Ha pasado el peligro. 危機は去った
❺ 〈de を〉超過する: ～ *de* los 30 grados 30度を越える
❻ 〈por と〉みなされる: Se hizo ～ *por* mi hija. 彼女は私の娘のふりをした
◆ 他 ❶ 越える, 通り越える: ～ el río 川を渡る. ～ el límite 限界を越える；度を越す ❷ 合格する: ～ el examen 試験にうかる ❸ 〈時を〉過ごす: *Pasó* dos años en España. 彼は2年間スペインで過ごした ❹ 渡す；移す, 動かす: *Pásame* la sal, por favor. 塩を取ってください ❺ 耐える, 忍ぶ: ～ hambre ひもじい思いをする. ～ frío 寒さを耐え忍ぶ ❻ なでる: ～ la mano por la mejilla 頬をなでる
◆ ～se ❶ 〈時が〉過ぎる: Se ha pasado una noche intranquila. 不安な一夜が去った. ❷ 終わる: Se me ha pasado el dolor. 私は痛みがなくなった. ❸ 通り過ぎる；ゆきすぎる. ❹ 〈敵・反対陣営に〉移る: ～se al enemigo 敵に寝返る. ❺ 〈a+人 に〉忘れられる: Se me pasó tomar la medicina. 私は薬を飲むのを忘れた. ❻ 変質する, 傷む
lo que pasa es que+直説法 実を言うと…
～*lo* 暮らしていく；過ごす: ¿Cómo *lo pasas*? 調子はどうだい？
～*lo bien* 楽しく過ごす: *Lo pasé* muy *bien*. 私はとても楽しかった
～*lo mal* ひどい目に会う
pasárselo bien 楽しく過ごす
pase lo que pase 何が起きようと, ともかく
¿Qué pasa? 何か変わったことは?/何事だ?/やあどうだい

pasarela [パサレラ] 囡 ❶ 歩道橋. ❷ 〈港・空港の〉ローディングブリッジ. ❸ 〈ファッションショーなどの〉張り出し舞台

pasatiempo [パサティエンポ] 男 気晴らし, 暇つぶし

pascal [パスカル] 男 〈気圧の単位〉パスカル

Pascua [パスクア] 囡 〈カトリック〉 ❶ 復活祭, イースター 〖～ de Resurrección〗. ❷ 複 クリスマス 〖～ de Navidad〗: celebrar las ～s クリスマスを祝う. ¡Felices ～s! メリークリスマス！

pase [パセ] 男 ❶ 通行許可証, パス；無料

入場券(乗車券). ❷ 通過, 通行. ❸ 〈スポーツ〉パス: dar ~ パスを送る. ❹ 上映 〖~ de la película〗. ❺ ファッションショー〖~ de modelos〗

pasear [パセアル] 自・~**se** ❶ 散歩する: por el parque 公園を散歩する. ❷ ドライブをする〖~ en coche〗; サイクリングをする〖~ en bicicleta〗

◆ 他 散歩させる, 連れ歩く: ~ al perro 犬を散歩させる

paseo [パセオ] 男 ❶ 散歩: dar un ~ por ... …を散歩する. ir de ~ 散歩に行く. salir de ~ 散歩に出かける
❷ 散歩道, 遊歩道

pasillo [パシジョ] 男 廊下, 通路: ~ rodante 動く歩道

pasión [パシオン] 女 ❶ 情熱: con ~ 熱烈に
❷ 熱狂, 熱中: tener ~ por el fútbol サッカーマニアである
❸ 〈*P*~〉キリストの受難

pasional [パシオナル] 形 情熱の: crimen ~ 情痴犯罪

pasividad [パシビダ] 女 消極性

pasivo, va [パシボ, バ] 形 ❶ 受け身の, 消極的な: actitud ~*va* 消極的な態度
❷ 〈文法〉受動の

pasmado, da [パスマド, ダ] 形 過分 仰天した: con los ojos ~*s* 目を丸くして

pasmar [パスマル] 他 ❶ 仰天させる, 啞然とさせる. ❷ 凍えさせる
◆ ~**se** ❶ 仰天する. ❷ 凍える

pasmo [パスモ] 男 驚き, 仰天

pasmoso, sa [パスモソ, サ] 形 驚くべき

paso [パソ] 男 ❶ 通過, 通行: Prohibido el ~ 通行止め. ~ del tiempo 時間の経過
❷ 一歩; 歩み: dar un ~ adelante (atrás) 一歩進む(下がる). andar a grandes ~*s* 大またで歩く. con ~ firme しっかりとした足どりで. con ~*s* furtivos 足音を忍ばせて
❸ 通路, 通り道: ~ a nivel 踏切. ~ de peatones 横断歩道. ~ subterráneo 地下道
❹ 峠
❺ 海峡: ~ de Calais ドーバー海峡, 英仏海峡
❻ 複 手段, 手続き
❼ 〈ダンスの〉ステップ: bailar a ~ de tango タンゴのステップで踊る

a buen ~ 急いで
a cada ~ しょっちゅう, ひんぱんに
a dos ~*s de* ... …のすぐ近くに
a este (ese) ~ こんな(そんな)調子では
abrir (se) ~ 道を切り開く
ceder el ~ 道を譲る
dar ~ *a*+人 …に道をあける
de ~ ついでに, 通りがかりに
~ *a* ~ 一歩一歩, ゆっくりと
salir con ~ 1)〈a+人 を〉待ち構える, 立ちだかる. 2)〈de の〉流れを止める

pasodoble [パソドブレ] 男 〈舞踊・音楽〉パソドブレ

pasota [パソタ] 名 〈ス〉〈政治・社会問題に〉無関心な人, しらけた人

pasta [パスタ] 女 ❶ 〈料理〉生地. ❷ 〈料理〉パスタ. ❸ 〈ス〉クッキー. ❹ ペースト状のもの: ~ dentífrica ~ de dientes 練り歯みがき. ~ de papel パルプ. ❺ 〈口語〉お金

pastar [パスタル] 自 〈家畜が〉牧場の草を食べる

pastel [パステル] 男 ❶ ケーキ; パイ: ~ de queso チーズケーキ. ❷ 〈美術〉パステル; パステル画〖pintura al ~〗

pastelería [パステレリア] 女 ケーキ店

pastelero, ra [パステレロ, ラ] 名 ケーキ製造職人, パティシエ; ケーキ店主

pasteurizado, da [パステウリサド, ダ] 形 低温殺菌の

pastilla [パスティジャ] 女 ❶ 錠剤: ~ para la tos 咳止めトローチ. ❷ 小片: una ~ de jabón 石けん 1 個. una ~ de chocolate チョコレート 1 個. ~ de caldo スープキューブ

pasto [パスト] 男 ❶ 牧草; 複 牧草地. ❷ 飼料

pastor, ra [パストル, ラ] 名 ❶ 羊飼い. ❷ 〈プロテスタント〉牧師
◆ 男 ❶ 〈カトリック〉司教. ❷ 牧羊犬: ~ alemán ドイツシェパード

pastoral [パストラル] 形 ❶ 司教の; 牧師の. ❷ 田園生活の; 牧歌的な

pata [パタ] 女 〈動物・家具などの〉脚, あし: andar a cuatro ~*s* 四つんばいで歩く
meter la ~ へまをする
~*s arriba* 〈口語〉あおむけにひっくり返って; ひどく乱雑に
~*s de gallo* 目尻のしわ, カラスの足跡
tener mala ~ 運が悪い

patada [パタダ] 女 蹴とばし, 蹴り: dar una ~ al balón ボールを蹴る

patalear [パタレアル] 自 ❶ 足をバタバタさせる. ❷ 足を踏み鳴らす, じだんだを踏む

patata [パタタ] 女 〈ス〉ジャガイモ: ~*s* fritas フライドポテト; ポテトチップス

patear [パテアル] 他 ❶ 蹴る, 蹴とばす. ❷ 踏みにじる
◆ 自 足を踏み鳴らす, じだんだを踏む

patente [パテンテ] 形 明らかな

paternal [パテルナル] 形 父親らしい: cariño ～ 父性愛

paternidad [パテルニダ] 女 父親であること, 父性

paterno, na [パテルノ, ナ] 形 父方の: tío ～ 父方のおじ

patético, ca [パテティコ, カ] 形 悲壮な, 悲痛な

patilla [パティジャ] 女 頬ひげ, もみあげ

patín [パティン] 男〈複 pat*i*nes〉アイススケート靴『～ de hielo』; ローラースケート靴『～ de ruedas』

patinaje [パティナヘ] 男 スケート: ～ sobre hielo アイススケート. ～ sobre ruedas ローラースケート

patinar [パティナル] 自 ❶ スケートをする, スケートで滑る. ❷〈車が〉スリップする

patinazo [パティナソ] 男 ❶〈車輪の〉から回り, スリップ. ❷ とちり, へま

patio [パティオ] 男 ❶ 中庭, パティオ: ～ de escuela/～ de recreo 校庭
❷〈劇場・映画館の〉1階席, 平土間

pato [パト] 男〈鳥〉アヒル

patógeno, na [パトヘノ, ナ] 形 病因となる: gérmenes ～s 病原菌
◆ 男 病原体

patología [パトロヒア] 女 病理学

patológico, ca [パトロヒコ, カ] 形 ❶ 病理学の. ❷ 病的な

patoso, sa [パトソ, サ] 形 ❶ ぎこちない. ❷ 気のきかない

patraña [パトラニャ] 女 作り話, 大うそ

patria [パトリア] 女 ❶ 祖国: volver a la ～ 祖国に帰る
❷ 故郷『～ chica』: la segunda ～ 第二の故郷

patriarca [パトリアルカ] 男 長老, 古老; 家長, 族長

patrimonio [パトリモニオ] 男 ❶ 世襲財産. ❷〈社会的な〉遺産: ～ nacional 国有財産. ～ cultural 文化遺産, 文化財. P～ de la Humanidad〈ユネスコの〉世界遺産

patriota [パトリオタ] 名 愛国者

patriótico, ca [パトリオティコ, カ] 形 愛国の, 愛国心による

patriotismo [パトリオティスモ] 男 愛国心, 祖国愛

patrocinador, ra [パトロスィナドル, ラ] 名 後援者, スポンサー〔の〕

patrocinar [パトロスィナル] 他 ❶ 後援する, 庇護する. ❷〈番組を〉提供する;〈催し物を〉協賛する

patrocinio [パトロスィニオ] 男 後援, 助成: con (bajo) el ～ de... …後援の, …協賛の

patrón, na [パトロン, ナ] 名〈男 複 pat*ro*nes〉❶ 経営者. ❷〈古語〉親方, 雇い主. ❸ 守護聖人. ❹〈下宿屋の〉主人
◆ 男 ❶〈服の〉型紙, パターン. ❷ 型, 原型

patronal [パトロナル] 形 経営者の: sindicato ～ 雇用者組合

patronato [パトロナト] 男 ❶ 経営者団体. ❷ 財団

patrulla [パトルジャ] 女 パトロール隊: ～ costera 沿岸警備隊. coche ～ パトロールカー

patrullar [パトルジャル] 自 他 パトロールする

patrullero, ra [パトルジェロ, ラ] 形 哨戒の: barco ～ 巡視船, 哨戒艇

paulatino, na [パウラティノ, ナ] 形 ゆっくりした, 徐々の

pausa [パウサ] 女 中断; 休憩, 休止: hacer ～ ポーズを置く
con ～ ゆっくりと: hablar *con* ～ ゆっくり話す

pausado, da [パウサド, ダ] 形 ゆっくりした

pauta [パウタ] 女 規準, 規範: servir de ～ a... …に手本となる

pavimentar [パビメンタル] 他 舗装する

pavimento [パビメント] 男 舗装面

pavo [パボ] 男 七面鳥: ～ real クジャク
edad del ～〈大人になりかけの〉少年期

pavonear [パボネアル] ～se 思い上がる;〈deを〉誇る

pavor [パボル] 男〈激しい〉恐怖

pavoroso, sa [パボロソ, サ] 形 ぞっとするような

payaso, sa [パジャソ, サ] 名 道化師, ピエロ

paz [パス] 女〈複 paces〉❶ 平和: mantener la ～ 平和を維持する. firmar la ～ 講和条約に調印する
❷ 和解: hacer las paces con+人 …と仲直りする
❸ 安らぎ, 平安: vivir en ～ 仲よく暮らす
dejar... en ～ …をそっとしておく: *Déjame en* ～. 放っておいてくれ
...que en ～ *descanse*〈死者に言及して〉故…

PD.〈略語〉追伸『←posdata』

peaje [ペアヘ] 男 ❶ 通行料: carretera (autopista) de ～ 有料道路. ❷ 料金所

peatón, na [ペアトン, ナ] 名〈男 複 peat*o*nes〉歩行者

peatonal [ペアトナル] 形 歩行者の: zona ～ 歩行者天国

peca [ペカ] 囡 そばかす: lleno de ~s そばかすだらけの
◆ 動詞活用形 ⇨**pecar**
pecado [ペカド] 男 過分 〈宗教上の〉罪, 過ち: los siete ~s capitales 七つの大罪. ~ original 原罪
pecador, ra [ペカドル, ラ] 形 罪のある, 罪深い
◆ 名 罪人(沈)
pecaminoso, sa [ペカミノソ, サ] 形 罪深い
pecar [ペカル] 73 自 罪を犯す, 過ちを犯す
pecera [ペセラ] 囡 金魚鉢, 水槽
peces 男 複 ⇨**pez**
pecho [ペチョ] 男 ❶ 胸, 胸部: apretar a +人 contra el ~ …を胸に抱き締める
❷ 乳房
a lo hecho, ~ すんだことはすんだことだ
abrir su ~ a+人 …に胸のうちを打ち明ける
dar el ~ 〈a 赤ん坊に〉乳房を含ませる, おっぱいをあげる
tomarse... a ~ …に執心する; …を本気にする
pechuga [ペチュガ] 囡 ❶ 〈鶏の〉胸肉. ❷ 〈口語〉〈女性の〉胸もと
pecoso, sa [ペコソ, サ] 形 そばかすだらけの
peculiar [ペクリアル] 形 独特の, 特有の
peculiaridad [ペクリアリダ] 囡 独自性, 特徴
pedagogía [ペダゴヒア] 囡 教育学, 教育法
pedagogo, ga [ペダゴゴ, ガ] 名 教育家, 教育学者
pedal [ペダル] 男 ペダル: pisar el ~ ペダルを踏む
pedalear [ペダレアル] 自 自転車をこぐ
pedante [ペダンテ] 形 名 学者ぶった〔人〕, ペダンチックな; 知ったかぶりの
pedantería [ペダンテリア] 囡 学者気どり
pedazo [ペダソ] 男 一片, 一かけら: un ~ de queso チーズ1切れ. partir la carne en ~s 肉を切り分ける
caerse a ~s ぼろぼろになる
hacer ~s 1) 粉々にする. 2) くたくたに疲れさせる
pedestal [ペデスタル] 男 台石, 台座
pediatra [ペディアトラ] 名 小児科医
pediatría [ペディアトリア] 囡 小児科, 小児医学
pedido [ペディド] 男 過分 〈商業〉注文: hacer un ~ 発注する
pedir [ペディル] 56 他 ❶ 頼む, 求める: 1) ~ el apoyo de+人 …の支持を求める. ~ aumento de sueldo 賃上げを要求する. ~ una entrevista a+人 …にインタビューを申し込む. 2) 〈+不定詞・que+接続法 するように〉Me ha pedido que llame un taxi. 私は彼にタクシーを呼ぶように言われた
❷ 注文する: ~ un café コーヒーを注文する
❸ 〈por に〉値をつける: ¿Cuánto *piden por* el cuadro? その絵にはいくらの値がつけられていますか?
❹ 必要とする
❺ 〈恋人の〉両親に結婚の承諾を求める〖~ la mano〗
pedo [ペド] 男 〈口語〉おなら: tirarse un ~ おならをする
pedrada [ペドラダ] 囡 投石; 投石がぶつかること
pegadizo, za [ペガディソ, サ] 形 〈曲などが〉覚えやすい
pegajoso, sa [ペガホソ, サ] 形 くっつきやすい, べたべたした
pegamento [ペガメント] 男 接着剤, 糊
pegar [ペガル] 55 他 ❶ くっつける, 貼りつける: ~ un sello en un sobre 封筒に切手を貼る
❷ 殴る; 〈a+人 に, …の打撃を〉加える: ~ a+人 en la cara …の顔を殴る. ~ un puntapié a+人 …を蹴とばす
❸ 感染させる, うつす
❹ 行なう: ~ un grito 叫び声をあげる. ~ un salto とび上がる. ~ un tiro 撃つ, 射撃する
◆ 自 ❶ 〈en・a に〉接する, くっつく: La cama *pega en* la pared. ベッドは壁に接している. ❷ 〈con に〉ふさわしい, 似合う. ❸ ぶつかる
◆ ~se ❶ くっつく: El barro *se pega* a los zapatos. 泥が靴につく. ❷ まとわりつく; 押しかける. ❸ 感染する
pegatina [ペガティナ] 囡 〈ス〉シール, ステッカー
peinado [ペイナド] 男 過分 ❶ 髪形, ヘアスタイル. ❷ 整髪, セット
peinar [ペイナル] 他 くしですく: ~ a+人 el cabello …の髪をとかす
◆ ~se 〈自分の〉髪をすく
peine [ペイネ] 男 くし
peineta [ペイネタ] 囡 〈髪飾り用の〉くし
p.ej. 〈略語〉たとえば 〖=por ejemplo〗
pelado, da [ペラド, ダ] 形 過分 むき出しの: campo ~ 何も生えてない畑. cabeza ~da はげ頭; 短く刈った頭
pelaje [ペラヘ] 男 ❶ 〈動物の〉毛並み. ❷ 外見, 様子
pelambre [ペランブレ] 囡 もじゃもじゃの毛
pelar [ペラル] 他 ❶ …の毛をむしる(刈る); 皮をはぐ. ❷ 〈野菜などの〉皮をむく; 殻を取

る: ～ una patata ジャガイモの皮をむく. ～ un huevo 卵の殻をむく. ❸ …の髪を短く刈る; 髪を剃る. ❹ 〈賭け事で〉一文なしにする, 身ぐるみはぐ
◆ ~se ❶ 散髪してもらう: Voy a ~me. 私は散髪に行く. ❷ 〈日焼けで〉皮膚がむける
hacer un frío que pela 身を切るような寒さである

peldaño [ペルダニョ] 男 〈階段の〉段, ステップ

pelea [ペレア] 女 ❶ けんか, 戦い: buscar ~ けんかを売る. ~ de gallos 闘鶏 ❷ 〈格闘技の〉試合

pelear [ペレアル] 自 ❶ 〈con と〉けんかする, 戦う: ~ *con* su hermano 兄(弟)とけんかをする. ❷ 〈por のために〉努力する, 奮闘する
◆ ~se 〈互いに/con と〉けんかする: ~se por una tontería つまらないことでけんかする

peletería [ペレテリア] 女 毛皮店

pelícano [ペリカノ] 男 〈鳥〉ペリカン

película [ペリクラ] 女 ❶ 映画: ver una ~ española スペイン映画を見る. ~ de dibujos animados アニメ映画 ❷ フィルム

peligro [ペリグロ] 男 危険: estar en ~ 危険にさらされている. ponerse en ~ 危険に陥る
correr [el] ~ 〈de の〉危険がある; 危険を冒す
fuera de ~ 危険を脱した;〈病人が〉峠を越した

peligroso, sa [ペリグロソ, サ] 形 危険な, あぶない: zona ~sa 危険区域

pelirrojo, ja [ペリろホ, ハ] 形 赤毛の

pellejo [ペジェホ] 男 毛皮, 皮革

pellizcar [ペジスカル] 他 つねる, つまむ

pellizco [ペジスコ] 男 ❶ つねること. ❷ 1つまみ〔の量〕

pelma [ペルマ] 名 〈口語〉うるさい人, うんざりさせる人

pelmazo, za [ペルマソ, サ] 名 =pelma

pelo [ペロ] 男 ❶ 髪, 髪の毛: Me he cortado el ~. 私は髪を切ってもらった/私は自分で髪を切った
❷ 毛: Este perro tiene el ~ largo. この犬は毛が長い. ~ fino うぶ毛
no tener ~s en la lengua 歯に衣(きぬ)を着せない
ponerse a+人 los ~s de punta 〈恐怖で〉…の毛が逆立つ
por los ~s きわどいところで, 間一髪
tomar a+人 el ~ …をからかう

pelón, na [ペロン, ナ] 形 名 頭のはげた〔人〕, 髪の毛の薄い〔人〕

pelota [ペロタ] 女 ❶ ボール, 球〔スペインでは小さいボール(大きいのは balón), 中南米では大きさに関わらず〕: ~ de tenis テニスボール. ~ de fútbol 〈ラ〉サッカーボール
❷ 〈スポーツ〉ペロータ, ハイアライ〔~ vasca〕 *en ~s* 裸で
hacer la ~ 〈a+人 に〉おべっかを使う, ゴマをする

pelotón [ペロトン] 男 ❶ 一団の人. ❷ 〈軍事〉分隊

peluca [ペルカ] 女 かつら: llevar ~ かつらをかぶっている

peludo, da [ペルド, ダ] 形 毛深い, 毛むくじゃらの

peluquería [ペルケリア] 女 理髪店; 美容院〔~ de señoras〕

peluquero, ra [ペルケロ, ラ] 名 理髪師; 美容師

pelusa [ペルサ] 女 ❶ 〈植物・布地の〉毛, けば. ❷ うぶ毛

pelvis [ペルビス] 女 〈解剖〉骨盤

pena [ペナ] 女 ❶ 苦悩, 悲嘆: Su muerte me produjo mucha ~. 彼の死に私の心はひどく痛んだ
❷ 苦労, 労力: pasar muchas ~s たいへん苦労する
❸ 罰, 刑罰: imponer a+人 una ~ de cinco años de cárcel …を懲役5年に処する. ~ capital/~ de muerte 極刑, 死刑
a duras ~s 苦労して
dar ~+不定詞・que+接続法 …するのはつらい: Me *da* mucha ~ ver a los refugiados. 難民たちを見るのはつらい
Es una ~ que+接続法 …とは残念(気の毒)だ
merecer la ~+不定詞 …するだけの価値がある: No *merece* la ~ leer ese libro. その本は読むに値しない
¡Qué ~ que+接続法! …とは何とつらい(残念な・気の毒な)ことか!
valer la ~+不定詞=merecer la ~+不定詞

penacho [ペナチョ] 男 〈鳥の〉冠羽;〈帽子などの〉羽飾り

penal [ペナル] 形 刑罰の; 刑事法上の
◆ 男 刑務所

penalidad [ペナリダ] 女 ❶ 複 苦労, 困難. ❷ 刑罰

penalti [ペナルティ] 男 〈スポーツ〉ペナルティ, 反則; ペナルティキック
casarse de ~ できちゃった結婚をする

penar [ペナル] 他 …に刑罰を課する
◆ 自 つらい思いをする, 苦しむ

pendiente [ペンディエンテ] 形 ❶ 未解決

の: asunto ～ 懸案事項. ❷ ⟨de を⟩ 待つ: estar ～ de resolución 決定待ちである. ❸ ⟨de に⟩ たいへん注意を払っている. ❹ たれ下がった. ❺ 傾いた
◆ 男 耳飾り, イヤリング, ピアス
◆ 女 坂, 勾配

péndulo [ペンドゥロ] 男 振り子
pene [ペネ] 男 陰茎, ペニス
penetración [ペネトラスィオン] 女 入り込むこと, 侵入; 貫通. ❷ 理解, 洞察力
penetrante [ペネトランテ] 形 ❶ しみ通る, 刺すような. ❷ ⟨音・感覚などが⟩ 鋭い
penetrar [ペネトラル] 自 ⟨en に⟩ 入り込む, 侵入する: ～ en la selva ジャングルに分け入る
◆ 他 ❶ 貫く, 刺す. ❷ 見抜く
península [ペニンスラ] 女 半島: P～ Ibérica イベリア半島
peninsular [ペニンスラル] 形 名 ❶ 半島の. ❷ イベリア半島の〔人〕: hora ～ スペインの本土時間
penitencia [ペニテンスィア] 女 ❶ ⟨カトリック⟩ 悔悛(くいか), 悔い改め; 告解の秘跡; 償い. ❷ 罰, 苦行
penitenciaría [ペニテンスィアリア] 女 刑務所
penitenciario, ria [ペニテンスィアリオ, リア] 形 刑務所の
penitente [ペニテンテ] 名 ⟨カトリック⟩ 告解者, 悔悛(くいか)者
penoso, sa [ペノソ, サ] 形 ❶ 悲しむべき, つらい; vida ～sa 苦難に満ちた人生. ❷ 骨の折れる, 困難な
pensado, da [ペンサド, ダ] 形 過分 bien ～ 熟考された; よく考えると
el día (en el momento) menos ～ 思いもかけない日に (時に)
pensador, ra [ペンサドル, ラ] 名 思想家, 思索する人
pensamiento [ペンサミエント] 男 ❶ 思考, 考え: venir a+人 al ～ …の頭に浮かぶ ❷ 思想: ～ de Ortega オルテガの思想
pensar [ペンサル] 57 自 ⟨en について⟩ 考える, 思う: ¿En qué *piensas*? 何を考えているの?
◆ 他 ❶ ⟨que+直説法⟩ …と考える, 思う: *Pienso que* tiene ya treinta años. 彼はもう30歳になっていると思う
❷ ⟨+不定詞⟩ …しようと思う: *Pienso* ir a España el próximo año. 私は来年スペインに行くつもりだ
❸ 熟考する: *Piénsa*lo bien. そのことをよく考えなさい
Ni ～*lo.* とんでもない

sin ～ 思わず, よく考えないで
sin ～*lo* 思いがけず
pensativo, va [ペンサティボ, バ] 形 物思いにふける, 考え込んだ
pensión [ペンシオン] 女 ❶ 年金: cobrar una ～ 年金を受け取る. ～ de retiro 退職年金. ❷ 下宿屋; 民宿. ❸ ⟨民宿などの食事⟩ ～ completa 3食付き. media ～ 2食付き
pensionista [ペンシオニスタ] 名 ❶ 年金生活者. ❷ 下宿人
pentágono [ペンタゴノ] 男 五角形
pentagrama [ペンタグラマ] 男 ⟨音楽⟩ 五線譜
Pentecostés [ペンテコステス] 男 ⟨キリスト教⟩ 聖霊降臨祭 [Pascua de ～]
penúltimo, ma [ペヌルティモ, マ] 形 終わりから2番目の
penumbra [ペヌンブラ] 女 薄明かり, 薄暗がり
penuria [ペヌリア] 女 ❶ 貧窮. ❷ 不足, 欠乏
peña [ペニャ] 女 ❶ 岩; 岩山. ❷ 集まり, サークル: ～ flamenca フラメンコ愛好会
peñasco [ペニャスコ] 男 大きな岩
peñón [ペニョン] 男 岩山, 岩壁
peón [ペオン] 男 (複 peones) ❶ 作業員, 労務者; ⟨ラ⟩ 農業労働者. ❷ ⟨チェス⟩ ポーン
peonza [ペオンサ] 女 ⟨玩具⟩ こま
peor [ペオル] ⟨malo・mal の比較級⟩ 形 ⟨que より⟩ さらに悪い: 1) Este vino es ～ que aquél. このワインはあのワインより品質が劣る (味が悪い). 2) ⟨最上級. 定冠詞・所有形容詞+. de の中で⟩ もっとも悪い: Es el ～ de todos. 彼はあの中でいちばん悪い. prepararse para lo ～ 最悪の事態に備える
◆ 副 さらに悪く: El enfermo está ～ que ayer. 患者はきのうより病状が悪い
en ～ *de los casos* 最悪の場合は
pepinillo [ペピニジョ] 男 小キュウリ
pepino [ペピノ] 男 ⟨植物⟩ キュウリ
[no] importar a+人 *un* ～ …にとって問題でない
pepita [ペピタ] 女 ⟨果実の⟩ 種
pequeñez [ペケニェス] 女 ❶ 小ささ. ❷ 取るに足りないこと
pequeño, ña [ペケニョ, ニャ] 形 ❶ 小さい: casa ～ña 小さい家. niño ～ 幼い子 ❷ ささいな, 取るに足りない: ingresos ～s わずかな収入. ～ regalo ささやかな贈り物
◆ 名 子供
de ～ 子供の時に
desde ～ 子供のころから
pera [ペラ] 女 ⟨果実⟩ 洋梨

percance [ベルカンセ] 男 支障, トラブル
per cápita [ペル カピタ] 一人あたり
percatar [ベルカタル] ~se 〈de に〉気づく, 理解する
percepción [ベルセプスィオン] 女 ❶ 知覚, 感知. ❷ 受領
perceptible [ベルセプティブレ] 形 ❶ 知覚し得る. ❷ 受け取れる
percha [ペルチャ] 女 ❶ ハンガー. ❷ 〈フック状の〉洋服掛け, 帽子掛け
percibir [ペルスィビル] 他 ❶ 知覚する, 感じ取る: ~ un ruido 物音に気づく. ❷ 〈給料などを〉受け取る
percusión [ペルクスィオン] 女 ❶ 打楽器〔instrumento de ~〕. ❷ 衝撃, 衝突
perdedor, ra [ベルデドル, ラ] 形 名 負けた[人], 敗者
perder [ベルデル] 58 他 ❶ 失う: Perdí mi cartera. 私は財布をなくした. ~ la vida 命を落とす
❷ 〈時間などを〉むだにする
❸ 〈機会を〉逃がす: ~ la buena ocasión 好機を逸する
❹ 乗り遅れる: ~ el tren 列車に乗り遅れる
❺ 損害を与える: ~ la cosecha 収穫を台なしにさせる
❻ …に負ける: ~ el partido 試合に敗れる
◆ 自 ❶ 負ける: ~ por tres a cero 3対0で負ける. ❷ 悪化する
◆ ~se 自 ❶ 〈a+人 から〉失われる: Se me han perdido los guantes. 私は手袋をなくした. ❷ 見えなくなる, 消える. ❸ 道に迷う, まごつく: Nos perdimos en el bosque. 私たちは森で道に迷った. ❹ 破滅する, 身を持ちくずす. ❺ 無駄になる; 腐る
echarse a ~ 悪くなる, 腐る
perdición [ベルディスィオン] 女 破滅
pérdida [ペルディダ] 女 ❶ 失うこと; 紛失: ~ de la vista 失明. ~ de la memoria 記憶喪失. ❷ 無駄, 浪費: Es una ~ de tiempo. それは時間の浪費だ. ❸ 複 損失, 損害: ~s y ganancias 損益
perdido, da [ベルディド, ダ] 形 過分 ❶ 失われた, 紛失した: objeto ~ 遺失物. ❷ 迷った; 行方不明の: niño ~ 迷子. ❸ 〈por に〉夢中な. ❹ 絶望的な: Estoy ~. 私はもうだめだ
perdiz [ベルディス] 女 〈鳥〉ヤマウズラ, イワシャコ
perdón [ベルドン] 男 ❶ 許し, 容赦: pedir a+人 ~ por... …に…の許しを求める
❷〈間投詞的に〉1)〈謝罪〉すみません/失礼. 2)〈呼びかけ〉すみませんが/失礼ですが. 3)〈聞き返し〉何とおっしゃいましたか?
con ~ こう言っては何ですが
perdonable [ベルドナブレ] 形 許せる
perdonar [ベルドナル] 他 ❶ 許す: Perdóname, no puedo acompañarte. ごめん, 君を送っていけない. Perdone usted la molestia. ご迷惑をおかけして申し訳ありません
❷ 免除する: Te perdono la deuda. 借金を帳消しにしてあげる
Perdone, pero... おことばを返すようですが…/失礼ですが…
perdurable [ベルドゥラブレ] 形 永遠の; 長く続く
perdurar [ベルドゥラル] 自 長続きする
perecedero, ra [ベレセデロ, ラ] 形 ❶ 腐敗しやすい. ❷ 滅ぶべき, つかの間の
perecer [ベレセル] 20 自 ❶ 死ぬ, 死滅する. ❷ 消滅する
peregrinación [ベレグリナスィオン] 女 巡礼: ~ a Santiago サンティアゴ・デ・コンポステラへの巡礼
peregrinar [ベレグリナル] 自 巡礼に行く, 巡礼をする
peregrino, na [ベレグリノ, ナ] 形 名 ❶ 巡礼者〔の〕. ❷ 風変わりな, 奇妙な
perejil [ベレヒル] 男 〈植物〉パセリ
perenne [ベレンネ] 形 ❶ 永遠の, 永続する. ❷ árbol de hoja ~ 常緑樹
perentorio, ria [ベレントリオ, リア] 形 ❶ 緊急の, さし迫った. ❷ 変更の余地のない, 最終的な: plazo ~ 最終期限
pereza [ペレサ] 女 ❶ 無気力, 不精: Me da ~ salir afuera. 外へ出るのはおっくうだ. ❷ のろさ
perezoso, sa [ペレソソ, サ] 形 名 怠け者〔の〕, 無気力な〔人〕, 不精な〔人〕
perfección [ベルフェ[ク]スィオン] 女 完全, 完成
a la ~ 完璧に
perfeccionar [ベルフェ[ク]スィオナル] 他 完全にする, 改良する
perfeccionista [ベルフェ[ク]スィオニスタ] 名 完璧主義の; 完璧主義者
perfectamente [ベルフェクタメンテ] 副 ❶ 完全に, すばらしく. ❷ 〈間投詞的に〉とても元気です/〈同意〉わかった
perfecto[1] [ベルフェクト] 間 〈同意〉よろしい/結構だ! ❷ すばらしい/いいぞ!
perfecto[2]**, ta** [ベルフェクト, タ] 形 完全な, 申し分のない: éxito ~ 完全な成功
perfidia [ベルフィディア] 女 不実, 背信
perfil [ベルフィル] 男 ❶ 横顔, プロフィール. ❷ 外形, 輪郭
de ~ 横から〔見て〕; 横顔で
perfilar [ベルフィラル] 他 …の輪郭を〔くっき

perforación [ペルフォラスィオン] 囡 穴をあけること, 穴あくこと

perforar [ペルフォラル] 他 …に穴をあける

perfumar [ペルフマル] 他 …によい香りをつける

◆ ~**se** 〈自分の体の〉…に香水をつける

perfume [ペルフメ] 男 ❶ **香水**: llevar el ~ 香水をつけている
❷ 芳香, 香り

perfumería [ペルフメリア] 囡 化粧品店

pergamino [ペルガミノ] 男 ❶ 羊皮紙. ❷ 古文書

pericia [ペリスィア] 囡 熟練, 巧みさ

perico [ペリコ] 男 〈鳥〉インコ

periferia [ペリフェリア] 囡 周囲, 周辺部；近郊

periférico, ca [ペリフェリコ, カ] 形 周辺の
◆ 男 〈情報〉周辺装置

perímetro [ペリメトロ] 男 周囲

periódico[1] [ペリオディコ] 男 **新聞**: leer el ~ 新聞を読む. ~ de la mañana 朝刊

periódico[2]**, ca** [ペリオディコ, カ] 形 定期的な, 周期的な: revisión ~*ca* 定期点検

periodismo [ペリオディスモ] 男 ジャーナリズム

periodista [ペリオディスタ] 名 ジャーナリスト, 新聞記者: ~ gráfico 報道カメラマン

periodístico, ca [ペリオディスティコ, カ] 形 ジャーナリズムの, 新聞記者の

periodo [ペリオド] 男 ❶ **期間**: durante el ~ de vacaciones 休暇期間中に
❷ 周期
❸ 月経期《~ mensual》: tener el ~ 生理中である

período [ペリオド] 男 =**periodo**

peripecia [ペリペスィア] 囡 思いがけない出来事, 波乱

periquete [ペリケテ] 男 *en un* ~ 〈口語〉あっという間に

periquito [ペリキト] 男 〈鳥〉セキセイインコ

perito, ta [ペリト, タ] 形 〈en に〉詳しい
◆ 名 専門家, エキスパート

perjudicar [ペルフディカル] 73 他 …に害を与える

perjudicial [ペルフディスィアル] 形 害をもたらす, 有害な: El tabaco es ~ para la salud. たばこは健康に有害だ

perjuicio [ペルフイスィオ] 男 損害, 迷惑：causar ~ a+人 …に害を与える

perjurar [ペルフラル] 自 偽証する
jurar y ~ 堅く誓う

perjurio [ペルフリオ] 男 偽証〔罪〕

perla [ペルラ] 囡 真珠: collar de ~s 真珠の首飾り
de ~**s** 完璧に, すばらしく

permanecer [ペルマネセル] 20 自 ❶ とどまる, 居残る: ~ dos meses en Madrid マドリードに2か月滞在する
❷ …のままでいる: *Permaneció* callado. 彼は黙っていた

permanencia [ペルマネンスィア] 囡 とどまること

permanente [ペルマネンテ] 形 ❶ 永久の, 永続する: neutralidad ~ 永世中立
❷ **常設の**, 常任の: comisión ~ 常任委員会
◆ 囡 パーマネント〔ウェーブ〕: hacerse la ~ パーマをかけてもらう

permeable [ペルメアブレ] 形 透過性のある

permisible [ペルミスィブレ] 形 許され得る

permisivo, va [ペルミスィボ, バ] 形 寛大な, 容認する

permiso [ペルミソ] 男 **許可**: dar ~ 許可する. pedir a+人 ~ para+不定詞 …に…する許可を求める. ~ de conducir 運転免許〔証〕. ~ de residencia 滞在許可. ~ de trabajo 労働許可
Con (su) ~. ちょっと失礼
de ~ 休暇中の

permitir [ペルミティル] 他 **許可する**: 1) ~ la exportación 輸出を許可する. 2) 〈+不定詞・que+接続法〉¿Me *permite* pasar? 通ってもいいですか? *Permítа*me que le presente a mi mujer. 私の妻を紹介させていただきます
◆ ~**se** 許される: Aquí no *se permite* aparcar. ここは駐車禁止だ

permutar [ペルムタル] 他 交換する

pernicioso, sa [ペルニスィオソ, サ] 形 有害な

pernoctar [ペルノクタル] 自 外泊する, 泊まる

pero [ペロ] 接 ❶ **しかし, ところが**: Trabaja mucho, ~ gana poco. 彼はよく働くが, 稼ぎが少ない. Soy pobre, ~ feliz. 私は貧乏だが幸せ
❷ 〈文頭で強調〉*P*~, ¿qué dices? いったい何を言うんだ? ¡*P*~, claro! もちろんですとも!
❸ 〈形容詞をくり返して〉強調: La película es interesante, ~ que muy interesante. その映画はおもしろい, 実におもしろい
◆ 男 欠点, 難点: no tener ~ 非の打ちどころがない
~ *bueno* いったいぜんたい；とんでもない
~ *que muy*+形容詞・副詞 〈口語〉本当に…, 実に…
~ *si*+直説法 〈口語〉でも…なのに；本当に…

である
perol [ペロル] 男 〈丸底の〉大鍋, シチュー鍋
perpendicular [ペルペンディクラル] 形 垂直の, 直角に交わる
perpetrar [ペルペトラル] 他 〈犯罪を〉行なう
perpetuar [ペルペトゥアル] 他 永遠のものにする
perpetuo, tua [ペルペトゥオ, トゥア] 形 永久の, 永続的な: paz ~*tua* 恒久平和. cadena ~*tua* 無期懲役
perplejidad [ペルプレヒダ] 女 当惑, 困惑
perplejo, ja [ペルプレホ, ハ] 形 当惑した, どぎまぎした, 恐縮した
perra¹ [ペら] 女 〈口語〉お金
perrito [ペりト] 男 〈料理〉 ~ caliente ホットドッグ
perro, rra² [ペろ, ら] 名 ❶ 犬: Tiene un ~. 彼は犬を飼っている. ~ guardián 番犬. ~ policía 警察犬
❷〈料理〉~ caliente =**perrito** caliente
de ~s ひどく悪い: un día *de ~s* さんざんな一日. con un humor *de ~s* ひどく不機嫌に
persa [ペルサ] 形 名 ペルシア Persia 〔人・語〕の; ペルシア人
◆ 男 ペルシア語
persecución [ペルセクスィオン] 女 ❶ 追跡, 捜索: ~ en coche カーチェイス. ❷ 追求, 探求. ❸ 迫害
persecutorio, ria [ペルセクトリオ, リア] 形 追跡する; 追求する; 迫害する
perseguidor, ra [ペルセギドル, ら] 名 ❶ 追跡者. ❷ 迫害者
perseguir [ペルセギル] 76 他 ❶ 追いかける, 追跡する; つきまとう: ~ al ladrón どろぼうを追う. ❷ 追求する: ~ la fama 名声を追い求める. ❸ 責め立てる, 迫害する
perseverancia [ペルセベランスィア] 女 根気; 固執
perseverante [ペルセベランテ] 形 しんぼう強い, 根気のよい
perseverar [ペルセベラル] 自 ❶〈en を〉根気よく続ける. ❷ 固執する
persiana [ペルスィアナ] 女 ブラインド, よろい戸
persistencia [ペルスィステンスィア] 女 ❶ 執拗. ❷ 持続
persistente [ペルスィステンテ] 形 ❶ しつこい. ❷ 持続する
persistir [ペルスィスティル] 自 ❶ 〈en に〉固執する: *Persiste en* ir a estudiar a España. 彼はあくまでスペインに留学するつもりだ. ❷ 持続する, 長引く

persona [ペルソナ] 女 人, 人間: Es una ~ muy simpática. 彼はとても感じのいい人だ. Hay unas cien ~s en la oficina. 会社には100人ぐらいいる
en ~ 自身で, みずから; じかに
~ *jurídica* 法人
por ~ 一人あたり
tercera ~ 1) 第三者. 2) 三人称
personaje [ペルソナヘ] 男 ❶〈重要な〉人物, 要人: ~ histórico 歴史上の人物
❷ 登場人物
personal [ペルソナル] 形 ❶ 個人の, 私的な: de uso ~ 個人用の. carta ~ 私信. opinión ~ 個人的な意見
❷ 直接の: entrevista ~ 本人への直接インタビュー
◆ 男〈集合的に〉職員, 人員; 人事: departamento de ~ 人事部
personalidad [ペルソナリダ] 女 ❶ 人格: formar la ~ 人格を形成する
❷ 個性: tener una fuerte ~ 個性が強い
❸ 重要人物, 名士
personalmente [ペルソナルメンテ] 副 ❶ 自身で, みずから. ❷ 個人的に: conocer a+人 ~ …を個人的に(直接)知っている
personar [ペルソナル] ~se 姿を現わす, 出頭する
personificar [ペルソニフィカル] 73 他 擬人化する
perspectiva [ペルスペクティバ] 女 ❶ ながめ, 見晴らし. ❷ 見通し, 見こみ: ~ de futuro 将来の展望. ❸ 視点, 観点. ❹〈美術〉遠近法
perspicacia [ペルスピカスィア] 女 洞察力; 抜け目のなさ
perspicaz [ペルスピカス] 形〈複 perspica*ces*〉洞察力のある; 抜け目のない
persuadir [ペルスアディル] 他 〈de を, para que+接続法 するように〉…に説得する, 納得させる: ~ a+人 *de* la importancia del trabajo …に仕事の重要性を言い聞かせる. Le *persuadí para que* reposase. 安静にするように私は彼を説得した
◆ ~se 〈de を〉確信する
persuasión [ペルスアスィオン] 女 ❶ 説得. ❷ 確信, 納得
persuasivo, va [ペルスアスィボ, バ] 形 説得力のある, 納得させる
pertenecer [ペルテネセル] 20 自 〈a に〉属する: Este bosque *pertenece a*l Estado. この森は国有林である
perteneciente [ペルテネスィエンテ] 形 〈a に〉属する
pertenencia [ペルテネンスィア] 女 ❶ 所

属, 帰属. ❷ 複 所有物, 付属物
pértiga [ペルティガ] 囡 長い棒, 竿: salto con ～ 棒高跳び
pertinaz [ペルティナス] 形〈複 pertinaces〉❶ 執拗な, 頑固な. ❷〈悪いことが〉長く続く: tos ～ しつこい咳
pertinente [ペルティネンテ] 形 ❶ 適切な, 妥当な. ❷〈a に〉関連する
perturbación [ペルトゥルバスィオン] 囡 ❶ 混乱, かく乱, 妨害: causar ～ 混乱を引き起こす. ❷ 錯乱, 狂気
perturbado, da [ペルトゥルバド, ダ] 形 名 過分 頭のおかしい〔人〕
perturbar [ペルトゥルバル] 他 混乱させる, 妨害する: ～ el orden público 公共の秩序をかき乱す
◆ **～se** ❶ 混乱する. ❷ 精神的に動揺する; 錯乱する
Perú [ペル] 男 ペルー
peruano, na [ペルアノ, ナ] 形 名 ペルー〔人〕の; ペルー人
perversión [ペルベルスィオン] 囡 ❶ 堕落, 退廃. ❷ 倒錯
perverso, sa [ペルベルソ, サ] 形 名 ❶ 邪悪な〔人〕. ❷ 倒錯者, 変質者
pervertir [ペルベルティル] 77 他 堕落させる, 退廃させる
◆ **～se** 堕落する, 退廃する
pesa [ペサ] 囡 ❶ おもり, 分銅. ❷ 複〈スポーツ〉ダンベル, ウェイト
pesadez [ペサデス] 囡 ❶ 重たいこと. ❷ 重苦しさ, 不快感: sentir ～ de estómago 胃がもたれる. ❸ 重荷
pesadilla [ペサディジャ] 囡 ❶ 悪夢: tener una ～ 悪い夢を見る. ❷ ひどく気がかりなこと; ひどくいやなもの
pesado, da [ペサド, ダ] 形 過分 ❶ 重い; 重荷となる: caja ～da 重い箱. impuesto ～ 重税
❷ 骨の折れる, つらい: trabajo ～ きつい仕事
❸ 重苦しい, うっとうしい;〈食べ物が〉胃にもたれる: tener ～da la cabeza 頭が重い. tiempo ～ うっとうしい天気. plato ～ しつこい料理
❹ 理屈っぽい; しつこい; 退屈な: No seas ～./¡Qué ～ eres! しつこいぞ/うるさいぞ/くどいぞ! película ～da 退屈な映画
pesadumbre [ペサドゥンブレ] 囡 ❶ 悲しみ. ❷ 不快な思い
pésame [ペサメ] 男 お悔やみ, 弔意: Reciba mi más sentido ～ por la muerte de su padre. お父様のご逝去を心からお悔やみ申し上げます. dar el ～ a+人 …に哀悼の意を表わす. telegrama de ～ 弔電

pesar [ペサル] 自 ❶ 重さがある: ¡Cómo *pesa* este niño! この子は何て重いんだろう! ～ mucho pesa, …~ poco 軽い. ❷〈a+人 に〉重くのしかかる, 気を重くさせる: Le *pesa* la responsabilidad. 責任感が彼の重荷になっている. ❸ 重要性を持つ
◆ 他 ❶ …の重さがある: ¿Cuánto *pesas*?—*Peso* sesenta kilos. 体重はどのくらいですか?—60キロです. ❷ …の重さをはかる: ～ la carne 肉をはかりにかける
◆ **～se** 自分の体重をはかる
◆ 男 悲しみ, 苦悩; 後悔
a ～ de... …にもかかわらず: Salió *a ～ de* la lluvia. 彼は雨が降っているのに出かけた
a ～ de que... 〈+直説法〉…ではあるが;〈+接続法〉たとえ…しても
pese a... …にもかかわらず
pesca [ペスカ] 囡 ❶ 釣り: ir de ～ 釣りに行く. ❷ 漁, 漁業
pescadería [ペスカデリア] 囡 魚屋, 魚店
pescado [ペスカド] 男〈食品としての〉魚, 魚肉: ～ asado 焼き魚. ～ blanco 白身の魚. ～ azul 青魚
pescador, ra [ペスカドル, ラ] 名 釣り人; 漁師, 漁民
pescar [ペスカル] 73 他 自 ❶〈魚を〉釣る, とる: ～ un bonito カツオを釣る. ir a ～ 釣りに行く. ❷ 手に入れる: ～ novio 恋人をつかまえる. ❸〈病気に〉かかる
pescuezo [ペスクエソ] 男〈動物の〉首
pese [ペセ] ～ *a...* ⇨*pesar*
pesebre [ペセブレ] 男 まぐさ桶, 飼い葉桶
peseta [ペセタ] 囡〈スペインの旧貨幣単位〉ペセタ
pesimismo [ペシミスモ] 男 悲観論, 悲観主義
pesimista [ペシミスタ] 形 名 悲観的な, 弱気な〔人〕, ペシミスト
pésimo, ma [ペシモ, マ] 形〈malo の絶対最上級〉ひどく悪い, 最悪の
peso [ペソ] 男 ❶ 重さ, 重量; 体重: medir el ～ の重さをはかる. vender... a ～ …をはかり売りする. ganar ～/poner ～ 体重が増える
❷ 重圧, 重荷: quitar a+人 un ～ de encima …から心の重荷を取り除く
❸ 重要性, 権威: ～ de la tradición 伝統の重み
❹〈中南米の多くの国・フィリピンなどの貨幣単位〉ペソ
❺〈ボクシングなど〉…級: ～ mosca フライ級
pesquero, ra [ペスケロ, ラ] 形 漁業の: puerto ～ 漁港
◆ 男 漁船

pesquisa [ペスキサ] 囡 捜査
pestaña [ペスタニャ] 囡 まつげ: ~s postizas 付けまつげ
pestañear [ペスタニェアル] 自 まばたきする
 sin ~ 1) 注意力を集中して. 2) 平然と
peste [ペステ] 囡 ❶〈医学〉ペスト: ~ negra 黒死病. ❷ 悪臭. ❸ いやなもの, 有害な人(物・事)
 echar (decir) ~*s de...* …をこきおろす, 毒舌を吐く
pesticida [ペスティスィダ] 男 殺虫剤, 農薬
pestillo [ペスティジョ] 男〈ドア・窓の〉掛けがね: cerrar (echar) el ~ 掛けがねをかける
petaca [ペタカ] 囡 ❶ たばこ入れ. ❷〈ラ〉スーツケース
pétalo [ペタロ] 男 花びら
petanca [ペタンカ] 囡〈遊び〉ペタンク
petardo [ペタルド] 男 爆竹
petición [ペティスィオン] 囡 ❶ 願い, 頼み; 申請. ❷ 申請書, 嘆願書
 a ~ *de...* …の要求(リクエスト)に答えて
peto [ペト] 男〈服飾〉胸当て部分; サロペット
petrificar [ペトリフィカル] 73 他 身動きできなくする, 呆然(ぼう)とさせる
 ◆ ~**se** 硬直する, 呆然とする
petróleo [ペトロレオ] 男 石油: estufa de ~ 石油ストーブ
petrolero, ra [ペトロレロ, ラ] 形 石油の
 ◆ 男 石油タンカー
petrolífero, ra [ペトロリフェロ, ラ] 形 石油を産する
petroquímico, ca [ペトロキミコ, カ] 形 囡 石油化学(の)
peyorativo, va [ペジョラティボ, バ] 形 軽蔑的な
pez [ペス] 男〈複 peces〉魚: En esta profundidad nadan muchos *peces* gordos. この深い所には大きな魚がたくさん泳いでいる. ~ de colores 金魚
 como ~ *en el agua* 水を得た魚のように, 生き生きと
 ~ *gordo* 大物, 重要人物
pezón [ペソン] 男〈複 pezones〉乳首
pezuña [ペスニャ] 囡〈動物の〉ひづめ
piadoso, sa [ピアドソ, サ] 形 ❶ 慈悲深い, 情け深い. ❷ 信心深い, 敬虔(けん)な
pianista [ピアニスタ] 名 ピアニスト
piano [ピアノ] 男 ピアノ: ~ de cola グランドピアノ. ~ vertical アップライトピアノ
piar [ピアル] 33 自〈小鳥・ニワトリが〉ピイピイ(コッコッ)と鳴く
PIB 〈略語〉国内総生産〖←*p*roducto *i*nte-

rior *b*ruto〗
pibe, ba [ピベ, バ] 名〈ラ〉子供, 小さい子
picadillo [ピカディジョ] 男〈料理〉みじん切り
picado[1] [ピカド] 男〈飛行機などの〉急降下: bajar en ~ 急降下する
picado[2]**, da** [ピカド, ダ] 形 過分 ❶ 刺された; 虫に食われた: diente ~/muela ~ *da* 虫歯. ❷〈料理〉挽(ひ)いた, みじん切りの: carne ~*da* 挽き肉
picador [ピカドル] 男〈闘牛〉ピカドール
picadura [ピカドゥラ] 囡〈鳥・虫・蛇などが〉つつく(刺す・かむ)こと; その跡, かみ傷
picante [ピカンテ] 形 ❶ ピリッと辛い; 鼻につんとくる: comida ~ ピリ辛の料理. ❷〈話などが〉きわどい, 刺激的な
 ◆ 男 辛味
picaporte [ピカポルテ] 男〈ドアなどの〉ハンドル, レバー; ノッカー
picar [ピカル] 73 他 ❶〈鳥・虫・蛇などが〉つつく, 刺す, かむ: Me *picó* un mosquito. 私は蚊に食われた. ❷〈料理を〉つまむ. ❸ チクチクする, ピリピリさせる: ~ la lengua 舌をヒリヒリさせる. ❹ 刺激する: ~ la curiosidad 好奇心をそそる. ❺〈料理〉細かくきざむ;〈肉を〉挽(ひ)く. ❻〈切符に〉はさみを入れる. ❼〈闘牛〉槍で突く
 ◆ 自 ❶ チクチク(ヒリヒリ)する; むずがゆい: El chile *pica*. トウガラシは辛い. Me *pica* la espalda. 私は背中がかゆい. ❷ 少しだけ食べる, つまみ食いをする
 ◆ ~**se** ❶〈衣服に〉穴があく. ❷ 虫歯になる. ❸〈食べ物などが〉だめになる, いたむ. ❹ 気分を害する, むかっとする
picardía [ピカルディア] 囡 ❶ 抜け目なさ, 悪賢さ. ❷〈子供の〉いたずら
picaresco, ca [ピカレスコ, カ] 形 悪者の
pícaro, ra [ピカロ, ラ] 形 名 ❶ 悪者(の), ごろつき(の). ❷ 悪意のある, しんらつな. ❸ 抜け目のない, 要領のいい
pico [ピコ] 男 ❶〈鳥の〉くちばし. ❷〈器物の〉口, 先端: ~ del botijo 水さしの注ぎ口. sombrero de tres ~s 三角帽子. ❸〈とがった〉山頂;〈グラフの〉ピーク. ❹〈人の〉口
 数詞+*y* ~〈端数〉…と少し: Es la una *y* ~. 1時ちょっと過ぎだ
picor [ピコル] 男 ❶ かゆみ, むずがゆさ. ❷〈辛味による〉ヒリヒリした感じ
picotazo [ピコタソ] 男〈くちばしによる〉つつき
picotear [ピコテアル] 他 くちばしでついばむ
pictórico, ca [ピクトリコ, カ] 形 絵の, 絵画的な
pie [ピエ] 男 ❶ 足〖足首から下〗: tener

los ~s grandes 足が大きい
❷ 複 足もと: a los ~s de... …の足もとに(で)
❸〈家具などの〉脚, 台
❹〈建物・書籍などの〉下部: al ~ de la montaña 山のふもとに. al ~ de la página ページの下に
❺〈長さの単位〉フィート
a ~ 徒歩で: ir *a* ~ 歩いて行く
al ~ *de la letra* 文字どおりに
dar ~ *a...* …に口実(きっかけ)を与える
de ~ 立って: estar *de* ~ 立っている. ponerse *de* ~ 立ち上がる
de ~ *a cabeza de los* ~*s a la cabeza* 足の先から頭のてっぺんまで
en ~ 立って
hacer ~ 〈水中で〉背が立つ
~ *de atleta* 水虫(の足)
piedad [ピエダ] 女 ❶ 哀れみ, 同情: tener ~ de+人 …を哀れに思う. ❷ 信仰心, 敬虔(けいけん)
piedra [ピエドラ] 女 ❶ 石, 石ころ: lanzar una ~ 石を投げる
❷ 石材: ser de ~ 石造りである
quedarse de ~ 身がすくむ
~ *de toque* 試金石
piel [ピエル] 女 ❶ 皮膚, 肌: tener la ~ blanca 肌が白い
❷〈動物の〉皮, 毛皮: abrigo de ~ 毛皮のコート
❸〈果実の〉皮: quitar la ~ de una manzana リンゴの皮をむく
piens-⇨**pensar** 57
pienso [ピエンソ] 男〈家畜の〉飼料
pierd-⇨**perder** 58
pierna [ピエルナ] 女 脚〈腿から下の部分〉: tener las ~s largas 脚が長い
con las ~*s cruzadas* 足を組んで
estirar las ~*s*〈すわり疲れを取るために〉足を伸ばす, 歩く
pieza [ピエサ] 女 ❶ 部品: ~ de recambio/~ de repuesto 交換部品
❷〈布などの単位〉1折り, 1巻き
❸〈家の構成要素としての〉部屋
❹ 戯曲; 曲
❺〈服飾〉vestido de dos ~s ツーピース; アンサンブル
quedarse de una ~ 呆然(ぼうぜん)とする
pigmento [ピグメント] 男 色素; 顔料
pijama [ピハマ] 男 パジャマ
pila [ピラ] 女 ❶ 電池, 乾電池: funcionar con ~s 電池で動く. ~ alcalina アルカリ電池
❷ 堆積, 山: una ~ de libros 本の山
❸〈流し台の〉槽, シンク
❹ ~ bautismal〈教会の〉洗礼盤
pilar [ピラル] 男 支柱, 柱
píldora [ピルドラ] 女 ❶ 錠剤, 丸薬. ❷ 経口避妊薬, ピル
pillaje [ピジャヘ] 男 略奪
pillar [ピジャル] 他 ❶ 捕える: ~ a un ladrón どろぼうをつかまえる. ❷ 追いつく: el tren 列車に間に合う. ❸〈車が〉はねる, ひく. ❹〈ドアなどが〉はさむ: La puerta me *pilló* los dedos. 私はドアに指をはさまれた. ❺ …の不意をつく. ❻ 得る, 獲得する. ❼〈病気に〉かかる: ~ un catarro 風邪を引く
pillo, lla [ピジョ, ジャ] 形 ❶ ずる賢い〔子〕, いたずらな〔子〕, 悪がき ❷ ぺてん師
pilotar [ピロタル] 他 操縦する, 運転する
piloto [ピロト] 名 ❶ 操縦士, パイロット. ❷ 航海士. ❸ レーサー; ドライバー, ライダー
◆ 男 パイロットランプ
◆ 形 見本の; 実験的な: piso ~ モデルルーム
pimentón [ピメントン] 男〈料理〉パプリカ
pimienta [ピミエンタ] 女〈料理〉コショウ
pimiento [ピミエント] 男 ピーマン, トウガラシ
pinacoteca [ピナコテカ] 女 絵画館
pinar [ピナル] 男 松林
pincel [ピンセル] 男 筆, 絵筆
pincelada [ピンセラダ] 女 筆づかい
pinchar [ピンチャル] 他 ❶ 突く, 突き刺す, つつく. ❷〈口語〉…に注射する. ❸〈情報〉クリックする
◆ 自 パンクする: *Hemos pinchado* en la autopista. 私たちの車は高速道路でパンクした
◆ ~*se* ❶〈自分の体に〉刺す: *Me pinché* con las espinas. 私はとげが刺さった. ❷〈タイヤが〉パンクする
pinchazo [ピンチャソ] 男 ❶ 刺すこと; 刺し傷. ❷〈自動車〉パンク
pinchito [ピンチト] 男〈料理〉串焼き
pincho [ピンチョ] 男 ❶ とげ, 針. ❷〈料理〉おつまみ: ~ de tortilla 一口大に切ったトルティーリャ
ping pong [ピンポン] 男 ピンポン, 卓球
pingüe [ピングエ] 形 莫大な
pingüino [ピングイノ] 男〈鳥〉ペンギン
pino [ピノ] 男〈マツ(松)〉
pinta [ピンタ] 女 ❶ 斑点, 水玉模様. ❷ 外見, 様子: ¡Qué ~ tienes! 何というかっこうだ!
tener buena ~ 1) 見た感じがいい. 2) おいしそうである
tener ~ *de...* …のようである
◆ 動詞活用形 ⇨**pintar**
pintada[1] [ピンタダ] 女〈政治スローガンなど

の〉壁の落書き
pintado, da² [ピンタド,ダ] 形 過分 ❶ 斑点(まだら)のある. ❷ カラフルな
pintalabios [ピンタラビオス] 男〈単複同形〉口紅
pintar [ピンタル] 他 ❶ …の絵をかく: ~ las flores 花を描く
❷〈ペンキで〉塗る:1) Recién *pintado*. ペンキ塗りたて. 2)〈de の色に〉 ~ la pared *de blanco* 壁を白く塗る
◆ 自 ❶ 絵をかく. ❷〈果物などが〉色づく
❸〈口語〉重要性を持つ
◆ ~se ❶ 化粧をする:~se los labios 口紅を塗る. ~se las uñas マニキュアをする. ❷〈果物などが〉色づく
pintor, ra [ピントル,ラ] 名 ❶ 画家. ❷ ペンキ職人
pintoresco, ca [ピントレスコ,カ] 形 ❶ 絵になる, 趣のある. ❷ 精彩に富んだ, 生き生きとした
pintura [ピントゥラ] 女 ❶ 絵, 絵画: ~ abstracta 抽象画. ~ al óleo 油絵. ~ japonesa 日本画
❷ 塗装
❸ ペンキ, 塗料
pinza [ピンサ] 女 ❶ クリップ; 洗濯ばさみ. ❷ 複 ペンチ; ピンセット:~s de depilar 毛抜き. ❸〈エビ・カニの〉はさみ
piña [ピニャ] 女 ❶ パイナップル. ❷ 松かさ
piñón [ピニョン] 男〈複 piñones〉❶ 松の実. ❷ 小歯車, ピニオン
pío¹ [ピオ] 男〈鳥の鳴き声〉ピイピイ
no decir ni ~ うんともすんとも言わない
pío², a [ピオ,ア] 形 信心深い, 敬虔(けい)な
piojo [ピオホ] 男〈昆虫〉シラミ
pionero, ra [ピオネロ,ラ] 名 ❶ 開拓者. ❷ パイオニア, 先駆者
pipa [ピパ] 女 ❶〈きざみたばこ用の〉パイプ: fumar en ~ パイプを吸う. ❷〈ス〉ヒマワリの種〖食用〗
pipí [ピピ] 男〈口語〉おしっこ〖=orina〗: hacer ~ おしっこをする
pique [ピケ] 男 *estar a* ~ *de*... もう少しで…する
irse a ~ 沈没する; 倒産する
piquete [ピケテ] 男〈ストライキの〉ピケット, ピケ
piragua [ピラグア] 女 カヌー
pirámide [ピラミデ] 女 ピラミッド
piraña [ピラニャ] 女〈魚〉ピラニア
pirata [ピラタ] 形 ❶ 海賊の: barco ~ 海賊船. ❷ 非合法の: edición ~ 海賊出版
◆ 名 ❶ 海賊: ~ aéreo ハイジャック犯人. ❷〈情報〉 ~ informático ハッカー

piratería [ピラテリア] 女 海賊行為: ~ aérea ハイジャック
pirenaico, ca [ピレナイコ,カ] 形 名 ピレネー山脈 los Pirineos の〔住民〕
piropo [ピロポ] 男〈女性に対する〉ほめことば, お世辞: echar ~s ほめことばを投げかける
pirueta [ピルエタ] 女〈舞踊〉つま先旋回, ピルエット
pirulí [ピルリ] 男〈円錐形の〉棒付きあめ
pis [ピス] 男〈口語〉おしっこ〖=orina〗: hacer ~ おしっこをする
pisada [ピサダ] 女 ❶ 踏むこと. ❷ 足跡. ❸ 足音
pisar [ピサル] 他 ❶ 踏む, 踏みつける: ~ a +人 el pie …の足を踏む. ❷ …に入り込む: ~ el césped 芝生に入る
piscina [ピスシィナ] 女 プール: bañarse en la ~ プールで泳ぐ
piso [ピソ] 男 ❶ 階〖主にスペインでは ~ bajo 1 階, primer ~ 2 階, segundo ~ 3 階. ラテンアメリカでは primer ~ 1階, segundo ~ 2 階, tercer ~ 3 階〗: casa de tres ~s 3階建ての家
❷ マンション: alquilar un ~ amueblado 家具付きのマンションを借りる
pisotear [ピソテアル] 他 ❶ 踏みつける. ❷ 不当に扱う, 踏みにじる
pista [ピスタ] 女 ❶ 跡, 足跡: seguir la ~ de... …の足跡を追う; 尾行する. ❷ 手がかり: dar una ~ ヒントを与える. ❸〈競走の〉トラック. ❹〈スポーツなどの〉…場: ~ de baile ダンスフロア. ~ de esquí ゲレンデ. ~ de patinaje スケートリンク. ~ de tenis〈ス〉テニスコート. ❺ 滑走路〖~ de aterrizaje〗
pistola [ピストラ] 女 ❶ ピストル, 拳銃: disparar la ~ ピストルを撃つ. ❷ 吹き付け器
pistolero, ra [ピストレロ,ラ] 名 ピストル強盗, 殺し屋
pistón [ピストン] 男 ピストン
pitar [ピタル] 自 笛(ホイッスル)を吹く
◆ 他 ❶ 笛(ホイッスル)で合図する: ~ penalti ペナルティのホイッスルを吹く. ❷〈…をやじって〉口笛を吹く
pitillo [ピティジョ] 男 紙巻きたばこ〖=cigarrillo〗
pito [ピト] 男〈呼び子の〉笛, ホイッスル; 警笛, 汽笛
〔*no*〕*importar* a+人 *un* ~ …にとってどうでもよい
pizarra [ピサら] 女 ❶ 黒板: escribir en la ~ 黒板に書く. ❷〈建築〉スレート
pizca [ピスカ] 女 小片, 少量: una ~ de sal ひとつまみの塩

***ni* ~** 少しも…ない

pizza [ピツァ] 囡 〈料理〉ピザ

placa [プラカ] 囡 ❶ 板, ボード: ~ de acero 鋼板. ~ solar ソーラーパネル. ❷ 〈名前などの〉表示板, プレート: En la pared hay una ~ conmemorativa. 壁には記念プレートがはめられている. ~ de matrícula ナンバープレート. ❸ バッジ, 記章

placentero, ra [プラセンテロ, ラ] 形 楽しい, 快い

placer[1] [プラセル] 男 喜び, 楽しみ; 快楽: ~*es* de la vida 生の喜び. viaje de ~ 観光旅行. entregarse a los ~*es* 快楽におぼれる. Es un ~ conversar con usted. あなたとお話できて光栄です

Ha sido un ~ [conocerle a usted]. 〈初対面の人との別れの挨拶〉お知り合いになれてうれしく思います

placer[2] [プラセル] 20 自 …の気に入る, 喜ばせる

plácido, da [プラスィド, ダ] 形 ❶ 穏やかな, 静かな. ❷ 心楽しい

plaga [プラガ] 囡 ❶〈作物を襲う〉害虫, 疫病. ❷ わざわい

plagar [プラガル] 55 他〈de よくないもので〉満たす

plan [プラン] 男 計画, プラン; 企画: Tengo un ~. 私はあすは予定がある. hacer ~*es* para el futuro 将来の計画を立てる. ~ de viaje 旅行計画

en ~+形容詞/en ~ de+名詞 1) …の態度で: ponerse en ~ de amigo 友人としての態度をとる. 2) …のつもりで

plana[1] [プラナ] 囡〈新聞などの〉面, ページ: en primera ~ 第1面に

plancha [プランチャ] 囡 ❶ アイロン: ~ de vapor スチームアイロン

❷ 板: ~ de cobre 銅板

❸〈料理〉鉄板: carne a la ~ 肉の鉄板焼き

planchar [プランチャル] 他 …にアイロンをかける

planeador [プラネアドル] 男〈航空〉グライダー

planear [プラネアル] 他 …の計画を立てる: ~ las vacaciones 休暇の計画を立てる
◆自 滑空する

planeta [プラネタ] 男 惑星: nuestro ~ 地球. ~ pequeño 小惑星

planetario, ria [プラネタリオ, リア] 形 ❶ 惑星の. ❷ 全地球的な
◆男 プラネタリウム

planicie [プラニスィエ] 囡 大平原, 平野

planificación [プラニフィカスィオン] 囡 計画化: ~ familiar 家族計画

planificar [プラニフィカル] 73 他 計画的にする

plano[1] [プラノ] 男 ❶ 平面, 面: ~ horizontal 水平面. ❷ 図面, 見取図; 市街図: ~ de Madrid マドリードの地図. ❸〈問題の〉側面: ~ teórico 理論的側面. ❹〈映画〉ショット: en primer ~ クローズアップで

plano[2], **na**[2] [プラノ, ナ] 形 平らな, 平面状の: terreno ~ 平坦な土地

planta [プランタ] 囡 ❶ 植物, 草木: cultivar las ~*s* 植物を育てる

❷ 見取図, 設計図

❸ 階: ~ baja 1階. casa de una sola ~ 平屋

❹ プラント, 工場設備

❺ 足の裏

plantación [プランタスィオン] 囡 大農園, プランテーション

plantar [プランタル] 他 ❶ 植える, 植えつける: ~ un árbol en el jardín 庭に木を植える. ❷ まっすぐ立てる, 置く. ❸〈en に〉ほうり込む: ~ a+人 en la calle …を外に追い出す. ❹〈殴打などを〉食らわす

◆ **~se** じっと立つ, 動かなくなる; 立ちはだかる

dejar plantado a+人 …に待ちぼうけを食わせる; 見捨てる

planteamiento [プランテアミエント] 男 問題提起; 立案

plantear [プランテアル] 他 ❶ 提起する: ~ un problema 問題を提起する. ❷ 計画する, 着手する

plantilla [プランティジャ] 囡 ❶〈靴の〉底敷き, 敷き革. ❷〈ス〉正社員: ser de ~ 正社員である. reducción de ~ 人員削減

plantón [プラントン] 男 苗, 苗木

dar ~ a+人 …に待ちぼうけを食わす, 約束をすっぽかす

plasma [プラスマ] 男 ❶〈生物〉血漿(けっしょう). ❷〈物理〉プラズマ

plasmar [プラスマル] 他〈en に〉…の形を与える, 形作る

plástico[1] [プラスティコ] 男 プラスチック, 合成樹脂: bolsa de ~ ビニール袋, ポリ袋. cubo de ~ ポリバケツ

plástico, ca [プラスティコ, カ] 形 ❶ プラスチックの, 合成樹脂の. ❷ 造形の: artes ~*cas* 造形芸術. ❸〈医学〉cirugía ~*ca* 形成外科

plata [プラタ] 囡 ❶ 銀: cuchara de ~ 銀のスプーン

❷〈ラ〉お金, 富: tener mucha ~ 大金を持っている

plataforma [プラタフォルマ] 囡 ❶ 台: ~

de lanzamiento de cohetes ロケット発射台. ❷ 〈列車・バスの〉入口周辺〔座席のない部分〕. ❸ 〈政党などの〉綱領, 基本方針. ~ electoral 選挙綱領. ~ reivindicativa 組合の要求

plátano [プラタノ] 男 〈ス〉 バナナ

platea [プラテア] 囡 〈劇場の〉1階の舞台前の席

plateado, da [プラテアド, ダ] 過分 銀めっきの; 銀色の

platear [プラテアル] 他 銀めっきする

platense [プラテンセ] 形 名 ラプラタ川 el Río de la Plata 〔流域〕の〔人〕

plática [プラティカ] 囡 会話, おしゃべり

platicar [プラティカル] 73 自 おしゃべりする, 話をする

platillo [プラティジョ] 男 ❶ 小皿. ❷ 複 〈音楽〉シンバル. ❸ ~ volante 〈ス〉空飛ぶ円盤. ~ volador 〈ラ〉 = ~ volante

platino [プラティノ] 男 プラチナ, 白金

plato [プラト] 男 ❶ 皿: ~ hondo/~ sopero スープ皿
❷ 料理: primer ~〔前菜・サラダ・スープなど〕最初に出る料理. ~ español スペイン料理. ~ del día 日替わり定食
~ *fuerte* 1) メインディシュ. 2) 〈口語〉呼び物, 目玉

plató [プラト] 男 〈映画・テレビスタジオの〉セット, 撮影現場

platónico, ca [プラトニコ, カ] 形 プラトン Platón の: amor ~ プラトニック・ラブ

playa [プラジャ] 囡 海岸, 砂浜; 海水浴場: ir a la ~ 海水浴に行く
❷ 〈ラ〉 ~ de estacionamiento 駐車場

playeras [プラジェラス] 囡 複 デッキシューズ

plaza [プラサ] 囡 ❶ 広場: ~ mayor 中央広場
❷ 席, 座席; スペース: ~ libre 空席
❸ 〈食料品の〉市場(いち)
❹ 職, 地位: cubrir una ~ 職につく
❺ ~ de toros 闘牛場

plazo [プラソ] 男 ❶ 期限, 期間: Tenemos un ~ de quince días para la inscripción. 申し込みまでに2週間ある. ❷ 〈分割払いの〉支払い
a largo (*corto*) ~ 長期(短期)の
a ~ 〔*fijo*〕 期限付きの
a ~*s* 分割払いで: comprar el coche *a* ~*s* 分割払いで車を買う

plazoleta [プラソレタ] 囡 = plazuela

plazuela [プラスエラ] 囡 小広場

pleamar [プレアマル] 囡 満潮

plebeyo, ya [プレベジョ, ジャ] 形 名 平民

〔の〕, 庶民〔の〕

plebiscito [プレビスィト] 男 国民投票, 住民投票

plegable [プレガブレ] 形 折りたたみできる: silla ~ 折りたたみ椅子

plegar [プレガル] 51 他 〈紙などを〉折る, 折りたたむ: ~ una camisa ワイシャツをたたむ
◆ ~*se* 屈服する, 譲歩する

pleito [プレイト] 男 ❶ 訴訟: poner a+人 ~ …に対して訴訟を起こす. civil 民事訴訟. ~ criminal 刑事訴訟. ❷ 〈ラ〉口論, けんか

plenario, ria [プレナリオ, リア] 形 reunión (sesión) ~*ria* 総会

plenitud [プレニトゥ] 囡 ❶ 完全さ: sensación de ~ 充足感. ❷ 絶頂期: en la ~ de la vida 人生の盛りに

pleno, na [プレノ, ナ] 形 ❶ 完全な, 全部の: normalización ~*na* 全面的な正常化. ❷ 〈強調〉 en ~*na* calle 通りの真ん中で. en ~ verano 真夏に
◆ 男 総会, 本会議

pletórico, ca [プレトリコ, カ] 形 〈de で〉いっぱいの

pliego [プリエゴ] 男 ❶ 〈折った大きな〉紙. ❷ 書類
◆ 動詞活用形 ⇨**plegar** 51

pliegue [プリエゲ] 男 ❶ 折り目; しわ. ❷ 〈服飾〉ひだ, プリーツ
◆ 動詞活用形 ⇨**plegar** 51

plisar [プリサル] 他 〈服飾〉…にプリーツをつける: falda *plisada* プリーツスカート

plomero, ra [プロメロ, ラ] 名 〈ラ〉配管工; 〈水道などの〉修理屋

plomizo, za [プロミソ, サ] 形 鉛色の

plomo [プロモ] 男 ❶ 鉛: tubo de ~ 鉛管. ❷ 複 〈ス. 電気〉ヒューズ

pluma [プルマ] 囡 ❶ 羽, 羽毛: colchón de ~*s* 羽ぶとん. sombrero de ~*s* 羽根飾り付きの帽子
❷ ペン: ~ estilográfica 万年筆

plumaje [プルマヘ] 男 〈集合的に〉羽毛

plumero [プルメロ] 男 羽根ばたき

plural [プルラル] 男 形 〈文法〉複数形〔の〕

pluriempleo [プルリエンプレオ] 男 兼業, 副業

plus [プルス] 男 〈基本給以外の〉手当

plusmarca [プルスマルカ] 囡 〈スポーツ〉〔最高〕記録

pluvial [プルビアル] 形 雨の

población [ポブラスィオン] 囡 ❶ 人口: crecimiento de la ~ 人口の増加. ~ agrícola 農業人口. ❷ 町, 村. ❸ 〈集合的に〉住民

poblado¹ [ポブラド] 男 集落, 村落
poblado², da [ポブラド, ダ] 形 過分 ❶ 人の住んでいる: región poco ~*da* 過疎地域. ❷ ⟨de 草木などの⟩ 生えている: bosque ~ *de* robles ナラの森
poblador, ra [ポブラドル, ラ] 名 住民；入植者
poblar [ポブラル] 21 他 ❶ ⟨con を⟩ …に住まわせる；植民する. ❷ ⟨de を⟩ …に植える, 増やす: ~ el monte *de* árboles 山に植林する
◆ **~se** ⟨de で⟩ いっぱいになる
pobre [ポブレ] 形 ❶ ⟨名詞+⟩ 貧しい, 貧乏な: gente ~ 貧しい人々
❷ みすぼらしい
❸ ⟨en・de に⟩ 乏しい: Él es ~ *de* vocabulario. 彼は語彙が貧弱だ
❹ ⟨+名詞⟩ 気の毒な, 哀れな: ~ niño かわいそうな子供
❺ ⟨間投詞的⟩ かわいそうに！
◆ 名 ❶ 貧しい人, 貧乏人. ❷ かわいそうな人 ¡*P~ de mí!* ああ情けない／ついてないな！
pobrecito, ta [ポブレスィト, タ] 形 ⟨pobre の示小語⟩ かわいそうな
pobreza [ポブレサ] 女 ❶ 貧困, 貧乏. ❷ 欠乏, 不足
pocilga [ポスィルガ] 女 ❶ 豚小屋. ❷ 汚い場所
pócima [ポスィマ] 女 ❶ 煎じ薬. ❷ まずい飲み物
poco, ca [ポコ, カ] 形 少しの［…しか…ない］: Tengo ~ dinero. 私は少ししか金を持っていない. Los jóvenes leen ~*s* libros. 若者たちは本をほとんど読まない
◆ 代 わずかな人(物): *P~s* estaban contentos. わずかな人しか満足していなかった
◆ 副 ❶ ほとんど…ない: El abuelo habla ~. 祖父はほとんど話さない. Él es ~ inteligente. 彼はあまり利口でない
❷ ほんの少し: ~ después de... の直後に
a ~ de, ほんの少したってから
a ~ de+不定詞 …してからすぐに
a ~ que+接続法 ほんの少し…しさえすれば: *A* ~ *que* estudies, aprobarás. 君はほんの少し勉強すれば, 合格するだろう
dentro de ~ すぐに；近いうちに: Ella vendrá *dentro de* ~. 彼女はまもなく来るだろう
hace ~ ちょっと前に: El avión ha llegado *hace* ~. 飛行機はさっき着いた
no ~ かなり多い: *No pocas* personas asistieron. かなり大勢の人が出席した
poca cosa ささいなこと, 取るに足りないこと
~ a ~ 少しずつ；ゆっくりと: subir ~ *a* ~ 徐々に上っていく
~ más o menos だいたい, およそ
por ~+動詞の現在形 もう少しで…しそうになった: *Por* ~ me caigo. 私はあやうく転ぶところだった
por ~ que+接続法 ＝*a ~ que*+接続法
un ~ 1) 少し: ¡Espere *un* ~! ちょっと待ってください. Estoy *un* ~ cansado. 私は少し疲れた. 2) ⟨de ~⟩ 少しの: Dame *un* ~ *de agua*. 水を少しくれ
unos ~s 少しの: Este niño sabe *unas pocas* palabras españolas. この子はスペイン語の単語を少し知っている
podar [ポダル] 他 …の枝を切り落とす, 剪定する
poder [ポデル] 59 他 ❶ ⟨能力・権限など⟩ …できる: Mi nieto ya *puede* andar. 私の孫はもう歩ける. El director no *puede* venir. 社長は来られない
❷ ⟨許可⟩ …してよい: *Puedes* salir a la calle. 外出してもいいよ. ¿*Puedo* pasar? 入ってもいいですか？
❸ ⟨可能性⟩ …するかもしれない: El barco *puede* llegar mañana. 船はあす着くかもしれない. Él no *puede* llegar tarde. 彼が遅刻するはずはない
❹ ⟨疑問文で依頼⟩ …してくれませんか？: ¿*Puede* repetir? もう一度言ってくれませんか？ ¿*Podría* decirme qué hora es? 何時か教えてくださいませんか？
◆ **~se** ⟨一般性⟩ No *se puede* fumar aquí. ここでたばこを吸ってはいけない
◆ 男 ❶ 力, 能力: ~ adquisitivo 購買力
❷ 権力, 権限: estar en el ~ 権力(政権)の座にある
❸ 勢力, 支配力
a más no ~ 限度いっぱいに: Eres tonto *a más no* ~. 君は大ばかだ
no ~ *con...* …には我慢できない；手の施しようがない: No *puedo con* este crío. この子は手に負えない
no ~ *más* 限度である: Ya *no puedo más*. 私はもうだめだ／へとへとだ／もう［おなかが］いっぱいです
no ~ *menos de (que)*+不定詞 …せざるを得ない: No *pude menos de* llorar. 私は泣かずにはいられなかった
Puede [ser] そうかもしれない: No *puede ser*. そんなはずはない／無理だ
Puede [ser] que+接続法 …かもしれない: *Puede ser que* sepan la verdad. 彼らは本当のことを知っているかもしれない
¿Se puede? ⟨ノックしながら⟩ 入ってもいいですか？
poderío [ポデリオ] 男 力, 勢力, 権力
poderoso, sa [ポデロソ, サ] 形 ❶ 権力の

ある, 有力な. ❷ 強力な, 効能のある
◆ 名 権力者, 有力者
podio [ポディオ] 男 〈スポーツ〉表彰台
podólogo, ga [ポドロゴ, ガ] 名 足の治療医
podr- ⇨ poder 59
podredumbre [ポドレドゥンブレ] 女 腐敗
podrido, da [ポドリド, ダ] 形 過分 腐った
podrir [ポドリル] 他・~se = pudrir
poema [ポエマ] 男 〈一編の〉詩: componer un ~ 詩を作る
poesía [ポエシア] 女 〈ジャンルとしての〉詩: ~ épica 叙事詩. ~ lírica 叙情詩
poeta [ポエタ] 名 詩人
poético, ca [ポエティコ, カ] 形 詩の, 詩的な
poetisa [ポエティサ] 女 女流詩人
póker [ポケル] 男 〈トランプ〉ポーカー
polaco, ca [ポラコ, カ] 形 名 ポーランド Polonia 〔人・語〕の; ポーランド人
◆ 男 ポーランド語
polar [ポラル] 形 極地の: Estrella P~ 北極星
polea [ポレア] 女 滑車
polémica[1] [ポレミカ] 女 論争, 論戦
polémico, ca[2] [ポレミコ, カ] 形 論争を引き起こす, 問題のある
polen [ポレン] 男 花粉
policía [ポリスィア] 女 警察: llamar a la ~ 警察を呼ぶ. ~ municipal 市警察
◆ 名 警察官
policíaco, ca [ポリスィアコ, カ] 形 ❶ 警察の. ❷ 刑事ものの, 探偵ものの: novela ~ca 推理小説, 探偵小説
policial [ポリスィアル] 形 警察の
polideportivo [ポリデポルティボ] 男 総合運動場, スポーツセンター
polietileno [ポリエティレノ] 男 〈化学〉ポリエチレン
poligamia [ポリガミア] 女 一夫多妻制
polígloto, ta [ポリグロト, タ] 形 名 数か国語を話せる〔人〕
polígono [ポリゴノ] 男 ❶ 多角形. ❷ ~ industrial 工業団地
polilla [ポリジャ] 女 〈昆虫〉イガ〖幼虫が布を食い荒らす〗
polio [ポリオ] 女 〈医学〉ポリオ, 小児麻痺
poliomielitis [ポリオミエリティス] 女 = polio
pólipo [ポリポ] 男 〈医学〉ポリープ
politécnico, ca [ポリテクニコ, カ] 形 universidad ~ca 工科大学, 工業大学
política[1] [ポリティカ] 女 ❶ 政治: ~ exterior 外交. ~ interior 内政
❷ 政策: ~ agrícola 農業政策. ~ económica 経済政策
político, ca[2] [ポリティコ, カ] 形 ❶ 政治の, 政治的な: problema ~ 政治問題
❷ 義理の: padre ~ 義父, しゅうと. hermano ~ 義兄, 義弟
◆ 名 政治家
póliza [ポリサ] 女 ❶ 証書: ~ de seguros 保険証券. ❷ 〈ス〉収入印紙
pollera [ポジェラ] 女 〈ラ〉スカート
pollería [ポジェリア] 女 鶏肉店
pollo [ポジョ] 男 ひな鶏: ~ asado ローストチキン
polo [ポロ] 男 ❶ 極, 極地: ~ norte 北極. ~ sur 南極. 電極; 磁極: ~ positivo プラス極. ~ negativo マイナス極. ❸ 〈ス〉アイスキャンデー. ❹ ポロシャツ
poltrona [ポルトロナ] 女 安楽椅子
polución [ポルスィオン] 女 汚染, 公害: ~ atmosférica 大気汚染
polvareda [ポルバレダ] 女 ❶ 土煙, 砂ぼこり. ❷ 騒動
polvera [ポルベラ] 女 〈化粧〉コンパクト
polvo [ポルボ] 男 ❶ ほこり, ちり: limpiar el ~ ほこりを払う
❷ 粉: café en ~ インスタントコーヒー
❸ 複 〈化粧〉粉おしろい, パウダー: ponerse ~s おしろいをつける
estar hecho ~ ひどく疲れている; 落ち込んでいる
hacer ~ 粉砕する; 打ちのめす
pólvora [ポルボラ] 女 火薬
polvoriento, ta [ポルボリエント, タ] 形 ほこりだらけの
polvorín [ポルボリン] 男 火薬庫
polvorón [ポルボロン] 男 〈菓子〉ポルボロン〖小麦粉・砂糖などを固めたもの〗
pomada [ポマダ] 女 〈薬〉軟膏, クリーム
pomelo [ポメロ] 男 グレープフルーツ
pomo [ポモ] 男 〈ドアの〉ノブ, 取っ手
pompa [ポンパ] 女 ❶ 泡, あぶく: hacer ~s de jabón シャボン玉を吹く. ❷ 豪華さ; 虚飾: celebrar con gran ~ 盛大に祝う. ❸ ~s fúnebres 葬儀
pomposo, sa [ポンポソ, サ] 形 ❶ 豪華な, 華美な; けばけばしい: banquete ~ 盛大な宴会. ❷ 〈文体などが〉ぎょうぎょうしい, もったいぶった
pómulo [ポムロ] 男 頬骨; 頬の上部
pon ⇨ poner 60
ponche [ポンチェ] 男 〈飲料〉パンチ
poncho [ポンチョ] 男 〈服飾〉ポンチョ
ponderar [ポンデラル] 他 ❶ 慎重に判断する. ❷ 激賞する, ほめたたえる
pondr- ⇨ poner 60

ponencia [ポネンシィア] 囡 報告；研究発表

ponente [ポネンテ] 图 報告者；発表者

poner [ポネル] 60 〈過分〉 *puesto* 他 ❶ 置く：~ una caja sobre la mesa 箱を机の上に置く

❷ 〈en に〉入れる：~ leche *en* el café コーヒーにミルクを入れる

❸ 付ける；着せる：~ un botón a la camisa ワイシャツにボタンを付ける

❹ …にする、…にならせる：Sus palabras me *ponen* nervioso. 彼のことばにはいらいらさせられる。~ a+人 de director …を社長にする

❺ 〈名前を、a に〉つける：Los padres le han puesto *al* niño Juan. 両親は子供をフアンと名づけた

❻ 〈機械などを〉作動させる、セットする：~ la radio ラジオをつける

❼ 〈a+不定詞〉…に…させる：Tienes que ~le *a* trabajar. 君は彼を働かせるべきだ

❽ 書き入れる、書く：¿Qué *ponen* en el periódico? 新聞に何が出ていますか？

❾ 投入する：~ mucho dinero en un proyecto 計画に大金をつぎ込む

❿ 上演する、上映する、放映する：¿Qué *ponen en* el cine Sol? ソル館では何をやってますか？

⓫ 設置する、設立する：~ una tienda 店を開く

⓬ 仮定する、見積もる：*Pongamos* que estés enfermo. 君が病気だとしよう

⓭ 課する：~ una multa a+人 …に罰金を課す

⓮ 〈電話〉〈con に〉つなぐ：*Póngame* con el Señor Pérez. ペレスさんにつないでください

◆ **~se** ❶ 〈位置に〉つく：El profesor *se puso* a mi lado. 先生は私の横に立った

❷ …になる：*Se puso* colorada. 彼女は赤くなった

❸ 〈a+不定詞〉…し始める：El niño *se puso a* llorar. 子供は泣き出した

❹ 着る、身につける：*Me puse* el abrigo. 私はオーバーを着た

❺ 〈太陽・月が〉沈む

pong- ⇨**poner** 60

poni [ポニ] 男 〈複 ~s〉ポニー、小馬

poniente [ポニエンテ] 男 ❶ 西。❷ sol ~ 夕日

pontífice [ポンティフィセ] 男 教皇『Sumo P~』

popa [ポパ] 囡 船尾
viento en ~ 追い風を受けて；順調に：*viento en* ~ 順風満帆である

popular [ポプラル] 形 ❶ 民衆の、人民の：clase ~ 庶民階級。Partido P~ 〈ス〉国民党

❷ 大衆的な、通俗的な：canción ~ 流行歌。民謡。obra de arte ~ 民芸品

❸ 人気のある：cantante ~ 人気歌手

popularidad [ポプラリダ] 囡 人気、評判

popularizar [ポプラリサル] 13 他 普及させる；人気を高める
◆ **~se** 普及する；人気が出る

populoso, sa [ポプロソ、サ] 形 人口の多い、人口密度の高い

poquito, ta [ポキト、タ] 形 代 副 〈poco の示小語〉ほんの少し[の]

por [ポル] 前 ❶ 〈原因・理由〉…で、…のゆえに：1) causar un accidente ~ un descuido 不注意で事故を引き起こす。2) 〈+不定詞〉…するので：*Por* estar enfermo no pudo venir a la fiesta. 彼は病気だったのでパーティーに来られなかった

❷ 〈目的・動機〉…のために：1) luchar ~ la patria 祖国のために戦う。Lo hice ~ tu bien. 君のためを思ってしたことだ。2) 〈+不定詞〉…するように：Salí temprano ~ no llegar tarde. 私は遅刻しないよう早く出かけた

❸ 〈対象〉…を求めて；…に対して：ir ~ vino ワインを取りに行く。amor ~ la música 音楽好き

❹ 〈手段・方法〉…によって：enviar la carta ~ correo 手紙を郵便で送る

❺ 〈動作主〉…によって：Es respetado ~ todos. 彼はみんなから尊敬されている

❻ 〈代替・代価〉…の代わりに；…で：Iré ~ ti. 君の代わりに私が行こう。Lo compré ~ mil yenes. 私はそれを千円で買った

❼ 〈時間〉1) 〈期間〉…の間：Él se queda aquí ~ un mes. 彼はここに1か月滞在する。2) …のころ：Iré a verte ~ el mes de mayo. 5月ごろ会いに行くよ。3) 〈機会〉…に：regalar… ~ su cumpleaños 誕生日に…を贈る

❽ 〈空間〉1) …のあたりに：~ aquí cerca この近辺に。2) 〈通過〉…を通って：entrar ~ la ventana 窓から入る。3) 〈部位〉…のところを：coger a+人 ~ el brazo …の腕をつかむ

❾ 〈評価〉…として：Pasaba ~ rica. 彼女は金持ちだと思われていた

❿ 〈単位〉…につき、…当たり：pagar ocho euros ~ hora 時給8ユーロ支払う

⓫ 〈名詞+por+同一名詞〉…ずつ：uno ~ uno 1人ずつ、1つずつ

⓬ 〈掛け算〉Dos ~ cinco, diez. 2かける5は10

a ~ …を求めて：ir *a* ~ agua 水をくみに行く。ir *a* ~ el médico 医者を呼びに行く

~ *entre* …の間から，…の中を通って

~ *mí* 私としては，私の方は

~ *muy*+形容詞・副詞/~ *más・mucho*+名詞/~ *más・mucho* 《que+接続法》どんなに…しても：*Por muy* estudioso *que* sea, no lo sabe. 彼がどんなに勉強家でも，それを知らないだろう．*Por más que* corras, no le alcanzarás. いくら君が速く走っても彼には追いつけないだろう

~ *si*… …かもしれないので：Lleva paraguas ~ *si* llueve. 雨が降るといけないから，かさを持っていきなさい

si no fuera ~… …がなかったら

porcelana [ポルセラナ] 囡 磁器

porcentaje [ポルセンタヘ] 男 パーセンテージ

porche [ポルチェ] 男 〈建築〉ポーチ，車寄せ

porción [ポルスィオン] 囡 ❶ 部分．❷ 分け前，取り分

pordiosero, ra [ポルディオセロ, ラ] 名 乞食

porfía [ポルフィア] 囡 固執，強情

porfiar [ポルフィアル] 33 自〈en に〉固執する，強情をはる

pormenor [ポルメノル] 男〈主に 複〉詳細，細部

porno [ポルノ] 形 男 ポルノ(の)：revista ~ ポルノ雑誌

pornografía [ポルノグラフィア] 囡 ポルノ(グラフィー)

pornográfico, ca [ポルノグラフィコ, カ] 形 ポルノの

porque [ポルケ] 接 ❶ なぜなら：¿Por qué no vienes?—*P*~ no tengo tiempo. なぜ来ないの?—時間がないからです．¿Por qué lo quieres?—*P*~ sí. どうして彼が好きなの?—どうしても

❷ …なので：Voy al médico ~ tengo fiebre. 私は熱があるので医者に行く

porqué [ポルケ] 男 原因，理由

porquería [ポルケリア] 囡 ❶ 汚さ；ごみ．❷ 無価値なもの；がらくた，おんぼろ

porra [ポら] 囡 警棒，棍棒

porrazo [ポらソ] 男〈警棒・棍棒での〉一撃

porrón [ポろン] 男 ポロン『ワインの回し飲みに使うガラス器』

portaaviones [ポルタアビオネス] 男〈単複同形〉航空母艦，空母

portada [ポルタダ] 囡 ❶〈本の〉扉，タイトルページ；〈新聞の〉第1面．❷ 玄関，建物の正面

portador, ra [ポルタドル, ラ] 名 運ぶ人，所持者：~ del mensaje メッセンジャー．~ de SIDA エイズ・キャリア

portaequipajes [ポルタエキパヘス] 男〈単複同形〉❶〈車の〉ルーフラック；トランク．❷〈列車・バスの〉網だな；〈飛行機の〉手荷物入れ

portafolios [ポルタフォリオス] 男〈単複同形〉書類かばん，ブリーフケース

portal [ポルタル] 男 玄関(のホール)

portar [ポルタル] 他 携帯する

◆ ~*se* ふるまう：~ *se* bien (mal) 行儀がよい(悪い)

portarretratos [ポルタれトラトス] 男〈単複同形〉写真立て

portátil [ポルタティル] 形 携帯用の，ポータブルの：radio ~ 携帯ラジオ

portavoz [ポルタボス] 名 スポークスマン，報道官

portazo [ポルタソ] 男 dar un ~〈ドアが〉バタンと閉まる；〈ドアを〉バタンと閉める

porte [ポルテ] 男 ❶ 運搬，運送．❷ 運送料，運賃．❸ 外見，様子

◆ 動詞活用形 ⇨portar

portento [ポルテント] 男 驚異

portentoso, sa [ポルテントソ, サ] 形 驚異的な，非凡な

porteño, ña [ポルテニョ, ニャ] 形 名 ブエノス・アイレス Buenos Aires の(人)

portería [ポルテリア] 囡 ❶ 管理人室，守衛室．❷〈スポーツ〉ゴール

portero, ra [ポルテロ, ラ] 名 ❶ 管理人，守衛；ドアマン：~ automático/~ eléctrico〈インターホンに接続する〉オートロック装置．❷〈スポーツ〉ゴールキーパー

pórtico [ポルティコ] 男〈建築〉ポルチコ，柱廊，ポーチ

portillo [ポルティジョ] 男 小扉，くぐり戸

portorriqueño, ña [ポルトりケニョ, ニャ] 形 名 プエルト・リコ Puerto Rico (人)の；プエルト・リコ人

portuario, ria [ポルトゥアリオ, リア] 形 港の

Portugal [ポルトゥガル] 男 ポルトガル

portugués, sa [ポルトゥゲス, サ] 形 名 ポルトガル Portugal (人・語)の；ポルトガル人

◆ 男 ポルトガル語

porvenir [ポルベニル] 男 将来，未来：tener un gran ~ たいへん将来性がある．sin ~ 見込みのない

en el ~ 今後は，これからは

posada [ポサダ] 囡 小ホテル，旅館

posaderas [ポサデラス] 囡 複 お尻

posar [ポサル] 自 ポーズをとる

◆ 他 そっと置く

◆ ~*se* ❶〈鳥などが〉とまる；〈飛行機が〉着陸する．❷ 沈殿する，たまる

posavasos [ポサバソス] 男〈単複同形〉コ

−スター
posdata [ポスダタ] 女 〈手紙〉追伸
pose [ポセ] 女 ❶ ポーズ, 姿勢. ❷ 見せかけ, 気取り
poseedor, ra [ポセエドル, ラ] 名 所有者: ~ del récord mundial 世界記録保持者
poseer [ポセエル] 45 〈過分 poseído〉他 所有する, 持っている: ~ una casa en la montaña 山荘を持っている
poseído, da [ポセイド, ダ] 形 〈過分〉〈de に〉とりつかれた: estar ~ de furor 怒りにかられている
posesión [ポセシオン] 女 ❶ 所有: estar en ~ de... …を所有している. ❷ 複 所有地, 地所
tomar ~ de... …を手に入れる: tomar ~ de+場所 …を占領する. tomar ~ de su cargo de presidente 大統領に就任する
posesivo, va [ポセシボ, バ] 形 ❶ 独占欲の強い. ❷〈文法〉pronombre ~ 所有代名詞
posgrado [ポスグラド] 男 大学院［課程］
posguerra [ポスゲら] 女 戦後
posibilidad [ポシビリダ] 女 可能性, 見込み: Tenemos ~ de ganar. 私たちは勝つかもしれない
posibilitar [ポシビリタル] 他 可能にする
posible [ポシブレ] 形 〈ser+〉可能な, ありうる: 1) La reforma es ~. 改革は可能だ. 2)〈+不定詞・que+接続法〉Es ~ que él venga hoy. 彼はきょう来るかもしれない
❷ できるだけの: lo antes ~ できるだけ早く
en lo ~ 可能な範囲で, できるだけ
Es ~. たぶん: ¿Crees que va a llover?—*Es ~.* 雨が降ると思う？—たぶんね
¿Es ~? まさか！
hacer todo lo ~/hacer lo ~ できるだけのことをする
lo más ~ ⇨**más**
*lo más ~+*形容詞・副詞*+~* ⇨**más**
¡No es ~! まさか〔そんなことありえない〕/無理だ！
posiblemente [ポシブレメンテ] 副 おそらく, たぶん
posición [ポシシィオン] 女 ❶ 位置: marcar en el plano la ~ del hospital 地図で病院の位置に印をつける
❷ 姿勢, ポーズ: estar en ~ de descanso 休めの姿勢をしている
❸ 立場, 見解: estar en una ~ difícil 困難な立場にある
❹ 地位, 身分: ~ social 社会的地位
tomar posiciones 位置につく

positivo, va [ポシティボ, バ] 形 ❶ 肯定的な: Los resultados son ~s. 結果は良好だ. ❷ 積極的な: actitud ~*va* 前向きの姿勢. ❸ 確実な, 明確な. ❹〈数学〉número ~ 正の数. ❺〈医学〉reacción ~*va* 陽性反応
◆ 男 〈写真〉陽画, ポジ
poso [ポソ] 男 沈殿物, おり
posponer [ポスポネル] 54 〈過分 pospuesto〉他 〈a より〉後回しにする
postal [ポスタル] 形 郵便の
◆ 女 絵葉書〔tarjeta ~〕
postdata [ポス〔ト〕ダタ] 女 =posdata
poste [ポステ] 男 ❶ 柱: ~ de alta tensión 高圧線の鉄柱. ❷〈サッカーなど〉ゴールポスト
postergar [ポステルガル] 55 他 遅らせる, 後回しにする
posteridad [ポステリダ] 女 子孫, 後の世代
posterior [ポステリオル] 形 〈a より〉❶〈時間〉後の: mundo ~ a la guerra fría 冷戦後の世界
❷〈空間〉後ろの: parte ~ 後部
posterioridad [ポステリオリダ] 女 *con ~* 後で;〈a より〉以後に
posteriormente [ポステリオルメンテ] 副 後で, それ以後に
postizo, za [ポスティソ, サ] 形 ❶〈身体の一部が〉人工の: diente ~ 入れ歯. ❷ 見せかけの, いつわりの
◆ 男 部分かつら, ヘアピース
postrado, da [ポストらド, ダ] 形 衰弱した
postre [ポストレ] 男 デザート: ¿Qué toma usted de ~? デザートは何になさいますか？
a la ~ 最後には, 結局
póstumo, ma [ポストゥモ, マ] 形 死後に世に出た
postura [ポストゥら] 女 ❶ 姿勢, 格好: ponerse en una ~ cómoda 楽な姿勢をとる. ❷ 態度, スタンス
postventa [ポス〔ト〕ベンタ] 形 servicio ~ アフターサービス
potable [ポタブレ] 形 飲用に適した: agua ~ 飲料水
potaje [ポタヘ] 男 〈豆などの〉シチュー
pote [ポテ] 男 壺
potencia [ポテンスィア] 女 ❶ 力, 能力: ~ sexual 性的能力. ❷ 権勢, 権力: ~ económica 経済力; 経済大国. ❸ 強国, 大国: ~ nuclear 核保有国
potencial [ポテンスィアル] 形 潜在的な, 可能性を秘めた: habilidades ~*es* 潜在能力
◆ 男 〈潜在的な〉力, 可能性: explotar su

～ 自分の能力を開発する
potente [ポテンテ] 形 力強い, 強大な
potro, tra [ポトロ, トラ] 名 子馬, 若馬
◆ 男 〈体操〉跳馬
pozo [ポソ] 男 ❶ 井戸. ❷ 〈深い〉穴
práctica[1] [プラクティカ] 女 ❶ 〈継続的な〉練習, 実習: hacer ～s de tiro 射撃訓練をする
❷ 実行, 実施: poner en ～ una idea アイデアを実行に移す
❸ 熟練, 経験
❹ 習慣
en la ～ 実際には, 現実には
prácticamente [プラクティカメンテ] 副 ❶ 実際的に. ❷ ほとんど
practicante [プラクティカンテ] 形 名 ❶ 信仰を実践する[人]. ❷ 実習生, 訓練生. ❸ 准医師, 看護士
practicar [プラクティカル] 73 他 ❶ 〈習慣的に〉行なう: No *practico* ningún deporte. 私はどんなスポーツもやらない. ❷ 練習する: ～ el español スペイン語の練習をする. ❸ 実行する, 実施する: ～ una operación 手術を行なう. ❹ 〈信仰などを〉実践する: *Practican* el catolicismo. 彼らはまじめなカトリックだ
práctico, ca[2] [プラクティコ, カ] 形 ❶ 実用的な, 実利的な: coche ～ 実用的な車
❷ 実際の, 実地の: prueba ～*ca* 実地試験
❸ 〈en に〉精通した, 経験に富んだ
pradera [プラデラ] 女 〈広大な〉草地, 草原; 牧草地
prado [プラド] 男 〈小さい〉牧場, 牧草地
pragmático, ca [プラグマティコ, カ] 形 実用主義の
pre- 〈接頭辞〉「以前の」「先の」の意
preámbulo [プレアンブロ] 男 序言, 前置き
precalentamiento [プレカレンタミエント] 男 ウォーミングアップ
precario, ria [プレカリオ, リア] 形 不安定な, 確かでない
precaución [プレカウスィオン] 女 用心, 予防: tomar *precauciones* 予防措置をとる. con ～ 用心して
precaver [プレカベル] 他 用心する, 予防する
◆ ～se 〈de・contra を〉予防する, 警戒する
precavido, da [プレカビド, ダ] 形 過分 用心深い, 慎重な
precedente [プレセデンテ] 形 前の: el año ～ 前年
◆ 男 先例, 前例: sin ～s 前例のない
preceder [プレセデル] 自 〈時間的に・順序が, a より〉前にある

precepto [プレセプト] 男 戒律, おきて
preciar [プレスィアル] ～se 〈de を〉誇る, 自慢する
precinto [プレスィント] 男 封印
precio [プレスィオ] 男 ❶ 値段, 価格; 料金: ¿Qué ～ tiene esta corbata? このネクタイはいくらですか？ alzar el ～ 値上げする. rebajar el ～ 値下げする
❷ 複 物価: ～s al consumidor 消費者物価
al ～ *de...* …の代償として
no tener ～ 値のつけようがない, たいへん貴重な
preciosidad [プレスィオスィダ] 女 ❶ 美しい女性; かわいい子供: ¡Eres una ～! 君はきれいだなあ! ❷ すばらしいもの
precioso, sa [プレスィオソ, サ] 形 ❶ 貴重な, 大切な; 高価な: metal ～ 貴金属. piedra ～*sa* 貴石, 宝石
❷ 美しい, かわいい; すばらしい: niña ～*sa* かわいい女の子
precipicio [プレスィピスィオ] 男 断崖, 絶壁
precipitación [プレスィピタスィオン] 女 ❶ 大急ぎ, 性急: con ～ あわただしく. ❷ 〈主に複〉〈気象〉降水
precipitado, da [プレスィピタド, ダ] 形 過分 ❶ あわただしい. ❷ せっかちな
precipitar [プレスィピタル] 他 ❶ 投げ落とす, 突き落とす. ❷ 急がせる, せき立てる
◆ ～se ❶ 身を投げる; 落ちる. ❷ 急ぐ; 突進する
precisamente [プレスィサメンテ] 副 ❶ 明確に, 正確に. ❷ ちょうど, まさしく. ❸ 〈間投詞的〉そのとおり!
precisar [プレスィサル] 他 ❶ 明確にする: ～ la hora de salir 出発時刻をはっきり決める. ❷ 必要とする
precisión [プレスィスィオン] 女 明確さ, 正確さ: conocer con ～ はっきりと知っている
preciso, sa [プレスィソ, サ] 形 ❶ 明確な, 正確な; 的確な: dar las instrucciones ～*sas* はっきりした指示を出す
❷ まさにその: en el ～ momento ちょうどその時に
❸ 必要な: Es ～ llamar al médico. 医者を呼ぶことが必要だ
preconcebido, da [プレコンセビド, ダ] 形 前もって考えられた: ideas ～*das* 先入観
precoz [プレコス] 形 〈複 *precoc*es〉 ❶ 〈時期が〉通常より早い: diagnóstico ～ 早期診断. ❷ 早生(生)の. ❸ 早熟な, ませた
precursor, ra [プレクルソル, ラ] 形 前ぶれの
◆ 名 先駆者, 先覚者

predecesor, ra [プレデセソル, ラ] 名 前任者, 先任者

predecir [プレデスィル] 61 〈過分 pred*icho*〉 他 予言する: 〜 la suerte 運命を予言する. 〜 un terremoto 地震を予知する

predestinado, da [プレデスティナド, ダ] 形 予定された

prédica [プレディカ] 女 〈宗教的・道徳的〉説教

predicador, ra [プレディカドル, ラ] 名 説教師

predicar [プレディカル] 73 他 説教する

predicción [プレディ(ク)スィオン] 女 予言, 予知

predilección [プレディレ(ク)スィオン] 女 お気に入り, ひいき

predilecto, ta [プレディレクト, タ] 形 お気に入りの, ひいきの

predisposición [プレディスポスィシオン] 女 〈主に医学〉傾向, 素質

predominante [プレドミナンテ] 形 優勢な, 支配的な

predominar [プレドミナル] 自 支配的である, 優位にある

predominio [プレドミニオ] 男 優越, 優位

preescolar [プレエスコラル] 形 就学前の: educación 〜 就学前教育

prefabricado, da [プレファブリカド, ダ] 形 〈建築〉プレハブ式の

prefacio [プレファスィオ] 男 序文, 序言

preferencia [プレフェレンスィア] 女 ❶ お気に入り, ひいき: tener 〜 por+人 …を特にかわいがる. ❷ 優先: 〜 del varón 男性優位 *de* 〜 優先的に; どちらかと言えば

preferente [プレフェレンテ] 形 よりよい, 優先的な

preferible [プレフェリブレ] 形 〈a より〉〈ser 〜+不定詞・que+接続法〉望ましい, 都合がよい: Con este frío es 〜 *que* no salgas. 寒いので外に出ないほうがいい

preferido, da [プレフェリド, ダ] 形 名 過分 お気に入りの〔人〕: Este chico es el 〜 de su madre. この子は母親のお気に入りだ

preferir [プレフェリル] 77 他 〈a よりも〉…の方を好む, むしろ…を選ぶ: Prefiero el verano al invierno. 私は冬より夏の方が好き. ¿Qué *prefieres*, cerveza o vino? ビールとワインとどっちがいい?

prefijo [プレフィホ] 男 ❶ 市外局番. ❷〈文法〉接頭辞

pregón [プレゴン] 男 ❶ 告示; 開会宣言. ❷〈商人の〉売り声

pregonar [プレゴナル] 他 ❶ 告示する. ❷ 呼び売りする. ❸ 〈秘密などを〉世間に知らせる, 暴露する

pregunta [プレグンタ] 女 質問, 問い: hacer una 〜 質問する

preguntar [プレグンタル] 他 尋ねる, 問う: 〜 a+人 el camino …に道を聞く
◆ 自 ❶〈por・sobre+事物 について〉質問する. ❷〈por+人 を〉訪ねて来る
◆ 〜se 自問する, 疑問に思う

preguntón, na [プレグントン, ナ] 形 名 しつこく質問する〔人〕

prehistórico, ca [プレイストリコ, カ] 形 有史前の: tiempo 〜 先史時代

prejuicio [プレフイスィオ] 男 偏見, 先入観: tener 〜s contra... …に偏見を抱く

preliminar [プレリミナル] 形 前提の, 予備的な: acuerdo 〜 予備協定

preludio [プレルディオ] 男 ❶ 前ぶれ, 前兆. ❷ 前奏曲, プレリュード

prematrimonial [プレマトリモニアル] 形 結婚前の: relaciones 〜 婚前交渉

prematuro, ra [プレマトゥロ, ラ] 形 〈時期が〉早すぎる: muerte 〜*ra* 早死に. niño 〜 未熟児

premeditación [プレメディタスィオン] 女 実行する前に考えること

premeditar [プレメディタル] 他 実行する前に考える: asesinato *premeditado* 計画殺人

premiar [プレミアル] 他 …に賞(ほうび)を与える

premio [プレミオ] 男 ❶ 賞, 賞金; ほうび: ganar (recibir) el segundo 〜 2等賞をとる. dar (conceder) el 〜 賞を与える. Gran P〜 グランプリ
❷ 受賞者; 受賞作
❸〈宝くじの〉当たりくじ: Le ha tocado el 〜. 彼は宝くじが当たった

premonición [プレモニスィオン] 女 予感

premura [プレムラ] 女 緊急性: con 〜 至急に

prenatal [プレナタル] 形 出生前の

prenda [プレンダ] 女 ❶ 衣類: 〜s de vestir 衣服. 〜s de cama 〈シーツなどの〉寝具. ❷ 抵当, 質草: en 〜 de... …の抵当として; …の証拠に

prendar [プレンダル] 他 …の心を奪う, 魅了する
◆ 〜se 〈de に〉心を奪われる

prender [プレンデル] 他 ❶ 捕える, つかむ: 〜 al ladrón どろぼうをつかまえる. 〜 a+人 del brazo …の腕をつかむ. ❷〈a・en に〉とめる, 引っかける: 〜 la flor *en* la solapa えりに花をつける. ❸〈火などを〉つける: 〜 fuego a... …に火をつける, 放火する
◆ 自 ❶ 引っかかる. ❷〈火が〉つく

prensa

◆ **~se** 〈自分のものを〉とめる. ❷ 引っかかる. ❸ 火がつく

prensa [プレンサ] 囡 ❶ ジャーナリズム；〈集合的に〉記者：agencia de ~ 通信社. libertad de ~ 報道の自由. ❷ 新聞, 雑誌：~ amarilla 扇動的な大衆紙. ❸ 印刷機. ❹ 圧搾機, プレス

prensar [プレンサル] 他 圧搾する, しぼる

preñado, da [プレニャド, ダ] 形 ❶ 〈主に動物が〉妊娠した, 受胎した. ❷ 〈de で〉満ちた

preocupación [プレオクパスィオン] 囡 ❶ 心配, 気がかり：~ por el porvenir 将来に対する心配. ❷ 覆 心配事：tener muchas *preocupaciones* 心配事がたくさんある

preocupar [プレオクパル] 他 心配させる, 気をもませる：Me *preocupa* su silencio. 彼から連絡のないのが気がかりだ

◆ **~se** 〈por・de を〉心配する：No *te preocupes por* el resultado. 結果は気にするな. Está *preocupado por* tu salud. 彼は君の健康を心配している

❷ 気にかける, 気配りをする

prepago [プレパゴ] 男 tarjeta 〔de〕 ~ プリペイドカード

preparación [プレパラスィオン] 囡 ❶ 準備, 用意. ❷ 教育, 練習. ❸ 知識, 学識

preparado [プレパラド] 男 過分 調合薬, 売薬

preparar [プレパラル] 他 ❶ 準備する, 用意をする：~ la comida 食事の支度をする. ~ café コーヒーを入れる. ~ la habitación para los invitados お客のために部屋の準備をする

❷ 〈試験などに〉備える：~ el examen 試験勉強をする

❸ 〈試験・試合などに備えて, 人に〉教える, 練習させる

◆ **~se** 〈para の〉準備をする；心構えをする：*~se para* salir 出かける準備をする

preparativo [プレパラティボ] 男 〈主に 覆〉準備, 用意：hacer ~s del viaje 旅行の支度をする

preparatorio, ria [プレパラトリオ, リア] 形 準備の, 予備的な：conversaciones ~*rias* 予備会談

preposición [プレポシスィオン] 囡 前置詞

prepotente [プレポテンテ] 形 名 絶大な権力を持つ〔人〕

prerrogativa [プレロガティバ] 囡 特権, 特典

presa¹ [プレサ] 囡 ❶ 獲物：capturar la ~ 獲物をつかまえる. ❷ ダム

hacer ~ *en...* …をつかまえる

presagiar [プレサヒアル] 他 …の前兆を示す, 前ぶれとなる

presagio [プレサヒオ] 男 前兆

presbicia [プレスビスィア] 囡 老眼

presbítero [プレスビテロ] 男 〈ミサを行なうことができる〉司祭

prescindir [プレスシンディル] 自 〈de を〉なしですませる, 切り捨てる：No podemos ~ *de* su consejo. 私たちは彼の助言なしではやっていけない

prescribir [プレスクリビル] 〈過分 prescri*to*〉他 〈医師などが〉指示する；処方する：~ reposo absoluto a+人 …に絶対安静を命じる

◆ 自 〈法律〉時効になる

prescripción [プレスクリプスィオン] 囡 ❶ 指示, 処方：por ~ médica 医師の処方に従って. ❷ 時効

presencia [プレセンスィア] 囡 ❶ 存在；出席, 立ち会い：No me di cuenta de su ~. 私は彼がいることに気がつかなかった

❷ 風采：de buena ~ 風采の立派な, 容姿端麗な

en ~ *de*+人 …のいる前で

presenciar [プレセンスィアル] 他 ❶ …に居合わせる：~ el accidente 事故を目撃する. ❷ 参加する

presentación [プレセンタスィオン] 囡 ❶ 紹介：carta de ~ 紹介状. ❷ 提示, 提出：~ del pasaporte パスポートの提示. ❸ 展示, 発表, 公開：~ de una nueva película 新作映画の発表. ❹ 外見, 見せかけ：buena ~ de un plato 料理の見た目のよさ

presentador, ra [プレセンタドル, ラ] 名 〈番組などの〉司会者

presentar [プレセンタル] 他 ❶ 紹介する：Quiero ~te a mi hermana. 君に僕の妹を紹介したい

❷ 差し出す；提示する：~ el pasaporte en la aduana 税関でパスポートを見せる

❸ 提出する：~ un proyecto de ley 法案を提出する

❹ 〈作品を〉発表する；上演(上映)する

❺ 〈候補者などを〉立てる, 推薦する

❻ 〈不平・言い訳などを〉述べる

❼ 〈様子・特徴などを〉見せる：Los niños *presentan* síntomas de desnutrición. 子供たちは栄養失調の兆候を見せている

◆ **~se** ❶ 自己紹介する：Permítame usted que *me presente*. 自己紹介させていただきます

❷ 姿を現わす；出頭する：*~se* a la policía 警察に出頭する

❸ 志願する, 立候補する：*~se* a un concurso コンクールに応募する. *~se* como candidato a la presidencia 大統領選挙に立候

補する

❹〈困難など〉生じる: Si *se presenta* algún problema no vacile en llamarme por teléfono. 何か問題が起きたら迷わず私に電話してください

❺〈+形容詞〉…の様子である

presente [プレセンテ] 形 ❶ **いる**, 出席している: El alcalde está ～ en la ceremonia. 市長は行事に出席している

❷ 居合わせる: Estuve ～ en el lugar del accidente. 私は事故現場に居合わせた

❸〈物が〉存在している

❹ **現在の**, 今の; この: situación ～ y futura de la economía española スペイン経済の現在と将来の状況

◆ 名 出席者

❶ 男 ❶ **現在**, 今: problemas sociales del ～ 現在の社会問題

❷〈文法〉現在, 現在形

◆ 女〈手紙〉〈la ～〉本状, この手紙

al ～ 今のところ

hacer ～... *a*+人 …を…に知らせる

por el ～ 今のところは, さしあたり

tener ～... …が心に残る; 覚えている

presentimiento [プレセンティミエント] 男 予感, 虫の知らせ: Tengo el ～ de que.... 私は…という予感がする

presentir [プレセンティル] 77 他 予感する

preservar [プレセルバル] 他 自〈contra・de から〉予防する, 保護する: ～ *contra* la gripe インフルエンザを予防する

preservativo [プレセルバティボ] 男 避妊用具, コンドーム

presidencia [プレシデンスィア] 女 ❶ presidente の地位・大統領・事務所): candidato a la ～ 大統領候補. ❷ 司会: bajo la ～ de +人 …の司会で

presidencial [プレシデンスィアル] 形 会長(議長・大統領・首相)の: elecciones ～*es* 大統領選挙

presidente, ta [プレシデンテ, タ] 名 ❶ **会長**; 議長, 委員長: ～ de empresa 会社の会長(社長). ～ del tribunal 裁判長

❷ **大統領**;〈スペインなどの〉首相〖～ del gobierno〗

presidio [プレシディオ] 男 ❶ 刑務所. ❷ 懲役刑: condenar a ocho años de ～ 懲役8年の刑を言い渡す

presidir [プレシディル] 他 ❶ …の会長(議長・大統領・首相)をつとめる: ～ una conferencia 会議の議長をつとめる. ❷ 取りしきる: ～ el duelo 喪主をつとめる

presión [プレシオン] 女 **圧力**: ～ atmosférica 大気圧. ～ sanguínea/～ arterial 血圧. grupo de ～ 圧力団体

presionar [プレシオナル] 他 ❶ 押す: ～ el botón ボタンを押す. ❷〈人に〉圧力をかける: sentirse *presionado* プレッシャーを感じる

preso, sa² [プレソ, サ] 形 捕えられた

◆ 名 ❶ 捕虜. ❷ 囚人, 受刑者: ～ político 政治犯

prestado, da [プレスタド, ダ] 形 過分 貸した; 借り物の: dar... ～ …を貸す. pedir dinero ～ 借金を頼む

vivir de ～ 他人のやっかいになる, 居候(ぃそうろう)する

prestamista [プレスタミスタ] 名 金貸し, 高利貸し

préstamo [プレスタモ] 男 貸付け; 貸し出し

prestar [プレスタル] 他 ❶ **貸す**: ～ dinero a+人 …に金を貸す

❷〈ラ〉借りる

presteza [プレステサ] 女 すばやさ, 機敏さ

prestidigitador, ra [プレスティディヒタドル, ラ] 名 手品師, 奇術師

prestigio [プレスティヒオ] 男 威信, 名声: el periódico de más ～ en España スペインで最も権威のある新聞. profesional de ～ 著名な専門家

prestigioso, sa [プレスティヒオソ, サ] 形 威信のある, 名高い

presto, ta [プレスト, タ] 形 ❶ すばやい. ❷ 用意のできた

◆ 副〈文語〉早く

◆ 動詞活用形 ⇨**prestar**

presumido, da [プレスミド, ダ] 形 名 過分 ❶ うぬぼれの強い〔人〕, 思い上がった〔人〕. ❷ 気取る〔人〕, きざな〔人〕

presumir [プレスミル] 自〈de を〉自慢する, うぬぼれる: ～ *de* guapa 美人を鼻にかける

◆ 他 推測する, …と思う

presunción [プレスンスィオン] 女 ❶ うぬぼれ, 思い上がり. ❷ 推測, 推定

presunto, ta [プレスント, タ] 形 推定された: ～ autor 容疑者

presuntuoso, sa [プレスントゥオソ, サ] 形 うぬぼれの強い, これ見よがしの

presuponer [プレスポネル] 54 過分 presup*uesto*〉あらかじめ想定する, 前提とする

presupuesto [プレスプエスト] 男〈presuponer の 過分〉予算, 見積もり: hacer un ～ de... …の予算を立てる

presuroso, sa [プレスロソ, サ] 形 急いでいる, 緊張の

pretencioso, sa [プレテンスィオソ, サ] 形 気取った, きざな, もったいぶった

pretender [プレテンデル] 他 ❶〈主に +不

定詞・que+接続法〉 目指す, ねらう: Ellos *pretenden* subir al Aconcagua. 彼らはアコンカグアに登ろうとしている. ❷〈疑わしいことを〉主張する, 言い張る

pretendiente, ta [プレテンディエンテ, タ] 形 名 志望する〔人〕
◆ 男 求婚者

pretensión [プレテンスィオン] 女 ❶〈主に複〉過大な望み, 要求；(偽りの)主張. ❷ 複 気取り

pretérito [プレテリト] 男〈文法〉過去形: ～ imperfecto 線過去. ～ indefinido 点過去

pretexto [プレテ(ク)スト] 男 口実, 言い訳: con el ～ de.../so ～ de... …を口実にして

pretil [プレティル] 男 欄干；〈転落防止の〉柵

prevalecer [プレバレセル] 20 自〈sobre に〉勝る, 優位に立つ

prevención [プレベンスィオン] 女 予防, 用心: ～ de incendios 火災予防

prevenido, da [プレベニド, ダ] 形 過分 ❶ 用意のできた. ❷ 用心深い

prevenir [プレベニル] 22 他 ❶ 予防する, 用心する: ～ la enfermedad 病気を予防する. ❷ 警告する, 注意する
◆ ～se〈contra に対して〉用心する

preventivo, va [プレベンティボ, バ] 形 予防の: como medida ～va contra... …に対する予防策として. inyección ～va 予防注射

prever [プレベル] 62〈過分 previsto〉他 予見する, 予知する

previo, via [プレビオ, ビア] 形 前もっての: conocimiento ～ 予備知識. sin ～ aviso 予告なしに

previsible [プレビスィブレ] 形 予想できる, 予測できる

previsión [プレビスィオン] 女 予想, 予測: ～ del tiempo 天気予報
en ～ de... …を見越して, …に備えて

previsor, ra [プレビソル, ラ] 形 先見の明のある, 用意周到な

previsto, ta [プレビスト, タ] prever の 過分

prieto, ta [プリエト, タ] 形 窮屈な, きつい

prima[1] [プリマ] 女 ❶ 報奨金；プレミアム. ❷ 保険料 [～ de seguro]

primacía [プリマスィア] 女 優位, 優越

primario, ria [プリマリオ, リア] 形 ❶ 初等の: escuela ～ria 小学校
❷ 主要な, 基本的な: tres colores ～s 三原色

primavera [プリマベラ] 女 ❶ 春: en ～ 春に
❷ 青春〔時代〕

primaveral [プリマベラル] 形 春の；春のような

primer [プリメル] ⇨**primero**

primero, ra [プリメロ, ラ] 形〈男性単数名詞の前で primer〉 ❶ 最初の, 第一の: el *primer* premio 一等賞. ～*ra* impresión 第一印象. Carlos ～ カルロス1世〖Carlos I と表記する〗
❷ 根本の, 基本的な: de ～*ra* importancia 基本的に重要
～ra hora 早い時間: a ～*ra*〔s〕 *hora*〔s〕 de la mañana 早朝に
◆ 名 最初の人；第一位の人: Llegó el ～. 彼は一番に着いた
ser el ～ en+不定詞 真っ先に…する
◆ 副 第一に, 何よりも: Voy ～. まず私が最初に行く
◆ 男 1日(?̃): el ～ de abril 4月1日
a ～s 月初めに: *a ～s* de febrero 2月初めに

primitivo, va [プリミティボ, バ] 形 原始の, 未開の: sociedad ～*va* 未開社会

primo, ma[2] [プリモ, マ] 名 いとこ(従兄弟・従姉妹)

primogénito, ta [プリモヘニト, タ] 形 名 長子〔の〕

primor [プリモル] 男 ❶ 精巧さ, 繊細さ. ❷ 精巧に作られたもの

primordial [プリモルディアル] 形 最重要の, 基本的な

primoroso, sa [プリモロソ, サ] 形 精巧な, 優雅な

princesa [プリンセサ] 女 王女；皇太子妃

principado [プリンスィパド] 男 P～ de Asturias アストゥリアス自治州. P～ de Andorra アンドラ公国

principal [プリンスィパル] 形 最も重要な, 主要な: causa ～ 最大の原因. personaje ～ 主要人物, 中心人物

príncipe [プリンスィペ] 男 王子；皇太子

principiante [プリンスィピアンテ] 名 初心者

principio [プリンスィピオ] 男 ❶ 始まり, 初め: empezar... por el ～ …を最初から始める
❷ 原理, 原則: ～ de Arquímedes アルキメデスの原理
❸ 複 主義, 信条: ser un hombre de ～s 節操がある
❹ 複 初歩, 基礎知識: enseñar los ～s de la física 物理学の初歩を教える
❺ 根源, 根本原因
a ～s de... …の初めに: *a ～s de* mayo 5月上旬に

al ~ 最初のうちは
dar ~ *a...* …を始める
en ~ 原則として

pringar [プリンガル] 55 他 〈脂で〉よごす

pringoso, sa [プリンゴソ, サ] 形 脂(ホッ)じみた, べとべとの

pringue [プリンゲ] 男 ❶ 脂(ホッ). ❷ 脂よごれ

prioridad [プリオリダ] 女 ❶ 優先: dar ~ *a...* …を優先させる. ❷ 複 優先事項

prisa [プリサ] 女 急ぎ
a toda ~ 大急ぎで
darse ~ 急ぐ: ¡Date ~! 急げ!
de ~ 急いで: Estoy muy *de* ~. 私はとても急いでいる
tener ~ 急いでいる

prisión [プリシオン] 女 ❶ 刑務所: estar en ~ 刑務所に入っている. ❷ 禁固刑

prisionero, ra [プリシオネロ, ラ] 名 ❶ 捕虜. ❷ ~ *político* 政治犯

prisma [プリスマ] 男 ❶ 〈数学〉角柱. ❷ プリズム

prismáticos [プリスマティコス] 男 複 双眼鏡

privacidad [プリバスィダ] 女 プライバシー: violar la ~ プライバシーを侵害する

privación [プリバスィオン] 女 ❶ 剥奪(ﾊﾞｸ): ~ del permiso de conducir 運転免許停止. ❷〈主に 複〉欠乏, 窮乏

privado, da [プリバド, ダ] 形 過分 ❶ 私的な: vida ~*da* 私生活. playa ~*da* プライベートビーチ
❷ 非公式な, 内々の: fiesta ~*da* 内輪のパーティー
❸ 私立の, 民間の: escuela ~*da* 私立学校

privar [プリバル] 他〈de を〉…から奪う, 取り上げる: ~ a+人 *de* la libertad …から自由を奪う
◆ ~se 〈de 好物などを〉断つ, なしですませる

privativo, va [プリバティボ, バ] 形 ❶〈de に〉固有の, 特有の. ❷〈de を〉奪う

privatizar [プリバティサル] 13 他 民営化する

privilegiado, da [プリビレヒアド, ダ] 名 特権を受けた〔人〕; 例外的に恵まれた〔人〕

privilegio [プリビレヒオ] 男 特権, 特典

pro [プロ] 前 …のための, …に賛成の: Asociación ~ Derechos Humanos 人権擁護協会
en ~ *de...* …のために
los ~*s y los contras* 利害得失

pro-〈接頭辞〉「代理」「前」「好意」の意

proa [プロア] 女 船首, へさき; 機首

probabilidad [プロバビリダ] 女 ありそうなこと, 見込み: tener muchas ~*es* de... …の見込みが大いにある

probable [プロバブレ] 形〈que+接続法〉ありそうな, 公算の高い: Es ~ que mienta el diputado. おそらく下院議員がうそをついているのだろう

probablemente [プロバブレメンテ] 副 おそらく, たぶん

probador, ra [プロバドル, ラ] 形 名 試す〔人〕, モニター
◆ 男 試着室

probar [プロバル] 21 他 ❶ 試す, テストする: ~ el coche 試乗する
❷ 試食する, 試飲する: 1) *Prueba* este vino. このワインを飲んでごらん. 2)〈否定で未経験〉No *he probado* este plato. 私はこの料理は食べたことがない
❸ 証明する, 証拠立てる: ~ la culpabilidad 有罪を立証する
◆ ~se 試着する: *Me probé* los pantalones. 私はズボンを試着してみた

probeta [プロベタ] 女 試験管: bebé ~ 試験管ベビー

problema [プロブレマ] 男 ❶ 問題, 課題: resolver un ~ de geometría 幾何の問題を解く. enfrentarse con el ~ del empleo 雇用問題に取り組む
❷ 悩みごと, やっかいごと: tener muchos ~*s* en su trabajo 仕事上の悩みをたくさん抱えている

problemático, ca [プロブレマティコ, カ] 形 問題のある, 解決めんどうな

procedencia [プロセデンスィア] 女 ❶ 起源, 出身. ❷ 出発地, 発送地

procedente [プロセデンテ] 形〈de から〉来た, 生じた: tren ~ *de* Barcelona バルセロナ発の列車

proceder [プロセデル] 自 ❶〈de から〉来る, 生じる; 由来する: Esta expresión *procede* de la Biblia. この表現は聖書から来ている. ❷ ふるまう, 行動する: ~ *con* cuidado 注意深く行動する ❸〈a に〉取りかかる, 処置をとる: ~ *al* divorcio 離婚の手続きをとる. ❹〈contra に対して〉訴訟を起こす
◆ 男 ふるまい, 行動

procedimiento [プロセディミエント] 男 ❶ 方法; 処置: ~ de emergencia 緊急措置. ❷ 訴訟手続き; 行政手続き: ~ civil 民事訴訟. ~ penal 刑事訴訟

procesado, da [プロセサド, ダ] 形 名 過分 告訴(起訴)された〔人〕, 被告

procesador [プロセサドル] 男 処理装置: ~ de textos ワープロ〔装置, ソフト〕

procesamiento [プロセサミエント] 男 ❶

起訴. ❷ 加工, 処理. ❸〈情報〉~ de datos データ処理. ~ de textos 文書作成

procesar [プロセサル] 他 ❶ 起訴する, 裁判にかける. ❷ 加工する, 処理する

procesión [プロセシオン] 女〈宗教行事などの〉行列: ~ de Semana Santa 聖週間の行列

proceso [プロセソ] 男 ❶ 過程, 経過: ~ de fabricación 製造工程. ~ de envejecimiento celular 細胞老化のプロセス ❷ 加工, 処理: ~ químico 化学の処理 ❸ 裁判, 訴訟: abrir un ~ contra+人 por ... ...のかどで...を起訴する ❹〈情報〉~ de datos データ処理

proclamación [プロクラマシオン] 女 ❶ 宣言. ❷ 公表

proclamar [プロクラマル] 他 ❶ 宣言する: ~ el estado de emergencia 非常事態を宣言する. ❷ 公表する

◆ ~se 自分が...であると宣言する: ~se campeón 選手権保持者になる, 選手権を獲得する

procreación [プロクレアシオン] 女 出産, 生殖

procrear [プロクレアル] 他〈子を〉生む;〈子孫を〉作る

procurador, ra [プロクラドル, ラ] 名〈法廷での〉代理人

procurar [プロクラル] 他 ❶ ...に努める, ...しようとする: Procuraremos realizar nuestro plan. 私たちは計画を実現するよう努力するつもりだ. ❷ 提供する, 世話する

prodigar [プロディガル] 55 他 気前よく(ふんだんに)与える

prodigio [プロディヒオ] 男 ❶ 驚異. ❷ 驚異的な人(事物): niño ~ 天才児, 神童. ❸ 奇跡

prodigioso, sa [プロディヒオソ, サ] 形 驚くべき, 奇跡的な

pródigo, ga [プロディゴ, ガ] 形 ❶ 浪費家の: hijo ~ 放蕩(ほうとう)息子. ❷ 気前のいい

producción [プロドゥク(シ)オン] 女 ❶ 生産, 製造; 生産高: aumentar la ~ de alimentos 食糧生産を増やす ❷ 生産物, 製品 ❸〈映画・演劇・番組の〉制作;作品

producir [プロドゥスィル] 19 他 ❶ 生産する, 製造する: La fábrica produce camiones. その工場ではトラックを作っている ❷〈結果・利益を〉生む, もたらす: Las drogas producen grave daño para la salud. 麻薬は健康に重大な被害をおよぼす ❸〈映画・演劇・番組を〉制作する

◆ ~se〈事が〉生じる, 起こる: Ayer se produjo un accidente mortal. きのう死亡事故が発生した

productividad [プロドゥクティビダ] 女 生産性

productivo, va [プロドゥクティボ, バ] 形 ❶ 生産の. ❷ 生産性の高い

producto [プロドゥクト] 男 ❶ 生産物, 製品: responsabilidad por ~ 製造物責任. ~ agrícola 農産物 ❷ 収益, 生産高: ~ interior bruto 国内総生産

productor, ra [プロドゥクトル, ラ] 形 生産する, 作り出す: país ~ de petróleo 産油国 ◆ 名 ❶ 生産者, 製造業者. ❷〈映画・演劇・番組の〉プロデューサー ◆ 女〈映画・演劇・番組の〉制作会社, プロダクション

proeza [プロエサ] 女 偉業, 手柄

profanar [プロファナル] 他 冒瀆(ぼうとく)する, けがす

profano, na [プロファノ, ナ] 形 名 ❶ 世俗の, 俗界の. ❷ 無宗教の. ❸ 門外漢(の), しろうと(の)

profecía [プロフェスィア] 女 予言, 神託

proferir [プロフェリル] 77 (現分 profiriendo)〈激しく〉言う: ~ gritos 叫び声をあげる

profesar [プロフェサル] 他 ❶〈信仰などを〉表明する. ❷〈感情などを〉持つ. ❸〈職業として〉行なう, 教える

profesión [プロフェシオン] 女 職業: Es cocinero de ~. 彼はコックだ

profesional [プロフェシオナル] 形 ❶ 職業の: enfermedad ~ 職業病 ❷ 本職の, くろうとの: golfista ~ プロゴルファー ◆ 名 専門家, くろうと

profesor, ra [プロフェソル, ラ] 名 教師, 先生; 教授: Es ~ de español. 彼はスペイン語の先生だ

profesorado [プロフェソラド] 男 ❶ 教師陣, 先生たち. ❷ 教職

profeta [プロフェタ] 男 予言者

profetizar [プロフェティサル] 13 他 予言する

prófugo, ga [プロフゴ, ガ] 形 名 逃げた, 逃亡者 ◆ 男 徴兵忌避者

profundamente [プロフンダメンテ] 副 深く: respirar ~ 深呼吸する

profundidad [プロフンディダ] 女 ❶ 深さ; 奥行き: pozo de diez metros de ~ 深さ10メートルの井戸. ❷〈精神・内容などの〉深み: examinar en ~ 掘り下げて検討する

profundizar [プロフンディサル] 13 他 深く

する, 掘り下げる

profundo, da [プロフンド, ダ] 形 ❶ 深い; 奥行きのある: pantano poco ～ 浅い沼. cueva ～*da* 深い洞穴 ❷〈度合いが〉強い, 大きい: ～ amor 深い愛. sueño ～ 深い眠り ❸〈声が〉深みのある, 低く響く ❹ 深遠な; 深層の: psicología ～*da* 深層心理学

profusión [プロフシオン] 女 過剰, 過多

profuso, sa [プロフソ, サ] 形 おびただしい

progenitor, ra [プロヘニトル, ラ] 名 父, 母; 複 両親

programa [プログラマ] 男 ❶ 番組: ver el ～ concurso クイズ番組を見る ❷ 計画, 予定, 段取り: ～ de acción アクションプログラム, 行動計画 ❸〈催しなどの〉プログラム, 式次第 ❹ カリキュラム, 授業計画 ❺〈政治〉～ electoral 選挙綱領 ❻〈情報〉プログラム

programación [プログラマスィオン] 女 ❶ 計画化. ❷〈集合的に〉番組全体: ～ de hoy きょうの番組. ❸〈情報〉プログラミング

programador, ra [プログラマドル, ラ] 名〈情報〉プログラマー

programar [プログラマル] 他 ❶ …の計画を立てる: ～ un viaje 旅行の計画を立てる. ❷〈情報〉プログラムを組む

progresar [プログレサル] 自 進歩する; 進行する

progresista [プログレシスタ] 形 名 進歩的な〔人〕

progresivo, va [プログレシボ, バ] 形 徐々に進む: desarrollo ～ 段階的な発展. imposición ～*va* 累進課税

progreso [プログレソ] 男 ❶ 進歩, 向上; 上達: hacer ～s rápidos 急速な進歩を遂げる ❷ 進展, 進行

prohibición [プロイビスィオン] 女 禁止

prohibir [プロイビル] 63 他 禁止する: La policía nos *prohibió* fijar carteles. 警察はポスター貼りを我々に禁じた. Se *prohíbe* la entrada.〈表示〉立入禁止

prójimo [プロヒモ] 男 同胞: amor al ～〈キリスト教〉隣人愛

proletariado [プロレタリアド] 男 プロレタリアート, 労働者階級

proletario, ria [プロレタリオ, リア] 形 名 プロレタリア〔の〕

proliferación [プロリフェラスィオン] 女 増殖, 繁殖; 急増

proliferar [プロリフェラル] 自 増殖する, 繁殖する; 急増する

prolífico, ca [プロリフィコ, カ] 形 繁殖力のある, 多産な

prolijo, ja [プロリホ, ハ] 形 長たらしい, くどい

prólogo [プロロゴ] 男 序文, プロローグ

prolongación [プロロンガスィオン] 女 延長

prolongar [プロロンガル] 55 他 延ばす, 延長する: ～ la sesión 会期を延長する. ～ la carretera 道路を延長する
◆ ～se 長引く; 延びる

promedio [プロメディオ] 男 平均: Cada español genera al año un ～ de 471 kilos de basura. スペイン人は年に平均471キロのごみを出す

promesa [プロメサ] 女 約束: hacer una ～ a+人 …に約束する

prometedor, ra [プロメテドル, ラ] 形 前途有望な: joven ～ 見込みのある青年

prometer [プロメテル] 他 約束する: Me *prometió* venir a la fiesta. 彼はパーティーに来ると私に約束した
◆ 自 見込みがある: Ese joven *promete*. その若者は有望だ
◆ ～se〈互いに〉婚約する

prometido, da [プロメティド, ダ] 名 過分 婚約者

prominente [プロミネンテ] 形 突き出ている: nariz ～ 高い鼻

promiscuo, cua [プロミスクオ, クア] 形 ❶ 雑多な, ごたまぜの. ❷ 見境のない性交渉をする

promoción [プロモスィオン] 女 ❶ 促進, 振興. ❷ 昇進, 進級. ❸〈集合的に〉同期生

promocionar [プロモスィオナル] 女 ❶ 売り込む; 促進する. ❷ 昇進させる
◆ ～se 昇進する

promotor, ra [プロモトル, ラ] 名 ❶ 発案者, 発起人. ❷ 促進者: ～ de ventas 販売促進係. ❸ 興行師, プロモーター

promover [プロモベル] 50 他 ❶ 促進する, 振興する: ～ la venta 販売を促進する. ❷ 引き起こす. ❸ 昇進させる, 進級させる

promulgación [プロムルガスィオン] 女 公布, 発布

promulgar [プロムルガル] 55 他 公布する, 発布する: ～ la nueva Constitución 新憲法を発布する

pronombre [プロノンブレ] 男〈文法〉代名詞

pronosticar [プロノスティカル] 73 他 予想する, 予測する

pronóstico [プロノスティコ] 男 予想, 予測: ～ del tiempo 天気予報

prontitud [プロンティトゥ] 囡 迅速：con ～ すばやく

pronto¹ [プロント] 副 ❶ すぐに, 間もなく：Volveré ～. すぐ戻ります ❷ 早くに：Salió ～ esta mañana. 彼はけさ早く出かけた
de ～ 突然
Hasta ～. 〈挨拶〉ではまた
¡*P*～! 急げ/早く！
tan ～ *como*... …するとすぐ：Tan ～ como llegue al aeropuerto, te llamaré. 空港に着きしだい電話するよ

pronto², **ta** [プロント, タ] 形 ❶ すばやい, 即座の：Espero una ～*ta* respuesta. 早い返事を待っています. ❷ 〈ラ〉用意のできた
al ～ 最初は, すぐには
por lo ～ 今のところ, さしあたり

pronunciación [プロヌンスィアスィオン] 囡 発音：Tu ～ es perfecta. 君の発音は完璧だ

pronunciado, da [プロヌンスィアド, ダ] 形 過分 はっきりした, きわ立った

pronunciar [プロヌンスィアル] 他 ❶ 発音する：Él *pronuncia* bien (mal) el español. 彼はスペイン語の発音がいい(悪い) ❷ 言う, 述べる：～ una palabra ひとこと言う
◆ ～**se** ❶ 態度を明らかにする. ❷ 目立つ

propagación [プロパガスィオン] 囡 伝わり, 普及

propaganda [プロパガンダ] 囡〈主に政治的な〉宣伝

propagar [プロパガル] 55 他 ❶ 繁殖させる. ❷ 広める, 普及させる
◆ ～**se** ❶ 繁殖する. ❷ 広まる, 伝わる

propano [プロパノ] 男〈化学〉プロパン：gas de ～ プロパンガス

propensión [プロペンシオン] 囡 傾向, 性癖：tener ～ al juego ばくち好きである

propenso, sa [プロペンソ, サ] 形〈a への〉傾向がある, …しやすい：ser ～ *a* resfriarse 風邪をひきやすい

propia ⇨**propio, pia**

propiamente [プロピアメンテ] 副 本来ならば；正確には：～ dicho 本来の意味では；正確に言えば

propiciar [プロピスィアル] 他 …に好都合にする, 助長する

propicio, cia [プロピスィオ, スィア] 形〈a・para に〉好都合な, 適した

propiedad [プロピエダ] 囡 ❶ 所有権：casa de su ～ 自宅. ～ intelectual 知的所有権. ～ literaria 著作権 ❷ 所有物；所有地：～ privada 私有財産 ❸ 特性, 属性

propietario, ria [プロピエタリオ, リア] 名 所有者；家主, 地主

propina [プロピナ] 囡 **チップ**, 心づけ：dar una ～ a+人 …にチップを渡す

propio, pia [プロピオ, ピア] 形 ❶ 自分自身の：tener ～ coche 自分の車を持っている. ver con sus ～*s* ojos 自分の目で見る ❷〈+名詞〉…本人の；…自体の：El ～ ministro aludió a la dimisión. 大臣みずからが辞職をほのめかした ❸ 固有の, 本来の；〈de に〉特有の：en el sentido ～ 本来の意味で. costumbre ～*pia* de la raza 民族特有の習慣 ❹ 適した：juguetes ～*s* para su edad 年齢に適した玩具

proponer [プロポネル] 54〈過分 prop*uesto*〉他 ❶〈a に〉提案する, 申し出る：Le propuse ir al cine. 私は彼に映画を見に行こうと言った ❷〈para に〉推薦する
◆ ～**se** …するつもりである

proporción [プロポルスィオン] 囡 ❶ 比率, 割合；比例：en ～ a... …に比例して ❷ 均整；つりあい ❸ 複 規模

proporcionado, da [プロポルスィオナド, ダ] 形 過分 均整のとれた；つりあいのとれた

proporcional [プロポルスィオナル] 形 比例した；つりあいのとれた

proporcionar [プロポルスィオナル] 他 ❶〈a に〉つりあわせる；比例させる：～ los gastos *a* los ingresos 収入に見合った支出をする. ❷ 提供する, 与える：～ empleo a+人 …に職を世話する
◆ ～**se** 獲得する

proposición [プロポスィスィオン] 囡 提案, 申し出：aceptar (rechazar) una ～ 提案を受け入れる(拒否する). ～ de la paz 和平提案

propósito [プロポシト] 男 目的, 意図：tener el ～ de+不定詞 …するつもりである
a ～ 1) 適した, 都合のよい. 2) わざと, 故意に. 3) ところで, それはそうと
a ～ *de*... …に関して

propuesta [プロプエスタ] 囡 申し出, 提案：hacer a+人 una ～ …に提案する. a ～ de +人 …の提案で

propulsar [プロプルサル] 他 推進する

propulsión [プロプルシオン] 囡 推進：～ a chorro ジェット推進

prórroga [プロロガ] 囡 ❶ 延期, 延長. ❷〈スポーツ〉延長戦

prorrogar [プロロガル] 55 他 延長する, 延期する：～ su estancia 滞在を延長する

prorrumpir [プロロンピル] 自 〈en〉 突然…し始める: ~ *en* carcajadas 急に大声で笑い出す

prosa [プロサ] 女 散文: poema en ~ 散文詩

prosaico, ca [プロサイコ, カ] 形 不粋な, 味気ない

proscribir [プロスクリビル] 他 〈過分〉 pros*crito*〉 ❶ 追放する. ❷ 禁止する

proseguir [プロセギル] 76 他 継続する, 続行する: ~ el discurso 演説を続ける
◆ 自 〈con を〉 継続する

prospecto [プロスペクト] 男 ❶〈薬の〉説明書き. ❷〈宣伝の〉ちらし, ビラ

prosperar [プロスペラル] 自 繁昌する, 栄える

prosperidad [プロスペリダ] 女 繁昌

próspero, ra [プロスペロ, ラ] 形 繁栄している, 好景気の: ¡P~ Año Nuevo! 謹賀新年

prostíbulo [プロスティブロ] 男 売春施設

prostitución [プロスティトゥスィオン] 女 売春

prostituir [プロスティトゥイル] 42 他 …に売春をさせる
◆ ~se 売春をする, 売春婦になる

prostituta [プロスティトゥタ] 女 売春婦

protagonista [プロタゴニスタ] 名 ❶ 主人公; 主役. ❷ 中心人物

protagonizar [プロタゴニサル] 13 他 …の主役を演じる

protección [プロテ(ク)スィオン] 女 ❶ 保護, 庇護: bajo la ~ de... …に守られて. ~ de la naturaleza 自然保護. ❷ 防止, 防備

proteccionismo [プロテ(ク)スィオニスモ] 男 保護貿易主義

protector, ra [プロテクトル, ラ] 形 名 保護する; 保護者, 庇護者
◆ 〈スポーツ〉 男 防具

proteger [プロテヘル] 16 他 保護する, 庇護する: 1) ~ las pequeñas y medianas empresas 中小企業を保護する. 2)〈de・contra から〉Esta crema te *protege* del sol. このクリームは日差しからあなたを守る
◆ ~se 身を守る: ~*se de* la lluvia con un impermeable レインコートを着て雨から身を守る

protegido, da [プロテヒド, ダ] 形 過分 保護された: comercio ~ 保護貿易
◆ 名 お気に入り〔人〕

proteína [プロテイナ] 女 たん白質

prótesis [プロテシス] 女 人工装具, 人工器官: ~ dental 義歯

protesta [プロテスタ] 女 ❶ 抗議, 異議: hacer ~s contra... …に対して抗議する. ❷ 抗議集会, 抗議デモ

protestante [プロテスタンテ] 形 名 〈宗教〉プロテスタント〔の〕, 新教の

protestantismo [プロテスタンティスモ] 男 〈宗教〉プロテスタンティズム, 新教

protestar [プロテスタル] 自 ❶〈contra・de・por に対して〉抗議する: Los vecinos *protestaron contra* el ruido. 住民たちは騒音に抗議した
❷ 不平を言う: ~ *de* la comida 食事に文句を言う

protocolario, ria [プロトコラリオ, リア] 形 儀礼的な: visita ~*ria* 表敬訪問

protocolo [プロトコロ] 男 ❶ 儀礼. ❷〈外交〉議定書

prototipo [プロトティポ] 男 ❶ 試作品; 原型. ❷ 典型

provecho [プロベチョ] 男 利益: sacar ~ de... …から利益を得る; …を利用する
¡*Buen* ~! ゆっくり召し上がれ!〖返事は Gracias. ありがとう〗
de ~ 〈人が〉社会的に役立つ

provechoso sa [プロベチョソ, サ] 形 有益な, 有用な

proveedor, ra [プロベエドル, ラ] 名 ❶ 納入業者, 出入りの商人. ❷〈情報〉プロバイダー

proveer [プロベエル] 64 他〈de を〉…に供給する: El camión cisterna *provee de* gasolina a las gasolineras. タンクローリーはガソリンスタンドにガソリンを供給する
◆ ~se 備える, 用意する: ~*se de* víveres 食糧をたくわえる

provenir [プロベニル] 22 自〈de から〉来る, 生じる: Su enfermedad *proviene del* cansancio. 彼の病気は疲労が原因だ

proverbial [プロベルビアル] 形 ❶ ことわざの, 格言風の. ❷ よく知られた

proverbio [プロベルビオ] 男 ことわざ, 格言

providencia [プロビデンスィア] 女 ❶〈宗教〉摂理, 神意: Divina P~ 神の摂理. ❷〈P~〉神

providencial [プロビデンスィアル] 形 思いがけない, 幸運な

provincia [プロビンスィア] 女 ❶〈スペイン・日本などの〉県: ~ de Zaragoza サラゴサ県 ❷〈アルゼンチンなどの〉州;〈ペルーの〉郡;〈中国の〉省
❸〈首都に対して〉地方, 地方の小都市: vivir en ~s 地方に住んでいる

provincial [プロビンスィアル] 形 県の

provinciano, na [プロビンスィアノ, ナ] 形 名 ❶ 地方の〔人〕. ❷ 田舎者〔の〕, 野暮った

provisión [プロビシオン] 女 ❶ 貯蔵. ❷ 〈主に 複〉特に食糧の〉蓄え

provisional [プロビシオナル] 形 仮の, 臨時の, 一時的な: gobierno ~ 臨時政府. trabajo ~ アルバイト

provisto, ta [プロビスト, タ] 形 〈proveer の 過分〉〈de を〉備えた: Estamos ~s de combustible. 私たちは燃料の蓄えがある

provocación [プロボカスィオン] 女 挑発, 扇動

provocador, ra [プロボカドル, ラ] 形 名 挑発する〔人〕, 扇動者

provocar [プロボカル] 73 他 ❶ 挑発する. ❷ 誘発する, 生じさせる: El accidente *provocó* un gran atasco. 事故で大渋滞が起きた

provocativo, va [プロボカティボ, バ] 形 〈性的に〉刺激的な

próximamente [プロ(ク)シマメンテ] 副 すぐに, まもなく

proximidad [プロ(ク)シミダ] 女 ❶ 近いこと: Los pitos advierten la ~ de un tren. 警笛が電車の接近を知らせる. ❷ 複 周辺, 近所: en las ~es de... …の近くで

próximo, ma [プロ(ク)シモ, マ] 形 ❶ 〈場所・時間が, a に〉近い: Mi casa está ~*ma* al parque. 私の家は公園のそばにある. en un futuro ~ 近い将来において
❷ 次の: bajar en la ~*ma* estación 次の駅で降りる. el ~ lunes 今度の月曜に. el mes ~ 来月

proyección [プロジェ(ク)スィオン] 女 ❶ 発射; 噴出. ❷ 映写

proyectar [プロジェクタル] 他 ❶ 計画する: ~ una nueva vía férrea 新しい鉄道を計画する. ~ cambiar de piso マンションを引っ越す計画を立てる. ❷ 設計する. ❸ 投射する: ~ la luz 光を当てる. ❹ 映写する; 投影する, 影を写す: La luna *proyectaba* en el río la sombra de los chopos. 月が川面にポプラの影を写していた

proyectil [プロジェクティル] 男 発射物; 弾丸: ~ balístico 弾道弾

proyecto [プロジェクト] 男 計画, 企画, プロジェクト: tener el ~ de ampliar su negocio 商売を拡大する計画を立てている. hacer un ~ 計画(企画)を立てる
en ~ 計画中の: tener *en* ~ un viaje por Europa ヨーロッパ旅行を計画中である
~ *de ley* 法案

proyector [プロジェクトル] 男 ❶ 映写機. ❷ 投光機, サーチライト

prudencia [プルデンスィア] 女 慎重さ, 賢明さ: conducir con ~ 慎重に運転する. actuar con ~ 慎重に(分別をもって)行動する

prudente [プルデンテ] 形 ❶ 慎重な, 賢明な: actitud ~ 慎重な態度. ❷ 適度な, ほどほどの

prueba [プルエバ] 女 ❶ 試用; 実験: hacer la ~ del detergente 洗剤を試しに使ってみる. en fase de ~s 試験段階で. ~ nuclear 核実験
❷ 証拠: presentar ~s 証拠を提出する
❸ 試験〔=examen〕
❹ 〈服飾〉試着
❺ 〈医学〉検査: ~ de la alergia アレルギー検査
❻ 〈スポーツ〉競技, 種目: ~ preliminar 予選
❼ 〈印刷〉校正刷り: corregir ~s 校正する
a ~ ためしに, 試験的に
a ~ *de...* …に耐えられる: *a* ~ *de* agua 耐水性の
dar ~ *de...* …を証明する
en ~ *de...* …の証拠として
poner... ~ …をためす
◆ 動詞活用形 ⇨**probar**

psicoanálisis [シコアナリシス] 男 精神分析

psicoanalista [シコアナリスタ] 名 精神分析医

psicología [シコロヒア] 女 ❶ 心理学: ~ infantil 児童心理学. ❷ 心理, 心理状態

psicológico, ca [シコロヒコ, カ] 形 ❶ 心理学の. ❷ 心理的な

psicólogo, ga [シコロゴ, ガ] 名 心理学者

psicópata [シコパタ] 名 精神病患者

psicosis [シコシス] 女 精神病, 精神異常

psicoterapia [シコテラピア] 女 精神療法, 心理療法

psicótico, ca [シコティコ, カ] 形 名 精神病の〔患者〕, 精神異常の〔人〕

psiquiatra [シキアトラ] 名 精神科医

psiquiatría [シキアトリア] 女 精神医学, 精神病学

psiquiátrico, ca [シキアトリコ, カ] 形 精神医学の
◆ 男 精神病院

psíquico, ca [シキコ, カ] 形 精神の, 心的な

púa [プア] 女 とがったもの; 針, とげ

púber [プベル] 形 名 思春期の〔少年・少女〕

pubertad [プベルタ] 女 思春期, 年ごろ

publicación [プブリカスィオン] 女 ❶ 出版; 出版物: fecha de ~ 刊行年月日. ~

mensual 月刊. ❷ 公表, 発表: ~ de información 情報公開

publicar [ププリカル] [73] 他 ❶ 出版する, 刊行する: ~ un diccionario 辞書を刊行する. ❷ 公表する, 発表する

publicidad [ププリスィダ] 囡 広告, 宣伝, コマーシャル: hacer ~ de… …の広告をする. agencia de ~ 広告会社
dar ~ a… …を広く知らせる

publicitario, ria [ププリスィタリオ, リア] 圏 広告の, 宣伝の: canción ~*ria* コマーシャルソング

público, ca [ププリコ, カ] 圏 ❶ 公然の, 広く知られた: hacer… ~ …を公表する
❷ 公開の: debate ~ 公開討論
❸ 公の, 公共の; 国家の: escuela ~*ca* 公立学校. hombre ~/personaje ~ 公人, 政府要人. obras ~*cas* 公共事業. teléfono ~ 公衆電話
◆ 男〈集合的に〉❶ 観客, 聴衆; 視聴者: El ~ cantó el himno nacional. 観客は国家を斉唱した. ❷ 大衆, 公衆
abrir al ~ 公開する
el gran ~ 一般大衆
en ~*s* 公衆の面前で, 公然と: cantar en ~ 人前で歌う

puchero [プチェロ] 男 ❶ 土鍋. ❷ 煮込み料理
hacer ~*s* 今にも泣きそうな顔をする

pud- ⇨ **poder** 59

púdico, ca [プディコ, カ] 圏 羞恥心のある, つつしみやかな

pudiente [プディエンテ] 圏 名 金持ちの〔の〕

pudor [プドル] 男 羞恥心, 恥じらい; つつしみ: sin ~ 恥知らずな, 恥ずかしげもなく

pudrir [プドリル] 他〈過分 podrido〉腐敗させる
◆ ~**se** 腐る: *Se han podrido* las naranjas. オレンジが腐ってしまった

pueblerino, na [プエブレリノ, ナ] 圏 名 村の, 村人〔の〕; 田舎者〔の〕

pueblo [プエブロ] 男 ❶ 村; 〈小さな〉町: ~ natal 故郷
❷ 民族: ~ vasco バスク民族
❸ 国民: ~ español スペイン国民
❹ 民衆, 大衆

pued- ⇨ **poder** 59

puente [プエンテ] 男 ❶ 橋: pasar un ~ 橋を渡る. ~ colgante つり橋
❷ 連休: ~ を連休にする〖休日にはさまれた日を休みにする〗. atascos en fines de semana y ~*s* 週末と連休の渋滞
❸〈航空〉~ aéreo シャトル便

puerco, ca [プエルコ, カ] 名 圏 ❶ ブタ〔豚〕

〖=cerdo〗. ❷ 汚い〔人〕, 不潔な〔人〕; 下品な〔人〕

puericultura [プエリクルトゥラ] 囡 育児学

pueril [プエリル] 圏 子供じみた, 幼稚な

puerro [プエロ] 男〈植物〉ポロネギ; 長ネギ

puerta [プエルタ] 囡 ❶ 扉, **ドア**, 門: abrir la ~ ドア(門)を開ける. cerrar la ~ ドア(門)を閉める. ~ principal 正面玄関, 正面入り口
❷〈サッカーなど〉ゴール
a la ~ ドアのところで: El perro está *a la* ~. 犬は戸口にいる
a las ~*s* = *en* ~*s*
a ~ *cerrada* ひそかに, 非公開で
*cerrar a+*人 *todas las* ~*s* …に対してすべての門戸を閉ざす
*dar a+*人 *con la* ~ *en las narices* …を門前払いする
en ~*s* さし迫って; 〈de の〉寸前に
ir de ~ *en* ~ 〈物乞いなどが〉家から家へ回る, 頼んで回る

puerto [プエルト] 男 ❶ 港: entrar en el ~ de Cádiz カディス港に入港する. ~ deportivo マリーナ, ヨットハーバー. ~ pesquero 漁港
❷ 峠〖~ de montaña〗
❸ P~ Iguazú イグアスの滝

Puerto Rico [プエルト リコ] 男 プエルトリコ

puertorriqueño, ña [プエルトリケニョ, ニャ] 圏 名 プエルトリコ〔人〕の; プエルトリコ人

pues [プエス] 腰 ❶〈言いよどみ〉えーと: ¿Cómo sigue el enfermo?—*P*~ está algo mejor. 病人の具合はどう?—そうね, 少しいいようだ
❷〈感嘆文の導入・強調〉まったく: ¿Vas a la fiesta?—¡*P*~ claro! パーティーに行く?—そう, もちろん!
❸〈言い換え・引き継ぎ〉それで…, それならば…: No tengo hambre.—*P*~ no comas. おなかがすいてないよ.—それなら食べなければいい. No sabes nada, ~ cállate. 君は何もわかっていない, だから黙っていなさい
❹〈原因・理由〉…なので: No vendrá, ~ está enfermo. 彼は病気だから来ないだろう
~ *bien* さて, では
~ *mira*/~ *mire* あのね, ところで

puesta[1] [プエスタ] 囡 ❶〈日・月の〉入り: ~ de sol/~ del sol 日没. ❷〈ある状態に〉置くこと: ~ en escena 上演, 演出. ~ en marcha 始動. ~ en práctica 実施

puesto[1] [プエスト] 男 ❶〈人・物がいる〔べき〕・ある〔べき〕〉場所; 部署, 持ち場: Los policías están en sus ~*s*. 警官たちは配置

についている
❷ 職《~ de trabajo》; 地位: solicitar un ~ de mecánico 整備員の職に応募する
❸ 売店, 露店, 屋台: ~ de periódicos 新聞スタンド. ~ de flores 露店の花屋
❹《警察などの》詰所: ~ de socorro 救護所
❺ 順位: Ese equipo está en el segundo ~ en la clasificación. そのチームはリーグの第2位だ
~ que+直説法《理由》…だから, …である以上: P~ que me has prometido, debes cumplir tu palabra. 君は私に約束したのだから, それを守らなくてはいけない

puesto², ta² [プエスト, タ] 形〈poner の過分〉❶ 置かれた: La mesa está ~ta. 食卓の用意ができている. ❷ 着た: Tiene el sombrero ~. 彼は帽子をかぶっている. ❸〈bien・mal+〉身なりのよい・悪い

púgil [プヒル] 男〈ボクシングの〉ボクサー
pugna [プグナ] 女 戦い, 争い, 対立
pugnar [プグナル] 自 ❶ 戦う, 争う. ❷〈por+不定詞 しようと〉努力する
pujar [プハル] 他 ❶ 高い競り値をつける, 競り上げる. ❷〈por+不定詞 しようと〉努力する
pulcro, cra [プルクロ, クラ] 形 清潔な, きちんとした
pulga [プルガ] 女 ❶〈昆虫〉ノミ. ❷〈ラ〉mercado de [las] ~s フリーマーケット, のみの市
tener malas ~*s* 気むずかしい, 怒りっぽい
pulgada [プルガダ] 女〈長さの単位〉インチ
pulgar [プルガル] 男 親指
pulimentar [プリメンタル] 他 …のつやを出す
pulimento [プリメント] 男 研磨; つや出し
pulir [プリル] 他 ❶ みがく, 研磨する; …のつやを出す: ~ el suelo 床をみがく. ❷ 完璧にする: ~ su español スペイン語にみがきをかける. ❸ 洗練させる
◆ ~**se** 使い果たす
pulmón [プルモン] 男〈複 pulm*o*nes〉肺, 肺臓
pulmonar [プルモナル] 形 肺の: enfermedades ~*es* 肺疾患
pulmonía [プルモニア] 女 肺炎
pulpa [プルパ] 女 ❶ 果肉. ❷ パルプ
pulpería [プルペリア] 女〈ラ〉食料雑貨店
púlpito [プルピト] 男〈教会の〉説教壇
pulpo [プルポ] 男〈動物〉タコ
pulsación [プルサスィオン] 女〈コンピュータなどの〉キータッチ: dar cien *pulsaciones* por minuto 1分間に100字打つ
pulsar [プルサル] 他〈指で〉押す, さわる, た

たく: ~ el botón ボタンを押す. ~ las cuerdas 弦をはじく. ~ las teclas キーをたたく
pulsera [プルセラ] 女 ❶ 腕輪, ブレスレット. ❷〈腕時計の〉バンド
pulso [プルソ] 男 ❶ 脈, 脈拍: tomar el ~ …の脈をとる; …の性質(状態)を調べる. ❷ 技術の確かさ: tener buen ~ 腕がいい
pulverizador [プルベリサドル] 男 噴霧器, スプレー
pulverizar [プルベリサル] 他 ❶ 粉末にする. ❷ 霧状にする, 散布する
puma [プマ] 男〈動物〉ピューマ
pundonor [プンドノル] 男 自尊心, 誇り
punta [プンタ] 女 ❶ 先端: ~ del lápiz 鉛筆の先. ~ del pie つま先. ~*s* del pelo 毛先
❷〈四角い物の〉角, 端: ~ de la mesa テーブルの角. ~ del delantal エプロンの端
sacar ~ *a*... …をとがらせる: *sacar* ~ *al* lápiz 鉛筆を削る
una ~ *de*... 少量の…
puntada [プンタダ] 女 縫い目
puntal [プンタル] 男 支柱, ささえ
puntapié [プンタピエ] 男〈つま先での〉蹴(ﾘ)り: dar un ~ a la puerta ドアを蹴とばす
puntear [プンテアル] 他〈ギターを〉つま弾(ﾋﾞ)く
puntera [プンテラ] 女〈靴・靴下の〉つま先
puntero [プンテロ] 男 ❶〈黒板・地図などを指す〉棒. ❷〈情報〉〈マウスの〉ポインター
puntería [プンテリア] 女 ❶ 射撃の腕前. ❷ 狙い, 照準
puntiagudo, da [プンティアグド, ダ] 形 先のとがった
puntilla [プンティジャ] 女〈ふち取りの〉レース
dar la ~ *a*... …にとどめを刺す
de ~*s* つま先立ちで, 抜き足さし足で: ponerse *de* ~*s* つま先立つ
punto [プント] 男 ❶ 点: ~ medio 中心点. línea de ~*s* 点線
❷〈記号の〉点; ピリオド《~ final》: ~ y coma セミコロン《;》. dos ~*s* コロン《:》. ~*s* suspensivos 省略符《...》
❸〈問題となる〉点: en este ~ この点において. ~ débil 弱点. ~ importante/~ esencial 要点
❹ 得点, 点数: ganar por cinco ~*s* de diferencia 5点差で勝つ. sacar diez ~*s* 10点(満点)を取る. victoria por ~*s* 判定勝ち
❺ 地点: en el ~ de partida 出発点で

❻ 時点: En el ～ en que llegué, empezó a llover. 私が着いたとたん雨が降り出した
❼ 程度, 段階: La empresa está en un ～ crítico. その会社は危機的な局面にある
❽ 縫い目, 編み目; 編み物, ニット: ～ de cruz クロスステッチ. chaqueta de ～ カーディガン. hacer ～ 編み物をする. dar cinco ～s 〈手術で〉5 針縫う
❾ 〈履き物の〉サイズ 〖＝6.6mm〗
❿ 〈フォントの大きさ〉ポイント. 2) ～ com ドットコム

a ～ ちょうどよい時に, 時間どおりに: llegar *a ～* ちょうどいい時に着く; 間に合う
al ～ ただちに
en ～ ちょうど: Son las tres *en ～*. ちょうど3時だ
estar a ～ de＋不定詞 まさに…しようとしている: Estuvo a ～ de ahogarse. 彼はもう少しで溺れるところだった
hasta cierto ～ ある程度までは
poner ～ final a... …に終止符を打つ
～ por 詳細に
un ～ de... 少量の…
y ～ 〈議論を打ち切るために〉もうこれでおしまいだ

puntuación [プントゥアスィオン] 囡 ❶ 〈集合的に〉句読点: signo de ～ 句読記号. ❷ 成績, 得点

puntual [プントゥアル] 形 時間を正確に守る, きちょうめんな: Los hombres de negocios son muy ～es. ビジネスマンたちはとても時間に正確だ

puntualidad [プントゥアリダ] 囡 時間を守ること, きちょうめんさ: llegar con ～ 時間どおりに到着する

puntuar [プントゥアル] 1 他 〈文章に〉句読点を打つ
◆ 自 得点する

punzada [プンサダ] 囡 刺すような痛み, 鋭い痛み

punzante [プンサンテ] 形 鋭い, 先のとがった

punzar [プンサル] 13 他 刺す, …に穴を開ける

puñado [プニャド] 男 *un ～ de...* 1) 一握りの…, 一つかみの…: *un ～ de sal* 一つかみの塩. 2) 少量の, 少数の
a ～s たくさん, 大量に

puñal [プニャル] 男 〈刺すための〉短剣

puñalada [プニャラダ] 囡 ❶ 突き刺し. ❷ 刺し傷

puñetazo [プニェタソ] 男 〈こぶしによる〉殴打: dar un ～ a＋人 en la cara げんこつで…の顔を殴る

puño [プニョ] 男 ❶ こぶし, げんこつ: amenazar a＋人 con el ～ …にこぶしをふり上げる. cerrar el ～ こぶしを握りしめる. ❷ 袖口, カフス. ❸ 〈杖などの〉握り; 〈剣の〉つか
de su ～ y letra 自筆の, 直筆の

pupila [ププィラ] 囡 瞳孔(ﾄﾞｳ), ひとみ

pupitre [ププィトレ] 男 〈教室用の〉机

pura ⇨*puro, ra*

puré [プレ] 男 〈野菜の〉裏ごし, ピューレ: ～ de patatas マッシュポテト

pureza [プレサ] 囡 純粋さ

purga [プルガ] 囡 ❶ 下剤をかけること. ❷ 粛清, パージ

purgante [プルガンテ] 男 下剤

purgar [プルガル] 55 他 ❶ …に下剤をかける. ❷ 粛清する

purgatorio [プルガトリオ] 男 〈カトリック〉煉獄

purificación [プリフィカスィオン] 囡 浄化, 純化

purificar [プリフィカル] 73 他 …から不純物を取り除く, 清浄にする, 純化する: ～ el aire 空気を浄化する

puritano, na [プリタノ, ナ] 形 名 清教徒〔の〕, ピューリタン〔的な〕

puro¹ [プロ] 男 葉巻

puro², ra [プロ, ラ] 形 ❶ 純粋な, 混ざり物のない: oro ～ 純金. hablar ～ castellano 生粋のカスティーリャ語を話す
❷ 清浄な: aire ～ きれいな空気
❸ 清純な: amor ～ 純愛
❹ 〈＋名詞〉単なる; まったくの: por *pura* casualidad 単なる偶然で. Ésa es la *pura* verdad. それはまったくの真実だ

púrpura [プルプラ] 男 形 赤紫色〔の〕

pus [プス] 男 膿(ｳﾐ), うみ

pus- ⇨*poner* 60

pusilánime [プシラニメ] 形 臆病な, 小心な, 意気地のない

puta [プタ] 囡 〈俗語〉売春婦
no tener ni ～ idea 〈俗語〉さっぱりわからない

putrefacción [プトレファ〔ク〕スィオン] 囡 腐敗

putrefacto, ta [プトレファクト, タ] 形 腐った

puzzle [プスレ] 男 ジグソーパズル

Q, q [ク]

que [ケ] 代 〈関係代名詞〉…するところの. ❶ 〈主語, 直接目的, 前置詞+〉 El profesor ~ nos enseña inglés es canadiense. 私たちに英語を教えている先生はカナダ人だ. Enséñame los trajes ~ compraste ayer. 君がきのう買った服を見せて. La casa en ~ vivimos es pequeña. 私たちが住んでいる家は狭い ❷ 〈定冠詞+〉 Mi abuelo me contó unas historias, las ~ me divirtieron mucho. 祖父がお話をしてくれたが, それはとてもおもしろかった. Ésta es la novela de la ~ te hablé el otro día. これが先日君に話した小説だ. El ~ canta allí es mi hermano. あそこで歌っているのは私の兄だ ❸ 〈lo+〉 1) 〈前文を受けて〉 そのことが: No me escribió, lo ~ me preocupó mucho. 彼から手紙が来なかったので私はたいへん心配した. 2) 〈独立用法〉 …のこと: No comprendo lo ~ dices. 私は君の言っていることが理解できない. 3) 〈lo+形容詞・副詞+〉 どんなに…か: No sabes lo inteligente ~ es Ana. アナがどんなに頭がいいか君は知らない. 4) 〈接続法+lo ~ +接続法, 讓歩〉 digas lo ~ digas 君が何と言おうとも ❹ 〈+不定詞〉 …すべき: Tengo algo ~ deciros. 君たちに言わなくてはならないことがある
◆ 接 ❶ …ということ: Juan dice ~ tiene sueño. フアンは眠いと言っている. Será mejor ~ no vayas. 行かない方がよいよ ❷ 〈原因・理由〉 No puedo ir, ~ tengo fiebre. 私は熱があるので行けない. Ven, ~ te voy a dar una cosa. あげるものがあるから来なさい ❸ 〈間接命令, 願望〉 ¡Que entre Isabel! イサベルを入らせなさい! ¡Que no llueva mañana! あした雨が降りませんように! ❹ 〈くり返して, 讓歩〉 ~ venga o ~ no venga 彼が来ようが来まいと ❺ 〈強調〉 ¡Que no bebo más! これ以上飲まないよ! Que no. 違うとも/とんでもない ❻ 〈比較〉 …より: Él trabaja más ~ yo. 彼は私より働く ❼ 〈同一・相違〉 …と: Mi opinión es igual ~ la tuya. 私の意見は君の意見と同じだ ¿A ~...? きっと…だろう?: ¿A ~ no lo sabes? 君は知らないはずだよ

qué [ケ] 代 〈疑問代名詞〉 何: 1) ¿Qué es aquello? あれは何ですか? ¿Qué haces? 何をしているの? ¿De ~ habláis? 何の話をしているの? 2) 〈間接疑問〉 No sé ― dijo él. 彼が何と言ったか私は知らない
◆ 形 〈疑問形容詞〉 ❶ 何…, どんな: ¿Qué tiempo hace? どんな天気ですか? ¿A ~ piso vas? 君は何階に行くの? ❷ 〈感嘆〉 ¿Qué alegría! ああ, うれしい! ¡Qué paisaje tan hermoso! 何て美しい景色なんだろう!
◆ 副 〈感嘆〉 何と: ¡Qué divertida es esta película! この映画は何ておもしろいんだろう!
por ~ なぜ: ¿Por ~ no comes?―Porque no tengo hambre. なぜ食べないの?―だってお腹がすいていないんだもの
por ~ *no*... 〈勧誘〉 ¿Por ~ no vienes conmigo? ぼくと一緒に来ないかい?
¡*Qué de*...! 何とたくさんの…!: ¡Qué de gente hay! 何て大勢の人がいるのだろう!
¿*y* ~? それから?/それがどうしたのだ?

quebradizo, za [ケブラディソ, サ] 形 割れやすい, 壊れやすい

quebrado, da [ケブラド, ダ] 形 過分 ❶ 割れた, 壊れた. ❷ línea ~da 折れ線
◆ 男 〈数学〉 分数 [número ~]

quebrantar [ケブランタル] 他 ❶ 折る, 壊す. ❷ 〈法律・約束などを〉 破る

quebrar [ケブラル] 67 自 破産する, 倒産する: Su empresa *ha quebrado*. 彼の会社は倒産した
◆ 他 〈主にラ〉 折る; 割る, 壊す
◆ ~se 折れる; 割れる, 壊れる

quechua [ケチュア] 形 名 ケチュア族[の] 〖ペルーのインディオ〗
◆ 男 ケチュア語

queda¹ [ケダ] 女 toque de ~ 夜間外出禁止令
◆ 動詞活用形 ⇒**quedar**

quedar [ケダル] 自 ❶ 残る, 残存する: Aún *quedan* pasteles. まだケーキが残っている. Me *quedan* sólo tres días de vacaciones. 私の休暇は 3 日しか残っていない ❷ …の状態になる: El salón *quedó* vacío 広間はからっぽになった ❸ …のままである: El problema *quedó* sin resolver. その問題は解決されないままだった ❹ 〈a に〉 似合う・似合わない: No te *queda* bien ese peinado. その髪型は君に似合っていない ❺ 〈en に〉 決める: *Quedamos en* eso. そう

いうことにしよう

❻ 会う約束をする: ¿Dónde y a qué hora *quedamos*? —En Ginza a las seis. どこで何時に会う？—6時に銀座で

❼ …にある: Su chalet *queda* muy lejos de aquí. 彼の別荘はここからとても遠い

❽ 〈por+不定詞 するべきことが〉残っている: *Queda* mucho *por* decir. 言うべきことがたくさん残っている

◆ **~se** ❶ 〈en に〉とどまる, 居残る: Ayer me *quedé en* casa todo el día. きのう私は一日じゅう家にいた

❷ …の状態になる: El abuelo *se quedó* ciego. 祖父は目が見えなくなった

❸ 〈con を〉自分のものにする: *Quédese con* la vuelta. おつりはとっておいてください

quedo, da² [ケド, ダ] 形 静かな

quehacer [ケアセル] 男 〈時に 複〉用事, 仕事: ~*es* domésticos 家事, 家の雑用

queja [ケハ] 女 ❶ うめき声. ❷ 苦情, 不平

quejar [ケハル] ◆ **~se** ❶ 〈痛みで〉うめく, 苦痛を訴える: Aunque siente dolores en la espalda, no *se queja*. 彼は腰が痛くても我慢している

❷ 〈de について〉不平を言う: Los prisioneros *se quejan de* la comida. 囚人たちは食事について不満を訴えている

quejido [ケヒド] 男 うめき声

quema [ケマ] 女 焼却, 焼き払うこと; 焼き討ち

◆ 動詞活用形 ⇨ **quemar**

quemadura [ケマドゥラ] 女 〈主に 複〉やけど: sufrir ~*s* en las piernas 足にやけどする

quemar [ケマル] 他 ❶ 焼く, 燃やす: ~ las hojas secas 枯葉を燃やす

❷ こがす, 焼きこげを作る

❸ やけどさせる; 日焼けさせる: El sol te *ha quemado* la espalda. 君は背中が日に焼けている

❹ ひりひりさせる

◆ 自 ひどく熱い

◆ **~se** 焼ける, 燃える: *Se le quemó* la casa. 彼の家が焼けた. ❷ こげる: *Se ha quemado* el arroz. ごはんがこげてしまった. ❸ やけどする: *Me quemé* el dedo. 私は指にやけどした

quemarropa [ケマロパ] *a* ~ 1) 〈発砲が〉至近距離から. 2) 〈質問などが〉意表をついて; 単刀直入に

quemazón [ケマソン] 女 焼けつく感じ, ひりひりした痛み; かゆみ

querella [ケレジャ] 女 ❶ 告訴, 告発. ❷ けんか, 言い争い

querencia [ケレンスィア] 女 帰巣本能

querer [ケレル] 65 他 ❶ 欲する: *Quiero* más tiempo. 私はもっと時間がほしい

❷ 〈+不定詞〉…したい: *Quiero* ser piloto. 僕はパイロットになりたい

❸ 〈que+接続法〉…に…してほしい: *Quiero que* vengan mis padres. 私は両親に来てほしい

❹ 〈疑問文で〉 1) 〈勧誘・提案〉¿*Quieres* otra taza de té? お茶のお代わりはいかが？ ¿*Quiere* usted que le enseñe la oficina? 社内をご案内しましょうか？ 2) 〈依頼〉¿*Quieres* abrirme la ventana? 窓を開けてくれないか？ ¿*Querría* usted pasarme la sal? 塩を取っていただけますか？

❺ 〈接続法過去 ra 形で婉曲〉*Quisiera* hablar con el director de la escuela. 校長とお話したいのですが

❻ 愛する: Miguel *quiere* mucho a Carmen. ミゲルはカルメンをとても愛している

◆ **~se** 〈互いに〉愛し合う

como quieras 好きなように〔しなさい〕

~ *decir* ⇨ **decir**

sin ~ 思わず, 無意識に

querido, da [ケリド, ダ] 形 過分 親愛な: *Q~da* Carmen 〈手紙の書出し〉親愛なるカルメンへ

◆ 名 ❶ 〈親愛の呼びかけ〉ねえ: ¡Mi ~, ven aquí! ねえ, ここに来て！ ❷ 愛人

queroseno [ケロセノ] 男 灯油, ケロシン

queso [ケソ] 男 チーズ: tomar ~ de bola エダムチーズを食べる

quicio [キスィオ] 男 〈開いた〉ドアのうしろ *sacar a*+人 *de* ~ …の自制心を失わせる; 激怒させる

quid [キ] 男 *el* ~ 〈問題の〉核心

quiebra [キエブラ] 女 破産: declararse en ~ 破産宣告をする

◆ 動詞活用形 ⇨ **quebrar**

quiebro [キエブロ] 男 〈上半身の急な〉そらし, 曲げ

◆ 動詞活用形 ⇨ **quebrar**

quien [キエン] 代 〈関係代名詞. 複 ~*es*〉…するところの人: Ésta es la persona a ~ buscas. これが君が探している人だ. Yo soy ~ llegó primero a la cima. 山頂に最初に到着したのは僕だ

~ *más* ~ *menos* 誰でも多かれ少なかれ

quién [キエン] 代 〈疑問代名詞. 複 ~*es*〉 誰: 1) ¿*Q*~ canta? 誰が歌っているの？ ¿A ~ esperas? 誰を待っているの？ ¿De ~ es este libro? この本は誰のですか？ 2) 〈間接疑問〉Quiero saber con ~ vas a la fiesta. 君が誰とパーティーに行くのか私は知りたい

quienquiera [キエンキエラ] 代 ⟨que+接続法⟩ …する人は誰でも

quier- ⇨querer 65

quieto, ta [キエト, タ] 形 ❶ 動かない: ¡Estáte ~! じっとしていろ. ❷ 穏やかな, 静かな

quietud [キエトゥ] 女 ❶ 動かないこと. ❷ 平穏, 静けさ

quilate [キラテ] 男 ❶ ⟨宝石の重さの単位⟩ カラット. ❷ 金の純度: oro de 18 ~s 18金

quilla [キジャ] 女 ⟨船舶⟩ キール, 竜骨

quimera [キメラ] 女 幻想, 妄想

química[1] [キミカ] 女 化学

químico, ca[2] [キミコ, カ] 形 化学の: sustancia ~ca 化学物質
◆ 名 化学者

quimioterapia [キミオテラピア] 女 化学療法

quimono [キモノ] 男 ❶ きもの, 和服. ❷ 部屋着

quince [キンセ] 形 男 15(の): hace ~ días 2週間前に

quinceañero, ra [キンセアニェロ, ラ] 形 名 15歳前後の(若者), ティーンエージャー(の)

quincena [キンセナ] 女 15日, 2週間: en la primera (segunda) ~ de mayo 5月前(後)半に

quincenal [キンセナル] 形 15日の, 2週間の; 2週間ごとの

quiniela [キニエラ] 女 ⟨ス⟩ スポーツくじ

quinientos, tas [キニエントス, タス] 形 男 500(の)

quinteto [キンテト] 男 五重奏団, クインテット; 五重奏曲

quinto, ta [キント, タ] 形 男 ❶ 5番目の ❷ 5分の1(の)

quiosco [キオスコ] 男 ❶ ⟨街頭・駅などの⟩ 売店, キオスク. ❷ ⟨公園の⟩ あずまや: ~ de la música 野外音楽堂

quiosquero, ra [キオスケロ, ラ] 名 売店 quiosco の主人

quirófano [キロファノ] 男 手術室

quiromancia [キロマンスィア] 女 手相占い

quirúrgico, ca [キルルヒコ, カ] 形 外科の

quis- ⇨querer 65

quisquilloso, sa [キスキジョソ, サ] 形 名 気むずかしい(人), ささいなことで不快になる(人)

quitamanchas [キタマンチャス] 男 ⟨単複同形⟩ しみ抜き剤

quitamiedos [キタミエドス] 男 ⟨単複同形⟩ 転落防止冊

quitanieves [キタニエベス] 男/女 ⟨単複同形⟩ 除雪機, 除雪車

quitar [キタル] 他 ❶ ⟨a・de から⟩ 取り除く, 取り去る: ~ los platos sucios *de* la mesa よごれた皿をテーブルからさげる. ~ las conchas *a* las almejas アサリをむく. ~ el polvo ほこりを払う. ~ una mancha よごれを取る

❷ 脱がせる: Le *quité* el abrigo *a* mi niño. 私は息子のオーバーを脱がせた

❸ 奪い取る: El policía le *quitó* la pistola *al* atracador. 警官は強盗からピストルを取り上げた. El ruido de la calle me *quita* el sueño. 外がやかましくて私は眠れない

◆ ~se ❶ ⟨服などを⟩ 脱ぐ: *Quítate* la chaqueta. 上着を脱ぎなさい. ~*se* los zapatos 靴を脱ぐ

❷ ⟨de から⟩ 立ち去る, どく: ¡*Quítate* de ahí! そこをどけ!

❸ ⟨3人称で⟩ 取り除かれる: *Se* me *han quitado* las ganas de comer. 私は食欲がなくなった

quitasol [キタソル] 男 ビーチパラソル

quizá [キサ] 副 たぶん, おそらく: 1) ⟨+直説法⟩ Q~ iré a verte. たぶん君に会いに行くよ. 2) ⟨+接続法. 疑いが強い⟩ Q~ llueva esta tarde. きょうの午後雨が降るかもしれない

quizás [キサス] 副 =quizá

R, r [エレ]

rábano [らバノ] 男 〈植物〉ハツカダイコン, ラディッシュ

rabia [らビア] 女 ❶ 激怒: con ~ 怒り狂って. ❷ 嫌悪: dar ~ a+人 …に嫌悪感を与える. ❸ 反感: tener ~ a+人 …に反感をもっている. ❹〈医学〉狂犬病

rabiar [らビアル] 自 ❶ 激怒する: No hagas ~ al niño. その子を怒らせるな. ❷〈por〉で切望する, 熱望する. ❸〈de〉でひどく苦しむ
a ~ 強烈に; ひじょうに

rabieta [らビエタ] 女〈発作的な〉怒り;〈子供の〉激しい泣きじゃくり

rabillo [らビジョ] 男 ~ *del ojo* 目尻: mirar con el ~ *del ojo* 横目で見る

rabino [らビノ] 男〈ユダヤ教の〉ラビ

rabioso, sa [らビオソ, サ] 形 ❶ 激怒している. ❷ 激しい, 強烈な. ❸ 狂犬病にかかった

rabo [らボ] 男 尾, しっぽ

racha [らチャ] 女 一陣の風, 突風 *buena (mala)* ~ 幸運(不運)続き

racial [らスィアル] 形 人種の: problema ~ 人種問題

racimo [らスィモ] 男〈果実などの〉房: un ~ *de uvas* ブドウ1房

raciocinio [らスィオスィニオ] 男 ❶ 分別. ❷ 推論

ración [らスィオン] 女 ❶ 配分量, 配給量. ❷ 1人前; 1皿, 1盛り: una ~ *de gambas* 芝エビ1盛り

racional [らスィオナル] 形 ❶ 理性的な. ❷ 合理的な

racionalizar [らスィオナリサル] 13 他 合理化する

racionar [らスィオナル] 他 配分する, 配給する

racismo [らスィスモ] 男 人種差別

racista [らスィスタ] 形 名 人種差別の;人種差別主義者

radar [らダル] 男 レーダー

radiación [らディアスィオン] 女〈物理〉放射;放射線: recibir (sufrir) *radiaciones* 被曝(ひばく)する

radiactividad [らディアクティビダ] 女 放射能

radiactivo, va [らディアクティボ, バ] 形 放射性の;放射線の: contaminación ~*va* 放射能汚染

radiador [らディアドル] 男 ❶ 温水暖房器; 電気ヒーター. ❷ 冷却器;〈自動車〉ラジエーター

radial [らディアル] 形 放射状の: neumáticos ~*es* ラジアルタイヤ

radiante [らディアンテ] 形 ❶ 輝く: sol ~ 輝く太陽. ❷ 喜びに輝いている. ❸〈物理〉放射の

radiar [らディアル] 他 ❶〈ラジオで〉放送する. ❷〈物理〉放射する;〈医学〉X線で治療する

radical [らディカル] 形 ❶ 根本的な: reformas ~*es* 抜本的な改革. ❷ 急進的な, 過激な: grupo ~ 過激派
◆ 名 急進主義者

radicar [らディカル] 73 自〈en に〉存在する

radio [らディオ] 女 ラジオ 〖器具, 放送〗: poner (apagar) la ~ ラジオをつける(消す). escuchar la ~ ラジオを聞く
◆ 男 ❶ 半径: en un ~ *de 50 kilómetros* 半径50キロ内で. ❷〈車輪の〉スポーク. ❸〈元素〉ラジウム

radioaficionado, da [らディオアフィスィオナド, ダ] 名 アマチュア無線家, ハム

radiocasete [らディオカセテ] 男 ラジカセ

radiodifusión [らディオディフシオン] 女 放送;ラジオ放送

radiografía [らディオグラフィア] 女 レントゲン写真, X線写真

radioterapia [らディオテラピア] 女 放射線療法

radioyente [らディオジェンテ] 名 リスナー, 聴取者

raer [らエル] 66 他 削り取る, こそげる

ráfaga [らファガ] 女 ❶〈風・音などの〉突発: una ~ *de viento* 一陣の風, 突風. una ~ *de luz* 一条の光, 閃光

raído, da [らイド, ダ] 形 過分〈服が〉すり切れた, ほろぼろの

raigambre [らイガンブレ] 女 伝統〈の古さ〉

raíl [らイル] 男〈鉄道〉レール

raíz [らイス] 女〈複 *raíces*〉❶〈植物〉根: echar *raíces* 根を張る; 定着する.
❷ 根源: ~ *de todos los males* 諸悪の根源. volver a sus *raíces* ルーツに帰る
❸〈数学〉根: ~ *cuadrada* 平方根. ~ *cúbica* 立方根
a ~ *de...* …の結果として
de ~ 根もとから; 根本的に

raja [らハ] 女 ❶ 割れ目, 亀裂, ひび. ❷〈果物の〉薄切り: una ~ *de melón* 1切れのメ

rajar [らハル] 他 ❶ …に亀裂を作る, ひびを入らせる. ❷ 薄切りにする, スライスする
◆ **～se** ❶ 亀裂ができる, ひびが入る. ❷ 手を引く, 尻ごみする

rajatabla [らハタブラ] *a ～* きびしく, 厳密に

rallador [らジャドル] 男 〈料理〉おろしがね

rallar [らジャル] 他 〈料理〉すりおろす: *queso rallado* 粉チーズ

ralo, la [らロ, ラ] 形 〈草木・髪などが〉まばらな

rama [らマ] 女 ❶ 枝: *～ de olivo* オリーブの枝
❷ 分野, 部門: *una ～ de ciencia* 科学の一分野
❸ 分かれたもの: *～ de la familia* 分家
en ～ 精製(加工)していない: *algodón en ～* 原綿
no andarse (irse) por las ～s 単刀直入に言う

ramaje [らマヘ] 男 〈集合的に〉枝, 枝の茂み

ramal [らマル] 男 支道, 支線

rambla [らンブラ] 女 〈バルセロナなどで〉大通り

ramera [らメラ] 女 売春婦

ramificación [らミフィカスィオン] 女 枝分かれ, 分岐

ramificar [らミフィカル] 73 ～se 枝分かれする, 分岐する

ramillete [らミジェテ] 男 小さな花束, コサージュ

ramo [らモ] 男 ❶ 小枝. ❷ 花束 〖～ *de flores*〗. ❸ 分野, 部門

rampa [らンパ] 女 〈昇降口などの〉スロープ, 傾斜路

ramplón, na [らンプロン, ナ] 形 低俗な

rana [らナ] 女 〈動物〉カエル

ranchero, ra [らンチェロ, ラ] 名 〈ラ〉牧場主, 牧童
◆ 女 ❶ ワゴン車. ❷ 〈メキシコ.音楽〉ランチェーラ

rancho [らンチョ] 男 ❶ 〈軍隊などの〉食事. ❷ 〈ラ〉牧場, 農場

rancio, cia [らンスィオ, スィア] 形 ❶ 〈食物が古くなって〉いやな味(臭い)のする. ❷ 〈酒が〉熟成した, 芳醇な. ❸ 古くさい, 時代遅れの

rango [らンゴ] 男 地位, 身分: *de alto ～* 地位の高い

ranura [らヌラ] 女 ❶ 溝, 切り込み. ❷ 〈自動販売機・公衆電話などの〉硬貨投入口

rapar [らパル] 他 ❶ 〈ひげを〉そる, そり落とす. ❷ 〈髪を〉丸刈りにする, 坊主刈りにする

rapaz[1] [らパス] 形 〈複 *rapaces*〉猛禽類の
◆ 複 猛禽類

rapaz[2]**, za** [らパス, サ] 名 子供

rape [らペ] 男 〈魚〉アンコウ
al ～ ほとんど根もとから: *pelo cortado al ～* 丸刈り, 丸坊主

rápidamente [らピダメンテ] 副 速く, 急いで

rapidez [らピデス] 女 速さ

rápido, da [らピド, ダ] 形 ❶ 速い, 急速な: *movimiento ～* すばやい動き. *crecimiento ～* 急成長
❷ 〈時間が〉短い: *hacer una visita ～da* 短時間訪問する
◆ 副 速く, 急いで: ¡*Venga, ～*! 早くしてください!
◆ 男 ❶ 急行列車 〖*tren ～*〗. ❷ 急流, 早瀬

rapiña [らピニャ] 女 略奪, 強奪

raptar [らプタル] 他 誘拐する

rapto [らプト] 男 誘拐

raqueta [らケタ] 女 〈スポーツ〉ラケット

raquítico, ca [らキティコ, カ] 形 ❶ 小さい, 少ない. ❷ ひ弱な, 発育不全の

rara ⇒*raro, ra*

raramente [らラメンテ] 副 めったに…ない

rareza [らレサ] 女 ❶ 希少性. ❷ 珍品; 奇行

raro, ra [らロ, ラ] 形 ❶ まれな: *Ya no es ～ que el hombre viva hasta los cien años.* 人が100歳まで生きるのはもはや珍しくない
❷ 奇妙な, 珍しい, 風変わりな: *pez ～* 奇妙な魚, 珍しい魚
encontrarse ～ 気分が悪い, 落ち着かない

ras [らス] *a ～ de...* …と同じ高さで, すれすれに: *volar a ～ de tierra* 地面すれすれに飛ぶ

rasa ⇒*raso, sa*

rascacielos [らスカスィエロス] 男 〈単複同形〉超高層ビル

rascar [らスカル] 73 他 ❶ ひっかく. ❷ かき削る, こすり取る
◆ ～se 〈自分の体を〉ひっかく

rasgar [らスガル] 55 他 引きさく, ちぎる

rasgo [らスゴ] 男 ❶ 筆跡; 文字の飾り線. ❷ 複 顔だち, 目鼻立ち: *Tiene los mismos ～s que su padre.* 彼は父親とそっくりの目鼻立ちをしている. ❸ 〈性格の〉特徴
a grandes ～s 大ざっぱに

rasguear [らスゲアル] 他 〈ギターなどを〉かき鳴らす

rasguñar [らスグニャル] 他 ひっかく, かき傷

rasguño [らスグニョ] 男 かき傷, かすり傷

raso, sa [らソ, サ] 形 ❶ 平らな, 平坦な: campo ～ 平原. ❷ なめらかな, すべすべした. ❸ 晴れわたった: cielo ～ 雲一つない空. ❹〈料理〉すりきりの: una cuchara *rasa* de sal スプーンですりきり1杯の塩. ❺ ひらの: soldado ～ 一兵卒
◆ 男〈繊維〉サテン
al ～ 戸外で

raspadura [らスパドゥラ] 女 削り取ること, こすり落とすこと; その跡

raspar [らスパル] 他 削り取る, こすり落とす

rastra [らストラ] 女 *a* ～*s* 1) 引きずって. 2) いやいやながら

rastrear [らストレアル] 他 …の跡をたどる

rastrero, ra [らストレロ, ラ] 形 ❶ 卑劣な, 低級な. ❷〈動植物が〉地面をはう

rastrillar [らストリジャル] 他〈農業〉レーキでかく

rastrillo [らストリジョ] 男〈農業〉レーキ

rastro [らストロ] 男 ❶ 跡, 痕跡: seguir el ～ de... …の跡をたどる. perder el ～ 跡を見失う. sin dejar ～ 何の痕跡も残さずに. ❷〈ス〉フリーマーケット, のみの市

rastrojo [らストロホ] 男〈麦の〉切り株; 刈り取った後の畑

rasurar [らスラル] ～*se*〈自分の〉ひげをそる

rata [らタ] 女 ネズミ: ～ de alcantarilla どぶネズミ

ratero, ra [らテロ, ラ] 名 こそどろ, すり

ratificación [らティフィカスィオン] 女 批准, 認証

ratificar [らティフィカル] 73 他 批准する, 認証する

rato [らト] 男 短時間: Quiero hablar contigo un ～. ちょっと話したいんだが. hace un ～ 少し前に. ～*s libres* 暇〔な時〕
a ～*s* 時々
al poco ～ 少し後で
para ～ まだしばらく: Hay *para* ～ hasta que llegue el avión. 飛行機の到着までまだかなり時間がある
pasar el ～ 時間をつぶす
pasar un buen (mal) ～ 楽しい(不愉快な)時を過ごす

ratón [らトン] 男 ❶ ハツカネズミ. ❷〈情報〉マウス

ratonera [らトネラ] 女 ネズミとり器

raudal [らウダル] 男 急流, 奔流
a ～*es* 多量に

raya [らジャ] 女 ❶ 線: trazar una ～ 線を引く. ❷〈ズボンの〉折り目: hacer la ～ a los pantalones ズボンに折り目を付ける. ❸ しま模様: camisa a (de) ～*s* ストライプのワイシャツ. ❹〈髪の〉分け目: hacerse la ～ 髪を分ける. ❺〈記号〉ダッシュ. ❻〈魚〉エイ
mantener a ～/*tener a* ～〈a+人〉をなれなれしくさせない; 支配する
pasar de la ～ 度を過ごす; 無礼なことを言う(する)

rayar [らジャル] 他 …に線を引く; しま模様をつける
◆ 自〈con と〉境を接する;〈en に〉紙一重である

rayo [らジョ] 男 ❶ 光線: ～*s del sol* 日光. un ～ de luz 一条の光. ～*s X* エックス線. ❷ 雷: Cae un ～. 雷が落ちる

raza [らさ] 女 ❶ 人種, 民族: ～ latina ラテン民族. ❷〈生物の〉種類; 品種: vaca de ～ Holstein ホルスタイン種の牛. ～ humana 人類
de ～ 純血種の; 血統書付きの

razón [らソン] 女〈複 razones〉❶ 理性, 分別: perder la ～ 分別(正気)を失う. ❷ 正当性, 道理: dar la ～ a+人 …言うことが正しい(もっともだ)と認める. seguir a la ～ 道理に従う. ❸ 理由, 動機:¿Por qué ～ has mentido? なぜうそをついたの？ ❹ 割合;〈数学〉比例: en ～ directa (inversa) a... …に正(反)比例して
a ～ *de*... …の割合で, …に応じて: aumentar *a* ～ *de* cinco por ciento al año 年に5パーセントの割合で増える
con ～ 正当に, 当然
por razones de.../*por* ～ *de*... …の理由で: Dimitió *por razones de* salud. 彼は健康上の理由で辞任した
～ *de Estado* 国益上の理由
～ *de ser* 存在理由
tener ～ 正当である, もっともである: *Tienes* ～. 君が正しい

razonable [らソナブレ] 形 ❶ 道理にかなった, もっともな. ❷ 妥当な: precio ～ リーズナブルな値段

razonamiento [らソナミエント] 男 推論; 論法, 理屈

razonar [らソナル] 自 論理的に考える, 推論する

re-〈接頭辞〉「再び」「強調」の意

reacción [れア(ク)スィオン] 女 ❶ 反応: ～ en cadena 連鎖反応. ❷ 反発, 反動. ❸ 反作用: motor a ～ ジェットエンジン. ❹〈薬

の〉副作用

reaccionar [レアク(ク)スィオナル] 自 ❶ 反応する. ❷〈contra に〉反発する

reaccionario, ria [レアク(ク)スィオナリオ, リア] 形 反動的な

reacio, cia [レアスィオ, スィア] 形〈a に〉反対する, 反抗する;…したがらない: Soy ~ a todo tipo de drogas. 私はどんな麻薬にも反対だ

reactor [レアクトル] 男 ❶ 原子炉『~ nuclear』. ❷ ジェット機;ジェットエンジン

reajustar [レアフスタル] 他 調整する, 修正する

reajuste [レアフステ] 男 調整;調整: ~ de tarifas 料金改定, 料金値上げ

real [レアル] 形 ❶ 現実の, 実在の: vida ~ 現実の生活
❷ 実質的な: salario ~ 実質賃金
❸ 国王の: familia ~ 王室, 王族
❹ 王立の

realce [レアルセ] 男 bordado de ~ 浮き上げ刺繍(しゅう)
dar ~ a… …を引き立たせる, 華やかにする

realidad [レアリダ] 女 ❶ 真実: La ~ es que…+直説法 本当は…だ
❷ 現実: huir de la ~ 現実の世界から逃避する
en ~ 本当は, 実際は;現実的には

realismo [レアリスモ] 男 ❶ 現実主義. ❷ 写実主義, リアリズム

realista [レアリスタ] 形名 ❶ 現実主義の;現実主義者. ❷ 写実派の

realización [レアリサスィオン] 女 ❶ 実行, 実現. ❷〈映画・テレビ〉監督, 演出;制作

realizador, ra [レアリサドル, ラ] 名〈映画・テレビ〉監督, 演出家

realizar [レアリサル] 13 他 ❶ 実行する: El gobierno *realizó* una encuesta. 政府はアンケート調査を実施した
❷ 実現する: ~ un plan 計画を達成する
❸〈映画・テレビ〉監督する, 演出する;制作する
◆ ~se 実行される: El trabajo de campo *se realizó* en Bolivia. 実地調査はボリビアで行なわれた. ❷ 現実のものになる: Mi sueño *se ha realizado*. 私の夢が実現した. ❸ 自分〔の能力・希望など〕を実現する: Quieren ~*se* en su trabajo. 彼らは仕事で自己を実現したい

realmente [レアルメンテ] 副 ❶ 本当に, 現実に. ❷ 本当のところ, 実際は

realzar [レアルサル] 13 他〈良く見えるように〉きわ立たせる: Este peinado *realza* su belleza. この髪型は彼女の美しさを引き立たせる

reanimar [レアニマル] 他 …に生気を取り戻させる, 活気づける
◆ ~se 生気を取り戻す, 活気づく

reanudar [レアヌダル] 他 再開する: ~ negociaciones 交渉を再開する

reaparecer [レアパレセル] 20 自 再び現れる;カムバックする

reaparición [レアパリスィオン] 女 再現;カムバック

reapertura [レアペルトゥラ] 女 再開

rearme [レアルメ] 男 再軍備;軍備強化

reavivar [レアビバル] 他 さらに活気づける, 再び盛んにする

rebaja [レバハ] 女 ❶ 値引き, 割引き: hacer una ~ 値引きする. ❷ 複 大安売り, バーゲンセール: comprar unos zapatos en ~s バーゲンで靴を買う

rebajar [レバハル] 他 ❶ 値下げする. ❷ 下げる, 低下させる: ~ el terreno 土地を低くする
◆ ~se へりくだる

rebanada [レバナダ] 女〈パンの〉薄い1切れ

rebaño [レバニョ] 男〈羊などの〉群れ

rebasar [レバサル] 他〈限度などを〉越える

rebatir [レバティル] 他 反論する

rebeca [レベカ] 女〈服飾〉〈女性用の〉カーディガン

rebelar [レベラル] ~se〈contra に〉反乱を起こす, 反逆する

rebelde [レベルデ] 形 ❶ 反乱を起こした. ❷ 反抗的な
◆ 名 反逆者, 謀反(ほん)人

rebeldía [レベルディア] 女 反逆;反抗

rebelión [レベリオン] 女 反逆, 反乱

reblandecer [レブランデセル] 20 他 柔らかくする

rebobinar [レボビナル] 他〈フィルム・テープを〉巻き戻す

rebosante [レボサンテ] 形〈de で〉あふれんばかりの: ~ de salud 健康そのものの

rebosar [レボサル] 自 あふれる: El vino *rebosa* de la copa. ワインがグラスからあふれる ~ de alegría 喜びいっぱいである

rebotar [レボタル] 自 はね返る, はずむ

rebote [レボテ] 男 はね返り, バウンド
de ~ 1) はね返って. 2) 反動で

rebozar [レボサル] 13 他 ❶〈料理〉…にころもをつける. ❷〈顔を〉覆う, 隠す

rebozo [レボソ] 男〈ラ. 服飾〉ショール

rebullir [レブジル] 10 ~se 動き始める

rebuscado, da [レブスカド, ダ] 形 過分〈文体が〉凝(こ)った, 気取った

rebuscar [レブスカル] 73 他〈念入りに〉探す

rebuznar [れブスナル] 自〈ロバが〉鳴く
recabar [れカバル] 他〈頼みこんで〉獲得する
recado [れカド] 男 ❶ 伝言, メッセージ: dejar a+人 un ～ …に伝言を残す. dar a+人 el ～ ことづけを…に伝える. ❷ 買い物, 用事
recaer [れカエル] 12 自〈en 病気などに〉再び陥る, 再発する
recaída [れカイダ] 女 再発
recalcar [れカルカル] 73 他 強調する, 強く言う
recalcitrante [れカルスィトランテ] 形 がんこな, 自分の非を認めようとしない
recalentar [れカレンタル] 57 他 ❶〈食物などを〉あたため直す. ❷ 過熱させる
recámara [れカマラ] 女 ❶〈昔の〉衣装部屋. ❷〈ラ〉寝室
recambio [れカンビオ] 男 ❶ 交換部品. ❷ 取り替え, 交換: rueda de ～ スペアタイア
recapacitar [れカパスィタル] 自 もう一度考える; よく考える
recargar [れカルガル] 55 他 ❶ 再び詰める: ～ una batería バッテリーを充電する. ❷ 詰めすぎる. ❸ 追徴金を課す
recargo [れカルゴ] 男 追徴金, 重加算税
recatado, da [れカタド, ダ] 形 慎み深い, 控えめな
recato [れカト] 男 慎み, 慎み深さ
recaudación [れカウダスィオン] 女 ❶ 徴収額, 集金高. ❷ 徴収, 集金
recaudador, ra [れカウダドル, ラ] 名 収税官
recaudar [れカウダル] 他 徴収する, 集金する
recelar [れセラル] 自〈de を〉疑う, 信用しない
recelo [れセロ] 男 疑い: mirar con ～ 疑いの目で見る
receloso, sa [れセロソ, サ] 形 疑い深い
recepción [れセプスィオン] 女 ❶ 受付, フロント: dejar la llave en ～ フロントに鍵を預ける
❷ 歓迎会, レセプション
❸ 受け取ること; 受信
recepcionista [れセプスィオニスタ] 名 受付係, フロント係
receptivo, va [れセプティボ, バ] 形 受け入れる能力のある, 受け入れやすい
receptor [れセプトル] 男 受信機, レシーバー
recesión [れセスィオン] 女 景気後退, 不景気
receta [れセタ] 女 ❶ 処方箋. ❷ 調理法, レシピ
recetar [れセタル] 他 処方する
rechazar [れチャサル] 13 他 ❶ 拒絶する: ～ una oferta 申し出を断わる. ～ una apelación 上告を棄却する. ❷ 撃退する, はね返す: ～ el ataque 攻撃をしりぞける. ❸〈医学〉拒絶反応を示す
rechazo [れチャソ] 男 ❶ 拒絶: ～ a ir al colegio 不登校. ❷ 撃退. ❸〈医学〉拒絶反応
rechinar [れチナル] 自 きしむ, ギシギシいう
rechistar [れチスタル] 自 *sin* ～ ぶつぶつ言わずに
rechoncho, cha [れチョンチョ, チャ] 形 ずんぐりした, 太って背の低い
recibidor [れスィビドル] 男 玄関ホール
recibimiento [れスィビミエント] 男 歓迎, 応接
recibir [れスィビル] 他 ❶ 受け取る, もらう: ～ una carta 手紙をもらう. ～ un premio 受賞する. ～ una clase 授業を受ける
❷〈殴打などを〉受ける, 食らう: ～ una patada 蹴とばされる
❸〈客を〉迎える; 迎え入れる: Me *recibieron* con los brazos abiertos. 彼らは私を心から歓迎してくれた
❹ 迎えに行く: ir a ～ a+人 a la estación …を駅まで迎えに行く
❺ 受諾する: ～ la invitación 招待を受け入れる
recibo [れスィボ] 男 領収書, レシート
reciclaje [れスィクラヘ] 男 ❶ リサイクル, 再生処理: tienda de ～ リサイクルショップ. ❷ 再教育, 再訓練
reciclar [れスィクラル] 他 ❶ リサイクルする: papel *reciclado* 再生紙. ❷ 再教育する, 再訓練する
recién [れスィエン] 副〈+過去分詞〉…したばかりの: el ～ llegado 到着したばかりの人. los ～ casados 新婚夫婦やほやの夫婦
reciente [れスィエンテ] 形 ❶ 最近の: noticia ～ 最新のニュース
❷ 出来たての
recientemente [れスィエンテメンテ] 副 最近, 少し前に
recinto [れスィント] 男 周囲を囲まれた場所, 構内: ～ ferial 見本市会場. ～ de la universidad 大学キャンパス
recio, cia [れスィオ, スィア] 形 ❶ がんじょうな. ❷ 激しい, きびしい
recipiente [れスィピエンテ] 男 容器
recíproco, ca [れスィプロコ, カ] 形 相互の
recital [れスィタル] 男 ❶ リサイタル: dar un ～ リサイタルを開く. ❷〈詩の〉朗唱

recitar [レスィタル] 他 ❶ 暗誦する. ❷ 朗唱する

reclamación [れクラマスィオン] 女 ❶ 要求, 請求: ~ de una indemnización 賠償請求. ❷ 抗議, 異議申し立て, クレーム: presentar una ~ 異議を申し立てる

reclamar [れクラマル] 他 <当然の権利として> 要求する, 請求する: ~ el aumento de salario 賃上げを要求する
◆ 自 抗議する, 異議を唱える, クレームをつける

reclinar [れクリナル] 他 <sobre・en・contra に> 寄りかからせる, もたせかける: ~ la cabeza *en* el respaldo del asiento 椅子の背に頭をもたせかける
◆ ~se 寄りかかる

recluir [れクルイル] 42 他 閉じこめる
◆ ~se 閉じこもる

reclusión [れクルシオン] 女 懲役: ~ perpetua 無期懲役

recluso, sa [れクルソ, サ] 名 囚人, 受刑者

recluta [れクルタ] 名 召集兵, 志願兵

reclutamiento [れクルタミエント] 男 徴兵, 募兵

reclutar [れクルタル] 他 徴兵する; 募兵する

recobrar [れコブラル] 他 取り戻す: ~ la salud 健康を回復する
◆ ~se 健康を回復する

recodo [れコド] 男 曲がり角

recogedor [れコヘドル] 男 ちり取り

recoger [れコヘル] 16 他 ❶ 拾う, 拾い集める: ~ el libro del suelo 床から本を拾い上げる
❷ 集める, 収集する: ~ información 情報を集める. ~ la basura ゴミを収集する
❸ 引き取る, 受け取る: ir al taller a ~ su coche 修理工場へ自動車を引き取りに行く. ~ la ropa 洗濯物を取り込む
❹ 迎えに行く: Pasaré a ~te a las ocho. 8時に迎えに寄るよ
❺ <果実・作物を> 摘む, 取り入れる: ~ la uva ブドウを収穫する
❻ 泊める; 面倒を見る, 収容する
◆ ~se ❶ 寝室に引っ込む. ❷ <a に> 引きこもる, 隠遁する

recogida[1] [れコヒダ] 女 ❶ 集めること; 引き取り: ~ de la basura ゴミの収集. ~ de equipajes <空港の> 手荷物受取所. ❷ 取り入れ: ~ de la aceituna オリーブの収穫

recogido, da[2] [れコヒド, ダ] 形 過分 引きこもった, 隠遁した

recolección [れコレ(ク)スィオン] 女 収穫, 取り入れ

recolectar [れコレクタル] 他 収穫する, 取り入れる

recomendable [れコメンダブレ] 形 勧められる

recomendación [れコメンダスィオン] 女 ❶ 推薦: carta de ~ 推薦状, 紹介状. ❷ 忠告, 勧告

recomendar [れコメンダル] 57 他 ❶ 推薦する: *Recomiénde*me un hotel. ホテルを推薦してください
❷ <que+接続法 …するように> 忠告する, 勧告する: Te *recomiendo que* estudies más. 君はもっと勉強したほうがいいよ

recompensa [れコンペンサ] 女 ほうび: en ~ de…, …のほうびとして

recompensar [れコンペンサル] 他 …にほうびを与える, 報いる

recomponer [れコンポネル] 54 <過分 recom*puesto*> 他 組み立て直す, 修繕する

reconciliación [れコンスィリアスィオン] 女 和解, 仲直り: ~ nacional 国民的和解

reconciliar [れコンスィリアル] 他 和解させる, 仲直りさせる
◆ ~se 和解する

recóndito, ta [れコンディト, タ] 形 奥まった, 人目につかない

reconfortante [れコンフォルタンテ] 形 元気づける

reconfortar [れコンフォルタル] 他 元気づける, 励ます

reconocer [れコノセル] 20 他 ❶ それとわかる: Me *reconoció* a primera vista. 彼は一目で私とわかった
❷ 見分ける, 識別する: ~ la voz 声を聞き分ける
❸ 調べる, 検査する: ~ a un enfermo 病人を診察する
❹ 認める, 承認する: ~ su error 自分の誤りを認める. ~ el nuevo gobierno 新政府を承認する
❺ 感謝の, 謝意を表わす

reconocimiento [れコノスィミエント] 男 ❶ 識別. ❷ 調査, 検査: avión de ~ 偵察機. ~ médico 健康診断. ❸ 承認. ❹ 感謝, 謝意

reconquista [れコンキスタ] 女 ❶ 再征服, 奪還. ❷ <*R*~> レコンキスタ《スペイン国土回復運動. 711-1492 年》

reconstituyente [れコンスティトゥジェンテ] 男 強壮剤

reconstrucción [れコンストル(ク)スィオン] 女 再建, 復興, 復元

reconstruir [れコンストルイル] 42 他 再建する, 復興する, 復元する

reconversión [れコンベルシオン] 女 再転

換: ～ industrial 産業再編成
reconvertir [れコンベルティル] 77 他 再転換する
recopilación [れコピラスィオン] 女 ❶ 選集. ❷ 収集; 要約
recopilar [れコピラル] 他 収集する; 集大成する
récord [れコル] 男 新記録: 1) establecer un ～ de Japón 日本新記録を作る. batir un ～ 記録を破る. 2) 〈同格的に, 名詞+〉 una cosecha ～ 収穫高の新記録
recordar [れコルダル] 21 他 ❶ 思い出す: ～ su niñez 子供のころを思い出す ❷ 覚えている: ¿Me *recuerda* usted? 私のことを覚えていらっしゃいますか? ❸ 思い出させる; 連想させる: Este chico me *recuerda* a su padre. この子を見ていると私はその父親のことを思い出す. *Recuérda*me que tengo que hacer la cena. 夕食を作らなくちゃいけないのを私が忘れないように注意してね. *si mal no recuerdo* 私の記憶違いでなければ
recordatorio [れコルダトリオ] 男 ❶ 通知, 通告. ❷〈初聖体拝領などの〉記念カード, 思い出のしおり
recorrer [れコれル] 他 ❶ 歩き回る, 踏破する: ～ toda Europa ヨーロッパじゅうを巡る. ❷ 見渡す; ざっと目を通す
recorrido [れコリド] 男 過分 ❶ 行程, 経路: tren que hace el ～ entre Madrid y Bilbao マドリード=ビルバオ間を運行している列車. tren de largo ～ 長距離列車. ～ de un autobús バス路線. ❷ 歩き回ること, 踏破. ❸〈マラソン・スキーなど〉コース;〈ゴルフ〉コース, ラウンド
recortar [れコルタル] 他 ❶ 短く切る, 刈る. ❷ 切り取る, 切り抜く
recorte [れコルテ] 男 ❶ 切り抜き; 切り抜いたもの: hacer ～s スクラップする. ❷ 切り詰め: ～ de los gastos 費用の削減
recostar [れコスタル] 21 他 〈en・sobre に〉もたせかける: *Recostó* la cabeza *sobre* mi hombro. 彼は私の肩に頭をもたせかけた
◆ ～se 寄りかかる, もたれる: ～*se en* el sofá ソファーにもたれる
recoveco [れコベコ] 男 ❶〈道などの〉曲がり, カーブ. ❷〈人・事物の〉隠れた点, 困難な点
recrear [れクレアル] 他 ❶ 再創造する, 作り直す. ❷ 楽しませる, 喜ばせる
◆ ～se 〈en・con で〉楽しむ, 気晴らしをする: ～*se en* leer 本を読んで楽しむ
recreativo, va [れクレアティボ, バ] 形 気晴らしの, 娯楽の: instalaciones ～*vas* 娯楽施設
recreo [れクレオ] 男 ❶〈学校の〉休み時間. ❷ 気晴らし, 娯楽, リクリエーション: lugar de ～ 行楽地
recriminar [れクリミナル] 他 非難する
recrudecer [れクルデセル] 20 ～se 悪化する, ぶり返す
recta¹ [れクタ] 女 直線: ～ final 〈スポーツ〉最後の直線コース
rectangular [れクタングラル] 形 四角形の, 長方形の
rectángulo, la [れクタングロ, ラ] 形〈数学〉triángulo ～ 直角三角形
◆ 男 四角形, 長方形
rectificación [れクティフィカスィオン] 女 訂正
rectificar [れクティフィカル] 73 他 ❶ 訂正する: ～ un error 誤りを正す. ❷ 正す, 矯正する. ❸ まっすぐにする
rectitud [れクティトゥ] 女 ❶ まっすぐなこと. ❷ 正しさ, 公正さ
recto, ta² [れクト, タ] 形 ❶ まっすぐな, 直線の: camino ～ まっすぐな道. ❷〈行ないが〉正しい, 公正な, 高潔な
◆ 副 まっすぐに: Sigue esta calle todo ～. この通りをずっとまっすぐ行きなさい
◆ 男〈解剖〉直腸
rector, ra [れクトル, ラ] 形 支配的な, 指導的な
◆ 名〈大学の〉学長
recua [れクア] 女 ❶ 馬(ロバ)の一団
recuadro [れクアドロ] 男 ❶ 四角い枠. ❷〈新聞の〉囲み記事
recubrir [れクブリル] 他 過分 recub*ierto*〈con・de で〉全面的に覆う
recuento [れクエント] 男 数え直し; 数え上げ: hacer el ～ de votos 票を数え直す(集計する)
recuerd- ⇨**recordar** 21
recuerdo [れクエルド] 男 ❶ 思い出, 追憶: guardar ～/tener ～ 思い出を持つ. como ～ de… …の思い出(記念)として ❷ みやげ ❸ 複 ¡*R*～s a+人! …によろしく. Dale [muchos] ～s a tu mujer. 君の奥さんによろしく
recuperación [れクペラスィオン] 女 ❶ 回復: ～ económica 景気の回復. ❷ 回収
recuperar [れクペラル] 他 ❶ 回復する, 取り戻す: ～ la salud 健康を回復する. ～ la confianza del pueblo 国民の信頼を取り戻す. ❷ 回収する
◆ ～se ❶ 健康(意識)を回復する, 元気になる. ❷〈de から〉立ち直る: ～*se de* su tristeza 悲しみから立ち直る

recurrir [れクリル] 自 ❶ 〈a に〉助けを求める, 頼る: ~ *a la violencia* 暴力に頼る. ❷ 上訴する, 控訴する
◆ 他 …に対して上訴する, 控訴する: ~ *la sentencia* 判決を不服として上告する

recurso [れクルソ] 男 ❶ 手段: *como último* ~ 最後の手段として. *hombre de* ~*s* 敏腕家. ❷ 複 資力, 資源: ~*s económicos* お金, 資金. ~*s naturales (humanos)* 天然(人的)資源. ❸ 控訴, 上告

red [れ] 女 ❶ 網: *echar la* ~ *al mar* 海に網を打つ
❷ 網状の組織: ~ *de carreteras* 幹線道路網. ~ *de televisión* テレビネットワーク. ~ *hotelera* ホテルチェーン
❸ 〈テニスなど〉ネット; 〈情報〉ネット

redacción [れダク スィオン] 女 ❶ 書くこと, 文書作成. ❷ 〈学校の〉レポート, 作文. ❸ 編集; 編集部

redactar [れダクタル] 他 ❶ 〈文書を〉作成する, 書く: ~ *un artículo* 記事を書く. ❷ 編集する

redactor, ra [れダクトル, ラ] 名 編集者, 編集部員: ~ *jefe* 編集長. ~ *publicitario* コピーライター

redada [れダダ] 女 一斉検挙, 手入れ: 〔~ *policial*〕

redención [れデンスィオン] 女 ❶ 身請け, 請け出し. ❷ 〈キリスト教〉贖罪(しょくざい)

redentor, ra [れデントル, ラ] 形 名 〈キリスト教〉贖罪(しょくざい)の(人): *el R*~ 贖(あがな)い主 《イエス・キリストのこと》

redil [れディル] 男 〈家畜の〉囲い場

redimir [れディミル] 他 ❶ 〈*de* から〉救い出す; 請け出す. ❷ 〈宗教〉救済する

rédito [れディト] 男 利子, 利息

redoblar [れドブラル] 他 強化する: ~ *sus esfuerzos* 努力に努力を重ねる
◆ 自 太鼓を打ち鳴らす

redondear [れドンデアル] 他 ❶ 丸くする. ❷ 端数を切り捨てる(切り上げる). ❸ 完成する

redondel [れドンデル] 男 ❶ 円, 輪. ❷ 〈闘牛場の〉砂場

redondo, da [れドンド, ダ] 形 ❶ 丸い, 円形の, 球形の: *cara* ~*da* 丸い顔
❷ 完璧な: *triunfo* ~ 完勝
❸ 端数のない: *en números* ~*s* 端数を切り捨てて(切り上げて), 概数で
a la ~*da* 周囲に

reducción [れドゥク(ク)スィオン] 女 削減, 減少: ~ *de plantilla* 人員削減

reducido, da [れドゥスィド, ダ] 形 過分 狭い, 小さな; 少量の: *espacio* ~ 狭い(限られた)空間

reducir [れドゥスィル] 19 他 ❶ 減らす, 削減する: ~ *gastos* 出費を切り詰める. ~ *el presupuesto* 予算を削減する
❷ 小さくする: ~ *la imagen* 画像を縮小する
❸ 〈物事を, *a* に〉変える, 帰着させる: *El fuego redujo la casa a cenizas.* 火事で家は灰になった

redundancia [れドゥンダンスィア] 女 冗長; 〈ことばの〉余分, 重複

redundar [れドゥンダル] 自 〈*en* という〉結果になる

reelegir [れエレヒル] 30 他 再選する

reembolsar [れエンボルサル] 他 返済する, 払い戻す

reembolso [れエンボルソ] 男 ❶ 返済, 償還. ❷ 返済金
contra ~ 代金引換払いで

reemplazar [れエンプラサル] 13 他 …に代わる, 代理をする

reemplazo [れエンプラソ] 男 ❶ 代理. ❷ 取り替え, 置き換え

reestructuración [れエストルクトゥラスィオン] 女 再編成; リストラ

referencia [れフェレンスィア] 女 ❶ 言及: *hacer* ~ *a*... …に言及する. ❷ 参考, 参照; 出典指示: *datos de* ~ 参考資料. ❸ 複 〈人物・身元についての〉照会; 紹介状, 身元証証書
con ~ *a*... …に関して
punto de ~ 評価規準

referéndum [れフェレンドゥン] 男 〔複〕~*s* 国民投票

referente [れフェレンテ] 形 〈*a* に〉関する

referir [れフェリル] 77 他 語る, 伝える
◆ ~*se* 〈*a* に〉言及する: *¿A qué te refieres?* 君は何について言っているの?
en (por) lo que se refiere a... …に関しては

refilón [れフィロン] *de* ~ 1) かすめて. 2) 斜めに

refinado, da [れフィナド, ダ] 形 過分 ❶ 洗練された, 上品な: *gusto* ~ 上品な趣味. ❷ ひじょうに巧妙な, 手の込んだ

refinamiento [れフィナミエント] 男 洗練; 入念, 細かい配慮

refinar [れフィナル] 他 ❶ 精製する: ~ *el petróleo* 石油を精製する. *azúcar refinado* 精製糖. ❷ 洗練する

refinería [れフィネリア] 女 精製所; 精油所

reflector [れフレクトル] 男 サーチライト

reflejar [れフレハル] 他 ❶ 反射する. ❷ 反

映する: ～ sus sentimientos 感情を映し出す
◆ ～se 〈en に〉映る

reflejo, ja [レフレホ, ハ] 形 反射した
◆ 男 ❶ 反射光. ❷〈映し出された〉像, 影. ❸ 複 反射運動, 反射神経. ❹ 複〈化粧〉メッシュ

reflexión [レフレ(ク)シオン] 女 熟考: sin ～ よく考えずに. período de ～ クーリングオフの期間

reflexionar [レフレ(ク)シオナル] 自〈sobre について〉熟考する

reflexivo, va [レフレ(ク)シボ, バ] 形 ❶ 思慮深い. ❷〈文法〉verbo ～ 再帰動詞

reflujo [レフルホ] 男 干潮, 引き潮

reforma [レフォルマ] 女 ❶ 改革, 改善: ～ agraria 農地改革 ❷ 改修, 改装: hacer una ～ en la cocina 台所をリフォームする ❸〈服飾〉リフォーム ❹〈la R～〉宗教改革

reformar [レフォルマル] 他 ❶ 改革する: ～ el sistema electoral 選挙制度を改革する. ❷ 改築する, 改装する
◆ ～se 行ないを正す

reformatorio [レフォルマトリオ] 男 少年院, 教護院

reforzar [レフォルサル] 38 他 強化する, 補強する, 増強する: ～ los músculos 筋肉を強化する. ～ la vigilancia 警戒を厳重にする

refractario, ria [レフラクタリオ, リア] 形 耐火性の, 耐熱性の

refrán [レフラン] 男 ことわざ, 格言

refregar [レフレガル] 51 他 こする, 磨く

refrenar [レフレナル] 他 抑える, 抑制する

refrendar [レフレンダル] 他〈文書に〉副署する

refrescante [レフレスカンテ] 形 さわやかな: bebida ～ 清涼飲料水

refrescar [レフレスカル] 73 他 ❶ 涼しくする, 冷やす. ❷〈記憶などを〉よみがえらせる
◆ 自 涼しくなる, 冷える
◆ ～se 涼む, 体を冷やす

refresco [レフレスコ] 男 冷たい飲み物, ソフトドリンク, 清涼飲料

refrigeración [レフリヘラシオン] 女 冷却: 冷房: ～ por aire 空冷. ～ por agua 水冷

refrigerador [レフリヘラドル] 男 冷蔵庫

refrigerar [レフリヘラル] 他 ❶ 冷却する; 冷蔵する: Manténgase *refrigerado* 要冷蔵. ❷ 冷房する

refuerzo [レフエルソ] 男 ❶ 強化, 補強. ❷ 補強材. ❸ 複 増援, 援軍
◆ 動詞活用形 ⇨ **reforzar** 38

refugiado, da [レフヒアド, ダ] 形 名 過分 避難した〔人〕, 難民: campo de ～s 難民キャンプ. ～ político 政治亡命者

refugiar [レフヒアル] ～se 〈en に〉避難する, 隠れる

refugio [レフヒオ] 男 避難所, 隠れ場所: ～ antiatómico/～ antinuclear 核シェルター

refulgir [レフルヒル] 37 自 光り輝く, きらめく

refunfuñar [レフンフニャル] 自 ぶつぶつ不平を言う

refutar [レフタル] 他 反論する, 論破する

regadera [レガデラ] 女 ❶ じょうろ. ❷〈ラ〉シャワー

regadío [レガディオ] 男 灌漑(院)された農地: cultivo de ～ 灌漑農業

regalado, da [レガラド, ダ] 形 過分 ❶ 心地よい, 快適な: vida ～*da* 快適な生活. ❷ たいへん安い

regalar [レガラル] 他 贈る: ～ un ramo de flores a una actriz 女優に花束を贈る

regaliz [レガリス] 男〈植物〉カンゾウ(甘草)

regalo [レガロ] 男 贈り物, プレゼント; 景品: hacer a+人 un ～ 人に贈り物をする

regañadientes [レガニャディエンテス] a ～ いやいやながら

regañar [レガニャル] 自 言い争う
◆ 他 がみがみ叱る, 小言を言う

regar [レガル] 51 他 ❶ …に水をまく(かける): ～ las flores 花に水をやる. ❷ 灌漑(院)する

regata [レガタ] 女〈スポーツ〉レガッタ: ～ de vela ヨットレース

regatear [レガテアル] 他 ❶ 値切る. ❷ 出し惜しむ: no ～ esfuerzos 努力を惜しまない ❸〈フェイントなどで相手を〉かわす

regazo [レガソ] 男〈すわった時の〉膝の部分: tener al niño en su ～ 子供を膝の上にのせている

regenerar [レヘネラル] 他 再生させる
◆ ～se 更生する, 立ち直る

regentar [レヘンタル] 他 経営する, 切り盛りする

regente [レヘンテ] 形 名 摂政(の)

régimen [レヒメン] 男 複 *regímenes* ❶ 体制, 政体: antiguo ～ 旧体制. ～ democrático 民主制 ❷ 制度, 規則 ❸ 食餌療法, ダイエット: estar a ～ 食餌療法をしている

regimiento [レヒミエント] 男〈軍事〉連隊

regio, gia [レヒオ, ヒア] 形 ❶ 王の. ❷ 豪華な, 立派な

región [れヒオン] 囡 地方, 地域：~ andaluza アンダルシア地方

regional [れヒオナル] 形 地方の, 地域の：traje ~ 民族衣裳

regir [れヒル] 30 他 支配する, 統治する
◆ 自 ❶ 正気である：Tú no *riges* bien. 君は頭がどうかしている. ❷〈法律などが〉現在行なわれている, 効力がある

registrador, ra [れヒストラドル, ラ] 形 記録する：caja ~*ra* レジスター. reloj ~ タイムレコーダー. tarjeta ~*ra* タイムカード

registrar [れヒストラル] 他 ❶ …の身体(所持品)検査をする, 捜索する：En la aduana me *registraron* todo el equipaje. 税関で私は荷物をすべて調べられた. ~ el domicilio 家宅捜索する
❷ 記録する, 書き込む；録画する
❸ 登録する, 登記する
◆ ~se ❶〈自分を〉登録する：~*se* en el hotel ホテルにチェックインする
❷ 記録される, 起こる：Ayer *se registraron* muchos accidentes tráficos. きのう多くの交通事故が起きた

registro [れヒストロ] 男 ❶ 登録；登録簿, 台帳：~ de matrimonio 婚姻届け. ~ civil 戸籍簿. ~ de la propiedad 不動産登記[台帳]. ❷〈公的な〉記録保管所, 登記所：~ de patentes y marcas 特許庁. ❸ 検査, 捜索：~ domiciliario 家宅捜索

regla [れグラ] 囡 ❶ 定規, ものさし
❷ 規則, ルール：~*s* de gramática 文法規則. ~*s* del juego ゲームのルール
❸ 月経, 生理
en ~ 規定どおりに, 正規の
por ~ *general* 通常は

reglamentación [れグラメンタスィオン] 囡 規制；〈集合的に〉規則

reglamentar [れグラメンタル] 他 規制する, 統制する

reglamentario, ria [れグラメンタリオ, リア] 形 規定どおりの, 正規の

reglamento [れグラメント] 男〈集合的に〉規則, ルール

regocijar [れゴスィハル] 他 大喜びさせる
◆ ~se 大喜びする

regocijo [れゴスィホ] 男 歓喜, 大喜び

regodear [れゴデアル] ~se〈悪意をもって〉楽しむ, 喜ぶ

regodeo [れゴデオ] 男 楽しみ

regordete, ta [れゴルデテ, タ] 形 小太りの, 丸ぽちゃの

regresar [れグレサル] 自 帰る, 戻る：~ a casa 帰宅する. ~ del viaje 旅行から戻る

regresión [れグレスィオン] 囡 後退

regreso [れグレソ] 男 帰って(戻って)くること：a su ~ 帰ってきた時に

reguero [れゲロ] 男 細長い跡：un ~ de sangre 一筋の血

regular [れグラル] 形 ❶ 規則正しい：ritmo ~ 一定のリズム. verbo ~ 規則動詞
❷ 定期的な：línea ~ 定期航空路. vuelo ~ 定期便
❸ 正規の：tropas ~*es* 正規軍
❹ 中ぐらいの, 普通の；平凡な, まあまあの, あまりよくない：alumno ~ まあまあの生徒；あまり出来のよくない生徒
◆ 副 まあまあ, あまりよくなく：¿Qué tal?— ~. 元気かい？—まあね
◆ 他 調節する, 調整する；規制する：~ la temperatura 温度を調節する. ~ el tráfico 交通を規制する
por lo ~ ふだんは, いつもは

regularidad [れグラリダ] 囡 規則正しさ, きちょうめんさ：con ~ 規則正しく, きちんと

regularizar [れグラリサル] 13 他 ❶ 正規のものにする. ❷ 正常化する

rehabilitación [れアビリタスィオン] 囡 リハビリテーション：hacer ejercicios de ~ リハビリ訓練をする

rehabilitar [れアビリタル] 他 ❶ 復権させる, 復職させる. ❷ 社会復帰させる. ❸ 修繕する, 修復する

rehacer [れアセル] 75 他 再びする, やり直す
◆ ~se 回復する

rehén [れエン] 男〈複 reh*en*es〉人質：tomar a+人 como ~ …を人質にとる

rehogar [れオガル] 55 他〈料理〉蒸し焼きにする, ソテーする

rehuir [れウイル] 67 他 避ける

rehusar [れウサル] 68 他 断わる, こばむ

reina [れイナ] 囡 女王；王妃：la ~ Isabel イサベル(エリザベス)女王

reinado [れイナド] 男 君臨, 治世

reinante [れイナンテ] 形 ❶ 統治する. ❷ 支配的な

reinar [れイナル] 自 ❶ 君臨する：~ en el país〈国王が〉国を治める. ❷ 支配的である：La paz *reina* en esta casa. この家は安らぎに満ちている

reincidir [れインスィディル] 自〈en 同じ誤りを〉くり返す

reincorporar [れインコルポラル] ~se〈a に〉復帰する：~*se al* trabajo 職場に復帰する

reino [れイノ] 男 ❶ 王国：R~ Unido 連合王国, イギリス
❷ …界；分野：~ animal 動物界

reinserción [れインセルスィオン] 囡 社会復帰

reintegrar [れインテグラル] ⑩ ❶ 払い戻す, 返済する. ❷ 復帰させる, 復職させる
◆ ~se ⟨a⟩ 復帰する, 戻る: ~se a su trabajo 職場復帰する

reintegro [れインテグロ] 男 ❶ 復帰, 復職. ❷ 返済, 払い戻し. ❸ 〈宝くじの〉残念賞, 末賞〖買った金額が払い戻される〗

reír [れイル] 69 ⟨過去 reído, 現分 riendo⟩ 自 笑う: hacer ~ a+人 …を笑わせる
⑩ 笑う: ~ el chiste 冗談を笑う
◆ ~se ⟨de を⟩ 笑う; 嘲笑する, ばかにする: ¿De qué te ríes? 何を笑っているの?

reiterar [れイテラル] ⑩ くり返す, 反復する

reivindicación [れイビンディカスィオン] 女 要求: ~ laboral 労働組合の経済要求

reivindicar [れイビンディカル] 73 ⑩ ❶ 権利として要求する: ~ el aumento de salario 賃上げを要求する. ❷ 〈テロなどの〉犯行声明を出す

reja [れハ] 女 鉄格子, 鉄柵
entre ~s 獄中に(で)

rejilla [れヒジャ] 女 ❶ 格子, 金網: ~ del radiador ラジエーターグリル. ❷ 金網を張った窓, 格子窓: ~ del confesionario ざんげ室の窓

rejoneador [れホネアドル] 男 馬上から牛に槍を突き刺す闘牛士

rejuvenecer [れフベネセル] 20 ⑩ 若返らせる; 若く見せる
◆ ~se 若返る

relación [れラスィオン] 女 ❶ 関係 1) 〈事物間の〉関連: ~ entre la causa y el efecto 因果関係. 2) 〈人間・組織間の〉交際, 交流: estar en buenas (malas) *relaciones* con+人 …と仲がよい(悪い). *relaciones* amistosas 友好関係
❷ 複 恋愛関係, 肉体関係: tener *relaciones* con+人 …と肉体関係にある. romper sus *relaciones* (婚約) 婚約を解消する
❸ 複 知人; 縁故: tener [buenas] *relaciones* en... …に[いい]コネがある
❹ *relaciones* públicas 宣伝活動, PR, 広報
con ~ a.../en ~ con... …に関して

relacionado, da [れラスィオナド, ダ] 形 過分 関係のある: estar bien ~ よいコネを持っている. todo lo ~ con... …に関するすべて

relacionar [れラスィオナル] ⑩ ⟨con と⟩ 関連づける
◆ ~se 関係する; 接触(交際)する

relajación [れラハスィオン] 女 ❶ リラックス. ❷ ゆるみ: ~ de los músculos 筋肉の弛緩

relajante [れラハンテ] 形 ❶ ゆるませる. ❷ リラックスさせる

relajar [れラハル] ⑩ ゆるめる: ~ la tensión internacional 国際間の緊張を緩和する
◆ ~se ❶ リラックスする, くつろぐ. ❷ ゆるむ: ~se la disciplina 規則が緩和される

relamer [れラメル] ~se 舌なめずりする, 舌づつみを打つ

relámpago [れランパゴ] 男 ❶ いなづま. ❷ 〈形容詞的〉 visita ~ ごく短い訪問. boda ~ 電撃結婚
como un ~ あっという間に

relampaguear [れランパゲアル] 自 〈単人称〉 いなづまが光る

relatar [れラタル] ⑩ 物語る, 話す

relativamente [れラティバメンテ] 副 比較的

relatividad [れラティビダ] 女 相対性

relativo, va [れラティボ, バ] 形 ❶ ⟨a に⟩ 関係のある: en lo ~ a... …に関して. ❷ 相対的な. ❸ 比較的…ない: con ~ va frecuencia あまり頻度が多くない. ❹ 〈文法〉 pronombre ~ 関係代名詞

relato [れラト] 男 物語, 話: hacer un ~ de... …の話をする

relegar [れレガル] 55 ⑩ 遠ざける: ~ al olvido 忘れ去る

relevante [れレバンテ] 形 ❶ 傑出した. ❷ 重要な, 意義のある

relevar [れレバル] ⑩ ⟨de から⟩ 解放する: ~ a+人 *de* su cargo …を解任する. ❷ 交代する

relevo [れレボ] 男 ❶ 交代: ~ de la guardia 見張りの交代. ❷ 交代要員. ❸ 複 〈スポーツ〉リレー: carrera de ~s リレー競走

relieve [れリエベ] 男 ❶ 〈美術〉浮彫り, レリーフ: en ~ 浮彫りにした. bajo ~ 浅浮彫り. ❷ 起伏; 地形. ❸ 重要性
poner... de ~ …をきわ立たせる, 強調する

religión [れリヒオン] 女 宗教: tener ~ 信仰をもつ. ~ católica カトリック

religiosamente [れリヒオサメンテ] 副 きちんと, きちょうめんに

religioso, sa [れリヒオソ, サ] 形 ❶ 宗教の. ❷ 信心深い, 敬虔な
◆ 名 宗教家, 聖職者; 修道士, 修道女

relinchar [れリンチャル] 自 〈馬が〉いななく

relincho [れリンチョ] 男 〈馬の〉いななき

reliquia [れリキア] 女 ❶ 聖遺物; 〈聖人などの〉遺品, 遺骨. ❷ 遺物; 思い出の品: ~ de familia 先祖伝来の家宝

rellano [れジャノ] 男 〈階段の〉踊り場

rellenar [れジェナル] ⑩ ❶ 〈容器を〉いっぱいに満たす. ❷ 詰め物をする. ❸ 〈空欄を〉埋める: ~ la hoja 用紙に書き込む

relleno, na [れジェノ, ナ] 形 詰め物をした: aceitunas ～*nas* スタッフドオリーブ
◆ [料理] 詰め物. ❷ 詰め物, パッキング;〈服飾〉パッド

reloj [れロ(ホ)] 男 時計: El ～ está adelantado (atrasado) un minuto. この時計は1分進んで(遅れて)いる. ～ de pulsera 腕時計. ～ de sol 日時計
como un ～ 時間に正確な, 規則正しい
contra ～ 〈スポーツ〉タイムトライアルの

relojería [れロヘリア] 女 時計店
de ～ 時計じかけの: bomba *de* ～ 時限爆弾

relojero, ra [れロヘロ, ラ] 名 時計職人;時計商

reluciente [れルスィエンテ] 形 光り輝く, きらめく

relucir [れルスィル] 46 自 輝く, きらきら光る
sacar (*salir*) *a* ～ 突然注目される(される)

relumbrar [れルンブラル] 自 光り輝く, ひときわ輝く

remachar [れマチャル] 他 ❶〈釘の先を〉打ち曲げる;リベット締めにする. ❷ 強調する

remache [れマチェ] 男 リベット, 鋲(びょう)

remangar [れマンガル] 55 他 …の袖(裾)をまくり上げる
◆ ～se〈自分の〉袖(裾)をまくり上げる

remanso [れマンソ] 男 よどみ
～ *de paz* 静かな場所

remar [れマル] 自 漕ぐ: ～ en bote ボートを漕ぐ

rematado, da [れマタド, ダ] 形 過分 どうしようもない, 救いようのない

rematar [れマタル] 他 ❶ 終える. ❷ とどめを刺す;決定的な打撃を与える. ❸〈スポーツ〉〈ゴール・スマッシュなどを〉決める

remate [れマテ] 男 ❶ 終了, 仕上げ. ❷ 端, 先端. ❸〈スポーツ〉シュート: ～ de cabeza ヘディングシュート
de ～ 完全に: tonto *de* ～ どうしようもないばか

remedar [れメダル] 他 模倣する

remediar [れメディアル] 他 打開する, 解決する
no poder ～+事 …を避けられない;どうしても…をしてしまう

remedio [れメディオ] 男 ❶ 手段, 解決策. ❷ 治療法, 薬
no tener (*haber*) *más* ～ *que*+不定詞 …するよりしかたがない
poner ～ *a*+事 …を解決する

remedo [れメド] 男 模倣

remendar [れメンダル] 57 他 ❶〈衣服を〉繕う, 継ぎを当てる. ❷ 修理する

remesa [れメサ] 女 ❶ 発送;送金. ❷ 発送品

remiendo [れミエンド] 男 ❶ 当て布. ❷ 応急修理

remilgado, da [れミルガド, ダ] 形 上品ぶった, 気取った

remilgo [れミルゴ] 男 上品ぶること, 気取り

reminiscencia [れミニスセンスィア] 女 ❶〈作品における〉無意識の借用(影響). ❷ おぼろげな記憶

remisión [れミスィオン] 女 発送

remiso, sa [れミソ, サ] 形 消極的な, やる気のない

remite [れミテ] 男〈手紙〉差出人の住所氏名

remitente [れミテンテ] 名〈手紙〉差出人, 発送人〖Rte. と略される〗

remitir [れミティル] 他 発送する, 送る
◆ 自〈熱などが〉おさまる
◆ ～se〈a を〉参照する

remo [れモ] 男 ❶ 櫂(かい), オール. ❷〈スポーツ〉ボート競技

remojar [れモハル] 他〈水に〉ひたす, ぬらす

remojo [れモホ] 男 ひたすこと: poner la ropa a ～ 洗濯物を水につけておく

remolacha [れモラチャ] 女〈植物〉ビート, テンサイ(甜菜)

remolcador [れモルカドル] 男 引き船, タグボート

remolcar [れモルカル] 73 他 牽引(けんいん)する;曳航(えいこう)する

remolino [れモリノ] 男 ❶ 渦巻き: ～ de aire つむじ風, 竜巻. ❷〈髪の〉つむじ. ❸ 人波, 雑踏

remolque [れモルケ] 男 ❶ トレーラー: ～ de camping キャンピングカー. ❷ 牽引;曳航
a ～ *de*... …の言いなりになって

remontar [れモンタル] 他 ❶ 登る;さかのぼる. ❷〈困難を〉克服する
◆ ～se ❶ 高く上昇する. ❷〈過去に〉さかのぼる: El proyecto *se remonta* a los años noventa. このプロジェクトは1990年代にさかのぼる

remordimiento [れモルディミエント] 男 後悔, 良心のかしゃく: tener (sentir) ～s 後悔する

remoto, ta [れモト, タ] 形 ❶ 遠い, 遠く離れた: país ～ 遠い国. en tiempos ～s ずっと昔には. ❷ ありそうもない: una posibilidad ～*ta* ありそうもない可能性

remover [れモベル] 50 他 ❶ かきまぜる: ～ el café コーヒーをかき回す. ❷ 動かす

remozar [れモサル] 13 他 …の外観を新しくする, 改装する

remuneración [れムネラスィオン] 女 報酬,

謝礼金

remunerar [レムネラル] 他 …に報酬（謝礼）を与える，報いる

renacentista [レナセンティスタ] 形 名 ルネサンスの［芸術家］

renacer [レナセル] 20 自 ❶ 再び生まれる．❷ 生き返る，よみがえる

renacimiento [レナスィミエント] 男 ❶ 再生，復活．❷ el R~ ルネサンス，文芸復興

renacuajo [レナクアホ] 男〈動物〉オタマジャクシ

renal [レナル] 形 腎臓の

rencilla [レンスィジャ] 女 けんか，いさかい

rencor [レンコル] 男 恨み，遺恨：guardar ~ a+人 …に恨みを抱いている

rencoroso, sa [レンコロソ, サ] 形 ❶ 恨んでいる．❷ 恨みがましい

rendición [レンディスィオン] 女 降伏，投降

rendido, da [レンディド, ダ] 形 過分 ❶〈de で〉疲れ切った，ぐったりした．❷ 献身的な：~ admirador 熱心な崇拝者

rendija [レンディハ] 女 すき間

rendimiento [レンディミエント] 男 ❶ 効率，性能：a pleno ~ フル回転で．❷ 収益；利回り

rendir [レンディル] 56 他 ❶ 負かす；降伏させる：Me *rindió* el sueño. 私は睡魔に負けた．❷ ひどく疲れさせる．❸ 表明する：~ homenaje a... …に敬意を表する．❹ 生み出す：~ intereses 利益をあげる

◆ 自 ❶ 利益をあげる，もうかる．❷ 効率がよい，はかどる

◆ ~se〈a に〉降伏する

renegado, da [レネガド, ダ] 形 名 過分 背教者〔の〕

renegar [レネガル] 51 自 ❶〈de 信仰などを〉捨てる：~ del catolicismo カトリックを棄教する．❷ 不平を言う

◆ 他 強く否認する；くりかえし否定する

RENFE [レンフェ] 女〈略語〉スペイン国有鉄道［←*R*ed *N*acional de *F*errocarriles *E*spañoles］

renglón [レングロン] 男 ❶〈文章の〉行：saltarse un ~ 1行飛ばす．❷ 複 短い手紙：poner unos *renglones* a+人 …に一筆書く

a ~ *seguido*〈それなのに〉すぐ，引き続いて

reno [レノ] 男〈動物〉トナカイ

renombre [レノンブレ] 男 名声，評判 *de* ~ 名高い，有名な：marca *de* ~ 有名ブランド

renovación [レノバスィオン] 女 ❶ 新しくすること：~ del pasaporte パスポートの更新．❷ 再開．❸ 変更；リニューアル

renovador, ra [レノバドル, ラ] 形 刷新する，改革する

renovar [レノバル] 21 他 ❶ 新しくする，更新する：~ el carné de conducir 運転免許を書き換える．❷ 再開する：~ la amistad 旧交を温める．❸ 新しく替える；リニューアルする：~ el personal 職員を入れ替える

renta [レンタ] 女 ❶ 金利収入，年金：vivir de las ~s 金利で暮らす．~ vitalicia 終身年金．❷ 貸し賃，借り賃．❸ 所得：~ per cápita 一人当たりの国民所得．declaración de la ~ 所得の申告．❹ 公債，国債

rentabilidad [レンタビリダド] 女 収益性

rentable [レンタブレ] 形 収益性のある，もうかる

rentar [レンタル] 他〈金利・収益を〉もたらす

renuncia [レヌンスィア] 女〈a の〉断念；放棄

renunciar [レヌンスィアル] 自 ❶〈a を〉あきらめる：~ a un proyecto 計画をあきらめる．~ a volver a su país 帰国を断念する．❷〈権利などを〉放棄する：~ a su herencia 相続権を放棄する

reñido, da [レニド, ダ] 形 過分 ❶ 接戦の，緊迫した：elecciones ~das 激しい選挙戦．❷〈con と〉不仲の；相いれない

reñir [レニル] 14 自 けんかする

◆ 他 叱る，叱責する

reo [レオ] 名 罪人；被告

reojo [レオホ] 男 *mirar de* ~ 横目（反感の目）で…を見る

reorganizar [レオルガニサル] 13 他 再編成する，再組織する：~ el gobierno 内閣を改造する

reparación [レパラスィオン] 女 ❶ 修理，修繕．❷ 償い，賠償

reparar [レパラル] 他 ❶ 修理する，修繕する：~ la radio ラジオを修理する

❷ 償う，埋め合わせをする：~ el daño 損害を賠償する

◆ 自〈en に〉気づく，注意を払う

reparo [レパロ] 男 ❶ 反対意見，欠点の指摘：poner ~s a... …にけち（難癖）をつける．❷ ためらい，遠慮：tener ~s ためらう，気が進まない．sin ~ 遠慮なく，少しも気にせずに

repartidor, ra [レパルティドル, ラ] 名 配達人，配送業者

repartir [レパルティル] 他 ❶ 分配する：~ los bienes entre cinco personas 財産を5人に分ける

❷ 配る，配達する

reparto [レパルト] 男 ❶ 分配，配分．❷ 配達：~ a domicilio 宅配．❸ 配役，キャスト

repasar [レパサル] 他 調べ直す，見直す．

❷ 復習する

repaso [レパソ] 男 ❶ 調べ直し, 見直し: dar un ~ a sus apuntes ノートを見直す. ❷ 復習

repatriación [レパトリアスィオン] 女 本国送還, 帰国

repatriar [レパトリアル] 33 他 本国に送還する

repecho [レペチョ] 男 急な坂

repelente [レペレンテ] 形 ❶ 嫌悪感を起こさせる, 不快な. ❷〈優等生ぶって〉憎たらしい, 感じの悪い

repeler [レペレル] 他 ❶ 押し戻す, 追い返す, はねつける: ~ la agresión 攻撃を撃退する. Esta tela *repele* el agua. この布は水をはじく(通さない). ❷ …に嫌悪感を与える, 不快にする: Me *repele* la gente mentirosa. 私はうそつきが大嫌いだ

repente [レペンテ] 男 *de* ~ 突然, いきなり: *De* ~ rompe a refr. 彼は急に笑い出した

repentino, na [レペンティノ, ナ] 形 突然の, 不意の: muerte ~*na* 急死

repercusión [レペルクスィオン] 女 ❶ 影響: tener una gran ~ 大きな影響を及ぼす; 大反響を呼ぶ. ❷〈音の〉反響

repercutir [レペルクティル] 自 ❶〈en に〉影響する. ❷〈音が〉反響する, 鳴り響く

repertorio [レペルトリオ] 男〈音楽・演劇〉レパートリー

repetición [レペティスィオン] 女 くり返し, 反復

repetidamente [レペティダメンテ] 副 くり返し, 何度も

repetidor, ra [レペティドル, ラ] 名 落第生, 留年生

repetir [レペティル] 56 他 ❶ くり返す: ~ el ejercicio 反復練習する
❷ くり返し…をおかわりする
◆ 自 ❶ くり返し起こる. ❷ 料理のおかわりをする. ❸〈料理などの〉後味が残る
◆ ~se ❶ くり返される. ❷ くり返し述べる

repicar [レピカル] 73 他〈鐘を〉くり返し鳴らす

repique [レピケ] 男〈鐘を〉くり返し鳴らすこと

repisa [レピサ] 女 棚

replantear [レプランテアル] 他 再提案する, 再考する

replegar [レプレガル] 51 ~**se**〈整然と〉撤退する, 退却する

repleto, ta [レプレト, タ] 形〈de で〉いっぱいの: sala ~*ta de* gente 人で超満員の会場. estantería ~*ta de* libros 本がぎっしり並んだ本棚

réplica [レプリカ] 女 ❶ 言い返し, 反論. ❷〈美術〉複製, レプリカ

replicar [レプリカル] 73 他 自 言い返す, 反論する

repliegue [レプリエゲ] 男 ❶ 折り返し, ひだ; しわ. ❷ 撤退, 退却

repoblación [レポブラスィオン] 女 ❶ 植林 〖~ forestal〗. ❷ 入植

repoblar [レポブラル] 21 他 ❶ …に植林する. ❷ 入植させる

repollo [レポジョ] 男 キャベツ

reponer [レポネル] 54 〖過分 repuesto〗他 ❶〈en 元の場所に〉戻す, 戻す: ~ a+*en* el cargo …を復職させる. ❷ 再上演(上映・放送)する
◆ ~**se** 健康(体力)を回復する

reportaje [レポルタヘ] 男 ルポルタージュ

reportar [レポルタル] 他 もたらす, 生み出す

reportero, ra [レポルテロ, ラ] 名 報道記者, レポーター

reposado, da [レポサド, ダ] 形 過分 平静な, 落ち着いた

reposar [レポサル] 自 ❶ 休息する; 少し眠る. ❷ 埋葬されている
~ *la comida* 食休みをとる

reposo [レポソ] 男 ❶ 休息: tomarse unas horas de ~ 数時間休息をとる
❷ 安静: hacer ~ 安静にする. ~ absoluto 絶対安静

repostar [レポスタル] 他 補給する: ~ gasolina 車にガソリンを入れる

repostería [レポステリア] 女 ❶ ケーキ店, 菓子店. ❷ 製菓

repostero, ra [レポステロ, ラ] 名 ケーキ職人, 菓子職人

reprender [レプレンデル] 他 叱る

represalia [レプレサリア] 女 報復: tomar ~*s* 報復する. como ~ por... …への報復措置として

representación [レプレセンタスィオン] 女 ❶ 表現, 表示. ❷ 上演; 演技: primera ~ 初演. ❸ 代表; 代表団: ~ proporcional 比例代表制. ❹ 代理; 販売代理業(権): contrato de ~ 代理店契約
en ~ *de*... …を代表して

representante [レプレセンタンテ] 名 ❶ 代表者: ~ en la ONU 国連代表部. ❷ 代理人

representar [レプレセンタル] 他 ❶ 表わす, 表現する, 描写する: La paloma *representa* la paz. ハトは平和を象徴している
❷ 上演する, 演じる: ~ el papel de Otelo オセロを演じる

❸ **代表する**；代理する： ～ al comité 委員会を代表する

representativo, va [レプレセンタティボ, バ] 形 ❶ 代表的な. ❷ 代表する: sistema ～ 代議制

represión [レプレシオン] 囡 抑圧, 鎮圧, 弾圧

represivo, va [レプレシボ, バ] 形 抑圧的な

reprimenda [レプリメンダ] 囡 叱責: echar a+人 una ～ …を叱る

reprimir [レプリミル] 他 ❶〈衝動などを〉抑える, 抑制する: ～ la cólera 怒りをこらえる. ❷ 抑圧(鎮圧・弾圧)する

reprobar [レプロバル] 21 他 非難する, 反対する

reprochar [レプロチャル] 他 非難する, とがめる

reproche [レプロチェ] 男 非難, 叱責

reproducción [レプロドゥ(ク)スィオン] 囡 ❶ 生殖, 繁殖. ❷ 再現, 再生. ❸ 複製, 模写

reproducir [レプロドゥスィル] 19 他 ❶ 再現する；〈音・映像を〉再生する. ❷ 複製する
◆ ～se 再現される. ❷ 繁殖する

reptil [レプティル] 男〈動物〉はちゅう類

república [レプブリカ] 囡 共和国；共和政: La R～ Argentina アルゼンチン共和国

republicano, na [レプブリカノ, ナ] 形 ❶ 共和国の, 共和政の. ❷ 共和主義的な
◆ 名 共和主義者, 共和党員

repuesto [レプエスト] 男〈reponer の過分〉〈予備の〉部品
de ～ 予備の, 交換用の: rueda de ～ スペアタイヤ

repugnancia [レプグナンスィア] 囡 ❶ 嫌悪感, 反感: Las cucarachas me causan (dan) ～. 私はゴキブリを見るとぞっとする. ❷ 吐き気

repugnante [レプグナンテ] 形 嫌悪感を催させる, 不快な: olor ～ むかつくような悪臭

repugnar [レプグナル] 自〈a+人 に〉嫌悪感を催させる: Me *repugna* la mentira. 私はうそは大嫌いだ.

repujado, da [レプハド, ダ] 形 打ち出し細工をした

repulsa [レプルサ] 囡 拒絶, 反対

repulsivo, va [レプルシボ, バ] 形 反発を感じさせる, 不快

reputación [レプタスィオン] 囡 評判；名声, 好評: tener buena (mala) ～ 評判が良い(悪い). perder la ～ 名声を失う

reputar [レプタル] 他〈de・por と〉みなす, 評価する

requerimiento [レケリミエント] 男 ❶ 要請, 要求. ❷ 必要

requerir [レケリル] 77 他 ❶ 要請する, 強く要求する. ❷ 必要とする

requesón [レケソン] 男 カッテージチーズ

réquiem [レキエム] 男 レクイエム, 鎮魂曲

requisito [レキシト] 男 必要条件: ～ indispensable 必須条件

res [レス] 囡〈四つ足の〉家畜；獣

resabio [レサビオ] 男 ❶〈不快な〉後味. ❷ 悪習

resaca [レサカ] 囡 ❶ 二日酔い: tener ～ 二日酔いである. ❷ 引き波

resalado, da [レサラド, ダ] 形〈ス. 口語〉魅力的な, かっこいい

resaltar [レサルタル] 自 目立つ, きわ立つ

resarcir [レサルスィル] 89 他〈de の〉損害賠償を…にする, 弁償する

resbaladizo, za [レスバラディソ, サ] 形 滑りやすい

resbalar [レスバラル] 自. ～se 滑る: *Me resbalé* en las escaleras y me caí. 私は階段で滑ってころんだ. *Las lágrimas le resbalaron* por las mejillas. 涙が彼の頬をつたって落ちた

resbalón [レスバロン] 男 滑ること: dar un ～ 足を滑らす

rescatar [レスカタル] 他〈de から〉救う, 救出する: ～ a los supervivientes 生存者を救出する. ❷ 身代金を払って救う；金で取り戻す

rescate [レスカテ] 男 ❶ 救出: equipo de ～ レスキュー隊, 救助隊. ❷ 身代金

rescindir [レススィンディル] 他〈契約を〉取り消す, 無効にする

rescoldo [レスコルド] 男 熾(おき), 残り火

resecar [レセカル] 73 他 よく乾かす

reseco, ca [レセコ, カ] 形 乾きすぎた, 干からびた

resentido, da [レセンティド, ダ] 形 過分 恨んでいる, 怒っている

resentimiento [レセンティミエント] 男 恨み, 怒り: guardar ～ a+人 …に恨みを抱く

resentir [レセンティル] 77 ～se ❶〈de 古傷などの〉影響が残る, 痛む. ❷ 壊れかけている, がたが来る: Su salud *se resiente* con la edad. 年齢とともに彼の健康にがたが来ている. ❸〈por・de+事 を〉恨む, 怒る

reseña [レセニャ] 囡 短評；書評

reserva [レセルバ] 囡 ❶ 予約: ¿Tiene ～? 予約してありますか？
❷ 蓄え, 予備: víveres de ～ 非常食, 保存食. ～s de divisas 外貨準備高. ～s hídricas 貯水量
❸ 慎重, 遠慮: hablar con ～ 控え目に話す

❹ 留保〔条件〕: aceptar con ~ 留保付きで承諾する
◆ 名 〈スポーツ〉控え(補欠)の選手
a ~ de...…の条件付きで
absoluta ~ 極秘
sin ~ s 1) 無条件に. 2) 遠慮なく, ずけずけと

reservado, da [れセルバド, ダ] 形 過分 ❶ 予約された. ❷ 慎重な; 慎み深い. ❸ 内密の. ❹ 〈表示〉Todos los derechos ~s 著作権所有
◆ 男 〈レストラン・車両の〉貸し切り部屋, 個室

reservar [れセルバル] 他 ❶ 予約する: tener una habitación *reservada* 部屋を予約してある
❷ 取っておく, 蓄える: ~ comida para la noche 夜まで料理を取っておく
❸ 公表しない: ~ el nombre 名前を伏せる
◆ ~se 差し控える: ~*se* la opinión 意見を控える

resfriado [れスフりアド] 男 過分 風邪: coger un ~ 風邪をひく

resfriar [れスフりアル] 33 ~se 風邪をひく: Estoy *resfriado*. 私は風邪を引いている

resguardar [れスグアルダル] 他 保護する, 守る
◆ ~se 〈de から〉自身を守る: ~*se* del frío 寒さをしのぐ

resguardo [れスグアルド] 男 ❶ 受領証, 受取証. ❷ 保護

residencia [れシデンスィア] 女 ❶ 居住地; 居住: permiso de ~ 居住許可. ❷ 〈共同・公共の〉家, 邸宅: ~ de estudiantes 学生寮. ~ de ancianos 老人ホーム. ~ oficial 官邸

residencial [れシデンスィアル] 形 高級住宅地の

residente [れシデンテ] 形 名 〈en に〉在住の〔人〕: japoneses ~s *en* Perú ペルーの在留邦人

residir [れシディル] 自 ❶ 〈en に〉居住する. ❷ ある, 存する: La dificultad *reside en* mantener el equilibrio. むずかしいのはバランスをとることにある

residual [れシドゥアル] 形 残りかすの; 残留物の: aguas ~*es* 汚水; 廃液

residuo [れシドゥオ] 男 ❶ かす, 残り物. ❷ 複 残留物: ~s industriales 産業廃棄物. ~s radiactivos 放射性廃棄物

resignación [れシグナスィオン] 女 あきらめ: aceptar la desgracia con ~ 不幸を甘受する

resignar [れシグナル] ~se 〈a・con を〉甘受する, あきらめる: 1) ~*se con* su suerte 運命を甘受する. 2) 〈a+不定詞〉あきらめて…する

resina [れシナ] 女 樹脂: ~ de pino 松やに

resistencia [れシステンスィア] 女 ❶ 〈a への〉抵抗, 反抗: oponer ~ *a* la policía 警察に抵抗する
❷ 抵抗力; 耐久性: Tengo gran ~ física. 私はひじょうに持久力がある. ~ *al* calor 耐熱性
❸ la R~ レジスタンス, 地下抵抗運動
❹〈物理・化学〉~ del aire 空気抵抗. ~ eléctrica 電気抵抗

resistente [れシステンテ] 形 抵抗力のある, 耐久力のある: ~ *al* agua 防水性の, 耐水性の

resistir [れシスティル] 他 ❶ …に耐える: ~ el calor 熱に耐える, 耐熱性がある
❷ 我慢する: No *resistió* la emoción y derramó unas lágrimas. 彼は感きわまって涙を流した
◆ 自 〈a に〉❶ 抵抗する: no poder ~ *a* la tentación 誘惑に勝てない
❷ 耐える, 持ちこたえる: El enfermo aún *resiste*. 病人はまだ持ちこたえている
❸ 耐久性がある, 長持ちする
◆ ~se ❶ 抵抗する. ❷ 〈a+不定詞〉拒絶する, 反対する: *Se resiste a* creerme. 彼は私を信じようとしない

resolución [れソルスィオン] 女 ❶ 決心, 決意: Tomaron la ~ de emigrar. 彼らは移住する決心をした
❷ 決断力: hombre de ~ 決断力に富む人. actuar con ~ 断固として行なう
❸ 解決, 解明: ~ de un problema 問題の解決
❹ 決定; 決議: ~ de la ONU 国連決議

resolver [れソルベル] 87 過分 res*uelto*〉他 ❶ 解決する, 解く: ~ un problema 問題を解決する. ~ una ecuación 方程式を解く
❷ 決意する: ~ estudiar medicina 医学を学ぶ決心をする
◆ ~se ❶ 解決される; 解消する. ❷ 〈a+不定詞〉…する決心をする

resonancia [れソナンスィア] 女 ❶〈音の〉響き. ❷ 反響: tener ~ internacional 国際的な反響を呼ぶ

resonar [れソナル] 21 自 鳴り響く, 反響する

resoplar [れソプラル] 自 息を切らせる, あえぐ

resoplido [れソプリド] 男 息切れ, 荒い息づ

resorte [れソルテ] 男 ❶ ばね, スプリング, ぜんまい. ❷ 手段

respaldar [れスパルダル] 他 援護する, 支援する, 支持する
◆ **~se** 〈**en** に〉助けてもらう；依存する

respaldo [れスパルド] 男 ❶〈椅子の〉背もたれ. ❷ 支援, バックアップ

respectar [れスペクタル] 自 *en (por) lo que respecta a…* …に関しては

respectivamente [れスペクティバメンテ] 副 それぞれ, めいめい

respectivo, va [れスペクティボ, バ] 形 それぞれの

respecto [れスペクト] *al ~* その点に関して *~ a…/con ~ a…/~ de…* …に関しては

respetable [れスペタブレ] 形 ❶ 尊敬すべき；尊重すべき. ❷ かなりの, 相当な：*~ suma de dinero* かなりの金額

respetar [れスペタル] 他 ❶ 尊敬する：*~ a los mayores* 目上の人をうやまう
❷ 尊重する：*~ las normas de la escuela* 学校の規則を守る

respeto [れスペト] 男 ❶ 尊敬, 敬意：*tener (guardar) ~ a*+人 …を尊敬している. *con ~* ていちょうに, うやうやしく
❷ 尊重：*~ a los derechos humanos* 人権の尊重
faltar al ~ a+人 …に敬意を払わない, なれなれしくする
presentar sus ~s a+人 …に敬意を表する, あいさつする；よろしく伝える
◆ 動詞活用形 ⇨ **respetar**

respetuoso, sa [れスペトゥオソ, サ] 形 敬意を抱いている, ていちょうな

respingo [れスピンゴ] 男〈驚いて〉跳び上がること

respiración [れスピラシオン] 女 ❶ 呼吸, 息：*contener la ~* 息をとめる. *~ artificial* 人工呼吸. ❷ 換気, 風通し
sin ~ 1)〈驚き・感動で〉息を飲んだ, 啞然とした. 2) 息も絶え絶えに

respiradero [れスピラデロ] 男 換気口

respirar [れスピラル] 自 ❶ 呼吸する, 息をする：*~ hondo/~ profundamente* 深呼吸をする. ❷〈仕事などを終えて〉ほっとする, 一息入れる
◆ 他 吸い込む：*~ aire puro* きれいな空気を吸う
~ tranquilo〈危険などが去って〉ほっとする

respiratorio, ria [れスピラトリオ, リア] 形 呼吸の：*aparato ~* 呼吸器. *dificultad (insuficiencia) ~ria* 呼吸困難

respiro [れスピロ] 男 ❶〈仕事の〉休息：*tomarse un ~* 休憩する. ❷ 安らぎ

resplandecer [れスプランデセル] 自 輝く, きらめく：*El sol resplandece.* 太陽が輝く. *Tu cara resplandece de felicidad.* 君の顔は幸せに輝いている

resplandeciente [れスプランデスィエンテ] 形 光り輝いている

resplandor [れスプランドル] 男〈強い〉光, 輝き

responder [れスポンデル] 他 …と答える, 返事をする：*~ que sí* はいと答える
◆ 自 ❶ 返事をする：*~ negativamente* 否定的な返事をする
❷〈a に〉応答する；応じる：*~ a una pregunta* 質問に答える. *~ a la esperanza de…* …の期待にこたえる
❸ 対応する, 一致する：*Las cifras no responden a la realidad.* 数字は現実と一致しない
❹〈de について〉責任を持つ, 保証する：*~ del pago* 支払いを引き受ける

respondón, na [れスポンドン, ナ] 形 口答えする, 生意気な

responsabilidad [れスポンサビリダ] 女 責任, 責務：*cargar con (tomar・asumir) la ~ de…* …の責任をとる. *tener la ~ de…* …の責任を負っている. *bajo su propia ~* 自己責任で. *sentido de ~* 責任感

responsabilizar [れスポンサビリサル] 13 **~se**〈de の〉責任がある；責任をとる

responsable [れスポンサブレ] 形 ❶〈de に〉責任がある, 責任を負うべき：*¿Quién es ~ del accidente?* 誰がこの事故の責任を負うのですか？ *hacerse ~ de…* …の責任を引き受ける. *editor ~* 発行責任者. ❷ 責任感の強い, 思慮のある：*Es un alumno ~.* 彼はしっかりした生徒だ
◆ 名 責任者

respuesta [れスプエスタ] 女 返事, 応答：*dar ~ a la pregunta* 質問に答える

resquebrajar [れスケブラハル] **~se** ひびが入る

resquicio [れスキスィオ] 男 ❶〈ドアの〉すき間. ❷ 穴

resta [れスタ] 女 引き算

restablecer [れスタブレセル] 20 他〈元の状態に〉戻す, 回復させる, 復旧させる：*~ el orden* 秩序を回復する. *~ las relaciones diplomáticas* 国交を回復する
◆ **~se** 回復する：*~se de la operación* 手術から回復する. *Se restableció el servicio del metro.* 地下鉄が運転を再開した

restablecimiento [れスタブレスィミエント] 男 回復

restallar [レスタジャル] 自 〈鞭などが〉バシッと鳴る

restante [レスタンテ] 形 残りの, 残っている: lo ~ 残り

restar [レスタル] 他 ❶ 〈数を, de から〉差し引く: ~ tres de cinco 5から3を引く. ❷ 取り去る

restauración [レスタウラシオン] 女 ❶ 修復, 復元: iglesia en ~ 修復中の教会. ❷ 復興, 復活: ~ de la monarquía 王政復古

restaurante [レスタウランテ] 男 レストラン: comer en un ~ レストランで食事をする. ~ japonés 日本料理店

restaurar [レスタウラル] 他 ❶ 修復する, 復元する: ~ un castillo 城を復元する. ❷ 復興する; 取り戻す: ~ la confianza 信用を回復する

restituir [レスティトゥイル] 42 他 ❶ 〈元の状態に〉戻す. ❷ 返却する, 返還する

resto [レスト] 男 ❶ 残り, 余り: ~ de la vida 余生
❷ 複 残飯
❸ 複 遺体 [~s mortales]
❹ 複 残骸; 廃墟: ~s romanos ローマ時代の遺跡

restregar [レストレガル] 51 他 こする
◆ ~se 〈自分の体を〉こする: ~se los ojos 目をこする

restricción [レストリク)シオン] 女 制限: restricciones de agua 給水制限

restringir [レストリンヒル] 37 他 制限する, 規制する: ~ gastos 支出を切り詰める. ~ la libertad 自由を制約する

resucitar [レスシィタル] 他 生き返らせる, よみがえらせる, 復活する
◆ 自 生き返る, よみがえる

resuello [レスエジョ] 男 荒い息づかい: sin ~ 息を切らして, 息も絶え絶えに

resuelto, ta [レスエルト, タ] 形 〈resolver の 過分〉❶ 断固とした, 決然とした: Es una mujer ~ta. 彼女は意志の強い女性だ. ❷ 決心した. ❸ 解決した

resultado [レスルタド] 男 過分 結果: dar buen ~ よい結果をもたらす. ~ de las elecciones 選挙結果

resultar [レスルタル] 自 ❶ 〈de から〉生じる, …の結果である: De aquella conversación *resultó* nuestra amistad. あの会話から私たちの友情が生まれた
❷ 〈+主格補語〉…の結果になる: Me *resultó* pequeño el traje. その服は私には小さくなった. Cinco personas *resultaron* heridas en el accidente. その事故で5名の負傷者が出た
❸ よい結果を生じる: Mi plan no *resultó*. 私の計画はうまくいかなかった
Resulta que+直説法 〈意外にも〉…という結果になる: Estuvimos en un bar, y *resultó que* no teníamos dinero. 私たちはバーで飲んだ. ところが金を持っていなかった

resumen [レスメン] 男 複 resúmenes 要約, 概要, レジュメ: hacer un ~ de… …を要約する
en ~ 要約して; 要するに

resumir [レスミル] 他 要約する, 概括する

resurgir [レスルヒル] 37 自 再現する, 再起する, よみがえる

resurrección [レスレ(ク)シオン] 女 ❶ 復活, よみがえり: ~ del Señor キリストの復活. ❷ 〈R~〉復活祭 [Pascua de R~]

retablo [レタブロ] 男 祭壇背後の飾り, 祭壇画

retaguardia [レタグアルディア] 女 〈軍事〉後衛

retahíla [レタイラ] 女 連続: ~ de desgracias 不運続き

retal [レタル] 男 〈布・紙などの〉切れはし, 余り

retar [レタル] 他 〈a を〉…に挑む

retardar [レタルダル] 他 遅らせる, 延期する

retazo [レタソ] 男 〈布の〉切れはし, 余り

retención [レテンシオン] 女 ❶ 〈金の〉差し引き; 〈賃金の〉天引き. ❷ 〈主に 複〉交通渋滞

retener [レテネル] 47 他 ❶ 保存する, とどめる. ❷ 〈金を〉差し引く; 天引きする. ❸ 〈人を〉引きとどめる

reticencia [レティセンシア] 女 ためらい; 不信

reticente [レティセンテ] 形 ためらっている, 信じていない

retina [レティナ] 女 〈解剖〉網膜

retintín [レティンティン] 男 ❶ 〈鐘などの〉チリンチリンという音. ❷ 皮肉, あてこすり: decir con ~ いやみで言う

retirada¹ [レティラダ] 女 ❶ 退却, 撤退. ❷ 引退. ❸ 吸い上げ, 回収; 取り上げ

retirado, da² [レティラド, ダ] 形 過分 ❶ 引退した; 引きこもった: Ya está ~ de la política. 彼は政界からもう引退している. ❷ 人里離れた, へんぴな

retirar [レティラル] 他 ❶ 引き上げる, 回収する; 取り除く: ~ los platos de la mesa テーブルから食器をかたづける
❷ 引っこめる: ~ la mano 手を引っこめる
❸ 退却させる, 撤退させる
❹ 取り上げる, 没収する: Me *retiraron* el carné de conducir. 私は運転免許証を取り

上げられた
❺ 撤回する：~ su dimisión 辞表を撤回する
❻ 引退させる, 退職させる
◆ ~se ❶ 引退する, 定年退職する：~se del cine 映画界を引退する. ❷ 引きこもる：~se a un convento 修道院に引きこもる. ❸ 寝に行く；帰宅する, 退出する：Me retiro, porque estoy cansadísimo. もう寝ます, すごく疲れているから. ❹ 退却する, 撤退する. ❺ 電話を切る：No se retire. 切らないでください

retiro [レティロ] 男 ❶ 引き上げ, 回収. ❷ 引退, 退職. ❸ 退職年金, 恩給

reto [レト] 男 挑戦：aceptar un ~ 挑戦を受ける

retocar [レトカル] 73 他 修正(修整)する, 手直しする

retoño [レトニョ] 男 ❶ 新芽. ❷〈口語〉〈小さな〉子供

retoque [レトケ] 男 修正, 手直し：dar los últimos ~s al cuadro 絵に最後の仕上げをする

retorcer [レトルセル] 15 他 ねじる, よる：~ muy bien el pañuelo ハンカチをよく絞る
◆ ~se 体をねじ曲げる：~se de dolor 痛みで身をよじる

retorcido, da [レトルスィド, ダ] 形 過分 悪意のある, 腹黒い；ひねくれた

retórica [レトリカ] 女 修辞学；美辞麗句

retornar [レトルナル] 他〈a に〉戻す, 返す
◆ 自 戻る, 帰る

retorno [レトルノ] 男 戻り, 帰り

retortijón [レトルティホン] 男 腹の激しい痛み, 差し込み

retozar [レトサル] 13 自 はしゃぎ回る, 遊び戯れる

retractar [レトラクタル] ~se〈de 前言を〉取り消す

retraer [レトラエル] 81 ~se 隠遁(いんとん)する；〈de から〉引退する

retraído, da [レトライド, ダ] 形 過分 引っこみ思案の, 内気な

retraimiento [レトライミエント] 男 ❶ 隠遁(いんとん). ❷ 引っこみ思案, 内気

retransmisión [レトランスミスィオン] 女 中継放送：~ en directo (en diferido) de un partido 試合の生(録画)中継

retransmitir [レトランスミティル] 他 中継放送する

retrasado, da [レトラサド, ダ] 形 過分 ❶ 遅れた, とどこおった：Este alumno va ~ en sus estudios. この生徒は勉強が遅れている. país ~ en tecnología 技術面で遅れている国. ❷ 知恵遅れの〖~ mental〗

retrasar [レトラサル] 他 遅らせる, 遅延させる；延期する
◆ ~se ❶ 遅刻する, 遅れる：El avión se ha retrasado tres horas. 飛行機は3時間遅れた. ❷〈時計が〉遅れる

retraso [レトラソ] 男 遅れ, 遅延；遅刻：El tren lleva mucho ~. 飛行機はたいへん遅れている. llegar con una hora de ~ 1時間遅れで着く. ~s en el pago 支払いの遅れ；滞納. ~ mental 知恵遅れ

retratar [レトラタル] 他 …の肖像を描く；…の写真を撮る

retrato [レトラト] 男 肖像画；肖像写真：hacer un ~ de tamaño natural 実物大で肖像画を描く
~ *robot*〈容疑者の〉モンタージュ写真, 似顔絵
ser el vivo ~ de… …に生き写しである, …にそっくりである

retrete [レトレテ] 男 便所；便器

retribución [レトリブスィオン] 女 報酬, 給料

retribuir [レトリブイル] 42 他 …に給料を払う, 報酬を与える

retroactivo, va [レトロアクティボ, バ] 形〈効力が〉さかのぼる, 遡及(そきゅう)的な：efectos ~s 遡及的効果

retroceder [レトロセデル] 自 後退する, 後ずさりする

retroceso [レトロセソ] 男 ❶ 後退. ❷〈病状の〉悪化

retrógrado, da [レトログラド, ダ] 形 名 復古的な, 旧弊な〔人〕；反動的な〔人〕

retropropulsión [レトロプロプルスィオン] 女 ジェット推進

retrospectivo, va [レトロスペクティボ, バ] 形 過去にさかのぼる, 回顧的な

retrovisor [レトロビソル] 男 バックミラー：mirar por el ~ バックミラーを見る. ~ exterior サイドミラー

retumbar [レトゥンバル] 自 鳴り響く；反響する

reuma [レウマ] 男/女 =reumatismo
reúma [レウマ] 男/女 =reumatismo

reumático, ca [レウマティコ, カ] 形 名 リューマチの〔患者〕

reumatismo [レウマティスモ] 男〈医学〉リューマチ

reunión [レウニオン] 女 集会, 会合, 会議, ミーティング：tener una ~ 会議がある. celebrar una ~ 会合を開く

reunir [レウニル] 70 他 集める：~ a sus amigos 友達を集める. ~ fondos 資金を集める
◆ ~se ❶ 集まる：Los invitados *se reu-*

nieron en el comedor. 客たちは食堂に集まった
❷ 〈con と〉会う

revalidar [レバリダル] 他 〈選手権を〉防衛する;再び優勝する

revalorización [レバロリサスィオン] 女 ❶ 再評価. ❷ 〈通貨の〉切り上げ

revalorizar [レバロリサル] 13 他 ❶ 再評価する. ❷ 〈通貨を〉切り上げる

revaluación [レバルアスィオン] 女 〈ラ〉= revalorización

revaluar [レバルアル] 1 他 〈ラ〉= revalorizar

revancha [レバンチャ] 女 仕返し,雪辱: tomarse la ~ 仕返しをする

revelación [レベラスィオン] 女 ❶ 〈真理などの〉啓示,天啓. ❷ 暴露

revelado [レベラド] 男 過分 〈写真〉現像

revelar [レベラル] 他 ❶ 〈秘密などを〉明かす,暴露する: ~ un secreto 秘密をもらす ❷ 〈事実を〉明らかにする,示す: La investigación *revela* que él espiaba. 捜査の結果,彼がスパイを働いていたことは明らかだ ❸ 〈写真〉現像する

reventar [レベンタル] 57 自 ❶ 破裂する;〈自動車〉パンクする: La bombona de gas *reventó* por el calor. 熱でガスボンベが破裂した. ❷ 〈de で〉充満する: Él *revienta* de ganas de contarlo. 彼はそれを話したくてたまらない. ❸ 〈por を〉したくてたまらない: ~ *por* conocer los secretos 秘密を知りたがる. ❹ 〈口語〉疲れ果てる;死ぬ: trabajar hasta ~ 倒れるまで働く
◆ 他 くたくたに疲れさせる
◆ ~se ❶ 破裂する. ❷ くたくたに疲れる

reventón [レベントン] 男 破裂;〈自動車〉パンク

reverberar [レベルベラル] 自 反射する;反響する

reverdecer [レベルデセル] 20 自・~se 再び緑色になる;よみがえる

reverencia [レベレンスィア] 女 ❶ お辞儀: hacer una ~ お辞儀をする. ❷ 尊敬,畏敬の念

reverenciar [レベレンスィアル] 他 崇(あが)める,尊ぶ

reverendo, da [レベレンド,ダ] 形 〈聖職者への敬称〉…師,…様

reverente [レベレンテ] 形 うやうやしい,ていちょうな

reversible [レベルスィブレ] 形 ❶ 逆にできる;逆戻りできる. ❷ 〈服飾〉裏も使える: abrigo ~ リバーシブルのオーバー

reverso [レベルソ] 男 〈紙・硬貨などの〉裏,裏側

revertir [レベルティル] 77 自 〈a 元の状態に〉戻る,逆戻りする

revés [レベス] 男 複 reveses ❶ 裏: escribir en el ~ de la hoja 用紙の裏に書く. ❷ 〈スポーツ〉バックハンド. ❸ 不運,逆境 *al* ~ 反対に,逆に: ponerse el jersey *al* ~ セーターを裏返し(後ろ前)に着る. entender … *al* ~ …を逆の意味にとる

revestir [レベスティル] 56 他 ❶ 〈de・con で〉…の表面を覆う. ❷ 〈外観・性格などを〉帯びる,呈する: ~ gran solemnidad ひじょうに厳粛になる

revisar [レビサル] 他 ❶ 見直す,再検討する;校閲する: edición *revisada* 改訂版. ❷ 点検する: hacer ~ el coche 車を点検に出す. ❸ 検札する

revisión [レビスィオン] 女 ❶ 見直し,再検討. ❷ 点検;オーバーホール: ~ técnica〔de vehículos〕車検. ❸ 校閲;校訂. ❹ 健診〔~ médica〕. ❺ 検札

revisor, ra [レビソル,ラ] 名 ❶ 〈ス〉検札係. ❷ 校閲者;校訂係

revista [レビスタ] 女 ❶ 雑誌: ~ semanal 週刊誌. ~ mensual 月刊誌 ❷ 点検,検討 ❸ 〈演劇〉レビュー〖歌,踊り,コントなど〗 *pasar* ~ *a…* …を点検する: *pasar* ~ *a* las tropas 閲兵する

revivir [レビビル] 自 生き返る,よみがえる

revocar [レボカル] 73 他 無効にする,取り消す

revolcar [レボルカル] 82 他 〈人を〉ひっくり返す;〈牛が闘牛士を〉突き倒す
◆ ~se ころげ回る

revolotear [レボロテアル] 自 〈虫・鳥などが〉飛び回る,ヒラヒラ飛ぶ;〈紙などが〉宙を舞う

revoltijo [レボルティホ] 男 雑多な寄せ集め; ~ de papeles 書類の山

revoltoso, sa [レボルトソ,サ] 形 ❶ いたずらな,よく騒ぐ. ❷ 不穏な,反乱(暴動)を起こす

revolución [レボルスィオン] 女 ❶ 革命: Estalla la ~. 革命が勃発する. ~ industrial 産業革命 ❷ 変革,革新 ❸ 〈機械〉回転;回転数

revolucionar [レボルスィオナル] 他 ❶ …に革命を起こす. ❷ 動揺させる

revolucionario, ria [レボルスィオナリオ,リア] 形 ❶ 革命の: tropa ~*ria* 革命軍部隊. ❷ 革命的な,革新的な
◆ 名 革命家

revolver [レボルベル] 87 〈過分 rev*uelto*〉

他 ❶ かき混ぜる：～ el café コーヒーをかき混ぜる．❷ かき回す, ごちゃごちゃにする：～ toda la casa 家じゅうをごちゃごちゃにする
◆ ～se ❶ 動く, 動き回る：～se en la cama 寝返りをうつ．❷ <contra に> 立ち向かう, 刃向かう

revólver [レボルベル] 男 回転弾倉式拳銃, リボルバー

revuelo [レブエロ] 男 ❶ 動揺：armarse un ～ 騒ぎが起きる．❷ <虫・鳥の> 旋回

revuelta[1] [レブエルタ] 女 ❶ 反乱, 暴動. ❷ けんか, 乱闘

revuelta, ta[2] [レブエルタ, タ] 形 <revolver の 過分> ❶ 混乱した, 動揺した：La gente está ～ta. 人々は騒然としている．cabellos ～s por el viento 風で乱れた髪. ❷ <海が> 荒れた；<天候が> 不安定な
◆ 男 <料理> 卵をからめた> 野菜のソテー

rey [レイ] 男 ❶ 王, 国王：1) ～ constitucional 立憲君主．2) 複 国王と王妃：los Reyes de España スペイン国王夫妻．los Reyes Católicos <歴史> カトリック両王『カスティージャのイサベル1世とアラゴンのフェルナンド2世』 ❷ <チェス・トランプ> キング
❸ 王者：～ de los inventos 発明王．～ de los animales 百獣の王
día de [los] Reyes [Magos] キリストの公現日『1月6日．その前夜に子供たちはプレゼントをもらう』

reyerta [レジェルタ] 女 殴り合い, 乱闘

rezagar [レサガル] 55 ～se 遅れる, 取り残される, 落伍する

rezar [レサル] 13 自 祈る：～ a Dios 神に祈る．～ por su hija 娘のために祈る

rezo [レソ] 男 祈り, 祈祷

rezumar [レスマル] 他 にじみ出させる
◆ ～se しみ出る

ría [リア] 女 <地理> 溺れ谷, リアス

riachuelo [リアチュエロ] 男 小川

riada [リアダ] 女 ❶ <川の> 増水；洪水．❷ <口語> 殺到

ribera [リベラ] 女 ❶ 川岸；海岸．❷ 流域；沿岸

ribete [リベテ] 男 <服飾> ふち取りテープ, パイピング

rica ⇨ rico, ca

ricino [リスィノ] 男 <植物> ヒマ, トウゴマ：aceite de ～ ひまし油

rico, ca [リコ, カ] 形 ❶ 金持ちの, 裕福な：Es muy ～. 彼は大金持ちだ
❷ 豊富な：El limón es ～ en vitamina C. レモンはビタミンCに富む
❸ 美味な：Esta paella está muy *rica*. このパエリャはとてもおいしい
❹ <子供が> かわいい, 愛らしい：¡Qué niño tan ～! 何てかわいい子だろう！
◆ 名 金持ち：nuevo ～ 成り金

rictus [リクトゥス] 男 引きつった笑い

ridiculizar [リディクリサル] 13 他 からかう, あざける

ridículo, la [リディクロ, ラ] 形 ❶ こっけいな, おかしな；ばかげた：decir cosas ～*las* こっけいな(ばかげた)ことを言う．sombrero ～ へんてこな帽子
❷ ごくわずかな：sueldo ～ ごく少ない給料
◆ 男 ばつの悪い(滑稽な)立場：hacer el ～/quedar en ～ 物笑いの種になる
poner a+人 en ～ …を笑いものにする

riego [リエゴ] 男 ❶ 水まき：camión de ～ 撒水(き)車．❷ 灌漑(がい)

riel [リエル] 男 <鉄道・カーテンの> レール

rienda [リエンダ] 女 <馬の> 手綱
dar ～ suelta a... …の好き(自由)にさせる
llevar las ～s 手綱を握っている；実権を握っている
tomar las ～s 手綱を握る；実権を握る

riesgo [リエスゴ] 男 危険：profesión de mucho ～ ひじょうに危険な職業
a (con) ～ de... …の危険をおかして
correr el ～ 危険をおかす

rifa [リファ] 女 くじ引き, 福引き

rifar [リファル] 他 …をくじ引きで与える

rifle [リフレ] 男 ライフル銃

rigidez [リヒデス] 女 ❶ 固さ．❷ 厳格さ

rígido, da [リヒド, ダ] 形 ❶ 固い, 硬い, 硬直した：metal ～ 固い金属．pierna ～*da* こわばった脚．❷ 厳格な：Mi padre es muy ～ con el horario de comidas. 私の父は食事の時間にたいへんうるさい．educación ～*da* 厳格な教育．❸ <性格が> 柔軟性のない, 融通のきかない

rigor [リゴル] 男 ❶ 厳格さ, 厳正さ：educar con ～ きびしくしつける．❷ <気候などの> きびしさ：el ～ del verano きびしい夏の暑さ．❸ 厳密さ, 正確さ：～ científico 科学的な厳密さ
de ～ 1) <規則・習慣などによって> 絶対必要な．2) お決まりの：saludos de ～ 型どおりのあいさつ
en ～ 1) 実際は．2) 厳密に言うと

rigurosamente [リグロサメンテ] 副 ❶ きびしく, 厳密に．❷ 絶対に, 完全に

riguroso, sa [リグロソ, サ] 形 ❶ 厳格な, 容赦のない：castigo ～ 厳罰．❷ <気候などが> きびしい：invierno ～ 厳冬．❸ 厳密な, 正確な：investigación ～*sa* 綿密な調査

rima [リマ] 女 ❶ 韻, 脚韻．❷ 複 韻文, 詩

歌
rimar [リマル] 自 〈con と〉韻を踏む
rimbombante [リンボンバンテ] 形 盛大な, 派手な；もったいぶった
rímel [リメル] 男 〈化粧〉マスカラ
rincón [リンコン] 男 〈複 rincones〉 ❶ 隅(なみ)：en un ~ de la habitación 部屋の隅に. ❷ へんぴな場所, 片隅
ring [リン] 男 〈スポーツ〉リング：subir al ~ リングにのぼる
rinoceronte [リノセロンテ] 男 〈動物〉サイ
riña [リニャ] 女 けんか, 口論
◆ 動詞活用形 ⇨**reñir** [14]
riñón [リニョン] 男 ❶ 腎臓. ❷ 複 腰：doler a+人 los *riñones* 腰が痛む
costar un ~ 高価につく
río [リオ] 男 川：Pasa (Corre) el ~. 川が流れる. ir ~ abajo (arriba) 川を下る(上る). el ~ Ebro エブロ川
riojano, na [リオハノ, ナ] 形 名 ラ・リオハ La Rioja の〔人〕
rioplatense [リオプラテンセ] 形 ラ・プラタ川 Río de la Plata 〔流域〕の
riqueza [リケサ] 女 ❶ 富, 財産：distribución de la ~ 富の配分
❷ 豊かさ：~ de la imaginación 想像力の豊かさ
risa [リサ] 女 ❶ 笑い：provocar (dar) la ~ de+人 …の笑いを誘う
❷ 笑わせるもの(こと)
¡*Qué* ~! 笑ってしまうな/おもしろい!
tomar... a ~ …を一笑に付す, ばかにする
risco [リスコ] 男 そそり立った岩山
risible [リシブレ] 形 笑うべき, おかしな
risotada [リソタダ] 女 哄笑, 爆笑
ristra [リストラ] 女 ❶ 〈ニンニク・玉ねぎなどを〉ひとつなぎにしたもの. ❷ 一連のもの
risueño, ña [リスエニョ, ニャ] 形 ❶ にこやかな. ❷ 心楽しませる
rítmico, ca [リトミコ, カ] 形 リズミカルな
ritmo [リトモ] 男 ❶ リズム；拍子, 調子：canción de ~ rápido アップテンポの歌
❷ ペース：mantener su ~ de trabajo 自分のペースで仕事する. a un ~ lento (acelerado) ゆっくりした(早い)ペースで
rito [リト] 男 ❶ 祭儀, 祭式：~s católicos カトリックの典礼. ❷ 習わし, 慣習
ritual [リトゥアル] 形 祭儀の
◆ 男 〈集合的に〉祭式
rival [リバル] 名 競争相手, ライバル：vencer a su ~ ライバルに勝つ
rivalidad [リバリダ] 女 競争関係
rivalizar [リバリサル] 13 自 〈en で, con と〉競う, 対抗する

rizar [リサル] 13 他 ❶ 〈髪を〉カールする：tener el pelo *rizado* 髪がカールしている. ❷ 〈風が〉さざ波を立てる
rizo [リソ] 男 巻き毛, カール
robar [ろバル] 他 〈a+人 から〉盗む, 泥棒する：1) Me *han robado* la cartera en el metro. 私は地下鉄で財布を盗まれた. 2) 〈比喩〉No quiero ~le su tiempo. あなたのお時間をとらせたくはありません. En esa tienda te *roban*. その店では高い値をふっかけられる. ~ a +人 el corazón …の心をとらえる
roble [ろブレ] 男 ❶ 〈植物〉ナラ, オーク. ❷ 頑健な人；がんじょうな物
robledal [ろブレダル] 男 ナラ(オーク)の林
robo [ろボ] 男 盗み；盗難：~ a mano armada 強盗
robot [ろボ] 男 ロボット：~ industrial 産業用ロボット
robusto, ta [ろブスト, タ] 形 がんじょうな, がっしりした；頑健な：cuerpo ~ たくましい体
roca [ろカ] 女 ❶ 岩, 岩石：capa de ~ 岩盤
❷ きわめて固いもの；意志の固い人
roce [ろセ] 男 ❶ こする(こすれる)こと, 摩擦：~ del zapato 靴ずれ. ❷ いさかい, もめごと：tener un ~ con+人 …ともめる
◆ 動詞活用形 ⇨**rozar**
rociar [ろスィアル] 33 他 〈con・de を〉…にふりかける：~ el plato *con* un poco de jugo de limón 料理にレモン汁を少しかける
rocín [ろスィン] 男 駄馬；荷役・農作業用の馬
rocío [ろスィオ] 男 露：~ nocturno 夜露
rock [ろック] 男 〈音楽〉ロック：~ duro ハードロック
rocoso, sa [ろコソ, サ] 形 岩だらけの
rodado, da [ろダド, ダ] 形 過分 車両の：tráfico ~ 車両交通
rodaja [ろダハ] 女 輪切り〔にしたもの〕：en ~s 輪切りの(で)
rodaje [ろダヘ] 男 ❶ 〈映画の〉撮影. ❷ ならし運転：en ~ ならし運転中の
rodar [ろダル] 21 自 ❶ 転がる；回転する La pelota *rueda* por el suelo. ボールが床を転がる. ❷ 転がり落ちる. ❸ 〈車両が〉走る El tren *rueda* a cien kilómetros por hora. 列車は時速 100 キロで走る
◆ 他 ❶ 転がす；回転させる. ❷ 撮影する ~ una escena あるシーンを撮影する
rodear [ろデアル] 他 ❶ 取り囲む, 取り巻く 包囲する：El pueblo está *rodeado* de montañas por todas partes. 村は四方を山に囲まれている. ❷ 一周する
◆ 自 ❶ 遠回りする, 迂回する. ❷ 遠回しに

言う

rodeo [ロデオ] 男 ❶ 回り道, 迂回路: dar un ～ 回り道をする. ❷ 遠回しなやり方; 婉曲な言い回し: No te andes con ～s. 持って回った言い方はやめなさい. hablar sin ～s 単刀直入に言う

rodilla [ロディジャ] 女 膝: sentarse en las ～s de su padre 父親の膝の上にすわる *de* ～*s* 1) ひざまずいて: ponerse *de* ～*s* ひざまずく. 2) pedir *de* ～*s* 懇願する

rodillera [ロディジェラ] 女〈鎧などの〉膝当て; 膝用サポーター;〈ズボンの〉膝の継ぎ当て

rodillo [ロディジョ] 名 ❶ ローラー; ころ. ❷〈料理〉麺棒

roer [ロエル] 71 他 ❶ かじる; かじり取る. ❷ 侵食する, むしばむ

rogar [ロガル] 17 他 ❶〈+不定詞・que+接続法〉懇願する: Se *ruega* no fumar. たばこはご遠慮ください. Te *ruego* que me perdones. どうか私を許してください
❷ 祈る

roja ⇨rojo, ja

rojizo, za [ロヒソ, サ] 形 赤みがかった

rojo, ja [ロホ, ハ] 形 ❶ 赤い: rosa *roja* 赤いバラ
❷ 左翼の, 共産主義の
◆ 名 左翼, 共産主義者
◆ 男 赤, 赤色
al ～ *vivo* 真っ赤な; ひどく興奮した;〈状況が〉白熱した

rol [ロル] 男 ❶ 役割;〈演劇〉役. ❷ juego de ～ ロールプレイングゲーム

rollizo, za [ロジソ, サ] 形 丸々とした, ぽってりした, むっちりした

rollo [ロジョ] 男 ❶ 円筒状に巻いたもの, ロール: un ～ de papel higiénico トイレットペーパー 1 巻き. ❷〈口語〉うんざりさせるもの(人), 退屈なこと(人): La película ha sido un ～. 映画はとってもつまらなかった

roma ⇨romo, ma

romance [ロマンセ] 男 ❶〈言語〉ロマンス語. ❷ ロマンセ〔スペイン中世以来の小叙事詩〕. ❸ ロマンス,〈短い〉恋愛

románico, ca [ロマニコ, カ] 形 ❶〈美術・建築〉ロマネスク様式の. ❷ ロマンス語の
◆ 男 ロマネスク様式

romano, na [ロマノ, ナ] 形 名 ❶ ローマ Roma の(人); 古代ローマ antigua Roma の(人). ❷ ローマカトリックの

romanticismo [ロマンティスィスモ] 男 ❶〈主に R～〉ロマン主義〔の時代〕. ❷ ロマンチシズム

romántico, ca [ロマンティコ, カ] 形 名 ❶ ロマン主義の, ロマン派〔の〕. ❷ ロマンチシズムの, ロマンチックな

rombo [ロンボ] 男 菱形

romería [ロメリア] 女 ❶ 巡礼の旅. ❷ 巡礼祭

romero, ra [ロメロ, ラ] 名 ❶ 巡礼者. ❷ 巡礼祭の参加者
◆ 男〈植物〉ローズマリー

romo, ma [ロモ, マ] 形〈刃先が〉尖っていない

rompecabezas [ロンペカベサス] 男〈単複同形〉❶ ジグソーパズル. ❷ 難問, 頭の痛い問題

rompeolas [ロンペオラス] 男〈単複同形〉防波堤

romper [ロンペル] 他〈過去分 roto〉❶ 壊す, ばらばらにする: ～ un florero 花びんを割る. ～ la armonía 調和を乱す
❷ 折る: ～ una rama 枝を折る
❸〈衣服などを〉すり減らす, 破る
❹〈関係などを〉断つ; 破棄する: ～ el contrato 契約を破棄する. ～ las negociaciones 交渉を打ち切る
◆ 自 ❶〈波が〉砕ける. ❷〈con と〉縁を切る, 絶交する: ～ *con* su novio 恋人と別れる.
❸〈a+不定詞, en+名詞, 突然〉…し始める: ～ *a* llorar/～ *en* lágrimas 急に泣き出す.
❹ 始まる: *Rompe* el día. 夜が明ける
◆ ～*se* 自分の…を壊す(折る): ～*se* el brazo 腕を折る. ❷ 壊れる; 折れる: Se me *rompió* el cinturón. 私はベルトが切れてしまった

ron [ロン] 男 ラム酒

roncar [ロンカル] 73 自 いびきをかく

roncha [ロンチャ] 女 赤いはれもの; 青あざ

ronco, ca [ロンコ, カ] 形〈声が〉かれた, しわがれた: voz ～*ca* ハスキーボイス

ronda [ロンダ] 女 ❶〈主に夜に〉巡回, 見回り. ❷ 環状道路. ❸〈酒などの〉一回分の注文: Yo pago la primera ～. 最初の一杯は私が払うよ. ❹〈ス, メキシコ〉青年たちが娘の家の前などで 歌い演奏して回ること

rondar [ロンダル] 自 ❶〈主に夜に〉巡回する, 見回る. ❷ うろつく. ❸〈ス, メキシコ〉青年たちが娘の家の前などで 歌い演奏して回る

ronquera [ロンケラ] 女 声のかすれ, しわがれ: tener ～ かすれ(しわがれ)声である

ronquido [ロンキド] 男 いびき: dar unos ～s いびきをかく

ronronear [ロンロネアル] 自〈猫が〉喉をゴロゴロ鳴らす

ronroneo [ロンロネオ] 男 猫が喉を鳴らすこと(音)

roña [ロニャ] 女 ❶〈こびりついた〉よごれ, 垢; さび. ❷ けち

roñoso, sa [ロニョソ, サ] 形 ❶ 垢だらけの; さびた. ❷ けちな

ropa [ロパ] 女〈集合的に〉❶ 衣服, 衣類: ~ interior 下着類 ❷ 布類: ~ blanca シーツ・タオル類. ~ de cama シーツ・枕カバー類 ❸ 洗濯物: secar la ~ 洗濯物を干す

ropaje [ロパヘ] 男〈きらびやかな〉衣服

ropero [ロペロ] 男 洋服だんす, クローゼット

rosa [ロサ] 女〈花〉バラ
◆ 形 男 ❶ ピンク色(の). ❷ novela ~ 甘ったるい恋愛小説
como una ~ 元気はつらつとした

rosáceo, a [ロサセオ, ア] 形 ピンク色の

rosado, da [ロサド, ダ] 形 ピンク色の
◆ 男〈ワインの〉ロゼ

rosal [ロサル] 男〈植物〉バラ: ~ silvestre 野バラ

rosario [ロサリオ] 男〈宗教〉❶ ロザリオ, 数珠(ﾀﾞｽﾞ). ❷ ロザリオの祈り: rezar el ~ ロザリオの祈りを唱える

rosca [ロスカ] 女 ❶〈技術〉ねじ山, らせん. ❷〈料理〉リングパン; リングケーキ

roscón [ロスコン] 男〈大型の〉リングパン; リングケーキ

rosquilla [ロスキジャ] 女〈料理〉ドーナッツ

rostro [ロストロ] 男 顔, 表情: con el ~ tenso 緊張した表情で

rota ⇨roto, ta

rotación [ロタスィオン] 女 ❶ 回転: ~ de la tierra 地球の自転. ❷ 交代, ローテーション: ~ de cultivos〈農業〉輪作

rotativo, va [ロタティボ, バ] 形 ❶ 回転する, 回転式の. ❷ 交代制の

roto, ta [ロト, タ] 形〈romper の過分〉壊れた, 破れた: Esa silla está *rota*. その椅子は壊れている. brazo ~ 骨折した腕. pantalón todo ~ ぼろぼろに破れたズボン. familia *rota* 離散家族

rótula [ロトゥラ] 女〈解剖〉膝蓋(ﾋﾞｯｶﾞｲ)骨, 膝がしら

rotulador [ロトゥラドル] 男 フェルトペン, マーカー

rotular [ロトゥラル] 他 ❶ ラベルを貼る. ❷ 看板(表示板)を取り付ける. ❸ 見出し(タイトル)をつける

rótulo [ロトゥロ] 男 ❶ ラベル. ❷ 看板, 表示板: ~ luminoso ネオンサイン. ❸ 見出し, タイトル

rotundamente [ロトゥンダメンテ] 副 きっぱりと, 断固として

rotundo, da [ロトゥンド, ダ] 形 断定的な, きっぱりとした: dar un no ~ はっきり断わる

rotura [ロトゥラ] 女 ❶ 切断, 破壊: ~ de una tubería 水道管の破裂. ~ de las relaciones diplomáticas 国交の断絶. ❷ 亀裂, ひび

roturar [ロトゥラル] 他 開墾する, 開拓する

rozadura [ロサドゥラ] 女 ❶ かすり傷, すり傷. ❷ こすった跡

rozar [ロサル] 他 ❶ かすめる, こする: Una bala me *rozó* el brazo. 弾丸は私の腕をかすめた. ~ la treintena 30歳になろうとしている. ❷ …にかすり傷をつける: Me *rozan* los zapatos. 私は靴ずれができしまった
◆ ~se ❶ こすり合う, 接触する: Dos coches se cruzaron casi *rozándose*. 2台の車がすれ合わんばかりにすれ違った. ❷ すり傷を負う. ❸〈con〉と交際する, つき合う

Rte.〈略語〉差出人, 発信人〖←remite, remitente〗

RTVE〈略語〉スペイン国営放送局〖←Radiotelevisión Española〗

rubí [ルビ] 男〈鉱物〉ルビー

rubio, bia [ルビオ, ビア] 形 名 金髪の〔人〕: chica *rubia* ブロンドの少女. ~ platino プラチナブロンドの
◆ 男 軽いタバコ〖tabaco ~〗

rublo [ルブロ] 男〈ロシアなどの貨幣単位〉ルーブル

rubor [ルボル] 男 ❶ 顔の赤さ, 紅潮. ❷ 恥ずかしさ, 羞恥

ruborizar [ルボリサル] 13 ~se〈恥ずかしさで〉顔を赤らめる, 赤面する

rúbrica [ルブリカ] 女 署名に添える飾り書き; 花押(ｶｵｳ)

rubricar [ルブリカル] 73 他 ❶〈署名に〉飾り書きする. ❷ …に同意する

ruda ⇨rudo, da

rudeza [ルデサ] 女 粗野, 下品

rudimentario, ria [ルディメンタリオ, リア] 形 初歩的な, 基礎程度の

rudimentos [ルディメントス] 男 複 初歩, 基礎

rudo, da [ルド, ダ] 形 ❶ 粗野な, 品のない. ❷〈打撃が〉きびしい, ひどい

rueda [ルエダ] 女〈ルビ, ビ〉車輪, 車: recambiar una ~ タイヤを取り換える. ~ delantera (trasera) 前輪(後輪). ~ dentada 歯車 ❷ 人の輪: hacer una ~ 輪になる. ~ de prensa 記者会見. ~ de negocios 商談会 ❸〈果物などの〉輪切り
sobre ~s 順調に: Todo iba sobre ~s. すべてうまくいっていた

ruedo [ルエド] 男 ❶〈闘牛場の〉砂場. ❷ 輪, 丸い縁

ruego [ルエゴ] 男 懇願, 頼み
◆ 動詞活用形 ⇨rogar

rufián [るフィアン] 男 ろくでなし, 恥知らず

rugido [るヒド] 男 過分 ほえ声, うなり声: lanzar un 〜 ほえる, うなる

rugir [るヒル] 37 自 ❶〈ライオンなどが〉ほえる. ❷〈風・海が〉うなる, とどろく

ruido [るイド] 男 ❶ 騒音, 物音: Hay mucho 〜 en la calle. おもてがうるさい ❷〈音響〉雑音
hacer 〜/*meter* 〜 1) 音を立てる. 2) 騒ぎを起こす; 物議をかもす

ruidoso, sa [るイドソ, サ] 形 ❶ 騒がしい. ❷ 世間を騒がす

ruin [るイン] 形 ❶ 下劣な, 卑劣な. ❷ けちな, さもしい

ruina [るイナ] 女 ❶〈建造物の〉崩壊: puente en 〜 壊れた橋. edificio que amenaza 〜 今にも崩れそうな建物
❷〈国などの〉破滅, 滅亡: 〜 del Imperio Romano ローマ帝国の崩壊
❸ 破産, 倒産: La compañía está en 〜. 会社はつぶれた
❹ 複 廃墟, 遺跡: 〜s de los incas インカの遺跡

ruinoso, sa [るイノソ, サ] 形 ❶ 崩壊しかかっている. ❷ 破産(倒産)しそうな

ruiseñor [るイセニョル] 男〈鳥〉ナイチンゲール

ruleta [るレタ] 女〈ゲーム〉ルーレット

rulo [るロ] 男〈化粧〉ヘアカーラー

rumano, na [るマノ, ナ] 形 名 ルーマニア Rumania〔人・語〕の; ルーマニア人
◆ 男 ルーマニア語

rumba [るンバ] 女〈舞踊・音楽〉ルンバ

rumbo [るンボ] 男 方向, 針路: partir 〔con〕〜 a... …に向かって出発する. cambiar el 〜 de su vida 人生の方向転換をする

rumiante [るミアンテ] 男 反芻(はんすう)動物

rumiar [るミアル] 他 ❶ 反芻(はんすう)する. ❷ くり返し考える

rumor [るモル] 男 ❶ うわさ: según el 〜 que corre うわさによれば. ❷ ざわめき;〈ぼんやりした〉物音: Se oye 〜 de voces. 人の話し声が聞こえる. 〜 del arroyo 小川のせせらぎ

rumorear [るモレアル] 〜**se** うわさされる: *Se rumorea que*... …のうわさが流れている

rupestre [るペストレ] 形 岩壁に描かれた: pintura 〜 洞窟壁画

ruptura [るプトゥラ] 女〈関係などの〉断絶, 絶交: 〜 de relaciones diplomáticas 国交断絶

rural [るラル] 形 農村の, 田舎の: vida 〜 田園生活

ruso, sa [るソ, サ] 形 名 ロシア Rusia〔人・語〕の; ロシア人
◆ 男 ロシア語

rústico, ca [るスティコ, カ] 形 名 ❶ 田舎の〔人〕: finca 〜*ca* 田舎にある地所. ❷ 田舎風の; 田舎者〔の〕, 粗野な: modales 〜s あかぬけない物腰

ruta [るタ] 女 道; 経路, ルート: 〜 aérea 航空路
en 〜 走行中の(に); 旅行中の(に)

rutina [るティナ] 女 決まり切った型, 習慣的な行動: olvidarse la 〜 diaria 日常生活を忘れる. por 〜 習慣(しきたり)として

rutinario, ria [るティナリオ, リア] 形 型にはまった, いつもどおりの: paseo 〜 いつもの散歩

S, s [エセ]

S. 〈略語〉聖… 〖←santo〗; 南 〖←sur〗

S.A. 〈略語〉株式会社 〖←Sociedad Anónima〗

sábado [サバド] 男 **土曜日**

sabana [サバナ] 女 〈地理〉サバンナ, 熱帯草原

sábana [サバナ] 女 〈主に上下2枚の〉**シーツ**, 敷布: meterse entre las ~s シーツの間にもぐり込む. extender (cambiar) las ~s シーツを敷く(取り替える)
pegarse las ~s a+人 …が朝寝坊をする

sabandija [サバンディハ] 女 小さな爬虫類, 虫

sabañón [サバニョン] 男 しもやけ

sabático, ca [サバティコ, カ] 形 año ~ 〈大学教授などの〉休暇年度, サバティカル

sabelotodo [サベロトド] 名 〈単複同形〉物知りぶった人

saber [サベル] 72 他 ❶ **知っている**, わかっている: 1) 〈que+直説法〉¿*Sabes que* ellos vienen mañana? 彼らがあす来るのを知っている? 2) 〈+間接疑問〉No *sé* qué hacer. 私はどうしたらいいのかわからない. 3) 〈+不定代名詞など〉No *sé* nada de eso. それについて私は何も知らない. 4) 〈+名詞〉*Sé* la dirección de María. 私はマリアの住所を知っている

❷ 知る, わかる: *Supe* la noticia al leer el periódico. 私は新聞を読んでそのニュースを知った

❸ 〈+不定詞. 技術を習得して〉…**できる**: *Sé* nadar. 私は泳げる

❹ 〈ことばが〉話せる: ~ español スペイン語が話せる

◆ 自 ❶ 〈a の〉味がする: Este helado *sabe* a fresa. このアイスクリームはイチゴ味だ. Esta sopa *sabe* mal. このスープはまずい. ❷ 〈de について〉知っている; 精通している

◆ 男 知識, 学識
a ~ すなわち, 列挙するなら
hacer ~ 知らせる, 通知する
no sé qué 何とかいう: Tengo *no sé qué* miedo. 私は何だか怖い
para que lo sepas 念のため言っておくが
que yo sepa 私の知る限りでは
¡*Qué sé yo!* 私が知るものか!
¡*Quién sabe!* 〈疑い〉さあどうだろう
¿*Sabes una cosa?* あのね
¿*Se puede* ~…? …を教えてくれますか?
¡*Vete (Vaya usted) a* ~! わかったものではない!

sabido, da [サビド, ダ] 形 過分 よく知られた: como es ~ よく知られているように

sabiduría [サビドゥリア] 女 ❶ 学識, 知識. ❷ 賢明さ, 思慮

sabiendas [サビエンダス] *a* ~ わざと; 〈de que+直説法 を〉知っていて

sabihondo, da [サビオンド, ダ] 形 名 物知りぶった〔人〕

sabio, bia [サビオ, ビア] 形 ❶ 学識(学問)のある. ❷ 賢明な, 思慮のある
◆ 名 物知り, 学者; 思慮深い人, 賢者: Comité de S~s 賢人会議, 専門家会議

sable [サブレ] 男 サーベル, 刀

sabor [サボル] 男 ❶ **味**, 風味: tener ~ dulce 甘い味がする. chicle con ~ a menta ハッカ味のガム
❷ 味わい, おもしろさ: ~ local 地方色

saborear [サボレアル] 他 ❶ 味わう. ❷ 満喫する, 楽しむ

sabotaje [サボタヘ] 男 破壊工作, サボタージュ; 〈計画の〉妨害

sabotear [サボテアル] 他 破壊工作をする; 妨害する

sabroso, sa [サブロソ, サ] 形 風味のある, 味のよい: Este pescado está muy ~. この魚はとてもおいしい

saca [サカ] 女 〈布製の〉大袋: ~ de correos 郵袋
◆ 動詞活用形 ⇨ **sacar** 73

sacacorchos [サカコルチョス] 男 〈単複同形〉コルク抜き, コルクスクリュー

sacapuntas [サカプンタス] 男 〈単複同形〉鉛筆削り器

sacar [サカル] 73 他 ❶ 〈de から〉**引き出す**, **取り出す**: ~ un libro *de* la estantería 本棚から本を取り出す. ~ agua *del* pozo 井戸から水を汲む. ~ una muela 抜歯する
❷ 連れ出す: ~ al perro a pasear 犬を散歩に連れ出す. ~ a bailar a+人 …をダンスに誘う. ~ a+人 *de* un apuro …を苦境から救い出す
❸ 得る: 1) 〈利益・情報などを〉 ~ mucho dinero *de* la venta de coches 自動車の販売で大きな利益をあげる. ~ datos *de* internet インターネットからデータを引き出す. 2) 〈成績を〉 ~ buenas notas 良い成績をとる. 3) 〈取得〉 ~ el carné de conducir 運転免許証をとる

salir

❹ 〈写真を〉撮る：¿Nos *sacas* una foto? 私たちの写真を一枚撮ってくれる？
❺ 〈切符を〉買う：～ la entrada para el concierto コンサートの入場券を買う
～ *adelante* 〈a+人 を〉育てる；〈事業などを〉進展させる

sacarina [サカリナ] 囡 〈化学〉サッカリン
sacerdotal [サセルドタル] 形 聖職者の；〈カトリック〉司祭の
sacerdote [サセルドテ] 男 聖職者；〈カトリック〉司祭
saciar [サスィアル] 他 ❶ 〈空腹・渇きを〉満たす． ❷ 〈欲望などを〉満足させる：～ su curiosidad 好奇心を満足させる
◆ **～se** 〈de に/con で〉堪能する；飽き飽きする：comer hasta ～*se* 腹いっぱい食べる
saciedad [サスィエダ] 囡 満足，堪能
saco [サコ] 男 ❶ 〈大きな〉袋；一袋分：dos ～s de cemento セメント2袋
❷ ～ de dormir 寝袋
❸ 〈ラ〉上着，ジャケット
◆ 動詞活用形 ⇨**sacar** 73
sacramento [サクラメント] 男 〈カトリック〉秘跡(ひせき)：Santísimo S～ 聖体の秘跡
sacrificar [サクリフィカル] 73 他 ❶ 〈犠牲として〉供える，ささげる． ❷ 〈…のために〉犠牲にする；手放す
◆ **～se** 犠牲になる；献身する，自分を犠牲にする：～*se* por los demás 他人のために自分を犠牲にする
sacrificio [サクリフィスィオ] 男 ❶ 犠牲；犠牲的行為． ❷ 〈神に捧ぐ〉いけにえ
sacrilegio [サクリレヒオ] 男 瀆聖(とくせい)，冒瀆，不敬
sacrílego, ga [サクリレゴ, ガ] 形 冒瀆的な，不敬な
sacristán [サクリスタン] 男 聖具納室係
sacristía [サクリスティア] 囡 〈教会の〉聖具納室
sacro, cra [サクロ, クラ] 形 =sagrado
sacudida [サクディダ] 囡 揺れ，震動
sacudir [サクディル] 他 ❶ 揺り動かす，揺さぶる：Desperté a mi hijo *sacudiéndo*le. 私は息子を揺すって起こした． ❷ 殴る
sádico, ca [サディコ, カ] 形 名 サディスト〔の〕
sadismo [サディスモ] 男 サディズム，加虐趣味
saeta [サエタ] 囡 ❶ 矢 〘=flecha〙． ❷ サエタ〘聖週間に歌われるアンダルシア地方の宗教歌〙
safari [サファリ] 男 ❶ 〈狩猟などの〉遠征旅行，サファリ． ❷ サファリパーク
sagacidad [サガスィダ] 囡 慧眼(けいがん)，明敏さ
sagaz [サガス] 形 〈複 sagac*es*〉慧眼(けいがん)の，聡明な
sagrado, da [サグラド, ダ] 形 ❶ 聖なる：fuego ～ 聖火． S～*da* Familia 〈キリスト教〉聖家族
❷ 敬うべき，侵しがたい
sal [サル] 囡 塩：echar ～ a la carne 肉に塩を振る． ～ de cocina 食塩． ～ de roca 岩塩
◆ 動詞活用形 ⇨**salir** 74
sala [サラ] 囡 ❶ 居間，リビングルーム〘～ de estar〙；広間，応接間〘～ de visitas〙
❷ 〈公共施設などの〉ホール，会場；〈ホテルなどの〉ラウンジ：～ de conferencia 講堂，講演会場． ～ de fiestas ナイトクラブ． ～ de espera 待合室． ～ de juegos ゲームセンター
salado, da [サラド, ダ] 形 過分 ❶ 塩分を含んだ，塩けのある：agua ～*da* 塩水． ❷ 〈人が〉気のきいた，機知に富んだ
salar [サラル] 他 塩漬けにする，…に塩をふれる
salarial [サラリアル] 形 給与の，賃金の
salario [サラリオ] 男 給与，賃金：cobrar el ～ 賃金を受け取る． pagar el ～ 賃金を払う． ～ base 基本給． ～ mínimo 最低賃金
salchicha [サルチチャ] 囡 ソーセージ
salchichón [サルチチョン] 男 〈生で食べる〉ソーセージ
saldar [サルダル] 他 ❶ 決済する：～ sus deudas 借金を清算する． ❷ バーゲンセールをする． ❸ …に決着をつける，終わらせる
saldo [サルド] 男 ❶ 安売り，バーゲンセール．❷ 複 見切り品，特売品． ❸ 清算；差引残高
saldr- ⇨**salir** 74
salero [サレロ] 男 塩入れ
saleroso, sa [サレロソ, サ] 形 愛嬌のある
salg- ⇨**salir** 74
salida [サリダ] 囡 ❶ 出ること，外出；出発：hora de ～ 出発(発車)時刻． ～ del sol 日の出
❷ 出口：Te espero a la ～ del cine. 映画館の出口で待っているよ． ～ de emergencia 非常口
❸ 〈スポーツ〉スタート：dar la ～ スタートの合図をする． tomar la ～ スタートを切る
saliente [サリエンテ] 形 ❶ 突き出た：pómulos ～s 出っぱった頬骨． ❷ 目立つ
salir [サリル] 自 ❶ 〈de から, a に〉出る：
1) ～ *de* la habitación 部屋から出る． 2) 外出する：Hoy no he salido. 私はきょうは外出しなかった． ～ *a* la calle 街に出る，外出する． 3) 〈de+動作の名詞〉～ *de* compras 買い物

saliva

に出かける. 4) 〈a+不定詞 するために〉～ *a pasear* 散歩に出かける

❷ 出発する:～ *de Tokio para Madrid* マドリードに向けて東京を出発する

❸ 〈con 異性と〉交際する, 付き合う; デートする

❹ 現れる, 出現する: 1) *El sol sale por Oriente.* 太陽は東から昇る. 2) 出版・発売される: *Esta revista sale los viernes.* この雑誌は毎週金曜日に出る. 3) 〈en 写真・テレビなどに〉出る: *Salí bien en la foto.* 私はよく写っている. *La noticia salió en el periódico.* そのニュースは新聞に載った

❺ 生じる, 〈芽などが〉出る: *Al bebé le han salido los dientes.* 赤ん坊に歯が生えた

❻ 〈結果として〉…になる: *La comida me ha salido cara.* その食事は高くついた

◆ ~**se** ❶ 外出する; 抜け出す. ❷ 〈液体が〉あふれる, 吹きこぼれる; 漏れる: *El gas se sale.* ガスが漏れている. ❸ はずれる: *El coche se salió de la carretera.* 車は道路から飛び出した

~ *adelante* 困難(逆境)を克服する, 好結果に終わる

~ *bien (mal)* 成功(失敗)する: *La entrevista me salió bien.* 面接試験はうまくいった

saliva [サリバ] 囡 唾液, つば
salmo [サルモ] 男 〈旧約聖書の〉詩編
salmón [サルモン] 男 サケ(鮭)
◆ 形 サーモンピンクの
salmuera [サルムエラ] 囡 〈塩漬け用の〉塩水
salón [サロン] 男 ❶ 〈公共建物の〉大広間, ホール; 会場:～ *de actos* 講堂. ～ *de baile* ダンスホール
❷ 居間, 応接間: ～-*comedor* リビング・ダイニング
❸ 展示会:～ *de automóvil* モーターショー
❹ …店:～ *de belleza* エステティックサロン
salpicadero [サルピカデロ] 男 〈自動車の〉ダッシュボード
salpicadura [サルピカドゥラ] 囡 はね返ること; 覆 そのよごれ
salpicar [サルピカル] 73 他 ❶ 〈de・con〉…にしぶきをかける: *El autobús me salpicó el abrigo de agua y barro.* バスは私のオーバーに泥水をはねかけた. ❷ 〈はねが〉…にかかる
salsa [サルサ] 囡 ❶ 〈料理〉ソース; ドレッシング:～ *blanca* ホワイトソース
❷ 〈音楽・舞踊〉サルサ
salsera [サルセラ] 囡 ソース入れ
saltamontes [サルタモンテス] 男 〈単複同形〉〈昆虫〉バッタ, キリギリス, イナゴ

saltar [サルタル] 自 ❶ 〈de から, a に〉跳ぶ, はねる:～ *de la cama* ベッドからはね起きる
❷ 飛び降りる, 飛び込む, 飛び出す:～ *desde el muro* 塀から飛び降りる. ～ *al agua* 水に飛び込む
❸ 〈sobre に〉飛びかかる: *El león saltó sobre la presa.* ライオンは獲物に飛びかかった
❹ 〈液体が〉吹き上がる; 〈栓・ボタンなどが〉飛ぶ; 破裂する: *Saltó el champán.* シャンパンが吹き上げた
◆ 他・~**se** ❶ 飛び越える:～ *la valla* 柵を飛び越える. ❷ 省略する, 抜かす: *Te has saltado una página.* 1ページ抜かしたよ. ❸ 〈規則などを〉無視する:～ *el semáforo* 信号を無視する
saltear [サルテアル] 他 〈料理〉ソテーする
saltimbanqui [サルティンバンキ] 名 軽業師
salto [サルト] 男 ❶ ジャンプ, 跳躍: 1) *dar* ~*s* ピョンピョン跳ぶ. 2) 〈スポーツ〉～ *mortal* 宙返り, とんぼ返り. ～ *de altura* 走り高跳び
❷ 滝 [～ *de agua*]
❸ ～ *de cama* 化粧着, ガウン
de (en) un ~ 一跳びで: *Se levantó de la cama de un* ~. 彼はベッドからはね起きた
saltón, na [サルトン, ナ] 形 〈目・歯が〉突き出た: *ojos saltones* 出目
salud [サル(ー)] 囡 健康: *estar bien de* ~/ *gozar de buena* ~ 健康である. *conservar (mantener) la* ~ 健康を保つ. ～ *pública* 公衆衛生
◆ 間 乾杯!:¡*A tu* ~! 君の健康を祈って乾杯!
saludable [サルダブレ] 形 ❶ 健康によい
❷ 健康そうな: *aspecto* ～ 元気そうな顔
saludar [サルダル] 他 ❶ …にあいさつする:～ *con la mano* 手を振ってあいさつする. *Le saluda muy atentamente.* 〈手紙〉敬具 *Saluda a tu hermano de mi parte.* 君のお兄さんに私からよろしくと伝えてください. ❷ 〈軍事〉敬礼する
saludo [サルド] 男 あいさつ〔の身ぶり・ことば〕: *S~s a tu señora.* 奥様によろしく
◆ 動詞活用形 ⇨**saludar**
salva[1] [サルバ] 囡 ❶ 礼砲, 祝砲. ❷ ~ *de aplausos* 鳴りやまぬ拍手喝采
salvación [サルバスィオン] 囡 ❶ 〈宗教〉救済. ❷ 救い, 救助
salvador, ra [サルバドル, ラ] 名 ❶ 救済者; 救助者. ❷ *el S*~ 救世主〔イエス・キリスト〕. *El S*~ 〈国名〉エル・サルバドル
salvadoreño, ña [サルバドレニョ, ニャ] 形 名 エル・サルバドル〔人〕の; エル・サルバドル人

salvaguardia [サルバグアルディア] 女 保護, 庇護

salvaje [サルバヘ] 形 ❶ 野生の: animales ~s 野生動物. ❷ 未開拓の. ❸ 粗野な；野蛮な, 乱暴な；原始的な

salvamento [サルバメント] 男 救助, 救出: equipo de ~ レスキュー隊

salvar [サルバル] 他 ❶ 救う, 助ける: Nos *salvó* de la catástrofe. 彼は私たちを破局から救ってくれた. ~ a un náufrago 難船者を助ける. ~ la vida a (de)+人 …の命を救う
❷ ⟨宗教⟩ 救済する
❸ ⟨危険などを⟩ 避ける
❹ ⟨障害を⟩ 乗り越える, 克服する
❺ 走破する

◆ **~se** 助かる, 生き延びる: Se *salvó* de morir ahogado. 彼は溺死しかけたところを助かった

sálvese quien pueda 他人のことなんか構っていられない, 我がちに逃げる

salvavidas [サルババダス] 男 ⟨単複同形⟩
❶ 浮き袋, 浮き輪. ❷ ⟨形容詞的⟩ bote ~ 救命ボート. chaleco ~ 救命胴衣

salvo[1] [サルボ] 前 …を除いて: 1) ~ excepciones 例外を除く. 2) ⟨条件. que+接続法⟩ Mañana iré a pescar, ~ *que* llueva. 雨が降らなければ私はあす釣りに行く

salvo[2], **va**[2] [サルボ, バ] 形 無事な
a ~ 無事に

salvoconducto [サルボコンドゥクト] 男 通行許可証

samba [サンバ] 女 ⟨舞踏・音楽⟩⟨ブラジルの⟩ サンバ

san [サン] 形 ⇨santo

sana ⇨sano, na

sanar [サナル] 自 ⟨病気が⟩ 治る
◆ 他 治療する

sanatorio [サナトリオ] 男 サナトリウム, 療養所

sanción [サンスィオン] 女 ❶ 処罰, 制裁: imponer una ~ económica a... …に経済制裁を加える. ❷ 承認, 認可；批准

sancionar [サンスィオナル] 他 ❶ 罰する. ❷ 承認する, 認可する；批准する

sandalia [サンダリア] 女 ⟨服飾⟩ サンダル

sandía [サンディア] 女 スイカ(西瓜)

sándwich [サンゲイチ] 男 ⟨複 ~es⟩ ⟨料理⟩ サンドイッチ

saneamiento [サネアミエント] 男 ❶ 衛生的にすること. ❷ 健全化

sanear [サネアル] 他 ❶ 衛生的にする. ❷ ⟨財政などを⟩ 健全化する

sangrante [サングランテ] 形 血だらけの

sangrar [サングラル] 自 出血する: ~ por la nariz 鼻血が出る

sangre [サングレ] 女 ❶ 血, 血液: Le salió ~ de la herida. 彼は傷口から出血した. donar ~ 献血する
❷ 血筋, 血統: No son de la misma ~. 彼らは血のつながりがない. pura ~ 純血種
helarse a+人 la ~ [*en las venas*] ⟨恐怖・驚きで⟩ …の血が凍る
~ azul 高貴な血, 貴族の血統: tener ~ *azul* 貴族の血筋である
~ fría 冷静: hombre de ~ *fría* 冷静な男. a ~ *fría* 冷酷に, 平然と
subirse a+人 la ~ a la cabeza …がかっとなる

sangría [サングリア] 女 ⟨飲み物⟩ サングリア

sangriento, ta [サングリエント, タ] 形 ❶ 血を流させる: accidente ~ 流血の惨事. ❷ 血の出る；血にまみれた

sanguijuela [サンギフエラ] 女 ヒル(蛭)

sanguíneo, a [サンギネオ, ア] 形 血液の: grupo ~ 血液型

sanidad [サニダ] 女 ❶ 保健, 医療；衛生 [状態]: Ministerio de *S*~ 厚生省. ~ pública 国民医療, 地域住民医療；公衆衛生. ❷ 健康さ；健全さ

sanitario, ria [サニタリオ, リア] 形 健康の, 医療の；公衆衛生の: centro ~ 医療センター

◆ 名 保健所員
◆ 男 ⟨複⟩ ❶ ⟨トイレなどの⟩ 衛生設備. ❷ ⟨ラ⟩ 公衆便所

sano, na [サノ, ナ] 形 ❶ 健康な, じょうぶな: niño ~ すこやかな子
❷ 健康によい, 健康的な
❸ 健全な: diversiones sanas 健全な娯楽
❹ 良好な状態の: manzana sana 傷でいないリンゴ
~ y salvo 無事に: Ella volvió *sana y salva*. 彼女は無事戻ってきた

santiamén [サンティアメン] *en un ~* あっという間に

santidad [サンティダ] 女 神聖さ, 聖性

santificar [サンティフィカル] 73 他 ❶ 聖人にする, 神聖にする. ❷ 神に捧げる. ❸ あがめる

santiguar [サンティグアル] 8 ~se 十字を切る

santo, ta [サント, タ] 形 ⟨To-・Do- 以外の男性固有名詞の前では **san**⟩ 聖なる, 神聖な: *San Francisco* 聖フランシスコ

◆ 名 聖者, 聖人: día de Todos los *S*~s 諸聖人の祝日, 万聖節 [11月1日]
◆ 男 霊名の祝日 ⟪洗礼名の同じ聖人の祝日⟫
¿a ~ de qué...?/¿a qué ~...? いったいどんな理由で…?

~ y seña 合いことば

santuario [サントゥアリオ] 男 ❶ 聖地, 巡礼地. ❷ 神殿, 聖堂. ❸ 聖域, サンクチュアリ

saña [サニャ] 女 ❶ 激怒. ❷ 憎しみ；悪意

sapo [サポ] 男 〈動物〉ヒキガエル

saque [サケ] 男 ❶ 〈テニス・バレーボール〉サーブ. ❷ 〈サッカー〉~ de esquina コーナーキック. ~ de banda スローイン
◆ 動詞活用形 ⇨**sacar** 73

saquear [サケアル] 他 ❶ 〈兵士が〉略奪する. ❷ 大量に(手当たり次第に)盗む

saqueo [サケオ] 男 略奪

sarampión [サランピオン] 男 〈医学〉はしか, 麻疹

sarcasmo [サルカスモ] 男 痛烈な皮肉, いやみ

sarcástico, ca [サルカスティコ, カ] 形 皮肉たっぷりの, いやみな

sardana [サルダナ] 女 サルダーナ『カタルーニャ地方の民族舞踊・音楽』

sardina [サルディナ] 女 〈魚〉イワシ, サーディン

sardónico, ca [サルドニコ, カ] 形 冷笑するような, 小ばかにした

sargento [サルヘント] 名 ❶ 〈軍事〉軍曹. ❷ いばり散らす人

sarmiento [サルミエント] 男 〈ブドウなどの〉つる, 茎

sarna [サルナ] 女 〈医学〉疥癬(かいせん)

sarpullido [サルプジド] 男 細かい発疹, あせも

sartén [サルテン] 女 フライパン

sastre, tra [サストレ, トラ] 名 〈紳士服の〉仕立て屋, 洋服屋

sastrería [サストレリア] 女 仕立て職；その店

Satanás [サタナス] 男 サタン, 魔王

satánico, ca [サタニコ, カ] 形 悪魔の；悪魔のような

satélite [サテリテ] 男 ❶ 衛星. ❷ 人工衛星 〈~ artificial〉: emisión vía ~ 衛星放送. ~ meteorológico 気象衛星. ❸ ciudad ~ 衛星都市

satén [サテン] 男 〈繊維〉サテン

sátira [サティラ] 女 風刺

satírico, ca [サティリコ, カ] 形 風刺の, 風刺的な

satisfacción [サティスファ(ク)スィオン] 女 満足, 満足感: Es para mí una gran ~ hablar con usted. 私にとってあなたとお話できることは大きな喜びです. expresar su ~ por ... …に満足の意を表わす

satisfacer [サティスファセル] 75 〈過分 satisf*echo*〉他 ❶ 満足させる；喜ばせる: Su respuesta no me *satisface*. 彼の返事は私の気に入らない
❷ 〈欲望・条件などを〉満たす, 充足させる: ~ la sed 喉の渇きをいやす
◆ **~se** 〈con で〉満足する: No *se satisface con* nada. 彼は何にも満足しない

satisfactorio, ria [サティスファクトリオ, リア] 形 満足できる, 申し分ない

satisfecho, cha [サティスフェチョ, チャ] 形 〈satisfacer の過分〉〈con・de に〉満足した: No está ~ *con* su trabajo. 彼は自分の仕事に不満だ. Estoy ~. もうおなかいっぱいです. ~ de sí mismo 自己満足した

saturación [サトゥラスィオン] 女 過剰, 飽和

saturar [サトゥラル] 他 〈de で〉過剰にする, 飽和させる

sauce [サウセ] 男 ヤナギ(柳): ~ llorón シダレヤナギ

sauna [サウナ] 女 サウナ

savia [サビア] 女 樹液

saxofón [サ(ク)ソフォン] 男 〈音楽〉サキソフォン, サックス

sazón [サソン] 女 ❶ 成熟: estar en ~ 〈果実などが〉熟している, しゅんである. ❷ 味, 味つけ

sazonar [サソナル] 他 …に味つけをする

se [セ] 代 I 〈再帰代名詞3人称単数・複数形. me, te, se, nos, os, se と人称変化する〉❶ 〈直接再帰〉自分を: Se sienta en el sofá. 彼はソファにすわる. Hay que cuidar*se* bien. 自分の体に気をつけなければいけない
❷ 〈間接再帰〉1)〈所有〉自分の…を: Me lavo la cara. 私は顔を洗う. 2)〈利害〉自分のために: Se compró un coche. 彼は自分のために車を買った
❸ 〈本来的再帰〉Me atrevo a decir. 私はあえて言おう
❹ 〈相互再帰〉互いに: Los dos *se* quieren mucho. 2人は愛し合っている
❺ 〈再帰受身. 主語は事物・不特定の人〉…される: *Se* come mucho arroz en España. スペインでは米がたくさん食べられる. *Se* buscan dos cocineros. コック2名求む
❻ 〈不特定主語. つねに se+3人称単数形の動詞〉人は: *Se* come bien en este restaurante. このレストランはおいしい
❼ 〈積極性・完結性など意味を強める〉*Se* comió toda la tarta. 彼はケーキを全部食べてしまった
II 〈直接目的と間接目的代名詞が併用され, どちらも3人称の場合〉No *se* lo digas. 彼(彼ら)にそれを言うな

sé ⇨saber 72, ser 78
sea ⇨ser 78
sebo [セボ] 男 ❶ 獣脂, 脂上. ❷ 脂肪
seca ⇨seco, ca
◆ 動詞活用形 ⇨secar
secador [セカドル] 男 ヘアドライヤー
secadora [セカドラ] 女 〈衣類などの〉乾燥機
secante [セカンテ] 男 吸い取り紙 [papel ~]
secar [セカル] 73 他 乾かす, 干す; 拭く: ~ la ropa al sol 洗濯物を日に干す. ~ los platos 皿を拭く
◆ ~**se** ❶ 乾く. ❷ 〈自分の体を〉拭く: ~se las manos con la toalla タオルで手を拭く. ❸ 〈川などが〉干上がる. ❹ 〈植物が〉しおれる, 枯れる
sección [セ(ク)スィオン] 女 ❶ 〈会社などの〉課; 部門: ~ de contabilidad 経理課 ❷ 〈デパートなどの〉売り場: ~ de caballeros 紳士用品売り場 ❸ 部分, 区画 ❹ 〈本などの〉節, 段
seco, ca [セコ, カ] 形 ❶ 乾いた, 乾燥した: La camisa ya está seca. ワイシャツはもう乾いている. tierra seca 乾燥した土地 ❷ 〈植物が〉しおれた, 枯れた; 〈川などが〉干上がった: hojas secas 枯葉 ❸ 〈果物・魚などを〉干した, 乾燥にした: frutos ~s ドライフルーツ ❹ 乾燥肌の ❺ 冷淡な, 無愛想な; きびしい: respuesta seca つっけんどんな返事 ❻ 〈酒が〉辛口の ❼ 〈打撃・音が〉鋭かみのない: dar un golpe ~ ゴツンと(激しく)たたく
a secas 単独で, それだけで: Me dijo que no a secas. 彼は私にただ「いやだ」とだけ言った. A María José la llamamos María a secas. 私たちはマリア・ホセを単にマリアと呼んでいる
en ~ 突然: El autobús para en ~. バスが急停車する
secreción [セクレスィオン] 女 分泌
secretaría [セクレタリア] 女 秘書課, 事務局, 書記局 [組織, 場所]; 事務室
secretario, ria [セクレタリオ, リア] 名 ❶ 秘書; 〈大臣などの〉秘書官: Es ~ria del director general. 彼女は総支配人の秘書だ ❷ 書記; 〈大使館の〉書記官: ~ general 書記長, 幹事長, 事務局長. ~ general de las Naciones Unidas 国連事務総長
secreto[1] [セクレト] 男 秘密, 内緒ごと; 機密: guardar un ~ 秘密を守る. revelar un ~ 秘密をあばく(漏らす). ~ de estado 国家機密
en ~ こっそりと, 秘密裏に
secreto[2]**, ta** [セクレト, タ] 形 秘密の, 内密の; 機密の: documento ~ 機密文書
secta [セクタ] 女 セクト, 分派: ~ religiosa 新興宗教, カルト教団
sectario, ria [セクタリオ, リア] 形 名 ❶ セクトの(人). ❷ セクト的(排他的)な(人)
sector [セクトル] 男 ❶ 部門, 分野: ~ público (privado) 公共(民間)部門. ~ agrario 農業[部門]. ❷ 地区, 区域: en el ~ este de la ciudad 町の東部地区では
secuela [セクエラ] 女 影響, 結果; 後遺症
secuencia [セクエンスィア] 女 連続
secuestrador, ra [セクエストラドル, ラ] 名 誘拐犯; 乗っ取り犯, ハイジャック犯
secuestrar [セクエストラル] 他 ❶ 誘拐する; 乗っ取る, ハイジャックする. ❷ 〈財産を〉押収する, 接収する
secuestro [セクエストロ] 男 ❶ 誘拐; 乗っ取り, ハイジャック [~ aéreo]. ❷ 押収
secular [セクラル] 形 世俗の; 在俗の
secundar [セクンダル] 他 支持する
secundario, ria [セクンダリオ, リア] 形 ❶ 2番目の: enseñanza ~ria 中等教育. ❷ 副次的な, 付随的な: efectos ~s 副作用, 副次的効果. hacer un papel ~ 脇役を演じる
sed [セ] 女 ❶ 〈喉の〉渇き: tener ~ 喉が渇いている ❷ 渇望, 激しい欲求: tener ~ de triunfo 勝利を渇望する
seda [セダ] 女 絹, 絹糸; 絹織物
como una ~ 順調に, 問題なく
sedal [セダル] 男 釣り糸
sedante [セダンテ] 男 鎮静剤
sede [セデ] 女 ❶ 〈団体などの〉本部, 本拠地: ~ de la UE ヨーロッパ連合の本部. ❷ 開催地: ~ de las olimpiadas オリンピック開催地. ❸ 〈カトリック〉Santa S~ 法王庁
sedentario, ria [セデンタリオ, リア] 形 すわったままの, 出歩かない; 定住性の
sediento, ta [セディエント, タ] 形 ❶ 喉が渇いた. ❷ 〈土地・植物が〉水不足の
sedimentar [セディメンタル] ~se 沈殿する
sedimento [セディメント] 男 沈殿物, 堆積物
sedoso, sa [セドソ, サ] 形 絹のような
seducción [セドゥ(ク)スィオン] 女 ❶ 誘惑, そそのかし. ❷ 魅了
seducir [セドゥスィル] 19 他 ❶ 誘惑する; たぶらかす. ❷ 魅了する
seductor, ra [セドゥクトル, ラ] 形 名 ❶ 誘惑する(人), 女たらし; 魅力的な(人)

segador, ra [セガドル, ラ] 名 刈り取る人
◆ 女 刈り取り機：〜 *ra*-trilladora コンバイン

segar [セガル] 51 他 刈る

seglar [セグラル] 形 名 非聖職者〔の〕，一般信徒〔の〕；世俗の

segmento [セグメント] 男〈切り取った〉部分，切片

segoviano, na [セゴビアノ, ナ] 形 名 セゴビア Segovia の〔人〕

segregación [セグレガスィオン] 女〈人種的〉隔離，差別：〜 racial 人種隔離

segregar [セグレガル] 8 他 隔離する，分離する

seguido, da [セギド, ダ] 形 過分〈時間的・空間的に〉連続した：dormir dos días 〜s 2日間続けて眠る
◆ 副 まっすぐに
en 〜da すぐに〔＝enseguida〕

seguidor, ra [セギドル, ラ] 名 ファン，サポーター

seguimiento [セギミエント] 男 後についていくこと；追跡

seguir [セギル] 76 他 ❶ …の後についていく；後を追う：*Síga*me, por favor. 私についてきてください．〜 al guía ガイドの後に従う．〜 los pasos de ladrón どろぼうを追跡する
❷ 従う；〈例などに〉ならう：〜 las indicaciones 指示に従う．〜 la moda 流行を追う
❸〈道を〉たどる：Siga este camino hasta llegar al puente. 橋に出るまでこの道を進んでください
◆ 自 ❶〈＋現在分詞・過去分詞・形容詞〉…し続ける，…であり続ける：El dólar *sigue* bajando. ドルは下がる一方だ．*Siguió* callada. 彼女はずっと黙っていた．*Sigue* en Madrid. 彼はまだマドリードにいる
❷ 道を続ける：*Sigue* por esta calle. この通りをずっと行きなさい．Siga todo recto (derecho). ずっとまっすぐ行ってください
❸ 次に続く：*Sigue* en la página 289. 289ページに続く
〜 adelante con… あくまで…を続ける
〜 sin＋不定詞 依然として…ない

según [セグン] 前 ❶ …に従って：S〜 la ley tenemos el derecho de hacerlo. 私たちは法律でそうする権利がある
❷ …に応じて：Hacemos descuentos 〜 las circunstancias y el número de pedidos. 状況と注文個数に応じて値引きいたします
❸ …によれば：〜 la Biblia 聖書によれば
◆ 接〈未来のこと・仮定は＋接続法〉❶ …するとおりに：Todo queda 〜 estaba. すべては元のままだ．❷ …するのに応じて：Te llevaré al cine o no, 〜 te portes hoy. おまえを映画に連れて行くかどうかは，きょうの行ない次第だ．❸ …するのによれば：〜 dicen 噂によれば．❹ …するにつれて：S〜 iba leyendo, me interesaba más la novela. 読み進むにつれて小説はますますおもしろくなった
◆ 副〈単独で〉場合によって：Iré o me quedaré, 〜. 私が出かけるか出かけないかは，状況しだいだ

segunda[1] [セグンダ] 女 ❶〈ギアの〉セカンド．❷〈乗り物の〉2等．❸ 複 下心，底意：con 〜s 下心があって，本心を隠して

segundo[1] [セグンド] 男 ❶〈時間・角度の単位〉秒：velocidad por 〜 秒速
❷ ごく短時間：Espérame un 〜. ちょっと待って
en un 〜 ただちに，すぐに

segundo[2]**, da**[2] [セグンド, ダ] 形 2番目の，第2の：lección 〜*da* 第2課．de 〜*da* clase 二流の
◆ 名〈地位が〉ナンバーツーの人

seguramente [セグラメンテ] 副 おそらく，たぶん：S〜 no lloverá. たぶん雨は降らないだろう

seguridad [セグリダ] 女 ❶ 安全，安全性：medidas de 〜 安全対策．Tratado de S〜 安全保障条約．mantener la 〜 ciudadana 治安を維持する
❷ 確実さ：〜 de la previsión 予測の確かさ
❸ 確信，自信：tener 〜 en sí mismo 自信を持っている
❹ 保障：〜 social 社会保障；国家医療
con 〜 1) 必ず，きっと：Vendrá *con* toda 〜. 彼はきっと来る．2) 確信(自信)をもって：No te lo puedo decir *con* 〜. 僕は確信をもって君にそのことを言えない
de 〜 安全のための：lámpara *de* 〜 非常灯
para mayor 〜 念のために，安全のために
tener la 〜 de＋不定詞・*que*＋直説法 …と確信している

seguro[1] [セグロ] 男 ❶ 保険：〜 de vida 生命保険．〜 contra incendios 火災保険
❷ 安全装置：echar el 〜 de las puertas del coche 車のドアをロックする
◆ 副 確かに，きっと：¿Vienen ellos?—S〜. 彼らは来るかな？―きっと来るよ
a buen 〜／de 〜 確かに，きっと

seguro[2]**, ra** [セグロ, ラ] 形 ❶ 安全な，危険のない：refugio 〜 安全な避難場所
❷ 確かな：1) información 〜*ra* 確実な情報．2)〈ser 〜 que＋直説法〉Es 〜 *que* llega hoy. 彼がきょう着くのは確実だ
❸〈de を〉確信した：Estoy 〜 de que

ganará nuestro equipo. 我々のチームが勝つと私は確信している. estar ~ de sí mismo 自分に自信がある

seis [セイス] 形男 **6**〔の〕

seiscientos, tas [セイスシィエントス, タス] 形男 600〔の〕

seísmo [セイスモ] 男 地震

selección [セレ(ク)スィオン] 女 ❶ 選択, 選抜: ~ natural 自然淘汰. ❷〈スポーツ〉選抜チーム: ~ nacional ナショナルチーム

seleccionador, ra [セレ(ク)スィオナドル, ラ] 名〈スポーツ〉選抜チームの監督

seleccionar [セレ(ク)スィオナル] 他 選択する, 選抜する

selectividad [セレクティビダ] 女〈ス〉大学入学資格試験

selectivo, va [セレクティボ, バ] 形 選択する, 選抜する: ser ~ en sus amistades 友達を選ぶ人である

selecto, ta [セレクト, タ] 形 精選された, えりぬきの: vino ~ 極上のワイン

sellar [セジャル] 他 …に印を押す; 封緘(ふうかん)する, 封印する

sello [セジョ] 男 ❶ 切手: poner un ~ de un euro en el sobre 封筒に1ユーロの切手を貼る

❷ 印, はんこ; スタンプ

❸ ~ fiscal 収入印紙

selva [セルバ] 女 密林, ジャングル;〈地理〉セルバ, 熱帯雨林

semáforo [セマフォロ] 男 交通信号: El ~ está en ámbar (verde). 信号は黄(青)だ. detenerse en un ~ rojo 赤信号で止まる

semana [セマナ] 女 ❶ 週: ¿Qué día [de la ~] es hoy? きょうは何曜日ですか? esta ~ 今週. la próxima ~ 来週. la pasada ~ 先週

❷ 1週間: Hace una ~ que no lo veo. 1週間前から彼を見かけない. dos veces por (a la) ~ 週に2回. S~ Santa〈キリスト教〉聖週間

entre ~ 平日に: No tiene tiempo libre *entre* ~. 彼は平日は暇がない

semanal [セマナル] 形 1週間の; 毎週の: salario ~ 週給

semanario [セマナリオ] 男 週刊誌

semántica [セマンティカ] 女 意味論

semblante [センブランテ] 男 顔つき, 表情: con el ~ triste 悲しそうな顔で. mudar el ~ 顔色を変える

sembrado [センブラド] 男 過分〈種をまいた〉畑

sembrar [センブラル] 57 他 ❶〈…の種を〉まく; ばらまく. ❷ 引き起こす: ~ el terror 恐怖を引き起こす

semejante [セメハンテ] 形 ❶〈a に〉似た, 類似の: Eres ~ a él en el carácter. 君は性格が彼と似ている

❷ そのような: Nunca he hecho cosa ~. 私はそんなことは絶対にしていない

◆ 男 同胞, 同類

semejanza [セメハンサ] 女 類似性

semejar [セメハル] 自〈a に, en が〉似ている

◆ ~se 互いに似ている

semen [セメン] 男 精液

semental [セメンタル] 形男 種付け用の〔雄〕

semestral [セメストラル] 形 半年ごとの; 半年間の

semestre [セメストレ] 男 半年, 6か月;〈年2学期制の〉学期: primer ~ 前期, 上半期. segundo ~ 後期, 下半期

semicírculo [セミスィルクロ] 男 半円

semifinal [セミフィナル] 女 準決勝

semilla [セミジャ] 女 ❶ 種子, 種: sembrar las ~s 種をまく. ❷ 原因: echar la ~ de la discordia 不和の種をまく

seminario [セミナリオ] 男 ❶ 神学校. ❷ ゼミナール, セミナー

sémola [セモラ] 女〈スープ用の〉粒状のパスタ

senado [セナド] 男〈主に S~〉上院; 上院議事堂

senador, ra [セナドル, ラ] 名 上院議員

sencillez [センスィジェス] 女 単純さ; 簡素, 素朴

sencillo, lla [センスィジョ, ジャ] 形 ❶ 単純な, 簡単な: examen ~ 簡単な試験. palabras ~llas わかりやすいことば

❷ 簡素な, あっさりした: decoración ~lla シンプルな飾り

❸〈人が〉素朴な, 気取らない

❹ 単一の

senda [センダ] 女 小道, 踏み分け道

senderismo [センデリスモ] 男〈スポーツ〉トレッキング

sendero [センデロ] 男 =senda

sendos, das [センドス, ダス] 形 複 1 つずつの: Les di ~ golpes. 私は彼らを1発ずつ殴った

senil [セニル] 形 老人の, 老年の: muerte ~ 老衰死

sénior [セニオル] 形名 ❶〈スポーツ〉シニアの〔選手〕. ❷〈父子など同名の人たちを区別して〉年上の方の

seno [セノ] 男 ❶〈女性の〉乳房, 胸. ❷ ふ

ところ: guardar en su ～ ふところにしまう. ❸ 内部, 奥深いところ: en el ～ de la montaña 山奥に

sensación [センサスィオン] 囡 ❶ **感じ**; 印象; 予感: Tengo la ～ de que no vamos a ganar. 我々は勝てないような気がする ❷ **感動**, センセーション: causar ～ 感動させる, センセーションを巻きおこす

sensacional [センサスィオナル] 形 世間を驚かせる, センセーショナルな

sensatez [センサテス] 囡 良識, 分別: actuar con ～ 慎重に行動する

sensato, ta [センサト, タ] 形 良識(分別)のある

sensibilidad [センシビリダ] 囡 ❶ 〈繊細な〉感受性, 感性: ～ para el arte 芸術に対する感性. ❷ 感受性〔能力〕. ❸ 〈計器などの〉感度

sensible [センシブレ] 形 ❶ 感覚能力のある; 〈a に〉敏感な: piel ～ al sol 日光に敏感な肌. ❷ 感受性の鋭い, 傷つきやすい: niño ～ 感じやすい子供. ❸ 優しい, 思いやりのある: corazón ～ 優しい心. ❹ 〈計器などが〉感度のよい, 高精度の. ❺ はっきり感じられる, 顕著な: ～ mejoría めざましい回復

sensitivo, va [センシティボ, バ] 形 感覚の, 感覚を伝える: órgano ～ 感覚器官

sensorial [センソリアル] 形 感覚〔能力〕の

sensual [センスアル] 形 官能的な, 肉欲の; みだらな

sensualidad [センスアリダ] 囡 官能的なこと; 好色

sentado, da [センタド, ダ] 形 過分 すわっている: Ya estamos ～s en la silla. 私たちはもう椅子にすわっている

dar... por ～ …を確実だと思う

sentar [センタル] 57 他 すわらせる
◆ 自 〈a+人 に, +bien・mal〉 ❶ 似合う・似合わない: Esta blusa me *sienta bien*. このブラウスは私によく似合う ❷ 〈食べ物が〉消化される・されない; 〈体に〉よい・悪い: La comida me *sentó mal*. 食事が胃にもたれた
◆ **～se** すわる, 腰かける: *Me senté* en el sofá. 私はソファにすわった. *Se sentaron* a la mesa. 彼らは食卓についた

sentencia [センテンスィア] 囡 ❶ 判決, 判定: pronunciar una ～ 判決を言い渡す. ❷ 格言, 警句

sentenciar [センテンスィアル] 他 ❶ 〈a の判決を〉言い渡す

sentido[1] [センティド] 男 ❶ **感覚〔機能〕**, 知覚: cinco ～s 五感. sexto ～ 第六感, 直感. ～ del olfato 嗅覚. tener ～ del humor ユーモアのセンスがある

❷ 意識: perder el ～ 意識を失う
❸ 分別, 判断力: ～ común 常識, 良識. ～ del deber 責任感
❹ **意味**: Esta palabra tiene varios ～s. この単語には複数の意味がある. captar el ～ de una frase 文章の意味をつかむ. en este ～ この意味で
❺ 方向, 向き: de ～ único 一方通行の
buen ～ 1) 良識. 2) センスのよさ
no tener ～ 意味をなさない, 非論理的である
poner sus cinco ～s en... 細心の注意を払って…する
sin ～ 1) 意味のない. 2) 意識を失って

sentido[2]**, da** [センティド, ダ] 形 ❶ 感情のこもった, 心からの: Le doy mi más ～ pésame. 心からお悔やみ申し上げます. ❷ 情にもろい; 怒りっぽい

sentimental [センティメンタル] 形 名 ❶ 涙もろい〔人〕, 感じやすい〔人〕; 感傷的な, センチメンタルな. ❷ 恋愛の: relaciones ～*es* 恋愛関係

sentimiento [センティミエント] 男 ❶ **感情**, 気持ち: disimular su ～ 感情を隠す. cantar con mucho ～ 感情をこめて歌う
❷ 複 好意, 愛情: confesar sus ～*s* a+人 …に好きだと打ち明ける
❸ 心痛: Le acompaño a usted en el ～ por la muerte de su padre. お父様のご逝去に心からお悔やみ申し上げます

sentir [センティル] 77 他 ❶ **感じる**: ～ dolor 痛みを感じる. ～ alegría 喜びを感じる
❷ **残念に思う**, 申し訳なく(悲しく)思う: 1) 〈+名詞〉 *Siento* la muerte de mi abuela. 祖母が亡くなり悲しい. 2) 〈+不定詞〉 *Siento* haberle hecho esperar tanto. 長いお待たせしてすみません. 3) 〈que+接続法〉 *Siento* que se haya ido. 彼が帰ってしまい残念だ
❸ 察知する, 予感する
◆ **～se** 〈+形容詞・副詞〉 自分が…だと感じる: ～*se bien* (*mal*) 気分が良い(悪い). ～*se feliz* 幸せに思う
¡Lo siento mucho! とても残念です/申し訳ありません/お気の毒に
sin ～ 1) 気づかずに. 2) あっという間に

seña [セニャ] 囡 ❶ 合図; 目印: hacer ～*s* 合図する
❷ 〈判別するための〉特徴: ～*s personales* 身体の特徴
❸ 複 住所: dar sus ～*s* a+人 …に住所を教える

señal [セニャル] 囡 ❶ **しるし**: Eso es mala ～. それは悪い兆候だ
❷ **合図**, 信号: hacer ～*es* (una ～) 合図をする. hacer la ～ de la victoria Vサイ

ンを送る. ～ de tráfico 交通信号, 交通標識 ❸ 記号, 符号 ❹ 保証金, 手付
en ～ *de*... …のしるしとして
señalar [セニャラル] 他 ❶ …にしるしをつける：～ su nombre con un círculo 彼の名前に○をつける
❷ 指し示す：～ con el dedo 指さす
❸〈場所・時間などを〉指定する：antes de la fecha señalada 決められた日より以前に
◆ ～se 目立つ, 抜きん出る
señalización[セニャリサスィオン] 女 交通標識〔の設置〕
señalizar [セニャリサル] 13 他 …に交通標識を設置する
señor, ra [セニョル, ラ] 名 ❶〈姓などの前の置かれる敬称, 呼びかけ以外では 定冠詞+. 略語 Sr., Sra.〉…氏, …夫人；複 …氏夫妻：1) La ～*ra* Gómez es mexicana. ゴメス夫人はメキシコ人です. Buenos días, ～ Pérez. こんにちは, ペレスさん. los ～*es* Machado マチャード夫妻. 2)〈+役職名〉: el ～ presidente 議長殿. 3)〈手紙〉…様；複 御中：Estimado ～ López 拝啓ロペス様
❷〈主に敬意を込めて〉男(女)の人：¿Quién es aquel ～? あの方はどなたですか？
❸〈呼びかけ〉Está prohibido fumar aquí, ～. ここは禁煙です
❹〈キリスト教〉el S～ 主(しゅ)〔神；イエス・キリスト〕. Nuestro S～ 我らの主〔イエス・キリスト〕. Nuestra S～*ra* 聖母マリア
❺ 主人, 雇い主；〈歴史〉領主：～ feudal 封建領主
◆ 女〈ラ〉妻：Mi ～*ra* no puede venir hoy. 妻はきょうは来られません. Recuerdos a su ～*ra*. 奥様によろしく
señorial [セニョリアル] 形 堂々とした, 威厳のある：casa ～ 豪邸
señorita [セニョリタ] 女 ❶〈姓・名の前の置かれる未婚女性への敬称, 呼びかけ以外では 定冠詞+. 略語 Srta.〉…さん, …嬢：Ésta es la ～ Sánchez. こちらはサンチェスさんです. S～ Carmen, teléfono. カルメンさん, お電話です
❷〈若い女性への呼びかけ〉S～, ¿dónde está la estación? 駅はどこですか？
señorito [セニョリト] 男 ❶〈古語〉若主人への敬称〉お坊ちゃま. ❷〈軽蔑〉お坊ちゃん；どら息子
sepa- ⇨**saber** 72
separación [セパラスィオン] 女 ❶ 分離：～ de los poderes 三権分立. ❷〈夫婦の〉別居. ❸ 間隔
separado, da [セパラド, ダ] 形 過分 ❶ 離れた；別々の. ❷ 別居中の

por ～ 別々に
separar [セパラル] 他〈de から〉分離する, 分ける, 切り離す：～ la religión *de* la política 政教分離する
◆ ～se ❶ 分かれる, 離れる. ❷〈夫婦が〉別居する
separatismo [セパラティスモ] 男〈政治〉分離主義
sepia [セピア] 女 ❶〈動物〉コウイカ. ❷ セピア色〔color ～〕
septentrional [セプテントリオナル] 形 北の
septiembre [セプティエンブレ] 男 9月
séptimo, ma [セプティモ, マ] 形 7番目の
sepulcro [セプルクロ] 男 墓
sepultar [セプルタル] 他 埋葬する
sepultura [セプルトゥラ] 女 ❶ 埋葬：dar ～ a+人 …を埋葬する. ❷ 墓；墓穴
sepulturero, ra [セプルトゥレロ, ラ] 名 墓掘り人
sequedad [セケダ] 女 ❶ 乾燥. ❷ 冷淡さ, 無愛想
sequía [セキア] 女 旱魃(かんばつ), 日照り
séquito [セキト] 男〈集合的に〉随員, 従者；取り巻き
ser [セル] 78 自 ❶ …である：Ella *es* muy alta. 彼女はとても背が高い. *Son* médicos. 彼らは医者だ. *Somos* japoneses. 私たちは日本人だ. *Soy* Juan.〈電話〉こちらはフアンです. Este lápiz *es* mío. この鉛筆は私のだ
❷〈+*de*〉1)〈材料〉…でできている：Esta mesa *es de* madera. このテーブルは木製だ. 2)〈所有・所属〉…のものである：Ese coche *es de* Antonio. その車はアントニオのだ. 3)〈出身・出所〉…の出である：*Soy de* Tokio. 私は東京の出身だ
❸〈+*para*〉1)〈手紙〉…あてである：Este regalo *es para* mi novia. このプレゼントは恋人へのものだ. 2)〈用途・適性など〉Este agua *es para* beber. この水は飲料用だ
❹〈日付・価格など〉Hoy *es* 8 de mayo. きょうは5月8日だ. *Son* diez mil yenes. それは1万円だ. *Somos* cinco. 私たちは5人だ
❺〈+場所・時などの副詞〉…がある, 行われる：La fiesta *es* hoy, a las tres, en la casa de Juan. パーティーはきょう3時, フアンの家でだ
❻〈時間〉1) *Es* la una. 1時だ. *Son* las seis. 6時だ. 2)〈単人称〉Ya *es* tarde. もう遅い
❼〈+不定詞/que+直説法・接続法が主語〉*Es* necesario hacer (*que* hagamos) los deberes. 宿題をやることは必要なことだ
❽ 助〈受動態. +他動詞の過去分詞〉La igle-

serenar

sia *fue* construida en el siglo XVI. その教会は16世紀に建てられた

a no ~ que+接続法〈条件〉…でなければ: Te visitaré mañana *a no ~ que* llueva. 雨が降らなければあす君に会いに行くよ

de no ~ por... …がなかったら

Érase una vez.../Érase que se era...〈おとぎばなしの冒頭〉昔々…

Es que+直説法〈理由〉…ということだ: *Es que* no tengo tiempo. 実は時間がないのです

no sea que+接続法 …するといけないので: Cierra la ventana, *no sea que* llueva. 雨が降るといけないから窓をしめてくれ

¿Qué ~ de...? …はどうなるのだろう?

sea como sea 何とかして, 何が何でも; いずれにしろ

sea... sea... …かあるいは…か

~ de+不定詞 …すべきである: Eso *es de* creer. それは信じるべきだ. *Es de* esperar que... …であるはずだ/…と思われる

◆ 男 存在; 存在物; 人: razón de ~ 存在理由. ~ humano 人間. un ~ querido 愛する人

serenar [セレナル] 他 静める

◆ ~se 静まる: *¡Serénate!* 落ち着け!

serenata [セレナタ] 女〈音楽〉セレナード

serenidad [セレニダ] 女 平静, 冷静: perder la ~ 平静を失う

sereno¹ [セレノ] 男 夜警, 夜回り

sereno², na [セレノ, ナ] 形 ❶ 穏やかな: mar ~ 静かな海. ❷ 落ち着きはらった, 平静な. ❸ 晴天の

seria ⇨ **serio, ria**

serial [セリアル] 男〈放送〉連続ドラマ

serie [セリエ] 女 ❶ 一続き, 連続: número de ~ 通し番号. una ~ de... 一連の

❷〈放送〉連続もの(番組・ドラマ)

❸〈製品の〉シリーズ;〈切手・コインなどの〉シリーズもの〔の一組〕

en ~ 大量生産の〔で〕: fabricación *en ~* 大量生産

fuera de ~ 図抜けた, 抜群の; 特製の

seriedad [セリエダ] 女 真剣さ, 本気

serio, ria [セリオ, リア] 形 ❶ 真剣な, まじめな; 信頼できる: Es un chico muy ~. この子はとてもまじめだ(しっかりしている). ponerse ~ 真剣な顔つきになる. decir en un tono ~ まじめな調子で話す

❷ 堅苦しい; 無愛想な

❸ 重大な, 憂慮すべき: problema ~ 深刻な問題

en ~ 真剣に, まじめに; 本気で: ¿Lo dices *en ~*? 本気でそう言っているの? tomar *en ~* 真に受ける

sermón [セルモン] 男〈宗教〉説教

sermonear [セルモネアル] 自〈宗教〉説教をする

◆ 他 …に小言を言う

serpentear [セルペンテアル] 自 曲がりくねる, 蛇行する

serpentina [セルペンティナ] 女 紙テープ

serpiente [セルピエンテ] 女 ヘビ(蛇)

serranía [セラニア] 女 山地, 山岳

serrano, na [セラノ, ナ] 形 名 山地の〔住民〕

serrar [セラル] 57 他 のこぎりでひく

serrín [セリン] 男 おがくず

serrucho [セルチョ] 男 手びきのこぎり

servicial [セルビシアル] 形 ❶ 〈ボーイなど〉よく気のつく. ❷ 世話好きの

servicio [セルビスィオ] 男 ❶ サービス, もてなし; 営業: El ~ en este restaurante es muy bueno. このレストランのサービスはとてもよい. ~ a domicilio 宅配サービス. permanente/~ 24 horas 24時間営業. el ~ incluido (inclusive) サービス料込みで

❷〈主人に〉仕えること, 奉公;〈集合的に〉召使: muchacha de ~ お手伝いさん, メード

❸ 公的業務, 公共機関: ~s públicos 公共サービス. ~ de correos 郵便業務. ~s sociales 社会福祉事業

❹ 勤務: 1) Llevo 10 años de ~ en la empresa. 私はこの会社に10年勤務している. estar de ~ 勤務中である. estar fuera de ~ 非番である. 2) ~ militar 兵役. hacer su ~ 兵役を務める

❺〈交通機関の〉運行, 営業, 便: entrar en ~ 営業を始める, 就航する. poner en ~ un nuevo transbordador 新しいフェリーボートを就航させる

❻ 世話, 奉仕; 貢献: hacer (prestar) un gran ~ たいへん尽力する

❼〈物の〉役立ち: Esta lavadora ya no me hace ningún ~. この洗濯機はもう何の役にも立たない

❽〈食器などの〉セット

❾〈時に 複〉トイレ, 洗面所: ir al ~ トイレに行く. ¿Dónde están los ~s? トイレはどこですか?

❿〈スポーツ〉サーブ

servidor, ra [セルビドル, ラ] 名 ❶ 召使, 家事使用人. ❷〈ていねいに〉自分: ¿Quién se encarga de esto?—S~. この担当者は誰ですか?—私です

◆ 男〈情報〉サーバー

servidumbre [セルビドゥンブレ] 女 ❶ 召使たち, 使用人たち. ❷ 隷属, 隷従

servilleta [セルビジェタ] 囡 〈テーブル用の〉ナプキン

servilletero [セルビジェテロ] 男 ナプキンリング

servir [セルビル] 56 自 ❶ 仕える: ~ a su amo 主人に仕える. ~ al Estado 国家につくす

❷ 〈店員が客に〉応対する: ¿En qué puedo ~le? 何のご用でしょうか?

❸ 〈para に〉役立つ: Este diccionario *sirve* mucho *para* viajar por España. この辞書はスペイン旅行にたいへん役に立つ. Tú no *sirves para* nada. おまえは何の役にも立たない

❹ 〈de に・として〉役立つ, 働く: ~ *de* intérprete 通訳を務める. Esta sábana *sirve de* pantalla. このシーツはスクリーン代わりになる

❺ 給仕する, 食事を出す: En este restaurante nos *sirven* muy bien. このレストランはたいへんおいしい

◆ 他 〈料理・飲み物を〉出す, 供する: ¿Te *sirvo* un poco más de sopa? もう少しスープをよそいましょうか?

◆ ~se ❶ 〈料理・飲み物を〉自分で取る: *Sírvase*, por favor. どうぞご自由にお取りください. ❷ 〈+不定詞〉…してください: *Sírvase* pasar. どうぞお入りください. ❸ 〈de を〉使う, 利用する

no ~ *de nada* むだである

para ~*le* 何なりとお申しつけください/どうぞよろしく

sésamo [セサモ] 男 〈植物〉ゴマ: ¡Ábrete ~! 開け, ゴマ!

sesenta [セセンタ] 形 男 60〔の〕: los 〔años〕~ 1960 年代

sesentón, na [セセントン, ナ] 形 名 〈からかいの意味をこめて〉60 歳代の〔人〕

sesgo [セスゴ] 男 ❶ 成り行き, 展開. ❷ 〈服飾〉al ~ バイアスに, 斜めに

sesión [セシオン] 囡 ❶ 集まり, 開会: estar en ~ 開会中である. abrir (levantar) la ~ 開会(閉会)する. ❷ 上映, 上演: ~ continua 入れ替えなしの上映

seso [セソ] 男 ❶ 〔複〕〈料理〉脳みそ. ❷ 頭脳, 知力

calentarse (devanarse) los ~*s* 知恵を絞る

sesudo, da [セスド, ダ] 形 分別のある; 頭のよい

seta [セタ] 囡 キノコ: ~ venenosa 毒キノコ

setecientos, tas [セテスィエントス, タス] 形 男 700〔の〕

setenta [セテンタ] 形 男 70〔の〕: los 〔años〕~ 1970 年代

seto [セト] 男 生垣(いけがき)

seudónimo [セウドニモ] 男 ペンネーム; 芸名

severidad [セベリダ] 囡 きびしさ

severo, ra [セベロ, ラ] 形 きびしい, 厳格な: Es un profesor muy ~ 〔para〕con sus alumnos. 彼は生徒にとてもきびしい先生だ. castigo ~ 厳罰. frío ~ きびしい寒さ

sevillano, na [セビジャノ, ナ] 形 名 セビーリャ Sevilla の〔人〕

sexo [セ(ク)ソ] 男 ❶ 性: ~ masculino 男性. ~ femenino 女性

❷ 性器

sexto, ta [セ(ク)スト, タ] 形 6 番目の

sexual [セ(ク)スアル] 形 性の, 性的な: educación ~ 性教育

sexualidad [セ(ク)スアリダ] 囡 性的特徴, 性; 性行為

si[シ]接 ❶ 〈仮定・条件〉もし…なら: 1) 〈単なる仮定. +直説法 (ただし未来形は使わない)〉*Si* quieres, te doy esta manzana. もし欲しいのなら, 君にこのリンゴをあげる. 2) 〈現在の事実に反する仮定. +接続法過去. 帰結節は直説法過去未来〉*Si* yo fuera rico, compraría este coche. もし私が金持ちなら, この車を買うのだが. 3) 〈過去の事実に反する仮定. +接続法過去完了. 帰結節は直説法過去未来完了または接続法過去完了 -ra 形〉*Si* yo hubiera sido rico, habría comprado ese coche. もし私が金持ちだったら, その車を買ったのだが

❷ 〈事実の提示・対立〉…ではあるが: *Si* hay buenos, hay malos. 善人がいれば悪人もいる

❸ 〈間接疑問〉…かどうか: 1) No sé *si* viene hoy. 彼がきょう来るのかどうかは私は知らない. 2) 〈+不定詞〉…すべきかどうか: No sé *si* aceptarlo o no. 私はそれを承諾していいのかどうかわからない

❹ 〈抗議・強調. 時に +pero〉¡*Pero si* es que no te lo he dicho! そんなこと君に言ってはいないよ!

si no さもなければ: Pórtate bien, *si no*, vete fuera. いい子にしなさい, さもなければ外に出なさい

sí¹ [シ] 代 〈前置詞格の再帰代名詞 3 人称〉自分, それ自身: hablar de *sí* mismo 自分のことを話す. Los dos se insultan entre *sí*. 2 人はののしり合っている

de por sí/en sí それ自体

fuera de sí 1) 我を忘れて, 興奮して. 2) 怒り狂って

para sí 自身の中で: sonreír *para sí* 心の中で微笑する

por sí mismo 独力で

por sí solo 1) ひとりでに. 2) 独力で
volver en sí 意識を取り戻す, 我に返る

sí[2] [シ] 副 ❶ 〈応答〉はい：¿Te gusta la música?—*Sí*〔, me gusta〕. 君は音楽が好き?—はい〔, 好きです〕. Creo que *sí*. そうだと思う

❷ 〈肯定の強調〉本当に, もちろん: Él no quiere ir, pero yo ~. 彼は行きたくない, でも私は行きたい. Él ~ vendrá. 彼はもちろん来る

◆ 男 肯定(承諾)の答, 賛成: dar el *sí* 同意する, 承諾する

¿a que sí? 〈念を押して〉そうですね?
¡a que sí! もちろん!: No podrás cantar bien, ¿a que no?—*¡A que sí!* 君は上手になんか歌えないよね?—歌えるさ!
porque sí 〈説明を省略して, ぶっきらぼうに〉どうしても
que sí 1) 〈しばしばくり返して〉そうだとも, もちろん. 2) 〈否定疑問に対する肯定の返答〉¿No me quieres?—*Que sí* te quiero. 僕のこと好きじゃないの?—とんでもない, 好きよ
¿sí? 〈軽い疑問〉そうですか?
sí que 〈強調〉確かに: Tú *sí que* bailas bien. 君は本当にダンスが上手だね

siamés, sa [シアメス, サ] 形 hermanos *siameses* シャム双生児. gato ~ シャム猫
sicario [シカリオ] 男 殺し屋, 刺客
sicología [シコロヒア] 女 =**psicología**
SIDA [シダ] 男〈略語〉エイズ〔←*s*índrome de *i*nmuno-*d*eficiencia *a*dquirida〕
siderurgia [シデルルヒア] 女 製鉄
siderúrgico, ca [シデルルヒコ, カ] 形 製鉄の: industria ~*ca* 製鉄業
sido [シド] ser の 過分
sidra [シドラ] 女 リンゴ酒, シードル
siega [シエガ] 女 刈り入れ
siembra [シエンブラ] 女 種まき
◆ 動詞活用形 ⇒**sembrar**
siempre [シエンプレ] 副 ❶ いつも, 常に: Está ~ en casa. 彼はいつも家にいる
❷〈部分否定. no+〉いつも…であるとは限らない: No ~ está libre. 彼はいつも暇なわけではない
como ~ いつものように, あいかわらず
de ~ いつもの, 例の; 昔からの: en la cafetería *de* ~ いつもの喫茶店で
Hasta ~. さようなら
para ~ 永久に, 永遠に
~ que+直説法 …する時はいつも: *S~ que* viene a Tokio, visita ese museo. 彼は東京に来ると, いつもその博物館を訪れる
~ que+接続法〈条件〉…ならば: Podrás entrar en el cine, ~ *que* llegues antes de las diez. 10 時前に着けば, 映画館に入れるだろう

sien [シエン] 女 こめかみ
sient- ⇨**sentar** 57, **sentir** 77
sierra [シエら] 女 ❶ のこぎり: ~ continua/~ de cadena チェーンソー. ❷ 山脈, 連峰
siervo, va [シエルボ, バ] 名 奴隷, 農奴
siesta [シエスタ] 女 昼寝: dormir la ~/echar la ~ 昼寝をする
siete [シエテ] 形 7(の)
sietemesino, na [シエテメシノ, ナ] 形 名
〈主に 2 か月早い〉早産の, 未熟児(の)
sífilis [シフィリス] 女〈医学〉梅毒
sifón [シフォン] 男 ❶〈炭酸水を入れる〉サイホンびん; 炭酸水: whisky con ~ ハイボール. ❷ サイホン, 吸い上げ管
siga- ⇨**seguir** 76
sigilo [シヒロ] 男 ❶ 秘密, 内密: llevar el asunto con ~ 内密にことを進める. ❷ 静寂: andar con ~ そっと歩く
sigiloso, sa [シヒロソ, サ] 形 ❶ 秘密の.
❷ 静かな
sigla [シグラ] 女〈頭文字による〉略号
siglo [シグロ] 男 ❶ 世紀: Estamos en el ~ XXI. 今は 21 世紀だ
❷ 長い間: Hace ~s que no le veo. 私は久しく彼に会っていない
del ~ 一世紀に 1 度というほどの: invento *del* ~ 世紀の大発明
en (por) los ~*s de los* ~*s* 永遠に, 永久に
significación [シグニフィカスィオン] 女 意味すること; 意味
significado [シグニフィカド] 男 過分 意味: captar el ~ de una palabra ことばの意味をとらえる
significar [シグニフィカル] 73 他 意味する: ¿Qué *significa* esta palabra? このことばの意味は何ですか? El color rojo *significa* el peligro. 赤は危険を意味する
significativo, va [シグニフィカティボ, バ] 形 ❶ 意味のある; 意味深い: gesto ~ 意味ありげなしぐさ. ❷ 重要な, 意義のある
signo [シグノ] 男 ❶ しるし; 兆候: La risa es un ~ de alegría. 笑顔は喜びの表われだ
❷ 記号, 符号: ~ ortográfico 綴り字記号. ~ de admiración 感嘆符
❸〈占星〉…座: Soy del ~ Leo. 私は獅子座だ
sigo, sigue-, sigui- ⇨**seguir** 76
siguiente [シギエンテ] 形 次の, 次に続く: 1)〈場所・順序〉página ~ 次のページ. con las ~*s* condiciones 次のような条件で. 2)

〈時間〉翌…: Partí al día ～. 私はその翌日に出発した. al año ～ 翌年に

sílaba [シラバ] 囡 音節, シラブル

silbar [シルバル] 自 口笛を吹く
◆ 他〈曲を〉口笛で吹く; 口笛をふいてやじる

silbato [シルバト] 男〈呼び子の〉笛; ホイッスル; 汽笛

silbido [シルビド] 男〈口笛・汽笛などの〉ピーピーいう音; 〈風の〉ヒューヒューいう音: dar un ～ 口笛を吹く

silenciador [シレンスィアドル] 男〈銃の〉サイレンサー; 〈自動車〉マフラー

silenciar [シレンスィアル] 他 …について沈黙を守る, 言及しない

silencio [シレンスィオ] 男 ❶ 静けさ, 静寂: ～ de la noche 夜のしじま
❷ 沈黙, 無言: romper el ～ 沈黙を破る. guardar el ～ 沈黙を守る. guardar un minuto de ～ 1分間黙禱する
❸ 秘密〔を守ること〕, 言及しないこと: comprar el ～ de+人 …に口止め料を出す. ejercer el derecho al ～ 黙秘権を行使する
❹ 音信不通
◆ 間 静かに/しいっ！
en ～ 1) 静かに. 2) 逆らわずに
imponer ～ 黙らせる

silencioso, sa [シレンスィオソ, サ] 形 ❶ 無言の, 無口な: protesta ～sa 無言の抗議
❷ 静かな: noche ～sa 静かな夜

silicio [シリスィオ] 男 ケイ素, シリコン

silla [シジャ] 囡 ❶ 椅子: sentarse en una ～ 椅子に腰かける. ～ de ruedas 車椅子. ～ eléctrica 〈死刑用の〉電気椅子
❷ 鞍 〔～ de montar〕

sillón [シジョン] 男 ひじ掛け椅子

silo [シロ] 男〈飼料・ミサイルなどの〉サイロ

silueta [シルエタ] 囡 ❶ 体の線, 輪郭. ❷ シルエット

silvestre [シルベストレ] 形 ❶〈植物が〉野生の: fresa ～ 野イチゴ. ❷ 野生的な

simbólico, ca [シンボリコ, カ] 形 ❶ 象徴的な. ❷ 記号の

simbolizar [シンボリサル] 13 他 象徴する

símbolo [シンボロ] 男 ❶ 象徴, シンボル: ～ de la paz 平和の象徴. ❷ 記号: ～ químico 化学記号

simetría [シメトリア] 囡 左右対称, シンメトリー

simétrico, ca [シメトリコ, カ] 形 左右対称の

simiente [シミエンテ] 囡 種, 種子

similar [シミラル] 形 〈a と〉類似した

similitud [シミリトゥ] 囡 類似性

simio, mia [シミオ, ミア] 名 猿

simpatía [シンパティア] 囡 ❶〈人の〉感じのよさ, 魅力: Sabe hacerse respetar por todos con su ～. 彼は感じのよさでみんなの尊敬を集めることができる
❷ 好感, 好意; 共感: tener ～ a+人 …に好感を持っている

simpático, ca [シンパティコ, カ] 形〈人が〉感じのよい, 好ましい; 愛想のよい: Es muy ～. 彼はたいへん好感の持てる人だ

simpatizante [シンパティサンテ] 名 共鳴者, シンパ〔サイザー〕

simpatizar [シンパティサル] 13 自〈con と〉気が合う, 共感(共鳴)する

simple [シンプレ] 形 ❶ 単純な, 簡単な: trabajo ～ 簡単な仕事, 単純作業
❷ 単なる, ただの: con una ～ palabra たった一言で
❸ 素朴な, 飾り気のない
❹ お人よしの, 愚直な, ばかな

simpleza [シンプレサ] 囡 ❶ 単純さ, 愚直さ. ❷ つまらないこと(もの), 重要でないこと(もの)

simplicidad [シンプリスィダ] 囡 単純さ, 簡素さ

simplificar [シンプリフィカル] 73 他 単純(簡単)にする: ～ los trámites aduaneros 通関手続きを簡略化する

simposio [シンポシオ] 男 シンポジウム

simulación [シムラスィオン] 囡 シミュレーション

simulacro [シムラクロ] 男〈本番さながらの〉演習: ～ de salvamento 救助訓練

simulador [シムラドル] 男 シミュレーター

simular [シムラル] 他 …のふりをする: ～ una enfermedad 仮病をつかう

simultáneo, a [シムルタネオ, ア] 形 同時の

sin [シン] 前 …なしに; …のない: Estoy ～ dinero. 私は一文なしだ. La ropa está ～ lavar. 服は洗わないままだ. Se marchó ～ decir nada. 彼は何も言わずに行ってしまった
～ *que*+接続法 …せずに: Salí ～ *que* me viera nadie. 私は誰にも見られずに出かけた

sinagoga [シナゴガ] 囡 シナゴーグ 『ユダヤ教会堂』

sinceramente [シンセラメンテ] 副 心から: S～ 〔suyo〕, 〈手紙〉敬具

sinceridad [シンセリダ] 囡 誠実さ: decir con toda ～ 率直に言う

sincero, ra [シンセロ, ラ] 形 誠実な; 心からの, 率直な: Sea ～ consigo mismo. 自分に正直であれ. Mi más ～ra felicitación a… 心から…おめでとう

sincronizar [シンクロニサル] 13 他 ❶ 同

調させる, 同期化する. ❷ 〈スポーツ〉 natación *sincronizada* シンクロナイズドスイミング

sindical [シンディカル] 形 労働組合の

sindicalista [シンディカリスタ] 形 労働組合主義の
◆ 名 組合活動家；労働組合員

sindicato [シンディカト] 男 ❶ 労働組合. ❷ シンジケート

síndrome [シンドロメ] 男 〈医学〉 症候群

sinfín [シンフィン] 男 *un* ~ *de*... 無数の：*un* ~ *de* dudas 数限りない疑問

sinfonía [シンフォニア] 女 シンフォニー, 交響曲

singular [シングラル] 形 ❶ 特異な, 独特な, 奇抜な：persona ~ 風変わりな人
❷ 並はずれた, まれに見る
❸ 〈文法〉 単数形の
◆ 男 〈文法〉 単数形

singularidad [シングラリダ] 女 特異性, 独自性

singularizar [シングラリサル] 13 他 区別する, 目立たせる
◆ ~**se** きわ立つ, 傑出する

siniestro, tra [シニエストロ, トラ] 形 ❶ 不吉な；augurio ~ 凶兆. ❷ 左の
◆ 男 災害, 災難

sinnúmero [シンヌメロ] 男 =sinfín

sino[1] [シノ] 接 〈no+〉...ではなくて...である：*No* vino él ~ su hermano. 来たのは彼ではなくて, 彼の兄だった. *No* comes, ~ que devoras. 君は食べているのではない, むさぼっているのだ
❷ ...のほかは...ない, ただ...しかない：Nadie ~ Pedro pudo contestarlo. ペドロのほかは誰もそれに答えられなかった. No hace ~ quejarse. 彼は不平ばかり言う

sino[2] [シノ] 男 運命, 宿命

sinónimo, ma [シノニモ, マ] 形 類義の, 同義の
◆ 男 類義語

sinóptico, ca [シノプティコ, カ] 形 概観的な：cuadro ~ 一覧表

sintaxis [シンタ(ク)シス] 女 シンタックス, 統語論

síntesis [シンテシス] 女 ❶ 総論, 概括：hacer una ~ del tema 問題を総括する. ❷ 〈化学〉 合成

sintético, ca [シンテティコ, カ] 形 ❶ 合成の：piel ~*ca* 人工皮革. ❷ 総論的な

sinti- ⇨**sentir** 77

sintoísmo [シントイスモ] 男 神道

sintoísta [シントイスタ] 形 名 神道の〔信者〕

síntoma [シントマ] 男 ❶ 〈医学〉 症状, 症候. ❷ 前兆, 兆候

sintonizar [シントニサル] 13 他 〈ラジオ〉 同調させる, 周波数を合わせる

sinuoso, sa [シヌオソ, サ] 形 曲がりくねった

sinvergüenza [シンベルグエンサ] 形 名 恥知らずな〔人〕, 厚かましい〔人〕

siquiera [シキエラ] 副 ❶ 少なくとも：Préstame ~ 100 yenes. せめて100円貸してくれ. ❷ 〈否定の強調〉 ...さえ...ない：Ella salió sin mirarme ~. 彼女は私を見ることすらせずに出ていった
ni ~ ...さえも...ない：Nunca me he fumado *ni* ~ un cigarro. 私はたばこ1本吸ったことがない

sirena [シレナ] 女 ❶ 〈神話〉 人魚. ❷ 警笛, サイレン：Sonó la ~. サイレンが鳴った

sirio, ria [シリオ, リア] 形 名 シリア Siria 〔人〕の；シリア人

sirv- ⇨**servir** 56

sirviente, ta [シルビエンテ, タ] 名 家事使用人, 召使, 女中

sísmico, ca [シスミコ, カ] 形 地震の：movimiento ~ 地震活動

sistema [システマ] 男 ❶ 体系：~ filosófico 哲学体系
❷ 組織, 制度；体制；機構：~ educativo 教育制度. ~ socialista 社会主義体制. ~ político 政治機構
❸ 方式, 方法：~ de producción 生産方式
❹ 系統：~ solar 太陽系. ~ nervioso 神経系. ~ métrico (decimal) メートル法
❺ 装置, システム
por ~ 〈不当にも〉 いつも決まって

sistemático, ca [システマティコ, カ] 形 体系的な：ingeniero ~ システムエンジニア

sistematizar [システマティサル] 13 他 体系化する, システム化する

sitiar [シティアル] 他 包囲する

sitio [シティオ] 男 ❶ 場所, ところ；スペース：Vamos a sentarnos en algún ~. どこかにすわろう. No hay ~. 場所がない
❷ 〈軍事〉 包囲：poner ~ a la ciudad 町を包囲する. estado de ~ 戒厳状態
❸ 〈情報〉 サイト
dejar a+人 *en el* ~ ...を即死させる
en cualquier ~ どこにでも
en todos los ~*s* どこにでも, 至る所に
hacer ~ 〈a+人 のために〉 場所をあける

situación [シトゥアスィオン] 女 ❶ 立場；状態：No estoy en ~ de tomar las vacaciones. 私は休暇をとれるような状況にない. ~ peligrosa 危険な状態
❷ 〈国家・社会などの〉 情勢：~ política 政情

❸ 位置, 場所: casa con una excelente ～ 立地条件の良い家

situar [シトゥアル] ① 他 配置する; 位置づける

◆ ～se ❶ 位置する: El aeropuerto está *situado* a diez kilómetros de la capital. 空港は首都から10キロのところにある. ❷ 立派な地位(職)につく

slip [(エ)スリプ] 男 〈服飾〉ブリーフ; 水泳パンツ

smoking [(エ)スモキン] 男 =esmoquin
snob [(エ)スノブ] 形 名 =esnob
sobaco [ソバコ] 男 脇(^{わき})の下
sobar [ソバル] 他 ❶ もみくちゃ(しわくちゃ)にする. ❷ なで回す, しつこく触る

soberanía [ソベラニア] 女 主権, 統治権: ～ nacional 主権在民. ～ marítima 領海. conseguir su ～ 独立する

soberano, na [ソベラノ, ナ] 形 ❶ 主権を持つ. ❷ 至高の, 最高の
◆ 名 君主, 国王, 女王

soberbia¹ [ソベルビア] 女 尊大, 傲慢
soberbio, bia² [ソベルビオ, ビア] 形 ❶ 尊大な, 傲慢な. ❷ 立派な, すばらしい

sobornar [ソボルナル] 他 買収する, わいろを贈る

soborno [ソボルノ] 男 ❶ 買収, 贈(収)賄. ❷ わいろ

sobra [ソブラ] 女 ❶ 過剰, 超過. ❷ 複 余り, 残り: ～s de comida 残飯
de ～ [s] 余分の; あり余るほどの: Tengo dinero *de* ～. 私は余分な金を持っている/あり余るほど金がある
estar de ～ 余計である, 邪魔である
◆ 動詞活用形 ⇒sobrar

sobrado, da [ソブラド, ダ] 形 過分 あり余るほどの, 余分な
◆ 副 十二分に

sobrante [ソブランテ] 形 過剰な

sobrar [ソブラル] 自 ❶ 余る, 残る: Me *sobran* diez euros. 私は10ユーロ余っている. Nos *sobra* información. 私たちには情報が多すぎる
❷ 余計である, 邪魔である: Aquí *sobras* y puedes irte. おまえは邪魔だから, もう帰っていいよ

sobre¹ [ソブレ] 前 ❶ …の上に: El tabaco está ～ la mesa. たばこは机の上にある. volar ～ el mar 海の上を飛ぶ
❷ 〈主題〉…に関して: hablar ～ economía 経済について話す
❸ 〈概数〉約…: Volverá ～ las cinco. 彼は5時ごろ戻るだろう

sobre² [ソブレ] 男 封筒

◆ 動詞活用形 ⇒sobrar

sobrecarga [ソブレカルガ] 女 積みすぎ, 積載超過

sobrecargar [ソブレカルガル] 55 他 …に荷を積みすぎる; …に負担をかけすぎる

sobrecoger [ソブレコヘル] 16 他 怖がらせる, びっくりさせる
◆ ～se びっくりする, ぎょっとする

sobredosis [ソブレドシス] 女 薬の飲みすぎ, 服用過多

sobrehumano, na [ソブレウマノ, ナ] 形 超人的な

sobrellevar [ソブレジェバル] 他 耐える

sobremesa [ソブレメサ] 女 食後のひととき, 食後のおしゃべり
de ～ 1) 食後の(に). 2) 卓上用の: ordenador *de* ～ デスクトップコンピュータ

sobrenatural [ソブレナトゥラル] 形 超自然的な

sobrenombre [ソブレノンブレ] 男 あだ名, 異名

sobrentender [ソブレンテンデル] 58 他・～se 暗黙のうちに了解する, 察する

sobrepasar [ソブレパサル] 他 上回る, 勝る

sobrepeso [ソブレペソ] 男 ❶ 体重オーバー. ❷ 〈ラ〉〈荷物の〉重量超過

sobreponer [ソブレポネル] 54 〈過分 sobre*puesto*〉 他 重ねる
◆ ～se 〈a を〉克服する: ～*se* al dolor 苦痛に打ち勝つ

sobresaliente [ソブレサリエンテ] 形 傑出した; 目立つ
◆ 男 〈評点〉優

sobresalir [ソブレサリル] 74 自 〈en・entre の中で, por・de で〉きわ立つ, 傑出する: *Sobresale entre* sus compañeros por su inteligencia. 彼は仲間の中でとびぬけて頭がいい

sobresaltar [ソブレサルタル] 他 びっくりさせる
◆ ～se びっくりする; 恐れる

sobresalto [ソブレサルト] 男 驚き; 〈突然の〉恐怖

sobrevenir [ソブレベニル] 22 自 〈事故などが〉突然生じる

sobreviviente [ソブレビビエンテ] 名 生存者〖=superviviente〗

sobrevivir [ソブレビビル] 自 〈a を〉生きのびる, 死を免れる: *Sobrevivió a*l accidente. 彼はその事故で生き残った

sobrevolar [ソブレボラル] 21 他 …の上空を飛ぶ

sobriedad [ソブリエダ] 女 ❶ 節制, 節度. ❷ 簡素, 地味

sobrino, na [ソブリノ, ナ] 名 甥(#), 姪(#)

sobrio, bria [ソブリオ, ブリア] 形 ❶ 〈飲食などを〉節制した, 節度のある: Es ~ en la bebida. 彼はほとんど酒を飲まない. ❷ 簡素な, 地味な: vestir de forma *sobria* 地味な服装をしている

socarrón, na [ソカロン, ナ] 形 陰でからかう, 陰険な

socavón [ソカボン] 男 〈地下の〉穴, 陥没

socia ⇨socio, cia

sociable [ソスィアブレ] 形 社交的な, つきあいのよい

social [ソスィアル] 形 ❶ 社会の, 社会的な: problema ~ 社会問題
❷ 会社の, 法人の
vida ~ 1) 社会生活. 2) 社交生活: No hace mucha *vida* ~. 彼はつきあいが悪い

socialdemócrata [ソスィアルデモクラタ] 形 名 社会民主主義の(主義者); 社会民主党員

socialismo [ソスィアリスモ] 男 社会主義

socialista [ソスィアリスタ] 形 名 社会主義の(主義者); 社会党員

socializar [ソスィアリサル] 13 他 社会主義化する; 国有化する

sociedad [ソスィエダ] 女 ❶ 社会: vivir en ~ 社会の中で暮らす. ~ de consumo 消費社会. alta ~/buena ~ 上流社会
❷ 協会, 団体: ~ protectora de animales 動物愛護協会. ~ secreta 秘密結社
❸ 会社, 法人: fundar una ~ 会社を設立する. ~ anónima 株式会社. ~ limitada 有限会社. ~ de cartera 持ち株会社
❹ 社交界: presentarse (entrar) en ~ 社交界にデビューする

socio, cia [ソスィオ, スィア] 名 ❶ 会員: hacerse ~ de un club de natación スイミングクラブの会員になる. ❷ 共同出資(経営)者

sociología [ソスィオロヒア] 女 社会学

sociológico, ca [ソスィオロヒコ, カ] 形 社会学の

sociólogo, ga [ソスィオロゴ, ガ] 名 社会学者

socorrer [ソコレル] 他 救助する; 援助する

socorrista [ソコリスタ] 名 救急隊員, 救護班員

socorro [ソコロ] 男 ❶ 救助, 救援: pedir ~ 助けを求める. ❷ 援助: enviar ~ a los refugiados 難民に援助物資を送る
◆ 間 助けてくれ!

soda [ソダ] 女 ソーダ水

soez [ソエス] 形 〈複 soe*ces*〉下品な, 卑猥な

sofá [ソファ] 男 〈複 ~s〉 ソファー: sentarse en el ~ ソファーにすわる. ~-cama ソファーベッド

sofisticación [ソフィスティカスィオン] 女 ❶ 〈知的な〉洗練. ❷ 精巧さ

sofisticado, da [ソフィスティカド, ダ] 形 ❶ 〈知的に〉洗練された, センスのある; 凝りすぎた, 気取った. ❷ 精巧な, 高性能の

sofocante [ソフォカンテ] 形 息苦しい: Hace un calor ~. 蒸し暑い

sofocar [ソフォカル] 73 他 ❶ 息苦しくさせる. ❷〈火を〉消す
◆ ~se ❶ 赤面する. ❷ 息苦しくなる, 息が詰まる

sofoco [ソフォコ] 男 ❶ 暑苦しさ; 息苦しさ. ❷ 恥ずかしさ, きまり悪さ

sofocón [ソフォコン] 男 不快感, 怒り

sofreír [ソフレイル] 69 〈過分 sofr*ito*, sofreído〉他 軽く炒める

soga [ソガ] 女 縄, 荒縄: atar... con una ~ …に縄をかける

sois ⇨ser 78

soja [ソハ] 女 ダイズ(大豆): salsa de ~ しょうゆ

sojuzgar [ソフスガル] 55 他 征服する, 暴力で支配する

sol [ソル] 男 ❶ 太陽: Hace ~. 日が出て(照って)いる. Sale (Se pone) el ~. 日が昇る(沈む). Cae el ~. 日が暮れる. a la salida (la caída) del ~ 日の出(日没)に
❷ 日光: Entra el ~. 日が差しこむ. Hoy no hay ~. きょうは日が差していない. un día de ~ ある晴れた日
al ~ 日の当たる場所に
bajo el ~ 日なたで
dar el ~ 〈a に〉日が当たる
de ~ *al* ~ 日の出から日の入りまで; 一日じゅう
tomar el ~ 日光浴をする, 日に当たる

sola ⇨solo, la

solamente [ソラメンテ] 副 …だけ: Visité ~ el museo. 私は美術館だけ見学した
no ~..., *sino que*... …であるだけではなく…でもある

solapa [ソラパ] 女 ❶ 〈背広の〉折り返し, 襟. ❷ 〈本のカバー・ポケットなどの〉折り返し

solapado, da [ソラパド, ダ] 形 過分 陰険な, 腹黒い

solapar [ソラパル] 他 〈悪意で・用心のために〉隠す

solar [ソラル] 形 太陽の: rayos ~*es* 太陽光線. pila ~ 太陽電池
◆ 男 敷地, 地所

solariego, ga [ソラリエゴ, ガ] 形 旧家の, 名門の

solaz [ソラス] 男 休養, 気晴らし

soldado [ソルダド] 男 軍人; 〈下士官より下位の〉兵士, 兵隊: Los ~s abandonaron el puesto. 兵士たちは持ち場を放棄した

soldador, ra [ソルダドル, ラ] 名 溶接工; はんだ付け工

soldar [ソルダル] 21 他 溶接する; はんだ付けする

soleado, da [ソレアド, ダ] 形 過去 ❶ 晴れ渡った, 雲一つない. ❷ 日の当たった

solear [ソレアル] 他 日に当てる, 干す

soledad [ソレダ] 女 ❶ 孤独, 寂しさ: sentir ~ 孤独を感じる. vivir en ~ 孤独な生活を送る. ❷ 寂しい(人けのない)場所

solemne [ソレムネ] 形 ❶ 盛大な; 荘厳な, 厳粛な, おごそかな: misa ~ 荘厳ミサ. ❷ もったいぶった, まじめくさった: hablar con tono ~ もったいぶった口調で話す

solemnidad [ソレムニダ] 女 盛大さ; 荘厳さ, 厳粛さ: con ~ 盛大に; 厳粛に

soler [ソレル] 50 他 〈+不定詞〉習慣的に…する; いつも…する: Suele salir a las ocho. いつも8時に出かける

solicitar [ソリシタル] 他 申請する, 申し込む: ~ permiso 許可を申請する. ~ un empleo 就職を希望する. ~ una beca 奨学金に応募する

solícito, ta [ソリシィト, タ] 形 思いやりのある, よく気のつく, かいがいしい

solicitud [ソリシィトゥ] 女 ❶ 申請(書), 申し込み: presentar una ~ 申請(請願)書を出す, 請求する. ~ de patente 特許の出願. ❷ 思いやり, 心づかい: con ~ 心をつくして

solidaridad [ソリダリダ] 女 連帯, 団結: mostrar ~ 連帯を示す. por ~ con... …との連帯感から

solidarizar [ソリダリサル] 13 ~se 〈con と〉連帯する

solidario, ria [ソリダリオ, リア] 形 連帯した

solidez [ソリデス] 女 がんじょうさ, じょうぶさ

sólido, da [ソリド, ダ] 形 ❶ がんじょうな, じょうぶな: caja ~da しっかりした箱. ❷ 確固とした: convicción ~da 固い信念. ❸ 固体の, 固形の: alimento ~ 固形食. combustible ~ 固体燃料

solista [ソリスタ] 名 独奏(独唱)者, ソリスト

solitario, ria [ソリタリオ, リア] 形 ❶ 孤独な, 一人ぼっちの: vida ~ria 孤独な生活. ❷ 人けのない; 人里離れた: calle ~ria 人けのない通り

◆ 男 〈トランプ〉一人占い

sollozar [ソジョサル] 13 自 すすり泣く, 泣きじゃくる

sollozo [ソジョソ] 男 すすり泣き, 鳴咽(おえつ)

solo, la [ソロ, ラ] 形 ❶ ただ一つの, 唯一の: Dijo una sola palabra. 彼はただひとこと言った.
❷ 〈副詞的〉 1) 〈名詞+〉…だけ: Come arroz ~. 彼はご飯だけ食べる. 2) 助力なしで, 一人で; ひとりでに: Vive sola. 彼女は一人暮らしだ.
❸ 孤独な, 単独の: Estoy ~ en casa. 僕は家に一人でいる. vuelo ~ 単独飛行
❹ 〈音楽・舞踊〉独奏の, 独唱の, ソロの: piano ~ ピアノ独奏

◆ 男 独奏, 独唱, ソロ

a solas 一人で, 自分たちだけで, 助力なしで

por sí ~ ひとりでに; 独力で: La luz se apagó *por sí sola*. ひとりでに明かりが消えた

sólo [ソロ] 副 …だけ, 単に: Piensa ~ en su hijo. 彼は自分の子供のことしか考えない

con ~+不定詞 …するだけで

con ~ *que*+接続法 /~ *con que*+接続法 …しさえすれば

no ~… *sino* [*también*] … …だけでなく…もまた: Está enfermo *no* ~ él, *sino también* toda la clase. 彼だけではなく, クラス全員が病気だ

tan ~ ただ…だけ: *Tan* ~ quiero que me dejen en paz. 私のことをそっとしておいてほしいだけなんです

solomillo [ソロミジョ] 男 〈料理〉サーロイン, 牛の腰肉

soltar [ソルタル] 21 他 ❶ 放す: ¡*Suélta*me! 私を放して! ~ la cuerda ロープを放す.
❷ 〈殴打を〉加える: ~ a+人 una bofetada …に平手打ちを食らわす.
❸ 〈声・ことばを〉発する: no ~ una palabra ひとことも口にしない. ~ una carcajada 大声で笑う. ~ mentiras うそをつく

◆ ~se ❶ 〈de を〉放してしまう: No *te* sueltes *de* mi mano. 僕の手を放してはいけないよ. ❷ 自分を解き放つ: El perro *se soltó*. 犬が逃げた. ❸ 〈自分の…を〉解く, 緩める: ~*se* el pelo 〈束ねていた〉髪をほどく. ❹ 自制心を失う

soltero, ra [ソルテロ, ラ] 形 独身の, 未婚の: Está (Es) ~. 彼は独身だ. madre ~ra シングルマザー, 未婚の母

soltura [ソルトゥラ] 女 〈動作などの〉自在さ: hablar inglés con ~ 流暢(りゅうちょう)に英語を話す

soluble [ソルブレ] 形 ❶ 溶ける, 可溶性の:

solución [ソルスィオン] 囡 ❶ 解決, 解答: No veo ~ al problema. その問題の解決策が見つからない ❷〖化学〗溶解; 溶液

solucionar [ソルスィオナル] 他 解決する, …の答を見つける: ~ el problema 問題を解く

solvencia [ソルベンスィア] 囡 ❶〈債務の〉返済能力, 支払い能力. ❷〈困難を解決する〉能力

solventar [ソルベンタル] 他 ❶〈債務を〉返済する. ❷〈困難を〉解決する

solvente [ソルベンテ] 形〈債務の〉返済能力のある

sombra [ソンブラ] 囡 ❶ 陰, 日陰; 影: Las casas hacen ~. 家々が陰を作っている. Los chopos dan ~ a la orilla del río. ポプラが川辺に影をおとしている. sentarse a la ~ del árbol 木陰にすわる
❷ 複 闇, 暗がり: Se perdió en las ~s de la noche. 彼は夜の闇の中に消えた
❸〈比喩的に〉闇〖兆候, 類似, 恩恵など〗: arrojar ~ de duda 疑惑の影を投げかける. Se nota una ~ de tristeza en sus ojos. 彼女は少し悲しそうな目をしている
❹ アイシャドー〖~ de ojos〗
a la ~ 1) 日陰に(で). 2) 刑務所に: *poner a la* ~ 投獄する. 3)〈de の〉庇護を受けて; 陰に隠れて
en la ~ 陰の(で): trabajar *en la* ~ よからぬ仕事をする
hacer ~ *a*+人 1) …に対して光をさえぎる. 2) 目立たなくする, 存在を薄くする
tener mala ~ 1) 感じが悪い. 2) 悪運につきまとわれている

sombrero [ソンブレロ] 男〈つばのある〉帽子: ponerse (quitarse) el ~ 帽子をかぶる(脱ぐ). ~ de copa シルクハット. ~ de paja 麦わら帽
quitarse el ~ *ante...* …に脱帽する, 敬服する

sombrilla [ソンブリジャ] 囡 パラソル, 日がさ

sombrío, a [ソンブリオ, ア] 形 ❶ 暗い, 薄暗い. ❷ 陰気な, 陰うつな

somero, ra [ソメロ, ラ] 形 ❶ 表面的な; 大まかな. ❷ 表面に近い

someter [ソメテル] 他 ❶〈a に〉従わせる, ゆだねる: ~ a un enfermo *a* tratamiento 病人に治療を受けさせる. ~ el informe *al* comité 報告書を委員会に出す. ❷ 服従させる: ~ a los rebeldes 反乱軍を降伏させる
◆ ~*se* ❶ 従う: ~*se a* la mayoría 多数の意見に従う. ❷ 自分をゆだねる: ~*se a* una operación 手術を受ける. ❸ 服従する; 降伏する

somnífero [ソムニフェロ] 男 睡眠薬

somnolencia [ソムノレンスィア] 囡 眠気; 半睡状態

somos ⇨ser 78

son [ソン] 男 ❶〈快〉音: al ~ del piano ピアノの音に合わせて. ❷ ソン『キューバ・メキシコなどの民俗舞踊・音楽』
en ~ *de...* …の態度で; …の調子で: *en* ~ *de* broma 冗談めかして
◆ 動詞活用形 ⇨ser 78

sonajero [ソナヘロ] 男〖玩具〗がらがら

sonambulismo [ソナンブリスモ] 男 夢遊病

sonámbulo, la [ソナンブロ] 形 名 夢遊病の; 夢遊病者

sonar [ソナル] 21 自 ❶ 鳴る: Suena el teléfono. 電話が鳴る
❷〈事柄が主語. 漠然と〉覚えている: Me *suena* la cara de ese señor. あの人の顔には見覚えがある
❸ 名前があがる, 言及される
◆ ~*se* 鼻をかむ
~ *bien* (*mal*) *a*+人〈ことばが〉…の耳に心地よく(不快に)響く

sonata [ソナタ] 囡 ソナタ, 奏鳴曲

sonda [ソンダ] 囡 ❶〖船舶〗測深; 測鉛. ❷〈気象用の〉観測機, 観測気球;〈宇宙〉探査機. ❸〖医学〗ゾンデ

sondear [ソンデアル] 他 ❶ 探査する. ❷〈意見などを〉探る: ~ la opinión pública 世論調査をする

sondeo [ソンデオ] 男 ❶ 探査. ❷〈意見などの〉調査: ~ de la opinión pública 世論調査

soneto [ソネト] 男〖詩法〗ソネット, 14 行詩

sonido [ソニド] 男 音, 音響: Se puede oír el ~ de sus zapatos. 彼の靴音が聞こえる. velocidad del ~ 音速. ~ estereofónico ステレオサウンド

sonoro, ra [ソノロ, ラ] 形 ❶ 音を発する: onda ~*ra* 音波. ❷ よく響く, 響きのよい: voz ~*ra* よく響く声

sonreír [ソンレイル] 69 自 ❶ 微笑する, ほほえむ: La enfermera me *sonrió* dulcemente. 看護婦は私に優しくほほえみかけた
❷ 有利になる: La suerte le *sonrió*. 彼は幸運に恵まれた

sonriente [ソンリエンテ] 形 微笑を浮かべた

sonrisa [ソンリサ] 囡 微笑, ほほえみ: con una ~ 微笑を浮かべて, 笑顔で

sonrojar [ソンロハル] ~*se* 赤面する

sonrojo [ソンろホ] 男 赤面

sonrosado, da [ソンろサド, ダ] 形 ばら色

sonsacar [ソンサカル] 73 他〈知っている・隠していることを〉巧みに言わせる

soñador, ra [ソニャドル, ラ] 名 夢想家, 空想家

soñar [ソニャル] 21 自〈con の〉❶ 夢をみる: Anoche *soñé con* mi novia. 私は昨晩恋人の夢をみた ❷ 夢想にふける；夢みる: ~ *con* ser cantante 歌手を夢みる
◆〈que+直説法線過去〉夢で見る: *Soñé que* viajaba a la luna. 私は月旅行する夢を見た
¡ni ~ *lo!/¡ni lo sueñes!* まさか〔そんなことは夢でさえ起こしない〕

soñoliento, ta [ソニョリエント, タ] 形 ひどく眠い, 眠そうな

sopa [ソパ] 女〈料理〉スープ: tomar la ~ スープを飲む. ~ de ajo ニンニクスープ. ~ de mariscos 魚介類のスープ
como (*hecho*) *una* ~ ずぶぬれになって
hasta en la ~ すみずみまで, いたるところに

sopera [ソペラ] 女〈取り分け用の〉スープ入れ

sopesar [ソペサル] 他 ❶ 手に持って重さをはかる. ❷ 検討する, おしはかる

sopetón [ソペトン] 男 *de* ~ 不意に, 思いがけず, いきなり

soplar [ソプラル] 自 ❶ 息を吹きつける: *Sopla* fuerte y apaga las velas de la tarta. 息を強く吹きつけて, ケーキのろうそくを消しなさい. ❷〈風が〉吹く: *Sopla* mucho viento. 強い風が吹く
◆ 他 ❶ …に息を吹きかける；吹き飛ばす: ~ el polvo ほこりを吹き払う. ❷ そっと教える；密告する

soplete [ソプレテ] 男 トーチ: ~ de soldar 溶接トーチ

soplo [ソプロ] 男 ❶ 吹くこと: de un ~ 一吹きで. un ~ de aire (de viento) 一陣の風. ❷ 密告: dar el ~ a la policía 警察に密告する. ❸ 一瞬, 短時間: en un ~ あっという間に

sopor [ソポル] 男 眠気

soportable [ソポルタブレ] 形 我慢できる, 耐えられる

soportal [ソポルタル] 男 アーケード；柱廊

soportar [ソポルタル] 他 ❶ 支える: Estas columnas *soportan* el techo. これらの柱が天井を支えている. ❷ 耐える, 耐え忍ぶ: No puedo ~ a mi jefe. 私の上司には我慢できない. ~ el dolor 痛みを我慢する

soporte [ソポルテ] 男 台, 支え
◆ 動詞活用形 ⇨**soportar**

soprano [ソプラノ] 名 ソプラノ歌手

sorber [ソルベル] 他 ❶ すする, 少しずつ飲む: ~ la limonada con una paja レモネードをストローで少しずつ飲む. ❷ 吸い込む: La esponja *sorbe* el agua. スポンジは水を吸う

sorbete [ソルベテ] 男〈菓子〉シャーベット

sorbo [ソルボ] 男 ❶ すすること. ❷ ごく少量: tomar un ~ de coñac コニャックをほんの一口飲む
a ~*s* 一口ずつ: beber *a* ~*s* el whisky ウイスキーをちびちび飲む
de un ~ 一口で

sordera [ソルデラ] 女 耳が聞こえないこと；難聴

sórdido, da [ソルディド, ダ] 形 よごれた；貧しい

sordo, da [ソルド, ダ] 形 ❶ 耳の聞こえない, 耳の不自由な: Es ~ de nacimiento. 彼は生まれつき耳が不自由だ. Mi abuelo está un poco ~. 私の祖父は少し耳が遠い. ❷ 耳を貸さない: Permaneció ~ a mis consejos. 彼は私の忠告に耳を貸そうとしなかった. ❸〈音などが〉鈍い, こもった, かすかな
◆ 名 耳の不自由な人
hacerse ~ 聞こえないふりをする；耳を貸そうとしない

sordomudo, da [ソルドムド, ダ] 形 名 聾啞(ろう)の；聾啞者

sorna [ソルナ] 女 からかい, 冷やかし: decir con ~ いやみで言う

soroche [ソロチェ] 男〈ラ〉高山病

sorprendente [ソルプレンデンテ] 形 驚くべき, 意外な

sorprender [ソルプレンデル] 他 ❶ 驚かす: Me *sorprendes* con esa pregunta. 君はそんな質問をして私をびっくりさせる ❷ …の不意を突く: El chubasco nos *sorprendió* en la playa. 私たちは海岸でにわか雨にあった. El policía le *sorprendió* robando. 警官は彼を盗みの現行犯でつかまえた
◆ ~*se*〈con・de に〉驚く: *Me sorprendí con* el ruido. 私は物音にびっくりした

sorpresa [ソルプレサ] 女 ❶〈意表を突かれた〉驚き: dar a+人 una ~ …を驚かす. ¡Qué ~ encontrarme con usted aquí! ここであなたに会うとは奇遇です. ¡Vaya ~! わあ驚いた！ ❷ 驚くべきこと, 思いがけないもの(こと): Te he traído una ~. 君がびっくりするようなものを持ってきたよ
por ~/*de* ~ 不意に(の), 意表をつく(つい)て: ataque *por* ~ 奇襲攻撃

sortear [ソルテアル] 他 ❶ くじ引きで決める. ❷〈危険・障害を〉上手に回避する

sorteo [ソルテオ] 男 抽籤(ちゅうせん), くじ引き

sortija [ソルティハ] 囡 〈宝石つきの〉指輪
sosa ⇨soso, sa
sosegado, da [ソセガド, ダ] 形 過分 穏やかな；温和な, おとなしい
sosegar [ソセガル] 51 他 静める, 穏やかにする
◆ ~se 静まる, 落ち着く；穏やかになる
sosiego [ソシエゴ] 男 静けさ, 静寂
◆ 動詞活用形 ⇨sosegar 51
soslayar [ソスラヤル] 他 〈困難などを〉回避する
soslayo [ソスラジョ] de ~ 斜めに：mirar de ~ 横目で見る
soso, sa [ソソ, サ] 形 ❶〈料理が〉塩味の足りない. ❷ おもしろみのない, 退屈な；〈女性が〉愛嬌のない
sospecha [ソスペチャ] 囡 疑惑, 嫌疑：Tengo la ~ de que no vendrá. 彼は来ないのではないかと思う
sospechar [ソスペチャル] 他〈que+直説法〉推量する, 〈…ではないかと〉思う；疑う：Sospecho que va a llover. 雨が降るのではないかと思う. Sospecho que él ha robado el dinero. 彼がお金を盗んだのではないだろうか
◆ 自〈de+人 に〉嫌疑をかける：La policía sospecha del cajero como autor del robo. 警察はレジ係を盗みの犯人ではないかと疑っている
sospechoso, sa [ソスペチョソ, サ] 形 疑わしい
◆ 名 容疑者
sostén [ソステン] 男〈複 sostenes〉❶ 支え, 支柱：El padre es el ~ de la familia. 父親は一家の大黒柱だ. ❷ ブラジャー：ponerse (llevar) el ~ ブラジャーをつける(つけている)
sostener [ソステネル] 47 他 ❶ 支える：~ el techo 天井を支える. ~ a la familia 一家の生計を支える. ~ a un candidato 候補者を応援する
❷ 主張する；〈意見を〉持つ
◆ ~se ❶ 自分を支える, 立っている. ❷ 続ける：~se en el poder 権力の座にとどまる
sotana [ソタナ] 囡〈カトリック〉スータン『聖職者の通常服』
sótano [ソタノ] 男 地下室
soterrar [ソテラル] 57 他 埋める
soy ⇨ser 78
spray [(エ)スプライ] 男 スプレー
Sr. 〈略語〉…氏〖←señor〗
Sra. 〈略語〉…夫人〖←señora〗
Sres. 〈略語〉…御中〖←señores〗
Srta. 〈略語〉…嬢〖←señorita〗
Sta. 〈略語〉聖…〖←santa〗
status [(エ)スタトゥス] 男 地位, ステータス
Sto. 〈略語〉聖…〖←santo〗

su [ス] 形〈所有形容詞〉彼〔ら〕の, 彼女〔ら〕の；それ〔ら〕の；あなた〔がた〕の：Su padre es médico. 彼〔ら〕(彼女〔ら〕・あなた〔がた〕)の父は医者だ
suave [スアベ] 形 ❶ 手触りのよい, なめらかな：cutis ~ すべすべした肌, 柔肌
❷ 柔らかい調子の, 穏やかな：color ~ 柔らかい色. sabor ~ まろやかな味. voz ~ ソフトな声
suavidad [スアビダ] 囡 ❶ 手触りのよさ, なめらかさ. ❷ 穏やかさ
suavizante [スアビサンテ] 囡 ❶〈洗濯〉柔軟仕上げ剤. ❷ ヘアリンス
suavizar [スアビサル] 13 他 ❶ なめらかにする. ❷ 穏やかにする
sub-〈接頭辞〉「下」の意
subalterno, na [スバルテルノ, ナ] 形 下位の, 下級の
◆ 名 部下, 下役
subasta [スバスタ] 囡 ❶ 競売, オークション：poner un cuadro a ~ 絵を競売にかける. ❷ 入札：sacar a ~ el nuevo museo 新しい美術館建設の入札を行なう. ~ pública 公開入札
subastar [スバスタル] 他 競売する；入札を行なう
subcampeón, na [スブカンペオン, ナ] 名 準優勝者, 2位の人
subconsciente [スブコンススィエンテ] 形 男 潜在意識〔の〕, 意識下の
subcontratar [スブコントラタル] 他 …と下請け契約をする
subdesarrollado, da [スブデサロジャド, ダ] 形 後進的な, 低開発の
subdesarrollo [スブデサロジョ] 男 後進性, 低開発性
subdirector, ra [スブディレクトル, ラ] 名 副社長, 副支配人, 次長
súbdito, ta [スブディト, タ] 名 ❶ 臣下, 臣民. ❷ 国民
subestimar [スベスティマル] 他 過小評価する
subida¹ [スビダ] 囡 ❶ 登ること. ❷ 上昇：~ de precios 物価の上昇. ❸ 坂, 登り坂
subido, da² [スビド, ダ] 形 過分〈色・匂いなどが〉強烈な
subir [スビル] 自 ❶〈a に〉登る, 上がる：~ a una montaña 山に登る. ~ a un árbol 木に登る. ~ por la escalera 階段を登る；階段で上がる
❷〈乗り物に〉乗り込む：~ al tren 乗車する. ~ al barco 乗船する
❸〈水位・温度などが〉上昇する：Ha subido el río. 川が増水した

❹〈価格などが〉上がる: 1) *Suben* los precios. 物価が上がる。 2)〈a に〉達する: La deuda *sube* a un millón de euros. 負債は100万ユーロにのぼる
❺ 昇進する, 出世する: ~ de categoría 昇格する
❻〈音・調子が〉高くなる
◆ 他 ❶ 登る, 上がる: ~ la escalera 階段を登る
❷ 持ち上げる, 運び上げる: ~ la maleta *a* la habitación スーツケースを部屋まで運び上げる
❸〈位置を〉上げる: ~ la cabeza 頭を上げる。 ~ la persiana ブラインドを上げる
❹ 値上げする: ~ el precio 値段を上げる
❺〈音・調子などを〉上げる: ~ el volumen ボリュームを上げる
◆ ~se ❶ 登る, 上がる: ~*se* a un árbol 木によじ登る。 ❷〈自分の…を〉上げる: *Súbete* los calcetines. 靴下を上げなさい

súbitamente [スビタメンテ] 副 突然, 急に

súbito, ta [スビト, タ] 形 突然の, 急な: muerte ~*ta* 急死, 突然死
de ~ 突然, 急に

subjetivo, va [スブヘティボ, バ] 形 主観的な

subjuntivo [スブフンティボ] 男〈文法〉接続法

sublevación [スブレバスィオン] 女 反乱, 蜂起

sublevar [スブレバル] 他 ❶ 反乱を起こさせる。 ❷ 怒り(憤り)を感じさせる
◆ ~se〈contra に対して〉反乱を起こす

sublime [スブリメ] 形 崇高な, 気高い

submarinista [スブマリニスタ] 名 潜水士, ダイバー

submarino, na [スブマリノ, ナ] 形 海中の, 海底の: cable ~ 海底ケーブル
◆ 男 潜水艦, 潜水艇

subnormal [スブノルマル] 形 名 知的障害の(障害者)

subordinado, da [スボルディナド, ダ] 形 従属した, 下位の
◆ 名 部下, 配下

subrayar [スブラジャル] 他 ❶ …に下線を引く。 ❷ 強調する

subsanar [スブサナル] 他 ❶ 償う; 埋め合わせをする。 ❷ 解決する, 克服する

subscribir [スブスクリビル] 他 =suscribir
subscripción [スブスクリプスィオン] 女 = suscripción

subsidiario, ria [スブシディアリオ, リア] 形 ❶ 補助金の, 助成金の, 扶助料の. ❷ 補助的な, 補足の

subsidio [スブシディオ] 男 補助金, 助成金; 公的扶助, 給付: ~ de desempleo/~ de paro 失業手当. ~ de vejez 老齢年金

subsistencia [スブシステンスィア] 女 存続; 生存

subsistir [スブシスティル] 自 ❶ 存続する. ❷ 生存する, 生計を維持する

substancia [スブスタンスィア] 女 =sustancia

substancial [スブスタンスィアル] 形 =sustancial

substitución [スブスティトゥスィオン] 女 = sustitución

substituir [スブスティトゥイル] 42 他 =sustituir

substituto, ta [スブスティトゥト, タ] 名 = sustituto

substraer [スブストラエル] 81 他 =sustraer

subsuelo [スブスエロ] 男 地下

subterráneo, a [スブテラネオ, ア] 形 地下の: recursos ~s 地下資源
◆ 男 ❶ 地下室; 地下道. ❷〈ラ〉地下鉄

subtítulo [スブティトゥロ] 男 ❶ 副題, サブタイトル. ❷ 複〈映画〉字幕

suburbano, na [スブルバノ, ナ] 形 郊外の, 近郊の

suburbio [スブルビオ] 男 ❶ 郊外. ❷〈町はずれの〉スラム

subvención [ス(ブ)ベンスィオン] 女〈主に公的な〉補助金, 助成金

subvencionar [ス(ブ)ベンスィオナル] 他 …に補助金(助成金)を出す

subversión [ス(ブ)ベルスィオン] 女〈体制・秩序の〉転覆

subversivo, va [ス(ブ)ベルスィボ, バ] 形 反体制的な, 破壊的な

subyugar [スブジュガル] 55 他 征服する, 支配する

succión [ス(ク)スィオン] 女 吸うこと, 吸引

sucedáneo, a [スセダネオ, ア] 形 代用の
◆ 男 代用品

suceder [スセデル] 自 ❶〈事件などが〉起こる: *Ha sucedido* un accidente. 事故が起きた。 ¿Le *ha sucedido* algo? 彼に何か起こったのですか?
❷〈a に〉続く: Abril *sucede* a marzo. 3月の次には4月が続く
◆ 他 …の跡を継ぐ, 後継者(後任)になる: ~ a su padre 父の跡を継ぐ
Lo que sucede es que+直説法 実を言うと…

sucesión [スセスィオン] 女 ❶ 後継, 継承. ❷ 連続

sucesivamente [スセシバメンテ] 副 ❶ あいついで. ❷ ... y así ～ …以下同様

sucesivo, va [スセシボ, バ] 形 あいつぐ, 立て続けの
en lo ～ 今後は

suceso [スセソ] 男 出来事, 事件：sección de ～s 三面記事

sucesor, ra [スセソル, ラ] 名 後継者, 相続者

suciedad [スシィエダ] 女 ❶ 汚さ, 不潔；垢, よごれ. ❷ 下品さ；卑劣さ

sucinto, ta [スシィント, タ] 形 簡潔な, 要約した

sucio, cia [スシィオ, スィア] 形 ❶ 汚い, よごれた；不潔な：Tengo las manos *sucias*. 私の手は汚い. La mesa está *sucia*. テーブルがよごれている
❷ よごれやすい：El blanco es un color muy ～. 白はとてもよごれやすい色だ
❸ けがらわしい；下品な；卑劣な：lenguaje ～ みだらなことば. negocios ～s いかがわしい商売. juego ～ フェアでないプレー
◆ 副 不正に, 違反して：jugar ～ フェアでないプレーをする

suculento, ta [スクレント, タ] 形 美味な, 滋味豊かな

sucumbir [スクンビル] 自 ❶ <a に> 降伏する, 負ける：～ *a* los ataques del enemigo 敵の攻撃に屈する. ～ *a* la tentación 誘惑に負ける. ❷ 〈事故などで〉死ぬ

sucursal [スクルサル] 女 支店, 支社

sudadera [スダデラ] 女 〈服飾〉スウェット, トレーナー

sudafricano, na [スダフリカノ, ナ] 形 名 南アフリカ共和国 República de Sudáfrica の〔人〕

sudamericano, na [スダメリカノ, ナ] 形 名 南米 Sudamérica の〔人〕

sudar [スダル] 自 ❶ 汗をかく：～ a chorros/～ a mares 滝のような汗をかく. ❷ 懸命に働く；苦労する
◆ 他 汗でぬらす

sudeste [スデステ] 男 ＝sureste

sudoeste [スドエステ] 男 ＝soroeste

sudor [スドル] 男 ❶ 汗：Está bañado (empapado) en ～. 彼は汗びっしょりだ. correr a+人 un ～ frío por su frente …の額に冷や汗が出る
❷ 複 骨折り, 苦労：Le costó muchos ～es ganar el pan. 食費をかせぐのに彼はたいへん苦労した

sudoroso, sa [スドロソ, サ] 形 汗びっしょりの；汗かきの

sueco, ca [スエコ, カ] 形 名 スウェーデン Suecia〔人・語〕の；スウェーデン人
◆ 男 スウェーデン語
hacerse el ～ 聞こえない（わからない）ふりをする

suegro, gra [スエグロ, グラ] 名 義父, 義母；舅 (しゅうと)；姑 (しゅうとめ)；男 複 舅と姑

suel- ⇨**soler** 50

suela [スエラ] 女 靴底

sueldo [スエルド] 男 給料, 賃金：cobrar de ～ cinco mil euros al mes 月給 5 千ユーロをもらう. pagar el ～ 給料を払う. ～ base 基本給
a ～ 有給の, 雇われた：estar *a* ～ 給料をもらって働いている. asesino *a* ～ 殺し屋

suelo [スエロ] 男 ❶ 地面；土地：caerse al ～ 地面（床）に倒れる, 転ぶ. jugar en el ～ 地べた（床）で遊ぶ. precio del ～ 土地価格
❷ 床 (ゆか)：fregar el ～ 床を磨く (ふく)

suelt- ⇨**soltar** 21

suelto, ta [スエルト, タ] 形 ❶ 解き放たれた；解けた：Las ovejas están ～*tas* en el prado. 羊が牧場で放し飼いにされている. llevar el pelo ～ 髪を〔束ねずに〕垂らしている
❷ ゆるい, 締まっていない：falda ～*ta* ゆったりしたスカート
❸ 上手な, 流暢 (りゅうちょう) な：estar muy ～ en francés フランス語がとても上手である
❹ 奔放な, 束縛されていない：mujer ～*ta* 奔放な女性
❺ ばらの, まとまっていない：piezas ～*tas* ばらの部品
◆ 男 小銭：No tengo ～. 私は小銭をもっていない

suen- ⇨**sonar** 21
sueñ- ⇨**soñar** 21

sueño [スエニョ] 男 ❶ 睡眠, 眠り：Tengo falta de ～. 私は睡眠不足だ
❷ 眠気：Tengo mucho ～. 私はすごく眠い. Me ha entrado ～. 私は眠くなった
❸ 夢：1) Esta noche he tenido un ～ agradable. 昨晩私は心地よい夢をみた. despertarse del ～ 夢からさめる. 2) 夢想；あこがれ：realizar su ～ 夢を実現させる
coger el ～ 寝つく, 眠ってしまう

suero [スエロ] 男〈医学〉血清；食塩水

suerte [スエルテ] 女 ❶ 運命：confiar... a la ～ …を運命に任せる
❷ 運, 幸運：tener〔buena〕～ 運がよい, ついている. tener mala ～ 運が悪い. ¡Qué ～! ついている／いいですねえ!
❸ 境遇, 身の上
¡〔Buena〕S～!／*¡Que tenga ～!* うまくいきますように／がんばって!

***de* ~ *que*+直説法 〈結果〉それで…；〈様態〉…のように
echar... a ~s ~をくじで決める
leer la ~ a+人 …の運勢を見る，占う
por ~ 幸運なことに，運よく
probar ~ 運をためす；宝くじを買う

suéter [スエテル] 男 〈主に薄手の〉セーター
suficiencia [スフィスィエンスィア] 女 適性，能力
suficiente [スフィスィエンテ] 形 〈para に〉十分な，足りる：No tengo dinero ~ *para comprar el vestido*. 私はその服を買うだけの金を持っていない
suficientemente [スフィスィエンテメンテ] 副 十分に
sufijo [スフィホ] 男 〈文法〉接尾辞
sufragio [スフラヒオ] 男 ❶ 選挙〈制度〉：~ *universal* 普通選挙．~ *directo* 直接選挙．~ *femenino* 婦人参政権．❷ 投票，票
sufrido, da [スフリド, ダ] 形 過分 我慢（忍耐）強い
sufrimiento [スフリミエント] 男 苦痛，苦悩
sufrir [スフリル] 自 ❶ 苦しむ：Los padres *sufrieron* mucho por sus hijos. 親は子供にさんざん苦労させられた
❷〈de を〉患う；…に苦しむ：~ *del* pulmón 肺病である．~ *de* celos 嫉妬心にさいなまれる
◆ 他 ❶ 〈よくないことを〉経験する：~ un accidente de tráfico 交通事故にあう．~ una operación 手術を受ける．~ hambre 飢えに苦しむ．❷ 耐え忍ぶ，我慢する：~ persecuciones 迫害に耐える
sugerencia [スヘレンスィア] 女 提案，示唆
sugerir [スヘリル] 77 他 ❶ 思いつかせる，連想させる：Este azul me *sugiere* el cielo de España. この青色はスペインの空を思わせる．❷ 提案する，示唆する：Él me *sugirió* que comprase este vino. 彼は私にこのワインを買うように勧めた
sugestión [スヘスティオン] 女 ❶ 暗示，示唆，婉曲な勧め
sugestionar [スヘスティオナル] 他 暗示にかける；…の考え(判断)に影響を与える
sugestivo, va [スヘスティボ, バ] 形 ❶ 暗示にかけるような．❷ 魅力的な
suicida [スイスィダ] 名 自殺者
◆ 形 自殺の，自殺的な：atentado ~ 自爆テロ
suicidar [スイスィダル] ~se 自殺する
suicidio [スイスィディオ] 男 自殺
suite [スイテ] 女 〈ホテルの〉スイートルーム
suizo, za [スイソ, サ] 形 名 スイス Suiza〔人〕の；スイス人
sujetador [スヘタドル] 男 ❶ 留めるもの：~ papeles 紙ばさみ，クリップ．❷〈服飾〉ブラジャー
sujetar [スヘタル] 他 ❶ 支配する，服従させる：~ a los estudiantes al reglamento 学生たちを規則で縛る．❷ おさえつける，つかまえる：*Sujeta* bien la escalera. はしごをしっかりおさえていてくれ．❸ 固定する，留める：~ la tabla con dos clavos 板を2本の釘で固定する
◆ ~se ❶ 〈a に〉つかまる，しがみつく：Me *sujeté* al pasamano para no caer. 私は落ちないように手すりにつかまった．❷〈自分の…を〉落ちないようにする，おさえる：~*se* los pantalones con la mano ズボンが落ちないように手でおさえる．~*se* el pelo con horquillas 髪をピンでとめる．❸〈a に〉従う：~ *a* la Constitución 憲法を遵守する
sujeto[1] [スヘト] 男 ❶ 人，やつ．❷〈文法〉主語
sujeto[2]**, ta** [スヘト, タ] 形 ❶ 固定してある：La cuerda está bien ~*ta*. ロープはしっかり固定してある．❷〈a に〉拘束された：estar ~ *al* tiempo 時間に縛られている
◆ 動詞活用形 ⇨**sujetar**
sultán [スルタン] 男 スルタン〖イスラム教国の君主〗
suma[1] [スマ] 女 ❶ 金額，総額：La factura llegó a la ~ de cien mil yenes. 請求書は計10万円になった
❷ 合計，〈数学〉和
en ~ 結局のところ，要するに
◆ 動詞活用形 ⇨**sumar**
sumamente [スマメンテ] 副 きわめて
sumar [スマル] 他 ❶ 合計する，加える．❷ 総計…に達する：Cinco y tres *suman* ocho. 5足す3は8
◆ ~se 〈a に〉賛成する；加わる
sumario, ria [スマリオ, リア] 形 簡潔な，短い
◆ 男 ❶ 概要，要約．❷〈法律〉予審
sumergible [スメルヒブレ] 形 水中に入れられる：reloj ~ 防水時計
◆ 男 潜水艦，潜水艇〖＝submarino〗
sumergir [スメルヒル] 37 他 ひたす：~ la mano en el agua 手を水の中につける
◆ ~se ❶ ひたる，もぐる．❷〈en に〉没頭する
sumidero [スミデロ] 男 下水口；下水道
suministrar [スミニストラル] 他 供給する，支給する：~ agua a la isla 島に給水する．~ información 情報を提供する
suministro [スミニストロ] 男 供給，支給；

供給品

sumir [スミル] 他 ❶ ⟨en 状態に⟩ おとしいれる: La bancarrota lo *sumió en* la miseria. 破産して彼は貧乏のどん底に追いやられた. ❷ ⟨水に⟩ 沈める; ⟨土に⟩ 埋める

sumisión [スミシオン] 女 ❶ 服従; 降伏. ❷ 従順さ

sumiso, sa [スミソ, サ] 形 従順な, おとなしい

sumo, ma[2] [スモ, マ] 形 ❶ ⟨地位が⟩ 最高の. ❷ 極度な: con ~ cuidado 細心の注意を払って

a lo ~ せいぜい, 多くても

suntuoso, sa [スントゥオソ, サ] 形 豪華な

sup- ⇨**saber** [72]

súper [スペル] 形 すばらしい, 最高の
◆ 男 スーパーマーケット〖supermercado の省略語〗
◆ 女 ⟨自動車⟩ ハイオク, スーパー

super- ⟨接頭辞⟩「超…」「以上」「極度」「過度」の意

superar [スペラル] 他 ❶ …に勝る: Este ordenador *supera* a los demás en capacidad. このコンピュータはほかのより容量の点で優れている. ❷ ⟨障害などを⟩ 克服する, 打ち勝つ: ~ una crisis 危機を乗り越える. ❸ 上回る, 越える: ~ la previsión 予想を上回る. ❹ ⟨試験に⟩ 合格する
◆ ~**se** 向上する, 進歩する

superávit [スペラビ] 男 黒字, 剰余〔金〕: con ~ 黒字を出して

superficial [スペルフィシアル] 形 ❶ 表面の: herida ~ 浅い傷. ❷ 表面的な, うわべだけの: amabilidad ~ うわべだけの親切

superficie [スペルフィシィエ] 女 ❶ 表面; 地面: ~ del agua 水面. ❷ 面積: La ~ de España es de 504 kilómetros cuadrados. スペインの面積は504平方キロである. ❸ 外見, 見せかけ

superfluo, flua [スペルフルオ, フルア] 形 余分な, 不必要な

superior [スペリオル] 形 ⟨*a* より⟩ ❶ ⟨質が⟩ 優れた, 上質の, 上等の: Este aceite es ~ *a* aquél en calidad. この油はあれより質が上だ
❷ ⟨位置が⟩ 上の: Vive en dos pisos ~*s al* mío. 彼は私より2階上に住んでいる. la parte ~ de este árbol この木のてっぺん. labio ~ 上唇
❸ 上級の, 高位の; 高等な: curso ~ 上級コース. enseñanza ~ 高等教育
❹ ⟨数が⟩ 大きい, 上回る: ingresos ~*es a* los diez mil euros 1万ユーロ以上の収入
◆ 男 上司, 上官

superioridad [スペリオリダ] 女 優越, 優位

superlativo [スペルラティボ] 男 ⟨文法⟩ 最上級

supermercado [スペルメルカド] 男 スーパーマーケット

superponer [スペルポネル] [54] 他 ❶ 重ねる. ❷ ⟨*a* より⟩ 優先させる

supersónico, ca [スペルソニコ, カ] 形 超音速の

superstición [スペルスティシオン] 女 迷信, 縁起をかつぐこと

supersticioso, sa [スペルスティシオソ, サ] 形 迷信的な, 縁起をかつぐ

supervisar [スペルビサル] 他 ⟨仕事などを⟩ 監督する

supervisión [スペルビシオン] 女 ⟨仕事などの⟩ 監督

supervisor, ra [スペルビソル, ラ] 名 ⟨仕事などの⟩ 監督者

supervivencia [スペルビベンシィア] 女 生き延びること

superviviente [スペルビビエンテ] 形名 生き残った; 生存者

suplantar [スプランタル] 他 ⟨不当に⟩ …に取って代わる; …になりすます

suplementario, ria [スプレメンタリオ, リア] 形 追加の, 補足の: clase ~*ria* 補講, 補習

suplemento [スプレメント] 男 ❶ 追加, 補足. ❷ 割増料金, 追加料金. ❸ 付録; ⟨新聞の⟩ 特集版: ~ dominical ⟨新聞の⟩ 日曜版. ❹ サプリメント, 補助食品

suplente [スプレンテ] 形 代理の, 代行の
◆ 名 ❶ 代理の人, 代行. ❷ ⟨スポーツ⟩ 控えの選手, 補欠〖jugador ~〗

supletorio, ria [スプレトリオ, リア] 形 補足用の: cama ~*ria* 補助ベッド
◆ 男 ❶ 補足物. ❷ ⟨電話⟩ 子機, 内線電話

súplica [スプリカ] 女 懇願, 哀願

suplicar [スプリカル] [73] 他 ⟨que+接続法 すように⟩ 懇願する, 哀願する: Te *suplico* que me escuches. どうか私の言うことを聞いてくれ

suplicio [スプリシィオ] 男 ❶ 苦痛. ❷ 拷問; 体刑

suplir [スプリル] 他 ❶ ⟨con・por で⟩ 補う, 代用する. ❷ …の代理を務める, 代行する: ~ a un profesor 先生の代理を務める

suponer [スポネル] [54] ⟨過分 sup*uesto*⟩ 他 ❶ 仮定する, 想定する: Supongamos que es verdad. それが事実だと仮定しよう. *suponiendo* que+接続法 …だとすれば
❷ 推測する, 推定する: Supongo que lle-

garáel avión a la hora. 飛行機は定刻に着くと思う

❸ 前提とする，当然予想させる；意味する: Mantener el chalé *supone* muchos gastos. 別荘の維持には多大な費用がかかる

◆ 自 重きをなす: Tu amistad *supone* mucho para mí. 君の友情は私にとってとても大切だ

ser de ～ que+直説法・接続法 …は考えられる, あり得る

suposición [スポスィスィオン] 囡 推測；仮定

supositorio [スポスィトリオ] 男 〈医学〉座薬

supremacía [スプレマスィア] 囡 至高, 最高位；優越性

supremo, ma [スプレモ, マ] 形 最高位の；至上の: belleza ～*ma* 至上の美. el tribunal ～ 最高裁判所

supresión [スプレスィオン] 囡 廃止；削除

suprimir [スプリミル] 他 ❶ 廃止する；消滅させる. ❷ 削除する

supuesto[1] [スプエスト] 男 仮定, 前提
por ～ もちろん: ¿Vienes a la fiesta?— ¡*Por ～*! パーティーに来る?—もちろん! dar *por ～* つね前提として考える
～ que... 〈+直説法〉…であるから；〈+接続法〉…であると仮定したら

supuesto[2]**, ta** [スプエスト, タ] 形 〈suponer の 過分〉❶ 想定された: ～ culpable 容疑者. ❷ にせの: nombre ～ 偽名

sur [スル] 男 ❶ 南；南部: Chile está al ～ de Perú. チリはペルーの南にある
❷ 南風

suramericano, na [スラメリカノ, ナ] 形 名 =sudamericano

surcar [スルカル] 73 他 ❶ 波(風)を切って進む. ❷ …に畝(ùね)をつける, 筋をつける: ～ el campo con el arado 畑をすきで耕す. frente *surcada* de arrugas しわの刻まれた額

surco [スルコ] 男 ❶ 〈畑の〉畝(ùね). ❷ 溝, 筋；〈皮膚の〉しわ: ～*s* de las ruedas わだち

sureste [スレステ] 男 南東

surgir [スルヒル] 37 自 ❶ 〈水などが〉わき出す. ❷ 〈突然に〉出現する, 生じる: Ha *surgido* un nuevo problema. 新たな問題が発生した. La idea *surgió* en su cabeza. その考えが彼の頭に浮かんだ

suroeste [スロエステ] 男 南西

surrealismo [スれアリスモ] 男 シュールレアリスム, 超現実主義

surrealista [スれアリスタ] 形 名 シュールレアリスムの；シュールレアリスト

surtido, da [スルティド, ダ] 形 過分 ❶ 取り合わせの: bombones ～*s* チョコレートの詰め合わせ. ❷ 在庫が豊富な: Estamos bien ～*s* de cámaras. 当店はカメラをたくさん取りそろえております
◆ 男 ❶ 取り合わせ. ❷ 品ぞろえ

surtidor [スルティドル] 男 ❶ 噴水. ❷ ガソリンポンプ；ガソリンスタンド

surtir [スルティル] 他 ❶ 〈de を〉…に供給する, 納入する. ❷ ～ efecto 効果をもたらす

susceptible [ススセプティブレ] 形 ❶ 〈de の〉余地がある, 可能な: Este proyecto de ley no es ～ de modificaciones. この法案は修正を受け入れる余地はない. ❷ 〈人が, a に〉傷つきやすい；怒りっぽい

suscitar [スススィタル] 他 〈感情などを〉呼び起こす, かき立てる: ～ las sospechas de+人 …の疑念を呼び起こす

suscribir [ススクリビル] 他 過分 suscri(*p*)-*to*〉 ❶ 〈文書の末尾に〉署名する. ❷ 同調する, 同意する
◆ ～*se* 〈a を〉購読する；申し込む: Me he *suscrito* al periódico 私は新聞の定期購読を申し込んだ

suscripción [ススクリプスィオン] 囡 購読；応募, 申し込み: pagar la ～ anual a una revista 雑誌の年間購読料を払う

susodicho, cha [ススディチョ, チャ] 形 前記の, 前述の

suspender [ススペンデル] 他 ❶ 〈de から, en に〉吊るす, ぶら下げる: ～ la lámpara *del* techo 天井からランプを吊るす
❷ 一時中止する；やめる: La carrera fue *suspendida* por la lluvia. レースは雨で中止になった. El servicio del metro quedó *suspendido*. 地下鉄が運休になった
❸ 落第させる, 不合格にする；〈学生が科目を〉落とす: Lo han *suspendido* en química./ Ha *suspendido* la química. 彼は化学を落とした
❹ 停職処分にする
◆ ～*se* 中止(中断・一時停止)される

suspensión [ススペンスィオン] 囡 ❶ 中断, 一時停止: ～ de empleo 停職. ～ de pagos 〈負債の〉支払い停止. ❷ 〈車両の〉サスペンション

suspenso [ススペンソ] 男 ❶ 〈入〉〈評点〉不可, 落第. ❷ 〈ラ〉サスペンス
en ～ 懸案の, 未決定の: El asunto queda *en ～*. その件は懸案中だ

suspicacia [スピカスィア] 囡 猜疑心, 不信

suspicaz [スピカス] 形 〈複 suspica*ces*〉猜疑心の強い, 人を信用しない

suspirar [ススピラル] 自 ❶ ため息をつく. ❷ 〈por を〉熱望する, 渇望する

suspiro [ススピロ] 男 ため息: dar un ～ de alivio ほっと一息つく

sustancia [ススタンスィア] 女 ❶ 物質: ～ líquida 液体 ❷ 実質, 内容; 要点: El libro no tiene ninguna ～. この本はまったく中身がない

sustancial [ススタンスィアル] 形 実質的な; 本質的な, 重要な: punto ～ 本質的な点, 要点

sustantivo [ススタンティボ] 男 〈文法〉名詞

sustentar [ススタンタル] 他 ❶ 扶養する: ～ a su familia 一家の生計を支える. ❷ 維持する, 持続させる. ❸ 支える. ❹〈意見を〉支持する, 擁護する

sustento [ススタント] 男 食物, 生活の糧 (かて)

sustitución [ススティトゥスィオン] 女 代用, 代替; 置き換え, 入れ替え

sustituir [ススティトゥイル] 42 他 ❶ 〈a〉…に取って代わる, …の代わりをする: La hermana *sustituye a* la madre. 姉が母親代わりをする. ❷〈por・con と〉置き換える, 入れ替える: ～ un motor estropeado *por* el de recambio 故障したエンジンを予備のと交換する

sustituto, ta [ススティトゥト, タ] 名 代理の人, 代行する人

susto [スト] 男 驚き; 恐れ: El estallido me dio un ～. 爆発音に私はびくっとした. darse ～/llevarse ～ おびえる

sustraer [ススラエル] 81 他 ❶ する, 盗む. ❷ 引き離す. ❸ 差し引く, 引き算をする

susurrar [ススラル] 他 ささやく: ～ unas palabras al oído 二言三言耳もとでささやく
◆ 自 ❶ ささやく. ❷ 〈水・風が〉軽やかな音を立てる

susurro [ススロ] 男 ❶ ささやき. ❷ 軽やかな音: ～ de las hojas 葉のざわめき

sutil [スティル] 形 ❶ 薄い, 細かい: velo ～ 薄いベール. ❷ 淡い; 繊細な, 微妙な: aroma ～ ほのかな香り. ❸ 才気のある, 明敏な: pregunta ～ 鋭い質問

sutileza [スティレサ] 女 ❶ 薄さ; 繊細さ; 鋭さ. ❷ 凝った言い回し

sutura [ストゥラ] 女 〈医学〉縫合: dar tres puntos de ～ en la herida 傷口を3針縫う

suyo, ya [スジョ, ジャ] 形 〈所有形容詞〉 ❶ 彼〔ら〕の, 彼女〔ら〕の; それ〔ら〕の; あなた〔がた〕の: 1)〈名詞+〉Invitaron a la fiesta a unos amigos ～s. 彼らは自分たちの友人数人をパーティーに招待した. 2)〈主格補語〉Esa maleta es *suya*. そのスーツケースは彼〔ら〕(彼女〔ら〕・あなた〔がた〕)のだ
❷〈手紙〉Atentamente ～ 敬具

◆ 代〈定冠詞+〉彼〔ら〕(彼女〔ら〕・あなた〔がた〕)のそれ: Ésta es mi bolsa, ¿dónde está *la suya*? これは私のバッグです. あなたのはどこですか？

hacer de las suyas いつものいたずら(悪ふざけ)をする

ir a lo ～ 自分の利益だけを考える

lo ～ 1) 自分のこと(もの)の; 2) 得意, 本分

los ～s 彼〔ら〕(彼女〔ら〕・あなた〔がた〕)の家族(仲間・味方)

salirse con la suya 思いどおりにする, 我を通す

ser muy ～ 他人に左右されない, 自己中心的である; 風変わりである

T, t [テ]

taba [タバ] 囡 お手玉に似た子供の遊び
tabacalero, ra [タバカレロ, ラ] 形 名 たばこを栽培(製造・販売)する〔人〕
◆ 囡 たばこ会社
tabaco [タバコ] 男 たばこ:¿Tienes ~? たばこを持っているかい? ~ negro 〈黒みがかった〉強いたばこ. ~ rubio 〈黄色みがかった〉軽いたばこ. ~ de pipa パイプたばこ
tabaquismo [タバキスモ] 男 ❶ 喫煙: ~ pasivo 受動喫煙. ❷ ニコチン中毒
taberna [タベルナ] 囡 居酒屋, 飲み屋
tabernero, ra [タベルネロ, ラ] 名 居酒屋の主人
tabique [タビケ] 男 仕切り〔壁〕
tabla [タブラ] 囡 ❶ 板: ~ de picar まな板 ❷ 表, 一覧表: ~ de precios 値段表 ❸〈服飾〉〔幅の広い〕ひだ, プリーツ ❹〈美術〉〔祭壇〕板絵, タブロー ❺〈チェス〉quedar en ~s 引き分けになる
tablado [タブラド] 男 演壇, 舞台
tablao [タブラオ] 男 タブラオ〖フラメンコをする舞台, フラメンコショーをするレストラン〗
tablero [タブレロ] 男 ❶ 板: ~ de dibujo 画板. ❷ チェス盤: ~ de ajedrez. ❸ ~ de instrumentos〈飛行機などの〉計器盤
tableta [タブレタ] 囡 ❶ 板チョコ〖~ de chocolate〗. ❷ 錠剤
tablón [タブロン] 男 厚板: ~ de anuncios 掲示板
tabú [タブ] 男 タブー, 禁忌
tabular [タブラル] 他 表で示す, 表にする
taburete [タブレテ] 男〈背のない〉腰掛け, スツール
tacaño, ña [タカニョ, ニャ] 形 名 けちな〔人〕, 欲ばりな〔人〕
tacha [タチャ] 囡 汚点, 欠点: sin ~ 非の打ち所のない. poner ~s a... ...にけちをつける
tachar [タチャル] 他 ❶〈線を引いて〉消す. ❷〈de と〉非難する, とがめる
tácito, ta [タスィト, タ] 形 暗黙の: consentimiento ~ 暗黙の同意, 黙認
taciturno, na [タスィトゥルノ, ナ] 形 口数の少ない, 無口な
taco [タコ] 男 ❶ くさび. ❷ 紙のつづり: calendario de ~ 日めくり. ❸〈ス〉悪態; 野卑なことば: soltar ~s 悪態をつく. ❹〈ラ〉〈靴の〉かかと. ❺〈料理〉1)〈ス〉〈おつまみ用に〉ひと口大に切ったもの. 2)〈メキシコ〉複 タコス. ❻〈ビリヤード〉キュー

tacón [タコン] 男〈靴の〉かかと, ヒール: zapatos de ~ alto (bajo) ハイヒール(ローヒール)の靴
taconeo [タコネオ] 男 かかとを鳴らすこと(音)
táctica¹ [タクティカ] 囡 戦術
táctico, ca² [タクティコ, カ] 形 戦術〔上〕の
tacto [タクト] 男 触ること; 感触, 手ざわり: Esta tela es blanda al ~. この布は手触りが柔らかい
tafetán [タフェタン] 男〈繊維〉タフタ
tafilete [タフィレテ] 男 モロッコ革
tahúr, ra [タウル, ラ] 名 いかさま師
taimado, da [タイマド, ダ] 形 悪知恵のはたらく, ずる賢い
tajada [タハダ] 囡〈肉などの〉1切れ
tajante [タハンテ] 形 断定的な, きっぱりとした
tajar [タハル] 他〈刃物で〉切る
tajo [タホ] 男 ❶ 切り傷. ❷ 断崖
tal [タル] 形 そのような: No me digas ~ cosa. そんなことを私に言うな. *Tal* es mi opinión. 以上が私の意見です. un ~ Fernández フェルナンデスとかいう人
◆ 代 そのような事(物・人): ¡No hay ~! そんなことはない!
con ~ 〔de〕que+接続法〈条件〉...するなら
¿Qué ~? 1)〔挨拶〕やあ元気かい? 2) どのように/...はどうだい?: ¿Qué ~ 〔fue〕el examen? 試験はどうだった?
~ como ...するそのままに: Déjalo ~ *como* estaba. もとどおりにしておきなさい
~ cual = *~ como*
~ para cual 〈軽蔑的に〉似たりよったり
~ y cual / *~ y ~* あれやこれや: decir ~ y *cual* あれこれ言う
tala [タラ] 囡 木を切ること, 伐採
taladrar [タラドラル] 他〈きりなどで〉...に穴を開ける
taladro [タラドロ] 男 ❶ ドリル, きり. ❷ きりで開けた穴
talante [タランテ] 男 機嫌: estar de buen (mal) ~ 機嫌がよい(悪い)
talar [タラル] 他〈木を〉切る, 切り倒す
talco [タルコ] 男 タルカムパウダー〖polvo de ~〗
talento [タレント] 男 才能: de mucho ~ たいへん才能のある
TALGO [タルゴ]〈略語〉ディーゼル特急〖←

*t*ren *a*rticulado *l*igero Goicoechea Oriol》

talismán [タリスマン] 男 お守り, 魔除け

talla [タジャ] 女 ❶〈衣服などの〉サイズ. ❷ 身長, 丈(たけ). ❸ 木彫り

tallar [タジャル] 他〈石などを〉切る, 彫る

tallarines [タジャリネス] 男複〈料理〉タリアテーレ《パスタの一種》

talle [タジェ] 男 ❶ ウエスト, 胴回り: tener buen ～ プロポーションがいい. ～ de avispa 細くくびれたウエスト. ❷〈ラ〉〈衣服の〉サイズ

taller [タジェル] 男 ❶ 作業場;〈手工業の〉工場. ❷ 自動車修理工場《～ de reparación》. ❸ アトリエ, 工房

tallo [タジョ] 男 茎

talón [タロン] 男複 talones》❶〈足の〉かかと. ❷ 片券, クーポン. ❸ 小切手
～ de Aquiles 弱点

talonario [タロナリオ] 男〈券の〉つづり: ～ de cheques 小切手帳

tamaño¹ [タマニョ] 男 大きさ, サイズ: de ～ natural 実物大の, 等身大の

tamaño², ña [タマニョ, ニャ] 形〈+名詞〉そのような, それほど大きな(小さな)

tambalear [タンバレアル] ～**se** よろめく

también [タンビエン] 副 …もまた: Hablo inglés y ～ español. 私は英語もスペイン語も話せる. Estoy cansado.—Yo ～. 疲れた.—僕もだ

tambor [タンボル] 男 ❶ 太鼓; 鼓手: tocar el ～ 太鼓をたたく. ❷〈手芸〉ししゅう枠. ❸〈技術〉de freno ブレーキドラム

tamboril [タンボリル] 男 小太鼓

tamiz [タミス] 男〈目の細かい〉ふるい

tamizar [タミサル] 13 他 ふるいにかける

tampoco [タンポコ] 副 …もまた…ない: Juan no vino y Ana ～. フアンは来なかったしアナも来なかった. No quiero comer.—Yo ～. 食べたくない.—僕もだ

tampón [タンポン] 男 ❶〈生理用の〉タンポン. ❷ スタンプ台, 印肉

tan [タン] 副〈形容詞・副詞の前〉❶ それほど, そんなに: ¡Nunca he visto una chica ～ guapa! あんな美人は見たことない! ❷〈同等比較. ～... como...〉…と同じくらい…: Esta mesa es ～ grande *como* aquélla. この机はあの机と同じくらい大きい. Él no es ～ alto *como* su hermano. 彼は兄ほど背が高くない
❸〈～... que+直説法〉あまり…なので…する: Ese piso es ～ caro *que* no puedo comprarlo. そのマンションは高すぎて私には買えない
❹〈感嘆文. ¡Qué... ～...〉何と…だろう!:

¡Qué jardín ～ grande! 何て広い庭だろう!

tanda [タンダ] 女〈同種のものの〉一続き: una ～ de... 一連の…

tangente [タンヘンテ] 女 *irse (salirse) por la* ～ 巧みに言い逃れる, 質問をはぐらかす

tangible [タンヒブレ] 形 触られる; 有形の

tango [タンゴ] 男〈舞踊・音楽〉タンゴ

tanguista [タンギスタ] 名 タンゴ歌手

tanino [タニノ] 男〈化学〉タンニン

tanque [タンケ] 男 ❶ タンク: ～ de gasolina ガソリンタンク. ❷ タンクローリー. ❸〈軍事〉戦車

tantear [タンテアル] 他 ❶ 見積もる. ❷ …にさぐりを入れる, 打診する

tanteo [タンテオ] 男 ❶ 見積もり. ❷ さぐり, 打診. ❸〈スポーツ〉スコア

tanto, ta [タント, タ] 形 ❶ それほど多くの: No comas ～s caramelos. そんなにたくさんあめを食べるな
❷〈同等比較. ～... como...〉…と同じくらい多くの…: Tiene ～ dinero *como* su padre. 彼は父親と同じくらいたくさん金を持っている. No voy al cine ～*tas* veces *como* antes. 私は以前ほどは映画に行かない
❸〈～... que+直説法〉あまり多く…なので…する: Ayer hacía ～ frío *que* no salí de paseo. きのうはあまりにも寒かったので私は散歩に出なかった
❹〈数詞の代用〉いくらかの: Tiene cuarenta y ～s años. 彼は四十数歳だ
◆ 副〈+形容詞・副詞〉では tan. ⇨**tan**〉❶ それほど多く, そんなに: No bebas ～. そんなに酒を飲むな
❷〈como と〉同じくらい; …も…も: Él estudia ～ *como* tú. 彼は君と同じくらいよく勉強する. Deseo dominar ～ el inglés *como* el español. 私は英語もスペイン語もマスターしたい
❸〈que+直説法〉あまりに…なので…する: He corrido ～ *que* me duelen las piernas. 私はあんまり走ったので脚が痛い
◆ 男 ❶ ある数(量). ❷ 得点, 点数: ganar por cinco ～s a uno 5対1で勝つ
en (entre) ～ その間に, そうしているうちに
por lo ～〈原因〉そのため, それゆえ
un ～ いくらか: Es *un* ～ perezoso. 彼はやや怠け者だ. *un* ～ por ciento de ganancia 利益の何パーセント

tapa [タパ] 女 ❶ ふた: quitar la ～ de la olla なべのふたを取る. ❷〈本の〉表紙. ❸〈ス〉複〈酒の〉おつまみ, 小皿料理

tapadera [タパデラ] 女 ❶ ふた. ❷ 隠れみの

tapar [タパル] 他 おおう, ふさぐ; ふたをする: ～ la boca a+人 …の口をふさぐ

◆ ~se 自分の…をおおう: ~se la cara con las manos 両手で顔をおおう

tapete [タペテ] 男 テーブルセンター
poner... sobre el ~ …を俎上(そじょう)にのせる

tapia [タピア] 女〈石などの〉塀

tapiar [タピアル] 他 …に塀をめぐらす

tapicería [タピセリア] 女〈ソファーなどの〉つづれ織り, タペストリー

tapioca [タピオカ] 女〈料理〉タピオカ

tapir [タピル] 男〈動物〉バク

tapiz [タピス] 男〈複 tapices〉〈壁掛け用の〉つづれ織り, タペストリー

tapizar [タピサル] 13 他〈ソファーなどに〉布地を貼る

tapón [タポン] 男〈複 tapones〉〈びんなどの〉栓, 口金: quitar el ~ 栓を抜く. ~ de rosca ねじぶた

taponar [タポナル] 他 ❶ …に栓をする. ❷ ふさぐ

taquería [タケリア] 女〈メキシコ〉タコス店

taquigrafía [タキグラフィア] 女 速記術

taquígrafo, fa [タキグラフォ, ファ] 名 速記者

taquilla [タキジャ] 女 切符売り場, 窓口

taquillero, ra [タキジェロ, ラ] 名 切符売り, 窓口係
◆ 形 興行成績のよい: película ~ra 大当たりの映画

tara [タラ] 女 ❶〈肉体的・精神的な〉欠陥, 傷. ❷ 風袋(ふうたい): con ~ 風袋込みで

tarántula [タラントゥラ] 女〈動物〉タランチュラ〔毒グモの一種〕

tararear [タラレアル] 他 鼻歌を歌う, ハミングする, …を鼻歌で歌う

tardanza [タルダンサ] 女 遅れ: sin ~ 遅滞なく

tardar [タルダル] 自 ❶〈en に〉時間がかかる: He *tardado* una hora en hacer los deberes. 私は宿題をするのに 1 時間かかった. ❷ 手間どる: Ella siempre *tarda* mucho en arreglarse. 彼女はいつも身じたくに手間どる. No *tardes* en levantarte. 早く起きなさい
◆ ~se〈一般に〉時間がかかる: ¿Cuánto se *tarda* de Madrid a Toledo? マドリードからトレドまでどれくらい時間がかかりますか?
a más ~ 遅くとも

tarde [タルデ] 女 午後; 夕方〔昼の 12 時から日没まで; スペインでは昼食時の 2 時ごろから夕食時の 10 時ごろまで〕: Siempre sale a trabajar por la ~. 彼はいつも午後(夕方)仕事に出かける. Son las seis de la ~. 午後 6 時です. esta ~ きょうの午後
◆ 副 ❶ 遅く, 遅い時間に: He almorzado ~ hoy. 私はきょう昼食の時間が遅かった. Ya es ~ para salir a pasear. 散歩に出るにはもう遅い
❷ 遅れて, 遅刻して: Llegué ~ a clase. 私は学校に遅刻した. Más vale ~ que nunca. 遅くともしないよりはまし
hacerse ~ a+人〈時刻が〉…にとって遅くなる: Me marcho, se me *hace* ~. 遅くなるから私は失礼します
más ~ 後で, のちほど: Media hora *más* ~ apareció ella. 30 分後に彼女が現れた
~ o temprano/más ~ o más temprano 遅かれ早かれ, いずれ

tardío, a [タルディオ, ア] 形〈時期が〉遅い: fruto ~ おそなりの果物

tardo, da [タルド, ダ] 形〈動作・理解が〉遅い, のろい

tarea [タレア] 女 ❶ 仕事, 任務: ~s domésticas 家事
❷ 宿題

tarifa [タリファ] 女 料金〔表〕: ~ eléctrica 電気料金

tarima [タリマ] 女 ❶ 壇; 教壇. ❷〈輸送用の〉パレット

tarjeta [タルヘタ] 女 ❶ カード: pagar con ~ de crédito クレジットカードで支払う. ~ de Navidad クリスマスカード
❷ ~ postal 葉書, 絵葉書
❸ 名刺〔~ de visita〕: intercambiarse las ~s 名刺を交換する
❹〈サッカーなど〉カード: mostrar la ~ amarilla (roja) イエロー(レッド)カードを示す

tarro [タロ] 男 つぼ, 広口びん: ~ de mermelada ジャムのびん

tarta [タルタ] 女〈大きな〉ケーキ, パイ: ~ de boda ウエディングケーキ

tartamudear [タルタムデアル] 自 どもる

tartamudo, da [タルタムド, ダ] 形 名 吃音(きつおん)の〔人〕

tasa [タサ] 女 ❶ 料金: ~s académicas 授業料. ❷ 率: ~ de interés 利率. ❸ 公定価格, 相場: ~ de descuento oficial 公定歩合

tasación [タサスィオン] 女〈価格の〉評価, 査定

tasador, ra [タサドル, ラ] 名〈価格の〉査定者

tasar [タサル] 他 ❶〈価値を〉評価する, 査定する. ❷ …の公定価格を決める

tasca [タスカ] 女 居酒屋

tatarabuelo, la [タタラブエロ, ラ] 名 高祖父(母)

tatuaje [タトゥアヘ] 男 入れ墨

tatuar [タトゥアル] 他 …の入れ墨をする
taurino, na [タウリノ, ナ] 形 闘牛の
tauromaquia [タウロマキア] 女 闘牛術
taxi [タ(ク)シ] 男 タクシー: coger (tomar) un ~ タクシーを拾う. ir en ~ タクシーで行く
taxista [タ(ク)シスタ] 名 タクシー運転手
taza [タサ] 女 カップ, (取っ手付きの) 茶碗: tomar una ~ de café コーヒーを1杯飲む. ~ de té ティーカップ
te [テ] 代 〈人称代名詞2人称単数形〉 ❶〈直接目的〉君を, おまえを: Te quiero. 君を愛しているよ
❷〈間接目的〉君に: Te doy esta muñeca. 君にこの人形をあげる
❸〈再帰代名詞〉 ⇨se
té [テ] 男 紅茶〖té inglés〗; 茶: preparar (hacer) té お茶を入れる. tomar té お茶を飲む. té con leche ミルクティー. té con limón レモンティー. té verde 緑茶
tea [テア] 女 たいまつ
teatral [テアトラル] 形 ❶ 演劇の: mundo ~ 演劇界. obra ~ 戯曲, 劇作品. ❷ 芝居がかった, わざとらしい
teatro [テアトロ] 男 ❶ 劇場: ir al ~ 芝居を見に行く
❷ 演劇, 芝居: Es un puro ~. あれはお芝居だ
hacer ~ 1) 芝居をする. 2) 芝居がある
tebeo [テベオ] 男 ❶ 漫画. ❷ 漫画本, 漫画雑誌
techo [テチョ] 男 ❶ 天井: de ~ alto (bajo) 天井の高い(低い). ❷ 屋根: vivir bajo el mismo ~ 一つ屋根の下に住む. sin ~ ホームレスの. ~ corredizo サンルーフ
tecla [テクラ] 女 〈ピアノなどの〉鍵(ケン); 〈パソコンなどの〉キー: ~ blanca (negra) 白鍵(黒鍵). tocar las ~s キーをたたく
teclado [テクラド] 男 ❶〈音楽〉 1) 鍵盤(ケン): instrumento de ~ 鍵盤楽器. 2) キーボード. ❷〈情報〉キーボード
teclear [テクレアル] 自他 キーをたたく(打つ)
técnica¹ [テクニカ] 女 技術, テクニック: adquirir la ~ 技術を習得する. ~s de suelo 〈柔道〉寝技
técnico, ca² [テクニコ, カ] 形 技術の, 技術的な: renovación ~ca 技術革新. diccionario ~ 技術用語辞典. escuela ~ca 専門学校
◆ 名 技術者, 専門家
tecnócrata [テクノクラタ] 名 テクノクラート
tecnología [テクノロヒア] 女 テクノロジー, 科学技術, 工学: ~ punta 先端技術
tecnológico, ca [テクノロヒコ, カ] 形 科学技術の

tedio [テディオ] 男 退屈, 倦怠感
tedioso, sa [テディオソ, サ] 形 退屈な
teja [テハ] 女 瓦(カヮラ)
tejado [テハド] 男 〈ス〉屋根
tejano, na [テハノ, ナ] 形 名 ❶〈服飾〉デニムの. ❷ テキサス Texas の〈人〉
◆ 男 複 〈服飾〉ジーンズ, ジーパン〖pantalón ~〗
tejemaneje [テヘマネヘ] 男 小細工
tejer [テヘル] 他 ❶ 織る; 編む: máquina de ~ 織機. ❷〈計画などを〉作り上げる
tejido [テヒド] 男 過分 ❶ 織物, 布. ❷〈生物〉組織: ~ nervioso 神経組織
tejón [テホン] 男 〈動物〉アナグマ; タヌキ
tel. 〈略語〉電話〖←teléfono〗
tela [テラ] 女 布, 布地: ~ de lana 毛織物, ウール地
telar [テラル] 男 織機
telaraña [テララニャ] 女 クモの巣
tele [テレ] 女 テレビ〖televisión・televisor の省略語〗
telecomunicación [テレコムニカスィオン] 女 遠距離通信
telediario [テレディアリオ] 男 テレビニュース
teledirigido, da [テレディリヒド, ダ] 形 遠隔操作された, 無線誘導された, リモコン式の: proyectil ~ 誘導ミサイル
teleférico [テレフェリコ] 男 ロープウェー
telefonear [テレフォネアル] 自 電話する, 電話をかける
telefónico, ca [テレフォニコ, カ] 形 電話の: línea ~ca 電話線
telefonillo [テレフォニジョ] 男 インターホン
telefonista [テレフォニスタ] 名 電話交換手
teléfono [テレフォノ] 男 電話; 電話機: llamar a+人 por ~ …に電話をかける. ponerse al ~ 電話に出る. ~ gratuito フリーダイアル
telegrafía [テレグラフィア] 女 電信
telégrafo [テレグラフォ] 男 電信; 電信機
telegrama [テレグラマ] 男 電報: poner un ~ a+人 …に電報を打つ. ~ urgente 至急電報
telenovela [テレノベラ] 女 連続テレビ小説
teleobjetivo [テレオブヘティボ] 男 望遠レンズ
telepatía [テレパティア] 女 テレパシー, 精神感応
telescopio [テレスコピオ] 男〔天体〕望遠鏡: ~ reflector 反射望遠鏡
telesilla [テレシジャ] 男 〈スキー場の〉リフト
telespectador, ra [テレスペクタドル, ラ]

名 テレビ視聴者

televidente [テレビデンテ] 名 =telespectador

televisar [テレビサル] 他 テレビで放映する: El partido será *televisado* en directo. 試合はテレビで生中継されるだろう

televisión [テレビシオン] 女 テレビジョン; テレビ受像機: ver la ～ テレビを見る. ver un drama en〔la〕～ テレビでドラマを見る. poner la ～ テレビをつける. apagar la ～ テレビを消す

televisivo, va [テレビシボ, バ] 形 テレビの: programa ～ テレビ番組

televisor [テレビソル] 男 テレビ受像機

telón [テロン] 男〈舞台の〉幕: Se abre (Se levanta) el ～. 幕が開く

tema [テマ] 男 主題, テーマ: ～ de conversación 話題. ～ principal テーマソング, 主題歌

temático, ca [テマティコ, カ] 形 主題の; 主題別の: parque ～ テーマパーク

temblar [テンブラル] 自 震える, 小刻みに揺れる: Me *temblaron* las piernas. 私は足が震えた. hacer ～ a+人 …を震えあがらせる. ～ de horror 恐怖に震える

temblor [テンブロル] 男 震え, 震動: ～ de tierra 地震

tembloroso, sa [テンブロロソ, サ] 形 震える, 小刻みに揺れる: voz ～*sa* 震え声. con manos ～*sas* 震える手で

temer [テメル] 他 ❶ 恐れる, 怖がる: ～ a su padre 父親を怖がる. Es *temido* de todos. 彼はみんなに恐れられている ❷〈+不定詞・que+接続法 ではないかと〉心配する, 恐れる: *Temo que* llueva esta tarde. 午後は雨になるかも知れない
◆ 自〈por のことを〉心配する: *Temo por* su salud. 私は彼の身体のことが心配だ
◆ ～se〈que を〉心配する

temerario, ria [テメラリオ, リア] 形 恐れを知らぬ; 無謀な, 大胆な

temeridad [テメリダ] 女 ❶ 無鉄砲, 向こう見ず. ❷ 無謀な行為

temeroso, sa [テメロソ, サ] 形 怖がりの;〈de を〉恐れる

temible [テミブレ] 形 恐るべき

temor [テモル] 男 恐れ, 危惧, 心配: por ～ a... …を恐れて

témpano [テンパノ] 男 氷塊: ～ flotante 流氷

témpera [テンペラ] 女〈美術〉テンペラ画

temperamento [テンペラメント] 男 気質, 気性: ser de ～ vehemente 気性が激しい

temperatura [テンペラトゥラ] 女 ❶ 温度;

気温: Sube la ～. 温度が上昇する
❷ 体温: tomar la ～ a+人 …の体温を計る. Tiene cuarenta grados de ～. 彼は熱が40度ある

tempestad [テンペスタ] 女 嵐, 暴風雨: Amenaza ～. 嵐が来そうだ

tempestuoso, sa [テンペストゥオソ, サ] 形 ❶ 嵐の来そうな. ❷〈状況が〉荒れ模様の

templado, da [テンプラド, ダ] 形 過分 ❶ 暖かい, 温暖な; 温かい: invierno ～ 暖冬. sopa ～*da* 温かいスープ. ❷ 落ち着いた, 沈着な

templanza [テンプランサ] 女 節制, 節度

templar [テンプラル] 他 ❶〈感情を〉和らげる, 静める: ～ los nervios 気を静める. ❷ 暖める, 温める. ❸〈音楽〉調律する

temple [テンプレ] 男 ❶ 勇気, 度胸. ❷ 機嫌. ❸〈美術〉テンペラ画

templete [テンプレテ] 男 野外音楽堂

templo [テンプロ] 男 神殿, 寺院: ～ sintoísta 神社

temporada [テンポラダ] 女 時期, シーズン: fuera de ～ 時季はずれの. trabajador de ～ 季節労働者. ～ alta de turismo 観光シーズン. ～ baja シーズンオフ

temporal [テンポラル] 形 一時的な, 臨時の: cierre ～ 臨時休業
◆ 男 嵐, 悪天候

temporalmente [テンポラルメンテ] 副 一時的に, 臨時に

temporizador [テンポリサドル] 男〈電気器具の〉タイマー

temprano[1] [テンプラノ] 副 ❶〈朝・夜の〉早い時間に: levantarse (acostarse) ～ 早起き(早寝)する
❷〈いつもより〉早く: Es todavía demasiado ～ para cenar. 夕食にはまだ早すぎる
a lo más ～ 早くとも

temprano[2]**, na** [テンプラノ, ナ] 形 ❶〈時期的に・時間が〉早い: a una hora ～*na* 早い時間に. ❷〈作物が〉早生(ゎせ)の: arroz ～ 早稲

ten ⇒tener ⑧⓪

tenacidad [テナスィダ] 女 粘り強さ, がんこさ: con ～ 粘り強く

tenacillas [テナスィジャス] 女 複 ❶ ヘアアイロン. ❷〈料理〉トング

tenaz [テナス] 形〈複 tena*ces*〉❶ 粘り強い: persona ～ 粘り強い人. ❷ 執拗な, なかなか取れない: manchas *tenaces* しつこいよごれ

tenaza [テナサ] 女〈主に 複〉❶ やっとこ, 釘抜き. ❷〈エビ・カニの〉はさみ

tendedero [テンデデロ] 男 物干し場; 物

干し綱

tendencia [テンデンスィア] 囡 〈a への〉**傾向**; 性向: tener 〔una〕 ~ a+不定詞 …する傾向がある, …しがちである. ~ al pesimismo 悲観的傾向

tendencioso, sa [テンデンスィオソ, サ] 形 偏向した, 公平を欠いた

tender [テンデル] 58 他 ❶〈綱などを〉**張る**, 張り渡す: ~ un cable eléctrico 電線を張る ❷ 広げる: ~ el mantel sobre la mesa テーブルにテーブルクロスをかける. ~ la ropa 洗濯物を干す

◆ 自〈a の〉**傾向がある**: El cambio del yen *tiende a* subir. 円相場は上昇傾向にある

◆ ~se 横たわる: ~*se* en la cama ベッドに寝そべる

tenderete [テンデレテ] 男〈露天の〉物売り台, 屋台

tendero, ra [テンデロ, ラ] 名〈主に食料品店の〉店主

tendido [テンディド] 男 過分 ❶〈敷設された〉電線〔~ eléctrico〕. ❷〈闘牛場の〉前列席

tendón [テンドン] 男 腱(けん): ~ de Aquiles アキレス腱

tendr- ⇨**tener** 80

tenebroso, sa [テネブロソ, サ] 形 暗い, 暗闇の

tenedor¹ [テネドル] 男 **フォーク**: comer con ~ フォークで食べる

tenedor², ra [テネドル, ラ] 名〈商業〉❶〈手形・小切手の〉所有者, 持参人. ❷ ~ de libros 簿記係, 帳簿係

tenencia [テネンスィア] 囡 所有, 所持: ~ de drogas 麻薬の所持

tener [テネル] 80 他 ❶ 持つ: ¿*Tienes* dinero? お金を持っている? *Tiene* dos hijos. 彼は子供が2人いる. *Tiene* la nariz grande. 彼は鼻が大きい. *Tienes* las manos sucias. 君は手がよごれている. La tela *tiene* dos metros de largo. 布は長さが2メートルある. *Tengo* muchas cosas que hacer. 私はしなければならないことがたくさんある. Hemos *tenido* una buena noche. 私たちは楽しい一夜を過ごした

❷〈+過去分詞〉…を…してある: Ya *tengo* limpiada la mesa. 私はもうテーブルをふいてある

◆ ~se ❶〈倒れずに〉立っている〔~*se* de pie〕. ❷〈por〉自分を…と考える

Aquí tienes (tiene) …〈物を差し出して〉ここに…があります/どうぞ…です: *Aquí tiene* mi pasaporte. これが私のパスポートです

no ~ más que+不定詞 …しさえすればよい: Si necesitas ayuda, *no tienes más que* llamarme. 助けが必要なら遠慮なく私に電話しなさい

¿Qué tienes (tiene usted)? どうしたの(どうかなさいましたか)?

~ *en mucho* 〈人を〉高く評価する

~ *por*+形容詞〈人を〉…とみなす

~ *que*+不定詞 …しなければならない: 1) *Tengo que* acabar este trabajo. 私はこの仕事を終わらせなくてはならない. 2)〈否定で〉…する必要はない: No *tienes que* avisárselo. 彼にそのことを知らせるには及ばない

teng- ⇨**tener** 80

teniente [テニエンテ] 男 ❶〈軍事〉中尉: ~ coronel 中佐. ❷ ~ de alcalde〈市町村の〉助役

tenis [テニス] 男 テニス: ~ de mesa ピンポン, 卓球

tenista [テニスタ] 名 テニスの選手

tenor [テノル] 男〈音楽〉テノール〔歌手〕 *a* ~ *de*… …を考慮して

tensar [テンサル] 他 ぴんと張る

tensión [テンスィオン] 囡 ❶ 張り: poner la cuerda en ~ 綱をぴんとさせる ❷ 緊張: Crece la ~ entre los dos países. 両国間の緊張が高まっている. La situación está en ~. 情勢は緊迫している. ponerse en ~ 緊張する. con una cara de ~ 緊張した面持ちで

❸〈医学〉血圧〔~ arterial〕: tener la alta (baja) 血圧が高い(低い) ❹ 電圧〔~ eléctrica〕

tenso, sa [テンソ, サ] 形 ❶ ぴんと張った. ❷ 緊張した, 緊迫した: ponerse ~ 緊張する, 緊迫する

tentación [テンタスィオン] 囡 誘惑: caer en (resistir a) la ~ de… …の誘惑に負ける(耐える)

tentáculo [テンタクロ] 男〈動物〉触手;〈イカ・タコの〉足

tentador, ra [テンタドル, ラ] 形 心を惑わす, 誘惑する

tentar [テンタル] 57 他 ❶ 誘惑する, 心をそそる. ❷ 手探りする

tentativa [テンタティバ] 囡 ❶ こころみ, くわだて. ❷〈法律〉未遂罪: ~ de homicidio 殺人未遂. ❸〈スポーツ〉試技

tentempié [テンテンピエ] 男 間食, 軽食

tenue [テヌエ] 形〈布地などが〉薄い, かすかな, 弱々しい: luz ~ 淡い光

teñir [テニル] 14 他〈de 色に〉染める, 染色する. ❷ ニュアンスをつける

◆ ~se〈自分の…を〉染める: Tiene el pelo

teñido de rubio. 彼は髪を金髪に染めている
teología [テオロヒア] 囡 神学
teológico, ca [テオロヒコ, カ] 形 神学の
teólogo, ga [テオロゴ, ガ] 图 神学者
teorema [テオレマ] 男 〈数学〉定理
teoría [テオリア] 囡 理論, 学説: en ~ 理論上は
teórico, ca [テオリコ, カ] 形 理論的な, 理論上の: física ~ca 理論物理学
◆ 图 理論家
teorizar [テオリサル] 13 圁 理論を立てる, 理論づける
tequila [テキラ] 男 〈酒〉テキーラ
terapeuta [テラペウタ] 图 療法士, セラピスト
terapéutico, ca [テラペウティコ, カ] 形 治療の
terapia [テラピア] 囡 治療法
tercer [テルセル] ⇨ tercero
tercero, ra [テルセロ, ラ] 形 〈男性単数名詞の前で tercer〉3番目の: tercer mundo 第三世界
◆ 图 第三者
tercermundista [テルセルムンディスタ] 形 第三世界の
terceto [テルセト] 男 三重奏(唱)団; 三重奏(唱)曲
terciar [テルスィアル] 圁 仲裁する;〈第三者として〉参加する
◆ 他 ❶ 斜めに掛ける. ❷ 3分割する
◆ ~se〈好機などが〉偶然生じる
terciario, ria [テルスィアリオ, リア] 形 〈重要性などが〉三番目の: industrias ~rias 第三次産業
tercio [テルスィオ] 男 3分の1: un ~ de los habitantes 住民の3分の1
terciopelo [テルスィオペロ] 男 〈繊維〉ビロード, ベルベット
terco, ca [テルコ, カ] 形 がんこな, 強情な
tergiversar [テルヒベルサル] 他〈事実を〉曲げる, 歪曲する
termal [テルマル] 形 温泉の: aguas ~es 温泉
termas [テルマス] 囡 複 温泉[施設]
térmico, ca [テルミコ, カ] 形 熱の, 温度の: energía ~ca 熱エネルギー
terminación [テルミナスィオン] 囡 終わり, 終了
terminal [テルミナル] 形 ❶ 最終の, 最後の. ❷〈病気・病人が〉末期の
◆ 男 ❶〈電気〉端子, ターミナル. ❷〈情報〉端末装置
◆ 囡 ❶ ターミナル駅. ❷ 空港ターミナル
erminante [テルミナンテ] 形 最終的な, 決定的な, 断固とした: decisión ~ 最終決定
terminantemente [テルミナンテメンテ] 副 決定的に, 断固として: negarse ~ 断固拒否する. prohibido fumar ~ 喫煙厳禁
terminar [テルミナル] 他 終える, 完了する: ~ la conferencia 講演を終える
◆ 圁 ❶ 終わる: Ha terminado la obra. 工事が終わった
❷〈por・現在分詞〉…で終わる: Terminó por aprobar. 彼はついに合格した. Terminó durmiéndose. 彼はとうとう眠り込んだ
❸〈de+不定詞〉…し終わる
◆ ~se 終わる
término [テルミノ] 男 ❶ 端; 終わり, 最終段階: llegar al ~ del viaje 旅の終点に着く. ❷ 期限, 期日: en el ~ de tres días 3日以内に. ❸ 用語, 術語: ~ técnico 専門用語, テクニカルターム
en primer ~ まず最初に
[*hablando*] *en* ~*s generales* 一般的に言って
~ *medio* 1) 平均: por ~ *medio* 平均して. 2) 折衷案
terminología [テルミノロヒア] 囡 〈集合的に〉専門用語, 術語
termita [テルミタ] 囡 〈昆虫〉シロアリ
termo [テルモ] 男 魔法びん
termómetro [テルモメトロ] 男 温度計; 体温計
termostato [テルモスタト] 男 サーモスタット
ternero, ra [テルネロ, ラ] 图 子牛
◆ 囡 〈料理〉牛肉; 子牛肉
terno [テルノ] 男 〈服飾〉三つぞろい
ternura [テルヌラ] 囡 優しさ: con ~ 愛情を込めて
terquedad [テルケダ] 囡 がんこさ, 強情な態度
terrado [テラド] 男 屋上テラス
terraplén [テラプレン] 男 ❶ 急勾配, 崖. ❷ 盛土(も)
terrateniente [テラテニエンテ] 图 地主, 農場主
terraza [テラサ] 囡 ❶ テラス, バルコニー. ❷ 屋上. ❸ 〈地理〉段丘; 複 段々畑
terremoto [テレモト] 男 地震: Anoche hubo un ~. 昨夜地震があった
terrenal [テレナル] 形 現世の, この世の
terreno [テレノ] 男 ❶ 土地, 地所: comprar ~ 土地を買う. ~ agrícola 農地
❷〈活動の〉分野: fuera de su ~ 専門外の
❸〈サッカーなどの〉グラウンド [~ de juego]
ganar (*perder*) ~ 優勢(劣勢)になる
sobre el ~ 1) その場で, 現地で. 2) 準備な

しに

terrestre [テレストレ] 形 陸上の: por vía ～ 陸路で

terrible [テリブレ] 形 ❶ 恐ろしい, 怖い: escena ～ 恐ろしい光景
❷ すさまじい, ひどい: Hace un calor ～. ひどい暑さだ

terriblemente [テリブレメンテ] 副 ひどく

terrina [テリナ] 女 〈料理〉テリーヌ

territorial [テリトリアル] 形 領土の: aguas ～*es* 領海

territorio [テリトリオ] 男 ❶ 領土: ～ nacional 国土
❷ 〈動物〉テリトリー

terrón [テロン] 男 〈複 terr*ones*〉 ❶ 土塊.
❷ 塊: ～ de azúcar 角砂糖

terror [テロル] 男 〈激しい〉恐怖: película de ～ ホラー映画

terrorífico, ca [テロリフィコ, カ] 形 恐ろしい, ぞっとさせる

terrorismo [テロリスモ] 男 テロリズム: ser víctima del ～ テロの犠牲になる

terrorista [テロリスタ] 形 テロリズムの: acción ～ テロ行為
◆ 名 テロリスト

terroso, sa [テロソ, サ] 形 土のような; 土を含む

terruño [テルニョ] 男 故郷, 郷里

terso, sa [テルソ, サ] 形 なめらかな, 張りのある: piel ～*sa* すべすべした肌

tersura [テルスラ] 女 なめらかさ, 張り

tertulia [テルトゥリア] 女 〈親しい者同士の〉集まり, 同好会: ～ literaria 文学サークル

tesina [テシナ] 女 卒業論文

tesis [テシス] 女 〈単複同形〉 ❶ 主張, 説.
❷ 博士論文, 学位論文

tesón [テソン] 男 根気, がんばり

tesorero, ra [テソレロ, ラ] 名 会計係; 財務官

tesoro [テソロ] 男 ❶ 宝, 宝物: buscador de ～*s* 宝探し人
❷ 国庫 〔～ público〕

test [テス] 男 検査, テスト

testamento [テスタメント] 男 ❶ 遺言, 遺言書: hacer ～ 遺言書を作成する. ❷ Antiguo (Nuevo) T～ 旧約(新約)聖書

testar [テスタル] 自 遺言する, 遺言書を作成する

testarudo, da [テスタルド, ダ] 形 名 頭が固い〔人〕, がんこな〔人〕, 強情な〔人〕

testículo [テスティクロ] 男 〈解剖〉睾丸, 精巣

testificar [テスティフィカル] 73 他 証言する

testigo [テスティゴ] 名 ❶ 証人: ～ de cargo (de descargo) 原告(被告)側証人.
❷ 目撃者 〔～ ocular, ～ presencial〕
◆ 男 〈競走〉バトン

testimoniar [テスティモニアル] 自 他 〈que であると〉証言する

testimonio [テスティモニオ] 男 ❶ 証言: falso ～ 偽証. ❷ 証拠

teta [テタ] 女 乳房: dar (dejar de dar) la ～ al niño 子供に授乳する(離乳させる). niño de ～ 乳飲み子

tétanos [テタノス] 男 〈医学〉破傷風

tetera [テテラ] 女 紅茶ポット, やかん

tetilla [テティジャ] 女 〈雄の〉乳首

tétrico, ca [テトリコ, カ] 形 陰うつな

textil [テ(ク)スティル] 形 織物の: industria ～ 繊維産業, 織物工業. fibra ～ 繊維

texto [テ(ク)スト] 男 ❶ 原文. ❷ 本文. ❸ 教科書 〔libro de ～〕

textual [テ(ク)ストゥアル] 形 原文(本文)の; 原文どおりの

textura [テ(ク)ストゥラ] 女 織り方; 織り目

tez [テス] 女 〈顔の〉皮膚: de ～ morena 顔の浅黒い

ti [ティ] 代 〈前置詞格の人称代名詞〉君, おまえ: Este paquete es para *ti*. この小包は君あてだ. A *ti* te gusta cantar. 君は歌うのが好きだ

tía ⇨ **tío, a**

tibieza [ティビエサ] 女 ❶ ぬるさ; なま暖かさ. ❷ 不熱心

tibio, bia [ティビオ, ビア] 形 ❶ ぬるい; なま暖かい: agua *tibia* ぬるま湯. viento ～ なま暖かい風. ❷ 熱意のない, やる気のない

tiburón [ティブロン] 男 〈複 tibur*ones*〉サメ(鮫)

tic [ティク] 男 〈医学〉チック〔症〕

tictac [ティクタク] 男 〈時計の音〉チクタク, カチカチ

tiempo [ティエンポ] 男 ❶ 時, 時間 ¿Cuánto ～ hace que trabaja usted aquí? ここにどのくらいお勤めですか? No tengo ～ para tomar café. 私はコーヒーを飲む時間(暇)がない. ¡Tanto ～ sin vernos! お久しぶりですね dedicar ～ a... …に時間を割く. en ～ de guerra 戦時に
❷ 〈複〉時代: viejos y buenos ～*s* 古きよき時代
❸ 好機, 潮時: Todavía no es ～ de cosechar. まだ収穫の時期ではない
❹ 天候, 天気: ¿Qué ～ hace hoy? きょうの天気はどうですか? Hace buen (mal) ～. 天気がよい(悪い)
❺ 〈文法〉時制: ～ compuesto 複合時制
❻ 〈スポーツ〉タイム: pedir ～ muerto タイ

アウトを取る
a ~ 間に合って: Llegué *a* ~. 私はちょうど間に合った. *justo a* ~ ちょうどよい時に
a ~ parcial パートタイムの
a un ~ いっせいに
al mismo ~ 〈que と〉同時に: Empezaron a hablar *al mismo* ~. 彼らは同時に話し始めた
al poco ~ その後間もなく
con el ~ 時がたつにつれて, やがて〔いつの日か〕
con ~ 前もって; 〈時間的な〉余裕を持って
de ~ en ~ 時々
en poco ~ たちまち
fuera de ~ 時期(季節)はずれの
ganar ~ 時間かせぎをする
hace ~ 以前: desde *hace* mucho ~ ずっと前から. *Hacía* ~ que no nevaba. 長い間雪が降らなかった
matar el ~ 暇つぶしをする
perder 〔*el*〕 ~ 時間をむだにする

tienda [ティエンダ] 囡 ❶ 店, 商店: abrir la ~ 開店する. ir de ~s 買い物に行く; ウインドーショッピングをする. ~ de comestibles 食料品店
❷ テント〖~ de campaña〗: montar (desmontar) una ~ テントを張る(畳む)

tiene- ⇨ **tener** 80

tienta [ティエンタ] 囡 *a* ~*s* 手さぐりで

tiento [ティエント] 男 ❶ 用心, 注意; 熟練: con ~ 注意深く. ❷ 手さぐり

tierno, na [ティエルノ, ナ] 形 ❶ 柔らかい: carne ~ 柔らかい肉
❷ 優しい, 愛情のある: mirada ~*na* 優しいまなざし

tierra [ティエら] 囡 ❶ 陸, 陸地: transporte por ~ 陸上輸送
❷ 地面, 大地: cavar la ~ 地面を掘る. bajo ~ 地下に
❸ 土地: cultivar la ~ 土地を耕す. *T*~ Santa 聖地
❹ 土; 土壌: cubrir... con ~ …に土をかける
❺ 〈*T*~〉地球: en la *T*~ 地球上に
❻ 故郷〖~ natal〗: abandonar su ~ 故郷を捨てる
echar (*tirar*) *por* ~ 崩壊させる

tieso, sa [ティエソ, サ] 形 ❶ こわばった, 硬直した. ❷ お高くとまった

tiesto [ティエスト] 男 植木ばち

tifoideo, a [ティフォイデオ, ア] 形 〈医学〉 fiebre ~*a* 腸チフス

tifón [ティフォン] 男 〈複〉 tif*ones* 台風

tifus [ティフス] 男 〈医学〉チフス

tigre [ティグレ] 男 ❶ 〈雄の〉トラ(虎). ❷ 〈ラ〉 ジャガー

tigresa [ティグレサ] 囡 〈雌の〉トラ

tijera [ティヘラ] 囡 〈主に複〉 はさみ: cortar con ~*s* はさみで切る
de ~ 折りたたみ式の: silla *de* ~ 折りたたみ椅子

tila [ティラ] 囡 〈植物〉シナノキ; シナノキ茶

tildar [ティルダル] 他 〈de 非難して〉 …呼ばわりする

tilde [ティルデ] 囡 〈文法〉ティルデ〖ñ の ~〗; アクセント記号

tilín [ティリン] 男 〈鈴の音〉チリンチリン, リンリン

timador, ra [ティマドル, ら] 名 詐欺師, ぺてん師

timar [ティマル] 他 だまし取る, 詐欺を働く

timbal [ティンバル] 男 〈音楽〉ティンパニー

timbrar [ティンブラル] 他 …にスタンプを押す

timbre [ティンブレ] 男 ❶ 印紙, 証紙: ~ fiscal 収入印紙. ❷ スタンプ, 証印. ❸ 呼び鈴, ベル. ❹ 音色, 響き. ❺ 〈メキシコ〉切手

tímidamente [ティミダメンテ] 副 おずおずと; はにかんで

timidez [ティミデス] 囡 内気, 気の弱さ

tímido, da [ティミド, ダ] 形 内気な, 気の弱い, 気の小さい, はにかみ屋の: Anda, no seas ~. 遠慮しないで, さあどうぞ

timo [ティモ] 男 詐欺, かたり

timón [ティモン] 男 舵: manejar el ~ 舵を取る

timonel [ティモネル] 男 操舵手

tímpano [ティンパノ] 男 〈解剖〉鼓膜

tina [ティナ] 囡 たらい

tinaja [ティナハ] 囡 かめ

tinieblas [ティニエブラス] 囡 複 やみ, 暗やみ

tino [ティノ] 男 狙いの確かさ

tinta [ティンタ] 囡 ❶ インク: ~ china 墨
❷ 〈イカ・タコなどの〉墨: calamares en su ~ 〈料理〉イカ墨
medias ~*s* あいまいなことば(態度)

tinte [ティンテ] 男 ❶ 染色: ~ de pelo 染髪; ヘアダイ. ❷ 染料. ❸ クリーニング店〖= tintorería〗

tintín [ティンティン] 男 チリンチリン, リンリン

tintinear [ティンティネアル] 自 〈鈴などが〉 チリンチリンと鳴る

tinto [ティント] 男 赤ワイン〖vino ~〗

tintorería [ティントレリア] 囡 クリーニング店

tintorero, ra [ティントレロ, ら] 名 クリーニング店の店員

tío, a [ティオ, ア] 名 ❶ 叔父, 叔母: ~ abuelo 大叔父
❷ 〈+洗礼名〉…おじさん, …おばさん: *tía* Antonia アントニアおばさん

tiovivo

❸ 人, やつ: ¡Qué ～! 〈親しみを込めて〉こいつめ!

tiovivo [ティオビボ] 男 メリーゴーラウンド, 回転木馬

típico, ca [ティピコ, カ] 形 典型的な: Paella es una comida ～ca de Valencia. パエリヤはバレンシアの代表的な料理である

tiple [ティプレ] 名 ソプラノ歌手

tipo [ティポ] 男 ❶ 型, 型式, 種類: Aquí hay diferentes ～s de bicicletas. ここには様々なタイプの自転車がある. este ～ de…/… de este ～ この種の…
❷ 人, やつ: ～ sospechoso 怪しいやつ
❸ 〈情報〉フォント; 〈印刷〉活字
❹ 〈経済〉レート: ～ de interés 利率. ～ de cambio 為替レート
ser su ～ 〈人について〉好みのタイプである
tener buen ～ 〈女性について〉スタイルがよい

tipografía [ティポグラフィア] 女 活版印刷

tique [ティケ] 男 切符, チケット

tiquismiquis [ティキスミキス] 〖単複同形〗 名 枝葉末節にこだわる人
◆ 男 つまらないことへのこだわり

tira [ティラ] 女 細長い布(紙), テープ: cortar en ～s 短冊に切る, 薄く切る

tirabuzón [ティラブソン] 男 〈髪の〉縦ロール, 巻き毛

tirachinas [ティラチナス] 男 〖単複同形〗〈石などを飛ばす〉ぱちんこ

tirada[1] [ティラダ] 女 ❶ 印刷. ❷ 印刷部数: Este diario tiene una ～ de novecientos mil ejemplares. この新聞の発行部数は 90万部だ

tirado, da[2] [ティラド, ダ] 形 過分 〈estar＋〉❶ 安い. ❷ とても簡単な

tirador, ra [ティラドル, ラ] 名〈銃の〉射手
◆ 男 〈ドア・引き出しの〉取っ手, 握り

tiranía [ティラニア] 女 圧政, 圧制

tiránico, ca [ティラニコ, カ] 形 暴君の, 独裁的な, 横暴な

tirano, na [ティラノ, ナ] 形 名 暴君[の], 独裁者[の]

tirante [ティランテ] 形 ❶ ぴんと張った. ❷ 緊迫した, 険悪な
◆ 男 複 〈服飾〉❶ ズボンつり, サスペンダー. ❷ ストラップ, 肩ひも

tirar [ティラル] 他 ❶ 捨てる: ～ una colilla たばこの吸い殻を捨てる
❷ 投げる, 投げつける: ～ piedras 石を投げる
❸ 倒す, 倒壊させる
❹ 発射する: ～ la pistola ピストルを撃つ. ～ cohetes 花火を打ち上げる
❺ 印刷する

◆ 自 ❶ 〈de を〉引く, 引っぱる: ～ de un carro 荷車を引く. ～ de la mano de (a)＋人 …の手を引っぱる
❷ 射撃する: ～ al blanco 的を撃つ
❸ 〈a 色に〉似ている, …っぽい: amarillo tirando a rojo 赤みをおびた黄色
❹ 持ちこたえる: Este jersey tirará otro invierno. このセーターはもうひと冬もつだろう
◆ ～se ❶ 身を投げる; 飛びかかる: ～se al agua 水に飛びこむ. ～se en el sofá ソファーに倒れこむ. ❷ 〈時を〉過ごす
ir tirando 何とかやっていく: ¿Cómo estás? — Voy tirando. 元気かい?—何とかやっているよ
tira y afloja 硬軟の使い分け, あめとむち

tirita [ティリタ] 女 〈ス〉救急ばんそうこう, バンドエイド

tiritar [ティリタル] 自 〈寒さ・発熱で〉震える

tiritona [ティリトナ] 女 〈寒さ・発熱による〉震え, 悪寒

tiro [ティロ] 男 ❶ 発砲, 発射: revólver de seis ～s 6連発銃. a ～s 銃撃して. ❷ 〈スポーツ〉1) 射撃: ～ al plato クレー射撃. ～ con arco アーチェリー. 2)〈球技〉シュート, キック: ～ libre 〈バスケットボール〉フリースロー.
❸ caballo de ～ 馬車馬
a ～ 射程距離内に; 手の届くところに
de ～s largos 着飾って, 晴れ着を着て
salir el ～ por la culata 〈口語〉裏目に出る
～ de gracia 〈重傷者・手負いの獲物などを楽にさせる〉とどめの一発

tiroides [ティロイデス] 男 〈解剖〉甲状腺 〘glándula ～〙

tirón [ティロン] 男 ❶ 強く引くこと. ❷ ひったくり: dar un ～ a＋人 …からひったくりをする
de un ～ 一気に, 一度に

tirotear [ティロテアル] 他 くり返し発砲する

tiroteo [ティロテオ] 男 撃ち合い, 銃撃戦

tísico, ca [ティシコ, カ] 形 名 肺結核の, 肺結核の患者

tisis [ティシス] 女 〈医学〉肺結核

tisú [ティス] 男 ❶ ティッシュペーパー. ❷ 〈繊維〉ラメ

titánico, ca [ティタニコ, カ] 形 とてつもない, 超人的な

titanio [ティタニオ] 男 〈元素〉チタン

títere [ティテレ] 男 あやつり人形

titilar [ティティラル] 自 ❶ 〈体の一部が〉震える. ❷ 〈星・光が〉またたく, ちかちかする

titiritero, ra [ティティリテロ, ラ] 名 人形使い

titubear [ティトゥベアル] 自 ❶ 言いよどむ

❷ 〈en+名詞・不定詞 に〉ちゅうちょする

titubeo [ティトゥベオ] 男 ❶ 言いよどみ. ❷ ちゅうちょ

titulado, da [ティトゥラド, ダ] 形 名 過分 学士〔の〕

titular [ティトゥラル] 形 資格を持った
◆ 男 複 〈新聞の〉見出し: en grandes ~es 大見出しで
◆ 他 …に題名をつける
◆ ~se ❶ 学位を得る. ❷ …という題名である: libro *titulado* (que *se titula*) "Platero y yo"『プラテロと私』という題の本

título [ティトゥロ] 男 ❶ 題名, 表題: ¿Cuál es el ~ de la película? その映画のタイトルは?
❷ 肩書, 資格: Tiene el ~ de médico. 彼は医師免許を持っている. ~ académico 学位
❸ 称号; 爵位 〖~ nobiliario〗
a ~ de... …として, …の資格で

tiza [ティサ] 女 白墨, チョーク

tiznar [ティスナル] 他 〈すすなどで〉黒く汚す

tizón [ティソン] 男 燃えさし, 燠(おき)

toalla [トアジャ] 女 タオル: ~ de baño バスタオル
tirar (arrojar) la ~ 1) 〈ボクシング〉タオルを投げる. 2) 〈計画などを〉投げ出す

toallero [トアジェロ] 男 タオル掛け

tobillo [トビジョ] 男 くるぶし, 足首

tobogán [トボガン] 男 すべり台

tocadiscos [トカディスコス] 男〈単複同形〉レコードプレーヤー

tocado, da [トカド, ダ] 形 過分 ❶〈果物が〉傷んだ, 腐りかけた. ❷ 少し頭がおかしい
◆ 男〈服飾〉かぶりもの

tocador [トカドル] 男 ❶ 化粧台, 鏡台: producto de ~ 化粧品. ❷ 化粧室

tocante [トカンテ] 形 *~ a...* …に関して

tocar [トカル] 73 他 ❶ 触る, 触れる; いじる: No ~.〈表示〉手を触れるべからず
❷〈楽器を〉ひく, 演奏する: ~ el piano (el violín) ピアノ(バイオリン)をひく
❸〈鈴などを〉鳴らす: ~ el timbre ベルを鳴らす
◆ 自 ❶〈a に〉順番が当たる: ¿A quién le *toca* ahora? 今度は誰の番だ?
❷〈くじなどが〉当たる: Me *tocó* la lotería. 私は宝くじが当たった
❸ 関係する: Esto no le *toca* a nadie. これは誰とも無関係だ
❹〈鐘などが〉鳴る

tocayo, ya [トカジョ, ジャ] 名 同名の人

tocino [トスィノ] 男〈塩漬けの〉豚の脂身

tocología [トコロヒア] 女 産科学

tocólogo, ga [トコロゴ, ガ] 名 産科医

toda ⇒ todo, da

todavía [トダビア] 副 ❶ まだ〔…ない〕: No ha llegado ~. 彼はまだ着いていない. ¿Trabajas ~ en el mismo restaurante? まだ同じレストランで働いているの?
❷〈比較語と共に〉もっと, 一層: Es guapa, pero su hermana, mucho más ~. 彼女もきれいだが姉のほうがはるかに美人だ

todo, da [トド, ダ] 形〈+定冠詞・所有(指示)形容詞+名詞〉❶ すべての: ~ el día 一日じゅう. ~s los días 毎日. Viajé por ~ este país. 私はこの国じゅうを旅行した. ~s nosotros estamos contentos. 私たち全員が満足している. Haz ~ lo que quieras. 何でも好きなことをしなさい
❷〈+無冠詞の単数名詞〉どんな…も〔それぞれに〕: T~ hombre tiene sus virtudes. どんな人にもそれぞれ長所がある
❸〈+不定冠詞+名詞〉まったくの, 完全な: Ya eres ~ un hombre. おまえはもうすっかり一人前〔の男〕だ
❹〈+lo+形容詞〉まったく, いっぱいに: Sus opiniones son ~ lo contrario de las mías. 彼の意見は私のとは正反対だ
◆ 代〈性変化しない〉❶〈単数で〉すべての事(物): T~ va bien. すべてうまくいっている. Te lo doy ~. 君に全部あげるよ. Eso es ~. それだけです
❷ 複 すべての人: T~s se marcharon. 全員立ち去った. T~s lo sabemos. 私たちはみんなそれを知っている
◆ 副 すっかり, まったく: Se quedaron ~ satisfechos. 彼らはすっかり満足した
ante ~ 何よりも〔まず〕, 何はさておき: Ama su paz *ante* ~. 彼は自分の平安が何より大事だ
con ~ そうであっても, しかしながら
de ~ あらゆる種類のもの: Hay *de* ~. 何でもある
del ~ すっかり, まったく
sobre ~ とりわけ, 特に: Me interesa cualquier música, *sobre* ~ la clásica. 私は音楽に興味がある, 特にクラシックに

todopoderoso, sa [トドポデロソ, サ] 形 全能の: Dios ~ 全能の神

todoterreno [トドテレノ] 男〈自動車〉ジープ

toga [トガ] 女〈裁判官などが着る〉長衣;〈古代ローマの〉トーガ

toldo [トルド] 男〈店先などの〉日よけ

tolerancia [トレランスィア] 女 ❶ 寛容: ~ y paciencia 寛容と忍耐. ~ religiosa 宗教の自由. ❷ 忍耐力, 適応力

tolerante [トレランテ] 形 寛容な, 度量の大きい

tolerar [トレラル] 他 ❶ 耐える: Mi estómago no *tolera* la carne. 私の胃は肉を受けつけない. ❷ 許容する: ~ un error 誤りを大目に見る

toma [トマ] 女 ❶ 取ること: ~ de conciencia 自覚. ~ de posesión 就任式. ~ de sangre 採血. ❷〈一回の〉摂取量, 服用量. ❸〈電気の〉差し込み, コンセント;〈水・空気などの〉取り込み口. ❹ 撮影, ❺ 占拠, 攻略

~ *de tierra* 1) 着陸. 2)〈電気〉アース線
◆ 動詞活用形 ⇨tomar

tomar [トマル] 他 ❶〈手に〉取る〚~ en la mano〛: *Tome* lo que le guste. お好きなのをお取りください. ~ la mano de+人/~ a +人 por la mano …の手を取る
❷ 食べる, 飲む; 服用する: ~ el desayuno 朝食をとる. ~ un café (un pastel) コーヒーを1杯飲む(ケーキを1つ食べる). ~ una medicina 薬を飲む
❸〈乗り物に〉乗る: ~ el tren 列車に乗る. Vamos a ~ un taxi. タクシーを拾おう
❹〈por と〉まちがえる: A veces me *toman* por mi hermano. 私は時々兄とまちがえられる
❺〈…と〉受け取る, 解釈する: ~ … como una ofensa …を侮辱と受け取る. No lo *tomes* en serio. 本気にしないでくれ
自〈ある方へ〉進む.〈ラ〉酒を飲む
¡Toma! 1)〈手渡して〉はい/ほら. 2) おや! 3)〈くだらない!
~ *a bien* (*mal*) いい(悪い)方に考える: *Tomó* la broma *a bien*. 彼は冗談をいい方に解釈した

tomate [トマテ] 男 トマト: salsa de ~ トマトソース;ケチャップ

tomatera [トマテラ] 女〈植物〉トマト

tómbola [トンボラ] 女 福引き, 宝くじ

tomillo [トミジョ] 男〈植物・香辛料〉タイム

tomo [トモ] 男〈書物の〉巻: primer ~ de la enciclopedia 百科事典の第1巻
◆ 動詞活用形 ⇨tomar

tonalidad [トナリダ] 女〈美術〉色調

tonel [トネル] 男〈大きな〉たる: un ~ de vino 1たるのワイン

tonelada [トネラダ] 女〈重量の単位〉トン: barco de diez mil ~s 1万トンの船

tonelaje [トネラヘ] 男〈船・車両の〉トン数

tónico, ca [トニコ, カ] 形 活力をつける
◆ 男 ❶ トニックローション. ❷ 強壮剤
◆ 女 ❶〈飲料〉トニックウォーター. ❷ 調子, 傾向

tonificar [トニフィカル] 73 他 …に活力を与える

tono [トノ] 男 ❶ 調子, 口調: en un ~ severo 厳しい口調で
❷ 色調: vestido de un ~ rosa llamativo 派手なピンクのドレス
❸〈音楽〉~ mayor (menor) 長(短)調
a ~〈con と〉調和した, 調和して
fuera de ~ 不適切な, 場違いな

tontear [トンテアル] 自〈con 異性に〉言い寄る

tontería [トンテリア] 女 愚かさ, 愚かな言動: No hagas ~s. ばかなことをするな

tonto, ta [トント, タ] 形 ばかな, 間抜けな: No seas ~. ばかなことを言うな(するな)
◆ 名 ばか, 間抜け: He sido una ~*ta* al preguntarlo. そんなことを聞くなんて私ばかだわ
hacer el ~ ばかなことをする
hacerse el ~ しらばくれる

topacio [トパシオ] 男〈鉱物〉トパーズ

topar [トパル] 自 ~*se*〈con・contra に〉突き当たる, ぶつかる;〈con+人 に〉出くわす, ばったり出会う

tope [トペ] 男 ❶〈ドアの〉ストッパー;〈列車の〉緩衝装置. ❷〈船舶〉檣頭. ❸〈形容詞的に〉限度の: precio ~ 最高価格. fecha ~ 締切日
a ~ 1) 最大限に: camión cargado *a* ~ 荷を満載したトラック. 2) 懸命に: trabajar *a* ~ 一所懸命働く
hasta el ~ (*los* ~*s*) 最大限に;満員で

tópico, ca [トピコ, カ] 形 月並みな, 陳腐な, ありきたりの
◆ 男 ありふれたテーマ

topo [トポ] 男〈動物〉モグラ

topografía [トポグラフィア] 女 地形学;地勢

topográfico, ca [トポグラフィコ, カ] 形 地形学の

topónimo [トポニモ] 男 地名

toque [トケ] 男 ❶ 触ること, 接触;軽くたたくこと. ❷〈鐘・ラッパなどの〉音: ~ a muerto 弔鐘. ~ de silencio〈軍事〉消灯(就寝)ラッパ. ❸〈絵筆の〉タッチ;仕上げ: dar los últimos ~s a… …に最後の仕上げをする
~ *de queda* ⇨queda

toque- ⇨tocar 73

toquetear [トケテアル] 他 いじくる, やたらに触る

toquilla [トキジャ] 女〈服飾〉〈三角形のニットの〉ショール

tórax [トラ(ク)ス] 男〈解剖〉胸郭, 胸部

torbellino [トルベジノ] 男 つむじ風, 旋風

torcedura [トルセドゥラ] 囡 ❶ ねじること, ねじれ. ❷〈医学〉捻挫

torcer [トルセル] 15 他 ❶ ねじる, よじる: Me *torció* el brazo. 彼は私の腕をねじ上げた. ❷ ねじ曲げる, ゆがめる: ~ la cara de dolor 苦痛に顔をゆがめる. ~ el sentido de una frase 文意を曲解する. ❸〈方向などを〉変える: ~ el rumbo 針路を変える
◆ 自〈方向転換〉曲がる: ~ a la derecha 右折する
◆ ~se ❶ 捻挫する, くじく: Me *torcí* un tobillo. 私は足首を捻挫した. ❷ 身をよじる. ❸ ねじれる, ゆがむ

torcido, da [トルスィド, ダ] 形 過分 ねじれた, 曲がった: llevar la corbata ~*da* ネクタイが曲がっている

tordo, da [トルド, ダ] 形〈馬が〉葦毛の
◆ 男〈鳥〉ツグミ

torear [トレアル] 他 ❶〈闘牛〉〈牛と〉戦う. ❷〈不快なことを〉巧みに避ける

toreo [トレオ] 男 闘牛, 闘牛術

torero, ra [トレロ, ラ] 名 闘牛士

tormenta [トルメンタ] 囡 ❶ 嵐: ~ de arena 砂嵐
❷〈感情の〉激発

tormento [トルメント] 男 ❶〈肉体的・精神的な〉苦しみ. ❷ 拷問: dar ~ 拷問する; さいなむ

tormentoso, sa [トルメントソ, サ] 形 嵐の; 嵐をもたらす

tornado [トルナド] 男 大竜巻

tornar [トルナル] 自 ❶ 戻る, 帰る. ❷〈a+不定詞〉再び…する
◆ 他 ❶ 返す, 元に戻す. ❷ 変える
◆ ~se 変わる

tornasol [トルナソル] 男 ❶ 玉虫色. ❷〈化学〉papel de ~ リトマス試験紙

tornasolado, da [トルナソラド, ダ] 形 玉虫色の

torneo [トルネオ] 男 トーナメント, 勝抜き戦

tornillo [トルニジョ] 男 ねじ; ねじくぎ
faltar un ~ *a*+人 …は頭が少しおかしい

torniquete [トルニケテ] 男 ❶ 回転式改札口. ❷〈医学〉止血帯

torno [トルノ] 男 ❶ 巻上げ機, ウインチ. ❷ 旋盤; ろくろ
en ~ *a...* 1) …の周囲で(に). 2) …について. 3) …ぐらい

toro [トロ] 男 ❶ 雄牛: ~ de lidia 闘牛用の牛
❷ 複 闘牛《corrida de ~s》: ir a los ~s 闘牛を見に行く
❸ たくましい男

toronja [トロンハ] 囡〈ラ〉〈果実〉グレープフルーツ

torpe [トルペ] 形 ❶〈動きが〉鈍い; 不器用な: tener las manos ~s 手先が不器用である
❷ 鈍感な, 頭の悪い: Es un hombre muy ~. 彼は鈍い男だ

torpedero [トルペデロ] 男 魚雷艇

torpedo [トルペド] 男〈軍事〉魚雷

torpeza [トルペサ] 囡 ❶ 鈍さ; 不器用さ. ❷ へま

torre [トレ] 囡 塔: T~ de Tokio 東京タワー. ~ de control 管制塔. ~ de marfil 象牙(ゲ)の塔

torrefacción [トレファ(ク)スィオン] 囡〈コーヒーの〉焙煎(ﾊﾞｲ)

torrefacto, ta [トレファクト, タ] 形〈コーヒーが〉焙煎(ﾊﾞｲ)した

torrencial [トレンスィアル] 形 急流の, 滝のような: lluvia ~ 豪雨

torrente [トレンテ] 男 急流, 早瀬

tórrido, da [トリド, ダ] 形 非常に熱い: sol ~ 灼熱の太陽. zona ~*da* 熱帯

torrija [トリハ] 囡〈料理〉フレンチトースト

torsión [トルスィオン] 囡 ねじること, ねじれ

torso [トルソ] 男 上半身; 〈美術〉トルソー

torta [トルタ] 囡 ❶〈菓子〉トルテ, パイ. ❷ 平手打ち

tortícolis [トルティコリス] 囡 寝ちがえ, 首筋の痛み

tortilla [トルティジャ] 囡〈料理〉❶ オムレツ: ~ [a la] española ジャガイモ入りオムレツ. ~ francesa プレーンオムレツ
❷〈ラ〉トルティーリャ《トウモロコシの粉の薄焼き》

tórtola [トルトラ] 囡〈鳥〉キジバト

tortuga [トルトゥガ] 囡 カメ(亀)

tortuoso, sa [トルトゥオソ, サ] 形 曲がりくねった

tortura [トルトゥラ] 囡 ❶ 拷問. ❷ ひどい苦しみ

torturar [トルトゥラル] 他 ❶ 拷問にかける. ❷ ひどく苦しめる

tos [トス] 囡 咳(ｾｷ): ataque (golpe) de ~ 咳の発作, 咳こみ. ~ ferina 百日咳

tosco, ca [トスコ, カ] 形 ❶ あかぬけない; 粗末な. ❷ 粗野な

toser [トセル] 自 咳(ｾｷ)をする: fingir ~ 咳ばらいする

tostada [トスタダ] 囡〈料理〉トースト

tostado [トスタド] 男 過分 焼くこと

tostador [トスタドル] 男 トースター

tostar [トスタル] 21 他〈キツネ色に〉焼く: pan *tostado* トースト
◆ ~se 日焼けする

tostón [トストン] 男 〈S. 口語〉退屈な人(もの)

total [トタル] 形 **全体の**, 全部の: suma ～ 総額. guerra ～ 全面戦争
◆ 男 総計, 合計: ～ de los gastos 費用の合計. depósitos ～es 預金総額
◆ 副 結局, つまり
en ～ **合計で**, 全体で: ¿Cuánto es *en* ～? 全部でいくらになりますか?

totalidad [トタリダ] 女 全体, 全部

totalitario, ria [トタリタリオ, リア] 形 ❶ 包括的な, 全部を含んだ. ❷ 全体主義の

totalitarismo [トタリタリスモ] 男 全体主義

totalmente [トタルメンテ] 副 **まったく**, 完全に, すっかり: La casa quedó ～ destruida. その家屋は全壊した. dos cosas ～ diferentes まったく違う2つの事柄

tóxico, ca [ト(ク)シコ, カ] 形 有毒の, 毒性のある: gas ～ 有毒ガス

toxicómano, na [ト(ク)シコマノ, ナ] 形 名 麻薬中毒の〔患者〕

toxina [ト(ク)シナ] 女 〈医学〉毒素

tozudo, da [トスド, ダ] 形 強情な, 考え(意見)を変えない

traba [トラバ] 女 ❶ かいもの, 輪止め. ❷ 妨げ, 障害: poner ～s a... …を阻害する

trabajador, ra [トラバハドル, ラ] 形 働き者の, 勤勉な
◆ 名 ❶ 労働者. ❷ ～ social ソーシャルワーカー

trabajar [トラバハル] 自 **働く**, 仕事をする: ～ ocho horas diarias 毎日8時間働く. ～ en una fábrica 工場勤めをする
◆ 他 …に細工する, 加工する

trabajo [トラバホ] 男 ❶ **仕事**, 労働; 作業: ir al ～ 仕事に出かける. ～s forzados 強制労働. ～ en el campo 農作業
❷ **職**: ¿Cuál es su ～? お仕事(ご職業)は何ですか? estar sin ～ 失業している
❸ 職場, 仕事場〔lugar de ～〕: Tienes el teléfono de mi ～, ¿no? 僕の職場の電話番号, 知ってるよね?
❹ 研究; 報告書, 業績: ～ de campo フィールドワーク, 実地調査
❺ 細工, 加工; 作品: ～ a mano 手工芸品
❻ 苦労, 骨折り: ser un ～ perdido 骨折り損である
costar ～ *a*+人 …にとって手間がかかる, 骨が折れる: Me costó mucho ～ resolver el problema. 私は問題を解決するのにたいへん苦労した
tomarse el ～ *de*+不定詞 …の労をとる
◆ 動詞活用形 ⇨**trabajar**

trabajoso, sa [トラバホソ, サ] 形 困難な, 骨の折れる

trabalenguas [トラバレングアス] 男 〈単複同形〉早口ことば, 発音しにくい語句

trabar [トラバル] 他 ❶ 〈関係を〉結ぶ: ～ amistad con+人 …と親しくなる. ❷ 濃くする, とろみをつける
◆ ～se もつれる: Se me *ha trabado* la lengua. 私は舌がうまく回らなかった

tracción [トラク(ク)スィオン] 女 引っぱること, 牽引(けんいん): ～ delantera (total) 〈自動車〉前輪(4輪)駆動

tractor [トラクトル] 男 〈農業用・牽引用の〉トラクター

tradición [トラディスィオン] 女 **伝統**, しきたり: mantener la ～ 伝統を守る

tradicional [トラディスィオナル] 形 伝統的な

traducción [トラドゥク(ク)スィオン] 女 ❶ **翻訳**: ～ japonesa 日本語訳. ～ literal 逐語訳, 直訳. ～ libre 意訳. ❷ 通訳: ～ simultánea 同時通訳

traducir [トラドゥスィル] 19 他 **翻訳する**; 通訳する: ～ al español スペイン語に訳す

traductor, ra [トラドゥクトル, ラ] 名 翻訳者; 通訳

traer [トラエル] 81 〈過分 traído, 現分 trayendo〉他 ❶ **持って来る**: *Tráe*me el periódico. 新聞を持って来てくれ
❷ 連れて来る: Él me *trajo* en coche a casa. 彼が私を家まで車に乗せてきてくれた
❸ **もたらす**, 生じさせる: ～ buena suerte 幸運をもたらす. ～ consecuencias 重大な結果をもたらす

traficante [トラフィカンテ] 名 〈禁止された商品の〉取引業者, 密売人

traficar [トラフィカル] 73 自 〈禁止された商品を〉取引する, 密売する: ～ con drogas 麻薬の密売をする

tráfico [トラフィコ] 男 ❶ **交通**: Hay mucho ～ en esta carretera. この国道は交通量が多い
❷ 〈禁止された商品の〉取引, 密売

tragaluz [トラガルス] 男 明かり取り, 天窓

tragaperras [トラガペらス] 女 〈S〉〈単複同形〉スロットマシーン

tragar [トラガル] 55 他・～se 飲み込む: ～ una pastilla 錠剤を1錠飲む

tragedia [トラヘディア] 女 悲劇: ～ griega ギリシア悲劇

trágico, ca [トラヒコ, カ] 形 ❶ 悲劇的な: accidente ～ 悲惨な事故
❷ 悲劇の

trago [トラゴ] 男 ❶ 〈飲み物の〉一口:

tomar un ~ de vino ワインを一口飲む. beberse la cerveza de un ~ ビールを一気に飲みほす. ❷ 酒, アルコール飲料：echarse un ~ 一杯やる

traición [トライスィオン] 囡 ❶ 裏切り, 背信行為. ❷ 反逆罪

traicionar [トライスィオナル] 他 裏切る, 背く：~ a su mujer〈夫が〉浮気をする

traicionero, ra [トライスィオネロ, ラ] 形 名 =traidor

traidor, ra [トライドル, ラ] 形 裏切りの, 不実な：acción ~ra 裏切り行為
◆ ❷ 裏切り者：~ a la patria 売国奴

traig-, traj- ⇨traer 81

traje [トラヘ] 男 ❶ **服**：~ de etiqueta 礼服, 正装. ~ de noche イブニングドレス. ~ de baño 水着. ~ de luces 闘牛士のきらびやかな衣装
❷ 背広, スーツ：~ de chaqueta〈ジャケットとスカートの〉女性用スーツ
◆ 動詞活用形 ⇨**traer** 81

trajín [トラヒン] 男〈口語〉大忙し

trajinar [トラヒナル] 自 あちこち動き回る, 忙しく働く

trama [トラマ] 囡 ❶〈小説などの〉筋立て, プロット. ❷ たくらみ. ❸〈集合的に〉横糸

tramar [トラマル] 他 たくらむ, くわだてる：~ un golpe de Estado クーデターをくわだてる

trámite [トラミテ] 男〈主に 複〉手続き：hacer los ~s aduaneros 通関手続きをする

tramo [トラモ] 男 区間

tramoya [トラモジャ] 囡 ❶〈演劇〉仕掛け, 装置. ❷〈事件などの〉秘密の部分, 裏

tramoyista [トラモジスタ] 名 大道具係, 舞台装置家

trampa [トランパ] 囡 **罠**(わな), 落とし穴；策略：caer en la ~ 罠にはまる. poner una ~ a+人 …を罠にかける

trampolín [トランポリン] 男〈体操〉跳躍板；〈水泳〉飛び板；トランポリン

tramposo, sa [トランポソ, サ] 形 名 いかさまをする〔人〕

tranca [トランカ] 囡 ❶ こん棒. ❷ 閂(かんぬき)

trance [トランセ] 男 ❶ 危機；決定的瞬間. ❷〈精神の〉トランス状態

tranquilamente [トランキラメンテ] 副 落ち着いて, のんびりと；安心して

tranquilidad [トランキリダ] 囡 ❶ 平穏. ❷ 平静, 落ち着き：con ~ 落ち着いて；安心して

tranquilizante [トランキリサンテ] 男 精神安定剤, トランキライザー

tranquilizar [トランキリサル] 13 他 …の心を鎮める, 安心させる：~ los nervios 神経を鎮める
◆ ~se 平静になる, 安心する：¡Tranquilízate! 落ち着いて！ Me he tranquilizado al oírlo. それを聞いて安心した

tranquillo [トランキジョ] 男 こつ, 要領

tranquilo, la [トランキロ, ラ] 形 ❶ **静かな, 穏やかな**：Este pueblo es ~. この村は静かだ. El mar está ~. 海は穏やかだ. vida ~la 平穏な生活
❷〈人が〉落ち着いた, 平静な：mostrarse ~ おっとり構える. hombre ~ 物静かな男
❸ 安心した：sueño ~ 安らかな眠り

transacción [トランサ(ク)スィオン] 囡 和解, 協定

transbordador [トランスボルダドル] 男 ❶〈船舶〉フェリー. ❷ スペースシャトル〖~ espacial〗

transbordar [トランスボルダル] 他 積み換える；乗り換えさせる

transbordo [トランスボルド] 男 積み換え；乗り換え：hacer ~ en la estación de Sol a la línea 3 ソル駅で3号線に乗り換える

transcurrir [トランスクリル] 自〔時間が〕経過する, 推移する：Transcurrieron dos años más. さらに2年が経過した

transcurso [トランスクルソ] 男 経過, 推移：con el ~ del tiempo 時がたつにつれて

transcendencia [トランスセンデンスィア] 囡 =trascendencia

transcendental [トランスセンデンタル] 形 =trascendental

transcender [トランスセンデル] 58 自 =trascender

transeúnte [トランセウンテ] 形 名 ❶ 通行人〔の〕. ❷ 通過するだけの〔旅行客〕, 一時滞在の

transferencia [トランスフェレンスィア] 囡 ❶ 譲渡；〔権利などの〕移動：~ del poder 権力の委譲. ~ de nombre 名義変更. ❷〈口座への〉振り込み：hacer una ~ de mil euros a la cuenta de+人 …の口座に1千ユーロを振り込む. ~ bancaria 銀行振替

transferir [トランスフェリル] 57 他 ❶ 譲渡する；〈権利を〉移動させる. ❷〈別の口座へ〉移す, 振り込む

transformación [トランスフォルマスィオン] 囡 変形, 変化

transformador [トランスフォルマドル] 男〈電気〉変圧器, トランス

transformar [トランスフォルマル] 他〈形・性質を, en に〉変える, 変形させる

tránsfuga [トランスフガ] 名 転向者, 変節漢

transfusión [トランスフシオン] 囡 輸血：

hacer una ~ a+人 …に輸血する

transgénico, ca [トランスヘニコ, カ] 形 alimento ~ 遺伝子組み替え食品

transición [トランシィオン] 女 推移, 移り変わり: período de ~ 過渡期

transigente [トランシヘンテ] 形 寛容な, 妥協的な

transigir [トランシヒル] 37 自 妥協する

transistor [トランシストル] 男 トランジスター; トランジスターラジオ

transitar [トランシタル] 自 通行する

transitivo [トランシティボ] 形 〈文法〉他動詞

tránsito [トランシト] 男 ❶ 通行. ❷〈旅行で〉通過, 一時滞在: sala de ~ トランジットルーム

transitorio, ria [トランシトリオ, リア] 形 仮の, 一時的な

transmisión [トランスミシオン] 女 ❶ 伝染. ❷ 伝達: ~ de mensaje メッセージの伝達. ❸ 放送: ~ en directo 実況放送. ❹〈地位・権利などの〉移転, 移譲. ❺ 伝動装置, トランスミッション

transmitir [トランスミティル] 他 ❶ 伝染させる. ❷ 伝達する: ~ a la posteridad 後世に伝える. ❸ 放送する: ~ un partido de fútbol サッカーの試合を放送する. ❹〈運動・熱などを〉伝える
◆ ~se 伝染する

transparencia [トランスパレンシィア] 女 透明性

transparentar [トランスパレンタル] ~se 透けて見える

transparente [トランスパレンテ] 形 ❶ 透明な, 透き通った: cristal ~ 透明なガラス. ❷ 明白な: Sus intenciones son ~s. 彼の意図は見え透いている

transpiración [トランスピラシィオン] 女 発汗

transpirar [トランスピラル] 自 汗をかく

transplantar [トランスプランタル] 他 = trasplantar

transplante [トランスプランテ] 男 = trasplante

transportador, ra [トランスポルタドル, ラ] 形 運ぶ: cinta ~ra ベルトコンベヤー
◆ 男 ❶ 分度器. ❷ コンベヤー, 運搬装置

transportar [トランスポルタル] 他 運搬する, 輸送する

transporte [トランスポルテ] 男 運搬, 輸送, 運送: medios de ~ 輸送(交通)機関. precio de ~ 運送料, 運賃. ~ aéreo 空輸. ~ terrestre 陸上輸送

transversal [トランスベルサル] 形 横切る, 横断の: calle ~ a la Avenida de Séneca セネカ通りと交差する通り

tranvía [トランビア] 男 路面電車, 市電

trapecio [トラペシィオ] 男 ❶〈サーカスの〉空中ぶらんこ. ❷〈数学〉台形

trapecista [トラペスィスタ] 名 空中ぶらんこ乗り

trapero, ra [トラペロ, ラ] 名 廃品回収業者

trapicheo [トラピチェオ] 男 巧妙な手口, 不正取引

trapo [トラポ] 男 ぼろ切れ; ぞうきん: ~ de cocina 布巾(ﾌﾟｷﾝ)

tráquea [トラケア] 女 〈解剖〉気管

traquetear [トラケテアル] 自 ガタゴト揺れる

traqueteo [トラケテオ] 男〈乗り物の〉震動

tras [トラス] 前 ❶〈時間〉…の後に: Han decidido comprarlo ~ una larga discusión. 彼らは長時間の議論の末, それを買うことに決めた
❷〈空間〉背後に: Yo también fui ~ ella. 私も彼女の後について行った
❸〈同一名詞をくり返して〉: día ~ día 日に日に

trascendencia [トラスセンデンシィア] 女 重要性, 重大性: noticia de gran ~ 重大ニュース

trascendental [トラスセンデンタル] 形 重大な, たいへん重要な: asunto ~ 重大な用件

trascender [トラスセンデル] 58 自 ❶〈秘密などが〉もれる, 知れ渡る. ❷〈a に〉波及する

trasegar [トラセガル] 51 他 〈液体を別の容器に〉移し替える, 入れ替える

trasero, ra [トラセロ, ラ] 形 後ろの, 後部の: asiento ~ 後部座席. puerta ~ra 裏口, 裏門; 後部ドア
◆ 男 お尻

trashumancia [トラスマンシィア] 女〈季節ごとの〉移動牧畜

trasladar [トラスラダル] 他〈a に〉移動させる, 移し替える: Le han trasladado a la sucursal de Nagoya. 彼は名古屋支店に転勤になった. ~ su domicilio legal 本籍を移す
◆ ~se 移動する, 引っ越す: La casa matriz se ha trasladado a Osaka. 本社は大阪に移転した

traslado [トラスラド] 男 移動, 転勤; 移転, 引っ越し

traslúcido, da [トラスルスィド, ダ] 形 半透明の

traslucir [トラスルスィル] 46 ~se ❶ 透けて

見える, かいま見える. ❷ うかがい知れる

trasluz [トラスルス] 男 *al* ~ 透かして

trasnochar [トラスノチャル] 自 徹夜する; 夜ふかしをする

traspasar [トラスパサル] 他 ❶ 移す, 運ぶ. ❷ 越える, 通過する. ❸ 貫く, 貫通する: La bala le *traspasó* el corazón. 弾丸は彼の心臓を貫いた. ❹ 譲渡する; 〈権利などを〉売り渡す

traspaso [トラスパソ] 男 ❶ 移動. ❷ 譲渡

traspié [トラスピエ] 男 ❶ つまずき, よろめき: dar un ~ con... …につまづく. ❷ しくじり, 失態

trasplantar [トラスプランタル] 他 〈植物・臓器を〉移植する

trasplante [トラスプランテ] 男 移植: ~ de corazón 心臓移植

traste [トラステ] 男 〈ギターなどの〉フレット

trastero [トラステロ] 男 物置, 納戸

trasto [トラスト] 男 がらくた; 〈大きくて〉邪魔な物

trastornar [トラストルナル] 他 ❶ …の心を乱す: La noticia del accidente le *trastornó* muchísimo. 事故の知らせに彼はひどく動揺した. ❷ 混乱させる: ~ la vida de otros 他人の人生をかき乱す. ~ el juicio 判断を狂わせる

◆ ~se ❶ 錯乱する. ❷ 〈計画などが〉狂う

trastorno [トラストルノ] 男 ❶ 〈心の〉動揺, 錯乱. ❷ 混乱. ❸ 体の不調

trasvasar [トラスバサル] 他 〈中味を他の容器に〉移し替える

tratable [トラタブレ] 形 人づき合いのよい, つき合いやすい

tratado [トラタド] 男 条約: ~ de paz 平和条約

tratamiento [トラタミエント] 男 ❶ 取り扱い. ❷ 〈化学的な〉処理: ~ de la información 情報処理. ❸ 待遇. ❹ 治療, 手当て〖~ *médico*〗: seguir un ~ 治療を受ける

tratar [トラタル] 他 ❶ 取り扱う: ~ los objetos con cuidado 物を大切に扱う. El simposio *trató* un tema interesante. シンポジウムはおもしろいテーマを取り上げた

❷ 〈化学・情報〉処理する

❸ 待遇する: Me *trataron* con respeto. 私は丁重な扱いを受けた. Le *tratan* como a un director. 彼は重役待遇を受けている

❹ 〈de で〉呼ぶ, …呼ばわりする: No me *trates de* usted. 敬称で呼ばないでくれ/他人行儀にしないでくれ

❺ 治療する: ~ una enfermedad 病気の治療をする

❻ 交渉する: ~ las condiciones de pago 支払い条件の交渉をする

◆ 自 ❶ 〈de について〉扱う, 論じる: Es la novela que *trata de* la Guerra Civil. それは内戦を扱った小説だ

❷ 〈con と〉つき合う, 交際する: No *trata con* nadie. 彼は誰ともつき合わない

❸ 〈en を〉商う: ~ *en* antigüedades こっとう品を商う

❹ 〈de+不定詞〉…しようとする, こころみる: *Trataré de* convencerle. 彼を説得してみよう

◆ **~se** 話(問題)は…である: ¿De qué *se trata*? 何の話ですか?

trato [トラト] 男 ❶ 待遇: En su casa recibí un ~ cordial. 彼の家で私は手厚いもてなしを受けた. ❷ 交際: tener ~ con+人 …と付き合う. ~ carnal 肉体関係. ❸ 〈商売上の〉交渉: estar en ~ con+人 …と交渉中である. ❹ 取り扱い

trauma [トラウマ] 男 〈医学〉心的外傷

traumatismo [トラウマティスモ] 男 〈打撲などによる〉外傷

través [トラベス] 男 *a ~ de...* …を通して: *a ~ de* un amigo 友人を介して

travesaño [トラベサニョ] 男 ❶ 横材, 横木. ❷ 〈スポーツ〉クロスバー

travesía [トラベシア] 女 ❶ 〈ス〉横道. ❷ 〈船などによる〉横断

travesura [トラベスラ] 女 〈子供の〉悪さ, いたずら: hacer ~s いたずらをする

travieso, sa [トラビエソ, サ] 形 いたずらな

trayecto [トラジェクト] 男 ❶ 道のり, 行程. ❷ 〈運転の〉区間: final del ~ 終着駅, 終点

trayectoria [トラジェクトリア] 女 軌道

traza [トラサ] 女 ❶ 外見, 様子. ❷ 設計図

trazado [トラサド] 男 過分 〈道路・鉄道の〉路線

trazar [トラサル] 13 他 ❶ 〈線を〉引く; 〈図形を〉描く: ~ una línea recta 直線を引く. ~ un círculo 円を描く. ❷ 〈計画を〉立てる: ~ una estratagema 計略をめぐらす

trazo [トラソ] 男 線: escribir con ~s gruesos 大きな字で書く

trébol [トレボル] 男 ❶ 〈植物〉シロツメクサ, クローバー. ❷ 〈トランプ〉クラブ

trece [トレセ] 形 男 13〔の〕 *mantenerse (seguir) en sus* ~ 強情を張る

trecho [トレチョ] 男 距離; 時間 *de ~ en ~* 間隔を置いて, 断続的に

tregua [トレグア] 女 休戦

treinta [トレインタ] 形 男 30〔の〕

tremendo, da [トレメンド, ダ] 形 恐ろしい, ひどい; すごい: Hace un calor ~. ものすごい暑さだ

trémulo, la [トレムロ, ラ] 形 震える

tren [トレン] 男 列車, 電車, 汽車: tomar el ~ para Barcelona バルセロナ行きの列車に乗る. ir en ~ 電車で行く

trenza [トレンサ] 女 三つ編み〔髪〕

trenzar [トレンサル] 他 三つ編みにする

trepador, ra [トレパドル, ラ] 形 よじ登る: planta ~ra つる植物

trepar [トレパル] 自 ❶〈por を, a に〉よじ登る, はい上がる. ❷〈つるなどが〉巻きつく

trepidar [トレピダル] 自 激しく震動する

tres [トレス] 形 名 3(の)

trescientos, tas [トレスス ィエントス, タス] 形 名 300〔の〕

treta [トレタ] 女 策略, 計略

triangular [トリアングラル] 形 三角形の

triángulo [トリアングロ] 男 三角形

tribu [トリブ] 女 部族, 種族

tribuna [トリブナ] 女 ❶ 演壇. ❷〈一段と高い〉席: ~ pública 傍聴席. ~ de honor 貴賓席. ❸ 意見発表の場: ~ libre〈雑誌などの〉投書欄

tribunal [トリブナル] 男 ❶ 裁判所, 法廷: llevar... a los ~es を裁判ざたにする, 法廷で争う. presentarse al ~ 法廷に立つ. ~ supremo 最高裁判所. T~ Penal Internacional 国際刑事裁判所 ❷〈集合的に〉審査員, 試験官

tributar [トリブタル] 他〈税金などを〉納める

tributo [トリブト] 男 ❶ 租税; 年貢, みつぎ物: pagar el ~ 税金を納める. ❷ 捧げ物

tricolor [トリコロル] 形 3色の: bandera ~ 三色旗

tricot [トリコ] 男 ウールニット

tricotar [トリコタル] 自〈糸で〉編む

tridimensional [トリディメンシオナル] 形 3次元の; 立体的な

trigal [トリガル] 男 小麦畑

trigo [トリゴ] 男 小麦: harina de ~ 小麦粉

trilladora [トリジャドラ] 女 脱穀機

trillar [トリジャル] 他 脱穀する

trillizo, za [トリジソ, サ] 形 名 三つ子の〔一人〕

trimestre [トリメストレ] 男 3か月間;〈3学期制の〉学期: el primer ~ 第1四半期; 1学期

trimestral [トリメストラル] 形 3か月間の; 3か月ごとの: revista ~ 季刊誌

trinar [トリナル] 自〈鳥が〉さえずる

trinchar [トリンチャル] 他〈食卓で料理を〉切り分ける

trinchera [トリンチェラ] 女 塹壕(ざんごう)

trineo [トリネオ] 男 そり: ir en ~ そりで行く

trinidad [トリニダ] 女 ❶〈カトリック〉三位一体『Santísima T~』. ❷〈国名〉T~ y Tobago トリニダード・トバゴ

trino [トリノ] 男〈鳥の〉さえずり

trío [トリオ] 男 ❶ 三人組, トリオ. ❷ 三重奏団; 三重奏曲

tripa [トリパ] 女〈口語〉❶ 腹. ❷〈複〉〈動物の〉腸, はらわた

triple [トリプレ] 形 3倍の; 三重の

trípode [トリポデ] 男〈カメラなどの〉三脚

tripulación [トリプラスィオン] 女〈集合的に〉乗組員, 乗務員, 搭乗員

tripulante [トリプランテ] 名〈船・飛行機の〉乗組員, 乗務員, 搭乗員

tripular [トリプラル] 他 …に乗務する, 乗り組む: nave espacial *tripulada* 有人宇宙船

triquiñuela [トリキニュエラ] 女 計略, 策略

tris [トリス] 男 *estar en un ~ de*+不定詞 …する寸前である, もう少しで…するところである

triste [トリステ] 形 ❶ 悲しい: Estoy ~. 私は悲しい. cara ~ 悲しそうな顔, 浮かない顔. noticia ~ 悲しい知らせ ❷ 寂しい, わびしい: vida ~ わびしい暮らし. ~ empleado しがないサラリーマン

tristeza [トリステサ] 女 ❶ 悲しみ: profunda ~ 悲嘆. ❷ 寂しさ, わびしさ

triturar [トリトゥラル] 他 すりつぶす

triunfador, ra [トリウンファドル, ラ] 形 名 勝った; 勝者: equipo ~ 勝利チーム

triunfar [トリウンファル] 自 勝利をおさめる, 優勝する

triunfo [トリウンフォ] 男 ❶ 勝利: conseguir un ~ 勝利をおさめる ❷ 成功

trivial [トリビアル] 形 ささいな, 取るに足りない: hablar de cosas ~es つまらないことを話す

triza [トリサ] 女 *hacer ~s* こなごな(ずたずた)にする

trocar [トロカル] 82 他〈por と〉物々交換する

trofeo [トロフェオ] 男 トロフィー, 勝利の記念品

tromba [トロンバ] 女 ❶ 激しいにわか雨. ❷〈海上の〉竜巻

trombón [トロンボン] 男〈音楽〉トロンボーン

trombosis [トロンボスィス] 女〈医学〉血栓症

trompa [トロンパ] 女 ❶〈音楽〉ホルン. ❷

trompeta [トロンペタ] 女 〈音楽〉トランペット

trompo [トロンポ] 男 〈玩具〉こま

tronar [トロナル] 21 自 ❶〈単人称〉雷が鳴る. ❷〈大砲が〉鳴り響く ◆ 他〈ラ〉銃殺する

tronchar [トロンチャル] 他〈木などを〉折る ◆ ~se ❶ 折れる. ❷ 大笑いする〖~se de risa〗

tronco [トロンコ] 男 ❶ 幹(ホシ); 丸太. ❷ 胴, 胴体
dormir como un ~ ぐっすり眠る

tronera [トロネラ] 女 ❶〈城壁の〉銃眼, 狭間(ヒポ). ❷〈ビリヤード〉ポケット

trono [トロノ] 男 王座, 王位: subir al ~ 王位につく

tropa [トロパ] 女 ❶ 兵隊. ❷ 部隊: ~ de tierra 地上軍, 地上部隊. ❸〈人の〉一団: una ~ de turistas 観光客の一団

tropel [トロペル] 男 群衆
en ~ どやどやと: acudir *en* ~ 殺到する, 押し寄せる

tropelía [トロペリア] 女〈権力を乱用した〉暴挙

tropezar [トロペサル] 18 自 ❶〈con に〉つまずく; 〈障害に〉ぶつかる: ~ *con* una piedra 石につまずく. ~ *con* una dificultad 困難にぶつかる. ❷〈口語〉偶然出会う: Tropecé con un amigo en el cine. 私は映画館で友人とばったり会った

tropezón [トロペソン] 男 ❶ つまずき. ❷ 複〈スープなどの〉実, 具

tropical [トロピカル] 形 熱帯の: planta ~ 熱帯植物

trópico [トロピコ] 男 ❶ 回帰線: ~ de Cáncer 北回帰線. ~ de Capricornio 南回帰線. ❷ 熱帯地方

tropiezo [トロピエソ] 男 ❶ 障害, 困難. ❷ 失敗, 誤り

trotamundos [トロタムンドス] 名〈単複同形〉世界じゅうを旅して回る人

trotar [トロタル] 自 ❶〈馬が〉速歩(ハキャ)で駆ける. ❷〈人が〉急いで歩き回る, 右往左往する

trote [トロテ] 男 ❶〈馬術〉速歩(ハキャ), トロット. ❷ 忙しい仕事, 疲れる仕事
a[l] ~ 速歩で; 大急ぎで

trovador [トロバドル] 男〈中世の〉吟遊詩人

trozo [トロソ] 男 かけら, 切れはし, 断片: ~s de hielo 氷のかけら. un ~ de papel 一片の紙

trucha [トルチャ] 女 マス(鱒)

truco [トルコ] 男 ❶ トリック, からくり. ❷ こつ: enseñar los ~s de... …のこつを教える

truculento, ta [トルクレント, タ] 形 残忍な

trueno [トルエノ] 男 ❶ 雷鳴. ❷ 轟音(ネッ)

trueque [トルエケ] 男 物々交換: comercio de ~ バーター貿易

trufa [トルファ] 女〈植物・菓子〉トリュフ

truhán, na [トルアン, ナ] 名 ごろつき

tu [トゥ] 形〈所有形容詞〉君の: *tu* libro 君の本. *tus* padres 君の両親

tú [トゥ] 代〈人称代名詞2人称単数形. 主語〉❶ 君, おまえ: Hablemos de *tú*. 君-僕で話そう
❷〈一般に〉人

tubérculo [トゥベルクロ] 男 ❶〈植物〉塊茎, 塊根. ❷〈医学〉結節

tuberculosis [トゥベルクロシス] 女〈医学〉結核

tuberculoso, sa [トゥベルクロソ, サ] 形 名 結核の; 結核患者

tubería [トゥベリア] 女 配管

tubo [トゥボ] 男 ❶ 管, パイプ: ~ de escape 排気管. ~ de ensayo 試験管. ❷〈容器〉チューブ: ~ de pasta dentífrica 練り歯磨きのチューブ

tuerca [トゥエルカ] 女〈技術〉ナット, 雌ねじ

tuerto, ta [トゥエルト, タ] 形 名 片目の〔人〕: quedarse ~ 片方の目が見えなくなる

tuétano [トゥエタノ] 男〈解剖〉骨髄

tufo [トゥフォ] 男 悪臭

tul [トゥル] 男〈繊維〉チュール

tulipán [トゥリパン] 男 複 tulip*anes* チューリップ

tullido, da [トゥジド, ダ] 形 名〈軽蔑的に〉手足の不自由な〔人〕

tumba [トゥンバ] 女 墓, 墓所: visitar la ~ 墓参りする
ser una ~ 〈口語〉口が堅い

tumbar [トゥンバル] 他 倒す, なぎ倒す
◆ ~se 寝そべる, 横たわる

tumbo [トゥンボ] 男 激しい揺れ

tumbona [トゥンボナ] 女 デッキチェアー

tumor [トゥモル] 男 腫瘍(ショシ): ~ benigno (maligno) 良性(悪性)腫瘍

tumulto [トゥムルト] 男 騒動, 暴動

tumultuoso, sa [トゥムルトゥオソ, サ] 形 騒然とした

tuna [トゥナ] 女 トゥナ〖学生の流しの小楽団〗

tundra [トゥンドラ] 女〈地理〉ツンドラ

túnel [トゥネル] 男 トンネル: ~ del tiempo タイムトンネル

túnica [トゥニカ] 女〈服飾〉チュニック

tuno [トゥノ] 男 流しの小楽団 tuna の学生
tuntún [トゥントゥン] 男 *al* [*buen*] ～ 思いつきで, よく考えもせず
tupido, da [トゥピド, ダ] 形 ❶ 密生した. ❷ 〈布地が〉目の詰んだ
turbación [トゥルバスィオン] 女 ❶ 混乱. ❷ 困惑
turbar [トゥルバル] 他 ❶ 〈事態を〉混乱させる. ❷ 困惑させる, どぎまぎさせる
◆ ～se ❶ 混乱する. ❷ 困惑する, どぎまぎする
turbina [トゥルビナ] 女 タービン
turbio, bia [トゥルビオ, ビア] 形 ❶ 濁った: agua ～*bia* 濁った水. ❷ 疑わしい, 怪しげな: negocio ～ いかがわしい商売
turbulencia [トゥルブレンスィア] 女 ❶ 乱気流. ❷ 混乱, 騒がしさ
turbulento, ta [トゥルブレント, タ] 形 騒然とした, 大荒れの
turco, ca [トゥルコ, カ] 形 名 トルコ Turquía 〔人・語〕の; トルコ人
◆ 男 トルコ語
turismo [トゥリスモ] 男 ❶ 観光; 観光旅行 〖viaje de ～〗: hacer ～ 観光旅行をする. agencia de ～ 旅行代理店
❷〈集合的に〉観光客
❸〈5人乗りほどの〉自家用車
turista [トゥリスタ] 名 ❶ 観光客: En verano vienen muchos ～s a España. 夏にはたくさんの観光客がスペインへやって来る
❷ clase ～ ツーリスト(エコノミー)クラス
turístico, ca [トゥリスティコ, カ] 形 観光の: centro ～ 観光地
turnar [トゥルナル] ～se 〈para+不定詞〉交替で…する
turno [トゥルノ] 男 順番, 番: Me toca el ～. 私の番だ. trabajar por ～s de seis horas 6時間交替で働く. por ～ 順々に. ～ de día (de noche) 日勤(夜勤)
turquesa [トゥルケサ] 女 トルコ石
turrón [トゥロン] 男 トゥロン〖クリスマス用の菓子〗
tutear [トゥテアル] 他 …と tú (君＝僕)で話す.
◆ ～se 互いに tú を使って話す
tutela [トゥテラ] 女 後見; 保護
tutor, ra [トゥトル, ラ] 名 ❶ 後見人; 保護者. ❷ 指導教官, チューター
tuv- ⇨**tener** 80
tuyo, ya [トゥジョ, ジャ] 形〈所有形容詞〉君の: Esta maleta no es ～*ya*. このスーツケースは君のではない
◆ 代〈定冠詞+〉君のそれ
los ～*s* 君の家族(仲間・味方)
TV 〈略語〉テレビジョン 〖← *t*ele*v*isión〗
TVE 〈略語〉スペイン国営テレビ 〖← *T*ele*v*isión *E*spañola〗

U, u [ウ]

u [ウ] 接 ⇨o

ubicar [ウビカル] 73 ⟨ラ⟩ 他 置く, 設置する, 配置する
◆ ~se ある, いる

ubre [ウブレ] 女 ⟨動物の⟩ 乳房

Ud. [ウステ] ⟨略語⟩ あなた 〖←usted〗

Uds. [ウステデス] ⟨略語⟩ あなたがた 〖←ustedes〗

UE ⟨略語⟩ ヨーロッパ連合, EU 〖←*U*nión *E*uropea〗

ufanar [ウファナル] ~se 思い上がる; ⟨con・de ⟩ 誇る, 鼻にかける

ufano, na [ウファノ, ナ] 形 思い上がった; ⟨con ⟩ 誇っている

UGT ⟨略語⟩ 労働総同盟 〖←*U*nión *G*eneral de *T*rabajadores〗

úlcera [ウルセラ] 女 潰瘍(かいよう): ~ de estómago 胃潰瘍

ulterior [ウルテリオル] 形 その後の

últimamente [ウルティマメンテ] 副 最近, 近ごろに: Ú~ mi padre anda bien del corazón. 最近私の父は心臓の具合がいい

ultimar [ウルティマル] 他 ❶ 終える, 完成する. ❷ ⟨ラ⟩ 殺す

ultimátum [ウルティマトゥン] 男 最後通告

último, ma [ウルティモ, マ] 形 ❶ 最後の, 最終の: La ~*ma* vez que la vi fue en Roma. 彼女を最後に会ったのはローマだった. el ~ día del año 大みそか. ~ tren 終電車
❷ 最近の, 最新の: en los ~s diez años ここ10年. de ~*ma* moda 最新流行の
❸ 究極の: fin ~ 究極の目的
a la ~*ma* 最新の; 最新流行の
a ~*s* 月末に
estar en las ~*mas* 死にかけている
por ~ 最後に; 最終的に
ser lo ~ 最悪である

ultra [ウルトラ] 形 名 ❶ ⟨政治⟩ 極右〔の〕. ❷ ⟨サッカー⟩ フーリガン

ultra- ⟨接頭辞⟩「極端に」「超…」「越えて」の意

ultrajar [ウルトラハル] 他 ひどく侮辱する

ultraje [ウルトラヘ] 男 ひどい侮辱

ultramar [ウルトラマル] 男 海外

ultramarino, na [ウルトラマリノ, ナ] 形 海外の
◆ 男 複 食料品店; ⟨ラ⟩ 輸入食料品

ultramoderno, na [ウルトラモデルノ, ナ] 形 超現代的な

ultranza [ウルトランサ] *a* ~ 断固として, 妥協せずに

ultrasónico, ca [ウルトラソニコ, カ] 形 超音波の; 超音速の

ultrasonido [ウルトラソニド] 男 超音波

ultratumba [ウルトラトゥンバ] 女 *de* ~ 死後の

ultravioleta [ウルトラビオレタ] 形 男 紫外線〔の〕: corte ~ UVカット

ulular [ウルラル] 自 ウォーンウォーンと鳴く, 遠吠えする

umbral [ウンブラル] 男 しきい, 戸口

umbrío, a [ウンブリオ, ア] 形 日陰の, 陰になった
◆ 女 日陰

un, una¹ [ウン, ウナ] 冠 ⟨不定冠詞. 複 unos, unas. アクセントのある a-・ha- で始まる女性単数名詞の直前で un となることがある⟩
❶ ある: *Una* mujer está enamorada de ti. ある女性が君に恋している
❷ 1つの: Tiene *un* libro en la mano. 彼は手に1冊の本を持っている
❸ 複 いくつかの: Aquí hay *unas* revistas. ここに雑誌が数冊ある
❹ 複 1対の: comprar *unos* zapatos 靴を1足買う
❺ ⟨数詞⟩ およそ, 約: *unos* diez mil euros 約1万ユーロ
❻ ⟨分類・類別⟩ *Un* hombre como tú no puede decir mentiras. 君のような男はうそはつけない
❼ ⟨強調⟩ No dijo 〔ni〕 *una* palabra. 彼は一言も言わなかった

unánime [ウナニメ] 形 全員一致の

unánimemente [ウナニメメンテ] 副 全員一致で, 異口同音に

unanimidad [ウナニミダ] 女 ❶ 全員一致: por ~ 満場一致で. ❷ 一体感

unas ⇨un, una; uno, una

ungüento [ウングエント] 男 軟膏, 塗り薬

uni- ⟨接頭辞⟩「単一」の意

únicamente [ウニカメンテ] 副 単に; もっぱら

único, ca [ウニコ, カ] 形 ❶ 唯一の, ただ一つ(一人)の: Es el ~ medio. それが唯一の手段だ. Lo ~ que me interesa es viajar. 私に興味があるのは旅行だけだ. hijo ~ 一人息子
❷ 特異な, ユニークな

unidad [ウニダ] 囡 ❶ **単位**: ～ monetaria 貨幣単位
❷ …個: caja de diez ～es 10個入りの箱
❸ 統一性, 一体性: ～ de opiniones 意見のまとまり
❹ 設備, 装置

unido, da [ウニド, ダ] unir の過去分詞

unificación [ウニフィカスィオン] 囡 統一, 統合

unificar [ウニフィカル] 73 他 一つにする, 統一する: ～ las oficinas 事務所を統合する

uniformar [ウニフォルマル] 他 ❶ 一様にする, 一定にする. ❷ …に制服を着せる

uniforme [ウニフォルメ] 形 一様な, 均一な, 一定不変の: precio ～ 均一料金
◆ 男 制服, ユニフォーム: ～ militar 軍服

uniformidad [ウニフォルミダ] 囡 一様, 均一性

unilateral [ウニラテラル] 形 片方だけの, 一方的な: contrato ～ 片務契約

unilateralmente [ウニラテラルメンテ] 副 一方的に

unión [ウニオン] 囡 ❶ **結合**, 団結: ～ familiar 家族の結びつき
❷ 連合, 同盟: U～ Europea ヨーロッパ連合, EU
en ～ de…/en ～ con… …と一緒に, 協力して

unir [ウニル] 他 結合させる, 結びつける: El Canal de Panamá *une* el Pacífico con el Atlántico. パナマ運河は太平洋と大西洋を結ぶ。～ las fuerzas 力を合わせる
◆ *～se* ❶ 互いに結びつく. ❷ 団結する

unísono [ウニソノ] 男〈音楽〉ユニゾン
al ～ 声をそろえて; 全員一致で

unitario, ria [ウニタリオ, リア] 形 統一的な; 単一の

universal [ウニベルサル] 形 ❶ **全世界的な**: historia ～ 世界史
❷ 普遍的な: costumbre ～ どこにでもある習慣

universidad [ウニベルスィダ] 囡 **大学**: estudiar en la ～ 大学で学ぶ

universitario, ria [ウニベルスィタリオ, リア] 形 大学の: educación ～ria 大学教育
◆ 图 大学生; 大卒者

universo [ウニベルソ] 男 宇宙, 世界

uno, una² [ウノ, ウナ] 形〈男性名詞の直前では un となる〉**1つの**: un metro 1メートル. una taza de café コーヒー1杯
◆ 男 1: de *uno* a 100 まで. el *uno* de mayo〈スペイン〉5月1日
◆ 代 ❶〈一般的に〉人: Cuando *uno* está enfermo, se siente desamparado. 人は病気の時は心細くなるものだ
❷〈不特定の〉**ある人**: *Uno* rompió tu florero anoche. 誰かがゆうべ君の花びんを割った
❸ 1人, 1つ: *Uno* de ellos dijo así. 彼らの中の1人がそう言った. Aquí tienes unas manzanas. Coge *una*. ほらリンゴだよ。1つ取りなさい
❹〈otro と共に〉 *Unos* van en coche, y otros en tren. 車で行く人もいるし, 電車で行く人もいる
de uno en uno 1つ(1人)ずつ
la una 〈時刻の〉1時: llegar a *la una* 1時に到着する
uno a otro 互いに: Se odiaban *una a otra*. 彼女たちは互いに憎み合っていた
uno a uno 1つ(1人)ずつ: El profesor nos revisó *uno a uno*. 先生は私たちを1人ずつ点検した
uno detrás de otro 次から次へと
uno por uno = uno a uno
uno tras otro 次々に, 順々に: Arrojó *una tras otra* las botellas al suelo. 彼は次々にびんを床に放り投げた
uno y otro どちらも: *Uno y otro* dicen que no tienen nada que ver. 2人とも互いに関係ないと言っている

unos ⇨un, una ; uno, una

untar [ウンタル] 他 ❶〈de·con を〉…に塗る: ～ *de* mantequilla un molde 型にバターを塗る. ❷〈en に〉ひたす, 漬ける. ❸〈口語〉買収する
◆ *～se* 自分の体に塗る

uña [ウニャ] 囡 爪(⁽ʳᵘ⁾): cortarse las ～s 爪を切る
ser ～ y carne たいへん仲がよい

uranio [ウラニオ] 男〈元素〉ウラン

urbanidad [ウルバニダ] 囡 エチケット, 礼儀

urbanismo [ウルバニスモ] 男 都市計画

urbanístico, ca [ウルバニスティコ, カ] 形 都市計画の

urbanización [ウルバニサスィオン] 囡 ❶ 都市化. ❷ 分譲地, 住宅団地

urbanizar [ウルバニサル] 13 他 都市化する; 〈分譲地などに〉電気・水道・舗装道路を通す

urbano, na [ウルバノ, ナ] 形 都市の, 都会の: zona ～*na* 都市部

urbe [ウルベ] 囡 大都会

urdimbre [ウルディンブレ] 囡 縦糸

urdir [ウルディル] 他〈策を〉めぐらす: *Urdió* un plan para atracar un banco. 彼は銀行強盗をくわだてた

urgencia [ウルヘンスィア] 囡 ❶ **緊急**; 緊急事態: remedio de ～ 緊急手段. con ～ 緊急に, 大至急

❷ 〖複〗 救急〔救命〕センター

urgente [ウルヘンテ] 〖形〗 **緊急の**, 切迫した: por un asunto ～ 急用で. caso ～ 急患. correo ～ 速達. moción ～ 緊急動議

urgentemente [ウルヘンテメンテ] 〖副〗 緊急に, 大急ぎで

urgir [ウルヒル] 〖37〗 〖自〗 〈事柄が〉急を要する: Me urge verle. 私は至急彼に会う必要がある ◆ 〖他〗〈a+不定詞〉…に緊急に…させる

urinario [ウリナリオ] 〖男〗〈男性用の〉公衆便所

urna [ウルナ] 〖女〗投票箱: ir (acudir) a las ～s 投票に行く

Uruguay [ウルグアイ] 〖男〗ウルグアイ

uruguayo, ya [ウルグアジョ, ジャ] 〖形〗〖名〗 ウルグアイ〔人〕の; ウルグアイ人

usado, da [ウサド, ダ] 〖過分〗 ❶ 使い古した: traje muy ～ 着古した服. ❷ 中古の: venta de los coches ～s 中古車販売

usanza [ウサンサ] 〖女〗 =uso: a la antigua ～ 昔風の

usar [ウサル] 〖他〗 **使う**, 用いる: Puedes ～ mi coche. 私の車を使っていいよ. ～ el avión para ir a... ～へ行くのに飛行機を利用する ◆ 〖自〗〈de〉を使う ◆ **～se**〖習慣・流行として〗使われる: Ahora no se usa esa palabra. そのことばは今は使われない

uso [ウソ] 〖男〗 ❶ **使用**; 用途: de ～ personal 個人用の. producto de ～ diario 日用品. tener muchos ～s 用途が広い ❷ 慣例, 慣習
al ～ 慣例に従って
hacer ～ de... …を使う, 利用する: hacer buen ～ del dinero 金を有効に使う
～ de razón 分別〔のつく年ごろ〕: tener ～ de razón ものごころがつく

usted [ウステ] 〖代〗〈人称代名詞3人称単数形. 主語, 前置詞の後〉**あなた**: ¿Es ～ casado? あなたは既婚ですか? Quiero hablar con ～. あなたと話がしたい
hablar de ～ 敬称で話す〖tú ではなく usted を使う〗

ustedes [ウステデス] 〖代〗〈人称代名詞3人称複数形. 主語, 前置詞の後〉❶ あなたがた: Todos ～ pueden llamarme Anita. どなたさまも私のことはアニタとお呼びください ❷ 貴社; 貴団体 ❸ 〈ラ〉君たち

usual [ウスアル] 〖形〗 日常の, 常用の: caminar más de prisa de lo ～ いつもより急いで歩く. nombre poco ～ 珍しい名前

usuario, ria [ウスアリオ, リア] 〖名〗利用者, ユーザー: ～ de taxis タクシー利用者

usurero, ra [ウスレロ, ラ] 〖名〗高利貸し

usurpación [ウスルパスィオン] 〖女〗篡奪(ξ̃ξ)； 横領

usurpador, ra [ウスルパドル, ラ] 〖名〗篡奪(ξ̃ξ)者; 横領者

usurpar [ウスルパル] 〖他〗〈地位などを〉不当に手に入れる, 篡奪(ξ̃ξ)する; 横領する

utensilio [ウテンスィリオ] 〖男〗〈主に〖複〗〉道具, 用具: ～s para escribir 筆記用具. ～s de cocina 台所用品

uterino, na [ウテリノ, ナ] 〖形〗子宮の

útero [ウテロ] 〖男〗〖解剖〗子宮

útil [ウティル] 〖形〗〈para に〉**役立つ**; 有益な: obtener habilidades ～es para el futuro trabajo 将来の仕事に役立つ技能を身につける ◆ 〖男〗道具, 用具: ～es de piedra 石器

utilidad [ウティリダ] 〖女〗 ❶ 有用性. ❷ 実利, 実益. ❸ 〈ラ〉利益

utilitario, ria [ウティリタリオ, リア] 〖形〗実利的な, 実用本位の ◆ 〖男〗低燃費の小型車, 軽自動車

utilización [ウティリサスィオン] 〖女〗利用, 活用

utilizar [ウティリサル] 〖13〗 〖他〗 **利用する**, 活用する: ～ Internet para negocios 仕事でインターネットを利用する. ～ los recursos 資源を活用する

utopía [ウトピア] 〖女〗 ❶ 理想郷. ❷ 実現不可能な計画〔考え〕

utópico, ca [ウトピコ, カ] 〖形〗空想的な, 非現実的な

uva [ウバ] 〖女〗〈果実〉**ブドウ**: ～s pasas レーズン
mala ～ 〈ス〉1) 不機嫌. 2) 悪意; 性格の悪さ

V, v [〈ス〉ウベ/〈ラ〉ベ]

va ⇨ir 43

vaca [バカ] 囡 雌牛: piel de ～ 牛革. ～ lechera, ～ de leche 乳牛. 〔mal de las〕 ～s locas 狂牛病

vacación [バカスィオン] 囡 〈主に複〉休暇, バカンス: estar de *vacaciones* 休暇中である. ir de *vacaciones* a Barcelona 休暇でバルセロナに行く. tomar las *vacaciones* 休暇を取る. *vacaciones* de verano 夏休み

vacante [バカンテ] 形 〈地位などが〉空席の, 欠員の: No hay ningún puesto ～. 空いているポストはない
◆ 囡 欠員: cubrir una ～ 欠員を埋める

vaciar [バスィアル] 33 他 ❶〈容器を〉からにする: ～ una bolsa 袋の中身をあける. ❷〈中身を, en に〉あける: ～ el agua *en* el cubo 水をバケツにあける. ❸ 中空にする, くり抜く

vaciedad [バスィエダ] 囡 無内容, くだらなさ

vacilación [バスィラスィオン] 囡 ❶ ためらい, ちゅうちょ: con ～ ためらいがちに. sin ～ ためらわずに, 迷わず. ❷ ぐらつき, ゆらめき

vacilante [バスィランテ] 形 気持ちのぐらついた; ゆらめいた

vacilar [バスィラル] 自 ❶ ためらう, ちゅうちょする: ～ en la decisión 決断に迷う, 決めかねる
❷〈光などが〉揺れ動く: Vacila la luz. 明かりがチラチラする
sin ～ ためらわず, ぐずぐずしないで

vacío¹ [バスィオ] 男 ❶ 真空: envasado al ～ 真空パック. ❷〈主に比喩的に〉すきま, 空白: ～ legal 法律の抜け穴. ～ de poder 政権の空白. ❸ 虚空: lanzarse al ～ 虚空に身を投げる. mirar al ～ あらぬ方を見やる

vacío², a [バスィオ, ア] 形 ❶ からの, 中空の: lata ～*a* 空き缶
❷ 人のいない: silla ～*a* 空いている椅子
❸ 内容のない, くだらない: discusión ～*a* 空虚な議論. vida ～*a* むなしい生活
mover en ～ 空回りする

vacuna¹ [バクナ] 囡 ワクチン: ～ viva 生ワクチン

vacunación [バクナスィオン] 囡 予防接種 (注射), ワクチン接種

vacunar [バクナル] 他 …に予防接種(注射)をする, ワクチンを投与する
◆ ～*se* = *se* contra la gripe インフルエンザの予防注射を受ける

vacuno¹ [バクノ] 男 〈集合的に〉牛

vacuno², na² [バクノ, ナ] 形 牛の

vacuo, cua [バクオ, クア] 形 内容のない, 空疎な

vadear [バデアル] 他 〈川などを〉歩いて渡る

vado [バド] 男 浅瀬, 徒渉(ちょう)点

vaga ⇨vago, ga
◆ 動詞活用形 ⇨vagar

vagabundear [バガブンデアル] 自 放浪する, さまよい歩く

vagabundo, da [バガブンド, ダ] 形 放浪する: perro ～ 野良犬
◆ 名 放浪者, 浮浪者

vagamente [バガメンテ] 副 ぼんやりと, 漠然と

vagancia [バガンスィア] 囡 怠惰

vagar [バガル] 55 自 放浪する, さまよう; ぶらぶら歩き回る

vagina [バヒナ] 囡 〈解剖〉腟(ちつ)

vago, ga [バゴ, ガ] 形 ❶ あいまいな, 漠然とした: *vaga* promesa あいまいな約束
❷ 怠け者の: ～ estudiante 勉強しない学生
◆ 名 怠け者

vagón [バゴン] 男 〈複 vagones〉〈鉄道の〉車両: tren con doce *vagones* 12両編成の列車. ～ restaurante 食堂車

vagoneta [バゴネタ] 囡 トロッコ

vaguedad [バゲダ] 囡 あいまいさ

vahído [バイド] 男 めまい

vaho [バオ] 男 湯気; 〈白く見える〉息(いき)

vaina [バイナ] 囡 ❶〈剣の〉さや. ❷〈豆の〉さや

vainilla [バイニジャ] 囡 バニラ: helado de ～ バニラアイスクリーム

vais ⇨ir 43

vaivén [バイベン] 男 〈前後・左右の〉往復運動, 揺れ

vajilla [バヒジャ] 囡 〈集合的に〉食器

valdr- ⇨valer 83

vale [バレ] 男 ❶ 引換券. ❷ 優待券. ❸〈主にラ〉借用書, 約束手形
◆ 間〈ス. 口語〉〈承諾・同意〉オーケー
◆ 動詞活用形 ⇨valer 83

Valencia [バレンスィア] 囡 バレンシア〖スペイン東部の自治州・県・県都〗

valenciano, na [バレンスィアノ, ナ] 形 名 バレンシアの〔人〕

valentía [バレンティア] 囡 勇敢さ, 勇気

valer [バレル] 83 他 ❶ 値段が…である:

¿Cuánto *vale* este reloj?— *Vale* cien euros. この時計はいくらですか？—100ユーロです ❷ …に相当する, 同じ価値がある: Un ángulo recto *vale* 90 grados. 直角は90度である
◆ 自 ❶ 〖para に〗役に立つ: Este vestido todavía me *vale*. このワンピースはまだ着られる. No *valgo para* los negocios. 私は商売には向いていない

❷ 価値がある: Ese cuadro no *vale* mucho. その絵は大した価値はない
❸ 有効である: No *vale* ese gol. そのゴールは認められない(無効だ). No hay "pero" que *valga*.「でも」は通用しない
◆ ~se 〖巧みに, de を〗利用する: *~se de*l poder del dinero 金の力で物を言わせる
hacer ~... 〈権利などを〉行使する;〈性質などを〉生かす
más vale 十 不定詞 ・ *que* 十 接続法 …する方がよい: *Más vale* morir. 死んだ方がましだ
¡Válgame〔Dios〕! おやおや/何ともはや!

valeroso, sa [バロロソ, サ] 形 勇気のある, 勇敢な

valga-, valgo ⇒valer 83

valía [バリア] 女 価値
◆ 動詞活用形 ⇒valer 83

validar [バリダル] 他 有効とする

validez [バリデス] 女 〈法的な〉有効性, 効力: plazo de ~ 有効期間

valido [バリド] 男 過分 〈王侯の〉寵臣, お気に入り

válido, da [バリド, ダ] 形 有効な: pasaporte ~ por cinco años 5年間有効のパスポート

valiente [バリエンテ] 形 勇敢な, 勇気のある: Es un joven ~. 彼は勇敢な若者だ
◆ 名 勇敢な人

valioso, sa [バリオソ, サ] 形 貴重な, 尊い

valla [バジャ] 女 ❶ 柵, フェンス: poner unas ~s para proteger el jardín 庭を保護するために柵を設ける
❷ 障害;〈スポーツ〉ハードル

vallar [バジャル] 他 …に柵を巡らす

valle [バジェ] 男 ❶ 谷: casas construidas en el ~ 谷間に建てられた家々
❷ 流域

valor [バロル] 男 ❶ 価値; 値段: objeto de ~ 貴重品. cuadro de mucho ~ 高価な絵. ~ monetario 貨幣価値
❷ 有効性, 効力
❸ 勇気, 勇敢さ: con ~ 勇敢に
❹ 複 有価証券
❺〈数学〉数値, 値
armarse de ~ 勇気をふるい起こす
por ~ *de*... 金額…の

valoración [バロラスィオン] 女 評価

valorar [バロラル] 他 ❶〖値段を, en と〗評価する: joyas *valoradas en* 50,000 euros 評価額5万ユーロの宝石. ❷ 高く評価する, 尊重する

vals [バルス] 男 ワルツ

valuar [バルアル] ① 他 〈ラ〉見積もる, 評価する: ~ los perjuicios 損害額を見積もる

válvula [バルブラ] 女 弁, バルブ: ~ de seguridad 安全弁. enfermedad de la ~ cardíaca 心臓弁膜症

vamos ⇒ir 43

vampiro [バンピロ] 男 ❶ 吸血鬼, バンパイア. ❷〈動物〉吸血コウモリ. ❸〈情け容赦なく〉他人を食いものにする人

van ⇒ir 43

vana ⇒vano, na

vanagloria [バナグロリア] 女 自慢, 思い上がり

vanagloriar [バナグロリアル] ~se 〖de・por を〗自慢する, 鼻にかける

vandalismo [バンダリスモ] 男 無差別の破壊行為, 蛮行

vándalo, la [バンダロ, ラ] 形 名 ❶〈歴史〉バンダル人〔の〕. ❷ 破壊を好む〔人〕, 乱暴者

vanguardia [バングアルディア] 女〈軍事・芸術〉前衛

vanguardista [バングアルディスタ] 形 名 前衛派〔の〕

vanidad [バニダ] 女 虚栄心; うぬぼれ

vanidoso, sa [バニドソ, サ] 形 虚栄心の強い

vano, na [バノ, ナ] 形 ❶ むなしい, むだな: esfuerzos ~s むだな努力. *vana* ilusión はかない夢
❷ 内容のない; 根拠のない: palabras *vanas* 空疎なことば
en ~ むなしく, むだに: Trató de escaparse *en* ~. 彼は脱走しようとしたがむだだった

vapor [バポル] 男 ❶ 蒸気, 湯気: baño de ~ 蒸し風呂, スチームバス. máquina de ~ 蒸気機関. ~ de agua 水蒸気
❷ 汽船
al ~〈料理〉蒸した, 蒸して: cocer *al* ~ 蒸す

vaporoso, sa [バポロソ, サ] 形 〈布地が〉薄手の, 透けて見える

vaquero, ra [バケロ, ラ] 形〈服飾〉ジーンズの: cazadora ~*ra* ジージャン
◆ 名 カウボーイ
◆ 男 複〈服飾〉ジーパン〖pantalones ~*s*〗

vara [バラ] 女〈細長い〉棒

variable [バリアブレ] 形 変わりやすい; 変化

する: El tiempo era ～. 不安定な天気だった ◆ 女 〈数学〉変数

variación [バリアスィオン] 女 ❶ 変化, 変動. ❷ 〈音楽〉変奏曲

variado, da [バリアド, ダ] 形 過分 変化に富んだ, 多様な, 種々の: de colores ～s いろいろな色の. entremeses ～s オードブル盛り合わせ

variar [バリアル] 33 他 …に変化をつける, 多彩にする;〈今までと〉変える
◆ 自 ❶〈様々に〉変わる, 異なる: Las temperaturas *varían*. 気温は変化する. ❷〈de を〉変える: ～ de menú 献立を変える

varicela [バリセラ] 女 〈医学〉水ぼうそう

variedad [バリエダ] 女 ❶ 変化に富むこと, 多様性: Esa heladería ofrecen una gran ～ de sabores. そのアイスクリーム店には色々な味のがある. ❷〈動植物の〉品種. 複 バラエティーショー

varilla [バリジャ] 女 〈傘・扇などの〉骨

vario, ria [バリオ, リア] 形 ❶ 様々の: flores de ～s colores 色とりどりの花 ❷ 雑多な: gastos ～s 雑費 ❸ 複 いくつかの: Compré *varias* revistas. 私は何冊か雑誌を買った. ～s meses 数か月

varón [バロン] 男 複 var*ones* 男性【性別を記入する際に用いる】
◆ 男性の: No tiene ningún hijo ～. 彼には男の子は一人もいない

varonil [バロニル] 形 男の; 男らしい

vas ⇨ir 43

vasallo [バサジョ] 男 家臣, 家来

vasco, ca [バスコ, カ] 形 名 バスク〔人・語〕の; バスク人: País V～ バスク〖スペイン北部の自治州〗
◆ 男 バスク語

vascongado, da [バスコンガド, ダ] 形 バスコンガダス Vascongadas の〖バスクの別名〗

vascuence [バスクエンセ] 男 バスク語

vasija [バシハ] 女 器, 容器

vaso [バソ] 男 ❶ コップ,〈脚付きでない〉グラス: ～ de vino グラス1杯のワイン. ～ graduado 計量カップ ❷ 〈解剖・生物〉管

vástago [バスタゴ] 男 ❶ 若枝, 新芽. ❷ 子孫, 息子. ❸〈機械〉軸, 棒

vasto, ta [バスト, タ] 形 広大な, 広々とした: ～*ta* llanura 大平原

váter [バテル] 男 ❶ 水洗便器. ❷〈ス〉水洗トイレ

vaticano, na [バティカノ, ナ] 形 バチカンの, 教皇庁の
◆ 男〈V～〉バチカン, 教皇庁: Ciudad del V～ バチカン市国

vatio [バティオ] 男〈電力の単位〉ワット

vaya- ⇨ir 43

Vd. [ウステ]〈略語〉あなた〖←usted〗

Vds. [ウステデス]〈略語〉あなたがた〖←ustedes〗

ve ⇨ir 43, ver 86

vea- ⇨ver 86

veces ⇨vez

vecindad [ベスィンダ] 女 近所: en la ～ 近所に

vecindario [ベスィンダリオ] 男〈集合的に, 同じ建物・地域の〉住民

vecino, na [ベスィノ, ナ] 形 ❶ 隣の: casa ～*na* 隣家. países ～s 近隣諸国 ❷ 近くの, 近所の
◆ 名 ❶ 隣人, 近所の人: Él es el ～ de arriba. 彼は上の階の住人だ ❷〈同じ建物・地域の〉住民: En este barrio todos los ～s se conocen. この界隈では住民全員が知り合いだ

vector [ベクトル] 男〈数学〉ベクトル

veda [ベダ] 女 ❶〈法律による〉禁止. ❷ 禁漁(禁猟)期間: Se levanta la ～. 漁(狩猟)が解禁になる

vedar [ベダル] 他〈法律で〉禁止する

vegetación [ベヘタスィオン] 女 ❶〈集合的に〉植物. ❷ 複〈医学〉アデノイド

vegetal [ベヘタル] 形 植物の, 植物性の: aceite ～ 植物性油
◆ 男 植物

vegetariano, na [ベヘタリアノ, ナ] 形 名 菜食主義の; 菜食主義者, ベジタリアン

vehemencia [ベエメンスィア] 女〈感情の〉激しさ

vehemente [ベエメンテ] 形〈感情が〉激しい, 熱烈な; 衝動的な

vehículo [ベイクロ] 男 ❶ 乗り物, 交通手段; 車: ～ espacial 宇宙船 ❷ 媒介手段;〈医学〉感染源

veía- ⇨ver 86

veinte [ベインテ] 形 男 20〔の〕: tener ～ años 20歳である

veinteañero, ra [ベインテアニェロ, ラ] 形 名 20歳代の〔人〕

vejar [ベハル] 他〈陰湿に〉いじめる, いびる

vejez [ベヘス] 女 老齢: ahorrar para la ～ 老後のために貯金する. en la ～ 年を取ってから

vejiga [ベヒガ] 女〈解剖〉膀胱(ぼう)

vela [ベラ] 女 ❶ ろうそく: encender una ～ ろうそくをつける. apagar una ～ ろうそくを消す. ❷〈船の〉帆: barco de ～ 帆船 *en* ～ 眠らずに: pasar la noche *en* ～ 徹夜

する

velada [ベラダ] 囡 夜会, 夜の催し

velador [ベラドル] 男 <一本脚の> 丸テーブル

velar [ベラル] 自 ❶ 眠らずに過ごす, 徹夜する. ❷ <por に> 細心の注意を払う, 気を配る
◆ 他 ❶ 寝ずの番をする: ～ al difunto 通夜をする. ❷ …にベールをかける; おおい隠す

velcro [ベルクロ] 男 <服飾など> マジックテープ

veleidad [ベレイダ] 囡 ❶ 移り気, 気まぐれ. ❷ 移ろいやすさ

veleidoso, sa [ベレイドソ, サ] 形 <気分・意見などが> 変わりやすい

velero [ベレロ] 男 帆船

veleta [ベレタ] 囡 風向計
◆ 名 意見がすぐ変わる人, 風見鶏

vello [ベジョ] 男 ❶ <人の> 体毛: eliminar el ～ 脱毛する. ～ fino うぶ毛. ❷ <植物の> 綿毛

velloso, sa [ベジョソ, サ] 形 体毛の生えた

velludo, da [ベジュド, ダ] 形 毛深い

velo [ベロ] 男 ベール: llevar un ～ en la cabeza ベールをかぶっている

velocidad [ベロスィダ] 囡 速さ, 速度: aumentar (reducir) la ～ スピードを上げる (落とす). a gran (poca) ～ 高速 (低速) で. caja de ～es <自動車> ギア
a toda ～ 全速力で

velocímetro [ベロスィメトロ] 男 速度計

velocista [ベロスィスタ] 名 <スポーツ> スプリンター

velódromo [ベロドロモ] 男 自転車競技場

veloz [ベロス] 形 <複 veloces> ❶ 速い: movimiento ～ すばやい動き. ❷ <副詞的> 速く: Salió ～ de la escena. 彼はすばやく退場した

velozmente [ベロスメンテ] 副 速く

ven ➪venir 85, ver 86

vena [ベナ] 囡 ❶ 血管; <解剖> 静脈. ❷ 鉱脈; 水脈
estar en ～ 気分が乗っている

venado [ベナド] 男 シカ (鹿)〖＝ciervo〗

vencedor, ra [ベンセドル, ラ] 形 名 勝者 (の): país ～ 戦勝国

vencer [ベンセル] 84 他 ❶ 打ち破る, 負かす: ～ al enemigo 敵を打ち負かす
❷ 克服する: ～ las dificultades 困難を乗り越える
◆ 自 ❶ 期限が来る, 満期になる: El plazo ha vencido. 期限が切れた. ❷ 勝つ: ～ en la batalla 戦闘で勝つ
◆ ～se <重みで> 傾く, そる

darse por vencido 敗北を認める

vencimiento [ベンスィミエント] 男 期限切れ, 満期

venda [ベンダ] 囡 包帯: llevar una ～ en …に包帯をしている

vendaje [ベンダヘ] 男 <医学> 包帯

vendar [ベンダル] 他 …に包帯をする: Tiene la muñeca *vendada*. 彼は手首に包帯をしている

vendaval [ベンダバル] 男 強風

vendedor, ra [ベンデドル, ラ] 名 売り子, 店員, 販売員; 売り手

vender [ベンデル] 他 ❶ 売る, 販売する; 売却する: Le he vendido mi coche. 私は彼に車を売った
❷ <仲間などを> 売り渡す, 裏切る: ～ su patria 祖国を裏切る
◆ ～se ❶ 売れる: Los juguetes *se venden* muy bien. おもちゃはよく売れる. ❷ 自分の身を売る

vendimia [ベンディミア] 囡 ブドウの取り入れ; ブドウの収穫期

vendr- ➪venir 85

veneno [ベネノ] 男 ❶ 毒, 毒物: poner ～ en vino ワインに毒を入れる
❷ <心身に> 有害な物: El tabaco es un ～ para la salud. たばこは健康に害がある

venenoso, sa [ベネノソ, サ] 形 ❶ 有毒の; 有害な. ❷ 悪意のある

venerable [ベネラブレ] 形 うやまうべき

venerar [ベネラル] 他 うやまう, 崇拝する

venéreo, a [ベネレオ, ア] 形 性病の: enfermedad ～a 性病

venezolano, na [ベネソラノ, ナ] 形 名 ベネズエラ (人) の; ベネズエラ人

Venezuela [ベネスエラ] 囡 ベネズエラ

veng- ➪venir 85

venganza [ベンガンサ] 囡 復讐, 報復: tomar ～ en… …に仕返しをする. deseos de ～/sed de ～ 復讐心

vengar [ベンガル] 55 他 …の復讐をする: *Vengó* a su padre. 彼は父のかたきを討った. ～ una ofensa 侮辱に対して仕返しをする
◆ ～se <de・por の> 復讐をする; <de に> 復讐する

vengativo, va [ベンガティボ, バ] 形 復讐心の強い

venida [ベニダ] 囡 来ること, 来訪

venidero, ra [ベニデロ, ラ] 形 来たるべき: los tiempos ～s 未来, 将来

venir [ベニル] 85 自 ❶ 来る, やって来る: 1) Muchos turistas *vienen* a España. たくさんの観光客がスペインにやって来る. *Viene* de México. 彼はメキシコから来た. 2) <a+不定

詞〉…しに来る：*Vengo a* verte. 私は君に会いに来た
❷ 〈de に〉原因がある：Su odio *viene de* los celos. 彼の憎しみは嫉妬((しっと))が原因だ
❸ 〈人 にとって，衣服が〉…である：La chaqueta me *viene* un poco ancha. その上着は私には少し大きい
❹ 〈+bien・mal〉適合する・しない：Esa corbata te *viene* bien. そのネクタイは君によく似合う. Hoy me *viene* mal salir a la calle. きょうは街に出かけるのは都合が悪い
❺ 〈en 〉記載される：Esa palabra no *viene en* este diccionario. その単語はこの辞書にはのっていない
❻ 〈de+不定詞〉…して来たところである：*Vengo de* ver a su padre. 私は彼の父親に会って来たところだ
❼ 〈+現在分詞〉ずっと…してきている：Ha *venido* sufriendo por su hijo. 彼は息子のことで苦労し続けてきた
❽ 〈con 〉言い出す：No me *vengas con* tonterías. くだらないことを言うな
◆ ~se 〈強調〉やって来る：Aquí *me vengo a* estudiar. 私はここには勉強しに来ている
...que viene 来…：el año (el mes・la semana) *que viene* 来年(来月・来週)
¡Venga! 〈激励・催促〉さあ！
~ *a menos* 落ちぶれる
~*se abajo* 1) 倒壊する. 2) 〈精神的に〉落ち込む

venta [ベンタ] 囡 ❶ 販売；売却：precio de ~ 販売価格. ~ de fincas 不動産の販売
❷ 売上げ高，売れ行き：Las ~s de esta temporada han aumentado. 今期は売り上げが伸びた
❸ 〈古語的〉〈街道沿いの〉旅館
en ~ 発売中の：poner... *en* ~ …を売り出す

ventaja [ベンタハ] 囡 ❶ 優位，有利；利点，長所：llevar ~ a+人 …より優位に立っている〈有利な立場にある〉. tener ~ 得をする，利点がある
❷ 〈スポーツ〉リード：sacar a+人 una ~ de... …で…をリードする

ventajoso, sa [ベンタホソ, サ] 形 有利な，得な

ventana [ベンタナ] 囡 窓：abrir (cerrar) la ~ 窓を開ける（閉める）
tirar (echar) la casa por la ~ 金を湯水のように使う

ventanilla [ベンタニジャ] 囡 ❶ 〈乗り物の〉窓：bajar (subir) el cristal de la ~ 車の窓を開ける（閉める）
❷ 〈切符売り場・銀行などの〉窓口：~ de cambio 両替の窓口

ventilación [ベンティラスィオン] 囡 換気，通風

ventilador [ベンティラドル] 男 ❶ 扇風機. ❷ 換気装置，ファン

ventilar [ベンティラル] 他 ❶ 換気する：bien (mal) *ventilado* 風通しの良い（悪い）. ❷ 風にあてる

ventisca [ベンティスカ] 囡 ❶ 吹雪. ❷ 強風

ventosidad [ベントスィダ] 囡 屁(へ)

ventoso, sa [ベントソ, サ] 形 風の強い

ventura [ベントゥラ] 囡 ❶ 幸運. ❷ 運，なりゆき
a la 〔*buena*〕 ~ 行き当たりばったりに，計画を立てずに
por ~ 1) たぶん，もしかして. 2) たまたま，幸運にも

venturoso, sa [ベントゥロソ, サ] 形 幸運な

venus [ベヌス] 囡 絶世の美女；〈神話〉〈*V*~〉ビーナス
◆ 男 〈天文〉〈*V*~〉金星

veo ⇨ **ver**

ver [ベル] 86 〈過分 *visto*〉他 ❶ 見る，見える：1) Ya *he visto* esa película. 私はもうその映画を見た. Desde la ventana *vemos* la playa. 窓からは海岸が見える. *Ver* es creer. 百聞は一見にしかず. 2) 〈+不定詞・現在分詞〉*Vi* a los alumnos pasar (hablando). 私は生徒たちが通る（話している）のを見た
❷ 会う，面会する：Ayer fui a ~ a mi tía. きのう私は叔母に会いに行った
❸ 調べる，観察する：*Vea* el motor. エンジンを見てください. *Veremos* qué va a hacer. 彼がどうするか見てみよう
❹ 見てとる，わかる；…のように見える：Ya *veo* lo que piensas. 君が何を考えているかわかったよ. *Veo* que eres optimista. 君は楽天家のようだね. Te *veo* cansado. 疲れているみたいだね
A ~ どれどれ，見てみよう
A ~ *si*+直説法 …はどうだろうか：*A ver si* llega hoy. 彼はきょう着くかな
dejarse ~ 姿を現わす
¡Hay que ~*!* 〈憤慨〉まったくもう！／〈驚き〉すごい！
tener que ~ *con*... …と関係がある：Eso no *tiene* nada *que* ~ *con*migo. それは私とは何の関係もない
¡Vamos a ~*!* どれどれ〔見てみよう〕／さて〔やってみよう〕
◆ ~*se* ❶ 見える：Desde la azotea *se ve*

el puerto. 屋上から港が見える
❷ …の状態にある: *Se veía* obligado a comer fuera. 彼は外食せざるをえない状況にあった
❸ 〈互いに〉会う: ¿Dónde *nos vemos*? どこで会いましょうか

veracidad [ベラスィダ] 囡 真実であること

veraneante [ベラネアンテ] 名 避暑客

veranear [ベラネアル] 自 避暑をする, 夏〔の休暇〕を過ごす

veraneo [ベラネオ] 男 避暑: ir de ～ 避暑に行く. lugar de ～ 避暑地

veraniego, ga [ベラニエゴ, ガ] 形 夏の: ropa ～*ga* 夏服

verano [ベラノ] 男 夏: en ～ 夏に. horario de ～/hora de ～ 夏時間

veras [ベラス] *de* ～ 本当に; 心から: Me lo dijo *de* ～. 本当に彼は私にそう言った. ¿*De* ～? 本当ですか/本気ですか?

veraz [ベラス] 形 〈複 vera*ces*〉 ❶ 〈人が〉真実を語る, 正直な. ❷ 本当の

verbal [ベルバル] 形 ❶ 口頭の: promesa ～ 口約束. ❷ ことばの. ❸ 動詞の

verbena [ベルベナ] 囡 ❶ 夜祭り. ❷ 戸外でのダンスパーティー

verbo [ベルボ] 男 ❶ 〈文法〉動詞. ❷ ことば

verdad [ベルダ] 囡 ❶ 真理, 真実; 事実, 真相: buscar la ～ 真理を探求する. decir la ～ 真実を述べる. ocultar la ～ 真相を隠す. contrario a la ～ 事実に反した
❷ 〈付加疑問〉 Vienes conmigo, ¿～?-Sí. 一緒に来るよね?-うん

a decir ～ 実のところ, 本当のことを言うと
de ～ 1) 本当に, 確かに. 2) 本物の: amigo *de* ～ 真の友人

¿*Es* ～? 本当ですか?

La ～ *es que*+直説法 実は…: *La* ～ *es que* yo no quería ir. 本当は私は行きたくなかったのだ

verdaderamente [ベルダデラメンテ] 副 本当に, 確かに

verdadero, ra [ベルダデロ, ラ] 形 ❶ 真実の, 本当の: ～*ra* causa 真の原因. ～ nombre 本名
❷ 本物の: lo ～ y lo falso 本物と偽物

verde [ベルデ] 形 ❶ 緑色の; 青々とした: hojas ～*s* 青葉. luz ～ 青信号
❷ 熟していない: fruta ～ 青い果実
❸ 猥褻な: chiste ～ 猥談. viejo ～ すけべじじい
◆ 男 緑色の: ～ musgo モスグリーン

verdín [ベルディン] 男 ❶ 〈緑色の〉こけ; アオミドロ. ❷ 緑青(ろくしょう)

verdor [ベルドル] 男 〈草木の〉緑, 青葉

verdoso, sa [ベルドソ, サ] 形 緑色がかった

verdugo [ベルドゥゴ] 男 ❶ 死刑執行人.
❷ 目出し帽

verdulería [ベルドゥレリア] 囡 八百屋, 青果店

verdulero, ra [ベルドゥレロ, ラ] 名 八百屋の主人(店員), 青果商

verdura [ベルドゥラ] 囡 〈主に 複〉野菜: ensalada de ～*s* 野菜サラダ

vereda [ベレダ] 囡 ❶ 小道. ❷ 〈ラ〉歩道

veredicto [ベレディクト] 男 ❶ 〈陪審員の〉評決. ❷ 判断, 意見

vergonzoso, sa [ベルゴンソソ, サ] 形 ❶ 〈人が〉恥ずかしい, 恥ずべき: acción ～*sa* 恥ずかしい行為. ❷ 恥ずかしがり屋の

vergüenza [ベルグエンサ] 囡 ❶ 恥ずかしさ, 羞恥心: Siento ～. 私は恥ずかしい. con ～ はにかんで
❷ 恥, 恥辱: Es la ～ de la familia. 彼は一家の恥さらしだ
❸ 恥を知る心: hombre sin ～ はれんちな男
dar ～ *a*+人 → …に恥ずかしい思いをさせる: Me *da* ～ cantar solo. 私は一人で歌うのは恥ずかしい
tener ～ 恥ずかしい思いをする; 恥を知っている

verídico, ca [ベリディコ, カ] 形 真実の, 事実と符合する: historia ～*ca* 実話

verificación [ベリフィカスィオン] 囡 ❶ 検証, 実証. ❷ 検査, 点検

verificar [ベリフィカル] 73 他 ❶ 検証する, 〈正しさを〉実証する: ～ el testimonio 証言の裏づけをとる. ❷ 〈機械などを〉検査する, 点検する
◆ ～*se* 実証される

verja [ベルハ] 囡 鉄柵

vermut [ベルム] 男 〈酒〉ベルモット

verosímil [ベロシミル] 形 本当らしい, 真実味のある; ありそうな

verruga [ベルガ] 囡 〈医学〉いぼ

versado, da [ベルサド, ダ] 形 〈en に〉精通した, 熟達した

versátil [ベルサティル] 形 ❶ 〈気持ちが〉変わりやすい. ❷ 用途の広い

versión [ベルシオン] 囡 ❶ 翻訳: ～ española de "Hamlet" 『ハムレット』のスペイン語訳
❷ …版, バージョン: ～ original 〈映画の〉オリジナル版
❸ 〈事件などの〉解釈: según la ～ oficial 公式説明によれば

verso [ベルソ] 男 ❶ 詩句; 〈詩の〉1行. ❷

vértebra [ベルテブラ] 囡 〈解剖〉椎骨(ﾂｲｺﾂ), 脊椎(ｾｷﾂｲ)

vertedero [ベルテデロ] 男 ごみ処分場, 廃棄物処分場

verter [ベルテル] 58 他 ❶ 〈中身を〉つぐ, あける: ～ vino en su vaso 自分のグラスにワインをつぐ
❷ こぼす: ～ agua sobre la mesa テーブルの上に水をこぼす
◆ ～se こぼれる

vertical [ベルティカル] 形 垂直の, 縦の

verticalmente [ベルティカルメンテ] 副 垂直に, 縦に

vértice [ベルティセ] 男 〈数学〉頂点

vertiente [ベルティエンテ] 囡 斜面, 側面

vertiginoso, sa [ベルティヒノソ, サ] 形 ❶ 目のくらむような, 目の回るような. ❷ 目まぐるしい

vértigo [ベルティゴ] 男 ❶ 〈高所・回転による〉めまい, 目が回ること: tener ～ めまいがする, 目がくらむ. ❷ 目まぐるしさ

ves ⇨ ver 86

vesícula [ベシクラ] 囡 ❶ 〈解剖〉小胞, 嚢(ﾉｳ): ～ biliar 胆嚢(ﾀﾞﾝﾉｳ). ❷ 〈医学〉小水疱

vespertino, na [ベスペルティノ, ナ] 形 夕方の
◆ 男 夕刊 〔diario ～〕

vestíbulo [ベスティブロ] 男 玄関; ホール, ロビー

vestido¹ [ベスティド] 男 ❶ ドレス, ワンピース: ～ largo ロングドレス
❷ 〈集合的に〉衣服: Los monos no tienen ～. 猿は服を着ない

vestido², da [ベスティド, ダ] 過分 〈服を〉着た: señora ～da de azul 青い服を着た婦人. bien (mal) ～ 身なりの良い(悪い)

vestidor [ベスティドル] 男 ドレッシングルーム, ウォークインクロゼット

vestigio [ベスティヒオ] 男 痕跡, 手がかり

vestimenta [ベスティメンタ] 囡 〈集合的に〉衣装, よそおい

vestir [ベスティル] 56 他 ❶ …に服を着せる; 衣服を支給する: ～ a su hija ropa de fiesta 娘に晴れ着を着せる. ❷ …のために服を仕立てる. ❸ 着る: ～ un traje gris グレーのスーツを着る
◆ 自 服を着る: ～ bien (mal) 着こなしが上手(下手)である
◆ ～se ❶ 服を着る: 1) Levántate y vístete. 起きて服を着なさい. ～se elegantemente おしゃれをする. 2) 〈de を〉着る: ～se de etiqueta 正装する. ～se de primavera 春の装いをする
❷ 〈de で〉覆われる
de ～ ドレッシーな, おしゃれな

vestuario [ベストゥアリオ] 男 ❶ 〈集合的に〉持っている衣装; 舞台衣装. ❷ 更衣室, ロッカールーム

veta [ベタ] 囡 木目(ﾓｸﾒ); 鉱脈

vetar [ベタル] 他 …に拒否権を行使する

veterano, na [ベテラノ, ナ] 形 名 ❶ 古参兵. ❷ 老練な (人), ベテラン

veterinario, ria [ベテリナリオ, リア] 形 囡 獣医学(の): clínica ～ria 動物病院
◆ 名 獣医

veto [ベト] 男 拒否権 〔derecho de ～〕: poner el ～ a… …を拒否する, …に反対する

vetusto, ta [ベトゥスト, タ] 形 老朽化した, ひじょうに古い

vez [ベス] 囡 複 veces ❶ 度, 回: El tifón vino dos veces. 台風が2回来た. Es la tercera ～ que voy a España. 私がスペインに行くのは今回が3度目だ. la ～ anterior (siguiente) 前回(次回). por primera (última) ～ 初めて(最後に)
❷ 倍: Tu casa es tres veces más grande que la mía. 君の家は私の家の3倍の広さだ
❸ 〈ス〉〈行列の〉順番

a la ～ 1) 一度に: resolver dos problemas *a la ～* 一度に2つの問題を解決する. 2) 同時に, 一斉に: Todos hablan *a la ～* y no les entiendo. みんなが一斉に話すのでわけがわからない

a su ～ 一方…は, …の方は

a veces 時々: *A veces* el gato mueve las orejas. 猫は時々耳を動かす

alguna ～ 1) 時として, たまに. 2) 〈疑問文で〉かつて: ¿Ha estado *alguna ～* en España? スペインに行ったことがありますか?

algunas veces 時には

cada ～ 毎度, そのたび

cada ～ +比較級 ますます, そのたびにいっそう: *Cada ～* está *más* joven. 彼は〔会うたびに〕ますます若くなる

cada ～ que+直説法 …するたびにいつも: *Cada ～ que* viene, me trae un libro. 彼は来るたびに私に本を持って来てくれる

cien veces 何度も

de una ～ 一挙に, 一度で: ¡Confiesa *de una ～*! さっさと白状しろ!

de ～ en cuando 〈特に疑問文・命令文中で〉時々, たまに: Escríbeme *de ～ en cuando*. たまには手紙をよこしなさい

en ～ de… …の代わりに: Vino ella *en ～ de* su madre. 母親の代わりに彼女が来た. Vamos a la cafetería *en ～ de*

asistir a la clase. 授業に出ないで喫茶店に行こう
Érase una ~.../Había una ~ 〈おとぎ話で〉昔々あるところに…
hacer las veces de... …の代わりをする：Mi hermano *hizo las veces de* padre. 兄が私の父親代わりだった
mil veces 何度も
muchas veces 何回も；しばしば
otra ~ もう一度，また：Dígamelo *otra ~.* もう一度言ってください
rara ~ まれに，めったに…しない
repetidas veces くり返し，何度も
tal ~ たぶん：*Tal ~* lloverá. たぶん雨が降るだろう. *Tal ~* llueva. もしかすると雨が降るかもしれない
una ~ 1) 一度；ある時，かつて. 2)〈+過去分詞〉…した後で：*Una ~* terminado el trabajo vuelven a casa. 仕事が終わると彼らは家に帰る
una ~ que+接続法 一度…したら：*Una ~ que* lo hayas prometido, házlo sin falta. いったん約束した以上かならずやれ
una y otra ~ たびたび
unas veces 何度か

vi ⇨ ver 86
vi-〈接頭辞〉=vice-
vía [ビア] 囡 ❶ 道：~ pública 公道. *V*~ Apia アッピア街道 ❷ 経路，ルート；手段：por ~ aérea 空路で；航空便で. por ~ oficial 公的ルートで. por ~ judicial 法的手段によって ❸ 線路；軌道：El tren sale de la ~ tercera. 列車は3番線から出る
◆ 前〉経由で：~ Madrid マドリード経由で
en ~s de... …の途中にある：estar *en ~s de* extinción 絶滅に瀕している
viable [ビアブレ] 形 実現可能な
viaducto [ビアドゥクト] 男 高架橋，陸橋
viajante [ビアハンテ] 名 セールスマン
viajar [ビアハル] 自 ❶ 旅行する：~ por toda Europa ヨーロッパ中を旅行する ❷〈乗り物で〉通う：~ en autobús バスで通う
viaje [ビアヘ] 男 旅行，旅：hacer un ~ a España スペインに旅行する. ir (salir) de ~ 旅に出る. estar de ~ 旅行中である. ~ organizado パックツアー. ~ en coche 車での旅行，ドライブ
¡Buen ~!/¡Feliz ~! 〈旅立つ人へ〉ご無事で/いってらっしゃい！
viajero, ra [ビアヘロ, ラ] 形 旅をする：aves ~ras 渡り鳥
◆ 名 ❶ 旅行者：~s extranjeros 外国人旅行客 ❷ 乗客，旅客：lista de ~s 乗客名簿
víbora [ビボラ] 囡 ❶ クサリヘビ『毒蛇』. ❷〈口語〉他人の悪口を言う人，毒舌家
vibración [ビブラスィオン] 囡 振動；〈声などの〉震え
vibrar [ビブラル] 自 振動する；〈声などが〉震える
vibrato [ビブラト] 男〈音楽〉ビブラート
vicario, ria [ビカリオ, リア] 形 名 代理の；代理人
◆ 男〈カトリック〉総代理［司祭］
vice-〈接頭辞〉「副…」の意
vicecónsul [ビセコンスル] 男 副領事
viceministro, tra [ビセミニストロ, トラ] 名 副大臣，政務次官
vicepresidente, ta [ビセプレシデンテ, タ] 名 副大統領；副会長；副議長
viceversa [ビセベルサ] 副 逆に，反対に
viciar [ビスィアル] 他 ❶ 堕落させる，悪い癖をつける. ❷〈大気などを〉汚染する
◆ ~se 堕落する，悪習に染まる
vicio [ビスィオ] 男 悪徳；悪習，悪癖：abandonarse al ~ 悪習にふける
vicioso, sa [ビスィオソ, サ] 形 悪徳の；悪習に染まった，放埓(ほうらつ)な
vicisitud [ビスィシトゥ] 囡〈主に ~es〉〈人生などの〉浮沈，盛衰. ❷ 逆境，困難
víctima [ビクティマ] 囡 ❶ 犠牲者，被害者，死傷者：~ del accidente 事故の犠牲者 ❷〈神に捧げる〉いけにえ
victoria [ビクトリア] 囡 勝利：conseguir (obtener) una ~ 勝利を手にする
cantar ~ 勝利を喜ぶ，凱歌(がいか)をあげる
victorioso, sa [ビクトリオソ, サ] 形 ❶ 勝利を得た；勝ち誇った. ❷ 勝利をもたらす
vicuña [ビクニャ] 囡〈動物〉ビクーニャ
vid [ビ] 囡〈植物〉ブドウ『果実は uva』
vida [ビダ] 囡 ❶ 生命：perder la ~〈事故などで〉命を落とす，死ぬ. quitarse la ~ 命を絶つ，自殺する. ~ política 政治生命 ❷ 生気，活気：tener mucha ~ 生き生きしている. sin ~ 生気のない. lleno de ~ 生き生きした；活気にあふれた ❸ 一生，生涯：permanecer soltero toda la ~ 一生独身を通す. ~ breve 短い生涯 ❹ 人生：Así es la ~./Son las cosas de la ~. 人生というものだ. llevar una ~ feliz 幸せな人生を送る；幸せに暮らす ❺ 生活，生き方：modo de ~ 生活様式. ~ hogareña 家庭生活 ❻ 生計，暮らし向き：Aquí la ~ es muy cara. ここは生活費がとても高い. llevar una

~ difícil 暮らしに困る
a ~ *o muerte* 生死をかけた
con ~ 生きて
costar la ~ *a*+人 …の命取りになる
de por ~ 一生ずっと〔の〕: *estudio de por* ~ 生涯学習
de toda la ~ ずっと前から
de ~ *o muerte* 生きるか死ぬかの: *cuestión de* ~ *o muerte* 死活問題
en la (su) ~ 決して〔…ない〕
entre la ~ *y la muerte* 生死の境をさまよって
ganarse la ~ 生計を立てる
salir con ~ 〈de から〉生還する, あやうく助かる

video [ビデオ] 男 〈ラ〉 =**vídeo**
vídeo [ビデオ] 男 ビデオ〖装置, テープ〗: grabar en ~ ビデオに録画する
videocámara [ビデオカマラ] 女 ビデオカメラ
videoclub [ビデオクルブ] 男 ビデオショップ〖販売, レンタル〗
videoconsola [ビデオコンソラ] 女 テレビゲーム機
videojuego [ビデオフエゴ] 男 テレビゲーム
vidriera [ビドリエラ] 女 ❶ ステンドグラス. ❷〈ラ〉ショーウィンドー
vidrio [ビドリオ] 男 ❶ ガラス: florero de ~ ガラスの花びん. fibra de ~ グラスファイバー
❷ ガラス製品
vieira [ビエイラ] 女 ホタテガイ(帆立貝)
viejo, ja [ビエホ, ハ] 形 ❶ 古い, 使い古した: casa ~*ja* 古い家
❷〈+名詞〉古くからの, 昔の: ~ *amigo* 旧友
❸ 年を取った, 老けた: Ya soy ~. 私はもう年寄りだ. hacerse ~ 老いる. ponerse ~ 老ける
◆ 名 老人: Los ~*s* se vuelven como criaturas. 老人は赤ん坊に戻る
viene- ⇨**venir** 85
viento [ビエント] 男 風: Hoy hace mucho ~. きょうは風が強い
vientre [ビエントレ] 男 腹, 腹部: dolor de ~ 腹痛. bajo ~ 下腹部
viernes [ビエルネス] 男 金曜日: *V*~ *Santo* 聖週間の金曜日
vietnamita [ビエトナミタ] 形 名 ベトナム*Vietnam*〔人・語〕の; ベトナム人
◆ 男 ベトナム語
viga [ビガ] 女 梁(はり), 桁(けた)
vigencia [ビヘンスィア] 女 効力: estar en ~ 効力がある. entrar en ~ 発効する

vigente [ビヘンテ] 形 効力のある, 現行の: plazo ~ 有効期間. costumbre ~ 今も生きている習慣
vigésimo, ma [ビヘシモ, マ] 形 20番目の
vigía [ビヒア] 女 監視塔
◆ 名 〈高い所からの〉見張り, 監視員
vigilancia [ビヒランスィア] 女 ❶ 監視; 警戒, 警備: estar bajo la ~ de+人 …の監視下にある. reforzar la ~ 警戒を厳重にする. ❷ 警備陣
vigilante [ビヒランテ] 名 監視員, 警備員: ~ *nocturno* 夜警
vigilar [ビヒラル] 他 監視する, 見張る; 警備する: ~ *a los presos* 囚人を監視する
vigilia [ビヒリア] 女 徹夜, 不眠: pasar la noche en ~ 徹夜する
vigor [ビゴル] 男 ❶ 力強さ; 精力, 気力, スタミナ: con mucho ~ 元気よく, 精力的に
❷〈法的な〉効力: entrar en ~ 発効する. ley en ~ 現行法
vigorizar [ビゴリサル] 13 他 強くする; 元気にする: Los deportes *vigorizan* el cuerpo. スポーツは体をじょうぶにする
◆ ~**se** 体力がつく
vigorosamente [ビゴロサメンテ] 副 精力的に, 活発に
vigoroso, sa [ビゴロソ, サ] 形 力強い; 元気な, 精力的な: ser ~ バイタリティーがある. ponerse ~ じょうぶになる
vil [ビル] 形 卑劣な, あさましい
vileza [ビレサ] 女 卑劣さ, 恥ずべき言動
villa [ビジャ] 女 別荘: ~ *olímpica* オリンピック村
villancico [ビジャンスィコ] 男 クリスマス・キャロル
villano, na [ビジャノ, ナ] 形 名 ❶ 卑劣な〔人〕; 粗野な〔人〕. ❷ 平民
vilo [ビロ] 男 ~ 宙ぶらりんの; はらはらした
vin- ⇨**venir** 85
vinagre [ビナグレ] 男 酢, ワインビネガー
vinagrera [ビナグレラ] 女 酢入れ; 複 調味料入れ
vinagreta [ビナグレタ] 女 フレンチドレッシング
vinculación [ビンクラスィオン] 女 結びつき, つながり
vincular [ビンクラル] 他 結びつける
vínculo [ビンクロ] 男 きずな: ~ *del matrimonio* 結婚のきずな
vinicultura [ビニクルトゥラ] 女 ワイン醸造
vino [ビノ] 男 ワイン, ぶどう酒: ~ *blanco (tinto)* 白(赤)ワイン. ~ *rosado* ロゼ. ~ *dulce (seco)* 甘口(辛口)のワイン

◆ 動詞活用形 ⇨**venir** 85
viña [ビニャ] 囡 ブドウ畑
viñedo [ビニェド] 男 大ブドウ園
vio ⇨**ver** 86
viola [ビオラ] 囡 〈音楽〉ビオラ
violación [ビオラスィオン] 囡 ❶ 違反；侵害. ❷ 婦女暴行，強姦
violar [ビオラル] 他 ❶ 違反する；〈権利を〉侵害する：~ el contrato 契約に違反する. ~ los derechos humanos 人権をじゅうりんする. ❷〈女性に〉暴行する，強姦する
violencia [ビオレンスィア] 囡 暴力；激しさ：recurrir a la ~ 暴力に訴える. por la ~ 暴力によって. con ~ 乱暴さ
violentamente [ビオレンタメンテ] 副 乱暴に，激しく：chocar ~ 激突する
violentar [ビオレンタル] 他 ❶ 暴力をふるう；女性に暴行する. ❷ 力ずくで開ける：~ la puerta ドアを破る. ❸〈意味を〉ねじ曲げる
violento, ta [ビオレント, タ] 形 ❶ 乱暴な，荒々しい：hombre ~ 乱暴者. palabras ~tas 乱暴なことば
❷ 激しい，猛烈な；不自然な：colisión ~ta 激突. muerte ~ta 非業の死
violeta [ビオレタ] 囡 〈植物〉スミレ
◆ 形 男 薄紫色〔の〕
violín [ビオリン] 男 バイオリン
violinista [ビオリニスタ] 名 バイオリニスト
violonchero [ビオロンチェロ] 男 〈音楽〉チェロ
viraje [ビラヘ] 囡 方向転換，旋回；〈水泳〉ターン
virar [ビラル] 自 方向転換する，旋回する；〈水泳〉ターンする
virgen [ビルヘン] 形 名 〈複 vírgenes〉 ❶ 処女の，汚れのない；童貞の；純潔な. ❷ 未使用の；未開拓の：cinta ~ 生テープ. aceite〔de oliva〕~ バージンオイル. ❸ la V~ 聖母；マリア像
vírico, ca [ビリコ, カ] 形 ウイルスの，ウイルス性の
viril [ビリル] 形 男の；男性的な：de edad ~ 男盛りの，壮年の
virilidad [ビリリダ] 囡 男らしさ；〈男性的〉精力
virreinato [ビレイナト] 男 〈歴史〉副王領，総督府
virrey [ビレイ] 男 〈歴史〉副王
virtual [ビルトゥアル] 形 ❶ 潜在的な，事実上の. ❷ 仮想の：realidad ~ バーチャルリアリティー
virtud [ビルトゥ] 囡 ❶ 徳，美徳，貞節：persona de gran ~ 徳の高い人
❷ 効力

en ~ de... …〔の力〕によって
virtuoso, sa [ビルトゥオソ, サ] 形 名 ❶ 徳の高い；貞淑な〔人〕. ❷〈音楽の〉名手，ビルトゥオーソ
viruela [ビルエラ] 囡 〈医学〉痘瘡，天然痘
virus [ビルス] 男 〈医学〉ウイルス
visa [ビサ] 囡 〈ラ〉 =visado
visado [ビサド] 男 〈ス〉ビザ，査証：conseguir el ~ ビザを取る. ~ de trabajo 就労ビザ. ~ de turismo 観光ビザ
viscoso, sa [ビスコソ, サ] 形 ねばねばした，ぬるぬるした
visera [ビセラ] 囡 〈帽子の〉ひさし；サンバイザー
visibilidad [ビシビリダ] 囡 目に見えること；視界：curva sin ~ 見通しのきかないカーブ
visible [ビシブレ] 形 ❶〈目に〉見える，可視の. ❷〈見た目に〉明らかな
visigodo, da [ビシゴド, ダ] 形 名 〈歴史〉西ゴート族〔の〕
visillo [ビシジョ] 男 〈主に複〉薄地のカーテン
visión [ビシオン] 囡 ❶ 見ること；視覚，視力：campo de ~ 視界. ❷ 展望；視点：~ del porvenir 将来の見通し. ❸ 幻影，幻覚
visita [ビシタ] 囡 ❶ 訪問，来訪：hacer una ~ a... …を訪ねる. estar de ~ oficial en... …を公式訪問中である. ~ de amistad 親善訪問. ~ de consuelo 慰問. Se prohíben las ~s. 面会謝絶
❷ 訪問者：Tengo una ~ al mediodía. 私は昼に 1 人来客がある
❸ 見学，見物；視察：~ a la ciudad 市内見物
❹ 往診，回診〔~ médica〕
◆ 動詞活用形 ⇨**visitar**
visitante [ビシタンテ] 形 名 訪問の；訪問者，見物人；見舞客：equipo ~〈スポーツ〉ビジターチーム
visitar [ビシタル] 他 ❶ 訪れる：¿Puedo ~le a usted? お訪ねしてもいいですか？ Granada グラナダを訪れる（見物する）
❷ 見学する，見物する：~ una fábrica 工場を見学する
❸ 見舞う；往診する：~ a un enfermo 病人の見舞いに行く
vislumbrar [ビスルンブラル] 他 ぼんやり見える
vislumbre [ビスルンブレ] 囡 かすかな光；かすかな徴候
viso [ビソ] 男 ❶〈布地の〉光沢，つや. ❷ 複 見かけ，様子
visón [ビソン] 男 〈複 visones〉〈動物〉ミンク：abrigo de ~ ミンクのコート

visor [ビソル] 男 〈カメラの〉ファインダー；〈銃の〉光学照準器, スコープ

víspera [ビスペラ] 女 前日；〈祭りなどの〉前夜：～ de Navidad クリスマスイブ. fiesta de la ～ 前夜祭

vist- ⇨vestir 56

vista¹ [ビスタ] 女 ❶ 視覚, 視力：perder la ～ 失明する. perder ～ 視力が落ちる. tener buena (mala) ～ 目がよい(悪い). ～ cansada 老眼. ～ corta 近眼
❷ 視線：fijar la ～ en... …を注視する, じっと見つめる
❸ 眺め, 見晴らし：Esta habitación tiene buena ～. この部屋は眺めがよい. ～ panorámica de la ciudad 町の全景
a la ～ 〈de の〉面前で：bailar *a la ～ de todos* みんなの前で踊る
a primera ～ ちょっと見ると；一目で
a simple ～ 一目で；ざっと見たところでは；肉眼で
en ～ de... …を考慮して
hacer la ～ gorda 見て見ぬふりをする, 目をつぶる
pasar la ～ por... …にざっと目を通す
perder de ～ 見失う, 見えなくなる
punto de ～ 観点, 視点：Desde mi *punto de ～*, el proyecto no es admisible. 私の見解ではその計画は認められない
volver la ～ atrás 過去を振り返る

vistazo [ビスタソ] 男 一瞥(いちべつ)：echar (dar) un ～ a... …をちらっと見る, ざっと目を通す

visto, ta² [ビスト, タ] 〈ver の過分〉*bien* (*mal*) ～ よく(悪く)思われている：Estoy *mal* ～ por ella. 私は彼女によく思われていない
por lo ～ 見たところ
～ bueno 可, 検査済

vistoso, sa [ビストソ, サ] 形 〈色が派手で〉人目を引く

visual [ビスアル] 形 視覚の：campo ～ 視界

vital [ビタル] 形 ❶ 生命の：fuerza ～ 生命力. ❷ 最重要の, 不可欠の：cuestión de importancia ～ 死活問題. ❸ バイタリティーのある

vitalicio, cia [ビタリスィオ, スィア] 形 終身の：pensión ～*cia* 終身年金

vitalidad [ビタリダ] 女 生命力, 活力, バイタリティー

vitamina [ビタミナ] 女 ビタミン：～ C ビタミンC

vitamínico, ca [ビタミニコ, カ] 形 ビタミンの：suplementos ～*s* ビタミン剤

viticultor, ra [ビティクルトル, ラ] 名 ブドウ栽培者

viticultura [ビティクルトゥラ] 女 ブドウ栽培

vitorear [ビトレアル] 他 …に歓呼する, 喝采する

vitrina [ビトリナ] 女 ショーケース, ガラスケース；ショーウィンドー

vituperar [ビトゥペラル] 他 激しく非難する, 厳しく批判する

viudez [ビウデス] 女 独身状態, やもめ暮らし

viudo, da [ビウド, ダ] 名 やもめ；未亡人, 寡婦

viva¹ [ビバ] 間 ばんざい！：¡V～ el rey! 王様ばんざい！dar ～*s* ばんざいを唱える

◆ 動詞活用形 ⇨vivir

vivacidad [ビバスィダ] 女 ❶ 頭の回転の速さ. ❷ 活発さ, 生気

vivaracho, cha [ビバラチョ, チャ] 形 〈口語〉快活な, 利発な

vivaz [ビバス] 形 〈複 viva*ces*〉❶ 頭の回転の速い. ❷ 活発な, 生き生きとした

víveres [ビベレス] 男 複 食糧

vivero [ビベロ] 男 ❶ 苗床. ❷ 養殖場

viveza [ビベサ] 女 ❶ 活発さ；陽気さ. ❷ 鋭敏

vivienda [ビビエンダ] 女 住居, 住宅：problema de la ～ 住宅問題

viviente [ビビエンテ] 形 生きている：cadáver ～ 生けるしかばね

vivir [ビビル] 自 ❶ 生きる, 生きている：Aún no se sabe si *vive* o ha muerto. 彼が生きているのか死んだのかまだわかっていない. Mi abuelo *vivió* más de cien años. 祖父は100歳すぎまで生きた
❷ 暮らす；〈de で〉生活する：*Vive* sola. 彼女は一人暮らしだ. ～ *de* las rentas 年金生活をする
❸ 〈en に〉住む：*Vivimos en* Toledo. 私たちはトレドに住んでいる
◆ 他 ❶ 経験する：～ la guerra 戦争を体験する. ❷ …の生き方をする：～ una vida regalada 快適な生活をおくる
～ bien 裕福である
～ mal 貧しい

vivo, va² [ビボ, バ] 形 ❶ 生きている：Este pez todavía está ～. この魚はまだ生きている
❷ 生き生きとした, 活気のある；ひんしょうな：niño ～ 元気な子, いたずらっ子
❸ 頭の回転が速い, 抜け目のない
❹ 激しい, 強烈な：fuego ～ 強火. ～ interés 強い関心
❺ 〈色が〉あざやかな

◆ 名 生者, 生きている人
en ~ 1) 生きた状態で. 2) ライブ〔録音〕の(で); 生中継の(で)
◆ 動詞活用形 ⇨**vivir**

viz- 〈接頭辞〉=vice-

vocablo [ボカブロ] 男 語, 単語

vocabulario [ボカブラリオ] 男 ❶ 語彙(ごい), 用語: rico de ~ 語彙の豊富な ❷ 語彙集

vocación [ボカスィオン] 女 天職, 資質: tener ~ de artista 芸術家の資質がある

vocal [ボカル] 形 声の, 発声の: cuerdas ~*es* 声帯
◆ 女〈言語〉母音

vocalista [ボカリスタ] 名 声楽家, ボーカリスト

vocalización [ボカリサスィオン] 女 発音練習, 発声練習

vocalizar [ボカリサル] 13 自〈明瞭に〉発音する; 発音(発声)練習をする

vocear [ボセアル] 自 大声を出す, 叫ぶ
◆ 他 大声で言う; 呼び売りする

vocerío [ボセリオ] 男〈大勢の・騒々しい〉叫び声

vocero, ra [ボセロ, ラ] 名〈ラ〉スポークスマン, 代弁者

voces 女 複 ⇨**voz**

vociferar [ボスィフェラル] 自 わめく, 怒号する

vol. 〈略語〉…巻, …冊〖←volumen〗

volador, ra [ボラドル, ラ] 形 飛ぶ; 飛べる

voladura [ボラドゥラ] 女 爆破

volante [ボランテ] 形 飛ぶ; 飛べる
◆ 男 ❶ ハンドル: ponerse al ~ ハンドルを握る. girar el ~ ハンドルを切る. ❷ ビラ, ちらし

volar [ボラル] 21 自 ❶〈鳥などが〉飛ぶ;〈乗り物で〉飛行する: *Volé* en globo sobre el Atlántico. 私は気球に乗って大西洋の上空を飛んだ
❷〈a に〉大急ぎで行く: Voy *volando* a casa. 家に飛んで帰ります
❸〈口語〉急速に消えてなくなる;〈時が〉速く過ぎる: El tiempo *vuela*. 光陰矢のごとし
◆ 他 爆破する

volátil [ボラティル] 形 気化しやすい, 揮発性の: aceite ~ 揮発油

volcán [ボルカン] 男 複 volc*anes* 火山: ~ activo 活火山. ~ apagado 死火山

volcánico, ca [ボルカニコ, カ] 形 火山の: ceniza ~*ca* 火山灰

volcar [ボルカル] 82 他 ひっくり返す: ~ el florero 花びんを倒す
自 ひっくり返る, 転覆する: *Volcó* el coche. 車が横転した
◆ ~**se** できるだけのことをする; 親切にする

voleibol [ボレイボル] 男 バレーボール

volquete [ボルケテ] 男 ダンプカー

voltaje [ボルタヘ] 男 電圧

voltear [ボルテアル] 他 ひっくり返す
◆ ~**se** 〈ラ〉戻る, 帰る

voltereta [ボルテレタ] 女 宙返り, とんぼ返り

voltio [ボルティオ] 男〈電圧の単位〉ボルト

voluble [ボルブレ] 形 移り気な, 気まぐれな

volumen [ボルメン] 男 複 volúmenes
❶ 体積; 大きさ: armario de mucho ~ 大きなタンス
❷〈本の〉巻, 冊: enciclopedia en diez *volúmenes* 全10巻の百科事典
❸ 音量: subir (bajar) el ~ de la radio ラジオのボリュームを上げる(下げる)

voluminoso, sa [ボルミノソ, サ] 形 かさばった, ぶ厚い

voluntad [ボルンタ] 女 ❶ 意志, 意欲: tener una ~ firme (débil) 意志が強い(弱い). por su propia ~ 自分の意志で, 自発的に. contra su ~ 意に反して
❷ 意思, 意向: manifestar su ~ 意思表示する. última ~ 遺言
buena ~ 好意, 善意

voluntariamente [ボルンタリアメンテ] 副 自発的に, 自主的に

voluntario, ria [ボルンタリオ, リア] 形 自発的な: actividad ~*ria* ボランティア活動. restricción ~*ria* 自主規制
◆ 名 ❶ 有志, ボランティア. ❷ 志願兵

voluntarioso, sa [ボルンタリオソ, サ] 形 熱心な

voluptuoso, sa [ボルプトゥオソ, サ] 形 官能的な; 快楽を求める

volver [ボルベル] 87 過分 vuelto 自 ❶〈a に, de から〉帰る, 戻る: Mi padre *vuelve* a casa a las ocho. 父は8時に帰宅する. *Vuelva* aquí. またここに来てください. ~ a su trabajo 職場に復帰する. ~ de viaje 旅行から戻る
❷〈a+不定詞〉再び…する: No *vuelvas* a hacer tal cosa. 二度とあんなことはするな
◆ 他 ❶ 裏返す, ひっくり返す: ~ la tortilla オムレツをひっくり返す
❷ 向ける, 向きを変える: ~ la cabeza ふり向く
❸〈元の場所に〉戻す
◆ ~**se** ❶ ふり向く, ふり返る. ❷〈+形容詞など〉…になる, 変わる: *Se ha vuelto* mudo. 彼は口がきけなくなった
~ *en sí* 意識を取り戻す, 我に返る

vomitar [ボミタル] 他 吐く, 嘔吐する: ¿Quiere ~? 吐き気がしますか? ~ sangre 血を吐く, 吐血する

vómito [ボミト] 男 ❶ 吐くこと, 嘔吐. ❷ 嘔吐物

voracidad [ボラスィダ] 女 ❶ がつがつ食べること. ❷ どん欲さ: leer con ~ むさぼり読む

voraz [ボラス] 形 〈複 voraces〉 ❶ がつがつ食べる, 大食の. ❷ どん欲な

vórtice [ボルティセ] 男 〈台風などの〉中心, 目

vos [ボス] 代 〈ラ〉 君, おまえ [tú に相当する]

voseo [ボセオ] 男 〈中南米で〉 tú の代わりに vos を使うこと

vosotros, tras [ボソトロス, トラス] 代 〈人称代名詞2人称複数形〉 ❶ 〈主語〉 君たち, おまえたち: [V~] Coméis mucho. 君たちはよく食べる
❷ 〈前置詞+〉 Éstos son los regalos para ~. これらは君たちへのプレゼントだ

votación [ボタスィオン] 女 投票, 採決: por ~ nominal (secreta) 記名(無記名)投票によって

votar [ボタル] 自 投票する, 採決する: ~ a favor de... …に賛成票を投じる. ~ en contra de... …に反対票を投じる

voto [ボト] 男 ❶ 〈投票の〉 票, 投票: dar (depositar) su ~ 一票を投じる. decidir por ~s 投票で決定する. ~ en blanco 白票. ~ de confianza 信任投票
❷ 〈神への〉誓い; 修道誓願

voy ⇨**ir** 43

voz [ボス] 女 〈複 voces〉 ❶ 声: tener buena ~ いい声をしている. levantar la ~ 声を荒らげる. bajar la ~ 声をひそめる. en alta 大声で; 声に出して. en ~ baja 小声で. ~ popular/~ del pueblo 世論
❷ 単語, ことば
❸ 〈文法〉態: ~ activa 能動態. ~ pasiva 受動態

a media ~ 抑えた声で, 小声で

a una ~ 異口同音に

a voces 大声で

a ~ *en cuello* 声を張り上げて, 張り裂けんばかりの声で

dar una ~/*dar voces* どなる, 声を張り上げる; 〈a+人〉…を大声で呼ぶ

de viva ~ 口頭で

vuelco [ブエルコ] 男 転覆: dar un ~ ひっくり返る

◆ 動詞活用形 ⇨**volcar** 82

vuelo [ブエロ] 男 ❶ 飛行, 飛ぶこと: ~ de prueba テスト飛行
❷ 〈航空〉便(びん), フライト: el ~ número 141 de Iberia イベリア航空141便
❸ 〈裾の〉ゆとり, フレアー

al ~ 1) 〈口語〉 1) 空中で. 2) すばやく

◆ 動詞活用形 ⇨**volar** 21

vuelta [ブエルタ] 女 ❶ 回転, 旋回; 一周, ひと巡り: dar una ~ 一回転する; 〈a を〉 回す; 一周する; 〈por を〉 散歩する, ひと巡りする; 巡回する. dar una ~ a la llave 鍵を回す. ~ ciclista a España スペイン一周自転車レース
❷ 帰り, 帰還, 帰途; 復帰: en el camino de ~ de la escuela 学校からの帰りがけに. ~ a casa 帰宅. partido de ~ リターンマッチ
❸ …回戦: la segunda ~ del torneo トーナメントの2回戦
❹ 裏面, 裏側
❺ 〈服飾〉折り返し
❻ 〈ス〉つり銭

a la ~ 1) 〈de からの〉帰りに. 2) すぐ近くに

dar la ~ 1) 〈a を〉裏返しにする, ひっくり返す. 2) Uターンする

dar media ~ 半回転する

dar ~*s* 1) あちこち探し回る. 2) 〈a について〉 あれこれ考える. 3) 回転する; 〈a を〉回す

estar de ~ 〈de から〉帰っている

~ *de campana* 宙返り

vuelto [ブエルト] 男 〈ラ〉つり銭

◆ 過去分詞 ⇨**volver**

vuelv- ⇨**volver** 87

vuestro, tra [ブエストロ, トラ] 形 〈所有形容詞〉 君たちの, おまえたちの: V~tra clase es muy animada. 君たちのクラスはとても活気がある. ¿Estos lápices son ~s? これらの鉛筆は君たちのかい?

◆ 代 〈定冠詞+〉 君たちのそれ: Mi casa está cerca de *la* ~*tra*. 私の家は君たちの家から近い

vulgar [ブルガル] 形 ❶ 俗悪な, 下品な: programa ~ 低俗な番組
❷ 通俗的な, ごく普通の: nombre ~ 俗称

vulgaridad [ブルガリダ] 女 ❶ 俗悪さ, 下品. ❷ 通俗性

vulgarizar [ブルガリサル] 13 他 ❶ 俗悪 (下品)にする. ❷ 通俗化(大衆化)させる

vulnerable [ブルネラブレ] 形 傷つきやすい

W, w [ウベ ドブレ]

wáter [バテル] 男 =**váter**
waterpolo [バテルポロ] 男 〈スポーツ〉水球
whisky [ウィスキ] 男 ウイスキー: ～ con hielo オンザロック
windsurf [ウィンスルフ] 男 ウインドサーフィン

X, x [エキス]

xenofobia [セノフォビア] 女 外国人嫌い
xenófobo, ba [セノフォボ, バ] 形 名 外国人嫌いの〔人〕
xilófono [シロフォノ] 男 木琴, シロホン

Y, y [イ グリエガ]

y [イ] 接 ⟨i-・hi- の前では e. ただし文頭では y のまま⟩ ❶ …と, そして: tú y yo 君と僕. Irán e Irak イランとイラク. Unos cantan y otros bailan. ある人たちは歌い, また他の人たちは踊る. Cerró los ojos e intentó dormir. 彼は目を閉じ, 眠ろうとした
❷ ⟨命令文+⟩ そうすれば: ¡Coge el metro, y llegarás a tiempo! 地下鉄に乗りなさい！そうすれば間に合うよ
❸ ⟨話の切り出し⟩ ところで: Bien, ¿y tú? 元気だよ. で, 君は？
ya [ジャ] 副 ❶ すでに, もう: Ya he desayunado. 私はもう朝食をすませた. Ya es hora de dormir. もう寝る時間ですよ
❷ いますぐ: Ya voy. いま行きます
❸ いずれ: Ya nos veremos. いずれお目にかかりましょう
◆ 間 ⟨了解⟩ そう, わかった！: ¡Ya, ya! そうだろうとも！ ¡Ya lo creo! そう, もちろんだ
ya que+直説法 …であるからには
yacer [ジャセル] 88 自 横たわっている: Aquí yace el Sr. Sánchez. ⟨墓碑銘⟩ サンチェス氏ここに眠る
yacimiento [ジャスィミエント] 男 鉱脈: ～ petrolífero 油田
yanqui [ジャンキ] 形 名 ヤンキー〔の〕
yate [ジャテ] 男 ヨット『モーターボートも含む. キャビンがあり外洋を航行できる』
yegua [ジェグア] 女 雌馬
yema [ジェマ] 女 ❶ 卵黄, 黄身. ❷ 指先の腹. ❸ 芽
yen [ジェン] 男 ⟨複 ～es⟩ ⟨日本の貨幣単位⟩ 円
yendo [ジェンド] ir の 現分
yerba [ジェルバ] 女 ⟨主にラ⟩=**hierba**
yermo, ma [ジェルモ, マ] 形 男 ❶ 人が住んでいない〔土地〕, 無人の. ❷ 不毛の〔土地〕
yerno [ジェルノ] 男 娘婿
yerto, ta [ジェルト, タ] 形 ⟨体が⟩こわばった
yeso [ジェソ] 男 ❶ 石膏(ミェ), しっくい. ❷ ⟨ラ. 医学⟩ ギプス
yo [ジョ] 代 ⟨人称代名詞1人称単数形. 主語⟩ 私, 僕: [Yo] Soy mexicano. 私はメキシコ人です
yoga [ジョガ] 男 ヨガ
yogur [ジョグル] 男 ヨーグルト
yo-yo [ジョジョ] 男 ❶ ⟨玩具⟩ ヨーヨー. ❷ dietas ～ ⟨ダイエット後の⟩ リバウンド
yucateco, ca [ジュカテコ, カ] 形 名 ユカタン半島 Península Yucatán の〔人〕
yugo [ジュゴ] 男 ❶ ⟨牛などに付ける⟩ くびき. ❷ 束縛

Z, z [セタ]

zafiro [サフィロ] 男 〈鉱物〉サファイア

zaga [サガ] 女 〈サッカー〉ディフェンス *a la ~* 〈de の〉後ろに

zaguán [サグアン] 男 玄関ホール

zalamería [サラメリア] 女 へつらい、おべっか: con ~s へつらって

zalamero, ra [サラメロ, ラ] 形 へつらいの、おべっか使いの

zambullir [サンブジル] 他 ~se 〈水に〉ザンと飛び込む

zampar [サンパル] 他 〈口語〉ガツガツ食べる

zanahoria [サナオリア] 女 ニンジン: puré de ~ 裏ごししたニンジン

zancada [サンカダ] 女 大きな歩幅、ストライド: andar a grandes ~s 大またで歩く

zancadilla [サンカディジャ] 女 足掛け: poner la ~ a+人 …の足を引っ掛けて倒す; 挫折させる

zanco [サンコ] 男 竹馬

zancudo, da [サンクド, ダ] 形 脚の長い、ひょろっとした
◆ 男 〈ラ〉蚊

zanja [サンハ] 女 溝、堀

zanjar [サンハル] 他 …にけりをつける、結着をつける

zapateado [サパテアド] 男 〈フラメンコ〉サパテアード『靴底で床を打つ技』

zapatear [サパテアル] 自 他 〈床を〉踏み鳴らす

zapatería [サパテリア] 女 ❶ 靴店. ❷ 製靴業

zapatero, ra [サパテロ, ラ] 名 靴屋; 製靴業者

zapatilla [サパティジャ] 女 〈主に 複〉 ❶ 室内ばき、スリッパ. ❷ 運動靴、スニーカー

zapato [サパト] 男 〈主に 複〉靴、短靴: ponerse (quitarse) los ~s 靴をはく(脱ぐ)

zarandear [サランデアル] 他 〈激しく〉揺する

zarpar [サルパル] 自 〈船が〉出る: ~ del puerto 出港する

zarza [サルサ] 女 〈植物〉キイチゴ

zarzamora [サルサモラ] 女 〈果実〉キイチゴ

zarzuela [サルスエラ] 女 サルスエラ『スペインのオペレッタ』

zigzag [スィグサグ] 男 ジグザグ: en ~ ジグザグに

zigzaguear [スィグサゲアル] 自 ジグザグに進む

zinc [スィンク] 男 =cinc

zócalo [ソカロ] 男 ❶ 〈壁の〉下部. ❷ 〈ラ〉〈メキシコシティーなどの〉中央広場

zodiaco [ソディアコ] 男 〈占星〉黄道: signos del ~ 黄道十二宮

zodíaco [ソディアコ] 男 =zodiaco

zona [ソナ] 女 地帯、地域; 区域、領域: ~ glacial (templada・tórrida) 寒(温・熱)帯. ~ fronteriza 国境地帯. ~ urbana 市街地. ~ verde 緑地帯、グリーンベルト

zoo [ソオ] 男 動物園

zoología [ソオロヒア] 女 動物学

zoológico, ca [ソオロヒコ, カ] 形 動物学の

zoólogo, ga [ソオロゴ, ガ] 名 動物学者

zoquete [ソケテ] 形 まぬけな〔人〕

zorro, rra [ソろ, ら] 名 ❶ キツネ(狐) ❷ ずる賢い人、抜け目のない人
◆ 男 〈毛皮〉フォックス

zozobra [ソソブラ] 女 不安感

zozobrar [ソソブラル] 自 ❶ 沈没する. ❷ 危機に瀕している; 挫折する

zueco [スエコ] 男 木靴

zumbar [スンバル] 自 ブンブンいう、うなる: Me *zumban* los oídos. 私は耳鳴りがする

zumbido [スンビド] 男 ブンブンいう音、うなり

zumo [スモ] 男 〈ス〉ジュース: ~ de naranja オレンジジュース

zurcir [スルスィル] 89 他 つくろう

zurdo, da [スルド, ダ] 形 左ききの

zutano, na [スタノ, ナ] 名 某、ある人: Compro a Fulano y vendo a Z~. 私はある人から買い、またある人に売る

ジャンル別語彙集

1. 人体
2. 衣服
3. 食事
4. 住居
5. 浴室, 化粧
6. 交通
7. ホテル
8. 市街, 買い物
9. スポーツ
10. ゲーム
11. 闘牛, フラメンコ
12. 芸術
13. 情報, 通信
14. 教育, 科学
15. 数
16. 時間, 季節
17. 色, 度量衡
18. 天気
19. 方位, 自然
20. 城, 教会
21. 家族, 人生
22. 国名, 地名

サバイバル会話

¡Socorro!	助けて!
¡Ladrón!	どろぼう!
Llame a la policía.	警察を呼んでください
¡Fuera de aquí!	あっちへ行け!
He perdido el pasaporte.	パスポートをなくしました
¡Ay!	痛い!
Me siento mal.	気分が悪い
¿Dónde está el servicio?	トイレはどこですか?
No sé.	知りません
No entiendo.	わかりません
Sí./No.	はい/いいえ
Muchas gracias.	どうもありがとう
De nada.	どういたしまして
Por favor.	お願いします
Ayúdeme.	手伝ってください
Con mucho gusto.	喜んで
¡Vale!	オーケー!
Es usted muy amable.	ご親切にどうも
No, gracias.	いいえ, 結構です
Perdón.	ごめんなさい
Con permiso.	ちょっと失礼

1 人体

cuerpo 男 humano 人体

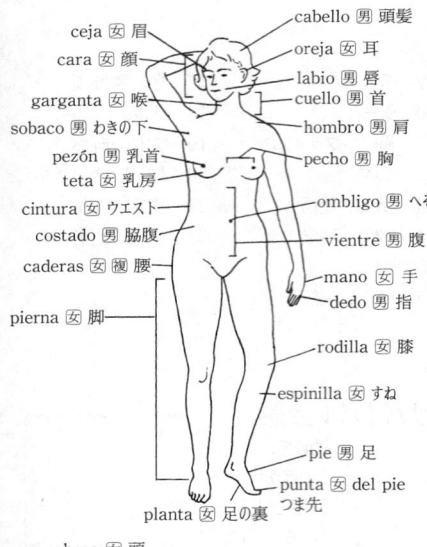

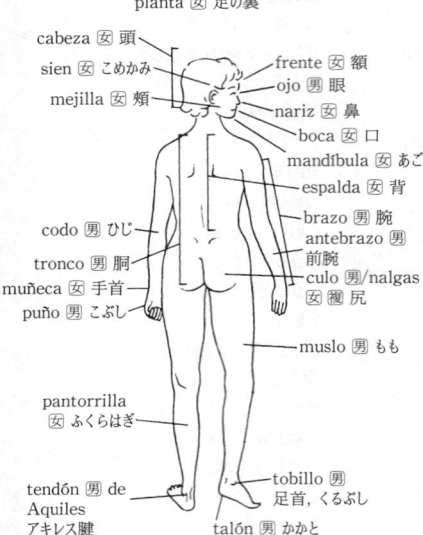

- cabello 男 頭髪
- ceja 女 眉
- cara 女 顔
- oreja 女 耳
- labio 男 唇
- cuello 男 首
- garganta 女 喉
- sobaco 男 わきの下
- hombro 男 肩
- pezón 男 乳首
- pecho 男 胸
- teta 女 乳房
- cintura 女 ウエスト
- ombligo 男 へそ
- costado 男 脇腹
- vientre 男 腹
- caderas 女 複 腰
- mano 女 手
- dedo 男 指
- pierna 女 脚
- rodilla 女 膝
- espinilla 女 すね
- pie 男 足
- punta 女 del pie つま先
- planta 女 足の裏

- cabeza 女 頭
- frente 女 額
- sien 女 こめかみ
- ojo 男 眼
- mejilla 女 頬
- nariz 女 鼻
- boca 女 口
- mandíbula 女 あご
- espalda 女 背
- codo 男 ひじ
- brazo 男 腕
- antebrazo 男 前腕
- tronco 男 胴
- culo/nalgas 男 女 複 尻
- muñeca 女 手首
- puño 男 こぶし
- muslo 男 もも
- pantorrilla 女 ふくらはぎ
- tendón 男 de Aquiles アキレス腱
- tobillo 男 足首, くるぶし
- talón 男 かかと

- lengua 女 舌
- diente 男 歯
- párpado 男 まぶた
- iris 男 虹彩
- pupila 女 ひとみ
- pestaña 女 まつ毛
- palma 女 手のひら
- pulgar 男/dedo gordo 親指
- índice 男 人差し指
- dedo corazón 中指
- anular 男 薬指
- meñique 男 小指
- uña 女 つめ

- partes 女 複 pudendas 陰部
- pene 男 陰茎
- vagina 女 膣
- ingle 女 そけい部

- piel 女 皮膚
- hueso 男 骨
- costilla 女 肋骨
- nervio 男 神経
- músculo 男 筋肉
- articulación 女 関節
- ligamento 男 靭帯
- menisco 男 半月板
- disco 男 intervertebral 椎間板
- tiroides 男 甲状腺

vísceras 女 複 内臓

- cerebro 男 脳, 大脳
- cerebelo 男 小脳
- tronco 男 cerebral 脳幹
- lóbulo 男 frontal 前頭葉
- médula 女 oblonga 延髄
- médula espinal 脊髄
- pulmón 男 肺
- corazón 男 心臓
- bazo 男 脾臓
- esófago 男 食道
- estómago 男 胃
- hígado 男 肝臓
- vesícula 女 biliar 胆嚢
- páncreas 男 膵臓
- intestino 男 grueso 大腸
- intestino ciego 盲腸
- apéndice 男 虫垂
- colon 男 結腸
- recto 男 直腸
- intestino delgado 小腸
- duodeno 男 十二指腸
- riñón 男 腎臓

1 人体

vejiga 囡 膀胱
uretra 囡 尿道
próstata 囡 前立腺
órganos 男 複 genitales 生殖器
útero 男 子宮
ovario 男 卵巣
trompas 囡 複 de Falopio 卵管

síntoma 男 〔自覚〕症状
fiebre 囡 熱
dolor 男 痛み
tos 囡 せき
estornudo 男 くしゃみ
picor 男 かゆみ
resaca 囡/⟨ラ⟩ goma 囡 二日酔い
herida 囡 傷
contusión 囡/magulladura 囡 打撲傷
grano 男 にきび
quemadura 囡 やけど
fractura 囡 骨折
torcedura 囡 ねんざ
dislocación 囡 脱臼

enfermedad 囡 病気
otitis 囡 media 中耳炎
parotiditis 囡 耳下腺炎
conjuntivitis 囡 結膜炎
hipermetropía 囡 遠視
miopía 囡 近視
astigmatismo 男 乱視
presbicia 囡 老眼
daltonismo 男 色覚異常
desprendimiento 男 de retina 網膜剝離
catarata 囡 白内障
glaucoma 男 緑内障
coriza 囡 急性鼻炎, 鼻かぜ
polinosis 囡 花粉症
sinusitis 囡 副鼻腔炎, 蓄膿症
caries 囡 虫歯
piorrea 囡〔alveolar〕歯槽のう漏
amigdalitis 囡 扁桃腺炎
bronquitis 囡 気管支炎
tos 囡 ferina 百日咳
asma 囡 ぜんそく
resfriado 男 かぜ
gripe 囡/influenza 囡 インフルエンザ
pulmonía 囡 肺炎
tuberculosis 囡 結核
neumotórax 男〔espontáneo〕〔自然〕気胸
angina 囡 de pecho 狭心症
infarto 男 de miocardio 心筋梗塞
fallo 男 cardíaco 心臓麻痺

insuficiencia 囡 cardiaca 心不全
arritmia 囡 不整脈
palpitaciones 囡 複 動悸
arteriosclerosis 囡 動脈硬化
gastritis 囡 胃炎
úlcera 囡 gástrica (del estómago) 胃潰瘍
calambre 男 en el estómago 胃けいれん
apendicitis 囡 虫垂炎
hepatitis 囡 肝炎
cirrosis 囡 肝硬変
cálculos 男 複 renales 腎臓結石
nefritis 囡 腎炎
cáncer 男 がん
diabetes 囡 糖尿病
reumatismo 男 リューマチ
neuralgia 囡 神経痛
epilepsia 囡 てんかん
embarazo 男 extrauterino 子宮外妊娠
mioma 男 del útero 子宮筋腫
vaginitis 囡 膣炎
irregularidad 囡 menstrual 月経不順
frigidez 囡 不感症
indisposiciones 囡 複 por la menopausia 更年期障害
hipertensión 囡 高血圧症
hipotensión 囡 低血圧症
anemia 囡 貧血
cianosis 囡 チアノーゼ
cistitis 囡 膀胱炎
uremia 囡 尿毒症
uretritis 囡 尿道炎
sífilis 囡 梅毒
gonorrea 囡 淋病
sida 男 エイズ
hemorroides 囡 複 痔
hipersensibilidad 囡 過敏症
neurosis 囡 神経症, ノイローゼ
neurastenia 囡 神経衰弱
trastornos 男 複 del sistema nervioso vegetativo 自律神経失調症
úlcera 囡 潰瘍(ようよう)
absceso 男 膿瘍(のうよう)
pólipo 男 ポリープ
atopia 囡 アトピー
eccema 男 湿疹
urticaria 囡 じんましん
sarampión 男 はしか
rubéola 囡 風疹
herpes 男 疱疹, ヘルペス
forúnculo 男 ねぶと
varicela 囡 水ぼうそう
pie 男 de atleta 水虫
grano 男 にきび, 吹き出物

1 人体

bacteria 囡 細菌, バクテリア
microbio 男 微生物
gérmen 男 病原菌
virus 男 ウイルス
colibacilo 男 patógeno 病原性大腸菌
colesterol 男 コレステロール

hospital 男/**clínica** 囡 **病院**
médico 名 de cabecera 一般開業医
médico especialista 専門医
terapeuta 名 セラピスト, 療法士
enfermero, ra 名 看護師
paciente 名 患者
medicina 囡 interna 内科
cirugía 囡 外科
ortopedia 囡 整形外科
ginecología 囡 婦人科
obstetricia 囡 産科
tocoginecología 囡 産婦人科
pediatría 囡 小児科
odontología 囡 歯科
oftalmología 囡 眼科
otorrinolaringología 囡 耳鼻咽喉科
dermatología 囡 皮膚科
urología 囡 泌尿器科
psiquiatría 囡 精神科

cura 囡 **治療**
inyección 囡 注射
operación 囡 手術
transfusión 囡 輸血
gota a gota 男 点滴
receta 囡 処方せん
farmacia 囡 薬局
ambulancia 囡 救急車
camilla 囡 たんか
silla 囡 de ruedas 車いす
muleta 囡 松葉づえ
UCI 囡 (unidad 囡 de cuidados intensivos) 集中治療室
radiografía 囡 レントゲン写真
tomografía 囡 断層撮影
gastroscopio 男 胃カメラ
electrocardiograma 男 心電図
presión 囡 arterial 血圧
consentimiento 男 informado インフォームドコンセント
cuidados 男 複 paliativos ターミナルケア

medicina 囡 **薬**
pastilla 囡 錠剤

píldora 囡 丸薬；ピル
aspirina 囡 アスピリン
antipirético 男 解熱剤
digestivo 男 消化剤
analgésico 男 鎮痛剤
laxante 男 緩下剤
antídoto 男/contraveneno 男 解毒剤
antibiótico 男 抗生物質
vacuna 囡 ワクチン
insulina 囡 インスリン
hormona 囡 ホルモン
pomada 囡 軟膏
ungüento 男 contra picor かゆみ止め
colirio 男 目薬

gasa 囡 ガーゼ
esparadrapo 男 ばんそうこう
tirita 囡 〈ガーゼ付きの〉救急ばんそうこう
parche 男 眼帯
termómetro 男 体温計
diente 男 postizo 義歯
compresa 囡 生理用ナプキン
condón 男 コンドーム

Llame a un médico, por favor. 医者を呼んでください
¿Hay algún médico aquí cerca? この近くに医者はいますか？
Deseo consultar al médico. 診察を受けたいのですが
¿Qué le pasa? どうなさいました？
Cogí un resfriado. 風邪をひきました
Tengo dolor de cabeza (estómago・muelas). 頭(腹・歯)が痛いのです
Me siento mal. 気分が悪いのです
Tengo escalofríos. 悪寒がします
Tengo diarrea. 下痢をしています
¿Qué le duele? どこが痛いのですか？
Me duele esta parte. このあたりが痛みます
Me he torcido un tobillo. 足首をねんざしました
Ésta es su receta. これが処方せんです
¿Puede usted prepararme esto? これを調剤してもらえますか？

prenda 女 **de vestir** 衣服

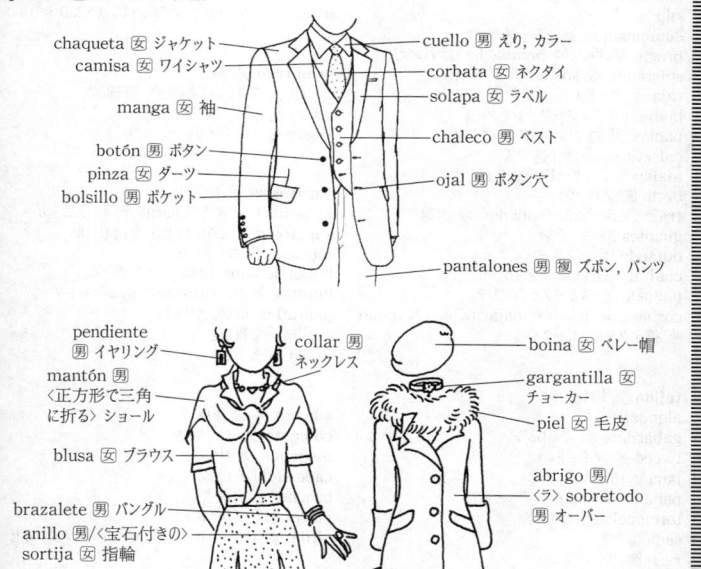

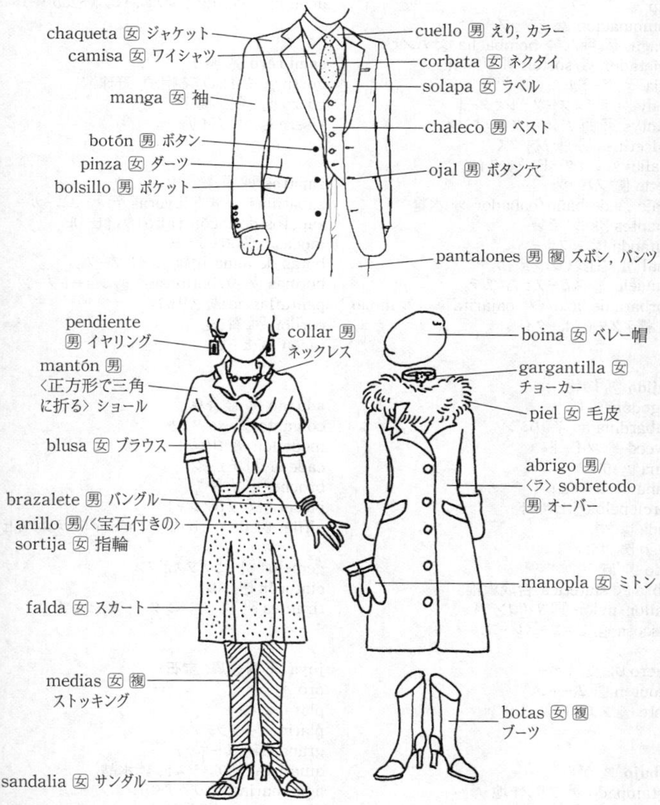

- chaqueta 女 ジャケット
- camisa 女 ワイシャツ
- manga 女 袖
- botón 男 ボタン
- pinza 女 ダーツ
- bolsillo 男 ポケット
- cuello 男 えり, カラー
- corbata 女 ネクタイ
- solapa 女 ラペル
- chaleco 男 ベスト
- ojal 男 ボタン穴
- pantalones 男 複 ズボン, パンツ
- pendiente 男 イヤリング
- collar 男 ネックレス
- mantón 男 〈正方形で三角に折る〉ショール
- blusa 女 ブラウス
- brazalete 男 バングル
- anillo 男/〈宝石付きの〉 sortija 女 指輪
- falda 女 スカート
- medias 女 複 ストッキング
- sandalia 女 サンダル
- boina 女 ベレー帽
- gargantilla 女 チョーカー
- piel 女 毛皮
- abrigo 男/〈ラ〉sobretodo 男 オーバー
- manopla 女 ミトン
- botas 女 複 ブーツ

falda de capa フレアースカート
falda de tubo タイトスカート
falda pantalón キュロット
vestido 男 ワンピース
pantalón corto 半ズボン
bermudas 女 複 バミューダパンツ
bombacho 男 ニッカーボッカー
vaqueros 男 複 ジーンズ
jersey 男/suéter 男 セーター
pullover 男 プルオーバー
chaqueta de punto カーディガン
americana 女/〈ラ〉saco 男 上着, ジャケット

gabardina 女 コート
trinchera 女 トレンチコート
impermeable 男 レインコート
chaquetón 男 ハーフコート
cazadora 女 ブルゾン
polo 男 〈長袖の〉ポロシャツ
niqui 男 〈半袖の〉ポロシャツ
camiseta 女 丸首シャツ, Tシャツ
~ de tirantes ランニング, タンクトップ
sudadera 女 トレーナー, スウェットシャツ
chándal 男 〈上下の〉ジャージー
ropa 女 interior アンダーウェア, 下着

2 衣服

calzoncillos 男 複 トランクス
slip 男 ブリーフ
combinación 女 スリップ
bragas 女 複/〈ラ〉bombacha 女 パンティ
sujetador 男/sostén 男 ブラジャー
faja 女 ガードル
body 男 ボディスーツ；レオタード
pantys 男 複 パンティストッキング
calcetines 男 複 ソックス
malla 女 レオタード；タイツ
botín 男 スパッツ
traje 男 de baño/bañador 男 水着
guantes 男 複 手袋
bufanda 女 マフラー
chal 男 〈細長い〉ショール
pañuelo 男 スカーフ；ハンカチ
corbata de lazo/〈ス〉pajarita 女/〈ラ〉moño 男 蝶ネクタイ，ボータイ

tejido 男 織物
algodón 男 綿
gabardina 女 ギャバジン
tweed 男 ツイード
lana 女 ウール
pana 女 コーデュロイ
terciopelo 男 ビロード
seda 女 絹
raso 男 サテン
lino 男 麻
fibra 女 sintética 合成繊維
nailon/nylon 男 ナイロン
viscosa 女 ビスコースレーヨン

cuero 男 皮，レザー
mouton 男 ムートン
ante 男 スエード

dibujo 男 がら
estampado 男 プリント地
cuadros 男 複 チェック
príncipe 男 de Gales グレンチェック
patas 女 複 de gallo 千鳥格子
a rayas ストライプの
cachemir ペイズリー
lunares 男 複/topos 男 複 水玉
de flores 花がらの
sin dibujos 無地の

diseño 男 デザイン
vuelo 男 フレア
pliegues 男 複/〈幅広の〉tabla 女/〈細い〉plisado 男 プリーツ
acampanado, da フレアの，ベルボトムの

sombrero 男 **帽子**
gorra 女 ひさしのある帽子，野球帽
gorro 男 縁なし帽子
visera 女 サンバイザー

zapatos 男 複 靴
zapatillas 女 複/playeras 女 複 スニーカー
zapatos de tacón〔alto〕ハイヒール
mocasín 男 ローファー
botas de agua 雨靴，レインブーツ
botinas 女 複/botines 男 複 ショートブーツ
pantuflas 女 複 スリッパ
cordón 男 靴ひも
tacón 男 ヒール

adorno 男 装身具
colgante 男 ペンダント
medallón 男 ロケット
cadena 女 チェーン
broche 男 ブローチ
pulsera 女 ブレスレット
alfiler de corbata/pasador 男 ネクタイピン
gemelos 男 複 カフスボタン
cinturón 男 ベルト
tirantes 男 複 サスペンダー；ストラップ

joya 女 貴金属，宝石
oro 男 金
plata 女 銀
platino 男 プラチナ
granate 男 ガーネット
amatista 女 アメシスト，紫水晶
aguamarina 女 アクアマリン
diamante 男 ダイヤモンド
esmeralda 女 エメラルド
perla 女 真珠
rubí 男 ルビー
peridoto 男 ペリドット
zafiro 男 サファイア
ópalo 男 オパール
topacio 男 トパーズ
turquesa 女 トルコ石
lapislázuli 男 ラピスラズリ
ágata 女 めのう
ónice 男 オニキス
jade 男 ひすい

coral 男 さんご
ámbar 男 こはく
concha 女/carey 男 べっ甲
esmalte 男 七宝
damasquinado 男 象眼

efectos 男 複 personales 身の回り品
paraguas 男 傘
cartera 女/billetera 女 財布, 札入れ
monedero 男 小銭入れ
billete 男 紙幣
moneda 女 硬貨, コイン
tarjeta 女 de crédito クレジットカード
cheque 男 小切手
～ de viaje 旅行小切手, トラベラーズチェック
talón 男〈小切手帳から切り取った〉小切手
cigarrillo 男 紙巻きたばこ
〔cigarro〕puro 男 葉巻き
pipa 女 パイプ
mechero 男/encendedor 男 ライター
cerilla 女 マッチ
bolso 男 ハンドバッグ
～〔en〕bandolera ショルダーバッグ
cartera 女 手さげかばん, 書類かばん
bolsa 女 de viaje ボストンバッグ
maleta 女 スーツケース
maletín 男 アタッシェケース
riñonera 女 ウェストポーチ
mochila 女 リュック
gafas 女 複 めがね
～ de sol サングラス
lentilla 女/lente 女 de contacto コンタクトレンズ
llave 女 かぎ
llavero 男 キーホルダー
reloj 男 de pulsera 腕時計
móvil 男 携帯電話

Ella va bien vestida. 彼女はよい身なりをしている
¡Qué bien le sienta ese vestido! そのドレスはとてもお似合いです
Isabel siempre va a la moda. イサベルはいつも流行の服を着ている
Deseo ver algunas camisas. ワイシャツを見たいのですが
¿Qué medida tiene de cuello? カラーのサイズはいくつですか?
Quiero comprarme un par de zapatos. 靴を一足買いたいのです
¿Cómo los quiere? どんなのがよろしいですか?
¿De qué color los quiere? 何色のがよろしいで

すか?
¿Qué número usa? サイズはいくつですか?
Calzo un treinta y siete. 靴は37です
¿Puedo probarme esto? 試着してもいいですか?
Es demasiado grande (pequeño). 大き(小さ)すぎます

costura 女 裁縫
tela 女 布地
patrón 男 型紙
máquina 女 de coser ミシン
aguja 女 針
hilo 男 糸
tijeras 女 複 はさみ
carrete 男/bobina 女 糸巻き
bordado 男 ししゅう
labor 女 de punto 編み物
aguja de punto 編み棒
aguja de ganchillo かぎ針
〔hilo de〕lana 女 毛糸
automático 男 スナップ
corchete 男 ホック
cremallera 女 ファスナー, ジッパー
imperdible 男 安全ピン
velcro 男 マジックテープ

lavado 男 洗濯
lavadora 女 洗濯機
secadora 女 乾燥機
detergente 男 洗剤
lejía 女 漂白剤
suavizante 男 柔軟剤
tendedero 男 物干し綱
pinza 女 洗濯ばさみ
percha 女 ハンガー
plancha 女 アイロン
tabla 女 de planchar アイロン台

Tengo ropa para lavar. 洗濯に出したいものがあるのですが
Me he manchado el traje de tinta. 私は服にインクのしみをつけてしまった
Esa mancha se quita con bencina. そのしみはベンジンで落ちます

3 食事

comida 女 食事

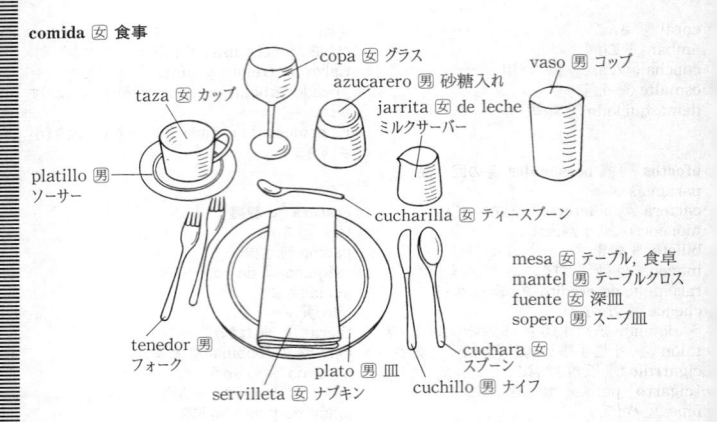

- copa 女 グラス
- azucarero 男 砂糖入れ
- jarrita 女 de leche ミルクサーバー
- vaso 男 コップ
- taza 女 カップ
- platillo 男 ソーサー
- cucharilla 女 ティースプーン
- mesa 女 テーブル, 食卓
- mantel 男 テーブルクロス
- fuente 女 深皿
- sopero 男 スープ皿
- tenedor 男 フォーク
- plato 男 皿
- servilleta 女 ナプキン
- cuchara 女 スプーン
- cuchillo 男 ナイフ

restaurante 男 レストラン
bar 男 バー, バル
mesón 男/taberna 女 居酒屋, 食堂
cafetería 女 喫茶店
cocinero, ra 名 コック
camarero, ra 名 ウェイター, ウェイトレス

bebida 女 飲み物
refresco 男 清涼飲料
zumo 男/jugo 男 ジュース
limonada 女 レモネード
cola 女 コーラ
tónica 女 トニックウォーター
agua 女 mineral ミネラルウォーター
gaseosa 女/soda 女 炭酸水, ソーダ水
café 男 コーヒー
～ con leche カフェオレ
～ cortado ミルク入りコーヒー
～ solo ブラックコーヒー
～ torrefacto 焙煎コーヒー
～ americano アメリカン
～ irlandés アイリッシュコーヒー
～ vienés ウィンナコーヒー
capuchino 男 カプチーノ
exprés 男 エスプレッソ
té 男 紅茶
manzanilla 女 カモミールティー
infusión 女 〔de hierbas〕ハーブティー
chocolate 男 ココア
leche 女 ミルク
horchata 女 オルチャータ

bebida alcohólica アルコール飲料, 酒
vino 男〔blanco・tinto・rosado〕〔白・赤・ロゼ〕ワイン
rioja 男 ラ・リオハ産のワイン
champán 男 シャンペン
cava 女 カバ〔カタルーニャ産スパークリングワイン〕
jerez 男 シェリー
oloroso 男 ヘレス産のシェリー
montilla 女 モンティージャ〔モンティージャ産〔高級〕白ワイン〕
amontillado 男 アモンティジャード〔モンティージャ風辛口シェリー〕
manzanilla 女 マンサニージャ〔アンダルシア産の辛口白ワイン〕
sangría 女 サングリア
sidra 女 シードル, リンゴ酒
cerveza 女 ビール
aguardiente 男 蒸留酒, 焼酎
whisky 男 ウィスキー
brandy 男 ブランデー
coñac 男 コニャック
vodka 男/女 ウォッカ
ron 男 ラム酒
tequila 男 テキーラ
ginebra 女 ジン
licor 男 リキュール
vermut 男 ベルモット
cóctel 男 カクテル
piña colada ピニャコラーダ〔パイナップルジュース・ココナッツ・ラムのカクテル〕

desayuno 男 朝食
comida 女/〈ラ〉almuerzo 男 昼食

cena 囡/〈ラ〉 comida 夕食
merienda 囡 〈夕食前の〉軽食, おやつ

hidrato 男 de carbono 炭水化物
proteína 囡 たんぱく質
grasa 囡 脂肪
mineral 男 ミネラル
calcio 男 カルシウム
vitamina 囡 ビタミン

plato 男 **料理**
entremeses 男 複 前菜, オードブル
primer plato サラダ・スープなど
segundo plato メインディッシュ
bistec 男/bisté 男 ステーキ
jamón 男 ハム
～ serrano 生ハム
chorizo 男 チョリソ〖豚の粗挽きソーセージ〗
salchicha 囡 de Francfort フランクフルトソーセージ
salami 男/〈ラ〉 salame 男 サラミ
embutido 男 〈総称〉ソーセージ
aceitunas 囡 複 オリーブ
ensalada 囡 サラダ
sopa 囡 スープ
crema 囡 ポタージュ
consomé 男 コンソメ
gazpacho 男 ガスパチョ
paella 囡 パエリャ
espaguetis 男 複 スパゲッティ
croqueta 囡 コロッケ
tapa 囡 つまみ
tacos 男 複 タコス
queso 男 チーズ
fideos 男 複 chinos ラーメン
palomitas 囡 複 ポップコーン
huevo 男 卵
～ duro ゆで卵
～ pasado por agua 半熟卵
～ frito 目玉焼き
～ revuelto スクランブルエッグ
tortilla 囡 スペイン風オムレツ；〈メキシコ〉トウモロコシ粉のクレープ
menú 男 del día 日替わり定食
plato combinado 盛り合わせ定食
platos a la carta 一品料理

pan 男 **パン**
barra 囡 バゲット
pan de molde 食パン
panecillo 男 ロールパン
bocadillo 男 サンドイッチ
perrito 男 caliente ホットドッグ
cruasán 男/croissant 男 クロワッサン
churro 男 チューロ〖棒状のドーナツ〗
rosquilla 囡/donut 男 ドーナツ
bollos 男 複 菓子パン

postre 男 **デザート**
helado 男 アイスクリーム
sorbete 男 シャーベット
pastel 男 ケーキ, パイ
tarta 囡 ホールケーキ
torta 囡 〈ラ〉 デコレーションケーキ
bizcocho 男 カステラ, スポンジケーキ
milhojas 男/囡 ミルフィーユ
flan 男/budín 男 プディング
arroz 男 con leche ライスプディング
gelatina 囡 ゼリー, ゼラチン
petisú 男 シュークリーム
crema 囡 クリーム
nata 囡 生クリーム
natillas 囡 複 カスタードクリーム
yogur 男 ヨーグルト

material 男 **材料**
carne 囡 **肉**
ternera 囡 子牛
filete 男 〈主に牛の〉ヒレ肉, 切り身
solomillo 男 サーロイン
cochinillo 男 子豚
chuleta 囡 〈主に豚の〉切り身
cordero 男 ラム
carnero 男 マトン
conejo 男 うさぎ
pollo 男 若鶏, チキン

pescado 男 **魚**
bacalao 男 タラ
lenguado 男 シタビラメ
merluza 囡 メルルーサ
rodaballo 男 カレイ
mero 男 メロ
lubina 囡 スズキ
besugo 男 タイ
dorada 囡 ヘダイ
rape 男 アンコウ
trucha 囡 マス
salmón 男 サーモン, 鮭
sardina 囡 イワシ
anchoa 囡 アンチョビー
atún 男 マグロ
bonito 男 カツオ
arenque 男 ニシン
anguila 囡 ウナギ
angula 囡 ウナギの稚魚
chipirón 男 ホタルイカ
calamar 男 イカ

3 食事

pulpo 男 タコ
erizo 男 de mar ウニ
mariscos 男 複 貝・エビ・カニ類
almeja 女 アサリ, ハマグリ
ostra 女 カキ
mejillón 男 ムール貝
gamba 女 芝エビ
langostino 男 車エビ
langosta 女 イセエビ

verduras 女 複 **野菜**
arroz 男 米
trigo 男 小麦
legumbres 女 複 豆類
judía 女/frijol 男 インゲンマメ
haba 女 ソラマメ
guisante 男 グリンピース, エンドウマメ
lenteja 女 レンズマメ
garbanzo 男 エジプトマメ, ガルバンソ
soja 女 大豆
tapioca 女 タピオカ
berenjena 女 ナス
tomate 男 トマト
pepino 男 キュウリ
batata 女/〈ラ〉camote 男 サツマイモ
patata 女/〈ラ〉papa 男 ジャガイモ
calabaza 女 カボチャ
zanahoria 女 ニンジン
espinaca 女 ホウレンソウ
repollo 男 キャベツ
col 女 roja 紫キャベツ
col de bruselas 芽キャベツ
lechuga 女 レタス
escarola 女 エンダイブ, キクヂシャ
alcachofa 女 アーティチョーク
cebolla 女 タマネギ
cebolleta 女 ネギ
puerro 男 ポロネギ
espárrago 男 アスパラガス
pimiento 男 ピーマン; トウガラシ
～ morrón 赤ピーマン, パプリカ
perejil 男 パセリ
apio 男 セロリ
achicoria 女 チコリ
seta 女 きのこ
champiñón 男 マッシュルーム
ajo 男 ニンニク
albahaca 女 バジル, バジリコ
alcaparras 女 複 ケーパー
estragón 男 エストラゴン
menta 女 ハッカ, ミント

fruta 女 **果物, 果実**
fresa 女/〈ラ〉frutilla 女 イチゴ
naranja 女 オレンジ
mandarina 女 ミカン
limón 男 レモン
manzana 女 リンゴ
pera 女 ナシ
melocotón 男 モモ, 黄桃
ciruela 女 スモモ, プルーン
cereza 女 サクランボ
albaricoque 男 アンズ
caqui 男 柿
plátano 男/〈ラ〉banana 女 バナナ
piña 女 パイナップル
sandía 女 スイカ
melón 男 メロン
uva 女 ブドウ
pasa 女 干しぶどう
higo 男 イチヂク
granada 女 ザクロ
aguacate 男 アボカド
castaña 女 クリ
nuez 女 クルミ
almendra 女 アーモンド
cacahuete 男/〈ラ〉maní 男 ピーナッツ
avellana 女 ヘーゼルナッツ
anacardo 男 カシューナッツ
pistacho 男 ピスタチオ

condimentos 男 複 **調味料**
sal 女 塩
pimienta 女 コショウ
vinagre 男 酢
salsa 女 ソース
～ de soja 醤油
tinta 女 イカ墨
especia 女 スパイス
guindilla 女/〈ラ〉chile 男/ají 男 チリ, ホットペッパー
mostaza 女 マスタード
azafrán 男 サフラン
levadura 女 イースト
aceite 男 油
～ de oliva オリーブ油
～ de girasol ひまわり油
manteca 女 ラード
mantequilla 女 バター
margarina 女 マーガリン
mayonesa 女 マヨネーズ
mermelada 女 ジャム, マーマレード
jarabe 男 シロップ

receta 女 **レシピ, 調理法**
cocido, da 煮た, ゆでた
asado, da 焼いた
frito, ta 揚げた

cocina 囡 台所

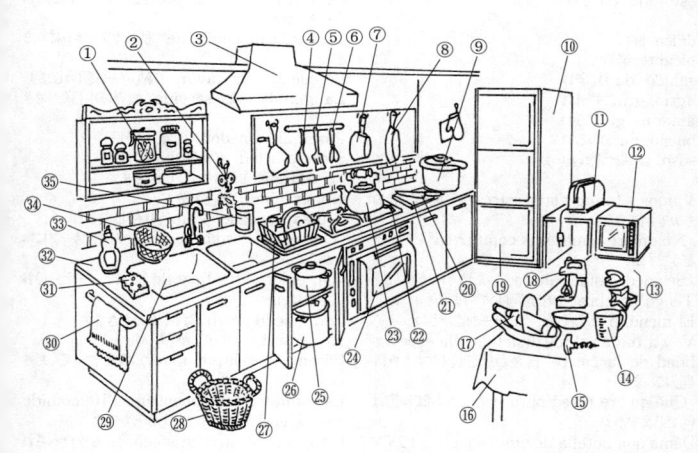

① tarro 男 広口びん, 蓋付きの壺
② abrelatas 男 缶切り
③ extractor 男 de humos 換気扇
④ cucharón 男 玉じゃくし
⑤ paleta 囡 フライ返し
⑥ batidor 男 泡立て器
⑦ cazo 男 片手なべ
⑧ sartén 囡 フライパン
⑨ olla 囡 a presión 圧力なべ
⑩ nevera 囡 冷蔵庫
⑪ tostador 男 トースター
⑫ microondas 男 電子レンジ
⑬ molde 男〈ケーキ用の〉型
⑭ taza 囡 graduada 計量カップ
⑮ sacacorchos 男 コルク抜き
⑯ mantel 男 テーブルクロス
⑰ botella 囡 酒びん
⑱ batidora 囡 ハンドミキサー
⑲ congelador 男 冷凍庫
⑳ cuchillo 男 包丁
㉑ tabla 囡 de picar まな板
㉒ hornillo 男 こんろ
㉓ tetera 囡 やかん
㉔ horno 男 オーブン, レンジ
㉕ cacerola 囡 浅い両手なべ, キャセロール
㉖ olla 囡 深なべ
㉗ escurridor 男 水切りかご
㉘ cesta 囡 かご
㉙ fregadero 男 流し台, シンク
㉚ paño 男/trapo 男 ふきん
㉛ estropajo 男 たわし, スポンジ
㉜ cocina 調理台
㉝ detergente 男 洗剤
㉞ escurridor 男 ざる
㉟ lata 囡 缶

lavavajillas 男 食器洗い機
bol 男 ボール
tamiz 男 ふるい
colador 男 茶こし, 網じゃくし
pasapurés 男 裏ごし器
robot 男 de cocina フードプロセッサー
licuadora 囡 ジューサー
cafetera 囡 コーヒーメーカー
exprimidor 男 レモン絞り
rallador 男 おろし金
rodillo 男 麺棒
corcho 男 コルク
abridor 男/abrebotellas 男 栓抜き
posavasos 男 コースター
paja 囡 ストロー

3 食事

al horno オーブンで焼いた
estofado, da とろ火で煮た

dulce 甘い
picante 辛い
salado, da 塩辛い
agrio, gria すっぱい
amargo, ga にがい
bueno, na おいしい
soso, sa 味がない

Vamos a tomar algún refresco. 何か冷たいものでも飲もう
¿No quiere tomar una copita? 〔酒を〕一杯どうですか?
¿Se puede comer ahora? いま食事できますか?
Tengo hambre. おなかがすいています
El menú, por favor. メニューをください
Voy a tomar el menú del día (la especialidad de la casa). 日替わり定食(おすすめ料理)にします
¿Qué quiere usted para beber? お飲み物は何にしますか?
Déme una botella de vino blanco. 白ワインを1本お願いします
¿Qué me recomienda usted? 何がおすすめですか?
Bueno. Tomaré eso. それではそれをいただきましょう
¿La paella es con carne o con pescado? パエリャは肉入りですか, 魚入りですか?
¿Qué tiene usted de postre? デザートは何がありますか?
Tomaré café con leche. 私はカフェオレにします
La cuenta, por favor. お勘定をお願いします
La comida está servida. 食事の用意ができました
Pasen al comedor. 食堂へどうぞ
Sírvase usted. どうぞお取りください
¿Usted gusta? お先にいただきます
No, gracias. どうぞお先に
¡Que aproveche! ごゆっくり召し上がれ
¿Quiere usted más sopa? もう少しスープはいかがですか?
¿No quiere otra taza de café? コーヒーのお代わりはいかがですか?
Con mucho gusto. はい, いただきます
No, gracias. いいえ, 結構です
Páseme la sal, por favor. 塩を取ってください
La comida estaba buenísima./He comido muy a gusto. とてもおいしかったです
Estoy tan lleno (satisfecho). もう食べられません
Vamos a quitar la mesa 〔y fregar los cacharros〕. 食事のあとかたづけをしましょう

Él es un buen cocinero. 彼は料理が上手です

vivienda 女 住居

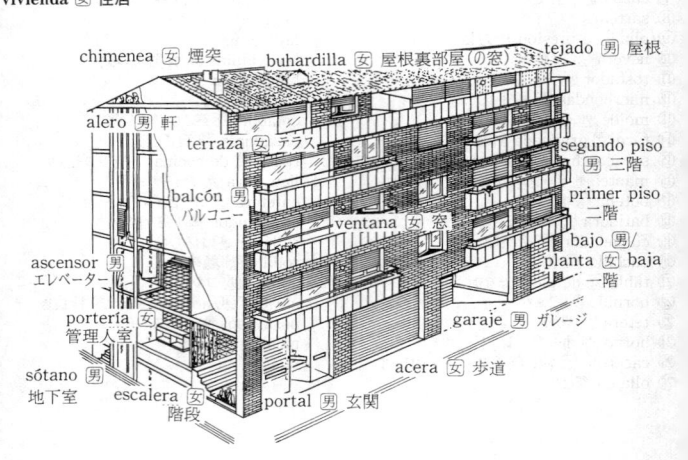

- chimenea 女 煙突
- buhardilla 女 屋根裏部屋(の窓)
- tejado 男 屋根
- alero 男 軒
- terraza 女 テラス
- segundo piso 男 三階
- balcón 男 バルコニー
- primer piso 二階
- ventana 女 窓
- bajo 男 / planta 女 baja 一階
- ascensor 男 エレベーター
- portería 女 管理人室
- garaje 男 ガレージ
- acera 女 歩道
- sótano 男 地下室
- escalera 女 階段
- portal 男 玄関

casa 囡 **家**
casa independiente 一戸建て
apartamento 男/piso 男 アパート, マンション
estudio 男 ワンルームマンション
casa de campo/chalé 男/villa 囡 別荘
cuarto 男/habitación 囡 部屋, 個室
sala 囡 〔de estar〕居間, リビング
sala de visitas 男 応接間
salón 男 大広間
comedor 男 食堂
cocina-comedor ダイニングキッチン
dormitorio 男/alcoba 囡 寝室
solana 囡 サンルーム

suelo 男 床
techo 男 天井
pared 囡 壁
cortina 囡 カーテン
visillo 男 〈レースなどの〉カーテン
persiana 囡 ブラインド
puerta 囡 ドア
pasamano 男 手すり
descans〔ill〕o 男/rellano 男 踊り場
pasillo 男/corredor 男 廊下
escalera mecánica エスカレーター

jardín 男 庭
patio 男 中庭
césped 男 芝生
estanque 男 池
fuente 囡 噴水
maceta 囡/tiesto 男 植木鉢
seto 男 生垣
arriate 男 花壇
cuadro 男 〈四角い〉花壇
muro 男/tapia 囡 塀
azotea 囡 屋上
llave 囡 鍵
timbre 男/llamador 男 呼び鈴
aldaba 囡/llamador ドアノッカー

portero, ra 図 管理人
casero, ra 図 大家, 家主
inquilino, na 図 テナント, 借家人
alquiler 男 〔de la casa〕家賃

echar la llave 鍵をかける
llamar a la puerta ドアをノックする, 呼び鈴を押す
abrir (cerrar) la ventana 窓をあける (しめる)
subir (bajar) la persiana ブラインドを上げる (下げる)
correr la cortina カーテンを引く
subir (bajar) la escalera 階段を上がる (下りる)
vivir 住む
trasladarse/mudarse 引っ越す
alojarse 滞在する, 泊まる
con pensión completa (media pensión) 3食 (2食) 付きで

arquitectura 囡 **建築**
construcción 囡/obra 囡 工事
edificio 男 建物, ビルディング
estructura 囡 構造
plano 男 設計
cimiento 男 基礎, 土台
columna 囡/pila 囡 柱
viga 囡 はり, けた
bóveda 囡 丸天井
cúpula 囡 丸屋根
arco 男 アーチ

románico 男 ロマネスク〔様式〕
gótico 男 ゴシック
plateresco 男 プラテレスコ
barroco 男 バロック
churriguerismo 男 チュリゲラ
neoclasicismo 男 新古典主義

madera 囡 木材
contrachapado 男 ベニヤ, 合板
piedra 囡 石
mármol 男 大理石
estuco 男 化粧しっくい, スタッコ
mortero 男 モルタル
ladrillo 男 れんが
adobe 男 日干しれんが
baldosa 囡 タイル
azulejo 男 化粧タイル
cemento 男 armado 鉄筋コンクリート

sierra 囡 のこぎり
martillo 男 かなづち, ハンマー
clavo 男 くぎ
tornillo 男 ねじ
tuerca 囡 ナット
perno 男 ボルト
destornillador 男 ねじ回し, ドライバー
llave 囡 〔inglesa〕スパナ
alicates 男 複 ペンチ
tenazas 囡 複 やっとこ
regla 囡 ものさし, 定規
cinta 囡 métrica/metro 男 巻き尺
pintura 囡 ペンキ
brocha 囡 はけ
pala 囡 スコップ

4 住居

paleta 囡 シャベル
regadera 囡 じょうろ

luz 囡/lámpara 囡 電灯
araña 囡 シャンデリア
portalámparas 男 ソケット
interruptor 男 スイッチ
enchufe 男 コンセント；プラグ
fluorescente 男 蛍光灯
linterna 囡 懐中電灯
bombilla 囡 電球
encender (apagar) la luz 電灯をつける(消す)
ventilador 男 扇風機
acondicionador 男 de aire エアコン
estufa 囡 ストーブ
calefactor 男/radiador 男 ヒーター；電気ストーブ

mueble 男 家具
alfombra 囡 〈部分敷きの〉じゅうたん, ラグ
moqueta 囡 〈敷き込み式の〉カーペット
estante 男 棚
estantería 囡 本棚
armario 男 たんす, 戸棚
guardarropa 囡/ropero 男 洋服だんす, クローゼット
percha 囡 ハンガー；洋服掛け
aparador 男 食器戸棚, サイドボード
cajón 男 引き出し
tirador 男 取っ手
escritorio 男 机
mesa 囡 テーブル
silla 囡 椅子
butaca 囡/sillón 男 〈一人用の〉ひじかけ椅子
sofá 男 ソファー
poltrona 囡 安楽椅子
diván 男 カウチ, 長椅子
mecedora 囡 揺り椅子, ロッキングチェア
silla plegable 折りたたみ椅子
cojín 男 クッション
almohadón 男 〈背当ての〉クッション

cama 囡 ベッド
～ individual シングルベッド
～ gemela ツインベッド
～ de matrimonio ダブルベッド
colchón 男 マットレス
edredón 男 羽毛布団
sábana 囡 シーツ
manta 囡 毛布
colcha 囡 ベッドカバー
almohada 囡 枕

almohadón 〈ス〉枕カバー

limpieza 囡 掃除
cubo 男 バケツ
fregona 囡 モップ
pasar la fregona モップがけをする
trapo 男/bayeta 囡 ぞうきん
fregar con la bayeta ぞうきんがけをする
escoba 囡 ほうき
barrer ほうきで掃く
[re]cogedor 男 ちり取り
cera 囡 ワックス
encerar ワックスをかける
papelera 囡 くず入れ, ゴミ箱
aspiradora 囡/aspirador 男 電気掃除機
pasar la aspiradora 掃除機をかける
limpiar 掃除をする

Ven a mi casa. 家へいらっしゃい
¿Dónde vives? どこに住んでいるの？
Vivo en el sexto piso de este edificio. 私はこの建物の7階に住んでいます
Su casa está en Atocha 6, 3° D. 彼の家はアトーチャ通り6番地の4階のD号だ
Quiero alquilar un apartamento. アパートを借りたいのですが
Esta casa parece cómoda. この家は住み心地がよさそうだ
Este piso tiene muchas comodidades. このマンションは設備が整っている
La habitación es grande (pequeño). 部屋は広い(狭い)
¿Está bien comunicado? 交通の便はいいですか？
¿Cuánto se tarda desde la estación a pie? 駅から歩いて何分ですか？
¿Cuánto es el alquiler? 家賃はいくらですか？
Se alquila piso. 「マンション貸します」
En la habitación todo está desordenado. 部屋の中がすっかりちらかっている
Tokio tiene un gran problema de vivienda. 東京はひどい住宅難だ

5 浴室, 化粧

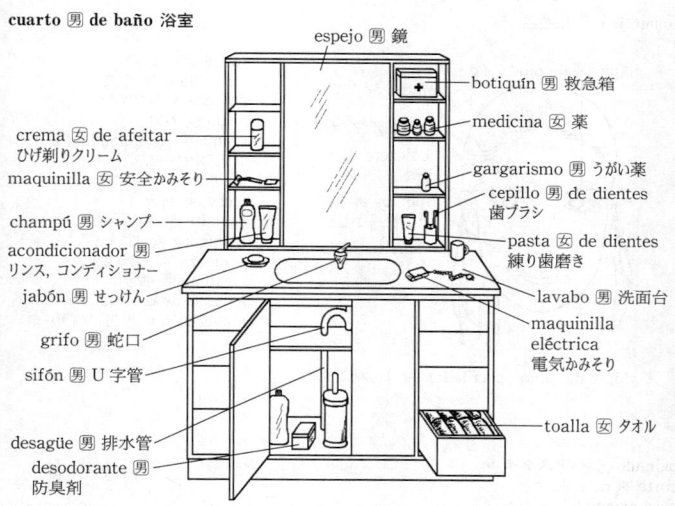

cuarto 男 **de baño** 浴室

- espejo 男 鏡
- botiquín 男 救急箱
- medicina 女 薬
- crema 女 de afeitar ひげ剃りクリーム
- maquinilla 女 安全かみそり
- gargarismo 男 うがい薬
- cepillo 男 de dientes 歯ブラシ
- champú 男 シャンプー
- acondicionador 男 リンス, コンディショナー
- pasta 女 de dientes 練り歯磨き
- jabón 男 せっけん
- lavabo 男 洗面台
- grifo 男 蛇口
- maquinilla eléctrica 電気かみそり
- sifón 男 U字管
- desagüe 男 排水管
- toalla 女 タオル
- desodorante 男 防臭剤

lavarse la cara 顔を洗う
lavarse los dientes 歯をみがく
cepillarse ブラッシングする
peinarse 髪を〔くしで〕とかす, 整髪する
afeitarse ひげをそる
maquillarse/pintarse 化粧をする
bañarse 入浴する
ducharse シャワーを浴びる
arreglarse 身だしなみを整える
estar aseado こざっぱりしている

Yo me ducho todas las mañanas antes de vestirme. 私は毎朝服を着る前にシャワーを浴びる
No sale el agua (el agua caliente). 水(お湯)が出ない
No corre el agua del servicio. トイレの水が流れない
El agua se sale del grifo. 蛇口から水が漏れている

lavabo 男 洗面所; 洗面器
servicio 男 トイレ

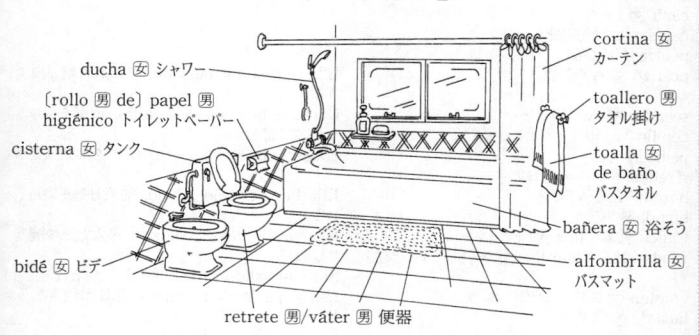

- ducha 女 シャワー
- cortina 女 カーテン
- 〔rollo 男 de〕 papel 男 higiénico トイレットペーパー
- toallero 男 タオル掛け
- cisterna 女 タンク
- toalla 女 de baño バスタオル
- bañera 女 浴そう
- bidé 女 ビデ
- alfombrilla 女 バスマット
- retrete 男/váter 男 便器

5 浴室, 化粧

cosmético 男 化粧品

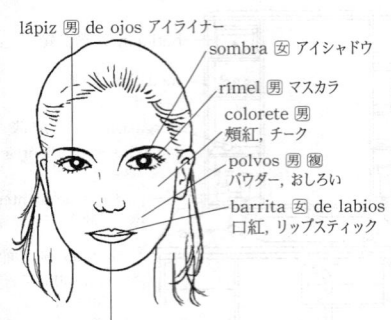

- lápiz 男 de ojos アイライナー
- sombra 女 アイシャドウ
- rímel 男 マスカラ
- colorete 男 頬紅, チーク
- polvos 男複 パウダー, おしろい
- barrita 女 de labios 口紅, リップスティック
- lápiz de labios/perfilador 男 リップペンシル
- tocador 男 鏡台
- maquillaje 男 化粧
- polvera 女 コンパクト
- borla 女 バフ
- crema 女 desmaquilladora クレンジングクリーム
- loción 女 ローション
- leche 女 乳液
- esmalte 男 ネイルエナメル
- manicura 女 マニキュア
- pedicura 女 ペディキュア
- perfume 男 香水
- agua 女 de colonia オーデコロン
- pulverizador 男 アトマイザー

peinado 男 ヘアスタイル
- corte 男 de pelo カット
- permanente 女 パーマ
- marcado 男 セット
- tinte 男 de pelo ヘアダイ
- pelo 男 corto ショートヘア
- moño 男 シニヨン
- cola 女 de caballo ポニーテール
- trenza 女 三つ編み
- rizo 男 カール
- pelo rizado 縮れ毛
- pelo liso ストレートヘア
- rubio, bia 金髪の, ブロンドの
- moreno, na 褐色の髪の, ブルネットの
- cabello negro 黒髪
- cana 女 しらが
- calva 女 はげた部分
- peluca 女 かつら
- postizo 男 ヘアピース

- cabello 男/pelo 男 髪
- raya 女 分け目
- patilla 女 もみあげ
- bigote 男 口ひげ
- barba 女 あごひげ

- secador 男 ヘアドライヤー
- cepillo 男 ブラシ
- peine 男 くし
- rizador 男 カールアイロン
- horquilla 女 ヘアピン
- bigudí 男 ヘアカーラー
- tónico 男 capilar ヘアトニック
- fijador 男/brillantina 女 ヘアリキッド, 整髪料
- gomina 女 スタイリングジェル, ディップ
- laca 女 ヘアスプレー

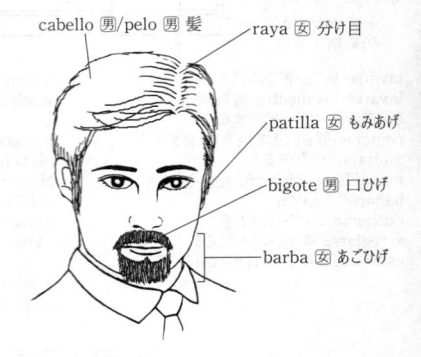

Ella se pinta demasiado. 彼女は化粧が濃すぎる
Córteme un poco el flequillo. 前髪を少しカットしてください
Hágame la permanente. パーマをかけてください
Ella lleva el pelo teñido. 彼女は髪を染めている
Ella tiene (lleva) trenzas. 彼女は三つ編みにしている
Me han salido canas. 私はしらがが出てきた
Estoy quedándome calvo. 私ははげてきた
Él es calvo. 彼ははげている
Él tiene calva. 彼にははげがある

6 交通

medios 男 複 **de transporte** 交通機関
autobús 男/⟨ラ⟩ camión 男/ómnibus 男 バス
autobús de línea 長距離路線バス
autocar 男 観光バス
taxi 男 タクシー
metro 男/⟨ラ⟩ subte 男 地下鉄
tranvía 男 路面電車
parada 女 停留所

¿Dónde puedo tomar el autobús para ir a la Plaza de España? スペイン広場へ行くにはどこでバスに乗るのですか?
¡Taxi! タクシー!
A la Plaza Mayor, por favor. 中央広場へ行ってください
Me bajo aquí. ここで降ります
¿De dónde sale el autocar? 観光バスはどこから出ますか?
Me gustaría participar en esta excursión. このツアーに参加したいのですが

estación 女 駅

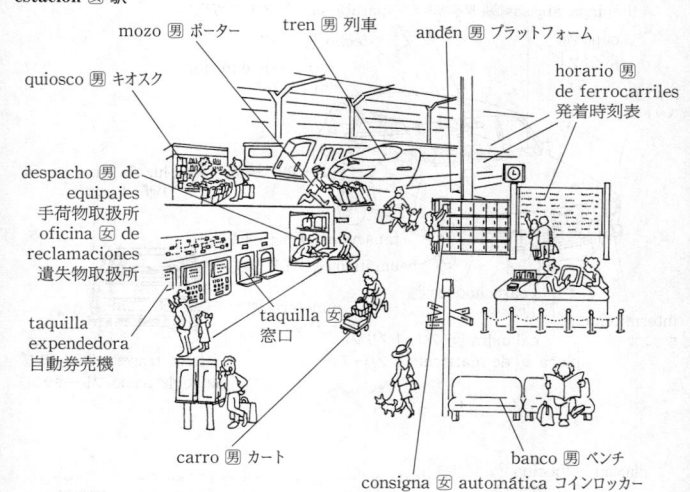

- mozo 男 ポーター
- tren 男 列車
- andén 男 プラットフォーム
- quiosco 男 キオスク
- horario 男 de ferrocarriles 発着時刻表
- despacho 男 de equipajes 手荷物取扱所
- oficina 女 de reclamaciones 遺失物取扱所
- taquilla expendedora 自動券売機
- taquilla 女 窓口
- carro 男 カート
- banco 男 ベンチ
- consigna 女 automática コインロッカー

ferrocarril 男 鉄道

estación terminal ターミナル駅
oficina 女 de información 案内所
sala 女 de espera 待合室
compartimento 男 コンパートメント
asiento 男 座席
servicio 男/⟨ス⟩ aseo 男 トイレ, 化粧室
revisor 男 車掌
pasajero, ra 名 乗客
billete 男/⟨ラ⟩ boleto 男 切符
～ sencillo 片道切符
～ de ida y vuelta 往復切符
abono 男 定期券

primera clase 女 1等
segunda clase 2等
ómnibus 男 ⟨ス⟩ 普通列車
expreso 男/exprés 男 急行
rápido 男 特急
tren bala ⟨日本の⟩ 新幹線
AVE 男 ⟨スペインの⟩ 新幹線
coche 男 cama 寝台車
cama 女 寝台
litera 女 簡易寝台
vagón 男 restaurante/coche comedor 食堂車

6 交通

Quisiera reservar un compartimento doble hasta París en el Catalán talgo que sale de Barcelona a las veintiuna cincuenta y cinco del día tres de marzo. 3月3日21時55分バルセロナ発「カタランタルゴ」の1等寝台を1室パリまで予約したいのですが

Dos [billetes] de primera para Burgos. ブルゴスまで，1等2枚

¿De qué vía sale el expreso para Málaga? マラガ行きの急行は何番線から出ますか？

¿Para este tren en Andújar? この列車はアンドゥーハルに止まりますか？

¿Hay vagón restaurante en este tren? この列車には食堂車がありますか？

¿Está libre este asiento? この席は空いていますか？

automóvil 男 自動車／coche 男 乗用車

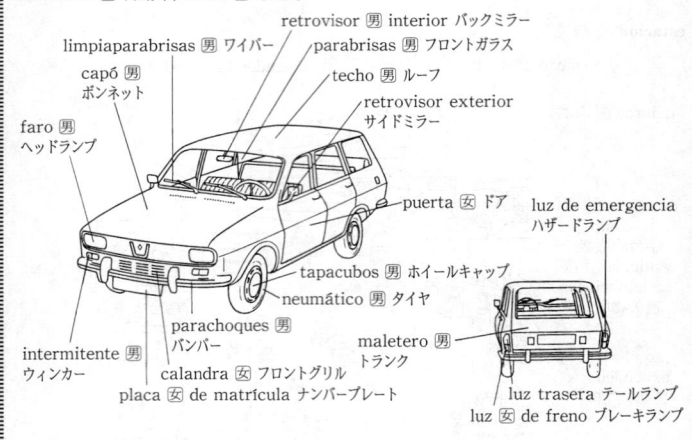

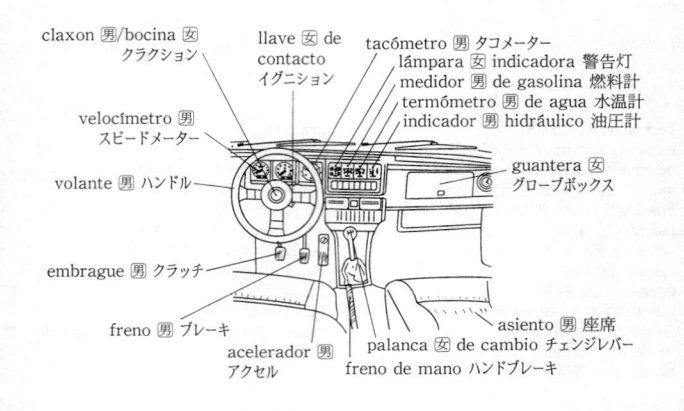

- retrovisor 男 interior バックミラー
- limpiaparabrisas 男 ワイパー
- parabrisas 男 フロントガラス
- capó 男 ボンネット
- techo 男 ルーフ
- retrovisor exterior サイドミラー
- faro 男 ヘッドランプ
- puerta 女 ドア
- luz de emergencia ハザードランプ
- tapacubos 男 ホイールキャップ
- neumático 男 タイヤ
- parachoques 男 バンパー
- maletero 男 トランク
- intermitente 男 ウィンカー
- calandra 女 フロントグリル
- placa 女 de matrícula ナンバープレート
- luz trasera テールランプ
- luz 女 de freno ブレーキランプ

- claxon 男／bocina 女 クラクション
- llave 女 de contacto イグニション
- tacómetro 男 タコメーター
- lámpara 女 indicadora 警告灯
- medidor 男 de gasolina 燃料計
- termómetro 男 de agua 水温計
- indicador 男 hidráulico 油圧計
- velocímetro 男 スピードメーター
- guantera 女 グローブボックス
- volante 男 ハンドル
- embrague 男 クラッチ
- freno 男 ブレーキ
- asiento 男 座席
- palanca 女 de cambio チェンジレバー
- acelerador 男 アクセル
- freno de mano ハンドブレーキ

cinturón 男 de seguridad シートベルト
airbag 男 エアバッグ
portaequipajes 男 ルーフラック
motor 男 エンジン
batería 女 バッテリー
radiador 男 ラジエーター
ventilador 男 ファン
transmisión 女 トランスミッション
caja 女 de cambios ギアボックス
cambio 男 de marchas automático 自動変速装置
árbol 男 de transmisión ドライブシャフト
diferencial 男 ディファレンシャルギア
tambor 男 de freno ブレーキドラム
depósito 男 de gasolina 燃料タンク
carburador 男 キャブレター
correa 女 de ventilador ファンベルト
bujía 女 de encendido 点火プラグ

sedan 男 セダン
berlina 女 フォードアセダン
coupé 男 クーペ
coche deportivo スポーツカー
limusina 女 リムジン
furgoneta 女 ワゴン車, 小型バン
todoterreno 男 ジープ
cuatro por cuatro 男 四輪駆動車
caravana 女 キャンピングカー
camión 男 トラック
camioneta 女 軽トラック
volquete 男 ダンプカー
camión articulado トレーラー〔トラック〕
camión cisterna/tanque 男 タンクローリー
grúa 女 レッカー車
ambulancia 女 救急車
coche patrulla パトロールカー
coche de bomberos 消防自動車
coche basurero/camión de la basura 清掃作業車, ごみ収集車
kart 男 ゴーカート

conducir/〈ラ〉 manejar 運転する
poner el motor en marcha エンジンをかける
apretar el acelerador アクセルを踏む
cambiar de velocidad ギアチェンジする
frenar/echar el freno ブレーキをかける
desembragar クラッチを切る
embragar クラッチをつなぐ
dar marcha atrás バックする
adelantar 追い越す
girar a la derecha (izquierda) 右折(左折)する
aparcar/〈ラ〉 estacionar 駐車する
ralentí 男 アイドリング

carné 男 (〈ラ〉 licencia 女) de conducir 運転免許証
seguro 男 del coche 自動車保険
aparcamiento 男/〈ラ〉 estacionamiento 男 駐車(場)
parquímetro 男 パーキングメーター
velocidad 女 速度, スピード
atasco 男/embotellamiento 男 渋滞
caravana 女 渋滞している車の列
accidente 男 事故
colisión 女 衝突
roce 男 接触
infracción 女 de tráfico 交通違反
multa 女 罰金;違反切符
gasolinera 女 ガソリンスタンド
estación 女 de servicio サービスステーション
taller 男 de reparación/garaje 男 修理工場

carretera 女 道路
autopista 女 高速道路
carretera 幹線道路, 自動車専用道路
rampa 女 ランプウェイ
carril 男 車線
sentido 男 方向
circulación 女 de sentido único 一方通行
glorieta 女 ロータリー
mediana 女 中央分離帯
arcén 男/borde 男 de camino 路肩
empalme 男/nudo 男〔de carreteras〕インターチェンジ
peaje 男 料金〔所〕
área 女 de servicio サービスエリア
semáforo 男 信号機
disco 男 en rojo (ámbar・verde) 赤(黄・青)信号
guardarraíl 男 ガードレール
señal 女 de tráfico 交通標識
paso 男 a nivel 踏切
puente 男 橋
pasarela 女 歩道橋
túnel 男 トンネル
asfaltado 男 アスファルト舗装
empedrado 男 石畳

Quisiera alquilar un coche. 車を1台借りたいのですが
Preséntenos su carné de conducir y luego firme aquí en este papel. 運転免許証をお見せいただき、それからこの書類にサインしてください
¿Cómo se llama este pueblo? この町は何という町ですか?
¿Qué distancia hay de aquí a León? ここか

6 交通

らレオンまでどのくらいありますか？

¿Puede enseñarme dónde estamos ahora en este plano? この地図で現在地はどこか教えてください

¿Cuál es la carretera a Bilbao? ビルバオへ行く道はどれですか？

Siga hasta el cuarto semáforo. 4つ目の信号まで行ってください

Doble a la derecha (izquierda). 右(左)に曲がってください

Y siga todo derecho. そしてそのまままっすぐ行ってください

¿A dónde lleva este camino? この道はどこへ行くのですか？

¿Puedo aparcar aquí? ここに駐車してもいいですか？

Se puede aparcar a partir de las ocho. 8時から駐車できます

¿Hay una gasolinera por aquí? このあたりにガソリンスタンドはありますか？

¿Puede llenarme el depósito? 満タンでお願いします

¿Puede cambiarme el aceite? オイルを交換してください

¿Puede mirar los neumáticos? タイヤを見てもらえますか？

Parece que este coche tiene una avería. どうも車が故障しているらしいのです

avión de reacción/jet 男/reactor 男 ジェット機

avión 男 飛行機

- estabilizador vertical 垂直尾翼
- alerón 男 補助翼
- freno 男 aerodinámico スポイラー
- timón 男 de dirección 方向舵
- flap 男 フラップ
- estabilizador 男 horizontal 水平尾翼
- timón de profundidad 昇降舵
- cabina 女 de pilotaje 操縦室
- lavabo 男 トイレ
- office 男 ギャレー, 配膳室
- clase turista エコノミークラス
- bodega 女 荷物室
- ala 女 主翼
- primera clase 女 ファーストクラス
- reactor 男 ジェットエンジン

avión de hélice プロペラ機
planeador 男 グライダー
helicóptero 男 ヘリコプター
rotor 男 ローター, 回転翼

portaequipaje 男 手荷物入れ
pasillo 男 通路
asiento 男 客席
salida 女 de socorro (emergencia) 非常口
ventanilla 女 窓

fuselaje 男 機体
tren 男 de aterrizaje 車輪, 着陸装置

tripulante 名 搭乗員
tripulación 女 〈集合的に〉搭乗員
capitán, na 名/comandante 名 機長
copiloto 名 副操縦士
ingeniero 男 de vuelo 機関士
azafato, ta 名 客室乗務員
sobrecargo 名 パーサー

chaleco 男 salvavidas 救命胴衣
bote 男 de humo 発煙筒
máscara 女 de oxígeno 酸素マスク
cinturón 男 de seguridad シートベルト
caja 女 negra ボイスレコーダー

¿Hay vuelo (avión) para Madrid? マドリードに行く便はありますか?
¿Va en vuelo directo a Madrid? その便はマドリードへ直行ですか?
Hace escala en Moscú. モスクワに寄ります
Quiero reconfirmar el billete. 予約のリコンファメーションをしたいのですが
Los señores pasajeros del vuelo JL 318, pueden pasar a la sala de embarque. JL318 便のお客様はご搭乗の手続きをいたします
¿Fumador, no fumador? 喫煙席それとも禁煙席になさいますか?

Hagan el favor de abrocharse el cinturón de seguridad. シートベルトをお締めください
Hagan el favor de sentarse (tomar asiento). 席にお戻りください
Déme algún refresco. 何か冷たい飲み物をください
¿Puede traerme la manta? 毛布を持ってきてもらえますか?

aeropuerto 男 空港
terminal 女 aérea エアターミナル

puerta 女 de embarque ゲート, 搭乗口
duty-free 男 免税店
salón 男 de salida 出発ロビー
mostrador 男 〔de facturación〕 チェックインデスク
salón de llegada 到着ロビー
recogida 女 de equipaje 手荷物受取所
control 男 de entrada (inmigración) 入国審査
aduana 女/lazareto 男 税関/検疫

pasaporte 男 旅券, パスポート
visado 男/〈ラ〉visa 女 査証, ビザ
certificado 男 internacional de vacunación 予防接種証明書
tarjeta 女 de inmigración 入国カード
billete 男 de avión 航空券
billete abierto 〔por un mes〕〔1か月〕オープンチケット
tarjeta de embarque 搭乗券

resguardo 男 手荷物預り証
peso 男 límite〈荷物の〉重量制限
facturación 女 チェックイン
lista 女 de espera ウェイティングリスト
vuelo 男 フライト, 便

escalerilla 女 タラップ
torre 女 de control 管制塔
radar 男 レーダー

6 交通

pista 囡 滑走路
pista de rodaje 誘導路
aterrizaje 男 着陸
despegue 男 離陸

inmigración 囡 **入国**
Su pasaporte, por favor. パスポートをどうぞ
Aquí lo tiene. はい、これです
¿Cuál es el motivo del viaje? 旅行の目的は?
Es turismo. 観光です
Es negocio. 商用です
¿Tiene usted algo que declarar? 何か申告するものを持っていますか?
No tengo más que efectos personales. 身の回り品しか持っていません
Tenga la bondad de abrir esa maleta. そのスーツケースを開けてください

motocicleta 囡 オートバイ

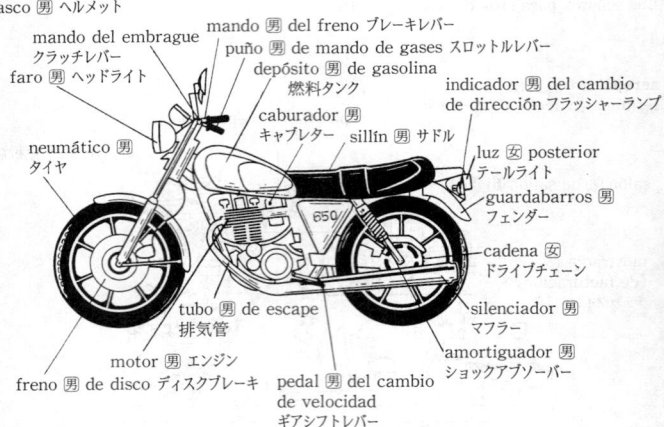

- casco 男 ヘルメット
- mando del embrague クラッチレバー
- faro 男 ヘッドライト
- mando 男 del freno ブレーキレバー
- puño 男 de mando de gases スロットルレバー
- depósito 男 de gasolina 燃料タンク
- caburador 男 キャブレター
- sillín 男 サドル
- indicador 男 del cambio de dirección フラッシャーランプ
- luz 囡 posterior テールライト
- guardabarros 男 フェンダー
- neumático 男 タイヤ
- cadena 囡 ドライブチェーン
- tubo 男 de escape 排気管
- silenciador 男 マフラー
- motor 男 エンジン
- amortiguador 男 ショックアブソーバー
- freno 男 de disco ディスクブレーキ
- pedal 男 del cambio de velocidad ギアシフトレバー

bicicleta 囡 自転車

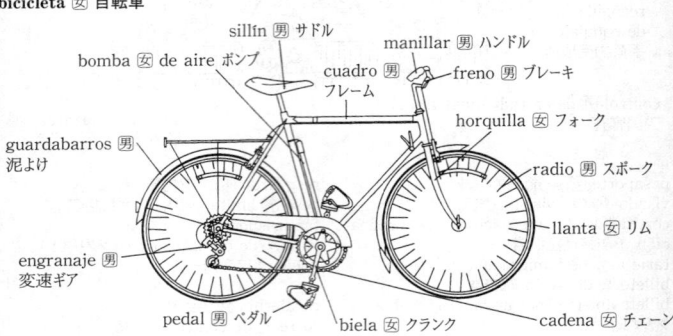

- sillín 男 サドル
- manillar 男 ハンドル
- bomba 囡 de aire ポンプ
- cuadro 男 フレーム
- freno 男 ブレーキ
- horquilla 囡 フォーク
- guardabarros 男 泥よけ
- radio 男 スポーク
- llanta 囡 リム
- engranaje 男 変速ギア
- pedal 男 ペダル
- biela 囡 クランク
- cadena 囡 チェーン

barco 男 船
buque 男 de pasajeros 客船
buque de carga 貨物船
transbordador 男/ferry 男 フェリー
barco de recreo 遊覧船
crucero 男 クルーザー
petrolero 男/buque cisterna タンカー
motora 女/canoa 女 モーターボート
bote 男 salvavidas 救命ボート
remolcador 男 タグボート
barca 女/bote 男 ボート
yate 男 大型ヨット
barco de vela/velero 男 ヨット
balsa 女 neumática ゴムボート
canoa/〈大型の〉 piragua 女 カヌー
hidroplano 男 水中翼船
aerodeslizador 男 ホバークラフト

cubierta 女 デッキ, 甲板
puente 男 ブリッジ
proa 女 船首
popa 女 船尾
estribor 男 右舷
babor 男 左舷
hélice 女 スクリュー
calado 男 吃水
cuerda 女 ロープ

ancla 女 錨
boya 女 ブイ
compás 男 羅針盤
sextante 男 六分儀
camarote 男 キャビン, 船室

tripulante 名 乗組員
capitán, na 名 船長
oficial 男 航海士
marinero 男 船員
jefe 男 ingeniero 機関長
ingeniero 男 機関士
sobrecargo 名 パーサー
mozo 男 de cámara ボーイ

puerto 男 港
muelle 男 埠頭
canal 男 運河

Palma de Mallorca. Dos de primera de ida y vuelta, por favor. パルマ・デ・マジョルカ, 1 等往復 2 枚, お願いします
¿Cuánto tiempo dura la travesía? 航海はどのくらいかかりますか?
El barco zarpará a la una de la tarde. 船は午後 1 時に出帆します

yate 男 ヨット
cangreja 女 スパンカー
driza 女 ハリヤード

capitán, na 名 艇長
caña 名 スキッパー

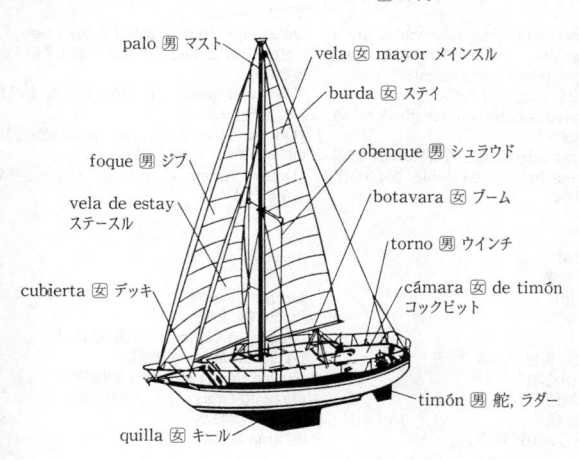

palo 男 マスト
vela 女 mayor メインスル
burda 女 ステイ
foque 男 ジブ
obenque 男 シュラウド
vela de estay ステースル
botavara 女 ブーム
torno 男 ウインチ
cubierta 女 デッキ
cámara 女 de timón コックピット
timón 男 舵, ラダー
quilla 女 キール

7 ホテル

hotel 男 ホテル
hostal 男 簡易ホテル
pensión 女 民宿, 下宿屋
parador 男 国営観光ホテル
residencia 女 素泊まり用の宿泊施設
albergue 男 juvenil ユースホステル
vestíbulo 男 ロビー
recepción 女 フロント
caja 女 会計
propina 女 チップ
llave 女 鍵
libro 男 de registro 宿帳
escalera 女 階段
ascensor 男 エレベーター
corredor 男/pasillo 男 廊下
salón 男 ラウンジ
comedor 男 食堂
habitación 女 客室
～ sencilla (de matrimonio・doble) シングル (ダブル・ツイン)
suite 女 スイート
cama 女 ベッド
lavabo 男 洗面所
cuarto 男 de baño 浴室, トイレ
ducha 女 シャワー

administrador, ra 名 支配人
recepcionista 名 フロント係
camarero 男 ボーイ
camarera 女 メイド
botones 男 ベルボーイ
portero 男 ドアボーイ

Tengo reservada (He reservado) aquí una habitación. ここに一室予約してあります
Perdone, ¿cómo se llama usted? すみません, お名前は何とおっしゃいますか?
¿Tienen ustedes habitaciones libres? 空き部屋はありますか?
Quiero parar una noche. 1泊したいのですが
Desearía una habitación doble. ツインの部屋がほしいのです

Prefiero una habitación bien tranquila. 静かな部屋がいいです
¿Me puede enseñar la habitación? 部屋を見せていただけますか?
Este cuarto tiene baño. この部屋はバス付きです
Me quedo con ésta. これにしましょう
¿Dónde está la salida de emergencia? 非常口はどこですか?
¿A qué hora puedo ocupar la habitación? チェックインは何時ですか?
¿A qué hora tengo que dejar la habitación? チェックアウトは何時ですか?
Haga el favor de guardar este equipaje hasta las once. この荷物を11時まで預かってください
Quisiera quedarme un día más. 滞在を1日延ばしたいのですが
¿Cuánto cuesta una noche? 1泊いくらですか?
¿Está incluido el desayuno? 朝食代込みですか?
¿No tienen ustedes habitaciones más baratas? もっと安い部屋はありませんか?
Este hotel es de tres estrellas. このホテルは3つ星です
¿A qué hora se puede comer? 食事はいつできますか?
Quiero que me despierte a las seis. 6時に起こしてほしいのですが
El agua no está caliente. お湯が出ません
El acondicionador [del aire] no funciona. エアコンがききません
Quiero que mande usted estas cosas a la tintorería. これらをクリーニングに出してもらいたいのですが
Yo salgo mañana muy temprano. 私はあす早く出発します
¿Quiere hacerme la cuenta? お勘定をお願いします/チェックアウトします
¿Quiere llamarme un taxi? タクシーを呼んでもらえますか?

calle 女 **市街**
capital 女 首都
ciudad 女 市
pueblo 男 町
aldea 女 村
manzana 女 街区, ブロック
centro 男 中心地
barrio 男 地区
calle 女 街, 通り
avenida 女 大通り, 並木道

paseo 男 遊歩道
parque 男 公園
jardín 男 庭園
parque zoológico/zoo 男 動物園
jardín botánico 植物園
parque de atracciones 遊園地
plaza 女 [mayor] [中央]広場
fuente 女 噴水
estatua 女 像

edificio 男 ビル
museo 男 博物館, 美術館
biblioteca 女 図書館

Me he perdido en el camino. 私は道に迷いました
¿Cómo se llama esta calle? この通りは何といいますか?
Yo no soy de aquí. 私はこの土地の者ではありません
¿Qué es aquel edificio? あの建物は何ですか?

tienda 女 店

grandes almacenes 男 複 デパート
mercado 男 市場
supermercado 男 スーパーマーケット
hipermercado 男 〈郊外型の〉ハイパーマーケット, 大型スーパー
tienda de conveniencia コンビニエンスストア
floristería 女/florería 女 花店
librería 女 書店
farmacia 女 薬局
óptica 女 眼鏡店
relojería 女 時計店
joyería 女 宝石貴金属店
perfumería 女 化粧品店
papelería 女 文具店
zapatería 女 靴店
camisería 女 洋品店
peletería 女 毛皮店
mercería 女 手芸材料店, 小間物店
tintorería 女 クリーニング店
peluquería 女 理髪店, 美容院
carnicería 女 精肉店
pollería 女 鶏肉店
pescadería 女 魚店
verdulería 女 八百屋, 青果店
frutería 女 果物店
panadería 女 パン店
pastelería 女 ケーキ店
confitería 女 喫茶室もあるケーキ店
tienda de comestibles/ultramarinos 男 食料品店
cristalería 女 ガラス製品店
cacharrería 女 瀬戸物店
ferretería 女 金物店
cuchillería 女 刃物店
tienda de electrodomésticos 男 家電製品店
pajarería 女 ペットショップ
estanco 男 たばこ店
quiosco 男 売店

precio 男 価格
IVA 男 消費税
portes 男 複 送料
rebajas 女/saldos 男 複 バーゲン
liquidación 女 大売り出し
oferta 女 お買い得品
dinero 男 お金
cheque 男 de viaje トラベラーズチェック
tarjeta 女 de crédito クレジットカード
vuelta 女/cambio 男 お釣り
caja 女 registradora レジスター
recibo 男 領収書, レシート
código 男 de barras バーコード

¿Dónde se vende...?/¿Dónde venden...? …はどこで売っていますか?
¿Dónde hay una farmacia? 薬局はどこですか?
el servicio incluido (aparte) サービス料込みで(別で)

compra 女 買い物

hacer compras 買い物をする
comprar 買う
vender 売る
pagar 払う
envolver 包む

¿Qué deseaba usted? 何をお探しですか?/何を差し上げましょうか?
¿Tienen ustedes...? …はありますか?
Deseo... …をほしいのですが
Quiero comprar... …を買いたいのですが
Enséñeme... …を見せてください
¿Podría enviar... a Japón? …を日本へ送ってもらえますか?
Con mucho gusto. かしこまりました
¿Cuánto vale (cuesta)? おいくらですか?
¿Cuánto es [en total]? 全部でいくらですか?
Vale quinientos euros. 500ユーロです
Me quedo con esto. これにします
Es demasiado caro. 高すぎます
¿Se lo envuelvo? お包みしましょうか?
¿No tiene uno más barato? もっと安いのはありませんか?
¿No puede usted rebajar un poco? もう少しまけてもらえませんか?
¿Puedo pagar con tarjeta de crédito? クレジットカードが使えますか?

9 スポーツ

deporte 男 スポーツ
rugby 男 ラグビー
rugby americano アメリカンフットボール
jai alai 男/pelota 女 vasca ハイアライ/ペロタ
  pelota 女 ペロタ
  cesta 女 セスタ
  cancha 女 カンチャ
  frontón 男 フロントン
patín 男 de ruedas ローラースケート
monopatín 男 スケートボード
hockey sobre hierba [フィールド]ホッケー
hockey sobre patines 屋内ホッケー
hockey sobre hielo アイスホッケー
trineo 男 そり
  tobogán 男 トボガン
  luge 男 リュージュ
  bobsleigh 男 ボブスレー
esquí 男 náutico 水上スキー
surf[ing] 男 サーフィン
surfing a vela ウインドサーフィン
submarinismo 男 スキューバダイビング
  máscara 女 マスク
  aletas 女 複 フィン
  tubo 男 de respirar シュノーケル
  manómetro 男 残圧計
  batímetro 男 水深計
  depósito 男 タンク
  regulador 男 レギュレーター
globo 男 [aerostático] 気球
globo de aire caliente 熱気球
ala 女 delta ハングライダー
paracaídas 男 パラシュート
paracaidismo 男 スカイダイビング
ciclismo 男 自転車競技
  carrera en pista トラックレース
  carrera de persecución 追い抜き
  carrera de velocidad スプリント
  carrera en carretera ロードレース
velódromo 男 自転車競技場
motociclismo 男 オートバイ競技
motocrós 男 モトクロス
automovilismo 男 自動車レース
circuito 男 サーキット
curva 女 カーブ
esgrima 女 フェンシング
  florete 男 フルーレ
  espada 女 エペ
  sable 男 サーブル
tiro 男 射撃
~ al plato クレー射撃
~ con arco アーチェリー
triatlón 男 トライアスロン
levantamiento 男 de peso 重量あげ
lucha 女 libre レスリング

judo 男 柔道
karate 男 空手
aikido 男 合気道

partido 男 試合, ゲーム
Juegos 男 複 Olímpicos オリンピック
[Copa 女] Mundial 男 ワールドカップ, 世界選手権
liga 女 リーグ
torneo 男 トーナメント
eliminatoria 女/prueba 女 preliminar 予選
semifinal 女 準決勝
final 女 決勝戦
deporte individual 個人スポーツ
deporte en equipo 団体スポーツ
marca 女/récord 男 [最高]記録
ganar 勝つ
perder 負ける
triunfar/ganar la copa (el campeonato) 優勝する
empate 男 引き分け, 同点
tanto 男/punto 男 得点
primer lugar 男 1位
segundo lugar 2位
tercer lugar 3位
medalla 女 de oro (plata・bronce) 金(銀・銅)メダル
reglas 女 複 ルール
falta 女 反則, ファウル
interrupción 女 中断
tiempo 男 muerto 作戦タイム, タイムアウト
descuento 男 ロスタイム
abandono 男 棄権
límite 男 de tiempo 制限時間
ataque 男 攻撃
defensa 女 防御, ディフェンス

calentamiento 男 ウォーミングアップ
elasticidad 女 柔軟体操
estiramiento 男 ストレッチ
footing 男/jogging 男 ジョギング
aeróbic 男 エアロビクス
yoga 男 ヨガ
ejercicio 男 [físico] 運動
dopaje 男 ドーピング
control 男 antidopaje ドーピングテスト

campeón, na 名 チャンピオン
jugador, ra 名/competidor, ra 名 選手
selección 女 〈集合的に〉代表選手；選抜チーム
atleta 名 陸上選手
equipo 男 チーム

árbitro, tra/〈ラ.サッカー〉referí 男 主審, 審判
juez 名 de línea/linier 男 線審, ラインズマン
público 男 観客

estadio 男 競技場
campo 男 グラウンド, フィールド, ピッチ
pista 女 トラック
cancha 女 コート
grada 女 観客席
gimnasio 男 体育館
villa 女 olímpica オリンピック村

centro 男 de prensa プレスセンター

¿Qué deporte practica usted? あなたはどんなスポーツをしますか?
Juego al tenis. テニスをします.
¿Cuándo y dónde se juega el partido? その試合はいつどこであるのですか?
Daichi Suzuki ha ganado el primer lugar. 鈴木大地選手が1位になりました
El equipo japonés triunfará. 日本チームが優勝するでしょう

atletismo 男 陸上競技

- pista 女 de carreras 走路
- pista de arranque 助走路
- línea 女 de salida スタートライン
- tabla 女 de batida 踏切板
- foso 男 de caída ピット
- línea de meta ゴールライン

carrera 女 競走
pruebas 女 複 en pista トラック競技
prueba de cien metros 100m 走
prueba de vallas ハードル
prueba de obstáculos 障害
prueba de relevos リレー
relevos 男 複 de cuatro por cien metros 400m リレー
pista 女 トラック
carreterra 女 ロード
maratón 男 マラソン
marcha 女 競歩

saltos 男 複 y lanzamientos 男 複 フィールド競技〖跳躍と投擲〗
salto de altura 走り高跳び
salto de longitud 走り幅跳び
triple salto 三段跳び
salto con (de) pértiga 棒高跳び
lanzamiento de peso 砲丸投げ
lanzamiento de disco 円盤投げ
lanzamiento de martillo ハンマー投げ
lanzamiento de jabalina 槍投げ
decatlón 男 十種競技
pentatlón 男 moderno 近代五種競技

natación 女 水泳

carrera 女 de natación 競泳
estilo 男 libre 自由形, フリースタイル
crol 男 クロール
braza 女 平泳ぎ
mariposa 女 バタフライ
espalda 女 背泳ぎ

salida 女 スタート
salida falsa フライング
viraje 男 ターン
virar ターンする
nadar 泳ぐ

9 スポーツ

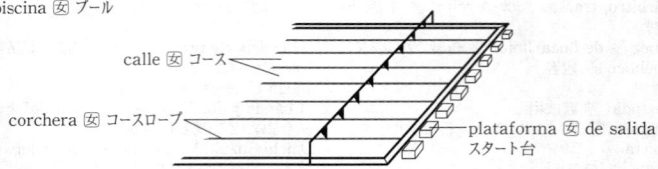

piscina 女 プール
calle 女 コース
corchera 女 コースロープ
plataforma 女 de salida スタート台

estilos individuales 個人メドレー
relevos 男 複 libres 自由形リレー
estilos relevos メドレーリレー
natación sincronizada シンクロナイズドスイミング

waterpolo 男 水球
salto de trampolín 板飛び込み
salto de palanca 高飛び込み
palanca 女 飛び込み台
trampolín 男 飛び板, スプリングボード

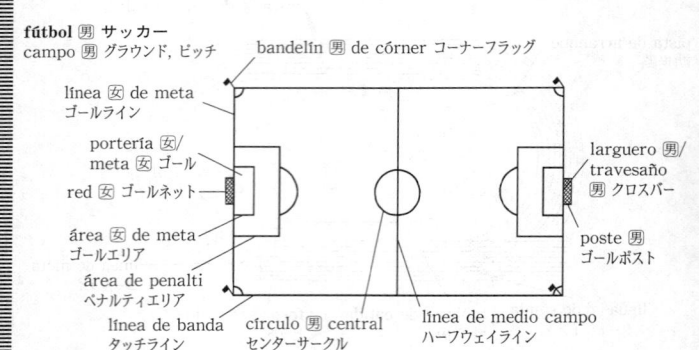

fútbol 男 サッカー
campo 男 グラウンド, ピッチ
bandelín 男 de córner コーナーフラッグ
línea 女 de meta ゴールライン
portería 女/meta 女 ゴール
red 女 ゴールネット
área 女 de meta ゴールエリア
área de penalti ペナルティエリア
línea de banda タッチライン
círculo 男 central センターサークル
línea de medio campo ハーフウェイライン
larguero 男/travesaño 男 クロスバー
poste 男 ゴールポスト

saque 男 inicial キックオフ
saque de esquina/córner コーナーキック
saque de portería ゴールキック
saque lateral スローイン
gol 男 ゴール, 得点
gol en propia meta オウンゴール
gol de oro Vゴール, ゴールデンゴール
tres goles ハットトリック
asistencia 女 アシスト
pase 男 パス
pared 女 壁パス
centro 男 センタリング
tiro 男/chut[e] 男 シュート
tiro de penalty ペナルティキック
tiro directo (indirecto) 直接(間接)フリーキック
barrera 女 〈フリーキックの際に作る〉壁
cabezazo 男 ヘディング
falta 女 ファウル
mano 女 ハンドリング
empujón 男 プッシング

zancadilla 女 トリッピング
cargo 男 por la espalda バックチャージ
fuera de juego オフサイド
tarjeta 女 amarilla イエローカード
tarjeta roja レッドカード
driblar ドリブルでかわす
chutar シュートする

portero, ra 名/guardameta 名 ゴールキーパー
defensa 名 ディフェンダー
mediocampista 名/centrocampista 名 ミッドフィルダー
volante 男 ボランチ, 守備的ミッドフィルダー
libre 男/〈ラ〉líbero 男/escoba 女 リベロ, スウィーパー
ala 女/extremo 男 サイド
delantero, ra 名 フォワード
rematador, ra 名 ストライカー
tirador, ra 名 キッカー
suplente 名 控え選手, サブ
entrenador, ra 名 監督

9 スポーツ

baloncesto 男 バスケットボール
cancha 女 コート
pase 男 パス
drib(b)ling 男 ドリブル
chut(e) 男/canasta シュート

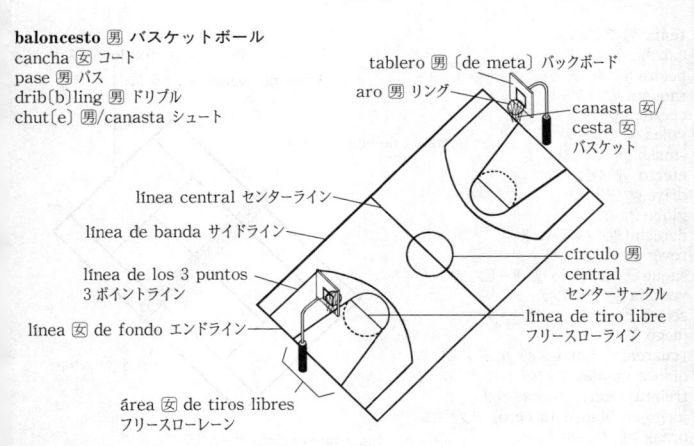

tablero 男〔de meta〕バックボード
aro 男 リング
canasta 女/cesta 女 バスケット
línea central センターライン
línea de banda サイドライン
línea de los 3 puntos 3ポイントライン
círculo 男 central センターサークル
línea de tiro libre フリースローライン
línea 女 de fondo エンドライン
área 女 de tiros libres フリースローレーン

balonvolea 男/**voleibol** 男 バレーボール
cancha 女 コート

área 女 de saque サービスエリア
línea de ataque アタックライン
red 女 ネット
línea lateral サイドライン
antena 女 アンテナ
línea 女 central センターライン
línea trasera エンドライン

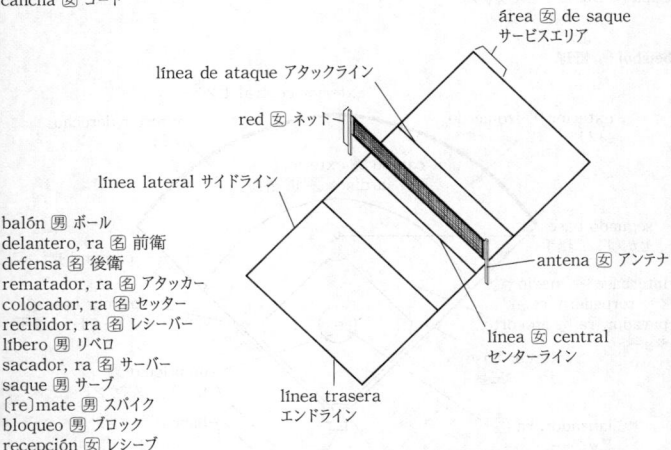

balón 男 ボール
delantero, ra 名 前衛
defensa 名 後衛
rematador, ra 名 アタッカー
colocador, ra 名 セッター
recibidor, ra 名 レシーバー
líbero 男 リベロ
sacador, ra 名 サーバー
saque 男 サーブ
〔re〕mate 男 スパイク
bloqueo 男 ブロック
recepción 女 レシーブ
globo 男 トス

bádminton 男 バドミントン
volante 男 シャトル

tenis 男 **de mesa**/**ping pong** 男 卓球
paleta 女 ラケット
mesa 女 台

9 スポーツ

tenis 男 テニス
cancha 女 コート
pelota 女 ボール
raqueta 女 ラケット
cuerda 女 ガット
volea 女 ボレー
smash 男 スマッシュ
efecto 男 スピン
drive 男 ドライブ
globo 男 ロブ
derecho 男 フォアハンド
revés 男 バックハンド
saque 男/servicio 男 サービス, サーブ
ventaja 女 アドバンテージ
set 男 セット
juego 男 ゲーム
〔cuarenta〕iguales 男 複 ジュース
quince iguales フィフティーンオール
treinta a cero サーティーラブ
juego en blanco (a cero) ラブゲーム
break 男 ブレーク
juego individual シングルス
juego de dobles ダブルス
Copa 女 Davis デビス・カップ

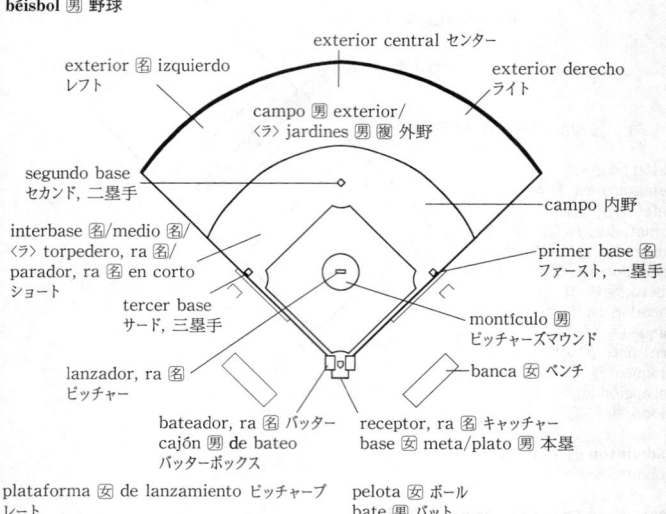

- línea 女 de fondo ベースライン
- línea de banda サイドライン
- poste 男 de red ネット棒
- red 女 ネット
- línea de servicio サービスライン

béisbol 男 野球

- exterior central センター
- exterior 名 izquierdo レフト
- exterior derecho ライト
- campo 男 exterior / 〈ラ〉jardines 男 複 外野
- segundo base セカンド, 二塁手
- campo 内野
- interbase 名/medio 名/〈ラ〉torpedero, ra 名/parador, ra 名 en corto ショート
- primer base 名 ファースト, 一塁手
- tercer base サード, 三塁手
- montículo 男 ピッチャーズマウンド
- lanzador, ra 名 ピッチャー
- banca 女 ベンチ
- bateador, ra 名 バッター
- cajón 男 de bateo バッターボックス
- receptor, ra 名 キャッチャー
- base 女 meta/plato 男 本塁

plataforma 女 de lanzamiento ピッチャープレート
jugador, ra 名 de cuadro 内野手
jardinero, ra 名 外野手
pelota 女 ボール
bate 男 バット
guante 男 グローブ, ミット
zapatillas 女 複 con clavos スパイクシューズ

protector 男 プロテクター
espinillera 女 レガース
máscara 女 マスク
casco 男 ヘルメット
sencillo 男 安打, ヒット
doble 男 二塁打
triple 男 三塁打
home-run 男/〈ラ〉jonrón 男 ホームラン
toque 男 バント

golf 男 **ゴルフ**
campo 男 コース
césped 男 芝
pelota 女/〈ラ〉bola 女 ボール
palo 男 クラブ
　madera 女 ウッド
　driver 男 ドライバー
　cuchara 女/spoon 男 スプーン
　hierro 男 アイアン
　putter 男 パター
recorrido 男 ラウンド
par 男 パー
uno bajo par/birdie 男 バーディー
dos bajo par/eagle 男 イーグル
uno sobre par/bogey 男 ボギー
desempate 男 プレイオフ
handicap 男 ハンデ
cadi 男 キャディー

pesca 女 **con anzuelos 釣り**
caña 女 ロッド, 竿
anzuelo 男 釣針
plomo 男 おもり
flotador 男 浮き
sedal 男 道糸
carrete 男 リール
mosca 女 [artificial] 毛針
cebo 男 artificial ルアー, 擬餌
arpón 男 ギャフ, 手鉤
pesca de arrastre トロール漁業

gimnasia 女 **体操**
barra 女 fija 鉄棒
paralelas 女 複 平行棒
paralelas asimétricas 段違い平行棒
barra de equilibrio 平均台
caballo 男 con arcos 鞍馬
potro 男 跳馬
anillas 女 複 つり輪
suelo 男 床運動

salto 男 mortal 宙返り

fuera del cuadrado ファウル
globo 男 フライ
error 男 エラー
defensa 女 守備
ataque 男 攻撃
nulo 男/out 男 アウト
entrada 女 イニング
cuadro 男 ダイヤモンド
base 女 ベース

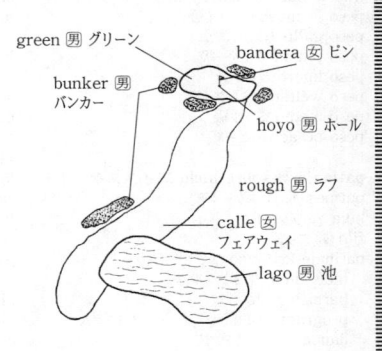

green 男 グリーン
bandera 女 ピン
bunker 男 バンカー
hoyo 男 ホール
rough 男 ラフ
calle 女 フェアウェイ
lago 男 池
tee 男 ティーグラウンド

vertical 女 倒立
suspensión 女 懸垂
rueda 女 側転
gimnasia rítmica 新体操

boxeo 男 **ボクシング**
boxeador, ra 名 ボクサー
púgil 男 〈プロの〉ボクサー
árbitro 男 レフェリー
juez, za 名 ジャッジ
segundo 男 セコンド
guante 男 グローブ
calzón 男 トランクス
protector 男 de dentadura マウスピース
casco 男 ヘッドギア
ring 男/cuadrilátero 男 リング
rincón 男/esquina 女 コーナー
cuerdas 女 複 ロープ
lona 女 マット
gong 男 ゴング
asalto 男/round 男 ラウンド
pegada 女 パンチ

9 スポーツ

directo 男 ストレート
gancho 男 フック；アッパーカット
golpe 男 corto ジャブ
clinch 男 クリンチ
golpe bajo el cinturón ローブロー
cabezazo 男 バッティング, ヘディング
caída 女 ダウン
cuenta 女 カウント
K.O. 男/knock-out 男 ノックアウト
knock-out técnico テクニカルノックアウト
peso mosca フライ級
peso gallo バンタム級
peso pluma フェザー級
peso ligero ライト級
peso wélter ウェルター級
peso medio ミドル級
peso pesado ヘビー級

patinaje 男 sobre hielo アイススケート
patines 男 複 スケート靴
hoja 女 ブレード
filo 男 エッジ
patinaje artístico フィギュアスケート
　individual 男 シングル
　parejas 女 複 ペア
　programa 男 corto ショートプログラム
　danza 女 アイスダンス
　programa libre フリー
　puntuación 女 técnica 技術点
　presentación 女 芸術点
patinaje de velocidad スピードスケート
patinaje en pista corta ショートトラック
pista 女 de patinaje スケートリンク
curling 男 カーリング

esquí 男 スキー
botas 女 複 ブーツ
bastón 男 ストック
gafas 女 複 ゴーグル
guantes 男 複 手袋
esquí 男 スキー板
esquís carving カービングスキー
fijaciones 女 複 ビンディング
canto 男 de acero エッジ
estación 女 スキー場
pista 女 ゲレンデ
pruebas 女 複 alpinas アルペン種目
　descenso 男 滑降
　eslalon [especial] 男 回転
　[eslalon] gigante 男 大回転
　[eslalon] supergigante 男 スーパー大回転
pruebas nórdicas ノルディック種目
　esquí de fondo 距離
　saltos 男 複 ジャンプ

　combinada 女 nórdica 複合競技
　pista de despegue アプローチ
　plataforma 女 de despegue 踏み切り台
　longitud 女 alcanzada 飛距離
　estilo 男 de vuelo 飛型点
　punto 男 crítico K点
esquí artístico フリースタイル
　baches 男 複 モーグル
　acrobáticos 男 複 エアリアル
snowboard 男 スノーボード
moto 女 de nieve スノーモービル

hípica 女 馬術
caballo 男 馬
silla 女 [de montar] 鞍
estribo 男 あぶみ
espuela 女 拍車
jinete 男 騎手
látigo 男 鞭
riendas 女 複 手綱
freno 男 くつわ
trote 男 速足
galope 男 駆け足

alpinismo 男 登山
alpinista 名 登山家
escalada 女 en roca ロッククライミング
botas 女 複 登山靴
piolet 男 ピッケル
martillo 男 ハンマー
mosquetón 男 カラビナ
pitón 男 ピトン, ハーケン
crampones 男 複 アイゼン
cuerda 女 ザイル
estribo 男 あぶみ
tienda 女 de campaña テント
mochila 女 リュックサック
saco 男 de dormir 寝袋
cross 男 クロスカントリー
trekking 男/senderismo 男 トレッキング
excursión 女 [a pie] ハイキング
walking 男 ウォーキング
picnic 男 ピクニック

[juego de los] bolos 男 複 ボーリング
bolo 男 ピン
bola 女 ボール
pista 女 レーン
pleno 男 ストライク
bolera 女 ボーリング場

juego 男 ゲーム
billar 男 ビリヤード
　taco 男 キュー
　bola 女 ボール
　mesa 女 テーブル
　tronera 女 ポケット
backgammon 男 バックギャモン
dominó 男 ドミノ
ruleta 女 ルーレット
tragaperras 女/男 スロットマシーン
rompecabezas 男 ジグソーパズル
videojuego 男 テレビゲーム

carta 女/**naipe** 男 トランプ
picas 女 複 スペード
corazones 男 複 ハート
diamantes 男 複 ダイヤ
tréboles 男 複 クラブ
valet 男/sota 女 ジャック
reina 女 クイーン
rey 男 キング
comodín 男 ジョーカー
triunfo 男 切り札
as 男 エース
baraja 女 トランプ一組
baraja española スペイン式トランプ
　oro 男 金
　copa 女 杯
　espada 女 剣
　basto 男 こん棒
palo 男 組札
mona 女/〈ラ〉bobo 男 ばば抜き
tres siete 男 21, ブラックジャック
bridge 男 ブリッジ
póquer 男 ポーカー
　pareja 女 ペア
　doble pareja ツーペア
　trío 男 スリーカード
　escalera 女 ストレート
　flux 男 フラッシュ
　full 男 フルハウス

ajedrez 男 チェス
pieza 女 駒
rey 男 キング
reina 女/dama 女 クイーン
alfil 男 ビショップ
torre 女 ルーク
caballo 男 ナイト
peón 男 ポーン
tablero 男 チェス盤
casilla 女〔blanca・negra〕〔白・黒〕升
jaque 男 チェック
〔jaque〕mate 男 チェックメイト

¿Juega usted al ajedrez? あなたはチェスをしますか?
¿No quiere usted jugar una partida conmigo? 私と一勝負しませんか?
Lo siento. No sé jugar. 残念です. やり方を知りません
¿Puede usted enseñarme? 教えてくださいますか?

juegos 男 複 **infantiles** 子供の遊び
juguete 男 おもちゃ
yo-yo 男 ヨーヨー
muñeca 女 人形
pegatina 女 シール
globo 男 風船
cometa 女 たこ
canicas 女 複 ビー玉
cajón 男 de arena 砂場
tobogán 男 すべり台
balancín 男 シーソー
columpio 男 ぶらんこ
triciclo 男 三輪車
comba 女 なわとび
tejo 男 石けり
escondite 男 かくれんぼ
juego del corre que te pillo おにごっこ
gallina 女 ciega 目隠しおに
policías y ladrones 警官ごっこ
pelea 女 a caballo 騎馬戦
pelea de gallos 片足ずもう
jugar a las casitas ままごと遊びをする
fuegos 男 複 artificiales 花火
cohete 男 打ち上げ花火

parque 男 **de atracciones** 遊園地
noria 女〔gigante〕観覧車
montaña 女 rusa ジェットコースター
tiovivo 男 メリーゴーラウンド
laberinto 男 迷路
tiro 男 al blanco 射的
coches 男 複 de choque 豆自動車
casa 女 encantada お化け屋敷
parque 男 temático テーマパーク

circo 男 サーカス
payaso 男/clown 男 ピエロ, 道化師
trapecio 男 空中ぶらんこ
funambulismo 男 綱渡り
acrobacia 女 軽業, 曲芸

carnaval 男 カーニバル
confeti 男 紙ふぶき
serpentina 女 紙テープ
máscara 女 仮面

corrida 女 de toros 闘牛

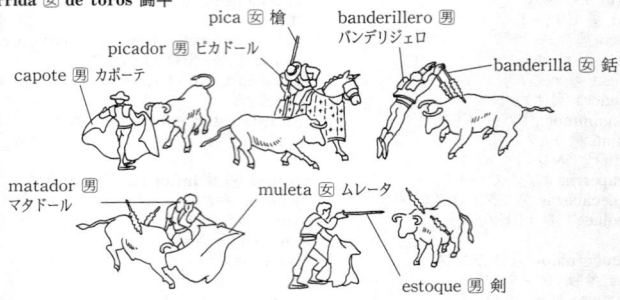

- capote 男 カポーテ
- pica 女 槍
- picador 男 ピカドール
- banderillero 男 バンデリジェロ
- banderilla 女 銛
- matador 男 マタドール
- muleta 女 ムレータ
- estoque 男 剣

plaza 女 de toros 闘牛場
redondel 男/ruedo 男 砂場
sol 男 日向席
sombra 女 日陰席
sol y sombra 日向から日陰になる席
barrera 女 最前列席
contrabarrera 女 2列目席
tendido 男 スタンド席
palco 男 presidencial 主宰者席
andanada 女 最上部席

torero, ra 名 闘牛士
cuadrilla 女 闘牛士チーム〖マタドール, ピカドール, バンデリジェロから成る〗

puntilla 女 短剣

traje 男 de luces 闘牛服
tauromaquia 女 闘牛術
suerte 女 演技
pase 男 パセ〖ムレータで牛をさばくこと〗
estocada 女 剣による突き
descabello 男 首筋へのとどめの突き
faena 女 刺殺までの一連の技
embestida 女 牛の攻撃(突進)
querencia 女 牛のなわばり

flamenco 男 フラメンコ

tablao 男 タブラオ

- cantaor, ra 名 歌い手
- bailaor, ra 名 踊り手
- guitarrista 名 ギタリスト
- peineta 女 〈飾りの〉大型の櫛
- guitarra 女 ギター
- mantón 男 マントン, 大型のショール
- abanico 男 扇

baile 男 踊り
cante 男 歌
jaleo 男 ハレオ〖かけ声〗
zapateado 男 サパテアード〖靴底で床をうつこと〗
palmas 女 複 パルマ〖手拍子〗
palillos 男 複/castañuelas 女 複 カスタネット

alegrías 女 複 アレグリーアス
bulerías 女 複 ブレリーアス
siguiriyas 女 複 シギリージャス
soleá 女/soleares 女 複 ソレアー〔レス〕
sevillanas 女 複 セビジャーナス
farruca 女 ファルーカ

baile 男 舞踊

baile deportivo (de competición) 競技ダンス
10 bailes 10 ダンス
bailes standard スタンダード, モダン
　vals inglés ワルツ
　tango タンゴ
　vals vienés ウィンナーワルツ
　foxtrot 男 スローフォックストロット
　quickstep 男 クイックステップ
bailes latinos ラテン
　samba 女 サンバ
　chachachá 男 チャチャチャ
　rumba 女 ルンバ
　pasodoble 男 パソドブレ
　jive 男 ジャイブ
bolero 男 ボレロ
bossa nova 女 ボサノバ
fandango 男 ファンダンゴ
jota 女 ホタ
mazurca 女 マズルカ
minué 男 メヌエット
polca 女 ポルカ
polonesa 女 ポロネーズ
mambo 男 マンボ
salsa 女 サルサ
twist 男 ツイスト
swing 男 スウィング, ジルバ

bellas artes 女 複 美術

pintura 女/cuadro 男 絵画
acuarela 女 水彩画
óleo 男 油絵
fresco 男 フレスコ画
temple 男 テンペラ画
pastel 男 パステル画
xilografía 女 木版画
aguafuerte 女 エッチング
litografía 女 リトグラフ
serigrafía 女 シルクスクリーン
escultura 女 彫刻
colage 男 コラージュ
relieve 男 レリーフ
arcilla 女 粘土
yeso 男 石膏
mármol 男 大理石
bronce 男 ブロンズ
caballete 男 イーゼル
lienzo 男 カンバス
paleta 女 パレット
pincel 男 筆
pluma 女 ペン
aerógrafo 男 エアブラシ
colores 男 複 絵の具
carboncillo 男 木炭
pastel 男 パステル
tinta 女 インク
composición 女 構図
perspectiva 女 遠近法
fondo 男 背景
figura 女 人物〔像〕
retrato 男 肖像画
paisaje 男 風景画
bodegón/naturaleza 女 muerta 静物画
pintura religiosa 宗教画
pintura figurativa 具象画
pintura abstracta 抽象画
caricatura 女 satírica 風刺画
obra 女 作品
obra maestra 傑作
falsificación 女 贋作
copia 女 模写
réplica 女 複製〔画〕
estudio 男 習作
boceto 男 下絵
bosquejo 男/esbozo 男 スケッチ
croquis 男 クロッキー
bloc 男 de dibujos スケッチブック
escuela 女 流派
impresionista 名 印象派
cubista 名 キュービスト, 立体派
surrealista 名 シュールレアリスト
taller 男/estudio 男 アトリエ
museo 男 de bellas artes 美術館
galería 女 ギャラリー, 画廊
exposición 女 personal 個展
libro 男 de pinturas 画集
Elisa es una buena pintora. エリーサは絵が上手だ
Ella está pintando unas flores al óleo. 彼女は花の油絵を描いている
¿Quién pintó aquel cuadro? あの絵の作者は誰ですか?

música 女 音楽

músico, ca 名 音楽家
compositor, ra 名 作曲家
composición 女 作曲
arreglista 名 編曲者, アレンジャー
arreglo 男 編曲
cantante 名 歌手
director, ra 名 指揮者
intérprete 名/ejecutante 名 演奏者
solista 名 ソリスト
pianista 名 ピアニスト
violinista 名 ヴァイオリニスト
violonchelista 名 チェリスト

12 芸術

melodía 囡 メロディー
interpretación 囡/ejecución 囡 演奏
dirección 囡 指揮
acompañamiento 男 伴奏
música vocal 声楽
música instrumental 器楽
música de cámara 室内楽
sinfonía 囡 交響曲
canción 囡/〈クラシックの〉canto 男 歌
coro 男 合唱
concierto 男 コンサート
recital 男 リサイタル
solo 男 ソロ
dúo 男 デュエット
trío 男 トリオ
cuarteto 男 カルテット
quinteto 男 クインテット
sexteto 男 セクステット
orquesta 囡 オーケストラ
orquesta sinfónica 交響楽団
música clásica クラシック音楽
ópera 囡 オペラ
opereta 囡 オペレッタ
zarzuela 囡 サルスエラ
pop 男 ポップス
jazz 男 ジャズ
rock 男 ロック
a capella アカペラの(で)
canción 囡 popular 民謡
música folclórica 民俗音楽

música 楽譜

partitura 囡 総譜
pentagrama 男 五線譜
papel 男 pautado 五線紙
línea 囡 線
espacio 男 間
escala 囡 音階
escala mayor 長音階
escala menor 短音階
compás 男 拍, 小節, 拍子記号
clave 囡 音部記号
accidente 男 臨時記号
sostenido 男 シャープ
bemol 男 フラット
becuadro 男 ナチュラル
ligado 男 レガート
ligadura 囡 スラー, タイ
calderón 男 フェルマータ
crescendo 男 クレッシェンド
decrescendo 男 デクレッシェンド
coda 囡 コーダ
letra 囡 歌詞
nota 囡/figura 囡 音符

redonda 囡 全音符
blanca 囡 2分音符
negra 囡 4分音符
corchea 囡 8分音符
semicorchea 囡 16分音符
fusa 囡 32分音符
semifusa 囡 64分音符
puntillo 男 付点
silencio 男 休止符

instrumento 男〔musical〕楽器

instrumento de cuerda 弦楽器
violín 男 バイオリン
violonc〔h〕elo 男 チェロ
contrabajo 男 コントラバス
viola 囡 ビオラ
guitarra 囡 ギター
laúd 男 リュート
bandurria 囡 バンドゥリア
mandolina 囡 マンドリン
ukelele 男 ウクレレ
charango 男 チャランゴ
banjo 男 バンジョー
balalaica 囡 バラライカ
cítara 囡 チター
arpa 囡 ハープ, 〈ラ〉アルパ
cuerda 囡 弦
mástil 男 さお, ネック
puente 男 こま, ナット
traste 男 フレット
arco 男 弓
púa 囡 ピック, つめ
plectro 男 ばち
instrumento de viento 管楽器
instrumento de madera 木管楽器
fagot 男 ファゴット, バスーン
oboe 男 オーボエ
corno 男 inglés イングリッシュホルン
clarinete 男 クラリネット
flauta 囡〔travesera〕フルート
flautín 男 ピッコロ
flauta dulce リコーダー
quena 囡 ケーナ
siringa 囡/flauta de Pan パンフルート
cobres 男複〈集合的に〉金管楽器
tuba 囡 チューバ
trombón 男 トロンボーン
trompeta 囡 トランペット
trompa 囡〔フレンチ〕ホルン
saxofón 男 サキソフォン
acordeón 男 アコーディオン
bandoneón 男 バンドネオン
gaita 囡 バグパイプ
armónica 囡 ハーモニカ

instrumento de percusión 打楽器
  timbal 男 ティンパニー
  bombo 男 大太鼓
  tambor 男〔小〕太鼓
  xilófono 男 シロフォン, 木琴
  marimba 女 マリンバ
  platillos 男複 シンバル
  pandereta 女 タンバリン
  triángulo 男 トライアングル
  tambor 男 ドラム
  tamtam 男 タムタム
  bongó 男 ボンゴ
  gong〔o〕男 どら
  baquetas 女複/palillos 男複 ばち, スティック
teclado〔s〕鍵盤楽器
  piano 男 ピアノ
  piano de cola グランドピアノ
  piano recto (vertical) アップライトピアノ
  clavicémbalo 男 ハープシコード, チェンバロ
  órgano 男〔パイプ〕オルガン
  teclado 鍵盤, キーボード
  pedal 男 ペダル
  registro 男 ストップ
  sintetizador 男 シンセサイザー
  maracas 女複 マラカス
  castañuela 女 カスタネット
  zambomba 女 サンボンバ
¿Toca usted algún instrumento musical?
あなたは何か楽器を弾きますか？
Toco un poco la armónica. ハーモニカを少し
吹きます

teatro 男 劇場

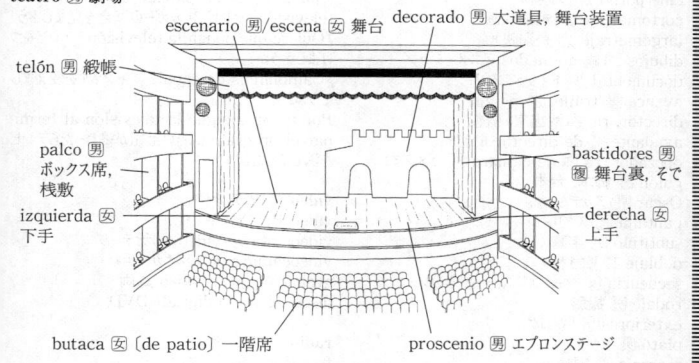

- escenario 男/escena 女 舞台
- decorado 男 大道具, 舞台装置
- telón 男 緞帳
- palco 男 ボックス席, 桟敷
- bastidores 男複 舞台裏, そで
- izquierda 女 下手
- derecha 女 上手
- butaca 女〔de patio〕一階席
- proscenio 男 エプロンステージ

localidad 女 座席
palco anfiteatro 男 三階席
paraíso 男/〈俗語〉gallinero 男 天井桟敷
escenario giratorio 回り舞台
escotillón 男 迫り
tramoya 女 からくり
accesorios 男複 小道具
alumbrado 男 照明
foco 男 スポットライト
candilejas 女複 フットライト
foso 男〔de la orquesta〕オーケストラピット
concha 女〔del apuntador〕プロンプターボックス
guardarropa 男 クローク
taquilla 女 入場券売り場

acomodador, ra 名 場内案内係
gemelos 男複 オペラグラス

drama 男 演劇
comedia 女 喜劇
tragedia 女 悲劇
musical 男 ミュージカル
ballet 男 バレエ
primer acto 男 第一幕
escena primera 第一場
director, ra 名 演出家
coreógrafo, fa 名 振付師
protagonista 名 主役
actor, triz 名 secundario, ria 脇役
corista 名 コーラスライン

extra 名 エキストラ
diálogo 男 台詞
monólogo 男 独白
¿Hay entradas para la función de hoy? 今日の〔公演の〕切符は手に入りますか?
¿Qué clase de localidad quiere usted? どの席になさいますか?
Quisiera dos localidades de primera. 1等席を2枚ください
¿A qué hora empieza la representación? 開演は何時ですか?

cine 男 **映画〔館〕**
película 女 映画
obra 女 maestra 名作
película de amor 恋愛映画
película de guerra 戦争映画
película de acción アクション映画
película de miedo ホラー映画
cine porno ポルノ映画
cortometraje 男 短編映画
largometraje 男 長編映画
dibujos 男 複 animados アニメーション
documental 男 ドキュメンタリー
avance 男/tráiler 男 予告編
director, ra 名 演出家, 監督
ayudante 名 de director 助監督
operador, ra 名 de cámara カメラマン
guión 男 脚本, 台本
Oscar 男 アカデミー賞
pantalla 女 スクリーン
subtítulo 男 字幕
doblaje 男 吹き替え
secuencia 女 シークエンス, 一続きのシーン
rodaje 男 撮影
exteriores 男 複 ロケ
plató 男 セット
montaje 男 編集
banda 女 sonora サウンドトラック
En aquel cine ponen una película interesante. あそこの映画館でおもしろい作品を上映しています
Anoche estrenaron esta película. この映画は昨夜封切られました
¿Es subtitulada? 字幕付きですか?
Está doblada 〔al español〕. 〔スペイン語に〕吹き替えてあります

televisión 女 **テレビジョン**
antena 女 アンテナ
canal 男 チャンネル
tele 女 テレビ〖略語〗
televisión de alta definición ハイビジョン
emisión 女 放送
emisión en directo 生放送
emisión en diferido 録画放送
retransmisión 女 中継
programa 男 番組
telediario 男 テレビニュース
culebrón 男 長編テレビ小説
anuncio 男 コマーシャル
locutor, ra 名 アナウンサー
〔estación〕 emisora 女 放送局
satélite 男 de televisión 放送衛星, BS
satélite de comunicaciones 通信衛星, CS
Anoche vi un programa muy interesante en la televisión. 私は昨夜とても面白いテレビ番組を見ました
¿Qué programa vio? どの番組を見たのですか?
Fue un reportaje de China. 中国のルポルタージュでした
Fue un programa aburrido. それは退屈な番組でした
Vamos a ver un partido de fútbol en la televisión. テレビでサッカーの試合を見ましょう
¿Quiere que ponga la televisión? テレビをつけましょうか?
¿Cambiamos de canal? チャンネルを変えましょうか?
Por favor, apague la televisión al terminar el programa. その番組が終わったらテレビを消してください

vídeo 男 **ビデオ**
vídeo ビデオデッキ
videocinta 女/vídeo ビデオテープ
videocámara 女 ビデオカメラ
grabación 女 en vídeo 録画
disco de vídeo digital DVD

radio 女 **ラジオ**
frecuencia 女 周波数
altavoz 男 スピーカー
amplificador 男 アンプ
auriculares 男 複/cascos 男 複 ヘッドホン, レシーバー
micrófono 男 マイク
equipo 男 estereofónico ステレオ装置
tocadiscos 男 レコードプレーヤー
disco 男 レコード
disco compacto CD, コンパクトディスク
compacto 男 CDプレーヤー
minidisco 男 MD, ミニディスク
radiocasete 男 ラジカセ
caseta 女 カセットテープ
casete 男 カセットテープレコーダー

13 情報, 通信

ordenador 男 コンピュータ
ordenador personal パーソナルコンピュータ
ordenador de sobremesa デスクトップパソコン
ordenador portátil/laptop 男 ラップトップ, ノートパソコン
disquete 男/disco 男 flexible フロッピーディスク
disco duro ハードディスク
disco magnetoóptico MO, 光磁気ディスク
pantalla 女 ディスプレー
periférico 男 周辺機器
impresora 女 プリンター
escáner 男 スキャナー
módem 男 モデム
consola 女 コンソール
teclado 男 キーボード
tecla 女 キー
barra 女 espaciadora/espaciador 男 スペースバー
ratón 男 マウス
clic 女 クリック
servidor 男 サーバー
selector 男 セレクター

comando 男 コマンド
extensión 女 拡張子
copia 女 de seguridad バックアップ
alias 男 エイリアス
archivo 男/fichero 男 ファイル
carpeta 女 フォルダ
base 女 de datos データベース
plantilla 女 テンプレート
archivo de texto テキストファイル
programa 男 プログラム
sistema 男 システム
escritorio 男 デスクトップ
icono 男 アイコン
ventana 女 ウィンドー
menú 男 メニュー
cursor 男 カーソル
aplicación 女 アプリケーション
instalación 女 インストール
formato 男 フォーマット
número 男 de serie シリアルナンバー
actualización 女 バージョンアップ
ayuda 女 サポート, ヘルプ
hardware 男 ハードウェア
software 男 ソフトウェア
memoria 女 メモリー
bit 男 ビット
byte 男 バイト
megabyte 男 メガバイト

error 男 エラー

bug 男 バグ
virus 男 ウィルス
cazavirus 男/antivirus 男 ワクチン
pirata 名 imformático, ca ハッカー
Red 女 ネット
red (línea 女) telefónica 電話回線
red de área local ラン, LAN
Internet 女 インターネット
proveedor 男 プロバイダー
usuario, ria 名 ユーザー
código 男 secreto パスワード
número de identificación 暗証番号
dirección 女 アドレス
arroba 女 アットマーク
punto 男 com ドットコム
sitio 男 de Internet サイト
página 女 de Internet ホームページ
correo 男 electrónico/e-mail 男 E メール
adjunto 男〔en e-mail〕〈E メールの〉添付書類
acceso 男 アクセス
acceso aleatorio ランダムアクセス
búsqueda 女 検索
escritura 女 書き込み
traducción 女 変換
compresión 女 圧縮
compresor 男 圧縮ソフト

acceder a... …にアクセスする
inicializar イニシャライズ(初期化)する
instalar インストールする
descomprimir 解凍する
iniciar/arrancar 起動する, 立ち上げる
reiniciar 再起動する
hacer〔doble〕clic en... …を〔ダブル〕クリックする
enrollar/desplazar スクロールする
arrastrar ドラッグする
buscar 検索する
copiar コピーする
borrar デリート(消去)する
cortar カットする
pegar ペーストする
editar 編集する
guardar 保存する
apagar 終了する
piratear 〈システムに〉侵入する
leer 読み込む
cargar ロードする
descargar/bajar ダウンロードする

13 情報, 通信

cámara 女 カメラ
cámara reflex con un objetivo 一眼レフ

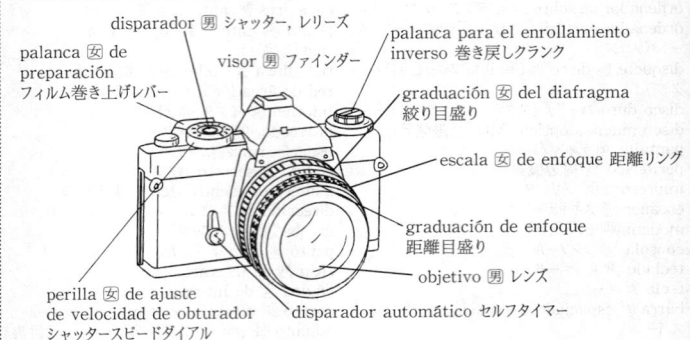

- disparador 男 シャッター, レリーズ
- palanca para el enrollamiento inverso 巻き戻しクランク
- palanca 女 de preparación フィルム巻き上げレバー
- visor 男 ファインダー
- graduación 女 del diafragma 絞り目盛り
- escala 女 de enfoque 距離リング
- graduación de enfoque 距離目盛り
- perilla 女 de ajuste de velocidad de obturador シャッタースピードダイアル
- objetivo 男 レンズ
- disparador automático セルフタイマー

cámara instantánea インスタントカメラ
cámara desechable レンズ付きフィルム
cámara digital デジタルカメラ
cámara submarina 水中カメラ
teleobjetivo 男 望遠レンズ
〔gran〕angular 男 広角レンズ
zoom 男 ズームレンズ
autofoco/enfoque 男 automático オートフォーカス
autodisparador 男 eléctrico モータードライブ
filtro 男 フィルター
carrete 男 〔de 24〕〔24枚撮りの〕フィルム
película 女 en color カラーフィルム
película en blanco y negro モノクロフィルム
película de diapositiva スライド用フィルム
negativo 男 ネガ
positivo 男 ポジ
fotómetro 男 露出計
flash 男 フラッシュ
fechador 男 データバック
trípode 男 三脚
proyector 男 スライド映写機
pantalla 女 スクリーン
sensibilidad 女 感光度
exposición 女 露出
sobreexposición 女 露出過度
subexposición 女 露出不足
abertura 女 絞り

enfoque 男 ピント合わせ
revelado 男 現像
ampliación 女 引伸し
copia 女 焼増し
brillo 男 光沢
mate 男 つや消し, 絹目
retrato 男 人物写真
paisaje 男 風景
instantánea 女 スナップ
fotógrafo, fa 名 写真家, カメラマン
laboratorio 男 現像所, ラボ

Deseo un carrete. フィルムを1本ほしいのですが
Es de veinticuatro fotos. これは24枚撮りです
¿Se puede sacar fotos dentro de esta iglesia? この教会の中で写真を撮ってもいいですか?
No. Está prohibido sacar fotos. いいえ, 撮影禁止です
¿Puedo hacerle a usted una foto? 写真を撮らせていただけますか
¿Quiere apretar el botón? シャッターを押してくださいませんか
Está bien sacada la foto. この写真はよく撮れている
Está desenfocada. ピンぼけだ

teléfono 男 **電話**
teléfono público 公衆電話
cabina 女 telefónica 電話ボックス
guía 女 telefónica 電話帳
〔teléfono〕móvil 男 携帯電話
teléfono de teclado プッシュホン
contestador 男 〔automático〕留守番電話
rellamada 女 リダイアル

13 情報, 通信

teléfono inalámbrico (sin hilos) コードレスホン
teléfono con supletorios 親子電話
supletorio 男 子機
extensión 女 内線
teléfono gratuito フリーダイアル
conferencia 女 internacional 国際通話
llamada 女 a cobro revertido コレクトコール
telefonista 女/operador, ra 名 交換手
gastos 男 複 telefónicos 電話料金

¡Oiga!/¡Aló! もしもし
¡Diga!/¡Dígame!/Sí. はい
¿Con quién hablo?/¿Quién habla? どなたですか?
¡Oiga! ¿Está el Sr. Álvarez? もしもし, アルバレスさんはいらっしゃいますか?
¿Con quién desea hablar? 誰を呼びましょうか?
Con Antonio, por favor. アントニオ君をお願いします
No cuelgue./No se retire. 〔そのまま切らないで〕お待ちください
Señor Yamada, le llaman por teléfono (hay una llamada para usted). 山田さん, お電話です
Quisiera hablar con el Sr. Martínez. マルティネスさんとお話ししたいのですが
¿De parte de quién? どなた様からと申しましょうか?
El gerente acaba de salir. ¿Desea usted dejar algún recado? 支配人はたった今外出しました. 何かご伝言でも?
Volveré a llamarle más tarde. 後でもう一度お電話します
Dígale que me llame, por favor. 私に電話をくれるようにお伝えください
Se ha equivocado. 番号が違います
¿Cómo? 何ですか?
Perdón, no se oye bien. すみません, よく聞こえません
El teléfono no funciona. 電話は故障しています
Quisiera poner una conferencia a Tokio. 東京に通話をお願いしたいのですが

carta 女 手紙
sobre 男 封筒
sello 男/〈ラ〉estampilla 女 切手
matasellos 男 消印
〔tarjeta〕postal 女 絵葉書
destinatario, ria 名 受取人
remitente 名 差出人
código 男 postal 郵便番号
paquete 男 小包
correo 男 aéreo/vía 女 aérea 航空便
correo de superficie 普通便, 船便
correo certificado 書留
correo urgente 速達
aerograma 男 航空書簡
〔casa 女 de〕Correos 郵便局
buzón 男 ポスト; 郵便受け
franqueo 男 郵便料金
reparto 男 de correspondencia 郵便配達
cartero, ra 名 郵便配達人

¿En qué taquilla venden sellos 〔de correo〕? どの窓口で切手を売っていますか?
¿Cuánto es el franqueo de esta carta? この手紙の郵便料金はいくらですか?
Quisiera certificar esta carta. この手紙を書留にしたいのですが
Quisiera enviar este paquete a Japón por avión (por barco). この小包を日本へ航空便(船便)で送りたいのですが

lápiz 男 鉛筆
goma 女 消しゴム
sacapuntas 男/〈ハンドル付きの〉afilalápices 男 鉛筆削り
pizarra 女 黒板
borrador 男 黒板消し
tiza 女 チョーク
compás 男 コンパス
transportador 男 分度器
regla 女 定規
escuadra 女/〈二等辺の〉cartabón 男 三角定規
bolígrafo 男 ボールペン
portaminas 男/lapicero 男 シャープペンシル
mina 女 芯
〔pluma 女〕estilográfica 女 万年筆
tinta 女 インク
cartucho 男 カートリッジ
grapadora 女 ホッチキス
grapas 女 複 ホッチキスの針
clip 男/sujetapapeles 男 クリップ
pegamento 男 糊, 接着剤
〔papel 男〕celo セロテープ
cinta 女 adhesiva 粘着テープ
archivador 男 ファイル
fichero 男 ファイルキャビネット
fax 男 ファックス
fotocopiadora 女 コピー機

libro 男 本
revista 女 雑誌
tapa 女 表紙

14 教育, 科学

cubierta 囡 カバー
portada 囡 扉
prefacio 男/introducción 囡 序文
índice 男 目次
texto 男 本文
nota 囡 注
bibliografía 囡 参考文献〔目録〕
autor, ra 名 著者
derechos 男 覆 de autor 著作権
maqueta 囡 レイアウト
ilustración 囡 イラスト
titular 男 見出し
leyenda 囡 キャプション
columna 囡 コラム；段
periódico 男 新聞
artículo 男 記事
diccionario 男 辞典
enciclopedia 囡 百科事典
libro ilustrado 絵本
cómic 男 漫画

enseñanza 囡 **教育**

jardín 男 de infancia 幼稚園
edad 囡 escolar 就学年齢
colegio 男 学校；〈ス〉小・中学校，〈私立の〉中・高等学校
escuela 囡 primaria 小学校
〔enseñanza〕 primaria 囡 初等教育
enseñanza media/segunda enseñanza 中等教育
enseñanza obligatoria 義務教育
enseñanza superior 高等教育
instituto 男 〈公立の〉高等学校
universidad 囡 大学
facultad 囡 学部
academia 囡 私立の各種学校
coeducación 囡 男女共学
clase 囡 授業；学級，教室
lección 囡 課
boletín 男 de notas 通信簿，成績通知票
curso 男 講座, 学年
diploma 男 卒業証書
título 男 学位, 称号
doctorado 男 博士課程, 博士号
deberes 男 覆/〈ラ〉tarea 囡 宿題
examen 男 試験
ejercicio 男 練習〔問題〕
nota 囡 評点, 成績
profesor, ra 名 〈専門科目の〉先生, 教授
catedrático, ca 名 主任教授
maestro, tra 名 〈小学校の〉先生
director, ra 名 校長
estudiante 名 学生

alumno, na 名 生徒
graduado, da 名 卒業生
estudio 男 勉強, 研究
biblioteca 囡 図書館
gimnasio 男 体育館
patio 男 de recreo 校庭, 運動場

ciencia 囡 **学問, 科学**

ciencias naturales 自然科学
ciencias sociales 社会科学
letras 囡 覆 humanas 人文科学
matemáticas 囡 覆 数学
física 囡 物理学
química 囡 化学
aerodinámica 囡 空気力学, 航空力学
aeronáutica 囡 航空学
agronomía 囡 農学
medicina 囡 医学
farmacia 囡 薬学
psicología 囡 心理学
filosofía 囡 哲学
literatura 囡 文学
lingüística 囡 言語学
economía 囡 経済学
políticas 囡 覆 政治学
historia 囡 歴史学
arqueología 囡 考古学
etnología 囡 民族学
antropología 囡 人類学
gimnasia 囡 体育
investigación 囡 研究；調査
experimento 男 実験
prueba 囡/ensayo 男 テスト
laboratorio 男 実験室, 研究所
prueba 証明
teoría 囡 理論
datos 男 覆 資料
tesis 囡 学位(博士)論文
investigador, ra 名 研究者
especialista 名 専門家
doctor, ra 名 博士
master 名 修士
seminario 男 ゼミ

Estudio en la Universidad de Chiyoda. 私は千代田大学の学生です
¿En qué curso está usted? あなたは何年生ですか？
Estoy en segundo. 私は2年生です
¿Cuál es su especialidad? 専攻は何ですか？
Me estoy especializando en física. 物理学を専攻しています
¿Hay clase los sábados? 毎土曜日は授業が

ありますか?
La filosofía no es mi fuerte. 私は哲学は苦手だ
He estudiado inglés ocho años. 私は英語を8年間勉強しました
He sacado ocho sobresalientes. 私は8課目, 優をとりました
Suspendí las matemáticas. 私は数学の単位を落としました

elemento 男 〔químico〕元素
hidrógeno 男 水素
oxígeno 男 酸素
helio 男 ヘリウム
carbono 男 炭素
nitrógeno 男 窒素
neón 男 ネオン
sodio 男 ナトリウム
magnesio 男 マグネシウム
aluminio 男 アルミニウム
silicio 男 ケイ素
fósforo 男 燐
azufre 男 硫黄
potasio 男 カリウム
calcio 男 カルシウム
titanio 男 チタン
cromo 男 クロム
manganeso 男 マンガン
hierro 男 鉄
cabalto 男 コバルト
níquel 男 ニッケル
cinc 男 亜鉛
germanio 男 ゲルマニウム
molibdeno 男 モリブデン
estaño 男 錫
yodo 男 ヨウ素, ヨード
tungsteno 男 タングステン
platino 男 白金, プラチナ
mercurio 男 水銀
plomo 男 鉛
radio 男 ラジウム
uranio 男 ウラン
plutonio 男 プルトニウム
ozono 男 オゾン
urea 女 尿素
átomo 男 原子
molécula 女 分子
neutrón 男 中性子
alcalino, na アルカリ性の
ácido, da 酸性の

horóscopo 男 星占い

Aries 名 牡羊座〔生まれの人〕
Tauro 名 牡牛座
Géminis 名 双子座
Cáncer 名 かに座
Leo 名 獅子座
Virgo 名 乙女座
Libra 名 天秤座
Escorpio 名 さそり座
Sagitario 名 射手座
Capricornio 名 山羊座
Acuario 名 水瓶座
Piscis 名 魚座
astrología 女 占星学
signos 男 複 del zodiaco 黄道12宮

¿Qué horóscopo es ella? 彼女は何座〔生まれ〕ですか?
Es 〔una〕 leo. 彼女は獅子座です

número 男 **cardinal** 基数
cero 0
uno(na) 1
dos 2
tres 3
cuatro 4
cinco 5
seis 6
siete 7
ocho 8
nueve 9
diez 10
once 11
doce 12
trece 13
catorce 14
quince 15
dieciséis 16
diecisiete 17
dieciocho 18
diecinueve 19
veinte 20
veintiuno 21
veintidós 22
veintitrés 23
veintiséis 26
treinta 30
treinta y uno 31
cuarenta 40
cincuenta 50
sesenta 60
setenta 70
ochenta 80
noventa 90

16 時間, 季節

ciento, cien 100
ciento uno 101
ciento veinticinco 125
doscientos 200
trescientos 300
cuatrocientos 400
quinientos 500
seiscientos 600
setecientos 700
ochocientos 800
novecientos 900
mil 1,000
tres mil 3,000
diez mil 10,000
cien mil 100,000
doscientos mil 200,000
un millón 1,000,000

Cuenta hasta cien. 100まで数えなさい
Déme tres bocadillos. ボカディージョを3つください
Tiene veintiún (treinta y un) años. 彼は21(31)歳です
Quedan dos kilómetros y medio hasta la meta. ゴールまで2.5キロです
Este coche vale justo un millón de yenes. この車はちょうど100万円です
El piso me costó cincuenta millones de yenes. そこのマンションは5000万円しました

número ordinal 序数
primero, ra 第1の
segundo, da 第2の
tercero, ra 第3の
cuarto, ta 第4の
quinto, ta 第5の
sexto, ta 第6の
séptimo, ma 第7の
octavo, va 第8の
noveno, na 第9の
décimo, ma 第10の
un medio/una mitad 2分の1
un tercio 3分の1
dos tercios 3分の2
un cuarto 4分の1
doble 2倍の
triple 3倍の
cuádruple 4倍の
decena 囡 10個組
docena 囡 12個組, ダース
quincena 囡 15個組
cuarentena 囡 40個組
centena 囡 100個組
gruesa 囡 12ダース, グロス

Carlos III (tercero) カルロス3世
Novena Sinfonía 第九交響曲
lección cuarta 第4課
No queda más que un cuarto de litro de vino. ワインは4分の1リットルしか残っていない
Bolivia es tres veces más grande que Japón. ボリビアは日本の3倍の広さだ
Este clavo vale 20 yenes la decena. この釘は10本20円です

tiempo 男 時間
momento 男/instante 男 瞬間
rato 男 しばらくの間
eternidad 囡 永遠
época 囡/temporada 囡 シーズン, 時季
era 囡 時代
periodo/período 男 期間

año 男 年
año común 平年
año bisiesto うるう年
década 囡/decenio 男 10年
siglo 男 100年, 世紀
centenario 男 100周年
en la década de 1990/en los años noventa 1990年代に
este año 今年
año próximo 来年
año pasado 昨年
cada año/todos los años 毎年
una vez al (por) año 年に一度
hace un año 今から1年前に
dentro de un año 今から1年後に
un año antes その1年前に
un año después その1年後に

¿Cuánto tiempo hace que vive usted en Madrid? マドリードに住んでどのくらいになりますか?
Hace tres años. 3年になります

estación 囡 季節
primavera 囡 春
verano 男 夏
otoño 男 秋
invierno 男 冬
equinoccio 男 de primavera 春分
solsticio 男 de verano 夏至
equinoccio de otoño 秋分
solsticio de invierno 冬至
primaveral 春の
veraniego, ga/estival 夏の
otoñal 秋の
invernal 冬の

durante el verano 夏の間
todo el invierno 冬じゅう
a principios (a comienzos) de〔la〕primavera 春の始めに
a fines (finales) de〔l〕otoño 秋の終りに

Ha llegado la primavera. 春が来た
En Argentina es verano. アルゼンチンは今夏です
En invierno llueve mucho en la región norte de España. 北スペインの冬は雨が多い

mes 男 月
enero 男 1 月
febrero 男 2 月
marzo 男 3 月
abril 男 4 月
mayo 男 5 月
junio 男 6 月
julio 男 7 月
agosto 男 8 月
se〔p〕tiembre 男 9 月
octubre 男 10 月
noviembre 男 11 月
diciembre 男 12 月
este mes 今月
el mes próximo/el mes que viene 来月
el mes pasado 先月
hace tres meses 今から 3 か月前に
dentro de tres meses 今から 3 か月後に
un mes antes その 1 か月前に
un mes después その 1 か月後に

Las elecciones generales se celebrarán el próximo marzo. 来年の 3 月に総選挙が行なわれます
Viene aquí a comienzos (a mediados・a fines) de mayo. 彼は 5 月の上(中・下)旬にこちらに来ます
¿En qué mes empieza el año escolar en España? スペインでは新学期は何月に始まりますか?
Empieza en octubre. 10 月に始まります

semana 女 週
lunes 男 月曜
martes 男 火曜
miércoles 男 水曜
jueves 男 木曜
viernes 男 金曜
sábado 男 土曜
domingo 男 日曜

día entre semana/〈労働日〉día laborable

ウィークデー, 平日
fin 男 de semana 週末
día festivo/fiesta 女〔nacional〕祝日
día de descanso 休日
esta semana 今週
la semana próxima/la semana que viene 来週
la semana pasada 先週
cada dos semanas 隔週に
hace una semana 今から 1 週間前に
dentro de una semana 今から 1 週間後に
el (este) domingo pasado この前の日曜日
el jueves de esta semana 今週の木曜日
el sábado próximo 次の土曜日

¿Qué día〔de la semana〕es hoy? 今日は何曜日ですか?
Es domingo. 日曜です
Voy al hospital〔todos〕los martes. 私は毎週火曜日に病院へ行きます
¿Tiene usted ya algún plan para el fin de semana? 週末はもう何かご予定がありますか?
No tengo ninguno. 何もありません
Voy al cine el sábado. 土曜日に映画を見に行きます

día 男 日, 昼間
amanecer 男/madrugada 女 夜明け
mañana 女 朝, 午前
mediodía 男 正午
tarde 女 午後
anochecer 男 夕暮れ
noche 女 夜
esta noche 今夜
anoche 昨夜
todo el día 一日じゅう
hoy 今日
mañana 明日
pasado mañana 明後日
ayer 昨日
anteayer/antes de ayer 一昨日
mañana por la mañana 明日の朝(午前中)
aquel día その日
el día siguiente 翌日
el día anterior 前日
todos los días 毎日

¿A cuántos estamos? 今日は何日ですか?
Estamos a treinta de agosto. 8 月 30 日です
¿Cuándo es su cumpleaños? 彼の誕生日はいつですか?
El veintidós de abril. 4 月 22 日です
Hace cinco días vino aquí. 彼は 5 日前にこ

17 色, 度量衡

こへ来ました
Me quedé en casa todo el día. 私は一日じゅう家にいました

hora 囡 **時間, 時刻**
hora 時
media hora 30分
un cuarto de hora 15分
minuto 男 分
segundo 男 秒

¿Qué hora es?/〈あなたの時計で〉¿Qué hora tiene? 何時ですか?
Es la una. 1時です
Son las dos y diez. 2時10分です
Son las tres y cuarto. 3時15分です
Son las cuatro y veinte. 4時20分です
Son las cinco y media. 5時半です
Son las siete menos cinco. 7時5分前です
Son las ocho menos cuarto. 8時15分前です
Ya van a ser las nueve. もうすぐ9時です
Son las diez en punto. ちょうど10時です
¿A qué hora quedamos? 何時に会いましょうか?
A las once en punto. 11時ちょうどに
A eso de las doce. 12時ごろに
Vendré mañana a las seis de la mañana. 私は明日の午前6時に来ます
¿Cuánto tiempo tardó usted en venir aquí? ここまで来るのにどのくらいかかりましたか?
Tardé dos horas. 2時間かかりました

color 男 **色彩**
rojo 男 赤
carmesí 男 深紅
bermellón 男 朱色
escarlata 男 緋色
granate 男 えんじ
burdeos 男/〈ラ〉bordó 男 ワインレッド
rosa 男 ピンク
salmón 男 サーモンピンク
fucsia 男 ぼたん色, フューシャピンク
naranja 男/anaranjado 男 オレンジ色, だいだい色
castaño 男/marrón 男/〈ラ〉café 男 茶色
marrón oscuro こげ茶色
beige 男/beis 男 ベージュ, キャメル
amarillo 男 黄
ocre 男 黄土色, オークル
caqui 男 カーキ
verde 男 緑

~ claro 萌黄色
~ musgo モスグリーン
esmeralda 男 エメラルドグリーン
azul 男 青
~ celeste (claro) 空色, 水色
~ cobalto コバルトブルー
~ marino (oscuro) 紺, ネイビーブルー
~ real ロイヤルブルー
~ turquesa ターコイズブルー, 青緑
~ de ultramar 群青色
añil 男/índigo 男 藍色
morado 男 紫
púrpura 男 赤紫
lira 男 薄紫, 藤色
violeta 男/violáceo 男 すみれ色
gris 男 灰色
~ marengo チャコールグレー
blanco 男 白
negro 男 黒
dorado, da 金色の
plateado, da 銀色の

colores complementarios 補色
colores primarios 三原色
tono 男 色調
tono pastel パステルカラー
luminosidad 囡 明度
claridad 囡 彩度

Él tiene el pelo negro. 彼の髪は黒いです
¿De qué color es el coche? その車は何色ですか?
Es verde musgo. モスグリーンです

度量衡
longitud 囡 長さ
metro 男 〚m〛 メートル
centímetro 〚cm.〛 センチメートル
milímetro 〚mm.〛 ミリメートル
kilómetro 〚km〛 キロメートル
superficie 囡 面積
metro cuadrado 〚m²〛 平方メートル
área 囡 〚a.〛 アール
hectárea 囡 〚ha.〛 ヘクタール
volumen 男 体積
metro cúbico 〚m³〛 立方メートル
litro 〚l.〛 リットル
decilitro 〚dl.〛 デシリットル
peso 男 重さ
gramo 男 〚g(r).〛 グラム
kilo(gramo) 男 〚kg.〛 キログラム
tonelada 囡 〚t.〛 トン
grado 男 度

ancho, cha/amplio, plia 幅の広い
estrecho, cha 幅のせまい
alto, ta 高い
bajo, ja 低い
profundo, da 深い
poco profundo, da 浅い
pesado, da 重い
ligero, ra 軽い
grande 大きい
pequeño, ña 小さい

¿Cuántos kilómetros hay de Tokio a Kioto? 東京から京都まで何キロありますか?
Aquel puente mide ochocientos metros de largo. あの橋は長さ 800 メートルです
La superficie de este jardín es de quinientos metros cuadrados. この庭の面積は 500 平方メートルです
Este libro pesa un kilo. この本は重さが 1 キロあります
La temperatura es de quince grados centígrados. 気温は摂氏 15 度です

astro 男 天体
universo 男 宇宙
constelación 女 星座
Vía Láctea 銀河, 天の川
galaxias 女 複 銀河系宇宙
Sol 男 太陽
Tierra 女 地球
Luna 女 月
estrella 女 星, 恒星
planeta 男 惑星
Mercurio 男 水星
Venus 男 金星
Marte 男 火星
Júpiter 男 木星
Saturno 男 土星
Urano 男 天王星
Plutón 男 冥王星
Neptuno 男 海王星
satélite 男 衛星
cometa 男 彗星
estrella fugaz 流星
nebulosa 女 星雲
supernova 女 超新星
agujero 男 negro ブラックホール

tiempo 男 天気
presión 女 atmosférica 気圧
baja presión 低気圧
alta presión 高気圧
frente 男 frío 寒冷前線
frente cálido 温暖前線
temperatura 女 気温
humedad 女 湿度
fuerza 女 del viento 風力
dirección 女 del viento 風向
despejado 快晴の
nuboso 曇りの
nube 女 雲
lluvia 女 雨
nieve 女 雪
granizo 男 ひょう
helada 女/escarcha 女 霜
trueno 男 雷
relámpago 男 稲妻
caída 女 de un rayo 落雷
tormenta 女 暴風雨, 雷雨
neblina 女 もや
niebla 女 霧
chubasco 男/aguacero 男 にわか雨
llovizna 女 小雨
huracán 男 ハリケーン
tifón 男 台風
terremoto 男/seísmo 男 地震
maremoto 男 海底地震
tsunami 男 津波

¿Qué tiempo hace? どんな天気ですか?
Hace buen tiempo. いい天気です
Hace sol. 日が出ています
Está despejado. 晴れています
Hace mal tiempo. 悪い天気です
Hay humedad. 湿気があります
El cielo está nuboso. 曇っています
Nubes y claros 曇り時々晴れ
¿Qué temperatura hace ahora? 今の気温は何度ですか?
La temperatura es de treinta grados. 30 度です
Está lloviendo. 雨が降っています
Ha empezado a llover. 雨が降り始めました
Parece que va a llover. 雨が降りそうです
Ha escampado. 雨がやみました
Hay un poco de viento. 少し風があります
Hace mucho calor. とても暑いです
Está templado. 暖かいです
Hace mucho frío. とても寒いです
Nieva mucho. たくさん雪が降っています
Caerá una helada esta noche. 今夜は霜が降りるでしょう
La tierra está completamente blanca de escarcha. 地面は霜で真っ白です

19 自然

dirección 男 方位
norte 男 北
nordeste 男 北東
este 男 東
sureste/sudeste 男 南東
sur 男 南
suroeste/sudoeste 男 南西
oeste 男 西
noroeste 男 北西

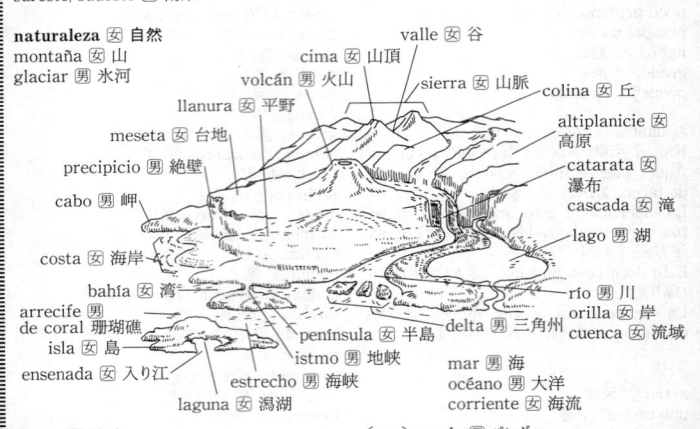

naturaleza 女 自然
montaña 女 山
glaciar 男 氷河
llanura 女 平野
meseta 女 台地
precipicio 男 絶壁
cabo 男 岬
costa 女 海岸
bahía 女 湾
arrecife de coral 男 珊瑚礁
isla 女 島
ensenada 女 入り江
laguna 女 潟湖
volcán 男 火山
cima 女 山頂
valle 女 谷
sierra 女 山脈
colina 女 丘
altiplanicie 女 高原
catarata 女 瀑布
cascada 女 滝
lago 男 湖
río 男 川
orilla 女 岸
delta 男 三角州
cuenca 女 流域
península 女 半島
istmo 男 地峡
estrecho 男 海峡
mar 男 海
océano 男 大洋
corriente 女 海流

tierra 女 陸地
continente 男 大陸

clima 男 気候
zona 女 (sub)glacial (亜)寒帯
zona templada 温帯
zona tórrida 熱帯
desierto 男 砂漠
oasis 男 オアシス
prado 男 草原
bosque 男 森林
bosque ecuatorial 熱帯雨林

animales 男 複 動物
vida 女 生命
clon 男 クローン
hombre 男 人間；男
mujer 女 女
perro 男 犬
gato 男 猫
caballo 男 馬
vaca 女 ウシ
cerdo 男 ブタ
búfalo 男 水牛
asno 男 ロバ
oveja 女 ヒツジ
cabra 女 ヤギ
oso, sa 名 クマ
(oso) panda 男 パンダ
mapache 男 アライグマ
mono, na 名 サル
chimpancé 男 チンパンジー
gorila 女 ゴリラ
orangután 男 オランウータン
jabalí 男 イノシシ
ciervo 男 シカ
erizo 男 ハリネズミ
zorro, rra 名 キツネ
lobo 男 オオカミ
tigre 男 トラ
león, na 名 ライオン
guepardo 男 チータ
leopardo 男 ヒョウ
puma 男 ピューマ
jaguar 男 ジャガー
lince 男 オオヤマネコ
elefante 男 象
jirafa 女 キリン
cebra 女 シマウマ
hiena 女 ハイエナ
camello 男 ラクダ
llama 女 リャマ
alpaca 女 アルパカ
vicuña 女 ビクーニャ
visón 男 ミンク
canguro 男 カンガルー

coala 男 コアラ
perezoso 男 ナマケモノ
liebre 女 野ウサギ
ardilla 女 リス
rata 女 ネズミ
ratón 男 ハツカネズミ
hámster 男 ハムスター
hurón 男 フェレット
topo 男 モグラ
murciélago 男 コウモリ
armadillo 男 アルマジロ
lagarto 男 トカゲ
iguana 女 イグアナ
cocodrilo 男/caimán 男 ワニ
camaleón 男 カメレオン
tortuga 女 カメ
rana 女 カエル
serpiente 女 ヘビ
araña 女 クモ
ciempiés 男 ムカデ
hipópotamo 男 カバ
rinoceronte 男 サイ
nutria 女 カワウソ
ballena 女 クジラ
delfín 男 イルカ
orca 女 シャチ
nutria marina ラッコ
oso marino オットセイ
lobo marino アシカ
foca 女 アザラシ
morsa 女 セイウチ

ave 女 鳥/pájaro 男 小鳥
halcón 男 タカ
águila 女 ワシ
quebrantahuesos 男 ヒゲワシ
buitre 男 ハゲワシ
cóndor 男 コンドル
quetzal 男 ケツァル
milano 男 トビ
urraca 女 カササギ
pájaro carpintero キツツキ
búho 男 ミミズク
lechuza 女 フクロウ
cisne 男 ハクチョウ
pato 男 アヒル
ganso 男 ガチョウ
gaviota 女 カモメ
pelícano 男 ペリカン
flamenco 男 フラミンゴ
pájaro bobo/pingüino 男 ペンギン
pavo 男 七面鳥
codorniz 女 ウズラ
faisán 男 キジ

paloma 女 ハト
cuervo 男 カラス
gorrión 男 スズメ
golondrina 女 ツバメ
alondra 女 ヒバリ
grulla 女 ツル
garza 女 サギ
avestruz 男 ダチョウ
pavo real クジャク
cuco 男 カッコウ
ruiseñor 男 ナイチンゲール
perico 男 インコ
loro 男/papagayo 男 オウム
canario 男 カナリア
pájaro mosca/〈ラ〉picaflor 男 ハチドリ

insecto 男 昆虫
aveja 女 ミツバチ
avispa 女 スズメバチ
cigarra 女/chicharra 女 セミ
mariposa 女 蝶；蛾
libélula 女 トンボ
hormiga 女 アリ
grillo 男 コオロギ；キリギリス
saltamontes 男 バッタ
santateresa 女 カマキリ
escarabajo 男 コガネムシ
mariquita 女 テントウムシ
luciérnaga 女 ホタル
zapatero 男 アメンボ
langosta 女 イナゴ
cucaracha 女 ゴキブリ
mosca 女 ハエ
mosquito 男 蚊
garrapata 女 ダニ
pulga 女 ノミ
piojo 男 シラミ
termita 女 シロアリ
pulgón 男 アリマキ, アブラムシ

planta 女/vegetal 男 植物
cerezo 男 サクラ(桜)
ciruelo 男 ウメ(梅)；プラム
melocotonero 男/〈ラ〉durazno 男 モモ(桃)
peral 男 ナシ(梨)
manzano 男 リンゴ
naranjo 男 オレンジ
limonero 男 レモン
pomelo 男/〈ラ〉toronjo 男 グレープフルーツ
almendro 男 アーモンド, ハタンキョウ
albaricoquero 男 アンズ(杏)
higuera 女 イチジク
vid 女 ブドウ
acacia 女 アカシア

城, 教会

- álamo 男/chopo 男 ポプラ
- olmo 男 ニレ(楡)
- pino 男 マツ(松)
- cedro 男 スギ(杉)
- ciprés 男 イトスギ(糸杉)
- abeto 男 モミ(樅)
- arce 男 カエデ(楓)
- sauce 男 ヤナギ(柳)
- camelia 女 ツバキ(椿)
- roble 男 ナラ, オーク
- caoba 女 マホガニー
- sándalo 男 ビャクダン(白檀)
- sándalo rojo シタン(紫檀)
- ébano 男 コクタン(黒檀)
- bambú 男 タケ(竹)
- adelfa 女 キョウチクトウ(夾竹桃)
- rododendro 男 シャクナゲ
- azalea 女 アザレア, 西洋ツツジ
- madreselva 女 スイカズラ
- aliso 男 ハンノキ
- tilo 男 シナノキ, ボダイジュ
- laurel 男 ゲッケイジュ(月桂樹)
- castaño 男 クリ(栗)
- eucalipto 男 ユーカリ
- palma 女 ヤシ
- olivo 男 オリーブ
- romero 男 ローズマリー
- tomillo 男 タイム
- cactus 男/cacto 男 サボテン
- áloe 男 アロエ
- maguey 男 リュウゼツラン
- dondiego 男〔de noche〕オシロイバナ
- dondiego de día アサガオ
- buganvilla 女 ブーゲンビリア
- hibisco 男 ハイビスカス
- geranio 男 ゼラニウム
- begonia 女 ベゴニア
- ciclamen 男 シクラメン
- orquídea 女 ラン
- catleya 女 カトレア
- mimosa 女 ミモザ
- hortensia 女 アジサイ
- nenúfar 男 スイレン
- malva 女 アオイ(葵)
- crisantemo 男 キク(菊)
- dalia 女 ダリア
- margarita 女 マーガレット
- amapola 女 ヒナゲシ
- tulipán 男 チューリップ
- narciso 男 スイセン(水仙)
- azafrán 男 サフラン
- jacinto 男 ヒヤシンス
- gladiolo 男 グラジオラス
- girasol 男 ヒマワリ
- rosa 女 バラ
- clavel 男 カーネーション
- lirio 男 アヤメ;ユリ
- azucena 女 白ユリ
- violeta 女 スミレ
- pensamiento 男 パンジー, 三色スミレ
- nomeolvides 女 ワスレナグサ

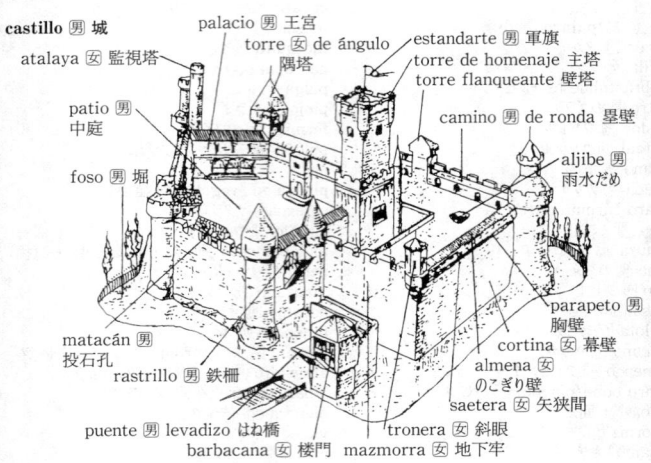

castillo 男 城
- palacio 男 王宮
- torre 女 de ángulo 隅塔
- estandarte 男 軍旗
- torre de homenaje 主塔
- torre flanqueante 壁塔
- atalaya 女 監視塔
- patio 男 中庭
- camino 男 de ronda 塁壁
- foso 男 堀
- aljibe 男 雨水だめ
- parapeto 男 胸壁
- cortina 女 幕壁
- almena 女 のこぎり壁
- matacán 男 投石孔
- saetera 女 矢狭間
- rastrillo 男 鉄柵
- puente 男 levadizo はね橋
- tronera 女 斜眼
- barbacana 女 楼門
- mazmorra 女 地下牢

religión 女 宗教
cristianismo 男 キリスト教
cristiano, na 名 キリスト教徒
católico, ca 名 カトリック
protestante 名 プロテスタント
judaísmo 男 ユダヤ教
islamismo 男/mahometismo 男 イスラム教
hinduismo 男 ヒンズー教
budismo 男 仏教
sintoísmo 男 神道
catedral 女 大聖堂
capilla 女 礼拝堂
convento 男/monasterio 男 修道院
ermita 女〈人里離れた〉僧院
fe 女 信仰
oración 女 祈り
peregrinación 女 巡礼
sermón 男 説教
misa 女 ミサ
culto 男 礼拝
Navidad 女 クリスマス
nochebuena 女 クリスマスイブ
Pascua 女〔de Resurrección〕復活祭

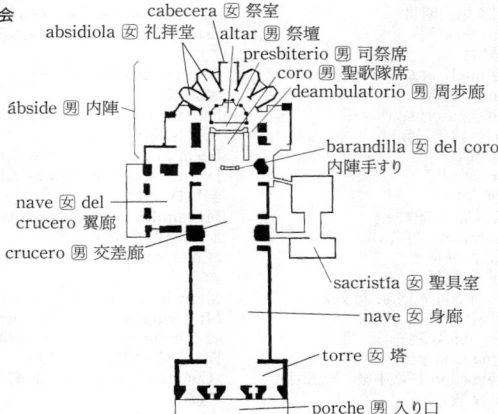

Semana 女 Santa 聖週間
Papa 男 法王, 教皇
arzobispo 男 大司教
obispo 男 司教
sacerdote 男/cura 男 司祭
párroco 男 主任司祭
monje 男/fraile 男 修道士, 僧
monja 女 修道女, 尼僧
hermano 男 ブラザー
hermana 女 シスター
madre 女 マザー
padre 男 神父
seminario 男 神学校
seminarista 男 神学生
misionero 男 宣教師
Dios 男 神
Cristo 男/Jesucristo 男 キリスト
la Virgen 聖母
ángel 男 天使
diablo 男 悪魔
paraíso 男 天国
infierno 男 地獄

iglesia 女 教会

- cabecera 女 祭室
- absidiola 女 礼拝堂
- altar 男 祭壇
- presbiterio 男 司祭席
- coro 男 聖歌隊席
- deambulatorio 男 周歩廊
- ábside 男 内陣
- barandilla 女 del coro 内陣手すり
- nave 女 del crucero 翼廊
- crucero 男 交差廊
- sacristía 女 聖具室
- nave 女 身廊
- torre 女 塔
- porche 男 入り口

familia 女 家族
padre 男 父
madre 女 母
padres 両親
hijo, ja 息子, 娘
hermano, na 名 兄(弟), 姉(妹)
abuelo, la 名 祖父, 祖母
nieto, ta 名 孫

bisabuelo, la 名 曾祖父, 曾祖母
bisnieto, ta 名 曾孫
marido 男/esposo 男 夫
mujer 女/esposa 女 妻
matrimonio 男/esposos 夫婦
pariente 名/familiar 名 親類
tío, a 名 叔父, 叔母
sobrino, na 名 おい, めい

21 家族, 人生

primo, ma 名 いとこ
cuñado, da 名 義兄(弟), 義姉(妹)
suegro, gra 名 しゅうと, しゅうとめ
yerno 男 婿
nuera 女 嫁
padrino 男, madrina 女 洗礼親
padre adoptivo, madre adoptiva 養父, 養母
hijo adoptivo, hija adoptiva 養子, 養女
padrastro 男, madrastra 女 継父, 継母
hijastro, tra 名 まま子, 義理の子

vida 女 人生
nacimiento 男 誕生
cumpleaños 男 誕生日
bautismo 男 洗礼式
bebé 男/nene, na 名 赤ちゃん
niño, ña 名 幼児
chico, ca 名 男の子, 女の子
gemelo, la 名 ふたご
joven 名 青年, 若者
amor 男 愛, 恋愛
novio, via 名 恋人; 新郎新婦
pretendiente 男 求婚者
noviazgo 男 婚約期間
casamiento 男 結婚
boda 女 結婚式
luna 女 de miel ハネムーン; 新婚時代
colocación 女 就職
promoción 女/ascenso 男 昇進
jubilación 女 停年退職
despido 男 解雇
separación 女 別居
divorcio 男 離婚
divorciado, da 名 離婚者
nuevo casamiento 再婚
soltero, ra 名 独身者
casado, da 名 既婚者
embarazo 男/concepción 女 妊娠
parto 男 出産
anticoncepción 女 避妊
aborto 男 natural 流産
aborto 男 provocado 妊娠中絶, 人工流産
adulto, ta 名 成人
anciano, na 名 老人
muerte 女 死
muerto, ta 名 死者
difunto, ta 名/fallecido, da 名 故人
funerales 男 複 葬式, 葬儀
entierro 男 埋葬
tumba 女/sepulcro 男 墓
cementerio 男 墓地
luto 男 喪

sociedad 女 社会
economía 女 経済
empresa 女 企業, 会社
fábrica 女 工場
política 女 政治
gobierno 男 政府
partido 男 政党
elecciones 女 複 選挙
democracia 女 民主主義
socialismo 男 社会主義
comunismo 男 共産主義
libertad 女 自由
ley 女 法律
tribunal 男 裁判所
policía 女 警察
ejército 男 軍隊
golpe 男 de Estado クーデター

¿Cómo se llama usted? お名前は何とおっしゃいますか?
Me llamo Toshio Sato. 佐藤敏雄と申します
¿Cómo se escribe? どう書きますか?
¿Cómo se deletrea su nombre? お名前はどう綴りますか?
¿Cúal es su apellido? 姓は何と言いますか?
Ésta es la señora Díaz. こちらはディアス夫人です
Han llegado los señores Rivera. リベラ夫妻が到着しました
Este terreno es de los Ortega. この土地はオルテガ家が所有している
Hola, Miguel. やあ, ミゲル
Don Luis, ¿cómo está usted? ルイスさん, ごきげんいかがですか?
Mi familia vive en Córdoba. 私の家族はコルドバに住んでいます
¿Cómo están sus padres? 御両親はお元気ですか?
Mi padre ya se murió. 父はもう亡くなりました
Mi hermano mayor, ya casado, vive con su familia en Mendoza. 結婚している兄は家族とメンドーサに住んでいます
¿Cuántos hijos tiene usted? お子さんは何人ですか?
¿Qué edad tiene usted?/¿Cuántos años tiene usted? あなたはおいくつですか?
Tengo veintiocho años. 私は 28 歳です
¿Tiene usted hermanos? あなたには兄弟がありますか?
Soy hijo único./No tengo hermanos. 私はひとりっ子です
Es soltera. 彼女は独身です
Es casado. 彼は結婚しています
Seguramente usted tiene novio, ¿verdad?

あなたにはきっと恋人がおありでしょう
Sí, tengo una cita con él esta misma tarde. ええ,今日の午後ちょうど彼と会うのです
¿Cuándo piensa usted casarse? いつ結婚なさるおつもりですか?
Todavía no lo hemos decidido. まだ私たちは決めていません

〈スペインの地名〉

España 囡 〚español, la〛 スペイン
Andalucía 〚andaluz, za〛 アンダルシア
 Almería 〚almeriense〛 アルメリア
 Cádiz 〚gaditano, na〛 カディス
 Córdoba 〚cordobés, sa〛 コルドバ
 Granada 〚granadino, na〛 グラナダ
 Huelva 〚onubense〛 ウエルバ
 Jaén 〚jiennense〛 ハエン
 Málaga 〚malagueño, ña〛 マラガ
 Sevilla 〚sevillano, na〛 セビーリャ
Aragón 〚aragonés, sa〛 アラゴン
 Huesca 〚oscense〛 ウエスカ
 Teruel 〚turolense〛 テルエル
 Zaragoza 〚zaragozano, na〛 サラゴサ
Asturias 〚asturiano, na〛 アストゥリアス
 Oviedo 〚ovetense〛 オビエド
 Gijón 〚gijonés, sa〛 ヒホン
Cantabria 〚cántabro, bra〛 カンタブリア
 Santander 〚santanderino, na〛 サンタンデール
Castilla 〚castellano, na〛 カスティーリャ
 Ávila 〚abulense〛 アビラ
 Burgos 〚burgalés, sa〛 ブルゴス
 Ciudad Real 〚ciudadrealeño, ña〛 シウダー・レアル
 Cuenca 〚conquense〛 クエンカ
 Guadalajara 〚guadalajareño, ña〛 グアダラハラ
 Logroño 〚logroñés, sa〛 ログローニョ
 Palencia 〚palentino, na〛 パレンシア
 Segovia 〚segoviano, na〛 セゴビア
 Soria 〚soriano, na〛 ソリア
 Toledo 〚toledano, na〛 トレド
 Valladolid 〚vallisoletano, na〛 バリャドリー
Cataluña 〚catalán, na〛 カタルーニャ
 Barcelona 〚barcelonés, sa〛 バルセロナ
 Gerona 〚gerundense〛 ヘロナ
 Lérida 〚leridano, na〛 レリダ
 Tarragona 〚tarraconense〛 タラゴーナ
País Vasco 〚vasco, ca〛/Euskadi 〚eusquero, ra〛 バスク
 Bilbao 〚bilbaíno, na〛 ビルバオ
 San Sebastián 〚donostiarra〛 サン・セバスティアン
 Vitoria 〚vitoriano, na〛 ビトリア
Extremadura 〚extremeño, ña〛 エストレマドゥラ
 Badajoz 〚pacense〛 バダホス
 Cáceres 〚cacereño, ña〛 カセレス
Galicia 〚gallego, ga〛 ガリシア
 La Coruña 〚coruñés, sa〛 ラ・コルーニャ
 Lugo 〚lucense〛 ルゴ
 Orense 〚orensano, na〛 オレンセ
 Pontevedra 〚pontevedrés, sa〛 ポンテベドラ
 Santiago de Compostela 〚santiagués, sa〛 サンティアゴ・デ・コンポステラ
Islas Baleares 〚balear〛 バレアレス諸島
 Ibiza 〚ibicenco, ca〛 イビサ
 Mallorca 〚mallorquín, na〛 マジョルカ島
 Menorca 〚menorquín, na〛 メノルカ島
Islas Canarias 〚canario, ria〛 カナリア諸島
La Mancha 〚manchego, ga〛 ラ・マンチャ
León 〚leonés, sa〛 レオン
 Salamanca 〚salmantino, na〛 サラマンカ
 Zamora 〚zamorano, na〛 サモラ
Madrid 〚madrileño, ña〛 マドリード
Murcia 〚murciano, na〛 ムルシア
 Albacete 〚albaceteño, ña〛 アルバセーテ
Navarra 〚navarro, rra〛 ナバラ
 Pamplona 〚pamplonés, sa〛 パンプローナ
Valencia 〚valenciano, na〛 バレンシア
 Alicante 〚alicantino, na〛 アリカンテ
 Castellón 〚castellonense〛 カステリョン

〈中南米の国々〉

Argentina 囡 〚argentino, na〛 アルゼンチン
 Buenos Aires 〚bonaerense; porteño, ña〛 ブエノスアイレス
 Rosario 〚rosarino, na〛 ロサリオ
 Santa Fe 〚santafesino, na〛 サンタ・フェ
 Tucumán 〚tucumano, na〛 トゥクマン
Barbados 男 〚barbadense〛 バルバドス
Belice 男 〚beliceño, ña〛 ベリーズ
Bolivia 囡 〚boliviano, na〛 ボリビア
 Cochabamba 〚cochabambino, na〛 コチャバンバ
 La Paz 〚paceño, ña〛 ラ・パス
 Potosí 〚potosino, na〛 ポトシ
 Sucre 〚sucreño, ña〛 スクレ
Brasil 男 〚brasileño, ña〛 ブラジル
 Río de Janeiro 〚fluminense〛 リオ・デ・ジャネイロ
 São Paulo 〚paulista〛 サン・パウロ
Chile 男 〚chileno, na〛 チリ
 Concepción 〚pequista〛 コンセプシオン
 Patagonia 〚patagón, na〛 パタゴニア

国名, 地名

Punta Arenas 〖puntarenense〗 プンタ・アレナス
Santiago 〖santiaguino, na〗 サンティアゴ
Valparaíso 〖porteño, ña〗 バルパライソ
Colombia 女 〖colombiano, na〗 コロンビア
　Santa Fe de Bogotá 〖santafereño, ña〗 サンタ・フェ・デ・ボゴタ
Costa Rica 女 〖costarricense ; costarriqueño, ña〗 コスタリカ
　San José 〖josefino, na〗 サン・ホセ
Cuba 女 〖cubano, na〗 キューバ
　La Habana 〖habanero, ra〗 ハバナ
　Santiago 〖santiaguero, ra〗 サンティアゴ
〔Commonwealth de〕Dominica 女 ドミニカ国
Ecuador 男 〖ecuatoriano, na〗 エクアドル
　Colón/Galápagos 〖galapaguino, na〗 ガラパゴス諸島
　Guayaquil 〖guayaquileño, ña〗 グアヤキル
　Quito 〖quiteño, ña〗 キト
El Salvador 男 〖salvadoreño, ña〗 エル・サルバドル
Guatemala 女 〖guatemalteco, ca〗 グアテマラ
　Jalapa 〖jalapeño, ña〗 ハラパ
Guyana 女 〖guyanés, sa〗 ガイアナ
Haití 男 〖haitiano, na〗 ハイチ
Honduras 男 〖hondureño, ña〗 ホンジュラス
　Tegucigalpa 〖tegucigalpense〗 テグシガルパ
Jamaica 女 〖jamaicano, na〗 ジャマイカ
México 男 〖mexicano, na〗 メキシコ
　Acapulco 〖acapulqueño, ña〗 アカプルコ
　Ciudad de México メキシコシティー
　Mérida 〖meridano, na〗 メリダ
　Oaxaca 〖oaxaqueño, ña〗 オアハカ
　Tabasco 〖tabasqueño, ña〗 タバスコ
　Veracruz 〖veracruzano, na〗 ベラクルス
　Yucatán 〖yucateco, ca〗 ユカタン
Nicaragua 男 〖nicaragüense〗 ニカラグア
　Managua 〖managüense〗 マナグア
Panamá 男 〖panameño, ña〗 パナマ
Paraguay 男 〖paraguayo, ya〗 パラグアイ
　Asunción 〖asunceno, na ; asunceño, ña〗 アスンシオン
　Concepción 〖concepcionero, ra〗 コンセプシオン
Perú 男 〖peruano, na〗 ペルー
　Cuzco 〖cuzqueño, na〗 クスコ
　Lima 〖limeño, ña〗 リマ
República Dominicana 〖dominicano, na〗 ドミニカ共和国
　Santo Domingo 〖dominicano, na〗 サント・ドミンゴ
Suriname 男 〖surinamés, sa〗 スリナム
Trinidad y Tobago 〖trinitense〗 トリニダード・トバゴ
Uruguay 男 〖uruguayo, ya〗 ウルグアイ
　Montevideo 〖montevideano, na〗 モンテビデオ
Venezuela 女 〖venezolano, na〗 ベネズエラ
　Caracas 〖caraqueño, ña〗 カラカス
　Maracaibo 〖maracaibero, ra〗 マラカイボ

〈世界の国々〉

Afganistán 〖afgano, na〗 アフガニスタン
Albania 女 〖albanés, sa〗 アルバニア
Alemania 女 〖alemán, na〗 ドイツ
　Baviera 〖bávaro, ra〗 バイエルン
　Berlín 〖berlinés, sa〗 ベルリン
　Colonia 〖colonés, sa〗 ケルン
　Hamburgo 〖hamburgués, sa〗 ハンブルグ
　Munich 〖muniqués, sa〗 ミュンヘン
　Sajonia 〖sajón, na〗 ザクセン
Andorra 女 〖andorrano, na〗 アンドラ
Angola 女 〖angoleño, ña〗 アンゴラ
Antigua y Barbuda アンティグアバーブーダ
Arabia y Saudita 〖saudita〗 サウジアラビア
　La Meca 〖mecano, na〗 メッカ
Argelia 女 〖argelino, na〗 アルジェリア
Australia 女 〖australiano, na〗 オーストラリア
Austria 女 〖austriaco, ca〗 オーストリア
　Tirol 〖tirolés, sa〗 チロル
　Viena 〖vienés, sa〗 ウィーン
Azerbaiján 男 〖azerí〗 アゼルバイジャン
Bahamas 女 複 〖bahamés, sa〗 バハマ
Bahrein 〖bahreiní〗 バーレーン
Bangladesh 男 〖bangles〔h〕í〗 バングラデシュ
Bélgica 女 〖belga〗 ベルギー
　Bruselas 〖bruselense〗 ブリュッセル
　Flandes 〖flamenco, ca〗 フランドル
　Gante 〖gantés, sa〗 ヘント
　Lovaina 〖lovaniense〗 ルーベン
Benin 男 〖beninés, sa〗 ベナン
Bhutan 〖butanés, sa〗 ブータン
Bielorrusia 女 〖bielorruso, sa〗 ベラルーシ
Bosnia-Herzegovina 女 〖bosnio, nia〗 ボスニア・ヘルツェゴビナ
Botsuana 女 〖botsuano, na〗 ボツワナ
Bulgaria 女 〖búlgaro, ra〗 ブルガリア
Burundi 男 〖burundés, sa〗 ブルンジ
Cabo 男 Verde カボベルデ
Camboya 女 〖camboyano, na〗 カンボジア
Camerún 男 〖camerunés, sa〗 カメルーン

Canadá 男 〖canadiense〗 カナダ
Chad 男 〖chadiano, na〗 チャド
China 女 〖chino, na〗 中国
　Hong Kong 〖hongkonés, sa〗 香港
　Pekín 〖pequinés, sa〗 北京
　Shanghai 〖shanghainés, sa〗 上海
Chipre 男 〖chipriota〗 キプロス
Congo 男 〖congoleño, ña〗 コンゴ
Corea 女 del Norte 〖(norte)coreano, na〗 北朝鮮
　Pyongyang ピョンヤン
Corea del Sur 〖coreano, na〗 韓国
　Seúl 男 〖seulense〗 ソウル
Costa 女 de Marfil コートジボワール
Croacia 女 〖croata〗 クロアチア
Dinamarca 女 〖danés, sa ; dinamarqués, sa〗 デンマーク
Egipto 男 〖egipcio, cia〗 エジプト
　Alejandría 〖alejandrino, na〗 アレクサンドリア
　El Cairo 〖cairota〗 カイロ
Emiratos 男 複 Árabes Unidos 〖árabe〗 アラブ首長国連邦
Eslovaquia 女 〖eslovaco, ca〗 スロバキア
Eslovenia 女 〖esloveno, na〗 スロベニア
Estados 男 複 Unidos de América 〖estadounidense〗 アメリカ合衆国
　California 〖californiano, na〗 カリフォルニア
　Chicago シカゴ
　Florida 〖floridano, na〗 フロリダ
　Nueva York 〖neoyorquino, na〗 ニューヨーク
　Texas 〖tejano, na〗 テキサス
Estonia 女 〖estonio, nia〗 エストニア
Etiopía 女 〖etíope〗 エチオピア
Fiji 男 〖fijiano, na〗 フィジー
Filipinas 女 複 〖filipino, na〗 フィリピン
　Manila 〖manilano, na〗 マニラ
Finlandia 女 〖finlandés, sa〗 フィンランド
Francia 女 〖francés, sa〗 フランス
　Alsacia 〖alsaciano, na〗 アルザス
　Borgoña 〖borgoñón, na〗 ブルゴーニュ
　Bretaña 〖bretón, na〗 ブルターニュ
　Córcega 〖corso, sa〗 コルシカ島
　Lyon 〖lionés, sa〗 リヨン
　Marsella 〖marsellés, sa〗 マルセイユ
　Normandía 〖normando, da〗 ノルマンディー
　París 〖parisiense ; parisino, na〗 パリ
　Provenza 〖provenzal〗 プロバンス
Gabón 男 〖gabonés, sa〗 ガボン
Gambia 女 〖gambiense ; gambiano, na〗 ガンビア

Ghana 女 〖ghanés, sa〗 ガーナ
Grecia 女 〖griego, ga〗 ギリシア
　Atenas 〖ateniense ; ático, ca〗 アテネ
　Creta 〖cretense〗 クレタ島
Guinea-Bissau 女 〖guineano, na〗 ギニアビサウ
Guinea-Conakry 女 〖guineo, a〗 ギニア
Guinea 女 Ecuatorial 〖ecuatoguineano, na〗 赤道ギニア
Holanda 女 〖holandés, sa〗 オランダ
Hungría 女 〖húngaro, ra〗 ハンガリー
India 女 〖indio, dia ; hindú〗 インド
Indonesia 女 〖indonesio, sia〗 インドネシア
Inglaterra 女 〖inglés, sa〗 イギリス
　Escocia 〖escocés, sa〗 スコットランド
　Gales 〖galés, sa〗 ウェールズ
　Londres 〖londinense〗 ロンドン
Irak 男 〖iraquí〗 イラク
Irán 男 〖iraní ; iranio, nia〗 イラン
Irlanda 女 〖irlandés, sa〗 アイルランド
Islandia 女 〖islandés, sa〗 アイスランド
Israel 男 〖israelí〗 イスラエル
Italia 女 〖italiano, na〗 イタリア
　Cerdeña 〖sardo, da〗 サルジニア島
　Florencia 〖florentino, na〗 フィレンツェ
　Génova 〖genovés, sa〗 ジェノバ
　Milán 〖milanés, sa〗 ミラノ
　Nápoles 〖napolitano, na〗 ナポリ
　Roma 〖romano, na〗 ローマ
　Sicilia 〖siciliano, na〗 シチリア
　Venecia 〖veneciano, na〗 ベニス
Japón 男 〖japonés, sa〗 日本
　Tokio 〖tokiota〗 東京
Jordania 女 〖jordano, na〗 ヨルダン
Kazajstán 男 〖kazajo, ja〗 カザフスタン
Kenia 女 〖keniano, na〗 ケニア
Kirguizistán 男 〖kirguís〗 キルギス
Kuwait 男 〖kuwaití〗 クウェート
Laos 男 〖laosiano, na〗 ラオス
Lesoto 男 〖basuto, ta〗 レソト
Letonia 女 〖letón, na〗 ラトビア
Líbano 男 〖libanés, sa〗 レバノン
Liberia 女 〖liberiano, na〗 リベリア
Libia 女 〖libio, bia〗 リビア
Liechtenstein 〖liechtensiano, na〗 リヒテンシュタイン
Lituania 女 〖lituano, na〗 リトアニア
Luxemburgo 男 〖luxemburgués, sa〗 ルクセンブルグ
Macedonia-Montenegro 女 〖macedonio, nia〗 マケドニア・モンテネグロ
Madagascar 男 〖malgache〗 マダガスカル
Malasia 女 〖malasio, sia〗 マレーシア
Malaui 男 〖malauiano, na〗 マラウイ

国名, 地名

Maldivas 囡 覆 〖maldivo, va〗 モルジブ
Malí 男 〖maliense〗 マリ
Malta 囡 〖maltés, sa〗 マルタ
Marruecos 男 〖marroquí〗 モロッコ
Mauritania 囡 〖mauritano, na〗 モーリタニア
Moldavia 囡/Moldova 囡 〖moldavo, va〗 モルドバ
Mónaco 男 〖monegasco, ca〗 モナコ
Mongolia 囡 〖mongol, la〗 モンゴル
Mozambique 男 〖mozambiqueño, ña〗 モザンビーク
Myanmar ミャンマー
Namibia 囡 〖namibio, bia〗 ナミビア
Nauro 男 〖nauruano, na〗 ナウル
Nepal 男 〖nepalés, sa〗 ネパール
Níger 男 〖nigerino, na〗 ニジェール
Nigeria 囡 〖nigeriano, na〗 ナイジェリア
Noruega 囡 〖noruego, ga〗 ノルウェー
Nueva Zelanda 囡 〖neocelandés, sa〗 ニュージーランド
Omán 男 〖omaní〗 オマーン
Pakistán 男 〖paquistaní〗 パキスタン
Papuasia Nueva Guinea 囡 〖papúa〗 パプア・ニューギニア
Polonia 囡 〖polaco, ca〗 ポーランド
  Varsovia 〖varsoviano, na〗 ワルシャワ
Portugal 男 〖portugués, sa〗 ポルトガル
  Lisboa 〖lisboeta ; lisbonense〗 リスボン
Qatar 男 〖qatarí〗 カタール
República 囡 Centroafricana 〖centroafricano, na〗 中央アフリカ
República Checa 〖checo, ca〗 チェコ
〔República de〕Sudáfrica 〖sudafricano, na〗 南アフリカ
Ruanda 囡 〖ruandés, sa〗 ルワンダ
Rumania 囡 〖rumano, na〗 ルーマニア
  Transilvania 〖transilvano, na〗 トランシルバニア
Rusia 囡 〖ruso, sa〗 ロシア
  Moscú 〖moscovita〗 モスクワ
  San Petersburgo サンクトペテルブルグ
  Siberia 〖siberiano, na〗 シベリア
Samoa 〖samoano, na〗 サモア
Senegal 男 〖senegalés, sa〗 セネガル
Serbia 囡 〖serbio, bia〗 セルビア
Seychelles セイシェル
Sierra 囡 Leona 〖sierraleonés, sa〗 シエラレオネ
Singapur 男 〖singapurense〗 シンガポール
Siria 囡 〖sirio, ria〗 シリア
  Damasco 〖damasceno, na〗 ダマスカス
Somalia 囡 〖somalí〗 ソマリア
Sri Lanka 男 〖srilankés, sa〗 スリランカ
Sudán 男 〖sudanés, sa〗 スーダン
Suecia 囡 〖sueco, ca〗 スウェーデン
  Estocolmo ストックホルム
Suiza 囡 〖suizo, za〗 スイス
  Berna 〖bernés, sa〗 ベルン
  Ginebra 〖ginebrino, na ; ginebrés, sa〗 ジュネーブ
Tailandia 囡 〖tailandés, sa〗 タイ
Tanzania 囡 〖tanzaniano, na〗 タンザニア
Tayikistán 男 〖tayiko, ka〗 タジキスタン
Togo 男 〖togolés, sa〗 トーゴ
Tonga 〖tongalés, sa〗 トンガ
Tunicia 囡 〖tunecino, na〗 チュニジア
Turkmenistán 男 〖turkmeno, na〗 トルクメニスタン
Turquía 囡 〖turco, ca〗 トルコ
  Estambul イスタンブール
  Constantinopla 〖constantinopolitano, na〗 コンスタンティノープル
Ucrania 囡 〖ucraniano, na〗 ウクライナ
Uganda 囡 〖ugandés, sa〗 ウガンダ
Uzbekistán 男 〖uzbeko, ka〗 ウズベキスタン
〔Ciudad del〕Vaticano 男 〖vaticano, na〗 バチカン〔市国〕
Vietnam 男 〖vietnamita〗 ベトナム
Yemen 男 〖yemení ; yemenita〗 イエメン
Yugoslavia 囡 〖yugo〔e〕slavo, va〗 ユーゴスラビア
  Belgrado ベオグラード
Zambia 囡 〖zambiano, na〗 ザンビア
Zimbabwe 男 〖zimbabwense〗 ジンバブエ

¿De dónde es usted? ご出身はどちらですか?
Soy de Japón. 日本です
¿De qué parte de Japón es usted? 日本のどちらですか?
Soy de Tokio. 東京です
Soy japonés. 私は日本人です
¿Es ella japonesa? 彼女は日本人ですか?
No. Es de Taiwan. いいえ. 台湾人です
Se casó con una italiana. 彼はイタリア女性と結婚した
Los españoles comen arroz. スペイン人は米を食べる
Es de fabricación japonesa. それは日本製です
En México se habla español. メキシコではスペイン語を話す
Estudio alemán. 私はドイツ語を勉強している
¿Cuál es la capital de Chile? チリの首都はどこですか?
Es Santiago. サンティアゴです

和西 (日本語→スペイン語)

- 収録語数は約 4700 語強である.
- スペイン語の性変化語尾は, cla*ro* (*ra*) のように示した.
- 用例中の見出語を〜で代用した場合がある.

あ

あい 愛 amor 男;〈親愛〉cariño 男: 息子に対する～ amor a su hijo. ～する amar, querer

あいかぎ 合鍵 duplicado 男 de una llave;〈盗用した〉llave 女 falsa;〈マスターキー〉llave maestra

あいかわらず 相変わらず ❶〈いつものように〉como siempre, como de costumbre;〈以前と同じように〉como antes: 地下鉄は～満員だ El metro va lleno como siempre. ❷〈いまだに〉todavía, aún: 彼は～独身だ Está soltero todavía.

あいきょう 愛嬌 gracia 女, encanto 男. ～のある gracioso(sa)

あいさつ 挨拶 saludo 男. ～する saludar. ～を交わす saludarse

あいじょう 愛情 ⇨愛

あいず 合い図 seña 女, señal 女: ～をする hacer señas (señales)

アイスクリーム helado 男: バニラ～を食べる tomar un helado de vainilla

あいそう 愛想 ～のよい amable, sociable, agradable, simpático(ca). ～のない・悪い desagradable, seco(ca)

あいだ 間 ❶〈空間〉distancia 女, espacio 男: ～をあける poner espacio
❷〈時間〉tiempo 男, intervalo 男
❸〈関係〉relaciones 女 複
❹〈中間〉medio 男
…の～に ❶〈中間〉entre: パリとローマの～に entre París y Roma
❷〈中〉durante: 休暇の～に durante las vacaciones
❸〈…している間〉mientras+直説法: 赤ん坊が眠っている～にアイロンかけをしよう Voy a planchar la ropa mientras duerme el bebé.

あいて 相手〈相棒〉compañero(ra);〈競争相手・対立者〉rival 名, adversario(ria)

アイディア idea 女

アイデンティティー identidad 女

あいにく〈不運にも〉desgraciadamente;〈折悪しく〉inoportunamente: ～彼は留守だった Desgraciadamente no estaba. ～途中で車が故障した Tuvimos la mala suerte de que se averió el coche en el camino. お～ですが Lo siento mucho, pero+直説法

あいぼう 相棒 compañero(ra)

あいまい 曖昧 ～な〈不明確〉vago(ga), impreciso(sa);〈両意にとれる〉ambiguo(gua): ～な態度をとる tomar una actitud indecisa. ～な返事をする dar una respuesta ambigua

あいらしい 愛らしい ⇨かわいい

アイロン plancha 女. ～をかける planchar

あう 合う ❶〈適合・調和〉ajustarse a+人・物, venir (ir) bien a+人・con+物: このスカートはこのブラウスによく合っている Esta falda va bien con esta blusa. この靴は私の足にぴったり～ Estos zapatos me están a la medida. ⇨似合う
❷〈合致〉corresponder a (con)+事;〈正しい〉ser justo(ta), ser correcto(ta)

あう 会う a+人: 私は久しく彼に会わない Hace mucho tiempo que no le veo.
❷〈訪問者に〉recibir a+人
❸〈互いに〉verse: どこで会いましょうか? ¿Dónde nos vemos?/¿Dónde quedamos?
❹〈出会う〉encontrarse con+人: 私は映画館で偶然ホセに～った En el cine me encontré con José [por casualidad].
❺〈災難などに〉pasar, sufrir, experimentar

アウェー〈スポーツ〉～のチーム equipo 男 visitante. ～で戦う jugar fuera

あえて 敢えて ～…する atreverse a+不定詞: 私は～彼に忠告した Me atreví a aconsejarle.

あお 青 azul 男. 青い azul

あおじろい 青白い pálido(da): ～顔をしている tener la cara pálida, estar pálido(da)

あおむけ 仰向け ～に boca arriba: ～に寝る dormir boca arriba

あか 赤 rojo 男. 赤い rojo(ja);〈顔が〉colorado(da)

あか 垢 mugre 女

あかじ 赤字 déficit 男, números 男 複 rojos. ～の deficitario(ria)

あかり 明かり luz 女: ～をつける encender la luz. ～を消す apagar la luz

あがる 上がる ❶ subir, ascender: コーヒーの値段が上がりそうだ El café va a subir. ❷〈登る〉subir. ❸〈増加〉aumentar

あかるい 明るい ❶ claro(ra): ～色 color claro (alegre). ～に clarmente
❷〈明朗〉alegre: ～性格である tener un carácter alegre, ser simpático(ca)

あかんぼう 赤ん坊 bebé 男;〈乳飲み児〉niño(ña) de pecho. 彼女に～ができた Está

あき 空・明き〈余地〉espacio 男；〈欠員・空席〉vacante 女, vacío 男. ～缶 lata 女 vacía. ～時間 tiempo 男 libre

あきち 空き地 descampado 男

あきらか 明らか ～な〈明白〉evidente, claro(ra)：～な証拠 prueba 女 evidente. …であることは～だ Es evidente (Está claro) que+直説法. ～に evidentemente, claramente. ～にする aclarar, poner+事 en claro

あきらめる 諦める ❶〈断念〉desistir de (renunciar a)+事・不定詞：彼は自分の計画を諦めた Desistió de su proyecto. ❷〈放棄〉abandonar, dejar. ❸〈諦観〉resignarse

あきる 飽きる cansarse, aburrirse. 飽きた cansa*do*(*da*), har*to*(*ta*)：こんな仕事にもう飽きた Ya estoy cansado (aburrido) de este trabajo. パエリアは食べ飽きた Estoy harto (hasta las narices) de comer paella.

あきれる 呆れる asombrarse, sorprenderse. 呆れて物も言えない quedarse con la boca abierta, quedarse de piedra

あく 開く ❶ abrir〔se〕：扉が～ Se abre la puerta. 銀行は9時に～ Los bancos abren a las nueve. 店は6時まで開いている La tienda está abierta hasta las seis. ❷〈間隔〉2台の車間距離は10メートル開いている Hay diez metros de distancia entre los dos coches.

あく 空く ❶〈部屋などが〉quedarse libre (vacío)：席が空いた El asiento se quedó vacío (libre). ❷〈欠員〉支店長のポストが空いた Ha quedado vacante el puesto de gerente. ❸〈暇〉estar libre, tener tiempo〔libre〕：私は今夜は空いている Estoy libre esta noche. 手が空いているかい？ ¿Tienes tiempo?

あく 悪 mal 男；〈悪徳〉vicio 男

あくい 悪意 ❶ mala intención 女：～で con mala intención. ～のある malintenciona*do*(*da*). ❷〈意地悪〉malicia 女：～のない sin malicia

あくしゅ 握手 estrechamiento 男 de manos. ～する estrechar a+人 la mano；〈互いに〉darse la mano

アクセサリー accesorios 男 複

アクセント acento 男. ～のある acentua*do*(*da*)

あくにん 悪人 ma*lo*(*la*), persona 女 malvada. 彼は～だ Es un malvado.

あくび 欠伸 bostezo 男. ～する bostezar

あくま 悪魔 diablo 男, demonio 男. ～の〔ような〕diabóli*co*(*ca*).

あくまで ❶〈最後まで〉hasta el fin：～戦い抜こう Luchemos hasta el fin. ❷〈強硬に〉insistentemente. ❸〈極力〉a más no poder

あくよう 悪用 abuso 男. ～する abusar de+物・事, usar mal

あけがた 明け方 madrugada 女, amanecer 男：明け方に al amanecer

あける 明ける 夜が～ amanecer

あける 開ける ドア(店)を～ abrir la puerta (la tienda). 包みを～ abrir (desenvolver) el paquete. ふたを～ destapar

あける 空ける ❶〈間隔〉espaciar, poner espacio ❷〈中味〉vaciar：バッグの中味を～ vaciar el bolso. 部屋を空けてください Deje libre la habitación.

あげる 〈与える〉dar, ofrecer：この CD を君に～ Te doy este disco compacto.

あげる 上げる subir, levantar：手を～ levantar la mano. 値段を～ subir el precio. 給料を～ aumentar el sueldo

あげる 揚げる freír. 揚げ物 frito 男

あご 顎 mandíbula 女

あこがれる 憧れる anhelar, suspirar por…；〈崇拝〉admirar a+人：女優に～ admirar a una actriz. 外国暮らしに～ desear vivir en el extranjero

あさ 朝 mañana 女：～の6時 las seis de la mañana. あしたの～ mañana por la mañana. ～になる amanecer

あさい 浅い poco profun*do*(*da*)：この井戸は～ Este pozo es poco profundo. ～眠り sueño 男 ligero. 傷は～ La herida es leve.

あさぐろい 浅黒い more*no*(*na*)〔de piel〕

あさって 明後日 pasado mañana

あさはか 浅はか ～な irreflexi*vo*(*va*), superficial

あさひ 朝日 sol 男 naciente

あさましい 浅ましい〈嘆かわしい〉deplorable, lamentable；〈卑劣〉ba*jo*(*ja*), vil, indig*no*(*na*)

あざやかな 鮮かな〈鮮明〉cla*ro*(*ra*), vi*vo*(*va*)：～色 color 男 vivo. ～技 técnica 女 magistral

あし 足 pie 男

あし 脚〈人の〉pierna 女；〈動物・家具などの〉pata 女

あじ 味 sabor 男, gusto 男：～のない sin

sabor, so*so*(*sa*). 〜のよい ri*co*(*ca*), sabro*so*(*sa*). 〜付けする condimentar
〜を占める tomar a+人 gusto a+事: 彼は競馬で〜を占めた Le ha tomado gusto a las carreras de caballos.

アジア Asia 囡. 〜の asiáti*co*(*ca*)

あしあと 足跡 pisada 囡, huella 囡: 雪の上に犬の〜が残っている Hay huellas de perro sobre la nieve.

あしおと 足音 pasos 男 複 〜を忍ばせて歩く andar sin hacer ruido (sigilosamente)

あじけない 味気ない insípi*do*(*da*), so*so*(*sa*)

あした 明日 mañana: 〜まで hasta mañana. 〜会おう Nos veremos mañana.

あしば 足場 andamio 男

あしもと 足元 〜に気をつけなさい Anda con cuidado./Mira por dónde caminas. …の〜にも及ばない no llegar a+人 a la suela del zapato

あじわう 味わう〈賞味〉saborear, gustar;〈体験〉experimentar

あずける 預ける ❶〈保管〉depositar, consignar: 銀行に金を〜 meter (depositar) el dinero en el banco. 荷物を一時預り所に〜 dejar el equipaje en la consigna. 借金のかたに預かる recibir (guardar) en depósito. 預かり証〈荷物の〉resguardo 男 ❷〈委託〉confiar, encargar: 子供を隣人に〜 confiar su niño a un vecino. 子供を預かる cuidar niños de *otro*(*tra*)

あせ 汗 sudor 男. 〜をかく sudar

あせる 焦せる impacientarse. 焦らずに sin perder la paciencia;〈のんびりと〉tranquilamente

あせる 褪せる perder〔el color〕, decolorarse. 色の褪せた descolori*do*(*da*)

あそこ allí: 〜に行こう Vamos allí. 〜にホテルがある Allí hay un hotel. 〜で休もう Vamos a descansar allí.

あそぶ 遊ぶ jugar: トランプをして〜 jugar a las cartas. 遊んで暮らす vivir sin trabajar
遊び juego 男;〈気晴らし〉diversión 囡, recreo 男. 遊びに来てください Ven a mi casa〔para pasar un rato〕. 遊びに行こう Vamos por ahí./Vamos a divertirnos.

あたいする 値する valer, merecer: 賞に〜 merecer un premio. その本は読むに値しない No vale la pena leer ese libro.

あたえる 与える ❶ dar, ofrecer: 職を〜 dar trabajo
❷〈授与〉otorgar: 博士号を〜 otorgar a +人 el título de doctor

あたたかい 暖かい ❶ templa*do*(*da*);〈水が〉ti*bio*(*bia*):〜冬 invierno 男 templado. このマフラーは〜 Esta bufanda abriga mucho. ❷〈心が〉afectuo*so*(*sa*)

あたためる 暖める ❶ calentar: 部屋を〜 calentar la habitación
❷〈体を〉calentarse: ストーブで手を〜 calentarse las manos en la estufa
暖まる calentarse;〈心が〉emocionarse, conmoverse. 心暖まる話 historia 囡 conmovedora

アタッシェケース maletín 男

あだな 渾名 apodo 男, mote 男: 先生に〜を付ける poner un mote al profesor

あたま 頭 cabeza 囡: 私は〜が痛い Me duele la cabeza./Tengo dolor de cabeza. 〜がいい ser inteligente. 〜が悪い ser poco inteligente, tener mala cabeza

あたまきん 頭金 entrada 囡

あたらしい 新しい ❶ nue*vo*(*va*):〜家〈新築〉casa 囡 nueva. 新しく来た教師 nuevo profesor 男, profesor recién llegado. 新しくする renovar
❷〈新鮮〉fres*co*(*ca*):この魚は〜 Este pescado está fresco.
❸〈現代的〉moder*no*(*na*):〜設備 instalaciones 囡 modernas

あたり 辺り alrededor 男:〜を見回す mirar a su alrededor. 〜には誰もいない No hay nadie en los alrededores. 彼はこの〜に住んでいる Vive por aquí〔cerca〕. 〜一面 por todas partes

あたりまえ 当たり前 〜の〈当然〉lógi*co*(*ca*), natural. …は〜だ Es natural (justo) que+接続法: 彼が怒るのは〜だ Es natural que se enfade.

あたる 当たる ❶〈衝突〉chocar contra…: 破片が窓に当たった Un trozo chocó contra la ventana.
❷〈命中〉dar en…: 弾は私の腕に当たった La bala me dio en el brazo.
❸〈的中〉acertar. 宝くじが当たりますように! ¡Ojalá me toque la lotería!

あちこち 〜捜す buscar por todas partes. 〜行く ir de acá para allá. 〜に〜で aquí y allá〔allí〕

あちら allí: 生徒は〜にいる Los alumnos están allí. 〜へ行こう Vamos allá. もっと〜 más allá. 〜の建物 aquel edificio 男

あつい 厚い grue*so*(*sa*), gor*do*(*da*);〈壁などが〉espe*so*(*sa*):〜本 libro 男 grueso (gordo). 厚く礼を言う agradecer a+人 de corazón

あつい 暑い ❶ caluroso(sa), cálido(da)：きょうは〜一日だ Hoy hace un día caluroso. 暑さ calor 男
❷〈単人称〉hacer calor：この部屋は〜 Hace calor en esta sala.
❸〈人が主語〉tener calor：私はとても〜 Tengo mucho calor.

あつい 熱い caliente：〜湯 agua 女 caliente. ストーブが〜 La estufa da mucho calor.
❷〈熱烈〉caluroso(sa)：〜歓迎 recibimiento 男 caluroso

あっか 悪化 empeoramiento 男. 〜させる empeorar, agravar. 〜する empeorarse, agravarse

あつかう 扱う ❶〈操作〉manejar：機械を〜 manejar una máquina
❷〈待遇〉tratar：子供扱いしないでください No me trate como a un niño.

あつかましい 厚かましい descarado(da), fresco(ca)：彼は〜 Tiene mucha cara. 厚かましさ descaro 男, frescura 女

あっさり simplemente；〈容易〉fácilmente. 〜とあきらめる resignarse en seguida 〜した simple, sencillo(lla), ligero(ra)：〜したデザイン diseño 男 sencillo. 〜した味 sabor 男 ligero

あっしゅく 圧縮 compresión 女. 〜する comprimir, prensar

あっせん 斡旋〈調停〉mediación 女. 就職を〜する buscar empleo a+人

あっとう 圧倒 〜する abrumar, aplastar. 〜的な abrumador(ra), aplastante

あっぱく 圧迫 opresión 女. 〜する oprimir, apretar

あつまり 集まり〈集会〉reunión 女；〈親しい間柄の〉tertulia 女

あつまる 集まる ❶ reunirse：次の日曜日に集まろう Nos reuniremos el próximo domingo.
❷〈人だかり〉aglomerarse：事故現場に人が集まっていた La gente se aglomeraba en el lugar del accidente.

あつめる 集める ❶ reunir, juntar：生徒を教室に〜 reunir a los alumnos en la clase.
❷〈色々な所から〉recoger：ごみを〜 recoger la basura
❸〈収集〉coleccionar：コインを〜 coleccionar monedas

あつりょく 圧力 presión 女：〜をかける hacer presión

あてな 宛名〈住所〉dirección 女, señas 女複：封筒に〜を書く poner las señas en el sobre. ❷〈名宛人〉destinatario(ria)；〈宛先〉destino 男

あてはめる 当てはめる：理論を現実に〜 aplicar una teoría a la realidad 当てはまる ❶〈適用〉ser aplicable a...：その規則はあらゆる場合に当てはまる Esa regla es aplicable a todos los casos. ❷〈該当〉corresponder a...

あてる 当てる ❶〈接触〉poner, aplicar：額に手を〜 poner la mano en la frente
❷〈命中・的中〉acertar, dar en...：的に〜 dar en el blanco
❸〈推測〉adivinar：私が誰かを当ててごらん Adivina quién soy.
❹〈さらす〉exponer：日に〜 exponer al sol
❺〈充当〉dedicar, destinar：一室を子供部屋に〜 destinar un cuarto a los niños

あと 後 ❶〈空間〉〜へ atrás：〜を振り返る volverse hacia atrás. 〜からついて行く ir tras+人, seguir a+人. 〜に残る quedarse. 故郷を〜に dejar su tierra
❷〈時間〉〜で después, más tarde, luego：〜電話します Le llamaré más tarde. ではまた〜で Hasta luego. 〜から文句を言うな No te quejes después.
…の〜で después de...：夕食の〜で después de la cena
〜3日でクリスマスだ Faltan tres días para las Navidades. 〜1時間で東京に着きます Llegaremos a Tokio dentro de una hora.
❸〈順序〉彼は私より〜に着いた Llegó después que yo. 私はいちばん〜に歌った Canté el último. 〜から〜から uno tras otro
❹〈残り〉lo demás：〜はご想像に任せます Lo demás, lo dejo a su imaginación.
❺〈さらに〉más：〜3人入れます Caben tres personas más./Caben otras tres personas.

あと 跡 ❶〈痕跡〉marca 女, huella 女：〜を残す dejar huellas
❷〈足跡〉pista 女, pasos 男複：〜をつける seguir tras+人, seguir la pista de+人
❸〈遺跡〉ruinas 女複

あとかたづけ 後片付け パーティーの〜をする recoger después de la fiesta. 食卓の〜をする quitar la mesa〔y fregar los cacharros〕

あどけない inocente, cándido(da)

あとつぎ 跡継ぎ〈財産〉heredero(ra)；〈職務〉sucesor(ra)

あとまわし 後回し 〜にする posponer. その話は〜だ Eso lo dejaremos para más tarde.

あともどり 後戻り〈後退〉retroceso 男.

~する retroceder

アトラクション atracciones 囡 圈

アトランダム ~に al azar, a la ventura

あな 穴 agujero 男；〈地面の〉hoyo 男；〈くぼみ〉hueco 男：地面に~を掘る hacer un hoyo en la tierra. ~をあける perforar. 壁に~をあける abrir un agujero en la pared

アナウンス anuncio 男. ~する anunciar por la alta voz. アナウンサー locutor(ra)

あなた ❶〈初対面・年長など遠慮のある間柄で〉usted：~は日本人ですか？ ¿Es usted japonés?
~の su, suyo(ya)：これは~のですか？ ¿Es éste el suyo?
~を〈男性〉lo, le；〈女性〉la：~を父に紹介します Le presento a mi padre.
~に le：~にこの本を送ります Le envío este libro.
❷〈家族・友人など親しい間柄で〉tú. ~の tu, tuyo(ya). ~を・~に te.

あなたがた〈初対面・年長など遠慮のある間柄で〉ustedes；〈家族・友人など親しい間柄で〉vosotros(tras)

あに 兄 hermano 男〔mayor〕

あね 姉 hermana 囡〔mayor〕

あの aquel(lla)：~ビル aquel edificio 男. ~晩 aquella noche 囡. ~ころ en aquellos días, en aquel entonces

アパート apartamento 男〔pequeño〕, piso 男 pequeño

あばれる 暴れる 〈騒々しく〉alborotar；〈暴動〉agitarse. こら, ~! ¡Estáte quieto!

あびる 浴びる 水を〈体にかける〉tomar un baño, bañarse；〈ぬれる〉mojarse. 日を~ ponerse al sol；〈日光浴〉tomar el sol. 非難(称賛)を~ ser objeto de críticas (alabanzas)

アフターサービス servicio 男 postventa；〈修理など〉asistencia 囡 técnica

あぶない 危ない ❶ peligroso(sa)：~玩具 juguete 男 peligroso. 道路で遊ぶのは~ Es peligroso jugar en la calle. ~! ¡Cuidado!/¡Ojo!
❷〈冒険的〉arriesgado(da), aventurado(da)：~商売 negocio 男 arriesgado. ~橋を渡る correr peligro (riesgo)
❸ 危なく…する por poco+直説法現在：私は危なく列車に乗り遅れるところだった Por poco (Casi) pierdo el tren.

あぶら 油 aceite 男；〈脂〉grasa 囡. ~っこい aceitoso(sa), grasiento(ta)

アフリカ África 囡. ~の africano(na)

あふれる 溢れる ❶ rebosar, derramarse：風呂が~ La bañera rebosa. 喜びに~ rebosar de alegría
❷〈川などが〉desbordarse：雨で川が溢れた Por la lluvia se ha desbordado el río.

あまい 甘い ❶〈味〉dulce, azucarado(da)：この飲み物は~ Esta bebida es dulce. ~もの dulces 男 圈. 甘党の〔人〕goloso(sa)
❷〈厳しくない〉indulgente, blando(da)：子供に~父親 padre 男 indulgente (blando) con sus hijos
❸〈楽観的〉optimista：君は考えが甘すぎる Eres demasiado optimista. 甘く見る subestimar, menospreciar
❹ 甘える abusar del cariño de+人, esperar consideración de+人. 甘えん坊の・甘ったれた mimoso(sa) 甘やかす mimar, consentir

あまり 余り ❶ resto 男；sobra 囡, exceso 男
❷ あまり…ない no... mucho; no... muy, poco：私はサッカーはあまり好きではない No me gusta mucho el fútbol. 彼はあまり頭がよくない No es muy inteligente./Es poco inteligente.
❸ あまりの demasiado(da), excesivo(va)：あまりにも多くの人 demasiada gente 囡. あまりにも多すぎる
あまりに…なので…する tan... que+直説法：その映画があまりにも面白かったので私は2度も見てしまった La película era tan divertida que la vi otra vez.
あまりに…なので…しない demasiado... para+不定詞, tan... que no+直説法：その車はあまりにも高くて買えない El coche es demasiado caro para comprármelo.

あまる 余る〈残る〉quedar；〈余分〉sobrar：金はいくら余った？ ¿Cuánto dinero 〔te〕queda (te ha sobrado)? 余った金 dinero 男 que sobra, resto 男 del dinero. 10を3で割ると1~ Queda uno al dividir diez por tres.

あみ 網 red 囡. ~にかかる caer en la red. ~の目 malla 囡

あむ 編む tejer. 編み物をする hacer punto. マフラーを~ hacer una bufanda de punto

あめ 雨 lluvia 囡. ~が降る llover：この季節は~がよく降る Llueve mucho en esta época. ~が降っている Está lloviendo.

あめ 飴 caramelo 男

アメリカ ❶〈大陸〉América 囡. ~の americano(na)
❷〈米国〉Estados 男 圈 Unidos. ~の estadounidense, norteamericano(na).

あやしい 怪しい ❶〈疑わしい〉sospechoso(sa), dudoso(sa)：~人物 persona 囡 sospechosa

…かどうか〜 dudar que+接続法：彼の話が本当かどうか〜ものだ Dudo que sea verdad lo que dice.
❷〈不確実〉incier*to* (*ta*), insegu*ro* (*ra*)：〜ニュース noticia 囡 incierta
❸〈奇異〉ra*ro* (*ra*), extra*ño* (*ña*)：〜物音 ruido 男 extraño

あやしむ 怪しむ sospechar：みんなは彼が犯人ではないかと怪しんでいる Todos sospechan que él es el autor del delito. 人から怪しまれるようなことをするな No hagas cosas que hagan sospechar.

あやつる 操る〈道具・人を〉manejar：彼ははしを上手に〜 Maneja bien los palillos.

あやふやな incier*to* (*ta*), insegu*ro* (*ra*)

あやまち 過ち〈過失〉falta 囡, error 男, equivocación 囡；〈宗教・道徳上の〉pecado 男；〜を犯す cometer una falta (un error) 過ちで error por error；〈不注意で〉por descuido. 私は過って花びんを割ってしまった El florero se rompió por un descuido mío.

あやまり 誤り error 男, falta 囡

あやまる 謝る pedir perdón, excusarse, disculparse：もし君を傷つけたのなら〜よ Si te hice daño, te pido perdón.

あらい 荒い・粗い ❶〈乱暴〉bru*to* (*ta*), violen*to* (*ta*)；〈粗暴〉brus*co* (*ca*), bra*vo* (*va*)；〈粗野〉ru*do* (*da*), grose*ro* (*ra*)：気の〜牛 toro 男 bravo
❷〈ざらざらした〉áspe*ro* (*ra*)；〈粗雑〉bas*to* (*ta*)：[目の]〜布 tela 囡 basta

あらう 洗う ❶〈洗濯〉lavar：車(服)を〜 lavar el coche (la ropa)
❷〈自分の体を〉lavarse：手をよく洗いなさい Lávate bien las manos.
❸〈食器などを〉fregar：フライパンを〜 fregar la sartén

あらかじめ 予め de antemano, antes：出かける前に〜テーブルを予約する reservar una mesa antes de salir

あらし 嵐 tormenta 囡, tempestad 囡；〈海の〉borrasca 囡

あらす 荒らす〈害する〉dañar, hacer daño：そのクリームは肌を〜 Esa crema daña al cutis.

あらすじ 粗筋〈映画・小説などの〉argumento 男

あらそい 争い disputa 囡；〈けんか〉pelea 囡；〈不和〉discordia 囡；〈競争〉competencia 囡, rivalidad 囡；〈紛争〉conflicto 男；〈戦争〉guerra 囡, lucha 囡

あらそう 争う ❶ disputar；〈けんか〉pelear, reñir；〈戦う〉luchar：…と遺産を〜 disputar con+人 por la herencia
❷〈競争〉competir：…と1位を〜 competir con+人 por ganar el primer puesto

あらたな 新たな nue*vo* (*va*)：〜人生 nueva vida 囡
新たに〈最近〉recientemente, últimamente；〈再度〉de nuevo, otra vez

あらたまった 改まった formal, ceremonio*so* (*sa*)：〜席で en una reunión formal (de etiqueta). 改まってどうしたの? ¿Qué te pasa? ¿Por qué te pones tan serio?

あらためて 改めて〈再び〉de nuevo, nuevamente, otra vez；〈後日〉otro día；〈特に〉especialmente

あらためる 改める ❶〈新しくする〉renovar.
❷〈変更〉cambiar, modificar. ❸〈改善〉mejorar. ❹〈矯正〉corregir：行ないを〜 corregirse. ❺〈改革〉reformar. ❻〈検査〉examinar, revisar：切符を〜 revisar los billetes
改まる renovarse；cambiarse；mejorarse；reformarse

あらわす 表わす ❶〈示す〉mostrar, manifestar, exponer：不快感を〜 mostrar desagrado
❷〈表現〉expresar, representar：ことばで〜 expresar con palabras
❸〈意味〉significar：赤は危険を〜 El color rojo significa peligro.

あらわれる 表・現われる ❶〈姿を現わす〉aparecer, salir：彼は時々ここに〜 A veces aparece por aquí. 舞台に〜 salir al escenario
❷〈表面に〉manifestarse, notarse：彼の怒りが態度に表われている Se nota (Se ve) por su actitud que está enfadado.

ありえない 有り得ない Es imposible [que+接続法].

ありがたい 有難い ❶〈貴重〉valio*so* (*sa*)：〜援助 ayuda 囡 valiosa
❷〈感謝〉迎えに来てくれると〜のだが Te agradecería que vinieras a buscarme. 友だちとは〜ものだ Los amigos son de agradecer.

ありがとう 有難う Gracias./〈ご親切に〉Es usted muy amable. お招きを〜 Gracias por la invitación.

ありのまま 有りの儘 〜の事実 pura verdad 囡. 〜に語る hablar francamente. 事実を〜に描く describir el hecho tal como ocurrió

アリバイ coartada 囡

ありふれた 有り触れた ❶ corriente, común, ordina*rio* (*ria*)：〜車 coche 男 corriente. ❷〈独創的でない〉poco origi-

nal: ～発想 idea 囡 poco original
ある 或る u*n*(*no*), algú*n*(*no*), cier*to*(*ta*): ～日 un (algún) día. ～所で en alguna parte. ～程度まで hasta cierto punto
ある 有る・在る ❶ ⟨具体的な所在⟩ estar: マドリードはスペインの中央にある Madrid está en el centro de España.
❷ ⟨存在の有無⟩ haber, existir: このあたりにホテルはありますか? ¿Hay un hotel por aquí?
❸ ⟨所有⟩ tener: 彼には子供が2人～ Tiene dos hijos.
❹ ⟨経験⟩ …したことが～ haber+過去分詞: 私はパリに〔一度〕行ったことが～ He estado (una vez) en París.
❺ ⟨行なわれる⟩ haber, tener lugar: サッカーの試合が～ Hay un partido de fútbol.
❻ ⟨発生⟩ haber, ocurrir, producirse: もし何かあったら… si ocurre algo…
あるいは 或いは ⟨または⟩ o [bien]; ⟨ひょっとしたら⟩ posiblemente, quizá[s]
あるく 歩く andar, caminar: 歩いて行く ir andando, ir a pie
アルバイト trabajo 男 por horas. ～をする trabajar por horas. ～を雇う emplear a+人 temporalmente
アルバム álbum 男
あれ aqué*l*(*lla*), aquello
あれる 荒れる ❶ 今夜は荒れそうだ Amenaza tempestad esta noche. 海が荒れている El mar está agitado.
❷ ⟨荒廃⟩ asolarse, arruinarse: 田畑が荒れた El campo se ha quedado asolado.
❸ 膚が荒れている tener el cutis áspero
アレルギー alergia 囡: 食物～ alergia a los alimentos. ～[性]の alérgico(*ca*)
あわ 泡 espuma 囡
あわせる 合わせる ❶ juntar: 2つのテーブルを～ juntar dos mesas
❷ ⟨結合⟩ unir: 力を～ unir las fuerzas
❸ ⟨適合⟩ ajustar, adaptar: 新しい環境に自分を～ adaptarse al nuevo ambiente. ピアノに合わせて歌う cantar acompaña*do*(*da*) por el piano
あわてる 慌てる precipitarse; ⟨うろたえる⟩ perder la serenidad (la calma); ～! ¡No te precipites!/¡Tranquilo!/¡No pierdas la serenidad! 私は慌てて外に飛び出した Me lancé precipitadamente (Me precipité) a la calle.
あわれ 哀れ ～な pobre, miserable, lastimo*so*(*sa*): ～な男 pobre hombre 男. ～な姿 aspecto 男 miserable. ～な状態 situación 囡 lastimosa

あん 案 idea 囡; ⟨計画⟩ plan 男; ⟨提案⟩ propuesta 囡: 私に名案がある Tengo una buena idea.
あんい 安易 ～な fácil: ～な道を選ぶ tomar el camino fácil. ～に考える tomar… a la ligera
あんがい 案外 ⇨意外. 問題は～やさしかった Las preguntas eran más fáciles de lo que yo pensaba. ～君は照れ屋なんだね No sabía que eres tan tímido.
あんき 暗記 ～する aprender[se] de memoria. ～している saberse de memoria
アンケート encuesta 囡: ～をとる hacer una encuesta
あんごう 暗号 cifra 囡; ⟨コード⟩ clave 囡
アンコール ¡Otra!
あんさつ 暗殺 asesinato 男. ～する asesinar. ～者 asesi*no*(*na*)
あんざん 暗算 cálculo 男 mental. ～する hacer un cálculo mental
あんじ 暗示 sugestión 囡. ～する sugerir, insinuar. ～にかける sugestionar
あんしょう 暗証 ～番号 número de identificación
あんしん 安心 ～する tranquilizarse, quedarse tranqui*lo*(*la*). ～して tranquilamente. これで～だ Ya puedo estar tranquilo. ～してください Descuide usted./Pierda cuidado.
あんぜん 安全 seguridad 囡. ～な segu*ro*(*ra*), libre de peligro: ～な方法 medio 男 seguro. ～に sin correr ningún riesgo
あんてい 安定 estabilidad 囡, firmeza 囡; ⟨均衡⟩ equilibrio 男: このベッドは～が悪い・不～だ Esta cama tiene poca estabilidad
～した estable, segu*ro*(*ra*): ～した仕事 trabajo 男 seguro
～させる estabilizar; equilibrar
アンテナ antena 囡
あんな tal, semejante: 二度と～ことをするな No vuelvas a hacer tal cosa. ～車が欲しい Me gustaría tener un coche como aquél. 彼は～人とは知らなかった No sabía que era así.
～に así; ⟨あれほど⟩ tan: ～にきれいな人は見たことがない Nunca he visto una mujer tan guapa como ella.
あんない 案内 guía 囡. ～する guiar. この町を～しよう Te voy a enseñar esta ciudad. 観光～所 oficina 囡 de turismo. ～図 plano 男 [informativo]. ～人 guía 共
あんぴ 安否 ～を気づかう inquietarse por la seguridad de+人. …の～を知らせる in-

formar sobre el estado de+人
あんみん 安眠 ～する dormir bien. ～を妨害する no dejar dormir a+人
あんらく 安楽 ～な cómo*do (da)*, confortable: ～な暮らし vida 囡 cómoda (holgada). ～に cómodamente. ～死 eutanasia 囡

い

い 胃 estómago 男
いい 良い ❶ bue*no (na)*: 彼は～人だ Es una buena persona. 牛乳は体に～ La leche es buena para la salud. きょうは～天気だ Hoy hace buen tiempo. 君の～ようにしなさい Haz lo que (como) quieras.
❷ 〈対比〉〔A よりも〕B の方が～ preferir B 〔a A〕: 私は電車で行く方が～ Prefiero ir en tren. …した方が～ Es mejor+不定詞 (que+接続法): 君は少し休んだ方が～ Es mejor que descanses un poco.
❸ 〈許可〉…して～ poder+不定詞: 君は帰って～よ Puedes marcharte. 入っても～ですか? ¿Se puede 〔entrar〕?
❹ …しなくて～ no tener que+不定詞, no hay que+不定詞: あなたはそんなことをしなくて～ Usted no tiene que hacer tal cosa.
いいあらわす 言い表わす expresar, manifestar: 私は自分の気持ちをうまく言い表わせない No puedo expresar bien lo que siento./No puedo expresarme bien.
いいえ no
いいかえす 言い返す replicar
いいかえる 言い換える decir con otras palabras. 易しいことばに～ decir con (en) palabras más sencillas. 言い換えれば〈すなわち〉es decir, o sea
いいかげん 好い加減 ❶ ～な 〈無責任〉 irresponsable; 〈約束などを守らない〉 informal: 彼は～な男だ Es irresponsable. ～な地図 plano 男 inexacto
❷ ～にしてくれ No me aburres (canses). 悪ふざけは～にしろ ¡Basta de broma pesada!
いいすぎる 言い過ぎる decir demasiado, pasarse: それは言い過ぎだ Te has pasado diciendo eso. …と言っても言い過ぎではない No es una exageración (No es mucho) decir que+直説法
E メール ⇨ メール
いいわけ 言い訳 〈弁解〉 disculpa 囡, excusa 囡; 〈口実〉 pretexto 男: そんな～は通らない Tales excusas son inaceptables. ～する disculparse, dar excusas
いいん 委員 miembro 男 de una comisión (un comité). ～会 comité 男, comisión 囡

いう 言う ❶ decir: 彼はおなかがすいたと言っている Dice que tiene hambre. 「ありがとう」はスペイン語で何と言いますか? ¿Cómo se dice "Arigato" en español?
❷ 〈言及〉 referirse a…: 彼は誰のことを言っているのですか? ¿A quién se refiere?/¿De quién habla?
いえ 家 ❶ casa 囡: ～〔の中〕で en casa. ～に帰る volver a casa
❷ 〈家庭〉 hogar 男; 〈家族〉 familia 囡: 彼の～は貧しい Su familia es pobre.
いか ❶ 〈数量〉 menos de…: 千円～で a menos de mil yenes
❷ 〈程度〉 inferior a…
❸ 〈続き〉 lo siguiente, lo demás, el resto: ～省略 omitiendo lo demás (lo demás). ～の通り como sigue
いがい 意外 ～な ❶ 〈予期しない〉 imprevis*to (ta)*, inespera*do (da)*: ～な結末 desenlace 男 inesperado: 君が彼女と知り合いとは～だった No me podía imaginar que tú la conocieras.
❷ 〈驚くべき〉 sorprendente. ～にも彼は合格した Para mi sorpresa, aprobó el examen.
いがい 以外 〈除外〉 menos, excepto, aparte de…: 私～の全員 todos menos (excepto) yo. これ～に方法はない No hay otro remedio que éste. 彼はスペイン語～は話せない No habla más que español. 私～にも誰か来るの? ¿Viene alguien aparte de mí?
いかが ごきげん～ですか? ¿Cómo está usted?/¿Qué tal? ¿Cómo le va? このプランは～ですか? ¿Qué le parece este plan? コーヒーをもう一杯～ですか? ¿Quiere usted otra taza de café?
いがく 医学 medicina 囡
いかり 怒り 〈立腹〉 enfado 男; 〈癇癪〉 cólera 囡, ira 囡; 〈義憤〉 indignación 囡; 〈激怒〉 rabia 囡. ～に燃える arder de ira. 〈かっとなる〉 montar en cólera. ～を覚える indignarse por+事
いかん 遺憾 ～な lamentable, deplorable. ～に思う sentir. …は～である Es una lástima (una pena) que+接続法

いき 息 respiración 囡; 〈呼気〉aliento 男; 〈吸気〉inspiración 囡. ～をする respirar. ～を吸う inspirar. ～を吐く espirar. ～がある estar respirando, estar vi*vo* (*va*)

いぎ 意義〈意味〉significación 囡, sentido 男: 彼は人生の～を見出した Encontró un nuevo sentido a la vida.

いぎ 異議 objeción 囡, oposición 囡: ～を唱える oponerse, hacer objeciones. ～あり〈裁判で〉¡Protesto! ～なし Nada que objetar.

いきいき 生き生き ～とした vi*vo* (*va*), anima*do* (*da*), acti*vo* (*va*). ～とした目 ojos 男 覆 vivos. 最近彼は～としている Últimamente está lleno de vitalidad.

いきおい 勢い fuerza 囡; 〈はずみ〉ímpetu 男. ～よく con fuerza, con ímpetu: 水が～よく流れ出す El agua sale con fuerza.

いきかえる 生き返る revivir, volver a la vida: 涼風のおかげで生き返った Con esta brisa fresca me siento revivir. 生き返らせる resucitar

いきのこる 生き残る sobrevivir, quedar con vida: その地震で生き残った人はわずかだ Fueron pocos los que sobrevivieron al terremoto. 生き残り superviviente 图

いきもの 生き物 ser 男 vivo (viviente); 〈動物〉animal 男

いきる 生きる vivir: ピカソは92歳まで生きた Picasso vivió〔hasta los〕noventa y dos años. ～か死ぬかの問題だ Es una cuestión de vida o muerte. この絵は生きているようだ Este retrato parece que está vivo.

いく 行く ir: …しに～ ir a+不定詞. あした遊びに行っていい?¿Puedo ir a tu casa mañana? 休暇中私は故郷に行っていた Estuve en mi pueblo durante las vacaciones. この通りをこのまま行きなさい Sigue esta calle. …行きの列車 el tren para…

いくじ 育児 彼女は～に疲れた Está harta de cuidar niños.

いくつ 幾つ cuán*tos* (*tas*): この通りに喫茶店は～ありますか?¿Cuántas cafeterías hay en esta calle? ～でもどうぞ Tome usted cuanto quiera. 東京にはディスコが～もある Hay muchas discotecas en Tokio. いくつかの u*nos* (*nas*), algu*nos* (*nas*)

いくら 幾ら〈代金〉この絵葉書は～ですか?¿Cuánto cuesta (vale) esta postal?/¿Qué precio tiene esta postal?〔全部で〕～になりますか?¿Cuánto es〔en total〕? そのスーツを～しましたか?¿Cuánto le costó el traje?

いくらか 幾らか〈ある程度〉algo, hasta cierto punto;〈少し〉un poco: 彼は～日本語がわかる Entiende algo (un poco) de japonés. 私は～疲れている Estoy algo cansado.

いけ 池 estanque 男

いけない ⇨悪い. ❶〈禁止〉…しては～ no deber+不定詞;〈命令〉no+接続法: それに触っては～ No debes tocarlo./No lo toques.〈一般に〉Se prohíbe (Prohibido) tocarlo. ここに座ってはいけませんか?¿Puedo sentarme aquí?
❷〈必要・義務〉…しなくては～ tener que (deber)+不定詞;〈一般に〉Hay que+不定詞: 私はもう帰らなくては～ Ya tengo que irme. ここでは旅券を見せなけれは～ Hay que mostrar el pasaporte aquí.

いけばな 生け花 arte 男 floral

いけん 意見 opinión 囡, parecer 男: あなたの～は?¿Qué opina usted?/¿Qué opinión tiene usted? 私の～では… A mi parecer… ～を述べる dar su opinión,〈…について〉opinar sobre… …と～が合う estar conforme con+人, ser del mismo parecer que+人

いげん 威厳 dignidad 囡. ～のある majestu*oso* (*sa*)

いご 以後〈今後〉[de aquí] en adelante, desde ahora;〈…以降〉desde, a partir de …, después de…: ～彼の消息は不明だ Desde entonces no tenemos noticias de él.

いこつ 遺骨 cenizas 囡 覆

いざかや 居酒屋 taberna 囡, mesón 男,〈ラ〉cantina 囡

いさましい 勇ましい valien*te*, vale*roso* (*sa*);〈勇猛〉intrépi*do* (*da*). 勇ましく valientemente

いさん 遺産 herencia 囡;〈社会的な〉patrimonio 男: ～を残す dejar una herencia a+人. 文化を守る guardar el patrimonio cultural. 世界～ Patrimonio de la Humanidad

いし 石 ❶ piedra 囡: ～造りの家 casa de piedra. ❷〈石ころ〉guijarro 男;〈小石〉china 囡

いし 医師 ⇨医者. ～団 cuadro 男 médico. ～免許 licencia 囡 médica

いし 意志 voluntad 囡: ～が強い(弱い) tener una voluntad firme (débil), ser resuel*to* (*ta*) (indeci*so* (*sa*)). ～に反して contra su voluntad

いじ 意地 ❶〈強情〉testadurez 囡, obstinación 囡;〈意気地〉voluntad 囡;〈自尊心〉orgullo 男, dignidad 囡. ～を張る

obstinarse [en+不定詞]. 意地っぱりな obstina*do*(*da*)

❷ ～の悪い ma*lo*(*la*), malicio*so*(*sa*): ～の悪い質問 pregunta 囡 maliciosa. ～の悪い言い方をする decir con mala intención. 彼は～が悪い Tiene mala idea.

いじ 維持 mantenimiento 男, conservación 囡: ～費 gastos 男 複 de mantenimiento. ～する mantener: 家計を～する mantener la economía familiar

いしき 意識 conciencia 囡, conocimiento 男, sentido 男: ～を失う perder el sentido (el conocimiento). ～がある estar consciente

～して・～的に conscientemente;〈わざと〉a sabiendas

無～の inconsciente. 無～に inconscientemente, sin querer

いしつぶつ 遺失物 objetos 男 複 perdidos: ～取扱所 oficina 囡 de objetos perdidos

いじめる〈虐待〉maltratar;〈いびる〉vejar. いじめ maltrato 男; vejación 囡

いしゃ 医者 médi*co*(*ca*), doct*or*(*ra*): ～に見てもらう consultar al médico

いしゃりょう 慰謝料 compensación 囡, indemnización 囡

いじゅう 移住 migración 囡;〈他国への〉emigración 囡;〈他国からの〉inmigración 囡. ～する emigrar; inmigrar

いじょう 以上 ❶〈数量〉más de...: 6時間～眠る dormir más de seis horas. 私はこれ～我慢できない No puedo aguantar más.

❷ 言いたいことは～です Eso es todo〔lo que quiero decir〕./Ya está. 言った～実行すべきだ Puesto que lo has dicho, tendrás que realizarlo.

いじょう 異状 novedad 囡, anomalía 囡: ～なし No hay novedad./Todo está bien. エンジンに～がある El motor funciona mal (no anda bien).

いじょう 異常 ～な anormal. この夏の暑さは～だ Hace un calor que no es normal este verano.

いしょく 移植〈植物・臓器の〉trasplante 男;〈皮膚など組織の〉injerto 男. ～する trasplantar; injertar

いじる〈触る〉tocar;〈いぢくる〉manosear

いじん 偉人 gran hombre 男

いす 椅子 ❶ silla 囡;〈ひじ掛けいす〉sillón 男;〈安楽いす〉butaca 囡, poltrona 囡;〈スツール〉taburete 男;〈寝いす〉diván 男;〈座席〉asiento 男

❷〈地位〉puesto 男: 社長の～を狙う aspi-

rar al puesto de director general

いずみ 泉 fuente 囡, manantial 男

イスラム ～教 islamismo 男, el Islam. ～教徒 musulmá*n*(*na*), islámi*co*(*ca*)

いずれ ❶〈またの機会に〉en (para) otra ocasión: ～来ることにしよう Volveré en otra ocasión.

❷〈近日中に〉un día de éstos, uno de estos días: ～〔近いうちに〕会おう Nos veremos uno de estos días.

❸〈遅かれ早かれ〉tarde o temprano: 真相は～わかる Tarde o temprano se sabrá la verdad.

いせき 遺跡 ruinas 囡 複, vestigios 男 複

いぜん 以前 ❶〈前・昔〉antes, antiguamente: ～そこは小さな漁村だった Antes, era un pequeño pueblo pesquero. ～のように como antes

❷〈…より〉antes de...: この塔は奈良時代～に建てられた Esta torre fue construida antes de la era de Nara.

いそがしい 忙しい estar ocupa*do*(*da*): 今～かい？ ¿Estás ocupado (No tienes tiempo) ahora? 今がもっとも～時期だ Ésta es la temporada de mayor actividad. ～スケジュール agenda 囡 apretada

いそぐ 急ぐ darse prisa: 急げ！ ¡Date prisa! この仕事は急ぎます Este trabajo corre prisa.

急いで de (a) prisa, apresuradamente. 大急ぎで con mucha prisa, a toda prisa. 急いでいる tener prisa. 急いで…する apresurarse a+不定詞

急ぎの urgente, apremiante: 急ぎの仕事 tarea 囡 urgente

いそん 依存 dependencia 囡. ～する depender de...: 日本は原料を輸入に～している Japón depende de la importación de materias primas.

いた 板 tabla 囡, tablero 男;〈薄い〉placa 囡, lámina 囡

いたい 痛い〈人が主語〉tener dolor de+部位;〈部位が主語〉doler a+人: 胃が～ Tengo dolor de estómago./Me duele el estómago. ～！ ¡Ay!

痛くする hacer daño: ～わね, 放してよ！¡Suéltame, que me haces daño!

いだい 偉大 ～な grande: ～な芸術家(功績) gran artista 名 (mérito 男)

いたずら travesura 囡;〈悪ふざけ〉broma 囡: ～をする hacer travesura a+人. ～な travie*so*(*sa*)

いただく ❶〈飲食〉tomar: お茶をいただきます Voy a tomar té.

❷ 〈もらう〉recibir：これは先生にいただいた本です Éste es el libro que me dio el profesor.

❸ 〈丁寧〉窓を閉めていただけませんか? ¿Podría usted (Le importaría) cerrar la ventana?

いたみ 痛み dolor 男；〈心の〉pena 女, pesar 男

いたるところ 至る所 ～に por (en) todas partes；〈どこにでも〉en cualquier lugar

いたわる 労わる tratar a+人 con consideración (miramiento)；〈自分の体を〉cuidarse

いち 市 mercado 男；〈大規模な〉feria 女：国際見本～ feria internacional

いち 位置 lugar 男, posición 女, situación 女. ～する situarse, estar situado (da). ～について! ¡Preparados!

いちいち 〈一つ一つ〉uno (na) por uno (na)；〈すべて〉todos (das)；〈それぞれ〉cada uno (na). ～聞くな No me preguntes en cada caso (constantemente).

いちじ 一時 **❶** 〈かつて〉en otro tiempo, antes

❷ 〈短時間〉durante algún tiempo, por un momento

❸ ～的な temporal, provisional. ～的に temporalmente, provisionalmente

いちじるしい 著しい notable, marcado (da)：～進歩 progreso 男 notable. 著しく notablemente

いちど 一度 una vez. ～私の家に来なさい Ven un día a mi casa.

～も…ない nunca, jamás：私は～もスペインに行ったことがない Nunca he estado en España.

～に〈同時〉al mismo tiempo, a la vez；〈一挙に〉de una vez

いちにち 一日 un día. ～に al día. ～で en un día. ～じゅう todo el día

いちねん 一年 un año. ～に al año. ～で en un año. ～じゅう todo el año

いちば 市場 mercado 男

いちばん 一番 primer lugar 男, número 男 uno. ～目の primero (ra)

いちぶ 一部 〈部分〉una parte；〈1冊〉un ejemplar. 第～ la primera parte

いちめん 一面 **❶** 〈新聞の〉primera plana 女 (página 女)

❷ 彼女は～の物の見方しかしない No considera más que un aspecto de las cosas. あたりは～の銀世界だ Todo está cubierto de nieve.

いちりゅう 一流 ～の de primera clase (categoría)

いつ **❶** cuándo：今度は～日本に来ますか? ¿Cuándo volverá a Japón?

❷ 〈何時〉qué hora：夕食は～にする? ¿A qué hora cenamos?

❸ 〈何日〉qué día：その新聞は～のですか? ¿De qué día es (Qué fecha tiene) el periódico?

いつか ⇨いずれ

いっき 一気 ～に de una vez, todo seguido. ～に飲み干す beberse de un trago

いっこう 一行〈団体〉grupo 男；〈随行員〉comitiva 女

いっさくじつ 一昨日 ⇨おととい

いっしゅ 一種 una especie. 人間は動物の～だ El hombre pertenece a la especie animal. ～の una especie de…

いっしゅう 一周 グラウンドを～する dar una vuelta a la pista. 世界～旅行 viaje 男 (gira 女) por todo el mundo

いっしゅん 一瞬 momento 男, instante 男：～にして en un instante

いっしょ 一緒 ～に **❶** juntos (tas)：～に行こう Vamos juntos. ～になる juntarse

❷ 〈…と〉con：誰と～に働いていますか? ¿Con quién trabaja usted?

❸ 〈一団〉en un grupo

❹ 〈同時〉al mismo tiempo

いっしょう 一生 una vida；〈副詞〉toda la vida. ～のお願いだから por amor de Dios

いっしょうけんめい 一所懸命 ～に con todas sus fuerzas

いっせい 一斉 ～に〈同時〉a la vez, a un tiempo. 車は～にスタートした Los coches arrancaron a la vez.

いっそう 一層 ⇨さらに, ますます

いったい 一体 こんな時間に～誰だろう Pero ¿quién será a estas horas? ～全体君はどうしたんだ? ¿Qué demonios te ha pasado?/Pero ¿qué tienes?

いっち 一致 **❶** acuerdo 男, concierto 男：我々は意見の～をみた Llegamos a un acuerdo. ～する coincidir. 理想と現実は～しない El ideal no concuerda con la realidad.

❷ 〈文法〉concordancia 女. ～する concordar

いっちゃく 一着 **❶** 〈競走〉primer lugar 男：～になる ganar la carrera, ocupar el primer lugar, llegar el (la) primero (ra)

❷ 〈衣服〉un vestido, un traje

いってい 一定 ～の **❶** 〈固定〉fijo (ja)：～の収入 ingreso 男 fijo

❷ 〈限定的〉determinado (da)：～の期間

いっとう 一等 primera clase 囡. ～賞 primer premio 男

いっぱい 一杯 ❶ コップ(茶碗)～の水 un vaso (una taza) de agua

❷ ～の lleno(na)：広場は人で～だ La plaza está llena de gente. ～にする llenar

いっぱく 一泊 ～する alojarse (pasar) una noche. ～旅行 viaje 男 de dos días

いっぱん 一般 ～の・～的な general；〈普通〉corriente, común：～論 teoría 囡 general. ～公開する abrir al público ～に generalmente, en general：～に子供は甘い物が好きだ Generalmente a los niños les gustan los dulces.

いっぽ 一歩 un paso：～前に出る(下がる) dar un paso adelante (atrás). ～一～進む avanzar paso a paso. もう～で解決した Estamos a un paso de la solución.

いっぽう 一方〈片側〉un lado, una parte；〈他の側〉otro lado. ～的な unilateral. ～的に unilateralmente. ～する…は mientras [tanto]. ～では por otra parte.～通行 dirección 囡 única, sentido 男 único

いつまでも ❶〈永久に〉para siempre, eternamente；〈際限なく〉indefinidamente：平和が～続きますように Que dure para siempre la paz. ～寝ていてはいけない No se puede estar durmiendo hasta las tantas.
❷〈決して〉nunca：この眺めを～忘れないだろう Nunca me olvidaré de este paisaje.

いつも siempre：彼は～赤いセーターを着ている Siempre lleva el jersey rojo. 私は～もっと早く起きる Normalmente me levanto más temprano.
～の siempre：～の喫茶店で待っているよ Te espero en la cafetería de siempre.

いつわ 逸話 anécdota 囡

いつわる 偽る falsear；〈ごまかす〉engañar；〈隠す〉disimular：年齢を～ disimular los años. 偽り falsedad 囡；engaño 男 偽りの falso(sa), fingido(da)

いてん 移転 traslado 男, mudanza 囡. ～する trasladarse, mudarse

いでん 遺伝 herencia 囡. ～性の hereditario(ria). ～する tra[n]smitirse

いでんし 遺伝子 gen 男. ～組み換え食品 alimento 男 transgénico

いと 糸 hilo 男

いと 意図 intención 囡, propósito 男. ～する tener [la] intención de+不定詞. ～的な intencionado(da). ～的に con intención, intencionadamente

いど 井戸 pozo 男

いど 緯度 latitud 囡

いどう 移動 movimiento 男, traslado 男. ～させる mover, trasladar. ～する moverse, trasladarse

いとこ 従兄弟・姉妹 primo(ma). また～ primo(ma) segundo(da)

いない 以内 2日～に返事をする contestar en menos de dos días

いなか 田舎〈田園〉campo 男；〈地方〉provincia 囡. ～くさい・～者 provinciano(na), paleto(ta)

いなずま 稲妻 relámpago 男. ～が光る relampaguear

イニシアル inicial 囡

イヌ 犬 perro(rra). 子犬 cachorro(rra)

いねむり 居眠り ～する dormitar. ～運転する conducir medio dormido(da)

いのち 命 vida 囡：～がけで arriesgando su vida

いのる 祈る rezar：神に～ rezar a Dios. ご成功を祈ります ¡[Deseo] Que tenga éxito!

いばる 威張る 彼はいばっている Se cree alguien.
いばった mandón(na), altivo(va)：いばるな No seas tan altivo.

いはん 違反 infracción 囡, violación 囡. ～する infringir, violar

いびき ronquido 男. ～をかく roncar

いふく 衣服 vestido 男, ropa 囡

いほう 違法 ～な ilegal, ilícito(ta)

いま 今 ahora：～まで hasta ahora. ～のところ por el momento, por ahora. 私は～着いたところだ Acabo de llegar. ～行きます Ya voy. ～の actual, de hoy. ～ごろ a esta[s] hora[s], en estos momentos；〈時期〉por estas fechas. ～さら謝まっても遅い Ya no sirve para nada pedirme perdón.
～に ya：～にわかるよ Ya verás.

いま 居間 sala 囡 (cuarto 男) de estar

いみ 意味 sentido 男, significado 男：どういう～で言ったのだ？ ¿En qué sentido lo dijiste?
～する querer decir, significar：この文章はどんな～ですか？ ¿Qué quiere decir esta frase? 赤は危険な～する El color rojo significa peligro.
～のある significativo(va). ～のない insignificante, sin sentido

いむしつ 医務室 enfermería 囡

イメージ imagen 囡

いもうと 妹 hermana 囡 〔menor〕

いや 否 no：~も応もない No hay ni sí ni no.

いや 嫌・厭 ~な desagradable, molesto (ta)；~な天気 tiempo 男 desagradable．~なにおい mal olor 男．何て~でなやつだ ¡Qué tipo tan desagradable! 冬は寒くて~だ No me gusta el invierno por el frío.
いやいや[ながら] de mala gana．いやいや働いている Trabaja de mala gana.

いやがらせ 嫌がらせ vejación 囡．~をする vejar, molestar

いやし 癒やし alivio 男 mental

いやしい 卑しい humilde, bajo (ja)；〈卑劣〉vil, ruin；〈食べ物に〉comilón (na), glotón (na)

イヤホーン auricular 男

イヤリング pendientes 男 複

いよいよ ~サッカーのワールドカップだ Ya estamos a un paso del (queda muy poco para el) Mundial de fútbol.

いよく 意欲 gana 囡, voluntad 囡．~的に de buena gana．この子は学習~がないEste chico no quiere (no tiene ganas de) estudiar [nada].

いらい 以来 desde：1月~彼に会っていない No le veo desde enero．それ~ desde entonces
…して~ desde que+直説法：結婚して~彼はだいぶ変わった Ha cambiado mucho desde que se casó.

いらい 依頼 petición 囡, pedido 男；~状 carta 囡 de petición．~する pedir, encargar

いらいら ~した nervioso (sa), irritado (da)；〈短気〉impaciente：彼は渋滞で~していた Estaba nervioso por el atasco.

イラストレーション ilustración 囡

いりぐち 入口 entrada 囡；〈戸口〉puerta 囡：~の所で a la entrada

いる 居る ❶〈所在〉estar：君は今どこにの? ¿Dónde estás ahora? 父はきょう家にいない Mi padre no está en casa hoy.
❷〈存在〉haber：通りにはたくさん人が~ Hay mucha gente en la calle. 日本語を話せる人はいない No hay nadie que hable japonés.
❸〈生存〉existir：私の両親はもういない Mis padres ya no existen.
❹〈動かずに〉quedarse：私が戻るまでここにいなさい Quédate aquí hasta que yo vuelva.
❺〈継続〉雨はまだ降って~ Todavía sigue lloviendo.

いる 要る necesitar；〈事物が主語〉hacer falta：良い辞書が~ Necesitamos un buen diccionario./Nos hace falta un buen diccionario.

いるい 衣類〈総称〉ropa 囡, prendas 囡複 de vestir

いれもの 入れ物 ⇨容器

いれる 入れる ❶ meter：引き出しに鍵を~ meter la llave en el cajón
❷〈注ぐ〉echar：コーヒーに砂糖を~ echar azúcar en el café
❸〈含める〉incluir：子供を~と10人だ Somos diez incluyendo los niños.
❹〈加入〉彼を我々のチームに入れよう Vamos a admitirlo en nuestro equipo.

いろ 色 color 男：何~がいちばん好きですか? ¿Qué color le gusta más? 彼の髪は何~ですか? ¿De qué color tiene el pelo? 彼女は~が白い(黒い) Es blanca (morena).

いろいろ 色々 ~な diversos (sas), varios (rias), diferentes：彼は~な物をくれた Me dio varias cosas. 世の中には~な人がいる En el mundo, hay gente de todo tipo. 君に話すことが~ある Tengo muchas cosas que contarte.

いろけ 色気 atractivo 男 sexual；〈特に女性の〉encantos 男複．~のある seductor (ra), sexy

いわ 岩 roca 囡；〈大きな〉peña 囡：~登り escalada 囡 en roca．~山 montaña 囡 rocosa

いわう 祝う celebrar：娘の誕生日を~ celebrar el cumpleaños de su hija

いわば 言わば por decirlo así, digamos：彼女は~私の娘のようなものだ Es, digamos, como una hija para mí.

いわゆる 所謂 llamado (da)：~発展途上国 los países llamados en vías de desarrollo

いんき 陰気 ~な fúnebre, sombrío (a)；〈場所・音楽などが〉lúgubre

インク tinta 囡

いんさつ 印刷 imprenta 囡．~物 impreso 男．~する imprimir

いんしょう 印象 impresión 囡：よい(悪い)~を与える dar [una] buena (mala) impresión．マドリードはどんな~でしたか? ¿Qué impresión tuvo usted de Madrid? ~的な impresionante

インスタント ~コーヒー café instantáneo．~食品 comida 囡 precocinada

インストラクター instructor (ra)

インスピレーション inspiración 囡

インターホン telefonillo 男, interfono 男

いんたい 引退 retirada 囡, retiro 男; 〈退職〉jubilación 囡. ～する retirarse; jubilarse. ～している estar retira*do*(*da*)

インタビュー entrevista 囡. ～する entrevistar, hacer una entrevista

いんちき engaño 男; 〈詐欺〉estafa 囡; 〈いかさま〉trampa 囡. ～をする engañar; hacer trampa

インディオ in*dio*(*dia*)

インテリ intelectual 名

インテリア decoración 囡 de interiores

イントネーション entonación 囡

インフラ infraestructura 囡

インフルエンザ gripe 囡, influenza 囡: ～にかかっている tener (estar con) gripe

インフレ inflación 囡. ～の inflacionista: ～傾向 tendencia 囡 inflacionista. ～対策 medidas 囡複 antiinflacionarias

いんぼう 陰謀 intriga 囡, conspiración 囡. ～を企てる intrigar, conspirar

いんよう 引用 cita 囡. ～する citar

いんりょうすい 飲料水 agua 囡 potable

いんりょく 引力 gravitación 囡

う

ウインク guiño 男. ～する guiñar

ウール lana 囡: ～100 パーセントの de pura lana

うえ 上 ❶〈上部〉parte 囡 superior; 〈表面〉superficie 囡; 〈高い所〉lo alto: 塔の～から町を見渡す contemplar la ciudad desde lo alto de la torre. ～の〈上方の〉de arriba. ～に arriba, encima. ～から下まで de arriba abajo
…の～に encima de…, sobre, en: 机の～に本がある Hay un libro en (sobre) la mesa.
❷〈上位〉…より～の superior a…: 彼は私より～のクラスだ Está en una clase superior a la mía.
❸〈ほかに〉además: 彼は俳優である～に実業家でもある Es actor y además empresario.

ウェーター camarero 男

ウェートレス camarera 囡

ウェーブ ❶〈髪の〉onda 囡. ❷〈応援の〉ola 囡

うえきばち 植木鉢 maceta 囡, tiesto 男

ウエスト〈胴回り〉cintura 囡, talle 男. ～ポーチ riñonera 囡

うえる 飢える tener hambre. 飢えた hambrien*to*(*ta*). 飢え hambre 囡

うえる 植える plantar

うかい 迂回 rodeo 男, desvío 男. ～する desviarse, dar un rodeo.

うがい gárgaras 囡複: ～をする hacer gárgaras

うかがう 伺う ❶〈訪問〉visitar, ir a ver: あすうかがいます Iré a verle mañana.
❷〈質問〉preguntar, hacer preguntas: 一つうかがってよろしいですか？ ¿Puedo hacerle una pregunta?
❸〈聞く〉それはもううかがいました Ya lo sé (sabía)./Ya me lo ha dicho.

うかぶ 浮かぶ ❶〈水面に〉flotar
❷〈表情〉彼の顔には悲しみの色が浮かんでいた Tenía una expresión (un poco) triste.
❸〈思い浮かぶ. 物事が主語〉ocurrirse (venir) a+人: 名案が浮かんだ Se me ha ocurrido una buena idea.

うき 雨季・期 estación 囡 (época 囡) de lluvias

うく 浮く flotar

うけあう 請け合う garantizar, asegurar: それは僕が～よ Te lo aseguro.

うけいれる 受け入れる ❶〈受諾〉aceptar: 援助の申し出を～ aceptar el ofrecimiento de ayuda
❷〈同意〉acceder a+名詞・不定詞: 要求を～ acceder a la demanda
❸〈容認〉admitir
❹〈迎える〉acoger: 難民を～ acoger a los refugiados

うけつぐ 受け継ぐ〈財産・性質を〉heredar;〈職務を〉suceder a+事・人: 父のあとを～ heredar (suceder) a su padre

うけつけ 受付 recepción 囡: ～時間 horas 囡複 de recepción. ～係 recepcionista 名

うけつける 受け付ける ❶ aceptar: 願書を～ aceptar la solicitud
❷〈許容〉admitir: 胃が食べ物を受け付けない El estómago no admite la comida.

うけとる 受け取る ❶ recibir: 贈り物を～ recibir un regalo. 受け取り recibo 男. 受け取り人〈郵便物の〉destinata*rio*(*ria*)
❷〈金を〉cobrar: 給料を～ cobrar el sueldo.
❸〈解釈〉interpretar, tomar: 彼のことばを君はどう受け取った？ ¿Cómo interpretas sus palabras？ 深刻に受け取らないでください No lo tome en serio.

うけもつ 受け持つ encargarse de...：私は化学を受け持っている Estoy encargado de la asignatura de química. その先生がこのクラスの受け持ちだ Es el profesor responsable (encargado) de esta clase.

うける 受ける ❶ recibir：賞を～ recibir un premio
❷〈獲得〉ganar；〈享受〉gozar de...：部下の尊敬を～ ganarse el (gozar del) respeto de sus subordinados
❸〈受諾〉aceptar：彼の招待を喜んで受けよう Aceptaremos su invitación con mucho gusto.
❹〈受け止め〉coger：水を両手に～ coger el agua con las dos manos

うごかす 動かす ❶ mover：頭を～ mover la cabeza
❷〈移動〉correr：机を窓ぎわに～ correr la mesa hacia la ventana
❸〈操作〉manejar
❹〈変更〉cambiar：この決定は動かせない No se puede cambiar esta decisión.

うごき 動き movimiento 男：社会の～ movimiento social

うごく 動く ❶ moverse：空腹で動けない No puedo moverme de hambre. ストで列車は動いていない Los trenes no están de servicio debido a la huelga. 動かぬ証拠 prueba 女 indiscutible
❷〈作動〉funcionar：この時計はまだ～ Este reloj funciona todavía.

ウサギ 兎 conejo 男；〈野兎〉liebre 女

ウシ 牛〈雌・一般に〉vaca 女，〈雄〉toro 男；〈子牛〉ternero (ra)

うしなう 失う ❶ perder：家を～ perder su casa. 彼は友人たちの信用を失った Perdió la confianza de sus amigos.

うしろ 後ろ ～の trasero (ra)，de detrás：～の出口 salida 女 trasera (de detrás). ～に〈後方へ〉atrás. ～を見る mirar hacia atrás. ～から近づく acercarse por detrás …の～に detrás de...：私はドアの～に隠れた Me escondí detrás de la puerta.

うすい 薄い ❶〈厚さ〉fino (na)，delgado (da)：～紙 papel 男 fino
❷〈色〉claro (ra)：～緑色 verde 男 claro
❸〈濃度〉ligero (ra). ～コーヒー café 男 poco cargado

うずまき 渦巻 remolino 男. ～状の espiral. 渦巻く arremolinarse

うすめる 薄める〈水で〉aguar, diluir

うせつ 右折 ～する girar a la derecha：「～禁止」Prohibido girar a la derecha

うそ 嘘 mentira 女. ～をつく mentir. ～つき〔の〕mentiroso (sa)

うた 歌 canción 女. ～を歌う cantar：彼は～がとてもうまい(へただ) Canta muy bien (mal).

うたがい 疑い duda 女；〈嫌疑〉sospecha 女：それは～の余地がない De eso no cabe [la menor] duda. 彼は肺炎の～がある Es posible que tenga pulmonía. ～のない indudable. ～なく indudablemente, sin duda. ～深い suspicaz

うたがう 疑う ❶ dudar de+事柄：…の忠誠心を～ dudar de la fidelidad de+人
❷〈嫌疑〉sospechar：私は彼が犯人ではないかと疑っている Sospecho que él es autor del crimen.

うたがわしい 疑わしい dudoso (sa)；sospechoso (sa)：彼が来るかどうか疑わしい Es dudoso que venga.

うちあける 打ち明ける ❶ confiarse：彼には心を～相手がいない No tiene a quien confiarse.
❷〈告白〉confesar：恋心を～ confesar (declarar) su amor

うちあげる 打ち上げる lanzar：人工衛星を～ lanzar un satélite artificial

うちあわせ 打ち合わせ consulta 女 previa, arreglo 男 preliminar. …と～をする consultar con+人 previamente

うちがわ 内側 interior 男, parte 女 interior

うちき 内気 ～な tímido (da)

うちきる 打ち切る poner fin a..., cerrar；〈中止〉suspender

うちとける 打ち解ける familiarizarse con+人. 打ち解けた franco (ca), abierto (ta). 打ち解けて con franqueza

うちゅう 宇宙 universo 男, espacio 男, cosmos 男. ～の espacial, cósmico (ca). ～開発 explotación 女 espacial. ～船 nave 女 espacial. ～飛行士 astronauta 名

うちょうてん 有頂天 ～になる no caber en sí de gozo, embriagarse. ～になっている estar loco (ca) de alegría

うちわ 内輪 ～の íntimo (ma). ～で en familia, en la intimidad

うちわ 団扇 paipay 男

うつ 打・撃つ ❶〈打撃〉golpear, batir：雨が窓を～ La lluvia golpea [en] las ventanas. 私はころんだ時, 床で頭をうった Me di con la cabeza en el suelo al caerme.
❷〈発砲〉disparar, tirar：警官は2発撃った El policía disparó dos tiros.

うっかり〈気づかず〉sin darse cuenta；〈不注意〉por descuido；〈軽率〉a la ligera

うつくしい 美しい hermoso(sa), bello(lla)：～景色 paisaje 男 hermoso

うつす 写す ❶〈転写〉copiar：クラスメートの答案を～ copiar el examen del compañero. 写し copia 女

❷〈撮写〉transcribir；〈透写〉calcar

❸〈撮影〉fotografiar, hacer (sacar) fotos. 一枚写してあげよう Voy a hacerte una foto.

うつす 移す ❶〈移転〉trasladar, cambiar：ピアノを居間に～ trasladar el piano al salón. 席を移そう Vamos a cambiarnos de sitio.

❷〈容器に〉trasvasar

うったえる 訴える〈告発〉acusar a+人, denunciar；〈訴訟〉demandar a+人：…を盗みのかどで～ acusar a+人 del robo

うっとり ～する embelesarse, quedarse encantado(da)

うつびょう 鬱病 depresión 女

うつぶせ 俯せ ～に boca abajo：～に倒れる tumbarse boca abajo

うつむく 俯く bajar la cabeza. うつむいて歩く andar con la cabeza baja；〈しょんぼり〉andar cabizbajo(ja)

うつる 写・映る〈反射〉reflejarse；〈投影〉proyectarse：壁に彼の影が写った Se proyectó su sombra en (sobre) la pared.

うつる 移る ❶〈移転〉trasladarse：首都はトレドからマドリードに移った La capital fue trasladada de Toledo a Madrid.

❷〈転居〉mudarse：新築のマンションに～ mudarse a un piso nuevo

❸〈移動〉pasar：次の話題に移りましょう Vamos a pasar al siguiente tema.

❹〈伝染〉contagiarse：君の風邪が僕に移った Me has contagiado el catarro.

うで 腕 ❶ brazo：彼は私の～をとった Me cogió del brazo. ～組みして con los brazos cruzados

❷〈能力〉ゴルフの～が上がる mejorar en el golf. その外科医は～がいい Ese cirujano es muy bueno.

うなずく 頷く asentir con la cabeza

うなだれる bajar la cabeza. うなだれてこ con la cabeza baja, cabizbajo(ja)

うなる 唸る〈うめく〉gemir；〈犬が〉gruñir；〈エンジンなどが〉zumbar

うぬぼれる 自惚れる presumir de…, vanagloriarse. うぬぼれの強い presumido(da), orgulloso(sa)

うばう 奪う quitar；〈略奪〉robar；〈剥奪〉privar a+人 de…：泥棒の手からピストルを～ quitar al ladrón su pistola. 彼は財布を奪われた Le robaron la cartera. 当局は我々の自由を奪った Las autoridades nos privaron de la libertad.

うばぐるま 乳母車 cochecito 男

ウマ 馬〈雄〉caballo 男,〈雌〉yegua 女；〈子馬〉potro(tra)

うまい ❶〈上手〉bien：アナは踊りが～ Ana baila bien.

❷〈美味〉bueno(na), rico(ca)：このたばこは～ Este tabaco es bueno.

うまく bien：すべて～いっている Todo va bien. 試験は～いった He hecho bien en (Me ha salido bien) el examen.

うまれつき 生まれつき de nacimiento, por naturaleza：このあざは～だ Esta mancha es de nacimiento. ～の innato(ta), natural：～の善良さ bondad 女 natural

うまれる 生まれる nacer：ホセは3月生まれだ José nació en marzo. 彼らに子供が生まれた Han tenido un niño.

うみ 海 mar 男；〈大洋〉océano 男：～は静かだ El mar está tranquilo. 私は山より～が好きだ Me gusta más la playa que la montaña.

うみ 膿 pus 男

うむ 生・産む〈人が〉dar a luz；〈主に動物が〉parir：彼女は男の子を生んだ Dio a luz (Tuvo) un niño.

うめく 呻く gemir

うめる 埋める ❶〈土中に〉enterrar

❷〈空白を〉〔re〕llenar：書類の空欄を～ rellenar un formulario

❸〈欠損などを〉cubrir：赤字を～ cubrir el déficit

うやまう 敬う respetar

うら 裏 ❶ revés 男, reverso 男, dorso 男：「～に続く」Continúa al dorso

❷〈コイン・メダルの〉cruz 女

❸〈背後〉espalda 女. 家の～を川が流れている Por detrás de la casa pasa un río. 裏口 puerta 女 trasera (de detrás)

うらがえす 裏返す volver〔del revés〕. セーターを裏返しに着る ponerse el jersey al revés

うらぎる 裏切る traicionar；〈期待を〉defraudar：仲間を～ traicionar a su compañero. 結果は私の期待を～ものだった El resultado me defraudó (decepcionó). 裏切り traición 女. 裏切り者 traidor(ra)

うらじ 裏地 forro 男

うらどおり 裏通り callejón 男

うらない 占い adivinación 女；〈手相の〉quiromancia 女；〈トランプの〉cartomancia 女. 占う adivinar；〈トランプで〉echar las

cartas
うらむ 恨む guardar rencor a+人, resentirse de+事：私は彼を少しも恨んでいない No le guardo ningún rencor. 彼は招待されなかったことを恨んでいる Está resentido porque no le han invitado. 恨み rencor 男, resentimiento 男

うらやむ 羨む envidiar：私は君をうらやましい Te envidio.

うりきれる 売り切れる agotarse, acabarse：「切符売り切れ」Agotadas las localidades.

うりこむ 売り込む〈製品を〉promocionar

うりだす 売り出す poner en venta；〈新製品を〉lanzar：新車を〜 lanzar un nuevo modelo de coche

うりば 売り場〈デパートなどの〉sección 女, departamento 男：食品〜 sección de comestibles

うる 売る：自分の家を〜 vender su casa. 売れる venderse：この本はよく売れる Este libro se vende muy bien. 売れ残る quedar sin venderse

うるさい ❶〈騒々しい〉ruidoso(sa). 〜！¡Silencio！うるさくて眠れない No me deja dormir el ruido.
❷〈煩わしい〉molesto(ta), pesado(da)：〜ハエ mosca 女 molesta
❸ 父はとても口〜 Mi padre es muy pesado (un pesado).

うれしい 嬉しい alegrarse de+不定詞 (de que+接続法), estar contento(ta), estar alegre：あなたに会えてとても〜 Me alegro mucho de verle.

うろこ 鱗 escama 女

うろつく vagar, andar sin rumbo fijo；〈目的があって〉merodear

うわぎ 上着 chaqueta 女；〈男性用〉americana 女, 〈ラ〉 saco 男

うわさ 噂 rumor 男：〜を流す difundir un rumor. …という〜が流れる Circula el rumor de que+直説法. 〜話 chisme 男

うん 運 suerte 女：〜がいい（悪い）tener buena (mala) suerte

うんが 運河 canal 男

うんざり 〜する aburrirse de+不定詞 (con+事柄)

うんそう 運送 transporte 男. 〜する transportar

うんちん 運賃 tarifa 女；〈船賃〉flete 男. マラガからグラナダまでの〜はいくらですか？ ¿Cuánto cuesta [el billete] de Málaga a Granada?

うんてん 運転 conducción 女. 〜する conducir, manejar. 〜手 conductor(ra)；〈お抱えの〉chófer 名

うんどう 運動 ❶ ejercicio 男；〈スポーツ〉deporte 男：適度な〜 ejercicio [físico] moderado. 〜靴 zapatillas 女 複 deportivas, playeras 女 複. 〜場 campo 男 de deportes (de juegos)；〈校庭〉patio 男 de recreo
❷〈物体の〉movimiento 男
❸〈社会・政治的な〉movimiento, campaña 女：選挙〜 campaña electoral

うんめい 運命 destino 男. 彼は失敗する〜だった Estaba destinado al fracaso.

え

え 柄 mango 男

え 絵〈額入りの〉cuadro 男；〈彩色画〉pintura 女；〈線画〉dibujo 男；〈挿し絵〉ilustración 女. 〜をかく〈線描〉dibujar

エアコン acondicionador 男 [de aire]

えいえん 永遠 eternidad 女. 〜の eterno(na). 〜に eternamente, para siempre

えいが 映画〈作品〉película 女, film[e] 男；〈ジャンル〉cine 男：〜を見に行く ir al cine. 〜館 cine

えいきゅう 永久 ⇨ 永遠

えいきょう 影響 influencia 女. 〜する influir en…, ejercer influencia sobre…；〈時に悪く〉afectar a…：子供たちによい(悪い)〜を及ぼす ejercer buena (mala) influencia sobre los niños. 経済に〜を与える afectar a la economía

えいぎょう 営業〈商売〉comercio 男；〈事業〉negocio 男：〜時間 horas 女 複 de comercio (de oficina). 〜中である estar abierto(ta). 24時間〜の abierto(ta) las 24 horas del día

えいご 英語 inglés 男

えいこう 栄光 gloria 女

えいじゅう 永住 residencia 女 permanente

えいせい 衛生 higiene 女, sanidad 女：食品〜 higiene de los alimentos. 公衆〜 sanidad pública. 〜的な higiénico(ca)

えいせい 衛星 satélite 男：人工〜 satélite artificial. 通信〜 satélite de telecomunicaciones

えいゆう 英雄 héroe 男, heroína 女. ～的な heroico (ca)

えいよう 栄養 nutrición 女; 〈養分〉alimento 男: ホウレン草は～がある Las espinacas alimentan (tienen alimento). ～のある・～豊かな nutritivo (va), alimenticio (cia). ～をとる nutrirse

エース as 男

えがく 描く 〈線で〉dibujar; 〈彩色で〉pintar; 〈描写〉describir

えき 駅 estación 女

エキスパート experto (ta)

エキゾチックな exótico (ca)

えきたい 液体 líquido 男. ～の líquido (da)

エゴイスト egoísta 名

エコロジー ecología 女

えさ 餌 cebo 男. ～を与える cebar, dar de comer

エスカレーター escalera 女 mecánica

エステ〔ティックサロン〕 salón 男 de belleza

えだ 枝 rama 女; 〈小枝〉ramo 男

エチケット 〔buenos〕modales 男複, urbanidad 女: 彼は～がなってない No tiene modales./Es un maleducado.

エックスせん X線 rayos 男複 X. ～撮影 radiografía 女

エッセー ⇨随筆

エナメル esmalte 男; 〈皮革の〉charol 男

エネルギー energía 女: 省エネ ahorro 男 de energía. エネルギッシュな enérgico (ca)

えのぐ 絵の具 colores 男複; 〈水彩で〉acuarelas 女複; 〈油絵の〉óleo 男

エビ 〈イセエビ〉langosta 女; 〈クルマエビ〉langostino 男; 〈シバエビ〉gamba 女

エピソード episodio 男

エプロン delantal 男

えほん 絵本 libro 男 ilustrado

えもの 獲物 presa 女; 〈狩りの〉caza 女; 〈戦利品〉botín 男

えらい 偉い grande: ～政治家 gran estadista 女. ～ね!〈痛みを我慢した子などに〉¡Qué valiente!

えらぶ 選ぶ ❶ elegir, escoger: ネクタイを～ elegir una corbata ❷〈A より B を〉preferir B a A: 降伏より死を～ preferir la muerte a la rendición

えり 襟 cuello 男; 〈背広の折り返し襟〉solapa 女

エリート elite 女

える 得る obtener, ganar, conseguir: 同じ結果を～ obtener el mismo resultado. 1日 1万円の収入を～ ganar diez mil yenes al día. 両親の同意を～ conseguir el consentimiento de los padres

エレベーター ascensor 男, 〈ラ〉elevador 男

エロチックな erótico (ca)

えん 円 ❶ círculo 男 ❷〈貨幣単位〉yen 男: ～相場 cotización 女 del yen. ～高(安) apreciación 女 (depreciación 女) del yen

えんかい 宴会 banquete 男

えんがん 沿岸 ～地域 orilla 女, litoral 男; 〈海岸〉costa 女. ～漁業 pesca 女 costera. ～警備艇 guardacostas 男

えんき 延期 aplazamiento 男, prórroga 女. ～する aplazar, prorrogar, posponer: 試合は日曜日まで～になった Han aplazado el partido hasta el domingo.

えんぎ 演技 actuación 女, interpretación 女, representación 女; 〈見せかけ〉teatro 男, comedia 女. ～する actuar, interpretar; hacer teatro (comedia). あれは～だ Es una pura comedia.

えんげい 園芸 jardinería 女; 〈野菜の〉horticultura 女

えんげき 演劇 teatro 男, drama 男

エンジニア ingeniero (ra). エンジニアリング ingeniería 女

えんしゅつ 演出 dirección 女; 〈テレビでの〉realización 女

えんじょ 援助 ayuda 女; 〈救援〉socorro 男: 経済～ ayuda (asistencia 女) económica. ～物資 socorro. ～する ayudar; socorrer

えんしょう 炎症 inflamación 女. ～を起こす inflamarse

えんじる 演じる 役を～ hacer (representar) el papel: 彼女はカルメンを見事に演じた Ha hecho maravillosamente el papel de Carmen.

エンジン motor 男: ～をかける poner el motor en marcha

えんぜつ 演説 discurso 男: 選挙～ discurso electoral. ～する dar (pronunciar) un discurso

えんそう 演奏 interpretación 女, ejecución 女: ～会 concierto 男. ～する 〈作品を〉interpretar, ejecutar; 〈楽器を〉tocar

えんそく 遠足 excursión 女: ～に行く ir de excursión, hacer una excursión

えんちょう 延長 prolongación 女, extensión 女: ビザの～ extensión del visado. ～する prolongar: 会期(道路)を～する prolongar la sesión (la carretera). ～戦 prórroga 女

えんとつ 煙突 chimenea 囡
えんぴつ 鉛筆 lápiz 男．～削り sacapuntas 男；〔ハンドル付きの〕afilalápices 男
えんりょ 遠慮 ❶ reserva 囡：～がちにふるまう obrar con reserva
❷〈慎み〉discreción 囡：彼は～して私にそれを頼まなかった No me lo pidió por discreción.
❸〈ためらい〉reparo 男：～なく意見を言いなさい No tengas reparo en decir tu opinión.

お

お 尾 ⇨しっぽ
オアシス oasis 男
おい 甥 sobrino 男
おいかける 追いかける perseguir, seguir, correr tras+人：前の車を～ seguir el coche que va delante. 私はすりを追いかけた Corrí tras el carterista.
おいこす 追い越す adelantar：「追い越し禁止」Prohibido adelantar. 追い越し車線 carril 男 de adelantamiento
おいしい 美味しい bueno (na), rico (ca), delicioso (sa),〈ラ〉sabroso (sa)：このコーヒーは～ Este café está bueno.
おいだす 追い出す echar de+場所；〈追放〉expulsar：私はアパートを追い出された Me echaron del apartamento.
おいつく 追いつく alcanzar a+人：すぐ君に～よ Te alcanzaré pronto.
おいはらう 追い払う ❶ alejar de+場所；〈おどかして〉espantar：ハエを～ espantar las moscas
❷〈追い散らす〉dispersar：野次馬を～ dispersar a los curiosos
おう 王 rey 男
おう 追う〈追求〉perseguir, seguir；〈探求〉buscar：警察は犯人を追っている La policía está persiguiendo al criminal. 流行を～ seguir la moda
おうえん 応援〈支援〉apoyo 男；〈声援〉animación 囡．～する apoyar；animar：候補者を～する apoyar a un candidato
おうじ 王子 príncipe 男；〈スペインで, 第2王子以下〉infante 男
おうじょ 王女 princesa 囡；〈スペインで〉infanta 囡
おうじる 応じる ❶〈答える〉contestar, responder：質問に～ contestar a la pregunta. あらゆる注文に～する satisfacer cualquier pedido
❷〈承諾〉aceptar：挑戦に～ aceptar el desafío
❸〈適合〉状況に応じて según el (depende del) caso
おうせつま 応接間 sala 囡 de visitas
おうだん 横断 cruce 男；〈船・飛行機による〉travesía 囡．～する cruzar, atravesar. ～歩道 paso 男 de peatones
おうふく 往復 ida 囡 y vuelta 囡：〔マラガまでの〕～切符 billete 男 de ida y vuelta〔para Málaga〕．～する ir y venir. バスは空港とホテルの間を～している El autobús cubre el recorrido entre el aeropuerto y el hotel.
おうぼ 応募〈申し込み〉solicitud 囡；〈参加〉participación 囡．～者 solicitante 名；participante 名．～する solicitar；participar en…；〈志願〉presentarse a…
おうよう 応用 aplicación 囡．～化学 química aplicada. ～する aplicar. ～できる aplicable
おうらい 往来〈通行〉tráfico 男, circulación 囡：この道は車の～が激しい Hay mucho tráfico en esta carretera.
おえる 終える acabar, terminar：私は5時に仕事を～ Termino el trabajo a las cinco.
おおい 多い mucho (cha)：ここは人が～ Hay mucha gente aquí.
おおう 覆う〈覆い〉：雲が空を覆っている Las nubes cubren el cielo. 雪に覆われた平原 llanura 囡 cubierta de nieve
オオカミ 狼 lobo 男
おおきい 大きい grande；〈かさばった〉abultado (da), voluminoso (sa)：大きな音 gran ruido 男
おおきく 大きく ～なる ❶ agrandarse
❷〈拡大・拡張〉ampliarse, extenderse：騒ぎはいっそう大きくなった El alboroto se extendió aún más.
❸〈成長〉crecer：君はずいぶん大きくなったね Has crecido mucho.
おおきさ 大きさ ❶ tamaño 男：持ち運びできる～のテレビ televisor 男〔de tamaño〕portátil
❷〈容積・規模〉dimensiones 囡 腹：その家はどれ位の～ですか？¿Qué dimensiones tiene la casa?
おおげさ 大げさ ～な exagerado (da).

おおぜい 大勢 ～の mu*cho*(*cha*), gran número de...：夏には～の観光客がやって来る En verano viene gran número de turistas.

おおどおり 大通り avenida, calle 囡 principal

おおもじ 大文字 mayúscula 囡

おおもの 大物 gran persona 囡；〈政・財界の〉pez 男 gordo, magnate

おおや 大家 case*ro*(*ra*)

おおやけ 公 ～の públi*co*(*ca*)；〈公式〉oficial；～にする hacer públi*co*(*ca*). ～の席で en público；oficialmente

おか 丘 colina 囡

おかあさん お母さん madre 囡；〈身内の呼称〉mamá 囡

おかげ …の～で gracias a...：あなたの～で列車に間に合いました Gracias a usted cogí el tren. ～さまで父はよくなりました Gracias a Dios se ha mejorado mi padre.
…の～をこうむる deber a+人：私が今日あるのは君の～だ Te debo lo que soy.

おかしい ❶〈奇妙〉extra*ño*(*ña*), ra*ro*(*ra*)：彼が来ないとは～ Es extraño que no venga.
❷〈こっけい〉gracio*so*(*sa*), ridícu*lo*(*la*). 何が～のだ ¿De qué te ríes?

おかす 犯す ❶ cometer：過ち(罪)を～ cometer un error (un delito). ❷〈女性を〉violar

おかす 侵す ❶〈侵入〉invadir：国境を～ invadir la frontera. ❷〈侵害〉violar

おがむ 拝む rezar [juntando las manos]

おがわ 小川 arroyo 男

おき 置き …～に cada...：1日～に cada dos días. 5分～に cada cinco minutos

おぎなう 補う ❶ suplir, llenar：欠員を～ llenar la vacante.
❷〈補償〉compensar, cubrir：赤字を～ cubrir el déficit

おきる 起きる ❶〈起床〉levantarse：私は5時に～ Me levanto a las cinco.
❷〈目覚め〉despertar[se]：静かにして！赤ん坊が～から ¡Silencio!, que [se] despierta el bebé.
❸〈発生〉⇨起こる

おく 置く ❶ poner, colocar：机の上に花瓶を～ poner un florero en la mesa. ピアノを壁ぎわに～ colocar el piano junto a la pared. どこに傘を置き忘れたのだろう？¿Dónde habré puesto el paraguas?
❷〈残す・置いておく〉dejar：子供たちを家に置いて出かける salir dejando a los niños en casa
❸〈…のままにする〉dejar+不定詞・現在分詞：私は彼を待たせておいた Lo dejé esperando.

おく 奥 fondo 男；〈内部〉interior 男

おくがい 屋外 ⇨野外

おくさん 奥さん señora 囡；〈妻〉esposa 囡, mujer 囡

おくじょう 屋上 azotea 囡, terraza 囡

おくない 屋内 ～プール piscina 囡 cubierta. ～に・で dentro

おくびょう 臆病 cobardía 囡. ～な cobarde；〈こわがり〉miedo*so*(*sa*)

おくりもの 贈り物 regalo 男, obsequio 男：～をする hacer un regalo a+人

おくる 送る ❶〈発送・派遣〉enviar, mandar：私は彼に本を送った Le mandé un libro. 中国に代表団を～ enviar una delegación a China
❷〈見送る〉despedir：客を空港まで～ despedir al invitado en el aeropuerto
❸〈送り届ける〉llevar：君の家まで送ろう Te llevaré a tu casa.

おくる 贈る regalar：私は彼女の誕生日のお祝いにネックレスを贈った Le regalé un collar por su cumpleaños.

おくれる 遅れる ❶〈遅刻〉llegar tarde：授業に～よ Vas a llegar tarde a la clase.
❷〈遅延〉retrasarse, atrasarse：悪天候のため飛行機発着が～ Los vuelos se retrasan a causa del mal tiempo. 私の仕事は遅れている Llevo atrasado el trabajo.

おこす 起こす ❶〈立てる〉levantar：助け～ ayudar a levantarse
❷〈目覚めさせる〉despertar：6時に起こしてください Despiérteme a las seis, por favor.
❸〈引き起こす〉causar：事故を～ causar un accidente
❹〈創設〉fundar：会社を～ fundar una empresa

おこない 行ない acto 男, conducta 囡. 彼は～が良い(悪い) Se porta bien (mal).

おこなう 行なう hacer. ⇨する

おこる 怒る enfadarse, enojarse：彼はささいなことに～ Se enfada por poca cosa. 私のことをまだ怒っているの？¿Todavía estás enfadado conmigo?

おこる 起こる ocurrir, pasar：何か起こったら知らせなさい Si ocurre algo, avísame. 彼に何が起こったのだろう？¿Qué le habrá pasado? 何が起ころうと pase lo que pase

おごる invitar, convidar：きょうは僕が～よ Hoy te invito yo.

おさえる 押・抑える ❶〈固定〉sujetar：犬

を押さえていなさい Sujeta al perro. ❷ 〈抑制〉refrenar, reprimir：衝動を～ refrenar sus impulsos ❸ 〈感情などを〉contener：涙を～ contener el llanto (las lágrimas)

おさない 幼い 〈幼少〉pequeño(ña)；〈幼稚〉infantil. 私が～ころに en mi infancia (mi niñez). ～時から desde niño(ña), desde su niñez

おさめる 治める 〈統治〉gobernar；〈君臨〉reinar, dominar

おさめる 収・納める ❶〈金銭を〉pagar：税金を～ pagar los impuestos. ❷〈注文品を〉proveer

おじ 叔・伯父 tío 男

おしい 惜しい ❶〈残念〉…とは～ Es (una) lástima que+接続法：あの壁画が焼失したとは～ Es una lástima que se haya quemado aquel mural. ～なあ！ ¡Qué lástima！ ❷〈もったいない〉この服は新しいから捨てるには～ Este vestido está demasiado nuevo para tirarlo. 私は時間が～ No tengo tiempo que perder.

おじいさん 〈祖父〉abuelo 男；〈老人〉anciano 男

おしいれ 押し入れ armario 男 empotrado japonés

おしえる 教える ❶ enseñar, dar clase de …：学生にスペイン語を～ enseñar español a los estudiantes. ピアノを～ enseñar (a tocar el) piano, dar clase de piano ❷〈知らせる〉informar, avisar. どうして私に教えてくれなかったの？ ¿Por qué no me lo dijiste？

おじぎ お辞儀 ～をする hacer una reverencia, inclinarse para saludar

おしむ 惜しむ ❶〈出し惜しむ〉escatimar：金を～ escatimar el dinero ❷〈残念に思う〉sentir：…の死を～ sentir la muerte de+人

おしゃべり charla 囡, 〈ラ〉plática 囡. ～な hablador(ra), charlatán(na). ～する charlar, 〈ラ〉platicar

おしゃれ お洒落 ～な bien vestido(da). ～をする ponerse guapo(pa)

おしょく 汚職 corrupción 囡. ～事件 escándalo 男 financiero

おす 押す ❶〈押しやる〉empujar：押すな！ ¡No empujes！ ❷〈押しつける〉apretar：スイッチを～ dar al (apretar el) botón

おす 雄 macho 男

おせじ お世辞 cumplido 男：～を言う decir (dirigir) cumplidos a+人

おせっかい お節介 ～な entrometido (da)

おせん 汚染 contaminación 囡. ～する contaminar

おそい 遅い ❶〈時刻〉tarde：もう～から帰ろう Vámonos, que ya es tarde. 〔夜〕～時刻に a altas horas (de la noche). …するのが～ tardar en+不定詞：今年は春の来るのが～ Este año tarda mucho en llegar la primavera. 遅かれ早かれ tarde o temprano ❷〈速度〉lento(ta)：仕事が～ ser lento (ta) en el trabajo

おそう 襲う ❶ atacar, asaltar：敵を背後から～ atacar al enemigo por detrás ❷〈災害などが〉azotar：寒波が東北地方を襲った Una ola de frío azotó la región nordeste.

おそく 遅く ❶〈時刻〉tarde：～帰宅する volver tarde (a casa). 列車は予定より1時間～着いた El tren ha llegado con una hora de retraso. ～とも遅くとも a más tardar ❷〈速度〉despacio, lentamente

おそらく ⇨多分

おそれ 恐れ 男；〈心配〉temor 男

おそれる 恐れる temer, tener miedo a+名詞 (de+不定詞)：父親を～ temer a su padre. 死を～ tener miedo a la muerte

おそろしい 恐ろしい terrible, horrible, horroroso(sa)

おそわる 教わる ⇨習う

おだてる adular, halagar

おだやか 穏やか ～な ❶ apacible, tranquilo(la)；〈温和〉pacífico(ca). ～な人 hombre 男 apacible (pacífico). ～な海 mar 男 tranquilo. 彼は心中～でない En el fondo no está tranquilo. ❷〈穏当〉moderado(da)：～な処置 medida 囡 moderada

おちつく 落ち着く 〈静まる〉calmarse, tranquilizarse：落ち着きなさい Cálmate./Tranquilízate. ここでは落ち着いて勉強できない Aquí no puedo estudiar tranquilamente. 落ち着きのある tranquilo(la), sereno (na). 落ち着きのない inquieto(ta), intranquilo(la)

おちぶれる 落ちぶれる caer en la miseria

おちる 落ちる ❶ caer(se)：屋根から～ caerse del techo. 彼は成績が落ちた Le han bajado las notas. ❷〈汚れが〉quitarse：このしみはなかなか落ちない Esta mancha no se quita fácilmente.

おっと 夫 marido 男, esposo 男

おと 音 ❶ sonido 男；〈楽器などの快い〉son 男

おとうさん お父さん padre 男；〈身内の呼称〉papá 男

おとうと 弟 hermano 男〔menor〕

おどかす 脅かす〈びっくりさせる〉asustar, espantar

おとぎばなし お伽話 cuento 男 de hadas

おとこ 男 ⇨**男性**. 彼には〜の子がいない No tiene ningún hijo varón.

おとしもの 落し物 objeto 男 perdido

おとす 落とす ❶〈物が主語〉caerse a+人：何が落としましたか Se ha caído algo.
❷〈失くす〉perder：私はどこかで財布を落した Perdí la cartera en alguna parte.

おどす 脅す amenazar, intimidar

おとずれる 訪れる ⇨**訪問**

おととい 一昨日 antes de ayer, anteayer

おととし 一昨年 hace dos años：〜の2月に en febrero de hace dos años

おとな 大人 adul*to*(*ta*), mayor 名：〜になったら何になりたいの？¿Qué quieres ser de (cuando seas) mayor? 彼女はもう〜だ Ya está hecha una mujer.

おとなしい 大人しい 彼は〜性格だ Es de carácter apacible. 病気なのだからおとなしくしていなさい Estáte quieto, que estás enfermo. きょうは子供たちは〜 Hoy los niños están formalitos (tranquilos).

おどり 踊り baile 男, danza 女

おとる 劣る ser peor que..., ser inferior a...：この作品は前作より〜 Esta obra es inferior a la anterior.

おどる 踊る bailar：私は踊れない No sé bailar.

おとろえる 衰える decaer；〈弱化〉debilitarse：国の経済力が〜 Decae la economía del país. 私は視力が衰えた Se me ha debilitado la vista.

おどろく 驚く ❶〈意外〉sorprenderse de (por)...：私はそのニュースを聞いて驚いた Me quedé sorprendido al oír la noticia.
❷〈恐怖〉asustarse de (por)...：彼はサイレンに驚いた Se asustó por la sirena.
❸〈驚嘆〉asombrarse de (por)...
驚かす sorprender；asustar；asombrar：君がこんなにスキーが上手だとは驚いた Me asombra verte esquiar tan bien.
驚き sorpresa 女；susto 男；asombro 男

おなじ 同じ igual, mism*o*(*ma*)：それは〜だ Es igual./Da lo mismo.
...と〜 igual a..., mism*o*(*ma*) que...：私は彼と年が〜だ Tengo la misma edad que él.
...と〜くらい tan*to*(*ta*)+名詞（tan+形容詞）como...：彼は父親と〜くらい背が高い Él es tan alto como su padre.

おねがい お願い 〜です Por favor. 〜があるのですが Quisiera pedirle un favor./¿Me haría usted un favor?

おば 叔・伯母 tía 女

おばあさん〈祖母〉abuela 女；〈老女〉anciana 女

おばけ お化け coco 男；〈幽霊〉fantasma 男

おはよう Buenos días.

おび 帯 faja 女

おびえる 脅える sentir (tener) miedo a (de)..., asustarse de...：暗闇に〜 tener miedo a la oscuridad

オフィス oficina 女；〈個人の〉despacho 男

オプション opción 女

オペレーター operado*r*(*ra*)

おぼえる 覚える〈習う〉aprender；〈暗記〉aprenderse：私は人の名前が〔なかなか〕覚えられない No consigo aprenderme〔fácilmente〕los nombres.
覚えている acordarse de..., recordar：私を覚えていますか？¿Se acuerda usted de mí?

おぼれる 溺れる ❶ ahogarse. ❷〈悪習などに〉darse a...：酒に〜 darse a la bebida

おまけ ❶〈景品〉regalo 男：砂糖1キログラムの〜付きで con regalo de un kilo de azúcar. ❷〈値引き〉descuento 男

おむつ pañal 男；紙〜 pañal desechable

おめでとう！〔Muchas〕Felicidades!／〈成功などに対して〉¡Enhorabuena!

おも 主 〜な principal：〜な産業 industria 女 principal. 〜に principalmente：この地方では〜にオリーブを栽培している Principalmente se cultiva olivo en esta región.

おもい 重い ❶ pesa*do*(*da*). この袋は〜 Esta bolsa pesa mucho.
❷〈重大〉grave：〜病気 enfermedad 女 grave

おもいがけない 思いがけない impensa*do*(*da*), inespera*do*(*da*). 思いがけず inesperadamente, cuando menos se piensa

おもいきって 思い切って〈大胆〉audazmente；〈決然〉con decisión (resolución). 〜する atreverse a+不定詞

おもいきり 思い切り〈力一杯〉con to da〔s〕fuerza〔s〕；〈できるだけ〉a más no poder

おもいだす 思い出す recordar, acordar-

おもいつく / 516

おもいだす 思い出す recordar: 子供のころを～ recordar su niñez. その映画の題名を思い出せない No me acuerdo del título de la película.

おもいつく 思いつく〈事柄が主語〉ocurrirse a+人: 私は彼に手紙を書くことを思いついた Se me ocurrió escribirle. それはいい思いつきだ Es una buena idea.

おもいで 思い出 recuerdo 男. この町には～が多い Este pueblo me recuerda muchas cosas.

おもいやり 思いやり〈いたわり〉consideración 女; 〈同情〉compasión 女: 彼は家族に全然～がない No tiene ninguna consideración con su familia.

おもう 思う ❶〈考える〉pensar: ペペをどう～? ¿Qué piensas de Pepe?/¿Qué te parece Pepe? …しようと～ pensar〔en〕+不定詞: あす彼を訪ねようと～ Pienso visitarle mañana.
❷〈判断〉…だと～ creer que+直説法: 君の言うとおりだと～ Creo que tú llevas razón.

おもさ 重さ peso 男. ～がある pesar: この荷物は～が10キロある Este paquete pesa 10 kilos. …の～をはかる pesar

おもしろい 面白い ❶〈楽しい〉divertido (da): ～映画 película divertida
❷〈興味深い〉interesante: その報道番組はなかなか面白かった Fue muy interesante el reportaje.
❸〈こっけい〉gracioso (sa). 面白くもない冗談 broma 女 sin gracia. 面白さ gracia 女

おもちゃ 玩具 juguete 男. ～屋〔店〕juguetería 女

おもて 表〈コインなどの〉cara 女, anverso 男, faz 女; 〈布・紙などの〉derecho 男. ～通り calle 女 principal

おもわず 思わず sin querer: 私は～大声を出した Grité sin querer.

おもんじる 重んじる dar importancia a …; 〈尊重〉estimar: 命より名誉を～ dar mayor importancia al honor que a la vida

おや 親〈両親〉padres 男 複

おやすみ Buenas noches.

おやつ merienda 女. ～を食べる merendar

およぐ 泳ぐ nadar: 海で泳ごう Vamos a nadar en el mar.

およそ ⇒約, 大体. ～の aproximado (da): ～の見積り presupuesto 男 aproximado

おりたたむ 折り畳む plegar. 折り畳みの plegable: 折り畳み傘 paraguas 男 plegable. 折り畳み椅子 silla 女 de tijera

おりもの 織物 tejido 男, tela 女

おりる 降りる bajar: 列車から～ bajar del tren. 〈タクシーで〉ここで降ります Me bajo aquí. 地下室へ～ bajar al sótano

オリンピック Olimpiada 女, Juegos Olímpicos 男 複: バルセロナ～ Las Olimpiadas de Barcelona

おる 折る ❶ romper: 枝を～ romper una rama. ❷〈紙を〉doblar

おる 織る tejer

オルゴール caja 女 de música

おろか 愚か ～な・～者 tonto (ta), estúpido (da), necio (cia). ～さ tontería 女, estupidez 女, necedad 女

おろす 降・下ろす ❶ bajar: ブラインドを～ bajar la persiana
❷〈積み荷を〉descargar: トラックから荷を～ descargar el camión
❸ フライパンを火から～ quitar la sartén del fuego

おわり 終わり fin 男, final 男: ～まで聞け! ¡Escucha hasta el final! きょうで休暇も～だ Hoy es el último día de las vacaciones. ～の final, último (ma). ～に al final, por último. ～にあたって para terminar

おわる 終わる acabar, terminar: この講座は3月で～ Este curso acaba en marzo. 試合はもう終わった Ya ha terminado el partido.
…し～ terminar de+不定詞: 食べ～ terminar de comer

おん 恩〈恩恵〉favor 男, beneficio 男; 〈恩義〉obligación 女, deuda 女

おんがく 音楽 música 女. ～の musical: ～番組 programa musical. ～家 músico (ca). ～会 concierto 男

おんしつ 温室 invernadero 男

おんじん 恩人 彼は私の～だ Le debo mucho a él.

おんせん 温泉 aguas 女 複 termales; 〈施設〉balneario 男

おんど 温度 temperatura 女: …の～を計る tomar la temperatura a… ～計 termómetro 男

おんな 女 ⇒女性. ～らしい femenino (na). ～のような afeminado (da)

か

か 科 ❶〈課程〉curso 男: 初等～ curso elemental. ❷〈科目〉asignatura 女

か 課 ❶〈部署〉sección 女, departamento 男: 広報～ sección de información pública ❷〈学課〉lección 女: 第5～ lección quinta (cinco)

カーデニング jardinería 女

カーテン cortina 女;〈レースなどの〉visillo 男

カート carrito 男

カード ❶〈銀行などの〉tarjeta 女: ～で支払う pagar con tarjeta ❷〈トランプなどの〉carta 女

ガードマン guardia 名, vigilante 名

ガードレール guardarraíl 男

カーニバル carnaval 男

カーブ curva 女: ～を曲がる tomar una curva

カール rizo 男, bucle 男

かい 会〈会合〉junta 女, reunión 女;〈同好会〉peña 女

かい 回 vez 女: 毎～ cada vez, todas las veces

かい 貝〈二枚貝〉almeja 女;〈集合的〉molusco 男;〈貝殻〉concha 女

かい 階 piso 男. 1～ planta 女 baja. 2～ primer piso. 2～建ての家 casa 女 de dos pisos

がい 害 たばこは体に～がある El tabaco es malo para la salud.

かいいん 会員 miembro 男;〈クラブなどの〉socio(cia);～制のプール piscina 女 sólo para socios

かいが 絵画 pintura 女;〈額縁に入った〉cuadro 男

かいかい 開会 apertura 女, inauguración 女

かいがい 海外 extranjero 男: ～旅行 viaje 男 al extranjero. ～の動き situación 女 en el extranjero.

かいかく 改革 reforma 女. ～する reformar

かいかつ 快活 ～な alegre, jovial

かいがん 海岸 costa 女, orilla 女 del mar;〈砂浜〉playa 女

かいぎ 会議 reunión 女, junta 女. 国際～ conferencia 女 internacional

かいきゅう 階級 clase 女: 中流～ clase media

かいきょう 海峡 estrecho 男

かいぎょう 開業 apertura 女. 弁護士を～する establecerse de abogado

かいぐん 海軍 marina 女, armada 女. ～士官 oficial 名 de marina

かいけい 会計 cuenta 女, contabilidad 女. ～係 contador(ra), contable 名. 公認～士 censor(ra) jurado(da) de cuentas

かいけつ 解決 solución 女;〈紛争の〉arreglo 男. ～する resolver, solucionar; arreglar

かいけん 会見 entrevista 女. ～する entrevistar, hacer una entrevista a+人

がいけん 外見 apariencia 女, aspecto 男. ～は aparentemente

かいご 介護 asistencia 女: 在宅～〈公の〉asistencia pública domiciliaria. ～する asistir

かいごう 会合 junta 女, reunión 女: 町内の～ junta de vecinos

がいこう 外交 diplomacia 女. ～官 diplomático(ca)

がいこく 外国〔país〕extranjero 男: ～へ行く ir al extranjero. ～の・～人 extranjero(ra): ～語 lengua 女 extranjera

かいさい 開催 celebración 女. ～する celebrar

かいさつ 改札 revisión 女 de billetes

かいさん 解散 disolución 女: 議会の～ disolución de las cámaras. ここで～します Aquí nos separamos.

かいし 開始 comienzo 男, principio 男. ～する empezar, iniciar

かいしゃ 会社 empresa 女, compañía 女: ～員 empleado(da)〔de una empresa〕. 株式～ sociedad 女 anónima

かいしゃく 解釈 interpretación 女. ～する interpretar

がいしゅつ 外出 ～する salir〔a la calle〕. 父は～中です Mi padre no está en casa. 夜間～禁止令 toque 男 de queda

かいじょう 会場 sala 女: 展示(講演)～ sala de exposición (de conferencia)

かいじょう 海上 ～の marítimo(ma)

かいじょう 開場「6時～」Se abre a las seis.

かいすうけん 回数券 bono 男

かいせい 改正 ❶ reforma 女. ～する reformar: 憲法を～する reformar la cons-

titución
❷ 〈変更〉 modificación 囡. ～する modificar：列車ダイヤを～する modificar el horario de los trenes

かいせつ 解説 explicación 囡, comentario 男. ～する explicar, comentar. ～者 comentarista

かいぜん 改善 mejora 囡. ～する mejorar

かいそう 海草 alga 囡

かいぞう 改造 ❶ reforma 囡. ～する reformar：浴室を～する reformar el baño ❷ 〈組織の〉 reorganización 囡. ～する reorganizar：内閣を～する reorganizar el gobierno

かいぞく 海賊 pirata 图：～版 edición 囡 pirata

かいたく 開拓 explotación 囡. ～する explotar. ～者 explotador(ra); 〈入植者〉 colono(na); 〈新分野の〉 pionero(ra)

かいだん 会談 conferencia 囡, reunión 囡;〈話し合い〉 conversación 囡. 首脳～ cumbre 囡. …と～する conversar con+人, tener una entrevista con+人

かいだん 階段 escalera 囡

かいちゅう 懐中 ～電灯 linterna 囡

がいちゅう 害虫 insecto 男 dañino

かいちょう 会長 presidente(ta)

かいつう 開通 道路が～する Se abre al tráfico una carretera.

かいてい 改訂 revisión 囡. ～する revisar：～版 edición 囡 revisada

かいてい 海底 fondo 男 del mar. ～の submarino(na)

かいてき 快適 ～な cómodo(da), confortable

かいてん 回転 vuelta 囡. ～する dar vueltas, girar. ～ドア puerta 囡 giratoria

かいてん 開店 ～する abrir：新しいレストランを～する abrir (poner) un restaurante. その喫茶店は11時～だ La cafetería se abre a las once.

ガイド guía 囡. ～ブック guía 囡

かいとう 回答・解答 ⇨答え

がいとう 街灯 farola 囡, farol 男

ガイドライン directrices 囡 複

かいにゅう 介入 intervención 囡. ～する intervenir

かいはつ 開発 explotación 囡;〈能力などの〉 cultivo 男. ～する explotar; cultivar

かいばつ 海抜 ～3千メートル tres mil metros sobre el nivel del mar

かいひ 会費 cuota 囡

がいぶ 外部 exterior 男. ～の exterior, externo(na)

かいふく 回復 〈病気の〉 mejoría 囡, recuperación 囡. ～する mejorarse, recuperarse

かいぶつ 怪物 monstruo 男. ～のような monstruoso(sa)

かいほう 開放 ～する abrir：そのコートは一般に～されている La cancha está abierta al público. ～的な性格 carácter 男 abierto

かいほう 解放 liberación 囡. ～する libertar, liberar. 人質を～する soltar a los rehenes

かいぼう 解剖 disección 囡. ～学 anatomía 囡

がいむ 外務 ～省(大臣) Ministerio 男 (ministro(tra)) de Asuntos Exteriores

かいもの 買い物 compra 囡. ～をする hacer compras. ～に行く ir de compras；〈食料品の〉 ir a la compra. 君はいい(損な)～をした Hiciste una buena (mala) compra.

かいらく 快楽 placer 男

がいりゃく 概略 resumen 男. ～を示す dar una idea general

かいりょう 改良 mejora 囡. ～する mejorar：品種を～する mejorar la especie

がいろじゅ 街路樹 árbol 男 en la calle

かいろう 回廊 galería 囡

かいわ 会話 conversación 囡;〈対話〉 diálogo 男

かう 買う comprar：私はその土地を安く買った Compré barato el terreno. 友人から車を～ comprar a un amigo su coche. 入場券を～ sacar la entrada

かう 飼う tener, criar：私は猫を2匹飼っている Tengo dos gatos.

ガウン 〈部屋着〉 bata 囡;〈裁判官などの〉 toga 囡

カウンター mostrador 男;〈帳場〉 caja 囡

かえす 返す devolver：必ず返してくれるなら貸してあげよ Te lo dejo, si me lo devuelves sin falta. 借金を～ pagar la deuda

かえって 却って al contrario. 薬を飲んだら～気分が悪くなった Tomé la medicina y en vez de mejorarme, me puse peor.

かえり 帰り vuelta 囡, regreso 男：私は～に食料品の買い物をする Hago la compra en el camino de vuelta a casa. 夫は～が遅い Mi marido siempre vuelve tarde. ～はタクシーにしましょう Para volver (regresar) tomaremos un taxi.

かえる 返・帰る ❶ volver, regresar, ve-

nir：母はまだ帰っていない Mi madre no ha vuelto todavía.
❷〈立ち去る〉irse：ホセはどこですか？—もう帰りました ¿Dónde está José?—Ya se ha ido.

かえる 代える sustituir

かえる 変える ❶〈変更〉cambiar：話題を変えよう Cambiemos de tema.
❷〈変形〉transformar, convertir：魔女はカボチャを馬車に変えた El hada convirtió la calabaza en coche.

かえる 換・替える ❶〈交換〉cambiar：電球を換える cambiar una bombilla. 下着を替える cambiarse de ropa interior
❷〈変換〉convertir：株を現金に換える convertir las acciones en dinero

かお 顔 cara 囡；〈顔立ち〉facciones 囡複, fisonomía 囡, rasgos 男複；〈表情〉rostro 男, gesto 男. ～色が悪い estar pálido (da)

かおり 香り〈におい〉olor 男；〈芳香〉aroma 男

がか 画家 pintor (ra)

かかく 価格 precio 男：低い～で a bajo precio

かがく 化学 química 囡. ～の químico (ca)

かがく 科学 ciencia 囡. ～的な・～者 científico (ca)

かかげる 掲げる〈掲揚〉izar

かかと 踵 ❶ talón 男
❷〈靴の〉tacón 男：～の高い(低い)靴 zapatos 男複 de tacón alto (bajo)

かがみ 鏡 espejo 男；〈大型の〉luna 囡：～を見る mirarse al espejo

かがやく 輝く brillar. 輝かしい brillante. 輝き brillo 男

かかる ❶〈時間が〉tardar[se]：ここから港までどのくらいかかりますか？¿Cuánto se tarda de aquí al puerto?
❷〈費用が〉costar：飛行機代はいくらかかりましたか？¿Cuánto le costó el [billete de] avión?

かかわらず …にも～ a pesar de〔que+直説法〕：平日にも～道は混んでいる A pesar de que hoy es día laborable las carreteras están llenas. それにも～ sin embargo

かき 下記 ～の siguiente

かぎ 鍵 ❶ llave 囡：引き出しに～をかける cerrar el cajón con llave. ～穴 ojo 男 de la cerradura
❷〈問題を解く〉clave 囡, quid 男

かきとめ 書留 ～の certificado (da). 小包を～にする certificar un paquete

かきまぜる かき混ぜる batir；〈かき回す〉remover, revolver

かぎり 限り ❶〈限界〉límite 男. ～ある limitado (da). ～ない infinito (ta), sin límite. ～なく infinitamente
❷〈限定〉…する～ mientras〔que〕+接続法：私が生きている～ mientras yo viva
…しない～ a menos (a no ser) que+接続法：招待されない～私は行かない No iré a menos que me inviten.

かぎる 限る limitar. 限られた limitado (da)
…とは限らない〈すべて〉no todo；〈いつも〉no siempre：金持ちが幸福とは限らない No todos los ricos son felices./No siempre son felices los ricos.
…に限らず no sólo... sino〔también〕
…に限って por lo que se refiere a…：うちの子に限ってそんなことはあり得ない Por lo que se refiere a mi hijo, nunca ocurrirá tal cosa.

かく 書・描く ❶ escribir：小説を～ escribir una novela. 辞書には何と書いてありますか？¿Qué dice el diccionario? 必要事項を書類に書き込む llenar el formulario
❷〈線画・図〉dibujar：グラフを～ dibujar un gráfico

かく 掻く rascar：頭を～ rascarse la cabeza

かく 核 núcleo 男. ～の nuclear：～兵器 arma 囡 nuclear

かぐ 嗅ぐ oler；〈かぎ回る〉husmear

かぐ 家具 mueble 男. ～付きの家 casa 囡 amueblada

がく 額 ❶〈額縁〉marco 男；〈額入りの絵〉cuadro 男
❷〈金額〉cantidad 囡；〈総額〉suma 囡

かくう 架空 ～の imaginario (ria)：～の人物 personaje 男 imaginario (ficticio)

かくげん 格言 proverbio 男, refrán 男, dicho 男

かくご 覚悟〈決心〉decisión 囡；〈諦め〉resignación 囡. ～を決めて decididamente. 死を～する resignarse a morir. ～ができている estar dispuesto (ta) a+不定詞

かくじつ 確実 ～な cierto (ta), seguro (ra). ～に ciertamente；〈必ず〉sin falta

がくしゃ 学者〈研究者〉estudioso (sa)；〈物知り〉erudito (ta)

がくしゅう 学習 estudio 男. ～する estudiar, aprender

かくしん 確信 convicción 囡. ～する convencerse de...
～している estar seguro (ra) de que+直説法：私は彼の勝利を～している Estoy convencido de su victoria./Estoy seguro de que

かくす 隠す esconder, ocultar；〈秘密〉guardar (tener) en secreto：金を引き出しに～ esconder el dinero en un cajón. 名前を～ ocultar su nombre. 本心を～ disimular sus intenciones. 隠さず〈正直に〉francamente. 隠しカメラ cámara oculta

かくだい 拡大 agrandamiento 男. ～する agrandar. ⇨拡張

がくだん 楽団〈管弦楽団〉orquesta 女；〈吹奏楽団〉banda 女；〈小編成の〉conjunto 男

かくちょう 拡張 expansión 女；〈事業などの〉ampliación 女. ～する extender；ampliar；〈道幅などを〉ensanchar

がくちょう 学長 rector(ra)

かくど 角度 ángulo 男

かくとく 獲得 ～する〈入手〉obtener；〈努力して〉conseguir；〈金で〉adquirir

かくにん 確認 confirmación 女, comprobación 女. ～する confirmar, comprobar：そのニュースはまだ～されていない La noticia todavía no ha sido confirmada.

がくねん 学年 ❶ curso 男：高(低)への de cursos superiores (inferiores). ❷〈学年度〉año escolar

がくひ 学費 gastos 男 複 de estudios

がくぶ 学部 facultad 女

かくめい 革命 revolución 女. ～の・～的な revolucionario(ria)：～的進歩 avance 男 revolucionario

がくもん 学問 ciencia 女

かくり 隔離 aislamiento 男. ～する aislar

かくりつ 確率 probabilidad 女

かくれる 隠れる esconderse, ocultarse：机の下に～ esconderse debajo de la mesa. 隠れた oculto(ta). 隠れて〈内緒〉ocultamente, a escondidas

かけ 賭け apuesta 女. ～をする apostar

かげ 陰・影 sombra 女. 扉の～に隠れる esconderse detrás de la puerta. ～で悪口を言う hablar mal de+人 por detrás (en su ausencia・a sus espaldas)

がけ 崖 precipicio 男

かけい 家計 economía 女 familiar

かげき 過激 ～な radical；〈極端な〉extremo(ma). ～派 radical 名；extremista 名

かけごと 賭け事 juego 男

かけつ 可決 ～する aprobar：法案を〔賛成多数で〕～する aprobar la ley〔por mayoría〕

かけつける 駆けつける acudir a+場所

かけら pedazo 男, trozo 男

かける 欠ける〈破損〉romperse：茶碗の縁が欠けた Se ha roto el borde de la taza.

かける 掛ける ❶〈吊るす〉colgar：ハンガーに上着を～ colgar la chaqueta en la percha
❷〈覆う〉cubrir：子供に毛布を～ cubrir al niño con una manta
❸〈注ぐ〉echar：火に水を～ echar agua al fuego
❹〈掛け算〉multiplicar. 2×5 は 10 Dos por cinco son diez. 掛け算 multiplicación 女

かこ 過去 ❶ pasado 男：～に en el pasado. ～の pasado(da). ❷〈文法〉pretérito 男. ～分詞 participio 男 pasado

かご 籠 cesta 女；〈大型の〉cesto 男

かこう 加工 elaboración 女. ～する elaborar：～食品 alimento 男 elaborado

かこむ 囲む rodear：日本は四方を海に囲まれている Japón está rodeado de mar por todos lados. 私たちは先生を囲んで座った Nos sentamos alrededor del profesor.

かさ 傘 paraguas 男：～をさす(とじる) abrir (cerrar) el paraguas

かさねる 重ねる〈上に〉colocar sobre...；〈積み上げる〉apilar

かさばる abultar, ocupar mucho：この荷物は～ Este paquete abulta mucho. かさばった voluminoso(sa), abultado(da)

かざる 飾る adornar, decorar：壁に絵を～ adornar la pared con un cuadro. 飾り adorno 男. 飾りつけ decoración 女

かざん 火山 volcán 男. ～活動 actividad 女 volcánica

かし 菓子〈甘い物〉dulce 男, golosina 女. ～店 confitería 女

かじ 火事 fuego 男；〈大規模な〉incendio 男

かじ 家事 quehaceres 男 複 domésticos, faenas 女 複 domésticas

がし 餓死 muerte 女 de hambre (por inanición)

かしきり 貸し切り ～の reservado(da). ～バス autocar 男 fletado

かしこい 賢い inteligente；〈抜け目ない〉listo(ta)

かしつ 過失 error 男；〈不注意〉imprudencia 女, negligencia 女. ～傷害 atentado 男 involuntario

かじつ 果実 fruto 男；〈食用の〉fruta 女

かしゅ 歌手 cantante 名

かじゅう 果汁 zumo 男, jugo 男
かじょう 過剰 exceso 男, sobra 女. ～な excesivo (va)
かしらもじ 頭文字 inicial 女
かじる 囓る morder;〈ネズミなどが〉roer
かす 貸す ❶ prestar：金を貸してあげよう Voy a prestarte dinero. ちょっとその辞書を貸してください Déjeme ese diccionario un momento. ❷〈賃貸〉alquilar：「貸しマンション」Se alquila piso. 貸し家 casa 女 de alquiler
かす 滓〈残り物〉residuo 男;〈沈殿物〉poso 男
かず 数 número 男
ガス gas 男
かすか 微か ～な débil;〈ぼんやり〉vago (ga). ～に débilmente; vagamente：～に覚えている recordar vagamente
かすみ 霞 neblina 女
かする 課・科する imponer. 罰金を～ poner una multa a+人
かぜ 風 viento 男,〈空気の流れ〉aire 男;〈微風〉brisa 女：きょうは～が強い Hoy hace mucho viento.
かぜ 風邪 resfriado 男, catarro 男;〈流感〉gripe 女. ～をひいている estar resfriado (da)
かぜい 課税 ～する gravar〔con un impuesto〕：輸入品に～する gravar las importaciones. ～対象となる imponible
かせぐ 稼ぐ ganar：彼は月に50万円～ Gana quinientos mil yenes al mes.
かぞえる 数える contar. 数えきれない〔ほど多い〕innumerable, un sin número de＋名詞
かぞく 家族 familia 女. ～の familiar
ガソリン gasolina 女：～を入れる repostar gasolina;〈満タン〉llenar el depósito. ～スタンド gasolinera 女
かた 型〈様式〉modelo 男, tipo 男;〈鋳型〉molde 男;〈型紙〉patrón 男. ～どおりの・～にはまった estereotipado (da)
かた 肩 hombro 男：ショールを～にかける ponerse el chal sobre los hombros
かたい 堅・固・硬い ❶ duro (ra), sólido (da);〈～パン〉pan duro ❷〈強固〉firme, sólido (da)：彼の決心は～ Está firme en su resolución. ❸〈堅実〉seguro (ra)：～職業についている tener un trabajo seguro
かたがき 肩書き título 男
かたくるしい 堅苦しい〈形式ばった〉formal;〈生まじめ〉〔demasiado〕serio (ria)
かたち 形 forma 女, figura 女：…の～をした en (que tiene) forma de...
かたづける 片付ける recoger;〈整理〉poner en orden：おもちゃを～ recoger los juguetes
かたな 刀 espada 女〔japonesa〕
かたほう 片方 手袋(靴)の～ guante (zapato) suelto
かたまり 塊 masa 女
かたまる 固まる〈凝固〉cuajar〔se〕;〈硬化〉endurecerse. 固める endurecer;〈強化〉consolidar
かたみ 形見 このカメラは父の～だ Esta cámara es un recuerdo de mi padre.
かたむく 傾く inclinarse. 傾ける inclinar. 傾き inclinación 女
かたる 語る contar, narrar
カタログ catálogo 男：～ショッピング venta 女 por catálogo
かだん 花壇 arriate 男, macizo 男
かち 価値 valor 男. …する～がある valer (merecer) la pena＋不定詞
かちく 家畜 animal doméstico;〈集合的に〉ganado 男
かつ 勝つ ❶ ganar：試合に～ ganar el partido. ❷〈打ち負かす〉vencer：敵に～ vencer al enemigo
がっか 学科 departamento 男：スペイン語～ departamento de español
がっかい 学会 日本イスパニヤ～ Asociación Japonesa de Hispanistas
がっかり ～させる decepcionar, desilusionar, desanimar. ～する desilusionarse, desanimarse
かっき 活気 actividad 女;〈活力〉vigor 男. ～のある vivo (va), animado (da). ～にあふれる estar lleno (na) de vida. ～づく animarse. ～づける animar, avivar
がっき 学期〈6か月の〉semestre 男 escolar;〈3か月の〉trimestre 男 escolar
がっき 楽器 instrumento 男〔musical〕
かつぐ 担ぐ 荷物を肩に～ cargar el bulto sobre los hombros
かっこ 括弧 paréntesis 男
がっこう 学校 escuela 女, colegio 男;〈私立の各種学校〉academia 女. ～の escolar
かっさい 喝采 aplauso 男. ～する aplaudir
がっしょう 合唱 coro 男. ～する cantar a coro. ～団 coro
かっしょく 褐色 ～の pardo (da), moreno (na)：～の肌 piel 女 morena
かって 勝手〈自分〉～な egoísta. 君の～だ Allá tú.

かつどう 活動 actividad 囡. ～的な activo(va)

かっぱつ 活発 ～な vivo(va), activo(va)

カップ taza 囡

カップル pareja 囡

かつやく 活躍 actividad 囡: ～する desplegar (mostrar) gran actividad

かつよう 活用〈動詞の〉conjugación 囡. ～する conjugar

かつら peluca 囡;〈ヘアピース〉postizo 男

かてい 仮定 suposición 囡, hipótesis 囡. ～の hipotético(ca). ～する suponer

かてい 家庭 hogar 男, familia 囡: 彼は裕福な～に育った Ha crecido en una familia rica. ～内暴力 violencia 囡 doméstica ～の familiar;～生活 vida 囡 familiar. ～的 hogareño(ña):～的な雰囲気 ambiente 男 hogareño

かてい 過程 proceso 男

かてい 課程 curso 男

かど 角 esquina 囡: ～を〔右に〕曲がる doblar la esquina〔a la derecha〕. 机の～にぶつかる darse contra la esquina de la mesa

かど 過度 ～の〈名詞＋〉excesivo(va);〈＋名詞〉demasiado(da):～の愛情 cariño 男 excesivo, demasiado cariño. ～に demasiado

かとう 下等 ～な bajo(ja), inferior

カトリック catolicismo 男. ～の〔信者〕católico(ca)

かなしい 悲しい triste: 犬が死んで～ Estoy triste por la muerte de mi perro. 悲しみ tristeza 囡, pena 囡. 悲しむ entristecerse

かならず 必ず ❶〈欠かさず・確かに〉sin falta: 彼は～朝に散歩する Da una vuelta todas las mañanas sin falta. 借りた金は～返します Le pagaré la deuda sin falta. 彼は～成功するよ Estoy seguro de que tendrá éxito.
❷〈是非とも〉a toda costa: 私は～世に出てみせる Triunfaré en la vida a toda costa.
❸ 高いものが～しもいいものではない Lo caro no es siempre bueno. 私は～しも反対ではない No digo que esté totalmente en contra.

かなり ～〔の〕bastante: きょうは～寒い Hoy hace bastante frío. 彼は～上手に日本語を話す Habla bastante bien japonés.

カニ 蟹 cangrejo 男

かね 金 dinero 男:～を使う gastar dinero. 私は今～を持っていない No llevo dinero.

かね 鐘 campana 囡:～をつく tocar la campana

かねもち 金持ち ～〔の〕rico(ca). 大～ millonario(ria)

かのう 可能 ～な posible:…するのは～である Es posible que＋接続法. ～な限り todo lo posible, lo más posible. ～性 posibilidad 囡

かのじょ 彼女 ❶ ella 囡. ～の su, suyo(ya). ～を la. ～に le. ～たち ellas. ～ちを las. ～たちに les. ❷〈恋人〉novia 囡

カバー cubierta 囡;〈家具などの〉funda 囡;〈ソファー〉funda de sillón. 本の～ forro 男 del libro

かばう 庇う proteger;〈弁護〉defender

かばん 鞄〔書類入れ〕cartera 囡;〈バッグ〉bolsa 囡

かはんすう 過半数 mayoría 囡

かび 黴 moho 男:～がはえる salir moho

かびん 花瓶 florero 男

かぶ 株 ❶〈株式〉acción 囡. 株式市場 bolsa 囡. ❷〈切り株〉tocón 男

カフス puño 男. ～ボタン gemelos 男 複

かぶせる 被せる cubrir;〈ふたをする〉tapar

かぶる 被る ponerse;〈状態〉llevar: 彼女は帽子を被っていた Llevaba un sombrero.

かべ 壁 pared 囡, muro 男. ～にぶつかる〈比喩〉tropezar con un obstáculo

かへい 貨幣 moneda 囡

かまう 構う ❶〈重要である〉importar a＋人: 世間がどう言おうと私は構わない No me importa el qué dirán.
❷〈気にかける〉preocuparse por＋事・人, hacer caso a (de)＋人: 夫は私のことを構ってくれない Mi marido no me hace caso.
❸〈労をとる〉molestarse: どうぞ構いなく No se moleste, por favor. 私に構わないで! ¡Déjame en paz!

がまん 我慢〔忍耐〕paciencia 囡;〈容認〉tolerancia 囡;〈自制〉continencia 囡. ～する aguantar; tolerar; contenerse:～痛み を～する aguantar el dolor. ～しなさい! ¡Ten paciencia! ～強い paciente. ～できない insoportable;〈抵抗できない〉irresistible. …で～する conformarse con＋物・事 不定詞

かみ 神 dios(sa);〈キリスト教の〉Dios 男. ～の divino(na)

かみ 紙 papel 男:一枚の～ un papel, una hoja de papel

かみ 髪 pelo 男, cabello 男. ～をとかす peinarse

かみそり 剃刀 cuchilla 囡, navaja 囡〔de afeitar〕. 電気～ maquinilla 囡〔eléctrica〕

かみなり 雷 trueno 男. ～が鳴る tronar.

かむ 噛む ❶〈噛みつく〉morder：私は犬に噛まれた Me ha mordido un perro. ❷〈噛みくだく〉masticar：よく噛みなさい Cómelo masticando bien.

ガム ⇨チューインガム

ガムテープ cinta 囡 adhesiva

かめ 瓶 tinaja 囡；〈大型で両取手付き〉cántaro 男

カメラ cámara 囡〔fotográfica〕. 〜マン fotógrafo (fa)；〈映画・テレビの〉operador (ra), cámara 囡

かもく 科目 asignatura 囡, materia 囡

…かもしれない poder+不定詞・que+接続法；ser posible (probable) que+接続法：そう〜 Puede ser. 彼はもう出かけた〜 Es posible que ya haya salido.

かもつ 貨物 mercancía 囡：〜列車 tren 男 de carga (de mercancía)

かゆい 痒い〈部位が主語〉picar：私は背中が〜 Me pica la espalda.

かよう 通う 彼は毎日電車で学校に通っている Va a la escuela todos los días en tren.

…から ❶〈起点〉de, desde；〈経由〉por：東京〜大阪まで de Tokio a Osaka. 横浜〜船に乗る embarcarse en Yokohama. 太陽は東〜昇る El sol sale por el este. ❷〈時〉desde entonces, a partir de ahí. コンサートは7時〜始まる El concierto empieza a las siete. …して〜〈した後に〉después de+不定詞；〈して以来〉desde que+直説法：夕食を済ませて〜出かけよう Salgamos después de cenar. 結婚して〜彼女は変わった Desde que se casó, ha cambiado. ❸〈原因・理由〉por+名詞, porque+直説法；〈文脈で〉como+直説法：不注意〜 por descuido. 私は疲れている〜行きたくない No quiero ir porque estoy cansado. ❹〈材料〉de：バターは牛乳〜作られる La mantequilla sale de la leche.

から 空 〜の vacío (a). 〜にする vaciar

カラー ❶〈色〉color 男：〜フィルム carrete 男 en color. 〜 えり

からい 辛い picante；〈塩辛い〉salado (da)

カラオケ〈装置・店〉karaoke 男

からかう burlarse de…, reírse de…：私は服装をからかわれた Se burlaron de mi ropa.

からくち 辛口 〜の〈酒が〉seco (ca)

からし 芥子 mostaza 囡

ガラス cristal 男；〈厚手の〉vidrio 男. 〜窓 vidriera 囡. 〜ケース vitrina 囡

からだ 体 cuerpo 男. 〜を休める descansar. 〜を大切にする cuidarse. 〜によい(悪い) ser bueno (malo) para la salud

かり 仮 〜の ❶〈一時的〉provisional：〜契約 contrato 男 provisional ❷〈条件付き〉condicional：〜釈放 libertad 囡 condicional

〜に…ならば ⇨もし. 〜に…としても ⇨たとえ. 〜に今地震が起きたとしよう Supongamos que haya un terremoto ahora.

かり 借り ⇨借金

カリスマ carisma 男. 〜的な carismático (ca)

かりる 借りる pedir prestado (da)；〈賃借〉alquilar：レンタカーを借りよう Vamos a alquilar un coche. この傘をお借りできませんか？ ¿Puede usted prestarme este paraguas? 金を借りている deber algún dinero a +人

かる 刈る cortar. 刈り取る segar. 刈り入れる cosechar

かるい 軽い ligero (ra), leve：〜荷物 equipaje 男 ligero. 〜食事 comida 囡 ligera

軽く ligeramente；〈そっと〉suavemente：軽く触れる tocar suavemente

かれ 彼 ❶ él 男. 〜の su, suyo (ya). 〜を lo, le. 〜に le. 〜ら ellos. 〜らを los. 〜らに les. ❷〈恋人〉novio 男

ガレージ garaje 男

かれる 枯れる secarse. 枯れた seco (ca)

カレンダー calendario 男

かろう 過労 agotamiento 男 causado por exceso de trabajo. 〜で倒れる caer enfermo (ma) por exceso de trabajo

がろう 画廊 galería 囡

かろうじて 辛うじて a duras penas, difícilmente. 私は〜列車に間に合った Cogí el tren por los pelos.

かわ 川 río 男：〜上(下)へ río arriba (abajo)

かわ 皮・革〈なめし革〉cuero 男, piel 囡 curtida；〈果実などの薄い皮〉piel；〈バナナなどの厚い皮〉cáscara 囡

がわ 側 lado 男

かわいい 可愛い〈主に物が〉bonito (ta), mono (na)；〈主に子供が〉rico (ca). 〜ブラウス blusa 囡 bonita (mona). 何て〜坊や！ ¡Qué niño más rico!

かわいがる tratar con cariño；〈甘やかす〉mimar：祖母は私をかわいがってくれた Mi abuela me mimaba.

かわいそう 可哀想 〜な pobre；〈悲しい〉triste：〜な少女 pobre chica 囡. 〜な物語 historia 囡 triste. 〜に！ ¡Pobrecito (ta)!

かわく

¡Qué pena!

かわく 乾く secarse. 乾かす secar：天日で乾かす secar al sol. 乾いた se*co*(*ca*)

かわり 代・替わり きょうは~の先生が授業をします Hoy dará la clase el su〔b〕stituto. …する~に en lugar de…, en vez de…：海へ行く~にプールに行こう Vamos a la piscina en vez de ir a la playa.
その~ en cambio：それは高いが，その~長持ちする Es caro, pero en cambio, muy duradero

かわる 代・替わる su〔b〕stituir, reemplazar

かわる 変わる cambiar, convertirse en…：私は住所が変わった He cambiado de domicilio. 愛が憎しみに~ El amor se convierte en odio.

かわるがわる 代わる代わる 〈交互〉 alternativamente；〈次々〉 uno tras otro, por turno

かん 缶 lata 囡, bote 男. ~切り abrelatas 男

かん 勘 intuición 囡；〈第六感〉el sexto sentido

がん 癌 cáncer 男：彼は肺~だ Tiene cáncer de pulmón.

かんがえ 考え idea 囡；〈思考〉pensamiento 男；〈意見〉opinión 囡, parecer 男：私に~がある Tengo una idea. ~方 modo 男 de pensar

かんがえる 考える ❶ pensar：彼はいつも恋人のことを考えている Siempre está pensando en su novia. …しようと~ pensar〔en〕+不定詞：私はあした出発しようと考えている Pienso salir mañana.
❷ 〈判断〉creer：彼が犯人だと警察は考えている La policía cree que él es culpable.
❸ 〈考慮〉considerar：プロジェクトの可能性について考えよう Consideremos la posibilidad del proyecto.
❹ 〈想像〉imaginar〔se〕：私が何をされるか考えてごらん！¡Imagina lo que me harían!

かんかく 間隔 ⇨あいだ

かんかく 感覚 ❶ sentido 男, sensación 囡：美的~ sentido estético. 私は寒さで手の~がない El frío me entumece las manos.
❷〈感受性〉sensibilidad 囡

かんき 換気 ventilación 囡. ~扇 extractor 男〔de humos〕. ~する ventilar：部屋の中を~する ventilar la habitación

かんきゃく 観客 espectad*or*(*ra*)；〈全体〉público 男. ~席 asiento 男；〈階段状の〉grada 囡

かんきょう 環境 ambiente 男, medio 男：家庭~ ambiente familiar. ~汚染 contaminación 囡 ambiental (del medio ambiente). ~保護 ecologismo 男

かんけい 関係 relación 囡：因果~ relación entre la causa y el efecto. 広告~の仕事 trabajo 男 relacionado con la publicidad. ~de interes*ado*(*da*)
…と~がある tener relación con…, tener que ver con…：あなたはフワンとどんな~ですか? ¿Qué relación tiene usted con Juan? 君には~ないよ No es asunto tuyo.

かんげい 歓迎 bienvenida 囡, buena acogida 囡：…を~する dar la bienvenida a+人. 熱烈な~を受ける ser recibi*do*(*da*) con entusiasmo. ~会 recepción 囡, fiesta 囡 de bienvenida

かんげき 感激 emoción 囡. ~する emocionarse. ~の出会い encuentro 男 emocionante. ~させる conmover

かんけつ 簡潔 ~な concis*o*(*sa*), sencill*o*(*lla*). ~な文体 estilo 男 sencillo

かんご 看護 ⇨看病. ~師 enferme*ro*(*ra*)

がんこ 頑固 ~な obstina*do*(*da*), testaru*do*(*da*). ~者 cabezota 囡

かんこう 観光 turismo 男. ~の turístic*o*(*ca*)：~案内 guía 囡 turística. ~客 turista 囡. ~バス autocar 男

かんこく 勧告 exhortación 囡. ~する exhortar

かんさつ 観察 observación 囡. ~する observar. ~力の鋭い perspicaz

かんし 監視 vigilancia 囡. ~する vigilar. ~員 vigilante 名

かんじ 感じ ❶〈感覚〉sensación 囡；〈情感〉sentimiento 男：ひんやりした~ sensación de frío
❷〈印象〉impresión 囡：そのホテルは~がよかった El hotel nos dio buena impresión. ~のいい〈人が〉simpátic*o*(*ca*), agradable. ~の悪い antipátic*o*(*ca*), desagradable

かんじ 漢字 carácter 男 chino

かんしゃ 感謝 agradecimiento 男. ~する agradecer：あなたにとても~しています Le estoy muy agradecido.

かんじゃ 患者 paciente 名；〈病人〉enfer*mo*(*ma*)

かんしゅう 慣習 costumbre 囡

かんしゅう 観衆 ⇨観客

かんじゅせい 感受性 sensibilidad 囡. ~の強い sensible

かんしょう 干渉 intervención 囡. ~する intervenir. 他人のことに~すべきでない No debemos meternos en asuntos ajenos.

かんしょう 感傷 sentimentalismo 男. ～的な sentimental

かんしょう 鑑賞 apreciación 女. ～する apreciar

かんじょう 勘定 cuenta 女: ～を済ます pagar la cuenta. …を～に入れる tener... en cuenta. ～書 nota 女

かんじょう 感情 ❶ sentimiento 男: ～を表に出す(隠す) demostrar (disimular) sus sentimientos ❷ 〈理性に対して〉 emoción 女. ～的な emocional

がんじょう 頑丈 ～な fuerte, sólido (da); 〈体格が〉 robusto (ta)

かんじる 感じる sentir: 寒さを～ sentir frío. 親しみを～ sentir simpatía por+人. 彼は感じやすい人だ Es sensible (impresionable).

かんしん 感心 ～する admirar: マリアはよく勉強して～だ Es de admirar que María estudie tanto.

かんしん 関心 interés 男: ～を持つ tener interés por+人 (en+事). 彼は音楽にはまったく～がない No le interesa nada la música. それは私にとって一大～事だ Es de mucho interés para mí.

かんする 関する …に～ de, sobre: 平和に～討論 discusión 女 sobre la paz. 私に関しては心配ご無用です En cuanto a mí, no se preocupe.

かんせい 完成 perfección 女. ～する perfeccionarse, acabarse: ついに研究が～した Por fin se ha acabado la investigación.

かんせい 歓声 grito 男 de alegría: ～を上げる dar gritos de alegría

かんぜい 関税 derechos 男複 aduaneros

かんせつ 間接 ～の・～的な indirecto (ta). ～的に indirectamente

かんせつ 関節 articulación 女, coyuntura 女. ～炎 artritis 女

かんせん 感染 contagio 男. …に～する contagiarse de...: 彼はコレラに～した Se ha contagiado de cólera.

かんぜん 完全 ～な 〈欠点のない〉 perfecto (ta); 〈不足のない〉 completo (ta): ～犯罪 crimen 男 perfecto. ～なコレクション colección 女 completa. ～無欠な impecable. ～に perfectamente; por completo, completamente; 〈すっかり〉 totalmente. 不～な imperfecto (ta); incompleto (ta)

かんそ 簡素 sencillez 女. ～な sencillo (lla), simple

かんそう 乾燥 sequedad 女. ～する secarse. ～機 secadora 女. ～した seco (ca); 〈土地が〉 árido (da): ～果実 fruta 女 seca

かんそう 感想 impresión 女: 日本についてどんな～を持たれましたか? ¿Qué impresión tuvo usted de Japón?

かんぞう 肝臓 hígado 男

かんそく 観測 observación 女. ～する observar. ～所 observatorio 男

かんだい 寛大 ～な generoso (sa), indulgente, magnánimo (ma): 子供に～である ser indulgente con sus hijos. ～な措置 indulgencia 女

かんたん 簡単 ～な ❶ 〈容易〉 ～な仕事 trabajo 男 fácil. ～に fácilmente: それは～にはいかない No es tan fácil./No se consigue tan fácilmente. ❷ 〈単純〉 simple, sencillo (lla): ～な装置 mecanismo 男 simple ❸ ～に説明する explicar brevemente (en pocas palabras)

かんちがい 勘違い equivocación 女. ～する equivocarse

かんづめ 缶詰 conserva 女, lata 女 [de conserva]

かんてん 観点 punto 男 de vista, visión 女: 私の～からすれば desde mi punto de vista

かんどう 感動 emoción 女. ～する emocionarse, conmoverse, impresionarse. ～的な emocionante, conmovedor (ra)

かんとく 監督 ❶ dirección 女; 〈仕事の〉 supervisión 女. ～する dirigir; supervisar ❷ 〈人〉 director (ra); supervisor (ra); 〈スポーツの〉 entrenador (ra)

かんぱい 乾杯 brindis 男: ～する echar un brindis; 〈…に〉 brindar por... ～! ¡Salud!

がんばる 頑張る 〈努力〉 esforzarse; 〈元気〉 animarse; 〈固執〉 persistir. がんばれ! ¡Ánimo!

かんばん 看板 letrero 男; 〈広告板〉 anuncio 男; 〈興行の〉 cartelera 女

かんびょう 看病 asistencia 女. ～する cuidar (atender) a un (na) enfermo (ma)

かんぶ 幹部 directivo (va), dirigente 名. ～社員 ejecutivo (va)

かんぺき 完璧 ～な perfecto (ta); 〈非の打ち所がない〉 intachable, impecable

がんぼう 願望 deseo 男

かんゆう 勧誘 solicitación 女. ～する solicitar

かんり 管理 administración 女, dirección 女. ～する administrar, dirigir: 財産

かんりょう

を～する administrar la fortuna. 工場を～する dirigir una fábrica. ～人〈アパートなどの〉 portero (ra)

かんりょう 完了 ❶ ～する acabar, terminar. 準備～ Todo está listo (preparado).
❷〈文法〉 tiempo 男 perfecto. 現在(過去)～ pretérito 男 perfecto (pluscuamperfecto)

かんりょう 官僚 burócrata 名. ～的な burocrático (ca)

かんわ 緩和 ～する ❶ aflojar, relajar: 取締まりが～された Se ha relajado la inspección.
❷〈軽減〉 aliviar, mitigar: 痛みを～する aliviar el dolor

き

き 木 ❶ árbol 男: ～を植える plantar un árbol
❷〈材木〉 madera 女: このおもちゃは～でできている Este juguete es de madera.

き 気 ❶〈気質〉 ～の弱い・小さい miedoso (sa), de carácter débil. ～の長い paciente. ～の短い impaciente;〈怒りっぽい〉 irascible
❷〈意識・精神〉 ～を失う desmayarse, perder el conocimiento (el sentido). ～がつく〈意識を取り戻す〉 volver en sí, recobrar el sentido
❸〈意志・意向〉 …する～がある tener gana[s] de+不定詞, querer+不定詞: 彼には働く～がない No tiene ganas de trabajar. …する～にさせる dar a+人 ganas de+不定詞. 私は働く～になれない No me entran ganas de trabajar.
❹〈気分・感情〉 ～を悪くする ofenderse. 彼の言い方は～にさわる Me molesta su modo de hablar. ～が軽く(重く)なる sentirse aliviado (da) (deprimido (da))
❺〈心配・注意・配慮〉 ～にする preocuparse [por…];〈留意〉 atender (a+事). ～のつく atento (ta). ～を遣う molestarse por+人. ～をつける atender a+事・人, tener cuidado [con+名詞・不定詞]. 彼のことばが～になる Me preocupan sus palabras.

きあつ 気圧 presión 女 atmosférica: 高～ alta presión atmosférica. 低～ depresión 女 [atmosférica]. ～計 barómetro 男

キー tecla 女. ⇨鍵. ～ボード teclado 男. ～ホールダー llavero 男. ～ワード palabra 女 clave

きいろ 黄色 ～の amarillo (lla). ～みがかった amarillento (ta)

ぎいん 議員〈上院〉 senador (ra);〈下院〉 diputado (da);〈国会〉 parlamentario (ria);〈市町村議会〉 concejal (la)

きえる 消える〈火・明かりが〉 apagarse, extinguirse;〈消失〉 desaparecer

きおく 記憶 memoria 女. ～力 memoria: ～力がいい(悪い) tener buena (mala) memoria. ～する ⇨覚える. 私の～に間違いがなければ… Si no recuerdo mal…

キオスク quiosco 男, kiosco 男

きおん 気温 temperatura 女: ～は10度だ La temperatura es de diez grados.

きか 帰化 naturalización 女. ～する naturalizarse

きかい 機会 ❶ ocasión 女: それはまたの～にしよう Lo dejamos para otra ocasión.
❷〈好機〉 oportunidad 女: ～を逃す perder la oportunidad

きかい 機械 máquina 女;〈設備〉 maquinaria 女;〈装置〉 mecanismo 男

ぎかい 議会 ⇨国会. ～制民主主義 democracia 女 parlamentaria. 市(町・村)～ concejo 男

きがえる 着替える cambiarse [de ropa];〈清潔な物に〉 mudarse

きかん 期間 periodo 男;〈期限〉 plazo 男: 潜伏～ periodo de incubación. 彼は祭りの～中, 町にいなかった No estuvo en el pueblo durante la fiesta.

きかん 機関 ❶〈エンジン・モーター〉 motor 男. 〔電気〕～車 locomotora 女〔eléctrica〕. ～士 maquinista 名
❷〈機構〉 organismo 男, órgano 男;〈組織〉 organización 女: 政府～ organismos del gobierno. 研究～ órgano de investigación

きき 危機 crisis 女. ～一髪で助かる salvarse por los pelos

ききめ 効き目 efecto 男. ～のある eficaz. ～のない ineficaz

きぎょう 企業 empresa 女. ～家 empresario (ria)

ききん 飢饉 hambre 女;〈一国の〉 hambruna 女

きく 効く〈効果〉 tener efecto, ser eficaz: この薬は頭痛に～ Esta medicina es buena (eficaz) para el dolor de cabeza. ブレー

きが効かない El freno no funciona.

きく 聞・聴く ❶ 〈耳に入る・聞こえる〉 oír：私はラジオを聞きながら朝食をとる Desayuno oyendo la radio. よく聞こえません No le oigo bien.
❷ 〈熱心に〉 escuchar：彼は授業を聞いていない No escucha en clase.
❸ 〈尋ねる〉 preguntar：それはマリオに聞きなさい Pregúntaselo a Mario.

きぐ 器具 aparato 男, instrumento 男；〈家庭用〉 utensilio 男

きげき 喜劇 comedia 女

きけん 危険 peligro 男；〈リスク〉 riesgo 男；～である estar en peligro. ～を冒す correr peligro；arriesgarse. ～な peligroso (sa)

きけん 棄権 ❶ 〈投票の〉 abstención 女. ～する abstenerse de votar. ❷ 試合を途中で～する abandonar el partido

きげん 紀元 era 女. ～…年に en el año... d.C. (después de Cristo). ～前…年に en el año... a.C. (antes de Cristo)

きげん 起源 origen 男

きげん 期限 〈期間〉 plazo 男；〈期日〉 término 男；～付きの a plazo. ～が切れる expirar：私のパスポートは来月～が切れる Mi pasaporte expira el mes que viene. ～が来る vencer

きげん 機嫌 humor 男：～がいい(悪い) estar de buen (mal) humor. 彼女の～が直るまでそっとしておこう Vamos a dejarla tranquila hasta que se le pase el mal humor.

きこう 気候 clima 男；〈天候〉 tiempo 男

きごう 記号 signo 男, marca 女；〈化学の〉 símbolo 男

きこく 帰国 ～する volver a su país；〈一時的に〉 ir a su país

きこん 既婚 ～の〔人〕casado (da)

きざ 気障 ～な cursi, afectado (da)

きさく 気さく ～な de carácter franco (abierto), sencillo (lla). ～に francamente, abiertamente

きし 岸 orilla 女, ribera 女

きじ 生地 〈布地〉 tela 女, tejido 男；〈料理〉 pasta 女

きじ 記事 artículo 男. 三面～ sucesos 男複. 報道～ reportaje 男

ぎし 技師 ingeniero (ra)

ぎしき 儀式 ceremonia 女；〈宗教的な〉 rito 男

きしゃ 記者 periodista 名. ～会見 rueda 女 de prensa. 報道～ reportero (ra), informador (ra)

きしゅくしゃ 寄宿舎 internado 男, dormitorio 男, residencia 女 de estudiantes

きじゅつ 奇術 ⇨手品

きじゅつ 記述 descripción 女. ～する describir

ぎじゅつ 技術 técnica 女, arte 男；〈テクノロジー〉 tecnología 女. ～の・～者 técnico (ca)；～革新 innovación 女 (renovación 女) técnica. ～的に可能なる ser técnicamente posible

きじゅん 基準 norma 女；〈判断の〉 criterio 男

きしょう 気性 temperamento 男：～の激しい de temperamento (carácter) impulsivo

きしょう 気象 ～観測 observación 女 meteorológica. ～衛星 satélite 男 meteorológico

きしょう 記章 insignia 女, emblema 女

キス beso 男. ～する besar, dar un beso

きず 傷 ❶ herida 女. ～つく herirse, lastimarse. ～つける herir, dañar；〈固い物の表面を〉 rayar：君のことばは彼を深く～つけた Tus palabras le han herido mucho (le han hecho mucho daño). テーブルに～がついた La mesa está rayada. ～つきやすい sensible. ～跡 cicatriz 女. ～口 labios 男複 de la herida
❷ 〈商品の欠陥〉 defecto 男：～物である tener defectos

きすう 奇数 impar 男

きずな 絆 vínculo 男

ぎせい 犠牲 ❶ sacrificio 男：～的精神 espíritu 男 de sacrificio. ～にする sacrificar
❷ 〈犠牲者〉 víctima 女：…の～になる ser víctima de...

きせいちゅう 寄生虫 parásito 男

きせき 奇跡 milagro 男：～を起こす hacer un milagro. ～的な milagroso (sa). ～的に助かる salvarse de milagro

きせつ 季節 estación 女

きぜつ 気絶 desmayo 男. ～する desmayarse, perder el sentido

きそ 起訴 acusación 女, procesamiento 男. …で～する procesar a+人 por...

きそ 基礎 ❶ base 女, fundamento 男；〈初歩〉 elementos 男複, principios 男複. ～的な básico (ca), fundamental；elemental：～知識 conocimientos 男複 elementales (básicos)
❷ 〈建物の〉 cimiento 男. ～工事 cimentación 女

きそう 競う competir, rivalizar

きそく 規則 regla 囡;〈全体として〉reglamento 男：～を守る(破る) observar (violar) una regla. ～的な regular. ～的に regularmente

きぞく 貴族 noble 名, aristócrata 図;〈階級〉nobleza 囡, aristocracia 囡. ～的な aristocrático (ca)

きたい 気体 gas 男

きたい 期待 expectación 囡;〈希望〉esperanza 囡. ～に反して contra lo deseado. ～する esperar, desear：私は彼に多くを～していない No espero mucho de él. ～はずれ desilusión 囡, decepción 囡. ～はずれの decepcionante

きたえる 鍛える fortificar, fortalecer;〈金属を〉forjar. 体を～ fortificar el cuerpo

きたない 汚い sucio (cia);〈卑劣〉vil：～手 mano 囡 sucia. ～手を使う jugar sucio

きち 基地 base 囡

きち 機知 ingenio 男, agudeza 囡. ～に富んだ ingenioso (sa), agudo (da)

きちょう 貴重 ～な precioso (sa)：～品 artículo 男 precioso, objeto 男 de valor

ぎちょう 議長 presidente (ta)

きちんと〈整然〉en orden;〈正確〉correctamente, exactamente;〈規則正しく〉regularmente. ～と片付いた部屋 cuarto 男 ordenado (arreglado). ～とした服装をする vestirse decentemente. ～と説明しなさい Explícalo claramente.

きつい ❶〈窮屈〉apretado (da). この靴は少し～ Estos zapatos me aprietan un poco (me están justos). ❷〈厳しい〉severo (ra), duro (ra)：～仕事 trabajo 男 duro

きづく 気付く darse cuenta〔de...〕, notar, advertir：彼は私〔がそこにいたこと〕に気付かなかった No se dio cuenta de que yo estaba allí./No notó mi presencia. 私は間違いに気付けた Advertí el error./Me di cuenta del error.

きっさてん 喫茶店 cafetería 囡

きって 切手 sello 男,〈ラ〉estampilla 囡, timbre 男

きっと ⇒かならず

きっぷ 切符 billete 男,〈ラ〉boleto 男;〈入場券〉entrada 囡;〈劇場などの指定席券〉localidad 囡. ～売場 taquilla 囡

きどる 気取る ...を～ darse aires de... 気取った presumido (da), cursi. 気取らない llano (na), sencillo (lla)

きにいる 気に入る〈対象が主語〉gustar a +人：私はこの美術館が気に入った Me gusta este museo. 私は彼の顔つきが気に入らない No me gustan sus facciones. お気に入りの favorito (ta), preferido (da)

きにゅう 記入 apunte 男. ～する apuntar;〈空欄に〉[re]llenar

きぬ 絹 seda 囡

きねん 記念 ～する conmemorar：設立30周年を～する conmemorar el treintenario de la fundación. ～の conmemorativo (va)：～貨幣 moneda 囡 conmemorativa. ～日 aniversario 男. ～碑 monumento 男

きのう 昨日 ayer：私は～会社を休んだ Ayer no fui a la oficina. ～の晩 ayer [por la] noche, anoche

きのう 機能 función 囡. ～する funcionar. ～的な funcional：～障害 desorden 男 funcional

キノコ〈主に食用の〉seta 囡;〈総称的に〉hongo 男

きのどく 気の毒 ～な pobre〚+名詞〛, lastimoso (sa). ～に思う compadecer a+人, sentir compasión por+人. お～に! Lo siento mucho.

きびしい 厳しい severo (ra), riguroso (sa), estricto (ta)：～先生 profesor (ra) severo (ra). ～監視 vigilancia 囡 estricta. ～暑さ(寒さ) calor 男 (frío 男) intenso 厳しく rigurosamente, estrictamente：息子を厳しくしつける educar a su hijo rigurosamente

きひん 気品 distinción 囡, elegancia 囡. ～のある distinguido (da), elegante

きびん 機敏 ～な agudo (da), sagaz;〈動作が〉rápido (da), ágil. ～に sagazmente; ágilmente

きふ 寄付 donación 囡, contribución 囡. ～する donar, contribuir

きぶん 気分 estado 男 de ánimo, humor 男：～がいい(悪い) sentirse bien (mal). ～転換をする distraerse

きぼ 規模 escala 囡, dimensión 囡：大(小)～な de gran (pequeña) escala

きぼう 希望 esperanza 囡;〈願望〉deseo 男：～を持つ・抱く tener esperanza. ...の～をかなえる satisfacer (cumplir) el deseo de+人. ～する esperar; desear. ～を失う desesperarse, perder la esperanza. ～者〈志願者〉aspirante 囡. ～的観測 ilusiones 囡複, sueños 男複

きほん 基本 ⇒基礎. ～給 sueldo 男 base. ～的人権 derechos 男複 humanos fundamentales

きまえ 気前 ～のよい generoso (sa), es-

pléndi*do*(*da*)
きまぐれ 気紛れ capricho 男. ~な capricho*so*(*sa*), voluble
きまり 決まり〈規則〉regla 囡;〈習慣〉costumbre 囡
きまる 決まる ❶〈決定〉結婚式の日取りが決まった Está fijada la fecha de la boda. ❷〈当然〉…に決まっている No hay (cabe) duda de que+直説法: 彼が嘘をついているに決まっている No hay duda de que miente. ❸ 彼らは日曜日には決まって教会に行く Como de costumbre van a la iglesia todos los domingos.
きみ 君 tú. ~の tu, tu*yo*(*ya*). ~を・~に te. ~と一緒に contigo
❷ ~たち vos*otros*(*tras*). ~を・~に os. ~たちの vuestr*o*(*tra*)
きみつ 機密 secreto 男, confidencia 囡. ~の secre*to*(*ta*), confidencial: ~書類 documentos 男複 confidenciales
きみょう 奇妙 ~な extra*ño*(*ña*);〈珍しい〉rar*o*(*ra*)
ぎむ 義務 deber 男;〈法律・道徳上の〉obligación 囡. ~教育 enseñanza 囡 obligatoria
きむずかしい 気難しい difícil, exigente. 彼は~人だ Tiene mal genio./Es un exigente.
きめる 決める ❶〈決定・決心〉decidir[se], determinar[se]: 私たちは行かないことに決めた Decidimos no ir.
❷〈確定〉fijar: 日取りを~ fijar la fecha
❸〈選定〉elegir: この色に決めよう Vamos a elegir este color. 私はこのネクタイに決めました Me quedo con esta corbata.
きもち 気持ち〈気分〉sensación 囡. ~のいい agradable;〈快適〉cómo*do*(*da*), confortable: ~のいい朝 una mañana bonita (agradable). 海に来るのは何といい~なのだろう！¡Qué bien se está en la playa! ~の悪い desagradable, repugnante;〈不気味〉horroro*so*(*sa*). ~が悪くなる sentirse mal. ~よく cómodamente;〈快く〉con mucho gusto, de buena gana
❷〈考え・感情〉sentimiento 男: あなたの~はよくわかります Le comprendo muy bien./Comprendo bien su[s] sentimiento[s].
きもの 着物 quimono 男, kimono 男. ⇨ 服
ぎもん 疑問 ❶〈疑い〉duda 囡: ~を抱く dudar, tener (abrigar) una duda. 彼にそれができるかどうか~だ Dudo que pueda hacerlo.
❷〈文法〉~文 oración 囡 interrogativa. ~符〔signos 男複 de〕interrogación 囡
きゃく 客〈訪問客〉visita 囡;〈招待客〉invita*do*(*da*);〈顧客〉cliente 名;〈乗客〉pasajer*o*(*ra*);〈飛行機などの〉cabina 囡;〈ホテルの〉habitación 囡. ~車 vagón 男 de pasajeros
ぎゃく 逆 ⇨ さかさま. ~の contra*rio*(*ria*), inver*so*(*sa*). ~に al contrario, a la inversa, al (del) revés. ~の方向に行く ir al revés (en sentido contrario). 順番を~にする invertir el orden
ぎゃくたい 虐待 maltratamiento 男. ~する maltratar
きゃしゃ 華奢 ~な〈体格が〉delica*do*(*da*);〈壊れやすい〉frágil
キャスター〈ニュース番組の〉moderad*or*(*ra*)
キャスト〈配役〉reparto 男
きゃっかん 客観 ~的な objeti*vo*(*va*). ~的に見る considerar con objetividad
ぎゃっきょう 逆境 adversidad 囡, infortunio 男
キャプテン capitá*n*(*na*)
キャリア carrera 囡
キャンセル ~する anular, cancelar: 注文を~する anular el pedido. 私は~待ちをしている Estoy en lista de espera.
キャンディー caramelo 男
キャンプ ❶〈野営〉camping 男, campamento 男: ベース~ campamento base. ~する acampar
❷〈収容所〉campo 男: 難民~ campo de refugiados
❸〈合宿〉concentración 囡. ~する concentrarse en+場所
ギャンブル juego 男
きゅう 急 ~な ❶〈緊急〉urgente;〈突然〉repenti*no*(*na*): ~な仕事 trabajo 男 urgente. 彼は~に立ち去った Se fue de repente (repentinamente).
❷〈傾斜〉empina*do*(*da*): ~な坂 cuesta 囡 muy empinada
きゅうか 休暇 vacaciones 囡複:〔5日間の〕~をとる tomar (cinco días de) vacaciones. ~で京都へ行く ir de vacaciones a Kioto. 有給~ vacaciones pagadas. クリスマス~ fiestas 囡 de Navidad
きゅうきゅう 救急 ~車 ambulancia 囡. ~病院 clínica 囡 de urgencia.〔救命〕~センター urgencias 囡複
きゅうぎょう 休業「9日まで~」Cerrado hasta el día 9 por vacaciones.
きゅうくつ 窮屈 ~な〈狭い〉estre*cho*(*cha*), apreta*do*(*da*);〈気詰り〉incómo-

きゅうけい 休憩 descanso 男；〈学校の〉recreo 男：～時間 hora 女 de descanso (de recreo). ～する descansar

きゅうこう 急行 ～列車 expreso 男, [tren 男] rápido

きゅうじ 給仕 ～する servir

きゅうしき 旧式 ～な anticuado(da)

きゅうじつ 休日 día 男 de descanso；〈祝日〉día festivo

きゅうしゅう 吸収 absorción 女；〈知識などの〉asimilación 女. ～する absorber；asimilar

きゅうじょ 救助 socorro 男, salvamento 男, rescate 男：～隊 [equipo 男 de] socorro. ～する socorrer, salvar：人命を～する salvar la vida a (de)+人

きゅうそく 休息 reposo 男, descanso 男. ～する reposar, descansar

きゅうそく 急速 ～な rápido(da), acelerado(da). ～に rápidamente

きゅうでん 宮殿 palacio 男 [real]

ぎゅうにく 牛肉 〈子牛の〉ternera 女；〈成牛の〉carne 女 de vaca

ぎゅうにゅう 牛乳 leche 女 [de vaca]

きゅうめい 救命 ～具 salvavidas 男. ～胴衣(ボート) chaleco 男 (bote 男) salvavidas

きゅうよう 休養 descanso 男. ～する descansar

きゅうよう 急用 asunto 男 urgente；〈商用〉trabajo 男 urgente

きゅうりょう 給料 sueldo 男, salario 男, paga 女：～日 día 男 de paga. この会社は～がいい En esta empresa pagan bien.

きょう 今日 hoy；～行きます Iré hoy. ～は日曜だ Hoy es domingo. ～の午後 esta tarde.

きよう 器用 ～な mañoso(sa), diestro(tra), habilidoso(sa). ～に hábilmente

ぎょう 行 línea 女, renglón 男

きょうい 驚異 maravilla 女. ～的な maravilloso(sa), admirable

きょういく 教育 educación 女；〈学校での〉enseñanza 女：初等(高等)～ enseñanza primaria (superior). ～的な educativo(va), instructivo(va). ～する educar, instruir；enseñar. ～学 pedagogía 女. ～者 pedagogo(ga). ～費 gastos 男複 educacionales

きょういん 教員 ⇒教師. ～免許 título 男 de maestro

きょうかい 教会 iglesia 女；〈大聖堂〉catedral 女

きょうかい 境界 límite 男；〔AB 間の〕～を定める fijar los límites 〔entre A y B〕. ～線 línea 女 de demarcación

きょうかつ 恐喝 chantaje 男. ～する hacer chantaje a+人

きょうぎ 協議 deliberación 女. ～する deliberar, conferenciar

きょうぎ 競技 juego 男；〈試合〉competición 女. ～場 estadio 男, campo 男 de juego. ～者 jugador(ra)

ぎょうぎ 行儀 modales 男複, maneras 女複：～がよい(悪い) tener buena (mala) educación, tener buenos (malos) modales. この子は～が悪い Este chico es mal educado. お～よくしなさい ¡Pórtate bien!

きょうきゅう 供給 suministro 男, abastecimiento 男. ～する suministrar, abastecer

きょうくん 教訓 lección 女；〈物語などの〉moraleja 女：その経験は彼にはいい～になった Esa experiencia le ha dado una buena lección.

きょうさん 共産 ～主義 comunismo 男. ～主義の comunista：～党 partido 男 comunista

きょうし 教師 〈主に小学校の〉maestro(tra)；〈科目別の〉profesor(ra)；〈教官〉instructor(ra)

ぎょうじ 行事 ⇨催し

きょうしつ 教室 〔sala 女 de〕clase 女, aula 女

きょうじゅ 教授 profesor(ra), catedrático(ca)：～会 claustro 男 〔de profesores〕. 助～ profesor(ra) titular

きょうしゅうじょ 教習所 〈自動車の〉autoescuela 女

きょうせい 強制 imposición 女, coacción 女. ～的な obligatorio(ria), coactivo(va). ～する obligar (forzar) a+不定詞

ぎょうせい 行政 administración 女. ～上の administrativo(va)

きょうそう 競争 competencia 女, competición 女：～が激しい Hay mucha competencia. …と～する competir con+人, hacer la competencia a+人. ～の competitivo(va). ～相手 rival 名, competidor(ra)

きょうそう 競走 carrera 女

きょうだい 兄弟 hermano(na)

きょうちょう 強調 énfasis 男：～する acentuar, poner énfasis en…

きょうつう 共通 ～の común：～点 punto 男 en común

きょうてい 協定 acuerdo 男, convenio

きょうど 郷土　～色豊かな típico(ca) de la región：～料理 plato típico de la región

きょうどう 共・協同　cooperación 囡, colaboración 囡：～で en colaboración. ～の cooperativo(va), común.　～組合 cooperativa 囡

きょうばい 競売　subasta 囡, 〈ラ〉remate 男.　～する subastar, 〈ラ〉rematar

きょうはく 脅迫　amenaza 囡：～状 carta 囡 de amenaza.　～する amenazar.　～的な amenazador(ra)

きょうはん 共犯　complicidad 囡.　～者 cómplice 名

きょうふ 恐怖　miedo 男；〈激しい〉terror 男：～にかられる sentir miedo (terror), horrorizarse.　高所～症 acrofobia 囡

きょうみ 興味　interés 男.　～深い interesante.　…に～がある tener interés (estar interesado(da)) por (en)…；〈対象が主語〉interesar a+人：私はその作品に～がある Tengo interés por esa obra./Me interesa esa obra.

きょうゆう 共有　～する compartir con +人, poseer en común.　～の común：～財産 bienes 男複 comunes

きょうよう 教養　cultura 囡；〈知識〉conocimientos 男複.　～のある culto(ta), instruido(da)

きょうりゅう 恐竜　dinosaurio 男

きょうりょく 協力　colaboración 囡, cooperación 囡：～して en colaboración.　…と…～する colaborar (cooperar) con+人〔en+事〕.　～者 colaborador(ra)

ぎょうれつ 行列　desfile 男；〈祭りなどの〉procesión 囡；〈順番待ちの〉cola 囡

きょうわこく 共和国　república 囡

きょえいしん 虚栄心　vanidad 囡.　～の強い vanidoso(sa)

きょか 許可　permiso 男；〈免許〉licencia 囡；〈当局の〉autorización 囡：上司の～を得て外出する salir con permiso del jefe. 無～で営業する hacer negocio sin licencia.　～する permitir；autorizar

ぎょぎょう 漁業　pesca 囡：遠洋～ pesca de altura (de alta mar)

きょくげい 曲芸　juegos 男複 malabares；〈アクロバット〉acrobacia 囡.　～師 malabarista 名；acróbata 名

きょくせん 曲線　curva 囡：～を描く trazar una curva

きょくたん 極端　～な extremado(da), extremo(ma).　～に extremadamente

きょくとう 極東　Extremo Oriente 男

ぎょこう 漁港　puerto 男 pesquero

きょじゅう 居住　～地〔lugar 男 de〕residencia 囡.　～者 habitante 名

きょぜつ 拒絶　rechazo 男.　～する rechazar

きょだい 巨大　～な gigantesco(ca), enorme

きょねん 去年　el año pasado

きょひ 拒否　negativa 囡.　～する negarse a+事・不定詞

きょり 距離　distancia 囡.　ここから駅までの～はどのくらいですか？¿Cuánto hay de aquí a la estación?

きらう 嫌う　〈対象が主語〉no gustar a+人：彼は闘牛が嫌いだ No le gustan los toros. 私は一人でいるのは嫌いだ No me gusta estar solo.
大嫌いである detestar, aborrecer：雨の日は大嫌いだ Detesto los días de lluvia.

きらく 気楽　～な libre de cuidado, despreocupado(da).　～に sin preocupación；〈くつろいで〉cómodamente

きり 霧　niebla 囡：～がかかっている Hay niebla.　霧雨 llovizna 囡

ぎり 義理　obligación 囡.　～を果たす〔欠く〕cumplir con (faltar a) sus obligaciones.　～の父〔母〕〈しゅうと・しゅうとめ〉suegro(gra)；〈継父・継母〉padrastro 男 (madrastra 囡)；〈養父・養母〉padre 男 adoptivo (madre 囡 adoptiva)

キリスト　～教 cristianismo 男.　～教の・～教徒 cristiano(na).　～像 Cristo 男. イエス～ Jesucristo 男

きりつ 規律　disciplina 囡：～を守る observar la disciplina.　～が乱れる Se relaja la disciplina.

きりつめる 切り詰める　reducir；〈節約〉economizar

きりはなす 切り離す　apartar, separar

きる 切る ❶ cortar；〈切り分ける〉partir；〈細かく〉picar：爪を切りなさい Córtate las uñas. タマネギをみじん切りにする picar una cebolla
❷〈スイッチを〉apagar，〈電話を〉colgar

きる 着る　vestirse, ponerse：オーバーを着なさい Ponte el abrigo.
着ている llevar：彼女は赤いワンピースを着ていた Llevaba un vestido rojo.

きれい 奇麗　～な ❶ bonito(ta), hermoso(sa)：～な声 voz 囡 bonita
❷〈人が〉guapo(pa)：きょうはいちだんと～だね！¡Hoy estás más guapa que nunca!

❸ 〈清潔・清澄〉 lim*pio*(*pia*)：そのシャツは〜だ La camisa está limpia. 〜な空気 aire 男 puro (limpio). 〜好きな asea*do*(*da*)

きろく 記録 ❶ anotación 女, registro 男；〈文書〉 documento 男. 〜する anotar, registrar. 〜映画 documental 男
❷〈競技の〉 récord 男, marca 女：新〜を樹立する establecer un récord. 世界〜保持者 poseed*or*(*ra*) del récord mundial
❸ 〜的な〈普通でない〉 inusita*do*(*da*)；〈前例のない〉 sin precedente；〈例外的〉 excepcional：この冬は〜的寒さだ Hace un frío inusitado este invierno.

ぎろん 議論 discusión 女. 〜する discutir

きわだつ 際立つ destacar[se], sobresalir, distinguirse：出席者の中でイサベルの美しさは際立っていた Isabel destacaba por su belleza entre las asistentes. 際立った destaca*do*(*da*), sobresaliente

きん 金 oro 男：純〜 oro puro. 〜のネックレス cadena 女 de oro. 〜色の dora*do*(*da*)

ぎん 銀 plata 女. 〜色の platea*do*(*da*)

きんえん 禁煙 〈表示〉 No fumar./Prohibido fumar. 〜する dejar de fumar. 〜席 asiento 男 para no fumadores

きんがく 金額 suma 女, cantidad 女 de dinero

きんきゅう 緊急 〜の urgente. 〜事態 emergencia 女

きんこ 金庫 caja 女 fuerte

ぎんこう 銀行 banco 男：私は〜員です Trabajo en un banco. 〜家 banque*ro*(*ra*)

きんし 近視 miopía 女. 〜の人 miope 名

きんし 禁止 prohibición 女. 〜する prohibir.「立入〜」Prohibido entrar.

きんじょ 近所 vecindad 女. 〜の〔人〕 veci*no*(*na*)

きんぞく 金属 metal 男. 〜的な metáli*co*(*ca*)

きんだい 近代 edad 女 moderna. 〜の・〜的な moder*no*(*na*)

きんちょう 緊張 tensión 女. 〜した nervio*so*(*sa*), ten*so*(*sa*)：〜する〔している〕 ponerse (estar) nervio*so*(*sa*). 〜の緩和 distensión 女

きんにく 筋肉 músculo 男. 〜の muscular：〜痛 dolor 男 muscular

きんぱつ 金髪 pelo 男 rubio. 〜の〔人〕 ru*bio*(*bia*)

きんべん 勤勉 〜な diligente, aplica*do*(*da*), trabajad*or*(*ra*)：日本人は〜だと言われている Dicen que los japoneses trabajan mucho (son muy trabajadores).

きんむ 勤務 servicio 男, trabajo 男. 〜する trabajar. 〜先 lugar 男 de trabajo, oficina 女

きんゆう 金融 finanzas 女 複. 〜の financi*ero*(*ra*)

きんり 金利 tipo 男 de interés

く

く 区 〈街区〉 barrio 男；〈行政区〉 distrito 男

くいき 区域 área 女, zona 女

クイズ adivinanza 女. 〜番組 programa 男 concurso

くうかん 空間 espacio 男

くうき 空気 aire 男：新鮮な〜を吸う respirar el aire fresco

くうぐん 空軍 fuerzas 女 複 aéreas, aviación 女

くうこう 空港 aeropuerto 男

ぐうすう 偶数 número 男 par

ぐうぜん 偶然 casualidad 女：何という〜だろう！¡Qué casualidad! 〜の casual, ocasional：〜の出会い encuentro 男 casual. 〜に por casualidad, casualmente

くうそう 空想 imaginación 女, fantasía 女. 〜する soñar, hacerse ilusiones

くうふく 空腹 hambre 女：〜である tener hambre

クーポン 〜券 cupón 男

クーラー acondicionador 男 〔de aire〕, aire 男 acondicionado

くかん 区間 tramo 男, recorrido 男

くき 茎 tallo 男

くぎ 釘 clavo 男：…に〜を打つ clavar un clavo en…

くさ 草 hierba 女

くさい 臭い oler mal

くさり 鎖 cadena 女

くさる 腐る estropearse, corromperse, pudrirse

くし 櫛 peine 男. 〜で髪をとかす peinarse〔el cabello〕

くじ 籤 sorteo 男, rifa 女；〈宝くじ〉 lotería 女；〈スポーツくじ〉 quinielas 女 複. 〜をひく・〜で決める sortear, rifar

くしゃみ estornudo 男. 〜をする estornu-

くじょう 苦情 reclamación 囡, queja 囡. ～を言う reclamar, quejarse de...

くしん 苦心 ～する ingeniárselas, arreglárselas: 彼は問題解決のために～した Se las ingenió para resolver el problema. ～して苦労する tener [mucho] en+不定詞; 〈ためらって〉vacilar. ～してはいられない No hay tiempo que perder.

くず 屑 desperdicios 男複; 〈ごみ〉basura 囡. 紙～ papel 男 usado. ～かご papelera 囡

ぐずぐず lentamente; 〈ためらって〉indecisamente; 〈怠けて〉perezosamente. ～する〈手間どる〉tardar [mucho] en+不定詞; 〈ためらう〉vacilar. ～してはいられない No hay tiempo que perder.

くすぐる hacer cosquillas

くずす 崩す ❶〈崩壊〉derrumbar; 〈変形〉deformar. 崩れる derrumbarse, hundirse; deformarse. 地震でビルが崩れ落ちた Los edificios se cayeron por el terremoto. ❷〈両替〉千円札を百円硬貨に～ cambiar un billete de mil yenes en monedas de cien

くすり 薬 ❶ medicina 囡, medicamento 男. ～を一錠飲む tomar una pastilla (una píldora). 傷口に～を塗る aplicar pomada a la herida. ～箱 botiquín 男. ～屋〈薬局〉farmacia 囡 ❷ …にとっていい～になる servir a+人 de buena lección, ser una buena lección para+人

くせ 癖〈習慣〉costumbre 囡: 彼は爪をかむ～がある Tiene la mala costumbre de morder las uñas.

ぐたい 具体 ～的な concreto (ta). ～的に concretamente. …を～化する concretar

くたびれる ⇨疲れる

くだもの 果物 fruta 囡. ～屋〈店〉frutería 囡; 〈人〉frutero (ra)

くだらない ❶〈ばかげた〉tonto (ta), estúpido (da): ～番組 programa 男 tonto. ～映画 película 囡 frívola. ～ことを言うな No digas tonterías. ❷〈ささいな〉insignificante, trivial; ～ことに腹を立てる enfadarse por poca cosa (por nada)

くち 口 boca 囡: 私はあいた～がふさがらなかった Me quedé boquiabierto (con la boca abierta). 彼はつい～をすべらせた Se fue de la lengua. ～のきけない mudo (da)

くちがね 口金〈財布などの〉cierre 男;〈瓶などの〉tapón 男, cápsula 囡

くちびる 唇 labio 男: 上(下)～ labio superior (inferior)

くちぶえ 口笛 silbido 男;〈野次の〉silba 囡. ～を吹く silbar

くちべに 口紅 barra 囡 (lápiz 男) de labios. ～を塗る pintarse los labios

くちょう 口調 tono 男

くつ 靴 zapatos 男複: ～一足 unos zapatos, un par de zapatos. ～店 zapatería 囡. ～磨き〈人〉limpiabotas 男

くつう 苦痛 pena 囡, dolor 男

クッキー 〈ス〉pasta 囡, 〈ラ〉galleta 囡

くつした 靴下〈ソックス〉calcetines 男複;〈ストッキング〉medias 囡複

クッション almohadón 男, cojín 男

ぐっすり ～眠る dormir profundamente. ～眠っている estar dormido (da) como un tronco (una leña)

くっつく pegarse, adherirse. くっつける pegar, adherir

くつろぐ estar a gusto, sentirse a sus anchas, ponerse cómodo (da): どうぞおくつろぎください Póngase cómodo[, que ésta es su casa]

くに 国 país 男;〈国家〉estado 男, nación 囡: 世界一小さな～ el país más pequeño del mundo. あらゆる国々 todos los países. ～の estatal, nacional

くばる 配る distribuir, repartir: 郵便物を～ distribuir la correspondencia. トランプを～ repartir las cartas

くび 首 cuello 男: …に～を賭ける apostar el cuello a que+直説法. ～を縦にふる afirmar con la cabeza. ～を長くして待つ esperar con impaciencia. ～にする despedir a+人

くふう 工夫〈考案〉idea 囡. ～する idear

くべつ 区別 distinción 囡. ～する distinguir, diferenciar: 私はlとrを～できない No distingo la ele de la erre.

くみ 組 ❶〈学級〉clase 囡 ❷〈集団〉grupo 男: 5人～ un grupo de cinco personas ❸〈ひとそろい〉juego 男;〈食器の〉vajilla 囡

くみあい 組合〈同業組合〉gremio 男;〈労働組合〉sindicato 男,〈協同組合〉cooperativa 囡. ～運動 sindicalismo 男

くみあわせ 組み合わせ combinación 囡; 〈試合の〉encuentro 男. 組み合わせる combinar

くみたてる 組み立てる componer, montar: プラモデルを～ montar una maqueta

くむ 組む ❶〈協同〉腕(脚)を～ cruzar los brazos (las piernas). 肩を組んで歩く ir cogidos por el hombro
❷〈協同〉…と手を～ colaborar con+人

クモ 蜘蛛 araña 囡：～の巣 telaraña 囡, tela 囡 de araña

くも 雲 nube 男

くもる 曇る ❶〈空が〉nublarse．曇っている Está nuboso．曇り nubosidad 囡
❷〈ガラスなどが〉empañarse：湯気でめがねが曇った Se me empañaron las gafas con el vapor．曇りガラス cristal 男 opaco

くやしい 悔しい dar rabia a+人：私はその番組を見られなくてとても悔しかった Me dio mucha rabia no poder ver el programa．

くよくよ ～する preocuparse demasiado, inquietarse

くらい 暗い oscuro(ra), sombrío(a)；〈照明不足〉mal alumbrado(a)：～道の女性のひとり歩きはよくない No se debe andar sola por las calles oscuras．暗くて塔がよく見えない No veo bien la torre, porque está oscuro.
暗くなる oscurecer；〈日暮れ〉atardecer：私が会社を出た時はもう暗くなっていた Ya había oscurecido cuando salí de la oficina．

…くらい 位 ❶〈およそ〉más o menos, como, aproximadamente, unos(nas)+数詞：ここでは 100 人～の人が働いている Aquí trabajan más o menos (unas) cien personas．
❷〈程度・比較〉…と同じ～ tan+形容詞・副詞+como：それはこれ～大きな魚だった Era un pez tan grande como éste./El pez era así de grande．その景色は口で言えない～美しかった El paisaje era tan hermoso que no se podía expresar con palabras．
❸〈少なくとも〉por lo menos：部屋の掃除～しなさい Limpia tu habitación por lo menos．

くらす 暮らす ⇒生活

クラス clase 囡；〈講座〉curso 男：～メイト compañero(ra) de clase．初級（上級）～ curso elemental (superior)

グラス 〈脚付きの〉copa 囡；〈コップ〉vaso 男

クラブ club 男

グラフ gráfico 男, gráfica 囡：折れ線（棒）～ gráfico lineal (de barras)

くらべる 比べる comparar：2 つの作品を～comparar dos obras．翻訳と原文を～comparar la traducción con el original．…と比べて en comparación con…．比べものにならない incomparable

クリーニング ～店 tintorería 囡, lavandería 囡：背広を～に出す llevar el traje a la tintorería

クリーム 〈料理・化粧などの〉crema 囡；〈生クリーム〉nata 囡

くりかえす 繰り返す repetir：質問を～repetir la pregunta．こんな誤りは二度と～な No vuelvas a cometer tal error．繰り返し repetición 囡；〈歌詞などの〉estribillo 男．繰り返して repetidamente

クリスマス Navidad：～おめでとう！¡Feliz Navidad! ～イヴ Nochebuena 囡．～カード tarjeta 囡 de Navidad, 〈ス〉christmas 男

くる 来る ❶ venir：この町には観光客がたくさん～ Vienen muchos turistas a esta ciudad．私は先生に会いに来た Vengo a ver al profesor．
❷〈到来〉llegar：春が来た Ha llegado la primavera．
❸ ちょっと出かけて来ます Voy a salir un rato．雨が降って来た Empezó a llover．

くるう 狂う ❶ volverse loco(ca), trastornarse, enloquecer．車の騒音で気が狂いそうだ Los ruidos de los coches me vuelven loco．
❷ この時計は狂っている Este reloj anda mal．

グループ grupo 男：～を作る hacer (formar) un grupo

くるしむ 苦しむ sufrir：我々は戦争中にとても苦しんだ Sufrimos mucho durante la guerra．飢えに～ pasar hambre．苦しみ pesar 男, sufrimiento 男, pena 囡, dolor 男．苦しそうな息づかい respiración 囡 ahogada (difícil)

くるま 〈車輪〉rueda 囡：～椅子 silla 囡 de ruedas．⇒自動車

クレーム reclamación 囡．～をつける reclamar contra…

クレーン grúa 囡

クレジット ～カード tarjeta 囡 de crédito

くれる 呉れる dar a+人：この指輪は母が～た Este anillo me lo dio mi madre．

くれる 暮れる 日が～ atardecer, anochecer：日が暮れないうちに帰ろう Vámonos antes de que anochezca．

くろ 黒 い negro(gra)；〈膚が〉moreno(na)：～い瞳 ojos 男複 negros．彼は色が～い Es moreno [de piel]．彼女は日焼けで黒くなった Está morena．

くろう 苦労 trabajo 男；〈努力〉esfuerzo 男；〈心労〉pena 囡：スペイン語で書くのはひと～だ Me cuesta mucho [trabajo] escribir en español．彼の～は無駄になった Sus esfuerzos resultaron (fueron) vanos．息子には～ばかりさせられる Sufro mucho por mi hijo./Mi hijo sólo me produce penas．そのチケットを手に入れるには～した Hice un es-

くろうと 玄人 profesional 名, exper*to (ta)*
グローバル ～な global
くろじ 黒字 superávit 男
くわえる 加える añadir, agregar : スープに塩を～ añadir sal a la sopa. …に加えて además de…
くわしい 詳しい ❶ detalla*do (da)* : ～記述 descripción 女 detallada. 我々には～とはわからない No sabemos [todos] los detalles. 詳しく detalladamente ❷〈精通〉conocer bien (a fondo) : 彼はこの界隈(ワイン)に～ Conoce bien este barrio (los vinos).
くわわる 加わる ⇨**参加**
ぐんしゅう 群集・衆 muchedumbre 女. ～心理 psicología 女 de masas
くんしょう 勲章 condecoración 女
ぐんじん 軍人 military 男
ぐんたい 軍隊 ejército 男, tropas 女 複
ぐんび 軍備 armamento 男. ～縮小 desarme 男
くんれん 訓練 entrenamiento 男, ejercicio 男;〈本番さながらの〉simulacro 男. ～する entrenar, ejercitar. 救助～ simulacro de salvamento

け

け 毛 pelo 男;〈頭髪全体〉cabello 男;〈うぶ毛〉vello 男 : ～の堅い(柔らかい) de pelo duro (suave)
けい 刑 pena 女
けいい 敬意 respeto 男, homenaje 男. ～を払う respetar. …に～を表して en honor a +事柄・de +人
けいえい 経営 dirección 女〔administrativa〕, administración 女. ～する dirigir, administrar. ～者 patr*ón (na)*, empresa*rio (ria)*;〈所有者〉due*ño (ña)*
けいかい 警戒〈用心〉precaución 女, cautela 女;〈警備〉vigilancia 女. ～態勢 alarma 女. ～する ir con precaución, alarmarse ; vigilar
けいかく 計画 plan 男, proyecto 男 : 週末には何かありますか？¿Tiene usted algún plan para este fin de semana? ～する planear, proyectar. ～を立てる hacer (trazar) un plan (planes). ～的な犯行 crimen 男 premeditado
けいかん 警官〔agente 男 de〕policía 名. 婦人～ una policía, mujer 女 policía
けいき 景気〈経済状態〉situación 女 económica. ～の後退 recesión 女. ～の回復 recuperación 女. 好～ prosperidad 女. 不～ depresión 女. ～はどうだい？¿Cómo va tu negocio? よく金を使う～だ gastar el dinero a manos llenas
けいけん 経験 experiencia 女 : それは私にはよい～になった Ha sido una buena experiencia para mí. ～が豊富である tener mucha experiencia. ～を積んだ experimenta*do (da)*, exper*to (ta)*. ～不足 falta 女 de experiencia. ～する experimentar : 戦争の悲惨さを～する experimentar los desastres de la guerra
けいこう 傾向 tendencia 女;〈性向〉inclinación 女 : 保守的な～ inclinaciones conservadoras. …する～がある tender a+不定詞,〈単人称〉haber una tendencia a+不定詞 ; tener inclinación a+不定詞 : 物価は上昇～にある Los precios tienden a subir.
けいこうとう 蛍光灯 fluorescente 男
けいこく 警告 advertencia 女. ～する advertir
けいざい 経済 economía 女 : 日本～ economía japonesa. ～の・～的な económi*co (ca)* : ～援助 ayuda 女 económica. ～的に económicamente. ～学者 economista 名
けいさつ 警察 policía 女 : ～に知らせる avisar a la policía. ～署 comisaría 女. ～犬 perro 男 policía
けいさん 計算 cálculo 男, cuenta 女. ～する calcular, hacer cuentas. …を～に入れる tener… en cuenta
けいじ 刑事 detective 名. ～上の criminal, penal : ～事件 caso 男 criminal. ～責任 responsabilidad 女 penal
けいじ 掲示 letrero 男, cartel 男. ～板 tablón 男 de anuncios. ～する fijar un anuncio
けいしき 形式 forma 女;〈規則などで定められた〉formalidad 女. ～的な formal
けいしゃ 傾斜 inclinación 女, declive 男. ～する inclinarse
げいじゅつ 芸術 arte 男. ～作品 obra 女 de arte. ～的な artísti*co (ca)*. ～家 artista 名
けいぞく 継続 continuación 女;〈更新〉renovación 女. ～する continuar, seguir ;

けいそつ 軽率 〜な imprudente, ligero (ra). 〜に a la ligera

けいたい 携帯 〜用の portátil. 〜する llevar [consigo]. 〜電話 móvil 男. 〜品 equipaje 男 de mano

けいど 経度 longitud 囡

げいのうじん 芸能人 artista 名

けいば 競馬 carrera 囡 de caballos. 〜場 hipódromo 男. 〜馬 caballo 男 de carreras

けいひ 経費 gastos 男 複, expensas 囡 複: 〜を節約する reducir los gastos

けいび 警備 guardia 囡, vigilancia 囡. 〜する guardar, vigilar. 〜員 guarda 名, guardián (na), vigilante 名

けいひん 景品 ⇒おまけ

けいべつ 軽蔑 desprecio 男, desdén 男. 〜する despreciar, desdeñar. 〜的な despectivo (va), peyorativo (va)

けいほう 警報 alarma 囡

けいむしょ 刑務所 cárcel 囡, prisión 囡

けいやく 契約 contrato 男. 〜する contratar. 〜書を作る hacer un contrato

けいゆ 経由 …で…で, vía… : ロンドン〜でマドリードに向かう ir a Madrid vía (pasando por) Londres

けいようし 形容詞 adjetivo 男

けいりゃく 計略 estratagema 囡; 〈罠〉 trampa 囡

けいれき 経歴 carrera 囡, historia 囡 personal, historial 男: 外交官の〜 carrera diplomática

けいれん 痙攣 espasmo 男, calambre 男

けいろ 経路 curso 男, ruta 囡: バスの運行〜 ruta de servicio del autobús

ケーキ pastel 男; 〈切り分ける前の〉 tarta 囡: バースデー〜 tarta de cumpleaños. スポンジ〜 bizcocho 男

ケース estuche 男, caja 囡; 〈専用の〉 funda 囡: ペンシル〜 estuche de plumas. めがね (カメラ) 〜 funda de gafas (de cámara)

ケーブル cable 男: 〜テレビ televisión 囡 por cable. 〜カー funicular 男; 〈ロープウェイ〉 teleférico 男

ゲーム juego 男. 〜センター sala 囡 de juegos

けが 怪我 herida 囡. 〜をする herirse, lastimarse

げか 外科 cirugía 囡. 〜の quirúrgico (ca). 〜医 cirujano (na)

けがわ 毛皮 piel 囡: 〜のコート abrigo 男 de piel. 〜店 peletería 囡

げき 劇 ⇒演劇. 〜作家 dramaturgo (ga). 〜的な dramático (ca)

げきじょう 劇場 teatro 男

げきれい 激励 incentivo 男, estímulo 男. 〜する animar, alentar

けさ 今朝 esta mañana

けしいん 消印 matasellos 男

けしき 景色 paisaje 男; 〈全景〉 panorama 男; 〈眺望〉 vista 囡, perspectiva 囡: 絵になる (荒涼とした) 〜 paisaje pintoresco (desolado). 〜のよい bien de buena vista

げしゅく 下宿 pensión 囡, casa 囡 de huéspedes. 〜住まいをする vivir en una pensión. 〜人 pensionista 名

けしょう 化粧 maquillaje 男. 〜する pintarse, maquillarse. 〜品 cosméticos 男 複. 〜品店 perfumería 囡. 〜室 tocador 男, cuarto 男 de aseo

けす 消す ❶ borrar; 〈線を引いて〉 tachar: 黒板 [の文字] を〜 borrar la pizarra. 消しゴム goma 囡

❷ 〈火を〉 apagar, extinguir: 火事を〜 apagar el incendio

❸ 〈明かりなどを〉 apagar: テレビを〜 apagar la televisión

げすい 下水 aguas 囡 複 residuales. 〜管 desagüe 男. 〜道 alcantarilla 囡, cloaca 囡

けずる 削る 〈とがらす〉 afilar; 〈かんなで〉 cepillar: 鉛筆を〜 afilar (sacar punta a) un lápiz

けち avaricia 囡, mezquindad 囡. 〜な avaro (ra), tacaño (ña), mezquino (na). けちけちする escatimar

けつあつ 血圧 tensión 囡, presión 囡 arterial: 〜が高い (低い) tener la tensión alta (baja). そんなに怒ると〜が上がるよ Si te enfadas tanto, te va a subir la tensión. 〜を計る tomar la presión arterial

けつえき 血液 sangre 囡. 〜型 grupo 男 sanguíneo

けっか 結果 ❶ resultado 男, consecuencia 囡: 調査の〜 resultado de la investigación. 重大な〜をもたらす traer [graves] consecuencias. …の〜になる resultar: 安物は高くつく〜になる Lo barato resulta caro. …の〜 [として] a consecuencia de…

❷ 〈成果〉 fruto 男: 努力の〜 fruto del esfuerzo

けっかん 欠陥 defecto 男, falla 囡. 〜のある defectuoso (sa): 〜部品 pieza 囡 defectuosa

けっかん 血管 vaso 男 sanguíneo; 〈静脈〉 vena 囡; 〈動脈〉 arteria 囡

けつぎ 決議 decisión 囡, resolución 囡. ～する decidir

けっきょく 結局 por (al) fin, finalmente, después de todo: ～何が言いたいのですか？ Después de todo, ¿qué quiere decir? ～は…する acabar por+不定詞

げっけい 月経 menstruación 囡, 〈口語〉 regla 囡

けっこう 結構 ～な bue*no* (*na*); 〈すばらしい〉 magnífi*co* (*ca*), excelente: ～なお住まいですね ¡Qué casa tan magnífica [tiene usted]! それは～ですね ¡Qué bien! このワインは～高い Este vino es bastante caro. コーヒーをもっといかがですか？―いいえ、～です ¿Quiere más café?―No, gracias. もう～! ¡Basta!

けつごう 結合 unión 囡. ～する unirse

けっこん 結婚 matrimonio 男, casamiento 男; ～式 boda 囡; ～指輪 anillo 男 de boda, alianza 囡. […と]～する casarse [con…]: 恋愛～する casarse por amor. ～している estar casa*do* (*da*)

けっさく 傑作 obra 囡 maestra

けっして 決して ～…ない nunca, jamás: あなたのことは…忘れません Nunca me olvidaré de usted. ～そんなことはない De ninguna manera./De modo alguno.

けっしょう 決勝 ～戦 final 囡. 準～ semifinal 囡. ～進出者 finalista 名. ～点 punto 男 decisivo

けっしょう 結晶 cristal 男

けっしん 決心 decisión 囡, resolución 囡: ～が固い estar firme en su resolución. ～がつかない estar indeci*so* (*sa*) ～する decidir, tomar una decisión (una resolución): 私はたばこをやめる～をした He decidido dejar de fumar.

けっせき 欠席 ausencia 囡. […に]～する no asistir [a…], faltar [a…]. ～している no estar

けつだん 決断 decisión 囡, resolución 囡: …という～を下す tomar la decisión (la resolución) de+不定詞, determinar+不定詞. ～する decidir. ～力のある decidi*do* (*da*), resuel*to* (*ta*)

けってい 決定 decisión 囡, determinación 囡. ～する decidir, determinar: 工事の中止が～した Han decidido suspender las obras. 日取りを～する fijar (determinar) la fecha. ～的な decisi*vo* (*va*), definiti*vo* (*va*). 彼の勝利は～的だ Es segura su victoria.

けってん 欠点 defecto 男, falta 囡: 誰にも～はある Todo el mundo tiene defectos.

けっぱく 潔白 inocencia 囡: 身の～を証明する probar su inocencia. ～な inocente

けつぼう 欠乏 falta 囡, escasez 囡. ～する faltar a+人, escasear

けつまつ 結末 fin 男, final 男; 〈物語の〉 desenlace 男

けつろん 結論 conclusión 囡: …という～に達する llegar a la conclusión de+不定詞 (de que+直説法). ～として en conclusión. ～する concluir

げひん 下品 ～な de mal gusto, vulgar, grose*ro* (*ra*); ～な男 hombre 男 ordinario (grosero). ～なことを言う decir una grosería

けむり 煙 humo 男: ～をはく echar humo

けもの 獣 bestia 囡

げり 下痢 diarrea 囡: ～をする tener diarrea

ゲリラ 〈部隊〉 guerilla 囡; 〈兵士〉 guerille*ro* (*ra*)

ける 蹴る dar (pegar) un puntapié a…, dar una patada a…

けれども ⇨しかし. …だ～ a pesar de+不定詞 (de que+直説法), aunque+直説法: 彼女は金持ちだ～幸福ではない Es rica, pero (Aunque es rica) no es feliz.

けわしい 険しい 〈傾斜など〉 empina*do* (*da*): ～坂道 cuesta 囡 empinada. 前途は～ El porvenir está lleno de dificultades. ～表情 semblante 男 severo

けん 県 provincia 囡

けんい 権威 autoridad 囡: 彼は日本文学の～だ Es una autoridad en literatura japonesa. ～のある autoriza*do* (*da*)

げんいん 原因 causa 囡, origen 男: 病気の～ causa de la enfermedad. …が～で a causa de…, por…: ～となる 〈事物が主語〉 causar, originar: 彼の不注意が事故の～になった Su descuido causó el accidente.

けんえき 検疫 cuarentena 囡

けんえつ 検閲 censura 囡. ～する censurar

けんか 喧嘩 riña 囡; 〈主に殴り合いの〉 pelea 囡; 〈口論〉 disputa 囡. ～する reñir; pelear; disputar: 私は母とつまらないことで～した Reñí con mi madre por una insignificancia. ～早い pendencie*ro* (*ra*), camorrista

げんか 原価 precio 男 de coste: ～で売る vender a precio de coste

げんかい 限界 límite 男: ～を越える pasar el límite. ～に達する llegar al límite

けんがく 見学 visita 囡. ～する visitar: 工場を～する visitar una fábrica. きょうは授業の～者が2人いる Hoy hay dos oyentes

げんかく 厳格 ~な estric*to* (*ta*), riguro*so* (*sa*): ~な父親 padre 男 estricto〔con sus hijos〕

げんかん 玄関 vestíbulo 男;〈ホール〉recibidor 男;〈外側〉portal 男;〈戸口〉puerta 女;〈入口〉entrada 女

げんき 元気 ~な anima*do* (*da*), vigoro*so* (*sa*);〈健康〉sa*no* (*na*), de buena salud. やあ、~かい? ¡Hola! ¿Qué tal? ~である estar bien. ~のない desanima*do* (*da*);〈落ち込んだ〉deprimi*do* (*da*). 私はもう口をきく~もない Ya no tengo〔ni〕ánimo para hablar. ~づける animar, dar ánimos. ~になる recobrar el ánimo,〈病人が〉recuperarse. ~を出して! ¡Ánimo!¡Anímate!

けんきゅう 研究 estudio 男, investigación 女. ~する estudiar, investigar. ~心 espíritu 男 investigador. ~所 instituto 男, laboratorio 男. ~者・~員 investiga*dor* (*ra*)

げんきゅう 言及 …に~する mencionar, hacer mención de…, referirse a…

けんきょ 謙虚 ~な modes*to* (*ta*). ~さ modestia 女

げんきん 現金 efectivo 男: ~で払う pagar en efectivo. ~自動預入払い機 cajero 男 automático

けんげん 権限 atribución 女;〈公の〉autoridad 女

げんご 言語 lengua 女;〈一国の〉idioma 男. ~学 lingüística 女. ~学者 lingüista 名

けんこう 健康 salud 女: ~状態 estado 男 de salud. 私は~です Estoy bien de salud. ~〔的〕な sa*no* (*na*). ~食品 alimentación 女 saludable. ~診断 reconocimiento 男 médico. ~保険 seguro 男 de enfermedad

げんこう 原稿 manuscrito 男;〈草案〉borrador 男

げんこつ 拳骨 puño 男

けんさ 検査 examen 男, inspección 女;〈税関などの〉control 男: X線~ examen de rayos X. 血液~ análisis 男 de sangre. ~する examinar, inspeccionar. 身体(所持品)~をする registrar a+人

げんざい 現在 ~の actual, presente: 私は~の生活に満足している Estoy contento con mi vida actual. ~では誰でも海外旅行をする Hoy todo el mundo viaja por el extranjero.

げんさく 原作 original 男

げんさん 原産 …の originar*io* (*ria*) de+地名. ~地 procedencia 女, origen 男

けんじ 検事 fiscal 名

げんし 原始 ~の・~的 primiti*vo* (*va*): ~人 hombre 男 primitivo. ~林 selva 女 virgen

けんじつ 堅実 ~な segu*ro* (*ra*), sóli*do* (*da*);〈考え方が〉sensa*to* (*ta*). ~な方法 método 男 seguro. ~な考え opinión 女 sensata

げんじつ 現実 realidad 女. ~の real: ~の生活 vida 女 real. ~的な realista: ~的な政策 política 女 realista. ~に en realidad, realmente: ~問題としてそれは可能ですか? ¿Es posible en realidad? ~主義 realismo 男. ~主義者 realista 名

げんじゅう 厳重 ~な estric*to* (*ta*), seve*ro* (*ra*), riguro*so* (*sa*). ~に severamente, rigurosamente. 警備を~にする reforzar la guardia. ~に鍵をかける cerrar con siete llaves

けんしょう 懸賞 concurso 男;〈賞〉premio 男: 小説の~に応募する presentarse a un concurso de novelas. ~付きの con premio

げんしょう 現象 fenómeno 男

げんしょう 減少 disminución 女, reducción 女. ~する disminuir, reducirse

げんじょう 現状 situación 女 actual

げんしりょく 原子力 energía 女 nuclear. ~発電所 central 女 nuclear

げんぜい 減税 reducción 女 de impuestos

けんせつ 建設 ❶ construcción 女. ~する construir, edificar. ~会社〔empresa 女〕constructora ❷ ~的な constructi*vo* (*va*)

けんぜん 健全 ~な sa*no* (*na*): ~な思想(娯楽)ideas 女 複 (diversiones 女 複) sanas

げんそう 幻想 ilusión 女. ~的な fantásti*co* (*ca*). …に~を抱く ilusionarse con…

げんそく 原則 principio 男: ~として en (por) principio, por regla general

けんそん 謙遜 modestia 女: ~して con modestia, modestamente

げんだい 現代 edad 女 contemporánea, nuestra época 女. ~の・~的な contemporáne*o* (*a*), moder*no* (*na*)

げんち 現地 ~集合にしよう Nos reuniremos allí〔mismo〕. ~時間 hora 女 local. ~の人 natural 名, nati*vo* (*va*)

けんちく 建築 ❶ construcción 女. ~家 arquitec*to* (*ta*). ~物 edificio 男. ❷ ~学 arquitectura 女

edificar, construir. ～中である estar en construcción
❷ ⟨建築術・様式⟩ arquitectura 囡: ゴシック～ arquitectura gótica

げんてい 限定 ～する limitar: ～販売 oferta ～ limitada

げんど 限度 límite 男: 物事には～がある Todo tiene sus límites.

けんとう 見当 旅費の～をつける calcular los gastos de viaje. 彼が何を考えているかだいたい～がつく Adivino lo que piensa. 私には〔全然〕～がつかない No tengo〔ni・la menor〕idea. ～はずれの desacertado(da)

けんとう 検討 ～する examinar, estudiar. ～中の en estudio: その件は～中だ Tenemos en estudio ese asunto.

げんば 現場 ⟨事件の場所⟩ lugar 男 del suceso. ～監督 capataz(za)

けんびきょう 顕微鏡 microscopio 男

けんぶつ 見物 visita 囡: 東京～ visita a Tokio. ～する visitar, ver: バレンシアの火祭りを～する ver las Fallas. ～人 visitante 名; ⟨観客⟩ espectador(ra)

げんぶん 原文 〔texto 男〕original 男

けんぽう 憲法 Constitución 囡. ～違反の anticonstitucional

げんみつ 厳密 ～な estricto(ta), riguroso(sa): ことばの～な意味において en el sentido estricto de la palabra. ～に厳密に, rigurosamente: ～に言えば estrictamente hablando, para ser exacto

げんめつ 幻滅 desengaño 男, desilusión 囡. ～する desengañarse de+事・人, desilusionarse de+事・人: 彼は都会生活に～を感じた Se desengañó de la vida urbana.

けんもんじょ 検問所 control 男

けんやく 倹約 ahorro 男, economía 囡. ～する ahorrar, economizar

げんゆ 原油 〔petróleo〕crudo 男

けんり 権利 derecho 男: …する～がある tener derecho a+不定詞

げんり 原理 principio 男. ～主義 fundamentalismo 男

げんりょう 原料 materia 囡 prima

けんりょく 権力 poder 男: ～を握る〔行使する〕obtener〔asumir〕el poder. ～者 poderoso(sa)

こ

こ 子 ⇨ **子供**. お子さんは何人ですか? ¿Cuántos hijos tiene usted?

-ご 後 …に〔dentro de…〕: 3日～に dentro de tres días

こい 恋 amor 男: ～は盲目 El amor es ciego. …に～をする〔している〕 enamorarse〔estar enamorado(da)〕de+人: …が恋しい echar de menos: 私は故郷が恋しい Echo de menos mi tierra〔natal〕.

こい 故意 ～の intencionado(da). ～に con intención, de propósito, adrede, a sabiendas

こい 濃い ❶ espeso(sa), denso(sa): ～霧 niebla 囡 densa. 彼はひげが～ Lleva una barba cerrada.
❷ ⟨お茶など⟩ cargado(da): ～コーヒー café 男 cargado
❸ ⟨色が⟩ oscuro(ra): ～緑色 verde 男 oscuro

ごい 語彙 vocabulario 男: ～が豊富〔貧弱〕である ser rico (pobre) en vocabulario. ～を増やす enriquecer (aumentar) el vocabulario

こいびと 恋人 novio(via)

コイン moneda 囡. ～ランドリー lavandería 囡 automática. ～ロッカー consigna 囡 automática

こう 香 incienso 男

こう 請う pedir; ⟨懇願⟩ rogar, suplicar: …の許すを～ pedir perdón a+人

こうい 好意 ❶ buena voluntad 囡; ⟨親切⟩ amabilidad 囡, favor 男: ～で con buena voluntad. ～的な目で見る mirar a+人 con buenos ojos, tener buen concepto de+人
❷ ⟨親しみ⟩ simpatía 囡: …に～を持つ tener simpatía a+人

こうい 行為 acción 囡, acto 男; ⟨ふるまい⟩ conducta 囡: 暴力～ acto de violencia

こういしつ 更衣室 vestuario 男

こういしょう 後遺症 secuela 囡

ごういん 強引 ～に a (por) la fuerza. ～に…させる forzar a+人 a+不定詞

こううん 幸運 suerte 囡, fortuna 囡; ⟨幸福⟩ felicidad 囡: ～を祈ります¡〔Que tenga〕Buena suerte! ～な afortunado(da), ⟨ラ⟩ suertudo(da). 私は～にもとても良い席がとれた Tuve la suerte de conseguir un buen asiento.

こうえい 光栄 お目にかかれて～です Ha sido un gran honor conocerle a usted.

こうえん 公園 parque 男: レティロ～ el

Parque del Retiro
こうえん 公演 representación 囡, función 囡. 〜旅行 gira 囡
こうえん 後援 patrocinio 男. 〜する patrocinar. 〜者 patrón(na), patrocinador(ra)
こうえん 講演 conferencia 囡, discurso 男: …について〜する dar una conferencia sobre…, pronunciar un discurso sobre…
こうか 効果 efecto 男; 〈薬などの〉 eficacia 囡: 宣伝が期待どおりの〜をあげた La publicidad ha producido el efecto pretendido. 〜的な・〜のある efectivo(va), eficaz: 〜的方法 método efectivo. 〜のない ineficaz, inefectivo(va)
こうか 硬貨 moneda 囡
こうか 高価 〜な caro(ra), de valor
ごうか 豪華 〜な lujoso(sa), fastuoso(sa)
こうかい 公開 〜の abierto(ta), público(ca); 〈講座 curso 男〉 abierto. 〜する abrir al público. 文書を〜する hacer público un documento. 初〜の映画 película 囡 que se estrena
こうかい 後悔 arrepentimiento 男; 〈良心の呵責〉 remordimiento 男. 〜する arrepentirse de…; sentir remordimiento: 私はそれを彼に告げたことを〜している Me arrepiento de habérselo dicho.
こうかい 航海 navegación 囡. 〜する navegar. 〜士 piloto 男
こうがい 公害 contaminación ambiental, polución 囡
こうがい 郊外 afueras 囡複, cercanías 囡複: 私は東京の〜に住んでいる Vivo en las afueras de Tokio. 〜の suburbano(na)
ごうかく 合格 aprobación 囡, admisión 囡. 〜する aprobar. 〜者 aprobado(da)
こうかん 交換 intercambio 男. 〜する intercambiar. 私たちはプレゼントを〜した Intercambiamos los regalos. AとBを〜する cambiar A por B. …と意見を〜する cambiar opiniones con+人. 円をユーロに〜する cambiar yenes en euros. …と〜に cambio de… 〜に en cambio. 〜手 telefonista 囡
こうかん 好感 〜を与える dar buena impresión a+人. 〜を持つ tener simpatía a+人
こうかん 高官 alto(ta) funcionario(ria)
こうき 高貴 〜な noble
こうぎ 抗議 protesta 囡; 〈苦情〉 reclamación 囡. 〜する protestar; reclamar: 審判の判定に〜する protestar contra el juicio del árbitro
こうぎ 講義 〈講座〉 curso 男; 〈授業〉 clase 囡. 〜する dar un curso; dar clase: 世界史の〜をする dar clase de historia universal. 〜に出る asistir a un curso
こうきしん 好奇心 curiosidad 囡: 〜から por curiosidad. 〜の強い curioso(sa)
こうきゅう 高級 〜な de primera clase (categoría), superior. 〜車 coche 男 de lujo
こうきょ 皇居 palacio 男 imperial
こうきょう 公共 〜の público(ca); 〜の利益 interés 男 público. 〜料金 tarifa 囡 de los servicios públicos
こうぎょう 工業 industria 囡: 金属〜 industria metalúrgica. 〜の industrial
ごうきん 合金 aleación 囡
こうくう 航空 〜の aéreo(a): 「〜便」por avión, por vía aérea
こうけい 光景 escena 囡, espectáculo 男: その〜が目に焼きついて離れない Aquella escena se me quedó grabada en el corazón.
こうげい 工芸 〜家 artesano(na). 〜品 artesanía 囡
ごうけい 合計 suma 囡, total 男: 〜で en total. 〜する sumar
こうけいしゃ 後継者 sucesor(ra); 〈政治家の〉 delfín 男
こうげき 攻撃 ataque 男, ofensiva 囡. 〜する atacar, acometer. 〜的な agresivo(va)
こうけん 貢献 contribución 囡. 〜する contribuir; 科学技術の発展に〜する contribuir al desarrollo de la tecnología
こうげん 高原 altiplanicie 囡, meseta 囡
こうご 口語 〜の coloquial
こうご 交互 〜の alternativo(va). 〜に alternativamente. 2着の背広を〜に着る alternar los dos trajes
こうこう 高校 〈ス〉 instituto 男, 〈ラ〉 liceo 男
こうごう 皇后 emperatriz 囡
こうこく 広告 anuncio 男, publicidad 囡: 新聞に〜を出す poner un anuncio en el periódico. 誇大〜 publicidad exagerada. 〜する anunciar
こうざ 口座 cuenta 囡: 銀行に〜を開く(持っている) abrir (tener) una cuenta en el banco
こうざ 講座 curso 男: 夏期〜 curso de verano
こうさい 交際 relaciones 囡複: …と〜す

る tratar con+人, tener relaciones con+人

こうさてん 交差点 cruce 男

こうし 公使 ministro 男 〔plenipotenciario〕. ～館 legación 女

こうし 講師 〈語学などの〉lector(ra)；〈講習会などの〉maestro(tra)；〈講演者〉conferenciante

こうじ 工事 obra 女；〈建設〉construcción 女：～中 En obras.

こうしき 公式 ❶ ～の oficial, formal：～訪問 visita 女 oficial. ～に oficialmente ❷〈数学などの〉fórmula 女

こうしつ 皇室 familia 女 imperial

こうじつ 口実 pretexto 男, excusa 女：～を捜す buscar un pretexto (una excusa). …を～に con (bajo) el pretexto de…

こうしゅう 口臭 mal aliento 男. 彼は～がする Le huele la boca.

こうしゅう 公衆 ～の público(ca)：～電話 teléfono 男 público

こうしゅう 講習 ～会 curso 男；〈短期の〉cursillo 男：～を受ける hacer (asistir a) un curso

こうじゅつ 口述 dictado 男：～筆記する escribir al dictado. ～する dictar

こうしょう 交渉 negociación 女. ～する negociar, tratar：テロリストと～する negociar con los terroristas. 和平～をする tratar la paz

こうじょう 工場 fábrica 女：製鉄～ fábrica siderúrgica

ごうじょう 強情 ～な obstinado(da), porfiado(da), pertinaz. ～を張る obstinarse en+不定詞,〈口語〉seguir en sus trece. ～を張るな ¡No seas obstinado!

こうしん 行進 marcha 女, desfile 男. ～する marchar, desfilar

こうしん 更新 renovación 女. ～する renovar：契約を～する renovar el contrato. 世界記録を～する batir un récord mundial

こうすい 香水 perfume 男：彼女はいつも と違う～をつけている Lleva un perfume diferente. ～をつける perfumarse

こうずい 洪水 inundación 女

こうせい 公正 justicia 女. ～な justo(ta)；〈公平〉imparcial, equitativo(va). ～に con justicia

こうせい 構成 composición 女, constitución 女. ～する componer, formar：その委員会は5人の議員で～されている Cinco diputados forman el comité./El comité se compone de cinco diputados.

こうせい 合成 composición 女；〈化学〉síntesis 女. ～する componer；sintetizar：～ゴム caucho 男 sintético

こうせき 功績 contribución 女, servicio 男；〈偉業〉hazaña 女

こうせん 光線 rayo 男：太陽～ rayos del sol

こうぜん 公然 ～の abierto(ta), público(ca). ～の秘密 secreto 男 a voces. ～と abiertamente, en público：党の方針を～と批判する criticar abiertamente la política del partido

こうぞう 構造 estructura 女. ～上の・～的な estructural：～上の欠陥 defecto 男 estructural

こうそく 高速 ～で a gran velocidad. ～道路 autopista 女

こうたい 交替 reemplazo 男, relevo 男. ～する reemplazar a+人. ～で〈順番に〉por turno；〈交互に〉alternativamente：6時間～で働く trabajar por turnos de seis horas. ～で車を運転する conducir alternativamente

こうだい 広大 ～な inmenso(sa), vasto(ta)

こうたいし 皇太子 príncipe 男〔heredero〕. ～妃 princesa 女

こうちゃ 紅茶 té 男〔inglés〕：～を入れる hacer 〔el〕 té. ミルクティー té con leche

こうちょう 校長 director(ra) de una escuela

こうつう 交通 tráfico 男, circulación 女：～を遮断する interrumpir la circulación, cortar el tráfico. ～量が多い Hay mucho tráfico. ～の便がよい(悪い) estar bien (mal) comunicado. ～違反 infracción 女 de las normas de circulación. ～機関 medios 男 de transporte. ～事故 accidente 男 de tráfico

こうてい 公定 ～価格 precio 男 oficial, tasa 女. ～歩合 tasa de descuento oficial

こうてい 行程 trayecto 男, recorrido 男；〈1日分の〉jornada 女

こうてい 肯定 afirmación 女. ～する afirmar：～的な afirmativo(va), positivo(va)：～文 oración 女 afirmativa

こうてい 皇帝 emperador 男

こうてつ 鋼鉄 acero 男：～製の de acero

こうど 高度 ❶〈高さ〉altura 女, altitud 女：～を上げる(下げる) tomar (perder) altura
❷〈程度〉～な elevado(da), avanzado

こうとう 高等 ～な superior：～教育 enseñanza 囡 superior

こうどう 行動 ❶ acción 囡, acto 男：～半径 radio 男 de acción．～する actuar. 考えを～に移す llevar sus ideas a la práctica．～的な persona 囡 de acción ❷〈ふるまい〉conducta 囡：…の～を監視する vigilar la conducta de+人

ごうとう 強盗 atraco 男, asalto 男；〈人〉atracador(ra), asaltante 名．～をはたらく atracar〔a mano armada〕, asaltar

ごうどう 合同 ～の unido(da), conjunto(ta)

こうにん 公認 ～する reconocer

こうねんき 更年期 climaterio 男；〈閉経期〉menopausia 囡

こうのう 効能 eficacia 囡

こうはん 公判 audiencia 囡 pública

こうはん 後半 segunda mitad 囡

こうばん 交番 puesto 男 de policía

こうひょう 公表 publicación 囡．～する publicar, hacer público(ca)

こうふく 幸福 felicidad 囡, dicha 囡．～な feliz, dichoso(sa)．～に暮らす vivir felizmente

こうふく 降伏 rendición 囡, sumisión 囡．～する rendirse, someterse

こうぶつ 鉱物 mineral 男

こうふん 興奮 excitación 囡, exaltación 囡．～する excitarse, exaltarse．～した exaltado(da), entusiasmado(da)．～剤 estimulante 男

こうへい 公平 ～な equitativo(va), imparcial．～に equitativamente, imparcialmente, sin parcialidad

こうほ 候補 ～者 candidato(ta)：大統領～ candidato(ta) a la presidencia．～者名簿 candidatura 囡

ごうほう 合法 ～的な legal, legítimo(ma)

こうまん 高慢 altanería 囡, altivez 囡, orgullo 男．～な altanero(ra), altivo(va), orgulloso(sa)

ごうまん 傲慢 arrogancia 囡, soberbia 囡．～な arrogante, soberbio(bia)

こうみょう 巧妙 ～な ingenioso(sa), hábil, sutil．～に hábilmente

こうみんけん 公民権 ciudadanía 囡, derecho 男 civil

こうむいん 公務員 funcionario(ria)

こうもく 項目 punto 男：5つの要求 demanda 囡 de cinco puntos．～別に分ける dividir por temas

こうよう 公用 servicio 男 público, asuntos 男 複 oficiales：～で por asuntos (negocios) oficiales．～の oficial

こうよう 紅葉 hojas 囡 複 rojas．秋には木々が～する En otoño las hojas se ponen rojas (cambian de color).

こうらく 行楽 ～地 lugar 男 de recreo (de excursión)．～客 excursionista 名

こうり 小売り venta 囡 al por menor．～する vender al por menor

ごうり 合理 ～的な racional．～化 racionalización 囡

こうりつ 公立 ～の público(ca)：～学校 escuela 囡 pública

こうりつ 効率 rendimiento 男；〈能率〉eficiencia 囡

こうりゅう 勾留 detención 囡．～する detener

こうりょ 考慮 consideración 囡：～に入れる tener en cuenta, tomar en consideración．～する considerar

こうりょう 香料〈添加物〉aromatizante 男

こうりょく 効力 eficacia 囡；〈法的な〉validez 囡．～のある eficaz；válido(da)．～のない ineficaz．その契約はまだ～がある El contrato todavía no ha expirado.

こうれい 高齢 ～化 envejecimiento 男 de la población．～化社会 sociedad 囡 con alto envejecimiento de la población

こうろ 航路 línea 囡 (ruta 囡) de navegación．～標識 baliza 囡

こえ 声 voz 囡：大きい(小さい)～で en voz alta (baja)．もう少し大きい～で話しなさい Habla un poco más alto.

ごえい 護衛 escolta 囡；〈ボディガード〉guardaespaldas 男

こえる 越える ❶ pasar, traspasar：国境を～ pasar la frontera ❷〈超過〉exceder：能力を～ exceder a sus facultades

コース ❶〈課程〉curso 男．❷〈経路〉recorrido 男；〈陸上・水泳などの〉calle 囡

コーチ entrenador(ra)

コート ❶〈服飾〉gabardina 囡；〈オーバー〉abrigo 男．❷〈スポーツ〉cancha 囡

コード ❶〈電気の〉cordón 男．❷〈符号・規定〉código 男

コーヒー café．～を入れる hacer (preparar) café．ブラック～ café solo．～ポット cafetera 囡．～農園 cafetal 男

コーラス ⇨合唱

こおり 氷 hielo 男

こおる 凍る helarse, congelarse

ゴール meta 囡

ごかい 誤解 malentendido 男, equívoco 男. 〜する entender (interpretar) mal. …の〜を招く causar un malentendido a+人

ごがく 語学 estudio 男 de lenguas [extranjeras];〈言語学〉lingüística 囡. 〜の勉強をする estudiar una lengua (un idioma)

こがす 焦がす quemar,〈焦げ目をつける〉tostar;〈あぶる〉chamuscar

こがた 小型 〜の de tamaño pequeño, de bolsillo

こぎって 小切手 cheque 男: 〜を切る extender un cheque. トラベラーズチェック cheque de viaje

こきゅう 呼吸 respiración 囡: 人工〜 respiración artificial. 深〜 respiración profunda. 〜する respirar. 〜器 aparato 男 respiratorio

こきょう 故郷 tierra 囡 (pueblo 男) natal, patria chica: 第二の〜 segunda patria

ごく 語句 frase 囡

こくおう 国王 rey 男;〈女王〉reina 囡. 〜の real

こくがい 国外 〜で en el extranjero, fuera del país. 〜へ追放する・〜へ退去させる desterrar (exiliar) a+人

こくさい 国際 〜的な internacional: 〜問題 problema 男 internacional. 〜的に有名な de fama mundial. 〜線 línea 囡 (vuelo 男) internacional. 〜人 cosmopolita 名

こくさん 国産 〜の de fabricación nacional. 〜品 producto 男 nacional

こくじん 黒人〈時に軽蔑的な〉negro (gra);〈人種〉raza 囡 negra

こくせい 国勢 〜調査 censo 男

こくせき 国籍 nacionalidad 囡: 日本を取得する adquirir la nacionalidad japonesa. 〜不明の de nacionalidad desconocida

こくない 国内 〜の nacional, interior: 〜市場 mercado 男 nacional. 〜線 línea 囡 (vuelo 男) nacional. 〜で en el país

こくはく 告白 confesión 囡. 〜する confesar: 罪を〜する confesar sus pecados. 愛を〜する declararse (confesar su amor) a+人

こくばん 黒板 pizarra 囡. 〜消し borrador 男

こくふく 克服 〜する vencer, superar

こくほう 国宝 tesoro 男 nacional

こくみん 国民 pueblo 男, nación 囡: 日本〜 pueblo japonés. 〜の nacional: 〜性 carácter 男 nacional. 〜投票 referéndum 男

こくもつ 穀物 cereales 男複;〈実〉granos 男複

こくりつ 国立 〜の nacional;〈国営・国有〉estatal: 〜公園 parque 男 nacional. 〜大学 universidad 囡 estatal

こくれん 国連 ONU 囡, Organización 囡 de las Naciones Unidas

こけ 苔 musgo 男;〈地衣類〉liquen 男

こけい 固形 〜の sólido (da)

こげる 焦げる quemarse. 焦げつく pegarse: ご飯が焦げついた Se ha pegado el arroz. 焦げくさい Huele a quemado.

ここ aquí;〈移動の動詞+〉acá;〈この場所〉 este lugar: 〜へ来なさい Ven aquí (acá). 〜から de (desde) aquí. 〜まで hasta aquí. 〜だけの話だが entre nosotros (tras), entre tú y yo

ここ 個々 〜の cada;〈個人〉individual. 〜に uno a (por) uno, separadamente

ごご 午後 tarde 囡: 〜に por la tarde. きょうの〜 esta tarde, hoy por la tarde

こごえる 凍える helarse: 寒くて凍えそうだ Me hielo de frío.

ここちよい 心地よい agradable

こころ 心 corazón 男: 〜から de [todo] corazón, con [toda] el alma. 彼女は恋人のために〜をこめてセーターを編んだ Ella hizo un jersey a su novio con todo cariño. 〜の中で para sus adentros. …の〜をとらえる atraer a+人, ganarse a+人. 〜を入れかえる enmendarse

こころえ 心得 ❶〈知識〉conocimientos 男複: 彼は空手の〜がある Tiene algunos conocimientos de Karate. ❷〈注意事項〉instrucciones 囡複 心得る〈理解〉entender;〈わきまえる〉saber, conocer

こころがけ 心掛け 彼は日ごろの〜がいいからうまくいくだろう Se merece que le vaya bien las cosas. 心掛ける〈念頭におく〉tener en cuenta;〈努める〉tratar de (procurar) +不定詞

こころみ 試み prueba 囡: 〜に a prueba. …を試みる probar a+不定詞, tratar de (intentar)+不定詞

こさめ 小雨 llovizna 囡. 〜が降る lloviznar

こし 腰 caderas 囡複, riñones 男複: 私は〜が痛い Tengo dolor de riñones. 〜の曲がった encorvado (da). 〜をかがめる inclinarse, agacharse. 〜を下ろす sentarse;〈腰掛

こじ 孤児 huérfa*no*(*na*): ～になる quedar[se] huérfa*no*(*na*). ～院 orfanato 男, asilo 男 de huérfanos

こじき 乞食 mendi*go*(*ga*), pordiose*ro*(*ra*). ～をする mendigar

こしつ 個室 habitación 女 individual

ゴシック 〈様式〉gótico 男. ～の góti*co*(*ca*)

こしゅう 固執 ～する insistir en..., persistir en...

こしょう 故障 avería 女. ～する averiarse, no marchar (funcionar) bien: ブレーキが～した Se averiaron los frenos. その機械は～している La máquina está averiada (estropeada). ～車 coche 男 averiado

コショウ 胡椒 pimienta 女. ～挽き molinillo 男 de pimienta. ～入れ pimentero 男

こじん 個人 individuo 男. ～の・～的な individual, personal; 〈私的〉priva*do*(*da*): ～の自由 libertad 女 personal. ～教授 clase 女 privada (particular). ～的に personalmente: 私は彼女を～的に知っている La conozco personalmente. ～主義 individualismo 男

こす 越す ⇨越える. それに越したことはない Así es mejor.

コスト costo 男, coste 男

こする 擦る frotar; 〈強く〉fregar; 〈かする〉rozar

こせい 個性 personalidad 女, individualidad 女: ～を伸ばす desarrollar la personalidad. ～が強い tener una fuerte personalidad

こせき 戸籍 estado 男 civil

こぜに 小銭 suelto 男, menudo 男. ～入れ monedero 男

ごぜん 午前 mañana 女: ～中 por la mañana. ～9時に a las nueve de la mañana

こたい 固体 sólido 男

こだい 古代 edad 女 antigua, antigüedad 女

こたえ 答え contestación 女, respuesta 女; 〈解答〉solución 女. 答える contestar, responder

こたえる 応える ❶〈対応〉corresponder a... …の期待に～ satisfacer el deseo de+人. ❷〈影響〉afectar: 寒さが身に～ El frío me afecta mucho.

こだま eco 男

ごちそう 御馳走 buena comida 女; 〈豪勢な食事〉banquete 男, comilona 女. 君に夕食を～するよ Te invito a cenar.

こちょう 誇張 exageración 女. ～する exagerar. ～した exagera*do*(*da*)

こちら ❶〈場所〉⇨ここ. ～側 este lado. どうぞ～へ Pase por aquí. ❷〈これ・この人〉és*te*(*ta*): ～をください Déme éste. ～がディアスさんです Éste es el Señor Díaz. ❸〈当方〉mi (nuestra) parte: ～としては何も不都合はない Por mi parte, no hay ningún inconveniente. ありがとう.—～こそ Gracias.—A usted.

こっか 国家 nación 女, estado 男. ～の nacional, estatal

こっか 国歌 himno 男 nacional

こっかい 国会 〈日本など〉Dieta 女; 〈スペイン〉Cortes 女; 〈アメリカ〉Congreso 男; 〈イギリス〉Parlamento 男: ～を召集(解散)する convocar (disolver) la Dieta. ～議員 diputa*do*(*da*); parlamenta*rio*(*ria*)

こづかい 小遣い 〈金〉asignación 女, paga 女

こっき 国旗 bandera 女 nacional: ～を掲揚する izar la bandera nacional

こっきょう 国境 frontera 女: ～を越える pasar (atravesar) la frontera. ～の fronteri*zo*(*za*): ～地帯 zona 女 fronteriza

コック cocine*ro*(*ra*). ～長 jefe(*fa*) de cocina

こっけい 滑稽 ～な〈面白い〉gracio*so*(*sa*), humorísti*co*(*ca*), cómi*co*(*ca*); 〈ばかげた〉ridícu*lo*(*la*): ～な顔 cara 女 cómica. ～な服装 vestido 男 ridículo

こっそり[と] en secreto, a hurtadillas, a escondidas: 会場から～抜け出す salir de la sala a escondidas, escaparse de la sala

こづつみ 小包 paquete 男

こってり ～した〈味が濃い〉pesa*do*(*da*); 〈脂肪分の多い〉grasien*to*(*ta*), gra*so*(*sa*). 私は父に～としぼられた Mi padre me reprendió una y otra vez.

こっとう 骨董 antigüedades 女(複). ～屋〈人〉anticua*rio*(*ria*)

コップ vaso 男

こてい 固定 ～した fi*jo*(*ja*): ～給 sueldo 男 fijo. ～する fijar, sujetar

こてん 古典 clásico 男. ～の・～的な clási*co*(*ca*): ～派 escuela 女 clásica

こと 事 ❶〈事柄〉cosa 女; 〈出来事〉hecho 男: ～大事な～ cosa importante. きのうの～は忘れよう Olvidemos lo de ayer. そんな～は知らない No lo sé. ❷〈事態〉asunto 男: ～の重大性 grave-

dad 囡 del asunto. どんな〜が起ころうと pase lo que pase
❸〈習慣・経験〉私は早寝する〜にしている Tengo la costumbre de acostarme temprano. 彼は一度もセビーリャに行った〜がない Nunca ha estado en Sevilla.
❹〈決定・結果〉私はひとりで行く〜にした He decidido ir solo. 旅行は延期する〜になった〔Resulta que〕Han aplazado el viaje.
…**ごと** 毎 cada : 3日〜に cada tres días. …する〜に cada vez que+直説法. 日〜に暑くなる Hace cada vez (cada día) más calor.

ことがら 事柄 ⇨事

こどく 孤独 soledad 囡. 〜な solitario(ria), aislado(da) : 〜な生活をおくる vivir aislado(da), llevar una vida solitaria

ことし 今年 este año : 〜の春 esta primavera, la primavera de este año. 〜は何年ですか? ¿En qué año estamos?

ことづけ 言付け ⇨伝言. …するように…に言付ける encargar a+人 que+接続法

ことなる 異なる diferenciarse, diferir, 〈…と〉ser diferente de… ; 〈変化〉variar. ⇨違う

ことば 言葉 〈言語〉lengua 囡, idioma 男 ; 〈単語〉palabra 囡 ; 〈用語〉término 男. 〜をかえれば en otra[s] palabra[s], es decir. 〜を慎みなさい Habla con prudencia.

こども 子供 ❶ niño(ña) : 〜服 ropa 囡 para niños. 〜扱いする tratar a+人 como a un(na) niño(ña). 〜の[ような] infantil. 〜じみた・〜っぽい pueril. 〜のころ en su niñez (su infancia), cuando niño(ña). 〜に帰る volver a la niñez
❷〈息子・娘〉hijo(ja) : 彼らには〜がない No tienen hijos.

ことり 小鳥 pájaro 男

ことわざ 諺 proverbio 男, dicho 男, refrán 男

ことわる 断わる ❶ rehusar ; 〈拒否〉negarse [a+不定詞] : 私は彼の招待を断わった Rehusé su invitación.
❷〈禁止〉prohibir : 「駐車お断わり」Prohibido aparcar.

こな 粉 polvo 男 ; 〈穀物の〉harina 囡 : 〜ミルク leche 囡 en polvo. 〜にする moler

この este(ta) : 〜本 este libro. 〜書類 estos papeles. 〜ごろ estos días, últimamente, hoy [día]. 〜あたり por aquí. 〜くらい así. 〜くらいの大きさの de este tamaño. 〜ように así

このあいだ この間 〈先日〉el otro día ; 〈数日前〉hace unos días ; 〈最近〉últimamente, recientemente. 〜から desde hace algunos días. 〜の日曜日 el último domingo, el domingo pasado

このましい 好ましい favorable, agradable ; 〈望ましい〉deseable ; 〈…より〉preferible a… 〜印象 buena impresión 囡. 好ましくない indeseable : 好ましくない人物 persona 囡 indeseable ; 〈外交〉persona no grata

このみ 好み gusto 男, afición 囡 ; 〈えり好み〉preferencia 囡. …の〜に合う del gusto de+人 : この料理は日本人の〜に合う Este plato es del gusto de los japoneses. あの女優は私の〜だ Aquella actriz es mi tipo.

こばむ 拒む ⇨断わる

ごはん ご飯 arroz 男 cocido ; 〈食事〉comida 囡

コピー ❶〔foto〕copia 囡. 〜をとる〔foto〕copiar, hacer una copia de… 〜機〔foto〕copiadora 囡
❷〈広告文〉eslogan 男 publicitario. 〜ライター redactor(ra) publicitario(ria) (de anuncios)

こぶ 瘤 chichón 男 ; 〈ラクダなどの〉joroba 囡

こぶし 拳 puño 男

こぼす derramar : 水(涙)を〜 derramar agua (lágrimas). こぼれる derramarse ; 〈あふれる〉desbordarse (rebosar) de+容器

こま 〈玩具〉trompo 男, peonza 囡

こま 駒 ❶〈チェスなどの〉ficha 囡, pieza 囡.
❷〈弦楽器の〉puente 男

ゴマ 胡麻 sésamo 男, ajonjolí 男 : 〜油 aceite 男 de sésamo

コマーシャル anuncio 男〔publicitario〕. 〜ソング canción 囡 publicitaria

こまかい 細かい ❶〈小さい〉pequeño(ña), menudo(da) ; 〈繊細〉fino(na) : 〜字 letra 囡 pequeña. 〜砂 arena 囡 fina. 細かく切る〔きざむ〕picar, cortar en pedazos pequeños
❷〈詳細〉detallado(da), minucioso(sa) : 〜指示 instrucciones 囡 複 detalladas. 〜点は省きます Omitimos los detalles. 彼は〜ことを気にする人だ Es un detallista. 細かく説明する explicar detalladamente
❸〈少額〉〜金 suelto 男

こまる 困る tener problemas, estar en un apuro (un aprieto). 彼は金に困っている Anda apurado (mal) de dinero. 処置に〜 no saber qué hacer

困らせる poner a+人 en un apuro (en problemas) ; 〈邪魔〉molestar : その質問は先

生を困らせた La pregunta puso en un apuro al profesor.

ごみ basura 囡; 〈野菜くずなど〉 desperdicios 男 複. ～の回収 recogida 囡 de basuras. ～箱に捨てる tirar a la basura. ～バケツ cubo 男 de la basura. 生～ basura de origen orgánico. 粗大～ basura de tamaño grande

コミッショナー comisario (ria)

コミッション 〈手数料〉 comisión 囡

コミュニケーション comunicación 囡

こむ 混む estar lleno (na); 〈すし詰め〉 estar de bote en bote : ラッシュアワーの電車はたいへん～ Los trenes van de bote en bote durante las horas punta.

ゴム goma 囡, caucho 男. ～ぞうり chancletas 囡 複 de goma

コムギ 小麦 trigo 男. ～粉 harina 囡 (de trigo)

コメ 米 arroz 男. ～を作る cultivar arroz

コメディー comedia 囡. コメディアン humorista 名, cómico (ca)

ごめん 御免 ～なさい〈謝罪〉Perdone usted./Perdón.//〈人の前を通る時など〉Con (su) permiso. ～ください Buenos días./Buenas tardes.

こもり 子守〈人〉niñero (ra); 〈ベビーシッター〉canguro 名. ～をする cuidar a un (na) niño (ña). ～歌 canción 囡 de cuna

こもん 顧問 consejero (ra), asesor (ra): 技術～ consejero (ra) técnico (ca). ～弁護士 abogado (da) consultor (ra)

こや 小屋 cabaña 囡, caseta 囡; 〈あばらや〉choza 囡, barraca 囡

こゆう 固有 ～の propio (pia)

ごらく 娯楽 entretenimiento 男, diversión 囡; 〈気晴らし〉recreo 男, distracción 囡: ～番組 programa 男 de entretenimiento. ～施設 instalaciones 囡 複 de recreo

コラム columna 囡

こりつ 孤立 aislamiento 男. ～する aislarse. ～した aislado (da)

コルク corcho 男

こる 凝る 私は肩が凝っている Me duele la espalda. ⇨熱中

これ éste (ta), esto. ～は何ですか? ¿Qué es esto? ～まで hasta aquí. ～から de aquí (en adelante); 〈今すぐ〉ahora mismo. ～からの futuro (ra). ～だけ sólo esto, nada más

コレクション colección 囡. コレクター coleccionista 名

ころ 頃 más o menos, como, por : それは10時～だった Eran como las diez. 彼はクリスマスの～スペインに行く Irá a España por las Navidades. ～に a eso de..., alrededor de...: 私は3時～に着いた Llegué a eso de las tres. 1992年～に hacia (el año) 1992

ころす 殺す matar, dar la muerte; 〈計画的に〉asesinar

ころぶ 転ぶ caer(se): 私はころびそうになった Estuve a punto de caer./Por poco caigo.

こわい 怖い …が～ tener miedo de (a)…; 〈対象が主語〉dar miedo a+人 : 私は犬が～ Tengo miedo a los perros./Los perros me dan miedo. …が怖くて por temor a (de)… ～先生 profesor (ra) severo (ra) (riguroso (sa))

こわす 壊す destruir, romper; 〈建造物を〉derribar, demoler; 〈使えなくする〉estropear. 壊れる romperse; estropearse; 〈故障〉averiarse : このテレビは壊れている Este televisor no funciona./Este televisor está estropeado. 壊れた roto (ta)

こんき 根気 perseverancia 囡, constancia 囡; 〈忍耐〉paciencia 囡
～のよい perseverante; paciente; 〈疲れを知らない〉infatigable
～よく con (mucha) paciencia, pacientemente. 彼はよく仕事をする Tiene constancia en su trabajo.

こんきょ 根拠 base 囡, fundamento 男; 〈理由〉razón 囡. ～のない infundado (da); sin razón

コンクール concurso 男: ～に参加する participar en un concurso

コンクリート hormigón 男, 〈ラ〉concreto 男: 鉄筋～ hormigón (cemento 男) armado. ～ミキサー hormigonera 囡

こんけつ 混血 ～の人〈白人とインディオの〉mestizo (za); 〈白人と黒人の〉mulato (ta). 彼はスペイン人と日本人の～だ Es mezcla de sangre española y japonesa.

こんげつ 今月 este mes

こんごう 混合 ～の mixto (ta)

コンサート concierto 男: ～を開く celebrar (dar) un concierto. ～ホール sala 囡 de conciertos

こんざつ 混雑 休日はどこも大勢の人で～る Los días festivos hay mucha gente por todas las partes.

コンサルタント consejero (ra), asesor (ra), consultor (ra)

こんしゅう 今週 esta semana. ～の土曜日 este sábado

こんじょう 根性 彼は〜がある Tiene carácter (fuerza de voluntad). 島国〜 mentalidad 囡 insular

コンセプト concepto 男

こんせん 混線 電話が〜している La comunicación está cruzada.

コンセント enchufe 男, toma 囡

コンタクト 〜レンズ lente 男 de contacto, lentilla 囡

コンテスト concurso 男

こんだて 献立 menú 男

こんちゅう 昆虫 insecto 男

こんど 今度 esta vez, ahora;〈次回〉la próxima vez;〈いずれ〉en otra ocasión: 〜は私の番だ Ahora es mi turno./Ahora me toca a mí. 私は闘牛を見るのは〜が初めてだ Es la primera vez que voy a una corrida. 〜から en adelante, desde ahora; desde la próxima vez. 〜…する時は la próxima vez que+接続法. それは〜にしよう Lo dejaremos para otra ocasión. 〜の月曜日 el próximo lunes. 〜の家〈引っ越し先〉nueva casa 囡

こんどう 混同 confusión 囡. A と B を〜する confundir〔A con B〕: 彼は公私を〜している Confunde lo oficial con lo privado.

ゴンドラ〈舟〉góndola 囡;〈ロープウェーなどの〉cabina 囡;〈気球の〉barquilla 囡

コントラスト contraste 男

コントロール control 男. 〜する controlar

こんとん 混沌 caos 男, confusión 囡. 〜とした caótico(ca), confuso(sa)

こんな〈+名詞〉tal;〈名詞+〉semejante, así: 〜事・物 tal cosa. 〜男 un hombre así. 〜大きなリンゴは見たことがない Nunca he visto una manzana tan grande como ésta. 〜風に así, de este modo. 〜時間に a esta〔s〕hora〔s〕. 〜にたくさんの人出だとは思わなかった No me podía imaginar que hubiera tanta gente.

こんなん 困難 dificultad 囡. 〜な difícil: …するのは〜だ Es difícil〔de〕+不定詞

こんにち 今日〈現今〉hoy〔día〕, en la actualidad. こんにちは〈昼食時まで〉Buenos días./〈夕食時まで〉Buenas tardes.

コンパ fiesta 囡

こんばん 今晩 esta noche 囡. こんばんは〈夕食時以降〉Buenas noches.

コンビ pareja 囡

コンピュータ〈ス〉ordenador 男,〈ラ〉computadora 囡

コンプレックス complejo 男

コンペ competición 囡

こんぽん 根本 fondo 男, fundamento 男;〈根源〉raíz 囡: 事件の〜には en el fondo del asunto. 〜的な fundamental; radical. 〜的に fundamentalmente; radicalmente

コンマ coma 囡

こんやく 婚約 compromiso 男 matrimonial: 〜指輪 anillo 男 de compromiso. 〜する prometerse,〈ラ〉comprometerse. 〜者 prometi*do*(*da*),〈ラ〉comprometi*do*(*da*). 〜期間 noviazgo 男

こんらん 混乱 confusión 囡, desorden 男: 〜に陥る caer en el desorden. 〜する〈人が〉confundirse;〈事態が〉desordenarse. 〜した confu*so*(*sa*): 戦後の〜状態 situación 囡 confusa de la posguerra

さ

さ 差 diferencia 囡
サーカス circo 男
サーキット circuito 男
サークル 〈会〉círculo 男, tertulia 囡, club 男
サービス servicio 男: この店は～がよい El servicio en esta tienda es excelente. アフター～ servicio postventa. セルフ～ autoservicio 男. ～料込み(抜き)で servicio incluido (aparte)
…さい 歳 año 男
さいあく 最悪 ～の pésimo(ma). ～の場合 en el peor de los casos
さいかい 再会 ～する volver a verse, ver[se] de nuevo
さいがい 災害 desastre 男, calamidad 囡, siniestro 男
さいかくにん 再確認〈予約などの〉reconfirmación 囡. ～する reconfirmar
さいきん 細菌 bacteria 囡;〈病原菌〉microbio 男
さいきん 最近 recientemente, últimamente;〈ここ数日〉estos días. ～の reciente, último(ma). ～の若者たち los jóvenes de hoy[día]
さいく 細工〈加工〉trabajo 男;〈製品〉obra 囡. ～する trabajar. 金銀～ orfebrería 囡
サイクリング ciclismo 男
さいけつ 採決 votación 囡: ～に入る proceder a la votación. ～する votar, decidir por votación
さいご 最後 fin 男, final 男. ～の〈順序〉último(ma);〈完結〉final. ～に por último, finalmente
ざいこ 在庫 ～品 existencias 囡複. ～調べ inventario 男
さいこう 最高 ～の〈地位など〉supremo(ma);〈量・程度〉máximo(ma);〈最良〉el (la) mejor: ～責任者 responsable 名 supremo(ma). ～気温 temperatura 囡 máxima. 試験で～点をとる obtener la mejor nota en el examen. ～に sumamente: このパズルは～に難しい Este crucigrama es sumamente difícil.
さいころ 骰子 dado 男: ～を振る echar (tirar) los dados
ざいさん 財産 fortuna 囡, bienes 男複;〈世襲の〉patrimonio 男;〈資産〉propiedades 囡複

さいしゅう 採集 colección 囡. ～する coleccionar
さいしゅう 最終 ～の・～的 último (ma), final;〈決定的〉definitivo(va): ～列車 último tren 男. 決定 decisión 囡 final (definitiva). ～結果 resultado 男 definitivo. ～的に finalmente; definitivamente
さいしょ 最初 principio 男, comienzo 男. ～は al principio: ～は私は理解できなかった Al principio, no lo entendía. ～から desde el principio
~の primero(ra);〈本来〉original: 彼の～の作品 su primera obra. ～の2時間 las primeras dos horas. ～の計画では según el plan original
～に〈第一に〉primero, en primer lugar;〈初めて〉por primera vez: ～にこの問題を片付けよう En primer lugar vamos a solucionar este problema. ～に彼に会ったのは5年前です Hace cinco años que le vi por primera vez.
さいしょう 最小 ～の mínimo(ma); el (la) más pequeño(ña), el (la) menor: 被害を～限に食い止める reducir los daños a lo mínimo
さいしょくしゅぎ 菜食主義 vegetarianismo 男. ～者 vegetariano(na)
さいしん 最新 ～の último(ma): ～の流行 última moda 囡. ～のニュース noticias 囡複 de última hora. ～の技術 la técnica más moderna
サイズ tamaño 男;〈服・靴などの〉talla 囡, número 男: …の～を測る medir el tamaño de…, tomar la medida de…. 靴の～は～ですか? ¿Qué número calza usted?
ざいせい 財政 finanzas 囡複. ～上の financiero(ra), fiscal
さいぜん 最善 ～を尽くす hacer todo lo posible. ～の策 la mejor solución
さいそく 催促 apremio 男. …するように～する apremiar a+人 a que+接続法
さいだい 最大 ～の máximo(ma); el (la) más grande, el (la) mayor: 世界一の都市 la ciudad más grande (la mayor ciudad) del mundo
ざいだん 財団 fundación 囡
さいてい 最低 ～の ❶ el (la) más bajo(ja). ❷〈最少〉mínimo(ma): ～賃金 sueldo 男 mínimo. ～限 como mínimo:

ここから成田まで〜2時間はかかる De aquí a Narita se tarda, como mínimo, dos horas.

さいなん 災難 desgracia 囡, calamidad 囡: 彼は〜続きだ No le ocurren más que desgracias.

さいのう 才能 talento 男;〈生来の〉don 男: 〜のある男 hombre 男 de talento. 私には音楽の〜がない No tengo talento para la música.

さいばい 栽培 cultivo 男. 〜する cultivar

さいばん 裁判 juicio 男, proceso 男;〈訴訟〉pleito 男: 〜に持ち込む llevar a juicio, acudir a la justicia. 〜に勝つ(負ける) ganar (perder) el pleito. 〜官 juez (za). 〜所 tribunal 男

さいふ 財布〈札入れ〉cartera 囡, billetero 男;〈小銭入れ〉monedero 男, portamonedas

さいほう 裁縫 costura 囡

さいぼう 細胞 célula 囡

ざいもく 材木 madera 囡

さいよう 採用 ❶〈人の〉admisión 囡. 〜する admitir: 彼は銀行に〜された Le admitieron (Fue admitido) en un banco. 〜試験 concurso 男;〈公務員などの〉oposiciones 囡 榎
❷〈案などの〉adopción 囡. 〜する adoptar

ざいりょう 材料 material 男;〈料理の〉ingredientes 男 榎

サイレン sirena 囡

サイン ❶〈署名〉firma 囡;〈有名人などの〉autógrafo 男: 歌手の〜をもらう conseguir un autógrafo de un cantante. 〜する firmar: 手紙に〜する firmar una carta
❷〈合図〉seña 囡, señal 囡: …の〜を出す hacer señas de…

サウナ sauna 囡

…さえ〈すら〉aun, hasta, incluso: そんなことは子供でも〜知っている Aun (Hasta) los niños lo saben.
❷〈だけ〉sólo, no… más que: これ〜あれば何もいらない No quiero más que esto. …し〜すれば con sólo que+接続法: もう少し勉強し〜すれば君は試験に受かるだろう Con sólo que estudies un poco más, aprobarás el examen.
❸ …も〜ない〔no〕… ni siquiera: 私は食事をする暇〜ない No tengo tiempo ni siquiera para comer.

さえぎる 遮る ❶〈ことばなどを〉interrumpir: …の話を〜 interrumpir a+人
❷〈進路などを〉interceptar, impedir: 視界を〜 impedir (tapar) la vista

さえずる cantar. 鳥のさえずり canto 男 de los pájaros

さか 坂 cuesta 囡: 〜を上る(下る) ir cuesta arriba (abajo)

さかえる 栄える prosperar, florecer

さかさま 逆さま ⇨ ぎゃく. 〜に a la inversa, al (del) revés: セーターを前後(裏表)〜に着る ponerse el suéter del revés. コップを〜に置く poner un vaso boca abajo

さがす 探す buscar: 職を〜 buscar trabajo. 探し回る buscar por todas partes, andar buscando

さかな 魚 pez 男;〈食品としての〉pescado 男. 〜料理 plato 男 de pescado

さかのぼる 遡る〈上流に〉remontar;〈過去に〉remontarse a…

さかば 酒場 taberna 囡,〈ラ〉cantina 囡

さかや 酒屋 bodega 囡

さからう 逆らう〈反対〉oponerse, ir contra, llevar la contraria a+人;〈不服従〉desobedecer. …に逆らって contra…

さかりば 盛り場 lugar 男 de diversión

さがる 下がる ❶〈下降〉bajar, descender: 物価が下がらない No bajan (descienden) los precios.
❷〈吊り下げ〉colgar, pender: 天井からシャンデリアが下がっていた Colgaba (Pendía) una araña del techo.
❸〈後退〉retroceder: 一歩〜 dar un paso atrás, retroceder un paso

さかん 盛ん 〜な ❶〈繁栄〉próspero (ra);〈流行〉de moda. この国ではサッカーが〜だ En este país, el fútbol gusta mucho (la gente tiene mucha afición al fútbol). 最近〜にこの商品の宣伝をしている Últimamente hacen mucha propaganda de (dan mucha publicidad a) este artículo.
❷〈熱烈〉caluroso (sa): 〜な拍手を送る aplaudir a+人 calurosamente (con entusiasmo)

さき 先 ❶〈先端〉cabo 男, extremidad 囡;〈とがった〉punta 囡: ロープの〜 cabo de una cuerda. 鉛筆の〜 punta de un lápiz
❷〈前方〉この〜にキオスクがある Hay un quiosco un poco más allá. 〜へ進んで(〜を続けて)ください Siga adelante.
❸〈順序〉…の〜を越す tomar la delantera a+人, adelantarse (anticiparse) a+人 (事). 〔…より〕〜に antes 〔que…〕: 〜に入場券を買おう Vamos a sacar la entrada antes (con anticipación). 私は彼より〜にゴールインした Alcancé la meta antes que él. 何よりも〜に ante todo, antes que nada
❹〈将来〉futuro 男, porvenir 男: 〜のこと

を考える pensar en el futuro. 〜のことは誰にもわからない ¡Quién conoce el porvenir!

さぎ 詐欺 estafa 囡, timo 男, engaño 男. 〜師 estafado*r* (*ra*), timado*r* (*ra*). 〜を働く estafar, timar

さぎょう 作業 obra 囡, trabajo 男: 手〜 obra de mano. 流れ〜 trabajo en cadena. 〜場 taller 男

さく 咲く florecer, echar flores: 桜は春に〜 Los cerezos florecen en primavera. バラが咲いている El rosal está en flor.

さく 裂く ⇨引き裂く

さく 柵 barrera 囡, valla 囡; 〈鉄柵〉reja 囡; 〈囲い〉cerca 囡

さくいん 索引 índice 男

さくげん 削減 〜する reducir: …の費用を〜する reducir los gastos de...

さくじつ 昨日 ⇨きのう

さくしゃ 作者 auto*r* (*ra*). 〜不詳の anónim*o* (*ma*)

さくじょ 削除 〜する suprimir; 〈抹消〉borrar; …から1行〜する suprimir una línea de... …の名前をリストから〜する borrar a+人 de la lista

さくせい 作成 〈文書などの〉redacción 囡. 契約書を〜する redactar un contrato. 名簿を〜する hacer una lista. 試験問題を〜する preparar las preguntas del examen

さくせん 作戦 〈戦略〉estrategia 囡; 〈戦術〉táctica 囡; 〈作戦行動〉operación 囡

さくねん 昨年 ⇨去年

さくひん 作品 obra 囡: 芸術〜 obra de arte

さくぶん 作文 composición 囡, redacción 囡: 〜を書く hacer una composición (una redacción)

さくもつ 作物 producto 男 agrícola, 〈収穫〉cosecha 囡: 今年は〜の出来が悪かった Hemos tenido (Ha sido) mala cosecha este año.

さくや 昨夜 ⇨夕べ

サクラ 桜 cerezo 男. サクランボ cereza 囡

さくりゃく 策略 estratagema 囡, ardid 男, treta 囡

さぐる 探る ❶ 〈意図などを〉sondear, tantear; 〈情報を〉espiar. ❷ 〈手探り〉buscar a tientas

さけ 酒 〈日本酒〉sake 男; 〈ワイン〉vino 男; 〈酒類〉bebida 囡 alcohólica. 〜を飲む beber alcohol. 〜癖が悪い tener mal vino. 強い(弱い)〜 bebida fuerte (ligera)

さけぶ 叫ぶ gritar; 〈喜び・怒りで〉exclamar. 叫び声 grito 男; 〈悲鳴〉alarido 男

さけめ 裂け目 grieta 囡, raja 囡

さける 裂ける rasgarse, desgarrarse; 〈割れる〉partirse

さける 避ける ❶ evitar; 〈巧みに〉eludir, esquivar: 危険を〜 evitar el peligro. 新聞記者を〜 eludir a los periodistas. 避けられない inevitable: その事故は避けられなかった El accidente ha sido inevitable. ❷ 〈逃げる〉evadir, huir: 彼はいつも私を〜 Siempre me huye.

さげる 下げる ❶ 〈低くする〉bajar, rebajar: 温度を〜 bajar la temperatura. 値段を〜 (re)bajar el precio. ❷ 〈吊るす〉colgar, suspender: 肩からカメラを下げて con una cámara colgando del hombro

ささえる 支える sostener, apoyar, soportar: これらの柱が建物全体を支えている Estas columnas sostienen (soportan) todo el edificio. 一家を〜 mantener a su familia 支え sostén 男, apoyo 男: 心の支え apoyo moral

ささげる 捧げる dedicar, consagrar; 〈神に〉ofrecer: …に一生を〜 dedicar toda su vida a... いけにえを〜 ofrecer una víctima

ささやか 〜な贈り物 pequeño regalo 男. 〜な望み deseo modesto

ささやく 囁く susurrar: 耳元で〜 susurrar al oído. 囁き susurro 男

さじ 匙 〈大匙〉cuchara 囡; 〈小匙〉cucharilla 囡: 大(小)匙一杯の砂糖 una cucharada (una cucharadita) de azúcar

さしあたり 差し当たり por el momento, por ahora: 〜それだけあれば充分だ Basta con eso por ahora.

さしえ 挿し絵 ilustración 囡. 〜を入れる ilustrar

さしず 指図 indicaciones 囡 複, orden 囡: 〜する dar indicaciones; 〈…するように〉ordenar a+人 que+接続法

さす 刺す ❶ pinchar, punzar; 〈刃物で〉dar una puñalada, apuñalar: フォークで〜 pinchar con el tenedor. 彼は刺されて死んだ Murió de una puñalada. 刺さる clavarse. ❷ 〈虫が〉picar: 私は蜂に刺された Me picó una avispa.

さす 指す indicar, marcar: これは何を指しているのですか? ¿Qué indica esto? 時計の針は9時を指している El reloj marca las nueve.

ざせき 座席 ⇨席

させつ 左折 〜する girar (doblar) a la izquierda

させる ❶ 〈使役〉hacer+不定詞 a+人: 彼らをここに来させてください Hágales venir aquí. ❷ 〈強制〉obligar (forzar) a+人 a+不定

詞：彼は辞任させられた Le han forzado a dimitir.
❸ 〈放任〉 dejar+不定詞 a+人：少し考えさせてください Déjeme pensar un poco.
さそう 誘う〈招待・勧誘〉invitar；〈誘惑〉tentar：私は彼に映画に誘われている Me ha invitado al cine. 誘い invitación 囡；tentación 囡
さつえい 撮影〈写真の〉fotografía 囡；〈映画の〉rodaje 男．〜する sacar (hacer) fotos, fotografiar；rodar：「〜禁止」Prohibido hacer fotos.
ざつおん 雑音 ruido 男；〈ラジオの〉parásitos 男複
さっか 作家 escritor(ra), autor(ra)
さっき hace poco, hace un rato：〜雷が鳴った Ha tronado hace poco. 〜から雨が降っている Llueve desde hace poco.
さっきょく 作曲 composición 囡 musical. 〜する componer. 〜家 compositor(ra)
ざっし 雑誌 revista 囡
さつじん 殺人 homicidio 男；〈計画的な〉asesinato 男. 〜犯 homicida 名；asesino(na)
ざっそう 雑草 malas hierbas 囡複
さっそく 早速 inmediatamente, enseguida
ざつだん 雑談 charla 囡. 〜する charlar
ざっと 〈およそ〉aproximadamente, casi；〈簡単に〉brevemente. 〜目を通す echar un vistazo a 人・物
さっぱり ❶〈少しも〉nada：私には〜わからない No entiendo nada. ❷ 〜した〈味が〉ligero(ra)；〈性格が〉franco(ca)
ざっぴ 雑費 gastos 男複 varios
サツマイモ batata 囡, 〈ラ〉camote 男
さとう 砂糖 azúcar 男/囡：〜はいくつ（スプーン何杯）いれますか？ ¿Cuántos terrones (Cuántas cucharaditas) de azúcar quiere (le echo)？ 白(黒)〜 azúcar blanco (moreno). 〜入れ azucarero 男. サトウキビ caña 囡 de azúcar
さどう 茶道 ceremonia 囡 del té
さび 錆 orín 男, herrumbre 囡 錆びる oxidarse：このナイフは錆びている Se ha oxidado este cuchillo.
さびしい 寂しい ❶〈人けのない〉solitario(ria), desierto(ta)：〜通り calle solitaria. ❷〈悲しい〉triste：〜景色 paisaje 男 triste. …が[い]ないのを寂しく思う echar de menos a 人・物, extrañar：あなたがいなくて〜 Te echo de menos. 寂しく感じる sentirse solo(la)

さびれる 寂れる perder la animación, decaer. 寂れた decaído(da)
さべつ 差別 discriminación 囡：人種〜 racismo 男, discriminación racial. 〜待遇する tratar con discriminación. 〜する discriminar
さほう 作法 regla 囡；〈儀式などの〉ceremonial 男：〜どおりに conforme a las reglas. 礼儀〜 modos 男複, normas 囡複 de urbanidad. 彼は食事の〜がなっていない No sabe comportarse en la mesa.
サポーター 〈サッカーなどの〉hincha, seguidor(ra)
サボテン cacto 男, cactus 男
サボる fumarse；〈授業を〉hacer novillos
…さま 様 ⇒…さん
さます 冷ます enfriar. 冷める enfriarse：コーヒーが冷めてしまった El café se ha enfriado (está frío)
さます 覚ます〈目を〉despertar[se]：今朝はとても早く目が覚めた Esta mañana [me] he despertado muy temprano. 目を覚まして現実を受け入れなさい Desengáñate y acepta la realidad.
さまたげる 妨げる estorbar, impedir, obstaculizar：通行を〜 estorbar el paso. …するのを〜 no dejar a 人+不定詞 (que+接続法)：私は騒音に安眠を妨げられた El ruido no me dejó dormir.
さまよう vagar, errar：森の中を〜 vagar por el bosque
サミット cumbre 囡
さむい 寒い〈天候が〉hacer frío；〈人が〉tener frío：この部屋は〜 Hace frío en esta habitación. 寒くない？ ¿No tienes frío? 寒さ frío 男
さめる 褪める〈色が〉decolorarse
さもないと 命令文+o, si no；急ぎなさい，遅れるよ Date prisa, o llegarás tarde.
さようなら Adiós./〈後ほど・近い内に〉Hasta luego.
さら 皿〈平皿〉plato 男；〈小皿・受皿〉platito 男, plato pequeño；〈深い・大きな盛皿〉fuente 囡：〜に盛る servir en un plato
ざらざら 〜した áspero(ra), rasposo(sa)
さらに 更に ❶〈一層〉aún más：彼の口出しが事を〜複雑にしている Su intervención complica aún más el asunto. ❷〈その上〉además, encima：風が強く〜雨も降り出した Hacía mucho viento y además empezó a llover. 〜悪いことには para colmo
サラリーマン asalariado(da), empleado(da)

さる 去る ❶〈離れる〉marcharse, irse. 彼は20歳で故郷を去った Abandonó (Dejó) su tierra a los veinte años. 世を～ fallecer, irse de este mundo. ❷〈過ぎ去る〉pasar: 危機は去った Ha pasado la crisis. ～9日 el pasado [día] nueve

サロン salón 男

さわがしい 騒がしい ruido*so* (*sa*), bullicio*so* (*sa*): ～教室 clase 女 ruidosa

さわぐ 騒ぐ〈騒動を起こす・騒ぎ立てる〉alborotar;〈お祭り騒ぎをする〉armar jaleo: つまらないことで～な No alborotes por tan poca cosa.

騒ぎ alboroto 男; jaleo 男;〈物議〉escándalo 男: 大騒ぎになる〈事柄が〉meter (armar) ruido, armar escándalo

さわる 触る tocar;〈触ってみる〉palpar: 「触らないでください」No tocar.

…さん〈男性〉señor [+姓・職名], don [+個人名];〈既婚女性〉señora, doña;〈未婚女性〉señorita

さんか 参加 participación 女. …に～する participar en…, tomar parte en…: 東京オリンピックには94か国が～した Noventa y cuatro países participaron en La Olimpiada de Tokio. ～者 participante 名

さんかくけい 三角形 triángulo 男. ～の triangular

さんぎょう 産業 industria 女. ～の industrial: ～革命 revolución 女 industrial

ざんぎょう 残業 horas 女 複 extras: ～する hacer horas extras

サングラス gafas 女 複 de sol

さんこう 参考 ～書 libro 男 de consulta. ～にする consultar

ざんこく 残酷 ～な cruel;〈非情〉despiada*do* (*da*)

さんしょう 参照 ～する consultar, ver: 55ページの ことVéase la página cincuenta y cinco.

さんせい 賛成 aprobación 女. ～する aprobar, estar de acuerdo: 君は君の意見に～だ Estoy de acuerdo contigo.

さんそ 酸素 oxígeno 男: ～吸入 inhalación 女 de oxígeno

サンダル sandalia 女

さんち 産地 región 女 productora, origen 男

サンドイッチ sandwich 男

ざんねん 残念 ～だ！¡Qué lástima!/¡Qué pena! ～に思う sentir, lamentar. …とは～だ Es [una] lástima que+接続法;〈人が主語〉sentir que+接続法: 君たちと一緒に行けなくて～だ Es una lástima que yo no pueda acompañaros. ～ながらもうおいとましなければなりません Lo siento mucho, pero ya tengo que irme.

さんばし 桟橋 embarcadero 男, muelle 男

さんぱつ 散髪 ～する cortarse el pelo. ～に行く ir a la peluquería

さんびか 賛美歌 himno 男

さんぶつ 産物 producto 男;〈結果〉fruto 男

サンプル muestra 女

さんぶん 散文 prosa 女

さんぽ 散歩 paseo 男: ～する dar un paseo (una vuelta), pasear[se]

さんみゃく 山脈 sierra 女, cordillera 女

し

し 市 ciudad 女. 市役所 ayuntamiento 男, municipio 男. 市営バス autobús 男 municipal. 市内 en (dentro de) la ciudad. 市外局番 prefijo 男

し 死 muerte 女

し 詩 poesía 女;〈一編の〉poema 男;〈詩句〉verso 男: 叙情(叙事)～ poesía lírica (épica). ～を作る componer un poema

じ 字 letra 女

しあい 試合〈主に球技の〉partido 男, encuentro 男;〈チェスなどの〉partida 女;〈格闘技の〉combate 男. 選手権～ campeonato 男

しあわせ 幸せ felicidad 女, dicha 女;〈幸運〉[buena] suerte 女. ～な feliz, dichoso (sa);afortuna*do* (*da*)

シーズン temporada 女, época 女: 今は観光～だ Estamos en temporada alta de turismo. ～オフ temporada baja

シーツ sábana 女

しいん 子音 consonante 女

じえい 自衛 ～する defenderse. ～隊 Fuerzas 女 複 Armadas de Autodefensa

じえいぎょう 自営業 empresa 女 independiente

しえん 支援 apoyo 男, ayuda 女. ～する apoyar, prestar apoyo a...

しお 塩 sal 女. ～辛い sala*do* (*da*). ～水 agua 女 salada. ～漬けにする・～を入れる salar

しおれる 萎れる ponerse mus*tio*(*tia*)

しかい 司会 presidencia 囡. 〜する presidir. 〜者〈会議の〉presiden*te*(*ta*); 〈ショー・番組の〉animado*r*(*ra*), presentado*r*(*ra*); 〈討論会の〉moderado*r*(*ra*)

しかい 視界 campo 男 visual, vista 囡. 町に〜が入ってきた Ya se ve la ciudad.

しがい 市街 calle 囡. 旧〜 barrio antiguo. 〜電車 tranvía 男

しがいせん 紫外線 rayos 男複 ultravioletas

しかく 四角 〜形〈正方形〉cuadrado 男; 〈長方形〉rectángulo. 〜の cuadra*do*(*da*); rectangular. 〜いテーブル mesa cuadrada (rectangular). 〜ばった〈態度が〉formal

しかく 資格〈身分〉calidad 囡;〈肩書き〉título 男;〈権能〉facultad 囡;〈権利〉derecho 男; …の〜で en calidad (a título) de… 必要な〜をそなえた califica*do*(*da*). …の(する)〜がある tener el título de+不定詞; reunir (satisfacer) las condiciones necesarias para+不定詞; tener facultad para+不定詞. 君には彼を批判する〜はない No tienes derecho a criticarlo. 〜を失う〈法的に〉incapacita*do*(*da*); 〈無免許〉sin licencia (título)

じかく 自覚 conciencia 囡. 〜する tener conciencia. 〜している ser consciente de…: 彼は自分の責任を〜していない No es consciente de su responsabilidad. どんな〜症状がありますか？ ¿Qué síntomas tiene usted?

しかし pero;〈それにもかかわらず〉sin embargo, no obstante

じかせい 自家製 〜の case*ro*(*ra*), he*cho*(*cha*) en casa

しかた 仕方 ⇨方法. …の〜を教える enseñar a+不定詞. 彼女は掃除の〜を知らない No sabe limpiar. 〜がない No hay〔más・otro〕remedio.

じかようしゃ 自家用車 coche 男〔particular〕

しかる 叱る reprender;〈がみがみと〉regañar

じかん 時間 ❶〈単位〉hora 囡: 1〜の休憩 una hora de descanso. 〜決めで働く trabajar por horas. 〜給 paga 囡 por horas

❷〈時刻〉hora: もう寝る〜だよ Ya es hora de acostarte. 〜どおりに着く llegar puntualmente (a la hora señalada). 〜に正確く・〜を守る puntual. 〜表・〜割 horario 男

❸〈暇・時〉tiempo 男: 〜がたつのは早いものだ El tiempo pasa volando./¡Qué rápido pasa el tiempo!〔…する〕〜がある tener tiempo〔para+不定詞〕.〔…するのに〕〜がかかる tardar〔se〕mucho〔en+不定詞〕: 彼女は身支度に〜がかかる Ella tarda mucho en arreglarse. 〜を有効に使う(無駄にする) aprovechar (perder) el tiempo

しき 式 ❶〈儀式〉ceremonia 囡
❷〈様式〉洋〜の de estilo occidental (europeo). 日本〜に a la japonesa
❸〈数学などの〉fórmula 囡

しき 指揮 mando 男, dirección 囡: 作戦の〜をとる tomar la dirección de la operación. 〜する mandar, dirigir: オーケストラを〜する dirigir una orquesta. 〜官〈軍隊の〉comandante 男. 〜者 directo*r*(*ra*)

じき 時期 época 囡, temporada 囡: この〜は雨が多い Esta época es lluviosa. この子供は今が難しい〜だ Este niño está en una edad difícil. 〜尚早の prematu*ro*(*ra*). 〜外れの fuera de tiempo

じき 時機 ocasión 囡, oportunidad 囡, momento 男〔oportuno〕: …の〜をとらえる（逸する）aprovechar (perder) la oportunidad para+不定詞. まだ彼女にそれを話す〜ではない Todavía no es el momento para decírselo. 〜を失した決断 decisión 囡 inoportuna

じき 磁気 magnetismo 男

じき 磁器 porcelana 囡

しきゅう 至急 urgentemente. 〜の urgente. 大〜返事をください Esperamos su contestación con toda urgencia (a la mayor brevedad).

じぎょう 事業 empresa 囡, negocio 男: 〜を起こす fundar una empresa. 彼の〜は順調だ Le va bien el negocio. 〜家 empresa*rio*(*ria*), hombre 男 de negocios

しきる 仕切る ❶〈区切る〉dividir, separar. ❷〈取り仕切る〉dirigir en…,〈口語〉llevar la batuta

しきん 資金 capital 男, fondos 男複: 〜を集める recaudar fondos. 〜繰りが苦しい tener dificultades financieras. 回転〜 fondo rotativo

しく 敷く〈広げる〉extender: 芝生の上にござを〜 extender una estera sobre el césped. 座布団を〜 sentarse en un cojín

しぐさ 仕草 ademán 男;〈身振り〉gesto 男

ジグザグ 〜に進む avanzar en zigzag, zigzaguear

しけい 死刑 pena 囡 de muerte, pena

しげき 刺激 ❶ estímulo 男. ～する estimular, excitar: 神経を～する excitar los nervios. ～性の・～的な estimulante, excitante. この映画は私には～が強すぎる Esta película es demasiado fuerte para mí. ❷〈推進〉景気を～する impulsar la actividad económica

しげる 茂る crecer frondoso(sa). 茂った frondoso(sa)

しけん 試験 ❶ examen 男: ～を受ける examinarse, presentarse a un examen. ～勉強をする prepararse para el examen ❷〈性能などの〉ensayo 男, prueba 女: ～的に a modo de ensayo. ～管 tubo 男 de ensayo, probeta 女

しげん 資源 recursos 男 複

じけん 事件 suceso 男, caso 男;〈歴史上の〉acontecimiento 男. その夜大～が起きた Esa noche ocurrió algo muy grave.

じこ 自己 ⇨自分. ～満足する satisfacerse a sí mismo(ma). ～嫌悪に陥る odiarse a sí mismo(ma). ～流に a su modo (su manera)

じこ 事故 accidente 男;〈大惨事〉catástrofe 女: 交通～ accidente de tráfico. 航空機～ catástrofe aérea. ～死 muerte 女 por accidente

じこく 時刻 ⇨時間. ～表 horario 男;〈冊子〉guía 女 de ferrocarriles

じごく 地獄 infierno 男: ～に落ちる irse al infierno. ～の(ような) infernal

しごと 仕事〈労働〉trabajo 男;〈手仕事〉oficio 男;〈任務〉tarea 女, cargo 男;〈職〉empleo 男, colocación 女;〈専門的な〉profesión 女: 簡単な～ trabajo fácil. これは君の～だ Esto es tu tarea. 彼は～を捜している Está buscando un empleo. ～に行く ir al trabajo. ～をする trabajar. お～は何ですか? A qué se dedica usted?/¿Cuál es su profesión? ～場 trabajo 男;〈作業場〉taller 男;〈事務所〉oficina 女

しこり bulto 男: ～ができている tener un bulto en...

しさ 示唆 sugerencia 女. ～する sugerir. ～に富んだ sugestivo(va)

じさ 時差 diferencia 女. 東京・マドリード間には8時間の～がある Hay ocho horas de diferencia entre Tokio y Madrid. ～ボケ jet lag 男

しさつ 視察 inspección 女;〈見学〉visita 女. ～する inspeccionar; visitar

じさつ 自殺 suicidio 男. ～する suicidarse. ～者 suicida 名

しさん 資産 bienes 男 複, propiedades 女 複. ～家 hombre 男 de fortuna

しじ 支持 apoyo 男. ～する apoyar, sostener. ～者 partidario(ria);〈絶対的な〉incondicional

しじ 指示 indicación 女;〈指図〉instrucciones 女 複. ～する indicar. ～を与える dar instrucciones

じじつ 事実〈出来事〉hecho 男;〈現実〉realidad 女;〈真実〉verdad 女: それは～だ Eso es verdad. ～をありのままに述べる decir las cosas tal como son. 無根の～ sin fundamento, infundado(da). ～上(の) de hecho. 彼が～上の経営者だ Prácticamente él dirige la empresa.

ししゃ 支社 sucursal 女

ししゃ 死者 muerto(ta)

じしゃく 磁石 imán 男;〈盤〉brújula 女

じしゅ 自主 ～的な voluntario(ria): 輸出の～規制 restricción 女 voluntaria de las exportaciones. ～的に voluntariamente, por su propia voluntad

ししゅう 刺繍 bordado 男. ～する bordar

ししゅつ 支出 ⇨収入. ～する gastar, desembolsar

じしょ 辞書 ⇨辞典

しじょう 市場 mercado 男: ～調査 estudio 男 de mercado;〈マーケティングリサーチ〉mercadotecnia 女. ～に出回る(出す) salir (lanzar) al mercado

じじょう 事情 ❶ circunstancia 女, situación 女: ～が許せば si las circunstancias lo permiten. 現在とは～が違っていた La situación era distinta de la actual. 政界の～ situación del mundo político ❷〈理由・訳〉razón 女: 家庭の～で por razones familiares

じしょく 辞職 dimisión 女: 総～ dimisión en bloque (en pleno). ～する dimitir: 大臣は～した El ministro ha dimitido.

じじょでん 自叙伝 ⇨自伝

ししょばこ 私書箱 apartado 男〔de correos〕, casilla 女〔postal〕

ししん 私信 carta 女 privada (personal), correspondencia 女 personal (particular)

しじん 詩人 poeta 男, poetisa 女

じしん 自身 ⇨自分. あなた～が来なさい Ven tú mismo.

じしん 自信 confianza 女〔en sí mismo (ma)〕;〈満々の〉lleno(na) de confianza. ...に～がある tener confianza en..., estar 〔muy〕seguro(ra) de...: 私は明かりを消したかどうか～がない No estoy seguro de haber

apagado la luz. 彼は～過剰だ Está demasiado seguro de sí〔mismo〕. ～をなくす perder la seguridad en sí mis*mo* (*ma*)

じしん 地震 terremoto 男, temblor 男 de tierra, seísmo 男

しすう 指数 índice 男

しずか 静か ～な silencio*so* (*sa*); 〔穏やか〕 tranqui*lo* (*la*), sere*no* (*na*): ～なエンジン motor 男 silencioso. ～な生活 vida 女 tranquila. ～な夜 noche 女 serena. ～に sin hacer ruido; 〈そっと〉 suavemente. ～にしなさい! ¡Silencio!/〔黙れ〕¡A callar!/〈おとなしく〉¡Estáte quieto! 静けさ silencio 男; tranquilidad 女, quietud 女

しずく 雫 gota 女

システム sistema 男: ～エンジニア inge-nie*ro* (*ra*) de sistemas

しずむ 沈む hundirse; 〔気持ちが〕 deprimirse. 日が～ El sol se pone.

しずめる 静める calmar, tranquilizar;〈痛みなどを〉aliviar, apaciguar. 静まる calmarse, tranquilizarse; apaciguarse. 気を静めなさい Cálmate./Tranquilízate.

しせい 姿勢 ❶ postura 女, posición 女: 楽(無理)な～ postura cómoda (violenta). ～をよくする ponerse derec*ho* (*cha*), enderezarse

❷〈態度〉actitud 女: 政治～ actitud política

じせい 時制 tiempo 男

しせき 史蹟 monumento 男 histórico

しせつ 使節 envia*do* (*da*), mensaje*ro* (*ra*); ～団 misión 女, delegación 女

しせつ 施設 establecimiento 男;〔総合的〕complejo 男;〔保護施設〕asilo 男;〔設備〕instalaciones 女複: スポーツ～ complejo deportivo

しせん 視線 mirada 女, vista 女: ～を向ける(そらす) dirigir (apartar) la mirada

しぜん 自然 naturaleza 女: ～の natural;〔自発的〕espontáne*o* (*a*): ～現象 fenómeno 男 natural. ～な動作 gesto 男 espontáneo. ～主義 naturalismo 男. 傷は～に治った La herida se curó sola. 不～な poco natural;〔わざとらしい〕artificial, estudia*do* (*da*)

じぜん 事前 ～の pre*vio* (*via*). ～に de antemano, previamente

じぜん 慈善 beneficencia 女, filantropía 女. ～の benéfi*co* (*ca*): ～公演 actuación 女 benéfica. ～事業 obra 女 de caridad

しそう 思想 idea 女, pensamiento 男;〈イデオロギー〉ideología 女: 進歩的な～ ideas progresistas. ～家 pensad*or* (*ra*)

じそく 時速 ～…キロで a …kilómetros por hora

じぞく 持続 duración 女. ～する durar

しそん 子孫 descendiente 名;〈集合的に〉descendencia 女

じそんしん 自尊心 amor 男 propio, orgullo 男,〔propia〕dignidad 女: ～がある tener amor propio (propia dignidad). ～が強い ser orgullo*so* (*sa*)

した 下 ❶ parte 女 inferior: ～の〈下方〉de abajo;〈低い・劣った〉inferior: ～唇 labio 男 inferior. ～から見上げる mirar desde abajo

～で: abajo, debajo: ～で待っています Te espero abajo.

…の～に debajo de…: 猫は机の～にいる El gato está debajo de la mesa.

❷〈年齢〉～の menor: 彼は私より5歳～だ Es cinco años menor que yo.

した 舌 lengua 女: ～を出す sacar la lengua

したい 死体 cadáver 男

-したい querer (desear)+不定詞

しだい 次第 ❶ ～に gradualmente;〈少しずつ〉poco a poco: あたりは～に暗くなった Se iba oscureciendo poco a poco.

❷〈依存〉それは君の努力～だ Eso depende de tu esfuerzo. 能力～で昇給します Según su capacidad le aumentarán el sueldo.

❸〈…するとすぐ〉結果がわかり～知らせます En cuanto me entere del resultado, se lo diré.

❹〈事情〉事の～を話す explicar la situación〔del asunto〕

じたい 事態 situación 女, circunstancias 女複: ～は深刻だ La situación es muy grave. このような～に en estas circunstancias

じたい 辞退 援助の申し出を～する no aceptar la oferta de ayuda. 選手権試合への出場を～する renunciar a participar en el campeonato

じだい 時代 ❶ época 女, tiempos 男複: 我々の～ nuestra época. 私の学生～には en mis tiempos de estudiante, cuando era estudiante. ～の流れ〈進行〉curso 男 del tiempo;〔風潮〕corriente 女〔de la época〕. 一～を画する hacer época〔en la historia〕. ～遅れの anticua*do* (*da*). ～錯誤の anacróni*co* (*ca*)

❷〈歴史区分〉edad 女, era 女: 石器～ Edad de Piedra. 江戸～ era de Edo. イサベル～ era isabelina

したがう 従う ❶〈後に続く〉seguir,

acompañar: 私たちはガイドに従って街を歩き回った Recorrimos las calles siguiendo al guía. ❷〈服従〉obedecer, someterse;〈意見などに〉seguir: 命令(親)に〜 obedecer órdenes (a los padres). 医者の忠告に〜 seguir el consejo del médico

したがって 従って por consiguiente, por eso, por lo tanto; あしたは祝日だ.〜仕事は休みだ Mañana es día festivo, por eso no trabajamos. …に〜 según, conforme a…: 指示に〜やりなさい Hazlo según las indicaciones. 法律の定めるところに〜 conforme a lo establecido por la ley

したぎ 下着 ropa 囡 interior

したく 支度 ⇨用意

したごころ 下心 〜がある tener segunda intención

したしい 親しい íntimo(ma), familiar: 〜友人 íntimo(ma) amigo(ga). …と親しくなる intimar (hacerse amistad) con+人. 親しげに話しかける hablar a+人 con familiaridad. …に親しみを感じる sentir simpatía por (hacia).

したまち 下町 barrio 男 popular

じだん 示談 arreglo 男 extrajudicial

じち 自治 autonomía 囡. 〜の・〜権のある autónomo(ma): 〜州 comunidad 囡 autónoma.

しちゃく 試着 〜する probarse la ropa. 〜室 probador 男

しちょう 市長 alcalde(desa)

しちょうしゃ 視聴者 televidente 名, telespectador(ra)

しつ 質 calidad 囡: 〜のよい(悪い) de buena (mala) calidad

しっかく 失格 descalificación 囡. 〜させる descalificar. …として〜の indigno(na) de…

しっかり 〜した firme, sólido(da): その棚は〜している La estantería está firme. この綱に〜つかまりなさい Agárrate a esta cuerda. 〜勉強してください Estudien mucho.

しつぎょう 失業 desempleo 男, paro 男: 〜率 porcentaje 男 de desempleo. 〜する perder su trabajo. 〜している estar (hallarse) sin trabajo (en el paro). 〜者 parado(da)

じつぎょうか 実業家 empresario(ria), hombre 男 de negocios

シック 〜な elegante, chic

しっけ 湿気 humedad 囡. 〜の多い húmedo(da)

しつけ 躾 educación 囡, disciplina 囡. 〜のよい(悪い) bien (mal) educado(da). しつける educar, disciplinar

じっけん 実験 experimento 男;〈性能テスト〉prueba 囡: 核〜 prueba nuclear. 〜室 laboratorio 男. 〜する experimentar, hacer experimentos. それはもう〜済みだ Ya ha pasado la prueba./(Eso) Ya está experimentado. 〜的な experimental

じつげん 実現 realización 囡. 〜する realizar, llevar a cabo: 計画を〜する realizar un plan. 〜される realizarse, cumplirse, convertirse en realidad: 私の理想が〜した Mi ideal se ha convertido en realidad. 〜可能な realizable. 〜不可能な irrealizable

しつこい pesado(da);〈執拗〉insistente;〈煩わしい〉molesto(ta): 〜やつだ ¡Qué tipo tan pesado! 〜ハエ mosca 囡 molesta. しつこく尋ねる preguntar con insistencia, molestar con demasiadas preguntas

じっこう 実行 práctica 囡;〈実現〉realización 囡, ejecución 囡: 〜に移す poner en (llevar a la) práctica. 〜する practicar, realizar, ejecutar;〈約束などを〉cumplir. 〜力のある男 hombre 男 de acción

じっさい 実際〈実地〉práctica 囡;〈事実〉hecho 男;〈現実〉realidad 囡. 〜の real. 〜に de hecho, en realidad, en efecto: これは〜に起きた話だ Esto es una cosa que ha ocurrido en realidad.

じっし 実施 ejecución 囡. 〜する ejecutar;〈法律などを〉poner en vigor: 計画を〜する ejecutar un (poner en práctica el) proyecto

じっしゅう 実習 práctica 囡

しっしん 失神 desmayo 男. 〜する desmayarse

じっせん 実践 práctica 囡. 〜する practicar, poner en práctica

しっそ 質素 〜な sencillo(lla);〈貧しい〉modesto(ta): 〜な暮らし vida 囡 sencilla

しっと 嫉妬 envidia 囡;〈男女間の〉celos 男複. 〜する envidiar a+人; tener celos de+人. 〜深い envidioso(sa); celoso(sa)

しつど 湿度 humedad 囡. 〜の高い húmedo(da). 〜計 higrómetro 男

じっと ❶〈動かずに〉〜している estar quieto(ta), permanecer inmóvil. この子は少しも〜していない Este niño es inquieto. ❷〈辛抱強く〉〜待つ esperar con paciencia (pacientemente) ❸〈注意深く〉〜見つめる clavar los ojos

しつない 室内　～の interior：～アンテナ antena 囡 interior

しっぱい 失敗 fracaso 男, fallo：それは～作だ La obra es un fracaso.　～する fracasar, fallar, salir mal：事業に～する fracasar en los negocios.　飛行機が着陸に～した El avión ha fallado en el aterrizaje.　実験は～した El experimento salió mal.

しっぽ 尻尾 cola 囡, rabo 男：～を振る mover (menear) la cola

しつぼう 失望 desilusión 囡, decepción 囡.　～する desilusionarse, decepcionarse

しつもん 質問 pregunta 囡.　～する preguntar, hacer una pregunta (preguntas)

じつよう 実用　～的な práctico(ca).　～性 utilidad 囡

しつれい 失礼 descortesía 囡；〈無礼〉 grosería 囡；〈無遠慮〉 indiscreción 囡.　～な descortés；grosero(ra)；indiscreto(ta)：～なことを言う decir palabras descorteses.　食事中に席を立つのは～だ Es una falta de educación levantarse de la mesa durante la comida.　〔ちょっと〕～! Perdón./Perdone./〈中座する時など〉 Con [su] permiso.　そろそろ～します〔辞去〕 Ya me marcho (me voy).

しつれん 失恋 desengaño 男 amoroso.　～する sufrir un desengaño amoroso

してい 指定　～する〈日時・場所などを〉 señalar；〈目的に合わせて〉 designar：待ち合わせの場所を～する señalar el lugar de la cita.　…を相続人に～する nombrar a+人 heredero(ra).　～席 asiento 男 reservado

してき 私的　～な privado(da), particular；〈個人的〉 personal

してき 指摘 indicación 囡, señalamiento 男.　～する indicar, señalar.　私は誤りを～された Me advirtieron del error.

してん 支店 sucursal 囡：～を開設する abrir una sucursal.　～長 director(ra), gerente 男

してん 視点 punto 男 de vista

じてん 辞・事典〈辞書〉 diccionario 男；〈百科事典〉 enciclopedia 囡：和西～をひく consultar el diccionario japonés-español

じでん 自伝 autobiografía 囡

じてんしゃ 自転車 bicicleta 囡.　～に乗る montar en bicicleta.　～競技 ciclismo 男

しどう 指導 dirección 囡；〈進路などの〉 orientación 囡.　～する dirigir；orientar：新人を～する orientar a un novato.　～者 líder 名, dirigente 名.　～員 monitor(ra)

じどう 自動　～的な automático(ca)：～ドア puerta 囡 automática.　飲み物の～販売機 máquina 囡 de bebidas.　～化 automatización 囡.　～化する automatizar

じどうしゃ 自動車 coche 男, auto[móvil] 男,〈ラ〉 carro 男：～で行く ir en coche.　～修理(整備)工場 garaje 男, taller 男.　～教習所 autoescuela 囡.　軽～ utilitario 男

しぬ 死ぬ morir, fallecer；〈息をひきとる〉 expirar；〈命を落とす〉 perder la vida：結核で～ morir de tuberculosis.　彼はとても若くして死んだ Murió muy joven.　おなかがすいて(退屈で)死にそうだ Me muero de hambre (de aburrimiento).

死んだ muerto(ta)：死んでいる estar muerto(ta)

しはい 支配 dominio 男：…の～下にある estar bajo el dominio de...　～する dominar.　～的な〔pre〕dominante, reinante：彼らの中では悲観論が～的だった El pesimismo reinaba entre ellos.　～者 gobernante 名.　～人 gerente 名

しばい 芝居 ⇨ 演技, 演劇

じはく 自白 confesión 囡.　～する confesar [el delito]

しばしば frecuentemente, con [mucha] frecuencia, a menudo：私は～図書館へ行く Voy frecuentemente a (Frecuento) la biblioteca.

じはつ 自発　～的な espontáneo(a), voluntario(ria).　～的に espontáneamente, por su propia voluntad.　～性 iniciativa 囡

しばふ 芝生 césped 男：「～への立入禁止」 Se prohíbe pisar el césped.

しはらい 支払い pago 男：～日 día 男 de pago.　支払う pagar

しばらく 暫く un momento：～お待ちください Espere un momento.　私たちは～会っていない Hace tiempo que no nos vemos.　～して風がやんだ Al poco rato, cesó el viento.

しばる 縛る atar：荷物をひもで～ atar el paquete con un cordón

じひ 自費　～で a sus expensas

じひょう 辞表 carta 囡 de renuncia.　～を提出する presentar su dimisión

しびれ 痺れ entumecimiento 男；〈麻痺〉 parálisis 囡.　痺れる entumecerse, dormirse；paralizarse：私は足が痺れた Se me ha dormido la pierna.　～をきらす perder la paciencia, no poder [esperar] más

ジプシー gitano(na)

じぶん 自分 sí mismo(ma).　～〔自身〕

しへい 紙幣 billete 男

しぼう 死亡 ⇨死, 死者, 死ぬ

しぼう 脂肪 grasa 女. 〜分の多い graso (sa)

しぼる 絞る〈ぬれた物を〉estrujar;〈果汁を〉exprimir: レモンを〜 exprimir un limón

しほん 資本 capital 男: 〜金10億円の会社 empresa 女 con un capital de mil millones de yenes. 〜家 capitalista 名. 〜主義 capitalismo 男

しま 島 isla 女. 〜国 país 男 insular

しま 縞 rayas 女複, rayado 男: 〜のネクタイ corbata 女 a (de) rayas

しまい 姉妹 hermana 女. 〜都市 ciudad 女 hermana

しまう poner en su lugar;〈片付ける〉poner en orden;〈引き出しなどに〉guardar

しまる 締・閉まる〈閉じる〉cerrarse: 銀行は3時に〜 Los bancos se cierran a las tres. その店はきょうは閉まっている La tienda está cerrada hoy.

じまん 自慢 〜する enorgullecerse de…, estar orgulloso (sa) de…: 子供たちは私の〜だ Estoy orgulloso de mis hijos.

しみ 染み mancha 女. 〜をつける manchar: 私は服にインクの〜をつけてしまった Me he manchado el vestido de tinta.

じみ 地味 〜な sobrio (bria);〈簡素〉sencillo (lla), sin adornos;〈控え目〉discreto (ta): 〜な色 color 男 sobrio. 〜な暮らし vida 女 sencilla. 〜な服装をする vestir de forma discreta

シミュレーション simulación 女

しみる 染みる ❶〈浸透〉penetrar: 寒さが骨身に〜 El frío me penetra en los huesos. ❷〈ひりひり〉escocer: シャンプーが眼に〜 Me escuecen los ojos con el champú.

しみん 市民 ciudadano (na);〈住民〉habitante 名, vecino (na). 〜権 ciudadanía 女. 〜階級 burguesía 女

じむ 事務 trabajo 男 de oficina. 〜所 oficina 女. 〜員 oficinista 名. 〜局 secretaría 女. 〜的に処理する hacer+事 mecánicamente

しめい 氏名 nombres 男複 y apellidos 男複

しめい 使命 misión 女: 〜を全うする・果たす desempeñar su misión

しめい 指名 nominación 女, nombramiento 男. 〜する nominar, nombrar: 彼は議長に〜された Fue nombrado (Le han nombrado) presidente.

しめきり 締切 cierre 男;〈期限〉plazo 男: 〜を延期する prolongar el plazo. 〜日 fecha 女 límite (tope)

締め切る cerrar: 立候補の届け出はあす締め切られる La lista de candidatos se cerrará mañana.

しめす 示す〈見せる〉enseñar, mostrar;〈指示〉indicar, señalar;〈表示〉marcar: 仕事に興味を〜 mostrar interés por el trabajo

しめる 占める ocupar: …の大部分を〜 ocupar la mayor parte de…

しめる 湿る humedecerse;〈ぬれる〉mojarse. 湿った húmedo (da); mojado (da)

しめる 締・閉める ❶〈締めつける〉apretar;〈固定・留める〉abrochar: ねじを〜 apretar un tornillo.　シートベルトを締めてください Abróchense el cinturón de seguridad.
❷〈閉じる〉cerrar: 部屋を出る時はドアを閉めなさい Cierra la puerta al salir de la habitación.

じめん 地面 tierra 女, suelo 男: 〜に倒れる caerse al suelo

しも 霜 escarcha 女: 〜が降りる Se forma la escarcha

しもん 指紋 huella 女〔digital〕: …の〜をとる tomarle las huellas a+人

しや 視野 ⇨視界. 彼は〜が広い(狭い) Tiene una visión amplia (estrecha) de la vida.

ジャーナリスト periodista 名. ジャーナリズム periodismo 男

シャープペンシル portaminas 男, lapicero 男

しゃいん 社員 empleado (da)〔de una compañía〕: 〜寮 residencia 女 para empleados

しゃかい 社会 ❶ sociedad 女. 〜の・〜的な social: 〜問題 problema 男 social. 〜的地位を得る conseguir una posición social. 〜主義 socialismo 男. 〜学 sociología 女
❷〈世間〉mundo 男: 〜に出る salir al mundo

ジャガイモ patata 女,〈ラ〉papa 女

しゃがむ ponerse en cuclillas, agacharse

じゃぐち 蛇口 grifo 男: 〜を開ける(閉める) abrir (cerrar) el grifo

じゃくてん 弱点 punto 男 débil (flaco)：…の〜をつく atacar a+人 en su punto débil

しゃくや 借家 casa 女 de alquiler．〜人・〜住まいの人 inquilino(na)

しゃくようしょ 借用書 pagaré 男，〈主にラ〉 vale 男

しゃげき 射撃 tiro 男, disparo 男

しゃこ 車庫〈バス・電車の〉cochera 女 ⇨ ガレージ

しゃこう 社交 〜的な sociable．〜界 sociedad 女．〜ダンス baile 男 de salón

しゃざい 謝罪 disculpa 女, excusa 女 ⇨**謝る**

しゃしょう 車掌〈検札係〉revisor(ra)

しゃしん 写真 foto 女, fotografía 女：〜をとる sacar (hacer) una foto (fotos), fotografiar．〜立て portafotos 男．〜家 ⇨カメラマン

しゃせん 車線 carril 男：片側3〜の de tres carriles en cada sentido

しゃちょう 社長 director(ra) general, presidente(ta)

シャツ camisa 女；〈肌着・Tシャツ〉camiseta 女

しゃっきん 借金 deuda 女：〜を返す pagar las deudas, devolver el dinero prestado．…に〜がある tener una deuda con+人, deber a+人；私は彼に10万円の〜がある Le debo cien mil yenes．〜をする empeñarse

シャッター ❶〈戸口の〉cierre 男〔metálico〕
❷〈カメラの〉obturador 男；〈シャッターボタン〉disparador 男：〜スピード velocidad 女 de obturador．〜を押す apretar el disparador

しゃどう 車道 calzada 女

じゃま 邪魔 molestia 女；〈妨害〉estorbo 男, obstáculo 男．〜する molestar；estorbar：お〜ではありませんか? ¿No le molesto? そのスーツケースは通行の〜だ La maleta nos estorba para pasar．

しゃめん 斜面 pendiente 女；〈山などの〉vertiente 女

しゃれ 洒落〈語呂合わせ〉juego 男 de palabras；〈冗談〉broma 女．洒落た fino(na), de buen gusto

シャワー ducha 女：〜を浴びる ducharse, tomar (darse) una ducha

ジャングル selva 女, jungla 女

ジャンプ salto 男．〜する saltar

シャンプー champú 男

ジャンル género 男．〜別に por géneros

しゅう 州〈米国・メキシコなどの〉estado 男

しゅう 週 semana 女：〜末 fin 男 de semana．〜1回の semanal．〜に1回 una vez a la semana．〜休2日制 semana laboral de cinco días

じゅう 銃 fusil 男

しゅう 私有 〜地 terreno 男 particular．〜財産 propiedad 女 privada

じゆう 自由 libertad 女：個人の〜を尊重する respetar la libertad individual．〜な libre．〜に libremente, con libertad．「ご〜にお入りください」Entrada libre．〜にお取りください〈料理など〉Sírvase usted mismo．このお金は私の〜にはならない No puedo disponer de este dinero．〜自在に con facilidad．〜意志で por su propia voluntad．〜化 liberalización 女．輸入を〜化する liberalizar las importaciones．午後は〜行動にします Por la tarde hay tiempo libre．〜主義 liberalismo 男．〜席 asiento 男 no reservado

しゅうい 周囲 …の〜に alrededor de…〜の村々 pueblos 男 複 de alrededor．〜の事情 circunstancias 女 複

じゅうい 獣医 veterinario(ria)

しゅうかい 集会 reunión 女；〈政治的な〉mitin 男

しゅうかく 収穫 cosecha 女．〜する cosechar

しゅうかん 習慣 costumbre 女：…する〜がある tener la costumbre de+不定詞

しゅうかんし 週刊誌 semanario 男, revista 女 semanal

しゅうき 周期 periodo 男, ciclo 男．〜的な periódico(ca), cíclico(ca)．10年〜で cada diez años

じゅうきょ 住居 vivienda 女；〈公用語〉residencia 女, domicilio 男

しゅうきょう 宗教 religión 女．〜の・〜的な religioso(sa)

じゅうぎょういん 従業員 empleado(da)；〈集合的〉personal 男

しゅうきん 集金 cobro 男．〜する cobrar．〜係 cobrador(ra)

しゅうごう 集合 〜する juntarse, reunirse．〜場所 lugar 男 de cita

じゅうじ 十字 〜架 cruz 女．〜路 cruce 男

じゅうじ 従事 …に〜する dedicarse a…

じゅうじつ 充実 〜した sustancioso(sa)：〜した内容の講演 discurso sustancioso．きょうは〜した一日だった Hoy ha sido un día sustancioso．〜した人生 vida 女 plena

しゅうしゅう 収集 ❶ colección 囡. 切手の～ filatelia 囡. ～する coleccionar ❷ ごみの～ recogida 囡 de la basura

じゅうじゅん 従順 ～な obediente, dócil

じゅうしょ 住所 dirección 囡, señas 囡 覆; ⟨現住所⟩ domicilio 男: ～はどちらですか? ¿Cuál es su dirección? ～不定の sin domicilio fijo. ～録 libro 男 de señas; ⟨会員名簿⟩ directorio 男

じゅうしょう 重症 estado 男 grave, enfermedad 囡 seria. ～である estar grave

じゅうしょう 重傷 herida 囡 (lesión 囡) grave. ～を負う ser gravemente herido(da), herirse gravemente

しゅうしょく 就職 ～する colocarse, conseguir un puesto (un empleo)

ジュース ⟨ス⟩ zumo 男, ⟨ラ⟩ jugo 男

しゅうせい 修正 corrección 囡, modificación 囡; ⟨絵画などの⟩ retoque 男. ～する corregir, modificar; retocar. ～案 enmienda 囡

じゅうたい 渋滞 atasco 男 [de tráfico]. ～の車の列 caravana 囡

じゅうだい 重大 ～な grave, serio (ria), importante: ～な誤り error 男 grave. ～事件 asunto 男 serio

じゅうたく 住宅 vivienda 囡; ⟨戸建ての⟩ casa 囡; ⟨高級な⟩ residencia 囡. ～問題 problema 男 de la vivienda. ～地 zona 囡 residencial. ～ローン crédito 男 para vivienda

しゅうだん 集団 grupo 男. ～で en grupo, en masa. ～生活 vida 囡 colectiva

じゅうたん 絨毯 alfombra 囡; ⟨敷き込み式の⟩ moqueta 囡: 床に～を敷く cubrir el suelo con una alfombra

しゅうちしん 羞恥心 pudor 男. ～のある púdico(ca)

しゅうちゅう 集中 concentración 囡; ⟨権力などの⟩ centralización 囡. ～する concentrar; centralizar. ～力 concentración

しゅうてん 終点 ⟨終着駅⟩ terminal 男, final 男 del trayecto; ⟨停留所⟩ última parada 囡

じゅうでん 充電 carga 囡. ～する cargar

しゅうと 舅・姑 suegro(gra)

シュート tiro 男; ⟨サッカー⟩ chut 男; ⟨パスを使っての⟩ remate 男

しゅうとく 習得 ～する aprender, adquirir conocimientos de…

しゅうにゅう 収入 ingresos 男 覆, entradas 囡 覆: ～と支出 ingresos y gastos 男 覆, entradas y salidas 囡 覆. ～が多い(少ない) ganar mucho (poco)

しゅうにん 就任 ～する tomar posesión, asumir: 大統領に～する tomar posesión del cargo de presidencia, asumir la presidencia. ～演説 discurso 男 inaugural

じゅうぶん 十分 ～な suficiente. ～に suficientemente, bien. …で～である bastar con… 不～な insuficiente

しゅうまつ 週末 fin 男 de semana

じゅうみん 住民 habitante 图; ⟨同じ建物・地域内の⟩ vecino(na). ～投票 plebiscito 男

しゅうよう 収容 ～する acoger: けが人を～する acoger a los heridos. このホールは2000人～できる En esta sala caben dos mil personas./Esta sala tiene capacidad para dos mil personas. ～所 ⟨捕虜などの⟩ campo 男 de concentración

じゅうよう 重要 ～な importante: ～人物(書類) personaje 男 (documento 男) importante. ～性 importancia 囡. …が～である Es importante que+接続法

しゅうり 修理 reparación 囡, arreglo 男. ～する reparar, arreglar: 車を～に出す mandar el coche para que lo reparen

しゅえい 守衛 guarda 图, conserje 图; ⟨門衛⟩ portero(ra)

しゅえん 主演 ⇨**主役**

しゅかん 主観 subjetividad 囡. ～的な subjetivo(va)

しゅぎ 主義 principios 男 覆; ⟨教義⟩ doctrina 囡: 自分の～を曲げない no ceder en sus principios. ～に反して en contra de sus principios

じゅぎょう 授業 clase 囡: …の～をする dar clase de+事 a+人. ～を受ける recibir una clase, tener una clase con+人

じゅくご 熟語 modismo 男

しゅくじ 祝辞 palabras 囡 覆 de felicitación, enorabuena 囡: ～を述べる pronunciar unas palabras de felicitación, dar la enorabuena a+人

しゅくじつ 祝日 día 男 festivo, fiesta 囡

しゅくしょう 縮小 reducción 囡, disminución 囡. ～する reducir, disminuir

じゅくす 熟す madurar. 熟した maduro(ra)

じゅくすい 熟睡 ～する dormir profundamente (como un tronco)

しゅくだい 宿題 deberes 男 覆, ⟨ラ⟩ tarea 囡

しゅくはく 宿泊 alojamiento 男. ～する alojarse. ～料 hospedaje 男. ～客 〈ホテルの〉 huésped(da), cliente(ta)

じゅくれん 熟練 ～労働者 trabajador(ra) cualificado(da) (〈ラ〉calificado(da))

じゅけん 受験 ～する presentarse a un examen, examinarse. 大学の～勉強をする prepararse para el examen de ingreso en la universidad

しゅさい 主催 ～する organizar. …の～で organizado(da) por…

しゅじゅつ 手術 operación 女, intervención 女. ～をする operar a+人, hacer una operación : 私は盲腸の手術を受けた Me han operado de apendicitis.

しゅしょう 首相 primer(ra) ministro(tra); 〈スペインの〉 presidente(ta) [del gobierno]

しゅじん 主人 amo(ma), patrón(na); 〈店主〉 dueño(ña); 〈接待者・もてなし役〉 anfitrión(na); 〈夫〉 marido

じゅしん 受信 海外放送を～する captar (recibir) una emisora extranjera

しゅじんこう 主人公 protagonista, héroe 男, heroína

しゅぞく 種族 tribu 女

しゅだい 主題 tema 男; 〈音楽・絵画の〉 motivo 男

しゅだん 手段 medio 男, recurso 男: 輸送～ medios de transporte. 最後の～として como último recurso

しゅちょう 主張 〈意見〉 opinión 女. ～する 〈言い張る〉 insistir : 無実を～する insistir en su inocencia

しゅつえん 出演 ～する actuar; 〈映画に〉 trabajar : テレビに～する salir en la televisión

しゅっきん 出勤 ～する ir a trabajar, ir a la oficina

しゅっこく 出国 ～する salir del país

しゅっさん 出産 parto 男, alumbramiento 男. ～する dar a luz, alumbrar, parir. ～予定日 fecha 女 prevista del parto

しゅつじょう 出場 ～する salir; 〈参加〉 participar (tomar parte) en…, concurrir a… 試合に～する jugar en el partido. ～者 participante 名; 〈競技者〉 jugador(ra)

しゅっしん 出身 …の～である ser de+地名 : どちらのご～ですか？ ¿De dónde es usted？ ～地 lugar 男 de nacimiento

しゅっせ 出世 éxito 男 social; 〈昇進〉 ascenso 男, promoción 女. ～する tener éxito en el mundo, situarse; ascender, subir de categoría, promocionarse

しゅっせき 出席 asistencia 女. ～する asistir a…: 授業(会議)に～する asistir a clase (a una reunión). ～している estar presente. ～をとる pasar lista. ～者 asistente 名

しゅっちょう 出張 viaje 男 de trabajo (de negocios). ～する viajar por negocios

しゅっぱつ 出発 salida 女, partida 女: ～日(時刻) fecha (hora 女) de salida. ～する salir, partir: 成田からメキシコへ～する salir de Narita para México

しゅっぱん 出版 publicación 女, edición 女. ～する publicar, editar. ～社 editorial 女

しゅと 首都 capital 女. ～圏 área 女 metropolitana

じゅどう 受動 ～的な pasivo(va)

しゅにん 主任 jefe(fa). ～技師 ingeniero(ra) jefe(fa)

しゅふ 主婦 ama 女 de casa

しゅみ 趣味 gusto 男, afición 女, hobby 男; ～がよい(悪い) tener buen (mal) gusto. 私は読書が～だ Tengo afición a la lectura. ～として por gusto, por afición

しゅやく 主役 papel 男 principal; 〈主人公〉 protagonista 名; 〈主演俳優〉 actor(triz): ～を演じる protagonizar, representar (hacer) el papel principal

しゅよう 主要 ～な principal

じゅよう 需要 demanda 女: ～がある tener (haber) demanda. ～を満たす satisfacer la demanda

しゅるい 種類 clase 女, especie 女; 〈ジャンル〉 género 男; 〈型〉 tipo 男: 色々な～の花 muchas clases de flores. あらゆる～の人間 personas de todo tipo

じゅわき 受話器 auricular 男: ～を取る (置く) descolgar (colgar) el auricular

じゅん 順 ～に por orden; 〈一つ一つ〉 uno(na) tras otro(tra): アルファベット(年齢)～に por orden alfabético (de edad)

しゅんかん 瞬間 momento 男, instante 男. ～的な momentáneo(a), instantáneo(a): ～最大風速 velocidad 女 instantánea máxima del viento. ～的に instantáneamente; 〈突然に〉 de repente. 私は立ち上がろうとした～めまいに襲われた Me dio un mareo en el momento de levantarme.

じゅんさ 巡査 ⇒警官. 交通～ guardia 名 de tráfico

じゅんし 巡視 ～艇 patrullera 女

じゅんじょ 順序 orden 男. ～立てる ordenar, metodizar. ～よく por orden, ordenadamente

じゅんしん 純真 ～な inocente, cándido(da)

じゅんすい 純粋 ～な puro(ra). ～さ pureza 女

じゅんちょう 順調 ～に sin problemas, sobre ruedas

じゅんばん 順番 turno 男: ～に por turno. ⇨順, 順序

じゅんび 準備 preparación 女;〈装備〉preparativos 男複. ⇨用意. 悪い知らせにも心の～をしておきなさい Prepárate para recibir malas noticias. ～万端整っている Todo está listo. ～運動 calentamiento 男

じゅんれい 巡礼 peregrinación 女;〈人〉peregrino(na). ～する peregrinar

しょう 省 ministerio 男

しょう 章 capítulo 男: 第1～ el primer capítulo

しょう 賞 premio 男: ～を取る ganar (obtener) un premio. ～を与える otorgar un premio

しよう 私用 ～の privado(da), personal: ～で出かける salir por un asunto personal

しよう 使用 uso 男, empleo 男. ～する usar, emplear.「～中」Ocupado. このソファーはまだ～に耐える Este sofá todavía resiste. ～料 precio 男 de alquiler, arrendamiento 男. ～書 instrucciones 女複. ～法 cómo usar;〈薬などの〉indicaciones 女複

しよう 試用 ensayo 男, prueba 女. ～する ensayar, probar

じょう 錠 ❶〈錠前〉cerradura 女;〈差し錠〉cerrojo 男 ❷〈錠剤〉1回3～服用する tomar tres pastillas cada vez

じょうえい 上映 sesión 女: 1日3回～する tener tres sesiones al día. キューバ映画を～する poner (dar) una película cubana. ～時間 duración 女 de la película

しょうエネ 省エネ ahorro 男 de energía

しょうか 消化 digestión 女. ～する digerir. ～のよい digestible. ～の悪い indigesto(ta). ～剤 digestivo 男. ～器 aparato 男 digestivo. ～不良 indigestión 女

しょうか 消火 ～する extinguir (apagar) el fuego. ～器 extintor 男. ～栓 boca 女 de incendios

しょうかい 紹介 presentación 女;〈文化などの〉introducción 女;〈推薦〉recomendación 女. ～する presentar; introducir; recomendar. 自己～する presentarse〔a sí mismo(ma)〕. ～状 carta 女 de recomendación;〈就職に必要な〉referencias 女複

しょうかい 照会 ～する pedir informes〔de+人+について〕

しょうがい 生涯 vida 女: 短い～を終える terminar su breve vida. 彼女は～独身で通した Estuvo (Permaneció) soltera toda su vida.

しょうがい 障害 ❶ obstáculo 男, estorbo 男, dificultad 女: ～を乗り越える salvar un obstáculo ❷〈心身の〉minusvalía 女.〔身体〕～者 minusválido(da). 知的～者 deficiente 名 mental

しょうがくきん 奨学金 beca 女. ～を与える becar

しょうがっこう 小学校 colegio 男, escuela 女 primaria. 小学生 colegial(la), alumno(na) de primaria

じょうき 蒸気 vapor 男: ～機関車 locomotora 女 de vapor

じょうぎ 定規 regla 女. 三角～ escuadra 女

じょうきゃく 乗客 pasajero(ra), viajero(ra): ～名簿 lista 女 de pasajeros (de viajeros)

じょうきゅう 上級 ～の superior, avanzado(da): ～コース curso 男 superior

しょうぎょう 商業 comercio 男, negocios 男複. ～の comercial, mercantil: ～文 correspondencia 女 comercial

じょうきょう 状況 circunstancias 女複, situación 女: こんな～では出発は無理だ En estas circunstancias no podemos salir. 現在の町の～はどうですか? ¿Cuál es la situación actual de la ciudad?

しょうきょく 消極 ～的な poco emprendedor(ra);〈受動的〉pasivo(va);〈否定的〉negativo(va)

しょうきん 賞金 premio 男;〈報奨金〉prima 女

しょうげき 衝撃 golpe 男;〈精神的〉impacto 男

しょうげん 証言 testimonio 男. ～する atestar, testimoniar

じょうけん 条件 condición 女: ～を出す poner una condición. …という～で a (con la) condición de que+接続法. ～付きの condicional. ～反射 reflejo 男 condicionado. 無～の incondicional

しょうこ 証拠 prueba 女,〈ラ〉evidencia

しょうご 正午 mediodía 男: ~に a [1] mediodía
じょうざい 錠剤 pastilla 女, comprimido 男; <糖衣錠> gragea 女
しょうさん 称賛 admiración 女, elogio 男. ~する admirar, elogiar. ~に値する admirable
しょうしか 少子化 ~社会 sociedad de baja natalidad. ~する bajar el índice de natalidad
しょうじき 正直 ~な honrado (da), <言動が> sincero (ra). ~に honradamente; sinceramente. ~に言って・~なところ francamente, para ser sincero (ra)
じょうしき 常識 sentido común; <良識> buen sentido: ~で判断する juzgar según (de acuerdo con) el sentido común. ~のある sentido común. それは~だ Todo el mundo lo sabe. 非~な sin sentido común; <無分別> insensato (ta). 彼は非~だ Carece de sentido común.
しょうしゃ 商社 casa 女 de comercio
しょうじょ 少女 chica 女, muchacha 女; <幼女> niña 女
じょうず 上手 ~な bueno (na); <器用> diestro (tra). 彼女は料理が~だ Es una buena cocinera. ~に bien, hábilmente: 彼は日本語をとても~に話す Habla muy bien japonés.
しょうすう 小数 decimal 男. ~点 coma 女 decimal
しょうすう 少数 ~意見 opinión 女 minoritaria. ~派 minoría 女
しょうせつ 小説 novela 女. ~家 novelista 名
しょうぞう 肖像 ~画・~写真 retrato 男
しょうたい 招待 invitación 女. ~する invitar; 昼食に~する invitar a comer a+人. ~客 invitado (da). ~状 [carta 女 de] invitación
じょうたい 状態 estado 男; 精神〔健康〕~ estado mental (de salud). 経済~ situación 女 económica. 彼はまだ歩ける~ではない Todavía no está en condiciones de andar.
しょうだく 承諾 consentimiento 男; <承認> aceptación 女, aprobación 女. ~する consentir; aceptar, aprobar
じょうたつ 上達 progreso 男, adelanto 男. ~する hacer progresos (progresar・adelantar) en+事. あなたは日本語が~しましたね Has aprendido mucho japonés./Ya hablas muy bien japonés.
じょうだん 冗談 broma 女: ~を言う gastar bromas. ~はよせ ¡Déjate de bromas!/¡Basta de bromas!
しょうち 承知 ご~のとおり como usted sabe. ~しました De acuerdo.
しょうちょう 象徴 símbolo 男. ~的な simbólico (ca). ~する simbolizar
しょうてん 商店 tienda 女, comercio 男. ~街 zona 女 comercial
しょうてん 焦点 foco 男. ~を合わせる enfocar. ~距離 distancia 女 focal
しょうどう 衝動 impulso 男. ~的な impulsivo (va)
じょうとう 上等 ~の de [buena] calidad, fino (na): ~のワイン vino 男 de calidad
しょうどく 消毒 desinfección 女; <殺菌> esterilización 女. ~する desinfectar; esterilizar
しょうとつ 衝突 choque 男, colisión 女. ~する chocar contra (con)...
しょうにん 承認 aprobación 女; <認知> reconocimiento 男. ~する aprobar; reconocer
しょうにん 商人 comerciante 名
しょうにん 証人 testigo 名: ~になる servir como testigo
じょうねつ 情熱 pasión 女, ardor 男. ~的な apasionado (da), ardiente. 仕事に~を傾ける trabajar con entusiasmo
しょうねん 少年 chico, muchacho 男; <幼児> niño 男. ~院 correccional 男, reformatorio 男
しょうばい 商売 comercio 男, negocio 男: ~をする dedicarse al comercio. 彼の~は繁盛している Su negocio prospera (marcha bien). ~敵 competidor (ra) [en el negocio]
じょうはつ 蒸発 evaporación 女. ~する evaporarse
しょうひ 消費 consumo 男: 耐久~財 bienes 男 複 de consumo duraderos. ~する consumir. ~者 consumidor (ra): ~者物価 precios 男 複 al consumidor. ~主義 consumismo 男. ~税 impuesto 男 al valor añadido, IVA 男
しょうひん 商品 artículo 男, mercancía 女, género 男: その~は当店では扱っておりません Aquí no tratamos ese artículo.
しょうひん 賞品 premio 男
じょうひん 上品 ~な elegante, distin-

じょうぶ 丈夫 ～な fuerte, resistente;〈健康〉sano(na);～な綱 cuerda 囡 fuerte. ～な子供 niño(ña) sano(na)

しょうべん 小便 orina 囲;〈口語〉pis 囲. ～する orinar; hacer pis

じょうほ 譲歩 concesión 囡:～する ceder, hacer concesiones

しょうぼう 消防 ～士 bombero 囲. ～車 coche 囲 de bomberos

じょうほう 情報 información 囡, informes 囲複:～を集める recoger informaciones. ～の informativo(va). ～化社会 sociedad de la información

しょうみ 正味 ～の neto(ta):～重量 peso 囲 neto

しょうめい 証明 ❶ ～する probar, demostrar:…の無実を～する probar la inocencia de+人 ❷ ～書 certificado 囲

しょうめい 照明 iluminación 囡;〈装置〉alumbrado 囲. ～を当てる iluminar, alumbrar

しょうめつ 消滅 desaparición 囡, extinción 囡. ～する desaparecer[se], extinguirse;〈効力などが〉caducar

しょうめん 正面 frente 囲;〈建物の〉fachada 囡 (principal). …の～に enfrente de…～[から]の frontal:～衝突 colisión 囡 (choque 囲) frontal. ～衝突する darse de frente. ～玄関 puerta 囡 (entrada) principal

しょうもう 消耗 desgaste 囲. ～する consumirse, desgastarse. ～品 artículo 囲 de consumo

じょうやく 条約 tratado 囲;〈軍事的な〉pacto 囲:～を結ぶ(廃棄する) concertar (anular) un tratado

しょうよう 商用 ～で por negocios

しょうらい 将来 ⇒未来. 近い～に en un futuro cercano (próximo)

しょうり 勝利 victoria 囡

じょうりく 上陸 desembarco 囲. ～する desembarcar

しょうりゃく 省略 omisión 囡;〈簡略化〉abreviación 囡. ～する omitir; abreviar. ～形 abreviatura 囡

じょうりゅう 上流 ～社会 alta sociedad 囡. ～階級 clase 囡 alta

じょうりゅう 蒸留 ～する destilar. ～水 agua 囡 destilada

しょうれい 奨励 fomento 囲. ～する fomentar

ショー espectáculo 囲, show 囲

じょおう 女王 reina 囡. ～蜂 abeja 囡 reina

ショーウィンドー 〈ス〉escaparate 囲,〈ラ〉vitrina 囡

ショート 〈電気〉cortocircuito 囲

しょき 書記〈団体の〉secretario(ria);〈筆記者〉escribiente 名:～長 secretario(ria) general

しょきゅう 初級 ～の elemental:～講座 curso 囲 elemental

しょく 職〈仕事〉trabajo 囲;〈勤め口〉colocación 囡, empleo 囲:～がない estar sin trabajo. ～を探す buscar trabajo

しょくいん 職員〈集合的に〉personal 囲;〈従業員〉empleado(da)

しょくぎょう 職業〈仕事〉trabajo 囲;〈専門的な〉profesión 囡: あなたのご～は? ¿Cuál es su trabajo?/¿A qué se dedica usted?

しょくじ 食事 comida 囡. ～する comer

しょくどう 食堂 comedor 囲

しょくにん 職人 artesano(na), artífice 名;〈集合的に〉artesanía 囡

しょくひん 食品 ⇨食べ物

しょくぶつ 植物 planta 囡. ～[性]の vegetal. ～園 jardín 囲 botánico

しょくみんち 植民地 colonia 囡

しょくよく 食欲 apetito 囲:～がない no tener apetito. ～をそそるような apetitoso(sa)

しょくりょう 食糧 víveres 囲複, provisiones 囡複. ⇨食料品

しょくりょうひん 食料品 comestibles 囲複, productos 囲複 alimenticios:～店 tienda 囡 de comestibles, ultramarinos 囲複,〈ラ〉almacén 囲

しょくりん 植林 repoblación 囡 [forestal]. ～する repoblar

じょげん 助言 consejo 囲:…に～を与える(求める) dar (pedir) consejo a+人. ～する aconsejar

しょさい 書斎 estudio 囲, despacho 囲

じょしゅ 助手 ayudante 名

じょじょに 徐々に paulatinamente;〈ゆっくり〉lentamente;〈少しずつ〉poco a poco, gradualmente

しょしんしゃ 初心者 principiante 名, novato(ta)

じょせい 女性 mujer 囡;〈集合的に〉sexo 囲 femenino. ～の・～的な femenino(na):～名詞 nombre 囲 femenino. ～解放運動 feminismo 囲

じょせいきん 助成金 subvención 囡

しょっき 食器 〈集合的に〉vajilla 囡, cubertería 囡;〈一人分の〉cubierto 男, servicio de mesa. 〜戸棚 aparador 男;〈造り付けの〉alacena 囡

ショック 〈精神的な〉choque 男;〈物理的な〉golpe 男. 〜を与える producir un choque a+人

しょとく 所得 ingresos 男複, renta 囡

しょほ 初歩 elementos 男複, principios 男複. 〜の・〜的な elemental. 〜のスペイン語 español 男 elemental. 〜から学ぶ estudiar desde el principio

しょめい 署名 firma 囡. …に〜する firmar

しょゆう 所有 posesión 囡. 〜する poseer, tener. 〜権 propiedad 囡. 〜者 propietario(ria), dueño(ña)

じょゆう 女優 actriz 囡

しょるい 書類 documento 男, papeles 男複. 〜かばん portafolios 男, maletín 男

しらが 白髪 cana 囡. 〜混じりの canoso(sa)

じらい 地雷 mina 囡

しらせ 知らせ noticia 囡, aviso 男. 知らせる avisar, informar de…;〈伝達〉comunicar;〈警告〉advertir de…

しらべる 調べる 〈調査〉investigar;〈検査〉examinar, registrar;〈尋問〉interrogar：税関で荷物を〜 registrar el equipaje en la aduana. 電話番号を〜 buscar el número de teléfono. 辞書で〜 consultar un diccionario

しりあい 知り合い conocido(da). 〜になる conocer a+人

シリーズ serie 囡

しりつ 市立 〜の municipal

しりつ 私立 〜の privado(da)

しりゅう 支流 afluente 男

しりょう 資料 datos 男複：〜を集める recoger datos

しりょく 視力 vista 囡, visión 囡：〜が衰える perder vista；debilitársele a+人 la vista. …の〜を検査する graduar la vista a +人

しる 知る ❶〈知識として〉saber：私は彼の名前を知らない No sé su nombre. 知るもんか! ¡Qué sé yo!
❷〈体験的に・人を〉conocer：君はマリアを知っているか? ¿Conoces a María?
❸〈情報を得る〉enterarse de…：私はその事故をラジオで知った Me enteré del accidente por radio.
❹〈関知〉それは君の知ったことではない No es asunto tuyo.

しるし 印 señal 囡, marca 囡;〈証拠〉muestra 囡, prueba 囡. 〜をつける señalar, marcar：×〜をつける señalar con una cruz. 友情の〜として en señal de amistad. これは感謝の〜です Esto es una muestra de mi agradecimiento.

しろ 白 〈色〉blanco 男. 〜い blanco(ca)

しろ 城 castillo 男, alcázar 男

しろうと 素人 amateur 名, aficionado(da)

しわ 皺 arruga 囡;〈目尻の〉patas 囡複 de gallo. 〜になる・〜が寄る arrugarse. 眉間に〜を寄せる arrugar (fruncir) el ceño. 〜だらけの arrugado(da)

しん 芯 〈果物などの〉corazón 男;〈ろうそくなどの〉mecha 囡;〈鉛筆の〉mina 囡

じんいん 人員 〜整理 reducción 囡 de plantilla

しんかんせん 新幹線 tren 男 bala

しんけい 神経 nervio 男：…の〜をいらだたせる ponerle a+人 los nervios de punta. 〜を静める calmar los nervios. この会社で働くのは〜がすり減る Trabajar en esta empresa me agota los nervios. 〜質な nervioso(sa)

しんけん 真剣 〜な serio(ria). 〜に en serio, seriamente

じんけん 人権 derechos 男複 humanos：〜を尊重(侵害)する respetar (infringir) los derechos humanos

しんこう 信仰 fe 囡, creencia 囡;〈信仰心〉devoción 囡. 〜を持つ tener fe. 〜する creer en…, profesar：カトリックを〜する profesar la religión católica. 〜の厚い devoto(ta), de mucha devoción, religioso(sa). 〜の自由 libertad 囡 de cultos

しんごう 信号 señal 囡;〈信号機〉semáforo 男;〈信号灯〉disco 男：〜を送る hacer señales (señas). 〜は青だ El semáforo está verde. 〜を無視する no respetar los semáforos. 赤〜 disco en rojo

じんこう 人工 〜の artificial：〜授精 inseminación 囡 artificial. 〜的に artificialmente

じんこう 人口 población 囡：東京の〜は約1100万人だ Tokio tiene unos once millones de habitantes. 〜の多い(少ない) de mucha (poca) población. 農業〜 población agrícola. 〜密度 densidad 囡 de población

しんこく 申告 declaración 囡. 〜する declarar：何か〜するものをお持ちですか? 〈税関で〉¿Tiene usted algo que declarar?

しんこく 深刻 ～な se*rio*(*ria*), grave: ～な事態 situación 囡 seria (grave). ～に受け止める tomar en serio: あまり～に考えるな No [te] tomes las cosas demasiado en serio.

しんこん 新婚 ～の recién casa*do*(*da*). ～旅行 luna 囡 de miel

しんさ 審査 examen 男. ～する examinar. ～員 [miembro 男 del] jurado 男

しんさつ 診察 consulta 囡 (médica), reconocimiento 男 médico. 患者を～する examinar a un enfermo. 医師の～を受ける consultar a un médico

しんし 紳士 caballero 男, señor 男: 彼は～だ Es un caballero./Es todo un señor. ～淑女の皆さん Señoras y señores (y caballeros)

しんしつ 寝室 dormitorio 男, alcoba 囡

しんじつ 真実 verdad 囡. ～の verdade*ro*(*ra*)

じんじゃ 神社 templo 男 sintoísta

しんじゅ 真珠 perla 囡. ～貝 madreperla 囡

じんしゅ 人種 raza 囡. ～上の・～的な racial: ～問題 problema 男 racial

しんじる 信じる ❶ creer: 神を～ creer en Dios. そんなことは信じられない No puedo creerlo. 信じがたい increíble. すぐ～・信じやすい crédu*lo*(*la*)
❷〈信頼〉confiar en..., fiarse de... 医者を信じなさい Ponga toda su confianza en el médico.
❸〈確信〉estar segu*ro*(*ra*) de...: 私は君の成功を信じている Estoy seguro de tu éxito.

しんせい 申請 solicitud 囡, petición 囡. ～する solicitar, pedir: 旅券を～する solicitar la expedición de un pasaporte

しんせい 神聖 ～な sagra*do*(*da*), santo(*ta*)

じんせい 人生 vida 囡: 幸福な～を送る llevar una vida feliz. ～とはそういうものだ Así es la vida./Son las cosas de la vida. ～観 concepto 男 de la vida

しんせいじ 新生児 recién naci*do*(*da*)

しんせき 親戚 ⇨親類

しんせつ 親切 amabilidad 囡; 〈配慮〉atenciones 囡覆. ～な amable; aten*to*(*ta*): ご～にありがとうございます Es usted muy amable./Estoy muy agradecido por su amabilidad. 彼らはスペイン滞在中に～にしてもらった Me cubrieron de atenciones durante mi estancia en España.

しんせん 新鮮 ～な fres*co*(*ca*): ～な空気(魚) aire 男 (pescado 男) fresco. ～味のない poco original

しんぜん 親善〈友好関係〉relaciones 囡覆 amistosas. ～試合 partido 男 amistoso

じんぞう 人造 ～の artificial: ～湖 lago 男 artificial

しんだん 診断 diagnóstico 男. ～する diagnosticar. ～書 certificado 男 médico

しんちょう 身長 estatura 囡: あなたの～はどのくらいですか? ¿Qué estatura tiene usted?/¿Cuánto mide usted? ～が伸びる crecer

しんちょう 慎重 prudencia 囡;〈用心〉cautela 囡, precaución 囡. ～な prudente; cautelo*so*(*sa*): ～な態度 actitud 囡 prudente. 彼は～さに欠ける Le falta prudencia./Es un imprudente. ～に運転する conducir con prudencia (con precaución). ～にことばを選ぶ pesar sus palabras

しんどう 振動 vibración 囡

しんどう 震動 temblor 男;〈乗り物などの〉traqueteo 男. ～する temblar

じんどう 人道 ～的な humanita*rio*(*ria*). ～主義 humanitarismo 男

しんにゅう 侵入 invasión 囡. ～する invadir. ～者 invasor(*ra*)

しんねん 信念 fe 囡, convicción 囡, creencias 囡覆: …という～を持つ tener la convicción de que+直説法

しんぱい 心配 preocupación 囡, inquietud 囡, cuidado 男;〈危惧〉temor 男, miedo 男. ～する preocuparse por (de)+事・人, inquietarse por (con)+事・人, temerse que+接続法: 私のことは～しないで No te preocues por mí. 彼らが道に迷ったのではないかと～だ Me temo que se hayan perdido en el camino. もう～ない Ya no hay cuidado./Ya puedes estar tranquilo. 彼女は～性だ Es aprensiva.

しんぴ 神秘 misterio 男. ～的な misterio*so*(*sa*)

しんぷ 新婦 novia 囡

じんぶつ 人物 personaje 男, persona 囡: 実在の～ personaje real. ～画 retrato 男

しんぶん 新聞 periódico 男;〈日刊紙〉diario 男;〈集合的に〉prensa 囡: ～を読む leer el periódico. それは～に出ている Eso está en la prensa. ～記者 periodista 名

しんぽ 進歩 progreso 男, adelanto 男, avance 男. ～する progresar, adelantar, avanzar: 科学が～する La ciencia adelanta. ～的な progresista, avanza*do*(*da*)

シンポジウム simposio 男

シンボル símbolo 男. ～マーク viñeta 女, logotipo 男

しんゆう 親友 amigo(ga) íntimo(ma), gran amigo(ga): 彼は私の無二の～だ Él es mi mejor amigo.

しんよう 信用 confianza 女, crédito 男: ～を得る(失う) ganar (perder) la confianza. ～する confiar en+事・人, fiarse de+人;〈情報などを〉dar crédito a... ～できる de confianza, fiable;〈情報などが〉fidedigno(na). ～のある acreditado(da). 彼は君のことばを～している Cree en tus palabras. それは会社の～にかかわる Eso compromete la reputación de la empresa.

しんらい 信頼 confianza 女. ～する tener confianza en+事・人, fiarse de+人

しんり 心理 psicología 女. ～的な psicológico(ca). ～学者 psicólogo(ga). ～状態 estado 男 mental

しんり 真理 verdad 女: ～を追求する buscar la verdad

しんりゃく 侵略 invasión 女, agresión 女:～戦争 guerra 女 de invasión. ～する invadir. ～者 invasor(ra), agresor(ra)

しんるい 親類 pariente 名, familiar 名: 近い(遠い)～ pariente cercano (lejano). ～縁者〈集合的に〉parentela 女

じんるい 人類 humanidad 女, raza 女 humana, género 男 humano. ～の humano(na). ～学 antropología 女

しんろ 進路・針路〈通り道〉camino 男, paso 男;〈方向〉dirección 女, rumbo 男: この町は台風の～に当たっている Este pueblo se encuentra en el camino del tifón. ～指導 orientación 女 profesional

しんろう 新郎 novio 男. ～新婦 novios 男複

しんわ 神話 mito 男;〈集合的に〉mitología 女

す

す 巣 nido 男. ～を作る anidar

ず 図 dibujo 男;〈図表〉esquema 男, gráfico 男;〈見取り図〉plano 男;〈さし絵〉ilustración 女. ～を書く dibujar. ～入りの ilustrado(da)

ずあん 図案 diseño 男: ～を書く diseñar, hacer un diseño

すいえい 水泳 natación 女: ～をする nadar, practicar la natación. ～選手 nadador(ra)

すいしゃ 水車 molino 男 de agua

すいじゃく 衰弱 debilitación 女, agotamiento 男. ～する debilitarse, agotarse

すいじゅん 水準 nivel 男: 生活～ nivel de vida. ～の高い(低い) de nivel alto (bajo)

すいしょう 水晶 cuarzo 男〔cristalino〕, cristal 男〔de roca〕

すいじょうき 水蒸気 vapor 男 de agua

すいせん 推薦 recomendación 女: ～状 carta 女 de recomendación. ～する recomendar

すいそく 推測 suposición 女, conjetura 女. ～する suponer, conjeturar

すいぞくかん 水族館 acuario 男

すいちょく 垂直 ～の vertical. ～に verticalmente

スイッチ interruptor 男;〈押しボタン〉botón 男. テレビの～を入れる(切る) poner (apagar) la televisión

すいてい 推定 deducción 女. ～する deducir

すいでん 水田 arrozal 男

すいとう 水筒 cantimplora 女

すいどう 水道 agua 女 corriente〔設備, 水〕: ～が引いてある tener agua corriente. ～の水を飲む beber el agua corriente. ～管 cañería 女 de agua. ～工事 fontanería 女. ～橋 acueducto 男

ずいひつ 随筆 ensayo 男. ～家 ensayista 名

すいへい 水平 ～の horizontal. ～に horizontalmente. ～線 horizonte 男

すいへい 水兵 marinero 男

すいみん 睡眠 sueño 男: 私は～不足だ Tengo sueño atrasado (falta de sueño). 〔十分に〕～をとる dormir (bien). ～薬 somnífero 男

すいり 推理 ～小説 novela 女 policíaca

すう 吸う ❶〈気体を〉aspirar, respirar: 深く息を～ respirar hondo
❷〈液体を〉chupar, sorber;〈吸収〉absorber: スポンジは水を～ La esponja absorbe el agua.

すうがく 数学 matemáticas 女複. ～者 matemático(ca)

すうじ 数字 cifra 女, número 男: アラビア(ローマ)～ número arábigo (romano)

ずうずうしい 図々しい fresco(ca): ～ぞ! ¡No seas fresco!/¡Qué cara más dura

tienes! 彼は~ Es un fresco./Tiene mucha cara.
スーツ 〈背広〉traje 男;〈上着とスカートの〉traje de chaqueta
スーツケース maleta 女
すうはい 崇拝 adoración 女, veneración. ~する adorar, venerar
すえ 末 fin 男, final 男:今年の~に este fin de año. 今月の~に a fines de este mes. 彼は苦心の~にそれを手に入れた Lo consiguió después de mucho esfuerzo.
すえっこ 末っ子 el (la) hijo (ja) menor
すえる 据える〈置く〉colocar, poner;〈据え付ける〉instalar, asentar
すがた 姿 figura 女;〈身なり〉apariencia 女. ~を現わす(消す) aparecer (desaparecer). みすぼらしい~ apariencia miserable
すき 好き ~である〈対象が主語〉gustar a+人:私はコーヒーが~だ Me gusta el café. 父は散歩が~だ A mi padre le gusta pasear. ホセはカルメンが~だ A José le gusta Carmen./José quiere a Carmen. ~になる aficionarse a+事・不定詞;〈人を〉enamorarse de+人. これは私がいちばん~な歌だ Ésta es mi canción favorita. 私たちは夏より冬の方が~です Nos gusta más el invierno que el verano./Preferimos el invierno al verano. 音楽~の aficionado(da) a la música. ~なように como usted quiera
すきま 隙間 abertura 女, intersticio 男;〈割れ目〉grieta 女:~風が入ってくる Entra aire por la abertura.
スキャンダル escándalo 男. スキャンダラスな escandaloso (sa)
…すぎる 過ぎる demasiado+形容詞; 動詞+demasiado:この帽子は私には大き~ Este sombrero me está demasiado grande. 彼は働き過ぎだ Él trabaja demasiado. それは言い過ぎ(やり過ぎ)だよ Te has pasado.
…過ぎて…だ demasiado… para…, tan… que…:この荷物は重過ぎてひとりでは運べない Este paquete es demasiado pesado para llevarlo solo./Este paquete pesa tanto que no puedo llevarlo solo.
すぎる 過ぎる pasar:危機は過ぎた Ha pasado la crisis. あれから何年も過ぎた Han pasado (transcurrido) muchos años desde aquello. もう10時過ぎだ Ya son las diez pasadas.
すぐ 直ぐ ❶〈直ちに〉enseguida, inmediatamente, al instante:~に出かけよう Vamos a salir enseguida. もう~夏だ Dentro de poco llegará el verano. …する と~ en cuanto, tan pronto como:彼は部屋に入ると~上着を脱いだ En cuanto entró en la habitación, se quitó la chaqueta. ❷〈容易に〉fácilmente:彼は~腹を立てる Se enfada fácilmente. ❸〈距離が〉私の家は海の~そばだ Mi casa está junto a (muy cerca de) la playa.
すくう 救う salvar, socorrer;〈解放〉liberar:…の命を~ salvarle la vida a+人. 貧しい人々を~ socorrer a los pobres. 人質を救い出す liberar (rescatar) a los rehenes. 救い socorro 男, auxilio 男:~を求める pedir auxilio. ~の手を差しのべる prestar asistencia. 救い難い fatal, sin remedio
すくない 少ない poco (ca):私は友だちが~ Tengo pocos amigos. それがわかる人は~ Pocos lo entienden./Hay poca gente que lo entienda. 少なくとも al (por lo) menos, 〈最少でも〉como mínimo
スクラップ ❶〈切り抜き〉recorte 男:~ブック álbum 男 de recortes. ~する recortar ❷〈屑鉄〉chatarra 女. ~にする desguazar
すぐれた 優れた excelente, sobresaliente;〈…よりも〉superior a…:~作品 obra 女 excelente.〔他の人よりも〕優れる sobresalir, destacar
スケジュール plan 男, programa 男:~を立てる hacer un plan. 今週は~が詰まっている Tengo la agenda muy cargada (muchas cosas que hacer) esta semana.
すこし 少し un poco, algo:彼は~日本語が話せる Habla un poco japonés. 私は~疲れた Estoy algo cansado. 水を~ください Déme un poco de agua. ~しかない Tengo poco dinero. ~ずつ poco a poco ~も…ない no… nada:私は噂など~も気にならない No me importa nada el rumor./No hago ningún caso del rumor.
すごす 過ごす pasar:休暇を田舎で~ pasar las vacaciones en el campo. 無駄に時を~ perder el tiempo
スコップ pala 女
すず 鈴 cascabel 男;〈ベル〉campanilla 女
すすぐ enjuagar, aclarar
すずしい 涼しい fresco (ca)
すすむ 進む adelantar, avanzar, marchar:私の時計は一日に1分~ Mi reloj se adelanta un minuto al día. 仕事が少しも進まない El trabajo no avanza nada. 進んだ技術 técnica 女 avanzada. ~べき道 camino 男 que seguir
すすめる 薦・勧める recomendar;〈助言〉aconsejar:君にこの映画を~よ Te reco-

miendo〔ver〕esta película. 医者は私に転地療養を勧めている El médico me ha aconsejado que cambie de aires. 薦められる recomendable

すすんで 進んで〈自発的〉espontáneamente, voluntariamente, de buena gana

スター estrella 囡

スタイル ❶〈様式〉estilo 男. **❷** ～がいい〈女性が〉tener buen tipo

スタジアム estadio 男

スタジオ estudio 男

スタッフ〈集合的に〉personal 男

スタンプ sello 男. ～を押す sellar

ずつう 頭痛 dolor 男 de cabeza ; ～がする doler a+人 la cabeza;〈人が主語〉tener dolor de cabeza

すっかり completamente, por completo, totalmente, del todo : それを君に言うのを～忘れていた Se me ha olvidado completamente decírtelo. ～用意ができた Ya está todo listo.

ずっと ❶〈はるかに〉mucho〔más〕, muy : ～前から desde hace mucho tiempo. …より～ mucho+比較級 : この服はあれより～良い Este vestido es mucho mejor que aquél. **❷**〈継続〉todo el tiempo. 午前中～ toda la mañana. 昨夜から～雨が降っている Desde anoche, está lloviendo sin parar.

すっぱい 酸っぱい ácido (da), agrio (gria)

すてき 素敵 ～な bonito (ta), maravilloso (sa), estupendo (da) : ～なネックレス collar 男 bonito.〔それは〕～だ! ¡Estupendo!～な人 persona 囡 atractiva,〈口語〉majo (ja)

ステッカー adhesivo 男,〈ス〉pegatina 囡

ステッキ bastón 男

すでに 既に ya, antes : 私がそれを知らせた時, 彼らは～知っていた Cuando se lo dije, ya lo sabían. ～述べたように como he dicho antes

すてる 捨てる **❶**〈物を〉tirar ;〈不用物を〉desechar :「ごみ～べからず」No tirar basura. **❷**〈放棄〉dejar, abandonar : 恋人を～dejar a su novio (via). 故郷を～ abandonar su tierra. 武器を～ deponer las armas

ステンドグラス vidriera 囡 de colores

ステンレス acero 男 inoxidable

ストーカー acosador (ra) obsesivo (va)

ストーブ estufa 囡

ストライキ huelga 囡 : ～中である estar en huelga. ～に入る ponerse en huelga. ハンガー～ huelga de hambre. ～参加者 huelguista 囡

ストレス estrés 男

すな 砂 arena 囡. ～浜 playa 囡

すなお 素直 ～な〈従順〉obediente, dócil ;〈自然〉natural : ～な子供 niño (ña) dócil (obediente). ～な文体 estilo 男 natural. ～に…の忠告に従う seguir los consejos de+人 obedientemente. 自分の気持ちに～になる ser sincero (ra) consigo mismo (ma)

すなわち 即ち es decir, o sea, en otras palabras

ずのう 頭脳 cerebro 男 ;〈知性〉inteligencia 囡. ～的な intelectual. ～明晰な inteligente. ～労働 trabajo 男 intelectual

スパイ espía 囡

すばやい 素早い rápido (da), veloz ;〈機敏〉ágil, presto (ta). 素早く rápidamente ; ágilmente

すばらしい 素晴らしい magnífico (ca), estupendo (da), espléndido (da) ;〈すごい〉fenómeno (na), fenomenal ;〈優秀〉excelente ;〈驚異的〉maravilloso (sa), admirable ;〈並はずれた〉extraordinario (ria) : きょうは～天気だ Hoy hace un tiempo magnífico.

スピーカー altavoz 男

スピーチ discurso 男. ～をする pronunciar un discurso

スピード ⇨**速度**. ～違反 exceso 男 de velocidad

ずぶぬれ ～の mojado (da) hasta los huesos, calado (da). ～になる mojarse hasta los huesos, calarse

スプレー aerosol 男, spray 男

すべて 全て ⇨**全部**

すべる 滑る resbalar〔se〕, deslizarse : 階段を滑る落ちる resbalarse en las escaleras. 雪の上を～ deslizarse sobre la nieve. 私は足を滑らせた Se me fueron los pies./Di un resbalón.

スポーツ deporte 男 : ～をする hacer deporte, practicar deportes. ～マン deportista 囡. ～マンシップ deportividad 囡

スポンサー patrocinador (ra)

スポンジ esponja 囡 ;〈食器洗いの〉estropajo 男

スマート ～な〈体形〉esbelto (ta)

すみ 炭 carbón 男

すみ 隅 rincón 男 : ～から～まで捜す buscar sin dejar rincones

すみ 墨 tinta 囡
すみません 済みません〈謝罪〉Perdón./Lo siento mucho./Disculpe./〈許可〉Con permiso./〈礼〉Gracias. お待たせして〜 Siento haberle hecho esperar. 〜がその本を取っていただけませんか? ¿Quiere usted pasarme el libro, por favor?
すむ 住む vivir, residir, 〈生息〉habitar: 彼女は日本(マンション)に住んでいる Ella vive en Japón (en un piso).
すむ 済む ⇨終わる. もう食事は済んだ Ya he comido. 旅費は10万円で済んだ El viaje me costó sólo cien mil yenes. 気が〜 quedarse contento(ta) (satisfecho(cha))
すむ 澄む clarificarse, aclararse. 澄んだ claro(ra), transparente
すり〈人〉carterista 名
スリッパ zapatillas 囡 復, chancletas 囡 復
する ❶〈行なう〉hacer;〈スポーツ・ゲームを〉jugar: 私は〜ことがない No tengo nada que hacer. これからどう〜? ¿Qué vamos a hacer? テニスを〜 jugar al tenis ❷〈…にする〉hacer;〈変える〉convertir en…: 私はあなたを幸せにします Te haré feliz. 駅を美術館に〜 convertir una estación en un museo ❸〈…しようとする〉tratar de (procurar)+不定詞: 彼女を忘れようとしたがだめだった Traté de olvidarla, pero no lo conseguí.
ずるい 狡い astuto(ta), taimado(da)
するどい 鋭い ❶ agudo(da): 〜痛み dolor 男 agudo. 〜視線 mirada 囡 aguda ❷〈鋭利〉afilado(da): 〜刃物 cuchillo 男 afilado ❸〈鋭敏〉fino(na): 〜嗅覚 olfato 男 fino
ずるやすみ ずる休み 〜する hacer novillos
すれちがう 擦れ違う cruzarse
すわる 座る sentarse, tomar asiento: ソファーに〜 sentarse en un sofá. 座っている estar sentado(da)
すんぽう 寸法 medida 囡, tamaño 男;〈箱などの〉dimensión 囡: 〜を取る(測る) tomar las medidas de… …の〜に合わせて a la medida de…

せ

せ 背 ❶〈背中〉espaldas 囡 復;〈動物・本の〉lomo 男;〈椅子の〉respaldo 男: …を〜にして de espaldas a… ❷〈身長〉estatura 囡. 〜の高い alto(ta). 〜の低い bajo(ja). 〜が伸びる crecer
せい …の〜で por culpa de…, a causa de… …の〜にする echar a+人 la culpa. それは私の〜です Es culpa mía.
せい 姓 apellido 男
せい 性 sexo 男;〈文法上の〉género 男. 〜の・〜的な sexual
ざい 税 impuesto 男: 〜込みで impuestos incluidos
せいい 誠意 sinceridad 囡. 〜のある sincero(ra)
せいかく 正確 〜な correcto(ta), exacto(ta): 〜な発音 pronunciación 囡 correcta. 〜な時刻 hora 囡 exacta. 〜な地図 mapa 男 preciso. 彼は時間に〜だ Es puntual. 〜に言えば para ser exacto
せいかく 性格 carácter 男: 外向(内向)的な〜 carácter abierto (cerrado). 私たちは〜的に合わない Tenemos caracteres incompatibles.
せいかつ 生活 vida 囡. 〜する vivir: 彼は家族と〜している Vive con su familia. 〜必需品 artículos 男 復 de primera necesidad. 〜物資 subsistencias 囡 復. 東京は〜費が高い La vida es cara en Tokio. 〜が苦しい vivir con gran estrechez, pasar dificultades
ぜいかん 税関 aduana 囡: 〜検査 control 男 de aduanas. 〜職員 aduanero(ra)
せいき 世紀 siglo 男
せいぎ 正義 justicia 囡. 〜感の強い justo(ta)
せいきゅう 請求 petición 囡;〈賠償などの〉reclamación 囡. 〜する pedir; reclamar: メーカーにカタログを〜する pedir un catálogo al fabricante. 支払いを〜する reclamar el pago a+人. 〜書 factura 囡
ぜいきん 税金 ⇨税
せいけい 生計 〜を立てる ganarse la vida. …で〜を立てる vivir de…: 彼は文筆で〜を立てている Vive de su pluma.
せいけつ 清潔 〜な limpio(pia): 〜な手 manos 囡 復 limpias. 〜さ limpieza 囡
せいげん 制限 límite 男, limitación 囡;〈規制〉restricción 囡, control 男: 産児〜 control de la natalidad. 〜速度 velocidad 囡 máxima permitida. 〜する limi-

せいこう 成功 éxito 男: ～する tener éxito, salir bien
せいさく 政策 política 囡: 外交～ política exterior
せいさく 製作・制作 producción 囡. 映画を～する producir una película. ～者 productor (ra)
せいさん 生産 producción 囡; 〈製造〉fabricación 囡. ～する producir; fabricar. ～的な productivo (va). ～者 productor (ra). ～性 productividad 囡. ～物 producto 男
せいし 制止 ～する parar, detener: 警官が群衆を～している La policía para a la multitud.
せいじ 政治 política 囡. ～的な político (ca): ～活動 actividades 囡 複 políticas. ～家 político (ca), hombre 男 de Estado; 〈大物の〉estadista 名. ～犯 criminal 名 político (ca). ～色のない・～に無関心な apolítico (ca)
せいしき 正式 ～の formal, regular; 〈公式〉oficial. ～に formalmente
せいしつ 性質 naturaleza 囡, natural 男; 〈性格〉carácter 男; 〈特性〉cualidad 囡, propiedad 囡
せいじつ 誠実 ～な sincero (ra), honrado (da); 〈忠実〉leal, fiel: ～な人 persona 囡 sincera. ～な友 amigo (ga) fiel
せいしゅん 青春 juventud 囡, primavera 囡 de la vida: ～時代に en la juventud
せいしょ 聖書 la Biblia. 旧約(新約)～ Antiguo (Nuevo) Testamento 男
せいじょう 正常 ～な normal: 列車ダイヤは～に戻った Los trenes han vuelto al horario normal. ～化する normalizar: 外交関係を～化する normalizar las relaciones diplomáticas
せいしん 精神 mente 囡; 〈宗教・哲学〉espíritu 男. ～の・～的な mental; espiritual: ～年齢 edad 囡 mental. ～力 fuerza 囡 mental. ～病 enfermedad 囡 mental, psicosis 囡. 彼女は～的に参っている Está muy deprimida.
せいじん 成人 adulto (ta), mayor 名: ～映画 película 囡 no apta para menores
せいじん 聖人 santo (ta)
せいせいどうどう 正々堂々 ～と limpiamente. ～と戦う〈スポーツで〉jugar limpio
せいせき 成績 〈結果〉resultado 男; 〈点数〉nota 囡: 良い(悪い)～をとる sacar buenas (malas) notas
せいぞう 製造 fabricación 囡. ～する fabricar. ～業 industria 囡 manufacturera
せいぞん 生存 existencia 囡; 〈生き残ること〉supervivencia 囡: ～競争 lucha 囡 por la existencia (la vida). ～する existir; sobrevivir. ～者 superviviente 名
せいだい 盛大 ～な pomposo (sa), lujoso (sa). 結婚式は～に行なわれた La boda se celebró con gran pompa y lujo.
ぜいたく 贅沢 lujo 男, suntuosidad 囡; 〈散財〉derroche 男: ～品 artículo 男 de lujo. ～に暮らす vivir con lujo (en la abundancia). それは～な悩みだ No tienes motivo para quejarte./Es injusto que te quejes.
せいちょう 成長 crecimiento 男. ～する crecer
せいつう 精通 ～している conocer [a fondo・bien], tener profundo (perfecto) conocimiento sobre...
せいと 生徒 〈先生から見て〉alumno (na); 〈学校の〉escolar 名, colegial (la)
せいど 制度 sistema 男, institución 囡; 〈体制〉régimen 男: 教育～ sistema educativo. 家族～ institución familiar. 選挙～ régimen electoral
せいとう 正当 ～な justo (ta); 〈合法的〉legítimo (ma), legal: ～な判決 sentencia 囡 justa. ～防衛 legítima defensa 囡. ～性 lo justo; legitimidad 囡. ～化する justificar
せいとう 政党 partido 男 político: ～を結成(に加盟)する formar (entrar en) un partido político
せいとん 整頓 ～する ordenar, poner en orden: ～された部屋 habitación 囡 ordenada
せいねん 生年 ～月日 fecha 囡 de nacimiento
せいねん 成年 mayoría 囡 de edad: ～に達する llegar a la mayoría de edad
せいねん 青年 chico (ca), joven 男; 〈集合的の〉juventud 囡: 彼は感じのいい～だ Es un chico (un joven) simpático.
せいのう 性能 calidad 囡: ～の良い(悪い) de buena (mala) calidad
せいひん 製品 producto 男; 〈商品〉artículo 男: 化学～ producto químico. 日本～ artículo de fabricación japonesa
せいふ 政府 gobierno 男. ～の gubernamental. 反～の antigubernamental
せいふく 制服 uniforme 男
せいふく 征服 conquista 囡. ～する conquistar. ～者 conquistador (ra)

せいぶつ 生物 ser 男 viviente． 月には〜がいない No existe vida en la luna． 〜学 biología

せいぶん 成分 componente 男；〈材料〉ingrediente 男

せいみつ 精密 〜な preciso(sa)，minucioso(sa)：〜検査 análisis 男 minucioso． 〜機器 instrumento 男 de precisión

せいめい 生命 ⇨いのち． 〜保険 seguro 男 de vida

せいめい 声明 declaración 女：〜を発表する hacer una declaración

せいよう 西洋 Occidente 男． 〜の occidental, europeo(a)：〜風(式)の de estilo occidental, a la europea

せいよう 静養 descanso 男． 〜する descansar

せいり 生理 ❶〈月経〉menstruación 女, regla 女：〜がある tener la menstruación, menstruar． 〜痛 dolores 男 複 menstruales． ❷〜学 fisiología 女． 〜的な fisiológico(ca)

せいり 整理 arreglo 男． 〜する arreglar, poner en orden：書類を〜する arreglar los papeles

せいりょう 清涼 〜飲料 refresco 男

セールスマン vendedor(ra) a domicilio

せおう 背負う llevar a las espaldas (a cuestas)

せかい 世界 mundo 男：〜中の de todo el mundo, del mundo entero． 〜の・〜的な mundial, universal． 〜史 historia 女 universal． 〜的に有名な de fama mundial, mundialmente conocido(da)． 第二次〜大戦 la Segunda Guerra Mundial

せき 咳 tos 女． 〜をする toser． 〜払いをする carraspear

せき 席 asiento 男；〈劇場などの〉localidad 女：〜につく tomar asiento, sentarse． お年寄りに〜を譲る ceder el asiento a un anciano． 食事の途中で〜を立つ levantarse de la mesa antes de terminar la comida． 彼は今〜を外している En este momento no está en su sitio． 〜を外してくれないか？ ¿Podrías dejarnos solos？ 〜を詰める estrecharse, correrse． まだ〜がある Todavía hay plaza [libre]．

せきたん 石炭 carbón 男〔mineral〕

せきどう 赤道 ecuador 男． 〜の ecuatorial

せきにん 責任 responsabilidad 女：…の〜をとる tomar la responsabilidad de… 〜を回避する evadir responsabilidades． 〜〔感〕のある responsable：親には子供を育てる〜がある Los padres tienen la responsabilidad (son responsables) de criar a sus hijos． 〜感 sentido 男 de la responsabilidad． 〜者 responsable 名． 無〜な irresponsable

せきゆ 石油 petróleo 男． 〜の petrolero(ra)：〜危機 crisis 女 petrolera

セクハラ acoso 男 sexual

せけん 世間 mundo 男；〈人々〉gente 女：彼は〜知らずだ Tiene poco mundo．/No sabe nada de la vida． 〜体を気にする preocuparse por las apariencias． 〜話〈雑談〉charla 女；〈噂話〉chisme 男, cotilleo 男

せだい 世代 generación 女

せつ 説〈意見〉opinión 女；〈学説〉teoría 女

せっかい 石灰 cal 女． 〜岩 caliza 女

せっかく 〜今まで辛抱してきたのだからもう少しがんばりなさい Ya que has aguantado tanto tiempo, aguanta un poco más．

せっきょく 積極 〜的な emprendedor(ra), dinámico(ca)；〈肯定的〉positivo(va)；〈活発〉activo(va)．…に〜的に参加する tomar parte activa en…

せっきん 接近 acercamiento 男, acceso 男． 〜する acercarse

せっけい 設計 diseño 男, proyecto 男, plano 男：ビルの〜[図] plano de un edificio． 家具を〜する diseñar un mueble． 家を〜する trazar el plano de una casa

せっけん 石けん jabón 男：〜1個 una pastilla de jabón

せっしょく 接触〈物との〉toque 男；〈人との〉contacto 男：私は彼と個人的な〜がある Tengo contacto personal con él．…と〜する tocar,〈互いに〉rozarse；ponerse en contacto con+人：バスと乗用車が〜した Un autobús y un coche se rozaron．

せっせい 節制 moderación 女． 〜する moderarse

せっせと〈一所懸命〉diligentemente；〈たびたび〉asiduamente；〈休まず〉sin descanso：…に〜と通う ir asiduamente a…

せつぞく 接続 ❶ conexión 女． 〜させる conectar

❷〈交通機関の〉empalme 男：〜駅 estación 女 de empalme．…と〜する empalmar con…

❸〈文法〉〜詞 conjunción 女． 〜法 modo 男 subjuntivo

せったい 接待 agasajo 男． 〜する agasajar；〈食事を出す〉servir

ぜったい 絶対　〜の・〜的な absoluto (ta)：〜安静 reposo 男 absoluto. 彼の命令は〜だ Su orden es irrevocable. 〜に absolutamente, en absoluto；〈決して〉nunca：そんなことは〜にあり得ない Es absolutamente imposible. 私は〜にチーズは食べない Yo nunca como queso.

せっちゃくざい 接着剤 adhesivo 男

セット 〈一組〉juego 男；〈映画・テレビの〉plató 男；〈テニスなどの〉set 男

せっとく 説得 persuasión 女．〜する convencer a+人 de (para) que+接続法, persuadir a+人 para que+接続法．〜力のある convincente, persuasivo (va)

せつび 設備 instalación 女, equipo 男：〜投資 inversión 女 en instalaciones y equipos

ぜつぼう 絶望 desesperación 女．〜的な desesperante：事態は〜的だ La situación es desesperante. 〜する desesperarse：私は今の社会に〜している Estoy desesperado de esta sociedad.

せつめい 説明 explicación 女．〜する explicar．〜書 nota 女 explicativa；〈使用法の〉indicaciones 女複

せつやく 節約 economía 女, ahorro 男．〜する economizar, ahorrar：エネルギーの〜にご協力ください Ayúdenos a ahorrar energía.

せつりつ 設立 establecimiento 男, fundación 女．〜する establecer, fundar

せなか 背中 ⇨背．〜合わせに espalda con espalda

ぜひ 是非 a toda costa；〈必ず〉sin falta：その美術館には〜行ってみたい Quiero visitar ese museo a toda costa. 我が家へ〜お立ち寄りください Venga a verme sin falta./No deje de pasar por mi casa.

せびろ 背広 ⇨スーツ．〈上着〉chaqueta 女，〈ラ〉saco 男

せぼね 背骨 columna 女 vertebral, espina 女 dorsal

せまい 狭い ❶ estrecho (cha), angosto (ta)：〜道 camino 男 estrecho. ❷〈小さい〉pequeño (ña)：私の家は〜 Mi casa es pequeña. ❸〈限られた〉reducido (da)：〜意味で en un sentido restringido

せまる 迫る ❶〈接近〉acercarse, aproximarse：出発の時が迫っている (Nos acercamos a) la hora de partir. ❷〈強要〉exigir：私は借金の返済を迫られている Me exigen el pago de las deudas.

せめて al (por lo) menos：〜1点は取りたい Quiero marcar por lo menos un punto. 雨が降っていないのが〜もの幸いだ Menos mal que no llueve.

せめる 攻める atacar

せめる 責める 〈非難〉reprochar, acusar

セメント cemento 男

セルフサービス autoservicio 男

セロテープ 〈ス〉celo 男

せわ 世話 cuidado 男．子供の〜をする cuidar a los niños. 病人の〜をする atender al enfermo. お〜になりました Gracias por todo.

せん 栓 tapón 男；〈コルクの〉corcho 男．…に〜をする taponar．…の〜を抜く destapar；descorchar．〜抜き abridor 男；〈コルク用の〉sacacorchos 男

せん 線 línea 女, raya 女：〜を引く trazar una línea. 下〜を引く subrayar. 列車は5番〜に入ります El tren llega a la vía número cinco.

ぜん 善 bien 男．〜人 bueno (na)

せんい 繊維 fibra 女．〜状(質)の fibroso (sa). 〜産業 industria 女 textil

ぜんい 善意 〜で de buena fe, con buena intención．〜の人 persona 女 de buena voluntad

せんいん 船員 marinero 男

せんきょ 選挙 elección 女：総〜 elecciones generales. 〜の electoral. 〜で選ぶ elegir：議長を〜で選ぶ elegir presidente por votación. 〜権 derecho 男 de voto

せんきょう 宣教 misión 女．〜師 misionero (ra)

せんげつ 先月 el mes pasado

せんげん 宣言 declaración 女, proclamación 女：独立〜 declaración de independencia. 〜する declarar, proclamar

せんざい 洗剤 detergente 男；〈食器洗い用〉lavavajillas 男

せんしつ 船室 camarote 男

せんじつ 先日 el otro día；〈数日前〉hace unos días.

ぜんじつ 前日 el día anterior, la víspera

せんしゃ 戦車 tanque 男

せんしゅ 選手〈球技などの〉jugador (ra)；〈陸上競技の〉atleta 名．〜権［試合］campeonato 男．〜村〈オリンピックの〉villa 女 olímpica

せんしゅう 先週 la semana pasada

せんじゅうみん 先住民 indígena 名

せんしん 先進　〜国 país 男 avanzado. 〜技術 tecnología 女 avanzada

ぜんしん 前進 avance 男, adelanto 男. ～する avanzar, adelantar. ～！〈号令〉¡Adelante!

センス 〈感覚〉 sentido 男；〈趣味〉 gusto 男；～がいい tener buen gusto

せんす 扇子 abanico 男

せんせい 先生 maes*tro*(*tra*)；〈専門科目の〉 profeso*r*(*ra*)

せんせい 宣誓 juramento 男, jura 女. ～する jurar

センセーション sensación 女. センセーショナルな sensacional

ぜんぜん 全然 ～…ない no... nada, no... en absoluto：私は野球のことは～わからない No entiendo nada de béisbol. ～そんなことはない De ninguna manera./De modo alguno.

せんぞ 先祖 antepasado 男, antecesores 男複

せんそう 戦争 guerra 女. …と～をする hacer la guerra a... ～中 durante la guerra. 戦前 antes de la guerra. 戦後 después de la guerra, en la posguerra

ぜんそくりょく 全速力 ～で〈車が〉a toda velocidad；〈人が〉a todo correr

ぜんたい 全体 conjunto 男；〈全部〉 total 男, totalidad 女. ～の total, ente*ro*(*ra*)；〈全般的〉 general. ～として en conjunto；en general. 町～ toda la ciudad, la ciudad entera. ～主義 totalitarismo 男

せんたく 洗濯 lavado 男,〈ス〉colada 女. ～する lavar. ～機 lavadora 女. ～物 ropa 女〈洗濯済みの〉 colada. ～ばさみ pinza 女

せんたく 選択 elección 女；〈最良・最適な物を〉 selección 女：～の余地がない No hay elección. ～する elegir；seleccionar. ～肢 opciones 女複

せんちょう 船長 capitán 男

ぜんちょう 前兆 presagio 男, anuncio 男, señal 女

せんでん 宣伝 propaganda 女；〈広告〉publicidad 女, anuncio 男. ～する hacer propaganda de...；dar publicidad a..., anunciar

ぜんと 前途 porvenir 男, futuro 男. ～有望な prometedo*r*(*ra*)

せんとう 先頭 cabeza 女

せんとう 戦闘 combate 男

せんにゅうかん 先入観 prejuicio 男

ぜんはん 前半 primera mitad 女

ぜんぶ 全部 todo；〈合計〉 total. ～の to*do*(*da*)〖+冠詞・所有形容詞+名詞〗, total, ente*ro*(*ra*)：～の人 todos〔los hombres〕, todo el mundo. 私は持っていた金を～使った Me gasté todo el dinero que tenía. 私は家財道具を～盗まれた Me han robado todos los enseres. ～あなたに任せます Lo dejo todo en sus manos. ～でいくらですか？ ¿Cuánto es todo (en total)?

せんぷうき 扇風機 ventilador 男

せんめい 鮮明 ～な níti*do*(*da*), cla*ro*(*ra*)；〈色・記憶など〉 vi*vo*(*va*)

せんめん 洗面 ～器 palangana 女. ～所 baño 男,〈ス〉 aseo 男. ～台 lavabo 男

せんもん 専門 especialidad 女：それは私の～の外だ Eso no es mi especialidad. ～の especializa*do*(*da*)；〈職業的〉 profesional. ～にする especializarse en... ～家 especialista 共, exper*to*(*ta*)；profesional 共. ～課程〈大学の〉 especialización 女. ～用語 terminología 女

せんりゃく 戦略 estrategia 女. ～的な estraté*gico*(*ca*)

せんりょう 占領 ocupación 女. ～する ocupar. ～地帯 zona 女 ocupada

ぜんりょう 善良 ～な bue*no*(*na*)

ぜんりょく 全力 ～を尽くす hacer todo lo posible. ～で・～をあげて con todas sus fuerzas. …に～を注ぐ concentrar todos sus esfuerzos en..., poner toda la energía en... ～疾走する correr a más no poder

せんれい 洗礼 bautismo 男. ～を受ける recibir el bautismo, bautizarse. ～名 nombre 男 de pila

せんれん 洗練 refinamiento 男. ～する refinar. ～された refina*do*(*da*), fi*no*(*na*)

せんろ 線路 vía 女 férrea, raíl 男

そ

そう ❶〈肯定〉sí；〈そのように〉así：～です Así es./Eso es. ～ではない No es así./No lo es. ～だとも！¡Claro!/Por supuesto. ～だと思う〈思わない〉 Creo que sí (no)./Lo (No lo) creo. 急ぎなさい．～すれば列車に間に合う（～しないと列車に乗り遅れる）Date prisa, y alcanzarás (o perderás) el tren. ❷〈比較〉この問題は～難しくない Esta pregunta no es tan difcil. ❸〈予測・伝聞〉雨が降り～だ Parece que va a llover. …だ～だ Dicen (Se dice) que +直説法

そう 沿う …に沿って a lo largo de…；〈方針などに〉conforme a…

ぞう 像 imagen 囡；〈肖像〉figura 囡；〈彫像〉estatua 囡

そうおん 騒音 ruido 男. この通りは〜がひどい Esta calle es muy ruidosa.

ぞうか 増加 aumento 男, crecimiento 男：人口の〜 aumento (crecimiento) de la población. 〜する aumentar[se], acrecentar[se]. 交通事故による死者は〜している Hay cada vez más muertos en accidente de tráfico.

そうかい 総会 asamblea 囡 (junta 囡) general, reunión 囡 plenaria

そうがく 総額 suma 囡, total 男

そうがんきょう 双眼鏡 prismáticos 男 閥, gemelos 男 閥

ぞうげ 象牙 marfil 男

そうげん 草原 prado 男, pradera 囡

そうこ 倉庫 almacén 男

そうご 相互 〜の mutuo (tua), recíproco (ca)：〜扶助 ayuda 囡 mutua, mutualidad 囡. 〜作用 acciones 囡 閥 recíprocas. 〜に mutuamente, uno (na) a otro (tra)

そうごう 総合 síntesis 囡. 〜する sintetizar. 〜的な sintético (ca), general

そうごん 荘厳 〜な majestuoso (sa), solemne, grandioso (sa). 〜さ majestuosidad 囡, solemnidad 囡

そうさ 捜査 pesquisas 囡 閥, investigación 囡 policial. …について〜する hacer pesquisas sobre…

そうさ 操作 operación 囡, manejo 男, maniobra 囡. 〜する manejar, maniobrar：ハンドルを〜する manejar el volante

そうさく 捜索 búsqueda 囡；〈当局による〉registro 男. 〜する buscar；registrar：行方不明者を〜する buscar a los desaparecidos. 家宅〜する registrar la casa, hacer un registro domiciliario

そうさく 創作 creación 囡；〈作り事〉invención 囡. 〜する crear；inventar

そうじ 掃除 limpieza 囡；〈床掃除〉barrido 男. 〜する limpiar；barrer. 電気〜機 aspiradora 囡, aspirador 男

そうしき 葬式 funerales 男 閥：〜に参列する asistir a los funerales

そうじゅう 操縦 manejo 男；〈船・飛行機の〉pilotaje 男. 〜する manejar；pilotar. 〜桿 palanca 囡 de mando. 〜士 piloto 囡. 〜席・〜室 cabina 囡 [de mando]

そうしょく 装飾 decoración 囡. 〜する decorar, adornar. 〜的な decorativo (va). 〜品 ornamento 男, adorno 男

ぞうぜい 増税 aumento 男 de impuestos

ぞうせん 造船 construcción 囡 naval (de barcos). 〜技師 ingeniero 男 naval. 〜所 astillero 男

そうぞう 創造 creación 囡. 〜的な creativo (va). 〜する crear. 〜物 criatura 囡

そうぞう 想像 imaginación 囡. 〜上の imaginario (ria). 〜する imaginar[se], figurarse：試験は私の〜以上に難しかった El examen era más difícil de lo que me había imaginado. 〜力 imaginativa 囡. 〜力の豊かな imaginativo (va). 〜を絶する inimaginable, inconcebible

そうぞく 相続 sucesión 囡. 遺産を〜する heredar los bienes de+人

そうたい 相対 〜的な relativo (va)

そうだん 相談 consulta 囡. …に〜する consultar a+人, pedir consejo a+人. 〜役・〜相手 consejero (ra). 私には〜相手がいない No tengo a quien consultar. 〜がまとまる llegar a un acuerdo

そうち 装置 dispositivo 男, aparato 男, mecanismo 男：安全〜 dispositivo de seguridad

そうとう 相当 ❶ …に〜する〈相応〉corresponder a…；〈同価値〉equivaler a…：これに〜するスペイン語はない No hay palabra española que corresponda a ésta. ❷ 〜な bastante, considerable. 〜な大金 una cantidad considerable de dinero. その犬は〜年老いている El perro es bastante viejo.

そうどう 騒動 alboroto 男, tumulto 男；〈もめ事〉discordia 囡：〜を起こす armar un alboroto

そうなん 遭難 accidente 男；〈船の〉naufragio 男：〜する sufrir un accidente；naufragar. 〜者 víctima 囡, náufrago (ga)

そうにゅう 挿入 inserción 囡, introducción 囡. 〜する insertar, introducir. 〜句 paréntesis 男

そうば 相場 bolsa 囡；〈個々の〉cotización 囡：〜が上がる(下がる) La Bolsa sube (baja). 今のドルの〜は120円だ Ahora el dólar se cotiza a ciento veinte yenes. 〜に手を出す especular en la bolsa. 〜師 especulador (ra)

そうび 装備 equipo 男. …を〜する equiparse con (de)…

そうべつ 送別 …の〜会を開く hacer una fiesta de despedida a+人

そうむ 総務 〜部 departamento 男 de

そうり 総理 〜大臣 ⇨首相
そうりつ 創立 fundación 囡. 〜する fundar. 〜者 fundador(ra)
そうりょう 送料 〈郵便料〉 franqueo 男; 〈運賃〉 portes 男複, flete 男
ぞくご 俗語 vulgarismo 男, lenguaje vulgar
そくざ 即座 〜に inmediatamente, en el acto, al instante
ぞくする 属する 〈所属〉 pertenecer a...
ぞくぞく 続々 〜と sucesivamente, uno(na) tras otro(tra); 〈絶え間なく〉 sin cesar. 〜と…する seguir+現在分詞
そくたつ 速達 correo 男 urgente; 〈表示〉 Exprés
そくてい 測定 medida 囡. 〜する medir
そくど 速度 velocidad 囡. 〜を増す(落とす) aumentar (disminuir) la velocidad
そくめん 側面 lado 男, costado 男, flanco 男
そこ 〜に・〜で〈中称〉ahí; 〈遠称〉allí. 〜が問題だ Ahí está la cuestión. 〜で何をしているの? ¿Qué haces ahí? 〜から島が見えますか? ¿Se ve la isla desde ahí? 〜までにしなさい Hasta ahí.
そこ 底 fondo 男; 〈靴の〉 suela 囡. 食糧が〜をついた Se nos han agotado los víveres. 〜知れない insondable
そこく 祖国 patria
そざい 素材 material 男, materia 囡
そしき 組織 ❶ organización 囡. 〈体系〉 sistema 男. 〜する organizar. 〜的な・化された organizado(da), sistemático(ca). 〜委員会 comité 男 organizador ❷ 〈生物〉 tejido 男: 神経〜 tejido nervioso
そしつ 素質 talento 男; 〈適性〉 aptitud 囡: 彼は画家としての〜がある Tiene talento para pintar.
そして ⇨…と. 明かりが消え, 〜誰もいなくなった Se apagó la luz y todos desaparecieron.
そしょう 訴訟 pleito 男, litigio 男: 〜を起こす poner pleito a+人, proceder contra +人
そそぐ 注ぐ ❶ echar, verter: カップにコーヒーを〜 echar café en una taza ❷ 〈集中〉 concentrar; 〈注意などを〉 fijar: …に全力を〜 concentrar todas las energías en… …に視線を〜 fijar la mirada en…
そそっかしい atolondrado(da), aturdido(da)

そだつ 育つ crecer, criarse: 彼はたいへん甘やかされて育った Le han criado con mucho mimo./Se ha criado muy mimado. 育てる criar; 〈教育〉 educar; 〈栽培〉 cultivar. 育ちの良い(悪い) bien (mal) educado(da), bien (mal) criado(da)
そち 措置 medidas 囡複: …の〜を講じる tomar medidas para…
そっきょう 即興 improvisación 囡. 〜で作る(演奏する) improvisar
そつぎょう 卒業 〈主に大学の〉 graduación 囡: 〜式 ceremonia 囡 de graduación. 小学校を〜する terminar la escuela. 京都大学(法学部)を〜する graduarse en la universidad de Kioto (en derecho). 〜生 graduado(da)
そっくり マリアは母親〜だ María se parece mucho (es idéntica) a su madre. その兄弟は目元が〜だ Esos hermanos se parecen en los ojos.
そっちょく 率直 〜な franco(ca), abierto(ta). 〜に francamente, sinceramente
そっと 〈静かに〉 sin hacer ruido; 〈軽く〉 ligeramente, suavemente; 〜触れる tocar ligeramente. 彼女を〜してあげなさい Déjala en paz. ⇨こっそり
そで 袖 manga 囡: 〜をまくる subirse las mangas, remangarse
そと 外 〜側 exterior 男. 〜に fuera: 彼は今〜に出ている Está fuera [de casa]. 〜で 〈屋外〉 al aire libre. 〜は寒い Afuera hace frío. 〜から 〈遠くから〉 desde (por) fuera. 〜へ afuera, hacia fuera. 〜へ出ろ ¡Fuera!/¡Afuera!
そなえつける 備えつける instalar
そなえる 備える ❶ 〈準備〉 preparar[se], proveerse; 〈用心〉 prevenirse: 将来(台風)に〜 prepararse para el futuro (contra el tifón) ❷ 〈所有〉 tener, poseer
その ese(sa): 〜本 ese libro. 〜こと eso, 〈目的語〉 lo: 〜ことは母に言わないでください No se lo diga a mi madre. 〜ように así
そのうえ その上 además, encima: 彼は金持ちで〜ハンサムだ Es rico y además guapo.
そのうちに その内に dentro de poco, en breve; 〈いつか〉 algún día
そのご その後 ⇨それから
そのころ その頃 [en aquel] entonces. 〜のことは忘れない No me olvido de aquellos días (de aquel entonces).
そのた その他 〜の otro(tra), demás. 〜の人々 los otros [hombres]. 小麦粉, 砂糖, 卵, 〜 harina, azúcar, huevo, etc.

そのとおり その通り 〜です Eso es./〈論理的に〉En efecto./〈正確に〉Precisamente.

そのとき その時 en ese (aquel) momento, entonces: 〜私は10歳だった Entonces tenía diez años. 〜から(まで) desde (hasta) entonces

そのへん その辺 〜に por ahí. 〜の〈近くの〉cercano (na). 〜を散歩する dar un paseo por las cercanías

そば 側・傍 …の〜に〈隣に〉al lado de…, junto a…；〈近く〉cerca de…: 私はホセ(窓)の〜に座った Me senté al lado de José (junto a la ventana). 〜で見る mirar de cerca

そふ 祖父 abuelo 男. 祖父母 abuelos

ソファー sofá 男

そぼ 祖母 abuela 女

そぼく 素朴 〜な simple, sencillo (lla)

そまつ 粗末 〜な〈貧しい〉humilde, pobre；〈雑な〉tosco (ca). 〜にする tratar mal；〈浪費〉malgastar

そめる 染める teñir, colorar: 彼女は金髪に染めた Se tiñó de rubia./Se tiñó el pelo de rubio.

そよかぜ そよ風 brisa 女

そら 空 cielo 男. 〜模様 tiempo 男

そらす 逸らす desviar；〈避ける〉evitar: 話(視線)を〜 desviar la conversación (los ojos)

そる 反る arquearse, combarse

そる 剃る afeitar. 〔自分の〕ひげを〜 afeitarse

それ ése (sa)；〈中性〉eso: 〜は何ですか？ ¿Qué es eso? 〜はそうと a propósito. 〜はさておき aparte. 〜にひきかえ en cambio. 〜もそうだ Tienes razón.

それから〈その後〉y, luego, después〔de eso〕；〈それ以来〉desde entonces, a partir de ese momento

それぞれ 〜の cada, respectivo (va): 人には〜悩みがある Cada uno tiene sus preocupaciones. 彼らは〜夫人同伴だった Iban acompañados de sus respectivas esposas.

それだけ 〜あれば十分だ Basta con eso. ご用は〜ですか？ ¿Es todo lo que desea?/¿Nada más? 〜は勘弁してください ¡Todo menos eso!

それで ❶〈理由〉por eso, por 〔lo〕tanto, así 〔que〕+直説法 ❷〈話を促して〉〜〔どうした〕？ ¿Y qué?

それとも o: ビール〜ワインがいいですか？ ¿Quiere cerveza o vino?

それでは entonces, bueno

それほど 〜〔多く〕tanto, tan+形容詞・副詞: 彼は〜金持ちではない No es tan rico. 〜でもない No es para tanto.

そろう 揃う estar completo (ta): コレクションは全部そろっている La colección está completa. この店には何でもそろっている En esta tienda hay de todo. まだ全員そろわない Todavía faltan algunos.

そろって〈一緒〉juntos (tas): 2人はそろって出かけた Los dos salieron juntos.

そろえる 揃える ❶〈同じにする〉igualar ❷〈一か所に集める〉reunir；〈収集〉coleccionar；〜データを〜 reunir (recoger) datos. 雑誌のバックナンバーを〜 coleccionar los números atrasados de una revista ❸〈整頓〉arreglar, poner en orden: 本を〜 poner en orden los libros

そろそろ〈間もなく〉dentro de poco, pronto；〈ゆっくり〉lentamente: 〜12時だ Falta poco para las doce./Pronto van a dar las doce. 〜始めようか？ ¿Vamos empezando?

そわそわ 〜する ponerse nervioso (sa), agitarse. 〜している estar nervioso (sa) (agitado (da))

そん 損〈損失〉pérdida 女；〈不利〉desventaja 女: その土地は買っておいて〜はない No es una pérdida de dinero comprar ese terreno. 〜する perder, sufrir pérdidas, perdérselo: 商売で〜する perder dinero en el negocio. 一緒に来ないと〜するよ Si no vienes con nosotros, tú te lo pierdes. 背が低くて〜する tener desventaja por ser bajo (ja). 〜な sin provecho；desventajoso (sa), desfavorable

そんがい 損害 daño 男: perjuicio 男：〜を与える causar daños en…, dañar, perjudicar. 〜をこうむる sufrir daños, dañarse. 〜賠償 indemnización 女

そんけい 尊敬 admiración 女, estima 女. 〜する admirar, estimar

そんざい 存在 existencia 女, ser 男. 〜する existir. 〜理由 razón 女 de ser

そんしつ 損失 pérdida 女

そんしょう 損傷 daño 男, deterioro 男；〈身体の〉lesión 女

そんちょう 尊重 〜する respetar: …の意見を〜する respetar la opinión de+人

そんな ❶ tal, semejante: 〜物・〜こと tal cosa. 絶対〜こと言ない De ninguna manera. 〜はずはない 〔Eso〕No puede ser. 彼が〜男だとは知らなかった No sabía que fuese un hombre así.

❷ 〜に tan+形容詞・副詞, 動詞+tanto, tanto (ta) +名詞：あなたは〜に早起きするのですか? ¿Se levanta usted tan temprano? 〜に急ぐ必要はない No hace falta que te des tanta prisa.

た

ダース docena 女

だい 題〈表題・題名〉título 男；〈主題〉tema 男

たいいく 体育 gimnasia 女. ～館 gimnasio 男

だいいち 第一 ～に primero, en primer lugar, ante todo. ～人者 el número uno

ダイエット dieta 女, régimen 男

たいおん 体温 temperatura 女. ～計 termómetro 男

たいかく 体格 constitución 女, complexión 女. ～のよい corpulento (ta)

だいがく 大学 universidad 女. ～生〔estudiante〕universitario (ria). ～院 posgrado 男

たいき 大気 atmósfera 女. ～汚染 contaminación 女 atmosférica

たいきゅう 耐久 ～力・～性 durabilidad 女, duración 女, resistencia 女. ～性のある duradero (ra), resistente

だいきん 代金 importe 男

だいく 大工 carpintero 男

たいぐう 待遇 trato 男；〈サービス〉servicio 男. ～する tratar. 労働者の～を改善する mejorar las condiciones laborales

たいくつ 退屈 ～な aburrido (da)；〈単調〉monótono (na). ～する aburrirse. ～しのぎに para matar el tiempo

たいけい 体系 sistema 男. ～的な sistemático (ca). ～的にsistemáticamente. ～化する sistematizar

たいけい 体型 figura 女, tipo 男

たいけん 体験 experiencia 女. ～する experimentar

たいこ 太鼓 tambor 男

たいざい 滞在 estancia 女, permanencia 女. ～する quedarse (permanecer) en +場所

たいさく 対策 medidas 女複

たいし 大使 embajador (ra). ～館 embajada 女

だいじ 大事 ～な〈重要・大切〉importante；〈貴重〉precioso (sa), inestimable：これは私の～な本だ Es un libro muy importante (Este libro es un tesoro) para mí. ～にする cuidar, tratar con cuidado；〈体を〉cuidarse：お～に Cuídese.

たいしつ 体質 constitución 女：虚弱～の de constitución débil

たいして 大して ～…ない no... muy (mucho)：外は～寒くない No hace mucho frío fuera.

たいして 対して …に～ contra...

たいしゅう 大衆 masas 女複. ～的 popular. ～化する popularizar

たいじゅう 体重 peso 男. ～が50キロある pesar cincuenta kilos

たいしょう 対称 simetría 女.〔左右〕～の simétrico (ca). 非～の asimétrico (ca)

たいしょう 対象 objeto 男. …の～となる hacerse objeto de... …を～とする estar destinado (da) a...

たいしょう 対照 contraste 男. ～的な contrastante

だいじょうぶ 大丈夫 ～ですよ〈OK〉Está bien./〈心配無用〉Descuide./〈何事もない〉No pasa nada. ～間に合いますよ Llegaremos a tiempo, se lo aseguro. もう～だ〈危険はない〉Ya no hay peligro.

たいしょく 退職 retiro 男；〈定年退職〉jubilación 女. ～する retirarse; jubilarse. ～金 pensión 女 de retiro; jubilación. ～者 retirado (da); jubilado (da)

だいじん 大臣 ministro (tra)

たいせい 体制 régimen 男, sistema 男

たいせいよう 大西洋 Océano 男 Atlántico

たいせき 体積 volumen 男

たいせつ 大切 ⇒大事

たいそう 体操 gimnasia 女：～をする hacer gimnasia. 新～ gimnasia rítmica. ～選手 gimnasta 名

たいだ 怠惰 ～な vago (ga), perezoso (sa), holgazán (na)

だいたい 大体〈およそ〉más o menos, aproximadamente,〈大部分〉casi

だいだい 代々 de generación en generación

だいたすう 大多数 mayoría 女. ～の la mayoría de...

だいたん 大胆 ～な atrevido (da), audaz；〈怖いもの知らずの〉intrépido (da)

たいてい 大抵 generalmente, en (por lo) general：日曜日は～私は家にいる Generalmente me quedo en casa los domingos. ～の人 la mayoría de las personas

たいど 態度 actitud 女. ～を変える cambiar de actitud. 彼は～が悪い〈横柄〉Su actitud es insolente./〈不作法〉Es un mal educado.

だいとうりょう 大統領 presiden*te*(*ta*)
だいどころ 台所 cocina 女; ～用品 batería 女 (utensilios 男複) de cocina
タイトル título 男. ～マッチ campeonato 男
だいひょう 代表 ～者 representante 名, delega*do*(*da*). ～団 delegación 女. ～する representar
だいぶ 大分 considerablemente, bastante. ～前に hace bastante (mucho) tiempo.
たいふう 台風 tifón 男
だいぶぶん 大部分 la mayor parte, la mayoría
たいへいよう 太平洋 Océano 男 Pacífico
たいへん 大変 muy [+形容詞・副詞]: ～大きい muy grande. ～寒い Hace mucho frío.
～な mu*cho*(*cha*); 〈重大〉 grave, se*rio*(*ria*); 〈困難〉 difícil. ～な努力 muchos esfuerzos 男複. ～な事件 suceso 男 grave. ～な交渉 negociación 女 difícil. …するのは～だ costar a+人 mucho〔trabajo〕+不定詞
たいほ 逮捕 arresto 男, detención 女; ～状 orden 女 de detención. ～する arrestar, detener. ～者 deteni*do*(*da*)
たいほう 大砲 cañón 男
たいま 大麻〔麻薬〕hachís 男, marihuana 女
たいまん 怠慢 negligencia 女, desidia 女. ～な negligente, desidi*oso*(*sa*)
たいめん 体面 〈評判〉 reputación 女; 〈名誉〉 honor 男; ～を傷つける perjudicar la reputación de+人, faltar al honor
タイヤ neumático 男; 〈車輪〉 rueda 女, llanta 女: スペア～ rueda de repuesto
ダイヤモンド diamante 男
たいよう 太陽 sol 男. ～の solar: ～系 sistema 男 solar
だいよう 代用 sustitución 女. ～する sustituir. ～品 sustitutivo 男
たいら 平ら ～な lla*no*(*na*), pla*no*(*na*). ～にする allanar
たいらげる 平らげる comerse, comérselo todo
だいり 代理 ～の sustituti*vo*(*va*), inte*rino*(*na*). ～人 representante 名;〔法律〕apodera*do*(*da*). ～をする sustituir, reemplazar, suplir. ～店 agencia 女
たいりく 大陸 continente 男
だいりせき 大理石 mármol 男
たいりつ 対立 oposición 女; 〈敵対〉 antagonismo 男. ～する oponerse. ～した opues*to*(*ta*), contra*rio*(*ria*)
たいりょう 大量 ～の〔una〕gran cantidad de…, ～に en gran cantidad. ～生産 fabricación 女 en serie
たいりょく 体力 fuerza 女 física. ～がつく ponerse fuerte. ～を回復する recobrarse. ～が衰える debilitarse físicamente
タイル 〈床用の〉 baldosa 女; 〈装飾用の〉 azulejo. ～張りの embaldosa*do*(*da*)
たいわ 対話 diálogo 男, coloquio 男
たえず 絶えず 〈常に〉 constantemente; 〈連続して〉 continuamente
たえる 耐える〔辛抱〕aguantar, soportar; 痛みに～ aguantar el dolor. 耐え難い状況 situación 女 insoportable (inaguantable)
たおす 倒す ❶〈転倒〉 tumbar, derribar: 私は一撃で彼を倒した Le tumbé de un golpe. ❷〈打ち負かす〉 vencer, derrotar: 敵を～ vencer al enemigo
タオル toalla 女. ～掛け toallero 男
たおれる 倒れる ❶〈転倒〉 caerse: あお向けに～ caerse de espaldas (boca arriba) ❷ 病いに～ caer enfer*mo*(*ma*) ❸〈倒壊〉 derrumbarse. 地震でビルが倒れた El terremoto derrumbó un edificio.
たかい 高い ❶ alto(ta): ～山 montaña 女 alta
❷〈高価〉 ca*ro*(*ra*): このネクタイは～ Esta corbata es cara. 高くつく resultar ca*ro*(*ra*), costar mucho
たがい 互い ～の mu*tuo*(*tua*), recípro*co*(*ca*). ～に mutuamente, u*no*(*na*) a o*tro*(*tra*). お～に妥協しよう Vamos a hacer concesiones mutuas.
たかさ 高さ altura 女; 〈高度〉 altitud 女; 〈音・声の〉 tono 男
たから 宝 tesoro 男
だから por eso, por lo tanto, así que: 私には用事がある, ～君と一緒に行けない Tengo cosas que hacer, por eso no puedo acompañarte.
たからくじ 宝くじ lotería 女
だきょう 妥協 arreglo 男; 〈互譲〉 concesión 女 mutua. ～する arreglarse, transigir; hacer concesiones mutuas. ～しない intransigente
だく 抱く abrazar
たくさん ～の mu*cho*(*cha*), numero*sos*(*sas*): ～の人 mucha gente 女. ～の本 muchos (numerosos) libros 男複. 今月は雨が～降った Ha llovido mucho este mes.

タクシー taxi 男; 〜を拾う coger (tomar) un taxi. 〜の運転手 taxista 名

たくはい 宅配 entrega a domicilio. 〜便: mensajería 女; 〜で送る enviar... por mensajería

たくましい fuerte; 〈筋骨隆々とした〉musculoso (sa), fornido (da)

たくみ 巧み 〜な hábil, diestro (tra). 〜に hábilmente

たくわえ 蓄・貯え 〈貯蔵〉provisión 女, reserva 女; 〈貯金〉ahorro 男. 蓄(貯)える 〈必要なものを〉proveer, 〈力などを〉reservar; ahorrar

たけ 竹 bambú 男

…だけ ❶〈限定〉sólo, solamente: それができるのは君〜だ Sólo tú puedes hacerlo./Eres el único que puede hacerlo. 私は彼らを2人〜にしておいた Los dejé solos. ほかに何か?—それ〜です ¿Algo más?—Nada más. …〜でなく no sólo... sino 〔también〕: 彼はテニス〜でなく水泳もやっている No sólo practica tenis sino también natación.

❷〈程度〉好きな〜食べなさい Come cuanto quieras. できる〜早く cuanto antes, lo antes posible. 私はそれを買う〜の金がない No tengo suficiente dinero para comprarlo.

だげき 打撃 golpe 男, 〈損害〉daño 男; 〜を与える(受ける) dar (recibir) un golpe; hacer (sufrir) un daño

たしか 確か 〜な 〈確実〉seguro (ra), cierto (ta); 〈信頼できる〉de confianza. 〜に ciertamente; 〈必ず〉sin falta. 〜に…だ〔Es〕Cierto que+直説法

たしかめる 確かめる asegurarse de…; 〈念を押す〉confirmar

たす 足す y, más: 3−5は8 Tres y (más) cinco son ocho. 足し算 suma 女

だす 出す ❶〈取り出す〉sacar: 箱から人形を〜 sacar una muñeca de la caja

❷〈放出〉echar 〔fuera〕: 煙を〜 echar humo

❸〈提出〉presentar: 論文を〜 presentar la tesis

❹〈開始〉…し〜 echar a+不定詞: みんな走り出した Todos echaron a correr.

たすう 多数 〜の numeroso (sa), muchos (chas). 〜派 mayoría 女. 〜決 decisión 女 por mayoría

たすかる 助かる 〈危険から〉salvarse; 〈生き残る〉sobrevivir: その事故で運転手だけが助かった Solamente el conductor se salvó del accidente.

たすける 助ける 〈援助〉ayudar; 〈救助〉socorrer, salvar: 困っている人を〜 ayudar a los necesitados. 助けて! ¡Socorro!

たずねる 訪ねる visitar: 友人を〜 visitar (ir a ver) a un amigo

たずねる 尋ねる preguntar: …へ行く道を〜 preguntar el camino a… 君を尋ねて来た人がいますよ Hay alguien que pregunta por ti.

ただ ❶〈単に〉solamente, sólo: 〜一度solamente una vez, una vez nada más ❷〈無料〉〜の gratuito (ta). 〜で gratis, gratuitamente. これ〜です Es gratis.

たたかう 戦う luchar; 〈戦闘〉combatir; 〈戦争〉hacer la guerra; 〈試合〉jugar: 敵と〜 luchar contra un enemigo. 自由のために〜 luchar por la libertad

たたかい 戦い; 〈戦闘〉batalla 女, combate 男; 〈戦争〉guerra 女

たたく 叩く pegar, golpear: 私は頭を叩かれた Me pegaron en la cabeza. 雨が窓ガラスを叩いている La lluvia golpea los cristales. 太鼓を〜 tocar el tambor. 手を〜〈手拍子〉dar palmadas; 〈喝采〉aplaudir. ドアを〜〈ノック〉llamar a la puerta

ただし pero: 金はやる. 〜誰にも言うなよ Te daré el dinero, pero no se lo digas a nadie.

ただしい 正しい ❶〈公正〉justo (ta): 〜判断 juicio 男 justo

❷〈正確〉correcto (ta), exacto (ta): 〜文章 oración 女 correcta. 〜寸法 medida 女 exacta. 正しく発音する pronunciar correctamente

❸ あなた〔の言うこと〕は〜 Tiene usted razón.

ただちに 直ちに inmediatamente, enseguida

たたむ 畳む plegar, doblar: シーツを〜 doblar una sábana

ただよう 漂う flotar

たちあがる 立ち上がる levantarse, ponerse de (en) pie

たちさる 立ち去る irse, marcharse

たちどまる 立ち止まる detenerse, pararse. 立ち止まらないでください ¡Circulen, por favor!

たちば 立場 posición 女, situación 女: 私はそれを決定できる〜にない No estoy en posición de decidir eso.

たちむかう 立ち向かう hacer frente a…, enfrentarse a…

たちよる 立ち寄る pasar por+場所, visitar de paso

たつ 立つ 〈起立〉levantarse, ponerse de pie. 立っている estar de pie

たつ 発つ〈出発〉salir, partir：彼は3時に東京を発った Salió de Tokio a las tres.

たつ 経つ pasar, transcurrir：私が日本に来て5年たった Ha pasado cinco años desde que vine a Japón. …たったら dentro de…

たっする 達する llegar a+場所, alcanzar：頂上に～ llegar a la cima. 目標に～ alcanzar la meta

たっせい 達成 logro 男. ～する lograr, conseguir：目標を～する conseguir su objetivo

だつぜい 脱税 fraude 男 fiscal, evasión 女 fiscal

だっせん 脱線 descarrilamiento 男. ～する descarrilar；〈話が〉divagar

たった solamente, sólo：～5分 cinco minutos nada más, solamente cinco minutos. 彼女は～ひとりで出かけた Salió sola. ～ひとりの息子 único hijo 男. ～今 ahora mismo

たて 縦〈長さ〉largo 男, longitud 女. ～の〈垂直〉vertical

たてもの 建物 edificio 男

たてる 立・建てる ❶〈直立〉levantar, erguir：柱を～ levantar un pilar. ❷〈建築〉construir, edificar：ビルを～ construir un edificio

たとえ ～…でも aunque+接続法：値段が高くてもそれを手に入れたい Aunque sea caro, quiero comprarlo.

たとえば 例えば por ejemplo

たとえる 喩える comparar：人生を川の流れに～ comparar la vida con (a) la corriente de un río

たどる 辿る seguir：同じ運命を～ seguir el mismo destino

たな 棚 estante 男；〈何段もある〉estantería 女

たに 谷 valle 男

たにん 他人 otro (tra)：～の悪口を言う hablar mal de otros. ～の ajeno (na)：～の意見 opinión 女 ajena

たね 種〈種子〉semilla 女；〈果実の〉pepita 女. ～をまく sembrar

たのしい 楽しい alegre, agradable；〈愉快〉divertido (da), entretenido (da)：～一日 un día agradable. ～映画 película 女 divertida. 楽しく過ごす pasarlo bien：休暇はとても楽しかった Lo pasamos muy bien en las vacaciones.
楽しむ disfrutar de…；divertirse+現在分詞：人生を楽しむ disfrutar de la vida. テレビを見て楽しむ divertirse viendo la televisión

たのむ 頼む〈依頼・注文〉pedir；〈懇願〉rogar, suplicar；〈委託〉encargar：何を～?—ビールを頼もう ¿Qué pides?—Pido cerveza. 息子に掃除を～ encargar a su hijo la limpieza
頼み petición 女；ruego 男. 君に頼みがあるのだが Tengo un favor que pedirte./¿Quieres hacerme un favor?

たばこ 煙草〈総称〉tabaco 男；〈紙巻き〉cigarrillo 男. ～を吸う fumar

たび 度 vez 女：～～ muchas veces. …する～に〔いつも〕cada vez que+直説法. …する～にいっそう cada vez más (menos)

たび 旅 ⇒旅行. 良い～を! ¡Buen viaje!

ダビング ～する copiar

たぶん 多分 tal vez, quizá(s), seguramente, a lo mejor

たべもの 食べ物〈調理した〉comida 女；〈食品〉alimento 男. ～を与える dar de comer

たべる 食べる comer, tomar；〈試食〉probar：何か～ものはありますか? ¿Hay algo de comer? 私は刺身を食べたことがない No he probado [nunca] pescado crudo. 夫の収入だけでは食べていけない No podemos vivir sólo con el sueldo de mi marido. 家族を食べさせる mantener a su familia

たま ～の raro (ra), poco frecuente. ～に alguna [que otra] vez

たま 玉 ❶〈球〉bola 女；〈ボール〉pelota 女, balón 男；〈球体〉esfera 女. ❷〈弾丸〉bala 女

たまご 卵 huevo 男. 卵黄 yema 女. 卵白 clara 女

たましい 魂 alma 女

だます 騙・欺く engañar；〈だまし取る〉estafar, timar

タマネギ 玉葱 cebolla 女

たまる 溜まる acumularse；〈山積〉amontonarse；〈増える〉aumentar：彼は借金が溜まっている Tiene deudas acumuladas.

だまる 黙る callarse, cerrar la boca：黙れ! ¡Cállate!/A callar.

ダム presa 女

ため 為 ❶〈利益・目的〉…の～に para, por：子供の～におもちゃを買う comprar un juguete para el niño. 私は君の～にそうしたLo hice por tu bien. ～になる útil, bueno (na) útil.
❷〈理由・原因〉…の～に por, a causa de…, debido a…：地震の～に列車のダイヤが乱れた Por el terremoto, el horario de los trenes ha cambiado mucho.

だめ 駄目 〜な〈無益〉inútil. もう〜だ〈これ以上は無理〉Ya no puedo más. 彼はもう〜だ〈立ち直れない〉Ya está perdido. それ借りていい？――〜! ¿Puedes dejármelo?—No.

ためいき 溜息 suspiro 男. 〜をつく suspirar

ためす 試す probar, ensayar: 新製品(勇気)を〜 probar un nuevo producto (el valor de+人). 試しに a prueba, por probar

ためらう dudar si+不定詞, vacilar en+不定詞. ためらわずに sin dudar. ためらい vacilación 女 /〈遠慮〉reparo 男

たよる 頼る contar con..., confiar en...: 私には〜人がいない No puedo contar con nadie./No tengo ninguna persona en quien confiar.

だらく 堕落 corrupción 女, depravación 女, caída 女. 〜する corromperse, depravarse, caer muy bajo

だらしない descuida*do* (*da*), deja*do* (*da*). 〜身なり desaliño 男, descuido 男 en el arreglo

たりる 足りる ❶ bastar con..., ser suficiente para...: 椅子は6脚あれば〜 Basta con seis sillas. 町じゅうを見て歩くには時間が足りない No tenemos suficiente tiempo para recorrer toda la ciudad.
❷ 足りない〈欠如〉faltar a+人; 〈必要〉hacer falta: スプーンが2本足りない Hacen falta dos cucharas.

たる 樽 barril 男, tonel 男

だるい 私は腕が〜 Siento pesadez en los brazos./Siento los brazos pesados.

だれ 誰 ¿quién?: あの青年は〜ですか? ¿Quién es aquel chico? 〜がそう言ったの? ¿Quién te lo dijo? 君たちは〜を捜しているのですか? ¿A quién buscáis? その本を〜にあげるつもりですか? ¿A quién piensas dar el libro? この手紙は〜からですか? ¿De quién es esta carta? それは〜の眼鏡ですか? ¿De quién son esas gafas?
〜か alguien; 〈範囲を限定〉algu*no*(*na*): 〜かいますか? ¿Hay alguien? 我々のうちか〜が行かなければならない Alguno de nosotros tiene que ir.
〜も[…ない] nadie; ningu*no*(*na*): 〜も彼の消息を知らない Nadie tiene noticias de él.
〜でも cualquiera, to*dos*(*das*): それは〜でも知っている Cualquiera (Todo el mundo) lo sabe./Todos lo saben.

だん 段 〈階段の〉escalón 男, grada 女; 〈新聞などの〉columna 女

だんあつ 弾圧 represión 女. 〜する reprimir

たんい 単位 unidad 女

タンカー buque 男 (barco 男) cisterna, petrolero 男

だんかい 段階 grado, etapa 女; 〈局面〉fase 女: 〜的に・〜を追って por grados, progresivamente

タンク depósito 男, tanque 男. 〜ローリー camión 男 cisterna

たんけん 探検 exploración 女, expedición 女. 〜する explorar

だんげん 断言 afirmación 女. 〜する afirmar, asegurar

タンゴ tango 男. 〜歌手(ダンサー) tanguista 男

たんご 単語 palabra 女

たんしゅく 短縮 abreviación 女; 〈削減〉reducción 女. 〜する abreviar; reducir: 滞在期間を〜する abreviar la estancia. 操業時間を〜する reducir las horas de trabajo

たんじゅん 単純 〜な senci*llo*(*lla*), simple; 〜な作業 trabajo 男 simple. 〜化する simplificar

たんしょ 短所 ⇨ 欠点

たんじょう 誕生 nacimiento 男. 〜する nacer, venir al mundo
〜日 cumpleaños 男: 〜日おめでとう! ¡Feliz cumpleaños!

たんす 箪笥 〈洋服だんす〉〔armario 男〕 ropero 男; 〈整理だんす〉cómoda 女

ダンス baile 男, danza 女. 〜をする bailar, danzar. 〜パーティー baile

だんせい 男性 hombre 男; 〈集合的に〉sexo 男 masculino; 〈性別の記入〉varón 男. 〜の・〜的な masculi*no*(*na*), varonil, viril: 彼はとても〜的だ Es muy varonil. 〜名詞 nombre 男 masculino

だんたい 団体 〈集団〉grupo 男; 〈機関〉cuerpo 男, organización 女, entidad 女. 〜競技 deporte 男 en equipo

だんだん 段々 〈次第に〉gradualmente; 〈少しずつ〉poco a poco: 〜慣れる acostumbrarse poco a poco. 〜暑くなる〈日ごとに〉Hace cada día más calor.

だんち 団地 urbanización 女

たんちょう 単調 〜な monóto*no*(*na*). 〜さ monotonía 女

だんてい 断定 〜的な categóri*co*(*ca*). 〜的に categóricamente. 〜する〈結論〉concluir que+直説法

たんとう 担当 cargo 男. 〜する encar-

たんどく 単独 ～の solo(la); 〈独立〉 independiente. ～行動をとる actuar independientemente

たんなる 単なる mero(ra), puro(ra), simple: それは～偶然だ Es una mera (pura) casualidad. それは～口実だ Es un simple pretexto.

だんボール 段ボール cartón 男 ondulado. ～箱 caja 女 de cartón

たんに 単に simplemente, solamente, sólo. ～からかっただけだ Era una simple broma. ～だけでなく… no solamente..., sino〔también〕...

だんぼう 暖房 calefacción 女. 部屋を～する calentar la habitación

だんらく 段落 párrafo 男

だんりょく 弾力 ～性 elasticidad 女, flexibilidad 女. ～性のある elástico(ca), flexible

だんろ 暖炉 chimenea 女

ち

ち 血 sangre 女: ～が出てるよ Te sale sangre.

ちあん 治安 orden 男 público : この地方は～が悪い El orden público no anda bien en esta región.

ちい 地位 posición 女; 〈職務〉 puesto 男, cargo 男

ちいき 地域 región 女, zona 女, área 女. ～的な regional, local: ～開発 explotación 女 regional

ちいさい 小さい pequeño(ña), 〈ラ〉 chico(ca): その上着は君には～ Esa chaqueta es pequeña para ti. ～時から desde niño(ña)

チーム equipo 男

ちえ 知恵 sabiduría 女; 〈知性〉 inteligencia 女. ～を絞る exprimirse el cerebro. …の～を借りる consultar (pedir consejo) a+人. ～を貸す dar consejo

ちか 地下 ～の subterráneo(a). ～水 aguas 女複 subterráneas. ～室 sótano 男: ～1(2)階 primer (segundo) sótano. ～鉄 metro 男, 〈ラ〉 subte〔rráneo〕男

ちかい 近い 〈時間・空間〉 cercano(na), próximo(ma); ～将来 en un futuro cercano (próximo). 駅はここから～ La estación está cerca de aquí. ～うちに dentro de poco, un día de éstos. ではまた～うちに 〈挨拶〉 Hasta pronto. 100人近くが集まった Se reunieron cerca de (casi) cien personas. それは不可能に～ Es casi imposible.

ちがい 違い diferencia 女: AとBの間には大きな～がある Hay gran diferencia entre A y B. 私は本物と複製画の～がわからない No distingo el original de la copia. …に～ない deber〔de〕+不定詞:それは嘘に～ない Debe〔de〕ser mentira.

ちかう 誓う jurar; 〈約束〉 prometer. 誓い juramento 男; 〈宣誓〉 jura 女; 〈神への〉 voto 男

ちがう 違う …と違った diferente de..., distinto(ta) de...: 私の意見はあなたとは～ Mi opinión es diferente (distinta) de la suya./No soy de la misma opinión que usted. この洗濯機とあれはどこが～のですか? ¿Qué diferencia hay entre esta lavadora y aquélla?

ちかごろ 近ごろ ⇨最近

ちかづく 近づく acercarse, aproximarse: 見知らぬ男が近づいてきた Un desconocido se acercó hacia mí. 聖週間が近づいている Se acerca la Semana Santa./La Semana Santa está próxima. 近づける acercar

ちかみち 近道 atajo 男: ～を行く tomar un atajo, acortar

ちから 力 fuerza 女; 〈気力〉 energía 女; 〈権力〉 poder 男; 〈能力〉 capacidad 女; 〈影響力〉 influencia 女; 〈助力〉 ayuda 女: ～を合わせる unir fuerzas. ～一杯 con todas sus fuerzas. ～のある fuerte; poderoso(sa). ～づける animar (alentar) a+人. ～強い fuerte; enérgico(ca), vigoroso(sa). ～を貸す ayudar (prestar ayuda) a+人

ちきゅう 地球 Tierra 女. ～儀 globo 男 terráqueo

ちく 地区 barrio 男

ちこく 遅刻 retraso 男. ～する llegar tarde a..., retrasarse: 待ち合わせの時間に10分～する llegar diez minutos tarde a la cita, llegar a la cita con un retraso de diez minutos

ちじ 知事 gobernador(ra)

ちしき 知識 conocimientos 男複: …の～がある tener conocimientos de... 何の～もない no tener ningún conocimiento de..., no saber nada de... ～人 intelectual 名

ちず 地図 mapa 男; ⟨市街図⟩ plano 男; ⟨地図帳⟩ atlas 男

ちせい 知性 inteligencia 女. ～のある inteligente

ちたい 地帯 zona 女: 安全～ zona de seguridad

ちち 父 padre 男

ちぢむ 縮む encogerse; ⟨短く⟩ acortarse. 縮める encoger; acortar; ⟨要約⟩ reducir, abreviar

ちつじょ 秩序 orden 男: ～を乱す(回復させる) perturbar (restablecer) el orden. ～のある ordenado (da). 無～ desorden 男. 無～な desordenado (da)

ちっそく 窒息 ahogo 男; ⟨暑さなどによる⟩ sofoco 男. ～させる ahogar; sofocar

チップ propina 女: ～を渡す dar una propina a+人

ちのう 知能 inteligencia 女: ～指数 cociente 男 intelectual. ～検査 test 男 de inteligencia. ～の・～的な intelectual

ちへいせん 地平線 horizonte 男

ちほう 地方 región 女; ⟨首都に対して⟩ provincia 女. ～の regional, local; provincial. ～紙 periódico 男 local

ちめいてき 致命的 ～な mortal, fatal: 致命傷 herida 女 mortal

ちゃ 茶 té 男; 緑～ té verde. ～色〔の〕 marrón 男; ⟨髪・瞳が⟩ castaño (ña)

ちゃくじつ 着実 ～な firme, seguro (ra). ～に firmemente, con seguridad

ちゃくりく 着陸 aterrizaje 男. ～する aterrizar (tomar tierra) en+場所

ちゃわん 茶碗 ⟨取っ手つきの⟩ taza 女; ⟨ご飯の⟩ tazón 男

チャンス oportunidad 女; 〔buena〕 ocasión 女: ～をつかむ(逃す) aprovechar (perder) una oportunidad

ちゃんと 切符は～買ってある Ya he sacado la entrada. ～食事をとっていますか? ¿Come regularmente?

ちゅうい 注意 ❶ ⟨留意⟩ atención 女: ～を引く llamar la atención de+人. ～する prestar atención a... ～深い atento (ta) ❷ ⟨用心⟩ cuidado 男: …に～する tener cuidado con+事柄. ～深く con mucho cuidado, cuidadosamente. 不～ descuido 男
❸ ⟨警告⟩ advertencia 女. ～する advertir; ⟨叱る⟩ llamar la atención a+人

チューインガム chicle 男: ～をかむ masticar un chicle

ちゅうおう 中央 centro 男. ～の central

ちゅうか 中華 ～料理 comida 女 china. ～料理店 restaurante 男 chino

ちゅうがっこう 中学校 escuela 女 secundaria

ちゅうかん 中間 medio 男: …の～に en medio de...; ⟨途中⟩ a medio camino 〔entre A y B〕. ～の medio (dia), intermedio (dia). ～色 color 男 intermedio (dia)

ちゅうきゅう 中級 ～の intermedio (dia)

ちゅうけい 中継 ～放送 retransmisión 女: 生～ retransmisión en directo. ～する retransmitir: サッカーの試合を～する retransmitir un partido de fútbol

ちゅうこ 中古 ～の de segunda mano: ～車 coche 男 de segunda mano

ちゅうこく 忠告 consejo 男. ～する aconsejar, dar consejo: 私はたばこをやめるように医者から～されている El médico me aconseja que deje de fumar

ちゅうさい 仲裁 intervención 女, mediación 女. ～する intervenir, mediar: けんかの～をする intervenir en una pelea

ちゅうし 中止 suspensión 女, cese 男. ～する suspender: 試合は～になった El partido se ha suspendido

ちゅうじつ 忠実 ～な fiel, leal: 主人に～な犬 perro 男 fiel a su amo. 原文に～な翻訳 traducción 女 fiel

ちゅうしゃ 注射 inyección 女. ～する inyectar

ちゅうしゃ 駐車 aparcamiento 男, estacionamiento 男: ～違反 infracción 女 de estacionamiento. ～場 aparcamiento. 「～禁止」Prohibido aparcar. ～する aparcar (estacionar) el coche en+場所

ちゅうしゃく 注釈 nota 女, comentario 男. …に～をつける anotar, comentar

ちゅうしょう 中小 ～企業 pequeña y mediana empresa

ちゅうしょう 抽象 abstracción 女. ～的な abstracto (ta): ～画 pintura 女 abstracta

ちゅうしょく 昼食 comida 女; ⟨ラ⟩ almuerzo 男. ～をとる comer; almorzar

ちゅうしん 中心 centro 男, corazón 男; ⟨中核⟩ núcleo 男: ビジネスの～地 centro de negocios. ～の central, céntrico (ca). ～街 zona 女 céntrica

ちゅうせい 中世 Edad 女 Media. ～の medieval

ちゅうせい 中性 ～の neutro (tra): ～洗剤 detergente 男 neutro

ちゅうだん 中断 interrupción 女; ⟨一時停止⟩ suspensión 女. ～する interrumpir;

ちゅうどく 中毒 intoxicación 囡: 食～ intoxicación alimentaria. アルコール～ alcoholismo 男. ～になる intoxicarse

ちゅうねん 中年 ～の de mediana edad

チューブ tubo 男; 〈タイヤの〉 cámara 囡

ちゅうもく 注目 atención 囡. ～する prestar atención a..., fijarse en... ～の的である ser centro de todas las miradas. ～すべき notable

ちゅうもん 注文 pedido 男. ～する pedir. ～服 traje 男 a medida

ちゅうりつ 中立 neutralidad 囡 ～の neutral

ちょうか 超過 exceso 男. ～する excederse, sobrepasar

ちょうこく 彫刻 escultura 囡. ～する esculpir. ～家 escultor(ra)

ちょうさ 調査 investigación 囡; 〈アンケート〉 encuesta 囡. ～する investigar; hacer una encuesta

ちょうし 調子 ❶〈音・色・ことばなどの〉 tono 男; 〈拍子〉 ritmo 男. ～はずれの desentonado(da) ❷〈具合い〉 体の～はどう? ¿Cómo estás? 機械の～が悪い La máquina no funciona bien. あの選手は～がいい(悪い) Aquel jugador está en forma (está en baja forma).

ちょうしゅう 聴衆 oyentes 名 複; 〈集合的に〉 público 男, auditorio 男

ちょうしょ 長所 cualidad 囡; 〈美点〉 virtud 囡

ちょうじょう 頂上 cumbre 囡, cima 囡

ちょうしょく 朝食 desayuno 男. ～をとる desayunar

ちょうせつ 調節 regulación 囡, ajuste 男. ～する regular, ajustar

ちょうせん 挑戦 desafío 男. ～する desafiar. ～的な desafiante, provocativo(va)

ちょうぞう 彫像 estatua 囡

ちょうど 丁度 justamente, justo, precisamente. 2時～に a las dos en punto. ～…するところである estar a punto de+不定詞. ～よい時に oportunamente, en el momento oportuno. この帽子は私に～いい Este sombrero me viene (está) a la medida.

ちょうはつ 挑発 provocación 囡. ～する provocar. ～的な provocativo(va)

ちょうへい 徴兵 reclutamiento 男. ～する reclutar. 良心的な～忌避者 objetor(ra) de conciencia

ちょうり 調理 cocina 囡. ～する cocinar

ちょうわ 調和 armonía 囡. …と～する armonizar con...

ちょきん 貯金 ahorros 男 複: ～をおろす retirar sus ahorros. ～する ahorrar, economizar. ～箱 hucha 囡

ちょくせつ 直接 ～の directo(ta), inmediato(ta): ～交渉 negociaciones 囡 複 directas. ～に directamente; 〈個人的〉 personalmente: 私は彼女を～は知らない No la conozco personalmente.

ちょくつう 直通 ～の directo(ta): ～列車 tren 男 directo. この列車はパリまで～だ Este tren va directamente a París.

チョコレート 〈1粒ずつの〉 bombón 男; 〈板チョコ〉 chocolatina 囡, tableta 囡 de chocolate

ちょしゃ 著者 autor(ra)

ちょぞう 貯蔵 almacenamiento 男. ～する almacenar

ちょっと ❶〈短時間〉 un momento, un rato: ～待ってください Un momento, por favor. ～前に hace un rato, hace poco ❷〈少し〉 un poco, algo: 私は～疲れている Estoy un poco cansado. 君に～話がある Tengo algo que decirte. ❸〈呼びかけ〉～奥さん! ¡Oiga, señora! ～すみません 〈店員に〉 Por favor.

ちらかす 散かす desordenar: 部屋を散らかしている tener la habitación desordenada

ちり 地理 geografía 囡

ちりょう 治療 tratamiento 男 〔médico〕, cura 囡. ～法 terapia 囡. 病人の～をする tratar a un(na) enfermo(ma). ～費 gastos 男 複 médicos

ちる 散る〈葉・花が〉 caer, deshojarse; 〈四散〉 dispersarse

ちんぎん 賃金 sueldo 男, salario 男: ～引上げ aumento 男 de sueldo

ちんたいしゃく 賃貸借 alquiler 男. 賃貸・賃借する alquilar

ちんぼつ 沈没 hundimiento 男. ～する hundirse, irse a pique

ちんもく 沈黙 silencio 男: ～を守る(破る) guardar (romper el) silencio. ～する callarse

ちんれつ 陳列 ～する exponer, exhibir. ～ケース mostrador 男

つ

ツアー vuelta 女; 〈日帰りの〉 excursión 女; 〈巡業〉 gira 女; 〈美術館めぐりなど〉 visita 女

つい 対 par 男, pareja 女: 一(二)〜の un par (dos pares) de...

ついか 追加 adición 女; 〈補足〉 suplemento 男. 〜の adicional; suplementario (ria). 〜する añadir

ついきゅう 追求 persecución 女, búsqueda 女. 〜する perseguir, buscar: 名声を〜する perseguir la fama. 快楽を〜する buscar el placer

ついせき 追跡 persecución 女. 〜する perseguir a+人, seguir las huellas (la pista) de...

ついて 就いて …に〜 ❶〈関して〉 de, sobre, acerca de...: その件に〜 de (sobre) ese asunto. 文学に〜講演する dar una conferencia sobre literatura

❷〈教えられて〉con: …に〜バイオリンを習う aprender a tocar el violín con+人

ついで 序で 〜に de paso: 私は街へ出た〜に美術館に寄った Salí a la calle y de paso visité el museo.

ついとつ 追突 彼は前を走っていたバスに〜した Chocó con el autobús que iba delante.

ついに 遂に al (por) fin, finalmente. 〜…する acabar por+不定詞

ついほう 追放 expulsión 女; 〈国外への〉 exilio 男, destierro 男. 〜する explusar; exiliar, desterrar

ついやす 費す gastar. …に労力(時間)を〜 dedicar mucho esfuerzo (el tiempo) a...

ついらく 墜落 caída 女. 〜する caer; 〈飛行機が〉 estrellarse

つうか 通貨 moneda 女. 〜の monetario (ria)

つうか 通過 paso 男. 〜する pasar por+場所; 〈素通り〉 pasar de largo. 〜客 pasajero (ra) transeúnte (en tránsito)

つうがく 通学 〜する ir a la escuela

つうかん 通関 〜する pasar la aduana. 〜手続き trámites 男 阅 aduaneros

つうきん 通勤 〜する ir al trabajo, ir a la oficina: 日本では〜に1時間以上かかるのは珍しくない En Japón es normal tardar más de una hora en ir al trabajo.

つうこう 通行 paso 男, tránsito 男; 〈車の〉 circulación 女:「車両〜止め」Prohibido el paso de vehículos. 〜する pasar, transitar; circular: 左側を〜する circular por la izquierda. 〜人 transeúnte 名

つうじょう 通常 normalmente, habitualmente. 〜の normal, ordinario (ria)

つうじる 通じる ❶〈道が〉 conducir (llevar) a+場所: この道は広場に通じている Esta calle conduce (nos lleva) a la plaza. ❷〈連絡〉 comunicar con+場所. ここまで地下鉄が通じている Hay comunicación de metro hasta aquí. ❸ 彼には冗談が通じない No entiende las bromas.

つうしん 通信 comunicación 女, correspondencia 女. 〜教育 enseñanza 女 a distancia. 〜社 agencia 女 de prensa (de noticias). 〜販売 venta 女 por correo

つうやく 通訳 〈人〉 intérprete 名; 〈行為〉 traducción 女. 〜を務める hacer de intérprete. 同時〜 traducción simultánea. 〜する traducir

つうよう 通用 そのクレジットカードはこの店では〜しない No se puede usar esa tarjeta de crédito en esta tienda. 私のスペイン語は〜するだろうか? ¿Entenderán mi español? そんな言い訳は〜しない Tales excusas no sirven (para nada).

つうろ 通路 paso 男, pasillo 男: 〜を開ける(ふさぐ) abrir (cerrar) el paso. 〜側の席 asiento 男 al lado del pasillo

つうわ 通話 llamada 女 〔telefónica〕. 市外〜 conferencia 女

つえ 杖 bastón 男

つかい 使い 〈人〉 mensajero (ra), recadero (ra); …に〜をやる enviar a un(na) mensajero (ra) a+人

つかう 使う ❶〈使用〉 usar, emplear: この電話を〜ってもいいですか? ¿Se puede usar este teléfono? あらゆる手段を〜 emplear todos los medios. これは何に〜物ですか? ¿Para qué sirve esto?

❷〈利用〉 utilizar; 〈機会を〉 aprovechar: 余暇を使って庭いじりをする aprovechar los ratos libres para cuidar el jardín. タクシーを〜 ir en taxi

❸〈消費〉 gastar: 給料を一日で使ってしまう gastar todo el sueldo en un día

つかまえる 捕まえる 〈獲物などを〉 capturar; 〈逃げたものを〉 apresar, atrapar; 〈逮捕〉 arrestar: 泥棒を〜 apresar al ladrón

つかむ 掴む coger, prender；〈強く〉agarrar：彼は私の腕をつかんだ Me cogió del brazo.

つかる 浸かる 水に〜 sumergirse

つかれる 疲れる cansarse, fatigarse. 疲れた cansa*do* (*da*)；〈疲れきった〉agota*do* (*da*)：私は疲れている Estoy cansado. この仕事はひどく〜 Este trabajo me cansa mucho./Este trabajo es muy cansado.

つき 付き ❶〈単位〉1 人 (1 か月) に〜2 千円の会費 cuota 囡 de dos mil yenes por persona (al mes). ジャガイモを 1 キロに〜1 ユーロで売る vender patatas a un euro el kilo. ❷〈付帯〉con：3 食〜の con pensión completa. ❸ ⇨運

つき 月 ❶〈天体〉luna 囡：〜が出ている Hay luna. 〜が出た Ha salido la luna. ❷〈暦の〉mes 男：〜初め(末)に a principios (a fines) de mes

つぎ 次 〜の próxim*o* (*ma*), siguiente：〜の停留所 próxima parada 囡. 〜の日 el día siguiente. 〜に(後に) después, luego；〈第二に〉en segundo lugar

つきあう 付き合う tratar[se] con+人；〈恋人と〉salir con+人；〈同行〉acompañar a+人：私は誰とも付き合いたくない No quiero tratar con nadie. 一杯付き合わないか? ¿No me acompañas a tomar una copa? 付き合いのよい(悪い) (poco) sociable

つきあたり 突き当たり トイレは廊下の〜にある El servicio está al fondo (al final) del pasillo

つきそう 付き添う acompañar a+人：私は母に付き添って病院まで行った Acompañé a mi madre al hospital.

つぎつぎに 次々に un*o* (*na*) tras otr*o* (*tra*)；〈続けて〉sucesivamente

つきる 尽きる agotarse, consumirse, acabarse：食糧が尽きた Se nos han agotado los víveres.

つく 着く〈到着〉llegar；〈到達〉alcanzar：目的地に時間どおりに(遅れて)〜 llegar a tiempo (tarde) a su destino

つく 付く〈くっつく〉pegarse, adherirse：切手がうまく付かない No se pega bien el sello.

つく 突く〈強く押す〉empujar：ひじで〜 empujar con el codo, codear. 突き刺す clavar

つぐ 継ぐ〈財産・性質などを〉heredar；〈主に地位を〉suceder；〈職を〉seguir con…

つくえ 机〈事務・学習用〉escritorio 男；〈教室の〉pupitre 男

つぐなう 償う〈補償・弁償〉compensar, indemnizar；〈罪を〉expiar. 償い compensación 囡, indemnización 囡；expiación 囡

つくる 作る ❶ hacer：サラダを〜 hacer ensalada
❷〈創造〉crear
❸〈製造〉fabricar：自動車を〜 fabricar coches
❹〈製作・生産〉producir：ドラマを〜 producir un drama
❺〈栽培〉cultivar：米を〜 cultivar arroz
❻〈建造〉construir：橋を〜 construir un puente
❼〈形成〉formar：新政府を〜 formar nuevo gobierno
❽〈設立〉fundar：会社を〜 fundar una empresa

つげぐち 告げ口 …に〜をする chivarse a +人

つけくわえる 付け加える añadir, adicionar

つける 付・着ける ❶〈接着〉aplicar, pegar；〈密着・粘着〉adherir；〈固定〉fijar：ドアに耳を〜 pegar la oreja a la puerta. 上着にボタンを〜 pegar un botón a la chaqueta
❷〈点火・点灯〉encender：明かりを〜 encender la luz. テレビを〜 poner la televisión
❸〈身に〉ponerse；〈状態〉llevar：豪華な衣装を〜 ponerse un vestido lujoso. 髪にリボンを付けている llevar un lazo en el cabello

つげる 告げる anunciar；〈語る〉decir

つごう 都合 ❶〈便宜〉conveniencia 囡；〈事情〉circunstancia 囡：彼は自分の〜しか考えない No mira más que su conveniencia. 〜により公演を中止します Las circunstancias nos obligan a suspender la función.
〜がよい convenir a+人 (que+接続法). 〜のよい conveniente；〈折よい〉oportun*o* (*na*)；〈有利〉favorable. 〜の悪い inconveniente；inoportun*o* (*na*)；desfavorable. 〜よく convenientemente；oportunamente；〈幸いに〉afortunadamente
❷〜をつける arreglárselas, ingeniárselas, procurar

つたえる 伝える comunicar, transmitir：空気は音を〜 El aire transmite el sonido. 意向を〜 comunicar sus intenciones. キリスト教は 16 世紀に日本に伝わった El cristianismo se introdujo en Japón en el siglo XVI.

つち 土 tierra 囡. 〜に埋める enterrar

つづき 続き continuación 囡
つづく 続く ❶ continuar, seguir：その道は港まで続いている La carretera continúa hasta el puerto. 同じ状態が～ La situación sigue igual.
❷〈時間的に〉durar：演説は１時間続いた El discurso duró una hora.
つづける 続ける continuar, seguir. …し続ける continuar (seguir)+現在分詞
つつしみ 慎み discreción 囡；〈謙虚〉modestia 囡．～深い discreto (ta)；modesto (ta)
つつしむ 慎む〈控える〉contenerse (abstenerse) de+不定詞, moderarse en…：ことばを～ medirse al hablar, moderarse en las palabras. 酒を～ abstenerse de beber
つつむ 包む envolver；〈梱包〉empaquetar；〈覆う〉cubrir：本を紙で～ envolver un libro en papel. 包み paquete 男
つづり 綴り ortografía 囡：～をまちがえる cometer una falta de ortografía. あなたの姓はどう綴るのですか？ ¿Cómo se escribe su apellido?
つとめ 勤め〈仕事〉trabajo 男；〈義務〉obligaciones 囡複, deber 男. あなたは学生さん、それともお～？ ¿Eres estudiante, o trabajas? ～口 empleo 男
つとめる 努める …しようと～ procurar+不定詞, esforzarse para (por)+不定詞, tratar de+不定詞
つとめる 勤める〈勤務〉trabajar；〈役目〉hacer：父は銀行に勤めている Mi padre trabaja en un banco. 議長を～ hacer de presidente
つな 綱 cuerda 囡
つながり 繋がり enlace 男；〈きずな〉vínculo 男, lazo 男；〈関連〉conexión 囡；〈関係〉relación 囡：…と～がある tener relación con…
つなぐ 繋ぐ atar, ligar；〈結合〉unir, enlazar；〈連結〉conectar
つね 常 ～に siempre. ～に…する soler+不定詞
つの 角 cuerno 男
つば 唾 saliva 囡．～を吐く escupir
つばさ 翼 ala 囡
つぶ 粒 grano 男．～よりの selecto (ta), escogido (da)
つぶす 潰す〈押して〉aplastar；〈叩いて〉machacar：ニンニクを～ machacar ajos
❷〈壊す〉estropear, destruir
❸ 時間を～ matar el tiempo
❹ 会社が潰れた Ha quebrado la compañía.

つぼ 壷 tarro 男, pote 男
つぼみ 蕾 capullo 男, brote 男
つま 妻 mujer 囡, esposa 囡
つまさき 爪先 punta 囡 del pie；〈靴の〉punta del zapato. ～立ちで de puntillas
つまずく tropezar con…
つまむ〈指で〉coger con los dedos；〈少し食べる〉picar
つまらない ❶〈面白くない〉soso (sa)；〈退屈〉aburrido (da)：～小説 novela 囡 sosa (aburrida)
❷〈ささいな〉insignificante：～ことで腹をたてるな No te enfades por tan poca cosa.
つまり〈結局〉en fin；〈すなわち〉es decir, o sea
つみ 罪 crimen 男；〈軽犯罪〉delito 男；〈宗教・道徳上の〉pecado 男, culpa 囡：～を犯す cometer un crimen (un delito), pecar. …に［…の］～を着せる echar la culpa a+人〔de+事〕. ～人 criminal 名, delincuente 名；pecador (ra)
つむ 積む〈積載〉cargar de+物；〈積み重ねる〉colocar, apilar：トラックに砂利を積み込む cargar de grava un camión
つめ 爪〈人の〉uña 囡；〈鳥・獣の〉garra 囡. ～切り cortaúñas 男
つめたい 冷たい frío (a)：～水 agua 囡 fría. …に～態度を示す mostrarse frío (a) (indiferente) con+人. ～飲み物 refresco 男. 心が～ ser duro (ra) de corazón. 冷たく fríamente, con frialdad
つめる 詰める ❶〈入れる〉meter；〈一杯にする〉[re]llenar：スーツケースに衣類を～ meter la ropa en la maleta
❷〈短縮〉acortar：スカート丈を～ acortar la falda
つもり ❶〈予定〉…する～である pensar+不定詞：私は近日中に彼を訪ねる～だ Pienso visitarlo un día de estos.
❷〈意向〉君を怒らせる～はなかった No era mi intención ofenderte. 私は彼と話し合う～はない No estoy dispuesto a hablar con él.
❸ 彼女は女王にでもなった～だ Se comporta como si fuera una reina.
つや 艶 lustre 男, brillo 男. ～のある lustroso (sa), brillante. ～のない mate, apagado (da)
つゆ 露 rocío 男；〈夜露〉relente 男
つゆ 梅雨 temporada 囡 de lluvias
つよい 強い fuerte；〈強力〉poderoso (sa)；〈強烈〉intenso (sa). 強く fuertemente, con fuerza. 強くする fortalecer, fortificar

つらい 辛い ❶ pen*oso*(*sa*)：～思い出 recuerdo 男 penoso. 彼にそれを言うのは～ Me da pena decírselo. ❷〈厳しい〉dur*o*(*ra*)：～仕事 trabajo duro. 早起きするのは～ Me cuesta mucho levantarme temprano.

つり 釣 ❶〈魚釣〉pesca 女. ～竿 caña 女 de pescar. ～針 anzuelo 男. ～師・～人 pescador(*ra*) de caña
❷〈釣銭〉vuelta 女, cambio 男：～は取っておいてください Quédese con la vuelta.

つりあい 釣合い〈平衡〉equilibrio 男；〈均整〉proporción 女. ～のとれた equilibrad*o*(*da*)；proporcionad*o*(*da*). ～をとる equilibrar. 釣合う equilibrarse

つる 吊る colgar, suspender. 天井からかごを吊るす colgar una cesta del techo. 首を～ ahorcarse

つる 釣る〈魚を〉pescar；〈おとりで〉atraer a+人 con señuelo

つれ 連れ〈同行者〉acompañante 名

つれていく 連れて行く llevar

て

て 手 ❶ mano 女；〈手のひら〉palma 女〔de la mano〕：～に切符を持って con el billete en la mano. ～に入れる conseguir；〈買う〉comprar, adquirir. ～で・～作りの a mano：～編みのセーター suéter 男 hecho a mano. ～をつないでいる ir de la mano. ～をたたく dar palmadas. ～を上げる levantar la mano. ～を上げろ！¡Manos arriba! ～を貸す ayudar（echar una mano）a+人. ～が足りない Faltan manos. ～があいている tener tiempo libre. ～がふさがっている estar ocupad*o*(*da*). 事件から～を引く lavarse las manos del asunto. ～を切る romper las relaciones con+人. ～抜きの仕事 chapucería 女
❷〈手段・措置〉汚い～を使う emplear sus malas artes. ～を打つ tomar medidas para+不定詞；〈合意〉ponerse de acuerdo. 〔ほかに〕～がない No hay〔más〕remedio. それはいい～だ Es una buena táctica.

…で〈場所〉en, a；〈手段〉en；〈材料・道具〉con, de：都会～暮らす vivir en la ciudad. タクシー～行く ir en taxi. 鉛筆～書く escribir con lápiz

であう 出会う …と～ encontrarse con+人. 出会い encuentro 男

てあて 手当て ❶〈治療〉tratamiento 男〔médico〕, cura 女：応急～ cura de urgencia, primeros auxilios 男複. ～する tratar（curar）a+人
❷〈給与〉特別～ paga 女 extraordinaria, gratificación 女. 家族～ ayuda 女 familiar

…である〈性質〉ser；〈状態〉estar

ていあん 提案 proposición 女, propuesta 女. ～する proponer

ていいん 定員 ～制の de plazas limitadas. エレベーターの～は10人だ En el ascensor caben diez personas.

ていえん 庭園 jardín 男

ていか 低下 baja 女, bajada 女. ～する bajar

ていか 定価 precio 男 fijo

ていき 定期 ～的な・～の regular, periódic*o*(*ca*)：～便 servicio 男 regular. ～券 abono 男, pase 男. ～預金 depósito 男 a plazo fijo. ～的に periódicamente

ていきゅう 定休 理髪店は火曜日が～日だ Las peluquerías cierran los martes.

ていきょう 提供 ofrecimiento 男. ～する ofrecer；〈供給〉suministrar：食べ物を～する ofrecer comida. データを～する suministrar los datos

ていこう 抵抗 resistencia 女. ～する resistir[se]. ～力のある resistente

ていこく 定刻 ～に a la hora fijada

ていし 停止 detención 女, parada 女. ～する parar[se], detenerse：エレベーターが～した Se paró el ascensor. 新聞の発行を～する suspender la publicación del periódico

ていしゃ 停車 ～する parar：この列車は各駅～だ Este tren para en todas las estaciones.

ていじゅう 定住 …に～する establecerse（fijar la residensia）en+場所

ていしゅつ 提出 presentación 女. ～する presentar

ていしょく 定食 cubierto 男；〈1皿に盛られた〉plato 男 combinado. 日替わり～ menú 男 del día

ディスコ discoteca 女

ていせい 訂正 corrección 女, enmienda 女, rectificación 女. ～する corregir, enmendar, rectificar

ていぞく 低俗 ～な vulgar, baj*o*(*ja*)

ていでん 停電 corte 男 de luz, apagón 男

ていど 程度 grado 男；〈水準〉nivel 男：〜の高い(低い) de alto (bajo) nivel. ある〜まで hasta cierto punto

ていねい 丁寧 〜な〈礼儀正しい〉cortés, educado(da)；〈注意深い〉cuidadoso(sa)；〈入念〉esmerado(da). 〜なあいさつ saludo 男 esmerado. 〜な仕事 trabajo 男 esmerado. 〜に cortésmente；cuidadosamente, con esmero

ていぼう 堤防 dique 男

でいりぐち 出入り口 boca 女

ていりゅうじょ 停留所 parada 女

デート 〜する salir con+人. …と〜の約束がある tener una cita con+人

テープ cinta 女：ビデオ〜 cinta de vídeo. カセット〜 casete 女. 〜レコーダー magnetófono 男；〈ラジカセ〉radiocasete 男

テーブル mesa 女. 〜クロス mantel 男

でかける 出掛ける salir：買い物に〜 salir (ir) de compras

でかせぎ 出稼ぎ 〜に行く emigrar a+場所. 〜労働者 emigrante 名

てがみ 手紙 carta 女：〜を出す〈投函〉echar una carta al buzón. …に〜を書く escribir a+人

てき 敵 enemigo(ga)；〈競争相手〉rival 名

てきい 敵意 hostilidad 女

てきおう 適応 adaptación 女. …に〜する adaptarse a…

てきかく 的・適確 〜な preciso(sa), exacto(ta)；〈的を射た〉acertado(da), certero(ra)

てきごう 適合 〜する adaptarse

できごと 出来事 suceso 男；〈重大な〉acontecimiento 男

てきした 適した adecuado(da) para…；〈人が〉idóneo(a) para…

てきせつ 適切 〜な adecuado(da), conveniente

てきちゅう 的中 〜する acertar

てきとう 適当 〜な adecuado(da), apropiado(da). 〜に処理してください Hágalo a su conveniencia (como le parezca).

てきよう 適用 aplicación 女. 〜する aplicar

できる ❶〈能力・可能性〉poder (ser capaz de)+不定詞；〈知識・技術〉saber+不定詞：これ以上我慢できない No puedo aguantar más. あしたは出社できますか? ¿Puede venir a la oficina mañana? 読み書きが〜 saber leer y escribir. 〜だけのことをする hacer todo lo posible
❷〈学課など〉彼は数学が〜 Se le dan bien las matemáticas./Las matemáticas son su fuerte. 私は今度の試験はよくできた Esta vez he hecho bien los exámenes.
❸〈材料〉…から〜 hacerse de…：チーズは牛乳から〜 El queso se hace de la leche.

でぐち 出口 salida 女

でこぼこ 凸凹 〜の desigual, accidentado(da). 〜の道 camino 男 desigual (con baches)

てごろ 手頃 〜な adecuado(da), apropiado(da)：子供に〔与えるのに〕〜な本 libro 男 adecuado para niños. 〜な値段 precio 男 moderado (asequible)

デザート postre 男：〜に果物を食べる tomar fruta de postre

デザイン diseño 男. デザイナー diseñador(ra)

てすうりょう 手数料 comisión 女

テスト ⇒試験

でたらめ 君の話は〜だ Lo que dices es un puro cuento. 〜を言う decir disparates. 〜な生活 vida 女 desordenada. この地図は〜だ Este plano es inexacto. その噂は〜だ El rumor carece de (no tiene) fundamento.

てちょう 手帳 agenda 女

てつ 鉄 hierro 男. 〜鋼 acero 男

てっかい 撤回 retractación 女. 〜する retractar

てつがく 哲学 filosofía 女. 〜者 filósofo(fa)

てつだう 手伝う ayudar (prestar ayuda) a+人：手伝おうか? ¿Te ayudo? この荷物を運ぶのを手伝ってください Ayúdeme a llevar este equipaje. 手伝い ayuda 女；〈人〉ayudante 名

てつづき 手続き trámite 男, pasos 男複；〈訴訟・行政の〉procedimiento 男

てってい 徹底 〜的な〜した completo(ta), exhaustivo(va). 〜的に・〜して completamente, a fondo. 命令が〜していない No todos cumplen la orden./La orden no ha llegado a todos.

てつどう 鉄道 ferrocarril 男

てっぽう 鉄砲 fusil 男

てつや 徹夜 〜する velar, pasar la noche en vela. 〜で試験勉強をする estudiar toda la noche para preparar el examen

てにもつ 手荷物 equipaje 男 [de mano], bulto 男. 〜預かり所 consigna 女

デパート [grandes] almacenes 男複

てばなす 手放す〈売却〉vender；〈譲渡〉enajenar

てびき 手引き〈案内書〉guía 女, manual

男. スペイン語の〜 introducción 女 al español

てほん 手本 ejemplo 男, modelo 男: 〜を示す dar ejemplo. …を〜にする tomar… como modelo. 〜になる servir de ejemplo (de modelo)

てま 手間 〈時間〉 tiempo 男; 〈労力〉 trabajo 男. 〜のかかる trabajoso(sa). 〜のかからない fácil, sencillo(lla). 〔…するのに〕〜どる tardar mucho 〔en+不定詞〕

でむかえる 出迎える recibir a+人

…ても 〈たとえ〉 aunque+接続法; 〈どんなに〉 por mucho (muy+形容詞) que+接続法: むずかしく〜ラテン語を習いたい Aunque sea difícil el latín, me gustaría aprenderlo. お金があっ〜幸福だとは限らない Por mucho dinero que se tenga, uno puede no ser feliz. 何が起き〜 pase lo que pase. その手紙を読んでもいいですか? ¿Puedo leer la carta?

デモ manifestación 女. 〜隊 manifestantes 男複. 〜をする manifestarse

でも ❶ 〈しかし〉 pero
❷ 〈…さえ〉 aun, hasta: 彼は日曜日〜仕事をしている Trabaja hasta los domingos.
❸ 〈どんな〉 cualquier: それは誰〜わかる Cualquiera lo entiende. いつ〜電話しなさい Llámame cuando quieras (a cualquier hora).
❹ 〈たとえ〉 aunque+接続法: 雨〜出かけますか? ¿Saldrá usted aunque llueva?
❺ 〈例示〉 ビール〜どう? ¿Qué te parece tomar cerveza?

てもと 手元 〜に a mano: それは今〜にない Ahora no lo tengo a mano.

てら 寺 templo 男 budista

てらす 照らす ❶ alumbrar, iluminar: 月が夜道を照らしていた La luna iluminaba el camino.
❷ …と照らし合わせる cotejar (confrontar) con…

テラス terraza 女

デラックス 〜な de lujo, lujoso(sa)

でる 出る ❶ 〈外出・出発〉 salir: 家を〜 salir de casa. 外へ〜 salir a la calle. 旅に〜(出ている) salir (estar) de viaje. 列車はもう出てしまった El tren ha salido ya. この通りを行くと駅に〜 Esta calle sale a la estación. 出て行け! ¡Vete!/¡Fuera!
❷ 〈掲載・発行〉 その雑誌は毎週木曜日に〜 La revista sale cada jueves. この単語は辞書に出ていない Esta palabra no viene en el diccionario.
❸ 〈出席・出演〉 授業に〜 asistir a clase. テレビに〜 salir en la televisión. その映画に は誰が出ているの? ¿Quién trabaja en esa película?
❹ 〈出現〉 太陽(月)が出た El sol (La luna) ha salido. 失くした鍵が出てきた Ha aparecido la llave perdida.

テレビ televisión 女; 〈受像機〉 televisor 男: 〜局 estación 女 (emisora 女 de televisión. 〜視聴者 telespectador(ra), televidente 名. 〜ニュース telediario 男. 〜で放映する televisar
〜ゲーム videojuego 男. 〜ゲーム機 videoconsola 女, consola 女 〔de videojuegos〕

テロ terrorismo 男, atentado 男. テロリスト terrorista 名

てん 天 ❶ cielo 男; 〈天空〉 firmamento 男
❷ 〈天国〉 paraíso 男; 〈天命〉 suerte 女: 運を〜に任せる abandonarse a la suerte

てん 点 ❶ punto 男; 〈読点〉 coma 女: 〜を打つ puntuar, poner un punto
❷ 〈問題点〉 我々はその〜では意見が一致している Estamos de acuerdo en ese punto.
❸ 〈評点〉 nota 女: 良い(悪い)〜を取る sacar buenas (malas) notas
❹ 〈得点〉 punto, tanto 男; 〈サッカーなど〉 gol 男: 〜を入れる puntuar; meter (marcar) un gol

てんいん 店員 dependiente(ta); 〈販売員〉 vendedor(ra); 〈従業員〉 empleado(da)

てんかぶつ 添加物 aditivo 男: 食品〜 aditivo alimentario

てんき 天気 tiempo 男: 〜がいい(悪い) Hace buen (mal) tiempo. 〜図 mapa 男 del tiempo. 〜予報 pronóstico 男 del tiempo

でんき 伝記 biografía 女

でんき 電気 ❶ electricidad 女. 〜の eléctrico(ca): 〜ストーブ estufa 女 eléctrica. 〜スタンド lámpara 女 de mesa. 家庭用〜器具 electrodoméstico 男
❷ 〈電灯〉 luz 女: 〜をつける(消す) encender (apagar) la luz

てんけい 典型 arquetipo 男; 〈模範〉 modelo 男. 〜的な típico(ca)

てんこう 天候 ⇒天気

てんごく 天国 cielo 男, paraíso 男

でんごん 伝言 recado 男, 〈ラ〉 mensaje 男: …に〜を残す dejar un recado (un mensaje) a+人. 君きみに〜がある Hay un mensaje para ti.

てんさい 天才 genio 男. 〜的な genial. 〜児 niño(ña) prodigio

てんし 天使 ángel 男

てんじ 展示 exhibición 囡, exposición 囡. ～する exhibir, exponer. ～品・物 exposición. ～会 exposición. ～館〈展覧会などの〉pabellón 男

でんし 電子 electrón 男. ～の electrónico(ca). ～工学 electrónica 囡. ～メール ⇨メール. ～レンジ〔horno 男〕microondas 男

でんしゃ 電車 tren 男; 〈路面電車〉tranvía 男: ～賃を払う pagar el billete de tren

てんじょう 天井 techo 男

でんせつ 伝説 leyenda 囡. ～的な legendario (ria)

でんせん 伝染 contagio 男, infección 囡. ～する contagiarse. ～性の contagioso (sa): ～病 enfermedad 囡 contagiosa

でんせん 電線 cable 男 eléctrico, línea 囡 eléctrica

でんち 電池 pila 囡, batería 囡: 乾～ pila seca. 蓄～ acumulador 男. アルカリ(充電式)～ batería alcalina (recargable). ～が切れた La pila se ha gastado.

テント tienda 囡〔de campaña〕

でんとう 伝統 tradición 囡: ～を守る mantener (guardar) la tradición. ～のある学校 escuela 囡 de mucha tradición. ～的な tradicional

でんとう 電灯 lámpara 囡〔eléctrica〕, luz 囡 eléctrica

てんねん 天然 ～の natural: ～ガス gas 男 natural. ～資源 recursos 男 複 naturales

てんのう 天皇 emperador 男〔de Japón〕

でんぱ 電波 onda 囡 eléctrica

でんぴょう 伝票 nota 囡, factura 囡

てんぼう 展望 panorama 男, vista 囡, perspectiva 囡: 経済の～ panorama de la economía. 将来の～ perspectiva del porvenir. ～車 coche 男 panorámico. ～台 mirador 男

でんぽう 電報 telegrama 男

てんもん 天文 ～学 astronomía 囡. ～台 observatorio 男

てんらんかい 展覧会 exposición 囡: ～を開く celebrar una exposición

でんわ 電話 teléfono 男; 〈通話〉llamada 囡: ～をかける llamar a+人〔por teléfono〕, telefonear a+人. 東京に～をかけたいのですが Quisiera hacer una llamada a Tokio. 後で～をください Llámeme más tarde. 君に～だよ Te llaman por teléfono./Hay una llamada para ti. ～で話す hablar por teléfono. ～に出る ponerse al teléfono; 〈受話器を取る〉coger el teléfono. ～を切る colgar〔el auricular〕. ～機 teléfono; 〈受話器〉auricular 男. ～帳 guía 囡 telefónica. ～番号 número 男 de teléfono. ～ボックス cabina 囡 telefónica. 国際～ llamada 囡 internacional. 料金受信人払い～ llamada a cobro revertido

と

…と ❶〈および〉y;〈共に〉con: ホセ～マリア José y María. 私は母～行きたい Quiero ir con mi madre.

❷〈内容〉que: 彼はいや(だめ)だ～言っている Dice que no.

と 戸 puerta 囡

ど 度 ❶〈回数〉vez 囡: 週に2～ dos veces a la semana. 何～か unas veces. 3～目に・で a la tercera vez

❷〈温度・角度など〉grado 男: 私は40～の熱がある Tengo cuarenta grados de fiebre.

❸〈限度〉～を越す exederse, pasarse. それは～が過ぎる Es demasiado.

ドア puerta 囡: ～のところで誰かが呼んでいる Llaman a la puerta.

トイレ servicio 男, váter 男;〈洗面所〉〔cuarto 男 de〕aseo 男

とう 党 partido 男: 与(野)～ partido del gobierno (de la oposición). 社会～ partido socialista

とう 塔 torre 囡

どう 〈いかに〉cómo;〈何をする〉qué: この料理は～やって作るのですか ¿Cómo se hace este plato? 試合は～でしたか ¿Cómo estuvo el partido? ～言ったらいいか… Cómo diría …? この服～かしら ¿Qué te parece este vestido? 私たちは〔これから〕～なるのだろう ¿Qué será de nosotros? ～したのですか ¿Qué le pasa? 私は～すればいいの ¿Qué puedo hacer? 彼は～しようもない〈処置なし〉No tiene arreglo.

どう 銅 cobre 男. ～メダル medalla 囡 de bronce

どうい 同意〈賛成〉asentimiento 男;〈許可〉consentimiento 男. ～する acceder a +事・不定詞; consentir en+事・不定詞

とういつ 統一 unificación 囡. ～する unificar. 再～する reunificar. ～性 uni-

どうか ❶〈依頼〉por favor：～許してください Perdóneme, por favor. ❷〈願望〉～…しますように! ¡Ojalá 〔que〕+接続法! ❸ ～しましたか? ¿Le pasa algo? 最近の君は～している Estos días estás distinto (pareces otro). ❹〈…かどうか〉si：彼が来るか～私はわからない No sé si viene (vendrá) o no.

とうき 陶器 cerámica 囡

どうき 動機 motivo 男

とうきゅう 等級 clase 囡

とうぎゅう 闘牛 corrida 囡 〔de toros〕. ～士 tore*ro*(*ra*), matado*r*(*ra*). ～場 plaza 囡 de toros；〈砂場〉redondel 男, ruedo 男

どうぐ 道具 instrumento 男, utensilio 男；〈工具〉herramienta 囡

どうくつ 洞窟 cueva 囡, caverna 囡：アルタミラの～ Cuevas de Altamira

とうげ 峠 puerto 男, paso 男

とうけい 統計 estadística 囡

とうさん 倒産 quiebra 囡, bancarrota 囡. ～する quebrar, hacer quiebra (bancarrota)

とうし 投資 inversión 囡. ～する invertir en…

とうじ 当時 entonces：その(あの)～ en aquel entonces, en esa (aquella) época

どうし 動詞 verbo 男. ～の活用 conjugación 囡〔del verbo〕

どうじ 同時 ～の simultáne*o*(*a*). ～に simultáneamente, al mismo tiempo；〈一度に〉a la vez

どうして por qué, cómo：～本当のことを私に言わなかったのですか? ¿Por qué no me dijo la verdad? ～それを知っているの? ¿Cómo lo sabes?

どうしても 〈肯定〉⇨ぜひ, 絶対；〈否定〉⇨けっして, 絶対

とうじょう 搭乗 飛行機に～する subir al avión. ～員 tripulante 囯. ～券 tarjeta 囡 de embarque

とうじょう 登場〈演劇〉entrada 囡 en escena. ～する entrar en escena. ～人物 personaje 男

どうじょう 同情 compasión 囡：…に～する sentir compasión (lástima) por…, compadecer a+人, compadecerse de+人. ～的な compasi*vo*(*va*)

どうせ ya que+直説法：～列車には間に合わないのだからゆっくり行こう Ya que no podemos alcanzar el tren, vamos tranquilamente.

とうせい 統制 control 男. ～する controlar

とうせん 当選 ～する〈選挙に〉ser elegi*do* (*da*). ～者 candida*to* (*ta*) elegi*do* (*da*)

とうぜん 当然 naturalmente. ～の natural；〈筋の通った〉lógi*co* (*ca*)：…は～である Es natural (lógico) que+接続法.

どうぞ por favor：～おかけください Siéntese, por favor. お釣りを～ Aquí tiene la vuelta.

どうぞう 銅像 estatua 囡 de bronce

とうだい 灯台 faro 男

とうたつ 到達 ～する llegar, alcanzar

とうちゃく 到着 llegada 囡：～時刻 hora 囡 de llegada. ～する llegar a+場所

とうてい 到底 それは～不可能だ Es absolutamente imposible.

とうとい 尊い〈高貴〉noble；〈貴重〉preci*oso* (*sa*)

とうとう por fin, finalmente

どうどう 堂々 ～とした imponente, majestuo*so* (*sa*)

どうとく 道徳 moral 囡. ～的な moral

とうなん 盗難 robo 男

とうひょう 投票 votación 囡. ～する votar

どうぶつ 動物 animal 男. ～園 parque 男 zoológico, zoo 男

とうぶん 当分〈しばらくの間〉por (durante) algún tiempo

とうめい 透明 ～な transparente, cla*ro* (*ra*)

どうめい 同盟 alianza 囡, liga 囡. …と～を結ぶ aliarse con…

トウモロコシ maíz 男；〈穂軸〉mazorca 囡, 〈ラ〉choclo 男

とうよう 東洋 Oriente 男. ～の・～的な oriental

どうよう 同様 ～の mis*mo* (*ma*), igual, similar. ～に igualmente. …と～に lo mismo que…；así como…

どうり 道理 razón 囡：～で彼がそう言ったわけだ Con razón decía eso. ～にかなった razonable

どうりょう 同僚 compañe*ro* (*ra*), colega 囯

どうろ 道路 camino 男；〈街路〉calle 囡；〈自動車専用〉carretera 囡：～地図 mapa 男 de carreteras. ～標識 señal 囡 de tráfico

とうろく 登録 registro 男, inscripción 囡, matrícula 囡. ～する registrar, ins-

とうろん 討論 discusión 囡, debate 男: 公開〜会 debate público. 〜する discutir, debatir

どうわ 童話 cuento 男 infantil

とうわく 当惑 〜する confundirse, quedarse perple*jo(ja)*. 〜させる poner a+人 en apuros: 彼の質問は私を〜させた Su pregunta me puso en apuros.

とおい 遠い 〈時間・空間〉 lejan*o(na)*, remot*o(ta)*. 〜国〈親戚〉país 男 (pariente 囡)．昔に=en tiempos remotos, en épocas lejanas. 遠くに lejos, a lo lejos: 遠くに島が見える Se ve una isla a lo lejos. 駅はまだ〔ここから〕〜 La estación está aún lejos〔de aquí〕．遠くからでも彼だとわかった Lo reconocí desde lejos.

とおざかる 遠ざかる alejarse〔de+場・人〕. 遠ざける alejar

とおす 通す 〈通過・貫通〉 pasar, dejar pasar: 針に糸を〜 pasar el hilo por el ojo de la aguja. ガラスは光を〜 El cristal deja pasar la luz. 客を広間に〜 hacer pasar al visitante a la sala
…を通して〈経由〉a través de…; 〈媒介〉por medio de…: 壁を通して会話が聞こえた Se oía la conversación a través del muro. 私は友人を通してそのニュースを知った Supe la noticia por medio (a través) de un amigo.

トースト tostada. トースター tostador 男

とおまわり 遠回り rodeo 男: 〜する dar un rodeo

とおり 通り **❶** 〈街路〉calle 囡; 〈大通り〉avenida 囡

❷ 〈種類〉それをするには何〜か方法がある Hay varias maneras de hacerlo. 2〜の意味のある de doble sentido

❸ 〈そのまま〉言われた〜にしなさい Hazlo como te han dicho. 思った〜だ Como me lo imaginaba. その〜！¡Exactamente!/¡Eso es! 君の言う〜だ Tienes razón.

とおる 通る **❶** 〈通過・経由〉pasar: こちらへお寄りの際は Pase por aquí. この列車はマラガを通りますか？¿Pasa este tren por Málaga? その道は通れない No se puede pasar por este camino. たまたま警官が通りかかった Un policía pasó por casualidad. 1台の車が私の前を通りすぎた Un coche pasó delante de mí. 通り越す ir más allá de+場所

❷ 〈合格・承認〉aprobar, pasar: 試験に〜 aprobar (pasar) un examen. 私の提案はすんなり通った Mi propuesta fue aceptada (Aceptaron mi propuesta) sin dificultad.

❸ 〈通念・認識〉彼は正直者で通っている Tiene fama de honrado.

とかい 都会 ciudad 囡. 〜の・〜的な urban*o(na)*. 〜生活 vida 囡 urbana. 〜人 ciudadan*o(na)*. 大〜 metrópoli 囡

とかす 梳かす 髪を〜 peinarse

とかす 溶・解かす〈液体に〉disolver;〈熱で〉fundir, derretir

とき 時 **❶** 〈時間〉tiempo 男;〈時刻〉hora 囡;〈時点〉momento 男;〈時代〉época 囡;〈機会〉ocasión 囡: 〜と共に・〜がたつにつれて con el tiempo. 〜を打つ（告げる）dar la hora. 今この〜に en este momento. 私が子供の（若い）〜に cuando era niño (joven)

❷ …する〜に〔は〕cuando+直説法『未来のことは+接続法』; 〈場合〉en caso de…: 私はローマに行く〜は〔いつも〕彼女を訪ねる Cuando voy a Roma, la visito. こちらへ来る〜は私の家に寄りなさい Cuando vengas por aquí, pasa por mi casa. 緊急の〜はこのスイッチを押しなさい En caso de emergencia, aprieta este botón.

❸ ある〜 una vez, en cierta ocasión. 〜には algunas veces

ときどき 時々 a veces;〈疑問文・命令文で〉de vez en cuando

どきどき 〜する〈心臓が〉palpitar, latir;〈不安・緊張〉estar nervios*o(sa)*

とく 解く〈結び目を〉desatar;〈問題を〉resolver, solucionar

とく 〜な ventajos*o(sa)*;〈経済的〉económic*o(ca)*. 〜をする ganar, tener ventaja

どく 退く apartarse de…, quitarse de…: ちょっとそこをどきなさい Quítate de ahí.

どく 毒 veneno 男. 〜のある venenos*o(sa)*, tóxic*o(ca)*: 〜キノコ hongo 男 venenoso

とくい 得意 **❶** fuerte 男: スポーツは彼の〜だ El deporte es su fuerte./Se le dan bien los deportes.

❷ 〈顧客〉cliente 名

❸ 〈自慢〉〜を…を〜がる estar orgullos*o(sa)* de…, presumir de…

どくさい 独裁 dictadura 囡, autocracia 囡. 〜者 dictador*(ra)*, autócrata 名

どくしゃ 読者 lector*(ra)*;〈集合的に〉público 男

とくしゅ 特殊 〜な especial, particular

どくしょ 読書 lectura 囡. 〜する leer

どくしん 独身 〜の〔人〕solter*o(ra)*: 彼

どくせん 女は～だ(まだ～だ) Es (Está todavía) soltera. ～生活 vida 囡 de solter*o*(*ra*)

どくせん 独占 monopolio 男. ～する monopolizar

どくそう 独創 ～的な original. ～性 originalidad

とくちょう 特徴 característica 囡, peculiaridad 囡. ～のある característic*o*(*ca*), peculiar

とくに 特に especialmente, particularmente;〈とりわけ〉sobre todo. ～変わったことはない No hay nada de particular.

とくべつ 特別 ～な especial, particular;〈例外的〉excepcional

とくゆう 特有 …に～の prop*io*(*pia*) de…, característic*o*(*ca*) de…

どくりつ 独立 independencia 囡. ～した independiente. …から～する independizarse de…

とけい 時計 reloj 男: 私の～は進んで(遅れて)いる Mi reloj está adelantado (atrasado).

とける 溶・解ける〈液体に〉disolverse;〈熱で〉fundirse, derretirse: 塩は水に～ La sal se disuelve en el agua. 雪が～ La nieve se funde (se derrite).

どこ 何処 ～に・…で dónde: ～から(まで)de (hasta) dónde. その町は～にありますか? ¿Dónde está el pueblo? ～で待ち合わせようか? ¿Dónde quedamos? ～へ adónde: 夏休みは～へ行くのですか? ¿Adónde va en las vacaciones de verano? この週末は～か行く予定なの?—～へも行かないよ ¿Piensas ir a alguna parte este fin de semana?—A ninguna parte. ご出身はカスティーリャの～ですか? ¿De qué parte de Castilla es usted? ここは～ですか? ¿Dónde estamos?/¿Qué es esto? ペルーの首都は～ですか? ¿Cuál es la capital de Perú? ～にでも en cualquier sitio;〈至る所に〉en (por) todas partes. ～に…ても dondequiera que+接続法

ところ 所 ❶〈場所〉lugar 男, sitio 男: イビサは美しい～だ Ibiza es un sitio precioso. 南極とはどんな～だろう? ¿Cómo será el Polo Sur? …の～に a: その教会は広場から歩いて5分(500メートル)の～にある La iglesia está a cinco minutos andando (a quinientos metros) de la plaza.
❷〈個所〉punto 男, parte 囡: そこの～が難しい Ahí está el punto difícil.
❸〈時〉…した～である acabar de+不定詞: 私は今起きた～だ Acabo de levantarme. あやうく…する～だった por poco+直説法: 私は君に言うのを忘れる～だった Por poco se me olvida decírtelo.
❹～どころに aquí y allí. 山の～どころに雪が残っている Queda nieve en algunos sitios de la montaña.

ところが ⇨しかし

…どころか それ～ lejos de eso;〈反対に〉al (por el) contrario. …する～ lejos de+不定詞

ところで por cierto, a propósito, ahora bien

とざん 登山 montañismo 男;〈高山の〉alpinismo 男. ～者 montañer*o*(*ra*); alpinista 名

とし 年 ❶ año 男: ～の初め(暮れ)に a principios (a fines) de año
❷〈年齢〉edad 囡: 彼の～はいくつですか? ¿Cuántos años (Qué edad) tiene él? 彼女は～のわりに若く見える Ella parece más joven de lo que es. ～をごまかす〈若く〉quitarse años;〈多く〉ponerse años. ～をとる envejecer. ～をとった vie*jo*(*ja*). …より～上(下)である ser mayor (menor) que+人: 彼は私より2歳～上だ Es dos años mayor que yo.

とし 都市 ciudad 囡. ～の urba*no*(*na*). ～化 urbanización 囡. ～計画 urbanismo 男

とじこめる 閉じ込める encerrar. 閉じ込もる encerrarse

…として como: 通訳として…に同行する acompañar a+人 como intérprete

としょかん 図書館 biblioteca 囡

とだな 戸棚〈食器用〉aparador 男;〈作り付けの〉alacena 囡

とち 土地 tierra 囡, suelo 男;〈地所〉terreno 男;〈宅地〉solar 男;〈領地〉territorio 男: ～を買う comprar tierras (terreno). 肥沃な～ suelo fértil. その～の local

とちゅう 途中 ～で en el camino;〈中途〉a medio camino: 家に帰る～で en el camino a (camino de) casa. ～で仕事を放り出す abandonar el trabajo a medio camino

どちら cuál, qué:〔この〕～がいいですか? ¿Cuál〔de éstos〕prefiere? 映画と演劇では～が好き?—～もあまり好きではない ¿Qué le gusta más, el cine o el teatro?—No me gusta mucho ninguno〔de los dos〕.

とっきょ 特許 patente 囡. ～を取る patentar

とっけん 特権 privilegio 男, prerrogativa 女

とっさ 私はスペイン語で尋ねられて～に返事ができなかった Me preguntaron en español [inesperadamente] y no sabía qué contestar [en ese momento]. ～の機転がきく ser rápido (da) en reaccionar. ～の思いつき ocurrencia 女

とっしん 突進 ～する lanzarse sobre+人 (hacia+場所), precipitarse contra+物 (hacia+場所)

とつぜん 突然 de repente, repentinamente; 〈不意〉 inesperadamente, de improviso. ～の repentino (na), brusco (ca)

とって 取っ手 asa 女, agarradero 男

とても muy: ～大きい muy grande. きょうは～暑い Hoy hace mucho calor.

とどく 届く llegar, alcanzar: 私の手紙は届きましたか？ ¿Le ha llegado (Ha recibido) mi carta? その指輪は高くて私には手が届かない No me llega (alcanza) el dinero para comprar esa sortija. …の～のところに al alcance de…

とどける 届ける ❶ 〈送る〉 enviar, mandar; 〈配達〉 servir a domicilio, repartir; 〈持参〉 llevar. ❷ 〈届け出る〉 declarar. 届け declaración 女

ととのえる 整える ❶ 〈整理〉 arreglar, poner en orden: 服を～ arreglarse la ropa
❷ 〈用意〉 preparar: 旅支度を～ prepararse para el viaje, hacer los preparativos del viaje. 食事の用意が整った La mesa está preparada (puesta).

とどまる 止まる・留まる 〈残留・滞在〉 quedarse, permanecer: 家に～ quedarse en casa

とどめる 留・止める 〈制止〉 detener; 〈残す〉 quedar, dejar. …するに～ limitarse a+不定詞

となり 隣 〈人〉 vecino (na); 〈家〉 casa 女 vecina. ～の vecino (na). …の～に al lado de…

どなる 怒鳴る gritar, hablar a voces

とにかく de todos modos, de todas maneras: 切符を買えるかわからないが～劇場まで行こう No sé si habrá entradas, pero de todos modos voy a ir al teatro.

どの ❶ qué: ～新聞にそう書いてあるのですか？ ¿En qué periódico pone eso?
❷ ～本を選んでもいいですよ Puede elegir cualquier libro. ～番組もつまらない No me interesa ninguno de los programas./Todos los progamas son aburridos.
❸ ～くらい cuánto: ここから空港まで～くらいあり (かかり) ますか？ ¿Cuánto hay (se tarda) de aquí al aeropuerto? その荷物の重さは～くらいですか？ ¿Cuánto pesa el paquete?
❹ ～ように cómo. ⇨ どう

とびら 扉 puerta 女; 〈本の〉 portada 女

とぶ 飛ぶ・跳ぶ ❶ 〈飛行〉 volar: …の上空を～ volar por encima de+場所, sobrevolar +場所
❷ 〈跳躍〉 saltar: カエルが～ La rana salta. 飛び起きる saltar de la cama. 飛び出す lanzarse. 窓から飛び降りる saltar por la ventana. 水に飛び込む tirarse (lanzarse) al agua. 飛びかかる arrojarse sobre (lanzarse contra)+人・物

とほ 徒歩 ～で a pie: 家から学校まで～で15分かかる Se tarda quince minutos a pie (andando) de casa a la escuela.

とほう 途方 ～に暮れる no saber qué hacer. ～もない 〈ばかげた〉 absurdo (da); 〈並はずれた〉 extraordinario (ria), increíble

とぼしい 乏しい escaso (sa), pobre en…: 我々は食糧が～ Estamos escasos de víveres. 資源の～国 país 男 pobre en recursos. 彼は経験に～ Carece de (Tiene poca) experiencia. 魅力に～ poco atractivo (va)

とまる 止まる detenerse, parar[se]: タクシーが家の前で止まった Un taxi se detuvo enfrente de mi casa. この列車は神戸に止まりますか？ ¿Para este tren en Kobe? 時計が止まった El reloj se ha parado.

とまる 泊まる alojarse, parar. 彼はよくこのホテルに～ Suele pasar la noche en este hotel. 私は昨夜は友人の家に泊まった Anoche dormí en la casa de un amigo.

とみ 富 riqueza 女. 富む 〈裕福〉 enriquecerse, ser rico (ca); 〈豊富〉 abundar en…

とめる 止める ❶ 〈停止〉 parar, detener; 〈中断〉 cortar, interrumpir: ここで止めてください 〈車を〉 Pare aquí. 通行を～ cortar el tráfico. 〔蛇口の〕水を～ cerrar el grifo. 火を～ apagar el fuego
❷ 〈駐車〉 aparcar: 車を通りに～ aparcar el coche en la calle
❸ 〈制止〉 contener; 〈妨害〉 impedir; 〈禁止〉 prohibir: 私は外出を止められた Me prohibieron salir.
❹ 〈固定〉 sujetar[se], fijar; 〈釘・鋲で〉 clavar; 〈髪を〉 髪をピンで～ recogerse (sujetarse) el pelo con unas horquillas

ともだち 友達 amigo (ga)

ともに 共に …と～に con…

ドライブ paseo 男 en coche: ～する (に行

トラック　〈〉 pasear (ir de paseo) en coche. ドライバー conducto*r* (*ra*), automovilista 名

トラック camión 男. 小型〜 camioneta 女

トラブル 〈もめ事・不調〉 problema 男. 〜メーカー alborotado*r* (*ra*)

トランプ carta 女, naipe 男;〈一組の〉 baraja 女; 〜をする jugar a las cartas (a la baraja)

とり 鳥 ave 女;〈小鳥〉 pájaro 男

とりあえず de momento, por ahora;〈まず〉 antes que nada

とりあげる 取り上げる ❶ coger, tomar. ❷〈奪う〉 quitar a+人, privar a+人 de... ❸〈題材〉 tratar

とりあつかう 取り扱う tratar;〈操作〉 manejar.「取り扱い注意!」¡Frágil!

とりかえす 取り返す recuperar, recobrar

とりかえる 取り替える cambiar, reemplazar

とりかかる 取り掛かる empezar a+不定詞, emprender

とりけす 取り消す anular, cancelar;〈前言を〉 retractarse

とりだす 取り出す sacar, extraer

とりつぐ 取り次ぐ 〈仲介〉 mediar;〈来客を〉 anunciar

とりつける 取り付ける instalar

とりにく 鶏肉 pollo 男

とりのぞく 取り除く quitar

とりひき 取り引き negocio 男;〈商取引〉 comercio 男;〈闇取引〉 tráfico 男. 〜する negociar; comerciar; traficar. 〜先 cliente 名

とりょう 塗料 pintura 女

どりょく 努力 esfuerzo 男: 〜する hacer esfuerzos (un esfuerzo), esforzarse

とりよせる 取り寄せる カタログを〜 pedir un catálogo

とる 取る ❶ tomar, coger: 好きな物を取りなさい Toma lo que quieras.
❷〈得る〉 ganar, conseguir: 賞を〜 ganar un premio
❸〈奪う〉 robar;〈徴収〉 cobrar: 金を〜 robar dinero a+人; cobrar a+人
❹〈除く〉 quitar[se];〈シャツの汚れを〜 quitar la mancha a la camisa
❺ 〜に足りない insignificante, de poca importancia

ドル dóla*r* 男

どれ cuál: 君の靴は〜ですか? ¿Cuáles son tus zapatos? 〜でも cualquiera

どれい 奴隷 escla*vo* (*va*)

トレーニング entrenamiento 男. 〜する entrenarse. 〜ウェア chandal 男

ドレス vestido 男

どれだけ ⇒どのくらい, どんなに

ドレッシング aliño 男. 〜であえる aliñar

どれどれ [Vamos] A ver.

どろ 泥 barro 男, lodo 男

どろぼう 泥棒 〈人〉 ladrón (*na*);〈行為〉 robo 男

どんかん 鈍感 〜な poco sensible;〈勘の鈍い〉 torpe

とんでもない ❶〈ばかげた〉 absur*do* (*da*), insensa*to* (*ta*);〈前代未聞の〉 inaudi*to* (*ta*)
❷ 〈否定〉 〜! ¡Qué va!//〈決して〉 ¡De ninguna manera!/¡Ni pensarlo!

どんどん 〈速く〉 rápidamente;〈休みなく〉 sin cesar (parar)

どんな cómo, qué [clase de...]: マルタは〜人ですか? ¿Cómo es Marta? 〜色が好きですか? ¿Qué color le gusta? 〜…でも cualquiera

どんなに cuánto: 私が〜苦しんでいるかあなたにはわからない No sabe cuánto sufro.
〜…でも por+形容詞・副詞 que+接続法: 君が〜勉強してもその試験には受かるまい Por mucho que estudies, no aprobarás el examen.

トンネル túnel 男

とんや 問屋 tienda 女 al por mayor

な

な 名 ⇨ **名前**. ~の知れた muy conoci*do*(*da*). ~もない desconoci*do*(*da*), anóni*mo*(*ma*)

…ない ❶〈否定〉no+動詞：私はたばこは吸わ~ No fumo. 彼はスペイン人では~ No es español. それを知っている人はい~ No hay nadie que lo sepa. …し~うちに antes [de] que+接続法
❷〈願望・懸念〉早く冬が来~かなあ! ¡Ojalá [que] llegue pronto el invierno! 私は遅刻するのでは~かと心配だ Temo llegar tarde.
❸〈勧誘〉お茶でも飲ま~? ¿Quieres tomar café?

ない 無い ❶〈非所有〉no tener;〈欠落〉carecer de…：私には兄弟が~ No tengo hermanos. 私たちには金が~ No tenemos dinero. 彼にはユーモアのセンスが~ Carece de sentido del humor.
❷〈非存在〉no haber, no estar：事故の死者は~かった No ha habido muertos (ningún muerto) en el accidente. 彼の車はここには~ Su coche no está aquí.
❸〈未経験〉私は彼女に会ったことが~ No la he visto nunca.

ないか 内科 medicina 囡 interna. ~医 internista 名

ないかく 内閣 gabinete 男, consejo 男 de ministros;〈政府〉gobierno 男

ないしょ 内緒 ⇨ **秘密**. ~で en secreto;〈隠れて〉a escondidas：~話をする hablar en secreto con+人;〈ひそひそ話〉cuchichear

ないしん 内心 ~では en su interior, interiormente

ないせん 内戦 guerra 囡 civil

ないせん 内線〈電話の〉extención 囡

ないぞう 内臓 vísceras 囡 複, entrañas 複

ナイフ cuchillo 男;〈折畳式の〉navaja 囡

ないぶ 内部 interior 男. ~の interior, inter*no*(*na*)：~事情 asuntos 男 複 internos

ないよう 内容 contenido 男. ~の充実した su(b)stancio*so*(*sa*). ~のない insu(b)stancial

なおす 直・治す〈修理〉reparar, arreglar;〈訂正・矯正〉corregir;〈治療〉curar：時計を~ reparar (arreglar) el reloj. 綴りの誤りを~ corregir la falta de ortografía. 病気を~ curar la enfermedad. 直・治る arreglarse; corregirse; curarse：彼の風邪は治った Se ha curado del catarro.

なか 中 ❶〈内部〉interior 男. …の~に・で en, dentro de…：引き出しの~に (dentro del) cajón. ~へ adentro. ~から por dentro. 公園の~を散歩する dar un paseo por el parque
❷〈範囲内〉ハイメは兄弟の~でいちばん背が高い Jaime es el más alto de sus hermanos. クラスの~から一人選ぶ elegir uno de la clase

なか 仲 relaciones 囡 複：~がよい(悪い) llevarse bien (mal), estar en buenas (malas) relaciones

ながい 長い larg*o*(*ga*)：~廊下 pasillo 男 largo. 長話 conversación 囡 larga. 私は~こと彼に会っていない Hace mucho tiempo que no le veo. 長年の習慣で por la costumbre de muchos años

ながいき 長生き longevidad 囡. ~する vivir muchos años

ながぐつ 長靴〈雨天用の〉botas 囡 複 de agua

ながさ 長さ longitud 囡, largo 男：その布は~10メートルだ La tela tiene diez metros de largo.

ながす 流す dejar correr;〈注ぐ〉verter;〈涙・血などを〉derramar. 洪水でたくさんの家が流された La inundación se llevó muchas casas.

なかなおり 仲直り reconciliación 囡. ~する reconciliarse, hacer las paces

なかなか ❶〈かなり〉bastante：この小説は~面白い Esta novela es bastante interesante. これどう?――いいね ¿Qué te parece esto?—No está mal.
❷〈否定〉バスが~来ない El autobús tarda mucho en llegar. 彼は~わかってくれない No se le convence fácilmente.

なかにわ 中庭 patio 男

なかば 半ば ❶〈半分〉medio：ドアは~開いていた La puerta estaba medio abierta.
❷〈中ごろ〉20世紀の~に a mediados del siglo XX

ながびく 長引く durar mucho, prolongarse, alargarse：彼の風邪は長引いている Le dura mucho el catarro./El catarro no se le cura.

なかま 仲間 compañe*ro*(*ra*);〈同僚〉colega 名

なかみ 中身 contenido 男. スーツケースの

～を見せなさい Abre la maleta.

ながめ 眺め vista 囡, perspectiva 囡：～のいい部屋 habitación 囡 con buena vista

ながめる 眺める contemplar, mirar

ながもち 長持ち ～する durar．～のする *duradero(ra)*；〈耐久性のある〉resistente

…ながら テレビを見～食事するのはやめなさい No comas viendo la televisión．寝～本を読む leer un libro *acostado(da)*．私は仕事をし～音楽を聴く Mientras trabajo escucho música.

ながれる 流れる correr, pasar；〈循環〉circular：以前はここを川が流れていた Antes pasaba un río por aquí．車は順調に流れている Los vehículos circulan con fluidez．流れ corriente 囡, curso 男；circulación 囡．流れ星 estrella 囡 fugaz

なく 泣く llorar；〈すすり泣く〉sollozar；〈めそめそする〉gimotear；〈泣きじゃくる〉hipar

なく 鳴く〈鳥・虫が〉cantar；〈猫が〉maullar；〈犬が〉ladrar

なぐさめる 慰める consolar．慰め consuelo 男

なくす 無くす ❶〈紛失〉perder：鍵を～ perder la llave
❷〈廃止〉suprimir：休憩時間を～ suprimir el descanso
❸〈根絶〉erradicar

なくなる 無くなる ❶ perderse：私の眼鏡がなくなった Se me han perdido las gafas.
❷〈尽きる〉acabarse, agotarse：食糧がなくなってきた Los víveres se nos van acabando.
❸〈消滅〉desaparecer：地上から戦争が～日は来るだろうか？ ¿Llegará el día en que desaparezca la guerra de este mundo?

なぐる 殴る golpear, pegar：彼は私の頭を殴った Me golpeó (dio un golpe) en la cabeza．殴り合い pelea 囡

なげく 嘆く ❶〈悲しむ〉lamentarse, llorar：彼は飼犬の死を嘆き悲しんだ Lloró la muerte de su perro．嘆かわしい lamentable, deplorable
❷〈不平を言う〉quejarse de...：不運を～ quejarse de su desgracia

なげる 投げる arrojar, lanzar；〈投げ捨てる〉tirar：石を～ arrojar una piedra．槍を～ lanzar la jabalina．身を～ arrojarse

なさけ 情け〈慈悲〉caridad 囡, misericordia 囡；〈同情〉compasión 囡．～深い *misericordioso(sa)*；compasivo(va), *humano(na)*．～容赦のない *despiadado(da)*

なさけない 情け無い〈みじめな〉miserable, *desgraciado(da)*；〈嘆かわしい〉lamentable；〈恥ずかしい〉*vergonzoso(sa)*

なし 無し ⋯を～に・で sin：上着～で出かける salir sin llevar chaqueta

なぜ 何故 por qué：～そんなことをするのですか？ ¿Por qué hace eso? ～か〔知らず〕no saber por qué
～なら porque, pues：彼は嫌いだ．～ならしこいから Él me cae mal, porque es pesado.

なぞ 謎 enigma 男；〈神秘〉misterio 男．～の *enigmático(ca)*；misterioso(sa)．なぞなぞ acertijo 男, adivinanza 囡

なだれ 雪崩 alud 男

なつかしい 懐かしい〈郷愁をそそる〉*nostálgico(ca)*．懐しむ・懐しがる añorar, sentir nostalgia〔por+事・人〕

ナッツ frutos 男 覆 secos

なっとく 納得 ～する convencerse；〈理解〉explicarse．～させる convencer, persuadir de+事

なでる 撫でる acariciar

など 等 etcétera,〈略語〉etc.

なに 何 ❶〈内容〉qué：～が欲しいの/～の用だ？ ¿Qué quieres? 冷蔵庫には～がありますか？ ¿Qué hay en el frigorífico? ～の話ですか？ ¿De qué se trata?/¿A qué se refiere? そんなことをして～になる ¿Para qué sirve hacer eso? ここまで～で(～に乗って)来たの？ ¿En qué has venido hasta aquí? ビールは～から作りますか？ ¿De qué se hace la cerveza? ～から始めましょう？ ¿Por dónde empezamos? きょうは～曜日？ ¿Qué día (de la semana) es hoy?
❷〈数量〉*cuánto(ta)*：犬の体重は～キロですか？ ¿Cuánto pesa el perro? ～人来ますか？ ¿Cuántas personas vienen? 息子さんは～歳ですか？ ¿Cuántos años (Qué edad) tiene su hijo? 今～時ですか？ ¿Qué hora es? きょうは～日ですか？ ¿A cuántos estamos? /¿Qué día es hoy?
❸〈不定〉*alguno(na)*：私は一度かそこへ行ったことがある He estado allí algunas veces.
❹〈だと？〉¿Cómo?
❺ ～はともあれ de todos modos．～もかも・～でも todo；〈否定〉nada：この店には～でもある En esta tienda hay de todo．私は～もかも嫌になった No me gusta nada．～でもない No es nada．～が～でも a toda costa
❻〈感嘆〉何て qué〔+名詞 más・tan〕+形容詞：何てかわいいのだろう！ ¡Qué bonito! 何て大きな家だろう！ ¡Qué casa tan (más) grande! 君は何て寒がりなんだ！ ¡Qué friolero eres!

なにか 何か algo：～飲み物はありますか？ ¿Hay algo de beber? ～楽器が弾けますか？

¿Sabe tocar algún instrumento? ～変わったことは? ¿Qué hay de nuevo? ～変だ Es algo extraño. それは～の間違いだ Debe [de] ser una equivocación. ～につけて en cada caso

なにも 何も ～[…ない] nada : ～変わった(目新しい)ことはない No hay nada de particular (de nuevo). 私は～することがない No tengo nada que hacer. 彼は～言わない No dice nada. ～かも todo

ナプキン servilleta 囡 ; 〈生理用の〉 compresa 囡

なべ 鍋〈両手付きで深い〉olla 囡 ; 〈両手付きで浅い〉cacerola 囡 ; 〈片手の〉cazo 男 ; 〈浅い土鍋〉cazuela 囡

なま 生 ～の crudo(da) : ～魚 pescado 男 crudo. ～野菜 verdura cruda. ～ごみ biobasura 囡 ～番組 programa 男 en vivo

なまいき 生意気 ～な impertinente, insolente, 〈ス〉chulo(la)

なまえ 名前 nombre 男 ; 〈姓〉apellido 男. …という～である llamarse : あなたのお～は? ¿Cómo se llama usted? 私の～はホルヘです Me llamo Jorge.

なまける 怠ける holgazanear ; 〈おろそかにする〉desatender. 怠け者[の] vago(ga), perezoso(sa), holgazán(na)

なまり 訛 acento 男 ; 〈方言〉dialecto 男

なみ 波 ola 囡 ; 〈波動〉onda 囡. ～打つ ondear. ～打った ondulado(da). 成績に～がある En sus notas hay altibajos./Sus notas no son constantes.

なみきみち 並木道 avenida 囡

なみだ 涙 lágrima 囡 : ～を流す derramar (verter) lágrimas. 涙ぐむ llorar de emoción

なめらか 滑らか ～な liso(sa), suave ; 〈よどみない〉fluido(da)

なめる 舐める ❶ lamer ; 〈口の中で〉chupar : アイスクリームを～ lamer un helado. 飴を～ chupar un caramelo
❷ 〈侮る〉menospreciar : ～なよ! ¿Por quién me tomas?

なやます 悩ます〈苦しめる〉atormentar, afligir ; 〈困らせる〉molestar, fastidiar : 我々は車の騒音に悩まされている El ruido del tráfico nos atormenta (molesta).

悩み〈苦悩〉sufrimiento 男, pena 囡 ; 〈心配事〉preocupación 囡

悩む atormentarse por+事, sufrir de+事

ならう 習う aprender : …の仕方を～ aprender a+不定詞

ならす 馴・慣らす〈動物などを〉domar ; 〈環境に〉acostumbrar

ならぶ 並ぶ ponerse en fila ; 〈行列を作る〉hacer cola. 列の後ろに～ ponerse a la cola. …と並んで座る sentarse al lado de+人

ならべる 並べる〈一列に〉alinear ; 〈陳列〉poner, colocar ; 〈陳列〉exponer

なりたつ 成り立つ〈構成〉formarse por…, constar de…, consistir en… ; 〈～の上に〉fundarse en… そういう理論は成り立たない Tal razonamiento es ilógico.

なる 為・成る ❶〈職業・身分〉hacerse, ser : 医者に～ hacerse médico. 有名に～ hacerse famoso(sa). 彼は2児の父親になった Ya es padre de dos hijos.
❷〈状態〉ponerse ; 〈急激に〉volverse : 顔が赤く～ ponerse colorado(da). 気が変に～ volverse loco(ca). コーヒーは冷たくなった El café está frío.
❸〈結果〉quedar[se], resultar : 彼女は未亡人になった Se quedó viuda. このアパートは私たちには手狭になった Este apartamento nos resulta pequeño. いずれ君もそれがわかるようにーよ Con el tiempo llegarás a entenderlo.
❹〈変化〉convertirse, transformarse : 彼は最近ますます頑固になった Últimamente se ha convertido en una persona muy obstinada.
❺〈時の経過〉hace… que+直説法 : 彼がスペインへ行って10年に～ Hace diez años que se fue a España.

なる 鳴る sonar. 鳴り響く resonar

なるべく lo más… posible : ～早く lo más pronto posible. ～会議には出るようにします Procuraré asistir a la reunión. ～なら si es posible

なるほど Ya lo veo./Ahora caigo.

なれる 慣れる acostumbrarse a… : 都会生活に～ acostumbrarse a la vida urbana (a vivir en la ciudad)

なわ 縄 cuerda 囡 ; 〈太い〉soga 囡. ～跳びをする saltar a la comba

なんきょく 南極 polo 男 antártico (Sur). ～の antártico(ca)

なんとなく sin saber por qué. 私は～気分がすぐれない Estoy algo indispuesto.

なんぱ 難破 naufragio 男. ～する naufragar

なんべい 南米 América 囡 del Sur, Sudamérica 囡. ～の sudamericano(na)

なんみん 難民 refugiados 男複 : ～キャンプ campo 男 de refugiados

に

…に ❶〈時〉en：夏に en verano. 5月に en mayo. 1992年～ en〔el año〕1992. 1時～ a la una. 午前中～ por la mañana. 私は4月3日～生まれた Nací el 3 de abril. ❷〈場所〉en；〈到達点〉a；〈方向〉hacia：横浜～住む vivir en Yokohama. グラナダ～着く llegar a Granada. 北～向かう dirigirse hacia el norte ❸〈対象〉a：この時計をマリア～あげよう Le voy a dar este reloj a María. ❹〈目的〉…し～ a+不定詞：私は君に会い～来た Vengo a verte. 彼女を迎え～行きなさい Ve a buscarla. ❺〈割合〉por：1時間～5キロ進む avanzar cinco kilómetros por hora. 週～2回 dos veces a la semana. 3日～1度 cada tres días

に 荷〈積み荷〉carga 囡．その仕事は彼には～が重すぎる La responsabilidad del trabajo le agobia. これで肩の～が降りた Me he quitado un peso encima.

にあう 似合う sentar (quedar・venir・caer) bien a+人：ルシアにはピンクがよく～ A Lucía le sienta muy bien el color rosa. 君にその眼鏡は似合わない Esas gafas te caen mal.

ニーズ necesidades 囡 複：～を満たす satisfacer las necesidades de+人

におい 匂い olor 男；〈芳香〉aroma 男；〈悪臭〉hedor 男．花の～を嗅ぐ oler una flor
…の～がする oler a…：台所はコーヒーの～がする En la cocina huele a café.

にがい 苦い amargo(ga)：～薬（経験）medicina 囡 (experiencia 囡) amarga. ～顔をする poner mala cara

にがて 苦手 私は数学が～だ No se me dan bien las matemáticas.

にぎやか 賑やか ～な〈陽気〉alegre；〈活気〉animado(da)；〈騒々しい〉bullicioso(sa)；〈人出〉concurrido(da). ～に alegremente; con mucha animación

にぎる 握る〈柄・綱などを〉agarrar；〈剣などを〉empuñar；〈握り締める〉apretar

にぎわい 賑わい animación 囡．賑わう animarse

にく 肉 carne 囡．～店 carnicería 囡

にくい 憎い odioso(sa). 憎む odiar, detestar. 憎しみ odio 男

にくたい 肉体 cuerpo 男；〈精神に対して〉carne 囡

にげる 逃げる huir, escaparse；〈逃走〉fugarse. 逃げ込む refugiarse en+場所

にこにこ ～する sonreír. ～した sonriente

にごる 濁る enturbiarse. 濁った turbio(bia)

にじ 虹 arco 男 iris

にじゅう 二重 ～の doble

にせ 偽 ～の falso(sa)：～札 billete 男 falso. ～物〈模造品〉imitación 囡

にちじょう 日常 ～の diario(ria), cotidiano(na)

にちようひん 日用品 producto 男 de uso diario

にっき 日記 diario 男：～をつける llevar un diario

にづくり 荷造り ～する empaquetar；〈旅仕度〉hacer el equipaje

にっこう 日光〔rayos 男 複 del〕sol 男

にっちゅう 日中 de día

にってい 日程 programa 男〔del día〕；〈年間の〉calendario 男

ニット punto 男．～の de punto

にっぽん 日本 Japón 男．～の(人) japonés(sa). ～語 japonés 男

にど 二度 dos veces. ～と…ない jamás, nunca〔más〕. ～とそんなことは言うな No vuelvas a decirlo.

にぶい 鈍い〈音・痛みなどが〉sordo(da)；〈勘・動きなどが〉torpe

にもつ 荷物〈手荷物〉equipaje 男；〈小包〉paquete 男；〈包み〉bulto 男

ニュアンス matiz 男

にゅういん 入院 hospitalización 囡．～させる hospitalizar. ～する ingresar en un hospital. ～している estar hospitalizado(da)

にゅうがく 入学 ingreso 男, entrada 囡：～試験 examen 男 de ingreso (de admisión). ～する ingresar (entrar) en+

にゅうこく 入国 inmigración 囡：～管理事務所 Oficina 囡〔Nacional〕de Inmigración. ～手続き trámites 男 複 de entrada. ～カード tarjeta 囡 de inmigración

にゅうじ 乳児 lactante 名, niño(ña) de pecho

にゅうじょう 入場 entrada 囡．～する

entrar en+場所. ～券〔billete 男 de〕entrada. ～券売り場 taquilla 囡

ニュース noticia 囡, novedad 囡;〈ラジオ・テレビの〉noticias;〈テレビの〉telediario 男;〈報道〉informaciones 囡 複

にゅうよく 入浴 ～する tomar un baño

にょう 尿 orina 囡, orines 男 複

にる 似る parecerse, asemejarse: 彼は母親によく似ている Se parece mucho (Es muy parecido) a su madre. …に似た pareci*do* (*da*) (semejante) a...

にる 煮る cocer;〈煮沸〉hervir. 煮魚 pescado 男 cocido

にわ 庭 jardín 男. ～師 jardine*ro* (*ra*). ～いじり jardinería 囡

にわかあめ 俄雨 chubasco 男, chaparrón 男

ニワトリ 鶏〈雄〉gallo 男,〈雌〉gallina 囡;〈若鶏〉pollo 男

にんき 人気 ～のある de mucha fama;〈流行の〉de moda

にんぎょう 人形〈男の〉muñeco 男;〈女の〉muñeca 囡

にんげん 人間 hombre 男, ser humano. ～の／～的な huma*no* (*na*). ～関係 relaciones 囡 複 humanas

にんしき 認識 conocimiento 男: ～不足 falta 囡 de conocimientos. ～する conocer, percibir

にんしん 妊娠 embarazo 男. ～する concebir. ～5か月である estar en el quinto mes de embarazo. ～中絶 aborto 男. 妊婦 mujer 囡 encinta

にんたい 忍耐 paciencia 囡. ⇨我慢

にんむ 任務 cargo 男;〈使命〉misión 囡

にんめい 任命 nombramiento 男, designación 囡. ～する nombrar, designar

ぬ

ぬいぐるみ 縫いぐるみ peluche 男

ぬう 縫う coser: ワイシャツのボタンを縫いつける coser (pegar) un botón a la camisa. 傷口を数針～ dar unos puntos de sutura en la herida. 縫い物 costura 囡

ぬかるみ lodazal 男, barrizal 男

ぬきんでる 抜きん出る sobresalir, destacarse

ぬく 抜く ❶〈引き抜く〉arrancar, extraer. ❷〈追い抜く〉adelantar, dejar atrás

ぬぐ 脱ぐ quitarse, despojarse de...: 上着(靴)を～ quitarse la chaqueta (los zapatos).

ぬけめ 抜け目 ～のない astu*to* (*ta*), listo (*ta*)

ぬすむ 盗む robar a+人;〈くすねる〉hurtar. 盗み robo 男

ぬの 布 tela 囡, paño 男;〈織物〉tejido 男. ～切れ trapo 男

ぬま 沼 pantano 男. ～地 ciénaga 囡

ぬらす 濡らす mojar;〈湿らせる〉humedecer;〈浸す〉empapar. 濡れる mojarse

ぬる 塗る ❶〈色を〉pintar: 塀にペンキを～ pintar el muro
❷〈塗布〉aplicar: 傷口に薬を～ aplicarse una pomada a la herida. ニスを～ barnizar

ぬるい 温い ti*bio* (*bia*), templa*do* (*da*)

ね

…ね〈念押し〉¿verdad?, ¿no (es cierto, es así)?: きょうは寒い～ Hoy hace frío, ¿verdad?

ね 値 ⇨値段

ね 根 ❶ raíz 囡. ❷ ～に持つ guardar rencor por+事. ～も葉もない sin fundamento

ね 音 sonido 男;〈楽器の〉son 男: …の～に合わせて al son de… ～色 timbre 男

ネイティブ ～の nativo (*va*)

ねうち 値打ち valor 男:〔たいへん〕～のある de 〔mucho〕valor

ねがい 願い ❶〈望み〉deseo 男: 私の～がかなった Mis deseos se han cumplido.
❷〈依頼〉petición 囡: …の～を聞き入れる acceder a la petición de+人. お～があるのだが Tengo un favor que pedirte. お～だから ¡Por favor!/¡Te lo ruego!/¡Por Dios!

ねがう 願う ❶〈望む〉desear: 平和を～ desear la paz
❷〈依頼〉pedir: それはお父さんにお願いしてごらん Vete a pedírselo a tu padre. バラハス空港までお願いします〈タクシーで〉Al aeropuerto de Barajas, por favor.

ネクタイ corbata 囡;〈蝶ネクタイ〉pajarita 囡. ～ピン pasador 男, alfiler 男 de

ネコ corbata
ネコ 猫 ga*to*(*ta*)
ねじる 捻る torcer, retorcer
ネズミ 鼠 rata 囡;〈ハツカネズミ〉ratón 男: どぶ～ rata de alcantarilla
ねたむ 妬む envidiar, tener envidia de+人・事. 妬み envidia 囡
ねだん 値段 precio 男: ～を上げる alzar (aumentar) el precio, subir. ～を下げる rebajar
ねつ 熱 ❶ calor 男: 太陽～ calor del sol ❷〈病気の〉fiebre 囡, calentura 囡: 私は〔38度の〕～がある Tengo〔38 grados de〕fiebre. 彼は～を出した Le ha dado fiebre. ❸〈熱意・熱狂〉entusiasmo 男, fiebre: ～が冷める perder el entusiasmo
ねっきょう 熱狂 entusiasmo 男, frenesí 男. ～的な fanát*ico*(*ca*), frenét*ico*(*ca*). ～する entusiasmarse con (por)...;〈興奮〉exaltarse
ネックレス collar 男;〈チョーカー〉gargantilla 囡;〈チェーン〉cadena 囡
ねっしん 熱心 ～な aplica*do*(*da*), diligente: 彼は勉強～だ Es aplicado (diligente en el estudio). ～なカトリック信者 católi*co*(*ca*) ferviente. ～に〈熱意〉con entusiasmo (fervor);〈勤勉〉con aplicación (diligencia)
ねったい 熱帯 zona 囡 tórrida, trópicos 男 複. ～の tropical: ～魚 pez 男 tropical
ねっちゅう 熱中 ～する entusiasmarse con (por)+事, apasionarse por+事
ねつれつ 熱烈 ～な ardiente, ferviente, apasiona*do*(*da*): ～な恋 amor 男 ardiente. ～なファン ferviente admirad*or*(*ra*). ～な歓迎 recibimiento 男 caluroso
ねばねば ～した pegajo*so*(*sa*), pasto*so*(*sa*)

ねばりづよい 粘り強い perseverante, persistente, tenaz. 粘り強く con tenacidad (perseverancia)
ねびき 値引き descuento 男. ～する descontar, hacer un descuento: 5%の～をする hacer un descuento de cinco por ciento
ねふだ 値札 etiqueta 囡 del precio
ねぼう 寝坊 ～な〔人〕dormil*ón*(*na*). けさ私は～した Me he levantado tarde (Se me han pegado las sábanas) esta mañana.
ねむい 眠い tener sueño. 私は眠くなった Me ha entrado sueño.
ねむる 眠る dormir: 1日に6時間～ dormir seis horas al día. 眠り込む dormirse
ねらう 狙う〈銃などで〉apuntar;〈目指す〉pretender+不定詞;〈機会などを〉esperar, acechar;〈地位などを〉ir detrás de..., ir a por...
ねる 寝る〈就寝〉acostarse;〈眠る〉dormir: もう～時間だよ Ya es hora de acostarte (ir a la cama). 寝入る dormirse. 寝ている estar dormi*do*(*da*). 彼はまだ寝ている Todavía está en la cama. 寝ころぶ・寝そべる tumbarse, echarse. 寝こむ〈病気で〉guardar (estar en) cama. 寝不足 falta 囡 de sueño
ねん 年 año 男;〈学年〉curso 男: ～末 fin 男 de año. ～に一度の anual. ……～前から desde hace ...años. 何～も前に hace muchos años. 1492～に en〔el año〕1492.〔この〕5～間に en〔estos〕cinco años. 君は何～生ですか? ¿En qué curso estás?
ねんきん 年金 pensión 囡
ねんまく 粘膜 membrana 囡 mucosa
ねんりょう 燃料 combustible 男
ねんれい 年齢 edad 囡

の

…の ❶〈所有・材料・種類〉de: この靴は誰～ですか?—私～です ¿De quién son estos zapatos?—Son míos. 私～母 mi madre. ダイヤ～指輪 sortija 囡 de diamante. 物理学～本 libro 男 de física ❷〈用途〉para: 胃～薬 medicina 囡 para el estómago
のう 脳 cerebro 男, sesos 男 複. ～の cerebral
のうぎょう 農業 agricultura 囡. ～の agrícola
のうさんぶつ 農産物 productos 男 複 agrícolas
のうじょう 農場 granja 囡, hacienda 囡,〈ラ〉finca 囡
のうそん 農村 pueblo 男 agrícola
のうみん 農民 agricul*tor*(*ra*)
のうりつ 能率 eficiencia 囡. ～のよい eficiente
のうりょく 能力 capacidad 囡, facultad 囡. ～のある capaz, competente
ノート cuaderno 男;〈講義の〉apuntes 男 複. ～をとる tomar notas (apuntes)
のこす 残す ❶ dejar: 家族を日本に残して

旅立つ salir de viaje dejando a su familia en Japón. 息子に財産を～ dejar a su hijo una fortuna

❷〈保存〉conservar：町は昔の面影を残している En la ciudad se conserva un ambiente antiguo.

のこり 残り resto 男；〈余り〉sobra 女. ～物〈食べ残し〉restos, sobras

のこる 残る ❶〈残存〉quedar：雪が少し残っている Queda un poco de nieve. ❷〈残留〉quedarse：私は事務所に～ Me quedo en la oficina. ❸〈余剰〉sobrar：切符が3枚残っている Han sobrado tres entradas. ❹〈存続〉subsistir

のせる 乗・載せる ❶〈乗り物に〉車にのせてあげよう Te llevo en coche. ❷〈物の上に〉棚の上に箱を～ poner (colocar) una caja sobre la estantería. ❸〈記載・掲載〉雑誌に写真を～ publicar una foto en una revista. 新聞に広告を～ poner un anuncio en los periódicos

のぞく 覗く〈顔を出す〉asomarse；〈こっそり〉mirar a hurtadillas, atisbar：窓から～ asomarse a la ventana. 本屋をちょっとのぞいてみよう Vamos a echar un vistazo a la librería.

のぞく 除く〈除外〉exceptuar, excluir；〈除去〉quitar. …を除いて excepto, menos：マリオを除いて全員が来た Excepto Mario, todos vinieron.

のぞみ 望み ❶〈願望〉deseo 男：…の～をかなえる cumplir los deseos de+人 ❷〈希望・期待〉esperanza 女；〈見込み〉probabilidad 女, posibilidad 女：～を失う perder la esperanza. 彼が助かる～はない No hay esperanza (posibilidad) de que se salve.

のぞむ 望む desear；〈強く〉querer：私は君が賢明な決断を下すことを～ Deseo que tomes una resolución sensata. 彼はカルメンとの結婚を望んでいる Quiere casarse con Carmen.

ノック ドアを～する llamar a la puerta

のど 喉 garganta 女. ～の渇き sed 女：とても～が渇いている tener mucha sed. ～ぼとけ nuez 女

のばす 伸・延ばす ❶〈延長〉alargar, prolongar：スカート〔の丈〕を～ alargar la falda. 滞在を～ prolongar la estancia ❷〈伸張〉enderezar, estirar；〈広げる〉extender：背筋を～ enderezarse. パン生地を～ extender la masa ❸〈延期〉aplazar, posponer：出発を～ posponer la salida ❹〈発展〉desarrollar：個性を～ desarrollar su personalidad

のはら 野原 campo 男

のびる 伸・延びる ❶〈延長〉alargarse, prolongarse. 日が延びた Los días son más largos. 鉄道はこの町まで延びている El ferrocarril llega hasta este pueblo. ❷〈延期〉会議は来週に延びた Han aplazado la reunión para la próxima semana. ❸〈発展・成長〉crecer：この会社は将来～だろう Esta empresa crecerá en el futuro. 私は髪が伸びた Me ha crecido el pelo.

のべる 述べる〈言う〉decir；〈表明〉expresar, exponer；〈口に出す〉pronunciar；〈説明〉explicar：自分の意見を～ expresar su opinión. 計画の概要を～ explicar el esquema del proyecto

のぼる 上・登る subir：階段(坂)を～ subir la escalera (la cuesta). 山に～ subir a la montaña. 木登りをする trepar a un árbol

のみもの 飲み物 bebida 女；〈清涼飲料〉refresco 男

のむ 飲む ❶〈コーヒー・スープなどを〉tomar；〈水・ジュース・酒を〉beber；〈飲みこむ〉tragar：薬を～ tomar una medicina. 君は飲み過ぎだ Bebes demasiado. ❷〈受け入れる〉aceptar：条件を～ aceptar las condiciones

のら 野良 ～犬 perro 男 vagabundo (callejero). ～猫 gato 男 callejero (del barrio)

のり 海苔 alga 女

のり 糊 pegamento 男；〈洗濯糊〉almidón 男〔のりづけ〕ワイシャツに～を付ける almidonar (dar almidón) a una camisa

のりおくれる 乗り遅れる 列車に～ perder el tren

のりかえる 乗り換える tra[n]sbordar, hacer tra[n]sbordo. バスを～ cambiar de autobús

のりくみいん 乗組員 tripulante 名；〈集合的に〉tripulación 女

のりこえる 乗り越える〈克服〉superar, vencer

のりこす 乗り越す pasarse de estación (de parada)

のりば 乗り場〈プラットホーム〉andén 男；〈バス・タクシーの〉parada 女

のりもの 乗り物 vehículo 男. ～酔い mareo 男

のる 乗・載る ❶〈乗り物に〉subir a…, montar en…；〈乗って行く〉tomar：列車に～ subir al (montar en el) tren. 馬に～

montar a caballo. タクシーに乗ろう Vamos a tomar un taxi. 彼はいちばん前の車両に乗っている Va en el primer vagón. 彼女は自転車に乗れない No sabe montar en bicicleta.

❷ 〈物の上に〉 subirse a...: 机の上に〜 subirse a la mesa. 猫はソファーの上に乗っている El gato está en el sofá.

❸ 〈記載・掲載〉 salir, figurar: その単語はどの辞書にも載っていない Esa palabra no sale (no figura) en ningún diccionario. 私の名前がある雑誌に載った Mi nombre salió en una revista.

のろう 呪う maldecir. 呪い maldición 女
のろのろ 〜と lentamente, a paso de tortuga
のろま 〜な ler*do* (*da*), torpe
のんびり tranquilamente

は

は 刃 filo

は 葉 hoja 囡;〈集合的に〉follaje 男. ～が落ちる deshojarse

は 歯 diente 男;〈臼歯〉muela 囡. ～をみがく lavarse los dientes. ～が痛い Me duele una muela. ～が生える salir a+人 los dientes. ～ブラシ cepillo 男 de dientes. ～みがき〔粉・ペースト〕dentífrico. ～医者 dentista 名, odontólogo (ga)

バー〈酒場〉bar

ばあい 場合 caso 男, ocasión 囡;〈状況〉situación 囡:…の～には en caso de+名詞・不定詞 (de que+接続法). この～ en este caso. それは～による Depende [de la situación]. いかなる～にも〈肯定文で〉en cualquier caso, en todas las ocasiones;〈否定文で〉en ningún caso. 冗談を言っている～ではない No está la cosa para bromas.

バーゲンセール rebajas 囡複;〈在庫一掃の〉liquidación 囡, saldos 男複

パーセント por ciento: 10～の値下げをする hacer una rebaja de diez por ciento. パーセンテージ porcentaje 男

パーティー fiesta 囡

パートタイム ～で働く trabajar por horas

パーマネント permanente 囡:～をかける hacerse la permanente

はい ❶ sí;〈否定疑問に対して〉no: わかったか？―～ ¿Entendido?—Sí. 熱はないのか？―～[, ありません]¿No tienes fiebre?—No[, no tengo fiebre].
❷〈点呼に答えて〉Sí./Está.

はい 灰 ceniza 囡. ～皿 cenicero 男

はい 肺 pulmón 男

ばい 倍 vez 囡: この競技場は広さがあのホールの5～ある Este estadio es cinco veces más grande que aquel salón. 2(3)～の doble (triple): 合衆国の人口は日本の2～だ Los Estados Unidos tienen doble número de habitantes que Japón. 8～する multiplicar por ocho

はいいろ 灰色 gris 男. チャコールグレー marengo 男

はいき 排気 ～ガス gases 男複 de escape

はいきょ 廃墟 ruinas 囡複, restos 男複

ばいきん ばい菌 microbio 男

ハイキング excursión 囡 [a pie]

はいけい 背景 fondo 男: 富士山を～に写真を撮る hacer una foto con el monte Fuji de fondo. 社会的～ trasfondo 男 social

はいし 廃止 abolición 囡, supresión 囡. ～する abolir, suprimir

ばいしゅう 買収〈買い取り〉compra 囡;〈贈賄〉soborno 男. ～する comprar; sobornar

ばいしゅん 売春 prostitución 囡. ～する prostituirse. ～婦 prostituta 囡,〈俗語〉puta 囡

ばいしょう 賠償 indemnización 囡. ～する indemnizar

はいすい 排水 ～管 desagüe 男

はいた 排他 ～的な exclusivo (va)

はいたつ 配達 servicio 男 (entrega) a domicilio. 新聞を～する repartir periódicos a domicilio. 家を自宅まで～してください Mándenmelo a mi casa.

ハイテク alta tecnología 囡

ばいてん 売店〈新聞・花などの〉quiosco 男, kiosco 男;〈屋台〉puesto 男

パイプ ❶〈管〉tubo 男, caño 男. ～ライン〈石油の〉oleoducto 男;〈ガスの〉gasoducto 男
❷〈喫煙の〉pipa 囡: ～を吸う fumar en pipa

はいぼく 敗北 derrota 囡

はいゆう 俳優 actor (triz), artista 名 de cine (de teatro). 喜劇～ comediante (ta), cómico (ca)

はいりょ 配慮 atenciones 囡複, consideración 囡. …に～する prestar atenciones a+事

はいる 入る ❶〈中に〉entrar en…;〈入り込む〉meterse en…, penetrar en…: 会場に～ entrar en la sala. 靴に小石が～ Se me ha metido una china en el zapato. 泥棒は窓から家に入った El ladrón penetró en la casa por la ventana.
❷〈加入〉ingresar en…: クラブに～ ingresar en un club
❸〈余地〉caber: この本はバッグに入らない Este libro no cabe en el bolso. この闘牛場には2万人～ En esta plaza caben veinte mil espectadores.

パイロット piloto 名

はう 這う arrastrarse;〈ツタなどが〉trepar

はえる 生える crecer. 白髪が～ salirle canas a+人

はか 墓 tumba 囡, sepulcro 男;〈墓地〉cementerio 男

ばか ～な〔人〕 ton*to*(*ta*), estúpi*do*(*da*), imbécil, ne*cio*(*cia*), idiota：お前は～だ Eres tonto. ～なことを言うな No digas tonterías. ばかばかしい・ばかげた absur*do*(*da*), ridícu*lo*(*la*). ～にする burlarse de+人, poner a+人 en ridículo；〈軽蔑〉despreciar

はかい 破壊 destrucción 囡. ～する destruir. ～的な・～力のある destructi*vo*(*va*)

はがき 葉書〔tarjeta〕postal 囡

はがす 剥がす despegar, quitar

はかせ 博士 docto*r*(*ra*)：医学～ docto*r*(*ra*) en medicina. ～号 doctorado 男

はかり 秤 balanza 囡；〈台秤〉báscula 囡

…ばかり ❶ …した～である acabar de+不定詞. ❷〈…だけ〉solamente

はかる 計・測・量る medir；〈重さを〉pesar

はきけ 吐き気 náuseas 囡 複：～がする tener (sentir) náuseas, tener ganas de vomitar

はく 吐く vomitar；〈唾・痰などを〉escupir

はく 掃く barrer

はく 穿・履く ponerse；〈靴を〉calzar〔se〕

はくし 博士 ⇨博士

はくしゅ 拍手 aplauso 男. ～する aplaudir

はくじょう 白状 ～する confesar

はくじょう 薄情 ～な frí*o*(*a*), du*ro*(*ra*) de corazón；〈残酷〉cruel；〈恩知らず〉ingra*to*(*ta*)

はくじん 白人 blan*co*(*ca*). ～種 raza 囡 blanca

ばくだん 爆弾 bomba 囡. 自動車～ coche 男 bomba

ばくはつ 爆発 ❶ explosión 囡. ～する explotar. ～物 explosivo 男
❷ 彼はついに怒りを～させた Al fin estalló su ira.

はくぶつかん 博物館 museo 男

はくらんかい 博覧会 exposición 囡：万国～ Exposición Universal

はくりょく 迫力 vigor 男, fuerza 囡：～のある vigoro*so*(*sa*), lle*no*(*na*) de fuerza, dinámi*co*(*ca*)

はげしい 激しい〈強い〉fuerte, inten*so*(*sa*)；〈鋭い〉agu*do*(*da*)；〈乱暴〉violen*to*(*ta*)：～痛み dolor 男 intenso (agudo). ～ことば palabras 囡 複 violentas (agresivas). ～気性 temperamento 男 vehemente. 激しく fuertemente, con intensidad；violentamente. 雨が激しく降っていた Llovía copiosamente (con gran intensidad).

はげた 禿げた calvo(*va*), pelón(*na*)

バケツ cubo 男

はげます 励ます ⇨激励

はげむ 励む esforzarse por…, afanarse (aplicarse) en…：勉強に～ aplicarse en los estudios, estudiar con diligencia

はげる 剥げる〈糊付けが〉despegarse；〈表面・塗装が〉desprenderse, caerse

はけん 派遣 envío 男. ～する enviar

はこ 箱 caja 囡

はこぶ 運ぶ llevar；〈輸送〉transportar：スーツケースを私の部屋に運んでください Lleve la maleta a mi habitación. 船で車を～ trasportar coches en barco

はさみ 鋏 tijeras 囡

はし 端 extremo 男；〈先端〉punta 囡, cabo 男；〈縁〉borde 男

はし 箸 palillos 男 複：～を上手に使う manejar bien los palillos

はし 橋 puente 男

はじ 恥 vergüenza 囡；〈不名誉〉deshonra 囡：～を知っている tener vergüenza. ～知らずな〔人〕desvergonza*do*(*da*), sinvergüenza. ～をかかせる avergonzar a+人

はしご 梯子 escalera 囡 de mano, escala 囡

はじまる 始まる ❶ empezar, comenzar：授業は9時から～ La clase empieza a las nueve. 始まり ⇨始め
❷〈会・式などが〉inaugurarse：展覧会は来週～ La exposición se inaugura la semana próxima.

はじめ 初・始め comienzo 男, principio 男：～から desde el principio (el comienzo). ～の prime*ro*(*ra*). ～に〈最初に〉primero；〈第一に〉en primer lugar. ～は al principio. ～から終わりまで de cabo a rabo

はじめて 初めて por primera vez. ～の prime*ro*(*ra*)：カディスは今度が～です Es la primera vez que visito Cádiz. 初めまして〈初対面の挨拶〉Mucho gusto./Encanta*do*(*da*).

はじめる 始める empezar, comenzar, iniciar；〈着手〉emprender. …し～ empezar (ponerse) a+不定詞：スペイン語の勉強を～ empezar a estudiar español. 商売を～ abrir un negocio

ばしゃ 馬車 carro 男, coche 男〔de caballos〕

パジャマ pijama 男

ばしょ 場所 lugar 男, sitio 男；〈空間〉espacio 男；〈位置〉localidad 囡, posición 囡：…に理想的な～ lugar ideal para… ～をふさぐ・とる ocupar〔mucho〕espacio. ～

はしら 柱 pilar 男; 〈円柱〉 columna 女; 〈支柱〉 poste 男

はしる 走る correr: 走って行く ir corriendo

はず 筈 …する〜である deber 〔de〕+不定詞: 彼はもう着いた〜だ Debe de haber llegado. そんな〜はない No puede ser.

バス autobús 男, 〈ラ〉 camión 男, colectivo 男. 観光〜 autocar 男. マイクロ〜 microbús 男

はずかしい 恥ずかしい vergonzo*so(sa)*; 〈不名誉〉 deshonro*so(sa)* : 〜行為 acción 女 vergonzosa. 何て〜! ¡Qué vergüenza! 人前で話すのは〜 Me da vergüenza hablar en público. 〜思いをする sentir vergüenza, avergonzarse. 恥ずかしがる tener vergüenza

はずす 外す ❶ quitar; 〈吊って・掛けてある物を〉descolgar: 眼鏡を〜 quitarse las gafas. 壁の絵を〜 descolgar el cuadro de la pared

❷ 〈除外〉 eliminar: チームから〜 eliminar a+人 del equipo

パスポート pasaporte 男

はずれる 外れる ❶ 〈取れる〉desabrocharse, soltarse

❷ 〈逸脱〉 desviarse : 本題から〜 desviarse del tema

❸ 〈当たらない〉弾は外れた La bala no dio en el blanco (no acertó). 天気予報はよく〜 A veces se equivoca el pronóstico del tiempo.

パスワード clave 女 de acceso, código 男 secreto

はた 旗 bandera 女

はだ 肌 ⇨皮膚

はだか 裸 〜の desnu*do(da)*. 〜になる desnudarse, quitarse la ropa

はだぎ 肌着 〈シャツ〉camiseta 女; 〈下着〉ropa 女 interior

はたけ 畑 campo 男. 〜仕事 labores 女覆 〔del campo〕

はだし 裸足 〜の descal*zo(za)*: 〜でいる・歩く ir descal*zo(za)*

はたす 果たす cumplir; 〈遂行〉llevar a cabo, ejecutar; 〈実現〉 realizar: 義務を〜 cumplir con el (su) deber

はたらく 働く trabajar; 〈機能〉 funcionar; 〈作用〉 obrar: 君は働きすぎだ Trabajas demasiado. きょうは頭が働かない Hoy no me funciona la cabeza.

ハチ 蜂 〈スズメバチ〉avispa 女; 〈ミツバチ〉abeja 女. 蜂蜜 miel 女

ばつ 罰 castigo 男; 〈刑罰〉 pena 女. 罰する castigar

はつおん 発音 pronunciación 女. 〜する pronunciar

はっきり 〜した 〈明瞭〉 cla*ro(ra)*; 〈明白〉 evidente; 〈正確〉 exac*to(ta)*; 〈確定〉 definiti*vo(va)*: 〜した返事 respuesta 女 clara (definitiva). 〜と claramente; exactamente: 〜と発音する pronunciar claramente, vocalizar. 私はそれを〜覚えていない No lo recuerdo exactamente. 〜しない男だ Es indeciso. 日取りは〜していない No está fijada la fecha. 〜させる aclarar

ばっきん 罰金 multa 女

バック 車を〜させる dar marcha atrás al coche

バッグ 〈ハンドバッグ〉 bolso 男; 〈大型のバッグ〉 bolsa 女: ショルダー〜 bolso de bandolera

はっけん 発見 descubrimiento 男: コロンブスによるアメリカ〜 el descubrimiento de América por Colón. 〜する descubrir

はつげん 発言 palabra 女: 〜を求める(許す) pedir (dar a+人) la palabra. 〜する hablar

はっこう 発行 publicación 女; 〈紙幣・切手などの〉emisión 女. 〜する publicar, emitir; 〈交付〉 expedir

はっしゃ 発車 salida 女: 〜時刻 hora 女 de salida. 〜する salir, partir

はっしゃ 発射 〈発砲〉disparo 男, tiro 男; 〈打ち上げ〉 lanzamiento 男. 〜する disparar; lanzar

はっせい 発生 強盗事件は昨夜〜した El atraco ocurrió anoche. 伝染病が〜した La epidemia se ha declarado.

はっそう 発送 envío 男, expedición 女. 〜する enviar, expedir

はったつ 発達 desarrollo 男. 〜する desarrollarse

はってん 発展 desarrollo 男, evolución 女; 〈進歩〉 progreso 男: 〜途上国 país 男 en vías de desarrollo. 〜する desarrollarse, evolucionar; progresar

はつばい 発売 venta 女: 〜する poner en venta

はっぴょう 発表 anuncio 男; 〈公表〉 publicación 女; 〈作品の〉 presentación 女. 〜する anunciar; publicar; presentar

はつめい 発明 invención 女. 〜する inventar. 〜品 invento 男

はで 派手 〜な llamati*vo(va)*, vistoso*(sa)*

はな 花 flor 女. 〜屋 florestería 女; 〈人〉

はな florista 名. ～束 ramo 男 〔de flores〕. ～びら pétalo 男. ～模様の・～がらの floreado (da), de flores

はな 鼻 nariz 女;〈鼻汁〉moco 男. ～をかむ sonarse

はなし 話 ❶〈会話〉conversación 女. 君に～がある Tengo una cosa que decirte. 何の～ですか? ¿De qué se trata?/¿A qué se refiere? お～中だ〔電話〕Está comunicando./La línea está ocupada.
❷〈話題〉tema 男:～を変える cambiar de tema
❸〈物語〉historia 女, cuento 男:お～をする contar una historia

はなしあい 話し合い conversación 女;〈交渉〉negociación 女. 話し合う conversar; negociar

はなす 放す soltar;〈解放〉liberar, poner en libertad

はなす 話す hablar;〈語る〉contar: 日本語を～ hablar japonés. 家族について～ hablar de su familia. …に話しかける hablar a+人. 君に話したいことがたくさんある Tengo muchas cosas que contarte.

はなす 離す separar, apartar;〈遠ざける〉alejar

はなぢ 鼻血 hemorragia 女 nasal. ～が出る salirle sangre a+人 por la nariz

はなび 花火 fuegos 男 複 artificiales;〈打ち上げ花火〉cohete 男

はなむこ 花婿 novio 男

はなよめ 花嫁 novia 女

はなれる 離れる apartarse, separarse;〈遠ざかる〉alejarse

はね 羽〈羽毛〉pluma 女;〈翼〉ala 女

ばね muelle 男, resorte 男

はねる 跳ねる〈跳び上がる〉saltar;〈はねがかかる〉salpicar

はは 母 madre 女

はば 幅 ancho 男, anchura 女

はぶく 省く omitir: 細かい点を～ omitir los detalles

はへん 破片 fragmento 男

はまき 葉巻き〔cigarro 男〕puro 男

はまべ 浜辺 playa 女

はめる 嵌める encajar en...

ばめん 場面 escena 女

はやい 早・速い ❶〈速度が〉rápido (da), veloz: 彼は足が～ Corre mucho./〈歩き方が〉Anda rápido (de prisa).
❷〈時期・時間が〉temprano (na):～時間に a una hora temprana. 出かけるにはまだ～ Todavía es temprano para salir.

はやおき 早起き ～する madrugar, levantarse temprano

はやく 早・速く ❶ rápidamente, pronto;〈急いで〉de prisa:～歩く andar rápidamente (de prisa). ～来い Ven pronto.
❷〈時間的に〉temprano, pronto:～店をしめる cerrar temprano la tienda

はやし 林 arboleda 女

はやね 早寝 ～する acostarse temprano

はやる ⇨流行

はら 腹 ❶ vientre 男. ❷ ～を立てる enfadarse, enojarse

はらう 払う〈支払う〉pagar: ラジオの代金を～ pagar la radio. 家賃を～ pagar el alquiler de la casa. 税金を～ pagar los impuestos

バランス 〈平衡〉equilibrio 男:～をとる(失う) mantener (perder) el equilibrio

はり 針 aguja 女;〈釣り針〉anzuelo 男

バリアフリー eliminación 女 de barreras. ～の libre de barreras

はりがね 針金 alambre 男

はる 貼・張る pegar;〈綱を〉tender

はるか 遥か ～な lejano (na), remoto (ta). ～に〈遠くに〉a lo lejos, en la lejanía;〈大いに〉mucho más

バルコニー balcón 男

バレエ ballet 男. バレリーナ bailarina 女

パレード desfile 男

はれつ 破裂 ～する estallar, reventar

はれる 晴れる ❶〈空が〉despejarse;〈雨がやむ〉escampar: 空は晴れている El cielo está despejado (claro). 晴れ buen tiempo
❷〈疑いが〉disiparse;〈気分が〉sentirse aliviado (da)

はれる 腫れる hincharse. 腫れた hinchado (da). 腫れ hinchazón 女

はん 半 ⇨半分. 3時～です Son las tres y media. 1時間～〔una〕hora y media. 1年～〔un〕año y medio

ばん 番 ❶〈見張り〉guardia 女, vigilancia 女. ～をする guardar, vigilar. ～人 guarda 名, vigilante 名
❷〈番号〉número 男:5～ número cinco
❸〈順番〉turno 男: 私の～になった Ha llegado mi turno. 君の〔プレーする〕～だ A ti te toca jugar.

パン pan 男. ～屋 panadería 女;〈人〉panadero (ra)

はんい 範囲〈領域〉campo 男, esfera 女;〈能力などの及ぶ〉alcance 男;〈限界〉límite 男: 活動～ campo de actividad. …の～で dentro de los límites de...

ハンガー percha 女

ハンカチ pañuelo 男

はんかん 反感 antipatía 囡: …に~を持つ tener antipatía a+人. …の~を買う atraerse la antipatía de+人. ~を抱かせる antipático(ca)

はんぎゃく 反逆 rebeldía 囡, rebelión 囡. ~する rebelarse contra+人・事. ~者 rebelde

はんきょう 反響 ❶ eco 男 ❷〈物事に対する〉repercusión 囡, resonancia 囡:〔大〕~を呼ぶ tener〔mucha〕repercusión（〔gran〕resonancia）

パンク〈自動車〉reventón 男, pinchazo 男. タイヤが~した Se ha reventado un neumático.

ばんぐみ 番組 programa 男: 教育~ programa educativo

はんけつ 判決 sentencia 囡, fallo 男: ~を下す emitir un fallo. 懲役3年の~を言い渡す sentenciar a+人 a tres años de prisión

はんこう 反抗 rebeldía 囡;〈不服従〉desobediencia 囡. ~する rebelarse contra +人; desobedecer a+人. ~的な rebelde; desobediente

はんこう 犯行 ~を認める(否認)する confesar su (negar el) delito

ばんごう 番号 número 男. ~順に por orden numérico

はんざい 犯罪 crimen 男;〈軽い〉delito 男. ~者 criminal 名; delincuente 名

ばんざい 万歳 ¡Viva!

ハンサム ~な guapo

ばんさんかい 晩餐会 banquete 男

はんしゃ 反射 reflexión 囡. ~する reflejar. ~神経 reflejos 男複

はんじょう 繁盛 prosperidad 囡. ~する prosperar

はんする 反する ser contrario(ria) a... …に反して contra: 自分の意志に反して contra su voluntad

はんせい 反省 自分のしたことを~しなさい Reflexiona sobre lo que has hecho.

ばんそう 伴奏 acompañamiento 男. ~する acompañar a+人

はんそく 反則 falta 囡

はんたい 反対 ❶〈逆〉~の contrario (ria), opuesto(ta). ~に al contrario, al revés. ~とは…に en contra de… 道の~側に al otro lado del camino ❷〈不賛成〉oposición 囡;〈反論〉objeción 囡. ~する oponerse a+事・人; objetar;〈抗議〉protestar contra…

はんだん 判断 juicio 男;〈判力〉criterio 男. ~する juzgar

はんとう 半島 península 囡: 能登~ Península de Noto

ハンドル volante 男. ~を握る ponerse al volante

はんにん 犯人 autor(ra) del crimen

はんのう 反応 reacción 囡. ~する reaccionar a…

はんばい 販売 venta 囡: ~されている estar en venta. ~価格 precio 男 de venta. ~網 red 囡 de ventas. ~する vender

はんぱつ 反発〈反感〉reacción 囡, repulsa 囡. ~する reaccionar contra…

パンフレット folleto 男

はんぶん 半分 mitad 囡, medio 男: ~に分ける dividir por la mitad;〈分配〉repartir a medias. ~の medio(dia). 冗談~に medio en broma

はんらん 反乱 rebelión 囡, sublevación 囡. ~を起こす rebelarse (sublevarse) contra+人

ひ

ひ 日 ❶〈太陽〉sol 男: ~が昇る(沈む) Sale (Se pone) el sol. ~が照っている Hace sol. ~に当たる tomar el sol. ~の出(入り) salida 囡 (puesta 囡) de sol
❷〈1日・昼〉día 男: その~は晴れだった Hizo un día hermoso. ~が長く(短く)なる Los días se alargan (se acortan).
❸〈日取り〉fecha 囡: ~を決める fijar la fecha

ひ 火 fuego 男: ~をつける encender, prender fuego. ~を消す apagar (extinguir) el fuego. ~に当たる calentarse al fuego. 鍋を~にかける(から下ろす) poner (quitar) una olla en el (del) fuego. 弱(強)~で a fuego lento (rápido)

び 美 belleza 囡, hermosura 囡

ビール cerveza 囡. ~グラス caña 囡. ビアホール cervecería 囡

ひえる 冷える enfriarse: 冷房で体が冷えた Me he enfriado con el aire acondicionado. よく冷えたビール cerveza 囡 bien fría

ひがい 被害 daño 男, perjuicio 男: ~を与える dañar, causar daños en…, perjudicar. ~を受ける dañarse, sufrir un daño. ~者 víctima 囡;〈罹災者〉siniestrado (da), damnificado(da)

ひかえめ 控え目 ～な discre*to*(*ta*), modera*do*(*da*); 〈謙虚〉modes*to*(*ta*). ～な人 persona 囡 discreta. ～に discretamente; modestamente. ～に予測する calcular por lo bajo

ひかく 比較 comparación 囡: …と～して en comparación con… ～する comparar. ～的 relativamente: 問題は～的やさしかった La pregunta fue relativamente fácil.

ひかげ 日陰 sombra 囡: ～に a la sombra

ひがさ 日傘 sombrilla 囡, quitasol 男

ひかり 光 luz 囡; 〈光線〉rayo 男

ひかる 光る brillar, lucir. 光った brillante, reluciente; 〈発光する〉luminos*o*(*sa*)

ひかん 悲観 pesimismo 男. ～的 pesimista

ひきうける 引き受ける encargarse de+事, asumir

ひきおこす 引き起こす causar, ocasionar, provocar

ひきかえ 引き換え …と～に a cambio de… それに～ en cambio. ～券 vale 男

ひきかえす 引き返す volver atrás, dar la vuelta

ひきずる 引き摺る arrastrar

ひきだし 引き出し cajón 男

ひきつける 引き付ける atraer; 〈魅力で〉encantar, fascinar

ひきとる 引き取る 〈預けた物などを〉recoger; 〈引き受ける〉encargarse de+人: 孤児を～ encargarse de un huérfano

ひきぬく 引き抜く arrancar

ひきのばす 引き伸ばす 〈期日を〉prolongar; 〈写真を〉ampliar

ひく 引く ❶ 〈引っぱる〉tirar de…: 荷車を～ tirar de un carro. 彼女は子供の手を引いている Ella lleva al niño de la mano. カーテンを～ correr la cortina
❷ 〈線を引く〉trazar
❸ 〈差し引く〉su(b)straer; 〈割引く〉descontar. 5−3は2 Cinco menos tres son dos. 引き算 resta 囡
❹ 政治から身を～ retirarse de la política

ひく 弾く 〈楽器を〉tocar

ひくい 低い ba*jo*(*ja*): フリオはパコより背が～ Julio es más bajo que Paco. 低く飛ぶ volar bajo

ひげ 髭 〈あご髭〉barba 囡; 〈口髭・猫などの〉bigote 男; ～を生やす dejarse la barba

ひげき 悲劇 tragedia 囡. 〜の・〜的な trágic*o*(*ca*)

ひけつ 秘訣 secreto 男; 〈鍵〉clave 囡

ひこう 飛行 vuelo 男. ～機 avión 男. ～船 aeronave 囡. ～場 aeródromo 男; 〈空港〉aeropuerto 男

ひざ 膝 rodilla 囡: ひざまずいて de rodillas. ひざまずく arrodillarse

ビザ visado 男, 〈ラ〉visa 囡

ひさしぶり 久し振り ～ですね! ¡Cuánto tiempo [sin vernos]! 私は～に映画を見た Fui al cine después de mucho tiempo.

ひじ 肘 codo 男; 〈椅子の〉brazo 男. ～掛け椅子 sillón 男, butaca 囡

ビジネスマン hombre 男 de negocios

びじゅつ 美術 bellas artes 囡 複. ～館 museo 男 〔de bellas artes〕

ひしょ 秘書 secreta*rio*(*ria*)

ひしょ 避暑 veraneo 男: ～地 lugar 男 de veraneo. ～に出かける veranear

ひじょう 非常 ❶ ～に muy, sumamente: ～に難しい muy difícil, dificilísim*o*(*ma*). きょうは～に暑い Hoy hace mucho calor.
❷ ～口 salida 囡 de emergencia. ～事態 estado 男 de emergencia. ～線 cordón 男 policial. ～ベル timbre 男 de alarma

びしょう 微笑 sonrisa 囡. ～する sonreír

びじん 美人 guapa 囡

ピストル pistola 囡; 〈リボルバー〉revólver 男

ひそか 秘か ～な secret*o*(*ta*); 〈隠された〉ocult*o*(*ta*). ～に en secreto; 〈こっそり〉furtivamente, a escondidas

ひたい 額 frente 囡

ひだり 左 izquierda 囡: ～の方に a la izquierda. ～の izquier*do*(*da*)

ひっかかる 引っ掛かる engancharse

ひっかく 引っ掻く arañar

ひっき 筆記 ～試験 examen 男 escrito. ～用具 utensilios 男 複 para escribir

ひっくりかえす 引っくり返す 〈倒す〉volcar; 〈裏返す〉volver 〔del revés〕. 引っくり返したはずみに…: 私は知らずにコップを引っくり返してしまった Volqué un vaso sin querer. ひっくり返る volcar〔se〕

ひづけ 日付 fecha 囡. ～変更線 línea 囡 de cambio de fecha

ひっこし 引っ越し mudanza 囡, cambio 男 de domicilio, traslado 男. ～する mudarse de domicilio (de casa), cambiarse de casa. ～先 nueva dirección 囡

ひっし 必死 ～の desespera*do*(*da*). ～に desesperadamente; 〈力一杯〉a más no poder

ヒツジ 羊 〈雌・一般に〉oveja 囡, 〈雄〉carnero 男; 〈子羊〉corde*ro*(*ra*)

ひつじゅひん 必需品 artículo 男 indispensable. 生活～ artículos de primera necesidad

ひつぜん 必然 ～的 necesar*io*(*ria*), inevitable

ヒット éxito 男; 〈興行的な〉 hit 男

ひつよう 必要 ～な necesar*io*(*ria*), preciso(sa): …する～がある Es necesario+不定詞+que+接続法, Hace falta+不定詞; 〈人が主語〉 tener que+不定詞. …する～はない No hay que+不定詞; no tener que+不定詞. ～性 necesidad 女. ～とする necesitar

ひてい 否定 negación 女. ～する negar. ～的な negat*ivo*(*va*)

ビデオ 〈ス〉 vídeo 男, 〈ラ〉 video 男. ～カメラ videocámara 女

ひと 人 ❶〈人間〉 persona 女, hombre 男; 〈人類〉 ser 男 humano; 〈人々〉 gente 女: 彼は感じのいい～だ Es una persona simpática.

❷〈他人〉 otr*o*(*tra*), los demás. ～のこと口にはさむな No te metas en asuntos ajenos.

❸〈人柄〉 ～のいい buena*zo*(*za*), bondad*oso*(*sa*). お～よし[の] bonach*ón*(*na*)

ひどい 〈激しい〉 violent*o*(*ta*), fuerte; 〈大変〉 much*o*(*cha*); 〈恐ろしい〉 terrible, horrible; 〈残酷〉 cruel; 〈重大〉 grave: ～頭痛 fuerte dolor de cabeza. 暑さがひどく暑い Hace un calor terrible./Hace muchísimo calor. 彼は私に～仕打ちをした Él me hizo una mala pasada./Él se portó mal conmigo. 私をだますなんて～じゃないか! ¡No hay derecho a que me engañes! ～けがをする herirse gravemente

ひどく violentamente; mucho; terriblemente; gravemente: 君のことばに彼女はひどく傷ついた Tus palabras la hirieron mucho.

びとく 美徳 virtud 女

ひとごみ 人込み muchedumbre 女, gentío 男, concurrencia 女

ひとしい 等しい ❶ igual, equivalente: 年収に～金額 cantidad 女 equivalente a los ingresos anuales. ほとんど無いに～ Casi no hay.

❷〈同一〉 mism*o*(*ma*): 大きさが～ ser del mismo tamaño

ひとで 人手 ❶〈労働力〉 mano 女 de obra, manos: ～不足である faltar manos
❷ ～に渡る pasar a manos de otr*o*(*tra*)

ひとびと 人々 personas 女

ひとり 一人 una persona, un*o*(*na*): ～の新聞記者が彼に質問した Un periodista le hizo preguntas. マリアは私の親友の～だ María es una de mis mejores amigas. ～ずつ de un*o*(*na*) en un*o*(*na*). ～息子(娘) únic*o*(*ca*) hij*o*(*ja*)

～[だけ]の・～で sol*o*(*la*): 彼女は～暮らしだ Vive sola.

誰～・～も…ない nadie, ningun*o*(*na*): 日本語のわかる人は～も(彼らの中には～も)いない Nadie (Ninguno de ellos) sabe japonés.

ひとりごと 独り言 ～を言う hablar (decir) para sí, hablar consigo mism*o*(*ma*), decirse [a sí mism*o*(*ma*)] que+直説法

ひとりでに [por sí] sol*o*(*la*): ドアは～閉まった La puerta se cerró sola.

ひなた 日向 ～に al sol

ひなん 非難 reproche 男, censura 女. ～する reprochar, acusar, censurar

ひなん 避難 ～場所 refugio 男. ～する refugiarse. ～民 refugiad*o*(*da*)

びなん 美男 guapo 男

ひにく 皮肉 ironía 女; 〈痛烈な〉 sarcasmo 男. ～な irónic*o*(*ca*); sarcástic*o*(*ca*)

ひねくれた retorcid*o*(*da*)

ひはん 批判 crítica 女. ～する criticar. ～的な crític*o*(*ca*)

ひびく 響く sonar; 〈反響〉 repercutir, resonar; 〈悪影響〉 afectar

ひひょう 批評 crítica 女; 〈論評〉 comentario 男. ～する criticar; comentar. ～家 crític*o*(*ca*)

ひふ 皮膚 piel 女; 〈顔の〉 cutis 男, tez 女. ～の cutáne*o*(*a*)

ひぼん 非凡 ～な extraordinar*io*(*ria*)

ひま 暇 tiempo 男 [libre]; 〈余暇〉 ocio 男: ～がある tener tiempo. ～つぶしをする matar el tiempo. ～な libre: 今晩～ですか? ¿Está libre esta noche? ～人 ocios*o*(*sa*)

ひまん 肥満 obesidad 女. ～児 niñ*o*(*ña*) obes*o*(*sa*)

ひみつ 秘密 secreto 男; ～の secret*o*(*ta*). ～にする tener (guardar) en secreto

びみょう 微妙 ～な delicad*o*(*da*), sutil: ～な立場 situación 女 delicada. ～な違い diferencia 女 sutil

ひも 紐 cordón 男

ひやけ 日焼け ～する ponerse moren*o*(*na*) [con el sol]. ～している estar moren*o*(*na*). ～止めクリーム crema 女 solar. サンオイル bronceador 男

ひやす 冷やす enfriar: ビールを～ enfriar la cerveza

ひょう 表 tabla 女; 〈リスト〉 lista 女; 〈図表〉 gráfico 男

ひよう 費用 gasto 男, coste 男; 〈経費〉 costo 男. ～がかかる costar. ～のかかる

costoso(sa)

びょう 秒 segundo 男

びよう 美容 ～の estético(ca)：～整形 cirugía 囡 estética.～院 peluquería 囡；〈ラ〉salón 男 de belleza.～師 peluquero(ra)

びょういん 病院 hospital 男, clínica 囡

ひょうか 評価 estimación 囡, valoración 囡.～する estimar, valorar. 過大～する supervalorar. 過小～する subestimar, infravalorar

びょうき 病気 enfermedad 囡.～の enfermo(ma)：～になる caer enfermo(ma)

ひょうげん 表現 expresión 囡.～する expresar

ひょうし 拍子 compás 男, ritmo 男：～をとる llevar el compás

ひょうし 表紙 tapa 囡, cubierta 囡；〈雑誌などの〉portada 囡

びょうしゃ 描写 descripción 囡.～する describir

ひょうじゅん 標準〈規格〉norma 囡；〈平均〉promedio 男.～の estándar, normal；medio(dia)

ひょうじょう 表情 expresión 囡；〈顔つき〉cara 囡

びょうどう 平等 igualdad 囡.～な igual：万人は法の前には～である Todos los hombres son iguales ante la ley.～に por igual：遺産を～に分ける dividir la herencia a partes iguales (por igual)

びょうにん 病人 enfermo(ma)；〈患者〉paciente 名

ひょうばん 評判 fama 囡, reputación 囡：～の良い(悪い)de buena (mala) fama.…という～である tener fama de...

ひょうほん 標本 espécimen 男

ひょうめい 表明 manifestación 囡.～する manifestar, declarar, expresar：感謝の意を～する expresar su agradecimiento

ひょうめん 表面 superficie 囡.～的な superficial, aparente.～的に aparentemente.～化する descubrirse, revelarse

ひらく 開く ❶〈あける〉abrir：教科書を～ abrir el libro de texto. ⇨あく. 開いた・開かれた abierto(ta)
❷〈開催〉dar, celebrar：パーティーを～ dar una fiesta

ピラミッド pirámide 囡

ピリオド punto 男

ひりつ 比率 proporción 囡

ひる 昼 día 男；〈正午〉mediodía 男：～間働く trabajar de día.～寝 siesta 囡.～休み hora 囡 de comer

ビル edificio 男. 超高層～ rascacielos 男

ひろい 広い amplio(plia), extenso(sa)；〈広大〉vasto(ta)；〈幅が〉ancho(cha)：～部屋 habitación 囡 grande (amplia･espaciosa).～通り avenida 囡 ancha.～意味で en un sentido amplio

ひろう 拾う recoger

ひろう 疲労 fatiga 囡, cansancio 男；〈極度の〉agotamiento 男.～する fatigarse, cansarse；agotarse

ひろげる 広げる〈拡大・拡張〉ampliar；〈巻いた・畳んだ物を〉extender, desplegar；〈幅を〉ensanchar：店を～ ampliar la tienda. 広がる extenderse, desplegarse；ensancharse；〈普及・伝播〉propagarse：汚染が広がった Se extendió la contaminación.

ひろば 広場 plaza 囡：中央～ plaza mayor

ひろま 広間 sala 囡. 大～ salón 男

ひん 品〈気品〉distinción 囡, elegancia 囡：～がある tener elegancia.～の良い distinguido(da), elegante.～のない grosero(ra), vulgar, rudo(da), soez

びん 瓶 botella 囡；〈広口瓶〉tarro 男；〈化粧品などの小瓶〉frasco 男

ピン〈留め針〉alfiler 男；〈ヘアピン〉horquilla 囡

びんかん 敏感 …に～な sensible a...

ピンク ～の rosa, rosado(da)

ひんしつ 品質 calidad 囡. ⇨質

びんせん 便箋 papel 男 de cartas

ピント foco 男.～を合わせる enfocar.～の合った enfocado(da).～のずれた desenfocado(da). ピンboke desenfoque 男

ひんぱん 頻繁 ～な frecuente.～に frecuentemente, con frecuencia

びんぼう 貧乏 pobreza 囡；〈極度の〉miseria 囡.～な〔人〕pobre；miserable.～になる empobrecerse

ふ

ファーストフード comida 囡 rápida

ファイル archivo 男.～する archivar

ファン fan 名, admirador(ra), seguidor(ra); ⟨スポーツチームなどの熱狂的な⟩ hincha 名; ⟨愛好家⟩ aficionado(da)

ふあん 不安 inquietud 女, intranquilidad 女. ～な inquieto(ta), intranquilo(la). ～になる inquietarse por…; ⟨心配⟩ preocuparse por…

ふい 不意 ～の inesperado(da); ⟨突然⟩ repentino(na). ～に inesperadamente; repentinamente, de repente

フィルター filtro 男

フィルム película 女; ⟨写真用の1巻き⟩ carrete 男

ふう 封 sello 男. ～をする sellar. 手紙の～を切る abrir la carta

ふうきり 封切り ⟨映画の⟩ estreno 男. 封切る estrenar

ふうけい 風景 paisaje 男. ～画 paisaje

ふうさ 封鎖 bloqueo 男. ～する bloquear

ふうし 諷刺 sátira 女. ～の satírico(ca). ～する satirizar

ふうしゃ 風車 molino 男 〔de viento〕.

ふうしゅう 風習 costumbre 女

ふうせん 風船 globo 男

ブーツ botas 女複. ショート～ botines 男複

ふうとう 封筒 sobre 男

ふうふ 夫婦 matrimonio 男, esposos 男複, marido 男 y mujer 女. ～の conyugal

プール piscina 女, ⟨ラ⟩ pileta 女, ⟨メキシコ⟩ alberca 女

ふえる 増える aumentar[se]: 体重が～ aumentar de peso

ふかい 深い profundo(da); ⟨容器が⟩ hondo(da): ～沼 pantano 男 profundo. ～皿 plato 男 hondo. ～森 bosque 男 denso (espeso). ～仲 relaciones 女複 íntimas. これには～意味はない Esto no tiene un sentido especial. 深く profundamente

ふかい 不快 desagrado 男, malestar 男. ～な desagradable, molesto(ta). ～にする causar desagrado a+人, molestar a+人

ふかのう 不可能 ～な imposible: …するのは～である Es imposible+不定詞 (que+接続法)

ぶき 武器 arma 女

ふきそく 不規則 ～な irregular: ～動詞 verbo 男 irregular

ふきつ 不吉 ～な siniestro(tra), de mal agüero

ぶきみ 不気味 ～な macabro(bra); ⟨恐ろしい⟩ horroroso(sa); ⟨不安にさせる⟩ inquietante

ふきゅう 普及 difusión 女, propagación 女; ⟨一般化⟩ generalización 女. ～させる difundir, propagar; generalizar

ふきょう 不況 depresión 女 〔económica〕, recesión 女

ふきん 付近 …の～に en las cercanías de…

ふく 吹く ❶ ⟨風が⟩ soplar: 冷たい風が～ Sopla (Hace) un viento frío. ❷ ⟨管楽器を⟩ tocar: フルートを～ tocar la flauta

ふく 拭く secar, enjugar; ⟨きれいにする⟩ limpiar: タオルで手を～ secarse las manos con una toalla. テーブルを～ limpiar la mesa

ふく 服 ropa 女, prenda 女 〔de vestir〕; ⟨女性の⟩ vestido 男; ⟨スーツ⟩ traje 男. ～を着る vestirse

ふく 副 vice-: ～議長 vicepresidente 名

ふくざつ 複雑 ～な complicado(da). ～にする complicar

ふくし 副詞 adverbio 男

ふくし 福祉 bienestar 男. 社会～ asistencia social. ～施設 establecimiento 男 benéfico

ふくしゃ 複写 ⇨コピー

ふくしゅう 復習 repaso 男. ～する repasar

ふくしゅう 復讐 venganza 女. ～する vengarse de+人

ふくじゅう 服従 obediencia 女, sumisión 女. ～する obedecer (someterse) a+人

ふくすう 複数 ～の ⟨文法⟩ plural. ～形 plural 男

ふくそう 服装 立派(粗末)な～をした bien (mal) vestido(da). 彼はどんな～でしたか? ¿Cómo iba vestido?/¿Qué traje llevaba? ～を整える arreglarse

ふくつう 腹痛 dolor 男 de vientre

ふくむ 含む incluir, contener: 料金にはサービス料は含まれない El precio no incluye el servicio. 肉はたんぱく質を多く含んでいる La carne tiene mucha proteína.

ふくらむ 膨らむ hincharse

ふくろ 袋 bolsa 女; ⟨大きな⟩ saco 男: 紙(ビニール)～ bolsa de papel (de plástico)

ふけつ 不潔 ～な sucio(cia)

ふこう 不幸 desgracia 女, infelicidad 女. ～な desgraciado(da), infeliz, desdichado(da)

ふごう 符号 ⟨目印⟩ marca 女; ⟨記号⟩ signo 男

ふこうへい 不公平 ～な parcial, injusto(ta)

ブザー timbre 男

ふさい 負債 deuda 女. …に〜がある deber a+人

ふざける〈はしゃぐ〉juguetear；〈冗談〉bromear. ふざけて en broma

ぶさほう 不作法 descortesiá 女, grosería 女, falta 女 de educación. 〜な descortés, grosero(ra), mal educado(da)

ふさわしい〈適した〉apropiado(da) para…；〈値する〉digno(na) de…

ぶじ 無事 〜に sin novedad, sano(na) y salvo(va). どうかご〜で!¡Buen viaje!

ふしぎ 不思議 〜な〈奇妙〉extraño(ña)；〈謎〉misterioso(sa)；…とは〜だ Es extraño que+接続法. 〜に思う extrañarse de…

ふしょう 負傷 〜する hacerse una herida, herirse

ぶしょう 不精 〜な descuidado(da)；〈怠け者〉vago(ga), holgazán(na)

ぶじょく 侮辱 insulto 男. 〜する insultar

ふじん 夫人〈妻〉esposa 女. ロペス〜 Señora [de] López

ふじん 婦人 mujer 女, dama 女.「〜用」Señoras/Damas

ふせい 不正 injusticia 女. 〜な injusto(ta)

ふせぐ 防ぐ ❶〈防御〉defenderse, protegerse：敵の侵入を〜 defenderse contra la invasión del enemigo. 寒さを〜 protegerse del frío
❷〈予防〉prevenir；〈防止〉impedir. 事故を〜 evitar el accidente

ふそく 不足 falta 女, escasez 女. 〜する faltar a+人, escasear：この地域は水〜だ En esta zona escasea agua.

ふぞく 付属 〜の anexo(xa). 〜品 accesorio 男

ふた 蓋 tapa 女；〈栓〉tapón 男. 〜をする tapar. 〜をとる destapar

ふだ 札〈ラベル〉etiqueta 女；〈トランプなどの〉carta 女

ブタ 豚 cerdo 男. 〜肉 carne 女 de cerdo

ぶたい 舞台 escena 女, escenario 男

ふたご 双子 gemelos(las)

ふたたび 再び de nuevo, otra vez. 〜…する volver a+不定詞

ふたん 負担 carga 女；〈重荷〉peso 男：親に〜をかけたくない No quiero ser una carga para mis padres. 費用を〜する cargar con los gastos. 自己〜で a su cuenta

ふだん 普段 de costumbre, normalmente. 〜着 ropa 女 de diario

ふち 縁 borde 男, orilla 女

ふちゅうい 不注意 descuido 男. 〜な decuidado(da)

ふつう 普通 〜の común, corriente；〈正常〉normal；〈一般的〉general. 〜は normalmente；generalmente

ぶっか 物価 precios 男複

ふっかつ 復活〈キリストの〉resurrección 女；〈復興〉renacimiento 男. 〜する resucitar；resurgir, renacer. 〜祭 Pascua 女

ぶつかる chocar (dar) contra+物；〈人・困難・障害に〉tropezar con+人・事

ぶっきょう 仏教 budismo 男. 〜の budista. 〜徒 budista 名

ぶつける〈投げつける〉tirar (arrojar) a…；〈打ち当てる〉dar contra (en)…：窓に石を〜 tirar una piedra a la ventana. ドアに鼻を〜 dar narices contra la puerta

ぶっしつ 物質 materia 女, sustancia 女. 〜的な material

ぶったい 物体 objeto 男, cuerpo 男

ふっとう 沸騰 〜する hervir. 〜している湯 agua 女 hirviendo

ぶつり 物理 física 女. 〜学の・〜学者 físico(ca)

ふと 〜思いつく ocurrírsele a+人. 〜…する気になる antojarse a+人

ふとい 太い grueso(sa), gordo(da)

ふとう 不当 〜な injusto(ta), indebido(da). 〜解雇 despido 男 improcedente

ふどうさん 不動産 inmuebles 男複. 〜業者 agente 男 inmobiliario

ふとる 太る engordar, aumentar de peso. 太った〔人〕gordo(da). 太りすぎの〔人〕obeso(sa)

ふとん 布団〈掛け布団〉edredón 男；〈敷き布団〉colchoneta 女 plegable,〈マットレス〉colchón 男

ふね 船 barco 男, buque 男；〈小船〉bote 男：船便で por barco. 船乗り marinero 男. 船酔い mareo 男

ふはい 腐敗 descomposición 女；〈堕落〉corrupción 女. 〜する descomponerse；corromperse

ぶひん 部品 pieza 女

ふぶき 吹雪 ventisca 女 [de nieve], nevasca 女

ぶぶん 部分 parte 女. 〜的な parcial

ふへい 不平 queja 女. 〜を言う quejarse de…

ふべん 不便 incomodidad 女. 〜な incómodo(da)

ふほう 不法 ⇨違法

ふまん 不満 descontento 男. 〜な insatisfecho(cha) con…, descontento(ta) de

ふみきり 踏切 paso a nivel
ふむ 踏む pisar
ふもと 麓 pie 男 de una montaña
ふやす 増やす aumentar, multiplicar
ふゆかい 不愉快 ～な desagradable, fastidio*so* (*sa*)
プライバシー privacidad 女, intimidad 女, vida 女 privada
ブラインド persiana 女
ぶらさげる ぶら下げる ⇨吊るす. ぶら下がる colgar de...
ブラシ cepillo 男. ～をかける cepillar
プラスチック plástico 男
ふらふら ～する〈目まい〉marearse;〈足元が〉tambalearse
ぶらぶら ～する vagar, andar (pasear) sin rumbo fijo. 彼は〔仕事をせず〕一日中～していた Ha estado ocioso (sin hacer nada) todo el día.
ブランド marca 女: ～ものの de marca
ふり 振り …の～をする fingir, aparentar: 彼は病人の〔眠った〕～をしている Finge una enfermedad (que duerme).
ふり 不利 desventaja 女. ～な desventajo*so* (*sa*), desfavorable
ふりかえる 振り返る volverse, volver la cabeza
ふりむく 振り向く ⇨振り返る
ふる 振る agitar : 手を～ agitar la mano. 手を振って挨拶する saludar con la mano
ふるい 古い vie*jo* (*ja*);〈昔・古くからの〉antig*uo* (*gua*);〈時代遅れの〉anticua*do* (*da*): 私の家は～ Mi casa es vieja. ～友人 antig*uo* (*gua*) amig*o* (*ga*), vie*jo* (*ja*) amig*o* (*ga*)
ふるえる 震える temblar;〈寒さ・恐怖などで〉tiritar. 震え temblor 男; tiritona 女
ぶれい 無礼 descortesía 女, indiscreción 女;〈不遜〉impertinencia 女, insolencia 女. ～な descortés, indiscre*to* (*ta*); impertinente, insolente
ブレーキ freno 男. ～をかける frenar
プレゼント regalo 男. ～する regalar a +人
ふれる 触れる ❶〈接触〉tocar:「手を触れないでください」No tocar.
❷〈言及〉referirse a..., mencionar
ふろ 風呂 baño 男;〈浴槽〉bañera 女: ～に入る tomar (darse) un baño
プロ profesional 名. ～の profesional, de profesión
ふろく 付録 apéndice 男, suplemento 男
プログラム〈番組・パンフレット〉programa 男

ブロック ❶〈建築用の〉bloque 男, aglomerado 男: ～塀 muro 男 de bloques ❷〈街区〉manzana 女
プロテスタント〈信仰〉protestantismo 男;〈信者〉protestante 名
プロモーター promot*or* (*ra*)
フロント〈ホテルの〉recepción 女
ふん 分 minuto 男
ぶん 文〈文法〉oración 女. ⇨文章
ふんいき 雰囲気 ambiente 男, atmósfera 女
ふんか 噴火 erupción 女. ～口 cráter 男
ぶんか 文化 cultura 女. ～の・ー的な cultural
ぶんかい 分解 descomposición 女;〈解体〉desmontadura 女. ～する descomponer; desmontar : 時計を～する desmontar un reloj
ぶんがく 文学 literatura 女. ～の lite*rario* (*ria*)
ぶんかつ 分割 división 女. ～する dividir. ～払いにする pagar a plazos
ふんしつ 紛失 ～する perder, extraviar
ぶんしょ 文書 escritura 女, escrito 男
ぶんしょう 文章 frase 女, oración 女
ふんすい 噴水 fuente 女
ぶんすう 分数 fracción 女
ぶんせき 分析 análisis 男. ～する analizar
ふんそう 紛争 conflicto 男
ぶんたん 分担 責任を～するcompartir la responsabilidad con+人
ぶんつう 文通 correspondencia 女: ～する mantener correspondencia con+人;〈互いに〉escribirse
ふんとう 奮闘 ～する luchar con+人・por +事;〈努力〉esforzarse
ぶんぱい 分配 distribución 女, reparto 男. ～する distribuir, repartir
ふんべつ 分別 juicio 男, sensatez 女;〈慎重〉prudencia 女;〈理性〉razón 女. ～のある juicio*so* (*sa*), sensa*to* (*ta*) ; prudente. 無～な insensa*to* (*ta*) ; imprudente
ぶんぽう 文法 gramática 女
ぶんぼうぐ 文房具 artículos 男 複 de escritorio. ～店 papelería 女
ぶんめい 文明 civilización 女. ～化する civilizar
ぶんや 分野 ramo 男;〈学問・芸術の〉campo 男
ぶんり 分離 separación 女. ～させる separar
ぶんりょう 分量 ⇨量

ぶんるい 分類 clasificación 囡. ～する clasificar

ぶんれつ 分裂 división 囡, escisión 囡. ～する dividirse, escindirse: 細胞が～する Se divide la célula. 党は3つに～した El partido se escindió en tres facciones.

へ

…へ ❶〈到達点〉a;〈…の方へ〉hacia;〈…に向かって〉para;〈中に〉en;〈上に〉sobre: 会社～行く ir a la oficina. 北～向かう dirigirse hacia el norte. 彼はメキシコ～出発した Salió para México. それはあそこ(あのテーブルの上)～置きなさい Ponlo allí (sobre aquella mesa).
❷〈相手・対象〉a, por: 父～の手紙 carta 囡 a mi padre. 娘～の愛情 cariño 男 por su hija

ペア par 男;〈男女の〉pareja 囡
へい 塀 muro 男, tapia 囡
へいえき 兵役 servicio 男 militar
へいおん 平穏 tranquilidad 囡, quietud 囡, calma 囡. ～な tranqui*lo* (*la*), quie*to* (*ta*). ～に tranquilamente, en paz
へいき 平気 私は何を言われても～だ No me importa el qué dirán. 彼は～で人をだます Es capaz de engañar a la gente sin inmutarse.
へいきん 平均 promedio 男, término 男 medio. ～の・～な me*dio* (*dia*)
へいこう 平行 ～な parale*lo* (*la*)
へいさ 閉鎖 cierre 男. ～的な cerra*do* (*da*). ～する cerrar
へいし 兵士 soldado 名
へいじつ 平日 días 男 複 entre semana,〈ラ〉día de semana;〈労働日〉día laborable. ～で ～ entre semana
へいてん 閉店〈表示〉Cerrado. ～する cerrar
へいぼん 平凡 ～な común y corriente, ordina*rio* (*ria*);〈凡庸〉mediocre, vulgar
へいめん 平面 plano 男. ～状の・～的な pla*no* (*na*)
へいや 平野 llanura 囡
へいわ 平和 paz 囡. ～[的]な pacífi*co* (*ca*)
ページ 頁 página 囡
ペソ〈貨幣単位〉peso 男
へた 下手 ～な ma*lo* (*la*): 彼女は料理が～だ Es mala cocinera. 私は歌が～だ Canto mal.
へだてる 隔てる separar, apartar. 隔てなく sin distinción. 隔たり〈距離〉distancia 囡;〈差異〉diferencia 囡
べつ 別 ❶ ～の〈他の〉o*tro* (*tra*);〈異なる〉diferente, distin*to* (*ta*): ～の機会に en otra ocasión. ～に aparte;〈別々に〉separadamente;〈特別〉en particular, en especial: この本は～に送ってください Envíe este libro aparte. 何か変わったことは?—～に何も ¿Qué hay de nuevo?—Nada de particular.
❷〈除外〉…は～として excepto, menos. それは～として eso aparte. 君は～だ〈例外〉Eres una excepción.
❸〈区別〉男女の～なく sin distinción de sexo. 職業～の索引 índice 男 por profesiones

ベッド cama 囡. ～カバー colcha 囡. ～タウン ciudad 囡 dormitorio
ペット animal 男 de compañía. ～を飼う tener animal en casa
ペットボトル botella 囡 de polietileno
ベテラン vetera*no* (*na*)
ヘビ 蛇 serpiente 囡;〈小型の〉culebra 囡
へや 部屋〈個室〉habitación 囡, cuarto 男;〈大部屋〉sala 囡
へらす 減らす reducir, disminuir: 荷物を～ reducir el equipaje
減る disminuir, menguar: 売り上げが減った Las ventas han disminuido.
ヘリコプター helicóptero 男
ベル timbre 男: ～を鳴らす tocar el timbre
ベルト cinturón 男
ヘルメット casco 男
へん 変 ～な extra*ño* (*ña*), ra*ro* (*ra*): ～な人 persona 囡 extraña. 彼は最近少し～だ Está (Lo encuentro) un poco raro estos días. ミゲルが来ないのは～だ Es extraño (raro) que Miguel no venga. 頭の～な lo*co* (*ca*)
べん 便 ❶〈便利〉交通の～がよい(悪い) estar bien (mal) comunicado. バスの～がある Hay servicio de autobús. ❷〈排泄物〉excrementos 男 複
ペン pluma 囡. ～フレンド ami*go* (*ga*) por correspondencia
へんか 変化 ❶ cambio 男, variación 囡;〈変動〉mutación 囡: 気温の～ cambio de temperatura. ～する cambiar, variar. ～に富んだ varia*do* (*da*), con variedad
❷〈動詞の〉⇨活用

べんかい 弁解 excusa 囡, disculpa 囡. ～する excusarse, disculparse. ～無用だ ¡Nada de excusas!

べんぎ 便宜 ～を図る dar facilidades a+人, facilitar. ～的な〈一時しのぎ〉provisional

ペンキ pintura 囡. ～を塗る pintar

べんきょう 勉強 estudio 男. ～する estudiar. ～家〔の〕estudi*oso*(*sa*)

へんけん 偏見 prejuicio 男：人種的～ prejuicio racial

べんご 弁護 defensa 囡. ～する defender, abogar. ～士 abog*ado*(*da*)

へんこう 変更 cambio 男, modificación 囡. ～する cambiar, modificar：計画を～する cambiar el plan

へんじ 返事 contestación 囡, respuesta 囡. ～をする contestar, responder. 手紙の～を書く contestar una carta

へんしゅう 編集 redacción 囡；〈フィルムの〉montaje 男. ～する redactar；montar. ～者 redact*or*(*ra*)；montad*or*(*ra*)

べんじょ 便所 servicio 男, lavabo 男

べんしょう 弁償 compensación 囡, indemnización 囡. ～する compensar, indemnizar

ベンチ banco 男

べんり 便利 comodidad 囡. ～な cómo*do*(*da*)；〈実用的〉práctic*o*(*ca*)；〈役立つ〉útil

ほ

ぼいん 母音 vocal 囡

ほう 方 ❶〈方向〉…の～へ hacia, en dirección a：西の～へ hacia el oeste. 右の～へ a la derecha. こちら(あちら)の～へ acá (allá)
❷〈対比〉この時計の～が〔それより〕安い Este reloj es más barato〔que ése〕. 私は電車で行く～がいい Prefiero ir en tren. 君は少し休んだ～がいい Es mejor que descanses un poco.

ぼう 棒 palo 男, barra 囡

ぼうえい 防衛 defensa 囡. ～する defender

ぼうえき 貿易 comercio 男 exterior

ぼうえんきょう 望遠鏡 telescopio 男

ぼうおん 防音 insonorización 囡. ～した insonoriz*ado*(*da*)

ぼうがい 妨害 obstrucción 囡, estorbo 男. ～する impedir, obstruir, obstaculizar, estorbar

ほうがく 方角 ⇨方向. ～がわからなくなる desorientarse

ほうけん 封建 ～的な feudal

ほうげん 方言 dialecto 男

ぼうけん 冒険 aventura 囡. ～をする aventurarse, correr una aventura. ～好きの・～家 aventur*ero*(*ra*)

ほうこう 方向 dirección 囡, sentido 男；〈針路〉rumbo 男：～を変える cambiar de dirección. 水平(逆)～に en sentido horizontal (contrario). 彼は～音痴だ No tiene sentido de la orientación.

ぼうこう 暴行 violencia 囡；〈女性に対する〉violación 囡：～を加える actuar con violencia. 女性に～する violar a una mujer

ほうこく 報告 informe 男, relato 男. ～する informar, relatar

ほうし 奉仕 servicio 男：～する servir, prestar (hacer) un servicio

ぼうし 防止 prevención 囡. ～する prevenir, evitar

ほうしゃのう 放射能 radiactividad 囡

ほうしゅう 報酬 remuneración 囡. ～を与える remunerar

ほうしん 方針 línea 囡, dirección 囡；〈政策〉política 囡

ぼうすい 防水 ～の impermeable

ほうせき 宝石 piedra 囡 preciosa；〈装身具〉joya 囡. ～店 joyería 囡

ほうそう 包装 envoltura 囡, empaque 男. ～する envolver, empaquetar

ほうそう 放送 emisión 囡. ～する emitir, transmitir；〈テレビで〉televisar：〔テレビで〕生～する transmitir en directo〔por televisión〕. ～局〔estación 囡〕emisora 囡

ほうそく 法則 ley 囡, regla 囡

ほうたい 包帯 venda 囡. ～をする vendar

ぼうだい 膨大 ～な enorme, inmens*o*(*sa*)

ほうち 放置 ～する dejar. ～自転車 bicicleta 囡 abandonada

ほうちょう 包丁 cuchillo 男 de cocina

ぼうちょう 膨張 expansión 囡, dilatación 囡. ～する expansionarse, dilatarse

ほうてい 法廷 tribunal 男

ほうてき 法的 ～な legal

ほうとう 放蕩 libertinaje 男

ほうどう 報道 información 囡, noticia 囡. ～する informar, publicar noticias. ～陣 periodistas 名 複

ぼうどう 暴動 motín 男, revuelta 女. ～を起こす amotinarse contra... 暴徒 amotinados 男複, rebeldes 男複

ほうび 褒美 recompensa 女, premio 男. ～を与える recompensar, premiar

ほうふ 豊富 abundancia 女. ～な abundante, rico(ca): イチゴはビタミンCが～だ Las fresas son ricas en vitamina C. この国は資源が～だ Este país abunda en recursos.

ぼうふうう 暴風雨 tempestad 女, tormenta 女

ほうほう 方法 manera 女, modo 男; 〈体系的な〉método 男; 〈手段〉medio 男

ほうぼう 方々 por (en) todas partes, aquí (acá) y allá

ぼうめい 亡命 exilio 男. ～する exiliarse. ～者 exiliado(da)

ほうもん 訪問 visita 女. ～する visitar+場所・a+人. ～者 visitante 名, visita

ほうよう 抱擁 abrazo 男. ～する abrazar

ほうりつ 法律 derecho 男; 〈集合的に〉derecho 男: ～を守る respetar la ley

ぼうりょく 暴力 violencia 女. ～に訴える recurrir a la violencia. 妻に～をふるう maltratar a su mujer

ほえる 吠える 〈犬が〉ladrar; 〈猛獣が〉rugir

ほお 頬 mejilla 女

ボーイ 〈ウェーター〉camarero 男; 〈ベルボーイ〉botones 男

ボート bote 男, barca 女. モーター～〔lancha〕motora 女. ～を漕ぐ remar

ボーナス paga 女 extra

ホーム ❶〈駅の〉andén 男
❷〈地元〉casa 女: ～で en casa

ホームシック ～になる echar de menos a su familia, tener morriña〔de su tierra〕

ホームステイ estancia 女 en régimen familiar

ホームレス ～の sin hogar, sin techo

ホール 〈大広間〉sala 女

ボール 〈野球・テニスなどの〉pelota 女;〈サッカー・バスケットなどの〉balón 男;〈ゴルフの〉bola 女〖中南米では大きさに関係なく pelota〗

ボールがみ ボール紙 cartón 男

ボールペン bolígrafo 男

ほか 外・他 ❶～の otro(tra): ～のを見せてください Enséñeme otro(tra). ～に質問はありますか? ¿Tienen alguna otra pregunta? ～にご入り用のものは? ¿Quiere algo más? …するより～に仕方ない No hay más remedio que+不定詞
…の～は menos, excepto: カルロスの～はみんなアンダルシアの人だ Todos son andaluces menos (excepto) Carlos.
…の～に además de...: 彼はスペイン語の～にドイツ語ができる Además de español, sabe alemán.
❷〈その他〉その～のことには興味がない Lo demás no me interesa. その～の人 los demás

ほがらか 朗らか ～な alegre, jovial

ほかん 保管 ～する guardar. ～所 depósito 男

ほきゅう 補給 abastecimiento 男. ～する abastecer de+物

ぼきん 募金 colecta 女, cuestación 女

ぼくじょう 牧場〈小さな〉prado 男;〈広大な〉pradera 女

ポケット bolsillo 男: ～判の de bolsillo

ぼける 惚ける ❶〈老齢で〉chochear. ぼけた chocho(cha). 老人ぼけ chochera 女, chochez 女
❷ この写真はぼけている Esta foto está borrosa.

ほけん 保険 seguro 男: ～に入る hacerse un seguro, asegurarse. ～をかける asegurar

ほけんじょ 保健所 centro 男 de salud pública

ほご 保護 protección 女. ～する proteger. ～者 protector(ra);〈両親〉padres 男複

ほこうしゃ 歩行者 peatón 男

ぼこく 母国 ⇨祖国. ～語 lengua 女 materna

ほこり 埃 polvo 男: ～を立てる levantar polvo

ほこり 誇り orgullo 男;〈栄誉〉honra 女. ～に思う estar orgulloso(sa) de+事・人. ～したことを～に思う enorgullecerse de haber+過去分詞

ほし 星 estrella 女;〈天体〉astro 男. ～印 asterisco 男. ～占い astrología 女, horóscopo 男

ほしい 欲しい querer, desear. …して～ querer que+接続法. 君に一緒に来て～ Quiero que vengas conmigo (me acompañes).

ほしゅ 保守 ～的な conservador(ra)

ほじゅう 補充 欠員を～する cubrir (llenar) una vacante

ぼしゅう 募集 ビデオ作品を～します Envíenos su vídeo para participar en el concurso. 事務員を～中 Buscamos (Se necesita) una oficinista.

ほじょ 補助 auxilio 男, asistencia 女;〈補助金〉subsidio 男, subvención 女. ～

ほしい 欲しい ⇨ ほしがる
ほしょう 保証 garantía 囡. ～する garantizar；〈確証〉asegurar；〈人物を〉fiar a+人. ～金 fianza 囡. ～人 fiador(ra)
ほしょう 補償 ⇨ 賠償
ほす 干す secar；〈虫干し〉airear. 洗濯物を～ tender la ropa
ポスター cartel 男：壁に～を貼る fijar un cartel en la pared
ポスト buzón 男：～に入れる echar al buzón
ほそい 細い ❶ delgado(da), fino(na)：～指 dedo 男 delgado. ～糸 hilo 男 fino ❷〈狭い〉estrecho(cha)：～通り calle estrecha
ほそう 舗装 pavimento 男. ～する pavimentar
ほぞん 保存 conservación 囡. ～する conservar
ボタン botón 男. ～をかける abotonarse, abrocharse. ～を外す desabotonarse. ～を押す apretar el botón
ぼち 墓地 cementerio 男
ほちょう 歩調 paso 男：～をとる llevar el paso
ほっきょく 北極 polo 男 norte (ártico). ～の ártico(ca). ～星 estrella 囡 polar
ホック corchete 男
ほっさ 発作 ataque 男. ～を起こす sufrir un ataque. ～的に por impulso, en un arrebato
ホッチキス grapadora 囡. ～でとめる grapar. ～の針 grapa 囡
ホット ～カーペット alfombra 囡 eléctrica. ～ミルク leche 囡 caliente
ホテル hotel 男
ほどう 歩道 acera 囡. ～橋 pasarela 囡
ほどく 解く desatar；〈結び目を〉desanudar；〈縫い目を〉descoser
ほとんど 殆んど casi：会場は～満員だった La sala estaba casi llena.
～…ない apenas：私は食欲が～ない Apenas tengo apetito.
ほね 骨 ❶ hueso 男；〈魚の〉espina 囡. 腕の～を折る fracturarse un brazo ❷〈苦労〉penoso(sa)；〈厄介〉trabajoso(sa). …するのは～が折れる costar a+人〔mucho trabajo〕+不定詞. ～を折る esforzarse por+不定詞
ほのお 炎 llama 囡
ほほえむ 微笑む ⇨ びしょう
ほめる 誉める alabar, hablar bien de+人
ほゆう 保有 ～する tener, poseer. ～者 poseedor(ra)

ほら ～見てごらん Mire./Mira.
ボランティア voluntario(ria). ～活動 actividad 囡 voluntaria
ほりょ 捕虜 prisionero(ra)〔de guerra〕
ほる 彫る tallar, grabar；〈彫刻〉esculpir
ほる 掘る ❶〔ex〕cavar：地面を～ cavar la tierra. トンネルを～ excavar un túnel ❷〈採掘〉explotar
ポルノ pornografía 囡. ～ビデオ vídeo 男 porno
ほろびる 滅びる arruinarse；〈没落〉decaer
ほろぼす 滅ぼす arruinar；〈壊滅〉destruir
ほん 本 libro 男. ～屋 librería 囡. ～棚 estantería 囡
ぼん 盆 bandeja 囡
ほんき 本気 ～の serio(ria). ～で en serio. ～にする tomar en serio
ほんしつ 本質 esencia 囡. ～的な esencial
ほんしゃ 本社 casa 囡 matriz, oficina 囡 principal
ほんとう 本当〈真実〉verdad 囡；〈実際〉realidad 囡：～のことを言うと a decir verdad. …は～だ Es verdad que+直説法. は…だ La verdad es que+直説法. それ～? ¿De veras? ～の verdadero(ra)；real. ～に verdaderamente, de verdad；realmente
ほんにん 本人 persona 囡 en cuestión；〈当事者〉interesado(da). ～自ら personalmente, en persona
ほんのう 本能 instinto 男：～で・～的に por instinto. ～的な instintivo(va)
ポンプ bomba 囡
ボンベ bombona 囡：酸素～ bombona de oxígeno
ほんもの 本物 ～の auténtico(ca), genuino(na)；〈真実〉real, verdadero(ra)；〈天然〉natural
ほんやく 翻訳 traducción 囡. ～する traducir. ～者 traductor(ra)
ぼんやり ❶〈漠然〉～した vago(ga)：～した記憶 recuerdo 男 vago (confuso). ～と vagamente
❷〈放心〉～した distraído(da). ～と海を眺める contemplar el mar sin pensar en nada. ～していて彼は電柱にぶつかった Tuvo un despiste y chocó contra el poste. ～するな! ¡Cuidado!
ほんらい 本来〈元来〉originalmente；〈生来〉por naturaleza. ～の original；

natural;〈本質的〉pro*pio*(*pia*):ことばの〜の意味 propio sentido de la palabra. 〜ならば propiamente

ま

ま 間 ❶〈時間〉tiempo 男;〈間隔〉espacio 男, intervalo 男: …まで〔また〕～がある〔Todavía〕Hay tiempo para+不定詞. ～もなく dentro de poco, en breve. ～を置いて a intervalos. あっという～に en un abrir y cerrar de ojos. いつの～にか sin darse cuenta. ❷ ～の悪い inoportun*o*(*na*), inconveniente. 何と～の悪い日だ! Hoy me he levantado con el pie izquierdo.

マイクロフォン micrófono 男

まいご 迷子 ～になる perderse, extraviarse

まいにち 毎日 todos los días, cada día, diariamente. ～の diari*o*(*ria*), cotidian*o*(*na*)

まえ 前 ❶〈空間〉～の delanter*o*(*ra*);〈正面〉de enfrente;〈順序〉anterior: ～の扉 puerta 女 delantera. ～の家 casa 女 de enfrente. ～の頁 página 女 anterior. …の～に delante de…; enfrente de… ～へ adelante: ～へ進む ir adelante, adelantar〔se〕
❷〈時間〉4時5分～だ Son las cuatro menos cinco. ～の anterior: ～の授業で en la clase anterior. ～の大臣 ex ministro (*tra*)
…の～に antes de+名詞 (不定詞・que+接続法): 食事の～に手を洗う lavarse las manos antes de comer. 日が暮れる～に戻りなさい Vuelve antes de que anochezca.

まえうり 前売り ～券を買う sacar la entrada de antemano (con anticipación). 入場券の～ venta 女 anticipada de entradas

まかす 負かす vencer, derrotar

まかせる 任せる encargar, confiar, dejar: 息子に犬の世話を～ encargar a su hijo cuidar al perro

まがる 曲がる ❶ girar, torcer, doblar〔se〕: 角を(右に)～ doblar la esquina (a la derecha)
❷〈湾曲〉curvarse, encorvarse

まぎわ 間際 …の～に en el momento de…, a punto de+不定詞

まく 巻く enrollar;〈包む〉envolver

まく 幕 ❶ telón 男: ～を上げる(降ろす) levantar (bajar) el telón
❷〈場面〉acto 男: 第1～ el primer acto

まく 膜〈表皮〉película 女;〈解剖〉membrana 女

まくら 枕 almohada 女. ～カバー almohadón 男

まくる 捲る〈袖・裾を〉〔ar〕remangar〔se〕

まける 負ける ❶〈敗北〉perder, ser vencid*o*(*da*): 試合に～ perder el partido. 誘惑に～ caer en (ceder a) la tentación
❷〈値段を〉hacer una rebaja (un descuento)

まげる 曲げる〈折り曲げ〉doblar;〈湾曲〉encorvar;〈ねじ曲げ〉torcer

まご 孫 niet*o*(*ta*). ひ孫 bisniet*o*(*ta*)

まごころ 真心 sinceridad 女. ～のこもった sincer*o*(*ra*)

まごつく desconcertarse, desorientarse, quedarse confus*o*(*sa*);〈どうしたらいいかわからない〉no saber qué hacer;〈何と言ったらいいかわからない〉no encontrar palabras

まさつ 摩擦 ❶ roce 男, fricción 女. ～する friccionar. ❷〈物理〉rozamiento 男

まさに 正に precisamente, exactamente; justamente

まじめ 真面目 ～な seri*o*(*ria*), formal: ～な本 libro 男 serio. ～に seriamente. ～にとる tomar… en serio

まじゅつ 魔術 magia 女. ～師 mag*o*(*ga*)

まじる 混じる mezclarse

まじわる 交わる〈交差〉cruzarse;〈交際〉tratar con+人

ます 増す aumentar

まず 先ず primero, en primer lugar, ante todo

まずい ❶〈食物が〉no ser buen*o*(*na*) (ric*o*(*ca*)). ❷〈下手〉mal*o*(*la*)

マスコミ medios 男 複 de comunicación 〔de masas〕

まずしい 貧しい pobre. 貧しさ pobreza 女;〈極貧〉miseria 女

ますます 〈多く・少なく〉cada vez más・menos;〈より一層〉mucho más: ～暑くなる Hace cada vez más calor. ～観光客が来なくなる Vienen cada vez menos turistas. 私は～彼が好きになった Ahora me gusta mucho más que antes.

まぜる 混ぜる mezclar

また 又 ❶〈もう一度〉otra vez, de nuevo. ～来てください Vuelva 〔aquí〕. ～…する volver a+不定詞. ～の機会に en otra ocasión
❷〈同様に〉…も～ también. …も～…ない

tampoco
❸ 〈その上に〉 además

まだ 未だ todavía, aún：赤ん坊は〜寝ていない(寝ている) Todavía no se ha dormido (está dormido). その時彼は〜20歳だった Entonces todavía tenía veinte años.

または 又は o：7月〜8月 julio o agosto

まち 町・街 〈都会〉 ciudad 囡；〈小さな pueblo, población 囡；〈都市の地区〉 barrio 男；〈通り〉 calle

まちあいしつ 待合室 sala 囡 de espera；〈病院などの〉 antesala 囡

まちあわせ 待ち合わせ …と〜をする citar (quedar) con+人. 〜の時間(場所) la hora (el lugar) de la cita

まちがい 間違い error 男, equivocación 囡. 間違って por equivocación, por error. 〜なく 〈必ず〉 sin falta

まちがえる 間違える equivocar[se]；〈AとBを〉 confundir *A* con *B*,〈人を〉 tomar *A* por *B*：あなたは間違っている Está usted equivocado. 塩と砂糖を間違える confundir la sal con el azúcar

まつ 待つ esperar：ちょっとお待ちください [Espere] Un momento, por favor./〈電話で〉 No cuelgue. お待たせしてすみません Siento mucho haberle hecho esperar.

まつげ 睫 pestaña 囡

マッサージ 〈揉む〉 masaje 男；〈擦る〉 friega 囡：〜する dar un masaje en…；dar friegas en…

まっすぐ 真っ直ぐ 〜な derec*ho*(*cha*), rec*to*(*ta*)
〜に derecho：この通りをずっと〜行ってください Vaya (Siga) todo derecho esta calle.

まったく 全く ❶ 〈完全に〉 completamente, totalmente, del todo：彼は〜別人になった Ha cambiado completamente.
❷ 〈全然…ない〉 no… en absoluto, nada：今月は〜雨が降らなかった No ha llovido nada este mes.
❸ 〜だ Exactamente.//〈そのとおり〉 Eso es./ Es verdad./Y que lo digas.

マッチ cerilla 囡, fósforo 男：〜をする encender una cerilla

まつり 祭り fiesta 囡,〈地方の〉 feria 囡；〈芸術祭〉 festival 男

…まで ❶ 〈時間・空間〉 hasta：あした〜 hasta mañana. 2年前〜 hasta hace dos años
…から…〜 de… a…, desde… hasta…：月曜から金曜〜 de lunes a viernes. ロンドンからマドリード〜 de (desde) Londres a (hasta) Madrid
…する〜 hasta que+接続法『過去時制では+直説法』：私が戻るまでここにいなさい Quédate aquí hasta que yo vuelva.
❷ 〈期限〉 …に para：この仕事はいつ〜に終えればいいですか ¿Para cuándo tengo que terminar este trabajo? 5時〜には戻ります Volveré para las cinco.
❸ 〈制限〉 hasta：機内持ち込みができる手荷物は2つ〜です Se puede llevar en el avión hasta dos equipajes de mano.

まと 的 blanco 男；〈対象〉 objeto 男：〜を射る dar en el blanco. 注目の〜 centro 男 de todas las miradas. 〜はずれの desacerta*do* (*da*)

まど 窓 ventana 囡；〈乗物の〉 ventanilla 囡：〜側の席 asiento 男 junto a la ventanilla. 〜口〈銀行などの〉ventanilla；〈切符売場〉 taquilla 囡

まとまる reunirse；〈団結〉 unirse；〈考えなどが〉 tomar forma

まとまり 〈集団〉 conjunto 男, grupo 男；〈団結〉 unidad 囡；〈一貫性〉 coherencia 囡

まとめる 〈結集〉 reunir, juntar；〈統一〉 unificar；〈整理〉 ordenar, poner en orden；〈要約〉 resumir. 全部まとめて en junto

まなぶ 学ぶ 〈習得〉 aprender；〈勉強〉 estudiar

まにあう 間に合う 〈時間〉 llegar a tiempo：列車に〜 llegar a tiempo a coger el tren

マニュアル 〈説明書〉 [libro 男 de] instrucciones 囡

まね 真似 imitación 囡. 真似る imitar

マネージャー 〈支配人〉 director(*ra*)；〈芸能人などの〉 manager 名

まねく 招く 〈招待〉 invitar；〈招聘〉 llamar：友人を夕食に〜 invitar a cenar a un amigo. お招きありがとう Gracias por la invitación. 専門家を〜 llamar a un especialista

まばら 疎ら 〜な ra*lo*(*la*), esparci*do* (*da*). 外は人影も〜だ Hay poca gente en la calle.

まひ 麻痺 parálisis 囡；〈しびれ〉 entumecimiento 男. 〜させる paralizar；entumecer. 〜する 〈一時的に〉 dormirse

まひる 真昼 mediodía 男. 〜に en pleno día

まぶしい 眩しい deslumbrante

まぶた 瞼 párpado 男

まほう 魔法 magia 囡. 〜の mágic*o*(*ca*). 〜をかける hechizar (encantar) a+人. 使い bru*jo*(*ja*), hechicer*o*(*ra*)

まま …の〜にする dejar+過去分詞：私はドア

まめ 豆 legumbre 囡
まもる 守る 〈保護〉proteger；〈防御〉defender；〈順守〉guardar, respetar
まやく 麻薬 droga 囡. ～中毒患者 drogadicto (ta). ～取引 narcotráfico 男. ～密売人 narcotraficante 名
まゆ 眉 ceja 囡: ～をひそめる fruncir las cejas (el ceño)
まよう 迷う ❶〈道に〉perderse, desorientarse
❷〈ためらう〉dudar, vacilar. 迷わずに sin vacilación
まよなか 真夜中 medianoche 囡. ～に a medianoche, en plena noche
まるい 丸い 〈円形〉redondo (da), circular；〈球形〉esférico (ca)：地球は～ La Tierra es redonda. 丸 círculo 男
まるで ❶まったく. ～…[であるかのように] como si+接続法: 彼は～私たちがばかだと言わんばかりだ Nos habla como si fuéramos unos imbéciles. 彼女たちは～姉妹のようだ Son como hermanas.
まれ 稀 ～な raro (ra)；〈並はずれた〉excepcional. ～に rara vez. ～に見る才能のギタリスト guitarrista 名 de talento excepcional
まわす 回す dar una vuelta (vueltas) a...
まわり 回り ❶〈周囲〉alrededor 男, contorno 男: ～を見る mirar a su alrededor. …の～に alrededor de..., en torno a... その村は山に囲まれている La aldea está rodeada de montañas.
❷〈経由〉北極～で行く〈飛行機が〉ir pasando por el Polo Norte
❸ ～道をする dar un rodeo. ～くどい言い方 rodeo 男
まわる 回る girar, dar vueltas；〈あちこち〉recorrer
まんいち 万一 por si acaso
まんいん 満員 ～の lleno (na)
まんが 漫画〈劇画〉cómic 男；〈1コマの〉chiste 男；〈風刺画〉caricatura 囡. ～本・～雑誌 cómic 男；〈子供向けの〉tebeo 男
マンション〈区画〉apartamento 男；〈広い piso 男；〈建物〉edificio 男 de pisos
まんぞく 満足 satisfacción 囡, contento 男. ～させる satisfacer, contentar. ～する satisfacerse (contentarse) con...；〈今あるもので〉conformarse con... 私は～している Estoy satisfecho (contento).
まんなか 真ん中〈中間〉medio 男, mitad 囡；〈中心〉centro 男: …の～に en [el] medio de..., en la mitad de...；en el centro de...
まんねんひつ 万年筆 pluma 囡〔estilográfica〕

み

み 実 fruto 男
みうしなう 見失う perder de vista
みえ 見栄 vanidad 囡. ～っぱりの vanidoso (sa), presumido (da). ～を張る aparentar
みえる 見える ❶ ver[se]: 私は眼鏡をかけないと何も見えない No veo nada sin gafas. そこから何か見えますか? ¿Se ve algo desde ahí?
❷〈…のように〉parecer: 彼はとても若く～ Parece muy joven.
みおくる 見送る despedir: 見送りに行く ir a despedir a+人
みおとす 見落とす no notar, no darse cuenta de...
みかく 味覚 gusto 男, paladar 男
みがく 磨く pulir；〈やすりで〉limar；〈艶を出す〉sacar brillo a...
みかた 見方 manera 囡 de ver；〈観点〉punto 男 de vista, visión 囡
みかた 味方 partidario (ria), amigo (ga). ～する apoyar a+人. …に～している estar de parte de+人
みき 幹 tronco 男
みぎ 右 derecha 囡. ～[側]の derecho (cha). ～側に a la derecha
みぐるしい 見苦しい〈醜い・汚い〉feo (a), indecente
みごと 見事 ～な magnífico (ca), maravilloso (sa)；〈感嘆すべき〉admirable；〈優れた〉excelente. お～! ¡Bravo!
みこみ 見込み〈予想〉perspectiva 囡；〈望み〉esperanza 囡；〈可能性〉posibilidad 囡；〈公算〉probabilidad 囡. ～のある〈有望〉prometedor (ra). ～のない sin porvenir. 彼が直る～はない No hay esperanza (posibilidad) de que se recupere.
みこん 未婚 ～の soltero (ra): ～の母 madre 囡 soltera
ミサイル misil 男
みさき 岬 cabo 男

みじかい 短い cor*to*(*ta*); 〈簡潔〉breve. 短くする acortar; 〈短縮〉abreviar

みじめ 惨め ～な desgracia*do*(*da*), miserable

みじゅく 未熟 ～な inexper*to*(*ta*), inmadu*ro*(*ra*). ～児 ni*ño*(*ña*) prematu*ro*(*ra*)

ミシン máquina 囡 de coser. ～で縫う coser a máquina

みず 水 agua 囡：ウイスキーの～割り whisky 男 con agua. ～色の azul cla*ro*(*ra*), celeste

みずうみ 湖 lago 男

みずぎ 水着 traje 男 de baño, bañador 男

みすてる 見捨てる abandonar

みすぼらしい 〔de aspecto〕miserable, pobre

みせ 店 tienda 囡

みせいねん 未成年 ～の menor 〔de edad〕. ～者 menor 名

みせかけ 見せ掛け ～の aparente, fal*so*(*sa*)

みせる 見せる enseñar, mostrar; 〈提示〉presentar; 〈展示〉exhibir

みぞ 溝 surco 男, zanja 囡; 〈隔たり〉abismo 男

みたす 満たす llenar; 〈条件などを〉satisfacer

みだす 乱す desordenar; 〈秩序を〉perturbar. 乱れる desordenarse; perturbarse

みち 道 camino 男; 〈街道〉carretera 囡; 〈街路〉calle 囡; 〈通路〉paso 男：～を間違える equivocar el camino, equivocarse de camino. ～をあける abrir paso a+人

みち 未知 ～の desconoci*do*(*da*)

みぢか 身近 ～な familiar〔a+人〕：～な問題 problema 男 familiar

みちがえる 見違える no reconocer

みちくさ 道草 ～を食う entretenerse en el camino

みちびく 導く conducir, guiar, dirigir

みつける 見付ける encontrar, hallar; 〈新発見〉descubrir：仕事を～ encontrar un trabajo. 私は彼女が隠れているところを見付けた La sorprendí escondida.

みっしゅう 密集 ～する aglomerarse, apiñarse：東京は家が～している Las casas están apiñadas (muy juntas) en Tokio.

みっせつ 密接 ～な関係 relación 囡 estrecha

みつど 密度 densidad 囡. ～の高い den*so*(*sa*)

みっともない 〈見苦しい〉fe*o*(*a*), indecente, impresentable; 〈恥ずべき〉vergon*zoso*(*sa*)

みつにゅうこく 密入国 inmigración 囡 clandestina

みつめる 見つめる fijar la mirada en..., clavar los ojos en..., contemplar

みつもり 見積もり presupuesto 男, estimación 囡. 見積もる valuar, calcurar

みつゆ 密輸 contrabando 男：～する contrabandear, hacer contrabando

みてい 未定 ～の indetermina*do*(*da*)

みとおし 見通し ⇨ 展望

みとめる 認める reconocer; 〈容認〉admitir; 〈許可〉permitir

みどり 緑 verde 男; 〈草木の〉verdor 男. ～(色)の verde

みとれる 見とれる mirar con admiración; 〈魅了〉quedarse encanta*do*(*da*)

みな 皆 to*dos*(*das*), todo el mundo

みなす 見做す …と～ considerar como...

みなと 港 puerto 男

みならう 見習う tomar a+人 como (por) ejemplo, imitar a+人

みなり 身なり ⇨ 服装. ～に気を使う tener cuidado con lo que se pone, cuidar con su aliño, preocuparse de la apariencia. ～にかまわない descuidarse en el vestir

みにくい 醜い fe*o*(*a*)

みのがす 見逃す ❶〈見ぬふり〉pasar por alto, hacer la vista gorda. ❷ 私はその映画を見逃した Perdí la ocasión de ver la película.

みのまわり 身の回り ～品 efectos 男 複 personales. ～の世話をする cuidar (atender) a+人

みのる 実る dar fruto; 〈努力などが〉fructificar

みはらし 見晴らし vista 囡, panorama 男：～が良い tener buena vista

みはる 見張る vigilar, guardar. 見張り vigilancia 囡, guardia 囡; 〈人〉vigilante 名, guarda 名

みぶり 身振り gesto 男; 〈表現法〉mímica 囡

みぶん 身分 estado 男〔civil〕, condición 囡〔social〕. ～証明書 carnet (carné) 男 de identidad

みぼうじん 未亡人 viuda 囡

みほん 見本 muestra 囡

みまう 見舞う visitar〔a un enfermo〕

みまわす 見回す mirar a su alrededor

みまわる 見回る 〈パトロール〉patrullar; 〈夜回り〉rondar. 見回り patrulla 囡; ronda 囡

みみ 耳 oreja 囡; 〈聴覚〉oído 男：〜がいい tener un oído fino. 〜を傾ける escuchar. 〜にする ofr. 〜の聞こえない人 sordo(da). 〜たぶ lóbulo 男 de la oreja

みみざわり 耳障り 〜な desagradable (áspero(ra)) al oído

みもと 身元 identidad 囡. 〜不明の no identificado(da). 〜保証(引受)人 fiador(ra)

みゃく 脈 pulso 男：〜を取る tomar a+人 el pulso

みやげ 土産 recuerdo 男；〈旅行の〉souvenir 男；〈贈り物〉regalo 男

みょうじ 名字 apellido 男

みらい 未来 futuro 男, porvenir 男. 〜の futuro(ra)

みりょく 魅力 encanto 男, atractivo 男. 〜的な atractivo(va)

みる 見る ❶ ver；〈注視〉mirar；〈熟視〉contemplar：ビデオを見よう Vamos a ver el vídeo. あの鳥を見てごらん Mira aquel pájaro. 彼はその絵に見入っている Está contemplando el cuadro. 見たところで, al parecer. ちらりと〜 echar un vistazo. 行って〜 〈見物〉visitar, conocer
❷〈診察・点検〉examinar. 医者にみてもらう consultar al médico
❸〈考察〉この点から〜と desde este punto de vista
❹〈試し〉…して〜 probar a+不定詞：靴を履いて〜 probarse unos zapatos

みわたす 見渡す 〈高い所から〉dominar. 〜限り hasta donde alcanza la vista

みんかん 民間 〜の privado(da)；〈軍に対して〉civil. 〜人 civil 名, paisano(na)

みんげい 民芸 〜品 artesanía 囡

みんしゅ 民主 〜的な democrático(ca). 〜主義 democracia 囡. 〜主義者 demócrata 名

みんしゅう 民衆 pueblo 男；〈大衆〉masa 囡. 〜の popular

みんぞく 民俗 〜音楽(舞踊) música 囡 (danza 囡) folclórica

みんぞく 民族 pueblo 男；〈言語・文化から見た〉etnia 囡. 〜の nacional；étnico(ca). 〜主義 nacionalismo 男. 〜学 etnología 囡. 〜衣装 traje 男 regional

みんな ⇨みな

む

む 無 nada 囡

むかい 向かい 〜の de enfrente；〈反対側〉opuesto(ta)

むかう 向かう dirigirse a+場所；〈出発〉partir para+場所

むかえる 迎える recibir，〈温かく〉acoger. 迎えに行く(来る) ir (venir) a buscar a+人

むかし 昔 pasado 男. 〜の antiguo(gua)：〜話 cuento 男 antiguo. 〜は antiguamente, en otro tiempo；〈以前〉antes. 〜から desde hace mucho tiempo. 〜からの友人 viejo(ja) amigo(ga)

むかんしん 無関心 indiferencia 囡. 〜な indiferente a...

むく 向く ❶ …の方を〜 mirar hacia...；〈振向く〉volverse
❷〈建物が〉dar a...：南向きの部屋 cuarto 男 que da al sur

むく 剥く pelar, mondar

むくい 報い pago 男, recompensa 囡. 報いる pagar (recompensar) a+人；〈好意などに〉corresponder a+事・人

むくち 無口 〜な callado(da), silencioso(sa)

むける 向ける dirigir；〈銃などを〉apuntar

むげん 無限 〜の infinito(ta). 〜に infinitamente, sin límites. 〜大 infinito 男

むこ 婿 yerno 男；〈花婿〉novio 男

むこう 向こう 〜に allí. …の〜の más allá de...；〈反対側〉al otro lado de...

むこう 無効 nulidad 囡, invalidez 囡. 〜の nulo(la), inválido(da)

むごん 無言 〜の silencioso(sa), mudo(da)

むざい 無罪 inocencia 囡. 〜の inocente

むし 虫 bicho 男；〈昆虫〉insecto 男；〈ミミズ・毛虫など〉gusano 男

むし 無視 〜する ignorar, no hacer caso a+人・de+事, hacer caso omiso de+事

むしあつい 蒸し暑い bochornoso(sa). きょうは〜 Hoy hace un calor sofocante (hace bochorno).

むしば 虫歯 diente 男 picado，〈臼歯〉muela 囡 picada；〈黒くなった所〉caries 囡 [dental]

むじゃき 無邪気 〜な ingenuo(nua), cándido(da), inocente

むじゅん 矛盾 contradicción 囡. 〜した contradictorio(ria). 〜する contradicirse con...

むしろ más bien, antes

むす 蒸す cocer al vapor

むすう 無数　～の innumerable, un sinnúmero de...
むずかしい 難しい difícil：私は～立場にいる Me encuentro en una situación difícil.
むすこ 息子 hijo 男
むすぶ 結ぶ〈縛る〉atar, ligar;〈つなぐ〉unir, enlazar. 結び目 nudo 男
むすめ 娘 hija 女;〈若い女性〉chica 女
むだ 無駄　～な inútil, va*no*(*na*)：叫んでも～だ Es inútil que grites. それは時間の～だ Es una pérdida de tiempo.
～に inútilmente, en vano：彼の努力は～になった Su esfuerzo resultó en vano (inútil).
～づかい desperdicio 男. ～づかいする malgastar, derrochar
むだん 無断　～で sin aviso〔previo〕;〈許可なく〉sin permiso
むち 無知 ignorancia 女. ～な ignorante
むちゃ 無茶　～な disparata*do*(*da*), bárba*ro*(*ra*),〈無思慮〉descabella*do*(*da*), insensa*to*(*ta*). ～なことをする barbaridades;〈過度の行為〉cometer excesos
むちゅう 夢中　…に～になる entusiasmarse por (con)..., apasionarse por... 彼は読書に～で私に気づかなかった Estaba absorto en la lectura y no se dio cuenta de mi presencia. 僕は彼女に～だ Estoy loco por ella. 無我～で fuera de sí
むなしい 空しい〈空虚〉vací*o*(*a*),〈無駄〉va*no*(*na*), inútil. 空しさ vacío 男. 空しく en vano, inútilmente
むね 胸 ❶ pecho 男：～が苦しい sentir opresión en el pecho. ～やけがする tener ardor de estómago
❷〈心〉彼の死に私は～が痛んだ Me ha dolido su muerte. ～が一杯になる hacerse a+人 un nudo en la garganta. ～を打つ conmover a+人. ～の内を明かす abrir su corazón a+人
むのう 無能　～な incapaz, incompetente, inep*to*(*ta*)
むぼう 無謀　～な〈向こう見ず〉temera*rio*(*ria*), osa*do*(*da*);〈無分別〉insensa*to*(*ta*), imprudente
むら 村 pueblo 男;〈小さな〉aldea 女. 村人 pueble*rino*(*na*); alde*ano*(*na*). 村長 alcal*de*(*desa*)
むらがる 群がる aglomerarse
むらさき 紫 morado 男. ～色の mora*do*(*da*);〈薄紫〉violeta
むり 無理 ❶ ～な〈不可能〉imposible：～を言う pedir lo imposible
❷ ～に・～やり por (a la) fuerza. ～に…させる forzar a+人 a+不定詞, hacer+不定詞 a+人 a la fuerza
❸ 君が怒るのも～はない Es natural que te enfades./Tienes suficiente razón para enfadarte.
❹ 彼は～をして家を買った Compró la casa con grandes sacrificios (esfuerzos).
❺ ～な〈不自然〉violen*to*(*ta*)：～な姿勢 postura 女 violenta
むりょう 無料 ⇨ただ
むれ 群れ grupo 男;〈群集〉muchedumbre 女;〈家畜〉rebaño 男;〈鳥などの〉bandada 女;〈魚の〉banco 男

め

め 目 ❶ ojo 男;〈視力〉vista 女;〈目つき〉mirada 女：彼女は青い～だ Tiene los ojos azules. ～がよい（悪い）tener buena (mala) vista. ～が見える ver. ～が見えなくなる〈失明〉perder la vista;〈視力の低下〉perder vista. ～の見えない人 cie*go*(*ga*). ～に見えて visiblemente;〈顕著に〉notablemente. …の～に止まる llamar la atención a+人. ～が回る tener vértigo. ～薬 colirio 男
❷〈憂き目〉ひどい～にあう pasar un mal rato, pasarlo muy mal
❸〈網などの〉malla 女;〈編物の〉punto 男
め 芽 brote 男, germen 男：～が出る・～を出す echar brotes, brotar, germinar
めい 姪 sobrina 女
めいがら 銘柄〈商標〉marca 女：～もの artículo 男 de marca
めいし 名刺 tarjeta 女〔de visita〕
めいしん 迷信 superstición 女. ～深い superstici*oso*(*sa*)
めいじん 名人 maes*tro*(*tra*). ～芸 maestría 女
めいせい 名声 prestigio 男, buena fama 女, buena reputación 女：～を博する adquirir (ganar) buena fama. ～を失う perder el prestigio
めいちゅう 命中　～する acertar;〈的に〉dar en el blanco
めいはく 明白　～な cla*ro*(*ra*), evidente：…は～だ Es evidente que+直説法
めいぶつ 名物〈名産品〉producto 男 famoso〔del lugar〕

めいぼ 名簿 lista 囡; 〈登録簿〉registro 男, matrícula 囡

めいめい 銘々 cada uno(na)

めいよ 名誉 honor 男, honra 囡: 〜を守る defender su honor

めいりょう 明瞭 〜な claro(ra). 〜に claramente

めいれい 命令 orden 囡, mandato 男. 〜する ordenar, mandar

めいわく 迷惑 molestia 囡. 〜な molesto(ta). 〜をかける molestar a+人

めうえ 目上 〜の人〈年長〉mayor 名; 〈上位〉superior

メール correo 男. 電子〜・E〜 correo electrónico, e-mail 男. 〜を送る(受け取る) enviar (recibir) el correo electrónico. 〜のやりとりをする comunicarse por correo electrónico.

めがね 眼鏡 gafas 囡複; 〈ラ〉anteojos 男複. 〜をかける ponerse las gafas. 〜をかけている llevar gafas

めざめる 目覚める despertar〔se〕. 目覚まし時計 despertador 男

めした 目下 〜の人〈年少〉menor 名; 〈下位〉inferior

めじるし 目印 marca 囡, señal 囡. 〜をつける marcar, señalar

めす 雌 hembra 囡

めずらしい 珍しい raro(ra), poco común

めだつ 目立つ llamar la atención. 〜色 color 男 llamativo. 目立たない ser discreto(ta)

メダル medalla 囡

めちゃくちゃ 滅茶苦茶 〜な〈不合理〉irrazonable, ilógico(ca); 〈支離滅裂〉incoherente. 〜にする desordenar;〈混乱〉trastornar;〈破壊〉destruir

めつき 目つき mirada 囡

メッセージ mensaje 男; 〈伝言〉recado 男

めったに 滅多に 〜ない muy raro(ra), excepcional. 〜…ない apenas: 私は〜酒は飲まない Apenas bebo.

めでたい feliz, dichoso(sa). めでたく終わる terminar felizmente

メニュー carta 囡, menú 男

めまい 眩暈 mareo 男; 〈高所・回転による〉vértigo 男: 〜がする marearse; tener vértigo

メモ nota 囡, apunte 男: 〜する apuntar, anotar, tomar nota de... 〜帳 agenda 囡

メロディー melodía 囡

めん 面 ❶〈仮面〉máscara 囡
❷〈平らな物の〉cara 囡;〈紙の〉plana 囡: 新聞の第1〜 primera plana (página) 囡
❸〈物事の〉aspecto 男, faceta 囡;〈側面〉lado 男, plano 男;〈局面〉fase 囡: あらゆる〜で en todos los aspectos. 財政〜では en el plano financiero

めん 綿 ⇨木綿

めんかい 面会 visita 囡:「〜謝絶」Se prohíben las visitas. 〜する visitar a+人, ver a+人

めんきょ 免許 licencia 囡, diploma 男; 〈許可証〉permiso 男. 運転〜証 carnet 男 (licencia) de conducir

めんじょ 免除 dispensa 囡, exención 囡. 〜する dispensar de..., eximir de...

めんぜい 免税 libre de impuestos: 〜店 tienda 囡 libre de impuestos

めんせき 面積 superficie 囡, extensión 囡

めんどう 面倒 ❶〈厄介〉dificultad 囡; 〈迷惑〉molestia 囡;〈複雑〉complicación 囡: 〜を起こす causar molestias. 〜な dificultoso(sa); molesto(ta); complicado(da); 〜くさい molesto(ta), pesado(da), trabajoso(sa)
❷ 〜をみる cuidar (atender) a+人

メンバー miembro 男; 〈会員〉socio 男

めんみつ 綿密 〜な minucioso(sa). 〜に minuciosamente

も

も …〜〔また…である〕también: 僕はゴルフが好きだ―私〜〔好きだ〕Me gusta jugar al golf.―A mí, también. …〜…ない tampoco: 私は猫は好きじゃない―私〜〔好きでない〕No me gustan los gatos.―A mí, tampoco. 私は犬〜猫〜好きだ Me gustan tanto los perros como los gatos. 暇〜金〜ない no tener〔ni〕tiempo ni dinero. 彼は車を 2台〜持っている Tiene dos coches.

も 喪 luto 男: 〜に服している estar de luto

もう〈既に〉ya;〈間もなく〉pronto;〈さらに〉más: 〜やめろ ¡Basta ya! 〜一度お願いします Otra vez (Una vez más), por favor.

もうける 儲ける ganar, sacar〔mucho〕dinero. 儲け ganancias 囡複, provecho 男. 儲かる rentable

もうしこむ 申し込む solicitar;〈購読など〉suscribir;〈参加〉inscribirse en... 申し込み solicitud 囡; suscripción 囡; inscripción 囡

もうしでる 申し出る〈提案〉proponer;〈提供〉ofrecer. 申し出 propuesta 囡; oferta 囡

もうじゅう 猛獣 fiera 囡, bestia 囡

もうしわけ 申し訳 〜ありません Lo siento mucho./Perdóneme.

もうすぐ pronto, dentro de poco

もうすこしで もう少しで por poco+直説法: 私は〜ころびそうになった Por poco me caigo al suelo.

もうふ 毛布 manta 囡

もうれつ 猛烈 〜な violen*to* (*ta*), furio*so* (*sa*)

もえる 燃える arder, quemarse;〈火がつく〉encenderse, prender[se]

モーター motor 男

もくげき 目撃 〜する presenciar, asistir a+事柄. 〜者 testigo 名〔presencial〕

もくじ 目次 índice 男

もくてき 目的 objeto 男, objetivo 男, fin 男;〈意図〉propósito 男: …の〜で con el fin de... 〜地 destino 男

もくひょう 目標 objetivo 男, meta 囡. 〜に到達する llegar a la meta

もけい 模型 maqueta 囡: 〜飛行機 maqueta de un avión

もし …〜なら si+直説法;〈非現実〉si+接続法過去: あした〜天気だったら海へ行こう Si hace buen tiempo mañana, iremos a la playa. 〜彼が今ここにいてくれたらどんなにうれしいことだろう Si él estuviera aquí, qué contentos estaríamos.

もじ 文字 letra 囡

もしか 〜したら acaso

もしもし ❶ ¡Oiga! ❷〈電話で〉¡Oiga!/¡Hola!/〈受けた人が〉¡Diga!/¡Dígame!

もぞう 模造 〜品 imitación 囡. 〜の fals*o* (*sa*). 〜宝石 bisutería 囡

もたれる ⇒寄りかかる

もちあげる 持ち上げる levantar, elevar, alzar

もちいる 用いる〈使用〉usar, emplear;〈利用〉utilizar;〈採用〉adoptar

もちさる 持ち去る llevarse

もちぬし 持ち主 dueñ*o* (*ña*), propietari*o* (*ria*)

もちろん 勿論 Claro./Por supuesto./¿Cómo no?/Ya lo creo. 〜そうです〔違います〕Claro que sí (no). 一緒に来てくれる?—〜〔行きます〕¿Quieres acompañarme?—¿Cómo no?

もつ 持つ ❶〈所有〉tener, poseer;〈携行〉llevar: 私は金を持っていない No tengo dinero./〈持ち合わせがない〉No llevo dinero [ahora]. カメラを持って出かける salir con la cámara
❷〈長持ちする〉durar, resistir

もってくる 持って来る traer

もってゆく 持って行く llevar

もっと 〈多く〉más;〈少なく〉menos: 〜勉強しなさい Estudia más. 日曜日は〜人出が少ない Hay menos gente en la calle los domingos.

もっとも 尤も ❶ 〜な〈正当〉razonable;〈当然〉natural. ❷〈とはいうものの〉sin embargo, aunque

もっとも 最も 定冠詞+〔名詞+〕más (menos)+形容詞: 彼は兄弟中で〜背が高い Es el más alto de sus hermanos. ヒラルダは世界で〜美しい塔の一つだ La Giralda es una de las torres más bonitas del mundo.

もっぱら 専ら exclusivamente

モップ fregona 囡

もつれる 縺れる〈糸が〉enredarse;〈事柄が〉complicarse

もてなす agasajar, festejar. もてなし agasajo 男, festejo 男

もてる 〈異性に〉tener éxito con los hombres (las mujeres). もてない no comerse una rosca

モデル ❶ modelo 男: …を〜にする tomar a+人 como modelo. 〜ルーム piso 男 piloto ❷〈人〉modelo 名

もと 元〈起源〉origen 男. 〜は〈以前〉antes;〈最初〉originalmente

もどす 戻す ❶ devolver. 本を元の場所に戻しなさい Pon el libro donde estaba.
❷〈吐く〉vomitar

もとづく 基づく ❶〈根拠〉basarse (fundarse) en... …に基づいて conforme a..., de acuerdo con...
❷〈起因〉venir de...

もとめる 求める ❶ pedir;〈要求〉exigir: 詳しい説明を〜 pedir (exigir) explicaciones detalladas
❷〈望む〉desear: 平和を〜 desear la paz
❸〈探す〉buscar: 事務員求む Buscamos (Necesitamos) un oficinista.

もともと 元々 〈元来〉originalmente;〈最初から〉desde el principio. だめで〜だ No se pierde nada con probar.

もどる 戻る volver, regresar, venir: 昼食に戻ってくる? ¿Vienes a comer? 戻って[来て]いる estar de vuelta

もの 物 cosa 囡, objeto 男
ものがたり 物語 historia 囡, cuento 男. 物語る contar, relatar
ものさし 物差し regla 囡
ものずき 物好き ～な curios*o*(*sa*)
ものすごい 物凄い tremen*do*(*da*), terrible, formidable
もはん 模範 modelo 男, ejemplo 男. ～的な ejemplar. ～的な父親 padre 男 modelo
もめん 木綿 algodón 男
もも 腿 muslo 男;〈内股〉entrepierna 囡
もや 靄 neblina 囡
もやす 燃やす quemar;〈焼き尽くす〉abrasar
もよう 模様 dibujo 男;〈生地の〉estampa 囡. 縞～ rayas 囡複. 水玉～ lunares 男複
もよおす 催す celebrar, dar. 催し〈行事〉acto 男;〈興行〉espectáculo 男
もらう 貰う ❶ recibir. このイヤリングは姉からもらった Mi hermana me dio estos pendientes.
❷〈…して～〉君に私の作品を見てもらいたい Quiero que veas mis obras.
もり 森 bosque 男
もれる 漏れる〈水などが〉escaparse, irse;〈しみ通って〉calar;〈光などが〉filtrarse
もろい 脆い frágil, delica*do*(*da*)
もん 門 puerta 囡. ～番 porte*ro*(*ra*). ～限 hora 囡 de cierre
もんく 文句〈不平〉queja 囡;〈抗議〉protesta 囡. ～を言う quejarse de…; protestar. ～なしの perfec*to*(*ta*), indiscutible
もんだい 問題 ❶ problema 男;〈試験の〉pregunta 囡: 彼は深刻な～を抱えている Tiene un problema muy grave. ～はやさしかった Las preguntas eran fáciles.
❷〈主題〉tema 男;〈事柄〉cuestión 囡: 金の～ではない No es cuestión de dinero.

や

や 矢 flecha 囡
やがい 野外 〜の・で al aire libre
やがて pronto, poco después
やかましい ❶〈騒々しい〉ruidoso (sa). ❷〈厳しい〉severo (ra), estricto (ta)
やかん 夜間 〜に de noche, por la noche. 〜の nocturno (na)：〜興行 función nocturna. 〜外出禁止〈戒厳令下の〉queda 囡
やかん 薬缶 tetera 囡,〈ラ〉pava 囡
ヤギ 山羊 cabra 囡;〈雄〉macho cabrío 男;〈子山羊〉cabrito 男. 〜皮 cabritilla 囡
やきにく 焼き肉 asado 男
やく 焼く quemar, abrasar;〈料理〉asar
やく 役 ❶〈職務〉cargo 男, función 囡;〈配役〉papel 男：老女の〜を演じる hacer el papel de una mujer vieja ❷〈効用〉〜に立つ útil;〈実用的〉práctico (ca). 何の〜にも立たない no servir para nada, ser inútil. 〜立てる utilizar, valerse de...
やく 約 ⇨…くらい
やくざいし 薬剤師 farmacéutico (ca)
やくす 訳す traducir
やくそく 約束 ❶ promesa 囡, compromiso 男：〜を守る(破る) cumplir (romper) su promesa. 〜する prometer, dar su palabra a+人 ❷〈人に会う〉cita 囡：私は3時にマリアと会う〜がある He quedado (Tengo una cita) con María a las tres.
やくにん 役人 funcionario (ria), oficial 名;〈官僚〉burócrata 名
やくば 役場 ayuntamiento 男;〈町・村の〉alcaldía 囡
やくみ 薬味 condimento 男
やくめ 役目〈義務〉deber 男;〈役割〉papel 男
やくわり 役割 papel 男：重要な〜を果たす desempeñar un papel muy importante
やけど 火傷 quemadura 囡. 〜する quemarse
やさい 野菜 verdura 囡, hortaliza 囡
やさしい 易しい fácil;〈単純〉simple;〈平易〉sencillo (lla)：〜問題 pregunta fácil
やさしい 優しい〈愛情のある〉cariñoso (sa), tierno (na);〈親切〉amable：…に優しくする ser amable (bueno) con+人

やしなう 養う mantener a+人
やじるし 矢印 flecha 囡
やしん 野心 ambición 囡. 〜的な ambicioso (sa)
やすい 安い barato (ta). 安く barato;〈経済的〉económicamente
やすうり 安売り ⇨バーゲンセール
やすみ 休み ❶〈休憩〉descanso 男：〜時間 hora 囡 de descanso;〈学校の〉recreo 男. 〜なく sin descanso;〈絶えず〉continuamente, sin parar ❷〈休日〉día 男 de descanso. きょうは〜だ〈仕事がない〉Hoy no trabajo./〈祝日〉Hoy es fiesta./〈商店などが〉Hoy está cerrado (da). 彼は〜です〈欠席〉No está. ❸〈休暇〉vacaciones 囡 複：夏〜 vacaciones de verano
やすむ 休む ❶〈休憩〉descansar：少し休もう Vamos a descansar un rato. ❷〈休養〉reposar;〈休暇〉tomar〔las〕vacaciones ❸〈欠席〉faltar a... 私はきのう学校を休んだ Ayer no fui a la escuela.
やせい 野生 〜の salvaje;〈植物が〉silvestre
やせる 痩せる adelgazar. 私は2キロやせた He perdido dos kilos. 〜た delgado (da)
やちん 家賃 alquiler 男〔de la casa〕
やつ 奴 tipo 男：何ていやな〜だ！¡Qué tipo tan desagradable!
やっかい 厄介 〜な molesto (ta), fastidioso (sa);〈手間のかかる〉trabajoso (sa). 〜事 lío 男;〈困難〉dificultad 囡. …に〜をかける molestar a+人. 〜者〈家族・集団にとって〉oveja 囡 negra
やっきょく 薬局 farmacia 囡
やってみる やって見る intentar, probar
やっと〈ついに〉por (al) fin. 〜 con dificultad, difícilmente, a duras penas
やつれる 窶れる consumirse, demacrarse
やとう 雇う emplear. 雇い人 empleado (da). 雇い主 patrón (na), patrono (na)
やね 屋根 tejado 男;〈自動車などの〉techo 男. 〜裏部屋 desván 男
やはり〈同じく〉también, igualmente;〈結局〉después de todo. 〜そうだった Ya lo suponía.
やばん 野蛮 〜な bárbaro (ra);〈未開の〉salvaje

やぶる 破る ❶ 〈裂く〉desgarrar；〈壊す〉romper. ❷ 〈違反〉violar. ❸ 〈負かす〉vencer
やま 山 ❶ montaña 囡, monte 男. ～小屋 refugio 男 alpino ❷ 〈山積み〉montón 男
やみ 闇 tinieblas 囡 複, oscuridad 囡
やむ 止む cesar, parar
やむをえず 已むを得ず ～…する verse obliga*do* (*da*) a+不定詞. やむを得ない inevitable, forzo*so* (*sa*)
やめる 止・辞める dejar；〈…するのを〉dejar de+不定詞；〈終了〉terminar, acabar；〈断念〉renunciar a+事・物；〈辞職〉dimitir：会社(仕事)を～ dejar la empresa (su trabajo). たばこを～ dejar de fumar, renunciar al tabaco
やもめ viu*do* (*da*)

やや algo, un poco
やりかた やり方 ⇨方法, 仕方
やりきれない やり切れない 〈我慢できない〉insoportable, inaguantable；〈救いのない〉sin consuelo. 暑くて～ No puedo aguantar este calor./Hace un calor insoportable.
やりなおす やり直す hacer de nuevo, volver a hacer, rehacer
やる ❶ 〈与える〉dar ❷ 〈行なう〉⇨する ❸ 〈上演・上映〉dar, poner：ここは面白い映画をやっている Están poniendo aquí una película interesante.
やわらかい 柔らかい blan*do* (*da*), tier*no* (*na*)；〈色・光などが〉suave, dulce
やわらげる 和らげる 〈緩和・軽減〉calmar, aliviar, apaciguar；〈軟化〉ablandar.

ゆ

ゆ 湯 agua 囡 caliente；〈ぬるま湯〉agua tibia；〈熱湯〉agua hirviendo
ゆいいつ 唯一 ～の úni*co* (*ca*)
ゆううつ 憂鬱 melancolía 囡. ～な melancóli*co* (*ca*)
ゆうえき 有益 ～な útil, provecho*so* (*sa*)
ゆうえつかん 優越感 …に～を抱く sentirse superior a+人
ゆうえんち 遊園地 parque 男 de atracciones
ゆうが 優雅 ～な elegante. ～さ elegancia 囡
ゆうかい 誘拐 secuestro 男, rapto 男. ～する secuestrar, raptar
ゆうがい 有害 ～な dañi*no* (*na*), noci*vo* (*va*)
ゆうがた 夕方 ～に al anochecer (atardecer), al caer la tarde
ゆうかん 勇敢 ～な valiente, valero*so* (*sa*)
ゆうき 勇気 valentía 囡, valor 男, coraje 男. ～のある ⇨勇敢. ～のない cobarde. ～を出す armarse de valor, cobrar ánimo
ゆうこう 有効 ～な eficaz；〈法的に〉váli*do* (*da*)
ゆうこう 友好 amistad 囡. ～的な amisto*so* (*sa*)：～関係 relaciones 囡 複 amistosas
ゆうざい 有罪 ～の culpable
ゆうし 有志 voluntari*o* (*ria*)
ゆうしゅう 優秀 ～な bue*no* (*na*), ex-

celente
ゆうしょう 優勝 ～する ganar el campeonato (la copa), triunfar
ゆうじょう 友情 amistad 囡
ゆうしょく 夕食 cena 囡, 〈ラ〉comida 囡. ～をとる cenar
ゆうじん 友人 ami*go* (*ga*)
ゆうずう 融通 ～のきく flexible. ～のきかない inflexible. ～をきかせる adaptarse a las circunstancias
ゆうせん 優先 preferencia 囡, prioridad 囡：～的に de preferencia, preferentemente. …を～させる dar preferencia (prioridad) a…
ゆうそう 郵送 ～する enviar por correo
ユーターン ～する dar la vuelta：「～禁止」Prohibido dar la vuelta.
ゆうだい 雄大 ～な grandio*so* (*sa*), magnífi*co* (*ca*)
ゆうだち 夕立 chaparrón 男, chubasco 男
ゆうどう 誘導 dirección 囡. ～する dirigir, guiar, canalizar, orientar
ゆうどく 有毒 ～の tóxi*co* (*ca*), veneno*so* (*sa*)
ゆうのう 有能 ～な competente, capaz
ゆうひ 夕日 sol 男 poniente
ゆうびん 郵便 correo 男. ～局 Correos. ～受け buzón 男. ～配達人 carte*ro* (*ra*). ～番号 código 男 postal
ゆうふく 裕福 ～な ri*co* (*ca*), acomoda*do* (*da*), acaudala*do* (*da*), dinera*do*

ゆうべ 昨夜 anoche;〈就寝以降〉esta noche:～はよく寝た He dormido bien esta noche.

ゆうべん 雄弁 ～な elocuente

ゆうぼう 有望 ～な prometedor(ra). 彼は前途～な若者だ Es un joven que promete.

ゆうめい 有名 ～な famoso(sa), conocido(da);〈名声のある〉célebre, renombrado(da):…で～である ser famoso(sa) por… ～になる hacerse famoso(sa)

ユーモア humor 男．～のセンスがある tener sentido del humor. ユーモラスな humorístico(ca)

ゆうやけ 夕焼け arrebol 男 de la tarde

ゆうよ 猶予〈延期〉prórroga 女．～期間 plazo 男

ゆうらん 遊覧 ～船 barco 男 de recreo. ～バス autocar 男

ゆうり 有利 ～な〈得な〉ventajoso(sa), beneficioso(sa);〈好都合〉favorable

ゆうりょう 有料 ～の de pago. ～道路 autopista 女 de peaje

ゆうりょく 有力 ～な poderoso(sa), influyente. ～な証拠 prueba 女 convincente

ゆうれい 幽霊 fantasma 男;〈亡霊〉espíritu 男

ユーロ euro 男

ゆうわく 誘惑 tentación 女;〈異性に対する〉seducción 女．～する tentar; seducir

ゆか 床 suelo 男

ゆかい 愉快 ～な alegre, divertido(da);〈人が〉jovial, ameno(na)

ゆき 雪 nieve 女;〈積雪〉nevada 女:初～ primeras nieves. ～が降る nevar:きのうは大雪が降った Ayer nevó mucho.

ゆきづまる 行き詰まる〈勉強などに〉estancarse;〈交渉などが〉llegar a un punto muerto (a un callejón sin salida)

ゆく 行く ⇨いく

ゆくえ 行方 ～不明の〔人〕desaparecido(da)

ゆくさき 行く先 destino 男

ゆげ 湯気 vapor 男, vaho 男

ゆしゅつ 輸出 exportación 女．～する exportar. 小麦の～国 país 男 exportador de trigo

ゆすぐ aclarar, enjuagar

ゆする 揺する mecer;〈激しく〉sacudir

ゆずる 譲る〈譲渡〉ceder, transferir. ⇨

譲歩

ゆそう 輸送 transporte 男．～する transportar

ゆたか 豊か ～な〈豊富〉abundante, rico(ca);〈肥沃〉fértil;〈裕福〉rico(ca), acaudalado(da)

ゆだん 油断 descuido 男．～する descuidarse;〈過信〉confiarse. ～するな! ¡Cuidado!/¡Alerta!

ゆっくり despacio, lentamente;〈少しずつ〉poco a poco

ゆでる 茹でる cocer

ゆとり margen 男, holgura 女

ユニーク ～な único(ca), original

ユニホーム uniforme 男

ゆにゅう 輸入 importación 女．～する importar

ゆび 指 dedo 男

ゆびさす 指差す señalar con el dedo:彼は出口を指さした Señaló con el dedo la salida.

ゆびわ 指輪 anillo 男;〈宝石付きの〉sortija 女

ゆめ 夢 sueño 男;〈幻想〉ilusión 女:～を見る tener un sueño. …を～見る soñar con+事･不定詞．～物語 sueño, fantasía 女. 悪夢 pesadilla 女

ゆらい 由来〈起源〉origen 男;〈来歴〉historia 女:…に～する proceder de…, tener su origen en…

ゆるい 緩い ❶ flojo(ja), suelto(ta). ズボンがゆるくなった Se me han quedado grande los pantalones.
❷〈厳しくない〉poco severo(ra)
❸〈勾配が〉suave:～カーブ curva 女 suave

ゆるす 許す〈許可〉permitir, dejar;〈容赦〉perdonar, disculpar:私を許してください Perdóneme.
許し permiso 男; perdón 男:許しを乞う pedir perdón a+人

ゆるむ 緩む aflojar[se], relajarse:私は気が緩んだ Me relajé./Me tranquilicé. 緩める aflojar, relajar

ゆるやか 緩やか ⇨緩い．～な〈穏やか〉moderado(da),〈ゆっくりした〉lento(ta). ～に moderadamente; lentamente

ゆれる 揺れる moverse, mecerse;〈小刻みに〉temblar;〈激しく〉agitarse;〈ゆらゆらと〉oscilar. この飛行機はひどく～ Este avión se mueve mucho.

ゆわかし 湯沸かし〈ボイラー〉caldera 女．～器 calentador 男〔de agua〕

❷ 〈量〉mucho：～働く trabajar mucho
❸ 〈頻度〉私は～そのレストランに行く Frecuento ese restaurante. 私たちは～この公園で遊んだ Solíamos jugar en este parque. それは～あることだ No es raro./Es frecuente.
❹ 〈改良〉～する(なる) mejorar(mejorarse)
❺ ～できたね ¡Qué bien lo has hecho (te ha salido)！ ～この問題が解けたね ¿Cómo has podido resolver este problema?

よく 欲 deseo 男；〈貪欲〉codicia 囡, avaricia 囡．～の深い codicio*so* (*sa*), ava*ro* (*ra*). ～のない desinteresa*do* (*da*)

よくしつ 浴室〔cuarto 男〕de baño 男

よくじつ 翌日 el día siguiente．～に al día siguiente

よくせい 抑制 freno 男；〈感情の〉contención 囡．～する frenar；contener

よくそう 浴槽 bañera 囡

よくぼう 欲望 deseo 男, apetito 男

よけい 余計〈不必要〉innecesa*rio* (*ria*), super*fluo* (*flua*), de sobra．～なお世話だ No te metas en mis asuntos (en asuntos ajenos)./No es asunto tuyo. ～である sobrar
～に〔なおさら〕〔tanto〕más：だめと言われると～に見たくなる Cuanto más me lo prohíben, 〔tanto〕más quiero verlo.

よける 避ける esquivar, sortear. わきへ～ hacerse a un lado

よげん 予言 predicción 囡．～する predecir．～者 profe*ta* (*tisa*)

よこ 横 ❶〈幅〉ancho 男
❷〈側面〉lado 男：映画館の～に喫茶店がある Hay una cafetería al lado del cine. ～の lateral．〈水平〉horizontal

よこぎる 横切る atravesar, cruzar

よこく 予告 previo aviso 男．～する avisar previamente (de antemano)．～編 avance 男, tráiler 男

よごす 汚す manchar；〈ひどく〉ensuciar. 汚れた su*cio* (*cia*). 汚れ mancha 囡．汚れる mancharse；ensuciarse：私は～スカートを汚してしまった Me he manchado la falda.

よこたわる 横たわる acostarse, tenderse, echarse

よさん 予算 presupuesto 男：～を立てる hacer un presupuesto de..., presupuestar

よしゅう 予習 preparación 囡 de la clase．～する preparar la clase

よそ 余所 ～の de fuera．～で en otro lugar (sitio), en otra parte．～者 foraste*ro* (*ra*), extra*ño* (*ña*)

よそう 予想 pronóstico 男, previsión 囡．～する pronosticar；〈期待〉esperar．～どおりに como se esperaba．～に反して contra lo previsto (todo pronóstico)

よそおう 装う〈見せかける〉fingir, afectar

よそく 予測 ⇒**予想**．～する prever, pronosticar

よだれ 涎 baba 囡

よち 余地 君には弁解の～がない No tienes disculpa. まだ改善の～がある Todavía hay puntos que mejorar.

よつかど 四つ角 cruce 男, encrucijada 囡

よっきゅう 欲求 deseo 男；〈強い〉ansia 囡．不満 frustración 囡．生理的～ necesidades 囡

よっぱらい 酔っ払い borra*cho* (*cha*). 酔っ払う emborracharse

よてい 予定 plan 男：今度の週末は何か～がありますか？¿Tiene algún plan para este fin de semana? ～を立てる planear

よなか 夜中 medianoche 囡．～に por la noche

よはく 余白 margen 男, espacio 男

よび 予備 ❶ ～の〈交換用〉de recambio, de repuesto；〈蓄え〉de reserva：～のタイヤ neumático de repuesto
❷ ～的な〈前もっての〉pre*vio* (*via*)：～知識 conocimientos 男 複 previos

よびりん 呼び鈴 timbre 男．～を押す tocar el timbre；〈玄関で〉llamar a la puerta

よぶ 呼ぶ ❶ llamar：助けを～ pedir socorro
❷〈招く〉invitar, convidar

よぶん 余分 sobra 囡．～な sobra*do* (*da*), sobrante；〈無用〉super*fluo* (*flua*). ～に de sobra

よほう 予報 pronóstico 男

よぼう 予防 prevención 囡．～の preventi*vo* (*va*)：[…の]～注射 inyección 囡 preventiva〔contra...〕．～接種 vacunación 囡．～する prevenir

よむ 読む leer；〈朗読〉recitar：声に出して～ leer en voz alta. その小説は読んだことがある He leído esa novela.

よめ 嫁 nuera 囡；〈花嫁〉novia 囡

よやく 予約 reserva 囡．～する reservar

よゆう 余裕 一人分の～がある Hay sitio para uno. 出発までまだじゅうぶん～がある Todavía tenemos mucho tiempo hasta la salida. 気持ちの～を失う perder la calma. ～のある暮らし vida 囡 holgada

…より〈比較〉que...：君は私～若い Eres más joven que yo.

よりかかる 寄り掛かる apoyarse en...

ら

らいう 雷雨 tormenta 女
らいげつ 来月 el próximo mes, el mes próximo, el mes que viene
らいしゅう 来週 la próxima semana, la semana próxima, la semana que viene
ライター mechero 男, encendedor 男
らいねん 来年 el próximo año, el año próximo, el año que viene
ライバル rival
ラウンジ 〈ホテルなどの〉sala 女
らく 楽 ～な〈安楽〉cómodo(da);〈ゆとり〉holgado(da);〈容易〉fácil:～な暮らし vida 女 holgada. ～に cómodamente; holgadamente; sin dificultad. どうぞお～に Póngase cómodo(da)./Ésta es su casa. 気分が～になる sentirse mejor
らくえん 楽園 paraíso 男
らくだい 落第 suspenso 男. ～する・～させる suspender:私は～した Me han suspendido./Suspendí.
らくたん 落胆 decepción 女, desilusión 女. ～する decepcionarse, desilusionarse
らくてん 楽天 ～的な optimista
ラジオ radio 女

らっかん 楽観 optimismo 男. ～的な optimista. ～する ver con optimismo
ラッシュ ～アワー hora(s) 女(複) punta,〈ラ〉hora(s) pico
ラテン ～系の latino(na). ～語 latín 男. ～アメリカ América 女 Latina, Latinoamérica 女. ～アメリカの latinoamericano(na)
ラブ ～シーン escena 女 de amor. ～レター carta 女 de amor
ラベル etiqueta 女, marbete 男
らん 欄 〈新聞などの〉columna 女, sección 女;〈記入欄〉espacio 男 (en blanco):スポーツ～ sección deportiva (de deportes)
らんざつ 乱雑 ～な desordenado(da), en desorden, desarreglado(da)
ランプ lámpara 女
らんぼう 乱暴 violencia 女, brutalidad 女. ～な violento(ta), bruto(ta):～なことば palabras 女複 violentas. 壊れ物だから～に扱わないでください Trátelo con cuidado, que es frágil.
らんよう 濫用 abuso 男. ～する abusar de…

り

リーダー 〈指導者〉jefe(fa), líder 名. ～シップ jefatura 女, liderazgo 男
りえき 利益 interés 男, beneficio 男;〈もうけ〉ganancias 女複, provecho 男
りかい 理解 comprensión 女, entendimiento 男. ～する entender, comprender. ～のある comprensivo(va). ～のない incomprensivo(va)
りがい 利害 intereses 男複:～の一致(対立) coincidencia 女 (oposición 女) de intereses. ～関係のある〔人〕interesado(da)
りく 陸 tierra 女. ～に上がる・上げる〈船から〉desembarcar
りくぐん 陸軍 ejército 男
りくじょう 陸上 ～の terrestre. ～競技 atletismo 男
りくつ 理屈 ～に合った razonable, lógico(ca). ～に合わない irrazonable, ilógico(ca). ～では en teoría. ヘ理屈 argucia 女
りこ 利己 ～的な egoísta. ～主義 egoísmo 男

りこう 利口 ～な inteligente;〈鋭敏〉listo(ta);〈抜け目のない〉astuto(ta)
りこん 離婚 divorcio 男. ～する divorciarse
りし 利子 interés 男:無～で sin interés
リスト lista 女:ブラック～ lista negra. ～を作る hacer una lista
リズム ritmo 男;〈拍子〉compás 男:～感 sentido 男 del ritmo. リズミカルな rítmico(ca)
りせい 理性 razón 女:～を失う perder la razón. ～的な racional
りそう 理想 ideal 男. ～的な ideal. ～主義 idealismo 男. ～郷 utopía 女
りち 理知 ～的な inteligente, intelectual
りつ 率 tasa 女;〈比率〉proporción 女. 百分～ porcentaje 男. 利率 tipo 男 de interés
りっこうほ 立候補 candidatura 女. ～者 candidato(ta). …に～する presentarse como candidato(ta) para…, presentar su candidatura a…

よりみち 寄り道 …に～する pasar por (acercarse a)+場所 en el camino

よる 夜 noche 囡: もう～だ Ya es de noche. ～に de noche, por la noche. ～の nocturno(na)

よる 因る ❶〈原因〉deberse a…: 停電は落雷に～ものだった El apagón se debió a la caída de un rayo. ❷〈準拠〉…によれば según: 噂によれば según dicen. 彼の話に～と según él ❸〈依存〉depender de…: それは場合に～〔Eso〕Depende〔del caso〕. ❹〈手段〉por: 武力に～支配 dominio 男 por la fuerza de las armas

よる 寄る ❶〈近寄る〉acercarse a… ❷〈立ち寄る〉pasar por…, visitar de paso; 〈船・飛行機が〉hacer escala en…

よろこぶ 喜ぶ alegrarse. 喜んでいる estar contento(ta). 喜ばせる alegrar, agradar;〈満足させる〉contentar. 喜び alegría 囡, placer 男. 喜んで con mucho gusto

よろしい bueno, bien. もしよろしければ si le parece〔bien〕

よろしく 宜しく …に～〈伝言〉Recuerdos (Saludos) a+人〔de mi parte〕. 君のお母さんに～伝えてください Dale recuerdos a tu madre.

よろん 世論 opinión 囡 pública

よわい 弱い débil, flojo(ja);〈もろい〉delicado(da), frágil: ～チーム equipo 男 débil. 体が～ ser delicado(da) de salud. ～風 viento 男 suave. 弱る debilitarse

りったい 立体 cuerpo 男 geométrico, sólido 男. 〜的な tridimensional

りっぱ 立派 〜な ❶〈すばらしい〉admirable, magnífico(ca);〈優れた〉excelente;〈申し分のない〉perfecto(ta):〜な先生 profesor(ra) excelente. 彼は〜になった Se ha hecho todo un hombre. 〜に admirablemente
❷〈人格が〉noble:〜な人 persona 女 noble
❸〈堂々とした〉majestuoso(sa):〜な家 casa 女 majestuosa

りはつ 理髪 〜師 peluquero(ra). 〜店 peluquería 女

リボン cinta 女;〈結んだ〉lazo 男

リモコン〈システム・器具〉mando 男 a distancia

りゃくご 略語 abreviatura 女

りゃくしき 略式 〜の informal

りゆう 理由 razón 女, porqué 男;〈動機〉motivo 男;〈原因〉causa 女: 経済的な〜で por razones económicas. …する〔に足る〕〜がある tener〔suficiente〕razón para+不定詞

りゅうがく 留学 〜する ir a estudiar al extranjero.〔外国人〕〜生 estudiante 名 extranjero(ra)

りゅうこう 流行 moda 女: 〜する estar de moda. 〜遅れの pasado(da) de moda

りゅうちょう 流暢 彼はとても〜にスペイン語を話す Habla español con mucha soltura.

リュック〔サック〕mochila 女

りょう 猟 caza 女. 〜をする cazar. 〜師 cazador(ra)

りょう 量 cantidad 女. 〜的な cuantitativo(va)

りょう 漁 pesca 女. 〜をする pescar. 〜師 pescador(ra)

りょう 寮 学生〜 residencia 女 de estudiantes, colegio 男 mayor

りよう 利用 〜する ❶ utilizar;〈上手に〉aprovechar: チャンスを〜する aprovechar la oportunidad
❷〈使用〉usar: 駅へ行くのにバスを〜する usar el autobús para ir a la estación. 〜者 usuario(ria)

りょうかい 了解〈理解〉entendimiento 男;〈同意〉consentimiento 男. 〜する entender; consentir. 〜した De acuerdo./ Vale.

りょうがえ 両替 cambio 男. 〜する cambiar: 円をユーロに〜する cambiar yenes en euros

りょうきん 料金〈値段〉precio 男;〈代金〉importe 男;〈公定価格〉tarifa 女;〈手数料〉derechos 男

りょうじ 領事 cónsul 名. 〜館 consulado 男

りょうしゅうしょ 領収書 recibo 男

りょうしん 両親 padres 男複

りょうしん 良心 conciencia 女. 〜的な concienzudo(da). 〜的に〈仕事のやり方などが〉a conciencia. 〜の呵責 remordimientos 男

りょうど 領土 territorio 男, dominios 男複

りょうほう 両方 ambos(bas), los (las) dos: 私は〜とも嫌いだ No me gusta ninguno de los dos.

りょうよう 療養 convalecencia 女. 〜する convalecer. 〜所 sanatorio 男

りょうり 料理 plato 男, guiso 男;〈調理〉cocina 女;〈食べ物〉comida 女: 〜を作る hacer (preparar) la comida. 〜する cocinar. 〜が下手である ser mal(la) cocinero(ra). 〜人 cocinero(ra). 〜長 jefe(fa) de cocina

りょかく 旅客 〜機 avión 男 de pasajeros. 〜運賃 tarifa 女 de viaje

りょかん 旅館 和風〜 hotel 男 de estilo japonés

りょけん 旅券 pasaporte 男

りょこう 旅行 viaje 男: 〜する viajar, hacer un viaje. 〜中である estar de viaje. 〜に出る ir de viaje. 〜者 viajero(ra);〈観光客〉turista 名. 〜代理店 agencia 女 de viajes (de turismo)

りょひ 旅費 gastos 男複 de viaje. 〜はいくらかかった？¿Cuánto te costó el viaje?

リラックス 〜する relajarse. 〜して下さい Póngase cómodo.

りりく 離陸 despegue 男. 〜する despegar

りれきしょ 履歴書 curriculum vitae 男, currículo 男

りろん 理論 teoría 女. 〜的な teórico (ca). 〜上は en teoría

りんかく 輪郭 contorno 男, perfil 男

りんじ 臨時 〜の〈一時的の〉temporal, provisional;〈特別〉especial, extraordinario(ria):〜休業 cierre 男 temporal. 〜雇い trabajador(ra) provisional. 〜収入 ingreso 男 extraordinario. 〜ニュース noticia 女 especial

りんり 倫理 ética 女, moral 女. 〜的な ético(ca), moral

る

るいけい 類型　～的な estereotipa*do* (*da*)
るいじ 類似 semejanza 囡, similitud ～の semejante, similar
るいせき 累積 acumulación 囡．～する acumularse．～赤字 déficit 男 acumulado

ルーペ lupa 囡
ルール reglas 囡 複
るす 留守 ausencia 囡．～である・～にしている estar ausente．彼は～だ No está en casa./Está fuera．～番をする quedarse en casa
ルポルタージュ reportaje 男

れ

れい 礼〈感謝〉～を言う dar las gracias a +人．お～にこの本をあげるよ Te regalo este libro en señal de mi gratitud. ⇨礼儀
れい 例 ❶〈実例〉ejemplo 男: ～をあげる dar un ejemplo ❷〈慣例〉costumbre 囡;〈先例〉precedente 男: ～によって como de costumbre. ～のない sin precedente
れい 零 cero 男: ～下20度 veinte grados bajo cero
れい 霊 alma 囡, espíritu 男;〈死者の〉ánima 囡
レイアウト〈配置〉disposición 囡;〈印刷物の〉maqueta 囡
れいがい 例外 excepción 囡．～的な excepcional
れいぎ 礼儀 cortesía, formas 囡 複．～正しい cortés, bien educa*do* (*da*)．～知らずの descortés, maleduca*do* (*da*)
れいこく 冷酷　～な cruel;〈無慈悲〉despiada*do* (*da*)
れいさい 零細　～企業 empresa 囡 pequeña
れいせい 冷静 serenidad 囡, calma 囡．～な seren*o* (*na*), frí*o* (*a*)
れいぞう 冷蔵　～する conservar en refrigeración．～庫 frigorífico 男, nevera 囡;〈ラ〉heladera 囡
れいたん 冷淡 frialdad 囡, indiferencia 囡．～な frí*o* (*a*), indiferente
れいだんぼう 冷暖房　「～完備」Ambiente climatizado.
れいとう 冷凍 congelación 囡．～する congelar．～庫 congelador 男
れいはい 礼拝 adoración 囡;〈儀式〉culto 男．～堂 capilla 囡
れいぼう 冷房 refrigeración 囡．～する refrigerar el aire．～装置 aparato 男 refrigerador, aire 男 acondicionado
レーザー láser 男
レース ❶〈競走〉carrera 囡．レーサー piloto 名 ❷〈手芸〉encaje 男
レーダー radar 男
レール raíl 男, riel 男
れきし 歴史 historia 囡．～上の・～的な histórico (*ca*)
レコード ❶ disco 男．❷〈記録〉récord 男
レジャー ocio 男
レストラン restaurante 男
れつ 列 ❶ fila 囡: 最前～に座る sentarse en la primera fila ❷〈順番待ちの〉cola 囡: ～を作る formar (hacer) cola．～に並ぶ ponerse a la cola
レッカー　～車 grúa 囡
れっしゃ 列車 tren 男
レッテル etiqueta 囡
れっとう 列島 archipiélago 男
れっとう 劣等　～感 complejo 男 de inferioridad
レディー　～ファースト Las damas primero.
レトルト　～食品 alimento 男 precocinado
レベル ⇨水準．…の～を上げる(下げる) elevar (bajar) el nivel de...
レポート informe 男;〈研究の〉trabajo 男．レポーター reporte*ro* (*ra*)
リリーフ relieve 男
れんあい 恋愛 amor 男．～関係 relaciones 囡 amorosas．～事件 aventura 囡, amorío 男
れんが 煉瓦 ladrillo 男．日干し～ adobe 男
れんきゅう 連休 días 男 複 festivos seguidos;〈休日にはさまれた〉puente 男: 週

末や〜の渋滞 atascos 男 複 en fines de semana y puentes
れんごう 連合 unión 女, asociación 女. 〜する unirse, asociarse. 〜国 aliados 男 複
れんしゅう 練習 ejercicio 男, práctica 女;〈スポーツの〉entrenamiento 男;〈リハーサル〉ensayo 男:〜する hacer ejercicios, practicar; entrenarse; ensayar
レンズ lente 女;〈カメラの〉objetivo 男
れんぞく 連続 continuación 女, serie 女. 〜の・〜した consecutivo(va), seguido(da):〜5日間の休み descanso 男 de cinco días consecutivos. 〜ドラマ〈テレビ・ラジオの〉serie;〈メロドラマ〉serial 男
レンタカー coche 男 de alquiler
レンタル 〜の de alquiler
レントゲン 〜撮影・〜写真 radiografía 女:肺の〜検査をする hacer una radiografía de los pulmones
れんらく 連絡〈接触〉contacto 男;〈通知〉aviso 男;〈通信・交通の〉comunicación 女:…と〜をとる ponerse en contacto con+人, comunicarse con+人. 〜する avisar, comunicar, informar a+人 de...
れんりつ 連立 〜内閣 Gobierno 男 de coalición

ろ

ろう 蠟 cera 女
ろうか 老化 envejecimiento 男. 〜する envejecer. 〜現象 senescencia 女. 〜した senil
ろうか 廊下 pasillo 男, corredor 男
ろうがん 老眼 presbicia 女, vista 女 cansada. 〜の人 présbita 名
ろうじん 老人 anciano(na), viejo(ja)
ろうそく 蠟燭 vela 女
ろうどう 労働 trabajo 男, labor 女. 〜組合 sindicato 男. 〜者 trabajador(ra), obrero(ra). 〜問題 problema 男 laboral
ろうひ 浪費 desperdicio 男, derroche 男. 〜する malgastar, derrochar, desperdiciar. 〜家 derrochador(ra)
ロープ cuerda 女;〈金属の〉cable 男
ローン〈貸し付け〉préstamo 男. 住宅〜 crédito 男 de vivienda
ろくおん 録音 grabación 女. 〜する grabar
ろくが 録画 grabación 女 (registro 男) de imágenes. ビデオに映画を〜する grabar una película en vídeo
ロケット cohete 男;〈装身具〉medallón 男
ろこつ 露骨 〜な abierto(ta), ostensivo(va);〈表現が〉crudo(da). 〜に abiertamente; crudamente
ろじ 路地 callejuela 女, callejón 男
ろしゅつ 露出〈写真〉exposición 女
ロッカー armario 男. 〜ルーム vestuario 男. コイン〜 consigna 女 automática
ロバ burro(rra)
ロビー vestíbulo 男, hall 男
ロボット robot 男
ろんじる 論じる discutir
ろんそう 論争 disputa 女, polémica 女
ろんぶん 論文 trabajo 男, estudio 男;〈学位の〉tesis 女;〈卒論〉tesina 女;〈雑誌の〉artículo 男
ろんり 論理 lógica 女. 〜的な lógico(ca)

わ

わ 輪 anilla 囡, aro 男; 〈円形〉círculo 男. ～になって en círculo

わいろ 賄賂 soborno 男, 〈ラ〉coima 囡. ～を使う sobornar a+人

わかい 若い joven : 私が～ころ en mi juventud, cuando era joven

わかい 和解 reconciliación 囡. ～する reconciliarse (hacer las paces) con+人

わかす 沸かす hervir

わがまま egoísmo 男; 〈気まぐれ〉capricho 男. ～な〔人〕egoísta ; caprichoso (sa)

わかもの 若者 joven 名

わかる 分かる ❶〈理解〉entender, comprender : 彼は日本語が少し～ Entiende japonés un poco. わかったね? ¿Entendido?/…¿eh? 私がどんなにつらいか君には～まい No te puedes imaginar mi dolor. わからず屋 cabezón(na), testarudo(da). わかりきった evidente, claro(ra) como la luz del día
❷〈悟る・気づく〉ver〔que+直説法〕, darse cuenta de… : 彼女が迷惑がっているのがわからないのか? ¿No ves que la molestas?
❸〈知る〉saber, enterarse de… : 私たちはどうしたらいいのかわからない No sabemos qué hacer. 私がここに来ることがどうしてわかったの? ¿Cómo te has enterado de que vengo aquí?
❹〈熟知〉conocer : 私は彼のことならよくわかっている Le conozco muy bien.
❺〈納得〉explicarse : ああ, それでわかった Ahora ya me lo explico./Ya caigo.

わかれる 別れる・分かれる ❶ separarse, despedirse : ここでお別れします Aquí me despido de usted. 別れ despedida 囡, adiós 男.
❷〈離婚〉divorciarse : 彼女は夫と別れた Se ha divorciado de su marido.
❸〈分割〉dividirse : 我々は3つのグループに分かれた Nos dividimos en tres grupos.

わき 脇 lado 男 : …の～に al lado de… 小～に抱える llevar bajo el brazo. ～腹 costado 男

わく 沸く hervir, bullir : 湯が～ El agua hierve.

わく 湧く manar, brotar

わく 枠 marco 男; 〈範囲〉límite 男 : …に～をはめる ; …を～に入れる encuadrar. …の～内で dentro de los límites de…

わけ 訳〈理由〉razón 囡, porqué 男; 〈原因〉causa 囡 : どういう～で ¿por qué〔razón〕? ～のわからない fuera de razón ; 〈理解不能〉incomprensible
…という～だ〔Lo que pasa〕Es que+直説法. …という～ではない No digo (es) que+接続法 : 空腹という～ではないが… No es que tenga hambre…
…する～にはいかない no poder+不定詞

わける 分ける ❶〈分割〉dividir, partir : メロンを4つに～ dividir un melón en cuatro partes
❷〈分配〉repartir ; 〈分け合う〉compartir : 財産を子供たちに～ repartir los bienes entre sus hijos
❸〈分離〉separar : 男子と女子を～ separar a los chicos de las chicas
❹〈分類〉clasificar : 郵便物を宛名別に～ clasificar la correspondencia según sus destinos
❺ 髪を～ hacer〔se〕la raya

わざと a propósito, intencionadamente ; 〈承知の上で〉a sabiendas. 彼は～ころんだ Se cayó al suelo con intención. わざとらしい poco natural, estudiado(da), afectado(da)

わざわざ expresamente : ～来るには及ばない No tienes que venir expresamente./No te molestes en venir.

わしき 和式 ～の de estilo japonés

わずか 僅か ～な escaso(sa), poco(ca) : ～なことで腹を立てる enfadarse por poca cosa
～に escasamente ; 〈たった〉sólo, solamente. 聴衆は～15人だった Sólo había quince personas.

わずらわしい 煩い molesto(ta), fastidioso(sa) ; 〈複雑〉complicado(da). ～手続き formalidades 囡 複 muy complicadas. わずらわす molestar a+人

わすれる 忘れる olvidar, olvidarse de… : 君のことは忘れない No te olvido./No me olvido de ti. 彼にそれを言うのを〔うっかり〕忘れていた Se me ha olvidado decírselo.

わだい 話題 tema 男 de conversación : ～を変える cambiar de tema. …を～にする hablar de…, tratar sobre…

わたくし 私 yo. ～の mi, mío(a) : その自転車は～のではない La bicicleta no es mía. ～を・～に me. それは～には難しい Es difícil para mí.
～たち nosotros(tras). ～たちの nuestro

わたす 渡す ❶〈手渡す・引き渡す〉entregar, pasar：この書類を部長に渡してください Entregue estos papeles al jefe. ❷〈与える〉dar；〈譲渡〉ceder, transferir：ウエイターにチップを～ dar la propina al camarero

わたる 渡る pasar, cruzar, atravesar：橋を～ pasar un puente. 通りを～ cruzar la calle. 川を～ atravesar un río. 人手に～ pasar a las manos de otro

わな 罠 trampa 囡：～にかかる caer en la trampa

わびる 詫びる pedir perdón a+人, excusarse por..., disculparse por...

わふう 和風 ～の de estilo japonés

わら 藁 paja 囡

わらう 笑う reír；〈微笑〉sonreír；〈嘲笑〉reírse (burlarse) de+人, poner a+人 en ridículo. 笑い risa 囡；sonrisa 囡；〈大笑い〉carcajada 囡. 笑い話 chiste 男. 笑い物 objeto 男 de burla, hazmerreír 男

わりあい 割合 proporción 囡, razón 囡：3対1の～で a razón de tres por cada uno. このクラスは女子1に対して男子2の～だ Por cada chica hay dos chicos en esta clase.

わりあてる 割り当てる asignar, distribuir：各自に仕事を～ asignar a cada uno el trabajo. 割り当て asignación 囡；〈食事の一人分〉ración 囡

わりかん 割り勘 ～にする pagar a escote (a medias)

わりきった 割り切った〈実利的〉práctico (ca), pragmático (ca)；〈感傷的でない〉no sentimental

わりに 割に この問題は～やさしい Esta pregunta es relativamente fácil. 彼は年の～老けて見える Parece más viejo de lo que es./Parece viejo para su edad.

わりびき 割引 descuento 男：～する hacer un descuento, descontar

わる 割る ❶〈壊す〉romper；〈分ける〉partir：窓ガラスを～ romper un cristal. 卵を～ partir un huevo ❷〈分割・割り算〉dividir：20～5は4 Veinte dividido por cinco son cuatro. 割り算 división 囡

わるい 悪い ❶ ma*lo* (*la*)；〈不正〉inju*sto* (*ta*)：～男 hombre 男 malo. ～を知らせ mala noticia 囡. ～ことをする hacer algo malo；〈悪事〉cometer maldades；〈不正〉cometer una injusticia. 2時間も待たせて～ことをしたね Perdona que te haya hecho esperar dos horas. この絵はどう？―悪くないね¿Qué te parece este cuadro?―No está mal. 僕につき合わないか？―～けれど先約があるんだ ¿No quieres acompañarme?―Lo siento, pero ya he quedado. ～のは君だ La culpa es tuya./Tú tienes la culpa. ～ことに Desgraciadamente.../Lo malo es que+直説法 ❷〈有害〉perjudicial：タバコは体に～ El tabaco es perjudicial para la salud.

わるくち 悪口 ...の～を言う hablar mal de+人

わるもの 悪者 ma*lo* (*la*), malva*do* (*da*)

われる 割れる romperse：地震でコップがいくつか割れた Se han roto unos vasos por el terremoto.「割れ物注意」Frágil.

わん 湾 golfo 男；〈小さな〉bahía 囡

動詞活用表

基 本 規 則 動 詞

-ar 動詞	-er 動詞	-ir 動詞	複合形
不定詞 hablar 現在分詞 hablando 過去分詞 hablado	comer comiendo comido	vivir viviendo vivido	haber ＋過分 habiendo ＋過分
直説法現在			**直説法現在完了**
hablo hablas habla hablamos habláis hablan	como comes come comemos coméis comen	vivo vives vive vivimos vivís viven	he ＋過分 has ＋過分 ha ＋過分 hemos ＋過分 habéis ＋過分 han ＋過分
直説法点過去			**直説法直前過去**
hablé hablaste habló hablamos hablasteis hablaron	comí comiste comió comimos comisteis comieron	viví viviste vivió vivimos vivisteis vivieron	hube ＋過分 hubiste ＋過分 hubo ＋過分 hubimos ＋過分 hubisteis ＋過分 hubieron ＋過分
直説法線過去			**直説法過去完了**
hablaba hablabas hablaba hablábamos hablabais hablaban	comía comías comía comíamos comíais comían	vivía vivías vivía vivíamos vivíais vivían	había ＋過分 habías ＋過分 había ＋過分 habíamos ＋過分 habíais ＋過分 habían ＋過分
直説法未来			**直説法未来完了**
hablaré hablarás hablará hablaremos hablaréis hablarán	comeré comerás comerá comeremos comeréis comerán	viviré vivirás vivirá viviremos viviréis vivirán	habré ＋過分 habrás ＋過分 habrá ＋過分 habremos ＋過分 habréis ＋過分 habrán ＋過分

過去分詞が不規則な基本規則動詞がある：abrir (abierto), cubrir (cubierto), escribir (escrito), imprimir (impreso), pudrir (podrido), romper (roto).

直説法過去未来			直説法過去未来完了	
hablaría	comería	viviría	habría	+過分
hablarías	comerías	vivirías	habrías	+過分
hablaría	comería	viviría	habría	+過分
hablaríamos	comeríamos	viviríamos	habríamos	+過分
hablaríais	comeríais	viviríais	habríais	+過分
hablarían	comerían	vivirían	habrían	+過分

命令法				
habla	come	vive		
hablad	comed	vivid		

接続法現在			接続法現在完了	
hable	coma	viva	haya	+過分
hables	comas	vivas	hayas	+過分
hable	coma	viva	haya	+過分
hablemos	comamos	vivamos	hayamos	+過分
habléis	comáis	viváis	hayáis	+過分
hablen	coman	vivan	hayan	+過分

接続法過去-ra 形			接続法過去完了-ra 形	
hablara	comiera	viviera	hubiera	+過分
hablaras	comieras	vivieras	hubieras	+過分
hablara	comiera	viviera	hubiera	+過分
habláramos	comiéramos	viviéramos	hubiéramos	+過分
hablarais	comierais	vivierais	hubierais	+過分
hablaran	comieran	vivieran	hubieran	+過分

接続法過去-se 形			接続法過去完了-se 形	
hablase	comiese	viviese	hubiese	+過分
hablases	comieses	vivieses	hubieses	+過分
hablase	comiese	viviese	hubiese	+過分
hablásemos	comiésemos	viviésemos	hubiésemos	+過分
hablaseis	comieseis	vivieseis	hubieseis	+過分
hablasen	comiesen	viviesen	hubiesen	+過分

不規則動詞

	直・現在	直・点過去	直・線過去	直・未来
① **actuar** 現在分詞 actuando 過去分詞 actuado	actúo actúas actúa actuamos actuáis actúan	actué actuaste actuó actuamos actuasteis actuaron	actuaba actuabas actuaba actuábamos actuabais actuaban	actuaré actuarás actuará actuaremos actuaréis actuarán
② **adquirir** adquiriendo adquirido	adquiero adquieres adquiere adquirimos adquirís adquieren	adquirí adquiriste adquirió adquirimos adquiristeis adquirieron	adquiría adquirías adquiría adquiríamos adquiríais adquirían	adquiriré adquirirás adquirirá adquiriremos adquiriréis adquirirán
③ **aislar** aislando aislado	aíslo aíslas aísla aislamos aisláis aíslan	aislé aislaste aisló aislamos aislasteis aislaron	aislaba aislabas aislaba aislábamos aislabais aislaban	aislaré aislarás aislará aislaremos aislaréis aislarán
④ **andar** andando andado	ando andas anda andamos andáis andan	anduve anduviste anduvo anduvimos anduvisteis anduvieron	andaba andabas andaba andábamos andabais andaban	andaré andarás andará andaremos andaréis andarán
⑤ **argüir** arguyendo argüido	arguyo arguyes arguye argüimos argüís arguyen	argüí argüiste arguyó argüimos argüisteis arguyeron	argüía argüías argüía argüíamos argüíais argüían	argüiré argüirás argüirá argüiremos argüiréis argüirán
⑥ **asir** asiendo asido	asgo ases ase asimos asís asen	así asiste asió asimos asisteis asieron	asía asías asía asíamos asíais asían	asiré asirás asirá asiremos asiréis asirán
⑦ **avergonzar** avergonzando avergonzado	avergüenzo avergüenzas avergüenza avergonzamos avergonzáis avergüenzan	avergoncé avergonzaste avergonzó avergonzamos avergonzasteis avergonzaron	avergonzaba avergonzabas avergonzaba avergonzábamos avergonzabais avergonzaban	avergonzaré avergonzarás avergonzará avergonzaremos avergonzaréis avergonzarán
⑧ **averiguar** averiguando averiguado	averiguo averiguas averigua averiguamos averiguáis averiguan	averigüé averiguaste averiguó averiguamos averiguasteis averiguaron	averiguaba averiguabas averiguaba averiguábamos averiguabais averiguaban	averiguaré averiguarás averiguará averiguaremos averiguaréis averiguarán
⑨ **bendecir** bendiciendo bendecido	bendigo bendices bendice bendecimos bendecís bendicen	bendije bendijiste bendijo bendijimos bendijisteis bendijeron	bendecía bendecías bendecía bendecíamos bendecíais bendecían	bendeciré bendecirás bendecirá bendeciremos bendeciréis bendecirán

直・過去未来	命 令 法	接・現在	接・過去 -ra 形	同類動詞
actuaría actuarías actuaría actuaríamos actuaríais actuarían	actúa actuad	actúe actúes actúe actuemos actuéis actúen	actuara actuaras actuara actuáramos actuarais actuaran	acentuar atenuar continuar insinuar puntuar situar
adquiriría adquirirías adquiriría adquiriríamos adquiriríais adquirirían	adquiere adquirid	adquiera adquieras adquiera adquiramos adquiráis adquieran	adquiriera adquirieras adquiriera adquiriéramos adquirierais adquirieran	
aislaría aislarías aislaría aislaríamos aislaríais aislarían	aísla aislad	aísle aísles aísle aislemos aisléis aíslen	aislara aislaras aislara aisláramos aislarais aislaran	airar desairar
andaría andarías andaría andaríamos andaríais andarían	anda andad	ande andes ande andemos andéis anden	anduviera anduvieras anduviera anduviéramos anduvierais anduvieran	desandar
argüiría argüirías argüiría argüiríamos argüiríais argüirían	arguye argüid	arguya arguyas arguya arguyamos arguyáis arguyan	arguyera arguyeras arguyera arguyéramos arguyerais arguyeran	
asiría asirías asiría asiríamos asiríais asirían	ase asid	asga asgas asga asgamos asgáis asgan	asiera asieras asiera asiéramos asierais asieran	desasir
avergonzaría avergonzarías avergonzaría avergonzaríamos avergonzaríais avergonzarían	avergüenza avergonzad	avergüence avergüences avergüence avergoncemos avergoncéis avergüencen	avergonzara avergonzaras avergonzara avergonzáramos avergonzarais avergonzaran	
averiguaría averiguarías averiguaría averiguaríamos averiguaríais averiguarían	averigua averiguad	averigüe averigües averigüe averigüemos averigüéis averigüen	averiguara averiguaras averiguara averiguáramos averiguarais averiguaran	aguar amortiguar fraguar menguar
bendeciría bendecirías bendeciría bendeciríamos bendeciríais bendecirían	bendice bendecid	bendiga bendigas bendiga bendigamos bendigáis bendigan	bendijera bendijeras bendijera bendijéramos bendijerais bendijeran	maldecir

	直・現在	直・点過去	直・線過去	直・未来
⑩ **bullir** bullendo bullido	bullo bulles bulle bullimos bullís bullen	bullí bulliste bulló bullimos bullisteis bulleron	bullía bullías bullía bullíamos bullíais bullían	bulliré bullirás bullirá bulliremos bulliréis bullirán
⑪ **caber** cabiendo cabido	quepo cabes cabe cabemos cabéis caben	cupe cupiste cupo cupimos cupisteis cupieron	cabía cabías cabía cabíamos cabíais cabían	cabré cabrás cabrá cabremos cabréis cabrán
⑫ **caer** cayendo caído	caigo caes cae caemos caéis caen	caí caíste cayó caímos caísteis cayeron	caía caías caía caíamos caíais caían	caeré caerás caerá caeremos caeréis caerán
⑬ **cazar** cazando cazado	cazo cazas caza cazamos cazáis cazan	cacé cazaste cazó cazamos cazasteis cazaron	cazaba cazabas cazaba cazábamos cazabais cazaban	cazaré cazarás cazará cazaremos cazaréis cazarán
⑭ **ceñir** ciñendo ceñido	ciño ciñes ciñe ceñimos ceñís ciñen	ceñí ceñiste ciñó ceñimos ceñisteis ciñeron	ceñía ceñías ceñía ceñíamos ceñíais ceñían	ceñiré ceñirás ceñirá ceñiremos ceñiréis ceñirán
⑮ **cocer** cociendo cocido	cuezo cueces cuece cocemos cocéis cuecen	cocí cociste coció cocimos cocisteis cocieron	cocía cocías cocía cocíamos cocíais cocían	coceré cocerás cocerá coceremos coceréis cocerán
⑯ **coger** cogiendo cogido	cojo coges coge cogemos cogéis cogen	cogí cogiste cogió cogimos cogisteis cogieron	cogía cogías cogía cogíamos cogíais cogían	cogeré cogerás cogerá cogeremos cogeréis cogerán
⑰ **colgar** colgando colgado	cuelgo cuelgas cuelga colgamos colgáis cuelgan	colgué colgaste colgó colgamos colgasteis colgaron	colgaba colgabas colgaba colgábamos colgabais colgaban	colgaré colgarás colgará colgaremos colgaréis colgarán
⑱ **comenzar** comenzando comenzado	comienzo comienzas comienza comenzamos comenzáis comienzan	comencé comenzaste comenzó comenzamos comenzasteis comenzaron	comenzaba comenzabas comenzaba comenzábamos comenzabais comenzaban	comenzaré comenzarás comenzará comenzaremos comenzaréis comenzarán

直・過去未来	命　令　法	接・現在	接・過去 -ra 形	同類動詞
bulliría bullirías bulliría bulliríamos bulliríais bullirían	bulle bullid	bulla bullas bulla bullamos bulláis bullan	bullera bulleras bullera bulléramos bullerais bulleran	engullir escabullir
cabría cabrías cabría cabríamos cabríais cabrían	cabe cabed	quepa quepas quepa quepamos quepáis quepan	cupiera cupieras cupiera cupiéramos cupierais cupieran	
caería caerías caería caeríamos caeríais caerían	cae caed	caiga caigas caiga caigamos caigáis caigan	cayera cayeras cayera cayéramos cayerais cayeran	decaer recaer
cazaría cazarías cazaría cazaríamos cazaríais cazarían	caza cazad	cace caces cace cacemos cacéis cacen	cazara cazaras cazara cazáramos cazarais cazaran	alcanzar avanzar cruzar gozar lanzar utilizar
ceñiría ceñirías ceñiría ceñiríamos ceñiríais ceñirían	ciñe ceñid	ciña ciñas ciña ciñamos ciñáis ciñan	ciñera ciñeras ciñera ciñéramos ciñerais ciñeran	desteñir reñir teñir
cocería cocerías cocería coceríamos coceríais cocerían	cuece coced	cueza cuezas cueza cozamos cozáis cuezan	cociera cocieras cociera cociéramos cocierais cocieran	escocer retorcer torcer
cogería cogerías cogería cogeríamos cogeríais cogerían	coge coged	coja cojas coja cojamos cojáis cojan	cogiera cogieras cogiera cogiéramos cogierais cogieran	acoger converger emerger escoger proteger recoger
colgaría colgarías colgaría colgaríamos colgaríais colgarían	cuelga colgad	cuelgue cuelgues cuelgue colguemos colguéis cuelguen	colgara colgaras colgara colgáramos colgarais colgaran	descolgar rogar
comenzaría comenzarías comenzaría comenzaríamos comenzaríais comenzarían	comienza comenzad	comience comiences comience comencemos comencéis comiencen	comenzara comenzaras comenzara comenzáramos comenzarais comenzaran	empezar tropezar

	直・現在	直・点過去	直・線過去	直・未来
⑲ **conducir** conduciendo conducido	conduzco conduces conduce conducimos conducís conducen	conduje condujiste condujo condujimos condujisteis condujeron	conducía conducías conducía conducíamos conducíais conducían	conduciré conducirás conducirá conduciremos conduciréis conducirán
⑳ **conocer** conociendo conocido	conozco conoces conoce conocemos conocéis conocen	conocí conociste conoció conocimos conocisteis conocieron	conocía conocías conocía conocíamos conocíais conocían	conoceré conocerás conocerá conoceremos conoceréis conocerán
㉑ **contar** contando contado	cuento cuentas cuenta contamos contáis cuentan	conté contaste contó contamos contasteis contaron	contaba contabas contaba contábamos contabais contaban	contaré contarás contará contaremos contaréis contarán
㉒ **convenir** conviniendo convenido	convengo convienes conviene convenimos convenís convienen	convine conviniste convino convinimos convinisteis convinieron	convenía convenías convenía conveníamos conveníais convenían	convendré convendrás convendrá convendremos convendréis convendrán
㉓ **dar** dando dado	doy das da damos dais dan	di diste dio dimos disteis dieron	daba dabas daba dábamos dabais daban	daré darás dará daremos daréis darán
㉔ **decir** diciendo dicho	digo dices dice decimos decís dicen	dije dijiste dijo dijimos dijisteis dijeron	decía decías decía decíamos decíais decían	diré dirás dirá diremos diréis dirán
㉕ **degollar** degollando degollado	degüello degüellas degüella degollamos degolláis degüellan	degollé degollaste degolló degollamos degollasteis degollaron	degollaba degollabas degollaba degollábamos degollabais degollaban	degollaré degollarás degollará degollaremos degollaréis degollarán
㉖ **delinquir** delinquiendo delinquido	delinco delinques delinque delinquimos delinquís delinquen	delinquí delinquiste delinquió delinquimos delinquisteis delinquieron	delinquía delinquías delinquía delinquíamos delinquíais delinquían	delinquiré delinquirás delinquirá delinquiremos delinquiréis delinquirán
㉗ **discernir** discerniendo discernido	discierno disciernes discierne discernimos discernís disciernen	discerní discerniste discernió discernimos discernisteis discernieron	discernía discernías discernía discerníamos discerníais discernían	discerniré discernirás discernirá discerniremos discerniréis discernirán

直・過去未来	命 令 法	接・現在	接・過去 -ra 形	同類動詞
conduciría conducirías conduciría conduciríamos conduciríais conducirían	conduce conducid	conduzca conduzcas conduzca conduzcamos conduzcáis conduzcan	condujera condujeras condujera condujéramos condujerais condujeran	deducir introducir producir reducir traducir
conocería conocerías conocería conoceríamos conoceríais conocerían	conoce conoced	conozca conozcas conozca conozcamos conozcáis conozcan	conociera conocieras conociera conociéramos conocierais conocieran	agradecer aparecer crecer merecer nacer parecer
contaría contarías contaría contaríamos contaríais contarían	cuenta contad	cuente cuentes cuente contemos contéis cuenten	contara contaras contara contáramos contarais contaran	acordar aprobar costar encontrar mostrar volar
convendría convendrías convendría convendríamos convendríais convendrían	convén convenid	convenga convengas convenga convengamos convengáis convengan	conviniera convinieras conviniera conviniéramos convinierais convinieran	avenir contravenir intervenir prevenir provenir sobrevenir
daría darías daría daríamos daríais darían	da dad	dé des dé demos deis den	diera dieras diera diéramos dierais dieran	
diría dirías diría diríamos diríais dirían	di decid	diga digas diga digamos digáis digan	dijera dijeras dijera dijéramos dijerais dijeran	
degollaría degollarías degollaría degollaríamos degollaríais degollarían	degüella degollad	degüelle degüelles degüelle degollemos degolléis degüellen	degollara degollaras degollara degolláramos degollarais degollaran	
delinquiría delinquirías delinquiría delinquiríamos delinquiríais delinquirían	delinque delinquid	delinca delincas delinca delincamos delincáis delincan	delinquiera delinquieras delinquiera delinquiéramos delinquierais delinquieran	
discerniría discernirías discerniría discerniríamos discerniríais discernirían	discierne discernid	discierna disciernas discierna discernamos discernáis disciernan	discerniera discernieras discerniera discerniéramos discernierais discernieran	concernir

	直·現在	直·点過去	直·線過去	直·未来
㉘ **distinguir** distinguiendo distinguido	distingo distingues distingue distinguimos distinguís distinguen	distinguí distinguiste distinguió distinguimos distinguisteis distinguieron	distinguía distinguías distinguía distinguíamos distinguíais distinguían	distinguiré distinguirás distinguirá distinguiremos distinguiréis distinguirán
㉙ **dormir** durmiendo dormido	duermo duermes duerme dormimos dormís duermen	dormí dormiste durmió dormimos dormisteis durmieron	dormía dormías dormía dormíamos dormíais dormían	dormiré dormirás dormirá dormiremos dormiréis dormirán
㉚ **elegir** eligiendo elegido	elijo eliges elige elegimos elegís eligen	elegí elegiste eligió elegimos elegisteis eligieron	elegía elegías elegía elegíamos elegíais elegían	elegiré elegirás elegirá elegiremos elegiréis elegirán
㉛ **embaucar** embaucando embaucado	embaúco embaúcas embaúca embaucamos embaucáis embaúcan	embauqué embaucaste embaucó embaucamos embaucasteis embaucaron	embaucaba embaucabas embaucaba embaucábamos embaucabais embaucaban	embaucaré embaucarás embaucará embaucaremos embaucaréis embaucarán
㉜ **enraizar** enraizando enraizado	enraízo enraízas enraíza enraizamos enraizáis enraízan	enraicé enraizaste enraizó enraizamos enraizasteis enraizaron	enraizaba enraizabas enraizaba enraizábamos enraizabais enraizaban	enraizaré enraizarás enraizará enraizaremos enraizaréis enraizarán
㉝ **enviar** enviando enviado	envío envías envía enviamos enviáis envían	envié enviaste envió enviamos enviasteis enviaron	enviaba enviabas enviaba enviábamos enviabais enviaban	enviaré enviarás enviará enviaremos enviaréis enviarán
㉞ **erguir** irguiendo erguido	irgo, yergo irgues, yergues irgue, yergue erguimos erguís irguen, yerguen	erguí erguiste irguió erguimos erguisteis irguieron	erguía erguías erguía erguíamos erguíais erguían	erguiré erguirás erguirá erguiremos erguiréis erguirán
㉟ **errar** errando errado	yerro yerras yerra erramos erráis yerran	erré erraste erró erramos errasteis erraron	erraba errabas erraba errábamos errabais erraban	erraré errarás errará erraremos erraréis errarán
㊱ **estar** estando estado	estoy estás está estamos estáis están	estuve estuviste estuvo estuvimos estuvisteis estuvieron	estaba estabas estaba estábamos estabais estaban	estaré estarás estará estaremos estaréis estarán

直・過去未来	命 令 法	接・現在	接・過去 -ra 形	同類動詞
distinguiría distinguirías distinguiría distinguiríamos distinguiríais distinguirían	distingue distinguid	distinga distingas distinga distingamos distingáis distingan	distinguiera distinguieras distinguiera distinguiéramos distinguierais distinguieran	extinguir
dormiría dormirías dormiría dormiríamos dormiríais dormirían	duerme dormid	duerma duermas duerma durmamos durmáis duerman	durmiera durmieras durmiera durmiéramos durmierais durmieran	
elegiría elegirías elegiría elegiríamos elegiríais elegirían	elige elegid	elija elijas elija elijamos elijáis elijan	eligiera eligieras eligiera eligiéramos eligierais eligieran	corregir regir
embaucaría embaucarías embaucaría embaucaríamos embaucaríais embaucarían	embaúca embaucad	embaúque embaúques embaúque embauquemos embauquéis embaúquen	embaucara embaucaras embaucara embaucáramos embaucarais embaucaran	
enraizaría enraizarías enraizaría enraizaríamos enraizaríais enraizarían	enraíza enraizad	enraíce enraíces enraíce enraicemos enraicéis enraícen	enraizara enraizaras enraizara enraizáramos enraizarais enraizaran	
enviaría enviarías enviaría enviaríamos enviaríais enviarían	envía enviad	envíe envíes envíe enviemos enviéis envíen	enviara enviaras enviara enviáramos enviarais enviaran	ampliar confiar criar guiar rociar vaciar
erguiría erguirías erguiría erguiríamos erguiríais erguirían	irgue, yergue erguid	irga, yerga irgas, yergas irga, yerga irgamos, yergamos irgáis, yergáis irgan, yergan	irguiera irguieras irguiera irguiéramos irguierais irguieran	
erraría errarías erraría erraríamos erraríais errarían	yerra errad	yerre yerres yerre erremos erréis yerren	errara erraras errara erráramos errarais erraran	
estaría estarías estaría estaríamos eataríais estarían	está estad	esté estés esté estemos estéis estén	estuviera estuvieras estuviera estuviéramos estuvierais estuvieran	

	直・現在	直・点過去	直・線過去	直・未来
37 **exigir** exigiendo exigido	exijo exiges exige exigimos exigís exigen	exigí exigiste exigió exigimos exigisteis exigieron	exigía exigías exigía exigíamos exigíais exigían	exigiré exigirás exigirá exigiremos exigiréis exigirán
38 **forzar** forzando forzado	fuerzo fuerzas fuerza forzamos forzáis fuerzan	forcé forzaste forzó forzamos forzasteis forzaron	forzaba forzabas forzaba forzábamos forzabais forzaban	forzaré forzarás forzará forzaremos forzaréis forzarán
39 **gruñir** gruñendo gruñido	gruño gruñes gruñe gruñimos gruñís gruñen	gruñí gruñiste gruñó gruñimos gruñisteis gruñeron	gruñía gruñías gruñía gruñíamos gruñíais gruñían	gruñiré gruñirás gruñirá gruñiremos gruñiréis gruñirán
40 **haber** habiendo habido	he has ha, hay hemos habéis han	hube hubiste hubo hubimos hubisteis hubieron	había habías había habíamos habíais habían	habré habrás habrá habremos habréis habrán
41 **hacer** haciendo hecho	hago haces hace hacemos hacéis hacen	hice hiciste hizo hicimos hicisteis hicieron	hacía hacías hacía hacíamos hacíais hacían	haré harás hará haremos haréis harán
42 **huir** huyendo huido	huyo huyes huye huimos huís huyen	huí huiste huyó huimos huisteis huyeron	huía huías huía huíamos huíais huían	huiré huirás huirá huiremos huiréis huirán
43 **ir** yendo ido	voy vas va vamos vais van	fui fuiste fue fuimos fuisteis fueron	iba ibas iba íbamos ibais iban	iré irás irá iremos iréis irán
44 **jugar** jugando jugado	juego juegas juega jugamos jugáis juegan	jugué jugaste jugó jugamos jugasteis jugaron	jugaba jugabas jugaba jugábamos jugabais jugaban	jugaré jugarás jugará jugaremos jugaréis jugarán
45 **leer** leyendo leído	leo lees lee leemos leéis leen	leí leíste leyó leímos leísteis leyeron	leía leías leía leíamos leíais leían	leeré leerás leerá leeremos leeréis leerán

直・過去未来	命 令 法	接・現在	接・過去 -ra 形	同類動詞
exigiría		exija	exigiera	dirigir
exigirías	exige	exijas	exigieras	fingir
exigiría		exija	exigiera	mugir
exigiríamos		exijamos	exigiéramos	restringir
exigiríais	exigid	exijáis	exigierais	rugir
exigirían		exijan	exigieran	surgir
forzaría		fuerce	forzara	almorzar
forzarías	fuerza	fuerces	forzaras	esforzar
forzaría		fuerce	forzara	reforzar
forzaríamos		forcemos	forzáramos	
forzaríais	forzad	forcéis	forzarais	
forzarían		fuercen	forzaran	
gruñiría		gruña	gruñera	bruñir
gruñirías	gruñe	gruñas	gruñeras	
gruñiría		gruña	gruñera	
gruñiríamos		gruñamos	gruñéramos	
gruñiríais	gruñid	gruñáis	gruñerais	
gruñirían		gruñan	gruñeran	
habría		haya	hubiera	
habrías	he	hayas	hubieras	
habría		haya	hubiera	
habríamos		hayamos	hubiéramos	
habríais	habed	hayáis	hubierais	
habrían		hayan	hubieran	
haría		haga	hiciera	
harías	haz	hagas	hicieras	
haría		haga	hiciera	
haríamos		hagamos	hiciéramos	
haríais	haced	hagáis	hicierais	
harían		hagan	hicieran	
huiría		huya	huyera	atribuir
huirías	huye	huyas	huyeras	construir
huiría		huya	huyera	contribuir
huiríamos		huyamos	huyéramos	destruir
huiríais	huid	huyáis	huyerais	influir
huirían		huyan	huyeran	retribuir
iría		vaya	fuera	
irías	ve	vayas	fueras	
iría		vaya	fuera	
iríamos		vayamos	fuéramos	
iríais	id	vayáis	fuerais	
irían		vayan	fueran	
jugaría		juegue	jugara	
jugarías	juega	juegues	jugaras	
jugaría		juegue	jugara	
jugaríamos		juguemos	jugáramos	
jugaríais	jugad	juguéis	jugarais	
jugarían		jueguen	jugaran	
leería		lea	leyera	creer
leerías	lee	leas	leyeras	poseer
leería		lea	leyera	
leeríamos		leamos	leyéramos	
leeríais	leed	leáis	leyerais	
leerían		lean	leyeran	

	直・現在	直・点過去	直・線過去	直・未来
㊻ **lucir** luciendo lucido	lu**zc**o luces luce lucimos lucís lucen	lucí luciste lució lucimos lucisteis lucieron	lucía lucías lucía lucíamos lucíais lucían	luciré lucirás lucirá luciremos luciréis lucirán
㊼ **mantener** manteniendo mantenido	manten**go** man**tie**nes man**tie**ne mantenemos mantenéis man**tie**nen	man**tuve** man**tuv**iste man**tuvo** man**tuv**imos man**tuv**isteis man**tuv**ieron	mantenía mantenías mantenía manteníamos manteníais mantenían	manten**dr**é manten**dr**ás manten**dr**á manten**dr**emos manten**dr**éis manten**dr**án
㊽ **maullar** maullando maullado	ma**úll**o ma**úll**as ma**úll**a maullamos maulláis ma**úll**an	maullé maullaste maulló maullamos maullasteis maullaron	maullaba maullabas maullaba maullábamos maullabais maullaban	maullaré maullarás maullará maullaremos maullaréis maullarán
㊾ **morir** m**u**riendo m**ue**rto	m**ue**ro m**ue**res m**ue**re morimos morís m**ue**ren	morí moriste m**u**rió morimos moristeis m**u**rieron	moría morías moría moríamos moríais morían	moriré morirás morirá moriremos moriréis morirán
㊿ **mover** moviendo movido	m**ue**vo m**ue**ves m**ue**ve movemos movéis m**ue**ven	moví moviste movió movimos movisteis movieron	movía movías movía movíamos movíais movían	moveré moverás moverá moveremos moveréis moverán
51 **negar** negando negado	n**ie**go n**ie**gas n**ie**ga negamos negáis n**ie**gan	ne**gu**é negaste negó negamos negasteis negaron	negaba negabas negaba negábamos negabais negaban	negaré negarás negará negaremos negaréis negarán
52 **oír** o**y**endo oído	o**ig**o o**y**es o**y**e oímos oís o**y**en	oí oíste o**y**ó oímos oísteis o**y**eron	oía oías oía oíamos oíais oían	oiré oirás oirá oiremos oiréis oirán
53 **oler** oliendo olido	**h**uelo **h**ueles **h**uele olemos oléis **h**uelen	olí oliste olió olimos olisteis olieron	olía olías olía olíamos olíais olían	oleré olerás olerá oleremos oleréis olerán
54 **oponer** oponiendo op**ue**sto	opon**go** opones opone oponemos oponéis oponen	op**use** op**us**iste op**uso** op**us**imos op**us**isteis op**us**ieron	oponía oponías oponía oponíamos oponíais oponían	opon**dr**é opon**dr**ás opon**dr**á opon**dr**emos opon**dr**éis opon**dr**án

直・過去未来	命 令 法	接・現在	接・過去 -ra 形	同類動詞
luciría lucirías luciría luciríamos luciríais lucirían	luce lucid	luzca luzcas luzca luzcamos luzcáis luzcan	luciera lucieras luciera luciéramos lucierais lucieran	relucir traslucir
mantendría mantendrías mantendría mantendríamos mantendríais mantendrían	mantén mantened	mantenga mantengas mantenga mantengamos mantengáis mantengan	mantuviera mantuvieras mantuviera mantuviéramos mantuvierais mantuvieran	abstener contener detener entretener obtener sostener
maullaría maullarías maullaría maullaríamos maullaríais maullarían	maúlla maullad	maúlle maúlles maúlle maullemos maulléis maúllen	maullara maullaras maullara maulláramos maullarais maullaran	aullar
moriría morirías moriría moriríamos moriríais morirían	muere morid	muera mueras muera muramos muráis mueran	muriera murieras muriera muriéramos murierais murieran	
movería moverías movería moveríamos moveríais moverían	mueve moved	mueva muevas mueva movamos mováis muevan	moviera movieras moviera moviéramos movierais movieran	doler llover moler morder promover soler
negaría negarías negaría negaríamos negaríais negarían	niega negad	niegue niegues niegue neguemos neguéis nieguen	negara negaras negara negáramos negarais negaran	cegar fregar plegar regar segar
oiría oirías oiría oiríamos oiríais oirían	oye oíd	oiga oigas oiga oigamos oigáis oigan	oyera oyeras oyera oyéramos oyerais oyeran	entreoír
olería olerías olería oleríamos oleríais olerían	huele oled	huela huelas huela olamos oláis huelan	oliera olieras oliera oliéramos olierais olieran	
opondría opondrías opondría opondríamos opondríais opondrían	opón oponed	oponga opongas oponga opongamos opongáis opongan	opusiera opusieras opusiera opusiéramos opusierais opusieran	componer disponer exponer imponer posponer suponer

動詞活用表

	直・現在	直・点過去	直・線過去	直・未来
55 **pagar** pagando pagado	pago pagas paga pagamos pagáis pagan	pagué pagaste pagó pagamos pagasteis pagaron	pagaba pagabas pagaba pagábamos pagabais pagaban	pagaré pagarás pagará pagaremos pagaréis pagarán
56 **pedir** pidiendo pedido	pido pides pide pedimos pedís piden	pedí pediste pidió pedimos pedisteis pidieron	pedía pedías pedía pedíamos pedíais pedían	pediré pedirás pedirá pediremos pediréis pedirán
57 **pensar** pensando pensado	pienso piensas piensa pensamos pensáis piensan	pensé pensaste pensó pensamos pensasteis pensaron	pensaba pensabas pensaba pensábamos pensabais pensaban	pensaré pensarás pensará pensaremos pensaréis pensarán
58 **perder** perdiendo perdido	pierdo pierdes pierde perdemos perdéis pierden	perdí perdiste perdió perdimos perdisteis perdieron	perdía perdías perdía perdíamos perdíais perdían	perderé perderás perderá perderemos perderéis perderán
59 **poder** pudiendo podido	puedo puedes puede podemos podéis pueden	pude pudiste pudo pudimos pudisteis pudieron	podía podías podía podíamos podíais podían	podré podrás podrá podremos podréis podrán
60 **poner** poniendo puesto	pongo pones pone ponemos ponéis ponen	puse pusiste puso pusimos pusisteis pusieron	ponía ponías ponía poníamos poníais ponían	pondré pondrás pondrá pondremos pondréis pondrán
61 **predecir** prediciendo predicho	predigo predices predice predecimos predecís predicen	predije predijiste predijo predijimos predijisteis predijeron	predecía predecías predecía predecíamos predecíais predecían	prediré predirás predirá prediremos prediréis predirán
62 **prever** previendo previsto	preveo prevés prevé prevemos prevéis prevén	preví previste previó previmos previsteis previeron	preveía preveías preveía preveíamos preveíais preveían	preveré preverás preverá preveremos preveréis preverán
63 **prohibir** prohibiendo prohibido	prohíbo prohíbes prohíbe prohibimos prohibís prohíben	prohibí prohibiste prohibió prohibimos prohibisteis prohibieron	prohibía prohibías prohibía prohibíamos prohibíais prohibían	prohibiré prohibirás prohibirá prohibiremos prohibiréis prohibirán

直・過去未来	命 令 法	接・現在	接・過去 -ra 形	同類動詞
pagaría		pague	pagara	apagar
pagarías	paga	pagues	pagaras	cargar
pagaría		pague	pagara	entregar
pagaríamos		paguemos	pagáramos	juzgar
pagaríais	pagad	paguéis	pagarais	llegar
pagarían		paguen	pagaran	obligar
pediría		pida	pidiera	competir
pedirías	pide	pidas	pidieras	impedir
pediría		pida	pidiera	rendir
pediríamos		pidamos	pidiéramos	repetir
pediríais	pedid	pidáis	pidierais	servir
pedirían		pidan	pidieran	vestir
pensaría		piense	pensara	acertar
pensarías	piensa	pienses	pensaras	cerrar
pensaría		piense	pensara	nevar
pensaríamos		pensemos	pensáramos	recomendar
pensaríais	pensad	penséis	pensarais	sentar
pensarían		piensen	pensaran	temblar
perdería		pierda	perdiera	ascender
perderías	pierde	pierdas	perdieras	atender
perdería		pierda	perdiera	descender
perderíamos		perdamos	perdiéramos	entender
perderíais	perded	perdáis	perdierais	tender
perderían		pierdan	perdieran	verter
podría		pueda	pudiera	
podrías	puede	puedas	pudieras	
podría		pueda	pudiera	
podríamos		podamos	pudiéramos	
podríais	poded	podáis	pudierais	
podrían		puedan	pudieran	
pondría		ponga	pusiera	
pondrías	pon	pongas	pusieras	
pondría		ponga	pusiera	
pondríamos		pongamos	pusiéramos	
pondríais	poned	pongáis	pusierais	
pondrían		pongan	pusieran	
prediría		prediga	predijera	contradecir
predirías	predice	predigas	predijeras	desdecir
prediría		prediga	predijera	
prediríamos		predigamos	predijéramos	
prediríais	predecid	predigáis	predijerais	
predirían		predigan	predijeran	
prevería		prevea	previera	entrever
preverías	prevé	preveas	previeras	
prevería		prevea	previera	
preveríamos		preveamos	previéramos	
preveríais	preved	preveáis	previerais	
preverían		prevean	previeran	
prohibiría		prohíba	prohibiera	cohibir
prohibirías	prohíbe	prohíbas	prohibieras	
prohibiría		prohíba	prohibiera	
prohibiríamos		prohibamos	prohibiéramos	
prohibiríais	prohibid	prohibáis	prohibierais	
prohibirían		prohíban	prohibieran	

	直・現在	直・点過去	直・線過去	直・未来
64	proveo	proveí	proveía	proveeré
proveer	provees	proveíste	proveías	proveerás
	provee	proveyó	proveía	proveerá
proveyendo	proveemos	proveímos	proveíamos	proveeremos
	proveéis	proveísteis	proveíais	proveeréis
provisto	proveen	proveyeron	proveían	proveerán
65	quiero	quise	quería	querré
querer	quieres	quisiste	querías	querrás
	quiere	quiso	quería	querrá
queriendo	queremos	quisimos	queríamos	querremos
	queréis	quisisteis	queríais	querréis
querido	quieren	quisieron	querían	querrán
66	rao, raigo, rayo	raí	raía	raeré
raer	raes	raíste	raías	raerás
	rae	rayó	raía	raerá
rayendo	raemos	raímos	raíamos	raeremos
	raéis	raísteis	raíais	raeréis
raído	raen	rayeron	raían	raerán
67	rehúyo	rehuí	rehuía	rehuiré
rehuir	rehúyes	rehuiste	rehuías	rehuirás
	rehúye	rehuyó	rehuía	rehuirá
rehuyendo	rehuimos	rehuimos	rehuíamos	rehuiremos
	rehuís	rehuisteis	rehuíais	rehuiréis
rehuido	rehúyen	rehuyeron	rehuían	rehuirán
68	rehúso	rehusé	rehusaba	rehusaré
rehusar	rehúsas	rehusaste	rehusabas	rehusarás
	rehúsa	rehusó	rehusaba	rehusará
rehusando	rehusamos	rehusamos	rehusábamos	rehusaremos
	rehusáis	rehusasteis	rehusabais	rehusaréis
rehusado	rehúsan	rehusaron	rehusaban	rehusarán
69	río	reí	reía	reiré
reír	ríes	reíste	reías	reirás
	ríe	rió	reía	reirá
riendo	reímos	reímos	reíamos	reiremos
	reís	reísteis	reíais	reiréis
reído	ríen	rieron	reían	reirán
70	reúno	reuní	reunía	reuniré
reunir	reúnes	reuniste	reunías	reunirás
	reúne	reunió	reunía	reunirá
reuniendo	reunimos	reunimos	reuníamos	reuniremos
	reunís	reunisteis	reuníais	reuniréis
reunido	reúnen	reunieron	reunían	reunirán
71	ro(y)o, roigo	roí	roía	roeré
roer	roes	roíste	roías	roerás
	roe	royó	roía	roerá
royendo	roemos	roímos	roíamos	roeremos
	roéis	roísteis	roíais	roeréis
roído	roen	royeron	roían	roerán
72	sé	supe	sabía	sabré
saber	sabes	supiste	sabías	sabrás
	sabe	supo	sabía	sabrá
sabiendo	sabemos	supimos	sabíamos	sabremos
	sabéis	supisteis	sabíais	sabréis
sabido	saben	supieron	sabían	sabrán

直・過去未来	命 令 法	接・現在	接・過去 -ra 形	同類動詞
proveería proveerías proveería proveeríamos proveeríais proveerían	provee proveed	provea proveas provea proveamos proveáis provean	proveyera proveyeras proveyera proveyéramos proveyerais proveyeran	
querría querrías querría querríamos querríais querrían	quiere quered	quiera quieras quiera queramos queráis quieran	quisiera quisieras quisiera quisiéramos quisierais quisieran	
raería raerías raería raeríamos raeríais raerían	rae raed	raiga, raya raigas, rayas raiga, raya raigamos, rayamos raigáis, rayáis raigan, rayan	rayera rayeras rayera rayéramos rayerais rayeran	
rehuiría rehuirías rehuiría rehuiríamos rehuiríais rehuirían	rehúye rehuid	rehúya rehúyas rehúya rehuyamos rehuyáis rehúyan	rehuyera rehuyeras rehuyera rehuyéramos rehuyerais rehuyeran	
rehusaría rehusarías rehusaría rehusaríamos rehusaríais rehusarían	rehúsa rehusad	rehúse rehúses rehúse rehusemos rehuséis rehúsen	rehusara rehusaras rehusara rehusáramos rehusarais rehusaran	ahumar
reiría reirías reiría reiríamos reiríais reirían	ríe reíd	ría rías ría riamos riáis rían	riera rieras riera riéramos rierais rieran	freír sonreír
reuniría reunirías reuniría reuniríamos reuniríais reunirían	reúne reunid	reúna reúnas reúna reunamos reunáis reúnan	reuniera reunieras reuniera reuniéramos reunierais reunieran	
roería roerías roería roeríamos roeríais roerían	roe roed	ro(y)a, roiga ro(y)as, roigas ro(y)a, roiga ro(y)amos, roigamos ro(y)áis, roigáis ro(y)an, roigan	royera royeras royera royéramos royerais royeran	corroer
sabría sabrías sabría sabríamos sabríais sabrían	sabe sabed	sepa sepas sepa sepamos sepáis sepan	supiera supieras supiera supiéramos supierais supieran	

	直・現在	直・点過去	直・線過去	直・未来
73 sacar sacando sacado	saco sacas saca sacamos sacáis sacan	saqué sacaste sacó sacamos sacasteis sacaron	sacaba sacabas sacaba sacábamos sacabais sacaban	sacaré sacarás sacará sacaremos sacaréis sacarán
74 salir saliendo salido	salgo sales sale salimos salís salen	salí saliste salió salimos salisteis salieron	salía salías salía salíamos salíais salían	saldré saldrás saldrá saldremos saldréis saldrán
75 satisfacer satisfaciendo satisfecho	satisfago satisfaces satisface satisfacemos satisfacéis satisfacen	satisfice satisficiste satisfizo satisficimos satisficisteis satisficieron	satisfacía satisfacías satisfacía satisfacíamos satisfacíais satisfacían	satisfaré satisfarás satisfará satisfaremos satisfaréis satisfarán
76 seguir siguiendo seguido	sigo sigues sigue seguimos seguís siguen	seguí seguiste siguió seguimos seguisteis siguieron	seguía seguías seguía seguíamos seguíais seguían	seguiré seguirás seguirá seguiremos seguiréis seguirán
77 sentir sintiendo sentido	siento sientes siente sentimos sentís sienten	sentí sentiste sintió sentimos sentisteis sintieron	sentía sentías sentía sentíamos sentíais sentían	sentiré sentirás sentirá sentiremos sentiréis sentirán
78 ser siendo sido	soy eres es somos sois son	fui fuiste fue fuimos fuisteis fueron	era eras era éramos erais eran	seré serás será seremos seréis serán
79 tañer tañendo tañido	taño tañes tañe tañemos tañéis tañen	tañí tañiste tañó tañimos tañisteis tañeron	tañía tañías tañía tañíamos tañíais tañían	tañeré tañerás tañerá tañeremos tañeréis tañerán
80 tener teniendo tenido	tengo tienes tiene tenemos tenéis tienen	tuve tuviste tuvo tuvimos tuvisteis tuvieron	tenía tenías tenía teníamos teníais tenían	tendré tendrás tendrá tendremos tendréis tendrán
81 traer trayendo traído	traigo traes trae traemos traéis traen	traje trajiste trajo trajimos trajisteis trajeron	traía traías traía traíamos traíais traían	traeré traerás traerá traeremos traeréis traerán

直・過去未来	命　令　法	接・現在	接・過去 -ra 形	同類動詞
sacaría		saque	sacara	aplicar
sacarías	saca	saques	sacaras	buscar
sacaría		saque	sacara	colocar
sacaríamos		saquemos	sacáramos	explicar
sacaríais	sacad	saquéis	sacarais	marcar
sacarían		saquen	sacaran	tocar
saldría		salga	saliera	sobresalir
saldrías	sal	salgas	salieras	
saldría		salga	saliera	
saldríamos		salgamos	saliéramos	
saldríais	salid	salgáis	salierais	
saldrían		salgan	salieran	
satisfaría		satisfaga	satisficiera	deshacer
satisfarías	satisfaz, satisface	satisfagas	satisficieras	rehacer
satisfaría		satisfaga	satisficiera	
satisfaríamos		satisfagamos	satisficiéramos	
satisfaríais	satisfaced	satisfagáis	satisficierais	
satisfarían		satisfagan	satisficieran	
seguiría		siga	siguiera	conseguir
seguirías	sigue	sigas	siguieras	perseguir
seguiría		siga	siguiera	proseguir
seguiríamos		sigamos	siguiéramos	
seguiríais	seguid	sigáis	siguierais	
seguirían		sigan	siguieran	
sentiría		sienta	sintiera	advertir
sentirías	siente	sientas	sintieras	divertir
sentiría		sienta	sintiera	herir
sentiríamos		sintamos	sintiéramos	mentir
sentiríais	sentid	sintáis	sintierais	preferir
sentirían		sientan	sintieran	referir
sería		sea	fuera	
serías	sé	seas	fueras	
sería		sea	fuera	
seríamos		seamos	fuéramos	
seríais	sed	seáis	fuerais	
serían		sean	fueran	
tañería		taña	tañera	atañer
tañerías	tañe	tañas	tañeras	
tañería		taña	tañera	
tañeríamos		tañamos	tañéramos	
tañeríais	tañed	tañáis	tañerais	
tañerían		tañan	tañeran	
tendría		tenga	tuviera	
tendrías	ten	tengas	tuvieras	
tendría		tenga	tuviera	
tendríamos		tengamos	tuviéramos	
tendríais	tened	tengáis	tuvierais	
tendrían		tengan	tuvieran	
traería		traiga	trajera	atraer
traerías	trae	traigas	trajeras	contraer
traería		traiga	trajera	distraer
traeríamos		traigamos	trajéramos	extraer
traeríais	traed	traigáis	trajerais	
traerían		traigan	trajeran	

	直・現在	直・点過去	直・線過去	直・未来
82 **trocar** trocando trocado	trueco truecas trueca trocamos trocáis truecan	troqué trocaste trocó trocamos trocasteis trocaron	trocaba trocabas trocaba trocábamos trocabais trocaban	trocaré trocarás trocará trocaremos trocaréis trocarán
83 **valer** valiendo valido	valgo vales vale valemos valéis valen	valí valiste valió valimos valisteis valieron	valía valías valía valíamos valíais valían	valdré valdrás valdrá valdremos valdréis valdrán
84 **vencer** venciendo vencido	venzo vences vence vencemos vencéis vencen	vencí venciste venció vencimos vencisteis vencieron	vencía vencías vencía vencíamos vencíais vencían	venceré vencerás vencerá venceremos venceréis vencerán
85 **venir** viniendo venido	vengo vienes viene venimos venís vienen	vine viniste vino vinimos vinisteis vinieron	venía venías venía veníamos veníais venían	vendré vendrás vendrá vendremos vendréis vendrán
86 **ver** viendo visto	veo ves ve vemos veis ven	vi viste vio vimos visteis vieron	veía veías veía veíamos veíais veían	veré verás verá veremos veréis verán
87 **volver** volviendo vuelto	vuelvo vuelves vuelve volvemos volvéis vuelven	volví volviste volvió volvimos volvisteis volvieron	volvía volvías volvía volvíamos volvíais volvían	volveré volverás volverá volveremos volveréis volverán
88 **yacer** yaciendo yacido	yazco, ya(z)go yaces yace yacemos yacéis yacen	yací yaciste yació yacimos yacisteis yacieron	yacía yacías yacía yacíamos yacíais yacían	yaceré yacerás yacerá yaceremos yaceréis yacerán
89 **zurcir** zurciendo zurcido	zurzo zurces zurce zurcimos zurcís zurcen	zurcí zurciste zurció zurcimos zurcisteis zurcieron	zurcía zurcías zurcía zurcíamos zurcíais zurcían	zurciré zurcirás zurcirá zurciremos zurciréis zurcirán

直・過去未来	命 令 法	接・現在	接・過去 -ra 形	同類動詞
trocaría trocarías trocaría trocaríamos trocaríais trocarían	trueca trocad	trueque trueques trueque troquemos troquéis truequen	trocara trocaras trocara trocáramos trocarais trocaran	revolcar volcar
valdría valdrías valdría valdríamos valdríais valdrían	vale valid	valga valgas valga valgamos valgáis valgan	valiera valieras valiera valiéramos valierais valieran	equivaler
vencería vencerías vencería venceríamos venceríais vencerían	vence venced	venza venzas venza venzamos venzáis venzan	venciera vencieras venciera venciéramos vencierais vencieran	convencer ejercer mecer
vendría vendrías vendría vendríamos vendríais vendrían	ven venid	venga vengas venga vengamos vengáis vengan	viniera vinieras viniera viniéramos vinierais vinieran	
vería verías vería veríamos veríais verían	ve ved	vea veas vea veamos veáis vean	viera vieras viera viéramos vierais vieran	
volvería volverías volvería volveríamos volveríais volverían	vuelve volved	vuelva vuelvas vuelva volvamos volváis vuelvan	volviera volvieras volviera volviéramos volvierais volvieran	devolver envolver resolver
yacería yacerías yacería yaceríamos yaceríais yacerían	yaz, yace yaced	yazca, ya(z)ga yazcas, ya(z)gas yazca, ya(z)ga yazcamos, ya(z)gamos yazcáis, ya(z)gáis yazcan, ya(z)gan	yaciera yacieras yaciera yaciéramos yacierais yacieran	
zurciría zurcirías zurciría zurciríamos zurciríais zurcirían	zurce zurcid	zurza zurzas zurza zurzamos zurzáis zurzan	zurciera zurcieras zurciera zurciéramos zurcierais zurcieran	esparcir fruncir resarcir

編者紹介
宮本 博司（みやもと　ひろし）拓殖大学教授
著書『パスポート初級スペイン語辞典』（白水社）

スペイン語ミニ辞典　西和＋和西［改訂版］

2003 年 11 月 10 日　第 1 刷発行
2022 年 2 月 25 日　第 16 刷発行

編　者 ©	宮　本　博　司
発行者	及　川　直　志
組版所	有 限 会 社 ナ グ
印刷所	共 同 印 刷 株 式 会 社

発行所　101-0052 東京都千代田区神田小川町 3 の 24
電話 03-3291-7811（営業部），7821（編集部）　株式会社　白水社
www.hakusuisha.co.jp
乱丁・落丁本は送料小社負担にてお取り替えいたします。

振替　00190-5-33228　　Printed in Japan　　　　　　株式会社松岳社

ISBN978-4-560-00048-9

▷本書のスキャン、デジタル化等の無断複製は著作権法上での例外を除き禁じられています。本書を代行業者等の第三者に依頼してスキャンやデジタル化することはたとえ個人や家庭内での利用であっても著作権法上認められていません。

OCÉANO ATLÁNTICO
OCÉANO PACÍFICO
ESTADOS UNIDOS DE AMÉRICA
Golfo de México
MAR CARIBE
MÉXICO
Los Angeles
Colorado
Mexicali
Tijuana
P. California
Ciudad Juárez
TEJAS
Río Grande
Nueva Orleans
Chihuahua
Sierra Madre Occidental
Sierra Madre Oriental
Torreón
Monterrey
Saltillo
Durango
San Luis Potosí
Aguas Calientes
Tampico
Guadalajara
León
Querétaro
MÉXICO
Morelia
Toluca
Puebla
Veracruz
Acapulco
Mérida
Campeche
P. Yucatán
Cozumel
Belice
BELICE
GUATEMALA
Quezaltenango
GUATEMALA
S. Pedro Sula
HONDURAS
TEGUCIGALPA
Santa Ana
SAN SALVADOR
El SALVADOR
NICARAGUA
León
MANAGUA
Lago de Nicaragua
SAN JOSÉ
COSTA RICA
Colón
PANAMÁ
PANAMÁ
Miami
NASSAU
Islas Bahamas
BAHAMAS
LA HABANA
Cienfuegos
Santa Clara
CUBA
Camagüey
Holguín
Guantánamo
Santiago de Cuba
Grandes Antillas
Gran Caimán
JAMAICA
KINGSTON
HAITÍ
PORT-AU-PRINCE
REP. DOMINICANA
Santiago
SANTO DOMINGO
Ponce
San Juan
PUERTO RICO
Anguilla
ANTIGUA Y BARBUDA
SAN CRISTÓBAL Y NEVIS
Guadalupe
DOMINICA
Pequeñas Antillas
SANTA LUCÍA
SAN VICENTE Y LAS GRANADINAS
BARBADOS
GRANADA
Aruba
Curacao
Bonaire
Margarita
PORT OF SPAIN
TRINIDAD Y TOBAGO
0
500
1000
1500 km
110°
100°
90°
80°
70°
60°
30°
20°
10°